정보보안 1000제

{ 정답과 해설 }

김정재 · 곽동훈 지음

프리렉

제1장
시스템 보안

해설편

001

단일 장애점(Single Point Of Failure, SPOF)은 단일 고장점, 단일 실패점이라고도 하며, 시스템 구성요소 중에서 동작하지 않으면 전체 시스템이 중단되는 요소를 말한다. 예를 들어 이더넷 케이블과 전원, 이더넷 허브(HUB), 접속 단말들의 NIC(Network Interface Card) 등으로 이루어진 간단한 이더넷(Ethernet) 네트워크 시스템에서 네트워크 허브(HUB) 장치의 전원은 SPOF이다. 허브의 전원이 차단됨과 동시에 나머지 모든 요소는 네트워크를 사용할 수 없다. 높은 가용성을 추구하는 네트워크, 소프트웨어 애플리케이션, 상용 시스템에 단일 장애점이 있는 것은 바람직하지 않다. 잠재적인 단일 장애점을 평가함으로써 복잡한 시스템 안에서 오작동 시 전체 시스템 중단을 일으키는 치명적인 컴포넌트를 판별할 수 있다. 높은 신뢰성을 요구하는 시스템은 단일 컴포넌트에 의존하지 않는 것이 좋다.

전체 시스템 중단을 예방하는 전략은 다음과 같다.

(1) **복잡도 낮추기**: 복잡한 시스템은 필요한 수준까지 복잡도를 분해하는 원칙에 따라 설계해야 한다.

(2) **복제**: 복제 시스템은 주요 컴포넌트가 중단되면 정상 동작하는 다른 컴포넌트로 자동 전환되거나 제어권을 넘기도록 동일한 컴포넌트를 두 개 이상 유지한다.

(3) **다양성**: 복제의 특화된 개념으로, 컴포넌트의 기능을 서로 다른 방식으로 설계한다. 같은 기능을 다른 설계로 개발하면 동일한 조건에서 복제 컴포넌트가 동시에 중단되는 가능성을 줄일 수 있다.

(4) **투명성**: 시스템의 장기적인 신뢰성은 투명성과 정확한 문서화에 의해 좌우된다.

다음은 SPOF를 방지하는 방법이다.

- High Availability(HA)
- Fault Tolerant(FT)
- Load Balancing
- RAID(Redundant Array of Independent Disks)

—— ⌂ 출처 위키피디아

002

웹 프록시(Web Proxy) 도구는 PC에 설치하거나 웹 브라우저의 플러그인으로 설치하여 사용할 수 있는 도구이다. 웹 애플리케이션의 웹 브라우저 스크립트 수준에서 동작하는 유효성 검증 로직을 우회하거나 제거하고 서버에서 값을 호출할 수 있도록 제공한다. 웹 프록시는 해커가 악의적인 목적으로 서버에 비정상적인 값을 호출해서 서버의 정보를 알아내는 용도로 사용되기도 한다. 또는 웹 애플리케이션 보안 점검과 서버의 유효성 검증의 보안 수준을 점검하기 위한 정보 보안 점검 도구로 활용되기도 한다.

003

OTP는 고정된 숫자 대신 유출할 수 없는 6자리 비밀번호가 1분마다 새롭게 바뀌기 때문에 보안성이 높다. 또한, 보안 카드나 실물 OTP 발생기는 보관이 필요하지만 디지털 OTP는 스마트폰에 내장되므로 언제 어디서나 사용할 수 있다.

구분	OTP	보안 카드
사용법	OTP로 생성된 6자리 비밀번호를 전자금융거래 시 입력	카드에 있는 4자리 비밀번호 30개 중에서 해당하는 비밀번호를 전자금융거래 시 입력
비밀번호	한 번 사용하면 재사용 불가	카드에 인쇄된 30개 비밀번호 재사용 가능
복제 가능성	복제 불가	복제 가능 (촬영, 복사 등)
거래 편리성	OTP 발생기 1개를 다른 은행에서 사용 가능. 단, 디지털 OTP는 기관별로 발급받아 사용 가능.	거래 은행마다 따로 발급받아 사용

004

디렉터리 리스팅(Directory Listing)은 웹 서버의 설정에 의해 발생하는 보안 취약점으로, 서버에 존재하는 폴더 이름만 호출해도 폴더의 모든 파일 목록을 조회할 수 있는 취약점이다. Apache Web Server의 경우

apache2.conf 또는 httpd.conf 설정 파일에 Options 파라미터에 존재하는 Indexcs 설정을 제거해야 한다.

005

정답: 1번

원격 데스크톱 프로토콜(Remote Desktop Protocol, RDP)는 마이크로소프트에서 개발한 보안 네트워크 통신 프로토콜이다. 이를 통해 네트워크 관리자는 개별 사용자가 겪는 문제를 원격에서 진단하고 사용자에게 실제 작업 데스크톱 컴퓨터에 대한 원격 액세스를 제공한다. RDP는 재택근무를 하거나 출장하는 직원이 업무용 컴퓨터에 액세스해야 하는 직원이 사용할 수 있다. RDP는 또한, 사용자의 시스템을 원격에서 진단 및 복구해야 하는 지원 기술자와 시스템 유지 관리를 제공하는 관리자가 자주 사용한다. 원격 데스크톱 세션을 사용하려면 사용자 또는 관리자가 RDP 클라이언트 소프트웨어를 사용하여 RDP 서버 소프트웨어를 실행하는 원격 Windows PC 또는 서버에 연결해야 한다. 그래픽 사용자 또는 관리자는 그래픽 사용자 인터페이스를 사용하여 응용 프로그램을 열고 바탕 화면 앞에 있는 것처럼 파일을 편집할 수 있다.

RDP 클라이언트는 대부분의 Windows 버전뿐만 아니라 macOS, Linux, Unix, Google Android, Apple iOS 등에서 사용할 수 있다. 오픈 소스 버전도 사용할 수 있다. RDP는 ITU-T(International Telecommunications Union-Telecommunication) T.128 애플리케이션 공유 프로토콜의 확장이다. RDP는 클라이언트, 서버 및 가상 시스템 간에 보안 연결을 만드는 안전하고 상호 운용 가능한 프로토콜이다. RDP는 다양한 Windows OS 및 장치에서 작동하며 원격 데이터 저장소를 통해 강력한 물리적 보안을 제공한다. RDP의 주목할 만한 속성과 특징은 다음과 같다.

- 스마트카드 인증
- 대역폭 감소
- 여러 디스플레이를 사용하는 기능
- 로그오프하지 않고 일시적으로 연결을 끊을 수 있는 기능
- RemoteFX 가상화 GPU(그래픽 처리 장치) 지원
- RC4 암호화를 사용하는 마우스 및 키보드 데이터에 대한 128비트 암호화
- 원격 데스크톱에서 사용자의 컴퓨터로 오디오를 전달
- 로컬 파일을 원격 데스크톱으로 리디렉션
- 로컬 프린터는 원격 데스크톱 세션에서 사용
- 원격 데스크톱 세션의 응용 프로그램은 로컬 포트에 액세스 가능
- 로컬 컴퓨터와 원격 컴퓨터 간의 클립 보드 공유
- 원격 데스크톱의 응용 프로그램은 로컬 컴퓨터에서 실행 가능
- 전송 계층 보안 지원
- RemoteApp의 개선
- 데이터 전송을 위해 최대 64,000개의 독립 채널을 지원
- 데이터는 128비트 키를 사용하여 암호화할 수 있다. 대역폭 감소 기능은 저속 연결에서 데이터 전송 속도를 최적화한다. 모든 RDP 클라이언트가 이러한 모든 기능을 지원하는 것은 아니다. 또한, 클라이언트는 향상된 세션 모드에서 작동할 때만 특정 기능을 지원할 수 있다.

— ⌂ 출처 https://www.techtarget.com/

006

정답: 2번

lastlog 명령어는 리눅스의 각 사용자가 가장 최근에 로그인한 기록을 담은 파일이자, 그 파일을 조회하기 위한 명령어이다. 파일은 바이너리로 되어 있어서 동명의 명령어를 통해 조회할 수 있다.

- **명령어 프로그램 위치:** /usr/bin/lastlog
- **파일 위치:** /var/log/lastlog

lastlog는 대부분의 리눅스 배포판에서 사용할 수 있는 프로그램이다. 로그인 이름, 포트, 마지막 로그인

날짜 및 시간을 포함하여 볼 수 있다. 만약 로그 기록 중 출처를 알 수 없는 로그 기록이나 로그인을 허용하지 않은 사용자의 로그 기록이 있다면 크래킹의 흔적으로 볼 수 있으므로 전체적인 시스템을 세밀하게 분석할 필요가 있다.

- lastlog: 사용자별로 마지막 로그인한 시간을 확인할 수 있다.
- lastlog -u [계정명]: 해당 계정의 마지막 로그인 시간을 확인할 수 있다. lastlog | grep [계정명]과 같다(헤더 차이).
- lastlog -t [일수]: 해당 일수 내에 접속한 기록을 확인할 수 있다. logname 명령어는 사용자를 변경하더라도 최초의 로그인 사용자를 출력하고, whoami와 id 명령어는 변경된 사용자 정보를 출력한다.
- whoami: 현재 시스템 사용자 이름을 출력, id: 현재 시스템 사용자의 UID, GID, groups를 출력

007

정답: 3번

ePUB 3.0은 2010년 5월에 IDPF 멤버십이 승인한 헌장에 따라 개발되었다. ePUB 3.0은 2011년 10월 11일에 유효한 최종 권장 사양으로 IDPF 멤버십에 의해 승인되었으며 ePUB(2.0.1)의 이전 배포를 대체했다. EPUB은 2011년 3.0 버전이 발표되면서 큰 전환기를 맞았다. ePUB 3.0은 이전의 EPUB 규격이 e잉크 전자책 단말기를 염두에 둔 것과 달리, 스마트폰과 태블릿 PC가 보급되는 상황에서 발표됐다.

EPUB 3.0의 핵심은 웹 문서로 표현하는 것을 전자책으로 구현할 수 있다는 점이다. 우리가 방문하는 웹사이트 중 화려하게 꾸민 페이지가 EPUB 3.0 기술을 이용하면 전자책이 될 수 있다. 메뉴 단추를 누르면 숨겨진 단추가 뜨는 것도 EPUB 3.0 전자책에서 구현할 수 있다. 배경 이미지 위에 글자를 얹은 디자인도 가능하다. 텍스트 파일(TXT)과 크게 다르지 않던 이전과는 크게 다른 변화다.

ePUB 3.0의 등장으로 흑백 단말기로 보던 전자책이 색, 소리, 영상을 얻게 된 것이다. 이전까지 편집·디자인이 조금 복잡하면 PDF 형식으로 전자책을 만들곤 했는데, 앞으로는 ePUB 전자책으로 만들 수 있게

되었다. 화면을 누르면 그림이 움직이고 소리가 나오는 동화책 앱(앱북)도 ePUB 전자책으로 만드는 데 문제가 없다.

ePUB 3.0의 주요 특징은 다음과 같다.

Audio & Video	HTML5, 리치 미디어에 대한 지원
Script	스크립트 콘텐츠 지원
메타데이터	출판 관련한 메타데이터를 추가하기 위한 다양한 선택사항이 있을 수 있음
MathML	MathML 직접 임베딩 가능, 수식을 그래픽/이미지 형태가 아닌 텍스트로 표현
CSS3	CSS3 지원, 행 조절, 하이픈 연결하기 등에 대해 상세한 조정 가능
다중 스타일 시트	다중 스타일시트를 사용한 표현을 지원, 다이나믹한 가로쓰기, 세로쓰기가 가능
OTF & WOFF	사용자 시스템에 설치되지 않은 서체를, EPUB 파일 내부에 담아 표시하도록 허용
SVG 지원	SVG 파일 그 자체뿐 아니라 콘텐츠 내부에 있는 인라인 벡터 그래픽 표현 가능

EPUB 3.0의 주요 특징(자료 출처: 'IDPF 초청 전자출판물 표준화 워크숍' 자료집 - 전자출판 표준화포럼 국제분과 작성)

⌂ 출처　EPUB 3.0 | International Digital Publishing Forum (idpf.org)

008

정답: 1번

그래프 데이터베이스(Graph Database, GDB)는 관계를 저장하고 탐색하도록 특별히 구축되었다. 관계는 그래프 데이터베이스에서 매우 중요한 존재이기 때문에 그래프 데이터베이스의 가치는 대부분 이러한 관계에서 파생된다.

그래프 데이터베이스는 노드를 사용하여 데이터 엔티티를 저장하고 에지로는 엔티티 간의 관계를 저장한다. 에지는 항상 시작 노드, 끝 노드, 유형과 방향을 가지며, 상하위 관계, 동작, 소유자 등을 문서화한다. 하나의 노드가 가질 수 있는 관계의 수와 종류에는 제한이 없다.

그래프 데이터베이스의 그래프는 특정 에지의 유형 또는 전체 그래프를 전반을 통하여 횡단될 수 있다. 그래프 데이터베이스에서 노드 간의 관계는 쿼리 시간에

는 포함되지 않지만 데이터베이스에서 유지되기 때문에 조인 또는 관계를 횡단하는 속도가 매우 빠르다.

그래프 데이터베이스는 데이터 간의 관계를 만들고 이러한 관계를 신속하게 쿼리해야 할 때 소셜 네트워킹, 추천 엔진, 이상 탐지 등의 사용 사례에 유용하게 활용되고 있다. 래프 데이터베이스는 그래프 이론에 기반을 두며 노드, 에지(edge), 프로퍼티를 갖추고 있다.

(1) **노드(node)**: 추적 대상이 되는 사람, 기업, 계정 등의 실체를 대표한다. 관계형 데이터베이스의 레코드, 관계, 로우, 도큐먼트 데이터베이스의 도큐먼트와 개념이 거의 동등하다.

(2) **에지(edge)**: 그래프(graph)나 관계(relationship)라고도 하며 노드를 다른 노드에 연결하는 선으로 관계를 표현한다.

(3) **프로퍼티(property)**: 노드의 정보와 밀접한 관련이 있다. 이를테면 위키백과가 노드 중 하나라면 위키백과의 어떠한 관점이 주어진 데이터베이스에 밀접한 관련이 있느냐에 따라 웹 사이트, 참고 문헌, 'w'로 시작하는 낱말과 같은 프로퍼티에 묶여 있을 수 있다.

── ⌂ 출처 https://youtu.be/ZAoqha60lrl

OO9
정답: 4번

FTP(File Transfer Protocol)은 액티브 모드(Active Mode)와 패시브 모드(Passive Mode)로 분류할 수 있다. 액티브 모드에서는 FTP 서버의 명령어 포트는 21번, 파일 전송 포트는 20번으로 고정되며 클라이언트가 자신이 사용할 포트를 서버에게 알려주게 된다. 반면에 패시브 모드에서는 FTP의 명령어 포트는 20번, 파일 전송 포트는 임의로 선정하여 클라이언트에게 알려주고 해당 포트로 파일을 주고받게 된다. 문제의 설명은 FTP 패시브 모드에 해당한다.

O1O
정답: 2번

통합 클라우드 중심 플랫폼에서 제공되는 보안 서비스 에지(SSE)를 통해 조직은 기존 네트워크 보안의 문제에서 벗어날 수 있게 되었다 SSE는 다음 4가지 주요 이점을 제공한다.

(1) **더 나은 위험 감소(Better risk reduction)**: SSE를 사용하면 네트워크에 얽매이지 않고 사이버 보안을 진달할 수 있다. 위치에 관계없이 사용자-앱 연결을 추적할 수 있는 클라우드 플랫폼에서 보안이 제공된다. 모든 보안 서비스를 통합된 방식으로 제공하면 제품 포인트 간에 흔히 볼 수 있는 격차가 제거되므로 위험이 줄어든다. SSE는 또한, 사용자가 어디에 있든 액세스 채널에 관계없이 데이터에 대한 가시성을 향상시킨다. 또한, SSE는 수동 IT 관리의 일반적인 지연 시간 없이 클라우드 전체에 보안 업데이트를 자동으로 적용한다.

(2) **제로 트러스트 액세스(Zero trust access)**: SSE 플랫폼(SASE와 함께)은 사용자, 장치, 응용 프로그램 및 콘텐츠의 네 가지 요소를 기반으로 하는 강력한 제로 트러스트 정책을 통해 사용자가 클라우드 또는 개인 앱에 최소 권한으로 액세스할 수 있도록 해야 한다. 어떤 사용자도 본질적으로 신뢰해서는 안 되며, ID와 정책을 기반으로 액세스 권한을 부여해야 한다. 인터넷을 통해 비즈니스 정책을 사용하여 사용자와 앱을 안전하게 연결하면 사용자가 네트워크에 연결되지 않기 때문에 더 안전한 원격 경험이 보장된다. 한편, 위협은 측면으로 이동할 수 없으며 애플리케이션은 SSE 플랫폼 뒤에서 계속 보호된다. 앱은 인터넷에 노출되지 않으므로 검색할 수 없으므로 공격 표면이 줄어들고 보안이 강화되고 비즈니스 위험이 최소화된다.

(3) **사용자 경험(User experience)**: 가트너의 정의에 따르면 SSE는 데이터센터의 전 세계에 완전히 분산되어야 한다. 최고의 SSE 아키텍처는 IaaS 인프라에서 SSE 플랫폼을 호스팅하는 공급업체와 달리 모든 데이터센터의 검사를 위해 특별히 제작되었다. 분산 아키텍처는 TLS/SSL 암호 해독 및 검사를 포함한 콘텐츠 검사가 최종 사용자가 SSE 클라우드에 연결하는 곳에서 발생하기 때문에 성능을 개선하고 대기 시간을 줄여준다. SSE 플랫폼 전반에 걸친 피어링과 결합하여 모바일 사용자에게 최고의 경험을 제공한다. 더는 느린 VPN을 사용할 필요가 없으며 퍼블릭 및 프라이빗 클라우드의 앱에 빠르고 원활하게 액세스할 수 있다.

(4) **통합 이점(Consolidation advantages)**: 모든 주요 보안 서비스가 통합되어 비용과 복잡성이 감소한다. SSE는 SWG, CASB, ZTNA, 클라우드 방화벽(FWaaS), 클라우드 샌드박스, 클라우드 DLP(데이터 손실 방지), CSPM(클라우드 보안 상태 관리), CBI(클라우드 브라우저 격리)와 같은 여러 주요 보안 서비스를 모두 하나로 제공할 수 있다. 플랫폼. 또한, 모든 것이 당장 필요하지 않은 경우 조직이 성장함에 따라 이러한 서비스를 쉽게 추가할 수 있다. 모든 보호가 하나의 정책으로 통합되

어 사용자와 데이터가 통과하는 모든 채널이 일관되게 동일하게 보호된다.

011

hosts 파일에는 호스트 도메인 주소와 IP를 매핑하는 정보가 담겨 있다. 만약 hosts 파일이 해커에 의해서 변조될 경우 사용자는 인지하지 못한 채 비정상적인 호스트에 접근하게 될 수 있다. 따라서 안티바이러스 솔루션에서는 hosts 파일의 변조 여부를 실시간으로 탐지하면서 악성 코드에 의한 감염과 피해를 예방해야 한다.

012

정확한 데이터 매칭(Exact Data Matching, EDM)은 가장 민감한 콘텐츠를 보호하도록 설계되었다. EDM을 사용하여 개인 식별 정보(PII)를 포함하여 구조화된 표 형식 데이터를 감지할 수 있다. EDM은 구조화 또는 구조화되지 않은 대상에서 인덱싱된 데이터 소스의 일부인 레코드를 찾도록 설계되었다. 몇 가지 예는 사회 보장 번호, 은행 계좌 번호 및 신용 카드 번호 등이다. 또한, 고객 및 직원의 기밀 기록, 가격 목록 항목, 부품 목록의 부품, 구조화된 데이터 소스(예: 데이터베이스, 디렉터리 서버) 또는 구조화된 데이터 파일(예: CSV 또는 스프레드시트)에 저장된 기타 기밀 데이터를 탐지할 수도 있다.

EDM 정책을 구현하려면 보호할 데이터를 식별하고 준비해야 한다. Enforce Server 관리 콘솔을 사용하거나 원격 EDM 인덱서를 사용하여 원격에서 정확한 데이터 프로필을 생성하고 구조화된 데이터 소스를 인덱싱한다. 인덱싱 프로세스 동안 시스템은 텍스트 기반 콘텐츠에 액세스 및 추출하여 데이터를 인덱싱하고, 이를 정규화하고, 되돌릴 수 없는 해시를 사용하여 보호한다. 데이터 소스에서 현재 데이터를 가져온 후 정기적으로 인덱싱을 예약하여 EDM 인덱스가 현재 데이터를 반영하도록 할 수 있다.

데이터를 프로파일링한 후에는 인덱싱된 데이터의 개별 부분과 일치하도록 Content Matches Exact Data 조건을 구성한다. 정확도를 높이려면 특정 레코드의 데이터 필드 조합과 일치하도록 조건을 구성할 수 있다. EDM 정책 조건은 데이터의 동일한 행 또는 레코드에서 오는 데이터와 일치한다. 예를 들어, 메시지에서 함께 발생하고 고객 데이터베이스의 레코드에 해당하는 이름, 성, SSN, 계정 또는 전화번호 중 세 가지를 찾도록 EDM 정책 조건을 구성할 수 있다.

정책이 하나 이상의 탐지 서버, 클라우드 탐지 서비스 또는 어플라이언스에 배포되면 시스템은 정형 또는 비정형 형식으로 프로파일링한 데이터 필드(또는 레코드)를 탐지할 수 있다. 예를 들어, EDM 정책을 Network Discover Server에 배포하고 인덱스의 데이터 레코드와 일치하는 기밀 데이터에 대해 데이터 저장소를 스캔할 수 있다. 또한, EDM 정책을 Network Prevent for Email Server에 배포하여 마이크로소프트 워드 파일과 같은 이메일 통신 및 첨부 파일의 레코드를 탐지할 수 있다. 첨부 파일이 마이크로소프트 엑셀과 같은 스프레드시트인 경우 EDM 정책은 여기에도 기밀 레코드가 있는지 감지할 수 있다.

013

컴퓨터 저장에서 Bélády의 이상은 페이지 프레임 수를 늘리면 특정 메모리 액세스 패턴에 대한 페이지 결함 수가 증가하는 현상이다. 이 현상은 FIFO(First-in First-At) 페이지 교체 알고리즘을 사용할 때 일반적으로 나타난다. 즉, 실패가 자주 발생할 경우 페이지 프레임을 증가시키면, 즉 사용 가능한 메모리를 늘리면 직관적으로 생각할 때 실패가 줄어들 것으로 보이나 실제로는 그렇지 않게 되는 현상을 의미한다. FIFO에서는 페이지 프레임이 증가함에 따라 페이지 오류가 증가하거나 증가하지 않을 수 있지만 LRU와 같은 최적 및 스택 기반 알고리즘에서는 페이지 프레임이 증가함에 따라 페이지 오류가 줄어든다. László Bélády는 1969년에 이것을 시연했다.

014

코드 네임(Code Name)은 본래 프로젝트 개발 단계에서 보안을 유지하기 위해 사용하는 가명이다. 코드 네임이란 OS 버전의 이름과 같다고 볼 수 있으며 일반적으로 해당 제품의 기능을 새롭게 추가하거나 이전 버전의 제품이 가지고 있던 버그를 수정하는 경우 메이저 업데이트 또는 마이너 업데이트를 거듭하면서 동시에 버전 번호를 올린다.

이렇게 버전이 달라질 때 버전 이름을 기억하기도, 지칭하기도 어려워진다. 따라서 쉽게 부를 수 있는 이름을 붙여주는 것과 같이 각 버전에 코드 네임을 붙여 사용하기도 한다. 사용자들이 OS 버전의 이름을 좀 더 쉽고 친근하게 기억할 수 있도록 각 버전에 코드 네임을 붙인 것이다. 이를 통해, 소비자에게 친숙하고 더욱 기억에 남을 수 있는 효과도 얻을 수 있다.

다음은 역대 안드로이드 버전별 디저트 코드 네임이다.

- 안드로이드1.5 컵케이크
- 안드로이드1.6 도넛
- 안드로이드2.0 에클레어
- 안드로이드2.3 프로요
- 안드로이드2.3 진저브레드
- 안드로이드3.0 허니콤
- 안드로이드4.0 아이스크림샌드위치
- 안드로이드4.3 젤리빈
- 안드로이드4.4 킷캣
- 안드로이드5.0 롤리팝
- 안드로이드6.0 마시멜로
- 안드로이드7.0 누가
- 안드로이드8.0 오레오
- 안드로이드9.0 파이
- 안드로이드10 퀸스 타르트(구글 내부 명칭)
- 안드로이드11 레드벨벳 케이크(구글 내부 명칭)
- 안드로이드12/12L 스노우콘(구글 내부 명칭)
- 안드로이드13 티라미스구글(구글 내부 명칭)
- 안드로이드14 업사이드다운 케이크(구글 내부 명칭)

015

무단 정보 접근은 정보의 저장, 보존, 보관 또는 폐기에 대한 부적절한 품질 또는 보호 관행 때문에 승인되지 않은 사람이 민감한 정보에 액세스하거나 볼 수 있다.

(1) **역할과 책임을 설정**(Establish roles and responsibilities): 권한 수준, 책임 및 책임을 포함하여 기업 I&T에 대한 역할과 책임을 정의하고 전달한다.

(2) **정보(데이터) 및 시스템 소유권을 정의**(Communicate management objectives, direction and decisions made): 정보(데이터) 및 정보 시스템의 소유권에 대한 책임을 정의하고 유지한다. 소유자가 정보 및 시스템을 분류하고 분류에 따라 보호하도록 한다.

(3) **조직의 데이터 관리 전략과 역할 및 책임을 정의하고 전달**(Define and communicate policies and procedures): 기업 전략 및 목표에 따라 조직 데이터 자산을 관리하고 개선하는 방법을 정의한다. 모든 이해관계자에게 데이터 관리 전략을 전달한다. 기업 데이터가 중요한 자산으로 관리되고 데이터 관리 전략이 효과적이고 지속 가능한 방식으로 구현 및 유지되도록 역할과 책임을 할당한다.

(4) **데이터 품질 전략을 정의**(Manage quality standards, practices and procedures and integrate quality management into key processes and solutions): 비즈니스 목표 및 목표를 지원하는 데 필요한 데이터 품질 수준(복잡성, 무결성, 정확성, 완전성, 유효성, 추적 가능성 및 적시성 등)을 달성하고 유지하기 위한 통합된 조직 차원의 전략을 정의한다.

(5) **데이터 자산의 생명 주기를 관리**(Manage network and connectivity security): 조직이 생성 또는 획득에서 폐기에 이르기까지 데이터 생명 주기 동안 비즈니스 프로세스를 통해 데이터 흐름을 이해, 매핑, 인벤토리 및 제어하도록 한다.

(6) **자산 생명 주기를 관리**(Manage vulnerabilities and monitor the infrastructure for security-related events): 정보 및 데이터 자산의 조달에서 폐기까지 관리한다. 자산이 가능한 한 효과적이고 효율적으로 활용되고 적절하게 폐기될 때까지 설명되고 물리적으로 보호되도록 한다.

016

XACML(eXtensible Access Control Markup Language)은 접근 제어 정책을 표현하기 위한 XML 표현이다. 접근 제어는 요구된 자원 접근이 허용되어야 하는지에 대한 판단 정보와 접근 결정을 시행하기 위한 정보로 구성된다. 접근 제어 정책은 접근 제어 결정을 위한 기준이 된다. XACML 핵심 규격은 인가 정책을 평가하기 위한 문법과 규칙으로 정의된다.

XACML은 대규모 환경에서 동작하며, 접근 제어 용으로 이용되는 정보가 자동화된 주체에 의하여 관리되는 응용을 위해 효율적으로 동작하도록 설계되어 있다. XACML 정책은 요구의 일시와 같은 환경 정보, 자원의 특성과 내용, 활동 임의 주체의 신원과 속성을 포함하여 인가 결정하는 데 필요한 모든 가용한 정보를 포함한다.

XACML은 풍부한 불리안 연산자(Boolean Operators)와 데이터 조작 연산자를 규정하고 있다. XACML은 특정 접근 제어 판단에 적용할 수 있는 여러 가지 정책들을 고려하고 있고, 상충하는 판단 결과를 해결하기 위한 확장 가능한 조합 집합을 제공한다.

XACML은 또한, 접근이 허용되고 거부될 때 취해져야 할 추가적인 행동을 규정하기 위한 광범위한 메커니즘을 제공한다.

다음과 같이 XACML에 대한 특성이 존재한다.

(1) **표준성**: 표준 언어를 사용하면 대규모 전문가 및 사용자 커뮤니티에서 검토한 것을 사용할 수 있으며 매번 자체 시스템을 구축할 필요성이 없다. 또한, 새로운 언어 디자인 참여 등 모든 까다로운 문제에 대해 고려할 필요도 없다. XACML이 더 널리 배포됨에 따라 동일한 표준 언어를 사용하는 다른 응용 프로그램과의 상호 운용이 더 쉬워진다.

(2) **일반성**: 특정 환경이나 특정 종류의 리소스에 대한 액세스 제어를 제공하려고 하지 않고 모든 환경에서 사용할 수 있다. 하나의 정책을 작성하면 여러 종류의 응용 프로그램에서 사용할 수 있으며 하나의 공통 언어를 사용하면 정책 관리가 훨씬 쉬워진다.

(3) **분산성**: 이는 임의의 위치에 보관된 다른 정책을 참조하는 정책을 작성할 수 있음을 의미한다. 그 결과 단일 정책을 관리하는 대신 다른 사람이나 그룹이 정책의 하위 부분을 적절하게 관리할 수 있으며 XACML은 이러한 다양한 정책의 결과를 하나의 결정으로 올바르게 결합하는 방법을 알고 있다.

(4) **효율성**: 기본 언어를 확장하는 방법에는 여러 가지가 있지만, 많은 환경에서는 그렇게 할 필요성은 없다. 표준 언어는 이미 다양한 정책의 결과를 결합하는 데 필요한 다양한 데이터 유형, 기능 및 규칙을 지원한다. 이외에도 XACML을 SAML 및 LDAP와 같은 다른 표준에 연결하는 확장 및 프로필에 대해 작업하는 표준 그룹이 이미 있으므로 XACML을 사용하는 방법의 수가 증가한다.

017

SQL Injection 공격 기법 중에서 Blind SQL Injection에 대한 문제이다. 서버의 설정을 변경하여 데이터베이스 SQL 오류가 웹 페이지에 표시되지 않도록 한다면, Error SQL Injection 공격이 무효화된다. 이때 사용하는 기법이 Blind SQL Injection이며 SQL의 성공과 실패 여부를 통해 데이터베이스의 정보를 파편적으로 알아내서 조합한다.

예를 들어 order by 1부터 order by 10~20과 같이 숫자를 늘려가면서 실패할 때까지 수행한다면 해당 테이블의 칼럼 개수를 알 수 있다. db_name() 값에 대해 substring으로 a부터 Z까지 조회하면 데이터베이스의 이름을 알아낼 수 있다. 이와 같은 공격은 보통 자동화 도구를 이용한다.

018

개발 보드(데모 보드)는 중앙 프로세서, 메모리, 입력 장치, 출력 장치, 데이터 경로 버스 및 외부 리소스 인터페이스를 포함한 임베디드 시스템 개발에 사용되는 일련의 하드웨어 구성요소다. 개발 보드는 일반적으로 개발 요구에 따라 임베디드 시스템 개발자에 의해 사용자 정의되며 사용자가 연구하고 설계할 수 있다. 개발 보드는 초보자가 시스템의 하드웨어 및 소프트웨어를 이해하고 배우기 위한 것이다. 동시에 일부 개발 보드는 기본 통합 개발 환경 및 소프트웨어 소스 코드 및 하드웨어 회로도 제공한다. 프로토타이핑과 다양한 수준의 기능을 제공하면서 인기를 끄는 다수의 IoT 개발 보드가 있다. 이러한 개발 보드는 장치의 두뇌 역할을 하는 마이크로 컨트롤러, 메모리를 제공하는 디지털 및 아날로그 범용 입출력 핀을 제공한다. 이러한 보드는 완전한 IoT 장비를 위해 다른 보드에 커뮤니케이션 기능, 새로운 센서, 액추에이터 등을 제공하기 위해 모듈식으로 다른 보드에 추가할 수 있다. 일반인이 사용하는 것이 아닌 말 그대로 개발자들이 사용하기 위해 만들어진 것으로, 모듈 형태의 보드도 꽤 가격이 있는 경우가 많고 여러 모듈이 집적된 키트형은 수십만 원이나 백만 원대까지 가는 물건도 있다. 종류는 라즈베리 파이, 아두이노, 오드로이드, 바나나 파이, 비글보드, 라떼판다, 큐비보드 등이 있다.

019
정답: 1번

활성화 잠금(Activation Lock)은 개인이 귀하의 허가 없이 귀하의 장치를 재활성화하는 것을 방지하여 애플 장치에 대한 무단 진입을 방지한다. 활성화 잠금은 '나의 찾기' 앱 기능과 연결되어 애플의 iCloud 및 애플 ID와 통신한다. 이 기능을 활성화하면 사용자의 애플 ID와 암호를 입력할 때까지 애플 장치가 잠긴다. 기기에서 '나의 찾기' 앱을 켜면 활성화 잠금이 자동으로 켜진다. 원격으로 기기를 지워도 잠금이 활성화되어 침입자가 기기를 제대로 사용하기 어렵다. 이를 위해 애플 ID와 암호를 안전하게 유지해야 한다.

분실했거나 도난당한 것으로 의심되는 기기라면 즉시 '나의 찾기' 앱에서 분실로 표시하도록 한다. '분실 표시'는 비밀번호를 사용하여 화면을 잠그고 전화번호와 함께 개인화된 메시지를 표시하여 찾는 데 도움이 된다. 필요한 경우 기기를 원격에서 초기화할 수 있다. 장치가 지워진 후에도 개인화된 메시지는 장치를 찾는 모든 사람에게 계속 표시된다. 연락처나 가까운 경찰서를 알려주면 안전하게 기기를 인도받을 수 있다.

그러나 반대로 활성화 잠금을 갖는 것은 때때로 번거로울 수 있다. 이럴 때는 활성화 잠금을 우회해야 한다. Hexnode UEM을 사용하면 두 가지 방법으로 활성화 잠금을 우회할 수 있다. MDM 콘솔에서 활성화 잠금을 지우도록 선택하거나 우회 코드로 이를 우회할 수 있다. 활성화 잠금을 우회한 후에도 필요한 경우 잠금을 다시 활성화할 수 있다.

020
정답: 4번

/etc/password 파일에는 계정이름, UID, GID, 이름, 홈 디렉터리 등을 저장하는 읽기 전용 시스템 파일이다. /etc/password 파일에 X 플래그가 설정된 경우 실제 비밀번호는 /etc/shadow 파일에 저장되어 있다. /etc/shadow 파일에는 계정의 비밀번호를 일방향 함수인 해시로 암호화한 결과를 저장하며 최근 변경일자, 만료일자, 유예기간, 최소 사용일자 최대 사용일자 등의 정보를 보관한다.

021
정답: 4번

TCP 래퍼(TCP Wrappers)란 호스트 기반의 네트워크 시스템으로, TCP 서버에서 네트워크 접근에 대한 필터링을 하는 것이다. TCP 래퍼는 UNIX 서버에 방화벽 서비스를 제공하는 공용 도메인 컴퓨터 프로그램이다. 이 프로그램은 Wietse Venema에서 개발했으며 보호되지 않는 UNIX 컴퓨터가 네트워크에 연결되면 컴퓨터의 시스템이 네트워크에 연결된 다른 컴퓨터 사용자에게 노출된다.

예를 들어, 해커는 finger 유틸리티를 사용하여 주어진 서버에 로그온한 사용자를 결정할 수 있으며 또한, 개별 컴퓨터의 ID와 사용자의 최근 인터넷 행동에 대한 다양한 세부 정보를 찾을 수 있다. 해커는 워크스테이션이 유휴 상태일 가능성이 있는 때를 확인한 다음 무인 상태일 때 해당 워크스테이션에 액세스하여 사용할 수 있다.

TCP 래퍼는 이를 방지하기 위해 방화벽 역할을 할 수 있다. TCP 래퍼는 들어오는 패킷을 모니터링한다. 외부 컴퓨터나 호스트가 연결을 시도하면 TCP 래퍼는 해당 외부 엔티티가 연결할 권한이 있는지를 확인한다. 승인되면 액세스가 허용되나 그렇지 않으면 액세스가 거부된다. 이 프로그램은 개별 사용자 또는 네트워크 요구 사항에 맞게 조정할 수 있다.

022
정답: 3번

웹 애플리케이션 개발 시 KISA에서 배포하는 시큐어코딩 가이드라인에 따라 보안성 수준을 고려하여 개발해야 한다. 또한, 설계 단계에서부터 보안성을 고려해야 하고 통합테스트 시점에 보안성 검토 및 시험이 진행되어야 한다. (나)에서 POST 방식의 애플리케이션 호출은 웹 브라우저 Querystring을 조정할 수 없으며 이렇게 가능한 것은 GET 방식의 호출이다. (다)에서 Web Proxy Tool로 테스트 가능한 우회 로직은 Front-end이며 Back-end 로직은 우회가 불가능하다. (라)에서 데이터베이스의 오류 정보를 웹 페이지에 보여줄 경우 Error SQL Injection의 공격을 위한 취약점으로 활용될 수 있으므로 설정 값을 비활성화해야 한다.

023
정답: 1번

인덱싱된 문서 일치(Indexed Document Matching, IDM)는 문서 콘텐츠와 이미지를 보호하도록 설계되었다. IDM을 사용하여 문서 및 파일에 구조화되지 않은 데이터로 저장된 기밀 정보를 보호한다. 예를 들어,

IDM을 사용하여 MS Office 문서에 저장된 재무 보고서 데이터, PDF 파일에 저장된 합병 및 인수 정보, 텍스트 파일에 저장된 소스 코드를 감지할 수 있다.

IDM은 부분 및 파생 텍스트 기반 콘텐츠 일치를 수행하기 위해 지문 문서의 인덱스에 의존한다. 또한, IDM을 사용하여 바이너리 스탬프를 기반으로 인덱싱된 문서를 정확하게 일치시킬 수도 있다. 텍스트 기반 문서뿐만 아니라 그래픽 및 미디어 파일도 포함한다. 즉, IDM을 사용하여 JPEG 이미지, CAD 디자인 및 멀티미디어 파일과 같은 이진 파일을 감지할 수 있다. 또한, 원본 문서에서 다른 파일로 복사된 텍스트와 같은 파생 콘텐츠를 감지할 수 있다.

024
정답: 1번

ICT 산업이 변화하고 있다. PC에서 모바일 기기로, 모바일 기기에서 웨어러블 기기와 IoT로 변화하고 있다. 가트너 그룹에 의하면 2009년까지 IoT를 이용하는 사물의 개수가 9억 개였으나, 2020년까지 260억 개에 이를 것으로 예상하고 있다. 이러한 변화에 따라 IoT에 맞는 운영체제가 필요하게 되었고, 이러한 필요성에 따라 다양한 IoT 운영체제가 개발되어 나오고 있다. IoT(Internet of Things)는 가전제품, 모바일 장비, 웨어러블 컴퓨터 등 다양한 임베디드 시스템에 센서와 통신 기능을 내장하여 인터넷에 연결되는 기술을 말한다. IoT에 연결된 사물들은 외부 환경으로부터의 데이터 취득을 위한 센서와 고유의 IP 주소를 가지고 인터넷에 연결되어 사용된다.

IoT를 구축하려면 사물 신원 확인, 네트워크 구축, 감각 부여, 컨트롤 가능성 등의 기술적인 환경 구축이 선행되어야 한다. IoT 운영체제는 IoT를 동작시키는 운영체제로서, 대표적인 IoT 운영체제는 Tizen, Brillo, Fuchsia, LiteOS, YunOS 등이 있다. 또한, 인기있는 IoT 운영체제로는 TinyOS, Contiki, MANTIS, FreeRTOS, BrilloOS, Embedded Linux, Snappy Ubuntu Core가 있다.

타이젠(Tizen)은 모바일, 웨어러블, TV, IVI 기기 등 멀티 플랫폼에 대응하는 범용 운영체제로, 삼성전자와

인텔이 주도적으로 참여하는 타이젠 연합에서 개발했고 리눅스 커널을 사용하는 오픈 소스 프로젝트로 진행되고 있다. 공식 색상은 파란색과 검은색이며 공식 홈페이지에서는 Tizen Pinwheel(타이젠 바람개비)라고 부른다. 타이젠을 실행시킬 때 이 엠블럼이 빙그르르 돌아가는 부트업 애니메이션이 묘미이다.

—— ⌂ 출처 IOT 운영체제들의 기능적 특징들의 비교 및 분석
(이요섭, 문필주)

025
정답: 1번

부적절한 패치/취약점 관리(Inadequate Patch/Vulnerability Management)는 시스템을 공격이나 충돌에 취약하게 만들어, 서비스 수준을 저하시킨다. 이 위험을 완화하기 위한 통제 순서는 다음과 같다.

(1) **직접적인 이해관계자 참여, 커뮤니케이션 및 보고**(Direct stakeholder engagement, communication and reporting): 정보의 품질과 완전성을 보장하고 의무 보고를 감독하고 이해관계자를 위한 의사소통 전략을 수립하기 위한 메커니즘을 포함하여 효과적인 이해관계자 참여, 의사소통 및 보고의 수립을 보장한다.

(2) **관리 목표, 방향 및 결정을 전달**(Communicate management objectives, direction and decisions made): 기업 전체의 이해관계자에게 인식을 전달하고 조정 및 I&T 목표에 대한 이해를 촉진한다. 중요한 I&T 관련 결정과 조직에 미치는 영향에 대해 정기적으로 커뮤니케이션한다.

(3) **정책 및 절차를 정의하고 전달**(Define and communicate policies and (procedures): 정책 및 제어 프레임워크의 기타 구성요소를 준수하고 성능 측정을 유지하기 위한 절차를 마련한다. 비준수 또는 부적절한 성과의 결과를 시행한다. 추세와 성능을 추적하고 제어 프레임워크의 향후 설계 및 개선에서 이를 고려한다.

(4) **품질 표준, 관행 및 절차를 관리하고 품질 관리를 주요 프로세스 및 솔루션에 통합**(Manage quality standards, practices and procedures and integrate quality management into key processes and solutions): 합의된 품질 관리 표준

(QMS)의 의도를 충족하도록 기업을 안내하는 주요 프로세스에 대한 표준, 절차 및 관행을 식별하고 유지한다. 이 활동은 I&T 통제 프레임워크 요구 사항과 일치해야 한다. 주요 프로세스, 조직 단위, 제품 또는 서비스에 대한 인증을 고려해야 한다.

(5) **네트워크 및 연결 보안을 관리**(Manage network and connectivity security): 보안 조치 및 관련 관리 절차를 사용하여 모든 연결 방법을 통해 정보를 보호한다.

(6) **보안 관련 이벤트에 대한 취약성을 관리하고 인프라를 모니터**(Manage vulnerabilities and monitor the infrastructure for security-related events): 도구 및 기술 포트폴리오(예: 침입 탐지 도구)를 사용하여 취약성을 관리하고 무단 액세스에 대한 인프라를 모니터링한다. 보안 도구, 기술 및 탐지가 일반 이벤트 모니터링 및 사고 관리와 통합되도록 한다.

026
정답: 2번

FIPS(Federal Information Processing Standardization) 140-2는 미국의 연방 정보 처리표준으로 암호화 모듈에 대한 보안 수준을 제시한 표준이다. 레벨 1이 가장 낮은 기본 요구 사항을 만족하는 수준이며 레벨 4는 가장 높은 수준으로 정의되어 있다. 문제에서 물어본 "악의적인 목적으로 모듈의 외부에서 물리적으로 침입할 때 HSM 모듈에 저장된 암호가 삭제되어야 한다."라는 최소 요구 사항은 레벨 3에 해당한다.

027
정답: 3번

Brute Force Attack, Dictionary Attack은 모두 무작위로 수많은 데이터를 입력하여 아이디에 해당하는 비밀번호 패턴을 맞추는 단순한 기본 공격 기법이다. 이와 같은 공격을 차단하는 방법은 다양하지만 가장 쉽게 적용할 수 있으면서도 효과가 좋은 방법은 "특정 횟수 이상 비밀번호가 틀릴 때 로그인을 차단하는 방법"이다. 문제 보기의 다른 방법들도 효과가 있지만 근본적으로 완벽히 차단할 수는 없으며 추가로 효과가 있는 대응 방법은 Two-factor 인증(멀티팩터 인증)이다.

028

정답: 2번

테스터는 하드웨어 장치가 시스템 자산과 데이터를 보호하기 위한 기능을 통해 새로운 취약점을 시스템 내부에서 발생시킬 수 있는지를 평가해야 한다. 따라서 하드웨어 침투 테스트를 수행할 때 올바른 순서는 다음과 같다.

(1) 장치가 보호되거나 혹은 보호되지 않는 곳에 있는지를 확인해야 한다.

(2) 조작 방지 기능을 분석하고 디바이스를 억지로 뜯어서 열어 본다.

(3) 메모리를 덤프하고 민감한 정보의 탈취를 시도해 본다.

(4) 분석을 위한 펌웨어를 다운로드한다.

(5) 새 펌웨어를 업로드하고 펌웨어를 작동시켜 본다.

하드웨어 보안은 소프트웨어 보안과 다르다. 가장 놀라운 사실은 우리 산업체와 보안 전문가가 하드웨어 시스템과 관련된 보안 설계 기술이나 감사/침투 방법론을 마스터하지 못했다는 것이다. 위협과 이 분야의 행위자들의 작전 대응 능력 사이에는 분명한 격차가 있다. 따라서 사물 인터넷 세상에서 처리된 데이터에 대한 공격 위험이 증가하게 되었다.

Hardsploit은 소프트웨어 및 전자적 측면이 있는 도구로, 임베디드 장치의 전자 통신 인터페이스에 대한 보안 테스트를 수행하기 위한 기술 및 모듈식 플레이트(FPGA 사용)이다. Hardsploit 모듈을 사용하면 하드웨어 침투 테스터가 하드웨어 대상이 사용하는 각 유형의 전자 버스를 통해 데이터를 가로채고, 재생 또는 전송할 수 있다. 침투 테스터가 가질 상호 작용 수준은 전자 버스 기능에 따라 다르다. Hardsploit의 모듈을 사용하면 모든 종류의 전자 버스(직렬 및 병렬 유형)를 분석할 수 있다.

—— ⌂출처 https://youtu.be/FU7GmHIAk4k

029

정답: 1번

부적절한 패치/취약점 관리(Inadequate Patch/Vulnerability Management)는 기업 내부자에 의한 것이며

고의적이지만 악의적이지 않다. 이벤트가 발생하는 이유는 다음과 같다.

- IT 관련 변경 사항을 식별, 우선순위 지정 및 제공하기 위한 엔터프라이즈 접근 방식 및 프로세스에 대한 이해 부족
- 현재 조직 프로세스에 대한 요구 사항에 대한 지식 부족
- 올바른 절차에 대한 교육 또는 인식 부족
- 미숙련/우발적 내부자: 잘못된 보안 의식, 패치 필요성에 대한 취약한 인식 및 취약한 위협 인텔리전스 프로세스

그리고 이를 방지하기 위한 통제는 다음과 같다.

(1) 직접적인 이해관계자 참여, 커뮤니케이션 및 보고(Direct stakeholder engagement, communication and reporting): 예방 통제

(2) 관리 목표, 방향 및 결정을 전달(Communicate management objectives, direction and decisions made): 예방 통제

(3) 정책 및 절차를 정의하고 전달(Define and communicate policies and procedures): 예방 통제

(4) 품질 표준, 관행 및 절차를 관리하고 품질 관리를 주요 프로세스 및 솔루션에 통합(Manage quality standards, practices and procedures and integrate quality management into key processes and solutions): 예방 통제

(5) 네트워크 및 연결 보안을 관리(Manage network and connectivity security): 예방 통제

(6) 보안 관련 이벤트에 대한 취약성을 관리하고 인프라를 모니터(Manage vulnerabilities and monitor the infrastructure for security-related events): 탐지 통제

030

정답: 4번

윈도우 운영체제의 레지스트리에는 시스템 사용자의 환경 설정 정보, 파일과 프로그램 정보, 하드웨어와 소프트웨어 정보, 디스플레이와 인터페이스 시스템 정보 등이 저장된다. Windows 10 운영체제 기준으로 최상위 레지스트리 항목은 다음과 같다.

- HKEY_CLASSES_ROOT
- HKEY_CURRENT_USER
- HKEY_LOCAL_MACHINE
- HKEY_USERS, HKEY_CURRENT_CONFIG

031

TLB(Translation Lookaside Buffer)는 더 빠른 검색을 위해 가상 메모리 내용을 물리적 주소로 저장하는 메모리 캐시이다. 가상 메모리 주소가 프로그램에 의해 참조되면 검색은 CPU에서 시작된다.

먼저, 명령 캐시를 확인하여 필요한 메모리가 이러한 매우 빠른 캐시에 없으면 시스템은 메모리의 물리적 주소를 조회해야 한다. 이 시점에서 TLB는 물리적 메모리의 위치에 대한 빠른 참조를 확인한다. TLB에서 주소를 검색했지만 찾을 수 없으면 메모리 페이지 크롤링 작업으로 물리적 메모리를 검색해야 한다. 가상 메모리 주소가 변환되면 참조된 값이 TLB에 추가된다. TLB에서 값을 검색할 수 있는 경우 메모리 주소가 프로세서의 TLB에 저장되기 때문에 속도가 향상된다.

대부분의 프로세서에는 고유한 지연 감소 근접성과 현재 CPU의 높은 실행 주파수를 통해 가상 메모리 작업 속도를 높이는 TLB가 포함된다. TLB는 또한, 공유를 활성화하고자 읽기 및 쓰기 비트에 대한 권한을 사용하는 것은 물론, 사용자와 감독자 모드를 사용하여 다중 사용자 컴퓨터에서 메모리를 분리하는 데 필요한 지원을 추가한다.

TLB는 멀티태스킹 및 코드 오류로 인해 성능 문제를 겪을 수 있다. 이러한 성능 저하를 캐시 스래시라고 한다. 캐시 스래시는 리소스의 과도한 사용 또는 캐싱 시스템의 충돌로 인해 진행되지 않는 지속적인 컴퓨터 활동으로 인해 발생한다.

032

슬랙 공간(Slack Space Area)은 컴퓨터 파일에 운영체제에서 할당한 모든 공간이 필요하지 않을 때 컴퓨터의 하드디스크 드라이브에 존재하는 남은 저장소이다. 여유 공간의 조사는 컴퓨터 포렌식의 중요한 측면이다.

(1) **램 슬랙(RAM Slack):** 램 슬랙은 램에 저장된 데이터가 저장 매체에 기록될 때 나타나는 특성에 따라 붙여진 이름이다. 클러스터나 블록이라는 논리적인 섹터의 모음을 통해 데이터를 할당한다고 하더라도 물리적으로는 섹터(512바이트) 단위로 데이터가 기록된다. 이것은 섹터 단위로 처리하는 저장 매체의 특성 때문이다.

(2) **드라이브 슬랙(Drive Slack):** 드라이브 슬랙은 클러스터의 사용으로 인해 낭비되는 공간을 나타내는 용어이다. 712바이트를 기록하려면 두 개의 섹터만 사용하면 되지만, 2KB의 클러스터를 사용하기 때문에 2개의 섹터가 추가로 사용된다.

(3) **파일 시스템 슬랙(File System Slack):** 저장 매체의 물리적인 공간을 사용하려면 파일 시스템을 생성해야 한다. 이때 파일 시스템의 크기는 클러스터의 크기에 따라 결정되는데 이때 파일 시스템 마지막 부분에 사용할 수 없는 영역이 발생하곤 한다. 최근에는 파일 시스템 슬랙 부분도 악성 코드를 은닉하는 데 많이 사용하고 있다.

(4) **볼륨 슬랙(Volume Slack):** 볼륨 슬랙은 전체 볼륨 크기와 할당된 파티션 크기의 차이로 발생하는 낭비 공간이다. 파티션의 크기는 임의로 변경할 수 있으므로 다른 슬랙과 다르게 볼륨 슬랙의 공간은 임의로 변경할 수 있다.

033

가상 메모리 벌루닝(Memory ballooning)은 물리적 호스트 시스템이 특정 게스트 가상 머신(VM)에서 사용하지 않는 메모리를 검색하고 다른 사람과 공유할 수 있도록 하이퍼바이저에서 사용하는 컴퓨터 메모리 회수 기술이다. 메모리 벌루닝을 사용하면 게스트 VM에 필요한 총 RAM 양이 호스트에서 사용 가능한 물리적 RAM 양을 초과할 수 있다. 호스트 시스템의 물리적 RAM 리소스가 부족하면 메모리 벌루닝이 이를 VM에 선택적으로 할당한다.

VM이 할당된 메모리의 일부만 사용하는 경우 풍선 기술을 통해 호스트에서 사용할 수 있다. 예를 들어 호스트의 모든 VM에 8GB의 메모리가 할당된 경우 일부 VM은 할당된 공유의 절반만 사용한다. 한편, 하나의 VM에는 집중적인 프로세스를 위해 12GB의 메모리가 필요할 수 있다. 메모리 벌루닝을 통해 호스트는 사용되지 않은 메모리를 빌려 메모리 요구량이 더 많은 VM에 할당할 수 있다.

게스트 운영체제는 메모리의 일부가 할당된 VM 내에서 실행된다. 따라서 게스트 OS는 사용 가능한 총 메모리를 인식하지 못한다. 메모리 벌루닝은 게스트 운영체제가 호스트의 메모리 부족을 인식하도록 한다.

VMware와 같은 가상화 공급자는 메모리 벌루닝을 지원한다. VMware 메모리 벌룬, 마이크로소프트 Hyper-V 동적 메모리 및 오픈 소스 KVM 벌룬 프로세스는 개념상 비슷하다. 호스트는 VM에서 실행되는 풍선 드라이버를 사용하여 사용률이 낮은 VM에서 회수할 수 있는 메모리 양을 결정한다. 풍선 드라이버는 메모리 풍선 기술에 참여하는 모든 VM에 설치해야 한다. 풍선 드라이버는 하이퍼바이저에서 대상 풍선 크기를 가져온 다음 VM 내에서 적절한 수의 게스트 물리적 페이지를 할당하여 확장한다. 이 과정을 풍선 팽창이라고 한다.

사용 가능한 페이지를 해제하는 프로세스를 풍선 수축이라고 한다. 하지만 VM 메모리 벌루닝은 성능 문제를 일으킬 수 있다. 풍선 드라이버가 VM 내부에서 프로세스를 실행할 메모리가 더 이상 충분하지 않은 지점까지 확장되면 메모리 스와핑이라고 하는 다른 VM 메모리 기술을 사용하기 시작한다. 이렇게 하면 회수할 메모리 양 또는 제공되는 스토리지 IOPS의 품질에 따라 VM 속도가 느려진다. 다른 가상 메모리 관리 기술에는 메모리 오버커밋, 메모리 페이징, 메모리 미러링 및 투명 페이지 공유도 똑같은 메모리 할당 문제의 해결 방법이다.

034

정답: 4번

문제의 사례에서 전체 백업을 평일 야간에 수행할 수 있는 제한 시간이 줄어들고 점차적으로 수행시간 자체도 증가하는 추세이다. 이런 상황에서는 앞으로 매일 1회씩 전체 백업을 수행하는 데 제한이 생길 가능성이 매우 크다. 따라서 전체 백업은 주말에 1회 수행하고 평일 야간에는 전체 백업 대신에 증분 백업 또는 차등 백업으로 변경하는 것이 합리적이다. 그 외의 대응 방법은 모두 자원을 증설함으로써 경제적인 투자가 필요하거나 백업을 줄여서 가용성 위험을 증가시키는 방법이므로 적절하지 않다.

035

정답: 1번

AWS에서는 CloudTrail이라는 서비스를 이용하여 계정 활동과 관련된 작업 로그를 확인할 수 있다. 액세스 키가 유출되었다면 악의적인 사용자가 무단으로 계정에 접근하여 다양한 리소스를 생성했을 수 있다. 이를 확인하기 위해 CloudTrail로 접근하여 무단으로 생성된 리소스가 있는지 검토한 뒤 해당 리소스를 삭제해야 한다.

(1) Root 혹은 CloudTrail 권한을 가진 사용자로 로그인 후 왼쪽 위 [서비스] 클릭

(2) CloudTrail 검색 후 클릭

(3) 좌측 탭에 [이벤트 기록] 클릭

(4) 액세스 키 유출 시간 이후에 발생한 로그 확인

(5) 생성하지 않았던 리소스가 생성되었다면 리소스 삭제

액세스 키 유출 예방 방법

(1) AWS Root Access Key 생성 지양: Root Access Key 생성은 지양해야 하며, 불가피한 경우에는 IAM 사용자가 Access Key를 생성하여 서비스를 이용하는 것이 더 안전하다.

(2) 애플리케이션마다 다른 액세스 키 사용: 서로 다른 애플리케이션에 대한 별도의 액세스 키를 가지고 있으면 AWS CloudTrail를 사용하여 특정 작업을 수행한 애플리케이션을 쉽게 확인할 수 있다.

(3) 주기적으로 액세스 키 교체

(4) 사용하지 않는 액세스 키 제거

(5) 모바일 앱 이용 AWS 액세스 키 사용: AWS Console Mobile App을 내려받아 사용

036

정답: 4번

의도적으로 수정된 보안 구성(Security Configuration Intentionally Modified)에 대한 위험 소유자(Risk Owner)는 CIO, CTO, CDO, CISO이다. 보안 구성 관리(Security configuration management)는 시스템 기본 설정의 잘못된 구성을 식별한다. 구성이 잘못되면 시스템 성능 저하, 비준수, 불일치 및 보안 취약성을 비롯한 많은 문제가 발생할 수 있다. 예를 들어 라우터나 운영체

제에서 제조업체는 미리 정의된 암호나 사전 설치된 응용 프로그램을 사용하여 기본 구성을 설정하는 경우가 많다. 쉽게 악용할 수 있는 기본 설정을 수락하면 공격자가 조직의 데이터에 대한 무단 액세스를 쉽게 얻을 수 있으며 치명적인 데이터 손실을 일으킬 수 있다. 전문화된 구성 관리 도구를 통해 보안팀은 주요 자산의 변경 사항을 이해하고 침해를 조기에 감지할 수 있다. 이러한 도구는 일반적으로 다음 작업을 수행한다.

- 시스템 분류 및 관리
- 기본 구성 수정
- 적용 가능한 시스템에 새 설정 롤아웃
- 패치 및 업데이트 자동화
- 문제가 있고 규정을 준수하지 않는 구성 식별
- 수정 액세스 및 적용

보안 구성 오류는 보안 침해의 주요 원인이다. 예를 들어 2019년에는 전체 침해의 거의 절반(45%)이 잘못된 구성으로 인한 오류로 인해 발생했다. 이러한 침해의 영향으로 인해 조직이 받는 피해는 클 수밖에 없다. Ponemon Institute와 IBM에 따르면 잘못된 클라우드 구성으로 인해 발생하는 각 침해 비용은 조직에서 평균 440만 달러 이상이라고 한다

037 정답: 2번

ASLR(Address Space Layout Randomization)은 메모리상의 공격을 어렵게 하기 위해 스택이나 힙, 라이브러리 등의 주소를 랜덤으로 프로세스 주소 공간에 배치하여 실행할 때 마다 데이터 주소가 바뀌게 하는 기법이다. ASLR 우회 기법은 다음과 같다.

(1) BruteForce: 메모리가 완전히 랜덤화되는 것이 아니고 일정한 간격으로 할당이 되거나 주소의 일부 위치가 특정 배수로 할당되는 등 규칙을 파악할 수 있는 경우가 많다. 이에 규칙을 파악해서 여러 번 시도하면 반환 주소를 덮어쓰는 경우가 존재한다.

(2) Non ASLR Module: ASLR은 일종의 보안 프로그램으로 컴파일 시 명시적으로 로드해야 한다. 한 프로그램 안에서도 ASLR이 걸리지 않은 모듈(dll 등)을 찾아 공략

할 수 있다.

(3) HeapSpray: 힙 공간의 메모리가 해제되는 순간에 같은 크기의 악성 코드를 할당하면 빈 주소에 악성 코드가 할당되게 된다. 정확한 크기를 모를 경우 다양하게 padding을 부여하여 뿌려줄 수 있다.

(4) Memory Leak: 스택의 메모리를 읽어 오는 버그(또 다른 취약점)를 이용해 랜덤화 된 메모리 주소를 읽어서 사용한다.

── 🏠 출처 나무위키

038 정답: 4번

분산 서비스 거부 공격(Distributed Denial of Service, DDoS) 중 하나를 묻는 문제이다. 정확하게는 반사형 분산 서비스 거부 공격(Distributed Reflect Denial of Service, DrDoS) 기법이다. 공격에 사용되는 패킷의 발신지 주소를 공격 대상 시스템의 IP로 변조하여 전송하므로 모든 응답이 공격 대상 시스템으로 향하게 된다. SYN 패킷에 대한 응답인 SYN+ACK 패킷을 수신하게 되지만 해당 패킷이 대부분 정상적인 시스템에서 발송되므로 추적이 힘든 특징이 있다.

039 정답: 4번

SIM(보안 정보 관리)과 SEM(보안 이벤트 관리), SIEM(보안 정보 및 이벤트 관리)을 결합하면 이벤트에 대한 실시간 모니터링 및 분석은 물론 규정 준수 또는 감사 목적으로 보안 데이터를 추적 및 로깅할 수 있다.

SIEM은 조직이 비즈니스 운영을 방해할 기회가 있기 전에 잠재적인 보안 위협과 취약성을 인식하도록 도와주는 보안 솔루션이다. 사용자 행동 이상을 표시하고 인공 지능을 사용하여 위협 감지 및 사고 대응과 관련된 많은 수동 프로세스를 자동화하며 보안 및 규정 준수 관리 사용 사례를 위한 현대의 보안 운영 센터(SOC)의 필수 요소가 되었다.

수년에 걸쳐 SIEM은 이전의 로그 관리 도구 이상으로 성장했으며 오늘날 SIEM은 AI 및 기계학습의 힘으로 고급 사용자 및 엔티티 행동 분석(UEBA)을 제

공하고 있다. 이는 끊임없이 진화하는 위협과 규정 준수 및 보고를 관리하기 위한 매우 효율적인 데이터 오케스트레이션 시스템이다.

SIEM은 조직의 전체 네트워크에 걸쳐 다양한 소스에서 이벤트 데이터를 캡처한다. 사용자, 애플리케이션, 자산, 클라우드 환경 및 네트워크의 로그 및 플로우 데이터는 실시간으로 수집, 저장 및 분석되어 IT 및 보안 팀이 네트워크의 이벤트 로그 및 네트워크 플로우 데이터를 하나의 중앙 위치에서 자동으로 관리할 수 있는 기능을 제공한다. 일부 SIEM 솔루션은 내부 보안 데이터를 이전에 인식된 위협 서명 및 프로필과 상호 연관시키기 위해 타사 위협 인텔리전스 피드와 통합되기도 한다. 실시간 위협 피드와의 통합을 통해 팀은 새로운 유형의 공격 서명을 차단하거나 탐지할 수 있다.

(1) **로그 수집**: 관제 대상 시스템에 설치된 에이전트로 SNMP, syslog 서버에 저장하는 과정
(2) **로그 변환**: 다양한 로그 표현 형식을 표준 포맷으로 변환하는 과정
(3) **로그 분류**: 이벤트 발생 누적 횟수 등 유사 정보를 기준으로 그룹핑하여 한 개의 정보로 취합하는 과정
(4) **로그 분석**: 표준 포맷으로 변환된 로그 중에서 타임스탬프, IP주소, 이벤트 구성 규칙을 기준으로 여러 개 로그의 연관성을 분석하는 과정

040　　　　　　　　　정답: 2번

공개 키 기반 구조(Public Key Infrastructure, PKI)는 공개된 신뢰할 수 없는 네트워크인 인터넷에서 신뢰할 수 있는 서비스를 위해 데이터를 전송할 수 있는 기반 구조이다. 공개 키 알고리즘을 이용하며 X.509 인증서를 통해 키의 생성, 배포, 폐기 등의 관리 서비스를 수행한다. 공개 키 기반 구조는 기밀성, 무결성, 접근 제어, 키 관리, 인증, 부인 방지 기능을 제공한다.

041　　　　　　　　　정답: 2번

윈도우 10은 이전 버전의 윈도우보다 사용자에 대한 더 많은 정보를 수집하며 완전히 끄는 것은 불가능하다. 2015년 최초 출시 이후, 마이크로소프트는 EU와 민간 기업 모두에서 은밀하게 수집하는 데이터에 대해 2년 넘게 거센 비판에 직면했다. 초기 반발 이후, 그들은 개인정보 설정을 점검하고 새로운 도구를 도입했으며 블로그 게시물에서 수집한 데이터 중 일부를 공개했다.

EU 데이터 보호 감시 단체는 마이크로소프트가 사용자 데이터를 보호하는 데 충분하지 않다고 경고했으며 프랑스는 마이크로소프트에 윈도우 10 사용자 추적을 중단하라고 명령했다. 사용자 데이터가 얼마나 가치가 있는지를 보면 윈도우 10과 마이크로소프트가 얼마나 진실한지에 대해 불확실한 분위기가 있다.

윈도우 10에서 추적 및 데이터 유출을 최소화하기 위해 취할 수 있는 몇 가지 단계가 있다. 간단한 개인정보 설정부터 시작한 다음 고급 그룹 정책 및 레지스트리 편집 수정으로 넘어갈 것이다.

(1) **광고 추적 비활성화**: 웹을 탐색하거나 윈도우 10 앱을 사용할 때 윈도우는 이전 버전의 윈도우보다 훨씬 더 많은 활동 정보를 수집한다. 이 정보는 다양한 회사에서 광고를 타깃팅하는 데 사용하는 광고 ID를 만드는 데 사용된다.
(2) **위치 추적 비활성화**: 이동할 때마다 윈도우는 물리적 위치를 추적하기 때문에 사용자의 위치를 파악한다. 윈도우는 현지 날씨 또는 인근 레스토랑과 같은 관련 정보를 사용자에게 제공할 수 있도록 이 작업을 수행한다.
(3) **카메라 비활성화**: 대부분의 노트북에는 기본적으로 윈도우에서 활성화하는 카메라가 내장되어 있다. 해커가 이를 사용하여 손상되는 비디오로 사용자를 녹화하고 갈취하기 때문에 이것은 매우 위험할 수 있다. 대부분의 경우 카메라를 완전히 비활성화할 수 있으며 예를 들어 Skype를 사용하는 경우 카메라를 해당 응용 프로그램으로만 제한할 수 있다.
(4) **마이크 비활성화**: 마찬가지로 위험한 내장 마이크는 기본적으로 활성화되어 있어 숙련된 해커가 대화를 쉽게 들을 수 있다. Skype 또는 게임 헤드셋에서 마이크를 사용하는 경우 사용 중인 앱을 제한한다. 마이크를 사

용하지 않는 경우 비활성화해야 한다.

(5) **타임라인 비활성화**: 타임라인은 모든 윈도우 10 장치에서 활동을 재개하고 파일을 열 수 있는 기능이다. 이를 위해 윈도우는 각 컴퓨터의 활동에 대한 정보를 수집하고 해당 데이터를 마이크로소프트로 보낸다.

(6) **연결 공유 비활성화**: 이 기능을 사용하면 연락처에 있는 사람들이 암호를 입력하지 않고도 Wi-Fi에 액세스할 수 있다. 편리한 기능이지만 안전한 기능은 아니므로 비활성화하는 것이 좋다.

(7) **업데이트 공유 비활성화**: 기본적으로 윈도우 10은 PC에 다운로드한 업데이트를 네트워크 및 인터넷을 통해 다른 사용자와 공유한다. WUDO(Windows Update Delivery Optimization)라는 P2P 시스템으로 마이크로소프트 서버의 로드는 줄이지만 컴퓨터의 인터넷 연결 수요는 증가한다. 이로 인해 컴퓨터 속도가 느려지고 잠재적인 보안 문제가 발생한다.

(8) **진단 및 피드백 옵션 변경**: 윈도우 10을 사용할 때 마이크로소프트는 하드웨어 및 윈도우를 사용할 때 수행하는 작업에 대한 데이터를 수집한다. 마이크로소프트는 공식적으로 윈도우를 개선하고 조언을 사용자 지정하기 위해 이 작업을 수행한다고 말하지만 실제로는 이 데이터를 사용하는 방법을 모른다. 이것을 완전히 비활성화할 수는 없지만 최소 설정으로 사용할 수 있다.

(9) **백그라운드 앱 관리**: 윈도우는 일부 앱을 항상 백그라운드에서 실행하도록 유지하지만 일부는 기능에 필요하지만 대부분은 리소스를 낭비하고 데이터를 수집한다. 백그라운드 앱을 모두 끌 수 있지만 일부 기능이 손실될 가능성이 있다. 윈도우와 함께 제공되는 대부분의 윈도우 10 앱은 꺼도 안전하지만 기능을 사용하는 경우 활성화된 상태로 유지되어야 한다.

(10) **계정 정보 비활성화**: 이름, 사진 및 기타 정보와 같은 계정에 대한 세부 정보는 컴퓨터의 다른 앱과 공유된다. 대부분의 경우 필요하지 않으므로 기능을 완전히 비활성화하는 것이 좋다.

(11) **원격 측정 비활성화(고급)**: 이 가이드의 이전 설정은 데이터 수집(또는 마이크로소프트가 '원격 측정'이라고 부르는 것)을 비활성화해야 하지만 완전히 확신하기 위해 더 고급 방법을 사용하여 영구적으로 비활성화할 수 있다. 윈도우 10 버전에 따라 Home 에디션과 Enterprise, Education, IoT 및 Server 에디션의 두 가지 방법이 있다.

— ⌂ 출처 https://medium.com/geekculture/how-to-stop-windows-10-from-spying-on-you-b071134a11f6

042 정답: 4번

이 위험은 자산의 생명 주기 동안 데이터와 정보를 지속적으로 관리해야 한다. 데이터 품질, 저장, 보존, 보관 및 폐기에 대한 감사 결과가 반복적으로 있는 경우 시정 조치를 우선순위로 지정하고 일상 업무의 지속적인 일부로 만들어야 한다.

(1) 역할과 책임을 설정(Establish roles and responsibilities): 관리 통제

(2) 정보(데이터) 및 시스템 소유권을 정의(Define information (data) and system ownership): 관리 통제

(3) 조직의 데이터 관리 전략과 역할 및 책임을 정의하고 전달(Define and communicate the organization's data management strategy and roles and responsibilities): 예방 통제

(4) 데이터 품질 전략을 정의(Define a data quality strategy): 예방 통제

(5) 데이터 자산의 생명 주기를 관리(Manage the life cycle of data assets): 예방 통제

(6) 자산 생명 주기를 관리(Manage the asset life cycle): 관리 통제

043 정답: 1번

HKEY_CLASSES_ROOT 레지스트리에는 파일과 프로그램 사이에 연결된 설정 정보를 저장하고 있으며, 파일 확장자 정보를 저장한다. 따라서 파일에 대해 프로그램이 연결된 정보를 변조하는 악성 코드가 이 레지스트리를 공격하는 경우가 많다. 안티 바이러스 솔루션은 윈도우 레지스트리 정보를 실시간으로 모니터링하면서 변조 여부를 감시하고 악성 코드의 공격 패턴에 해당되는지 검사한다.

044 정답: 1번

URC(Ubiquitous Robotic Companion)는 로봇 플랫폼에 통신 기능을 장착하고 음성 인식·음성 합성 등 인공 지능 기능이 구현된 서버(URC 서버)와 통신망을 통해 접속해 사용자가 원하는 서비스를 제공하게 되며, 이는 세계 최고 수준인 우리나라의 IT 기술과 로봇을

접목하는 새로운 개념이다.

지능형 로봇은 외부 환경을 인식하고 스스로 상황을 판단하여 자율적으로 동작하는 로봇이라고 정의한다. 즉, 인간이 가지고 있는 인식과 판단 기능을 보유하여, 자율적으로 동작하거나 인간과 상호작용을 하는 로봇을 뜻하는 것이며 정보통신부는 IT기반 네트워크 로봇인 URC를 지능형 로봇의 개념으로 제시하였다. URC는 로봇의 기능을 애초부터 만들어 출시하는 것이 아니라 마치 PC에서 소프트웨어를 다운로드하여 로봇에 필요한 기능을 네트워크를 통해 내려받는 방식을 취한다.

045
정답: 3번

초당 연산 횟수가 엑사(100경=1,000,000,000,000,000,000)급에 이르는 슈퍼컴퓨터 시대가 개막되었다. 첫 테라(1조)급 슈퍼컴이 등장한 때가 1997년, 페타(1,000조)급 슈퍼컴이 선보인 때가 2008년이었으니 테라에서 페타로 넘어가는 데 11년, 페타에서 엑사로 넘어가는 데 14년이 걸렸다. 25년만에 실력을 100만 배 향상시킨 셈이다.

일반 컴퓨터가 넘볼 수 없는 뛰어난 연산 능력을 갖춘 슈퍼컴퓨터는 디지털 세상의 소리 없는 또 하나의 전쟁터라고 할 수 있다. 슈퍼컴퓨터는 애초엔 암호 해독 등 군사적 목적으로 탄생했지만 이제는 제품 설계에서 백신 개발, 기후 변화 모델링, 우주 시뮬레이션에 이르기까지 과학과 산업사회가 맞닥뜨린 복잡한 문제를 푸는 데 없어서는 안 되는 도구가 됐다.

미국이 압도적 우위를 점했던 슈퍼컴퓨터 경쟁 구도는 2000년대 이후 일본과 중국이 가세하면서 세 나라가 최강 슈퍼컴 자리를 놓고 엎치락뒤치락하는 양상을 보이고 있다. 중국은 2013년부터 톈허2A, 선웨이를 잇따라 선보이며 2017년까지 미국을 제치고 4년간 슈퍼컴퓨터 왕좌 자리를 차지했다. 현재 세계 슈퍼컴 톱500 가운데 중국 것이 173대로 미국의 126대보다 훨씬 많다. 슈퍼컴 숫자는 적지만 일본도 이 분야의 세계 최강국 가운데 하나다. 일본의 슈퍼컴 후가쿠는 2020

년 6월 IBM의 서밋을 제치고 1위에 올랐다.

미국에선 앞으로 두 대의 엑사급 슈퍼컴이 더 나올 예정이다. 하나는 캘리포니아의 로렌스리버모어 국립연구소가 2023년 완성할 엘카피탄(EL CAPITAN)이다. 다른 하나는 일리노이의 아르곤국립연구소에 올해 말 설치된다. 엑사 시대를 연 슈퍼컴의 다음 도약 목표는 제타다. 제타는 엑사의 1,000배다. 슈퍼컴 톈허를 개발한 중국 국방기술대 연구진은 2018년 발표한 논문에서 제타급 슈퍼컴에 도달 가능한 시기를 2035년으로 내다봤다. 그러나 누구도 장담할 수 없는 일이다. 엑사급 컴퓨터도 애초엔 2018년 또는 2020년에 가능할 것으로 예측했으나 여러 가지 이유로 늦어졌다. 슈퍼컴의 성능 향상을 위해서는 칩 기술뿐만 아니라 연결 시스템과 이를 구동하는 소프트웨어의 기술 혁신도 병행돼야 한다.

046
정답: 4번

IAM은 고유한 디지털 ID를 사용하여 사용자 프로필을 식별, 인증 및 권한 부여하는 프로세스를 나타낸다. 이 프로세스의 중요성은 특정 유형의 자격 증명 사용과 관련된 최근 데이터 침해의 61%에서 강조되었다. IAM 솔루션은 사용자가 서버, 애플리케이션, 서비스 또는 기타 회사 정보에 대한 액세스를 요청할 때마다 신원을 확인해야 하는 사이버 보안에 대한 제로 트러스트 접근 방식과 호환되는 기능 조합을 기업에 제공하고 있다. 다음은 IAM 솔루션의 기본 특징이다.

(1) 다단계 인증

MFA 사용 시 사용자는 여러 인증 단계에서 정보를 제공하여 신원을 확인해야 한다. 기업에서는 사용자 이름과 암호 외에 보통 TOTP(시간 제한식 일회용 암호) 방법을 사용한다. 이 경우 사용자는 SMS, 전화 통화, 이메일 등을 통해 전송된 임시 암호를 입력해야 한다. 그리고 사용자가 지문, 얼굴 스캔 등 신원을 증명하는 생체 인식 인증 정보(신체적 특성)를 제공해야 하는 MFA 시스템도 있다.

(2) SSO(Single Sign-On)

SSO는 기업에서 사용자 신원을 확인하기 위해 흔히

사용되는 식별 시스템이다. SSO를 사용하는 경우 권한이 부여된 사용자는 인증서 집합 하나(사용자 이름 및 암호)를 사용해 여러 SaaS 애플리케이션과 웹 사이트에 안전하게 로그인할 수 있다. 즉, SSO는 자동화된 MFA 버전이라 할 수 있으며, SSO 시스템에서는 MFA로 사용자를 인증한 다음 소프트웨어 토큰을 사용해 여러 애플리케이션과 인증 정보를 공유한다. 외부 웹 사이트와 플랫폼 등의 지정된 자산이나 위치 액세스를 차단할 때도 SSO를 사용할 수 있다. IAM에서 SSO를 사용하는 경우 최종 사용자가 로그인 프로세스를 더욱 원활하게 진행할 수 있을 뿐 아니라, IT 관리자도 권한 설정/사용자 액세스 규제/사용자 프로비저닝 및 프로비저닝 해제를 쉽게 처리할 수 있다.

(3) 연합

연합을 사용하는 경우 암호 없이도 SSO를 진행할 수 있다. 연합 서버는 SAML(Security Assertion Markup Language) 또는 WS-Federation과 같은 표준 ID 프로토콜을 사용해 신뢰 관계를 설정한 애플리케이션이나 시스템에 토큰(ID 데이터)을 제공한다. 이 신뢰 관계로 인해 사용자는 다시 인증할 필요 없이 연결된 도메인 간을 자유롭게 이동할 수 있다.

(4) RBAC 및 제로 트러스트

대다수 대기업은 RBAC를 사용한다. RBAC란 직원의 조직 내 역할과 담당 업무에 따라 네트워크, 민감한 데이터, 중요 애플리케이션 액세스를 제한하는 방법이다. RBAC는 액세스 거버넌스라고도 한다. RBAC에서는 최종 사용자, 관리자, 타사 계약 업체 등의 역할을 정의할 수 있다.

역할은 사용자의 권한, 위치, 담당 업무, 업무 역량 등을 기준으로 정의할 수 있다. 여러 역할을 마케팅, 영업 등의 그룹에 추가할 수도 있다. 그러면 조직 내에서 담당 업무가 비슷하며 자주 협업을 하는 사용자들이 같은 자산에 액세스할 수 있게 된다.

RBAC의 일환으로 제로 트러스트 보안 프레임워크(작업용 자산 액세스를 요청하는 모든 사용자를 대상으로 엄격한 액세스 제어를 지속적으로 적용하는 프레임워크)를 적용하는 기업은 무단 액세스를 더욱 철저하게 방지할 수 있으며, 보안 침해를 억제하고 공격자의 네트워크 전체 측면 이동 위험도 줄일 수 있다.

── ⌂ 출처 https://www.cisco.com/

047

정답: 4번

서버리스(Serverless)란 개발자가 서버를 관리할 필요 없이 애플리케이션을 빌드하고 실행할 수 있도록 하는 클라우드 네이티브 개발 모델이다. 서버리스 모델에도 서버가 존재하긴 하지만, 애플리케이션 개발에서와 달리 추상화되어 있다. 클라우드 제공 업체가 서버 인프라에 대한 프로비저닝, 유지 관리, 스케일링 등의 일상적인 작업을 처리하며, 개발자는 배포를 위해 코드를 컨테이너에 패키징하기만 하면 된다. 다음은 서버리스 컴퓨팅의 장단점이다.

장점

- 서버리스 컴퓨팅은 개발자 생산성을 높이고 운영 비용을 줄일 수 있다. 서버 프로비저닝 및 관리와 같은 일상 업무의 부담을 줄여, 개발자가 애플리케이션에 더 많은 시간을 할애할 수 있다.
- 서버리스는 개발자가 프로비저닝 하기 위한 작업에 필요한 인프라를 명시적으로 설명할 필요를 줄여 줌으로써 DevOps 도입을 지원한다.
- 제3사 BaaS 오퍼링의 모든 구성요소를 통합해 애플리케이션 개발을 더욱 간소화할 수도 있다.
- 서버리스 모델에서 운영 비용이 낮아지는 이유는 항상 자체 서버를 실행하고 관리하는 대신 필요한 만큼 클라우드 기반 컴퓨팅 시간에 대해 비용을 지불하기 때문이다.

단점

- 자체 서버를 실행하지 않거나 자체 서버측 로직을 제어하지 않는 데 따른 단점이 있다.
- 클라우드 제공업체는 자사 구성요소가 상호작용하는 방법을 엄격히 제한할 수 있어, 사용자 시스템의 유연성과 커스터마이징 수준에 영향을 주게 된다. BaaS 환경의 경우 개발자는 코드 제어 권한이 없는 서비스에 의존해야 할 수 있다.
- IT 스택의 이러한 측면에 대한 제어 권한을 이전하면 벤더 종속성 문제도 발생할 수 있다. 제공업체를 변경하면 새로운 벤더 사양에 맞추기 위해 시스템을 업그레이드하는 비용이 발생할 수도 있다.

── ⌂ 출처 https://www.redhat.com/

제1장 시스템 보안 **21**

048

정보 리소스에 대한 액세스 권한이 있는 승인된 사용자가 의도적으로 자산 구성을 수정할 경우 시스템의 기밀성, 무결성 또는 가용성에 악의적으로 영향을 미친다. 이 위험을 완화하기 위한 통제의 순서는 다음과 같다.

(1) 관리 목표, 방향 및 결정을 전달(Communicate management objectives, direction and decisions made): 기업 전체의 이해관계자에게 인식을 전달하고 조정 및 I&T 목표에 대한 이해를 촉진한다. 중요한 I&T 관련 결정과 조직에 미치는 영향에 대해 정기적으로 커뮤니케이션한다.

(2) 데이터 품질 전략을 정의(Define a data quality strategy): 비즈니스 목표 및 목표를 지원하는 데 필요한 데이터 품질 수준(복잡성, 무결성, 정확성, 완전성, 유효성, 추적 가능성 및 적시성 등)을 달성하고 유지하기 위한 통합된 조직 차원의 전략을 정의한다.

(3) 솔루션 구축(Build solutions): 솔루션을 설치 및 구성하고 비즈니스 프로세스 활동과 통합한다. 하드웨어 및 인프라 소프트웨어를 구성하고 통합하는 동안 리소스를 보호하고 가용성과 데이터 무결성을 보장하기 위해 제어, 보안, 개인정보보호 및 감사 가능성 조치를 구현한다. 새 솔루션을 반영하도록 제품 또는 서비스 카탈로그를 업데이트한다.

(4) 악성 소프트웨어로부터 보호(Protect against malicious software): 악성 소프트웨어(예: 랜섬웨어, 멀웨어, 바이러스, 웜, 스파이웨어, 스팸)로부터 정보 시스템 및 기술을 보호하기 위해 기업 전체에 예방, 탐지 및 시정 조치(특히 최신 보안 패치 및 바이러스 제어)를 구현하고 유지한다.

049

트램펄린 기법(Trampoline Technique)은 ASLR을 우회하기 위한 방법 중 하나로, 셸코드가 위치한 메모리의 주소를 직접 쓰는 것이 아니라 JMP ESP 명령어를 이용해 동적으로 버퍼 주소가 있는 곳으로 이동하도록 하는 기법이다. 디버거를 통해 메모리([Ctrl]+[M])로 들어간 후 바이너리 검색([Ctrl]+[B])을 이용해서 'JMP ESP'를 사용하여 주소를 찾는다. 즉, Trampoline Technique를 사용할 때의 페이로드는 [버퍼를 덮을 만큼의 바이트 수]+[JMP ESP 주소]+[셸코드]로 입력

을 하면 버퍼를 덮고 RET전까지 더미로 버퍼를 채우고 RET에서 JMP ESP로 바로 뒤 부분의 셸코드로 이동하게 된다.

2번의 ASLR은 각 프로세스 안의 스택이 임의의 주소의 위치하도록 하는 기법이다. ASLR 보호 기법을 적용하면 스택의 주소가 계속 바뀌게 되어 어디로 변조해야 할지를 몰라 악용하지 못하게 하는 보호 기법이다.

050

XSS(Cross Site Scripting) 공격 기법은 웹 페이지에서 일반적이지 않은 특수 문자를 입력하여 사용자들이 자신도 모르게 화면에서 자바스크립트 액션을 취하게 되는 기법이다. HTML 태그와 Embedded 코드, 자바스크립트 특수 문자를 입력하면 프로그램 단에서 Replace 로직을 통해 변환해주는 처리 로직이 필요하다. 만약 방어 로직을 사용하지 않는다면 문제에서와 같이 스크립트가 그대로 수행되기 때문에 다른 사이트로 눈에 보이지 않는 정보를 보내는 등의 공격이 가능해진다.

051

통합 위협 관리(Unified Threat Management, UTM)는 바이러스, 웜, 스파이웨어 및 기타 멀웨어와 네트워크 공격을 포함한 위협에 대한 단일 보호 지점을 제공하는 정보 보안(infosec) 시스템을 정의한다. 보안, 성능, 관리 및 규정 준수 기능을 단일 설치로 결합하여 관리자가 네트워크를 더 쉽게 관리할 수 있도록 한다.

바이러스 백신 도구와 달리 UTM 시스템은 개인용 컴퓨터(PC)와 서버만 보호하는 것이 아니며 모든 네트워크 트래픽을 검색하고 잠재적으로 위험한 콘텐츠를 필터링하고 침입을 차단하여 전체 네트워크와 개별 사용자를 보호한다. UTM과 NGFW(차세대 방화벽)는 둘 다 비슷한 목적을 수행하는 방화벽 기술이지만, 일부 주요 영역에서는 다르다.

NGFW는 원래 기존 방화벽이 남긴 네트워크 보안 격차를 메우기 위해 개발되었으며 애플리케이션 인텔리전스와 IPS(침입 방지 시스템), DoS 보호를 포함한다. UTM은 단일 장치가 NGFW, 방화벽 및 VPN(가상 사설망)의 기능을 수행하는 기능으로 정의되고 NGFW는 내부 및 외부 네트워크 간의 게이트웨이를 제공하는 네트워크 보안 플랫폼이다.

이 두 방화벽 유형의 주요 차이점은 UTM 시스템은 일반적으로 침입 탐지 시스템(IDS) 및 스팸 필터링과 같은 NGFW보다 더 많은 기능을 제공한다는 것이다. 그 이유는 침입자로부터 내부 네트워크를 모니터링하고 보호할 수 있기 때문이다.

052
정답: 3번

스프라이트(Sprites)는 2D 그래픽 객체이다. 스프라이트는 많은 다양한 미디어 파일로 구성된 그룹으로 이해하는 것이 바람직하다. 다중 요소를 가질 수 있지만 한 번에 둘 중 하나만 보여 준다. 이는 마치 슬라이드 쇼 같은 것이며 다음 그림은 소품을 조합한 스프라이트의 한 예이다.

053
정답: 1번

대부분의 기업은 온프레미스 IAM 솔루션을 사용하여 사용자 자격 증명 및 액세스 권한을 관리했다. 오늘날 많은 조직에서 IDaaS(Identity as a Service) 제품을 사용하여 운영을 간소화하고 가치 실현 시간을 단축하며 디지털 혁신 이니셔티브를 지원한다. IDaaS 오퍼링은 클라우드 기반 서비스로 제공되는 IAM 솔루션으로, 신뢰할 수 있는 제3자가 호스팅하고 관리한다.

IDaaS 솔루션은 엔터프라이즈급 ID 및 액세스 관리 솔루션의 모든 기능 및 이점과 클라우드 기반 서비스의 모든 경제적 및 운영적 이점을 결합한다. 이들은 기업이 위험을 줄이고 IT 인프라 비용과 복잡성을 피하며 디지털 혁신을 가속화하는 데 도움이 되고 있다. IDaaS 제품은 클라우드 우선, 모바일 우선 IT 모델에 이상적이다. 퍼블릭 또는 프라이빗 클라우드에서 실행되는 SaaS 솔루션 및 엔터프라이즈 애플리케이션에 대한 중앙 집중식 클라우드 기반 ID 관리 및 액세스 제어를 제공한다. SAML, Oauth 및 OpenID Connect와 같은 ID 연합 표준을 지원하여 사용자가 하나의 자격 증명 세트로 모든 애플리케이션에 액세스할 수 있도록 한다.

또한, 기업이 공급업체, 비즈니스 파트너 및 계약직 근로자에게 액세스를 쉽게 확장할 수 있다. 기업은 IDaaS 솔루션을 사용하여 기업 데이터센터에서 호스팅되는 기존 엔터프라이즈 애플리케이션에 대한 원격 액세스를 제공할 수도 있다. 선도적인 IDaaS 솔루션은 원격 작업자가 특수 목적 VPN 어플라이언스 또는 특수 엔드포인트 클라이언트 소프트웨어 없이 기존 엔터프라이즈 애플리케이션에 안전하게 액세스할 수 있도록 하는 앱 게이트웨이를 지원한다. 보통 일반적으로 IDaaS 솔루션은 다음을 지원한다.

(1) 비용 및 복잡성 제거(Eliminate cost and complexity): IDaaS 솔루션은 기업이 자본 장비 비용을 피하고 IT 운영을 단순화하며 IT 직원이 핵심 비즈니스 이니셔티브에 집중할 수 있도록 지원한다.

(2) 가치 실현 시간 단축(Accelerate time-to-value): 기업은 배포, 구성 또는 유지 관리할 온프레미스 기술이 거의 또는 전혀 없이 IDaaS 솔루션을 빠르고 쉽게 배포할 수 있다.

(3) 위험 감소(Reduce risks): IDaaS 솔루션은 위험한 암호 관리 관행을 제거하고 취약성과 공격 표면을 줄임으로써 보안을 강화시킨다.

(4) 사용자 경험 개선(Improve user experiences): IDaaS 오퍼링은 암호 피로를 제거하고 사용자가 단일 자격 증명 세트를 사용하여 일관된 방식으로 모든 애플리케이션에 액세스할 수 있도록 함으로써 사용자 만족도를 향상시키고 있다

054

크리덴셜 스터핑(Credential Stuffing) 공격은 보안 취약점이 존재하는 소형 시스템에서 사용자의 정보를 취득하고 그 정보를 이용해서 상위 시스템의 공격에 사용하는 방법이다. 예를 들어, 스타트업 기업의 웹 페이지나 잘 알려지지 않은 소형 사이트에서 사용자 아이디와 비밀번호 정보를 알아내서 포털 사이트에 그대로 사용해 보는 것이다. 이를 방지하기 위해서는 기본적으로 Two-factor 인증 기능을 활성화하고 스마트폰 OTP를 이용하는 것이 바람직하다.

055

액세스 키는 IAM 사용자 또는 AWS 계정 루트 사용자에 대한 장기 자격 증명이다. AWS의 CLI 도구나 API를 사용할 때 인증을 위해 사용된다. 액세스 키는 다음과 같이 액세스 키 ID 와 보안 액세스 키와 같이 두 가지로 이루어져 있다.

- **액세스 키 ID의 예**: AKIAIOSFODNN7EXAMPLE
- **보안 액세스 키의 예**: wJalrXUtnFEMI/K7MDENG/bPxRfiCYEXAMPLEKEY

쉽게 말해, 액세스 키 ID는 우리가 사용하는 'ID' 같은 역할이고, 보안 액세스 키는 'Password' 역할이다. 사용자 이름 및 암호와 같이 액세스 키 ID와 보안 액세스 키를 함께 사용하여 요청을 인증해야 한다. 즉, 사용자 이름과 암호를 관리하는 것처럼 안전하게 액세스 키를 관리해야 한다.

악의적인 사용자가 인스턴스를 무작위로 생성하여 해당 계정의 소유자에게 상당한 비용을 청구하게 할 수 있으며, S3와 RDS 같은 저장소에 있는 자료를 탈취하거나 삭제할 수 있어 사용자에게 피해를 줄 수 있다. 액세스 키 유출에 대처하지 않는다면 AWS 측에서 ACM 설정 불가, 신규 인스턴스 생성 불가와 같은 제약 사항이 생겨 AWS 이용에 문제점이 발생하며 더 나아가 계정의 리소스 삭제 및 계정이 정지되는 상황이 일어난다.

가장 좋은 방법은 액세스 키 대신 임시 보안 자격 증명(IAM 역할)을 사용하고 모든 AWS 계정 루트 사용자 액세스 키는 비활성화하는 것이다. 장기 액세스 키를 사용해야 하는 경우 액세스 키(액세스 키 ID 및 보안 액세스 키)를 생성, 수정, 보기 또는 교체할 수 있으며, 최대 두 개의 액세스 키를 가질 수 있다. 이렇게 하면 모범 사례에 따라 활성 키를 교체할 수 있다. 액세스 키 페어를 생성할 때는 액세스 키 ID와 보안 액세스 키를 안전한 위치에 저장한다. 보안 액세스 키는 생성할 때만 사용할 수 있으며, 만약 보안 액세스 키를 분실한 경우 액세스 키를 삭제하고 새 키를 생성해야 한다.

056

부트 관리자 및 부트스트랩 로더라고도 하는 부트로더는 컴퓨터 부팅을 담당하는 컴퓨터 프로그램이다. 부트 로더는 전원이 켜지기 전에 실행 가능 상태로 존재하다가(주로 시스템에 내장된 ROM, 하드디스크, 네트워크상의 다른 서버 등에 저장되어 있다가) 전원이 켜지면 바이오스(BIOS)로부터 제어권을 넘겨받아서 RAM을 사용할 수 있게 초기화하고, 루트(Root) 파일 시스템을 준비하고, 자신을 RAM에 복사한 후 RAM 상에서 계속 실행하며, 필요한 하드웨어를 초기화하고, 특정 운영체제 커널을 컴퓨터 메모리 RAM에 올린 후, 제어권(실행 권한)을 운영체제 커널에 넘겨주는 프로그램이다. 컴퓨터가 꺼져도 운영체제, 애플리케이션 코드, 데이터를 포함한 소프트웨어는 비휘발성 메모리에 저장된다. 컴퓨터의 전원을 켜면 일반적으로 RAM에 운영체제나 로더가 없다. 컴퓨터는 먼저 필요한 데이터와 함께 읽기 전용 메모리(ROM, 이후 EEPROM, NOR 플래시)에 저장된 비교적 작은 프로그램을 실행하여 RAM(특히 x86 시스템)을 초기화하고, 비휘발성 장치(일반적으로 블록 장치, 예: NAND 플래시) 또는 운영체제 프로그램 및 데이터를 RAM에 로드할 수 있는 장치이다.

일부 초기 컴퓨터 시스템은 작업자나 주변 장치로부터 부팅 신호를 받으면 매우 적은 수의 고정 명령어를 특정 위치의 메모리에 로드하고 적어도 하나의 CPU를 초기화한 다음 CPU가 명령어를 가리키도록 실행을 시작할 수 있다. 이러한 명령은 일반적으로 일부 주변 장치(운영자가 스위치 선택 가능)에서 입력 작업을 시작한다. 다른 시스템은 주변 장치 또는 I/O 컨트롤러에 하드웨어 명령을 직접 보내어 매우 간단한 입력 작업(예: 시스템 장치의 섹터 0을 위치 1000에서 시작하는 메모리로 읽기)을 수행하여 작은 용량을 효과적으로 로드할 수 있다. 작은 컴퓨터는 컴퓨터가 미리 결정된 소프트웨어 구성으로 빠르게 시작되도록 하기 위해 덜 유연하지만 더 많은 자동 부트 로더 메커니즘을 사용하는 경우가 많다.

057 정답: 3번

주소 공간 무작위화(Address Space Layout Randomization, ASLR)는 메모리 손상 취약점의 악용을 방지하는 컴퓨터 보안 기술이다. 예를 들어 공격자가 메모리의 특정 악용 기능으로 안정적으로 점프하는 것을 방지하기 위해 ASLR은 실행 파일의 기반과 스택, 힙, 라이브러리의 위치를 포함하여 프로세스의 주요 데이터 영역의 주소 공간 위치를 무작위로 정렬한다. 주소 공간 무작위화는 공격자가 대상 주소를 예측하기 어렵게 하여 일부 유형의 보안 공격을 방해한다.

예를 들어, return-to-libc 공격을 실행하려는 공격자는 실행할 코드를 찾아야 하는 반면 스택에 주입된 셸코드를 실행하려는 다른 공격자는 스택을 먼저 찾아야 한다. 두 경우 모두 시스템은 공격자로부터 관련 메모리 주소를 숨기도록 한다. 이러한 값은 추측해야 하며 잘못된 추측은 일반적으로 응용 프로그램 충돌로 인해 복구할 수 없다.

ASLR의 공격 기법이 여전히 존재하는 것은 사실이지만 그럼에도 불구하고 ASLR은 그 자체만으로 버퍼 오버플로 뿐만 아니라 기타 여러 가지 종류의 메모리 오류에 대응하기 위한 효과적인 방어책이다. 메모리 오류를 이용한 공격 기법은 대부분 적절한 메모리 주소를 찾아내는 것을 필수로 하는데 이에 착안하여 ASLR을 통해 프로세스의 주소 공간을 분산시킴으로써 공격자가 이를 예측할 수 없도록 만드는 것이다. 다만, ASLR이 확률론적 성격을 갖기 때문에 단지 그 내용이 비밀성으로 취급된다는 점에서만 유용한데, 만약 메모리 누수(Memory leak)를 통해 그 정보를 파악할 수 있게 된다면 이는 다시 무용해지고 말 것이다.

또한, 아키텍처가 가지는 한계에 의해 무작위화(Randomization)의 정도에 차이가 있을 수 있고, Base address만을 변경시킨다 하더라도 이에 대한 Offset을 동적으로 계산한다면 쉽게 무력화시킬 수 있다는 단점이 있다. 따라서 변경된 주소를 무작위로 추측하거나, 아니면 다른 메모리 누수 취약점을 통해 정보를 획득한 후 공격하는 등의 공격 기법이 발표되었다. ASLR은 바이너리뿐만 아니라 커널 및 OS 전체에 걸쳐 적용되어야 하는 기법이므로 오버헤드(Overhead)가 심각히 고려되어야 하며 실무에 적용되는 데도 비교적 많은 시간이 소요되고 있다. 보안성을 높이되 효율적인 방법을 찾는 것이 과제로 남아 있다.

058 정답: 2번

tail 명령어는 해당 파일에 대해 마지막 부분의 내용을 콘솔에 출력하는 기능을 한다. -n 옵션을 사용해서 출력할 행의 개수를 지정할 수도 있고 -c 옵션을 이용하면 출력할 바이트의 크기를 지정할 수도 있다. 그리고 가장 많이 사용하는 -f 옵션은 새로운 데이터가 발생할 때마다 실시간으로 출력하면서 계속 대기하는 기능이다. Web Server, Application Server, Database의 주요 로그를 실시간으로 모니터링하면서 확인할 때 주로 사용한다.

059 정답: 3번

OTP(One Time Password)란 안전한 금융 거래를 위해 매번 새로운 일회용 비밀번호를 자동으로 생성하는 보안 매체이다. OTP는 정밀한 계산기와 시계의 결합체라고 할 수 있다. 사용자가 가진 OTP 숫자 발생기가 은행 서버에도 똑같이 탑재되어 있어서 해당하는 시간에 입력한 비밀번호가 은행 서버에 있는 비밀번호와 일치하면 인증에 성공하게 된다.

OTP가 스마트폰에 탑재되어 있어서 실물 OTP 발생기 없이도 스마트폰 앱으로 일회용 비밀번호를 발급받아 사용하는 보안 매체를 '디지털 OTP'라고 한다. 디지털 OTP는 스마트폰에 앱을 설치 및 등록하고 앱을 통해 전자금융거래 시 일회용 비밀번호를 제공받아 인증하는 앱 형태의 보안 매체이다. 고정된 인증번호 대신 거래 시마다 매번 새로운 인증번호를 생성하여 안전하다. 또한, 별도의 장치 없이 본인의 스마트폰을 이용하기 때문에 편리하다.

060

정답: 1번

NIA에서 배포했던 재해 복구시스템 가이드라인에 따르면 데이터 전송 방식은 동기식과 비동기식으로 분류할 수 있다. 동기식 데이터 전송 방식은 온라인 시스템의 트랜잭션을 재해 복구 시스템으로 보내서 저장한 후에 온라인 시스템에서 완료하는 방식이다. Mirror 수준의 재해 복구 사이트를 구축할 수 있고 데이터 복제가 완벽하지만 온라인 사이트에 영향을 줄 수 있고 상대적으로 느리다는 특징이 있다.

061

정답: 3번

스테이트리스 프로세스 또는 애플리케이션은 격리된 것으로 간주된다. 과거 트랜잭션에 대한 정보 또는 참조가 저장되지 않기 때문이다. 각 트랜잭션은 모두 처음부터 시작된다. 스테이트리스 애플리케이션은 하나의 서비스 또는 기능을 제공하며, 콘텐츠 전달 네트워크(CDN), 웹, 프린트 서버를 사용해 이러한 단기 요청을 처리한다.

이러한 스테이트리스 트랜잭션의 가장 일반적인 예시는 검색 창에 질문을 입력하고 엔터키를 누르는 형식으로 진행되는 온라인 검색이다. 트랜잭션이 우발적으로 중단되거나 종료되면 새롭게 시작하면 된다. 스테이트리스 트랜잭션은 단일 요청에 대해 하나의 응답이 나오므로, 자동판매기와 비슷하다.

이와 달리 스테이트풀 애플리케이션과 프로세스는 온라인 뱅킹이나 이메일처럼 여러 번 반환될 수 있다. 스테이트풀은 이전 트랜잭션의 컨텍스트에 따라 수행되며, 현재 트랜잭션이 이전 트랜잭션에서 발생한 상황에 영향을 받는다. 이러한 이유로 스테이트풀 애플리케이션은 사용자에게 받은 요청을 처리할 때마다 같은 서버를 사용한다. 스테이트풀 트랜잭션은 컨텍스트와 내역이 저장되므로 중단되어도 중단된 곳부터 다시 시작할 수 있다. 스테이트풀 애플리케이션은 창의 위치, 기본 설정 구성, 최근 활동과 같은 항목을 추적한다. 스테이트풀 트랜잭션은 같은 사람과 주기적으로 지속하는 대화와 비슷하다.

오늘날 우리가 사용하고 있는 대부분의 애플리케이션은 스테이트풀이지만, 기술이 발전함에 따라 마이크로서비스와 컨테이너를 통해 클라우드에서 더욱 쉽게 애플리케이션을 구축하고 배포할 수 있게 되었다.

── 🏠출처 https://www.redhat.com/

062

정답: 2번

그동안 몽고 DB는 통합된 플랫폼에서 검색과 애널리틱스를 위한 운영 및 트랜잭션 사용 사례를 확보하고, 데이터 작업을 위한 강력하고 고유한 접근 방식을 확장해 왔다. 이러한 접근 방식은 개발팀에게 일관된 경험을 제공하면서 데이터 인프라의 복잡성을 줄여 더 많은 작업을 수행할 수 있도록 돕는다.

새롭게 출시될 '몽고 DB 6.0'에서는 측정을 위한 부차적인 인덱스를 제공하고 시간 단위 데이터를 빠르게 분류하기 위한 읽기 성능 개선 및 최적화 기능을 제공한다. 관련성 기반 검색 기능을 애플리케이션에 빠르고 쉽게 구축하는 '아틀라스 서치(Atlas Search)'에는 검색 패싯(Search Facets) 기능이 도입됐다. 해당 기능은 엔드 유저가 한층 원활하게 데이터를 탐색하고 검색 결과를 구체화할 수 있다.

── 🏠출처 아이티데일리(http://www.itdaily.kr)

063

컴퓨터 클러스터(Computer Cluster)는 마치 단일(훨씬 더 강력한) 시스템인 것처럼 함께 작동하는 연결된 컴퓨터(노드) 집합이다. 각 노드가 다른 작업을 수행하는 그리드 컴퓨터와 달리 컴퓨터 클러스터는 각 노드에 동일한 작업을 할당한다.

클러스터의 노드는 일반적으로 고속 근거리 통신망을 통해 서로 연결된다. 각 노드는 자체 운영체제 인스턴스를 실행한다. 컴퓨터 클러스터는 두 대의 개인용 컴퓨터를 연결하는 단순한 2노드 시스템에서 클러스터 아키텍처를 갖춘 슈퍼컴퓨터까지 다양하다. 컴퓨터 클러스터는 모든 규모의 기업에서 비용 효율적인 고성능 컴퓨팅(HPC) 및 고가용성(HA)에 자주 사용된다. 컴퓨터 클러스터에서 단일 구성요소에 오류가 발생하면 다른 노드가 계속해서 중단 없는 처리를 제공한다.

단일 컴퓨터에 비해 컴퓨터 클러스터는 더 빠른 처리 속도, 더 큰 저장 용량, 더 나은 데이터 무결성, 더 큰 안정성 및 더 넓은 리소스 가용성을 제공할 수 있다. 컴퓨터 클러스터는 일반적으로 로드 밸런싱, 고가용성, 고성능 또는 대규모 처리와 같은 특정 기능을 위한 전용이다.

메인 프레임 컴퓨터와 비교할 때 클러스터가 생성하는 전력량과 처리 속도는 비용 효율적이지만, 클러스터의 네트워크 노드는 병목 현상을 방지하여 성능을 향상시키는 효율적인 분산 인프라를 생성한다. 컴퓨터 클러스터링은 노드를 오케스트레이션된 서버로 사용할 수 있도록 하는 중앙 집중식 관리 소프트웨어를 이용한다. 올바른 엔터프라이즈 운영체제는 여러 컴퓨터 클러스터에 걸쳐 데이터를 복제하고 지리적 클러스터링을 통해 거리에 관계없이 서비스 장애 조치를 제공하는 클러스터링을 통해 애플리케이션 다운타임을 방지할 수 있다.

064

예외(Exception)는 프로그램을 실행하는 동안 발생하는 이벤트로, 정상적인 제어 흐름 외부의 코드를 실행해야 한다. 예외는 하드웨어 예외 및 소프트웨어 예외의 두 가지 예외 종류가 있다. 하드웨어 예외는 CPU에서 시작되며 0으로 나누기 또는 잘못된 메모리 주소에 액세스하려는 시도와 같은 특정 명령 시퀀스가 실행되어 발생할 수 있다. 소프트웨어 예외는 애플리케이션 또는 운영체제에서 명시적으로 시작된다. 예를 들어 시스템에서 잘못된 매개 변수 값이 지정된 경우를 감지할 수 있다.

구조적 예외 처리(Structured Exception Handling, SEH)는 하드웨어 및 소프트웨어 예외를 모두 처리하는 메커니즘이다. 따라서 코드는 하드웨어 및 소프트웨어 예외를 동일하게 처리한다. 구조적 예외 처리를 사용하면 예외 처리를 완전히 제어하고, 디버거를 지원하며, 모든 프로그래밍 언어 및 컴퓨터에서 사용할 수 있다. 벡터화된 예외 처리(Vectored Exception Handling, VEH)는 구조적 예외 처리에 대한 확장이다.

또한, 시스템은 종료 처리를 지원하므로 보호된 코드 본문이 실행될 때마다 지정된 종료 코드 블록도 실행되도록 할 수 있다. 종료 코드는 제어 흐름이 보호된 본문을 벗어나는 방법에 관계없이 실행된다. 예를 들어 종료 처리기는 보호된 코드 본문이 실행되는 동안 예외 또는 다른 오류가 발생하더라도 정리 작업이 수행되도록 보장할 수 있다.

065

공인인증서를 보안 토큰(HSM)에 저장하는 방법은 다음과 같다.

공인인증서 발급/재발급: 보안 토큰(HSM)에 공인인증서를 처음 발급하는 경우

(1) 공인인증서발급/재발급 6단계에서 인증서 위치를 '보안 토큰'으로 선택한다.

(2) 보안 토큰 비밀번호 입력 후 확인을 누르면 보안 토큰에 공인인증서가 발급된다.

(3) 보안 토큰에 타행에서 발급한 공인인증서가 있는 경우 [타기관 공인인증서 등록]을 한다.

타기관 공인인증서 등록: 보안 토큰(HSM)에 타행/타기관 공인인증서를 발급하여 사용하는 경우

(1) 타기관 공인인증서 등록 3단계에서 인증서 위치를 '보안 토큰'으로 선택한다.

(2) 보안 토큰에 있는 공인인증서가 나타나면 인증서를 선택한다.

(3) 보안 토큰 비밀번호 입력 후 확인을 누르면 등록이 완료된다.

저장 매체(PC, USB)에 있는 공인인증서를 보안 토큰(HSM)에 복사하는 방법

(1) [공인인증서 관리 → 인증서 복사]의 인증서 관리 창에서 복사하고자 하는 인증서 선택 후 [인증서 복사] 버튼을 클릭한다.

(2) 인증서 위치에서 표준 보안 매체의 '보안 토큰에 저장'을 선택한 후 인증서 암호를 입력한다.

(3) 보안 토큰 비밀번호를 입력하면 복사가 완료된다.

—— 🏠출처   우리은행

066

스텔스 IoT(Stealth IoT)를 제어하는 가장 좋은 방법은 알려진 보안 관행을 적용하는 것이다.

- 정품으로 간주되는 모든 속성(예: 제조사, 모델 및 소프트웨어 버전)을 포함하여 각 장치를 식별한다.

- 인벤토리 장치 위치, 기능 및 속성을 파악한다.

- 장치를 모니터링하여 정상적인 트래픽 패턴을 정의하고 인벤토리에 장치 서명을 기록한다. 진행 중인 서명 샘플링을 인벤토리와 비교한다. 향후 이상이나 불일치를 감지하고 조사한다.

- IoT 트래픽이 합의된 네트워크 경계 내에 유지되도록 트래픽을 모니터링한다. 장치가 기업 시스템에 침투하기 위해 하이재킹된 때를 감지한다.

- 여러 장치에 영향을 미치는 보안 결함을 나타낼 수 있으므로 모든 이상에 대해 즉시 대응한다.

067

IoT 장치는 컴퓨터이며 모든 컴퓨터와 마찬가지로 엔지니어링과 IT의 융합을 반영한다. 엔지니어는 이미 만들어진 것을 만들고 개선한다. 1960년대 후반에 컴퓨팅이 등장했을 때 엔지니어는 기계를 사용하는 대신 펌웨어라는 프로그램 코드를 포함하기 시작했다. 펌웨어는 ROM(읽기 전용 메모리)에 저장되는 고정 코드이며 운영체제와 매우 유사하게 작동한다. 다음은 IoT의 주요 구성요소에 대한 간략한 설명이다. 오늘날의 기술은 종종 단순한 개념적 경계를 넘어서지만, 기본 입문서가 유용할 수 있다.

- 엔지니어는 일반적으로 트랜지스터와 실리콘 칩으로 구성된 물리적 하드웨어를 만든다.

- 펌웨어는 IoT 하드웨어를 부팅하고 디바이스가 다른 구성요소와 상호 작용하는 데 필요한 주요 프로그램인 운영체제와 연결하는 기본 코드이다.

- 응용 프로그램 소프트웨어는 특정 상황에서 주어진 규칙 집합에 따라 장치에 행동하고 반응하는 방법을 알려준다.

- 펌웨어와 응용 소프트웨어는 하나의 프로그래밍으로 결합될 수 있다. 지금까지는 이것이 표준 IT이지만 센서, 데이터, 네트워크 및 클라우드는 IoT를 차별화하고 특히 강력하게 만든다.

- 센서는 환경의 이벤트나 변화를 감지하고 정보를 다른 전자 장치로 보내는 전자 부품이다. 이는 물체를 감지하고 제어할 수 있다. 네트워크를 통해. 센서는 새로운 것이 아니지만 IoT의 다른 기능과 결합할 때 특히 강력해진다.

- 지금까지는 이것이 표준 IT이지만 센서, 데이터, 네트워크 및 클라우드는 IoT를 차별화하고 특히 강력하게 만든다.

- 데이터에는 소프트웨어 지침에 따라 장치가 수신한 다음 응답하는 모든 정보가 포함된다.

  - 향후 사용을 위해 데이터 저장
  - 다른 IoT 기기와 상호작용 후 데이터 수정
  - 다른 구성요소에 데이터 전달
  - 데이터 해석 및 해석에 따른 조치

- IoT 장치는 다양한 차원에서 상호 작용할 수 있다.

  - 네트워크를 통신 채널로 사용하는 장치 대 장치

- 장치에서 클라우드로, 클라우드 서비스 제공업체를 사용하여 데이터 흐름 지시 및 관리 지원
- 장치 대 게이트웨이, 로컬 게이트웨이를 사용하여 인터넷 및 클라우드와 상호 작용
- 데이터가 여러 데이터센터에서 공유되는 백엔드 데이터 공유, 일반적으로 더 나은 데이터 분석을 위해 클라우드에서 호스팅
• 클라우드는 인터넷을 통해 액세스되는 프로그램 및 데이터 저장소의 융합이다.

068

정답: 1번

프로그램에 정의된 특정 영역으로, 코드, 데이터 등이 이에 해당된다. 세그먼트는 메모리의 거의 어느 곳에나 위치할 수 있고, 프로그램 실행을 위해 필요한 공간과 데이터를 처리하는 명령어를 위한 프로그램이나 메모리의 부분이다. 세그먼트 방식에서는 나누어진 세그먼트별로 프로세스에게 할당하고 다른 세그먼트에 대한 접근을 막는 방식으로 메모리를 보호한다.

세그먼트는 크기가 서로 다르므로 페이징 기법과 같이 메모리를 미리 분할할 수 없다. 또한, 메모리를 참조하게 될 때 메모리의 위치를 파악하기 위해 세그먼트 번호와 오프셋(Offset)을 기준으로 데이터를 다룬다.

주요 세그먼트는 실행될 프로그램의 기계어 명령어를 포함하는 코드(Code) 세그먼트, 프로그램에서 정의된 데이터, 상수, 작업 영역 등을 포함하는 데이터(Data) 세그먼트, 프로그램이 임시로 사용하는 지역 함수 변수 등의 데이터가 저장되는 스택(Stack) 세그먼트가 있다. 크기가 고정되어 있지 않고 프로그래머가 직접 접근 가능한 힙(Heap) 세그먼트가 있다. 메모리 세그먼트 방식은 세그먼트 단위로 메모리를 통제할 수 있다는 장점이 있지만, 메모리 영역이 동적으로 분할되기 때문에 할당될 프로그램 크기보다 세그먼트 영역이 작아서 할당이 불가능한 외부 단편화(External Fragmentation) 문제가 발생할 수 있다.

— ⌂ 출처 https://www.scienceall.com/

069

정답: 3번

오픈 소스 하드웨어(Open Source Hardware, OSHW)란 각종 HW 제작에 필요한 회로도 및 관련 설명서, 인쇄 회로 기판 도면 등을 공개함으로써 누구나 이를 동일하거나 혹은 이를 활용한 제품을 개발할 수 있도록 지원하는 HW를 의미한다.

OSS가 소스 코드를 무료로 제공하고 공개하는 것처럼, OSHW는 특정 HW의 디자인을 공개함으로써 누구든지 이를 바탕으로 HW 제작 방법을 익힐 수 있도록 하는 동시에 수정, 배포 혹은 제조할 수 있도록 허용한다. OSHW의 가장 큰 특징은 기술에 대한 특허 라이선스가 없고 제품 개발에 필요한 리소스가 공개되었다는 점이다. 부품을 직접 구매해 조립하기 때문에 완성형 또는 표준형 제품에 비해 가격도 저렴하며 형태 변경을 통해 전혀 새로운 형태의 커넥티드 기기를 탄생시킬 수도 있다.

070

정답: 1번

DaaS(Desktop-as-a-Service)는 타사에서 VDI(가상 데스크톱 인프라) 배포의 백엔드를 호스팅하는 클라우드 컴퓨팅 제품이다. DaaS를 사용하면 데스크톱 운영체제가 클라우드 공급자의 데이터센터에 있는 서버의 가상 머신 내에서 실행된다. 스토리지 및 네트워크 리소스를 포함하여 필요한 모든 지원 인프라도 클라우드에 있다.

온프레미스 VDI와 마찬가지로 DaaS 제공 업체는 네트워크를 통해 가상 데스크톱을 고객의 엔드포인트 장치로 스트리밍하며, 여기서 최종 사용자는 클라이언트 소프트웨어나 웹 브라우저를 통해 액세스할 수 있다. DaaS 아키텍처는 다중 테넌트이며 조직은 일반적으로 매월 사용되는 가상 데스크톱 인스턴스 수를 기반으로 구독 모델을 통해 서비스를 구매한다. DaaS 제공 모델에서 클라우드 컴퓨팅 공급자는 데이터 저장, 백업, 보안 및 업그레이드의 백엔드 책임을 관리한다. 공급자가 모든 백엔드 인프라 비용 및 유지 관리를 처리하는 동안 고객은 일반적으로 해당 데스크톱 관

리 서비스가 구독에 포함되지 않는 한 자체 가상 데스크톱 이미지, 애플리케이션 및 보안을 관리한다.

071

문제의 설명에서 제시된 (가)의 경우 영문자, 숫자, 특수 문자를 포함하고 반복되는 숫자를 피하며 사전 공격이 포함된 단어를 제외하는 등의 복잡한 규칙을 지정해야 한다. (나)의 경우 AD(Active Directory) 기반의 계정 관리 시스템을 연동하고 SSO를 구현하는 것은 안정적이며 편리한 계정관리 플랫폼이다. (다)의 경우 SFTP와 같은 파일 전송 프로그램은 지양해야 하고 사용자의 실수가 발생할 수 있으므로 자동화된 배포/릴리즈 솔루션을 사용해야 한다. (라)의 경우 OTP(One Time Password)와 같은 추가 적인 인증 도구를 이용한 이중 요소 인증을 이용한 것으로 높은 보안 수준을 구현할 수 있다. (마)의 경우 운영 시스템의 경우 작업 결제 기준을 예외적으로 허용할 수 있으나 모든 인시던트에 대해 승인받지 않은 선수행을 허가할 수 없다.

072

CADE(Corporate Average Data Center Efficiency)를 사용하면 데이터센터의 에너지 소비 기반 성능을 계산 및 측정하고 다른 데이터센터의 성능과 비교할 수 있다. CADE는 처음에 Up Time Institute와 McKinsey Consulting에서 데이터센터 전력 소비 및 효율성을 식별하는 수단으로 단일 메트릭을 제공하기 위해 도입했다. CADE는 다음 방정식을 사용하여 계산된다.

- CADE = 정보 시스템 효율성(AE)×기반 시설의 효율성(FE)
- 정보 시스템 효율성(AE) = 정보 시스템 에너지 효율성×정보 시스템 사용률
- 기반 설비의 효율성(FE) = 기반 시설 에너지 효율성×기반 시설 사용률

CADE 값이 높을수록 데이터센터의 에너지 효율성이 높아진다. 또한, CADE의 가치를 향상시키기 위해 IT 자산 효율성과 시설 효율성을 모두 향상시키는 몇 가지 조치를 취한다. 예를 들어, 오래된/죽은 서버의 제거, 서버 가상화 및 수요 관리는 IT 자산 효율성을 개선하는 반면 부하 감소, 더 나은 케이블링 및 효율적인 냉각 관리는 시설 효율성을 개선할 수 있다.

073

원격 직접 메모리 액세스(Remote Direct Memory Access, RDMA)는 두 컴퓨터의 프로세서, 캐시 또는 운영체제에 의존하지 않고 네트워크로 연결된 두 대의 컴퓨터가 주 메모리의 데이터를 교환할 수 있도록 하는 기술이다. 로컬 기반 DMA(직접 메모리 액세스)와 마찬가지로 RDMA는 리소스를 확보하여 RDMA 지원 시스템 간의 데이터 전송 속도가 빨라지고 대기 시간이 짧아지기 때문에 처리량과 성능이 향상된다.

RDMA는 네트워킹 및 스토리지 애플리케이션 모두에 이점을 제공할 수 있다. RDMA는 각 통신 장치에 있는 네트워크 인터페이스 카드(NIC)에서 전송 프로토콜을 구현하여 서버 안팎으로 보다 직접적이고 효율적인 데이터 이동을 촉진한다. 예를 들어, 네트워크로 연결된 두 대의 컴퓨터는 각각 RoCE(RDMA over Converged Ethernet) 프로토콜을 지원하는 NIC로 구성되어 컴퓨터에서 RoCE 기반 통신을 수행할 수 있다. RDMA의 핵심은 한 컴퓨터의 주 메모리에서 직접 데이터를 읽고 해당 데이터를 다른 컴퓨터의 주 메모리에 직접 쓰는 것을 가능하게 하는 제로 복사 네트워킹의 개념이다.

RDMA 데이터 전송은 두 컴퓨터의 커널 네트워킹 스택을 우회하여 네트워크 성능을 향상시킨다. 결과적으로 두 시스템 간의 대화는 비슷한 비 RDMA 네트워크 시스템보다 훨씬 빠르게 완료된다. RDMA는 빠르고 방대한 병렬 HPC(고성능 컴퓨팅) 클러스터와 데이터센터 네트워크가 필요한 애플리케이션에서 유용한 것으로 입증되었다. 빅 데이터를 분석할 때 애플리케이션을 처리하는 슈퍼컴퓨팅 환경, 낮은 대기 시간과

높은 전송 속도가 필요한 머신러닝에 특히 유용하다. RDMA는 컴퓨팅 클러스터의 노드와 대기 시간에 민감한 데이터베이스 워크로드 간에도 사용된다.

074 정답: 2번

운영체제에서 중요한 개념 중 하나는 작업 예약이다. First Come First Serve, Round Robin, Priority-based Scheduling 등과 같은 몇 가지 스케줄링 방법이 있다. 각 스케줄링 방법에는 장단점이 있다. 짐작할 수 있듯이 우선순위 역전(Priority Inversion)은 Priority-based Scheduling에 있다. 기본적으로 OS에서 우선순위 기반 스케줄링을 사용할 때 가끔 발생하는 문제로 우선순위 기반 스케줄링에서는 가능한 경우 더 높은 우선순위 작업이 낮은 우선순위 작업에 개입할 수 있도록 다른 작업에 다른 우선순위가 부여된다.

우선순위 역전은 우선순위가 높은 프로세스가 우선순위가 낮은 프로세스에 의해 선점되는 운영체제 시나리오이다. 이는 두 프로세스의 우선순위가 반전됨을 의미한다. 우선순위 역전은 때때로 필요하며 종종 운영체제 개발자의 통제를 벗어난다. 다른 경우에 우선순위 역전은 무결성 유지와 같은 다른 바람직한 특성과 우선순위 시행의 균형을 맞추려는 시도로 시스템 개발자가 내린 설계 결정의 의도적인 결과일 수 있다.

일반적으로 운영체제 개발자가 제어할 수 없는 우선순위 역전의 예는 대부분의 최신 시스템에서 인터럽트 아키텍처의 결과이다. 인터럽트가 발생하면 대부분의 운영체제는 이에 따른 작업의 시간 제약에 관계없이 인터럽트를 즉시 처리한다. 어떤 작업이 인터럽트를 기다리고 있는지 찾기 위해 처리 중 적어도 일부는 높은 우선순위로 수행된다.

또 다른 예는 낮은 우선순위 작업이 리소스(예: 장치 또는 데이터 구조)를 잠그고 높은 우선순위 작업이 리소스를 잠그려고 시도하는 경우 낮은 우선순위 작업이 리소스를 해제할 때까지 차단된 상태로 유지된다. 모든 운영체제는 우선순위 반전 사건을 경험하기 때문에 문제는 우선순위 역전의 존재가 아니라 우선순위 역전의 각 원인의 지속 시간이다. 우선순위 역전 기간은 운

영체제가 특정 응용 프로그램이나 시스템에 적합한지 여부를 평가하는 데 매우 중요하다.

075 정답: 2번

영국의 라즈베리 파이 재단이 학교에서 기초 컴퓨터 과학 교육을 증진시키기 위해 만든 싱글 보드 컴퓨터이다. 손바닥만 한 크기로 키보드와 모니터를 연결해 사용한다. 2012년 2개의 라즈베리 파이 모델이 출시되었는데, 모델 A는 25달러로 이더넷 포트가 없으며, 모델 B는 35달러로 2개의 USB와 이더넷 포트가 있다. 이 두 모델은 비교적 저렴하고 그래픽 성능이 뛰어나다는 장점이 있다. 모델 B의 하드웨어 품목은 512메가바이트(MB) 메모리, 2개의 USB 포트, 음성·영상 입출력 단자, SD 카드 슬롯, 10/100 메가바이트(MB) 이더넷 포트로 구성되며 크기는 85.60×53.98 mm, 무게는 45g이다.

076 정답: 2번

UTM(Unified Threat Management)은 하나의 장비에 Anti-Virus, Firewall, IDS, IPS, Anti-DDoS 등 다수의 보안 기능을 탑재한 통합 어플라이언스 보안 솔루션이다. 기존에 IDS, IPS 등의 보안 장비를 환경의 변화에 따라 점차 늘려가면서 아키텍처 구조상의 복잡함이 가중될 경우 하나의 장비로 통합할 수 있게 된다. 관리 대상 자산을 줄이고 잠재적인 위험을 예방하고 관리자의 운영 공수도 최적화할 수 있는 장점이 있다. 하지만 UTM은 개별적인 장비에 비해 성능이 저하될 수 있다는 우려 사항도 있다.

077 정답: 2번

WWDC 2022의 일환으로 Apple은 거의 1년 간의 베타 테스트를 거쳐 등록된 모든 애플 개발자가 Xcode Cloud를 사용할 수 있다고 발표했다. Xcode Cloud는 Xcode 앱에 내장된 지속적인 통합 및 전달

서비스이다.

애플은 이 서비스가 "앱을 빌드하고, 자동화된 테스트를 병렬로 실행하고, 테스터에게 앱을 제공하고, 사용자 피드백을 보고 관리하는 데 도움이 되는 클라우드 기반 도구를 결합하여 고품질 앱의 개발 및 제공을 가속화하기 위해 구축되었다."라고 말한다. Xcode Cloud는 Xcode 버전 13.4.1 및 Xcode 버전 14 베타에서 사용할 수 있으며 App Store Connect에도 내장되어 있으며 TestFlight와 함께 작동한다.

2022년 여름부터 애플은 개발자가 필요한 컴퓨팅 시간에 따라 Xcode Cloud에 대한 4가지 월간 요금제 중 하나에 가입할 수 있다고 말했다. 가격은 월 25시간 컴퓨팅에 대해 14.99달러부터 시작하지만 애플은 모든 개발자 프로그램 회원이 2023년 말까지 25시간 구독 플랜을 무료로 받게 된다고 하였다. 자세한 내용은 애플 웹 사이트의 Xcode Cloud 페이지에서 확인할 수 있다.

078 정답: 3번

셀 브로드캐스트 시스템(Cell Broadcast System, CBS)은 모든 통신사를 보장하면서 긴급 구조원이 휴대폰으로 원터치 알림을 받을 수 있는 통합 개방형 시스템이다. 셀 방송 기술은 정부 기관이 지역의 크기와 가입자의 이동 통신사에 관계없이 피해 지역의 휴대전화에 자연재해 또는 인공 재해의 긴급 경보를 2분 이내에 안전하게 전송할 수 있도록 한다.

셀 브로드캐스트 경고는 휴대폰에서 벨이 울리고 화면에 경고 메시지를 표시한다. 양방향 통화 또는 SMS 문자 메시지보다 더 효율적으로 메시지를 중계한다. 수천 명의 관련 시민과 비상 관리자가 휴대 전화를 걸려고 할 때 재난에서 자주 발생하는 네트워크 과부하가 없다. 셀 브로드캐스트는 SMS 문자 메시지보다 더 발전된 기술이다. 셀 브로드캐스트의 특징은 다음과 같다.

- 셀 브로드캐스트는 이미 대부분의 네트워크 인프라와 대부분의 전화에 상주하므로 타워를 구축하거나 케이블을 설치하거나 소프트웨어를 작성하거나 터미널을

교체할 필요가 없다. 무선 통신 사업자가 셀 브로드캐스트 지원에 동의하면 가입자가 기능을 활성화하고 경고 알림 서비스를 선택하기만 하면 된다.

- 셀 브로드캐스트는 트래픽 부하의 영향을 받지 않는다. 따라서 로드 스파이크로 네트워크가 충돌하는 경향이 있는 재해 중에도 작동한다. 또한, 자체적으로 상당한 부하를 생성하지 않으므로 문제가 추가되지 않는다.

- 셀 브로드캐스트는 지리적 확장이 가능하다. 메시지는 몇 분 만에 대륙을 넘어 수억 명의 사람에게 도달할 수 있다.

- 셀 브로드캐스트는 지역별로 다르다. 알림이 필요한 지역의 시민에게만 메시지를 보낼 수 있다. 예를 들어, 정부 재난 관리자는 다음과 같은 방법으로 공항과 도로 정체를 피할 수 있다. 우선순위 이웃에게 긴급 대피를 알리고 영향을 받지 않는 이웃에게 집에 머무르는 것이 더 안전하다고 안심시켜 교착 상태를 줄인다.

- 폐쇄된 사용자 그룹과 공개 경고를 활성화하도록 채널을 지정할 수 있다. 셀 브로드캐스트는 정부 대 시민 경보 및 폐쇄된 정부 대 정부 메시징에 사용할 수 있다.

- 셀 브로드캐스트는 아시아, 유럽 및 지중해 지역에서 성공적으로 작동하고 있다. 유엔, 국제전기통신연합(International Telecommunications Union) 및 기타 국제 관리 기구는 이미 비상 휴대 방송 경고에 대한 글로벌 조화 표준을 개발하고 있다. 세계보건기구는 이를 팬데믹 경보에 사용할 계획이다. 미국 정부와 미국 통신 사업자는 이러한 글로벌 커뮤니케이션 이니셔티브에 보조를 맞추기 위해 이 최신의 최첨단 기술을 즉시 구현해야 한다.

079 정답: 3번

OS에서 프로세스가 바라보는 메모리 영역은 크게 코드(Code), 데이터(Data), 힙(Heap), 스택(stack) 영역으로 나누어진다.

(1) **코드(Code) 영역**: 실행할 프로그램의 코드가 저장되는 영역, 프로그래머가 작성한 코드가 실행되는 영역이다.

(2) **데이터(Data) 영역**: 프로그램의 전역 변수와 정적 변수가 저장되는 영역, 데이터 영역은 프로그램의 시작과

함께 할당되며 프로그램이 종료되면 소멸한다.

(3) **힙(Heap) 영역**: 사용자에 의해 메모리 공간이 동적으로 할당되고 해제되는 영역, 힙 영역은 메모리의 낮은 주소에서 높은 주소의 방향으로 할당된다.

(4) **스택(Stack) 영역**: 함수의 호출과 관계되는 지역 변수와 매개 변수가 저장되는 영역, 함수 호출과 함께 할당되며 함수 호출이 완료되면 소멸한다. 이렇게 스택 영역에 저장되는 함수 호출 정보를 스택 프레임이라고 한다. 스택 영역은 높은 주소에서 낮은 주소로 메모리 주소가 할당된다. 메모리 관리에 신경 쓸 필요가 없다는 장점이 있지만 (운영체제가 할당, 반환처리), 크기에 제약이 있다는 단점이 있다.

— 🏠출처 https://selfish-developer.com/

080 정답: 3번

워치독 타이머(Watchdog Timer, WDT)는 컴퓨터의 오작동을 탐지하고 복구하기 위해 쓰이는 전자 타이머이다. 정상 작동 중의 컴퓨터는 시간이 경과하거나 '타임아웃'이 되는 것을 막기 위해 정기적으로 타이머를 재가동한다. 만약, 하드웨어의 결함 혹은 프로그램 오류로 인해 컴퓨터가 재가동하는 데 실패하면 타이머가 시간을 두고 타임아웃 신호를 생성한다. 이 타임아웃 신호는 여러 시정 조치를 취하는 데 쓰인다. 이 시정 조치란, 일반적으로 컴퓨터 시스템을 안전한 상태로 유지하는 것과 정상적인 시스템 작동으로 원상복귀 시키는 것을 포함한다.

워치독 타이머는 인간이 쉽게 접근할 수 없거나 오류에 제때 반응하기 힘든 컴퓨터 제어 장비에서 일반적으로 찾을 수 있다. 소프트웨어가 멈추는 경우 많은 임베디드 시스템은 사람이 재부팅 해주는 것에만 의존할 수 없으므로 자립적이어야 한다. 예를 들어, 우주 탐사기와 같은 원격 임베디드 시스템은 운영자가 물리적으로 접근할 수 없다. 만일 그들이 자동으로 오류를 복구할 수 없다면 영구적으로 손상될 수 있다. 워치독 타이머는 보통 이와 같은 경우에 사용된다. 워치독 타이머는 샌드박스에서 신뢰할 수 없는 코드가 작동할 때 코드에 사용할 CPU 시간을 제한하는 데 쓰인다. 따라서 서비스 거부 공격의 일부 유형을 방지할 수 있다.

081 정답: 2번

하이퍼루프(Hyperloop)는 백트레인(진공튜브 열차) 유형의 고속 철도를 말한다. 시속 1,280km(마하 1.06)의 속도를 낸다. 441km인 경부선이라면 16분 만에 주파하는 속도이다. 하이퍼루프는 출발지에서 목적지를 진공관으로 연결하고 교통 수단인 캡슐을 이동시켜 엄청난 속도를 낸다. 캡슐 하나에 28명이 탑승 가능하고 최고 시속은 1,280km에 이를 수 있다고 한다.

자가 발전 시스템을 장착, 운행에 쓰이는 에너지를 100% 태양광 발전으로 생산하는 친환경 교통수단이기도 하다. 머스크는 하이퍼루프 시스템을 설치하는 데에 60억 달러(약 6조5,000억 원)가 소요될 것으로 전망하고 있다. 수백억 달러가 투입되는 미국의 철도 건설 프로젝트와 비교하면 오히려 저렴하다고 주장한다.

초기에는 진공관으로 알려졌으나, 튜브 내부가 완전한 진공 상태는 아니고 어느 정도 낮은 기압 상태인 것으로 판단된다. 하이퍼루프는 크게 튜브와 캡슐로 나눌 수 있다. 튜브 내부는 기압을 낮게 유지하고 있으며 밀폐된 터널과 유사하다.

— 🏠출처 https://youtu.be/6hXNXL9PiYk

082 정답: 4번

프로세스 제어 블록(Process Control Block, PCB)은 특정한 프로세스를 관리할 필요가 있는 정보를 포함하는 운영체제 커널의 자료 구조이다. 쉽게 말하면 운영체제가 프로세스를 제어하기 위해 프로세스의 상태 정보를 저장해 놓는 구조체이다. PCB는 다음과 같은 항목을 저장한다. 운영체제에 따라 PCB에 포함되는 항목이 다를 수 있지만, 일반적으로는 다음과 같은 정보가 포함된다.

- 프로세스 식별자(Process ID)
- 프로세스 상태(Process State): 생성(create), 준비(ready), 실행(running), 대기(waiting), 완료(terminated) 상태가 있다.
- 유예 준비 상태(suspended ready), 유예 대기 상태(suspended wait)는 스택이 아닌 Disk에 저장된다.

- **프로그램 계수기(Program Counter):** 프로그램 계수기는 이 프로세스가 다음에 실행할 명령어의 주소를 가리킨다.
- **CPU 레지스터 및 일반 레지스터**
- **CPU 스케줄링 정보:** 우선순위, 최종 실행시각, CPU 점유 시간 등
- **메모리 관리 정보:** 해당 프로세스의 주소 공간 등
- **프로세스 계정 정보:** 페이지 테이블, 스케줄링 큐 포인터, 소유자, 부모 등
- **입출력 상태 정보:** 프로세스에 할당된 입출력 장치 목록, 열린 파일 목록 등

083 정답: 3번

병렬 랜덤 액세스 머신(병렬 RAM 또는 PRAM)은 공유 메모리 추상 머신이다. PRAM은 RAM(임의 액세스 머신)에 대한 병렬 컴퓨팅 비유로 사용된다. RAM이 순차적 알고리즘 설계자가 알고리즘 성능(예: 시간 복잡성)을 모델링하는 데 사용하는 것과 같은 방식으로, PRAM은 병렬 알고리즘 설계자가 병렬 알고리즘 성능을 모델링하는 데 사용된다(예: 시간 복잡성, 가정된 프로세서 수도 일반적으로 언급됨).

RAM 모델이 캐시 메모리 대 주 메모리에 대한 액세스 시간과 같은 실질적인 문제를 무시하는 방식과 마찬가지로 PRAM 모델은 동기화 및 통신 같은 문제를 무시하지만 (문제 크기에 따라) 프로세서 수를 제공한다. 예를 들어, 알고리즘 비용은 두 개의 매개 변수 O(시간)와 O(시간×processor_number)를 사용하여 추정된다. 공유 메모리에 액세스하는 동안, 읽기 및 쓰기 동작을 수행하는 동안 충돌이 있을 수 있고(즉, 프로세서는 다른 프로세서에 의해 이미 액세스되고 있는 메모리 블록에 액세스할 수 있다.), 따라서 읽기 또는 쓰기 충돌을 처리하는 PRAM 모델에는 다양한 제약 조건이 있다.

- **EREW:** 독점 읽기 전용 쓰기라고도 하는 제약 조건은 두 프로세서가 동일한 인스턴스의 동일한 메모리 위치에서 읽거나 쓸 수 없도록 하는 제약 조건이다.
- **CREW:** 동시 읽기 전용 쓰기라고도 하는 제약 조건은 모든 프로세서가 동일한 메모리 위치에서 읽을 수 있도록 허용하지만 동시에 동일한 메모리 위치에 쓸 수는 없다.
- **ERCW:** 독점 읽기 동시 쓰기라고도 하는 제약 조건은 모든 프로세서가 동일한 메모리 위치에 쓸 수 있도록 허용하지만 이제 동일한 메모리 위치를 동시에 읽을 수 있도록 하는 제약 조건이다.
- **CRCW:** 동시 읽기 동시 쓰기라고도 하는 제약 조건은 모든 프로세서가 동일한 메모리 위치에서 병렬로 읽고 쓸 수 있도록 하는 제약 조건이다.

084 정답: 2번

CPU 스케줄링은 다른 프로세스가 보류 중인 동안 실행을 위해 CPU를 소유할 프로세스를 결정하는 프로세스이다. CPU 스케줄링의 주요 임무는 CPU가 유휴 상태로 유지될 때마다 OS가 적어도 실행 준비 큐에서 사용할 수 있는 프로세스 중 하나를 선택하도록 하는 것이다. 선택 프로세스는 CPU 스케줄러에 의해 수행된다. 실행 준비가 된 메모리의 프로세스 중 하나를 선택한다.

(1) **CPU 이용률(CPU Utilization):** 시간당 CPU를 사용한 시간의 비율, 프로세서를 실행 상태로 항상 유지하려고 해야 한다.

(2) **처리율(Throughput):** 시간당 처리한 작업의 비율, 단위 시간당 완료되는 작업 수가 많도록 해야 한다.

(3) **반환 시간(Turnaround Time):** 프로세스가 생성된 후 종료되어 사용하던 자원을 모두 반환하는 데까지 걸리는 시간, 작업이 준비 큐(ready queue)에서 기다린 시간부터 CPU에서 실행된 시간, I/O 작업 시간의 합이다.

(4) **대기 시간(Waiting Time):** 대기열에 들어와 CPU를 할당 받기까지 기다린 시간, 준비 큐에서 기다린 시간의 합이다.

(5) **반응 시간(Response Time):** 대기열에서 처음으로 CPU를 얻을 때까지 걸린 시간, 대기 시간과 비슷하지만 다른 점은, 대기 시간은 준비 큐에서 기다린 모든 시간을 합친 것이지만 반응 시간은 CPU를 할당 받은 최초의 순간까지 기다린 시간 한 번만을 측정한다.

085

정답: 2번

임계 영역(Critical Section) 또는 공유 변수 영역은 병렬 컴퓨팅에서 둘 이상의 스레드가 동시에 접근해서는 안 되는 공유 자원(자료 구조 또는 장치)을 접근하는 코드의 일부를 말한다. 임계 영역은 지정된 시간이 지난 후 종료된다. 때문에 어떤 스레드(태스크 또는 프로세스)가 임계 영역에 들어가고자 한다면 지정된 시간만큼 대기해야 한다. 스레드가 공유 자원의 배타적인 사용을 보장받기 위해서 임계 영역에 들어가거나 나올 때는 세마포어 같은 동기화 매커니즘이 사용된다.

(1) **상호 배제(Mutual Exclusion)**: 프로세스 P가 해당 임계 영역을 수행 중이라면 다른 프로세스들은 해당 임계 영역을 수행해서는 안 된다.

(2) **진행(Progress)**: 어떠한 프로세스도 임계 영역을 수행하고 있지 않을 때, 임계 영역에 접근하고자 하는 프로세스가 있다면 해당 프로세스를 임계 영역에 들어갈 수 있게 해야 한다. 즉, 아무도 임계 영역에 없는데 프로세스가 임계 영역에 못 들어가면 안 된다는 뜻이다.

(3) **한정 대기(Bounded Waiting)**: 한 프로세스만 계속 임계 영역을 수행하는 기아(Starvation) 문제를 방지하기 위해 한 번 임계 영역에 들어간 프로세스는 한정(bound)을 두어 다른 프로세스도 해당 임계 영역을 수행할 수 있도록 해야 한다.

출처 https://code-lab1.tistory.com/50

086

정답: 1번

프로세스 간 통신(Inter-Process Communication, IPC)은 프로그래머가 운영체제에서 동시에 실행할 수 있는 여러 프로그램 프로세스 간의 활동을 조정할 수 있도록 하는 프로그래밍 인터페이스 세트이다. 이를 통해 프로그램은 동시에 많은 사용자 요청을 처리할 수 있다. 단일 사용자 요청으로도 사용자를 대신하여 운영체제에서 여러 프로세스가 실행될 수 있으므로 프로세스는 서로 통신해야 한다. IPC 인터페이스는 이것을 가능하게 한다.

IPC 방식은 각각의 장점과 한계가 있기 때문에 하나의 프로그램에서 모든 IPC 방식을 사용하는 것은 드문 일이 아니다. IPC 방법에는 파이프와 명명된 파이프가 포함된다(Message queuing, Semaphores, Shared memory, Sockets, Signal, PIPE). Microservices에서 IPC는 IPC 메커니즘을 사용하여 통신해야 한다.

설계 시 고려할 사항으로는 서비스 간 어떻게 통신할지, API를 어떻게 정의할지, API 변경에 어떻게 대응할지, 부분 장애(partial failure)에 어떻게 대응할지 등이 있다. 모놀리식(Monolithic) 애플리케이션에서는 언어 레벨의 메서드나 함수를 호출함으로써 다른 컴포넌트를 실행할 수 있었다. MSA기반 애플리케이션은 분산 환경에서 개별 프로세스로 동작하기 때문에 IPC 메커니즘이 필요하다.

	PIPE	Named PIPE	Message Queuee	Shared Memory	Memory Map	Socket
방향	단방향	단방향	단방향	양방향	양방향	양방향
공유 방법	파일	파일	메모리	메모리	파일, 메모리	소켓
단위	Stream	Stream	구조체	구조체	페이지	Stream

출처 https://www.ipc.org/ipc-standards

클라우드 컴퓨팅의 분류는 서비스 제공방식(SaaS, PaaS, IaaS), 구현 방법 및 구성 유형(Public, Private, Hybrid), 활용 대상(B2B, B2C, B2G)에 따라 분류된다. 클라우드는 제공하는 서비스(가상 인프라, 플랫폼, 응용 소프트웨어)에 따라 벤더의 관리 범위도 나누어질 수 있으며, 확보해야 하는 보안 전략도 다를 수 있다. 인프라를 서비스로 제공하는 경우 하드웨어(서버, 스토리지, 네트워크)의 보안과 해당 하드웨어를 구동하기 위한 시스템 소프트웨어, 서버 등의 단말기 가상화 측면의 보안 이슈가 주류가 된다.

플랫폼을 서비스로 제공하는 경우에는 시스템 소프트웨어 및 가상 환경에서 공유된 리소스 관리 측면, 설계상의 취약점, 계정에 대한 인증 차원의 보안 이슈가 존재한다. 응용 프로그램 등을 서비스로 제공하는 경우에는 인프라와 플랫폼의 보안이 보장된다는 가정하에 서비스를 왜곡하거나 해커의 의도에 따른 위협으로 유도, 서비스의 거부 등의 이슈가 존재한다.

구분	모델	정의	특징 및 활용
서비스 모델	IaaS	(Infrastructure as a Service) 클라우드 서비스가 가능하기 위해 필요한 기반인 인프라에 관한 서비스	가상화(Virtualization) 및 네트워크 기술을 통해 여러 물리적인 컴퓨팅 자원을 분할, 통합, 관리하는 가상 머신(Virtual Machine) 환경서비스 제공 ※예: 아마존 AWS, KT, LGCNS, SK 등
	PaaS	(Platform as a Service) 플랫폼 제공 형태의 서비스	개발자들에게 개발을 위한 도구로써 표준, 개발응용 프로그램의 배포를 위한 채널 등을 제공 ※예: 구글의 APP 엔진 등
	SaaS	(Software as a Service) 클라우드 인프라 및 플랫폼 상에서 구동하는 온디맨드(On-Demand) 형태의 응용 소프트웨어 와 데이터베이스 등을 제공하는 서비스	사용자가 별도의 응용 프로그램을 설치할 필요 없이 서비스를 제공받고, 프로그램의 관리 및 유지 보수 등과 같은 추가적 비용 불필요 예: 구글 Docs, 네이버 클라우드, Dropbox, MS오피스, 한컴오피스 등
배치 방식	Public	누구나 인터넷을 통해 클라우드 제공 사업자의 서비스 사용 가능	비용절감, 협업의 용이성 등이 장점
	Private	특정 조직만이 클라우드 컴퓨팅을 사용할 수 있도록 구축하는 서비스	초기 투자비용은 높으나 보안과 안정성이 높음
	Hybrid	Public과 Private 클라우드의 혼합된 형태의 서비스	보안이 낮은 업무는 Public, 보안이 높은 업무는 Private 클라우드를 활용
활용 대상	B2B	(Business to business) 기업이 활용하는 업무용 클라우드 컴퓨팅 모델	ERP CRM SCM 오피스 등 업무용 클라우드 활용
	B2C	(Business to customer) 개인이 활용하는 클라우드 컴퓨팅 모델	오피스, 네이버 클라우드 등 개인 자료 저장 등 활용
	B2G	(Business to government) 공공기관이 활용하는 클라우드 컴퓨팅 모델	(미국) 민간기업의 클라우드 컴퓨팅 활용 (한국) Private 클라우드 구축

NIST(미국 국립표준기술연구소), 2011.

출처   정보통신산업진흥원, 클라우드 컴퓨팅 발전 및 이용자 보호에 관한 법률 설명 자료, 2013.

088

정답: 4번

XACML은 'eXtensible Access Control Markup Language'의 약자이며, ABAC(속성 기반 액세스 제어)를 위해 특별히 설계된 XML 기반 언어이다. 이 표준은 선언적 세분화된 속성 기반 액세스 제어 정책 언어, 아키텍처 및 정책에 정의된 규칙에 따라 액세스 요청을 평가하는 방법을 설명하는 처리 모델을 정의한다. XACML은 아키텍처, 정책 언어 및 요청/응답 체계를 정의한다.

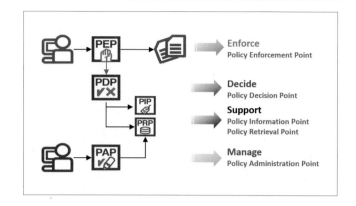

089

정답: 4번

AI 반도체란 데이터센터의 서버나 에지 디바이스에서 인공 신경망 알고리즘을 더욱 효율적으로 계산하는 데 최적화된 반도체라 정의할 수 있다. AI 반도체의 종류는 다음과 같다.

(1) FPGA(Field Programmable Gate Array): 프로그래밍을 통해 사용자가 원하는 대로 회로를 구현할 수 있는 반도체

(2) ASIC(Application Specific Integrated Circuit): 특정 응용 분야나 기능을 위해 주문 제작되는 프로세서

(3) ASSP(Application Specific Standard Product): 특정 용도를 표준화하여 둘 이상의 여러 고객이 사용하는 경우

(4) GPU(Graphic Processing Unit): 그래픽/영상 처리에 특화된 전용 연산기와 내부구조를 가진 프로세서

(5) 뉴로모픽(Neuromorphic): 폰 노이만 구조에서 탈피하여 인간의 뇌를 모방한 새로운 원리에 기초한 프로세서

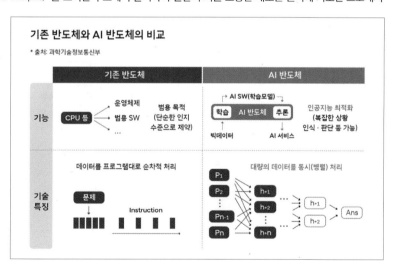

090

정답: 3번

Kalay Platform은 초기에 고객이 작동하기 쉽고 안정적인 연결을 제공하며 펌웨어 통합을 통해 향상된 보안을 제공하는 다양한 모듈식 기능을 제공하는 제품을 개발할 수 있도록 지원하는 지점 간 연결 기술을 기반으로 했다. Kalay

Platform은 고객의 요구에 따라 OEM/맞춤형 서비스, 프로젝트 기획 등 다양한 분야에 적용할 수 있다. 고객이 스마트 제품을 배포하고 출시 시간을 단축할 수 있도록 맞춤형 앱 서비스를 제공한다.

대만 회사 ThroughTek에서 개발한 P2P IoT 프로토콜인 Kalay에는 심각한 보안 문제가 있다. 원격 공격자가 프로토콜을 사용하는 장치에 대한 전체적이지만 거의 보이지 않는 제어 권한을 부여하기 위해 이를 악용할 수 있다. 취약점 자체는 Kalay 장치 식별 코드를 획득하여 장치 사칭을 포함한다. 일단 가로채면 공격자는 로컬 Kalay 서버에 장치를 등록할 수 있다. 그러면 기존 장치를 덮어쓰고 향후 연결 시도를 잘못된 장치로 보낸다. 성공하면 공격자는 라이브 비디오 및 오디오 피드에 액세스할 수 있을 뿐만 아니라 추가 공격에 사용하기 위해 장치를 추가로 손상시킬 수 있다.

ThroughTek의 최대 고객 중 하나는 중국 기술 회사인 Xiaomi이며 2020년 보도 자료에서 COVID-19 전염병 동안 세계 10대 베이비 케어 카메라 제조업체와 협력하기 시작했다고 언급했다. 그 외에 ThroughTek은 250개의 지원 SoC 에서 작동하는 8,300만 개의 장치가 매월 11억 개의 연결을 생성하는 위치에 대해 함구하고 있다.

CISA는 5가지 버전의 Kalay가 영향을 받았다고 밝혔다.

(1) 버전 3.1.5 및 이전

(2) "nossl" 태그가 있는 SDK 버전

(3) IOTC 연결에 AuthKey를 사용하지 않는 펌웨어

(4) DTLS를 활성화하지 않고 AVAPI 모듈을 사용하는 펌웨어

(5) P2PTunnel 또는 RDT를 사용하는 펌웨어

ThroughTek은 Kalay 3.1.10 이상을 사용하는 사용자는 AuthKey 및 DTLS를 활성화해야 하며 이전 버전을 사용하는 사용자는 AuthKey 및 DTLS를 활성화하고 라이브러리 3.3.1.0 또는 3.4.2.0으로 업그레이드해야 한다고 권고했다. ThroughTek은 "정보 기술의 급속한 발전으로 악의적인 공격으로부터 제품 및 서비스의 사이버 보안을 보호하는 것이 특히 어렵다."라고 말했다. 모범 사례로 베이비 모니터, IoT 카메라 또는 DVR을 사용하는 경우 펌웨어 업데이트를 확인하고 사용 중인 프로토콜에 대해서 자세히 알아볼 필요가 있다.

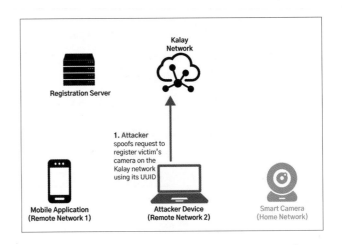

091

IoT, 하드웨어 및 임베디드 소프트웨어 분야의 행위자들의 위협과 운영 대응 능력 사이에는 격차가 있다. 따라서 사물 인터넷 세상에서 처리된 데이터(개인 데이터, 민감한 장치 감독, 산업 프로세스, 건강 관리 제품 등)에 대한 공격 위험이 증가 한다.

Hardsploit은 모듈식 및 프로그래밍 가능 플랫폼(FPGA 구성요소)을 기반으로 하는 소프트웨어 및 전자 감사 기능이 있는 도구이다. 임베디드 장치의 전자 통신 인터페이스에 대한 보안 테스트를 수행하는 데 사용할 수 있다. 실제로 완전한 프레임워크로 Hardsploit 모듈을 사용하면 하드웨어 테스터가 하드웨어 대상이 사용하는 각 유형의 전자 버스를 통

해 데이터를 가로채고, 재생 및/또는 전송할 수 있다. Hardsploit 덕분에 테스터가 얻는 상호 작용 수준은 전자 버스 기능(JTAG, SPI, I2C, 병렬 주소 및 칩 온 칩 데이터 버스 등)에 따라 다르다.

Hardsploit은 SERMA 보안 컨설팅 팀의 R&D 프로젝트로 개발되었다. 2015년, 이 도구는 임베디드 전자 분야의 취약점에 대한 자동화된 검색 도구가 없다는 관찰에서 시작되었다. 한 번에 하나의 인터페이스만 공격할 수 있는 Hard-Sploit V1의 혁신을 계속하면서 SERMA 팀은 두 번째 혁신적인 버전인 HardSploit V2를 작업하고 있다.

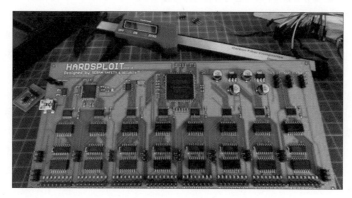

Hardsploit은 하드웨어 침입 테스트 도구로 전 세계적으로 알려져 있으며 제조업체 및 하드웨어 감사자를 위한 교육에 사용된다. HardSploit은 사용자가 디버그 포트 및 구성요소 통신 포트를 간단한 인터페이스로 공격/감사할 수 있도록 한다. 디버깅 포트(JTAG 및 SWD) 및 관리 인터페이스(UART)는 일반적으로 제조업체에서 구성요소를 프로그래밍하고 테스트하는 데 사용한다. 그럼에도 감사자는 악의적인 사람과 마찬가지로 HardSploit을 사용하여 소프트웨어(마이크로 컨트롤러의 경우 펌웨어라고 함) 및 암호화 키를 복구하기 위해 이러한 인터페이스의 기능을 전환할 수 있다.

이는 I2C, SPI 또는 CAN과 같은 전자 부품의 통신 인터페이스에서도 마찬가지이다. 이러한 인터페이스는 외부 메모리에 민감하고 대부분 암호화되지 않은 데이터를 저장하는 데 사용할 수 있다. 온보드 센서 또는 무선 시스템(Bluetooth, Wifi, 이더넷 등)과 같은 이러한 통신 라인(통신 BUS라고 함)에서 여러 구성요소를 찾을 수 있다. 이러한 버스를 가로채 연결하여 청취자는 민감한 정보를 캡처하거나 HardSploit으로 악성 데이터를 주입할 수 있게 된다.

092

정답: 2번

'보안 태세'라는 용어는 조직 내 모든 IT 자산의 보안 상태를 의미한다. 여기에는 코드 리포지토리(repository), SaaS(Software as a Service) 애플리케이션, 하드웨어 자산, 네트워크, 데이터 파이프라인, 모든 정보 및 서비스가 포함된다. SaaS SSPM(보안 태세 관리) 솔루션은 SaaS 환경의 보안 태세에 대한 가시성을 제공하고 해당 환경에서 보안 문제를 보다 쉽게 해결할 수 있는 도구 및 자동화 기능을 제공한다. SSPM의 세 가지 주요 이점은 다음과 같다.

(1) 컴플라이언스 관리 간소화(Simplifies compliance management): SaaS 애플리케이션의 고도로 동적이고 분산된 특성으로 인해 조직은 규정 준수에 접근하는 방법을 재고해야 한다. SSPM은 내부 프레임워크와 규제 표준 모두에 대한 규정 준수 상태를 지속적으로 모니터링한다. 특정 데이터 처리 방식이나 암호화 표준이 적절하지 않은 경우 SSPM은 관리자에게 문제를 알리거나 자동으로 수정 조치를 취할 수도 있다.

(2) 클라우드 구성 오류 방지(Prevents cloud misconfigurations): 데이터 침해는 최근 몇 년 동안 급증했으며 종종 클라우드 서비스의 잘못된 구성으로 인해 발생한다. 리소스는 첫날 올바르게 구성되는 경우가 많지만 시간이 지나면서 규정을 준수하지 못하는 경우가 많다. 애플리케이션, 애플리케이션이 저장하는 데이터 또는 애플리케이션에 액세스하는 사용자의 변경 사항에 관계없이 보안 구성을 지속적으로 보장하는 것이 가장 중요하다.

(3) 지나치게 관대한 설정 감지(Detects overly permissive settings): 강력한 SaaS 보안 태세의 초석이 되는 SaaS 애플리케이션에 대해 액세스 권한이 있는 사람을 효과적으로 제어한다. SSPM은 모든 사용자의 권한을 자동으로 평가하고 지나치게 관대한 역할을 가진 사용자에 대해 경고한다. 이를 통해 승인된 직원만 특정 유형의 데이터, 시스템, 장치 및 자산에 액세스할 수 있다.

참고로, CIEM(Cloud Infrastructure Entitlement Management) 도입의 주요 이점은 다음과 같다.

(1) 가시성(Visibility): CIEM은 조직에 클라우드 권한에 대한 가시성을 제공한다. 이를 통해 조직은 클라우드 환경에서 액세스 제어를 보다 효과적으로 모니터링하고 관리할 수 있게 된다.

(2) 진정한 클라우드 간 상관관계(True Cross-Cloud Correlation): CIEM 솔루션은 조직의 전체 클라우드 배포에서 사용자, 장치 및 애플리케이션 ID를 집계한다. 이를 통해 일관된 액세스 제어 정책을 보다 쉽게 구현하고 환경 전반에 걸쳐 통합 감사 추적을 제공한다.

(3) 지능형 상관관계 및 통찰력(Intelligent Correlation and Insights): CIEM 솔루션은 사용자 행동을 분석하고 추세에 대한 권한을 할당할 수 있다. 이는 비슷한 사용자에 대한 그룹을 정의하고, 직무 분리가 권장되는 경우를 식별하고, 조직 내에서 최소 권한 구현과 같은 모범 사례를 구현하는 데 도움이 될 수 있다.

(4) 자동화(Automation): CIEM 솔루션은 특정 시나리오에서 자동으로 조치를 취하도록 구성할 수 있다. 예를 들어, 자동화는 MFA(다단계 인증)에 대한 요구 사항을 적용하고 특정 권한을 특정 역할이 있는 사용자로 제한하는 등 기업 보안 정책을 시행하는 데 사용할 수 있다.

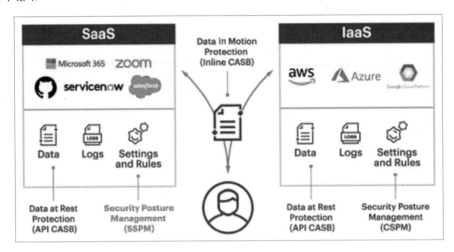

093

SEH(Structured Exception Handler)는 버퍼 오버플로(Buffer overflow)같이 예기치 않은 문제가 발생했을 때, 예외 처리 루틴을 통해 문제를 방지하기 위한 예외 처리 기법 중의 하나이다. SEH를 이용해 스택 쿠키를 우회하는 방법은 스택 쿠키를 포함한 버퍼를 모두 덮어쓰고 예외 처리 핸들러에 셸코드 주소를 덮어씌워서 예외를 강제로 발생시키면 예외 처리가 아닌 셸코드를 실행시키게 된다. SEH overwrite는 Stack Guard(SG), Stack Shield(SS), Stack Cookie, Canary, 보안 검사 등 여러 가지 이름으로 불리는 방어 기법을 우회하기 위한 방법이다.

Stack Cookie(Canary)

스택에 Cookie(Canary)라고 불리는 랜덤한 데이터를 저장해 둔다. RET하기 전에 넣어둔 Cookie(Canary)가 변조됐는지 확인한다. 변조됐다면 공격을 감지하고 에러 메시지를 출력한다. Cookie와 Return address를 넘어 등록해 둔 SEH 데이터를 예외 핸들러와 Next SEH Record 포인터를 바꾸는 공격방식이다. Next SEH Record

에는 셸코드로 점프하는 코드를, 예외 핸들러는 POP POP RET 코드가 있는 주소를 써 준다. 이 상태로 예외를 발생시키면, POP POP RET 코드가 실행되고 RET 코드를 통해 Next SEH Record의 주소에 있는 점프 코드를 실행한다. 점프 코드를 실행하면 셸코드에 도달한다.

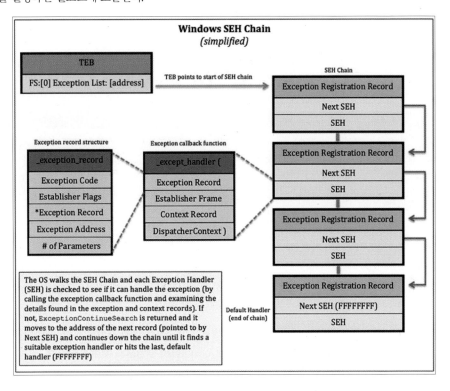

094

데스크톱 가상화를 통해 IT는 호스팅된 OS를 원격 클라이언트에 배포할 수 있다. VDI(가상 데스크톱 인프라) 및 DaaS(서비스형 데스크톱)를 포함하여 가상 데스크톱을 구현하는 방법에는 여러 가지가 있다. 두 기술 모두 조직에서 원격 직원에게 비즈니스 연속성을 제공하고 직원 기반이 변경됨에 따라 신속하게 확장 또는 축소할 수 있는 기능을 제공하는 데 도움이 될 수 있다.

사용자 관점에서 이러한 방법은 실제 로컬 데스크톱에서 얻을 수 있는 것과 동일한 사용자 경험을 제공할 때 가장 성공적이다. IT 관리자는 서비스로서의 데스크톱과 VDI를 비교하여 이 두 접근 방식의 차이점을 이해하고 조직에 적합한 접근 방식을 결정해야 한다. VDI를 사용하면 데스크톱 OS가 원격 디스플레이 프로토콜을 통해 데스크톱 인터페이스를 보내는 중앙 서버에서 호스팅된다. 그런 다음 사용자는 씬 클라이언트, 모바일 장치, 랩톱 또는 기타 클라이언트와 같은 엔드포인트 장치에서 데스크톱과 상호 작용할 수 있다.

VDI와 DaaS는 모두 최종 사용자가 가상 데스크톱에 액세스할 수 있도록 하고 관리자가 회사 내의 각 개별 장치에 운영체제를 설치 및 관리하지 않아도 되도록 한다. 그러나 이러한 두 가지 유형의 가상화에는 주요 차이점이 있다. VDI를 통해 조직은 자체 온프레미스 데이터센터에서 가상 데스크톱을 배포한다. 사내 IT 팀은 가상 데스크톱 배포와 인프라 구매, 관리 및 업그레이드를 담당한다. DaaS도 본질적으로는 동일하지만 클라우드 기반의 인프라 환경이다. DaaS 솔루션을 구독하는 조직은 자체 하드웨어를 관리할 필요성이 없다. 대신 사용자당 지불 구독 모델을 사용하여 필요에 따라 확장하거나 축소한다. 이를 통해 기업은 성수기에는 임시 직원을 위해, 인수 합병을 통해 작업할 때는 신규 사용자

제1장 시스템 보안   **41**

를 위해 또는 증가하는 하이브리드 인력을 수용하기 위해 클라우드 데스크톱을 신속하게 제공할 수 있다.

많은 고객이 가상화로 전환하고 있지만 프로세스에는 자본 투자와 전문화된 IT 기술이 필요한 경우가 많다. 이에 대응하여 많은 조직에서 운영 비용 구조 내에서 작동하는 간소화된 솔루션을 찾고 있다. DaaS는 VDI의 중앙 집중화, 보안 및 관리를 선호하지만 전문 조직이 대신 기본 데스크톱 관리를 수행하도록 하는 단순함에 매력을 느끼는 고객에게 실행 가능한 옵션이 될 수 있다.

Comparing VDI vs. DaaS

VDI		DaaS
OS hosted in on-premises data center	INFRASTRUCTURE	OS hosted by cloud service provider
IT department handles desktop maintenance, security, network and storage resources	MANAGEMENT	Provider handles desktop maintenance, security, network and storage resources
Typically a perpetual license per user; plus investment in infrastructure	COST	Subscription model; usually per user, per month

— ⌂출처 https://www.docker.com/https://www.namutech.co.kr/

095
정답: 4번

로드 밸런서(Load Balancer)는 하나의 인터넷 서비스가 발생하는 트래픽이 많을 때 여러 대의 서버가 분산 처리하여 서버의 로드율 증가, 부하량, 속도 저하 등을 고려해 적절히 분산 처리하여 해결하는 서비스이다. 즉, 애플리케이션 트래픽을 Amazon EC2 인스턴스, 컨테이너, IP 주소, Lambda 함수, 가상 어플라이언스와 같은 여러 대상에 자동으로 분산시켜 안정적인 AWS 서버 환경을 운용하는 데 도움을 주는 서비스이다. 로드 밸런서의 종류는 다음과 같다.

(1) Application Load Balancer(ALB)

HTTP 및 HTTPS프로토콜과 1~65535의 TCP 포트, Lambda 호출, ECS를 사용하는 애플리케이션의 로드 밸런싱을 지원한다. 리디렉션, 고정 응답, 인증 및 전달을 위해 호스트 헤더, 경로, HTTP 헤더, 방법, 쿼리 매개 변수 및 소스 IP CIDR와 같은 규칙을 정할 수 있으며 규칙을 사용하여 특정 요청을 라우팅할 방법을 결정할 수 있다. ACM과 통합되면서 아주 간단하게 인증서를 로드 밸런서에 연결할 수 있어 SSL/TLS 인증서를 구매, 업로드 및 갱신하는 작업이 매우 간편하다.

(2) Network Load Balancer(NLB)

IP 프로토콜 데이터를 기반으로 Amazon VPC 내의 대상(Amazon EC2 인스턴스, 마이크로서비스 및 컨테이너)으로 연결을 라우팅한다. TCP 및 UDP 트래픽을 이상적인 매우 짧은 대기 시간을 유지할 수 있다. 가용 영역당 단일 고정 IP 주소를 사용하여 갑작스럽고 변동성이 큰 트래픽 패턴을 처리하도록 최적화되어 있다. Auto Scaling, ECS, Amazon CloudFormation 및 ACM와 같은 다른 인기 있는 AWS 서비스와 통합 가능하다. WebSocket 유형의 애플리케이션에 매우 유용한 장기간 연결도 지원한다. 단일(공용/인터넷 IP, 프라이빗 IP)만 지원한다. 컨테이너 내에서는 서로 다른 보안 그룹을 가질 수 있고, 여러 컨테이너에서 같은 포트를 사용할 수도 있다.

(3) Classic Load Balancer(CLB)

여러 EC2 인스턴스에서 기본 로드 밸런싱을 제공하고 요청 수준과 연결 수준 모두에서 작동한다. EC2 네트워크 내에 구축된 애플리케이션을 HTTP 포트 80과 HTTPS 포트 443을 단일로 매핑 할 수 있다. TTP, HTTPS(보안 HTTP), SSL(보안 TCP) 및 TCP 프로토콜을 사용하여 애플리케이션의 로드 밸런싱을 지원해준다. ACM과 통합되면서 아주 간단하게 인증서를 로드 밸런서에 연결할 수 있어 SSL/TLS 인증서를 구매, 업로드 및 갱신하는 작업이 매우 간편하다.

(4) Gateway Load Balancer(GWLB)

타사 가상 어플라이언스를 쉽게 배포, 확장 및 관리할 수 있다. 흐름을 소스 IP, 대상 IP, 프로토콜, 소스 포트 및 대상 포트로 구성된 5-튜플의 조합으로 여러 가상 어플라이언스에 트래픽을 분산하는 동시에 수요에 따라 확장하거나 축소할 수 있는 하나의 게이트웨이를 제공하여 네트워크의 잠재적인 실패 지점이 제거되고 가용성이 높아진다. 배포 프로세스를 간소화하여 현재와 동일한 공급업체와 협력하든 새로운 시도를 하든 관계없이 가상 어플라이언스의 가치를 더 빨리 확인할 수 있다. 서드파티 가상 어플라이언스를 통한 모든 계층 3 트래픽을 투명하게 전달할 수 있다.

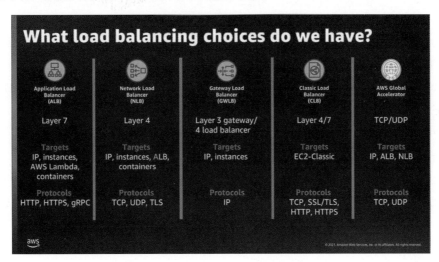

096

에지 컴퓨팅을 위한 AI 칩에서는 합성곱 신경망(Convolution Neural Net, CNN)을 통해 대량의 정보를 지닌 이미지를 압축하고, 여러 처리 과정을 거쳐 영상 분류(Image Classification), 객체 탐지(Object Detection) 등의 작업을 수행하게 된다. 이렇게 입력 데이터가 필터를 거치며 크기가 줄어들면 확실한 특징만 남게 되는데, 이를 통해 최적의 인식 결과를 얻을 수 있다.

(1) **에지 컴퓨팅(Edge Computing)**: 생성된 데이터를 중앙의 대규모 서버로 전송하지 않고 데이터가 생성된 기기 자체에서 처리하거나 데이터가 발생한 곳과 가까운 소규모 서버로 전송해 처리하는 컴퓨팅 방식을 말한다.

(2) **합성곱 신경망(Convolution Neural Net)**: 행렬로 표현된 필터 각 요소가 데이터 처리에 적합하게 자동으로 학습되도록 하는 기법을 말한다.

(3) **영상 분류(Image Classification)**: 이미지나 영상 속 대상이 어떤 범주에 속하는지 구분하는 작업을 말한다.

(4) **객체 탐지(Object Detection)**: 이미지나 동영상에서 의미 있는 객체의 위치를 정확하게 찾아내는 작업을 말한다.

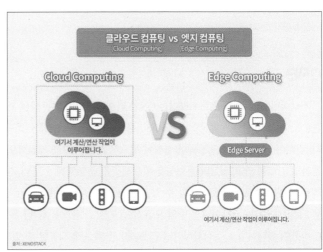

⌂ 출처 https://www.skhynix.co.kr/

097

그리드 컴퓨팅은 서로 다른 주제 전문가가 프로젝트에서 협력해야 하지만 단일 사이트에서 데이터와 컴퓨팅 리소스를 즉시 공유할 수 있는 수단이 반드시 필요한 것은 아닐 때 특히 유용하다. 지리적 거리에도 불구하고 힘을 합치면 분산된 팀이 자체 리소스를 활용하여 더 큰 노력을 기울일 수 있다. 이는 모든 컴퓨팅 리소스가 동일한 특정 작업에 대해 작업할 필요가 없지만 최종 목표를 집합적으로 구성하는 하위 작업에 대해 작업할 수 있음을 의미한다.

특정 유형의 로컬 데이터 그리드는 컴퓨터가 조정 소프트웨어와 네트워크 연결을 통해 긴밀하게 연결되어 메모리에서 데이터를 집합적으로 처리하는 메모리 내 데이터 그리드(IMDG)이다. 이점은 데이터가 데이터 그리드의 모든 컴퓨터에 걸쳐 메모리에 저장되므로 모든 데이터 액세스가 매우 빠르다는 것이다. Hazelcast IMDG와 같은 IMDG는 그리드 컴퓨팅 작업이 극도로 높은 처리량과 극도로 낮은 대기 시간을 요구할 때 특히 유용하다.

일반적으로 그리드 컴퓨팅은 기능 면에서 다음과 같이 분류될 수 있다.

- **컴퓨팅 그리드(Computational Grid)**: CPU나 GPU등의 기능을 이용해 복잡한 연산을 수행하는 것
- **데이터 그리드(Data Grid)**: 대용량의 분산 데이터를 공유하고 관리하는 것
- **액세스 그리드(Access Grid)**: 지리적으로 떨어진 곳에 있는 사용자들 간에 오디오와 비디오를 사용하여 업무 협력을 가능하게 하는 것
- **장비 그리드(Equipment Grid)**: 망원경 등의 주요 장비를 원격 조정하며 장비로부터 얻은 데이터를 분석하는 것

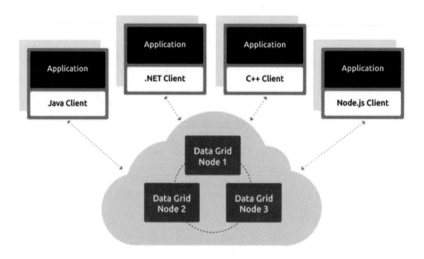

098

컨테이너(Container) 소프트웨어는 OS와 라이브러리에 의존성을 가지고 있다. 그러므로 하나의 컴퓨터에서 성격이 다른(OS, 라이브러리 버전이 다른) 소프트웨어를 한 번에 실행할 때 어려움을 가질 수 있고 관련된 구성을 관리하기가 어렵다. 컨테이너는 개별 소프트웨어 실행에 필요한 실행 환경을 독립적으로 운용할 수 있도록 기반 환경 또는 다른 실행 환경과의 간섭을 막고 실행의 독립성을 확보해주는 운영체제 수준의 격리 기술을 말한다. 컨테이너는 애플리케이션을 실제 구동 환경으로부터 추상화할 수 있는 논리 패키징 메커니즘을 제공한다.

도커(Docker)는 컨테이너 기반의 오픈 소스 가상화 플랫폼 중 하나이다. 도커를 사용하면 인프라에서 애플리케이션을 분리하여 컨테이너로 추상화시켜 소프트웨어를 빠르게 제공할 수 있다. 이는 주어진 하나의 호스트 OS 안에서 여러 컨

테이너를 동시에 실행할 수 있다. 또한, 도커는 컨테이너의 생명 주기를 관리하고 애플리케이션을 오케스트레이션(워크플로 자동화)된 서비스로 배포할 수 있다. 예를 들어 백엔드 프로그램, 데이터베이스 서버, 메시지 큐 등 어떤 프로그램도 컨테이너로 추상화할 수 있고 조립 PC, AWS, Azure, Google 클라우드 등 어디에서든 실행할 수 있다.

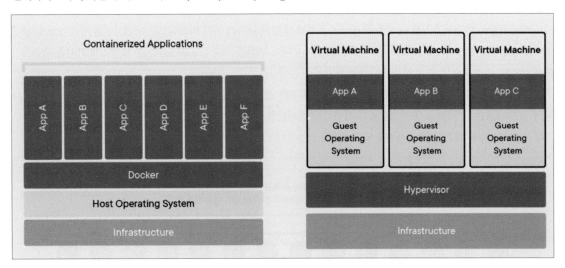

　出처 https://www.docker.com/

099

정답: 2번

라이브락(Livelock)의 경우 라이브 잠금 시나리오와 관련된 프로세스의 상태가 지속적으로 변경된다. 반면에 프로세스는 여전히 서로 의존하며 작업을 완료할 수 없다. '프로세스 1'과 '프로세스 2' 모두 공통 리소스가 필요하다. 각 프로세스는 다른 프로세스가 활성 상태인지 여부를 확인한다. 그렇다면 리소스를 다른 프로세스에 넘겨준다.

그러나 둘 다 프로세스가 비활성 상태이면 서로에게 무기한으로 리소스를 계속 넘겨준다. 라이브락의 실제 예는 두 사람이 서로에게 전화를 걸고 둘 다 회선이 통화 중임을 알게 될 때 발생한다. 두 사람은 전화를 끊고 같은 시간 간격 후에 전화를 시도하기로 결정한다. 그래서 다음 재시도에서도 같은 상황이 되었다. 이것은 영원히 계속될 수 있는 라이브 잠금의 예이다. 본질적으로 비슷하지만, 교착 상태와 라이브 잠금은 동일하지 않다. 교착 상태

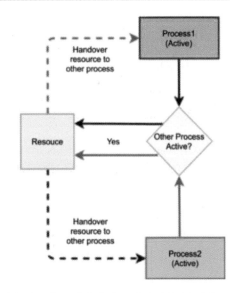

에서 교착 상태와 관련된 프로세스는 무기한 중단되고 상태를 변경하지 않는다. 그러나 라이브 잠금 시나리오에서 프로세스는 서로를 차단하고 무기한 대기하지만 리소스 상태를 지속적으로 변경한다. 주목할 만한 점은 리소스 상태 변경이 영향을 미치지 않으며 프로세스가 작업을 진행하는 데 도움이 되지 않는다는 것이다.

IDX(Intelligent Digital X(Trans)-formation)는 디지털 지능화를 통하여 전 산업 생태계의 구조와 비즈니스 방식을 바꾸고, 전 국가사회 시스템의 동작 방식을 변혁시키는 과정 또는 전략이다.

디지털 전환은 현대적인 모범 사례를 충족하고 경쟁에서 앞서 나가기 위해 비즈니스를 발전시키는 기술의 통합이다. 이러한 유형의 변환은 새 소프트웨어를 설치하는 것 이상이다. 변화를 수용하고 주요 이해관계자에게 가치를 제공하기 위해 시스템, 프로세스 및 회사 문화를 완전히 점검하는 것이다.

지능형 디지털 트랜스포메이션은 인공 지능 또는 AI 기반 프로세스의 도입을 통해 이러한 변화를 새로운 차원으로 끌어 올린다. AI는 기계학습 및 알고리즘을 사용하여 데이터를 수집하여 데이터 기반 의사결정을 조언한다. 지능형 디지털 변환의 이점은 데이터 및 통찰력의 정확성이다. 더는 인간이 직접 원시 데이터를 변환하려고 시도하지 않는다.

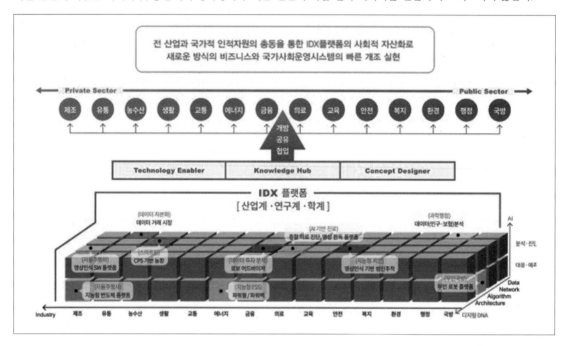

출처 https://www.etri.re.kr/

제 2 장
네트워크 보안

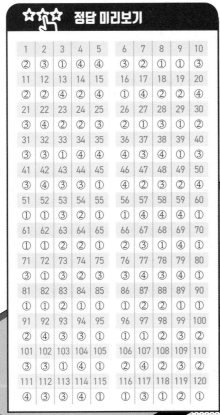

☆☝☆ 정답 미리보기

1	2	3	4	5	6	7	8	9	10
②	③	①	④	④	③	②	①	①	③
11	12	13	14	15	16	17	18	19	20
②	②	④	②	④	①	④	②	①	④
21	22	23	24	25	26	27	28	29	30
③	④	②	②	③	②	①	③	①	②
31	32	33	34	35	36	37	38	39	40
③	③	①	④	④	④	③	④	①	③
41	42	43	44	45	46	47	48	49	50
③	④	③	④	①	④	②	③	②	④
51	52	53	54	55	56	57	58	59	60
①	①	③	②	①	①	④	④	④	①
61	62	63	64	65	66	67	68	69	70
①	①	②	②	②	④	③	①	④	①
71	72	73	74	75	76	77	78	79	80
③	①	③	②	③	③	④	③	④	①
81	82	83	84	85	86	87	88	89	90
①	①	②	①	①	②	②	②	①	①
91	92	93	94	95	96	97	98	99	100
②	④	③	③	①	①	①	②	③	②
101	102	103	104	105	106	107	108	109	110
③	③	①	④	①	②	④	②	③	②
111	112	113	114	115	116	117	118	119	120
④	③	③	④	①	①	③	①	②	①

해설편

001

정답: 2번

동일한 라우팅 정책으로 하나의 관리자에 의하여 운영되는 네트워크, 즉 한 회사나 단체에서 관리하는 라우터 집단을 자율 시스템(Autonomous System, AS)이라 하며, 각각의 자율 시스템을 식별하기 위한 인터넷상의 고유한 숫자를 망 식별 번호(AS 번호)라 한다. 현재 일반적으로 사용 중인 AS 번호는 2-byte의 체계로 65,536개의 AS 번호 사용이 가능하나, IPv4 주소와 마찬가지로 가까운 미래에 고갈될 것으로 예측된다. 국제 인터넷 표준화기구(Internet Engineering Task Force, IETF)는 기존의 2-byte AS 번호 체계의 확장 형태인 4-byte AS 번호를 정의하였고, 이에 따라 약 43억 개의 AS 번호를 사용할 수 있게 되었다. 인터넷의 확산으로 네트워크의 크기가 커지고 라우팅 정보가 방대해지자 전체 네트워크를 하나의 라우팅 프로토콜로 관리하는 것이 불가능해졌다. 이에 따라 네트워크의 관리 범위를 계층적으로 체계화하고 단위 별로 라우팅 정보를 효율적으로 관리하기 위하여 AS(자율 시스템, Autonomous System)가 도입되었다.

AS가 도입되면서 라우터는 인터넷에 있는 모든 네트워크의 도달 가능 정보를 가질 필요 없이 자신의 AS 내에 있는 라우터에 대한 도달 가능 정보만을 가진다. 외부 AS와 통신하고자 할 때에는 ASBR(Autonomous System Boundary Router)을 이용하여 외부 네트워크의 도달 가능 정보를 얻는다. ASBR은 자신의 AS와 인접한 다른 AS에 대한 정보를 가지며 자신을 경유하는 라우터에 외부 AS에 대한 정보를 제공한다. 이에 따라 라우팅 프로토콜은 AS 내부에서 도달 가능 정보를 주고받기 위해 사용하는 프로토콜(IGP, Interior Gateway Protocol)과 외부의 AS와 통신하고자 할 때 도달 가능 정보를 교환하기 위해 사용하는 프로토콜(EGP, Exterior Gateway Protocol)로 나누어진다. IGP의 예로는 RIP, IGRP, EIGRP, OSPF 등이 있고, EGP에는 BGP 등이 있다. AS 번호는 둘 이상의 상위 ISP, IX와 연결된 다중 연결 사이트(Multi-Homed Site)를 구성하는 경우 필요하다. 다중 연결 사이트에서는 도달 가능 정보를 여러 ISP에 배포하므로 라우팅 정책에 혼란

을 준다. 이런 경우 AS 번호를 부여하여 AS가 자신의 라우팅 정책과 도달 가능 정보를 책임 있게 배포할 수 있다. AS 번호를 사용하면 다음과 같은 운영상 장점이 있다.

- 인터넷상에서 독립적인 네트워크를 식별
- 외부 네트워크와의 경로를 교환
- 고유한 라우팅 정책을 구현

출처 https://한국인터넷정보센터.한국/jsp/resources/asInfo.jsp

002

정답: 3번

TKIP(Temporal Key Integrity Protocol)는 원래 WEP가 장착된 장치의 보안을 업그레이드하는 데 유용하지만 WLAN이 직면한 모든 보안 문제를 해결하지 않으며 민감한 기업 및 정부 데이터 전송에 대해 안정적이거나 효율적이지 않을 수 있다. 802.11i 표준은 TKIP 외에 고급 암호화 표준(AES)을 지정한다. AES는 더 높은 수준의 보안을 제공하고 정부 사용 승인을 받았지만 구현하려면 하드웨어 업그레이드가 필요하다. 조직이 구형 무선 장비를 교체함에 따라 AES는 WLAN 보안을 위한 승인된 암호화 표준이 될 것으로 예상된다.

- 해싱 알고리즘을 사용하여 데이터 암호화 성능을 개선함
- 키 재설정 방법을 포함하여 데이터 암호화 방법이 크게 개선됨
- 무선 LAN에 대한 IEEE 802.11i 암호화 표준의 일부이며 802.11 무선 LAN을 보호하는 데 사용되는 차세대 WEP
- 패킷 단위 키 혼합, 메시지 무결성 확인 및 재입력 메커니즘을 제공하여 WEP의 결함을 수정함
- 패킷을 보호하기 위한 암호화 메시지 무결성 검사
- WEP의 일반 텍스트 전송과 달리 해싱을 포함하는 초기화 벡터 시퀀싱 메커니즘
- 암호화 강도를 높이는 패킷별 키 혼합 기능
- 10,000패킷마다 키 생성을 제공하는 키 다시 지정 메커니즘

RIPE NCC(Réseaux IP Européens Network Coordination Centre)는 유럽, 중동 및 중앙 아시아 일부를 위한 지역 인터넷 등록부(RIR)이다. 본사는 네덜란드 암스테르담에 있으며 지사는 UAE 두바이에 있다. RIR은 특정 지역에서 인터넷 번호 자원(IPv4 주소, IPv6 주소 및 자율 시스템 번호)의 할당 및 등록을 감독한다. RIPE NCC는 인터넷 인프라의 기술 및 관리 조정을 지원한다. 서비스 지역의 76개국 이상에 10,000명 이상의 회원(2014년 3월 기준)이 있는 비영리 회원 조직이다. 개인 또는 단체라면 누구나 RIPE NCC의 회원이 될 수 있다. 회원은 주로 인터넷 서비스 제공자(ISP), 통신 기관, 교육 기관, 정부, 규제 기관 및 대기업으로 구성된다.

RIPE NCC는 또한, 인터넷의 기술 개발에 관심이 있는 모든 당사자에게 열려 있는 포럼인 RIPE(Réseaux IP Européens)에 기술 및 관리 지원을 제공한다. RIPE 데이터베이스는 원래 RIPE NCC가 구성원에게 할당한 IP 주소 및 AS 번호의 등록 세부 정보를 포함하는 공개 데이터베이스이다. 어떤 조직이나 개인이 현재 어떤 인터넷 번호 리소스를 보유하고 있는지, 언제 할당이 이루어졌는지, 연락처는 상세 정보를 보여준다. 이러한 자원을 보유한 조직 또는 개인은 데이터베이스의 정보를 업데이트할 책임이 있다. 2008년 3월부터 데이터베이스 콘텐츠는 거의 실시간 미러링(NRTM)으로 사용할 수 있다. RIPE 데이터베이스 및 그 내용의 용도는 다음과 같다.

- 인터넷 번호 자원의 정확한 등록 정보 제공
- 네트워크 사업자별 라우팅 정책 게시(RIPE IRR)
- 네트워크 운영자 간의 조정 촉진
- 역방향 도메인 이름 시스템(rDNS) 및 ENUM 위임 제공
- 네트워크 운영 및 토폴로지에 대한 과학적 연구 지원

—— 참조 https://www.ripe.net/

소프트웨어 정의 네트워킹(Software-Defined Networking, SDN)은 다음을 가능하게 한다는 점에서 기존 네트워킹과 상당한 차이를 나타내고 있다.

(1) 향상된 속도와 유연성으로 제어 기능 향상(Increased control with greater speed and flexibility): 여러 공급업체별 하드웨어 장치를 수동으로 프로그래밍하는 대신 개발자는 개방형 표준 소프트웨어 기반 컨트롤러를 프로그래밍하여 네트워크를 통한 트래픽 흐름을 제어할 수 있다. 네트워킹 관리자는 또한, 단일 프로토콜을 선택하여 중앙 컨트롤러를 통해 원하는 수의 하드웨어 장치와 통신할 수 있으므로 네트워킹 장비를 선택할 때 보다 유연하게 선택할 수 있다.

(2) 맞춤형 네트워크 인프라(Customizable network infrastructure): 소프트웨어 정의 네트워크를 통해 관리자는 네트워크 서비스를 구성하고 가상 리소스를 할당하여 하나의 중앙 집중식 위치를 통해 실시간으로 네트워크 인프라를 변경할 수 있다. 이를 통해 네트워크 관리자는 네트워크를 통한 데이터 흐름을 최적화하고 더 많은 가용성이 필요한 응용 프로그램의 우선순위를 지정할 수 있다.

(3) 강력한 보안(Robust security): 소프트웨어 정의 네트워크는 전체 네트워크에 대한 가시성을 제공하여 보안 위협에 대한 보다 전체적인 관점을 제공한다. 인터넷에 연결하는 스마트 장치의 확산으로 SDN은 기존 네트워킹에 비해 분명한 이점을 제공한다. 운영자는 다른 수준의 보안이 필요한 장치에 대해 별도의 영역을 만들거나 손상된 장치를 즉시 격리하여 나머지 네트워크를 감염시킬 수 없다.

SDN과 기존 네트워킹의 주요한 차이점은 인프라이다. SDN은 소프트웨어 기반이고 기존 네트워킹은 하드웨어 기반이다. 컨트롤 플레인은 소프트웨어 기반이므로 SDN은 기존 네트워킹보다 훨씬 유연하다. 이를 통해 관리자는 추가 하드웨어 없이도 중앙 집중식 사용자 인터페이스에서 네트워크를 제어하고, 구성 설정을 변경하고, 리소스를 프로비저닝하고, 네트워크 용량을 늘릴 수 있다. SDN과 기존 네트워킹 사이에는 보안상의 차이점도 있다. 향상된 가시성과 보안 경로를 정의할 수 있는 기능 덕분에 SDN은 여러 면에서 더 나은 보안을 제공한다. 그러나 소프트웨어 정의 네트

워크는 중앙 집중식 컨트롤러를 사용하기 때문에 컨트롤러를 보호하는 것은 보안 네트워크를 유지하는 데 있어 매우 중요하다.

기존 네트워킹은 스위치, 라우터 및 방화벽과 같은 고정 기능 하드웨어 디바이스를 사용하여 네트워킹 서비스를 제공한다. 각각의 기존 네트워킹 요소는 독립적으로 구성되며, 이는 시간이 많이 소요되고 네트워크 규모가 확장됨에 따라 운영상 문제가 될 수 있다. 이와 대조적으로 SDN은 가상화를 통해 운영자가 물리적 네트워크에 대한 추상화 사본을 사용하여 중앙 집중식 SDN 컨트롤러에서 네트워크 전반에 걸쳐 이러한 기능을 수행할 수 있도록 함으로써 네트워크 프로비저닝 및 관리 속도를 가속화한다. 또한, SDN 컨트롤러는 네트워크 전체의 트래픽 흐름을 전반적으로 개선하기 위해 포워딩 테이블을 중앙 집중식으로 저장하고 관리한다.

005   정답: 4번

다중경로 TCP(Multipath TCP, MPTCP)는 IETF Multipath TCP WG에서 표준을 주도하고 있다. 기존 TCP Stream을 여러 개 묶어서 하나의 애플리케이션에서 데이터를 주고받는 데 사용하는 프로토콜이다.

TCP는 주요 인터넷 프로토콜 중 하나로 신뢰할 수 있는 바이트스트림 서비스를 제공하며 웹, 이메일, 파일 전송, 비디오 스트리밍 등 데이터를 안정적으로 교환해야 하는 모든 애플리케이션에서 사용된다. 연구원 및 네트워크 운영자가 수집한 통계에 따르면 전체 인터넷 트래픽의 90~95%가 TCP에 의해 구동된다.

MPTCP는 IETF 다중 경로 TCP 작업 그룹의 지속적인 노력으로 TCP 연결이 다중 경로를 사용하여 리소스 사용을 최대화하고 중복성을 증가시키는 것을 목표로 한다. 즉, MPTCP는 하나의 TCP 세션이 서로 다른 액세스 네트워크를 통해 여러 경로(여러 TCP 하위 흐름)로 전달되도록 허용한다. 각 TCP 하위 흐름은 TCP의 혼잡 제어를 활용하므로 하나 이상의 경로가 모바일 네트워크를 사용할 때 매우 중요한 변화는 네트워크 조건(대역폭 자동 크기 조정)에 실시간으로 적응

할 수 있다. MPTCP의 특징은 다음과 같다.

- 호스트 간 다중경로를 통해 각 경로로 데이터를 송수신
- 하나의 경로에 혼잡/단절 시 트래픽 전송 보장
- LTE, Wi-Fi 등 이종망 간 데이터 병합 전송 가능
- MPTCP는 IETF에 의해 2013년 표준화되어 TCP를 확장하여 다수 TCP 경로 구성 송수신 기술

006   정답: 3번

OSI 7 계층은 모두 일곱 계층으로 구성되며 1계층(Physical Layer), 2계층(Datalink Layer), 3계층(Network Layer), 4계층(Transport Layer), 5계층(Session Layer), 6계층(Presentation Layer), 7계층(Application Layer)로 이루어진다. 문제에서 말하는 (가)는 Datalink Layer이며 노드 간에 직접 연결된 환경에서 Frame 단위로 데이터를 전송하면서 노드 간에 식별 가능한 주소를 MAC로 사용한다. 그리고 (나)는 Session Layer이며 양 노드 간에 규격 및 형식을 맞출 수 있도록 ASCII로 변환하는 과정과 압축 해제, 복호화 등을 수행하며 SSL, TLS 등의 프로토콜이 존재한다.

007   정답: 2번

TCP 연결은 3 Way Handshake 단계에 따라 수립된다. 클라이언트가 보낸 SYN 값을 서버가 받으면 서버는 SYN+1 값을 ACK에 설정하여 보내면서 새로운 SYN 값을 전송한다. 클라이언트는 서버가 보낸 새로운 SYN값보다 1 증가한 값으로 ACK를 회신하면서 3 Way Handshake 과정이 종료하고 연결이 수립된다.

008   정답: 1번

SNTP(Simple Network Time Protocol) 및 NTP(Network Time Protocol)는 장치 시계의 동기화 상태를 유지하는 데 사용된다. 동기화 상태를 유지하는 시간소인을 사용하여 SNTP 및 NTP는 시스템 간 프로세스

및 상호작용을 추적할 수 있다.

SNTP는 NTP의 단순화된 클라이언트 전용 버전이다. SNTP는 NTP 서버에서 시간만 수신할 수 있다. 다른 시스템에 시간 서비스를 제공하는 데는 사용할 수 없다. SNTP는 일반적으로 정확한 시간의 100ms(밀리초) 이내의 시간을 제공하지만 NTP의 복잡한 필터링 및 통계 메커니즘을 제공하지는 않는다. 또한, SNTP는 트래픽을 인증하지 않지만 일부 보호 기능을 제공하기 위해 확장 액세스 목록을 구성할 수 있다.

SNTP 클라이언트는 NTP 클라이언트보다 예기치 않은 동작이 있는 서버에 더 취약하며 강력한 인증이 필요하지 않은 상황에서만 사용해야 한다. 구성된 서버에서 패킷을 요청 및 수락하거나 모든 소스에서 NTP 브로드캐스트 패킷을 수락하도록 SNTP를 구성할 수 있다.

여러 소스가 NTP 패킷을 보내는 경우 최상의 계층을 가진 서버가 선택된다. 여러 서버가 동일한 계층에 있는 경우 구성된 서버가 브로드캐스트 서버보다 선호된다. 여러 서버가 두 테스트를 모두 통과하면 시간 패킷을 보내는 첫 번째 서버가 선택된다. SNTP는 현재 선택된 서버에서 패킷 수신을 중단하거나 더 나은 서버(설명된 기준에 따라)가 발견된 경우에만 새 서버를 선택한다.

ᄋᄋᄋ

정답: 1번

S/MIME(Secure/Multipurpose Internet Mail Extensions)은 MIME 데이터를 안전하게 송수신하는 방법을 제공한다. 인터넷의 MIME 표준에 의거하여 S/MIME은 전자 메시지에 있어서 인증, 메시지 무결성, 송신처의 부인 방지(전자 서명 이용), 프라이버시와 데이터 보안(암호 이용)과 같은 암호학적 보안 서비스를 제공한다.

S/MIME은 기존의 우편 서비스의 사용자 에이전트(MUA, Mail User Agent)에 송신하는 메시지에 암호 서비스를 부가시키고 수신 받은 메시지의 암호 서비스를 해석하는 데 이용된다. 그러나, S/MIME은 전자우편에만 한정되어 있지는 않다. HTTP와 같은 MIME 데이터를 전달하는 전송 메커니즘에도 사용된다.

따라서, S/MIME은 MIME의 객체 기반적인 특징을 이용하며 여러 가지 전송 시스템 내의 메시지의 교환을 제공한다. 더욱이 S/MIME은 소프트웨어로 생성한 문서의 서명과 인터넷상에서 전송된 팩시밀리 메시지의 암호화와 같이 사람이 불필요한 암호 보안 서비스를 사용하는 자동화된 메시지 전달 에이전트에 사용할 수 있다. S/MIME의 메시지 형식은 다음과 같은 기능을 제공한다.

(1) 봉인 데이터(Enveloped data)
- 비밀 키로 암호화된 내용 데이터와 수신자의 공개 키로 암호화한 비밀 키로 구성된다.
- 비밀 키는 여러 명의 수신자의 공개 키로 각각 암호화 할 수 있다. 이것은 모든 유형의 암호화된 콘텐츠와 한 명 이상의 수신자에 대한 암호화된 콘텐츠 암호화 키로 구성된다.

(2) 서명 데이터(Signed data)
- 내용 데이터와 전송자의 개인 키로 암호화한 해시 코드로 구성(전자 서명)된다.
- 전체 메시지는 Base-64로 구성된다.
- 서명할 콘텐츠의 메시지 요약을 가져온 다음 서명자의 개인 키로 암호화하여 디지털 서명이 형성된다. 그런 다음 콘텐츠와 서명이 Base-64 인코딩을 사용하여 인코딩된다. 서명된 데이터 메시지는 S/MIME 기능이 있는 수신자만 볼 수 있다.

(3) 평문 서명 데이터(Clear-signed data)
- 서명 데이터와 마찬가지로 내용 데이터와 전자 서명으로 구성된다.
- 전자 서명만 Base-64로 변환-서명된 데이터와 마찬가지로 콘텐츠의 디지털 서명이 형성된다. 그러나 이 경우 디지털 서명만 Base-64로 인코딩된다. 결과적으로 S/MIME 기능이 없는 수신자는 서명을 확인할 수는 없지만 메시지 내용을 볼 수 있다.

(4) 서명 봉인 데이터(Signed and enveloped data)
- 서명 데이터를 암호화하거나 봉인 데이터에 전자 서명을 수행한 형식이다. 서명 전용 및 암호화 전용 엔티티가 중첩될 수 있으므로 암호화된 데이터가 서명 및 서명된 데이터 또는 일반 서명된 데이터가 암호화될 수 있다.

010

IPv6의 헤더 구조는 IPv4에 비해서 길이가 고정형으로 변했으며 필드의 개수가 줄었지만 확장 가능한 구조가 되었다. IPv6의 헤더 필드는 Version, Traffic Class, Flow Label, Payload Length, Next Header, Hop Limit, Source Address, Destination Address 이다. Version과 Source & Destination Address는 동일하게 유지되었고 Traffic Class, Payload Length, Next Header, Hop Limit 필드는 IPv4에서 변화했다.

011

포트는 0번부터 65535번까지이며 0~1023번은 Well-known Port로 지정되어 공식적인 서비스에 사용된다. 1024~49151번은 Registered Port라고 하며 서버 애플리케이션에서 사용하는 포트 대역이다. 그 외의 포트 번호는 Dynamic Port로 클라이언트 애플리케이션에서 사용하는 포트이다. 문제에서 잘못된 포트 번호는 HTTPS의 445(443이 올바른 답)과 NTP의 124(123이 올바른 답)이다.

012

OAuth2 프로토콜에서는 다양한 클라이언트 환경에 적합하도록 권한 부여 방식에 따른 프로토콜을 4가지 종류로 구분하여 제공하고 있다.

(1) Authorization Code Grant(권한 부여 승인 코드 방식): 권한 부여 승인을 위해 자체 생성한 Authorization Code를 전달하는 방식으로 많이 쓰이고 기본이 되는 방식이다. 간편 로그인 기능에서 사용되는 방식으로 클라이언트가 사용자를 대신하여 특정 자원에 접근을 요청할 때 사용하는 방식이다. 보통 타사의 클라이언트에게 보호된 자원을 제공하기 위한 인증에 사용된다. Refresh Token의 사용이 가능한 방식이다.

(2) Implicit Grant(암묵적 승인 방식): 자격증명을 안전하게 저장하기 힘든 클라이언트(예: JavaScript등의 스크립트 언어를 사용한 브라우저)에 최적화된 방식이다. 암시적 승인 방식에서는 권한 부여 승인 코드 없이 바로 Access Token이 발급된다. Access Token이 바로 전달되므로 만료 기간을 짧게 설정하여 누출의 위험을 줄일 필요성이 있다. Refresh Token 사용이 불가능한 방식이며, 이 방식에서 권한 서버는 client_secret를 사용해 클라이언트를 인증하지 않는다. Access Token을 획득하기 위한 절차가 간소화되기에 응답성과 효율성은 높아지지만 Access Token이 URL로 전달된다는 단점이 있다.

(3) Resource Owner Password Credentials Grant(자원 소유자 자격증명 승인 방식): 간단하게 username, password로 Access Token을 받는 방식이다. 클라이언트가 타사의 외부 프로그램일 경우에는 이 방식을 적용하면 안 된다. 자신의 서비스에서 제공하는 애플리케이션일 경우에만 사용되는 인증 방식이다. Refresh Token의 사용도 가능하다. 제공하는 API를 통해 username, password을 전달하여 Access Token을 받는 것이다. 중요한 점은 이 방식은 권한 서버, 리소스 서버, 클라이언트가 모두 같은 시스템에 속해 있을 때 사용되어야 하는 방식이라는 점이다.

(4) Client Credentials Grant(클라이언트 자격증명 승인 방식): 클라이언트의 자격증명만으로 Access Token을 획득하는 방식이다. OAuth2의 권한 부여 방식 중 가장 간단한 방식으로 클라이언트 자신이 관리하는 리소스 혹은 권한 서버에 해당 클라이언트를 위한 제한된 리소스 접근 권한이 설정되어 있는 경우 사용된다. 이 방식은 자격증명을 안전하게 보관할 수 있는 클라이언트에서만 사용되어야 하며, Refresh Token은 사용할 수 없다.

───🏠 출처 The OAuth 2.0 Authorization Framework

013

OAuth(Open Authorization)은 인증을 위한 업계 표준 프로토콜이다. OAuth 2.0은 웹 애플리케이션, 데스크톱 애플리케이션, 휴대폰 및 거실 장치에 대한 특정 권한 부여 흐름을 제공하면서 클라이언트 개발자 단순성에 중점을 둔다. OAuth가 사용되기 전에는 인증 방식의 표준이 없었기 때문에 기존의 기본 인증인 아이디와 비밀번호를 사용하였는데, 이는 보안상 취약한 구조일 가능성이 매우 많다.

OAuth는 기존 구글의 AuthSub, 야후의 BBAuth 등과 같은 다양한 인증 방식을 통합하여 표준화된 인증 방식으로, 현재 오픈 API 인증에는 대부분 OAuth

가 사용된다. OAuth는 보안상 취약한 아이디와 패스워드 기반의 인증 체계를 개선한 방법으로, 아이디와 패스워드 없이 인증을 수행한다. OAuth는 이렇게 제각각인 인증 방식을 표준화한 인증 방식이다. OAuth를 이용하면 이 인증을 공유하는 애플리케이션끼리는 별도의 인증이 필요 없다. 따라서 여러 애플리케이션을 통합하여 사용하는 것이 가능하게 된다.

014
정답: 2번

침입 탐지 시스템은 유입되는 코드와 호출을 바로 기업 내부로 전달하지 않고 임의의 가상 환경으로 구성된 샌드박스 환경에서 수행시키고 악성 코드 여부를 확인한다. 샌드박스는 가상 환경으로 구성되어 물리적으로 기업 내부망과 단절되므로 보안 위협이 절감된다. 샌드박스에서 정적, 동적 점검을 통해 악성 코드를 탐지하므로 시그니처 기반 방식에 비해 느린 편이지만 제로데이 공격 탐지에 더 수월하다. 정해진 패턴만 탐지하는 시그니처 기반에 비해 새로운 공격에 대비하는 데 효과적이다.

015
정답: 4번

TCP 3-way Handshaking 과정과 그 허점을 이용한 SYN Flooding 공격에 대한 문제이다. 클라이언트가 웹 서버에 SYN 패킷으로 연결을 요청하면 서버는 클라이언트에게 SYN+ACK 응답을 보낸다. 이때 서버의 TCP 연결은 SYN_RECV 상태가 되고 클라이언트의 ACK 응답을 기다리게 된다. 클라이언트가 고의로 ACK 응답을 보내지 않고 새로운 연결을 증가시키면 웹 서버의 SYN_RECV 연결이 점점 증가하다가 Queue를 모두 사용하게 된다. 공격이 진행되는 시점에 웹 서버 콘솔에서 netstat -an 명령어로 연결의 목록을 조회하면 이 상태값을 확인할 수 있다.

016
정답: 1번

트러스트 앵커(Trust Anchor)는 브라우저 및 이메일과 같은 앱에서 서버 인증서 및 앱별 작업의 유효성을 검사하는 데 사용하는 신뢰할 수 있는 CA(인증 기관) 루트 인증서이다. 예를 들어 S/MIME을 사용하는 보안 전자 메일 또는 디지털 서명된 문서 확인 등이 있다.

계층적 구조를 가진 암호화 시스템에서 트러스트 앵커는 신뢰가 가정되고 파생되지 않는 신뢰할 수 있는 엔티티다. X.509 아키텍처에서 루트 인증서는 전체 트러스트 체인이 파생되는 트러스트 앵커가 된다. 트러스트 앵커는 추가 인증서 경로 유효성 검사를 가능하게 하기 위해 사전에 트러스트 당사자의 소유에 있어야 한다.

대부분의 운영체제는 응용 프로그램의 트러스트 앵커 역할을 하기 위해 자체 서명된 루트 인증서의 기본 제공 목록을 제공한다. 파이어폭스 웹 브라우저는 또한, 자체 트러스트 앵커 목록을 제공한다. 운영체제 또는 웹 브라우저의 최종 사용자는 해당 소프트웨어의 올바른 작동을 암시적으로 신뢰하며 소프트웨어 제조업체는 루트 인증서를 담당하는 인증 기관에 특정 암호화 작업에 대한 트러스트를 위임한다.

트러스트 앵커는 공개 키 및 관련 정보이다. 공개 키는 디지털 서명의 진위를 확인하는 권한으로 작동한다. 공개 키와 관련된 데이터는 트러스트 앵커가 지배할 수 있는 정보 유형 또는 허용하거나 허용하지 않는 작업을 나타낸다. 트러스트 앵커는 트러스트 된 인증서가 있는 저장된 키를 나타낸다. 트러스트 앵커의 또 다른 작업은 인증 경로를 확인하는 것이다. 트러스트 앵커와 관련된 정보의 표준 형식이 없기 때문에 트러스트 앵커가 실제로 하는 일에 대해 약간의 혼동이 있을 수 있다. 키 저장소의 신뢰할 수 있는 인증서는 X.509 인증서의 유효성을 검사하는 인증서이기도 한다. 이것은 SOAP(Simple Object Access Protocol) 메시지에서 찾을 수 있다.

트러스트 앵커의 키 저장소는 특정 메시지에서 X.509 인증서의 유효성 검증을 위해 디지털 서명 또는 XML 암호화에 사용되는지 확인하는 데 사용된다. 키

스토어는 디지털 서명의 유효성 검증을 위한 정보 보증 무결성 영역에서 필수적이다. 키 저장소가 변경되면 디지털 서명 확인이 손상될 수 있다.

트러스트 앵커에는 개인 키도 있다. 잘못 손에 들어가면 권한이 없는 사람이 트러스트 앵커 역할을 하여 피해를 입을 수 있다. 따라서 신뢰 앵커를 안전하게 유지하는 것이 필수적이다. 상대적으로 중요하지 않은 장치는 몇 가지 사전 구성된 트러스트 앵커를 기반으로 온라인 신원 조직을 구축할 수 있다.

── 🏠 출처　https://www.techopedia.com/

017　정답: 4번

인터넷 보안 연결 및 키 관리 프로토콜(Internet Security Association and Key Management Protocol, ISAKMP)은 인터넷 환경에서 상호 보안 연결(Security Association, SA) 및 암호화 키를 설정하기 위해 RFC 2408에서 정의한 프로토콜이다. 키 교환 알고리즘이 아닌 키 교환용 포맷 및 절차(프로토콜)를 규정하였으며 특정 키 교환 알고리즘을 강제하지 않고, 다양한 알고리즘을 사용하도록 메시지 유형의 집합으로 구성된다.

ISAKMP는 통신 피어 인증, 보안 연결 생성 및 관리, 키 생성 기술 및 위협 완화(예: 서비스 거부 및 재생 공격)를 위한 절차를 정의한다. ISAKMP는 자동 키잉(automatic keying)을 위한 추상 구문 및 의미 체계를 사용하여 일반적인 상위 수준 프레임워크를 정의한다. 프레임워크는 SA 협상, SA 설정, SA 수정 및 보안 통신 종료 시 SA 제거를 위한 매개 변수 및 페이로드 형식을 정의한다.

ISAKMP 프레임워크를 통해 두 노드는 곧 발생할 통신에 제공되는 보안 서비스 유형(보호 제품군이라고도 함)에 동의할 수 있다. 예를 들어 ESP가 있는 터널 모드에서 IPsec을 사용하는 보안 서비스는 암호화 알고리즘으로 3-DES를 사용하고 인증 방법으로 HMAC-MD5를 사용하는 AH를 사용한다.

018　정답: 2번

IPsec(Internet Protocol Security)은 통신 세션의 각 IP 패킷을 암호화하고 인증하는 안전한 인터넷 프로토콜(IP) 통신을 위한 인터넷 프로토콜 스위트이다. 이 보안은 통신 세션의 개별 IP 패킷을 인증하고 암호화함으로써 처리된다. IPsec은 세션의 시작에서 에이전트 사이에서 상호 인증을 확립하거나 세션을 맺는 중에 사용될 암호화 키의 협상을 위한 프로토콜을 포함한다.

IPsec은 호스트 한쌍 사이(Host와 Host), 보안 게이트웨이 사이(네트워크와 네트워크), 보안 게이트웨이와 호스트 사이(네트워크와 호스트)의 데이터 흐름을 보호하기 위해 사용된다. IPsec은 Internet Protocol 네트워크 사이에 통신을 지키기 위해 암호의 보안 서비스를 사용한다.

IPSec에서 제공하는 주요 보안 서비스는 다음과 같다.

- 통신 상대방 인증(Peer Authentication)
- 데이터 원천(근원지) 인증(Data Origin Authentication)
- 비연결형 무결성(Connectionless Integrity)
- 기밀성(Confidentiality)
- 접근 제어(Access Control)
- 재생 공격 방지(Replay Attack Protection)

019　정답: 2번

샤논의 세 번째 법칙에 의하면 네트워크의 채널 용량을 C라고 할 때 채널 용량의 크기는 가용 대역폭(W), 수신 신호 전력(S), 잡음 전력(N)의 공식으로 표현할 수 있다. 채널에서 데이터의 전송률 한계를 가늠할 수 있는 수학 공식으로 활용되기도 한다. 이 공식은 $C = W \log_2(1 + S/N)$이다.

020

SSL(Secure Socket Layer)는 HTTP 환경에서 별도의 보안 프로그램을 설치하지 않고서도 웹 브라우저를 이용해서 클라이언트 PC와 웹 서버 간에 신뢰할 수 있는 데이터 전송을 제공한다. SSL은 연결이 맺어지는 핸드셰이킹 과정이 필요한데 자세한 과정은 다음과 같다.

(1) Client Hello(클라이언트의 지원 가능한 알고리즘 전송)

(2) Server Hello(서버의 지원 가능한 알고리즘 회신)

(3) Server가 Client에게 인증서를 요청하고 그 결과를 받음(옵션)

(4) Client가 비밀 키(대칭 키) 유형의 Session Key를 생성

(5) Session Key를 Server의 공개 키로 암호화해서 전송

(6) 상호 간에 합의된 암호화 알고리즘이 결정되었음을 전송

(7) Server는 Client에게 연결이 완료되었음을 회신

021

SOAP 기반 웹 서비스의 요구가 기업의 비즈니스 환경에서 응용 서비스 간 상호 운용을 위해 시작된 것에 비해 RESTful 웹 서비스는 인터넷 서비스 업체가 응용 개발자에게 손쉬운 데이터 제공을 목적으로 출발했다. 따라서 SOAP 기반 웹 서비스는 서비스를 제공하고 이용하는 프로그램(기계)이 잘 이해할 수 있도록 엄격한 문법에 따라 개발되었고, 개발자에게는 웹 서비스 기본 스펙을 알아야 하는 비교적 고난이도의 프로그래밍 능력이 요구되었다. 따라서 SOAP 기반 웹 서비스 개발의 편의성을 도모하기 위해 다양한 개발 환경이 지원되고 있다.

이와 달리 RESTful 웹 서비스는 기계보다는 사람이 이해하기 쉽도록 인터넷 기본(HTTP와 XML) 이외에 별도의 개발/실행 환경을 필요로 하지 않는다. 특히 RESTful 웹 서비스를 제공하는 인터넷 서비스 업체는 무료로 이용할 수 있는 서비스 매시업 환경을 함께 제공하고 있어 개발자 폭이 널리 확대되고 있다. 그러나 RESTful 웹 서비스의 인기를 주도한 이유였던 인터넷 기본 외 별도의 표준을 요구하지 않는다는 특성이 개발 및 관리를 어렵게 만드는 문제를 파생하게 되었다.

데이터에 대한 의미 자체가 비즈니스의 필수 요건이 아니었기 때문에 서로 데이터를 전송할 수 있는 정도의 상호 이해 수준의 표준만이 요구되었을 뿐, 산업계 표준이 필요하지 않았다. 현재 REST의 산업계 표준이 없다 보니 개발에 있어서 여러 가지 문제점이 드러나게 되었다. 표준이 없는 경우에는 자체 스펙을 정하거나 유사 표준을 따라야 하는데, 자체 스펙을 정하는 것이 쉽지 않을뿐더러 REST에 대한 잘못된 이해로 인한 잘못된 유사 표준이 등장하는 경우도 발생했다.

따라서 표준과 개발 인프라가 잘 갖추어진 SOAP 기반 웹 서비스에 비해 RESTful 서비스는 표준과 개발 인프라에 얽매이지 않는 대신 서비스와 시스템도 REST 개념에 맞는 설계가 필요하다. 참고로, SOAP와 RESTful 둘 다 방화벽의 우회나 프로그래밍 언어 및 디바이스 운영 플랫폼에 독립적이다.

	SOAP 기반 웹 서비스	RESTful 웹 서비스
배경 및 현황	• 기업을 위한 비즈니스 응용에서부터 출발 • IBM, BEA(현재 IBM으로 통합), Oracle 등을 선두로 하는 웹 서버 벤더에서 주창 • SOA의 서비스는 대부분이 비즈니스 컴포넌트로서의 의미를 가짐	• WEB 2.0은 서비스 애플리케이션에서부터 시작 • 구글, 아마존, 야후와 같은 인터넷 서비스 기업에 의해서 제창 • 맵이나 뉴스 가젯 등과 같이 UI 성격을 갖는 서비스가 대다수임
특징	• The Machine-Readable Web: 사람보다는 기계가 해석할 수 있는 웹 • Stateful: 오퍼레이션 중 서비스 상태가 일관되게 유지, 관리되어야 함 • 엄격한 문법 검사, 서비스 계약에 충실 • 웹 서버 등 웹 서비스 개발 환경이 지원되어야 함	• The Human-Readable Web: 사람이 해석할 수 있는 웹 • Stateless: 오퍼레이션 중 서비스 리소스의 상태를 관리하지 않음(HTTP의 기본 메커니즘). 필요한 경우에 직접 관리해야 함 • 기본 XML만으로 서비스 개발 가능 • 별도의 개발 환경 지원이 필요 없음 전달

적용기술	전달 메커니즘	Remote Procedure Call	Publish/Syndicate Pattern
	전달 프로토콜	SOAP/HTTP, SMTP	HTTP
	서비스 명세	WSDL	WADL, XML, JSON, hREST(시맨틱 REST) 등
	서비스 레지스트리	UDDI	없음
	필요 스택	W3C의 WS-* 스택(WS-addressing, WS-security 등)	없음
	주요 적용 분야	트랜잭션 프로세싱	데이터와 UI(User Interface) 프로세싱
	현재의 문제점	어려운 사용법, 무거운 프로토콜	표준의 부재, 관리가 어려움

022

정답: 4번

L4 Switch의 로드 밸런싱 알고리즘 중에서 가장 일반적으로 사용하는 Least Connection 방식에 대한 문제이다. Least Connection 알고리즘은 Switch와 방화벽 사이에 세션의 개수를 실시간으로 모니터링 하면서 메모리에 저장해 두고 그 정보를 기반으로 가장 적게 연결된 방화벽으로 새로운 연결을 수립한다. Round-robin 방식은 유입되는 순서대로 방화벽으로 순환하며 새로운 연결을 맺어주는 방식이다. Hash 방식은 송신 IP에 Hash 알고리즘을 적용한 후 방화벽의 개수에 맞춰 나누어 나오는 값으로 연결하므로 같은 송신자는 같은 방화벽으로 연결이 유지되는 특징이 있다.

023

정답: 2번

침입 탐지 시스템(Intrusion Detection System, IDS)은 일반적으로 두 가지 탐지 모델로 분류할 수 있다.

첫 번째는 알려진 공격 패턴의 시그니처를 기반으로 판단하는 오용 탐지, 지식 기반, 패턴 기반, 서명 기반 탐지 모델이다. 알려진 공격 패턴을 기준으로 판단하기 때문에 오탐(False Positive)률이 적지만, 새로운 공격을 대비하기 어려워서 미탐(False Negative)률이 높다.

두 번째는 유입되는 데이터와 패턴을 지속적으로 학습해서 새로운 공격 패턴을 늘려가는 휴리스틱, 학습 기반, 비정상 탐지 모델이다. 이 탐지 모델은 서명 기반 모델과 비교하여 오탐률이 높고 미탐이 낮으며 제로데이 공격에 대응하는 데 더 적절하다.

024

정답: 2번

웹 응용 프로그램 및 API 보호(Web Application and API Protection, WAAP)는 인터넷 연결 웹 응용 프로그램 및 웹 API(응용 프로그램 인터페이스)를 보호하도록 설계된 클라우드 웹 응용 프로그램 방화벽 서비스의 진화이다.

응용 프로그램 프로그래밍이 발전함에 따라 개발자는 조직을 위한 최신 웹 응용 프로그램과 인터페이스를 만들고 있다. 클라우드 네이티브 아키텍처는 최신 애플리케이션 프로그래밍의 미래로, 웹 애플리케이션과 API 프로토콜은 많은 민감한 데이터에 액세스할 수 있기 때문에 해커의 주요 타깃 대상이다.

기존의 보안 솔루션은 더 이상 이러한 애플리케이션이나 프로토콜에 대한 충분한 보호를 제공하지 않으므로 WAAP가 필수적이다. 정의에 따라 웹 응용 프로그램은 인터넷에 노출된 웹 서버에서 실행되므로 사용자는 웹 브라우저를 통해 소프트웨어 인터페이스와 상호 작용할 수 있다. 여기에는 전체 사용자 경험과 해당 경험을 주도하는 콘텐츠가 포함된다.

반면에 API는 데이터 스토리지, 분석 및 외부 독립 실행형 서비스와의 통합과 같은 기능을 통해 프론트엔드를 지원하는 백엔드 서비스 또는 프로토콜이다. 이 모든 것은 클라우드 컴퓨팅 플랫폼을 통해 가능해졌으며, 이를 통해 개발자는 HTML, JavaScript, CSS SQL, JSON 등과 같은 소프트웨어 언어를 사용하여 코드를 작성하여 강력한 기능을 갖춘 최신 웹 응용 프로그램을 만들 수 있다. 새로운 마이크로 서비스 및 기능의 폭발적인 증가로 인해 해결해야 할 새로운 보안 위협과 취약성이 생겨났다.

025

VPN(Virtual Private Network)은 온라인 터널을 암호화된 터널을 통해서 VPN 서버로 전송하며 VPN 서버는 기기에 새로운 IP 주소를 할당한다. VPN 프로토콜은 이러한 터널이 형성되는 방식을 결정하는 프로그램이자 프로세스이다. VPN 프로토콜은 컴퓨터나 기타 기기와 VPN 서버 사이에서 데이터가 라우팅되는 방식을 결정하는 일련의 규칙 또는 지침이다. VPN 업체는 프로토콜에 의존하여 안정적이고 안전한 인터넷 연결을 제공한다. VPN용 보안 프로토콜은 다음과 같다.

- Layer2(L2F, PPTP, L2TP)
- Layer3(IPsec, VTP, ATMP)
- Layer5(SOCKS V5, SSL)

026

제한된 포트 번호 또는 잘 알려진 포트 번호는 유명한 회사에서 예약하며 0에서 1,023 사이이다. Apple QuickTime, 구조화된 쿼리 언어 서비스 및 고퍼(Gopher) 서비스는 이러한 제한된 포트 중 일부를 이미 사용하고 있다. 특정 포트 번호를 등록하려는 사용자는 1,024에서 49151 사이를 선택할 수 있다. 소프트웨어 회사는 일반적으로 이러한 포트 번호를 등록한다. 49,152~65,536 범위의 동적 또는 개인 포트는 누구나 사용할 수 있다. 또 다른 시나리오에서는 포트 번호가 요청 기간 및 완료 기간 동안 할당된 포트 번호 범위에서 임시로 할당된다. 이를 임시 포트 번호(temporary port number)라고 한다. 다음은 일반적으로 사용하는 몇 가지 포트 및 관련 네트워킹 프로토콜이다.

- **포트 20, 21**: FTP는 클라이언트와 서버 간에 파일을 전송하는 데 사용된다.
- **포트 22**: 보안 셸(Secure Shell)은 보안 네트워크 연결을 구축하는 데 사용되는 여러 터널링 프로토콜 중 하나이다.
- **포트 25**: 단순 메일 전송 프로토콜(Simple Mail Transfer Protocol, SMTP)은 일반적으로 전자 메일에 사용된다.

- **포트 53**: 도메인 이름 시스템(Domain Name System, DNS)은 사람이 읽을 수 있는 도메인 이름을 최신 인터넷의 컴퓨터가 읽을 수 있는 IP 주소와 일치시키는 중요한 프로세스이다. 사용자가 긴 IP 주소 목록을 입력하지 않고도 웹 사이트 및 응용 프로그램을 로드하는 데 도움이 된다.
- **포트 80**: HTTP는 월드 와이드 웹을 가능하게 하는 프로토콜이다.
- **포트 123**: 네트워크 시간 프로토콜(Network time protocol)은 컴퓨터 시계가 서로 동기화되도록 도와준다. 암호화에서 중요한 프로세스이다.
- **포트 179**: 경계 게이트웨이 프로토콜(Border Gateway Protocol, BGP)은 인터넷을 구성하는 대규모 네트워크 또는 자율 시스템 간에 효율적인 경로를 설정하는 데 도움이 된다. 이러한 대규모 네트워크는 BGP를 사용하여 제어하는 IP 주소를 브로드캐스트한다.
- **포트 443**: HTTP 보안(HTTPS)은 HTTP와 비슷하지만 더 안전하다. 모든 HTTPS 웹 트래픽은 포트 443으로 바로 이동한다. 암호화에 HTTPS를 사용하는 모든 네트워크 서비스(예: HTTPS를 통한 DNS)도 이 포트에 직접 연결된다.
- **포트 500**: 인터넷 보안 연결 키 관리 프로토콜은 보안(Internet Security Association and Key Management Protocol, ISAKMP) IP 보안을 설정하는 데 도움이 된다.
- **포트 3389**: 원격 데스크톱 프로토콜(Remote Desktop Protocol, RDP)을 사용하면 사용자가 다른 장치에서 데스크톱 컴퓨터에 원격으로 연결할 수 있다.

—— 🏠출처 https://www.techtarget.com/

027

IEEE 802.11 표준은 사용자가 한 액세스 포인트에서 다른 액세스 포인트로 로밍하고 로드 밸런싱을 지원하기 위해 액세스 포인트 간의 통신을 지정하지 않는다. 802.11 WG는 서로 다른 유무선 분배 시스템(즉, 액세스 포인트를 상호 연결하는 유선 백본)과 함께 작업할 때 유연성을 제공하기 위해 이 요소를 의도적으로 정의하지 않았다. 이 프로토콜은 확장 서비스 세트 전체에 걸쳐 고유한 연결을 적용하고 핸드오프 기간 동안 현재 AP와 새 AP 간에 스테이션의 보안 컨텍스트를 안전하게 교환하도록 설계되었다.

보안 수준에 따라 AP 간의 통신 세션 키는 RADI-US 서버에 의해 배포된다. RADIUS 서버는 또한, AP의 MAC 주소와 IP 주소 간의 매핑 서비스를 제공한다. 이동 보안은 RSN 보안기능을 지닌 액세스 포인트에 IEEE 802.11f 규격인 IAPP(Inter-AP Protocol) 기능을 추가하여 무선 랜 사용자의 안전한 이동성을 보장하는 보안 방식이다. RSN 보안 기술이 하드웨어 칩셋의 구현을 필수적으로 하는 반면에 이동 보안 기술은 소프트웨어 구현을 가능하게 한다. 무선 랜 보안 기술의 최종적인 목표로 무선 랜 보안 요소 만족과 더불어 무선 네트워크 전체를 보호하는 단계이다. 동일 사업자 영역에서의 사용자 이동성 지원뿐만 아니라 사업자 영역이 상이한 무선 네트워크를 안전하게 사용할 수 있도록 하는 글로벌 로밍 서비스를 제공한다.

028 정답: 3번

네트워크 접근 통제(Network Access Control, NAC)는 모든 조직에서 작동하지 않을 수 있다. 예를 들어, 기존 보안 제어와 호환되지 않는 경우도 있다. 그러나 중요하거나 민감한 네트워크 자산에 대한 강력한 보호 기능을 제공하므로 사용자 환경을 제어할 수 있는 비즈니스에 이상적이다.

NAC는 독점 네트워크의 보안, 가시성 및 액세스 관리를 강화하는 방법이다. 정의된 보안 정책을 준수하는 엔드포인트 장치 및 사용자에게 네트워크 리소스의 가용성을 제한한다. 또한, NAC는 보안 시행 정책 및 시스템 인증 방법으로 안티바이러스 소프트웨어, 방화벽 및 취약성 평가와 같은 엔드포인트 보안 보호를 제공할 수 있다. 조직은 NAC 솔루션을 활용하여 다음 기능을 통해 네트워크 액세스를 제어할 수 있다.

- 정책 생명 주기 관리: 별도의 제품이나 추가 모듈 없이도 모든 작동 시나리오에 정책을 적용한다.
- 사용자 디바이스 파악 및 프로파일 생성: 악성 코드로 인한 피해가 발생하기 전에 사용자 및 사용자의 디바이스를 인식하여 프로파일을 생성한다.
- 게스트 네트워킹 액세스 관리: 게스트 등록, 인증, 스폰서, 관리 포털이 포함된 사용자 지정 가능 셀프 서비스 포털을 통해 게스트를 관리한다.
- 보안 상태 확인: 사용자 유형, 디바이스 유형, 운영체제별로 보안 정책 규정 준수를 평가한다.
- 인시던트 대응: 별도의 관리자 확인 없이도 규정 미준수 컴퓨터를 차단, 격리, 복구하는 보안 정책을 적용하여 네트워크 위협을 완화한다.
- 양방향 통합: Open/RESTful API를 통해 기타 보안 및 네트워크 솔루션과 통합한다.

NAC는 조직이 네트워크 액세스를 시도하는 승인된 사용자와 승인되지 않은 사용자를 모니터링할 수 있으므로 현대 비즈니스에 매우 중요하다. 승인되지 않은 사용자에는 사이버 범죄자, 해커 및 데이터 도둑, 조직에서 차단해야 하는 기타 악의적인 행위자가 포함된다. NAC는 네트워크 보안의 한 측면이며 엔터프라이즈 네트워크에 액세스하려는 장치 및 사용자에 대한 가시성을 제공한다. 또한, 보안 정책을 준수하지 않는 사용자 및 장치에 대한 액세스 거부를 포함하여 네트워크에 액세스할 수 있는 사람을 제어한다. NAC 솔루션 및 도구는 기업이 네트워크 액세스를 제어하고 규정 준수를 보장하며 IT 인프라를 강화하는 데 도움이 되어야 한다.

029 정답: 1번

STP(Spanning Tree Protocol)는 네트워크 토폴로지 내에서 루핑을 방지하는 데 사용되는 레이어 2 네트워크 프로토콜이다. STP는 컴퓨터가 중복 경로를 포함하는 근거리 통신망(LAN)에서 데이터를 교환할 때 발생하는 문제를 피하기 위해 만들어졌다. 트래픽 흐름을 주의 깊게 모니터링 및 제어하지 않으면 네트워크 세그먼트를 순환하는 루프에 데이터가 포착되어 성능에 영향을 미치고 트래픽이 거의 정지될 수 있다.

네트워크 세그먼트를 연결할 때 네트워크는 종종 중복 경로로 구성된다. 중복성은 재해로부터 보호하는 데 도움이 될 수 있지만 브리지 또는 스위치 루핑으로 이어질 수도 있다. 루핑은 데이터가 중복 경로를 따라 소스에서 대상으로 이동할 때 발생하며 데이터가 동일한 경로를 중심으로 순환하기 시작하여 증폭되어 브로드캐스트 스톰이 발생한다. STP는 중복 링크가 포함된 LAN에서 브리지 루핑을 방지하는 데 도움이 될 수 있다. STP가 없으면 해당 중복성을 구현하고 네트워크 루핑을 피하기 어려울 것이다.

STP는 모든 네트워크 링크를 모니터링하고 중복 연결을 식별하며 루핑을 유발할 수 있는 포트를 비활성화한다. STP는 802.1D 호환 브리지 및 스위치에서 실행된다. STP에는 다양한 종류가 있지만 802.1D가 가장 널리 사용되고 널리 구현된다. 네트워크에서 루프를 방지하기 위해 브리지 및 스위치에 STP를 구현한다. 중복 링크는 원하지만 루프는 원하지 않는 상황에서 STP를 사용하도록 한다. 중복 링크는 네트워크 장애 조치의 경우 백업만큼 중요하다. 기본에 장애가 발생하면 사용자가 네트워크를 계속 사용할 수 있도록 백업 링크가 활성화된다. 브리지 및 스위치에 STP가 없으면 이러한 오류로 인해 루프가 발생할 수 있다. 두 개의 연결된 스위치가 서로 다른 종류의 STP를 실행하는 경우 수렴하는 데 서로 다른 타이밍이 필요하다. 스위치에서 다른 플레이어가 사용되면 차단 상태와 전달 상태 사이에 타이밍 문제가 발생한다. 따라서 같은 성격의 STP를 사용하는 것이 좋다.

030 정답: 2번

HTTP Response Code(상태 코드)는 여러 가지 의미를 포함하고 있다. 200(OK)는 정상적으로 요청된 서비스가 제공되었다는 의미이고 404(Page Not Found)는 존재하지 않는 페이지를 호출했다는 의미이다. 그리고 403(Forbidden)은 권한이 없는 페이지에 접근해서 거부당했다는 의미이다. 2)번의 408(Request Timeout)은 문제에서 물어보는 값이며 정해진 시간 내에 서비스가 처리되지 않은 경우에 반환되는 값이다.

031 정답: 3번

오픈 API(Open Application Programming Interface, Open API, 공개 API) 또는 공개 API는 개발자라면 누구나 사용할 수 있도록 공개된 API를 말하며, 개발자에게 사유 응용 소프트웨어나 웹 서비스의 프로그래밍 적인 권한을 제공한다. 반대말은 프라이빗 API(Private API)다. 쉽게 말하면, "하나의 웹 사이트에서 자신이 가진 기능을 이용할 수 있도록 공개한 프로그래밍 인터페이스가 오픈 API다."라고 정의할 수 있다.

네이버 지도, 구글맵, 오픈스트리트맵 등이 대표적인 예이다. 지도 서비스 및 다양한 서비스에서 시도되고 있으며 누구나 접근하여 사용할 수 있다는 장점이 있다. 메타블로그도 오픈 API를 사용하여 만든 예시이다. 최근에 코로나 사태로 라이브코로나, 코로나 맵 등의 서비스가 생겼는데 이 서비스들은 네이버 클라우드 플랫폼의 API 지원을 받고 있다.

3)번의 OSPF(Open Shortest Path First)는 링크 상태 알고리즘을 적용한 대표적인 프로토콜이다.

032 정답: 3번

네트워크에서 송신 노드에서 수신 노드로 값이 전달될 때 OSI 7 Layer의 계층별로 정해진 프로토콜 규격에 따라 값이 설정되어 전송된다. 계층별로 다루는 전송 단위가 다르다. 1계층은 Bit, 2계층은 Frame, 3계층은 Packet, 4계층은 Segment, 7계층은 Message이다.

033 정답: 1번

포트 포워딩(port forwarding)은 라우터가 특정 포트를 사용하여 특정 장치와 통신하도록 하는 방법이다. 장치에 대한 특정 포트를 설정하면 라우터에 항상 해당 포트에 대한 요청을 수락하고 데이터를 장치의 개인 IP 주소로 전달하도록 지시한다.

(1) 로컬 포트 포워딩(Local port forwarding): 로컬 포트 포워딩은 LAN 장치를 사용하여 액세스 권한이 없는 대상에서 데이터를 가져오려는 경우 사용되지만 중간에 있는 장치 또는 중간 장치가 있는 대상에서 데이터를 가져

올 때 사용된다. 이렇게 하면 원격 대상에서 로컬 장치로 데이터를 가져올 수 있다.

(2) 원격 포트 포워딩(Remote port forwarding): 원격 포트 포워딩을 사용하면 장치를 다른 원격 장치 또는 인터넷에 볼 수 있다. 이 경우 데이터가 장치에서 원격 대상 서버로 푸시된 다음 원본 포트와 장치로 다시 푸시된다. 원격 전달을 사용하면 인터넷 또는 원격 장치의 모든 사용자가 장치에 액세스할 수 있다.

(3) 동적 포트 포워딩(Dynamic port forwarding): 동적 포트 포워딩은 사실상 로컬 포트 포워딩의 확장이다. 차이점은 LAN 장치의 모든 프로그램이 SSH 터널을 사용할 수 있으며 옆에 있는 하나의 포트만 사용하여 원격 대상 포트에 액세스할 수 있다는 것이다. 동적 포트 전달은 일종의 프록시를 만들어 작동한다.

034

정답: 4번

WPA와 RSN의 아키텍처와 접근 방식은 동일하다. WPA의 기본 기술은 특정 구현 접근 방식을 사용하지만 RSN은 네트워크 구현과 관련하여 더 많은 유연성을 허용한다. RSN은 TKIP와 AES(CCMP)를 모두 사용하여 암호화하지만, WPA는 TKIP에만 집중한다. RSN(Robust Security Network)은 동적 인증 및 암호화 알고리즘을 제공하여 엔드포인트가 WAP와 정보를 교환할 수 있도록 한다. CCMP/AES 암호화와 802.1X/EAP 인증을 활용한다.

035

정답: 4번

RPKI는 네트워크 사업자가 정보에 입각한 안전한 라우팅 결정을 내리는 데 도움이 되는 보안 프레임워크이다. RPKI는 특정 IP 주소 블록 또는 ASN과 해당 인터넷 번호 리소스 소유자 간의 연결을 증명한다. 인증서는 리소스 소유자의 리소스 사용 권한에 대한 증거이며 암호화 방식으로 확인할 수 있다.

RPKI는 RFC3779에 정의된 X.509 인증서 프로필을 기반으로 한다. RPKI에서 인증서 구조는 인터넷 번호 리소스가 배포되는 방식을 반영한다. 즉, 리소스는 처음에 IANA에 의해 지역 인터넷 레지스트리

(RIR)에 배포되고 RIR은 이를 차례로 로컬 인터넷 레지스트리(LIR)에 배포하고 궁극적으로 고객에게 배포한다. RPKI의 장점은 다음과 같다.

(1) 라우팅 정보는 확인된 위임된 리소스에 해당하므로 리소스 보유자에게 특정 리소스를 보유하고 있으며 IP 주소 또는 ASN(Autonomous System Number)을 사용할 수 있는 권한이 있음을 증명한다.

(2) 자원 보유자는 자원을 고객/사용자에게 배포할 때 자원 보유를 입증할 수 있다.

(3) 리소스 사용자는 디지털 서명을 사용하여 위임된 리소스와 관련된 정보를 보호할 수 있다. 이 정보를 변경하려고 하면 서명이 무효화된다.

(4) 적절하게 위임된 '사용 권한'이 있는 리소스 보유자만이 서명과 인터넷 번호 리소스를 연결하는 서명을 생성할 수 있다.

036

정답: 4번

버퍼 블로트(Buffer bloat)는 너무 많은 데이터를 버퍼링하는 라우터 또는 기타 네트워크 장비에서 발생하는 바람직하지 않은 대기 시간이다. 버퍼 블로트는 네트워크의 장치가 파일을 업로드하거나 다운로드할 때 인터넷 연결 대기 시간을 급증시키는 네트워킹 장비의 소프트웨어 문제이다.

버퍼에는 많은 훌륭한 속성이 있다. 처리량을 극대화하고 대역폭 변동을 처리하는 데 도움이 된다. 그러나 어떤 상황에서는 대기 시간이 발생할 수도 있으며 부당하게 그렇게 진행될 수도 있다. 이 때문에 지연 시간에 민감한 많은 애플리케이션의 성능이 저하될 수 있다.

일부 통신 장비 제조업체는 자사의 네트워크 제품 안에 불필요하게 큰 버퍼를 설계했다. 네트워크 링크가 혼잡하게 되면 이러한 장비에서 버퍼 블로트가 발생하며, 이 과도한 크기의 버퍼 속에 패킷이 장시간 큐(queue)에 쌓이게 된다. 선입 선출 큐 시스템에서 과도하게 큰 버퍼는 더 긴 큐와 더 높은 지연을 초래하며 네트워크 스루풋을 개선시키지 못한다.

037

정답: 3번

IPv6는 128비트의 주소 길이를 가졌으므로 약 43억×43억×43억×43억개의 주소를 활용할 수 있는 주소 체계이다. 또한, 이동형 지원 기능이 월등히 향상되었으며 IPSec을 별도로 설치했던 IPv4와 달리 확장 기능을 통해 기본적으로 지원한다.

또한, Flow Label 필드를 이용한 QoS(Quality of Service) 지원이 향상되어 서비스 품질 보장이 가능하다. 그리고 IPv4는 헤더 필드가 12개이지만 IPv6는 헤더 필드를 8개로 줄였으며 헤더가 고정사이즈로 변경되었다.

038

정답: 4번

문제의 보기 중에서 4)번의 IEEE 802.11i 표준이 무선 네트워크(WLAN)에서의 보안 표준에 해당한다. IEEE 802.11i는 WEP 알고리즘의 취약점을 해결하기 위한 TKIP과 AES 알고리즘이 적용되었고 접근 제어 및 인증, 키 교환을 제공한다. IEEE 802.3 표준군은 유선 네트워크인 Ethernet과 관련된 표준이고 IEEE 802.15 표준군은 근거리 개인 무선통신(WPAN)인 블루투스 등과 관련된 표준이므로 문제와 무관하다.

039

정답: 1번

SAML(Security Assertion Markup Language)은 ID 제공자에서 서비스 제공자로의 연합 싱글 사인온을 수행하는 데 사용할 수 있는 프로토콜이다. 연합 싱글 사인온에서 사용자는 ID 제공자에서 인증한다. 서비스 제공자는 ID 제공자가 제공하는 ID 정보를 이용한다.

SAML은 다양한 기술 중 SOAP의 사용에 기반하여 컴퓨터 네트워크에서 XML 메시지를 교환한다. XML 메시지는 일련의 요청 및 응답을 통해 교환된다. 이 프로세스에서 연합 파트너 중 하나가 다른 연합 파트너에게 요청 메시지를 전송한다. 그런 다음 수신한 파트너가 요청을 전송한 파트너에게 즉시 응답 메시지를 전송한다.

SAML 스펙은 연합을 확립하고 싱글 사인온을 초기화 및 관리하기 위한 디스크립터를 포함한다. 다음 디스크립터는 구조, 메시지 콘텐츠 및 파트너와 사용자 간에 메시지가 통신되는 방법을 지정한다.

- 권한 정보(Assertion): 메시지에서 인증, 속성, 인타이틀먼트 정보와 같은 사용자 ID 정보를 전송하는 데 사용되는 XML 형식화 토큰이다.
- 프로토콜(Protocol): 인증 데이터를 얻고 ID를 관리하는 데 사용되는 요청 메시지 및 응답 메시지의 유형이다.
- 바인딩(Binding): 메시지를 전송하는 데 사용하는 통신 방법이다.
- 프로파일(Profile): 연합을 작성하고 연합된 싱글 사인온을 사용으로 설정하는 데 함께 사용되는 프로토콜, 권한 정보, 바인딩의 결합이다. 사용자 및 사용자의 파트너는 동일한 SAML 스펙을 사용해야 하며 어떤 프로토콜, 바인딩 및 프로파일을 사용할 것인지에 대해 먼저 합의해야 한다.

— 🏠 출처 https://www.ibm.com/

040

정답: 3번

포트 포워딩은 라우터의 공용 WAN(광역 네트워크) 인터넷 프로토콜(IP) 주소와 해당 개인 네트워크의 장치에 대한 사설 근거리 통신망(LAN) IP 주소 간의 맵이라는 연결을 만들어 달성한다. 다음은 포트 포워딩의 가장 일반적인 용도 중 일부이다.

- 홈 네트워크 외부에서 액세스 할 수 있는 멀티 플레이어 게임을 위한 게임 서버를 호스팅한다.
- 컴퓨터에 원격으로 액세스하기 위한 원격 데스크톱 프로토콜을 실행한다.
- 컴퓨터에서 외부 세계 또는 외부 네트워크로의 파일 전송을 허용한다.
- 가정용 컴퓨터에서 공개적으로 액세스 할 수 있는 웹 사이트를 실행한다.
- 토렌토 응용 프로그램을 사용하여 파일을 빠르게 다운로드한다.
- 멀리서 홈 네트워크에 액세스 할 수 있는 자체 VPN

서버를 호스팅한다.

포트 포워딩은 개인 네트워크의 항목에 원격으로 액세스하는 데 중요하다. 원치 않는 방문자를 차단하기 위해 방화벽이 존재하기 때문에 들어가기를 원하는 방문자는 그렇게 할 수 있는 방법이 필요하다. 이는 IP 주소를 아는 것만으로는 충분하지 않으며, 요청도 올바른 포트로 보내야 한다.

이 추가 필수 정보는 원치 않는 방문자를 차단하고 DDoS(직접 서비스 거부) 공격에 대한 추가 보안 계층을 추가하는 데 도움이 된다. 포트 포워딩은 다양한 ID 관리 소프트웨어와 함께 매우 잘 작동한다. 다단계 인증 소프트웨어, 싱글 사인온 솔루션 등은 방문자가 파일 서버 및 데이터베이스와 같은 특히 안전한 영역으로 들어갈 수 있도록 추가 보안 계층을 만든다.

— 🏠출처 https://youtu.be/ZAbM0CnZzp4

041

정답: 3번

SPNEGO는 SPNEGO를 사용하는 응용 프로그램 프로토콜에 대한 보안 프로토콜의 불투명 특성을 보존하는 방식으로 가능한 인증 메커니즘 집합 중에서 선택할 수 있도록 인증에 종사하는 두 당사자에 대한 프레임워크를 제공한다. WebSphere Application Server에 대한 웹 인증 서비스로 WebSphere Application Server에서 SPNEGO를 사용하는 경우 이점은 다음과 같다.

- 많은 ID 및 비밀번호를 관리하기 위한 비용이 줄어든다.
- 웹 브라우저 또는 Microsoft .NET 클라이언트로부터의 보안 신임에 대한 안전한 상호 인증 전송이 설정된다.
- 전송 레벨에서 SPNEGO 인증을 사용하는 웹 서비스 및 Microsoft .NET 또는 웹 서비스 애플리케이션과의 상호 운용성이 달성된다.
- Kerberos 인증 지원을 통해 SPNEGO 웹 인증에서는 Kerberos 솔루션에 대한 첨단 SPNEGO를 제공하고 클라이언트에서 Kerberos 신임 정보를 보존할 수 있다.

SPNEGO는 The simple and protected GSS-API Negotiation Mechanism(IETF RFC 2478)에 정의된 표준 스펙이다.

SPNEGO는 클라이언트 응용 프로그램이 원격 서버에 인증하려고 할 때 사용되지만 어느 쪽도 다른 인증 프로토콜이 지원하는 인증 프로토콜을 확신하지 못한다. 의사 메커니즘은 프로토콜을 사용하여 사용 가능한 일반적인 GSSAPI 메커니즘을 결정하고 하나를 선택한 다음, 모든 추가 보안 작업을 해당 메커니즘에 전달한다. 이를 통해 조직은 단계적으로 새로운 보안 메커니즘을 배포할 수 있다.

SPNEGO의 가장 눈에 띄는 용도는 마이크로소프트의 'HTTP 협상' 인증 확장이다. 인터넷 익스플로어 5.01 및 IIS 5.0에서 처음 구현되었으며 나중에 윈도우 통합인증으로 판매되는 싱글 사인온 기능을 제공했다. 협상 가능한 하위 메커니즘에는 액티브 디렉터리에서 사용되는 NLTM 및 Kerberos가 포함되었다.

WebSphere Application Server 글로벌 및 애플리케이션 보안이 사용 가능하고 SPNEGO 웹 인증이 사용 가능한 경우 첫 번째 인바운드 HTTP 요청 처리 시 SPNEGO가 초기화된다. 그러면 웹 인증 컴포넌트가 SPNEGO와 상호 작용한다. 이는 보안 구성 저장소에서 정의 및 사용된다. 필터 기준을 만족하면 SPNEGO가 HTTP 요청에서 식별된 보안 자원에 대한 액세스를 인증해야 한다.

WebSphere Application Server 보안 런타임 서비스 외에도 SPNEGO의 조작을 사용하려면 일부 외부 컴포넌트가 필요하다. 이러한 외부 컴포넌트는 다음을 포함한다.

IETF RFC 2478에 정의된 대로 클라이언트 애플리케이션(예: Microsoft .NET) 또는 웹 서비스와 2EE 클라이언트(SPNEGO 웹 인증 메커니즘 지원). Microsoft Internet Explorer 버전 5.5 이상 및 Mozilla Firefox 버전 1.0은 브라우저의 예이다. 브라우저는 SPNEGO 웹 인증 메커니즘을 사용하도록 구성해야 한다. HTTP 요청 인증은 SPNEGO 토큰을 생성하는 요청자(클라이언트측)가 트리거한다. WebSphere Application Server에서는 이 토큰을 수신한다. 특히,

SPNEGO 웹 인증은 SPNEGO 토큰에서 요청자 ID를 디코드하고 검색한다. ID는 요청자와 애플리케이션 서버 사이에 보안 컨텍스트를 설정하는 데 사용된다. SPNEGO 웹 인증은 WebSphere Application Server의 서버측 솔루션이다.

클라이언트 측 애플리케이션은 SPNEGO 웹 인증이 사용할 SPNEGO 토큰을 생성해야 한다. Web-Sphere Application Server 보안 레지스트리에서 요청자의 ID는 SPNEGO 웹 인증이 검색하는 ID와 동일해야 한다. 동일한 일치는 Microsoft Windows Active Directory 서버가 WebSphere Application Server에서 사용되는 LDAP(Lightweight Directory Access Protocol) 서버인 경우에 발생한다. 사용자 정의 로그인 모듈은 Active Directory에서 WebSphere Application Server 보안 레지스트리로의 사용자 정의 ID 맵핑을 지원하기 위해 플러그인으로 사용할 수 있다.

WebSphere Application Server에서는 해당 보안 레지스트리에서 ID를 유효성 검증한다. 유효성 검증에 성공하면 클라이언트 Kerberos 티켓 및 GSS 위임 신임 정보가 검색되고 클라이언트 주제에 배치된 후 LTPA(Lightweight Third Party Authentication) 보안 토큰을 생성한다. 그러면 쿠키를 배치하고 HTTP 응답에서 요청자로 쿠키를 리턴한다.

WebSphere Application Server에서 추가 보안 자원에 액세스하기 위한 이 동일 요청자의 후속 HTTP 요청에서는 이전에 작성된 LTPA 보안 토큰을 사용하여 반복되는 로그인 요구를 피한다. 웹 관리자는 SPNEGO 보안 컴포넌트 및 연관된 구성 데이터에 대한 액세스 권한이 있다.

SPNEGO 웹 인증 및 보안 구성요소

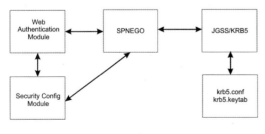

⌂출처 https://www.ibm.com/

042

정답: 4번

포트를 죽이는 방법은 다음과 같다.

(1) 윈도우 검색 창에 'CMD' 검색한 뒤 관리자 권한으로 실행한다.
(2) netstat 명령어로 현재 사용하고 있으나 종료해야 할 Port와 PID를 찾도록 한다.
(3) taskkill 명령어로 현재 사용하는 PID를 죽이도록 한다.

netstat 옵션

옵션	설명
netstat	network status(네트워크 상태)를 의미한다.
-a(all)	프로토콜(TCP, UDP 등)과 상태(LISTENING, ESTABLISHED 등)와 상관없이 모두 표시한다.
-o	PID(Process ID)를 표시한다.

taskkill 옵션

taskkill [/f]] [/im 프로세스 이름] [/pid 프로세스PID 번호] [/t] [/fi "필터"]

옵션	설명
/f	프로세스를 강제로 종료한다.
/im	종료할 프로세스의 이름을 지정한다.
/pid	종료할 프로세스의 PID(프로세스 식별자)를 지정한다.
/t	지정된 프로세스와 그 프로세스로부터 시작된 모든 자식 프로세스를 종료한다.
/fi	지정한 조건에 해당하는 프로세스를 종료한다. 이를 이용해 특정 서비스를 종료할 수 있다.

043

정답: 3번

WEP(Wired Equivalent Privacy)는 무선 네트워크에 데이터 기밀성을 제공하기 위해 도입된 보안 알고리즘이다. WEP는 802.11 표준의 일부로 도입되었다. WEP의 가장 큰 특징은 10 또는 26개의 16진수, 즉 40 또는 104비트의 키이다. 과거에 이 40비트 또는 104비트 키는 매우 대중적이었고 라우터 구성을 위한 선택으로 간주되었다.

WEP는 처음에 유선 LAN에서 예상되는 보안 수준과 비슷한 무선 네트워크(보다 구체적으로 WLAN)에 대한 보안 수준을 제공하도록 설계되었다. 무선 네트워크는 정의에 따라 전파를 통해 범위 내의 모든 영역에 데이터를 전송한다. 그 결과 WLAN에서 전송하는 데이터를 쉽게 가로챌 수 있다. 즉, 다른 사용자는 개인 대화를 듣고 무선 네트워크를 통해 전송되는 기밀 파일 등을 얻을 수 있다. WEP는 데이터에 강력한 암호화를 제공하여 무선 네트워크에 보안 계층을 추가하는 것을 목표로 한다. 이렇게 하면 의도한 수신자를 제외한 모든 사람이 데이터를 인식할 수 없게 된다. 네트워크에서 승인된 시스템은 데이터를 해독하고 내부 통신을 성공적으로 수행한다.

- 공유 비밀 키의 KEY ID를 평문으로 전달하므로 암호화 키가 추출될 수 있다는 취약점이 존재한다.
- 짧은 길이의 초기 벡터(IV)값의 사용으로 IV값이 재사용될 수 있다.
- 짧은 길이의 암호 키 사용으로 인한 공격 가능성이 높다.
- 불완전한 RC4 암호 알고리즘 사용으로 인한 암호 키 노출 가능성이 높다.

즉, RC4가 보안에 취약점이 있다고 보고되어 40 비트 키를 사용하고 있는 정도의 암호 키로는 평문 공격에 취약하여 완벽한 보안에 역부족이다. 또한, 공중망에서의 AP를 사용할 때 WEP는 다수 사용자가 같은 암호 키를 사용하게 되어 개별 사용자에 대한 보안을 할 수 없다.

044 정답: 3번

애니캐스트(Anycast)를 이용하여 멀티캐스트를 더욱 효율적으로 구현하여 고가용성 시스템(트래픽의 전달 포인트의 장애 발생 시 백업이 가능)을 구현할 수 있다. 애니캐스트는 인터넷 프로토콜과 기타 네트워크 어드레싱 시스템이 지정한 유니캐스트, 멀티캐스트, 브로드캐스트, 지오캐스트를 포함하는 5가지 인터넷 트래픽을 효율적으로 관리 전달하기 위한 어드레싱 또는 라우팅 방식 가운데 하나이다. 유니캐스트는 1:1 통신 방식이고 멀티캐스트는 1:N 통신 방식이라고 한다면 애니캐스트는 '1:가장 가까운 1' 간의 통신 방식이라고

정의할 수 있다. 동일한 주소를 가지는 여러 목적지 장비 중 출발지 장비와 가장 가까운 장비가 응답하는 통신 방식이다. 이러한 통신 방식은 멀티캐스트와 유사하지만 멀티캐스트의 경우 동일 그룹에 소속된 장비가 응답하는 반면, 애니캐스트는 동일 주소를 가지는 장비 중 가장 가까운 장비 하나만 응답한다는 차이가 있다.

045 정답: 1번

TTL(Time to Live)는 Hop Count라고도 불리는 값으로 IP 헤더에 저장된다. 네트워크에서 전달되는 패킷이 얼마나 많은 라우터를 거쳐서 생존할 수 있는지를 결정하는 값이다. 일부 패킷은 끝없는 루프를 반복할 수도 있고 어떤 경우에는 장애나 단절로 인해 목적지에 도달할 수 없기도 하므로 TTL 값이 네트워크의 안정성을 보장해 준다.

046 정답: 4번

더 많은 디바이스의 네트워크 연결 요구가 증가하는 현실에서 Wi-FI 6E는 엔터프라이즈와 서비스 프로바이더가 급부상하는 신규 애플리케이션을 지원할 수 있도록 해준다. 또한, 각 연결된 디바이스가 최적의 레벨에서 계속 작동할 수 있도록 할 수 있다.

Wi-Fi 6E의 도입은 추가적이고 연속적인 채널 대역폭을 제공함으로써 Wi-Fi 스펙트럼 부족 문제를 해결하며 전례 없는 속도로 계속 증가하는 디바이스 수를 지원한다. 6GHz 대역에 추가된 1,200MHz를 통해 엔터프라이즈는 더 빠르고 안정적인 엔터프라이즈 Wi-Fi 네트워크를 제공할 수 있다.

이러한 네트워크는 복원력이 뛰어나고 고도로 확장 가능한 동시에 단순한 아키텍처를 지니고 있다. 가용성이 향상되어 멀티 기가 비트 속도에서 더 많은 사용자를 지원할 수 있으며, 심지어 많은 모바일 및 IoT 디바이스가 포함된 매우 혼잡한 환경에서도 이러한 지원이 가능하다.

Wi-Fi 6E는 엔터프라이즈 비디오 스트리밍 및 비디오 콘퍼런스와 같이 처리량이 높은 까다로운 미션 크리티컬 애플리케이션을 위한 네트워크 용량과 효율성을 더욱 향상시킨다. 이제 Wi-Fi 6E 칩셋의 초기 세대를 사용할 수 있으며 이를 통해 벤더는 액세스 포인트와 모바일 디바이스의 개발을 시작할 수 있게 되었다.

Wi-Fi 6E 제품은 앞으로 2년 안에 출시될 예정이다. 클라이언트 디바이스(흔히 칩셋 개발을 지연시킴)가 널리 보급됨에 따라 요구 사항이 802.11ax의 도달 범위를 넘어서는 조직의 경우 마이그레이션 프로젝트를 시작할 가능성이 높다.

하지만 Wi-Fi 6E 역시 단점은 있다. 이전 규격과 마찬가지로 반 이중 멀티플렉싱(Half-Duplex Multiplexing)을 사용하므로 링크 속도를 온전히 활용하기 어렵다. 무선 통신 기술에 전 이중 기술이 본격적으로 쓰이기 이전에 Wi-Fi 6E가 상용화되었기 때문이다. Wi-Fi 규격의 특성상 공유기와 단말기 간에 다운로드(Rx)와 업로드(Tx)가 동시에 이루어지지 않고 순차적으로 이루어지기에 Tx 속도와 Rx 속도 간의 비대칭 문제가 발생한다.

Wi-Fi 7부터 인밴드 전 이중 멀티플렉싱(In-Band Full-Duplex Multiplexing; IBFD Multiplexing)을 통해 해당 문제점이 개선된다.

047 정답: 2번

포트 미러링(Port Mirroring)은 네트워크 스위치에서 사용되어 한 스위치 포트(또는 전체 VLAN)에서 볼 수 있는 네트워크 패킷의 복사본을 다른 스위치 포트의 네트워크 모니터링 연결로 보낸다. 이는 일반적으로 규정 준수 모니터링, 정책 시행, 침입 탐지 등과 같은 목적으로 트래픽을 분석하는 애플리케이션에 트래픽을 보내는 데 사용된다.

포트 미러링이 활성화되면 Tor 스위치는 미러링된 포트에서 모니터 포트로 네트워크 패킷 복사본을 보낸다. 이 기능은 일반적으로 모니터링 및 침입 탐지에 사용된다. 네트워크 엔지니어 또는 관리자는 포트 미러

링을 사용하여 데이터를 분석 및 디버그하거나 네트워크의 오류를 진단한다. 관리자가 네트워크 성능을 면밀히 주시하고 문제가 발생할 때 경고하는 데 도움이 된다.

단일 또는 다중 인터페이스에서 인바운드 또는 아웃바운드 트래픽(또는 둘 다)을 미러링하는 데 사용할 수 있다. Tor 스위치의 데이터 포트는 미러링할 수 있지만 내부 포트는 미러링할 수 없다. 이 기능을 활성화할 때 트래픽 설정은 모니터링할 방향을 시스템에 알려준다.

048 정답: 3번

NTP(Network Time Protocol)은 다수의 서버 간에 시간 정보를 동기화하는 데 사용하는 프로토콜이다. NTP 서버에게 monlist를 호출하면 요청 패킷에 비해 수십 배의 크기를 가진 결과를 회신해주는데, 이를 DRDoS 방식으로 악용하게 된다. 공격자는 자신이나 분산된 봇넷의 요청 IP를 공격대상 시스템의 IP로 변조하여 호출하고 모든 응답이 한 곳으로 모이게 된다. 결국 공격 대상 시스템의 자원을 소모시키고 가용성을 저하시키는 서비스 거부 공격이 되는 것이다. 이를 대응하기 위한 첫 번째 방법은 NTP를 4.2.8 버전 이상으로 업데이트하는 것이다.

049 정답: 2번

보안 서버란 홈페이지 접속 시 수신되는 정보를 암호화는 서버를 뜻한다. 보안 서버는 일반적인 로그인 정보 및 전자상거래 시 전송되는 패킷값을 암호화하여 외부의 공격자로부터 데이터를 보호하기 위해 사용한다. 암호화 대상은 인터넷 상에서 송수신되는 정보로, ID와 패스워드, 개인정보, 계좌 정보 등, 유출 시 자칫 악용되어 사용될 수 있는 정보이다. 보안 서버 SSL 인증서는 사용자의 인터넷 브라우저와 사이트의 웹 서버 상의 암호화 통신을 지원하여 해킹을 당하더라도 고객의 개인정보를 소중하게 지켜준다. SSL 인증서는 웹 서버와 웹 사이트에서 이루어지는 모든 정보 전송을

Https 암호화 프로토콜을 통해 안전하게 전송되도록 하는 인증서이다. SSL을 사용하면 로그인, 회원가입, 예약 등의 개인정보를 입력하더라도 스니핑(Sniffing)에 고객의 개인정보를 소중하게 지켜준다. 또한, SSL 인증서는 전자상거래 기업 또는 공공기관의 신원을 확인하여 고객의 신뢰를 얻을 수 있다.

- 정보유출(Sniffing) 방지: 표준 암호화 기법을 사용하여 전송자의 메시지를 안전하게 전송
- 기업 실체성 확인: 인증서 발급 대상 기관에 대해 실체성 확인 후 발행
- 위조 사이트(Phishing) 방지: 인증서 발급 대상 기관에 대해 기업 신용 평가 정보 확인 및 사용자가 육안으로 확인할 수 있도록 녹색바 인증서 발급

참고로 2)번의 영역 간 인증(Inter-realm Authentification)은 커베로스(Kerberos) 특징 중 하나이다.

050 정답: 4번

트랜잭션 서명(Transaction SIGnature, TSIG)은 RFC 2845에 정의된 컴퓨터 네트워킹 프로토콜이다. 주로 DNS(Domain Name System)가 DNS 데이터베이스에 대한 업데이트를 인증할 수 있도록 한다. 동적 DNS 또는 보조·슬레이브 DNS 서버를 업데이트하는 데 가장 일반적으로 사용된다. TSIG는 공유 비밀 키와 단방향 해싱을 사용하여 DNS 업데이트를 수행하거나 응답하도록 허용된 연결의 각 끝점을 인증하는 암호학적으로 안전한 수단을 제공한다.

DNS에 대한 쿼리는 일반적으로 인증 없이 이루어질 수 있지만 DNS에 대한 업데이트는 인터넷 명명 시스템의 구조에 지속적인 변경을 가하기 때문에 인증되어야 한다. 업데이트 요청이 안전하지 않은 채널(인터넷)을 통해 도착할 수 있으므로 요청의 신뢰성과 무결성을 보장하기 위한 조치를 취해야 한다. 업데이트를 수행하는 클라이언트와 DNS 서버가 공유하는 키를 사용하면 업데이트 요청의 신뢰성과 무결성을 보장하는 데 도움이 된다. 단방향 해싱 기능은 악의적인 관찰자가 업데이트를 수정하고 대상으로 전달하는 것을 방지하여 소스에서 대상으로 메시지 무결성을 보장한다.

기록된 응답이 재사용되는 것을 방지하기 위해 TSIG 프로토콜에 타임스탬프가 포함되어 있어 공격자가 TSIG의 보안을 위반할 수 있다. 이는 동적 DNS 서버 및 TSIG 클라이언트에 정확한 시계를 포함하도록 요구한다. DNS 서버는 네트워크에 연결되어 있으므로 네트워크 시간 프로토콜(Network Time Protocol, NTP)은 정확한 시간 소스를 제공할 수 있다. 쿼리와 같은 DNS 업데이트는 TCP보다 낮은 오버헤드가 필요하기 때문에 일반적으로 UDP를 통해 전송된다. 그러나 DNS 서버는 UDP 및 TCP 요청을 모두 지원하고 있다.

051 정답: 1번

우리가 발견한 설계 결함은 두 가지 범주로 나눌 수 있다. 첫 번째 범주는 WPA3 지원 장치에 대한 다운그레이드 공격으로 구성되며 두 번째 범주는 Wi-Fi 표준에서 SAE(Simultaneous Authentication of Equals) 핸드셰이크로 더 잘 알려진 WPA3의 Dragonfly 핸드셰이크 약점으로 구성된다. 발견된 결함은 Wi-Fi 네트워크의 비밀번호를 복구하고 리소스 소비 공격을 시작하고, 장치가 더 약한 보안 그룹을 사용하도록 하는 데 악용될 수 있다. 모든 공격은 모든 사용자가 하나의 암호를 공유하는 홈 네트워크(예: WPA3-Personal)에 대한 것이다. 요약하면 WPA3에서 다음과 같은 취약점을 발견했다.

- CERT ID #VU871675: 사전 공격으로 이어지는 WPA3-전환 모드에 대한 다운그레이드 공격
- CERT ID #VU871675: WPA3의 Dragonfly 핸드셰이크에 대한 보안 그룹 다운그레이드 공격
- CVE-2019-9494: WPA3의 Dragonfly 핸드셰이크에 대한 타이밍 기반 부채널 공격
- CVE-2019-9494: WPA3의 Dragonfly 핸드셰이크에 대한 캐시 기반 부채널 공격
- CERT ID #VU871675: WPA3의 Dragonfly 핸드셰이크에 대한 리소스 소비 공격(즉, 서비스 거부)

공격 결과는 효율적이고 비용이 저렴했다. 예를 들어 다운그레이드 공격은 기존 WPA2 크래킹 도구 및

하드웨어를 사용하여 악용될 수 있다. 부채널 취약성은 1달러 가치의 Amazon EC2 인스턴스로 알려진 가장 큰 사전을 사용하여 무차별 대입 공격을 수행하는 데 악용될 수 있다. Dragon Blood에는 서비스 거부 공격, 2개의 다운그레이드 공격 및 2개의 부채널 공격 정보 유출이 포함된다. 서비스 거부 공격을 제외한 5개 중 4개는 사용자 비밀번호를 훔치는 데 사용된다. Wi-Fi Alliance는 새로운 취약점이 확인됨에 따라 Dragon Blood 및 기타 취약점에 대한 패치 작업을 진행했다.

052
정답: 1번

인터넷 프로토콜 스위트에서 포트(port)는 운영체제 통신의 종단점이다. 이 용어는 하드웨어 장치에도 사용되지만, 소프트웨어에서는 네트워크 서비스나 특정 프로세스를 식별하는 논리 단위이다. 주로 포트를 사용하는 프로토콜은 전송 계층 프로토콜이라 하며, 예를 들어 전송 제어 프로토콜(TCP)와 사용자 데이터그램 프로토콜(UDP)이 있다. 각 포트는 번호로 구별되며 이 번호를 포트 번호라고 한다. 포트 번호는 IP 주소와 함께 쓰여 해당하는 프로토콜에 의해 사용된다. 포트 번호는 크게 세 종류로 구분된다.

- 0번~1023번: 잘 알려진 포트(Well-known port)
- 1024번~49151번: 등록된 포트(Registered port)
- 49152번~65535번: 동적 포트(Dynamic port)

053
정답: 3번

네트워크 기반 침입 탐지 시스템(Network based Intrusion Detection System, N-IDS)은 스위치 장비 등과 연계하여 네트워크의 관문이나 DMZ 외부에서 동작한다. 일반적으로 호스트 기반 IDS보다 더 많이 사용되는 편이며 네트워크의 서브넷이나 한 영역의 패킷을 실시간으로 탐지한다. 따라서 특정 시스템에서 발생하는 해커의 공격이나 시스템콜, 이벤트콜, 백도어 등은 탐지하기 어려우며 이러한 항목은 호스트 기반 IDS가 담당한다.

054
정답: 2번

IP 패킷이 가질 수 있는 허용 가능한 최대 크기를 MTU(Maximum Transmission Uni)라고 한다. 이 크기는 일반적으로 약 1,500Byte로 정의되어 있으며 네트워크에서 전송될 때 MTU 기준으로 분할(Fragmentation)되고 도착한 노드에서 재조립된다. 하나의 패킷을 엄청나게 큰 크기로 생성하여 전송하면 다수의 패킷으로 분할된 후 도착지에서 모든 패킷을 재조립하는 데 자원을 사용하게 된다. 이런 패킷을 여러 클라이언트에서 분산하여 반복적으로 전송하면 분산 서비스 거부 공격인 Ping of Death 공격이 된다.

055
정답: 1번

데이터 손실 방지(Data Loss Prevention, DLP)는 기업의 민감하거나 중요한 데이터를 인가된 사용자에게 계속 제공하면서, 동시에 이 데이터가 승인되지 않은 무단 사용자와 공유되거나 무단 사용자에게 제공되지 않도록 하는 일련의 활동과 제품이다. 하지만 DLP는 트래픽에 블라인드 처리된 경우 데이터 손실을 방지할 수 없다. 조직이 클라우드로 마이그레이션하면서 네트워크 DLP 솔루션이 검사해야 하는 트래픽을 볼 수 없는 세 가지 문제는 다음과 같다.

(1) 원격 사용자(Remote Users): 네트워크 DLP를 사용하면 가시성과 보호 수준이 사용자의 위치에 따라 달라진다. 네트워크 외부에서 쉽게 검사를 우회하여 클라우드 앱에 직접 연결할 수 있다. 효과적인 DLP 및 보안 정책은 사용자가 연결하는 곳과 사용 중인 모바일 장치에 관계없이 따라야 한다.

(2) 암호화(Encryption): TLS/SSL로 암호화된 트래픽의 놀라운 성장으로 인해 네트워크 기반 DLP가 검사를 위해 암호를 해독할 수 없는 심각한 사각지대가 생기게 되었다.

(3) 성능 제한(Performance Limitations): 기존 네트워크 DLP 어플라이언스는 리소스가 한정되어 있으며 인라인에서 지속적으로 증가하는 인터넷 트래픽 양을 검사하도록 확장할 수 없다.

SSL 암호 해독(SSL Inspection)은 전체 SSL 검사 절차의 일부로 암호화된 트래픽을 해독하여 사이버 위협을 확인하는 프로세스이다. 암호화 트래픽에 대한 보안 검사를 위해 SSL 트래픽을 복호화하여 전문 보안 어플라이언스로 전달하고 보안 검사가 끝난 트래픽을 다시 암호화하여 최종 목적지로 전달해 준다.

압도적인 대다수의 웹 트래픽이 이제 암호화되고 일부 사이버 보안 분석가는 멀웨어의 90% 이상이 암호화된 채널에 숨어 있을 수 있다고 추정하기 때문에 현대 조직에 필수적인 네트워크 보안 기능이다. 클라우드 및 SaaS 앱의 인기가 높아짐에 따라 주어진 파일 또는 데이터 문자열이 어느 시점에서 인터넷을 통과할 가능성이 높아졌다. 해당 데이터가 기밀이거나 민감한 경우 표적이 될 수 있기에 암호화는 사람과 데이터를 안전하게 유지하는 데 필수적이다. 이것이 오늘날 대부분의 브라우저, 웹 사이트 및 클라우드 앱이 나가는 데이터를 암호화하고 암호화된 연결을 통해 해당 데이터를 교환하는 이유이다. SSL 암호 해독 및 검사를 구현하면 오늘날의 조직에서 다음과 같은 기능을 통해 최종 사용자, 고객 및 데이터를 안전하게 보호할 수 있다.

(1) 숨겨진 멀웨어를 찾고 해커가 방어선을 몰래 빠져나가는 것을 방지하여 데이터 침해 방지

(2) 직원이 의도적으로 또는 실수로 조직 외부로 보내는 내용을 확인

(3) 직원이 기밀 데이터를 위험에 빠뜨리지 않도록 규정 준수 요구 사항 충족

(4) 전체 조직의 보안을 유지하는 다계층 방어 전략 지원

WIPS(무선 침입 방지 시스템)는 불량 액세스 포인트 및 기타 무선 위협에 대해 무선 LAN 네트워크의 무선 스펙트럼을 모니터링하는 전용 보안 장치 또는 통합 소프트웨어 응용 프로그램이다.

WIPS는 네트워크에 있는 모든 무선 액세스 포인트의 MAC 주소를 사전 승인된 알려진 무선 액세스 포인트의 알려진 서명과 비교하고 불일치가 발견되면 관리자에게 알린다. MAC 주소 스푸핑을 피하기 위해 일부 고급 WIPS는 무선 장치가 생성하고 알려지지 않은 무선 지문을 차단하는 고유한 무선 주파수 서명을 분석할 수 있다. PCI 보안 표준 위원회는 WIPS를 사용하여 무선 네트워크 스캔을 자동화할 것을 권장하고 있다. 무선 LAN에 대한 보안 계층을 제공하는 것 외에도 WIPS는 네트워크 성능을 모니터링하고 구성 오류가 있는 액세스 포인트를 검색하는 데에도 유용하다.

WIPS를 배포하는 세 가지 기본 방법이 있다. 첫 번째는 주로 시장의 로엔드에서 발견되는 시간 분할 또는 시간 공유로 알려져 있다. 이러한 유형의 배포에서 무선 액세스 포인트는 이중 작업을 수행하여 네트워크 트래픽에 무선 연결을 제공하는 동시에 주기적으로 불량 액세스 포인트를 검색한다.

통합 WIPS라고 하는 두 번째 접근 방식에서는 승인된 액세스 포인트에 내장된 센서가 무선 주파수를 지속적으로 스캔하여 승인되지 않은 액세스 포인트를 찾는다.

WIPS 오버레이로 알려진 세 번째 접근 방식에서는 건물 전체에 센서를 배치하여 무선 주파수를 모니터링한다. 센서는 수집한 데이터를 추가 분석, 작업 및 로그 보관을 위해 중앙 서버로 전달한다. 이 접근 방식은 전용 하드웨어가 필요하기 때문에 더 비싸지만 가장 효과적이다. WIPS 오버레이 하드웨어는 랙 서버와 유사하고 관련 센서는 Wi-Fi 액세스 포인트와 유사하다. 대부분의 WIPS 오버레이 시스템은 동일한 기본 구성 요소를 공유한다.

(1) 센서: 무선 스펙트럼을 모니터링하고 로그를 중앙 관리 서버로 다시 전달한다.

(2) 관리 서버: 센서에서 캡처한 정보를 수신하고 이 정보를 기반으로 적절한 방어 조치를 취한다.

(3) 데이터베이스 서버: 센서에서 캡처한 정보를 저장하고 구성한다.

(4) 콘솔: 관리자가 WIPS를 설정하고 관리할 수 있는 인터페이스를 제공한다.

주요 기능은 다음과 같다.

(1) 탐지 능력: 위협 요소와 채널을 모니터링한다.

(2) 자동화된 사전 방어: 네트워크에 가해지는 위협을 적극적으로 방어한다.

(3) 위협 요소 위치 표시: 지도에 위협의 위치를 표시하여 전달한다.

(4) Disable Rogue: Rogue(비인가) 장비를 무력화시킨다.

058
정답: 4번

GMPLS(Generalized Multiprotocol Label Switching)는 모든 유형의 네트워크 인프라에서 데이터 흐름의 빠르고 안정적인 네트워크 전환을 가능하게 하는 네트워킹 기술이다. GMPLS는 패킷 기반 스위칭 외에도 TDM(시분할 다중화), 광섬유 스위칭, 레이어 2 스위칭 및 광 파장 스위칭에 대한 지원을 추가하여 MPLS(다중 프로토콜 레이블 스위칭)를 확장 지원한다. GMPLS는 MPLS의 이점을 모든 유형의 네트워크로 확장하기 위해 개발되었다. 이를 통해 참여 라우터 및 스위치는 처리 집약적인 IP 기반 라우팅을 수행하는 대신 수신 방식에 따라 데이터를 전달하는 방법을 신속하게 결정할 수 있다. 또한, 링크 관리, 장애 조치 이중화 및 서비스 품질을 지원한다.

GMPLS는 다음과 같이 4가지 유형의 전송 인터페이스를 지원한다.

- PSC(Packet Switch Capable) Interfaces: 패킷 및 셀의 경계를 인식, 헤더 정보에 따라 데이터를 전달한다.
- TDM(Time-Division Multiplex) Capable Interfaces: 타임 슬롯을 기반으로 데이터를 전달한다.
- LSC(Lambda Switch Capable) Interfaces: 광노드에서의 파장 스위칭을 통해 데이터를 전달한다.
- FSC(Fiber Switch Capable) Interfaces: 실제 물리 공간에서 데이터의 위치 정보를 기반으로 데이터를 전달한다.

059
정답: 4번

보안 서버란 인터넷상에서 개인정보를 암호화하여 송수신하는 기능이 구축된 웹 서버를 말하며, 별도의 하드웨어를 설치하는 것이 아니라 이미 사용하고 있는 웹 서버에 인증서(SSL 방식)나 암호화 소프트웨어(응용 프로그램 방식)를 설치하여 암호 통신이 가능하도록 하여 가입이나 로그인 등 개인정보 송·수신 시 데이터를 안전하게 보호할 수 있다.

사용자와 웹 사이트 간의 통신을 암호화하여 해커가 중간에 통신 데이터를 가로채더라도 어떤 내용인지 알 수 없게 하는 통신 방법이다. 방문자가 내 사이트에 SSL 인증서가 있다는 것을 파악하는 것은 네 가지 시각적 단서가 있다.

(1) URL 왼쪽에 자물쇠

(2) http 대신 https URL 접두사 사용

(3) 신뢰 인장

(4) 녹색 주소 표시 줄(EV SSL 인증서 발급 시)

HTTP(Secure Hypertext Transfer Protocol)는 웹 상에서 네트워크 트래픽을 암호화하는 주요 방법 중 하나이다. 웹 상에서 네트워크 트래픽을 암호화하는 것에는 주로 2가지 방법을 사용하는데, 한 가지는 S-HTTP이고 다른 하나는 SSL(Secure Socket Layer)이다. S-HTTP는 클라이언트와 서버 간에 전송되는 모든 메시지를 각각 암호화한다. S-HTTP에서 메시지 보호는 HTTP를 사용한 애플리케이션에 대해서만 가능하다. shttp와 https의 차이점은 바로 암호화 방식에서의 차이이다. https의 암호화 방식은 스트림으로서 모든 통신의 데이터를 암호화하는 방식이지만, shttp는 SSL을 사용하지 않고 http와 같은 포트를 사용하면서 Message 단위로 암호화하게 된다.

— 🏠참조 https://alpina-farben.kr/ssl-encrypt

060
정답: 1번

Wi-Fi Protected Access 3(WPA3)는 2018년에 WPA2를 대체했다. WPA3는 WPA의 최신 업데이트 구현으로 Wi-Fi Alliance는 2018년에 WPA3 승인 제품을 인증하기 시작했다. WPA3 지원은 모든 장치에 자동으로 추가되지 않는다. 무선 라우터와 같은 WPA3 승인 장치를 사용하려는 사용자는 WPA3를 지원하는 새 라우터를 구입하거나 제조업체에서 장치를 업데이트해야 한다. WPA3의 새로운 업데이트 및 기능은 다음과 같다.

- 256비트 Galois/카운터 모드 프로토콜 암호화 (GCMP-256)
- 384비트 해시 메시지 인증 모드(HMAC)
- 256비트 브로드캐스트/멀티캐스트 무결성 프로토콜 (BIP-GMAC-256)
- 동등한 192비트 암호화 강도(WPA3-EAP 엔터프라이즈 모드에서) SAE 교환 및 Wi-Fi 장치 프로비저닝 프로토콜 (DPP)

새로운 SAE 교환 방법은 보안 핸드셰이크를 생성한다. 이는 네 방향 핸드셰이크를 시작하는 키를 파생하는 데 사용되는 암호를 공유하는 WPA2의 사전 공유 키 교환을 대체한다. SAE는 초기 키 교환이 발생할 때 개인 모드에서 더 많은 보안을 제공한다. 마찬가지로 새로운 기능인 Wi-Fi DPP는 공유 암호에 의존하지 않음으로써 보안을 강화한다. 대신 DPP는 QR 코드 또는 근거리 통신 태그를 사용하여 장치가 네트워크에 액세스 할 수 있도록 한다. 사용자의 비밀번호가 약한 경우에도 WPA3는 Wi-Fi DPP를 사용하여 보다 안전한 핸드셰이크를 제공한다.

061

정답: 1번

원격 프로시저 호출(Remote Procedure Call, RPC)은 로컬에서 시작된 것처럼 원격 워크로드를 실행하는 데 적합하기 때문에 컴퓨팅에 대한 고유한 접근 방식이다. RPC를 사용하면 사용자가 외부 네트워크 내에서 실행되는 서비스(다른 컴퓨터의 프로그램 내에서 발견되는 서비스)를 이용할 수 있다. 이 때문에 RPC는 원격 시스템을 통해 프로세스를 호출할 수 있다. 이는 두 서비스가 통신할 수 있도록 하는 방법이다.

클라이언트 프로그램이 공급자 프로그램(서버)으로부터 서비스를 요청하는 클라이언트-서버 모델을 통해 활성화된다. 사용자는 이러한 호출이 동기식인 경우에도 다중 스레딩 덕분에 여러 절차적 호출을 동시에 수행할 수 있다. RPC는 또한, 인터페이스 정의 언어(In-terface Definition Language, IDL)라고 하는 통신 링크인 중개자에 의존한다. IDL은 서로 다른 운영체제를 실행하거나 다른 언어를 사용하는 시스템 간에 이 RPC 통신을 강화하는 데 필수적이다. RPC는 수년 동안 여러 후계자를 위한 기반 기술이었다. 그러한 변종 중 하나는 2015년에 출시된 오픈 소스 솔루션인 Google 원격 프로시저 호출(gRPC)이다. Google은 RPC의 약점을 패치하기 위해 gRPC를 개발했다. 새로운 기능에는 상호 운용성, HTTP/2 지원 및 프로토콜 버퍼 지원이 포함된다. 또한, 최근 분산 원격 프로시저 호출(Distrib-uted Remote Procedure Call, DRPC)이라는 또 다른 대안이 경량 옵션으로 제공되었다.

대표 상태 전송(Representational State Transfer, REST)은 2000년에 데뷔한 RPC보다 비교적 최신이다. REST 아키텍처는 SOAP와 같은 이전 제품에 대한 대안으로 마이크로서비스 업계 전반에 걸쳐 API 개발자가 오랫동안 선택해야 하는 선택이었다. 구조화된 접근 방식을 따르며 개발자는 범용 리소스 식별자(URI)를 사용하여 리소스를 명확하게 구성해야 한다. REST API는 GET, POST, PUT 또는 DELETE 작업을 통해 요청이 리소스와 상호 작용한다는 기존 CRUD 철학을 따른다. 이것이 REST API가 데이터베이스 및 외부 서비스와 상호 작용하는 방식이다. 한편, RPC 기반 API는 GET 및 POST로 크게 제한된다. RPC와 마찬가지로 REST는 클라이언트-서버 모델을 활용한다. RESTful 서비스는 자체 리소스를 공유하지 않는다. 그것은 그들 또는 특정 서비스 기능만을 요청한다. REST는 다른 하드웨어와 상당히 원활하게 작동할 수 있지만 RPC는 원활한 하드웨어 아키텍처 유연성을 제공하지 않는다. 전반적으로 REST는 테이블에 많은 이점을 제공한다. 이 아키텍처는 다양한 기술 스택에서 사용할 때 확장 가능하고 성능이 뛰어나고 이식 가능하고 안정적이며 비교적 간단하다.

RPC와 REST의 가장 근본적인 차이점은 RPC는 작업을 위해 설계되었지만 REST는 리소스 중심적이라는 것이다. RPC는 절차와 명령을 쉽게 실행한다. 또는 REST는 도메인 모델링 및 대량 데이터 처리에 이상적이다.

다음으로 통신 프로토콜을 살펴보면, RPC는 API 설계에 대한 오래된 접근 방식이므로 UDP 또는 TCP가 제대로 작동해야 한다. 따라서 RPC는 연결 지향 또는 비연결 프로토콜을 사용하여 작동할 수 있다. 개발자는 TCP를 통한 UDP를 선택하여 RPC 구현에서 더 많은 성능을 끌어낼 수 있다. UDP와 TCP는 웹 프레임워크 내에서 설계되었기 때문에 전송 계층 프로토콜이다.

한편 REST는 HTTP를 사용하여 네트워크를 통해 통신한다. HTTP는 전송 계층 프로토콜이 아닌 애플리케이션 계층 프로토콜로 간주되므로 네트워크 활동을 시작하기 위해 사용자 상호 작용에 의존한다. 이 계층은 데이터 전송에 대한 규칙을 설정한다. 클라이언트-서버 모델 내의 기능적 차이점은 RPC에서 호출이 이루어지면 호출 환경은 일시 중단되고 프로세스는 서버로 전달되어 실행된다. 해당 절차가 완료되면 결과가 고객에게 다시 전달되므로 이것은 쿼리-응답 루프 방식이다. 따라서 RPC는 제어가 양 당사자 간에 번갈아 나타나는 응용 프로그램에서 탁월하다. 이러한 구현에서 실행은 동기적으로 발생한다.

이와 함께 상호 작용은 각 접근 방식 간에 다르게 정의된다. RPC는 계약 협상에 의존한다. 즉, 클라이언트-서버 관계는 통신이 발생하는 방식에 직접적인 영향을 미친다. REST에 계약이 없는 것은 아니지만 배열은 현저하게 다르다. REST 계약은 호스트 이름, 경로, HTTP 메서드, 헤더, 요청 본문, 응답 본문 등에 연결된다.

RESTful 상호 작용은 표준화된 용어를 통해 정의된다. 이러한 사용자 지정 계약은 RPC를 IoT 애플리케이션, 특히 저전력 애플리케이션에 이상적이게 하며 그렇지 않으면 REST가 리소스 소비로 말미암아 어려움을 겪을 수 있다. 반대로 REST는 하이퍼미디어 종속 시나리오에서 정말 탁월하다. 다양한 리소스를 그룹화하여 적절한 형식으로 사용자에게 제공할 수 있다. 각각은 추상화를 약간 다르게 처리한다. RPC가 사용자에게 네트워크 통신 프로세스를 숨기는 반면 REST는 리소스를 사용하여 정보를 추상화한다.

062 정답: 1번

TKIP(Temporal Key Integrity Protocol)는 IEEE 802.11의 무선 네트워킹 표준으로 사용되는 보안 프로토콜이다. IEEE 802.11i의 작업 그룹과 와이파이 얼라이언스에서 WEP를 하드웨어의 교체 없이 대체하기 위해 고안되었다. 이것은 WEP의 취약점으로 인해서 와이파이 네트워크 간의 LAN과 같은 보안을 제공하지 못한 채 방치된 것과, 이미 많이 사용되고 있는 하드웨어에 대한 대안으로서 필수적이었다. 이 프로토콜이 도입된 이유는 WEP의 취약점으로 인해서 믿을 만한 무선 네트워크 보안이 Link-layer 수준에서 사라졌기 때문이고, 또 이미 배포된 하드웨어에 대한 해결책이 필요했기 때문이다.

063 정답: 2번

리버스 도메인(Reverse Domain)은 일반적인 도메인이 영문 주소를 DNS에 질의하는 것과 달리, ip 주소를 사용하여 도메인을 알아올 때 등록하는 특별한 시스템을 의미한다. 리버스 도메인은 IP 주소에 해당하는 숫자와 특수 문자열 in-addr.arpa로 구성되어 있다. IP 주소를 리버스 도메인으로 변환하려면 IP 주소를 역으로 나열하고 in-addr.arpa라는 특수 도메인을 붙이면 된다. 202.30.50.51에 대응하는 리버스 도메인은 51.50.30.202.in-addr.arpa이다. 여기에서 arpa는 Address and Routing Parameter Area의 약자로, 인터넷 기반 시설의 운용을 위해 사용되는 특수 최상위 도메인이다.

arpa의 하위에는 in-addr 외에 e164, ip6, uri, urn 등이 존재한다. 리버스 도메인을 이용하는 대표적인 예로는 메일 서버(SMTP)의 스팸 필터를 들 수 있다. 일부 메일 서버는 메일을 수신하고 목적지로 전달하기 전에 발신인의 IP 주소를 리버스도메인으로 변환하여 DNS에 역질의한다. 역질의 결과로 얻은 도메인을 발신자 메일 계정에 포함된 도메인과 비교하여 둘 간의 일치 여부를 확인한다. 메일 서버는 비교 결과가 일치하는 경우에 메일을 정상적으로 접수하여 목적지로 전송하며 그렇지 않은 경우에는 스팸으로 간주하여 삭제한다. 이와 같은 과정을 통해 메일 서버는 외부 네트워크에서 온 메일의 발신인을 인증할 수 있다. 현재 국내외의 많은 소프트웨어에서 역질의를 사용하므로 보유한 주요 장비에 대하여 DNS에 리버스 도메인을 설정하는 것이 필요하다. IPv6 주소는 in-addr.arpa가 아닌 ip6.arpa를 리버스 도메인으로 사용한다. ip6.arpa를 자세히 알고 싶다면 RFC 3596 - DNS Extensions to Support IP Version 6를 참고하기 바란다.

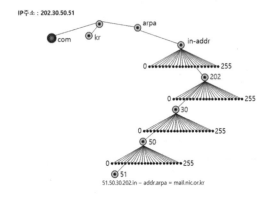

—— ⌂출처 https://www.kisa.or.kr/

064
정답: 2번

보안 전자 거래(Secure Electronic Transaction, SET)는 전자 직불 및 신용 카드 결제를 보호하기 위해 전자 상거래 웹 사이트에서 사용하는 초기 통신 프로토콜이다. 안전한 전자 거래는 인터넷의 전자 포털을 통해 소비자 카드 정보의 안전한 전송을 용이하게 하는 데 사용되었다. 보안 전자 거래 프로토콜은 카드 정보의 개인정보를 차단하여 가맹점, 해커 및 전자 도둑이 소비자 정보에 액세스하는 것을 방지하는 역할을 한다.

- 안전한 전자 거래는 1996년에 개발된 초기 통신 프로토콜로 전자 상거래 웹 사이트에서 전자 직불 카드 및 신용 카드 결제를 보호하는 데 사용되었다.
- 안전한 전자 거래 프로토콜을 통해 가맹점은 고객의 카드 정보를 실제로 보지 않고도 확인할 수 있으므로 계정 도용, 해킹 및 기타 범죄 행위로부터 고객을 보호할 수 있다.

- 1990년대 중반 보안 전자 거래로 정의된 프로토콜이 도입된 후 온라인 직불 및 신용 카드 거래를 위한 디지털 보안에 대한 다른 표준이 등장했다.
- Visa는 3D Secure라고 하는 새로운 보안 프로토콜 표준의 얼리 어답터였으며, 결국 Mastercard, Discover 및 American Express에 의해 다양한 형태로 채택되었다.

사용되는 암호 알고리즘은 다음과 같다.

(1) 공개 키 암호 방식: 1024비트 RSA

(2) 서명 알고리즘: 1024비트 RSA

(3) 비밀 키 암호 방식: 56비트 DES

(4) 해시 알고리즘: 160비트 SHA-1

065
정답: 1번

라우팅 알고리즘은 크게 정적 라우팅과 동적 라우팅으로 분류하고, 일반적으로 동적 라우팅(Dynamic Routing) 알고리즘이 사용된다. AS(Autonomous System)와 AS 사이에서 사용되는 EGP(Exterior Gateway Protocol)에는 BGP(Border Gateway Protocol)가 가장 대표적이다. AS 내부에서 라우터 간에 경유하는 데 사용되는 동적 라우팅 알고리즘은 OSPF(Open Shortest Path First), RIP(Routing Information Protocol), IGRP(Interior Gateway Routing Protocol), EIGRP(Enhanced Interior Gateway Routing Protocol) 등이 있다.

066
정답: 2번

거리 벡터 라우팅과 링크 상태 라우팅 간의 주요 차이점은 다음과 같다.

- 벨만-포드(Bellman-Ford) 알고리즘은 거리 벡터 라우팅을 수행하는 데 사용되는 반면 다익스트라(Dijsktra)는 링크 상태 라우팅을 수행하는 데 사용된다.
- 거리 벡터 라우팅에서 라우터는 이웃 관점에서 토폴로지 정보를 수신한다. 반대로, 링크 상태 라우팅에서 라우터는 네트워크 토폴로지에 대한 완전한 정보를 수신한다.

- 거리 벡터 라우팅은 거리(최소 홉 수)를 기반으로 최상의 경로를 계산한다. 반대로, 링크 상태 라우팅은 최소 비용을 기준으로 최상의 경로를 계산한다.
- 링크 상태 라우팅은 링크 상태 만 업데이트하고 거리 벡터 라우팅은 전체 라우팅 테이블을 업데이트한다.
- 두 라우팅 기법에서 업데이트 빈도는 주기적으로 다른 거리 벡터 업데이트이고 링크 상태 업데이트 빈도는 트리거된 업데이트를 사용한다.
- 거리 벡터 라우팅에서 CPU 및 메모리의 사용률은 링크 상태 라우팅보다 낮다.
- 거리 벡터 라우팅은 구현 및 관리가 간단하다. 반대로 링크 상태 라우팅은 복잡하며 훈련된 네트워크 관리자가 필요하다.
- 거리 벡터 라우팅의 수렴 시간은 느리며 일반적으로 무한 수 문제로 인해 어려움을 겪는다. 반대로, 링크 상태 라우팅의 수렴 시간이 빠르며 더 안정적이다.
- 거리 벡터는 계층 구조를 갖지 않지만 링크 상태 라우팅에서는 노드가 계층 구조를 가질 수 있다.

구분	거리 벡터 라우팅	링크 상태 라우팅
주요 매트릭	Hop Count	Symbolic Length
경로 설정	라우터 간 거리를 더하여 계산	다른 라우터까지 Shortest Path 계산
경로 알고리즘	벨만-포드(Bellman-Ford) 알고리즘	다익스트라(Dijkstra) 알고리즘
업데이트 범위	인접 라우터	Area 내 모든 라우터
업데이트 시점	일정 주기	Link 변화 발생 시
라우팅 테이블	이웃 라우팅 정보	네트워크 전체
대표 프로토콜	RIP, IGRP	OSPF, EIGRP
컨버전스 타임	느림, 주기적인 정보 교환	빠름, 변경 발생 시 정보 교환

067

WPA(Wi-Fi Protected Access)는 무선 인터넷 연결이 장착된 컴퓨팅 장치에 대한 보안 표준이다. WPA는 원래 Wi-Fi 보안 표준인 WEP(Wired Equivalent Privacy)보다 더 정교한 데이터 암호화와 더 나은 사용자 인증을 제공하기 위해 Wi-Fi Alliance에서 개발했다.

WPA는 2003년에 처음 출시되었다. Wi-Fi Alliance는 WPA를 WEP 프로토콜에서 발견된 심각

한 약점에 대한 대응으로 정의했다. 더 안전한 버전인 WPA2가 2004년에 출시되었고, 2018년에 Wi-Fi Alliance는 WPA의 세 번째이자 현재 버전인 WPA3의 출시를 발표했다. WPA는 기업 및 개인용 개별 모드를 사용하여 작동한다. 최신 엔터프라이즈 모드인 WPA-EAP는 엄격한 802.1x 인증을 사용한다.

최신 개인 모드인 WPA-PSK는 SAE(Simultaneous Authentication of Equals)를 사용하여 보안 핸드셰이크를 생성한다. 엔터프라이즈 모드에는 로그인 자격 증명을 보내기 전에 클라이언트가 통신하는 인증 서버가 필요하다. 보안 요소 중에서 (1) 사용자 인증, (2) 접근 통제, (3) 권한 검증, (4) 데이터 기밀성, (5) 데이터 무결성 기능을 제공한다.

068

- DNS recursor: DNS 확인자라고도 하는 DNS recursor는 DNS 클라이언트에서 쿼리를 받는다. 그런 다음 다른 DNS 서버와 통신하여 올바른 IP 주소를 찾는다. 리졸버가 클라이언트로부터 요청을 검색한 후 리졸버는 클라이언트 자체처럼 작동한다. 이 작업을 수행하면서 루트 네임 서버, 최상위 도메인(TLD) 네임 서버 및 권한 있는 네임 서버의 다른 세 가지 DNS 서버로 전송되는 쿼리를 만든다.
- 루트 네임 서버(Root nameservers): 루트 네임 서버는 인터넷의 DNS 루트 영역에 대해 지정된다. 그 작업은 루트 영역의 레코드에 대해 전송된 요청에 응답하는 것이다. 올바른 TLD와 함께 제공되는 권한 있는 네임 서버 목록을 다시 보내 요청에 응답한다.
- TLD 이름 서버(TLD nameservers): TLD 이름 서버는 TLD 이름에 포함된 두 번째 수준 도메인의 IP 주소를 유지한다. 그런 다음 웹 사이트의 IP 주소를 해제하고 쿼리를 도메인의 네임 서버로 보낸다.
- 신뢰할 수 있는 네임 서버(Authoritative nameservers): 신뢰할 수 있는 네임 서버는 DNS 쿼리에 대한 실제 답변을 제공한다. 권위 있는 네임 서버에는 두 가지 유형이 있는데, 마스터 서버 또는 기본 네임 서버와 슬레이브 서버 또는 보조 네임 서버이다. 마스터 서버는 영역 레코드의 원본 복사본을 유지하는 반면 슬레이브 서버는 마스터 서버의 정확한 복사본이다. DNS 서버 로드를 공유하고 마스터 서버가 실패할 경우 백업 역할을 수행한다.

제2장 네트워크 보안　　**73**

０６９
정답: 4번

웹 캐시 중독(Web Cache Poisoning)은 공격자가 웹 서버 및 캐시의 동작을 악용하여 유해한 HTTP 응답을 다른 사용자에게 제공하는 기술로 공격자는 웹 서버 및 캐시의 동작을 악용하여 순진한 사용자에게 유해하거나 악의적인 HTTP 응답을 제공한다.

기본적으로 웹 캐시 중독에는 두 단계가 포함된다. 먼저, 공격자는 어떤 종류의 위험한 페이로드를 실수로 포함하는 백엔드 서버로부터 응답을 이끌어내는 방법을 알아내야 한다. 성공하면 응답이 캐시되어 의도된 피해자에게 제공되는지 확인해야 한다. 중독된 웹 캐시는 사이트 간 스크립팅(Cross-site scripting, XSS), JavaScript 삽입(JavaScript injection), 공개 리디렉션(Open redirection) 등과 같은 취약점을 악용하여 수많은 다양한 공격을 배포하는 파괴적인 수단이 될 수 있다.

０７０
정답: 1번

KMIP(Key Management Interoperability Protocol)는 기업이 암호화 키를 관리하는 방식을 단순화하여 중복되고 호환되지 않는 키 관리 프로세스의 필요성을 제거했다. 암호화 키의 생성, 제출, 검색 및 삭제를 포함한 키 생명 주기 관리는 표준에 의해 활성화됐다. 레거시 및 새로운 암호화 응용 프로그램 모두에서 사용하도록 설계된 KMIP는 대칭 키, 비대칭 키, 디지털 인증서 및 인증 토큰을 비롯한 다양한 종류의 암호화 개체를 지원한다.

KMIP는 메시지 형식을 정의하는 키 관리 서버에서 암호화 키를 조작하기 위한 확장 가능한 통신 프로토콜이다. KMIP는 암호화 키 관리를 단순화하여 데이터 암호화를 더 쉽게 만드는 데 도움을 준다. 서버에서 키를 생성한 다음 검색할 수 있으며 때로는 다른 키로 래핑하거나 암호화할 수 있다. 또한, 대칭 및 비대칭 키, 공유 비밀, 인증 토큰 및 디지털 인증서와 같은 다양한 암호화 개체를 지원한다. 클라이언트는 KMIP를 사용하여 키에 직접 액세스하지 않고도 데이터를 암호화하거나 해독하도록 서버에 요청할 수도 있다.

키 관리 상호 운용성 표준은 레거시 시스템과 새로운 암호화 애플리케이션을 모두 지원할 수 있다. 또한, 표준 프로토콜을 사용하면 생성, 제출, 검색 및 종료를 포함한 암호화 키 생명 주기를 더 쉽게 관리할 수 있다.

KMIP는 보안, 사물 인터넷, 에너지, 콘텐츠 기술, 비상 관리 및 기타 분야에 대한 표준의 개발, 융합 및 채택에 노력하는 글로벌 비영리 컨소시엄인 OASIS에서 개발했다.

０７１
정답: 3번

RSS(Really Simple Syndication)는 인터넷 사용자가 단일 플랫폼을 통해 즐겨 찾는 웹 사이트를 추적할 수 있도록 하는 매체이다. 선택한 웹 사이트 목록에 게시된 최신 콘텐츠를 집계하여 여가 시간에 읽을 수 있다. 간단히 말해서 RSS 기술은 읽고 싶은 콘텐츠를 끌어오는 맞춤형 뉴스피드와 같다. 새 게시물이 있는지 확인하기 위해 북마크된 사이트를 하나씩 탐색하는 대신 RSS 리더를 설정하여 이를 수행할 수 있다.

웹 사이트 RSS에 가입하면 사용자가 웹 사이트에서 새 콘텐츠를 수동으로 확인할 필요가 없다. 대신 브라우저는 사이트를 지속적으로 모니터링하고 사용자에게 업데이트를 알린다. 게시물을 RSS 리더로 가져오면 읽을 수 있도록 텍스트 및 이미지와 같은 중요한 콘텐츠를 추출한다. RSS 피드에서 콘텐츠를 자동으로 가져와 자체 뉴스 수집 사이트에서 새 WordPress 게시물로 직접 공유할 수도 있다.

팟캐스트 및 비디오 콘텐츠용 RSS의 경우 RSS 리더가 미디어 클립을 추출한다. 이것의 좋은 점은 장치 호환성이나 페이지 응답성에 대해 걱정할 필요가 없다는 것이다. 게시물은 RSS 리더의 기본 레이아웃으로 표시된다. 무엇보다도 RSS는 최신 게시물을 독자에게 가져오도록 완전히 자동화되어 있으므로 새 게시물을 읽기 위해 사이트를 반복해서 방문할 필요가 없다. RSS 피드는 게시자가 구독하는 모든 사람에게 자동으로 목록을 신디케이트하도록 함으로써 게시자에게 도움이 된다.

점점 더 많은 웹 사이트가 RSS 피드의 인기를 인식하고 있으며 RSS 피드를 제공하는 사이트의 수가 빠르게 증가하고 있다. RSS를 사용하면 관심 있는 웹 사이트에서 최신 콘텐츠를 검색하여 쉽게 정보를 얻을 수 있다. 각 사이트를 개별적으로 방문할 필요가 없어 시간을 절약할 수 있다. 또한, 각 사이트의 이메일 뉴스레터에 가입할 필요가 없어 개인정보를 보호한다. 또 다른 이점은 사용자가 여러 웹 사이트의 피드를 한 곳으로 집계할 수 있다는 것이다.

RSS 피드는 웹 기반, 데스크톱 기반 또는 모바일 장치 기반이 될 수 있는 'RSS 리더', '피드 리더' 또는 '애그리게이터'라는 소프트웨어를 사용하여 읽을 수 있다. 사용자는 리더에 피드의 URL을 입력하거나 구독 프로세스를 시작하는 웹 브라우저에서 RSS 피드 아이콘을 클릭하여 피드를 구독한다. RSS 리더는 사용자의 구독 피드에서 새 목록을 정기적으로 확인하고 찾은 업데이트를 다운로드하며 피드를 모니터링하고 읽을 수 있는 사용자 인터페이스를 제공한다. RSS를 사용하면 사용자가 관심 있는 모든 웹 사이트를 수동으로 검사하지 않고 대신 웹 사이트에 가입하여 모든 새 콘텐츠가 제공될 때 브라우저에 푸시되도록 할 수 있다.

072
정답: 1번

최근 SCTP(Stream Control Transmission Protocol)는 TCP/UDP 이후의 차세대 수송 계층 프로토콜로 주목받고 있다. SCTP는 기존 TCP 및 UDP의 문제점을 극복하도록 설계되었으며 Multi-streaming 및 Multi-homing 특성을 제공한다. SCTP는 UDP의 메시지 지향(Message-oriented) 특성과 TCP의 연결형(Connection-oriented) 및 신뢰성(Reliability) 특성을 조합한 프로토콜이다.

이외에도 SCTP는 멀티 스트리밍 특성을 통해 TCP의 HOL(Head-of-Line) 블로킹 문제를 해결하고

있으며, 멀티 호밍 특성을 통해 IP 경로 장애에 대한 복구(Fail-over) 기능을 제공한다. 또한, 세션 초기화 및 종료 단계에서 기존 TCP의 문제점으로 지적되던 'TCP-SYN 공격' 문제 및 'Half-closed state' 문제 등을 해결하고 있다.

SCTP는 IP 패킷에 표시되는 프로토콜 식별 번호(protocol ID)로서 UDP(6), TDP(17)처럼 132번을 부여받았다. SCTP 수송 계층 프로토콜은 VoIP(Voice over IP) 신호 전달 외에도, 실시간 다중 미디어를 전송하는 웹 응용, AAA(Authentication, Authorization, Accounting) 등의 고도의 신뢰성을 요구하는 보안 응용 등을 위해 사용될 수 있으며, 특히 최근 이슈로 부상한 all-IP 기반 이동 통신망에서 핸드오버 기능을 용이하게 제공할 수 있을 것으로 전망된다.

현재 IETF에서는 SCTP 기본규격 제정 작업을 마치고 구현, 검증 및 추가 기능 확장 작업을 진행 중이다. SCTP 구현 작업은 미국, 독일을 비롯한 세계 여러 나라에서 진행 중이며 일부 구현 코드가 공개되어 있다. 현재 활발하게 논의중인 SCTP 추가 확장 작업으로는 '부분 신뢰성(Partial reliability)' 제공 기능 및 '동적인 IP 주소 재구성' 기능 등이 있다.

—— 🏠출처 SCTP 표준기술 분석 및 전망 - 전자통신동향분석

073
정답: 3번

M2M(Machine-to-Machine) 기술의 주요 목적은 센서 데이터를 활용하여 네트워크로 전송하는 것이다. SCADA 또는 기타 원격 모니터링 도구와 달리 M2M 시스템은 종종 공용 네트워크 및 액세스 방법(예: 셀룰러 또는 이더넷)을 사용하여 비용 효율성을 높이고 있다.

M2M 시스템의 주요 구성요소에는 센서, RFID, Wi-Fi 또는 셀룰러 통신 링크, 네트워크 장치가 데이터를 해석하고 결정을 내리는 데 도움이 되도록 프로그래밍된 자율 컴퓨팅 소프트웨어가 포함된다. 이러한 M2M 애플리케이션은 데이터를 변환하여 사전 프로그래밍된 자동화 작업을 트리거할 수 있게 되었다. 가장 잘 알려진 M2M 통신 유형 중 하나는 원격 측정으

로 지난 세기 초반부터 운영 데이터를 전송하는 데 사용되었다.

원격 측정의 선구자들은 먼저 전화선을 사용하고 나중에는 전파를 사용하여 원격 위치의 모니터링 장비에서 수집한 성능 측정값을 전송했다. 인터넷과 무선기술에 대한 개선된 표준은 원격 측정의 역할을 순수 과학, 엔지니어링 및 제조에서 난방 장치, 전기 계량기 및 가전제품과 같은 인터넷 연결 장치와 같은 제품에서 일상적인 사용으로 확장했다.

장비 및 시스템을 원격으로 모니터링 할 수 있는 것 외에도 M2M의 주요 이점은 다음과 같다.

- 장비 유지 관리 및 가동 중지 시간을 최소화하여 비용 절감
- 현장에서 제품 서비스를 위한 새로운 비즈니스 기회를 공개함으로써 수익 증대
- 장애가 발생하기 전에 또는 필요할 때만 장비를 사전에 모니터링하고 서비스함으로써 고객 서비스를 개선

074 정답: 2번

5G 네트워크 슬라이싱(5G Network Slicing)은 동일한 물리 네트워크 하부 구조에서 가상화된 독립적인 논리망의 다중화를 가능케 하는 네트워크 아키텍처이다. 각 네트워크 슬라이스는 특정 애플리케이션이 요청한 다양한 요구 사항들을 충족하기 위해 맞추어진 분리된 단대단 네트워크이다.

이러한 이유로 이 기술의 핵심 역할은 서비스 레벨 요구(SLA)가 매우 다른 다양한 서비스를 효율적으로 받아들이도록 설계된 5G 모바일망을 지원하는 것으로 간주된다. 이 네트워크 서비스 지향 관점을 실현시키는 일은 공통 네트워크 하부 구조 최상층에 유연하고 확장이 가능한 네트워크 슬라이스의 구현을 허용하는 소프트웨어 정의 네트워킹(SDN)과 네트워크 기능 가상화(NFV)의 개념에서 영향력을 발휘한다.

사업 모형 관점에서 각 네트워크 슬라이스는 가상 이동 통신망 사업자(MVNO)에 의해 관리된다. 인프라 제공자(통신 인프라 소유자)는 기반 물리 네트워크를 공유하는 MVNO에게 물리 자원을 임대한다. 할당된 자원의 가용성에 따라 MVNO는 소속된 사용자에게 제공되는 다양한 애플리케이션에 커스터마이즈된 여러 네트워크 슬라이스를 자율적으로 배포할 수 있다.

075 정답: 3번

SSL과 SSH의 첫 번째 차이점은 애플리케이션이다. SSL은 주로 웹 사이트와 클라이언트 간의 보안 연결을 설정하는 데 사용되는 반면, SSH는 안전하지 않은 네트워크에서 보안 원격 연결을 만드는 데 사용된다.

SSL과 SSH의 두 번째 차이점은 작동하는 방식에 있다. SSH와 SSL은 모두 공개 키 암호화에 의존하지만 SSL은 공개 키 인프라에서 작동한다. 이는 CA를 포함하므로 디지털 인증서의 사용을 포함한다는 것을 의미한다. 반면 SSH는 디지털 인증서를 포함하지 않고 키 교환에만 의존한다. 즉, SSH를 구현하려는 조직은 인증 기관에 갈 필요가 없다. 자체 키 쌍을 발행하고 적절한 사용자에게 키를 배포할 수 있다.

데이터 보안에서 SSL/TLS 사용

SSL 인증서는 다음 용도로 사용된다.

- 온라인 신용 카드/뱅킹 거래를 보호한다.
- 사용자 자격 증명 및 온라인으로 전송되는 민감한 정보를 보호한다.
- 이메일 클라이언트와 이메일 서버 간의 연결을 보호한다.
- HTTPS 및 FTP 서비스를 통한 파일 전송을 보호한다.
- 호스팅 제어판을 보호한다.
- 인트라넷 기반 트래픽을 보호한다.

네트워크 보안에서 SSH 사용

SSH는 일반적으로 다음 용도로 사용된다.

- 사용자 및 자동화된 프로세스를 위한 안전한 원격 액세스를 촉진한다.
- 대화식 및 자동화된 파일 전송을 허용한다.
- 원격 명령을 실행한다.

SSL	SSH
Stands for "secure socket layer."	Stands for "secure shell."
SSL is a security protocol.	SSH is a network cryptographic network protocol.
Runs on port 443.	Runs on port 22.
Used primarily to establish secure connections between web servers and clients (web browsers).	Typically used for secure communication with a remote computer.
Authentication is done by employing an X.509 digital certificate (SSL/TLS certificate).	Authentication is done by a three-step process: server verification, session key generation, and client authentication.
SSL works based on SSL/TLS certificates.	SSH works based on network tunnels.
Primarily used to protect against man-in-the middle (MiTM) attacks and identity theft.	Protects against DNS spoofing, IP source routing, data manipulation, data sniffing during transmission, Spoofing of IP addresses, etc.

076

정답: 3번

차세대 방화벽(Next-generation Firewall, NGFW)은 기존 방화벽 기술과 인라인 애플리케이션 제어, 통합 침입 방지 시스템(IPS), 위협 방지 기능, 안티바이러스 보호와 같은 다른 네트워크 장치 필터링 기능을 융합하여 엔터프라이즈 네트워크 보안을 향상시키고 있다.

차세대 방화벽의 개념은 10년 전 Gartner에 의해 도입되었으며 '포트/프로토콜 검사 및 차단을 넘어 애플리케이션 계층 검사, 침입 방지 및 방화벽 외부의 인텔리전스를 추가하는 딥 패킷 검사 방화벽'으로 정의되었다. 차세대 방화벽은 오늘날에도 여전히 사용 중이며 온프레미스 네트워크 및 애플리케이션 보안에서 이전 방화벽보다 우위에 있는 많은 이점을 제공하고 있다.

(1) 애플리케이션 제어(Application Control): NGFW는 어떤 애플리케이션(및 사용자)이 네트워크로 트래픽을 가져오는지 적극적으로 모니터링한다. 포트나 프로토콜에 관계없이 네트워크 트래픽을 분석하여 애플리케이션 트래픽을 감지하는 타고난 능력이 있어 전반적인 가시

성을 높인다.

(2) 침입 방지 시스템(Intrusion Prevention System, IPS): 기본적으로 IPS는 네트워크를 지속적으로 모니터링하고 악성 이벤트를 찾은 다음 이를 방지하기 위해 신중한 조치를 취하도록 설계되었다. IPS는 관리자에게 경보를 보내거나 패킷을 삭제하거나, 트래픽을 차단하거나, 연결을 완전히 재설정할 수 있다.

(3) 위협 인텔리전스(Threat Intelligence): 이는 팀이 조직을 목표로 하거나 이미 목표로 삼은 위협을 이해하는 데 도움이 되는 네트워크 또는 IT 에코시스템의 다양한 노드에서 수집한 데이터 또는 정보로 설명할 수 있다. 이것은 필수 사이버 보안 리소스이다.

(4) 안티 바이러스(Antivirus): 이름에서 알 수 있듯이 바이러스 백신 소프트웨어는 바이러스를 탐지하고 이에 대응하며 탐지 기능을 업데이트하여 끊임없이 변화하는 위협 환경에 대응한다.

077

정답: 4번

확장 가능 인증 프로토콜(Extensible Authentication Protocol, EAP)은 네트워크와 인터넷 연결에 사용되는 인증 프레임워크이다. RFC 3748(구 RFC 2284)에 정의되어 있으며 RFC 5247에 의해 업데이트된다. EAP는 EAP 방식들에 의해 생성되는 자료와 파라미터의 전송 및 이용을 제공하기 위한 인증 프레임워크이다. RFC가 정의한 방식들, 벤더에 특화된 방식들, 새로운 제안이 다수 존재한다.

EAP는 유선 프로토콜이 아니며 인터페이스와 포맷의 정보를 정의하기만 한다. EAP를 사용하는 각 프로토콜은 프로토콜 메시지 내의 사용자 EAP 메시지로 캡슐화하는 방법을 정의한다. EAP는 현재 널리 사용되고 있다. 이를테면 IEEE 802.11(Wi-Fi)에서 WPA와 WPA2 표준은 인증 메커니즘으로 IEEE 802.1X(다양한 EAP 타입과 함께)를 채택하고 있다. EAP-MD5는 EAP를 위한 초기 RFC(RFC 2284)에서 처음 정의되었을 때 유일한 IETF Standard Track EAP 방법이었다.

EAP-MD5는 최소한의 보안을 제공한다. MD5 해시 기능은 사전 공격에 취약하며 키 생성을 지원하지 않아서 동적 WEP 또는 WPA/WPA2 엔터프라이

즈와 함께 사용하기에 적합하지 않다. EAP-MD5는 EAP 단말과 EAP 서버 간의 인증은 제공하지만, 상호 인증은 제공하지 않는다는 점에서 다른 EAP 방법과 차이가 있다. EAP 서버 인증을 제공하지 않기 때문에 해당 EAP 방법은 다음과 같은 공격에 취약하다.

(1) 오프라인 전수 조사(Brute force) 공격

(2) 중간자 공격 및 가장 공격

(3) 재시도(재생) 공격

078

정답: 3번

DNS 스푸핑(DNS Spoofing) 또는 DNS 캐시 포이즈닝(DNS Cache Poisoning)은 위협 행위자가 DNS 캐시에 잘못된 정보를 입력하여 사용자의 웹 브라우저가 잘못된 응답을 반환할 때 발생한다.

이 응답은 일반적으로 사용자가 보려는 웹 사이트가 아닌 다른 웹 사이트로 리디렉션한다. 이러한 일이 발생하면 웜, 스파이웨어, 웹 브라우저 하이재킹 프로그램 또는 기타 종류의 멀웨어가 악성 위치에서 사용자 컴퓨터로 다운로드될 수 있다. DNS 리졸버는 캐시에 저장된 데이터를 확인할 수 없다. 즉, TTL이 만료되거나 문제가 수동으로 해결될 때까지 잘못된 정보가 캐시에 남아 있다.

캐시 포이즈닝이 실제 웹 사이트와 실제 IP 주소의 연결을 끊지는 않지만 DNS 캐시에 잘못된 정보가 남아 있으면 사용자는 계속해서 악성 웹 사이트로 이동하게 되어 추가 손상으로 이어질 수 있다. 즉, ISP나 기관이 운영하는 캐시 DNS 서버를 대상으로 '파밍(Pharming)' 공격이 성공하는 경우, 이 캐시 DNS 서버를 사용하고 있는 모든 인터넷 사용자에 대해 대규모의 피해가 발생할 수 있다. 캐시 DNS 서버는 한번 파악한 DNS 정보는 자신의 캐시 메모리에 저장하여 일정 시간이 경과하기 전까지 이 정보를 반복 사용하여 사용자 호스트의 DNS 질의에 응답하기 때문이다. 이와 같이 캐시 DNS 서버의 캐시 메모리에 가짜 데이터를 저장하여 사용하도록 유도하는 방식의 파밍(Pharming) 공격을 특히 'DNS 캐시 포이즈닝(Cache Poisoning) 공격'이라고 한다.

079

정답: 4번

OASIS(Organization for the Advancement of Structured Information Standards)는 보안, 사물 인터넷, 에너지, 콘텐츠 기술, 긴급 관리 등의 표준 개발, 컨버전스, 채택을 담당하는 비영리 기관이다. 현재 OASIS(이전의 SGML Open으로 알려짐)는 응용 프로그램과 플랫폼에서 공유할 수 있는 공통 웹 언어로 XML을 사용하는 것에 대해 논의하기 위해 상충되는 관점을 가진 경쟁업체와 업계 표준 그룹을 한자리에 모으기 위해 노력하고 있다.

OASIS는 비영리 XML 웹 포털인 XML.org를 후원한다. OASIS의 목표는 XML에 대한 구조화된 정보 표준을 만드는 것이 아니라 토론을 위한 포럼을 제공하고 상호 운용성 표준의 채택을 촉진하며 구성원이 사용자에게 더 나은 상호 운용성을 제공할 수 있는 방법을 권장하는 것이다. OASIS는 UN과 협력하여 전자 비즈니스 데이터 교환을 위한 글로벌 이니셔티브인 ebXML을 후원하고 있다. 모든 규모와 위치의 기업이 인터넷에서 보다 쉽게 비즈니스를 수행할 수 있도록 하는 것을 목표로 하는 ebXML은 현재 XML과 관련된 B2B(기업 간 거래) 및 인터넷 보안의 특정 요구 사항에 초점을 맞추고 있다.

080

정답: 1번

UDDI(Universal Description, Discovery, and Integration)는 전 세계 기업이 인터넷에 자신을 등록할 수 있는 XML 기반 레지스트리이다. 궁극적인 목표는 기업이 웹에서 서로를 찾고 전자 상거래를 위해 시스템을 상호 운용할 수 있도록 하여 온라인 거래를 간소화하는 것이다. UDDI는 종종 전화번호부의 흰색, 노란색 및 녹색 페이지와 비교된다. 이 프로젝트를 통해 기업은 이름, 제품, 위치 또는 제공하는 웹 서비스별로 자신을 나열할 수 있다.

마이크로소프트, IBM 및 Ariba가 UDDI를 주도했다. 이 프로젝트에는 현재 기업 세계에서 가장 큰 회사를 포함하여 130개 회사가 포함되어 있다. Compaq, American Express, SAP AG 및 Ford Motor Company는 모두 UDDI에 전념하고 있으며 Hewlett-Packard도 e-speak라고 하는 자체 XML 기반 디렉터리 접근 방식을 현재 UDDI와 통합하고 있다. 일반적으로 UDDI 레지스트리에는 웹 서비스에 대한 정보와 웹 서비스를 제공하는 회사에 대한 정보가 담겨 있다. 정보는 화이트, 옐로우, 그린 페이지에 속하는 정보로 분류된다.

- 화이트 페이지: 회사의 이름, 주소, 전화번호 그리고 회사에 관한 설명이 여기 속한다.
- 옐로우 페이지: 산업계의 분류 체계 별, 생산물과 웹 서비스의 분류 체계 별, 그리고 지역별 회사 목록이 여기 속한다.
- 그린 페이지: 각 회사에서 제공하는 웹 서비스에 대한 기술적 정보를 말한다. 예를 들어 웹 서비스 시스템의 종점 URL이나 WSDL문서의 URL 등이 여기에 속한다.

081 정답: 1번

AODV는 Ad Hoc: On-demand Distance Vector의 약자이다. AODV routing 프로토콜은 현재 많은 관심을 받고 있는 ad-hoc 네트워크에서 사용되기 위해 설계되었다. AODV는 이동성, 링크 양의 감소, 무선 미디어의 다양하고 불특정한 신호 범위를 다루기 위해 많은 기능을 내장한다.

AODV는 처음 디자인된 이후에 성능, 견고성 등에서 많은 발전을 하였다. 이 라우팅 프로토콜은 IETF의 RFC 3561에 정의되어 있으며 보다 적은 메모리를 사용하면서 라우팅이 가능하도록 하기 위해서 사용하는 라우팅 프로토콜이다. 특히 이 라우팅 프로토콜은 데이터 전달 시에만 사용되는 주문형 라우팅 프로토콜로 데이터를 전달하지 않는 경우에는 사용되지 않으므로 라우팅에 의한 부하가 적다.

082 정답: 1번

OAuth, SAML 및 OpenID Connect의 사용 사례는 다양하지만, 기능 측면에서 OAuth는 액세스 권한 부여에 사용되는 반면 SAML 및 OpenID Connect는 사용자 인증에 사용된다. 따라서 OAuth는 SAML 및 OpenID Connect와 현저히 다른 상황에서 사용된다. 또한, SAML 또는 OpenID Connect와 함께 사용할 수도 있다.

(1) OAuth: ABC 애플리케이션이 Gmail 연락처에 액세스하도록 허용할 때 OAuth를 사용했을 가능성이 있다. 이 상황에서 당신은 사용자이고 ABC는 소비자이며 Gmail은 서비스 제공 업체이다. Gmail은 ABC가 연락처에 액세스할 수 있도록 하는 토큰을 제공한다.

(2) OpenID Connect: OpenID Connect의 경우 Facebook이나 다른 응용 프로그램을 사용하여 다른 응용 프로그램에서 계정을 인증한 경우 이를 사용했을 가능성이 크다. 귀하는 ID 제공자인 Facebook에 로그인하여 타사 애플리케이션(예: XYZ)에 액세스한다. Facebook에 로그인했을 수 있지만 자격 증명은 Facebook에 안전하게 저장되어 XYZ가 해킹당 할 경우 잠재적인 위협으로부터 안전해진다.

(3) SAML: SAML은 주로 기업에서 사용된다. 많은 조직에서 사용자를 내부 네트워크에 로그인하는 데 사용한다. 일단 로그온하면 네트워크 내의 애플리케이션에 액세스하기 위해 자격 증명을 입력할 필요가 없다. 연합 ID(Federated Identity)는 사용자가 여러 시스템에 걸쳐 가지고 있는 전자 ID를 연결하고 사용하는 것을 의미한다. 이는 애플리케이션이 사용자를 인증하기 위해 반드시 모드 시스템 내 자격 증명을 얻을 필요가 없다는 것을 의미한다. 모든 것은 SSO(Single Sign-On)에서 시작되었으며, 기업은 조직의 모든 인증 시스템을 통합하여 관리를 보다 더 쉽게 하고 보안을 강화시켜야 된다.

083 정답: 2번

SAML은 클레임 기반 인증 워크플로를 사용한다. 먼저, 사용자가 사이트에 접속을 시도하면 서비스 제공자는 ID 제공자에게 사용자 인증을 요청한다. 그런 다음 서비스 공급자는 ID 공급자가 발급한 SAML 어설션을 사용하여 사용자 액세스 권한을 부여한다. 자세한 순서는 다음과 같다.

(1) 사용자는 브라우저를 열고 인증을 위해 ID 제공자를 사용하는 서비스 제공자의 웹 애플리케이션으로 이동

한다.

(2) 웹 애플리케이션은 SAML 요청으로 응답한다.

(3) 브라우저는 SAML 요청을 ID 제공자에게 전달한다.

(4) 자격 증명 공급자가 SAML 요청을 구문 분석한다.

(5) ID 공급자는 사용자 이름과 암호 또는 기타 인증 요소를 입력하라는 메시지를 표시하여 사용자를 인증한다. (참고: 사용자가 이미 인증된 경우 ID 공급자는 이 단계를 건너뛴다.)

(6) ID 제공자는 SAML 응답을 생성하여 사용자의 브라우저에 반환한다.

(7) 브라우저는 생성된 SAML 응답을 확인하는 서비스 제공자의 웹 애플리케이션으로 보낸다.

(8) 확인에 성공하면 웹 애플리케이션이 사용자 액세스 권한을 부여한다.

084 정답: 1번

패킷 필터링 방화벽(Packet Filtering Firewall)은 1세대 방화벽으로 동작 구간은 4계층이다. 내부망과 인터넷망 사이에서 특정 트래픽을 허용하거나 차단하는 가장 단순한 형태의 방화벽이며, 발신지 주소와 포트를 검사하여 수신 측의 주소와 포트에 대한 접속 허용 여부를 결정한다.

패킷 필터링 방식은 가장 간단한 형태의 구현 기술로, IP Header와 Protocol(TCP/UDP/ICMP 등) Header의 정보(통상 Source/Destination IP Address, Port Number)만을 이용해 미리 설정된 보안 정책(Security Policy 또는 Access Control Rule)에 따라 해당 패킷을 통과시킬 것인지 말 것인지를 결정한다.

현재 출시된 대부분의 Router에는 기본 기능으로 내장되어 있으며 또한, 대부분의 상용 방화벽 솔루션들도 어떤 형태로든 패킷 필터링 기능을 기본적으로 제공하고 있다. 패킷 필터링 방식은 물리적인 구현 형태에 따라 스크리닝 라우터로 구성할 수도 있으며, 베스천 호스트와 패킷 필터링 소프트웨어로도 구현할 수 있다. IP 스푸핑 및 일부 유형의 DoS(Denial-of-Service) 및 DDoS(Distributed Denial-of-Service) 공격으로부터 보호하기 위해 유니캐스트 RPF(Reverse-Path-Forwarding)는 패킷이 합법적인 경로에서 도착했는지

검증한다. 신뢰할 수 없는 수신 인터페이스에 도착하는 각 패킷의 소스 주소를 확인하고 소스 주소의 포워딩 테이블 엔트리와 비교하면 이를 수행한다. 패킷이 유효한 경로에서 보낸 경우, 즉 발신자가 대상에 도달하는 데 사용하는 경로인 경우 해당 디바이스는 패킷을 대상 주소로 전달한다. 유효한 경로에서 벗어나지 않으면 디바이스가 패킷을 폐기한다. IP 스푸핑이 보호되지 않는 한, 침입자는 패킷이 실제로 대상을 의미하지 않을 때 IP 패킷을 실제 트래픽으로 대상에 전달하는 효과적인 방법이 될 수 있다.

유니캐스트 RPF는 IPv4 및 IPv6 프로토콜 제품군은 물론 VPN(Virtual Private Network) 주소 제품군에서도 지원된다. 유니캐스트 RPF는 터널 소스로 구성된 인터페이스에서는 지원되지 않는다. 이는 터널을 빠져나가는 전송 패킷에만 영향을 준다.

085 정답: 1번

동적 WEP(Dynamic WEP)은 인증 성공 시 새로운 암호화 키를 사용하고, 사용자별 세션별로 서로 다른 WEP 키를 사용한다.

- 802.11i 표준이 나오기 전에 한시적으로만 사용됨
- 보안 요소 중에서 (1) 사용자 인증, (2) 접근 통제, (3) 권한 검증, (4) 데이터 기밀성 기능을 제공한다.
- EAP-TLS를 사용하는 사용자 인증과 동적 WEP키를 사용하는 데이터 암호화가 지원되는 방식이다.

동적 WEP은 향상된 키 관리 프레임워크를 사용한다. 많은 수동 작업을 관리자에게 의존하는 대신 동적 WEP은 강력한 암호화 프로토콜을 사용하여 키를 생성한 다음 신뢰할 수 없는 네트워크에 암호화된 형식으로 배포한다.

동적 WEP은 정적 WEP과 동일한 방식으로 프레임을 처리한다. 유일한 차이점은 주기적으로 키를 생성하고 배포하는 훨씬 향상된 메커니즘이 있다는 것이다. 동적 WEP의 자동 키 관리는 키의 수명을 극적으로 단축시키기 때문에 정적 WEP보다 훨씬 더 강력한 보안을 달성한다. 키에 대한 모든 공격은 단일 키 수명

내에 발생해야 한다. 프레임 초기화 벡터는 두 개의 서로 다른 WEP 시드에 해당하므로 키를 새로 고침한 후에 다시 사용할 수 있다.

동적 WEP는 결코 완벽하지는 않지만 정적 WEP에 비해 상당히 개선되었다. 그러므로 거의 모든 카드와 드라이버에서 널리 지원된다.

08b

정답: 1번

서비스 품질(QoS)은 전화 통신 또는 컴퓨터 네트워크 또는 클라우드 컴퓨팅 서비스와 같은 서비스의 전체 성능, 특히 네트워크 사용자가 보는 성능에 대한 측정이다. 서비스 품질을 정량적으로 측정하기 위해 패킷 손실, 비트 전송률, 처리량, 전송 지연, 가용성, 지터 등과 같은 네트워크 서비스의 여러 관련 측면이 종종 고려된다.

컴퓨터 네트워킹 및 기타 패킷 교환 통신 네트워크 분야에서 서비스 품질은 달성된 서비스 품질보다는 트래픽 우선순위 지정 및 리소스 예약 제어 메커니즘을 나타낸다. 서비스 품질은 서로 다른 애플리케이션, 사용자 또는 데이터 흐름에 서로 다른 우선순위를 제공하거나 데이터 흐름에 특정 수준의 성능을 보장하는 기능이다.

서비스 품질은 특별한 요구 사항이 있는 트래픽 전송에 특히 중요하다. 특히 개발자들은 VoIP 기술을 도입하여 컴퓨터 네트워크가 음성 대화를 위한 전화 네트워크만큼 유용할 뿐만 아니라 더욱 엄격한 네트워크 성능 요구 사항이 있는 새 응용 프로그램을 지원할 수 있게 되었다. QoS 주요 척도로는 전송 지연(Delay), 패킷 손실(Packet Loss), 지연 변이(Delay Variation), 처리량(대역폭), 가용성(Availability) 등이 있다.

087

정답: 2번

엔터프라이즈 애플리케이션 통합(EAI)은 비즈니스가 정보를 일관되게 사용하고 한 애플리케이션에서 수행한 핵심 비즈니스 데이터의 변경 사항이 다른 애플리케이션에 올바르게 반영되도록 비즈니스 애플리케이션과 관련된 데이터베이스 및 워크플로를 통합하는 작업이다.

대부분의 기업은 일상 업무에서 다양한 공급업체의 여러 소프트웨어 제품을 사용한다. 이러한 응용 프로그램은 다른 용도, 데이터 저장소 및 작동 방법을 가질 수 있다. 이렇게 하면 데이터가 데이터베이스 간에 복제되거나 한 데이터베이스에서는 사용할 수 있지만 다른 데이터베이스에서는 사용할 수 없는 데이터 사일로가 생성될 수 있다.

이는 사용자가 애플리케이션 간에 데이터를 수동으로 복사하여 붙여 넣을 때 데이터 불일치로 이어진다. 사용자는 일상 업무를 위해 여러 애플리케이션을 참조해야 할 수도 있다. EAI는 이러한 이질적인 애플리케이션이 데이터와 워크플로를 공유하여 수동 단계와 오류를 줄이고 조직 데이터에 대한 더 나은 통찰력을 제공하는 데 도움이 되는 방법론을 제공한다. 이는 조직이 성장하고 기술이 발전함에 따라 더욱 중요해졌다. 과거에는 모든 비즈니스 워크플로가 수동이었고 종이로 수행되었다.

컴퓨터가 사용자의 작업을 자동화함에 따라 정보 근로자의 일상적인 할당은 빠르게 데이터 형식을 지정하고 한 시스템에서 다른 시스템으로 데이터를 전송하게 되었다. 더 많은 조직에서 마이크로서비스, SaaS(Software as a Service) 및 PaaS(Platform as a Service) 도구를 채택함에 따라 애플리케이션 간에 데이터를 신속하게 사용할 수 있도록 해야 하는 필요성이 증가하고 있다. EAI는 수동 단계를 제거하고 사용자 오류를 줄이는 데 도움이 될 수 있다.

EAI의 구성요소는 다음과 같다.

- EAI Platform: 데이터의 전송을 보장하는 메시지 큐와 트랜잭션 미들웨어 기능을 수행한다.
- Adapter: 다양한 패키지 애플리케이션 및 기업 자체 개발 애플리케이션을 재사용할 수 있도록 지원한다.
- Data Broker: 시스템 상호 간 데이터가 전송될 때, 데이터 포맷과 코드 변환이 가능하다.
- Workflow: 미리 정의된 비즈니스 Workflow에 따라 업무를 처리한다.

- Message Queue: 송신을 기다리고 있는 온라인 시스템의 대기 행렬이 있다.

088
정답: 2번

X.509는 공개 키 기반 구조(Public Key Infrastructure, PKI)의 구성요소 중 하나이며 ISO/IEC 9594-8 표준이자 ITU-T 국제표준 인증서이다. CA에서 발행하는 인증서를 기반으로 하며 PKI를 위한 국제적 표준으로 자리잡았다. X.509 인증서에는 버전, 일련번호, 알고리즘 식별자(OID), 발행자, 인증서 유효 기간, DN, 공개 키, CA 서명값 등이 들어있다.

089
정답: 1번

ICMP의 네트워크 점검 도구인 Ping을 이용하면 TTL 값을 통해 운영체제의 종류를 대략적으로 알 수 있다. 운영체제의 종류와 버전에 따라 Default TTL Value 값이 다르기 때문이다. 대표적인 값은 다음과 같다. AIX 3.2(=255), Cisco(=254), HPUX 11(=255), Redhat Linux(=64), Windows 10(=128), Windows 7(=128) 등이다.

090
정답: 1번

ARP(Address Resolution Protocol)는 다른 단말기를 IP 주소로 탐색할 때 실제로 그 단말기가 가진 MAC 주소를 찾아내는 프로토콜이다. ARP Header에는 16비트 크기의 OPCODE가 있으며 이 값은 ARP가 어떤 목적으로 동작하려는지를 의미한다. OPCODE 1은 ARP 요청(Request)이고, OPCODE 2는 ARP 응답(Reply)이며, OPCODE 3은 RARP 요청(Request), OPCODE 4는 RARP 응답(Reply)이다.

091
정답: 2번

접근 관리의 맥락에서 인증은 사용자의 신원을 확인하는 과정이고 권한 부여는 이미 인증된 사용자의 접근 권한을 결정하는 과정이다. 따라서 인증은 사용자 ID와 관련된 반면 권한 부여는 사용자 권한과 관련된다.

SAML과 OAuth 사이에는 유사점이 있지만 두 프로토콜은 액세스 관리에서 서로 다른 역할을 하는데, SAML은 인증에 사용되고 OAuth는 권한 부여에 사용된다. SAML은 사용자를 중앙에서 관리하는 데 사용된다. 사무실 컴퓨터와 네트워크에 로그온할 때 SAML을 사용하고 있다. 사용자는 네트워크에 액세스하기 위해 암호를 한 번만 입력하면 된다. 단, 네트워크 내의 애플리케이션 및 서비스에서 사용자 권한을 설정하기 위해서는 OAuth를 사용해야 한다.

이와 함께 OAuth는 로그온 자격 증명을 다시 입력하지 않고도 다른 서비스에서 한 서비스에 액세스할 수 있는 기능을 제공하는 데 사용된다. OAuth는 한 서비스의 자격 증명을 다른 서비스에 사용할 수 있도록 하여 이를 수행한다. Gmail 주소를 사용하여 Office.com에 로그온 했다면 OAuth를 사용하고 있는 것이다. OAuth는 애플리케이션 및 서비스에 대한 다른 로그온 자격 증명을 설정하고 기억하는 수고를 덜어준다. 또한, 이러한 시스템에 액세스해야 할 때 로그온 자격 증명을 입력할 필요가 없기 때문에 시간을 절약하는 데 도움이 된다.

SAML과 OAuth는 서로를 보완한다. SAML이 애플리케이션에 대한 액세스 권한을 부여하고 OAuth를 사용하여 보호된 리소스에 대한 액세스를 허용함으로써 두 프로토콜을 동시에 사용할 수 있다. 또한, 프로토콜 중 하나 또는 둘의 조합으로 ID 공급자 또는 SSO(Single Sign-On) 서비스를 사용할 수 있다.

092
정답: 4번

침입 탐지 시스템(Intrusion Detection System, IDS)은 일반적으로 호스트 기반 IDS, 네트워크 기반 IDS의 두 가지 형태로 구성할 수 있다. 문제에서 제시한 포트 미러링 방식은 네트워크 기반 IDS의 형태에 해당되는 사례이다. DMZ 방화벽 구간의 스위치 장비에서 포트 미러링 방식으로 패킷을 복제하여 이를 실시간으로 분석하고 탐지 여부를 판단한다. 기존의 네트워크 구성에서 포트 미러링을 지원하는 장비에 적용하면 되기 때문에 구성 변경을 최소화할 수 있으며 서버의 운영체제 유형에 무관하다. 하지만 네트워크에 유입되는 암호화된 패킷에 대해서는 분석 및 탐지가 어렵다는 특징이 있다.

093 정답: 3번

[보기]의 기술은 자유공간 포토닉스(Free-Space photonics, FSP)라고도 불리는 FSO를 말한다. FSO는 광대역 통신을 위해 대기 중에 변조된 가시광선 또는 적외선을 이용해 전송하는 것을 가리키는 말이다. 향후 이런 목적을 위해 LED 또는 IRED과 같은 비 레이저 광원이 사용될 예정이긴 하지만, 대개는 레이저 광선이 사용된다.

FSO 이론은 본질적으로 광섬유 전송과 같다. 차이점이 있다면, 에너지 광선이 광섬유 케이블을 통해 이동하는 대신 시작부터 끝까지 투명한 공기나 공간을 통해 조준되고 보내어진다는 것이다. 만일 에너지원이 일정 거리를 나아가는데 요구되는 충분한 양의 병렬 광선을 생산하지 못하는 경우에는 렌즈를 이용해 조준이 이루어질 수도 있다. 송출지에서 가시광선 또는 적외선 에너지가 데이터와 함께 변조된다.

이 광선은 도착지에서 광검출기에 의해 구분되어, 가시광선이나 적외선으로부터 복조(復調)되면서 데이터가 추출되고, 신호가 증폭되어 하드웨어로 보내진다. FSO 시스템은 수 킬로미터 이상의 거리에서도 동작한다. 이론적으로는 출발지와 도착지 사이의 시계에 장애물만 없으면 통신이 가능하다. 심지어 직접적인 시계가 확보되지 않아도 전략적으로 배치된 여러 개의 거울을 이용하여 에너지를 반사시키는 방법을 쓸 수도 있다.

광선은 유리창을 통하더라도 창이 깨끗하기만 하면, 감쇠가 거의 또는 전혀 없는 상태에서 전달될 수 있다. FSO 시스템이 일부 광대역 네트워크 필요성에 좋은 해결 방안이긴 하지만, 여전히 한계는 있다. 그중 가장 문제가 되는 것은, 비, 눈, 먼지, 안개, 스모그 등에 의해

전송에 장애가 생기면 네트워크가 마비될 수 있다는 사실이다.

094 정답: 3번

금융기관에서는 금융당국이 지정한 기준에 따라 내부망과 외부망을 분리하는 망 분리를 반드시 적용해야 한다. 망 분리 기술은 논리적 망 분리와 물리적 망 분리로 나눌 수 있으며 일반적으로 물리적 망 분리의 보안 수준이 논리적 망 분리보다 높다. 금융기관 내부 업무망에서는 물리적 망 분리를 통해 외부망을 분리해야 하는데, 최근 코로나 팬데믹으로 인한 재택근무를 위해 일시적으로 기준을 완화했다. 그리고 2022년 현재 완화된 기준이 유지되고 있으며 이 기준은 VDI 기술을 통한 논리적 망 분리로 내부망 접근을 허용한 것이다.

095 정답: 1번

다른 클라우드 기반 서비스와 마찬가지로 FWaaS는 사용자에게 다양한 이점을 제공한다. 조직이 FWaaS를 배포하여 얻을 수 있는 이점의 몇 가지 예는 다음과 같다.

(1) 통합 보안 정책(Unified Security Policy): 방화벽은 이를 통과하는 트래픽에 대해서만 보안 정책을 시행할 수 있다. FWaaS를 사용하면 조직이 방화벽 중 하나를 통해 모든 트래픽을 보내는 것이 훨씬 쉬워져 전체 네트워크에서 일관되고 통합된 보안 정책을 시행할 수 있다.

(2) 유연한 배포(Flexible Deployment): 물리적 방화벽 어플라이언스의 잠재적 배포 위치는 조직의 지리적 공간에 의해 제한된다. 클라우드 기반 리소스인 FWaaS는 동일한 제한 사항을 공유하지 않는다.

(3) 단순화된 배포 및 유지 관리(Simplified Deployment and Maintenance): 물리적 방화벽 어플라이언스의 구매, 배포 및 구성은 복잡한 프로세스일 수 있으며 모든 시스템이 올바르게 설치 및 설정되도록 하려면 전문 지식이 필요하다. FWaaS를 사용하면 이러한 방화벽이 클라우드에서 가상화된 어플라이언스로 구현되므로 이러한 설정 단계 중 많은 부분이 제거된다.

(4) 향상된 확장성(Improved Scalability): 물리적 방화벽 어플라이언스를 사용하면 사용 가능한 하드웨어에 따라 보안 확장성이 제한될 수 있다. FWaaS는 조직의 요구 사항이 발전함에 따라 사용 가능한 리소스 풀이 확장 및 축소될 수 있으므로 크게 향상된 확장성을 제공한다.

(5) 유연성 향상(Increased Flexibility): 어플라이언스 기반 방화벽은 업그레이드 및 네트워크 재구성이 물리적 구성 요소에 대한 변경을 요구하므로 제한된 유연성을 제공한다. FWaaS를 사용하면 조직이 급증하는 네트워크 트래픽과 보안 기능에 대한 수요에 보다 쉽게 적응할 수 있다. 하지만, FWaaS 단점으로는 운영 비용이 비싸다. 물리적 방화벽과는 달리, 시간이 지나도 비용이 저렴해지지 않는다. 또한, FWaaS가 트래픽을 필터링할 때 약간의 전송 지연이 발생한다.

०१७

정답: 1번

선택지 중 1)번의 웹 사이트 차단 해제는 VPN의 장점이며 제로 트러스트 네트워크 액세스(ZTNA)와 비교할 때 가상 사설 네트워크(VPN)의 몇 가지 단점은 다음과 같다.

(1) 리소스 활용도: 원격 사용자 수가 증가함에 따라 VPN의 부하로 인해 예상치 않게 긴 지연 시간이 발생할 수 있으며 증가하는 수요 또는 최대 사용 시간을 충족하기 위해 VPN에 새로운 리소스를 추가해야 할 수 있다. 이는 또한, IT 조직의 인력에 부담이 될 수 있다.

(2) 유연성 및 대응력: VPN은 ZTNA의 세분화를 제공하지 않는다. 또한, 엔터프라이즈 리소스에 연결해야 하는 모든 최종 사용자 기기에 VPN 소프트웨어를 설치하고 구성하는 것이 어려울 수 있는 반면, 즉각적인 비즈니스 요구에 따라 보안 정책 및 사용자 권한을 추가하거나 제거하는 것은 훨씬 간단해진다.

(3) 세분화: VPN 경계 내에 있는 사용자는 전체 시스템에 액세스할 수 있다. ZTNA는 정반대의 접근 방식을 취하여 애플리케이션, 데이터 또는 서비스와 같은 자산이 해당 사용자에게 특별히 승인되지 않는 한 전혀 액세스 권한을 부여하지 않는다. VPN과 달리 ZTNA는 ID 인증을 기반으로 지속적인 ID 검증을 제공한다. 각 사용자와 각 장치는 특정 애플리케이션, 시스템 또는 기타 자산에 대한 액세스 권한이 부여되기 전에 확인 및 인증을 거친다. VPN과 ZTNA를 서로 결합하여 사용할 수도 있다. 예를 들어 VPN이 손상될 경우 추가 보안 계층

을 제공하여 특히 중요한 네트워크 세그먼트의 보안을 강화해야 할 때 그렇게 결합하여 사용할 수 있다.

⌂ 출처   https://www.vmware.com/

०१७

정답: 1번

선택지의 프로토콜은 전부 가상 사설 네트워크(VPN)와 관련된 프로토콜로, 최소 7가지가 있으며 다음과 같다. Lightway, 터널링 프로토콜(L2TP), OpenVPN(TCP vs. UDP), 인터넷 키 교환 버전 2(IKEv2), 지점 간 터널링 프로토콜(PPTP), Wire-Guard, 보안 소켓 터널링 프로토콜(SSTP) 등이다.

SOAP(Simple Object Access Protocol)은 일반적으로 널리 알려진 HTTP, HTTPS, SMTP 등을 통해 XML 기반의 메시지를 컴퓨터 네트워크 상에서 교환하는 프로토콜이다. 간단하게 정의하면 객체를 접근할 수 있는 프로토콜이다. SOAP은 웹 서비스에서 기본적인 메시지를 전달하는 기반이 되는데, SOAP에는 몇 가지 형태의 메시지 패턴이 있지만, 보통의 경우 원격 프로시져 호출(Remote Procedure Call, RPC) 패턴으로 네트워크 노드(클라이언트)에서 다른 쪽 노드(서버)로 메시지를 요청하고, 서버는 메시지를 즉시 응답하게 되는 형식이다. XML이 플랫폼에 종속적이지 않으므로 이기종 간의 통신이 가능하다는 장점이 있다. 그러므로 A 장치와 B 장치를 연결하는 네트워크를 구성할 때 주로 사용된다.

०१८

정답: 2번

GNSS(Global Navigation Satellite System, 위성 항법 시스템)는 범 지구적인 측위 정보 서비스 시스템으로, 위성에서 발신한 전파를 이용하여 언제, 어디서, 누구에게나 정밀한 측위 정보를 제공한다.

이러한 GNSS의 기본적인 측위 개념은 궤도상의 수십 개의 위성군을 일정한 형상으로 배치하여 항상 전 지구를 커버할 수 있도록 하여 지구상의 사용자에게 언제 어디서나 위치, 항법, 시각 정보를 제공할 수 있도

록 하는데, 이를 위해서는 배치된 위성을 일정한 형상으로 유지하고 통신 링크를 통해 위성의 정확한 궤도 정보를 실시간으로 탑재된 원자 시계로 동기화하여 송출한다.

위성의 궤도 정보와 수신된 신호의 도달 시각차를 측정하여 삼각 측량법으로 사용자의 3차원 위치를 실시간으로 결정할 수 있도록 한다. GNSS는 사용자의 지리적 위치와 관계없이 소형의 수신기를 갖춰 신호를 이용함과 동시에, 실시간으로 출력을 얻어 이동 중에도 작업할 수 있다. 현존하는 글로벌 위성 항법 시스템(GNSS)으로는 미 국방부가 개발하여 운영하는 GPS(Global Positioning System), 러시아의 GLONASS(GLObal NAvigation Satellite System), 유럽연합(EU)의 Galileo, 중국의 BeiDou가 있다. 그 외에도 일본의 QZSS(Quasi-Zenith Satellite System) 인도의 NAVIC(Navigation Indian Constellation) 등이 대표적인 GNSS 시스템이다.

099

정답: 3번

ICMP(Internet Control Message Protocol) 헤더는 Type(8bit)와 Code(8bit)를 가지고 있다. ICMP의 메시지마다 고유한 Type 값과 Code 값을 가진다. 대표적인 메시지 타입(Type)은 다음과 같다.

- Type 0: Echo Reply
- Type 3: Destination Unreachable
- Type 5: Redirect Message
- Type 8: Echo Request
- Type 9: Router Advertisement
- Type 10: Router Solicitation
- Type 11: Time Exceeded
- Type 12: Parameter Problem
- Type 13: Timestamp
- Type 14: Timestamp Reply

100

정답: 2번

OSI 7 Layer 데이터 링크 계층에서는 오류 제어와 함께 네트워크의 흐름 제어를 제공한다. 프레임의 전송 단위 크기를 Window(윈도우)라고 정의하며 한 번에 전송하는 크기를 의미한다. 수신 측과 송신 측 모두 윈도우 크기를 정의하여 조절해가면서 흐름 제어를 수행하는데, 이러한 알고리즘은 슬라이딩 윈도우 알고리즘이라고 한다.

101

정답: 3번

가상 사설 네트워크(VPN)은 사람이 자신의 인터넷 트래픽을 보호하고 온라인에서 신원을 비공개로 유지하는 가장 쉽고 효과적인 방법이다. 보안 VPN 서버에 연결하면 인터넷 트래픽이 해커, 정부, 인터넷 제공 업체를 포함하여 그 누구도 들여다볼 수 없는 암호화된 터널을 통과하게 된다. 소비자는 VPN을 사용해 온라인 활동을 비공개로 유지하며 VPN 미사용 시에는 제한되는 사이트와 서비스를 문제없이 이용할 수 있다. 기업은 VPN을 사용해 서로 다른 위치에 있는 직원을 본사의 로컬 네트워크에 연결할 수 있다.

(1) 위치 변경: VPN을 사용하면 고객님과 고객님의 지리적 위치를 식별하는 IP 주소를 변경할 수 있다. IP 주소를 변경하고 나면 영국, 독일, 캐나다, 일본을 비롯해 VPN 서비스의 서버가 존재하는 거의 모든 국가에서 직접 인터넷을 사용하는 것처럼 브라우징을 즐길 수 있다.

(2) 개인정보보호: VPN으로 IP 주소를 변경하면 추적하려는 웹 사이트, 앱 및 서비스로부터 고객의 신원을 보호하는 데 도움이 된다. 좋은 VPN은 강력한 암호화 계층으로 고객의 활동을 엿보려는 인터넷 제공 업체, 이동통신 사업자 등으로부터 활동 내역 또한 보호한다.

(3) 보안 강화: VPN 사용은 패킷 스니핑, 악성 와이파이 네트워크, 중간자 공격을 포함한 많은 형식의 보안 위반으로부터 고객을 보호한다. 여행자, 원격 근무자 등 이동이 잦은 모든 유형의 개인이 무료 공용 와이파이와 같이 신뢰할 수 없는 네트워크에 연결할 때 VPN을 사용한다.

(4) 웹 사이트 차단 해제: Google, Wikipedia, YouTube 또

는 기타 사이트 및 서비스의 액세스를 제한하는 국가
라면 VPN을 사용하여 인터넷을 다시 자유롭게 이용할
수 있다. VPN을 사용해 학교 또는 사무실 네트워크에
서 방화벽을 통과할 수도 있다.

— 🏠 출처 https://www.expressvpn.com/

102
정답: 3번

TCP는 양단 간에 신뢰할 수 있는 연결을 지원하기
위한 오류 수정 기능을 제공하며 전방 오류 수정(Forward Error Correction, FEC)과 후방 오류 수정(Backward Error Correction, BEC)으로 분류한다.

후방 오류 수정은 SYN, ACK를 이용해서 순서에
어긋나거나 잘못된 오류가 발견되면 송신 노드로 재
전송을 요구한다. Stop and Wait, Go-back N, Adaptive ARQ, Selective Repeat ARQ가 대표적인 기법
이다.

전방 오류 수정은 패리티 비트와 같은 추가 비트
를 함께 전송해서 수신 노드가 바로 오류 여부를 확인
한 후 수정하는 방식으로 Hamming Code와 CRC가
있다.

103
정답: 1번

정보 보안 취약점을 이용한 공격 기법은 대상 시스
템의 자원과 서비스에 장애를 유발하는 능동적 공격
과 그렇지 않는 수동적 기법으로 나뉠 수 있고 스니핑
은 수동적 공격 기법에 속한다.

스니핑은 라우팅 네트워크의 같은 도메인 내부에
서 IEEE 802.3 Ethernet 패킷을 가로채는 기법이다.
Promiscuous 모드의 네트워크 인터페이스 카드를 이
용해서 모든 패킷을 읽게 된다. 이에 대응하는 가장 간
단한 방법은 암호화를 적용하는 것이다. 유선뿐만 아
니라 기본 비밀번호를 사용하거나 취약한 암호화 알고
리즘이 적용된 무선 AP도 스니핑의 대상이 된다.

104
정답: 4번

SOAP(Simple Object Access Protocol)은 일반적으
로 널리 알려진 HTTP, HTTPS, SMTP 등을 통해
XML 기반의 메시지를 컴퓨터 네트워크 상에서 교환
하는 프로토콜로서 방화벽의 우회가 가능하고 프로그
래밍 언어 및 디바이스 운영 플랫폼에 독립적이다.

SOAP은 웹 서비스에서 기본적인 메시지를 전달하
는 기반이 된다. SOAP에는 몇 가지 형태의 메시지 패
턴이 있지만, 보통의 경우 원격 프로시저 호출(Remote
Procedure Call, RPC) 패턴으로, 네트워크 노드(클라이
언트)에서 다른 쪽 노드(서버)로 메시지를 요청하고, 서
버는 메시지를 즉시 응답하게 된다. SOAP는 XML-RPC와 WDDX에서 envelope/header/body로 이루
어진 구조와 전송(transport)과 상호 중립성(interaction
neutrality)의 개념을 가져왔다.

SOAP은 XML을 근간으로 헤더와 바디를 조합하
는 디자인 패턴으로 설계되어 있다. '헤더'는 선택사항
으로 반복이나 보안 및 트랜잭션을 정보로 하는 메타
정보를 가지고 있다. '바디' 부분은 주요한 정보인 정보
를 가지고 있다. SOAP 기반 웹 서비스가 SOA 구조에
따라 UDDI 레지스트리를 통해 웹 서비스를 등록하고
(publish), 탐색하고(find), 바인딩하여(bind) 이용한다면,
RESTful 웹 서비스는 리소스를 등록하고 저장해두
는 중간 매체 없이 리소스 제공자가 직접 리소스 요청
자에게 제공하는 방법을 따르고 있다.

서비스 실행 관점에서 SOAP 기반 웹 서비스에서는
서비스 제공자와 요청자 간에 SOAP 프로토콜로 메시
지를 주고받는 방식으로 서비스를 이용한다. 즉, 서비
스 요청자가 웹 서비스 요청을 SOAP으로 인코딩하여
서비스 제공자에게 전달하면 서비스 제공자는 이를 디
코딩하여 적절한 서비스 로직을 통하여 결과를 얻고,
그 결과를 다시 SOAP 인코딩하여 서비스 요청자에게
반환한다.

한편, RESTful 웹 서비스는 기본 HTTP 프로토콜
의 메서드 GET/PUT/POST/DELETE를 이용하여
다양한 형태로 표현된(JSON, XML, RSS 등) 리소스를
직접 실어 나른다.

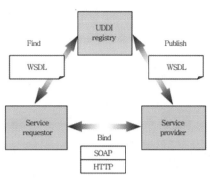

(a) SOA에 근거한 SOAP 기반 웹서비스

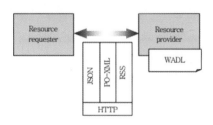

(b) ROA에 근거한 RESTful 웹서비스

105

정답: 1번

공격자가 인증서를 훔치거나 위조해 사용자가 자기도 모르게 악성 사이트에 접속하고도 그 사실을 인지 못하게 하는 공격이 자주 있었는데, 퍼블릭 키 피닝(Pinning, 고정)을 사용하면 공인 인증서 발급 기관과 특정 도메인을 하나로 엮어주기 때문에 인증서를 위조하는 것만으로는 중간자 공격이 어려워진다. 이미 잘 알려져 있다시피 SSL/TLS로 이루어진 암호화 통신은 중간자 공격(MiTM)에 취약하다.

특히 요즘에는 여러 보안 장비가 SSL Decryption 기능을 제공하며 이 중간자 공격(MiTM) 형태로 SSL 및 TLS 세션을 복호화하여 내용을 검증하도록 되어 있다. 이때 보안 장비는 공격자와 마찬가지로 암/복호화에서 사용할 인증서를 임의로 교체하여 중간에서 데이터를 복호화하여 검증하도록 구성되어 있다. 클라이언트(유저)는 최종적으로 중간의 보안 장비 또는 공격자가 제공한 인증서를 기반으로 암호화 통신을 진행

하게 되며 이를 통하여 중간자 공격에 노출되게 된다. 그러한 경우 클라이언트(유저)가 SSL/TLS 암호화 통신에 사용할 인증서를 최종 서버의 인증서로 고정(Pinning)을 하는 것을 HPKP(HTTP Public Key Pinning)라고 한다.

HPKP(HTTP Public Key Pinning) 개념도

Public Key Pinning

———— 🔗 이미지 출처   keycdn.com

———— 🏠 참조   https://www.immuniweb.com/ssl/

106

정답: 2번

ISAKMP는 협상을 두 단계로 구분한다.

- 1단계: 두 ISAKMP 피어는 ISAKMP 협상 메시지를 보호하는 보안 및 인증된 터널을 설정한다. 이 터널을 ISAKMP SA라고 한다. ISAKMP는 두 가지 모드를 정의하고 있다. 주 모드 및 적극적인 모드이다.

- 2단계: IPsec 터널을 통해 전송할 데이터의 암호화(SA)에 대한 키 자료와 알고리즘을 협상한다. 이 단계를 빠른 모드라고 한다. 모든 추상 개념을 구체화하기 위해 1단계 터널은 상위 터널이고 2단계는 하위 터널이다. ISAKMP(1단계) 터널은 두 게이트웨이 간의 제어 플레인 VPN 트래픽을 보호한다. 컨트롤 플레인 트래픽은 협상 패킷, 정보 패키지, DPD, keepalive, rekey 등이 될 수 있다. ISAKMP 협상은 UDP 500 및 4500 포트를 사용하여 보안 채널을 설정한다.

IPsec(2단계) 터널은 두 게이트웨이 간에 VPN을 통과하는 데이터 플레인 트래픽을 보호한다. 데이터를 보호하는 데 사용되는 알고리즘은 2단계에서 구성되며 1단계에서 지정한 알고리즘과 독립적이다. 이러한 패킷을 캡슐화하고 암호화하는 데 사용되는 프로토콜은 ESP(Encapsulation Security Payload)이다.

IKE 모드(1단계)

- 주 모드: IKE 세션은 개시자가 제안서 또는 제안을 응답자에게 보낼 때 시작된다. 노드 간 첫 번째 교환은 기본 보안 정책을 설정한다. 이니시에이터는 사용할 암호화 및 인증 알고리즘을 제안한다. 응답자는 적절한 제안을 선택하고(제안서를 선택한 것으로 가정) 게시자에게 전송한다. 다음 교환은 Diffie-Hellman 공개 키와 기타 데이터를 전달한다. 모든 추가 협상은 IKE SA 내에서 암호화된다. 세 번째 교환은 ISAKMP 세션을 인증한다. IKE SA가 설정되면 IPSec 협상(빠른 모드)이 시작된다.

- 적극적인 모드: Aggressive Mode(적극적인 모드)는 IKE SA 협상을 3개의 패킷으로 압축하며, 개시자가 전달한 SA에 필요한 모든 데이터를 포함한다. 응답자는 제안, 주요 자료 및 ID를 전송하고 다음 패킷에서 세션을 인증한다. 개시자가 응답하고 세션을 인증한다. 협상이 더 빨라지고 개시자 및 응답자 ID가 암호화되지 않는다.

IPsec 모드(2단계)

- 빠른 모드: IPSec 협상 또는 빠른 모드는 협상을 제외하고 IKE SA 내에서 보호해야 하는 적극적인 모드 IKE 협상과 유사하다. Quick Mode(빠른 모드)는 데이터 암호화를 위해 SA를 협상하고 해당 IPSec SA에 대한 키 교환을 관리한다.

ISAKMP-IPSEC Tunnel

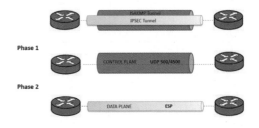

— 🏠 출처 https://www.cisco.com/

107 　　　　　　정답: 4번

CCMP(Cipher Block Chaining Message Authentication Code Protocol)를 사용하는 카운터 모드는 미국 연방 정부의 고급 암호화 표준(AES) 알고리즘을 기반으로 하는 암호화 프로토콜이며 CBC-MAC(CCM) 작동 모드에서 카운터 모드를 사용한다. CCMP는 WEP(Wired Equivalent Privacy) 및 TKIP(Temporal Key Integrity Protocol)에서 사용되는 Rivest Cipher 4를 대체한다. WPA2(Wi-Fi Protected Access 2) 무선 보안 표준과 함께 도입되었다. CCMP는 WLAN(무선 근거리 통신망)을 위한 802.11i 표준의 일부를 형성한다. 원래 802.11 표준에 대한 수정된 표준을 구현한다. 이

Wireless security cheat sheet

ENCRYPTION STANDARD	FAST FACTS	HOW IT WORKS	SHOULD YOU USE IT?
Wired Equivalent Privacy (WEP)	First 802.11 security standard. Easily hacked due to its 24-bit initialization vector (IV) and weak authentication.	Uses RC4 stream cipher and 64- or 128-bit keys. Static master key must be manually entered into each device.	No
Wi-Fi Protected Access (WPA)	An interim standard to address major WEP flaws. Backward-compatible with WEP devices.	Retains use of RC4 but adds longer IVs and 256-bit keys. Each client gets new keys with TKIP. Enterprise mode: Stronger authentication via 802.1x and EAP.	No
WPA2	Upgraded hardware ensured advanced encryption didn't affect performance.	Replaces RC4 and TKIP with CCMP and AES algorithm for stronger authentication and encryption.	If WPA3 is not available
WPA3	Current standard. New authentication method helps thwart KRACK and offline dictionary attacks.	Replaces PSK four-way handshake with SAE. Enterprise mode has optional 192-bit encryption and a 48-bit IV.	Yes

프로토콜은 WLAN의 성장과 보다 안전한 암호화 프로토콜의 필요성에 대한 응답으로 802.11i 작업 그룹에서 개발했다.

CCMP는 기존 WEP 프로토콜의 취약점을 해결하기 위해 개발되었다. CCMP는 AES 암호를 사용하여 민감한 데이터를 암호화한다. 128비트 키와 CCM 논스 블록이라고도 하는 48비트 IV(초기화 벡터)를 사용하여 재생을 감지하고 재생 공격에 대한 취약성을 최소화한다. CCMP의 두 가지 주요 구성요소는 카운터 모드와 CBC-MAC이다. 카운터 모드 구성요소는 데이터 개인정보를 제공하는 반면 CBC-MAC는 데이터 무결성 및 인증을 제공한다. CCM은 일반 인증 암호화 블록 암호 모드로, 모든 블록 지향 암호화 알고리즘과 함께 사용할 수 있다.

108

정답: 2번

RPKI는 대륙별 인터넷주소관리기관(RIR), 국가별 인터넷주소관리기관(NIR), 국내 인터넷주소관리기관(LIR)의 계층적 인증체계로 구성된다.

(1) RIR(Regional Internet Registry) 역할: RPKI 루트 인증 서버(CA) 역할로 RIR 보유 인터넷 주소에 대한 인증 권한 보유와 리소스(Resource)·ROA 인증서의 최상위 등록 관리 역할 수행

(2) NIR(National Internet Registry) 역할: LIR에 할당한 인터넷 주소에 대해 위임(Delegation) 방식 또는 통합(Hosted) 방식으로 ROA 인증서 등록 역할 수행

(3) LIR(Local Internet Registry) 역할: NIR에서 할당 받은 인터넷 주소 중 인터넷으로 라우팅하는 주소 자원에 대해 ROA 인증서 신청 역할 수행

인증 체계 지원 방식

- 위임(Delegation) 방식: RIR-NIR-LIR 주소 관리 기관 간에 각각의 인증 서버(CA)를 구축하여 리소스·ROA 인증서를 등록·관리하는 방식

- 통합(Hosted) 방식: RIR은 할당한 인터넷주소에 대한 인증 권한을 보유한 RPKI 시스템을 구축하고, 소속된 NIR, LIR은 RIR의 시스템에 접속하여 ROA 인증서를 신청 등록하는 방식. 주소 자원 인증서, ROA 인증서의 생성, 인증서 키 갱신과 같은 모든 암호화 작업이 RIR의 RPKI 시스템에서 처리되고 관리된다.

※ 현재 KISA에서는 통합(Hosted) 방식만 지원한다. 다음 '한국인터넷진흥원(KISA) 라우팅 인증(RPKI) 지원 안내' 내용을 참조하자.

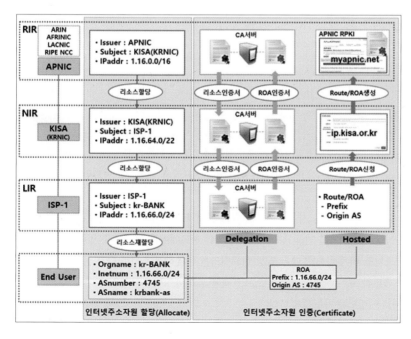

—— 🏠 출처 https://www.kisa.or.kr/

109

라우팅 인증(RPKI) 시스템 구성요소는 다음과 같다.

- CA(Certificate Authority) 서버: 인터넷 주소에 대한 인증서의 생성, 폐지, 저장 및 분배 등을 담당하는 PKI의 핵심 구성요소로서 독립된 신뢰 기관 역할을 수행(위임 방식)
- 저장소(Repository): CA서버로부터 서명된 인증서 객체와 ROA 인증서를 저장 관리하고 캐시(검증) 서버에 제공하는 기능을 수행
- RPKI 캐시(Cache) 서버: RIR RPKI 시스템의 TAL(Trust Anchor Locator) 정보를 이용해 RSYNC 또는 RRDP 프로토콜을 이용해 저장소와 통신하고, RPKI 저장소의 보안 인증된 ROA 데이터를 제공받아 RPKI 라우터에게 제공하는 기능 수행
- RPKI 라우터: RTR(RPKI to Router) 프로토콜을 사용하여 RPKI 캐시 서버로부터 ROA 데이터를 수신하여 BGP 라우팅 정보를 검증할 수 있는 기능을 수행

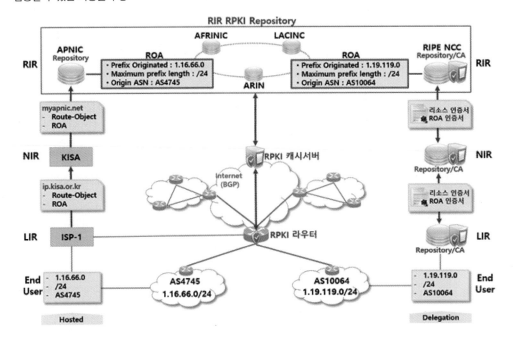

── 🏠 출처 한국인터넷정보센터

110

소프트웨어 정의 네트워킹(Software-Defined Networking, SDN)은 소프트웨어 기반 컨트롤러 또는 응용 프로그래밍 인터페이스(Application Programming Interfaces, API)를 사용하여 기본 하드웨어 인프라와 통신하고 네트워크의 트래픽을 직접 전달하는 네트워킹 접근 방식이다.

이 모델은 전용 하드웨어 장치(예: 라우터 및 스위치)를 사용하여 네트워크 트래픽을 제어하는 기존 네트워크의 모델과 다르다. SDN은 소프트웨어를 통해 가상 네트워크를 만들고 제어하거나 기존 하드웨어를 제어할 수 있다. 네트워크 가상화를 통해 조직은 단일 물리적 네트워크 내에서 서로 다른 가상 네트워크를 분할하거나 서로 다른 물리적 네트워크에 있는 장치를 연결하여 단일 가상 네트워크를 만들 수 있지만, 소프트웨어 정의 네트워킹은 중앙 집중식 서버를 통해 데이터 패킷의 라우팅을 제어하는 새로운 방법을 가능하게 한다.

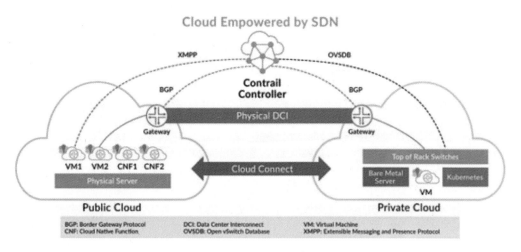

Cloud Empowered by SDN

BGP: Border Gateway Protocol
CNF: Cloud Native Function
DCI: Data Center Interconnect
OVSDB: Open vSwitch Database
VM: Virtual Machine
XMPP: Extensible Messaging and Presence Protocol

⌂ 출처 https://www.juniper.net/

111

정답: 4번

Wi-Fi Alliance에서 소개된 Wi-Fi 6E는 현재 지원되는 2.4GHz 및 5GHz 대역 외에도 라이선스가 없는 6GHz 대역에 기능을 사용할 수 있도록 하는 Wi-Fi 6(802.11ax라고도 함)의 차기 확장 표준이다.

Wi-Fi 애플리케이션용 6GHz 대역에서는 1,200MHz의 추가 스펙트럼을 사용할 수 있으며, Wi-Fi 6E 디바이스는 14개의 추가 80MHz 채널과 7개의 추가 160MHz 채널에서 운영될 수 있다. 더 넓은 스펙트럼은 네트워크 설계를 단순화하고 더 높은 처리량과 더 넓은 채널을 통해 궁극적인 Wi-Fi 성능을 제공한다.

또한, 동시에 레거시 디바이스를 지원할 필요가 없으므로 네트워크 혼잡이 줄어든다. 6GHz에서 이렇게 확장된 스펙트럼 용량을 활용하여 Wi-Fi 사용자 환경과 연결된 디바이스 전반에서 지속적인 혁신을 기대할 수 있다. Wi-Fi 6E 표준은 급증하는 디바이스 집적도와 비디오 스트리밍, 화상 회의, 음성 통화와 같은 고대역폭 애플리케이션을 위해 설계된 더 빠르고 안정적인 Wi-Fi 네트워크를 통해 802.11ax 네트워크 사용자 환경을 더욱 향상시킨다.

Wi-Fi 6E 인증은 시장의 요구에 대응하여 계속해서 발전하는 최신 WPA3™ 보안을 사용한다. WPA3는 최근 더욱 강력한 패스워드 생성을 지원하고 더 많은 공격을 방어하며 Wi-Fi 네트워크에서 개인 정보를 보호하도록 업데이트되었다. Wi-Fi 6E는 OFDMA, TWT, MU-MIMO를 비롯한 Wi-Fi CERTIFIED 6의 기능을 6GHz 대역으로 확장한다. 이러한 기능은 모두 추가 6GHz 스펙트럼 용량과 최대 7개의 슈퍼와이드 160MHz 채널을 통해 더 많은 데이터를 전송하고 UC(Unified Communications), AR/VR, 홀로그램 비디오 등의 고대역폭 Wi-Fi 6E 애플리케이션을 제공한다. Wi-Fi 6E는 저지연을 제공하여 산업용 IoT와 엔터프라이즈 환경의 요구를 만족시킨다. Wi-Fi 6E는 재택 근무, 텔레프레즌스, 원격 학습과 같은 중요한 활동을 위한 추가 용량, 속도, 낮은 지연을 제공한다.

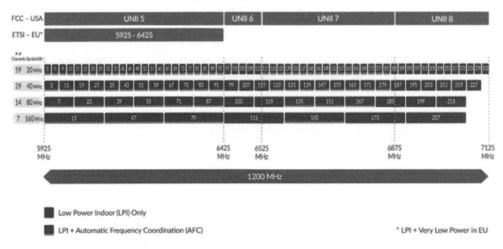

6 GHz Channel Allocations

— ⌂ 출처 https://www.juniper.net/

Wi-Fi 5 vs Wi-Fi 6

	Wi-Fi 5 (802.11n/ac)	Wi-Fi 6 (802.11ax)
Channels available	20/40/80/160 MHz[1]	20/40/80/160 MHz[1]
Bands used	2.4 and 5 GHz	2.4 and 5 GHz
Maximum # Spatial Streams (SS) to increase peak data rates	4×4	8×8
Highest order of modulation to increase bits/symbol and decrease error margin	256-QAM	1024-QAM
Multi-user MIMO to increase efficiency by providing concurrent user uploads	downlink only	uplink and downlink
OFDMA to increase efficiency by combining short packets	No	Yes
IoT Target Wake Time to conserve battery life	No	Yes
BSS Coloring to increase capacity and channel reuse	No	Yes
Enhanced Open to provide encryption on open, non-password protected networks	No	Yes
WPA3 for more robust authentication	No	Yes

[1] Although 80/160 MHz channels are supported, they are not typically used due to high channel utilization. Wi-Fi 6E and the 6 GHz channel addresses this by providing up to seven additional 80/160 MHz channels.

— ⌂ 출처 https://www.arubanetworks.com/

112

정답: 3번

PoE(Power over Ethernet)는 표준 전원 코드 및 배선 대신 이더넷 데이터 케이블을 통해 각 장치를 작동하는 데 필요한 전류를 전달할 수 있도록 하는 유선 이더넷 LAN(Local Area Network)을 구현하는 기술이다.

스마트 홈 애플리케이션과 비즈니스 구내 모두에서 사용되는 PoE는 전력만 공급하고 데이터에 대해 별도의 배선이 필요한 전기 배선 대신 전력과 데이터를 모두 전송할 수 있는 저렴한 이더넷 케이블을 사용한다. PoE는 이더넷 케이블을 통해 전력과 데이터를 모두 전송하기 때문에 배선이 덜 필요하고 전기 배선은 그대로 유지될 수 있다. PoE 표준은 무선 액세스 포인트(AP)와 같은 장치를 지원하기 위해 2003년에 개발되었다. 이전에는 개별 공급업체가 다양한 형태의 독점 PoE를 사용하여 PoE 기능을 제공했다. 이러한 독점 PoE 장치 중 일부는 오늘날에도 여전히 사용되고 있다.

　　PoE 설치자는 이러한 구형 독점 장치가 나중에 제공되는 표준 PoE 장치와 문제가 되거나 호환되지 않을 수 있으므로 위치를 확인해야 한다. 오늘날의 표준 PoE 장치는 특히 천장에 전력을 배선하기 어려운 부분이 있을 때, AP 설치를 보다 쉽고 유연하게 만든다.

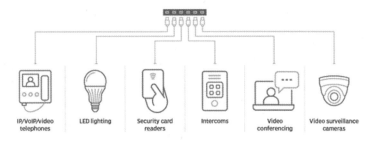

Devices powered by PoE

| IP/VoIP/video telephones | LED lighting | Security card readers | Intercoms | Video conferencing | Video surveillance cameras |

113

정답: 3번

　　DNSSEC(DNS Security Extensions)는 '데이터 위-변조 침해 공격'에 취약한 DNS의 문제점을 근본적으로 보완 개선하기 위해 국제인터넷표준화기구인 IETF에서 1990년대 후반부터 논의를 시작, 2005년경 완성한 국제표준기술로, 다양한 시험을 거쳐 2010년에는 전세계 최상위 DNS인 '루트DNS'에도 적용되면서, 전세계적으로 적용이 확대되고 있다. 우리나라는 2011년 '.kr' 국가 도메인 영역에 대한 DNSSEC 적용을 시작으로 2012년 9월 '.kr', '.한국' 등 총 31개 국가 도메인 영역 전체에 DNSSEC 적용을 완료하여 본격 서비스 제공 중에 있다. DNSSEC은 DNS를 대체하는 것이 아니라, 기존의 DNS에 공개 키 암호화 방식의 보안기능을 추가 부여하여 DNS의 보안성을 대폭 강화하는 역할을 한다.

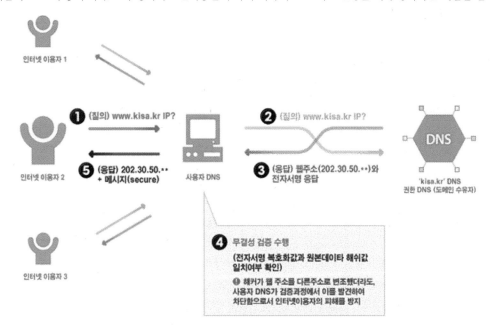

114

MIMO 기술은 종래의 배열 신호 처리 기술(Array signal processing)과 공간 다중화 기술(spatial multiplexing)을 결합한 것으로, 이미 4G 이동통신 시스템 등에 일부 적용된 기술이다. 다만, 종래의 MIMO 기술은 4개 정도의 안테나를 이용하여 데이터를 전송하는 것으로 종래의 안테나, RF 변환 장치 등을 크게 개선하지 않고도 적용 가능했다.

그러나 Massive MIMO 기술은 기지국에는 수백 개의 안테나를, 단말기에는 수십~수백 개의 안테나를 밀집하여 배치하는 것을 가정하고 있어 Massive MIMO 기술의 특성을 고려한 새로운 안테나, RF 부품 등의 개발이 필요하다. Massive MIMO 기술을 이용하면, 여러 개의 안테나를 이용하여 신호를 특정 방향으로 집중하여 전송하거나 원하는 방향으로부터 수신되는 신호를 제외한, 간섭 신호를 차단할 수 있어 도달거리가 짧은 밀리미터파 기술의 단점을 보완할 수 있다.

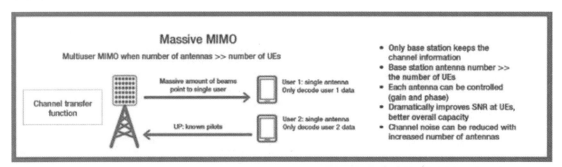

115

ESB(Enterprise Service Bus)는 응용 프로그램의 연결된 구성요소 간에 작업을 배포하는 데 사용되는 소프트웨어 플랫폼이다. 이는 작업을 이동하는 균일한 수단을 제공하도록 설계되었으며 간단한 구조 및 비즈니스 정책 규칙을 기반으로 ESB에 연결하고 메시지를 구독할 수 있는 기능을 애플리케이션에 제공한다. 따라서 분산 컴퓨팅과 구성요소 통합 모두에 사용되는 도구이다.

이 도구를 생각하는 가장 좋은 방법은 메시지 내용과 비즈니스 정책 구현을 기반으로 애플리케이션 구성요소 간의 특정 경로를 따라 메시지를 보낼 수 있는 스위치 세트로 시각화하는 것이다. ESB는 SOA 또는 서비스 지향 아키텍처의 필수 컴포넌트로서 1990년대 후반에 등장한 아키텍처이다.

SOA는 서비스 인터페이스를 통해 소프트웨어 컴포넌트를 재사용할 수 있는 방법을 정의한다. 이러한 인터페이스는 매번 깊은 통합을 수행하지 않고도 새 애플리케이션에 빠르게 통합될 수 있는 방식으로 공통 통신 표준을 활용한다. SOA의 각 서비스는 완전한 개별 비즈니스 기능(예: 고객의 신용 확인, 월별 대출 납입금 계산 또는 모기지 신청 처리)을 실행하는 데 필요한 코드 및 데이터 통합을 구현한다.

서비스 인터페이스는 느슨한 결합을 제공하며 이는 구현되는 방법에 대한 지식이 거의 없거나 전혀 없이 호출될 수 있음을 의미한다. SOAP(단순 오브젝트 액세스 프로토콜)/HTTP 또는 JSON/HTTP와 같은 표준 네트워크 프로토콜을 사용하여 서비스를 노출하여 데이터를 읽거나 변경하기 위한 요청을 전송한다. 서비스는 개발자가 신속하게 검색하여 새 애플리케이션을 구축하는 데 재사용할 수 있는 방식으로 공개된다.

이러한 서비스는 처음부터 빌드할 수 있지만 서비스 인터페이스로 레코드의 레거시 시스템으로부터 기능을 노출하여 생성하는 경우가 많다. 이때 ESB의 필요성이 제기된다. 레거시 시스템 및 레코드 시스템은 일반적으로 SOA 네트워크 프로토콜을 사용하여 작업하기 위해 변환되고 통합되어야 하는 이전 프로토콜 및 독점 데이터 형식을 사용한다.

ESB는 필요한 때에 이러한 변환과 통합을 수행한다. ESB를 사용하지 않고 SOA를 구현할 수 있지만, 애플리케이션 소유자들은 서비스 인터페이스를 노출하는 고유한 방법을 찾아야 하며, 이는 많은 작업(결국 인터페이스를 재사용할 수 있는 경우에도)을 요구하면 향후에도 상당한 유지 보수 문제를 야기할 수 있다.

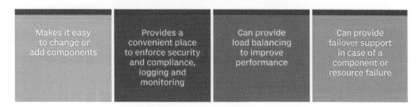

── 🏠 출처 https://www.ibm.com/

116

도메인 이름 시스템(Domain Name System, DNS)은 사람이 읽을 수 있는 도메인 이름(예: www.samsung.com)을 장치가 읽을 수 있는 IP 주소(예: 174.231.212.44)로 변환한다. DNS는 인터넷 도메인 이름을 찾아 인터넷 프로토콜(IP) 주소로 변환하는 명명 데이터베이스이다. 도메인 이름 시스템은 사람들이 웹 사이트를 찾는 데 사용하는 이름을 컴퓨터가 해당 웹 사이트를 찾는 데 사용하는 IP 주소에 매핑한다.

웹 브라우징 및 대부분의 기타 인터넷 활동은 DNS를 사용하여 사용자를 원격 호스트에 연결하는 데 필요한 정보를 신속하게 제공한다. DNS 매핑은 권한 계층 구조로 인터넷 전체에 배포된다. 정부, 대학 및 기타 조직뿐만 아니라 액세스 공급자 및 기업에는 일반적으로 할당된 고유한 IP 주소 범위와 할당된 도메인 이름이 있다. 또한, 일반적으로 DNS 서버를 실행하여 해당 이름과 해당 주소의 매핑을 관리한다. 대부분의 URL(Uniform Resource Locator)은 클라이언트 요청을 받는 웹 서버의 도메인 이름을 중심으로 구축된다.

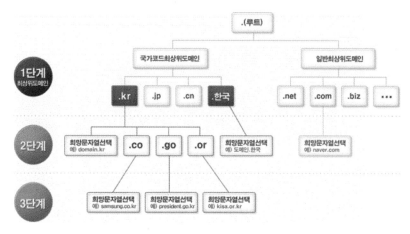

117

정답: 3번

무선 랜 이용을 위해 설치되는 무선공유기에는 대부분 자체 보안 기술이 적용되어 있어서, 직접 보안 설정을 할 수 있다. 일반적으로 무선 공유기에서 제공하는 보안 기술은 다음과 같다.

구분	WEP(Wired Equivalent Privacy)	WPA(Wi-Fi Protected Access)	WPA2(Wi-Fi Protected Access2)
인증	사전 공유된 비밀 키 사용(64비트, 128비트)	사전에 공유된 비밀 키를 사용 하거나 별도의 인증 서버 이용	사전에 공유된 비밀 키를 사용 하거나 별도의 인증 서버 이용
암호화 방법	고정 암호 키 사용 RC4 알고리즘 사용	암호 키 동적 변경(TKIP) RC4 알고리즘 사용	암호 키 동적 변경 AES 등 강력한 암호 알고리즘 사용
보안성	가장 취약하여 널리 사용되지 않음	WEP 방식보다 안전하나 불완전한 RC4 알고리즘 사용	가장 강력한 보안 기능 제공

118

정답: 1번

2019년, 구글이 포르투갈 리스본에서 남아프리카 공화국 케이프타운을 연결하는 해저 인터넷 케이블 '에퀴아노(Equiano)' 프로젝트를 발표했다. 에퀴아노는 나이지리아 출신 작가이자 노예제 폐지론자였던 올라우다 에퀴아노(Olaudah Equiano)의 이름을 딴 것이다.

구글은 자사 서비스의 글로벌 인트라 개선을 위해 지난 3년간 500억 달러(약 57조 7,000억 원)에 가까운 자금을 투입해 왔다. 해저 케이블은 설치, 유지, 보수에 막대한 자금이 들기 때문에 여러 업체가 컨소시엄을 구성해 공동 투자하는 것이 일반적이다. 단독으로 해저 케이블은 비용 부담이 크지만 원하는 사양과 위치에 설치하고 안전한 보안을 유지할 수 있다는 장점이 있다.

에퀴아노 프로젝트 발표로 구글이 지분 일부 또는 전부를 소유한 해저 케이블은 14개가 됐다. 구글 단독 설치 장거리 해저 케이블로는 로스엔젤레스와 칠레를 연결하는 퀴리(Curie), 대서양을 가로질러 버지니아 비치와 프랑스 연안을 연결하는 뒤낭(Dunant)에 이어 에퀴아노(Equiano)가 세 번째다.

케이블 이름은 알파벳 순서를 따르고 있다. 마치 안드로이드의 별명처럼 말이다. 구글은 장거리 해저 케이블 설치에 앞서 조금 짧은 거리의 알파(Alpha), 베타(Beta)를 설치한 적이 있다. 지난해 말 해저 케이블 업체 알카텔 서브마린 네트워크스(Alcatel Submarine Networks)와 계약을 마쳤고 2021년 설치 마무리를 목표로 하고 있다.

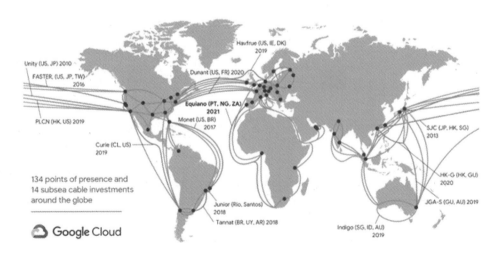

119

무선 랜이란 선 연결 없이 인터넷을 이용할 수 있게 하는 무선 인터넷 이용 환경을 말한다. 무선 랜 환경을 구축하려면 무선 공유기 등 무선 접속 장치가 필요하다. 무선 랜 보안을 위한 7가지 고려 사항도 일반적인 보안 고려 사항과 유사하다.

(1) 사용자 인증(Authentication)

(2) 접근 통제(Access Control)

(3) 권한 검증(Authorization)

(4) 데이터 기밀성(Confidentiality)

(5) 데이터 무결성(Integrity)

(6) 부인 방지(Non-repudiation)

(7) 안전한 핸드오프(Secure hand-off)

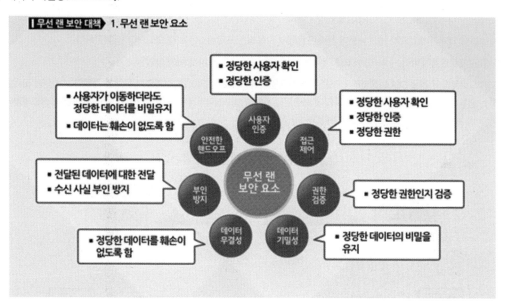

—— ⌂ 출처   https://www.boho.or.kr/

120

데이터 패킷을 인증하고 무결성을 보장하기 위해 IPsec에는 두 가지 프로토콜이 포함된다. AH(Authentication Header) 프로토콜과 ESP(Encapsulating Security Payload) 프로토콜이 있다. 두 프로토콜은 차례로 터널 모드와 전송 모드의 두 가지 캡슐화 모드를 지원한다.

터널 모드(Tunnel Mode)

터널 모드에서는 전체 원본 IP 패킷이 새 IP 패킷의 페이로드가 되도록 캡슐화된다. 또한, 원래 IP 패킷 위에 새 IP 헤더가 추가된다. 원래 정보를 이용하여 새로운 패킷을 생성하기 때문에 터널 모드는 서로 다른 네트워크 간의 트래픽을 보호하는 데 유용하다.

이 모드의 또 다른 이점은 두 개의 보안 IPsec 게이트웨이 사이에 '터널'을 매우 쉽게 설정할 수 있다는 것이다. 이러한 IPsec 게이트웨이는 차례로 두 개의 서로 다른 네트워크를 안전하게 연결할 수 있다. 원래 IP 헤더를 캡슐화하기 위해 IPsec에서 사용하는 프로세스는 AH 터널 모드 또는 ESP 터널 모드가 사용되는지 여부에 따라 다르다.

(1) 원래 패킷은 새 IP 패킷(IP 헤더와 페이로드 모두)에 캡슐화된다.

(2) AH 터널 모드의 경우 AH 헤더와 새로운 IP 헤더가 추가된다. ESP 터널 모드의 경우 ESP 헤더, 새 IP 헤더, ESP 트레일러 및 ESP 인증 트레일러가 추가된다.

(3) AH 터널 모드를 사용하는 경우 무결성 및 인증을 위해 전체 패킷에 서명된다. 그러나 ESP 터널 모드가 사용될 때 ESP 헤더와 ESP 트레일러 사이의 캡슐화된 패킷은 무결성 및 인증을 위해 서명된다. 새 패킷은 보안을 강화하기 위해 암호화할 수도 있다.

전송 모드(Transport Mode)

전송 모드의 주요 차이점은 원래 IP 헤더를 유지한다는 것이다. 즉, 원래의 IP 패킷 내에서 전송된 페이로드 데이터는 보호되지만 IP 헤더는 보호되지 않는다. 전송 모드에서 암호화된 트래픽은 이전에 보안 IPsec 터널을 설정한 두 호스트 간에 직접 전송된다.

(1) 새로운 IP 헤더가 생성되지 않기 때문에 전송 모드에서 사용되는 프로세스는 터널 모드보다 덜 복잡하다.

(2) 사용된 프로토콜에 따라 새 AH 또는 ESP 헤더가 생성되어 원래 IP 헤더 바로 뒤에 삽입된다.

(3) ESP 프로토콜의 경우 ESP 트레일러와 ESP 인증 트레일러가 모두 생성되어 원본 패키지 뒤에 추가된다. AH 전송 모드를 사용하는 경우 무결성 및 인증을 위해 전체 패킷에 서명된다. ESP 전송 모드의 경우 원래 패킷 페이로드는 인증에 의해 서명되고(즉, IP 헤더를 포함하지 않음) 필요한 경우 암호화된다.

A diagram showing IPsec encapsulation modes

제 3 장

정보 보안

해설편

001

Argon2에는 사이드 채널 공격에 대해 가장 안전한 옵션인 Argon2i와 GPU 크래킹 공격에 대해 가장 안전한 옵션인 Argon2d, 두 가지 주요 버전이 있다. Argon2d는 데이터에 따라 메모리 액세스를 사용하므로 부채널 타이밍 공격의 위험 없이 크립토 통화 및 PoW 응용 프로그램에 적합하다. Argon2i는 암호 해싱에 선호되는 데이터 독립적 메모리 액세스를 사용한다. Argon2id는 메모리를 통한 첫 번째 반복의 전반부에는 Argon2i로, 나머지는 Argon2d로 작동하므로 시간 메모리 트레이드 오프로 인해 사이드 채널 공격 보호와 무차별 대입 비용 절감을 모두 제공한다.

Argon2i는 트레이드 오프 공격으로부터 보호하기 위해 메모리를 더 많이 전달한다. Argon2는 키 유도 함수(key derivation function)의 일종으로, 2015년 Password Hashing Competition에서 우승한 사용자의 암호를 해싱하는 데 유용한 알고리즘이다. 기존의 Password Hashing 전용 알고리즘인 BCrypt나 SCrypt는 컴퓨팅 파워가 지금보다 낮고 GPU나 전용 ASIC으로 병렬 계산이 어려운 시대에 설계되었으므로 새로운 알고리즘이 필요했고, Argon2가 등장했다. Argon2는 암호를 해싱하는 데 걸리는 시간이나 소요되는 메모리 양을 설정할 수 있게 설계되었으므로 사용하는 목적에 맞게 파라미터 변경으로 적용이 가능하며 3가지가 있다.

(1) Argon2d: 더 빠르고 Data-depending 메모리 액세스를 사용하므로 비밀 해싱에 덜 적합하고 부채널 타이밍 공격의 위험이 없는 암호화폐 및 애플리케이션에 더 적합하다.

(2) Argon2i: 암호 해싱 및 암호 기반 키 유도에 적합한 데이터 독립적 메모리 액세스를 사용한다. Argon2i는 트레이드 오프 공격으로부터 보호하기 위해 메모리를 더 많이 통과하므로 속도가 느리다.

(3) Argon2id: argon2i와 argon2d의 하이브리드로, Data-depending과 Data-independent memory access를 혼용할 수 있으며 Password Hashing과 Password 기반 키 유도에 적합하다.

— ⌂출처 https://argon2.online/

002

블록체인 노드는 이웃 피어에게 전달되는 메시지에 의존한다. 악의적인 피어는 합법적인 피어로 가장하여 부정확하고 잘못된 거래 정보를 제공할 수 있다. 이클립스 공격(Eclipse Attack)은 일반적으로 4단계로 실행된다. 공격자는 피해자 노드의 이웃 노드를 식별한다.

(1) 공격자는 피어에 대해 DDoS(분산 서비스 거부)를 시작하고 악성 노드를 배치한다.

(2) 피어와 희생자 노드 사이에서 희생자 노드를 격리한다. 공격자는 피어를 검사하여 피해자 노드가 악성 노드를 피어로 인식할 때까지 기다린다.

(3) 악의적인 노드에 연결하고 공격자는 피해자 노드와 거래를 시도한다.

(4) 악성 노드의 거래 정보를 허위로 제출하여 피해자 노드를 속여 실제 거래가 이루어지고 확인된 것으로 믿게 한다.

이클립스 공격의 완화 방법은 연결된 피어의 수를 늘리고 노드 선택을 무작위화하면 공격자가 적어도 같거나 더 많은 수의 악성 노드로 확장해야 하므로 악용 가능성을 줄일 수 있다. 악용 공격은 알려져 있고 신뢰할 수 있는 노드를 화이트리스트에 추가하고 노드가 화이트리스트 노드 중 하나 이상에 연결하도록 요구함으로써 완화될 수 있다. 51% 공격과 마찬가지로 블록체인 탐색기를 사용하여 트랜잭션 완결성을 여러 번 확인하고 수동으로 확인하여 가능성을 줄일 수 있다.

003

바인딩 코드(Binding code)라고도 하는 글루 코드(Glue Code)는 호환되지 않는 소프트웨어 구성요소를 연결하는 맞춤형 프로그램이다. 글루 코드는 함께 연결하는 코드와 동일한 언어로 작성할 수 있지만 종종 글루 언어라고 하는 시스템 구성요소를 연결하기 위해 특수 해석된 스크립팅 언어로 작성된다.

인기 있는 글루 언어로는 AppleScript, JavaScript, Perl, PHP, Python, Ruby, VBScript, PowerShell이 있다. 서로 다른 소프트웨어 모듈을 연결하는 것 외에

도 글루 코드를 사용하여 여러 시스템을 연결할 수 있다. 예를 들어 조직이 Amazon과 Google 모두에서 클라우드 서비스를 실행하는 경우 두 회사의 서버 간에 워크로드와 데이터 흐름을 허용하도록 글루 코드를 작성할 수 있다. 글루 코드는 사용자 지정 셸 명령, 응용 프로그램 래퍼 및 빠른 응용 프로그램 프로토타이핑에도 유용하다.

글루 코드는 쉽게 SLA(서비스 수준 계약)에 대한 가장 약한 링크가 될 수 있고 적절하게 관리되지 않으면 성능에 부정적인 영향을 미치는 지나치게 복잡한 스파게티 코드가 되기 때문에 필요악으로 간주된다.

004 정답: 1번

국가 취약성 데이터베이스(National Vulnerability Database, NVD)는 SCAP(Security Content Automation Protocol)를 사용하여 표시되는 표준 기반 취약성 관리 데이터의 미국 정부 소스 저장소(리포지토리)이다. 이 데이터를 통해 취약성 관리, 보안 측정 및 규정 준수를 자동화할 수 있다.

NVD에는 보안 체크리스트 참조 데이터베이스, 보안 관련 소프트웨어 결함, 잘못된 구성, 제품 이름, 영향 메트릭이 포함된다. NVD는 ISAP(정보 보안 자동화 프로그램)를 지원한다. NIST(National Institute of Standards and Technology) 내 그룹에서 유지 관리하며 MITRE 및 기타 작업을 기반으로 한다. NVD의 취약점을 CVE(Common Vulnerabilities and Exposures)라고 하며 1990년대부터 현재까지 NVD에 100,000개 이상의 CVE가 문서화되어 있다. CVE 목록은 1999년 커뮤니티 활동으로 MITRE에 의해 시작되었으며 미국 NVD(미국 국가 취약성 데이터베이스)는 2005년 NIST(National Institute of Standards and Technology)에서 시작되었다.

- CVE: 공개적으로 알려진 사이버 보안 취약점에 대한 기록 목록이다(각각 식별 번호, 설명 및 하나 이상의 공개 참조가 포함됨). CVE 레코드는 NVD를 포함하여 전 세계의 수많은 사이버 보안 제품 및 서비스에 사용된다.
- NVD: CVE에 대한 모든 업데이트가 NVD에 즉시 표시

되도록 CVE 목록을 기반으로 구축되고 완전히 동기화된 취약점 데이터베이스이다.

- NVD와 CVE관계: CVE 목록은 수정 정보, 심각도 점수 및 영향 등급과 같은 각 레코드에 대한 향상된 정보를 제공하기 위해 CVE 레코드에 포함된 정보를 기반으로 구축된 NVD를 제공한다. 향상된 정보의 일부로 NVD는 OS별 고급 검색 기능도 제공한다. 공급업체 이름, 제품 이름 및 또는 버전 번호 별 취약성 유형, 심각도, 관련 악용 범위 및 영향에 따라. CVE와 NVD는 별도로 운영되지만 미국 국토안보부(DHS) 사이버 보안 및 기반 시설 보안국(CISA)의 후원을 받으며 둘 다 일반인이 무료로 사용할 수 있다.

005 정답: 2번

전자 서명의 한 유형인 디지털 서명(Digital Signature)은 메시지(예: 이메일, 신용카드 거래 또는 디지털 문서)의 신뢰성과 무결성을 검증하는 데 일상적으로 사용되는 수학 알고리즘이다. 디지털 서명은 개인 또는 엔티티에 고유한 가상 지문을 생성하고 사용자를 식별하고 디지털 메시지 또는 문서의 정보를 보호하는 데 사용된다. 이메일에서 이메일 콘텐츠 자체가 디지털 서명의 일부가 된다. 디지털 서명은 다른 형태의 전자 서명보다 훨씬 더 안전하다. 디지털 서명의 요구 사항은 다음과 같다.

- 위조 불가(Unforgeable): 합법적인 서명자만이 디지털 서명을 생성할 수 있어야 한다.
- 서명자 인증(User Authentication): 디지털 서명의 서명자를 불특정 다수가 검증할 수 있어야 한다.
- 부인 방지(Non-repudiation): 서명자는 서 명행위 이후에 서명한 사실을 부인할 수 없어야 한다.
- 변경 불가(Unalterable): 서명한 문서의 내용을 변경할 수 없어야 한다.
- 재사용 불가(Not Reusable): 디지털 문서의 서명을 다른 디지털 문서의 서명으로 사용할 수 없어야 한다.
- 분쟁 해결(Judge): 제3자에 의해 정당성을 검증받을 수 있어야 한다.

006

봇은 공격자의 원격 제어하에 명령을 수행하도록 컴퓨터를 감염시키는 악성 코드이다. 봇넷('로봇 네트워크'의 줄임말)은 'bot-herder'라고 하는 단일 공격자의 제어 하에 있는 멀웨어에 감염된 컴퓨터 네트워크이다. bot-herder가 제어하는 개별 기계를 봇이라고 한다. 공격자는 하나의 중앙 지점에서 봇넷의 모든 컴퓨터에 명령하여 동시에 범죄 행위를 조정할 수 있다. 봇넷의 규모(대부분 수백만 개의 봇으로 구성)를 통해 공격자는 이전에 멀웨어로 불가능했던 대규모 작업을 수행할 수 있다. 봇넷은 원격 공격자의 제어 하에 있으므로 감염된 시스템은 업데이트를 수신하고 즉시 동작을 변경할 수 있다. 그 결과, 봇 리더들은 상당한 금전적 이득을 위해 암시장에서 봇넷의 세그먼트에 대한 액세스를 임대할 수 있는 경우가 많다.

봇넷(Botnet)은 그 자체로 공격이 될 수 있지만 2차 사기 및 사이버 범죄를 대규모로 실행하는 데 이상적인 도구이다. 봇넷을 사용한 공격 기법은 다음과 같다.

(1) 분산 서비스 공격(Distributed Denial-of-Service, DDoS): 서버에 웹 트래픽을 과부하시켜 충돌을 일으키는 공격이다. 좀비 컴퓨터는 웹 사이트 및 기타 온라인 서비스를 무리지어 공격하는 작업을 수행하여 한동안 중단된다.

(2) 피싱 사기(Phishing): 신뢰할 수 있는 사람과 조직을 모방하여 귀중한 정보를 빼낸다. 일반적으로 여기에는 은행 로그인 또는 이메일 자격 증명과 같은 사용자 계정 정보를 훔치는 대규모 스팸 캠페인이 포함된다.

(3) 무차별 대입 공격(Bruteforce Attack): 웹 계정을 강제로 침해하도록 설계된 프로그램을 실행한다. 사전 공격 및 자격 증명 스터핑은 취약한 사용자 암호를 악용하고 데이터에 액세스하는 데 사용된다.

(4) 이메일 스팸(Email Spam): 오늘날 이메일은 오래된 공격 벡터로 간주되지만 스팸 봇넷은 가장 큰 규모이다. 이들은 주로 악성 코드를 포함한 스팸 메시지를 각 봇에서 엄청나게 많이 보내는 데 사용된다. 예를 들어 Cut-wail 봇넷은 하루에 최대 740억 개의 메시지를 보낼 수 있다. 그들은 또한, 봇넷에 더 많은 컴퓨터를 모집하기 위해 봇을 퍼뜨리는 데 사용된다.

(5) 금융 위반(Financial Breach): 기업의 자금 및 신용카드 정보를 직접 훔치기 위해 특별히 설계된 봇넷을 사용한다. ZeuS 봇넷과 같은 금융 봇넷은 매우 짧은 기간 동안 여러 기업에서 직접 훔친 수백만 달러와 관련된 공격에 책임이 있다.

(6) 표적 침입(Targeted Intrusions): 공격자가 네트워크에 침투하여 침입할 수 있는 조직의 특정 고가치 시스템을 손상시키도록 설계된 소규모 봇넷이다. 이러한 침입은 공격자가 재무 데이터, 연구 개발, 지적 재산, 고객 정보를 비롯한 가장 중요한 자산을 구체적으로 표적으로 삼기 때문에 조직에 매우 위험하다.

007

웹 셸(Web Shell)은 시스템에 명령을 내릴 수 있는 코드로, 이를 통해 관리자 권한을 획득하는 방식의 공격 방법이다. 웹 셸의 스크립트는 웹 서버 내에서 첨부 파일에 대한 부적절한 신뢰, 불충분한 점검 등 파일 업로드의 취약점을 이용해 악의적인 원격 공격 코드를 웹 서버로 전송한다.

이로써 권한을 취득한 후 웹 페이지의 소스 코드를 열람하고 서버 자료를 유출하며 자체 프로그램을 설치하는 등 다양한 공격이 가능하다. 좀비 PC의 경우는 PC에 설치된 악성 코드로 원격을 통해 특정 사이트를 마비시킬 정도의 트래픽을 발생시키거나, 홈페이지 서버 등에 설치돼 공격자가 원격으로 개인정보 유출 및 스팸 메일 등을 발송한다.

웹 셸은 인터넷에 널리 유포되어 있는데 asp, cgi, php, jsp 등이 서버 명령을 실행할 수 있다. 즉, 업로드 취약점을 통하여 시스템에 명령을 내릴 수 있는 코드를 말한다. 간단한 서버 스크립트(jsp,php,asp ..)로 만드는 방법이 널리 사용되며 이 스크립트들은 웹 서버의 취약점을 통해 업로드 된다. 웹 셸을 설치하면 해커는 보안 시스템을 피하여 별도의 인증없이 시스템에 쉽게 접속 가능하다.

008

OSSTMM에서 제공하는 기술 평가 프레임워크는 유연하며 논리적으로 분할된 특정 테스트 사례를 도출할 수 있다. 이러한 테스트 사례는 일반적으로 액세

102   정보보안 1000제 ⋯ 해설편

스 제어 보안, 프로세스 보안, 데이터 제어, 물리적 위치, 경계 보호, 보안 인식 수준, 신뢰 수준, 사기 제어 보호 및 기타 여러 절차를 평가하여 대상을 검사한다.

전반적인 테스트 절차는 무엇을 테스트해야 하는지, 어떻게 테스트해야 하는지, 테스트 전후에 어떤 전술을 적용해야 하는지, 최종 결과를 어떻게 해석하고 상관하는지에 중점을 둔다. 보안 메트릭을 사용하여 대상 시스템의 현재 보호 상태를 캡처하는 것은 상당히 유용하고 가치가 있다. 따라서 OSSTMM 방법론은 이 용어를 RAV(Risk Assessment Values) 형식으로 도입했다.

RAV의 기본 기능은 테스트 결과를 분석하고 운영 보안, 손실 통제, 제한의 3가지 요소를 기반으로 실제 보안 가치를 계산하는 것이다. 이 최종 보안 값을 RAV 점수라고 하며 감사자는 RAV 점수를 사용하여 현재 보안 상태를 기반으로 이정표를 쉽게 추출하고 정의하여 더 나은 보호를 달성할 수 있다.

비즈니스 관점에서 RAV는 보안에 필요한 투자 금액을 최적화할 수 있으며 더 나은 사용 가능한 솔루션을 정당화하는 데 도움이 될 수 있다. RAV는 다양한 산업 전반에 걸쳐 하나의 표준 측정을 제공할 수 있지만 더 중요한 것은 얼마나 많은 위험을 감수해야 하는지를 통계적으로 경영진에게 보여주는 데 사용할 수 있다.

───── 🏠출처 https://www.isecom.org/OSSTMM.3.pdf

009
정답: 3번

KCDSA(Korean Certificate based Digital Signature Algorithm) 암호화 알고리즘은 대한민국 KISA가 개발하고 1998년 TTA에서 국내 표준으로 제정한 전자 서명 알고리즘이다. 이산 대수의 수학적 어려움을 기반으로 설계되었고 ElGamal 방식의 변형된 구조이다. KCDSA 알고리즘보다 더 짧은 길이의 키로도 비슷한 성능을 보여주는 EC-KCDSA도 있다

010
정답: 1번

이 유형의 멀웨어는 메모리 내에서 작동하도록 설계되었으므로 시스템이 재부팅될 때까지만 시스템에서 수명이 유지된다. 파일 없는 멀웨어(Fileless Malware)는 호스트를 감염시키기 위해 바이러스가 포함된 파일에 의존하지 않는 악성 소프트웨어 유형이다. 대신 상주 메모리에서 악성 코드를 실행하기 위해 합법적이고 정당한 활동에 일반적으로 사용되는 응용 프로그램을 악용한다.

비 멀웨어 공격이라고도 하는 파일 없는 멀웨어 공격은 기존 취약점을 사용하여 시스템을 감염시킨다. 파일이 없는 멀웨어를 사용할 때 공격자는 컴퓨터에 이미 설치된 취약한 소프트웨어를 이용하여 침투, 제어 및 공격을 수행한다. 기존 멀웨어와 달리 파일 없는 멀웨어는 피해자의 컴퓨터를 감염시키기 위해 악성 소프트웨어를 설치하거나 다운로드할 필요성이 없다. 그 대신 시스템의 자체 파일과 서비스를 사용하여 공격자가 장치에 액세스할 수 있도록 한다.

시스템에 침입한 공격자는 Windows PowerShell 및 WMI(Windows Management Instrumentation)와 같은 기본 운영체제에 액세스하여 악의적인 활동을 수행할 수 있다. 많은 보안 기술이 이러한 유틸리티를 신뢰하기 때문에 분석가는 대부분의 작업이 합법적이라고 가정하므로 악의적인 활동은 쉽게 탐지되지 않을 수 있다.

파일 없는 멀웨어는 컴퓨터의 RAM(Random-Access Memory)에만 존재하므로 하드 드라이브에 직접 기록되는 내용은 없다. 이는 방어 보안 소프트웨어가 검사할 저장된 파일이 없기 때문에 탐지하기가 더 어렵다. 또한, 보안 팀이 침해를 식별한 후 조사할 수 있는 포렌식 증거가 거의 남지 않는다. 그러나 파일 없는 멀웨어는 컴퓨터의 RAM에서 실행되고 하드 드라이브에 영구적으로 저장되지 않기 때문에 공격자는 공격을 실행할 기회가 더 적다. 시스템이 재부팅되면 파일 없는 멀웨어 공격도 다시 시작해야 한다.

파일 없는 멀웨어(Fileless Malware)의 주요 표적

파일리스 멀웨어 기술을 사용하는 공격자는 짧은 시간에 가능한 한 많은 정보를 수집하려고 하며 몇 가지 주요 대상에 공격을 집중하는 경향이 있다. Power-Shell 및 WMI(Windows Management Instrumentations)는 매우 자주 등장하는 공격 대상이며 많은 보안 기술이 이러한 유틸리티를 신뢰하고 분석가는 대부분의 작업이 합법적인 것으로 가정하므로 해커가 이 두 시스템을 선택하여 악의적인 활동이 탐지되지 않은 상태로 유지되기 쉽다.

011

정답: 2번

AES(Advanced Encryption Standard)는 미국의 표준 기술연구소 NIST에서 선정하는 공식적인 비밀 키 암호화 표준이다. DES와 3DES의 암호화 안전성과 강도가 낮아지면서 AES 암호화는 1998년부터 공식적으로 스펙을 발표하여 모집했고 결국 2000년 Rijndeal 알고리즘이 선정됐다. AES 암호화는 128비트 길이의 블록과 세 가지 길이의 키(128, 192, 256비트)를 갖추도록 요구되었으며 현재까지 표준으로 활용되고 있다.

012

정답: 3번

데이터베이스 암호화 방식은 일반적으로 API 방식과 Plug-In 방식으로 분류할 수 있다. API 방식은 별도의 암호화 솔루션과 애플리케이션이 인터페이스하는 기법으로, 프로그램에서 API 규격에 맞춰 암복호화 함수를 호출한다. 따라서 소스 코드의 변경이 필수적으로 요구되기 때문에 공수 산정 및 영향도 분석이 필요하다.

또한, 데이터베이스의 솔루션 변경에 상대적으로 투명성을 제공하는 방식이고 데이터베이스 시스템의 성능보다 암호화 솔루션의 성능이 더 중요하다. 새로운 암호화 솔루션을 적용할 경우 반드시 PoC를 통해 성능 테스트를 진행해야 한다.

013

정답: 4번

폰지 사기(Ponzi Scheme) 또는 폰지 게임(Ponzi Game)이란 투자 사기 수법의 하나로, 실제 아무런 이윤 창출 없이 투자자가 투자한 돈을 이용해 투자자에게 수익을 지급하는 방식이다. 폰지 사기는 대부분 새로운 투자자를 끌어들이기 위해 보통의 정상적인 투자가 보장할 수 없는 고수익을 단기간에 매우 안정적으로 보장해준다고 광고한다. 이는 계속해서 기존 보다 훨씬 더 많은 투자금이 지속적으로 유입되지 않으면 지속이 불가능한 투자 형태이다.

014

정답: 4번

새로운 종류의 보안 위협은 다음과 같은 정보를 활용하여 멀웨어 분석 환경을 감지하고 우회한다.

- 도구 사용(Instrumentation): 가상 환경 내에서 멀웨어를 실행하고 관찰이 이루어지고 있는 증거를 탐색한다. 방어자의 시스템 모니터링 행위를 파악한다.
- 환경 상세 정보 및 시스템 구성 파악: 특정 가상화 기술과 사용자명, 스크린 해상도, 디스크 공간, CPU 코어 사용 등의 특정 지표를 확인한다.
- 사용자 활동: 키보드나 마우스 입력, 타이핑 속도 등을 파악한다. 사용자 활동 행위가 별로 존재하지 않으면 가상 환경이라고 파악한다.

4)번의 제로데이 공격(Zero-day Attack)은 특정 소프트웨어의 아직까지 공표되지 않은, 혹은 공표되었지만 아직까지 패치되지 않은 보안 취약점을 이용한 해킹의 통칭이다. 제로데이 공격은 그 정의에 따라 해당 취약점에 대한 대책이 아직까지 없기 때문에 공격을 막을 수가 없어서 어떤 컴퓨터든 무방비로 노출될 수밖에 없다. 문제에서 멀웨어 분석 환경으로 제로데이 취약점 분석은 해당 사항과 가장 거리가 멀다.

015

정답: 4번

역상 공격(Preimage Attack)은 암호학적 해시 함수의 공격 방식으로, 해시 함수의 출력값이 같은 새로운 입력값을 찾는 해시 충돌 공격이다. 역상 공격은 다음의 두 가지로 구분된다.

- 제1 역상 공격(First Preimage Attack): 해시값이 주어졌을 때, 그 해시값을 출력하는 입력값을 찾는다.
- 제2 역상 공격(Second Preimage Attack): 입력값이 주어져 있을 때, 그 입력과 같은 해시값을 출력하는 다른 입력값을 찾는다. 즉, 제2 역상 공격은 제1 역상 공격에서 원본 메시지까지 주어져 있는 경우이다. 충돌 공격은 역상 공격과는 달리 해시 함수의 출력값이 고정되어 있지 않고 해시 충돌이 일어나는 두 입력값을 찾는 공격이다. 따라서 역상 공격은 충돌 공격보다 더 어려운 것으로 알려져 있다.

해시 함수를 공격하는 방법은 세 가지가 있다. 먼저, 주어진 해시 결괏값을 가지고 입력값을 찾는 공격 방법인 역상 공격(Preimage Attack)이 있다. 그리고 어떤 한 입력에 대한 해시 결괏값을 가지고 같은 해시값을 찾아 그에 해당하는 입력을 구하는 제2 역상 공격(2nd Preimage attack)이 있다. 마지막으로, 가장 공격하기 쉬우면서 생일 역설을 근거로 하여 앞의 두 가지 공격 방법보다 성공률이 높은 방법이 있는데 동일한 해시 결괏값을 갖는 충돌 쌍을 찾는 방법으로, 이를 충돌 공격(Collision Attack)이라고 한다.

016

정답: 4번

51% 공격은 작업 증명 합의 알고리즘에 대한 이중 지출 공격이며 1세대 및 2세대 블록체인에 영향을 미칠 수 있다. 이 공격을 통해 공격자는 돈을 포기하지 않고도 블록체인 네트워크에서 암호화폐를 사용할 수 있다. 2020년 8월 이더리움 클래식에 대한 여러 번의 공격을 포함하여 여러 51% 공격이 있었다. 블록체인 네트워크는 네트워크가 완전히 분산되지 않은 경우, 특히 채굴자가 진행 중인 PoW 합의 알고리즘을 지원하기 위해 노드 소프트웨어를 업데이트해야 할 수 있는 네트워크 업그레이드와 같은 체인 재구성 이벤트 중에 공격에 가장 취약하다.

51% 공격은 일반적으로 4단계로 실행된다. 공격자는 블록체인의 악성 버전을 만들고 계속해서 블록을 추가한다. 그러나 공격자는 (1) 악의적인 블록체인을 브로드캐스트하지 않는다. 그런 다음 공격자는 합법적인 버전의 블록체인에서 거래를 수행한다. 이것은 공격자가 (2) 합법적인 암호화폐를 디지털 상품에 사용하고 거래를 확인하도록 허용하는 경우이다. 악의적인 체인에서 공격자는 이러한 트랜잭션이 존재하지 않기 때문에 기록하지 않는다. 공격자는 합법적인 장치의 해킹을 통해 얻거나 다크 웹 공급자로부터 임대할 수 있는 추가 (3) Hash 파워를 사용하여 블록체인의 악성 버전을 합법적인 버전보다 더 길게 확장한다. 악성 버전이 합법적 버전보다 길면 공격자는 악성 버전을 블록체인 네트워크에 (4) 브로드캐스트한다. 블록체인 정책은 가장 긴 체인 규칙을 준수하고 악성 버전이 실제 버전보다 길기 때문에 블록체인 네트워크는 악성 버전을 채택하고 공격자의 지출 존재를 지워버릴 가능성이 높다.

51% 공격에 대한 최선의 완화는 네트워크의 해시 비율이 최대화되고 지리적 및 비중앙 집중적으로 분산되어 있는지 모니터링하고 확인하는 것이다. 단일 엔티티 또는 엔티티가 네트워크 해시 비율의 최소 51%를 공모하고 통제할 수 없도록 한다. 블록의 체크포인트 및 공증과 같은 추가 보호 장치를 계층화해야 한다. 블록 공증이나 체크포인트가 51% 공격을 막지는 못하지만, 공격자가 원장 기록을 너무 많이 다시 쓰는 것을 방지하여 영향을 줄일 수 있다는 점에 유의하는 것이 중요하다.

017

정답: 1번

다음은 일반적인 Evil Twin Attack 순서이다.

- **1단계: 올바른 위치 찾기(Looking for the right location)**

  해커는 일반적으로 인기 있는 무료 Wi-Fi를 통해 번화한 위치를 찾는다. 여기에는 종종 같은 이름의 액세스 포인트가 여러 개 있는 커피숍, 도서관 또는 공항과 같은 공간이 포함된다. 이렇게 하면 해커의 가짜 네트워크가 쉽게 탐지되지 않는다.

- **2단계: Wi-Fi 액세스 포인트 설정(Setting up a Wi-Fi access point)**

해커는 합법적인 네트워크의 SSID(Service Set Identifier)를 기록하고 동일한 SSID로 새 계정을 설정한다. 스마트폰, 랩톱, 태블릿 또는 휴대용 라우터를 포함하여 거의 모든 장치를 사용하여 이를 수행할 수 있다. 그들은 더 넓은 범위를 달성하기 위해 Wi-Fi 파인애플이라는 장치를 사용할 수 있다. 연결된 장치는 진짜 연결과 가짜 버전을 구별할 수 없다.

- **3단계: 희생자가 사악한 쌍둥이 Wi-Fi에 연결하도록 독려하기(Encouraging victims to connect to the evil twin Wi-Fi)**

  해커는 합법적인 버전보다 더 강력한 연결 신호를 생성하기 위해 피해자에게 더 가까이 이동할 수 있다. 이것은 사람들이 약한 네트워크보다 네트워크를 선택하도록 하고 일부 장치가 자동으로 연결되도록 한다.

- **4단계: 가짜 종속 포털 설정(Setting up a fake captive portal)**

  많은 공용 Wi-Fi 계정에 로그인하려면 먼저 일반 로그인 페이지에서 데이터를 제출해야 한다. 사악한 쌍둥이 해커는 순진한 피해자가 로그인 자격 증명을 공개하도록 속이기 위해 이 페이지의 복사본을 설정했다. 해커가 이러한 정보를 가지고 있으면 네트워크에 로그인하여 제어할 수 있다.

- **5단계: 피해자 데이터 도용(Stealing victims' data)**

  로그인하는 사람은 누구나 해커를 통해 연결된다. 이것은 공격자가 소셜 미디어를 스크롤하거나 은행 계좌에 액세스하는 등 피해자의 온라인 활동을 모니터링할 수 있는 전형적인 중간자 공격이다. 사용자가 자신의 계정에 로그인한다고 가정할 경우 해커는 로그인 자격 증명을 훔칠 수 있다. 이는 피해자가 여러 계정에 대해 동일한 자격 증명을 사용하는 경우 특히 위험하다.

018 정답: 1번

워터링 홀(Watering Hole) 공격은 공격 대상이 자주 방문하는 홈페이지를 사전에 악성 코드에 감염시킨 뒤 공격 대상이 접속할 때까지 잠복하면서 기다린다. 그리고 공격 대상이 접속하면 공격을 시도하는 수법이다. 홈페이지에 접속하는 모든 사용자를 공격하기 때문에 접속하는 모든 사용자가 공격 대상이 될 수 있다. 워터링 홀의 어원은 사자가 먹잇감을 습격하기 위해 물 웅덩이 근처에 숨어 있는 모습을 빗댄 표현이다. 먹잇감이 물을 마시기 위해 물 웅덩이로 접근하면 숨어있던 사자가 기습 사냥에 나서는 것이다.

(1) 크로스 사이트 스크립트(Cross Site Script) 취약점
  - 게시판, 댓글 작성 등
  - 행위: 악성 페이지로 리다이렉트로 연결

(2) 인터넷 브라우저 취약점
  - JavaScript, VBScript, Active X 등의 악용
  - 행위: 악성 코드 다운로드, 악성 코드 실행, 명령 실행 등

(3) 어도비 플래시 플레이어(Adobe Flash Player) 취약점
  - 행위: 악성 코드 다운로드, 악성 코드 실행, 명령 실행 등

(4) 웹 서버 취약점
  - 홈페이지 소스에 악성 코드 삽입

── 출처 http://www.igloosec.co.kr/

019 정답: 4번

4)번 고통의 피라미드(The Pyramid of Pain)는 보안 팀이 위협을 탐지하는 데 사용할 수 있는 다양한 침해 지표(Indicators of Compromise, IOC)의 순위를 매긴다. 각 IOC는 조직이 IOC가 악용되는 것을 차단할 수 있는 경우 위협 행위자의 노력에 미치는 피해 수준에 해당한다. 고통의 피라미드는 위협 행위자가 특정 IOC를 박탈당하는 경우 위협 행위자가 얼마나 해로운지를 보여 줄 뿐만 아니라 조직이 각 IOC를 방어를 위한 위협 인텔리전스로 활용하는 것이 얼마나 어려운지를 보여준다.

이 간단한 다이어그램은 적의 활동을 감지하는 데 사용할 수 있는 지표 유형과 해당 지표를 거부할 수 있을 때 얼마나 많은 고통을 야기할 것인지 간의 관계를 보여준다. 위협 인텔리전스의 출현으로 조직은 위협 인텔리전스 피드를 활용할 수 있다.

그러나 많은 조직에서 이를 효과적으로 활용하지 못하고 있다. 고통의 피라미드는 위협 인텔리전스에 가치를 더함으로써 위협 인텔리전스를 더욱 효과적으로 만든다. 또한, 적의 입장에서 탐지를 회피함과 동시에 지

능을 확보하는 어려움의 정도를 결정한다.

고통의 피라미드는 보안 팀이 IOC를 조사하고 강력한 방어 기능을 개발하기 위해 얻은 지식을 활용할 수 있는 영역에 대한 포괄적인 통찰력을 제공한다. 방어자로서 피라미드에서 더 높이 올라갈수록 방어가 더 효과적이다. 간단히 말해서, 이 개념은 보안 팀이 다양한 유형의 공격 지표를 감지하고 방지할 수 있도록 해준다.

020 정답: 2번

2)번의 Rudy Attack에서 R.U.D.Y.는 R U Dead yet의 줄임말로, 해커가 대상 서버로 긴 양식 필드를 지정하여 '낮고 느린' 공격을 수행하기 위해 해커가 사용하는 서비스 거부(DoS) 공격 도구를 설명하는 데 사용되는 약어이다. 대화형 콘솔이 있는 것으로 알려져 있으므로 사용자 친화적인 도구이다.

장기간 동안 대상 웹 사이트에 대한 연결을 적게 열고 가능한 한 세션을 열어 둔다. 열린 세션의 양이 서버나 웹 사이트를 초과하여 실제 방문자가 사용할 수 없게 만든다. 데이터는 매우 느린 속도로 작은 팩으로 전송된다. 일반적으로 각 바이트 사이에는 10초의 간격이 있지만, 이러한 간격은 명확하지 않으며 감지를 피하기 위해 달라질 수 있다.

'지속 및 저속' 공격이라고도 하는 느린 속도의 Layer-7 DDoS 공격은 일정 기간 동안 대상 서버 또는 웹 사이트에 대한 상대적으로 적은 수의 연결을 열려고 시도하고 가능한 한 오랫동안 세션을 열어 둔다. 결국 열린 세션의 수와 길이로 인해 대상의 리소스가 소진되어 합법적인 트래픽에서 사용할 수 없게 된다. 낮고 느린 공격 트래픽이 합법적인 것처럼 보이기 때문에 이러한 공격은 종종 기존 완화 도구의 레이더 망을 벗어난다.

021 정답: 2번

Land 공격(Land Attack)은 공격자가 TCP 세그먼트의 소스 및 대상 정보를 동일하게 설정하는 Layer 4 DoS(서비스 거부) 공격이다. 취약한 시스템은 TCP 스택에서 반복적으로 처리되는 패킷으로 인해 충돌하거나 멈춘다.

Land 공격에서는 소스 IP 주소 및 포트가 대상 주소 및 포트와 동일하게 설정되도록 특수하게 조작된 TCP SYN 패킷이 생성되며, 이는 차례로 피해자 컴퓨터의 열린 포트를 가리키도록 설정된다. 취약한 시스템은 이러한 메시지를 수신하고 무한 루프에서 재처리하기 위해 패킷을 효과적으로 보내는 대상 주소에 응답한다. 따라서 CPU는 무기한 소모되어 취약한 머신을 정지시키고 잠금을 일으키거나 심지어 충돌을 일으킨다. Classic Cisco IOS Software, Microsoft Windows 2003 및 XP SP2 서버, HP Jetdirect 프린트 서버 등을 포함하여 여러 서버, 라우터 및 운영체제가 이러한 유형의 공격에 취약하다는 CERT 권고가 발표되었다. 저항성 구현은 목적지 정보가 소스 정보와 다른지 확인한다. 완화 기술에는 취약한 시스템에 패치 설치 또는 LAND 패킷을 필터링하도록 구성된 방화벽 사용이 포함된다.

022 정답: 1번

MITRE ATT&CK®는 실제 관찰을 기반으로 하는 적의 전술 및 기술에 대한 전 세계적으로 액세스 가능한 지식 기반이다. ATT&CK 지식 기반은 민간 부문, 정부, 사이버 보안 제품 및 서비스 커뮤니티에서 특정 위협 모델 및 방법론을 개발하기 위한 기반으로 사용된다.

ATT&CK의 창설과 함께 MITRE는 보다 효과적인 사이버 보안을 개발하기 위해 커뮤니티를 한데 모아 안전한 세상을 위한 문제를 해결한다는 사명을 완수하고 있다. ATT&CK는 누구나 무료로 사용할 수 있도록 개방되어 있다. 즉, 사이버 공격은 공격자로부터 배울 것이 많다. 그들의 침입하는 것을 막으려는 것이 아니라, 그들이 네트워크 상에서 파괴의 길을 따라가는 것을 막는 것이 기회다.

여기에서 조직이 MITRE ATT&CK 프레임워크와 Lockheed Martin Cyber Kill Chain을 모두 사용할

것을 권장한다. MITRE ATT&CK 프레임워크에 의해 분류된 도구, 기술 및 절차(TTP)는 공격자가 하는 일을 보여 준다. 이러한 TTP가 사이버 킬 체인의 단계와 적절하게 연결되면 방어자는 공격자 사슬을 끊기 위해 적절한 조치를 취할 수 있으므로 킬 체인이 끊어진다. MITRE ATT&CK 프레임워크를 활용하여 사슬을 끊을 위치를 찾아야 한다.

023

정답: 4번

봇넷(Botnet)에 감염되면 좀비 컴퓨터는 다음과 같은 관리자 수준 작업에 액세스할 수 있다.

- 시스템 데이터 읽기 및 쓰기
- 사용자의 개인 데이터 수집
- 파일 및 기타 데이터 전송
- 사용자 활동 모니터링
- 다른 장치의 취약점 검색
- 모든 애플리케이션 설치 및 실행

봇넷 제작자는 돈이든 개인적인 만족이든 항상 얻을 수 있는 것이 있다.

- 금전적 절도: 돈을 갈취하거나 직접 훔치는 방법
- 정보 도용: 민감한 계정 또는 기밀 계정에 대한 액세스
- 서비스 방해: 서비스 및 웹 사이트를 오프라인으로 전환하는 등
- 암호화폐 사기: 사용자의 처리 능력을 사용하여 암호화폐 채굴
- 다른 범죄자에 대한 액세스 판매: 의심하지 않는 사용자에 대한 추가 사기 허용

024

정답: 4번

OSSTMM은 보안 테스트 및 분석을 위한 공인된 국제표준이며 많은 조직에서 일상적인 평가 주기에서 사용하고 있다. 이는 순전히 비즈니스 목표와 관련된 운영 보안 및 비용 요구 사항을 수량화하는 데 도움이 되는 과학적 방법을 기반으로 한다. 기술적인 관점에서 방법론은 범위(Scope), 채널(Channel), 인덱스(Index), 벡터(Vector)의 4가지 핵심 그룹으로 나뉜다.

범위는 대상 환경에서 작동하는 모든 자산에 대한 정보를 수집하는 프로세스를 정의한다. 채널은 물리적, 스펙트럼 및 통신이 될 수 있는 이러한 자산과의 통신 및 상호 작용 유형을 결정한다. 이러한 모든 채널은 평가 기간 동안 테스트 및 확인해야 하는 고유한 보안 구성요소 집합을 나타낸다. 이러한 구성요소는 물리적 보안, 인간 심리, 데이터 네트워크, 무선 통신 매체 및 통신으로 구성된다. 인덱스는 MAC 주소 및 IP 주소와 같은 특정 식별에 해당하는 대상 자산을 분류할 때 상당히 유용한 방법이다. 마지막으로 벡터는 감사인이 각 기능 자산을 평가하고 분석할 수 있는 방향을 결정한다. 이 전체 프로세스는 대상 환경을 철저히 평가하기 위한 기술 로드맵을 시작하며 이를 감사 범위라고 한다.

025

정답: 2번

문제에서 설명하는 일방향 해시 알고리즘은 MD5(Message Digest 5)이다. 어떤 길이의 문자열도 128비트 고정 길이의 메시지로 압축하는 일방향 해시 알고리즘이며 RFC 1321 표준으로 제정되어 있다. SMTP와 DNS 등의 많은 서비스에서 데이터 무결성을 보장하기 위한 암호화 알고리즘으로 활용되어 왔지만, 안전성에 허점이 발견되어 현재는 SHA-2, SHA-3 알고리즘으로 대체되고 있다.

026

정답: 1번

보안 평가 요구 사항을 해결하기 위해 다양한 오픈 소스 방법론이 도입되었다. 이러한 평가 방법론을 사용하면 규모와 복잡성에 따라 시스템 보안을 평가하는 시간이 중요하고 어려운 작업을 쉽게 통과할 수 있다.

이러한 방법론 중 일부는 보안 테스트의 기술적 측면에 초점을 맞추는 반면, 다른 방법론은 관리 기준에 초점을 맞추며 양쪽 모두를 다루는 방법은 거의 없다. 평가와 함께 이러한 방법론을 공식화하는 기본 아이디

어는 시스템의 보안을 정확하게 판단하기 위해 다양한 유형의 테스트를 단계별로 실행하는 것이다. 따라서 네 가지 잘 알려진 보안 평가 방법론을 도입하여 주요 기능과 이점을 강조하여 네트워크 및 애플리케이션 보안 평가에 대한 확장된 관점을 제공했다.

다음과 같은 방법론이 있다.

- 오픈 소스 보안 테스트 방법론 매뉴얼(Open Source Security Testing Methodology Manual, OSSTMM)
- 정보 시스템 보안 평가 프레임워크(Information Systems Security Assessment Framework, ISSAF)
- 웹 애플리케이션 보안 프로젝트(Open Web Application Security Project, OWASP) 상위 10위(Top Ten)
- 웹 애플리케이션 보안 컨소시엄 위협 분류(Web Application Security Consortium Threat Classification, WASC-TC)

이러한 모든 테스트 프레임워크와 방법론은 보안 전문가가 클라이언트의 요구 사항에 맞고 적절한 테스트 프로토타입을 검증할 수 있는 최상의 전략을 선택하는 데 도움이 된다. 처음 두 가지는 거의 모든 정보 자산에 대한 보안 테스트를 준수하는 일반적인 지침과 방법을 제공한다. 마지막 두 가지는 주로 애플리케이션 보안 도메인의 평가를 다룬다.

그러나 보안 자체가 진행 중인 프로세스라는 점에 유의하는 것이 중요하다. 대상 환경의 사소한 변경은 보안 테스트의 전체 프로세스에 영향을 줄 수 있으며 최종 결과에 오류가 발생할 수 있다. 따라서 위의 테스트 방법을 보완하기 전에 대상 환경의 무결성을 확인해야 한다.

단일 방법론을 적용한다고 해서 반드시 위험 평가 프로세스에 대한 완전한 그림을 제공하는 것은 아니다. 따라서 대상 테스트 기준을 해결할 수 있고 네트워크 또는 애플리케이션 환경과 일관성을 유지할 수 있는 최상의 전략을 선택하는 것은 보안 감사자에게 달렸다.

027 정답: 3번

랜섬웨어에 감염되는 대표적인 3가지 사례는 다음과 같다.

(1) 위장 악성 코드: 악성 코드를 포함하고 있는 정상 파일로 위장된 악성 코드를 다운로드하는 경우

대부분의 사용자들은 불법 프로그램이 아니기 때문에 이러한 업무 유관 프로그램은 의심없이 다운로드하는 경우가 많다. 보통 일반적으로 포털 사이트가 연결해 준 다운로드 링크가 설마 악성 코드를 포함하고 있을 것이라고 생각하지 않는 경우가 대부분이다. 웹 파일 저장소 운영업체 역시 악성 코드를 대비하여 파일이 업로드 되는 시점에 검사를 통해 걸러진 정상 파일만 업로드하도록 허용하고 있다. 하지만 정교하게 만들어져 탐지 솔루션을 우회하는 파일이나 압축 파일의 경우 사용자가 실행하기 전까지는 정상 파일로 판단되기 때문에 랜섬웨어 감염을 100% 예방할 수는 없다.

(2) 스피어피싱: 외부에서 전달된 업무 유관 메일에 포함된 악성 코드가 실행되는 경우

스피어피싱은 간단하지만, 표적을 지정하여 수행되는 이메일 기반의 사이버 공격이다. 과거의 이메일 공격은 불특정 다수를 타깃으로 하였지만, 사용자들의 인식 수준이 높아지면서, 쉽게 말해 낚이는 사람이 줄어드는 것은 해커에게도 위기가 되었고 공격 방식의 고도화를 위해 사회 공학기법을 적용했다. 시간과 자원이 소요되더라도 효과적인 공격을 위해 사전에 정보를 수집한다. 이러한 정보기반의 표적형 공격으로 사용자는 메일을 개봉하게 되고 세부 내용을 확인하려 첨부 파일을 실행하는 순간, 랜섬웨어에 감염이 되는 경우이다.

(3) Drive by download: 무심코 방문한 웹 사이트에서 악성 코드가 감염되는 경우

최근에 많이 일어나는 공격 사례이다. 사용자는 단순 웹 서핑만 하고 있었고, 파일을 다운로드하지도 않았는데 랜섬웨어에 감염이 되는 경우이다. 사용자가 접속한 웹 사이트는 취약점을 가지고 있는 경우도 있지만, 정상적인 웹 사이트에 같이 보여지는 광고에 해커가 악성 스크립트를 삽입하기도 한다. 광고 팝업(또는 광고 네트워크)을 통해 악성 코드를 유포하는 서버에 접속하도록 유도하는 기법을 멀버타이징(Malvertising)이라고 한다. 이러한 멀버타이징과 일부 보안이 취약한 사이트에 접속하면 악성 스크립트가 포함된 자바스크립트를 강제로 다운로드하고 실행되며 JS 파일에서 PDF(정상인척 위장한 파일)을 다운로드한다. 그 후 해당 문서 파일을 실행 가능한 확장자인 exe로 변경 후 실행되도록 스크립트가 동작하고, 이로 인해 새로운 exe2 파일과 dll 파일이 강제 다운로드되고 이를 실행되면 랜섬웨어가 작동한다.

028

정답: 1번

데이터베이스 정규화(Normalization)는 논리 모델링 단계에서 수행하는 가장 중요한 작업이다. 정규화를 통해 얻는 가장 큰 이점은 데이터베이스 무결성을 유지하기 위해 도움을 주며, 중복된 데이터를 줄일 수 있다는 점이다.

제1정규화에서 제3정규화까지 진행하면서 중복된 데이터를 줄이면서 무결성을 향상시키다. 하지만 정규화 수준이 높아질수록 테이블의 개수가 늘어나면서 SQL 작성 시 복잡도가 증가하게 된다. Unique Key, Primary Key의 필드 수가 점차 증가하기 때문에 개발 편의성 면에서는 정규화 수준이 너무 높지 않은 것이 좋을 수도 있다. 그리고 성능의 향상과 조회 속도의 증가는 반정규화의 장점에 해당된다.

029

정답: 3번

현대 암호학의 암호화 알고리즘은 크게 대칭 키(비밀 키)와 비대칭 키(공개 키) 알고리즘으로 나눌 수 있다. 이 두가지 유형의 암호화 알고리즘 모두 키의 길이가 길수록 악의적인 공격으로부터 평문을 복호화하는 데 오래 걸린다. 하지만 키의 길이가 길어질수록 암호화의 시간이 오래 걸리기 때문에 적정 수준을 유지하는 것이 좋으며 보통 대칭 키 알고리즘의 키의 길이가 비대칭 키보다 짧은 편이다.

알고리즘의 구조란 Feistel, SPN과 같이 암호화의 성능/안전성을 보장하는 구조로 설계되었는지를 말한다. 마지막으로 라운드 횟수도 알고리즘의 안전성 수준에 영향을 미친다.

030

정답: 1번

사용자 행동 분석(User Behavior Analytics, UBA)은 모니터링 시스템을 사용하여 사용자 데이터와 활동을 추적, 수집 및 평가하는 것이다. UBA 기술은 로그 관리 및 SIEM 시스템에 수집 및 저장된 네트워크 및 인증 로그를 포함하여 이력 데이터 로그를 분석하여 정

상 및 악의적인 사용자 행동으로 인해 발생하는 트래픽 패턴을 식별한다. UBA 시스템은 주로 사이버 보안 팀에 실행 가능한 통찰력을 제공하기 위한 것이다. UBA 시스템은 조사 결과에 따라 조치를 취하지 않지만 비정상적인 행동을 보이는 사용자 인증의 어려움을 자동으로 조정하도록 구성할 수 있다.

Nemertes Research의 Johna Till Johnson에 따르면 UBA의 목적은 보안 시스템이 너무 많은 정보를 제공하므로 실제 공격의 가능성을 나타내는 정보를 발견하기가 어렵기에 분석 도구는 SIEM, IDS/IPS, 시스템 로그 및 기타 도구 수집 UBA 도구는 시스템과 이를 사용하는 사람들의 행동에 초점을 맞춘 특수 유형의 보안 분석을 사용한다고 한다. UBA 기술은 마케팅 분야에서 처음으로 진화하여 기업이 이해하고 예측할 수 있도록 도와주고 있다. 소비자 구매 패턴이지만 UBA는 보안 측면에서도 매우 유용할 수 있다.

031

정답: 3번

전자 봉투 기술은 비밀 키(대칭 키) 암호화와 공개 키(비대칭 키) 암호화 기술을 이용해서 두 노드 간에 전송하는 메시지에 기밀성을 보장한다. 전자 봉투 기술만 단독으로 구현하면 송신자 부인방지 및 인증, 데이터 무결성, 수신자의 수신 부인 기능을 제공하지는 않기 때문에 전자 서명을 함께 적용하게 된다.

전자 봉투에서 송신자는 비밀 키인 일회용 세션 키를 생성하고 이를 이용해서 평문을 암호화한다. 세션 키는 수신자의 공개 키로 암호화해서 평문에 대한 암호문과 함께 전송한다. 수신자는 자신의 개인 키로 송신자가 보낸 세션 키의 암호문을 복호화해서 키를 얻어 낸다. 얻어낸 세션 키로 평문에 대한 암호문을 복호화해서 기밀성이 보장된 평문을 얻는다.

032

정답: 4번

1999년 미국 연방법(Gramm-Leach-Bliley Act, GLBA)의 적용을 받는 모든 금융업체의 경우, 거짓 신분을 사

용하거나 기만적인 방법으로 금융업체의 고객 정보를 유출시키거나 이를 시도하는 행위는 불법이다. GLBA는 금융 기관들이 고객 정보 프라이버시를 보호하고 안전을 확보하는 방법에 대한 새로운 규칙을 포함하고 있다. GLBA 규정 준수는 FTC(Federal Trade Commission)에서 집행하고 3가지 주요 구성요소를 포함하고 있다.

(1) GLBA 그 자체 정의로 금융 프라이버시 규칙은 개인 금융 정보를 수집하고 공개하는 것을 규정한다.

(2) GLBA 시행의 한 부분으로 FTC가 발표한 세이프가드 규정은 회사는 고객 정보보호를 위한 조치를 해야하는 것을 요구한다.

(3) GLBA에 올라간 위장 용건 조항은 조직은 사회 공학, 피싱, 사기 등과 같은 허위 사실로 개인정보에 접근하는 것을 반드시 보호해야 한다고 규정한다.

GLBA 준수 위반은 엄청난 벌금이 따라온다. 금융 기관은 각각의 위반에 최대 100,000 달러의 민사 처벌을 받게 된다. 조직의 간부와 이사는 또한, 각각의 위반에 대해서 개인적으로 최대 10,000 달러를 책임져야 한다. GLBA의 규제 대상인 금융업체는 사회 공학기법 공격의 시도를 인지할 수 있도록 직원을 교육시키는 기준을 마련해야 한다.

033 정답: 3번

FIPS 140-2에는 네 가지 보안 레벨이 정의되어 있다. FIPS 140-2 인증은 제품이 따라야 하는 보안 레벨을 명시한다.

- 레벨 1: 소프트웨어만 암호화하는 제품에 일반적으로 사용되며 매우 한정적인 보안 요건이 적용된다. 모든 구성품은 제작 등급이어야 하며 터무니없는 비보안 요소가 있어서는 안 된다.
- 레벨 2: 역할 기반 인증이 필요하다. (개별 사용자 인증은 필요하지 않음) 또한, 물리적 잠금장치 또는 부당 변경 검증 수단을 사용하여 물리적 부당 변경을 감지할 수 있는 역량을 요구한다.
- 레벨 3: 분해나 변용하기 어렵도록 물리적 부당 변경 방지 기술을 추가하여 해킹을 극도로 어렵게 만들어야 한다. 부당 변경이 감지되면 해당 장치는 중대한

보안 변수를 삭제할 수 있어야 한다. 또한, 레벨 3은 강력한 암호화 보호 및 키 관리, ID 기반 인증 및 중대한 보안 변수가 입출력되는 인터페이스 간의 물리적/논리적 분리를 요구한다.

- 레벨 4: 진일보된 부당 변경 방지 기술이 포함되며 물리적으로 보호되지 않는 환경에서 작동되는 제품에 적용된다.

미국은 컴퓨터와 통신 시스템(음성 시스템 포함) 내의 민감하지만 기밀은 아닌 것으로 지정된 데이터를 보호하기 위해 국립표준기술연구소에서 모든 연방기관에 FIPS 140-2 레벨 2 승인 제품을 사용하도록 요구한다.

캐나다는 컴퓨터와 통신 시스템(음성 시스템 포함) 내의 보호 정보(A 또는 B)로 지정된 데이터를 보호하기 위해 통신보안협회(CSE)에서 모든 연방기관에 FIPS 140-2 레벨 2 승인 암호화 모듈을 사용하도록 요구한다. FIPS 140 인증은 캐나다 정부의 ITS 사전 자격 제품 목록에 나열된 암호화 제품에 대한 필수 조건이다.

영국은 통신 전자 보안 그룹에서 FIPS 140 Validated 암호화 모듈을 사용할 것을 권장한다.

034 정답: 3번

IoT 보안 문제는 원칙이나 위험 영역과 관련하여 새로운 것이 아니다. 그러나 IoT가 취약성을 증폭시킬 가능성이 있기 때문에 특정 영역은 기존 컴퓨팅에 익숙한 것보다 공격에 더 취약할 수 있다. 가장 일반적인 IoT 공격은 다음과 같다.

- 센서와 같은 하드웨어에 대한 공격(Striking against hardware such as sensors): 장치에 대한 물리적 액세스는 해커가 센서를 제어할 수 있게 하고 해커가 악성 코드를 삽입하거나 DDoS 공격을 시작하도록 할 수 있다. 이러한 종류의 공격은 암호화되지 않은 무선 지점의 수신 범위 내에서 시작될 수 있다.
- IoT 장치 스푸핑(Spoofing IoT devices): 스푸핑 공격을 통해 장치가 연결된 네트워크 또는 관리 서버에 액세스할 수 있다.
- 네트워크 또는 서버 스푸핑(Spoofing networks or serv-

ers): IoT 장치가 연결되는 네트워크 또는 서버를 스푸핑하면 해커가 인증 자격 증명을 검색하고 후속 공격에서 자격 증명을 사용할 수 있다.

- 취약성 악용(Exploiting vulnerabilities): IoT 장치의 소프트웨어 취약성은 장치에 대한 무단 액세스를 허용할 수 있다.

이러한 공격은 다음과 같은 결과를 초래할 수 있다.

- 싱크홀(Sinkholes): 싱크홀은 악의적이거나 손상된 노드가 데이터 패킷을 합법적이고 손상되지 않은 노드에서 전환하는 데 사용될 때 생성된다. 싱크홀을 통해 해커는 패킷을 읽거나 리디렉션하거나 변경하거나 삭제할 수 있다.
- 악성 코드 또는 삽입 공격(Malicious code or injection attacks): 소프트웨어에 악성 코드를 삽입하여 데이터를 훔치거나 파괴하거나 시스템을 중단시킬 수 있다.
- 사회 공학 및 피싱 공격(Social engineering and phishing attacks): 이러한 공격은 사용자가 자신이 신뢰할 수 있다고 생각하는 사람과 ID와 암호를 실수로 공유하거나 감염된 이메일 첨부 파일을 열 때마다 공격할 시스템과 장치를 열 수 있다.
- 중간자 공격(Man-in-the-middle attacks): 이러한 공격에는 공격자가 실제 당사자임을 확신시키기 위해 두 명의 진정한 당사자 간에 도입되는 악의적 및 기만적인 통신이 포함된다.
- 암호화 공격(Encryption Attacks): 암호화 알고리즘의 구현을 변경하여 이러한 공격은 사용자가 계정이 암호화되지 않은 경우에도 암호화된 것으로 생각하게 하거나(계정이 실제로 암호화된 경우) 해커도 암호화 키를 보유하고 있다는 사실을 숨긴다.

035　　　　　　　　　　　정답: 2번

공격자들이 log4j 취약점을 악용할 때 몇 가지 사전 준비가 필요하다. 공격 쿼리 송신 서버, 쿼리 수신 서버, 악성 클래스 파일을 유포할 서버와 최종 목적을 달성하기 위한 악성 코드 유포 서버가 사전에 준비되어야 한다.

- 쿼리 송신 서버: 공격 쿼리를 송신하는 서버이다. log4j 취약점이 가장 많이 이용되는 부분이 자바 기반 웹 서버의 로깅 기능이므로 웹 접속이 가능한 시스템이면 쿼리 송신이 가능하다.

- 쿼리 수신 서버: JNDI 공격 명령이 성공하였다면 공격자가 구축해 놓은 쿼리 수신 서버로 쿼리를 전송하게 된다. 취약점에 악용되는 쿼리 수신 서비스는 LDAP과 RMI가 대표적이다. 대부분의 공격자들은 추적을 피하기 위해 정상적인 서비스를 운영 중인 서버를 해킹하여 공격 쿼리 서비스를 구축한다. 이때 서비스 프로그램의 구성에 따라 추후 행동하는 공격 패턴이 달라진다.
- 클래스 파일 유포 서버: 피해 시스템은 쿼리 수신 서버로부터의 명령을 받아 악성 클래스 파일을 다운로드한다. 다운로드는 보통 웹 프로토콜을 통해 수행된다.
- 악성 코드 유포 서버: 클래스 파일에 정의된 명령에 따라 추가 악성 코드를 다운로드한다. 이때 최종 악성 코드를 배포할 수 있는 악성 코드 유포 서버가 추가로 필요하다.

036　　　　　　　　　　　정답: 4번

내부 위협은 불만을 품은 직원, 조직 외부의 개인이나 법인을 위해 일하는 두더지, 부주의로 인한 의도하지 않은 행동(예: 무의식적인 직원이 자신도 모르는 사이에 민감한 데이터를 노출하는 행위)의 형태로 나타날 수 있다. 때로는 보안 프레임워크의 알 수 없는 백도어나 허점이 실수로 데이터 유출을 허용할 수도 있다.

이러한 위협을 완화하기 위해 사이버 전문가는 위협 구체화를 초래할 수 있는 의도하지 않은 행동과 의도적인 행동을 모두 고려해야만 한다. 의도하지 않은 행동을 통제하는 것은 간단한 방법이 있지만 의도적인 위협은 완화하기가 더욱 어렵다.

- 정책 및 절차(Policies and procedures): 기업은 직원에게 기대되는 보안 행동과 인식 수준, 기대를 준수하지 않을 경우 어떤 처벌을 받을지 명확하게 지정하는 보안 정책을 구현해야 한다. 직원이 조직이 직면할 수 있는 보안 위험을 이해하고 이에 따라 대비해야 할 필요성을 이해하려면 이론적 근거를 포함하는 설명이 중요하다. 정의된 절차에는 기대가 충족되지 않을 경우 취해야 할 조치가 포함되어야 한다.
- 교육(Training): 직원과 함께 정보 보안 요구 사항에 대한 인식을 만들고 유지하는 것이 중요하다. 교육은 정기적으로 수행되어야 하며 직원은 조직의 정보 보안

요구 사항에 대한 이해도를 평가해야 한다. 인식 훈련은 의도하지 않은 행동으로 인한 내부 위협을 통제하는 가장 효과적인 방법의 하나이다.

- 보안 문화(Security Culture): 보안 문화를 구축하는 것은 의도하지 않은 내부 위험을 억제하는 데 중요한 요소이다. 정보 보안 요구 사항과 정보 보안에 대해 보이는 행동에 대한 고위 경영진의 인식 및 홍보는 매우 중요하다. 고위 관리자는 정보 보안이 심각한 비즈니스 활동임을 나타내는 행동을 보여야 한다. 또한, 경영진은 마감일을 놓칠 수 있음을 의미하더라도 정보 보안에 도움이 되지 않는 행동을 용인하지 않을 것이라는 메시지를 보내야 한다. 이상적인 행동을 보여줌으로써 고위 경영진은 다른 직원들에게 큰 동기를 부여할 수 있다.

- 자동화(Automation): 자동화는 조직이 피로나 부주의로 인해 발생할 수 있는 인적 오류를 최소화하는 데 도움이 될 수 있다. 자동화된 통제는 기술에 구애받지 않으며 표준화된 프로세스를 따르는 반복적인 작업을 수행하는 데 특히 유용하다. 자동화된 제어는 무관심하기 때문에 제어 실행에 허점을 만들고 취약성을 도입할 수 있는 지름길을 제공하지 않는다. 의도하지 않거나 우발적인 오류를 방지하는 데 도움이 되는 주요 제어는 액세스 제어, 업무 분리(SoD), 인터페이스 및 위반 감지를 위한 로그 모니터링과 같은 영역에서 자동화된 작업이 될 수 있다.

- 고용 관행(Hiring practices): 보안 전문가는 이것을 가장 중요한 통제 수단으로 간주해야 한다. 조직의 정보를 확보하는 것은 신입사원이다. 급여를 받는 직원이든, 계약직 직원이든, 아웃소싱된 공급업체의 자원이든 상관없이 온보딩되는 사람은 정보 보안 및 윤리에 대한 올바른 태도를 가져야 한다. 일단 온보딩되면 모든 직원은 정보 보안 관점에서 동등하게 대우해야 한다. 많은 조직이 계약직 직원이나 아웃소싱 공급업체의 직원에 대한 평등 고용 관행을 구현하고 있지 않다.

— 출처 https://www.isaca.org/

037
정답: 4번

봇넷(Botnet)은 다양한 사기 및 사이버 공격을 수행하는 데 사용되는 하이재킹된 컴퓨터 장치의 네트워크이다. 봇넷은 로봇(roBot)과 네트워크(Network)의 합성어이다. 봇넷 조립은 일반적으로 다계층 체계의 침투 단계이다. 봇은 데이터 도용, 서버 충돌, 멀웨어 배포와 같은 대규모 공격을 자동화하는 도구의 역할을 수행한다. 봇넷은 대규모 공격을 수행하는 해커의 능력을 성장, 자동화 및 가속화하도록 구축되었다.

한 사람 또는 소규모 해커 팀이 로컬 장치에서 수행할 수 있는 작업은 매우 많다. 그러나 적은 비용과 약간의 시간을 투자하면 더 효율적인 운영을 위해 활용할 수 있는 추가 장비를 얻을 수 있다. 봇 리더는 원격 명령으로 하이재킹된 장치 집합을 이끌고 있다. 일단 봇을 컴파일하면 리더는 명령 프로그래밍을 사용하여 다음 작업을 수행한다.

지휘를 맡은 당사자가 봇넷을 설정했거나 임대로 운영했을 수도 있다. 좀비 컴퓨터 또는 봇은 봇넷에서 사용하기 위해 인계된 각 멀웨어에 감염된 사용자 장치를 나타낸다. 이러한 장치는 봇 리더가 설계한 명령에 따라 아무 생각 없이 작동한다.

038
정답: 3번

갠드크랩(GandCrab) 랜섬웨어는 2018년 1월부터 2019년 5월까지 활성 상태였다. 활성 상태 동안 전 세계적으로 수많은 변종이 배포되어 많은 피해를 입혔다. 더 이상 활동하지 않는 갠드크랩 랜섬웨어는 1년 남짓 동안 활발하게 유포되었으며 갠드크랩 변종은 한국을 포함하여 전 세계적으로 많은 피해를 입혔다.

갠드크랩 랜섬웨어는 안랩(AhnLab)과 흥미로운 역사를 공유한다. 랜섬웨어의 다른 많은 예와 마찬가지로 갠드크랩은 실행 중이거나 사전 설치된 멀웨어 방지 프로그램을 검색하고 발견하면 정상적인 실행을 방해하고 종료한다. 그러나 갠드크랩은 멀웨어 방지 프로그램인 안랩의 V3 Lite를 표적으로 삼았다. 보안 프로그램의 취약점을 드러내며 아예 삭제를 시도하기도 했다. 안랩 보안분석팀은 갠드크랩 공격에 효과적으로 대응하고 방어하기 위해 분산 코드, 암호화 방식, 복원 방식, 행위 기반 탐지를 회피하기 위해 사용한 회피 방식 등을 철저히 조사하여 갠드크랩 및 모든 버전을 분석했다. 안랩과 V3를 대상으로 하는 새로운 공격 기능이 식별될 때마다 회사 제품 개발자는 최대한의 보안을 보장하기 위해 신속하게 대응했다. 안랩과 갠드크랩 랜섬웨어의 흥미로운 갈등은 IT 보안 업계에서 크게 거론됐다. 그러나 당시 공개된 세부 사항은 빙산의 일각에 불과했으며 더 많은 세부 사항은 기밀 유지를 위해 비공개로 유지되었다.

039
정답: 1번

조직은 몇 가지 사이버 보안 모범 사례를 따라 다음과 같이 논리 폭탄을 방지할 수 있다.

(1) 바이러스 백신 소프트웨어를 사용하고 정기적으로 업데이트한다.

(2) 압축 파일 및 하위 디렉터리를 포함한 모든 파일을 주기적으로 검사한다.

(3) 모든 사용자가 자동 보호 및 이메일 차단과 같은 보안 기능을 활성화하도록 요구한다.

(4) 웹 사이트 안전 점검을 수행하고 의심스러운 링크를 클릭하지 않는다.

(5) 알 수 없거나 신뢰할 수 없는 발신자로부터 이메일 첨부 파일을 다운로드하지 않는다.

(6) 정기적으로 운영체제를 업데이트하고 패치한다.

(7) 사용자에게 안전 정책 및 모범 사례를 교육한다.

040
정답: 1번

역전 테스트(Reversal Test)에서 감사자는 대상 시스템에 대한 완전한 지식을 보유하고 대상은 테스트가 수행되는 방법과 시기에 대해 전혀 알지 못한다. 침투 테스트의 유형을 간단하게 정리하면 침투 테스트에는 White Box Test 내부에서 내부 환경 지식을 토대로 수행되는 테스트 시도, Black Box Test 외부 환경에서 수행되는 테스트 시도, Gray Box Test 2가지(Grey Box Test, Double Grey Box Test)를 적절히 혼합하여 테스트하는 것으로 나누어지며 각 회사와 기관의 환경과 목적에 맞게끔 비용과 시간을 충분히 고려하여 테스트 수행 유형을 선택해야 한다

041
정답: 4번

랜섬웨어(Ransomware)는 매년 기업의 자산을 위협하고 금전적인 피해를 입히는 가장 큰 정보 보안 이슈로 떠오르고 있다. 기업의 최종 의사결정권자부터 CIO, CSO 등 주요 리더에게 랜섬웨어에 대한 대응 방안과 데이터 복구 방안은 항상 중요한 항목이다.

최근 랜섬웨어는 RaaS(Ransomware as a Service)로 진화하면서 서비스로의 제공으로 변모하고 있으며 다크웹에 판매되는 자동화된 도구와 키트가 저렴하고 다양해지고 있다. 이에 따라 랜섬웨어 공격을 감행하는 해커의 진입장벽이 낮아졌지만 그 효과는 여전한 것이 사실이다.

추적이 어렵고 은폐하기 쉬운 가상화폐를 선호하는 편이고 금전적인 요구 사항을 제공했음에도 복호화 키를 제공하지 않는 케이스도 증가하고 있다.

042
정답: 3번

해시 알고리즘은 일방향 암호화에 사용되는 핵심 알고리즘이다. 해시 알고리즘은 특별한 특징을 가져야 하는데, 1차 역상 저항성, 2차 역상저항성, 충돌회피성, 충돌저항성, 강 일방향성과 약 일방향성을 가져야 한다. 문제에서 설명한 특징은 3)번의 '충돌저항성'이며, 해시 함수 H가 있을 때, H(평문A)와 H(평문B)의 결괏값이 같도록 하는 임의의 다른 두 개의 값인 평문A, 평문B를 찾는 것이 불가능하다는 특징이다.

043
정답: 1번

OWASP 재단은 전 세계적으로 소프트웨어 보안을 향상시키기 위해 존재한다. 4년마다 글로벌 커뮤니티는 세계에서 가장 위험한 보안 위협 목록을 게시한다. 2022년, 웹에 관한 정보 노출, 악성 코드 및 취약점은 다음과 같다.

- A01: Broken Access Control(접근 권한 취약점)

  액세스 제어는 사용자가 권한을 벗어나 행동할 수 없도록 정책을 시행한다. 만약 액세스 제어가 취약하면

사용자는 주어진 권한을 벗어나 모든 데이터를 무단으로 열람, 수정 혹은 삭제 등의 행위로 이어질 수 있다.

- A02: Cryptographic Failures(암호화 오류)

  Sensitive Data Exposure(민감 데이터 노출)의 명칭이 2021년 Cryptographic Failures(암호화 오류)로 변경되었다. 적절한 암호화가 이루어지지 않으면 민감 데이터가 노출될 수 있다.

- A03: Injection(인젝션)

  SQL, NoSQL, OS 명령, ORM(Object Relational Mapping), LDAP, EL(Expression Language) 또는 OGNL(Object Graph Navigation Library) 인젝션 취약점은 신뢰할 수 없는 데이터가 명령어나 쿼리문의 일부분으로써, 인터프리터로 보내질 때 취약점이 발생한다.

- ★ A04: Insecure Design(안전하지 않은 설계)

  Insecure Design(안전하지 않은 설계)는 누락되거나 비효율적인 제어 설계로 표현되는 다양한 취약점을 나타내는 카테고리이다. 안전하지 않은 설계와 안전하지 않은 구현에는 차이가 있지만, 안전하지 않은 설계에서 취약점으로 이어지는 구현 결함이 있을 수 있다.

- A05: Security Misconfiguration(보안 설정 오류)

  애플리케이션 스택의 적절한 보안 강화가 누락되었거나 클라우드 서비스에 대한 권한이 적절하지 않게 구성되었을 때, 불필요한 기능이 활성화되거나 설치되었을 때, 기본 계정 및 암호화가 변경되지 않았을 때, 지나치게 상세한 오류 메세지를 노출할 때, 최신 보안 기능이 비활성화 되거나 안전하지 않게 구성되었을 때 발생한다.

- A06: Vulnerable and Outdated Components(취약하고 오래된 요소)

  취약하고 오래된 요소는 지원이 종료되었거나 오래된 버전을 사용할 때 발생한다. 이는 애플리케이션뿐만 아니라 DBMS, API 및 모든 구성요소가 포함된다.

- A07: Identification and Authentication Failures(식별 및 인증 오류)

  Broken Authentication(취약한 인증)으로 알려졌던 해당 취약점은 identification failures(식별 실패)까지 포함하여 더 넓은 범위를 포함할 수 있도록 변경되었다. 사용자의 신원 확인, 인증 및 세션 관리가 적절히 되지 않을 때 취약점이 발생할 수 있다.

- ★ A08: Software and Data Integrity Failures(소프트웨어 및 데이터 무결성 오류)

  2021년 새로 등장한 카테고리로, 무결성을 확인하지 않고 소프트웨어 업데이트, 중요 데이터 및 CI/CD 파이프라인과 관련된 가정을 하는 데 중점을 둔다.

- A09: Security Logging and Monitoring Failures(보안 로깅 및 모니터링 실패)

  Insufficient Logging & Monitoring(불충분한 로깅 및 모니터링) 명칭이었던 카테고리가 Security Logging and Monitoring Failures(보안 로깅 및 모니터링 실패)로 변경되었다. 로깅 및 모니터링 없이는 공격 활동을 인지할 수 없다. 이 카테고리는 진행 중인 공격을 감지 및 대응하는 데 도움이 된다.

- ★ A10: Server-Side Request Forgery(서버 측 요청 위조)

  2021년 새롭게 등장하였다. SSRF 결함은 웹 애플리케이션이 사용자가 제공한 URL의 유효성을 검사하지 않고 원격 리소스를 가져올 때마다 발생한다. 이를 통해 공격자는 방화벽, VPN 또는 다른 유형의 네트워크 ACL(엑세스 제어 목록)에 의해 보호되는 경우에도 응용 프로그램이 조작된 요청을 예기치 않은 대상으로 보내도록 강제할 수 있다.

보안 위협 중 ★ 표시는 새롭게 추가된 항목이다.

044 정답: 2번

잊혀질 권리(Right to be Forgotten)에 대한 설명이다. 유럽의 일반정보보호 규정에서도 개인정보에 대해 정보 주체가 정보 제공을 철회한다면 언제든지 개인정보의 삭제가 가능하다는 권리를 인정했다. 또한, 개인정보의 동의 기간이 만료되면 정보를 삭제해야 한다는 것도 명시했으며 GDPR에서 정의하는 개인정보의 범위가 포괄적이므로 이를 대비하는 준비가 필요하다는 의견도 있다. 다만 미국에서는 잊혀질 권리와 표현의 자유, 서비스 이용의 자유, 검색 엔진 서비스를 통한 정보 표현의 자유를 침해한다는 지적도 있어서 논란이 되기도 했다.

045

록히드마틴 설치(Installation) 단계는 지정된 공격 목표에 악성 코드를 설치하는 것을 행동한다.

공격

일반적으로 공격자는 장기간 액세스를 유지하기 위해 피해자 환경에 영구 백도어 또는 임플란트를 설치한다.

- 웹 서버에 웹 셸 설치한다.
- 클라이언트 피해자에 백도어/임플란트를 설치한다.
- 서비스, 자동 실행 키 등을 추가하여 지속성 지점을 만든다.
- 일부 공격자는 멀웨어가 표준 운영체제 설치의 일부인 것처럼 보이게 하는 파일을 '타임 스톰프'한다.

대응 방법

설치 활동을 감지하고 기록하는 엔드포인트를 계측하고 새로운 엔드포인트 완화를 생성하기 위해 멀웨어 분석 중 설치 단계를 분석한다.

- HIPS는 일반적인 설치 경로에 대해 경고하거나 차단한다.
- 멀웨어에 관리자 권한이 필요한지 아니면 사용자만 필요한지 이해한다.
- 비정상적인 파일 생성을 발견하기 위한 엔드포인트 프로세스를 감사한다.
- 서명된 실행 파일의 인증서를 추출한다.
- 악성 코드의 컴파일 시간을 이해하여 악성 코드가 오래된 것인지 새로운 것인지 판단한다.

046

해외에서 결제된 쇼핑 내역에 대해 확인을 요청하는 SMS는 대부분 보이스피싱을 위한 악성 코드 삽입을 위해 발송되는 피싱 문자라고 봐야 한다. SMS에 링크처럼 표시되는 전화번호는 클릭하면 안 되고 실제로 전화를 해서도 안 된다. 전화번호를 직접 입력해서 전화하면 음성으로 쇼핑몰 홈페이지를 불러주며 그 페이지에 접속하면, 악성 코드에 감염될 가능성이 생긴다.

047

프래그어택(FragAttacks) 또는 단편화 및 응집 공격(Fragmentation and Aggregation Attack)은 보안 연구가 Mathy Vanhoef가 발견한 Wi-Fi 취약점 그룹이다. 취약점은 Wi-Fi 표준의 설계 결함이기 때문에 1997년 이후에 출시된 모든 장치는 취약할 수 있다.

피해자의 Wi-Fi 네트워크 범위 내에 있는 공격자는 특별한 권한 없이 실행될 수 있으며 취약점을 악용하여 사용자 정보를 훔치거나 장치를 공격할 수 있다. 발견된 취약점 중 세 가지는 Wi-Fi 표준의 설계 결함이므로 대부분의 장치에 영향을 미친다. 발견된 취약점은 최신 WPA3 사양을 포함하여 Wi-Fi의 모든 최신 보안 프로토콜에 영향을 미친다. WEP라고 하는 Wi-Fi의 원래 보안 프로토콜도 영향을 받았다. Wi-Fi의 보안이 실제로 지난 몇 년 동안 크게 향상되었기 때문에 이러한 취약점이 발견된 것은 놀라운 일이 아니다.

048

사회 공학기법(Social Engineering Attack)은 크게 인간 기반 사회 공학기법(Human Based Social Engineering)과 컴퓨터 기반 사회 공학기법(Human Based Social Engineering)으로 나뉘어진다.

프리텍스팅(Pretexting)은 소셜 엔지니어링 공격의 일종으로, 공격자가 피해자를 설득해 값진 정보나 서비스, 시스템에 대한 액세스 권한을 넘겨주도록 유도하는 공격 방법이다. 이 공격의 특징은 피해자를 속이기 위해 스토리, 다시 말해 프리텍스트(Pretext, 구실)를 사용하는 것이다. 이런 공격을 하는 사기꾼은 프리텍스트를 이용, 목표로 하는 정보에 액세스할 권한이 있는 사람이나 정보를 이용해 피해자를 도울 수 있는 사람으로 위장한다.

참고로, 피싱은 이메일이나 메시지를 활용하는 방법이며 파밍은 사용자의 도메인을 탈취하거나 DNS(도메인 네임 시스템) 이름을 속여 사용자가 진짜 사이트로 오인하도록 유도하는 공격 기법이다. 워터링 홀 공격은 사용자가 자주 방문하는 홈페이지를 사전에 해킹한 후 사용자가 방문할 때 악성 코드에 감염시킨다. 이는 전부 컴퓨터 기반 사회 공학기법의 종류이다.

049

정답: 1번

eIDAS는 2014년 9월 17일에 발효되어 2016년 7월 1일부터 적용되고 있다. 이 규정은 유럽연합 내 전자 서명 사용에 관한 유럽연합 지침 Electronic Signatures Directive 1999/93/EC를 대체한다.

(1) SES(Standard Electronic Signature): SES는 문서 등의 다른 전자 데이터에 논리적으로 연결된 전자 데이터로, 전자 데이터의 서명인이 문서에 서명하는 데 사용하는 데이터를 말한다. SES에는 비밀번호, PIN 코드, 스캔한 서명 등 다양한 전자 도구가 포함될 수 있다.

(2) AES(Advanced Electronic Signature): AES는 반드시 서명인과 독자적으로 연결된 서명이어야 하며 서명인의 신원을 식별할 수 있는 것이어야 한다. 이 서명은 서명인이 단독으로 사용한다고 확신할 수 있는 전자 서명 생성 데이터로 만들어야 한다.

(3) QES(Qualified Electronic Signature): QES는 AES보다 엄격한 형식의 서명이며 자필 서명과 동등한 법적 가치를 가진 유일한 유형의 서명이다. 이 서명은 적격한 서명 생성 장치(QSCD)로 만들고 적격한 디지털 인증을 받은 AES로, QSCD는 EUTL(European Union Trust List)에 등재된 적격한 유럽연합 TSP(Trust Service Provider)가 인증한 것이어야 한다.

── 🏠출처 https://ko.hellosign.com/

050

정답: 4번

샌드위치 공격(Sandwich attack)은 주로 분산된 금융 프로토콜 및 서비스를 대상으로 하는 선행 공격의 한 형태이다. 샌드위치 공격에서 사악한 거래자는 선택한 네트워크(예: 이더리움)에서 보류 중인 거래를 찾는다. 샌드위칭은 거래 직전과 직후에 하나의 주문을 함으로써 발생한다. 본질적으로 공격자는 원래 보류 중인 트랜잭션을 사이에 끼운 상태에서 동시에 선행 실행과 후행 실행을 수행한다.

이 두 가지를 주문하고 보류 중인 거래를 둘러싸는 목적은 자산 가격을 조작하는 것이다. 범인은 사용자가 교환하려는 자산(예: LINK를 사용하여 ETH로 교환)을 구매하고 ETH의 가격이 상승한다는 사실을 알고 있다. 그런 다음 범인은 피해자가 더 높은 가치로 구매할 수 있도록 더 낮은 가격으로 ETH를 구매한다. 공격자는 나중에 ETH를 더 높은 가격에 판매한다. 거래 샌드위치는 초기 사용자가 받게 될 ETH의 양에 영향을 미친다. 범인이 원하는 가격으로 주문을 완료하면 다음 거래는 비용이 더 많이 든다. 그 시퀀스는 ETH 가격을 상승시켜 범인이 트레이더를 앞뒤로 실행하고 인위적인 가격 인상을 만들어 이익을 얻을 수 있도록 한다. 분산 금융 환경은 많은 기회를 제공하지만 다양한 유형의 공격에 취약할 수도 있다. 스마트 계약 악용은 끊임없는 문제로, 범죄자는 DeFi 코드의 취약점을 이용하여 Flash loan attacks, Rug pulls, 그리고 최근에는 Sandwich attacks으로 이어진다.

051

정답: 2번

카스퍼스키가 발표한 분석 자료에 따르면 2021년 상반기에 약 15억 개 이상의 IoT 공격을 감지했는데, 이는 2020년 하반기 감지한 6억 3,900만 건에서 두 배 이상 증가한 수치다. 스마트 워치 같은 액세서리부터 스마트 홈까지 IoT 기기는 일상생활의 필수 요소가 됐기 때문에 사이버 공격자는 이에 대해서 관심을 가지고 공격하기 시작했다. 감염된 IoT 기기는 원격 접속 프로토콜의 일종인 텔넷을 통해 개인 또는 기업 데이터를 훔치는 데 쓰이는 것은 물론, 암호화폐 모네로를 채굴하는 사례도 발견됐으며 디도스 공격을 위한 봇넷 구축 등 다양한 형태로 악용된다.

(1) 도청 공격(기밀성 손상)

(2) .스푸핑과 위장(인증 공격)

(3) 암호 알고리즘 및 키 관리 공격

(4) 유선, 무선 검색 및 매핑 공격

(5) 프로토콜 공격

(6) 서비스 방해와 거부

(7) 접근 통제 공격(권한 상승)

(8) 물리 보안 공격(조작, 인터페이스 노출 등)

(9) 운영체제 및 애플리케이션 무결성 공격

052 정답: 1번

DRDoS 공격은 공격자가 출발지 IP 주소를 공격 대상의 IP 주소로 위조해 정상적인 서비스를 제공하는 서버에게 요청을 보내고, 그 응답을 공격 대상이 받게 되는 원리다. 여기에는 SYN 패킷이나 ICMP 패킷, DNS 쿼리 등 응답을 받을 수 있는 패킷이 이용된다.

(1) DNS Reflection Attack: DNS(Domain Name System)는 도메인 이름을 IP 주소로 응답주거나 IP 주소를 도메인 이름으로 응답주는 시스템이다. 사람이 기억하기 어려운 IP 주소를 보완하기 위해 사용된다. DNS Reflection Attack은 공격자가 피해자의 IP로 위장(스푸핑)하여 네임 서버에 비정상 DNS 질의를 요청하고 요청을 받은 네임 서버는 DNS 응답 값을 위장한 IP로 전송하여 공격 대상의 회선 대역폭을 고갈시키는 공격이다. 공격 트래픽 양을 높이기 위하여 단순 DNS Query가 아닌 Zone의 모든 정보를 요청하는 'ANY' Type 레코드를 요청하는 특징이 있다.

(2) NTP Reflection Attack: 시간 동기화를 위해 사용되는 NTP(Network Time Protocol) 서버를 반사 서버로 악용한 공격이다. 스푸핑된 IP(피해자의 IP)로 NTP 서버에게 비정상적인 요청 패킷을 보내서 되돌아오는 응답 값을 공격 payload로 활용하는 공격 유형이다.

(3) CLDAP Reflection Attack: CLDAP(Connection-less Lightweight Directory Access Protocol)이란 네트워크상에서 디렉터리를 연결/검색/수정하기 위해 사용되는 프로토콜이다. CLDAP Reflection Attack은 CLDAP 서버를 반사 서버로 악용한 공격으로서, 피해자의 IP로 스푸핑된 IP를 통해 CLDAP 서버에게 비정상적인 Query를 보낸 후 되돌아오는 응답 값을 공격 패킷으로 활용하는 공격 유형이다.

(4) SSDP Reflection Attack: SSDP(Simple Service Discovery Protocol)는 UPnP 장치를 탐색할 때 주로 사용되는 프로토콜로서, 네트워크상의 다른 장치를 찾거나 알리는 역할을 수행한다. SSDP 프로토콜은 웹캠, 공유기, 미디어, 스마트TV, 프린터 등 스마트 홈을 구성하는 IoT 기기에 널리 사용된다. SSDP Reflection Attack은 이러한 SSDP 기능을 악용하여 가능한 한 많은 데이터를 요청하는 Search 명령을 보내서 스푸핑된 피해자의 서버

IP로 대규모 응답이 가게 만드는 공격 기법이다.

(5) Memcached Reflection Attack: Memcached 서비스는 내부에서 DB 부하 감소 및 응답 속도 증가를 위해 분산된 메모리에 데이터를 캐싱하는 서비스다. 내부에서만 접근하여 사용하도록 설계되었으며, 'Key' 값으로 'Data'를 매핑하는 구조이다. Memcached Reflection Attack은 이러한 Memcached 서버의 기능을 악용하여 저장된 캐싱 데이터를 가능한 한 많이 요청하는 request 명령을 요청하고 스푸핑된 피해자의 IP로 대규모 응답이 가게 만드는 공격 기법이다.

(6) WS-Discovery Reflection Attack: WS-Discovery 서비스는 윈도우 기반 기계들이 네트워크 프린터 등을 자동으로 찾아서 연결 설정을 완료하는 데 사용되는 서비스이며, 원래는 내부 네트워크(비 인터넷) 망에서만 사용되지만 인터넷 망에 노출될 경우에는 디도스 공격으로 악용된다. WS-Discovery Reflection Attack은 윈도우 기반 기기들에게 요청을 할 때 고의적으로 XML오류 응답 메시지를 반복적으로 유발시키는 명령을 요청하고 스푸핑된 피해자의 IP로 대규모 응답이 가게 만드는 공격 기법이다.

(7) ARMS Reflection Attack: ARMS는 애플 기기(mac OS)들의 원격 제어 기능을 활성화할 때 사용되는 데스크톱 원격 제어 프로토콜로, TCP/UDP 3283번 Port를 사용한다. ARMS Reflection Attack은 피해자의 IP로 출발지 IP를 변조한 후 취약한 Apple Mac 컴퓨터를 대상으로 원격 접속 요청을 보내고, 돌아오는 응답 Packet을 피해자 시스템으로 보내는 공격 기법이다.

(8) CoAP Reflection Attack: Constrained Application Protocol이란 IoT 기기들을 위해 사용되는 프로토콜의 일종으로, 주로 저전력 컴퓨터들을 위해 만들어진 간단한 UDP 프로토콜이다. HTTP 형식과 비슷한 모양을 보이며 UDP프로토콜의 5683번 Port를 사용한다. CoAP Reflection Attack은 피해자 IP로 스푸핑한 출발지 IP에서 외부 노출된 IoT 기기 및 모바일 장치들을 대상으로 변조된 GET Request를 보내고 돌아오는 응답 Packet을 피해자 시스템으로 보내서 피해 시스템의 회선 대역폭을 고갈시키는 공격 기법이다.

(9) Jenkins Reflection Attack: Jenkins란 소프트웨어 개발 시 지속적으로 통합 서비스를 제공해주는 도구이다. 다수의 개발자들이 하나의 프로그램을 개발할 때 발생할 수 있는 버전 충돌을 방지하기 위해 각자 작업한 내용을 공유 영역에 업로드 함으로써 지속적 통합을 지원해 준다. 자동 검색 프로토콜이 활성화된 상태에서 검색 요청 Packet을 받으면 요청한 값에 관계없

이 Jenkins 메타 데이터의 XML 결괏값을 응답한다. 이런 취약점을 통해 피해자의 IP로 스푸핑한 후 검색 요청 Packet을 보낸다. 그 결과 XML 형식의 응답이 피해 시스템으로 전달되어 피해 시스템의 회선 대역폭을 고갈시킨다.

기타 Reflection Attack

(1) SNMP Reflection Attack:
- SNMP(Simple Network Management Protocol) 장치들을 반사 기기로 악용한 공격으로, UDP프로토콜을 사용하며 출발지 Port로 161번을 사용한다.

(2) Chargen Reflection Attack:
- Chargen 프로토콜은 네트워크를 통해 문자열을 생성하고 보내는 프로토콜로, 반사공격에선 생성된 문자열을 payload로 활용한다.
- UDP 프로토콜을 사용하며 출발지 Port로 19번을 사용한다.

(3) SunRPC Reflection Attack:
- RPC(Remote Procedure Call) 프로토콜은 원격으로 함수를 호출하여 사용할 수 있게 하는 프로토콜로, UDP 프로토콜 111번 Port를 사용하며 RPC mapper라는 서비스를 통해 이뤄진다.
- SunRPC Reflection Attack은 RPC mapper를 악용하여 RPC mapper response 패킷을 피해 시스템에게 보내 대역폭을 고갈시킨다.

(4) SYN/ACK Reflection Attack:
- TCP 프로토콜을 사용한 반사 공격으로, UDP 프로토콜을 사용하는 대역폭 공격과 다르게 대규모의 SYN/ACK 패킷을 피해 대상에게 보내 서버의 리소스를 소모시키는 공격 방식이다.
- 피해자의 IP로 스푸핑 한 후 반사 서버를 향해 대규모의 SYN 패킷을 보내면 SYN 패킷에 대한 응답으로 SYN/ACK 패킷이 피해 서버로 반사되어 전달되는 방식이다.

🏠 출처 https://www.krcert.or.kr/

053 정답: 4번

현대 블록 암호화 알고리즘에 적용된 주요 원리인 혼돈(Confusion)과 확산(Diffusion)에 대한 문제이다. 혼돈은 암호문과 키의 연관성을 숨기기 위한 암호의 성질이며, 이를 위해 대치(Substitution)를 사용한다. 대치는 특정한 규칙에 따라 하나의 문자를 다른 문자로 바꾸는 것이고 SPN 구조에서는 S-Box로 구현된다.

054 정답: 4번

이메일 피싱 공격은 일반인부터 직장인까지 임의의 대상자에게 무작위로 뿌려지기도 하고 APT를 위한 타깃팅 공격으로 사용되기도 한다. 최근에는 네이버와 다음(카카오)의 공식 계정에서 보내는 알림 서비스와 100% 동일한 메일을 전송하여 실수를 유발하기도 한다. 만약 이러한 피싱 이메일을 기업 내부망에서 임직원이 조회한다면 백도어, 트랩도어, 악성 코드, 봇넷이 설치될 수 있다.

수상한 이메일의 첨부 파일을 실행하지 않는 것은 기본이며 메일 본문을 조회조차 하지 않는 것이 필요하다.

055 정답: 1번

웹 셸의 공격 방법은 공격자는 서버에 원격 액세스를 가능하게 하는 영구 메커니즘을 만들고 그런 다음 권한을 확대하고 백도어를 활용하여 조직을 공격하거나 범죄 활동에 리소스를 사용하려고 시도한다.

(1) 지속적인 원격 액세스: 웹 셸 스크립트는 공격자가 노출된 서버에 원격으로 액세스할 수 있도록 백도어를 제공한다. 영구 공격자는 각 악성 활동에 대한 새로운 취약점을 악용할 필요가 없다. 일부 공격자는 악용하는 취약점을 수정하여 다른 공격자가 동일한 작업을 수행하지 못하도록 만들고, 탐지를 피하기까지 한다. 일부 웹 셸은 암호 인증과 같은 기술을 사용하여 특정 공격자만 액세스할 수 있도록 한다. 웹 셸은 일반적으로 검색 엔진이 셸이 설치된 웹 사이트를 블랙리스트에 올리지 못하게하는 코드를 포함하여 스스로를 난독화한다.

(2) 권한 상승: 웹 셸은 일반적으로 사용자 권한으로 실행되며 제한될 수 있다. 공격자는 시스템 취약성을 악용하여 루트 권한을 획득하여 웹 셸을 통해 권한을 에스컬레이션할 수 있다. 루트 계정 액세스를 통해 공격자는 소프트웨어를 설치하고, 권한을 변경하고, 사용자

를 추가 또는 제거하고, 이메일을 읽고, 암호를 훔치는 등 거의 모든 작업을 수행할 수 있다.

(3) **피벗팅 및 공격 개시**: 공격자는 웹 셸을 사용하여 네트워크 안팎의 추가 대상으로 피벗할 수 있다. 라이브 호스트, 방화벽 또는 라우터를 식별하기 위해 네트워크 트래픽을 스니핑하는 프로세스(열거)는 몇 주가 걸릴 수 있으며, 이 과정에서 공격자는 탐지를 피하기 위해 낮은 프로필을 유지한다. 네트워크에서 성공적으로 지속되는 공격자는 손상된 시스템을 사용하여 다른 대상을 공격할 수도 있으므로 참을성 있게 움직인다. 이를 통해 공격자는 익명으로 남을 수 있으며 여러 시스템을 통해 피벗하면 소스에 대한 공격을 추적하는 것이 사실상 불가능해질 수 있다.

(4) **봇 헤딩**: 웹 셸을 사용하여 서버를 봇넷(공격자가 제어하는 시스템 네트워크)에 연결할 수 있다. 영향을 받는 서버는 웹 셸에 연결된 명령 및 제어 서버를 통해 공격자가 보낸 명령을 실행한다. 이는 광범위한 대역폭이 필요한 DDoS 공격에 대한 일반적인 기술이다. 공격자는 웹 셸을 설치한 시스템을 직접 타깃팅하는 것이 아니라 더 중요한 대상을 공격하기 위해 리소스를 활용하고 있다.

056

정답: 1번

페이로드(Payload)라는 단어는 운송업에서 비롯하였는데, 지급(pay)해야 하는 적화물(load)을 의미한다. 예를 들어, 유조선 트럭이 20톤의 기름을 운반한다면 트럭의 총 무게는 차체, 운전자 등의 무게 때문에 기름의 무게보다 더 나갈 것이다. 이 모든 무게를 운송하는 데 비용이 들지만, 고객은 오직 기름의 무게만을 지급(pay)한다. 그래서 'pay-load'란 말이 나온 것이다. 컴퓨팅에서 페이로드는 패킷 또는 기타 전송 데이터 단위의 운반 용량이다. 이 용어는 종종 실행 가능한 악성 코드가 피해를 줄 수 있는 능력과 관련이 있다. 페이로드라는 용어에는 네트워크를 통한 데이터 전송과 관련된 데이터 페이로드와 IT 네트워크 및 시스템을 악용하고 손상시키는 데 사용되는 악성 코드를 나타내는 악성 코드의 두 가지 의미가 있다.

- **데이터 페이로드**: 특정 네트워크 패킷 또는 기타 PDU(프로토콜 데이터 단위)의 페이로드는 통신 끝점에서 전송된 데이터이다. 네트워크 프로토콜은 패킷 페이로드에 허용되는 최대 길이도 지정한다. 그런 다음 페이

로드는 미디어 액세스 제어 주소 및 IP 정보, 서비스 품질 태그, TTL(Time-to-Live) 데이터 및 체크썸과 같은 정보가 포함된 패킷으로 래핑된다.

- **멀웨어 페이로드**: 악성 코드의 맥락에서 페이로드는 표적 피해자에게 피해를 입히는 악성 코드를 의미한다. 멀웨어 페이로드는 웜 및 피싱 이메일과 같은 방법으로 배포될 수 있다. 오늘날 멀웨어 작성자는 일반적으로 멀웨어 방지 탐지 및 치료 도구에서 악성 코드를 숨기기 위해 페이로드를 암호화한다.

057

정답: 1번

사이버 보안 평가 도구(Cyber Security Evaluation Tool, CSET)는 조직의 보안 태세를 평가하기 위한 체계적이고 규칙적이며 반복 가능한 접근 방식을 제공한다. CSET은 산업 제어 시스템(ICS) 및 정보 기술(IT) 네트워크 보안 관행을 평가하기 위한 단계별 프로세스를 통해 자산 소유자와 운영자를 안내하는 데스크톱 소프트웨어 도구이다.

사용자는 인정된 많은 정부 및 산업 표준 및 권장 사항을 사용하여 자신의 사이버 보안 입장을 평가할 수 있다. 사이버 보안 평가 도구(CSET)는 조직이 주요 국가 사이버 자산을 보호하도록 지원하는 국토안보부(DHS) 제품이다. CSET 정책, 계획 및 참여(표면 사이버 정책) 부서의 지시에 따라 사이버 보안 전문가와 아이다호 국립 연구소(INL)의 도움을 받아 개발되었다.

이 도구는 사용자에게 사이버 시스템 및 네트워크의 보안 상태를 평가하기 위한 체계적이고 반복 가능한 접근 방식을 제공한다. 여기에는 모든 산업 제어 및 IT 시스템과 관련된 상위 수준 및 세부 질문이 모두 포함된다.

— 🏠참조 https://cset-download.inl.gov/

058

정답: 2번

PoW 마이닝 소프트웨어는 최종 사용자가 마이닝 노드의 성능을 원격으로 모니터링할 수 있는 기능을 제공한다. 대부분의 경우 패치되지 않은 마이닝 소프트웨어 또는 잘못 구성된 원격 관리자(예: 비밀번호 없음

및 잘못된 포트 사용)가 취약점 악용 성공의 주요 원인이다. 이는 원격 관리 인터페이스가 인증되지 않은 형식 문자열에 취약하고 인증된 디렉터리 탐색 취약성이 원격 공격자가 메모리 읽기/쓰기를 허용하는 특수하게 조작된 요청(마이닝 지갑 정보 업데이트 및 변경을 포함한 임의의 파일)을 발행하여 악용되는 Claymore Dual GPU 채굴자 취약점에서 관찰되었다. 공격자는 Shodan과 같은 오픈 소스 인텔리전스(OSINT) 도구를 활용하여 취약한 채굴자의 패턴을 찾는다. 식별되면 공격자는 취약한 노드에 요청을 보내려고 시도한다. 성공적으로 전송되면 공격자는 암호화된 구성 업데이트 및 재부팅 요청을 전송하여 공격자의 지갑 주소를 채굴할 노드를 조작한다. 원격 관리자 취약점을 완화할 수 있는 가능한 방법은 마이닝 소프트웨어 설계에 따라 다르며 다음을 포함한다.

- 업무상 정당한 경우가 아니면 원격 관리자에서 포트 포워딩을 비활성화하여 원격 관리자를 사용하지 않도록 한다.
- 풀 제공자(pool provider)와 같은 신뢰할 수 있는 출처에서 마이닝 소프트웨어를 다운로드한다.
- 네트워크를 통한 내부 확산 공격(Lateral movements)을 최소화하기 위해 표준 사용자로만 실행되도록 마이닝 노드를 설정한다.
- 엔드포인트 멀웨어 보호를 사용하고 마이닝 소프트웨어에 대한 제한 시간 제외를 제공한다(예: 손실을 제한하려면 30일마다 수동으로 갱신해야 함).
- 마이닝 디렉터리가 아닌 마이닝 실행 파일에 대해서만 검색 제외를 설정한다.

059 　정답: 3번

차익 거래 공격(Arbitrage Attack)은 특정 자산의 가격을 높이기 위해 하나 이상의 DEX에서 시간이 지정된 일련의 트랜잭션 실행에 초점을 맞추며, 공격자는 하나 이상의 참여 서비스 제공업체를 희생하여 이익(거래를 결제하는 데 필요한 암호 자산 가격의 차이)을 얻을 수 있다. 처음 두 건의 차익 거래 공격은 bZx 분산 금융 프로젝트에 대해 발생하여 조직에 거의 미화 100만 달러의 손실을 입혔다. 공격이 성공하려면 하나 이상의

기본 서비스 제공자가 일반적으로 온체인 탈중앙화 오라클로 작동하는 오라클의 단일 가격 피드에 의존해야 한다.

온체인 탈중앙화 오라클을 표적으로 삼는 것은 가격 정보가 실제 가격보다 낮을 가능성이 있어 서비스 제공자가 보류 중인 거래에 대해 불충분한 담보를 얻을 수 있기 때문에 중요하다. 또 다른 관찰에는 참여하는 제3자 제공업체 전반에 걸친 조작의 종속성을 모니터링하고 현물 가격이 관련 당사자에게 실제로 의미하는 바를 이해하는 것이 포함된다. 예를 들어, DEX의 정확한 비율은 해당 비율을 사용하여 거래가 이루어질 수 있음을 의미하지만 DeFi 프로젝트의 정확한 비율은 자산의 공정 시장 가치에 가깝거나 같다는 것을 의미한다. 대응 방법은 의사결정을 위해 여러 오라클 소스의 여러 데이터 피드를 사용하면 위험을 크게 줄일 수 있다. 오라클 반환 값에 온전한 경계를 설정하고 값이 특정 최소 또는 최대 임곗값을 초과하면 실패한다. 타사 프로젝트에 대한 종속성을 도입하는 것의 의미를 이해하면서, 프로젝트가 감사(Audit)되었는지 여부와 프로젝트 사양 및 위협 모델이 의도한 용도와 일치하는지 여부를 고려한다.

060 　정답: 3번

IoT의 단일 소유자가 없고 사이버 위협을 처리하기 위해 보편적으로 합의된 방법론이 없기 때문에 공격자의 다양한 공격과 취약성을 방지하는 것은 매우 어려운 일이다. 이러한 모든 요소는 보편적 표준의 부족에서 기인하고 있다. 이는 많은 IoT 장치의 수명이 짧고 표준과 규정이 없는 사업 혁신가의 진입 장벽이 낮아서 더욱 문제가 악화되고 있다.

이러한 맥락에서 갈등의 위험을 낮추기 위해 가능한 한 빨리 정부 표준과 비즈니스 규범을 구현하고 적용해야만 한다. 주요 위험은 아무것도 곧 이루어지지 않을 것이라는 점이다. 미래 IoT를 위한 설계를 통한 보안을 촉진하고 현 IoT에 합리적인 위험 완화 및 비즈니스 연속성 계획을 적용하는 것은 지금 착수할 수 있고 반드시 조기에 실행해야 한다.

061

정답: 3번

거의 모든 네트워크에는 시스템에서 가장 높은 수준의 권한을 가진 시스템 관리자로 알려진 슈퍼 권한이 부여된 직원이 있다. 예를 들어, 시스템의 어느 부분에서나 파일을 읽고, 삭제하고, 생성할 수 있다. 권한이 없는 침입자가 관리하여 이러한 권한을 획득하고 네트워크 사용자의 암호를 훔치는 등 범죄적인 방식으로 사용하는 방법에 부여된다. 이 용어는 메인프레임 컴퓨터 관리자가 실패한 장치와 같은 비상 사태에 대응하기 위해 일반적인 보안 조치를 무시할 수 있도록 하는 IBM에서 개발한 귀중한 프로그램인 Superzap 프로그램에서 파생되었다.

슈퍼 재핑(Super Zapping)은 대부분의 IBM PC 센터에서 사용되는 매크로 컴퓨터 서비스 프로그램인 Superzap에서 레이블을 얻었다. 컴퓨터가 때때로 멈추거나, 오작동하거나, 다른 이유로 인해 정상적인 액세스 방법이 허용되지 않는 주의가 필요하다. 이 방법은 거의 직접적인 수법이기에 계속 지키고 확인하는 수밖에 없다.

062

정답: 1번

탠덤 테스트(Tandem Test)에서 심사원은 대상 시스템을 평가할 수 있는 최소한의 지식을 보유하고 있으며 테스트가 실행되기 전에 대상에게도 미리 통지한다. 탠덤 테스트가 철저하게 수행된다는 점은 상당히 주목할 만하며 크리스탈 박스 및 사내 감사는 탠덤 테스트의 실제 예이다.

063

정답: 4번

웜(또는 웜 바이러스)은 일반적인 바이러스와 달리 스스로 실행되며 감염 대상이 존재하지 않는 경우가 많다. 네트워크를 이용해서 빠르게 다른 시스템으로 전파되는 것이 특징이고 시스템의 기능을 손상시키거나 애플리케이션의 일부 기능을 망가뜨린다. 모리스웜, 코드레드, 님다 등이 대표적인 웜 바이러스이다.

064

정답: 3번

서비스 거부 공격(Denial of Service, DoS)은 다수의 단말기에서 타깃 시스템을 동시에 공격하여 서비스 가용성을 저하시키는 공격이다. HTTP, ICMP, TCP 등의 프로토콜의 허점을 이용하거나 정상적인 요청을 기하급수적으로 호출하는 방법을 이용하기도 한다. 서비스 거부 공격의 사례에는 Ping of Death, TCP SYN Flooding, Tear Drop, LAND Attack, Smurfing, Trin00, TFN2K 등이 있다.

065

정답: 1번

그로스 해킹(Growth Hacking)이란 제품 판매와 노출을 목적으로 기술 벤처 기업에 의해 개발된 창의성과 분석적 사고, 소셜 분석을 활용하는 마케팅 기법이다. 그로스 해커는 기업이 고객을 확보하고 유지하도록 돕기 위해 창의적이고 저렴한 전략을 사용하는 사람이다. 때로는 그로스 해커를 그로스 마케터라고도 하지만 그로스 해커는 단순한 마케터가 아니다.

제품 관리자 및 엔지니어를 포함하여 제품 또는 서비스에 관련된 모든 사람이 그로스 해커가 될 수 있다. 그로스 해커는 강박적이고 호기심이 많으며 분석적인 경향이 있으며 비즈니스 성장과 관련된 전략에만 집중한다. 또한, 그들은 혁신적인 성장 전략을 가정하고 우선순위를 정하고 분석하고 테스트하여 작동하는 것을 확인한다. 이상적인 그로스 해커는 성장 우선순위를 설정하고, 고객 확보를 위한 채널을 식별하고, 성공을 측정하고, 성장을 확장하는 방법을 알고 있다.

066

정답: 3번

멀웨어(Malware)로부터 데이터와 네트워크를 보호하는 방안은 다음과 같다.

(1) **컴퓨터 백업(Back up your computer)**: 시스템 및 기타 중요한 파일을 자주 백업하고 정기적으로 백업을 해야 한다. 컴퓨터가 랜섬웨어에 감염되면 백업을 사용하여 시스템을 이전 상태로 복원할 수 있다.

(2) 별도 백업 저장(Store your backups separately): 모범 사례는 외부 하드 드라이브와 같이 네트워크에서 액세스할 수 없는 별도의 장치에 백업을 저장하도록 한다. 백업이 완료되면 외부 하드 드라이브를 분리하거나 네트워크나 컴퓨터에서 별도의 장치를 분리해야 한다.

(3) 직원 교육(Train your organization): 조직은 직원에게 사이버 보안 인식 교육을 제공해야 한다. 이상적으로는 조직에서 직원이 최신 사이버 보안 위협 및 위협 행위자 기술에 대해 알 수 있도록 정기적인 필수 사이버 보안 인식 교육 세션을 받도록 준비한다. 조직은 인력 인식을 개선하기 위해 실제 피싱 이메일을 시뮬레이션하는 피싱 평가를 통해 직원을 테스트할 수도 있다.

067 정답: 2번

노드(Node)는 블록체인 네트워크에 대한 합의를 지원하고 상품 및 서비스에 대한 지불로 암호화폐를 보내고 받는 것과 같은 최종 사용자 거래를 촉진한다. 노드 레벨 공격은 주로 노드를 대상으로 하여 공격자의 이익을 위해 노드 리소스를 공격자의 채굴로 전환한다.

크립토재킹 공격 멀웨어는 일반적으로 피싱 이메일, 악성 웹 사이트 및 광고를 통해 전달된다. 성공적으로 로드되면 멀웨어가 사용자 컴퓨터에 크립토마이닝 코드를 설치하여 암호화폐를 은밀하게 채굴한다. 기존의 사용자 인식 및 엔드포인트 멀웨어 관리는 크립토마이닝의 영향을 최소화한다. 구체적으로 대응 방안으로 다음을 고려할 수 있다.

- 피싱 예방에 중점을 둔 조직 사용자를 위한 보안 인식 교육을 실시한다.
- 웹 브라우저에 광고 차단 또는 암호화 방지 확장을 설치한다.
- 신뢰할 수 있는 브라우저 확장 및 추가 기능만 사용한다.
- 엔드포인트 보호를 사용한다.
- 웹 필터링 도구를 사용한다.

068 정답: 2번

사용자 평면 무결성 위험(Exploitation of User Plane)의 악용을 완화하기 위해 5G는 암호화 외에도 사용자 평면에 대한 무결성 보호를 제공할 수 있는 옵션을 사용자 장비에 제공하는 새로운 보안 기능을 추가한다. 5G 인증 및 키 동의(5G-AKA)라고 하는 5G의 새로운 인증 절차는 이러한 위험을 완화한다. 새 인증 절차는 다음을 수행한다.

- 가입자의 홈 네트워크가 가입자의 UE와 UE가 가입한 로밍 네트워크를 모두 인증하는지 확인한다. 이전에는 4G 아키텍처에서 로밍 네트워크만 인증을 수행했다. 가입자의 홈 네트워크는 가입자의 UE와 UE가 가입하고 있는 로밍 네트워크를 모두 인증하기 때문에 UE가 속아 무단 파트너 네트워크에 가입하는 것을 방지할 수 있다.
- UE가 로밍 네트워크에 연결되어 있는지 확인하여 4G 기술에서 발생할 수 있는 홈 네트워크 운영자의 사기 청구 위험을 완화한다.
- 네트워크 연결을 설정하는 데 필요한 UE 및 가입자 정보가 승인된 파트너 네트워크만 공유되도록 한다.

069 정답: 4번

개요

- Apache 소프트웨어 재단은 자사의 Log4j 2에서 발생하는 취약점을 해결한 보안 업데이트 권고
- 공격자는 해당 취약점을 이용하여 악성 코드 감염 등의 피해를 발생시킬수 있으므로, 최신 버전으로 업데이트 권고
  ※ 관련 사항은 참고사이트 취약점 대응 가이드를 참고
  ※ 참고 사이트를 확인하여 해당 제품을 이용 중일 경우 해당 제조사의 권고에 따라 패치 또는 대응 방안 적용
  ※ Log4j 취약점을 이용한 침해 사고 발생 시 한국인터넷진흥원에 신고

주요 내용

- Apache Log4j 2에서 발생하는 원격 코드 실행 취약점 (CVE-2021-44228)
- Apache Log4j 2에서 발생하는 원격 코드 실행 취약점

(CVE-2021-45046)

- Apache Log4j 1.x에서 발생하는 원격 코드 실행 취약점(CVE-2021-4104)

  ※ Log4j: 프로그램 작성 중 로그를 남기기 위해 사용되는 자바 기반의 오픈 소스 유틸리티

영향을 받는 버전

- CVE-2021-44228

  - 2.0-beta9 ~ 2.14.1 이하

  ※ 취약점이 해결된 버전 제외(Log4j 2.3.1, 2.12.2, 2.12.3 및 이후 업데이트 버전 제외)

- CVE-2021-45046

  - 2.0-beta9 ~ 2.15.0 버전

  ※ 취약점이 해결된 버전 제외(Log4j 2.3.1, 2.12.2, 2.12.3 및 이후 업데이트 버전 제외)

- CVE-2021-4104

  - 1.x 버전

  ※ JMSAppender를 사용하지 않는 경우 취약점 영향 없음

대응 방안

제조사 홈페이지를 통해 최신 버전으로 업데이트 적용

※ 제조사 홈페이지에 신규 버전이 계속 업데이트되고 있어 확인 후 업데이트 적용 필요

- CVE-2021-44228, CVE-2021-45046

  - Java 8 이상: Log4j 2.17.0 이상 버전으로 업데이트

  - Java 7: Log4j 2.12.3 이상 버전으로 업데이트

  - Java 6: Log4j 2.3.1 이상 버전으로 업데이트

  ※ log4j-core-*.jar 파일 없이 log4j-api-*.jar 파일만 사용하는 경우 위 취약점의 영향을 받지 않음

- CVE-2021-4104

  - Java 8: Log4j 2.17.0 이상 버전으로 업데이트

  - Java 7: Log4j 2.12.3 이상 버전으로 업데이트

  - Java 6: Log4j 2.3.1 이상 버전으로 업데이트

신규 업데이트가 불가능할 경우 다음과 같이 조치 적용

- CVE-2021-44228, CVE-2021-45046

- JndiLookup 클래스를 경로에서 제거

  zip -q -d log4j-core-*.jar org/apache/logging/log4j/core/lookup/JndiLookup.class

- CVE-2021-4104

  - JMSAppender 사용 확인 후 코드 수정 또는 삭제

  ※ log4j 1.x버전 사용자의 경우 추가 업그레이드 지원 중지로 인해 다른 보안 위협에 노출될 가능성이 높아 최신 버전(2.x) 업데이트 적용 권고

탐지 정책

- 참고 사이트 취약점 대응 가이드를 참고하여 탐지 정책 적용

  ※ 본 탐지 정책은 내부 시스템 환경에 따라 다르게 동작할 수 있으며, 시스템 운영에 영향을 줄 수 있으므로 충분한 검토 후 적용

  ※ 공개된 탐지 정책(참고 사이트)은 우회 가능성이 있으므로 지속적인 업데이트가 필요

070

정답: 1번

디지털 서명의 작동 방식을 더 잘 이해하려면 다음 용어를 숙지해야 한다.

(1) 해시 함수(Hash function): 해시 함수('해시'라고도 함)는 수학 알고리즘과 이메일, 문서, 사진 또는 기타 유형의 데이터와 같은 임의 크기의 파일에서 생성된 고정 길이의 숫자 및 문자 문자열이다. 이 생성된 문자열은 해시되는 파일에 고유하며 단방향 함수이다. 계산된 해시를 되돌려 동일한 해시값을 생성할 수 있는 다른 파일을 찾을 수 없다.

(2) 공개 키 암호화(Public key cryptography): 공개 키 암호화(비대칭 암호화라고도 함)는 키 쌍 시스템을 사용하는 암호화 방법이다. 공개 키라고 하는 하나의 키가 데이터를 암호화하며, 개인 키라고 하는 다른 키는 데이터를 해독한다. 공개 키 암호화는 기밀성, 무결성 및 신뢰성을 보장하기 위해 여러 가지 방법으로 사용할 수 있다. 공개 키 암호화는 보낸 사람의 개인 키를 사용하여 메시지의 디지털 서명을 만들어 무결성을 보장한다. 이것은 메시지를 해시하고 개인 키로 해시값을 암호화하여 수행된다. 이렇게 해서 메시지가 변경되면 다른 해시값이 생성된다. 수신자의 공개 키로 전체 메시지를 암호화하여 기밀성을 보장한다. 즉, 해당 개인 키를 소유한 수신자만 메시지를 읽을 수 있다. 공개 키를 사용

하여 사용자의 신원을 확인하고 인증 기관에 대해 확인한다.

(3) **공개 키 인프라**(Public key infrastructure, PKI): PKI는 공개 키 배포와 디지털 인증서 및 인증 기관이 있는 개인 또는 엔티티의 ID 유효성 검증을 지원하는 정책, 표준, 인력 및 시스템으로 구성된다.

(4) **인증 기관**(Certificate authority, CA): CA는 개인의 신원을 확인하고 개인을 대신하여 공개/개인 키 쌍을 생성하거나 개인이 제공한 기존 공개 키를 해당 개인과 연결하는 신뢰할 수 있는 제3자이다. CA가 누군가의 신원을 확인하면 CA에서 디지털 서명한 디지털 인증서를 발급한다. 그런 다음 요청 시 디지털 인증서를 사용하여 공개 키와 연결된 사람을 확인할 수 있다.

(5) **디지털 인증서**(Digital certificates): 디지털 인증서는 인증서 소유자를 식별하는 것이 목적이라는 점에서 운전면허증과 유사하다. 디지털 인증서에는 개인 또는 조직의 공개 키가 포함되어 있으며 CA에서 디지털 서명한다. 조직, 개인 및 CA에 대한 기타 정보도 인증서에 포함될 수 있다.

(6) **PGP**(Pretty Good Privacy)/**OpenPGP**: PGP/OpenPGP는 PKI의 대안으로, PGP/OpenPGP를 사용하면 사용자는 확인 가능한 ID를 가진 사람의 인증서에 서명하여 다른 사용자를 신뢰한다. 이러한 서명이 더 많이 상호 연결될수록 인터넷에서 특정 사용자를 확인할 가능성이 높아진다. 이 개념을 신뢰의 웹(Web of Trust)이라고 한다.

071

정답: 3번

전자 서명이란 서명자를 확인하고 서명자가 당해 전자문서에 서명하였음을 나타내는 데 이용하기 위하여 해당 전자 문서에 첨부되거나 논리적으로 결합된 전자적 형태의 정보를 말한다. 전자 서명은 대부분 공개 키 암호 알고리즘을 이용하여 구현하며 무결성을 확인하고 인증과 부인 방지 기능을 제공하는 암호 기술이다.

전자 서명과 관련한 대표적인 표준으로 1994년 미국에서 만들어진 DSS(Digital Signature Standard)가 있다. DSS는 DSA(Digital Signature Algorithm)를 사용하는데, DSA는 슈노어(Schnorr)와 엘가말(ElGamal)의 알고리즘을 기반으로 하며 서명 생성이나 암호 키 생성에서는 SHA-1을 이용한다. 우리나라에는 1996년에 개발된 KCDSA(Korean Certifice-based Digital Signa-

ture Algorithm)가 있다. 현재 우리나라의 전자 서명법에 따르면, 전자 서명은 인터넷을 통해 전자문서를 교환할 때 일반 문서에서 쓰이는 인감도장과 법적으로 똑같은 효력을 지닌다.

- **RSA**(Rivest Shamiv Adelman) **전자 서명**: 론 리베스트(Ron Rivest), 아디 세미르(Adi Shamir), 레오나르드 아델만(Leonard Adleman)에 의해서 1978년 제안 된 공개 키 암호 방식을 응용한 전자 서명의 방식을 응용한 전자 서명 방식이다. 큰 합성수를 소인수 분해하는 문제의 어려움에 근거해 안전도를 결정하는 방식이다.

- **엘가말 전자 서명**: 이산 대수 문제를 기반으로 전자 서명만을 위해 고안 된 방식이다.

- **슈노어 전자 서명**: 엘가말 전자 서명의 변형으로 이산 대수 문제에 안정성을 두고 있다.

- **DSS 전자 서명**: 1991년 미국표준기술연구소(NIST)에서 발표한 전자 서명 방식으로 엘가말 전자 서명을 개량한 방식이다. 엘가말 전자 서명 방식과 유사하지만 서명과 검증에 소요되는 계산량을 획기적으로 줄인 방식으로 미국의 전자 서명 표준이다. 해시 함수 SHA-1을 사용하여 해시 코드와 난수가 서명 함수의 입력으로 제공된다.

- **KCDSA 전자 서명**: 국내 표준 전자 서명 방식으로 이산 대수 문제를 기반으로 한다. KCDSA의 계산 효율을 높이고자 타원곡선 암호 시스템을 기반으로 변형한 전자 서명이 ECKCDSA이다.

- **타원 곡선 전자 서명**: 타원 곡선(Elliptic curve)상에서 군을 정의하고 이에 대한 이산 대수 계산의 어려움에 근거를 두고 있다.

—— 🏠출처 http://wiki.hash.kr/

072

정답: 1번

자격 증명 기반 공격(Credential-Based Attack)의 첫 번째 단계인 자격 증명 도난은 자격 증명을 훔치는 프로세스이다. 공격자는 일반적으로 상당히 저렴하고 매우 효율적인 전술이기 때문에 자격 증명 도용을 위해 피싱을 사용한다.

자격 증명 피싱의 효과는 보안 방어의 약점에 의존하는 멀웨어나 취약점 악용과 달리 직원을 속이려는 시도에서 사람의 상호 작용에 의존한다. 기업 자격 증명 도용은 일반적으로 표적을 정하고 노력을 계속적으로 수행하여 사전 준비를 한다. 공격자는 링크드인(LinkedIn)과 같은 소셜 미디어 사이트를 샅샅이 뒤져 자격 증명이 중요한 데이터 및 정보에 대한 액세스 권한을 부여하는 특정 사용자를 검색한다.

기업 자격 증명 도용에 사용되는 피싱 이메일 및 웹 사이트는 소비자 자격 증명 도용에 사용되는 것보다 훨씬 정교하다. 공격자는 이러한 이메일과 웹 사이트를 합법적인 기업 응용 프로그램 및 통신과 거의 동일하게 보이게 하는 데 많은 노력을 기울인다.

자격 증명 기반 공격의 이 단계에서 보안 인식 교육이 첫 번째 방어선으로서의 역할을 수행한다. 유감스럽게도 직원들이 피싱 시도를 100% 식별한다는 보장은 없다. 자격 증명 도난을 최소화하려면 회사 자격 증명을 승인된 응용 프로그램으로 제한해야 하며 가능성이 없거나 알 수 없는 응용 프로그램 및 사이트에서 사용을 차단해야 한다. 보안 제품은 회사 자격 증명이 조직의 네트워크를 떠나는 것을 차단하고 악성 사이트에 유포되는 것을 방지할 수 있다.

073
정답: 1번

RASP(Runtime Application Self-Protection)는 기본적으로 애플리케이션 보안을 제공하는 애플리케이션용 서버 측 보안 솔루션이다. RASP(런타임 응용 프로그램 자체 보호)를 사용하면 앱이 런타임에 의심스러운 동작을 모니터링할 수 있다. 런타임 위협이 감지되면 RASP 기능을 사용하면 앱을 변조하거나 동적 분석을 수행하려는 위협 행위자로부터 방어할 수 있다.

즉, RASP는 런타임 계측을 사용하여 실행 중인 소프트웨어 내부의 정보를 활용하여 컴퓨터 공격을 탐지하고 차단하는 보안 기술이다. 이 기술은 방화벽과 같은 경계 기반 보호와 다르며, 방화벽은 컨텍스트 인식 없이 네트워크 정보를 사용하여 공격을 탐지하고 차단할 수 있다. RASP 기술은 입력을 모니터링하고 공격을 허용할 수 있는 것을 차단하여 소프트웨어의 보안을 향상시키는 동시에 원치 않는 변경 및 변조로부터

런타임 환경을 보호한다.

RASP 보호 응용 프로그램은 런타임 보안 보호를 제공하기 위해 방화벽과 같은 외부 장치에 덜 의존하게 된다. 위협이 감지되면 RASP는 악용을 방지하고 사용자 세션 종료, 응용 프로그램 종료, 보안 담당자에게 경고 및 사용자에게 경고 보내기 등의 다른 작업을 수행할 수 있다.

074
정답: 4번

ARIA(Academy, Research Institute, Agency) 알고리즘은 2004년 KISA와 국가정보원이 산학협력으로 만든 비밀 키(대칭 키) 암호화 알고리즘이다. AES 규격과 궤를 같이 하며 비슷한 성능과 구조를 가지고 있다. 2004년 국가표준이 되었고 2010년 국제표준이 되었지만 산업계에서는 많이 사용되지 않는다.

075
정답: 1번

Log4j 취약점은 전세계 대다수 대기업과 정부기관에서 사용하는 Apache(아파치) 서버의 Log4j 2 중에 존재하는 JNDI 인젝션 취약점으로, 이를 악용하면 악성 코드 실행이 가능하게 되어 해당 기업에 막대한 피해를 불러올 수 있다.

취약점을 통하여 예상되는 각 기업의 피해는 (1) 무상 공개된 '오픈 소스'로서 대상 컴퓨터의 모든 권한 취득 가능, (2) 비밀번호 없이 서버를 이용해 내부망에 접근 가능, (3) 악성 프로그램(랜섬웨어 등) 실행 가능, (4) 기업의 중요한 자료 등 데이터 삭제 가능 등으로 다양하게 공격할 수 있다.

076
정답: 1번

기능 남용(Abuse of Functionality)은 웹 사이트의 고유한 기능을 사용하여 자신 또는 타인을 공격하는 공격 기법이다. 기능 남용은 바람직하지 않은 결과를 수

행하기 위해 응용 프로그램의 의도된 기능을 남용하는 것으로 정의될 수 있다.

이러한 공격은 리소스 소비, 액세스 제어 우회, 정보 유출 등 다양한 결과를 가져온다. 남용의 가능성과 수준은 웹 사이트 및 응용 프로그램마다 다르다. 기능 남용 공격은 종종 다른 공격 유형의 조합 및/또는 다른 공격 벡터를 활용한다.

승부 조작도 이러한 어뷰징 공격의 일종이라 볼 수 있다. 버그나 글리치를 악용하거나 게임 해킹 프로그램을 사용하는 행위는 어뷰징 중에서도 취약점 악용에 해당한다. 게임에서 대표적인 어뷰징으로는 타인의 계정으로 등급을 올리는 대리랭, 고의로 연거푸 패배하는 패작 행위가 있다. 넓게 보면 속칭 버스(온라인 게임)도 어뷰징의 범주 중 하나로 포함할 수 있다.

077 정답: 2번

2)번은 살라미 공격 기법(Salami Attack)이다. 살라미 공격의 대표적인 예는 페니 셰이빙(Penny Shaving)이라고도 불리는 살라미 기술인데, 금융기관의 여러 계정으로부터 사람들이 눈치채지 못할 정도의 소액을 빼내는 것을 말한다.

보통 금융기관에서 금리 계산을 할 때 버려지는 만큼의 이자를 자신이 미리 정한 계정으로 보내는 방식으로 진행된다. 좀 더 과감한 경우, 몇 백 원 혹은 몇 십 페니 정도를 여러 계정에서 빼오는 경우도 있었는데, 대부분의 사람들은 이러한 오류를 신경 쓰지 않기 때문에 이러한 공격은 피해자들로부터 보고되지 않는다.

논리 폭탄(Logic Bomb)은 특정 조건이 충족될 때 네트워크에 피해를 주기 위해 프로그램에 의도적으로 삽입된 일련의 악성 코드이다. 이 용어는 특정 날짜 또는 시간과 같은 특정 이벤트, 시스템에서 특정 레코드(예: 직원) 삭제 또는 감염된 바이러스 실행과 같은 특정 이벤트에 의해 트리거될 때 코드가 폭발한다는 아이디어에서 파생되었다.

다른 많은 유형의 사이버 공격과 달리 논리 폭탄 공격은 미묘하지만 종종 정교하며 추적하거나 완화하기

어려운 폭발적 피해를 일으킬 수 있다. 악성 코드 조각이 컴퓨터나 네트워크의 기존 소프트웨어에 비밀리에 삽입된다. 또한, 바이러스, 웜 또는 트로이 목마와 같은 다른 형태의 멀웨어에 삽입될 수도 있다.

논리 폭탄은 트리거가 발생할 때까지 코드가 휴면 상태에 있기 때문에 탐지하기가 어렵다. 코드 삽입과 작업(페이로드 해제) 사이의 이러한 의도적인 시간 지연을 통해 폭격기는 공격이 발생하는 시기를 제어할 수 있다. 더 중요한 것은 논리 폭탄이 보통 몇 달 또는 몇 년 동안 탐지되지 않는 상태로 남아 있기 때문에 추적을 피할 수 있다는 것이다.

078 정답: 3번

금융전산(보이스피싱) 국민행동요령

【보이스피싱을 당해 사기범에게 입금한 경우】

- 사기범이 피해금을 인출하지 못하도록 사기이용계좌의 신속한 지급정지가 중요하다.
- 사기이용계좌의 피해금이 출금되지 않은 경우 '전기통신금융사기 피해 방지 및 피해금 환급에 관한 특별법'(통신사기피해환급법)에 따라 피해금을 환급받을 수 있다.
- 피해금 지급정지는 경찰청(112), 금융감독원(1332) 또는 금융회사에 신청한다.

【지급정지 신청 후 절차】

- 가까운 경찰서에서 피해신고확인서를 발급받아 지급정지를 요청한 은행에 경찰서에서 발급한 피해신고확인서와 신분증 사본, 피해구제신청서를 3일 이내에 제출하면 된다.

보이스피싱 피해 구제 절차

① 지급정지 및 피해구제 요청 → ② 지급정지 → ③ 지급정지 통보 → ④ 채권소멸절차 개시 요청 → ⑤ 전자금융거래 제한 → ⑥ 채권소멸절차 → ⑦ 피해금 환급 → ⑧ 전자금융거래 제한 종료

── 🏠 출처　금융감독원 누리집

079

팬텀 트랜잭션으로 노드 피어 또는 네트워크를 플러딩하면 트랜잭션 대기열 크기가 증가하여 PoW 문제 난이도에 대한 자동 하향 조정이 필요하므로 블록 생성이나 MSP가 사용자 액세스를 처리하지 못하게 되어 공격자가 다른 취약점 악용을 시작할 수 있다. 공격자는 탐지되지 않고 목표를 달성하기 위해 모니터링 부족과 시기적절한 대응에 의존한다.

완화 방법은 DoS 유형에 따라 다르며 다음이 포함될 수 있다. 공격을 기다리거나 의도적으로 블록을 만들어 대기열에서 넘치는 트랜잭션을 지워야 한다.

- 공격 영향을 최소화하기 위해 난이도 증가 간격을 설정한다.
- 대규모 블록 생성자 풀(예: 스테이커)을 사용한다.
- PoS 블록 생성자를 무작위로 선택한다.
- 노드에 대한 기존 DDoS 보호를 구현한다.
- AWS 또는 Azure를 활용하여 블록체인 노드를 관리한다.

인위적인 난이도 증가 취약점 악용에서 공격자는 네트워크에 상당한 양의 해시 파워를 제공하여 PoW 블록체인 네트워크 해시 비율을 일시적으로 증가시키고, 따라서 네트워크가 증가된 리소스를 줄이기 위해 PoW 난이도를 올려야 한다. 블록 위조자 DoS 공격에서 공격자는 PoS 합의 블록체인의 다음 블록 생성자에 대한 전통적인 DoS 공격을 목표로 삼아 블록 생성자가 네트워크에 액세스하는 것을 방지하고 블록이 체인에 추가되는 것을 방지한다.

허가된 블록체인에서 사용자는 하나 이상의 MSP(멤버십 서비스 제공자)에 의해 인증된 후에만 허가된 블록체인 네트워크에 연결한다. MSP DoS에서 공격자는 MSP에 대해 DoS 공격을 수행하여 사용자의 블록체인 액세스를 거부한다.

080

블록체인 노드는 이웃 피어에게 전달되는 메시지에 의존한다. 악의적인 피어는 합법적인 피어로 가장하여 부정확하고 잘못된 거래 정보를 제공할 수 있다. 공격자는 탐지되지 않고 목표를 달성하기 위해 모니터링 부족과 시기적절한 대응에 의존한다. 공격자는 동료에게 정품으로 보이는 여러 가짜 노드를 설정한다. 이러한 가짜 노드는 네트워크 손상에 참여하여 무단 거래를 확인하고 유효한 거래를 변경한다.

공격자는 여러 장치, 가상 머신 또는 인터넷 프로토콜(IP) 주소를 가짜 노드로 사용하여 악성 트랜잭션을 선호하도록 합법적인 노드를 압도할 수 있다. Sybil 공격은 최소 1/3의 스테이커(즉, 채굴자, 블록 생성자)와 매우 많은 양의 해시 파워 또는 담합을 축적해야 한다. Sybil 공격에 대한 최선의 완화는 참여 노드가 해시 파워에 지출하도록 요구하고 노드당 상당히 많은 수의 토큰을 스테이킹하도록 요구하는 것과 같이 악의적인 행위자가 달성할 수 없는 상당한 양의 리소스를 소비하도록 요구하는 것이다. 노드당 상당히 많은 수의 토큰을 스테이킹하거나 사용자가 새로운 블록 또는 트랜잭션을 생성하는 데 가치가 있다고 간주되는 리소스를 소비했다는 증거를 제공한다.

081

전자 서명은 송신자의 인증과 부인 방지를 제공하기 위한 기술로, 해시 알고리즘과 비대칭 키 암호화를 사용한다.

송신자는 평문 메시지를 해시 알고리즘으로 메시지 다이제스트를 생성한 후 자신의 개인 키로 암호화해서 평문과 함께 전송한다. 수신자는 암호문을 송신자의 공개 키로 복호화하고 함께 전송된 평문의 메시지 다이제스트와 비교하여 동일한지 판단한다. 만약 동일하다면 이 서명에 대한 송신자의 인증과 부인 방지가 가능하다.

082

랜섬웨어(Ransomware)는 랜섬웨어 공격자가 몸값이 지불될 때까지 컴퓨터를 감염시키고 컴퓨터 파일을 암호화하는 데 사용하는 일종의 멀웨어다. 위협 행위자의 몸값 요구가 충족되지 않는 경우(즉, 희생자가 몸값을 지불하지 않는 경우) 파일 또는 암호화된 데이터는 일반적으로 암호화된 상태로 유지되어 희생자가 사용할 수 없게 된다.

암호화된 파일의 잠금을 해제하기 위해 몸값을 지불한 후에도 위협 행위자는 때때로 추가 지불을 요구하거나, 희생자의 데이터를 삭제하거나, 데이터의 암호 해독을 거부하거나, 희생자의 액세스를 복원하기 위해 작동하는 암호 해독 키 제공을 거부한다. 랜섬웨어는 감염된 시스템의 드라이브를 식별하고 각 드라이브 내의 파일을 암호화하기 시작한다.

랜섬웨어는 일반적으로 .aaa, .micro, .encrypted, .ttt, .xyz, .zzz, .locky, .crypt, .cryptolocker, .vault 또는 .petya와 같은 암호화된 파일에 확장자를 추가하여 파일을 암호화한다. 랜섬웨어가 파일 암호화를 완료하면 피해자가 몸값을 지불할 수 있는 방법에 대한 지침이 포함된 파일을 생성하고 표시한다. 피해자가 몸값을 지불하는 경우 위협 행위자는 피해자가 파일에 액세스할 수 있도록 잠금을 해제하는 데 사용할 수 있는 암호화 키를 제공할 수 있다.

랜섬웨어는 일반적으로 피싱 이메일이나 '드라이브 바이 다운로드'를 통해 전달된다. 피싱 이메일은 합법적인 조직이나 피해자가 알고 있는 사람이 보낸 것처럼 보이며 사용자가 악성 링크를 클릭하거나 악성 첨부 파일을 열도록 유도한다. '드라이브 바이 다운로드'는 사용자의 동의 없이 또는 종종 사용자 모르게 인터넷에서 자동으로 다운로드되는 프로그램이다. 다운로드 후 사용자 상호작용 없이 악성 코드가 실행될 수 있다. 악성 코드가 실행된 후 컴퓨터는 랜섬웨어에 감염된다.

083

정답: 3번

특정 공격은 주소 지정 방법의 운영 특성을 사용하여 공격자는 악의적인 목표를 달성한다. 종류는 다음과 같다.

- **Fraggle Attack:** 여러 UDP 에코 요청을 브로드캐스트 또는 멀티캐스트 주소로 보내는 서비스 거부 공격의 변형이다. 이 공격은 많은 UDP 트래픽을 브로드캐스트 IP 주소로 전송하는 것으로 구성되며, 이러한 패킷은 피해자의 소스 IP를 가지며 논리적으로 이 공격을 수행하기 위해 IP 스푸핑이 수행된다. 네트워크는 UDP 패킷을 브로드캐스트 주소로 보내고 컴퓨터가 응답하기 때문에 모든 호스트에 네트워크 트래픽을 전달한다. 이로 인해 피해자는 제대로 처리할 수 없는 많은 양의 트래픽을 받게되며 결국 정상적으로 작업할 수 없게 된다.

- **Perpetual Echo:** UDP 에코 요청과 브로드캐스트 또는 멀티캐스트 주소를 대상으로 사용하는 서비스 거부 공격의 또 다른 변형이다. 일부 UDP 응용 프로그램은 수신된 모든 데이터그램에 무조건적으로 응답한다. 응용 프로그램 중 하나를 대상으로 하고 다른 응용 프로그램을 소스로 위장한 상태에서 데이터그램이 네트워크에 삽입되면 두 응용 프로그램은 서로 계속해서 응답한다. 삽입된 각 데이터그램은 그들 사이에 또 다른 영구적인 에코 대화를 발생시킨다.

- **Smurf Attack:** Fraggle Attack과 비슷한 서비스 거부 공격의 변형이다. 희생자의 스푸핑된 원본 IP를 가진 수많은 인터넷 제어 메시지 프로토콜(ICMP) 패킷들이 IP 브로드캐스트 주소를 사용하여 컴퓨터 네트워크로 브로드캐스트하는 분산 서비스 거부 공격이다. 네트워크의 대부분의 장치들은 기본적으로 원본 IP 주소에 응답을 보냄으로써 이에 응답한다. 이 패킷에 응답하고 패킷을 수신하는 네트워크의 기계 수가 매우 많다면 희생자의 컴퓨터는 트래픽으로 넘쳐나게 된다. 이로 인해 희생자의 컴퓨터는 동작이 불가능해질 정도로 느려지게 될 수 있다.

3)번의 체르노빌 패킷(Chernobyl Packet)은 네트워크가 정상적인 트래픽을 전송할 수 없도록 하기 위해 충분한 네트워크 리소스를 소비할 수 있다. 이러한 폭풍을 유발하는 패킷을 정의한다.

Perpetual Echo

UDP Port	Application
7	Echo
13	Time of Day
17	Quote of the Day
19	Char Gen

084

1)번의 Lamer는 원래 크래커와 프리커 문화에서 그들이 하는 일을 정말로 이해하지 못하는 사람에게 적용되었던 전문 용어 또는 속어이다. 오늘날 IRC, BBS, 데모시너, 온라인 게임 사용자에 의해 경멸적인 것으로 인식되는 모든 사람에게 폭넓게 적용된다.

일반적으로 이 용어는 일이 어떻게 작동하는지 고의적으로 무지한 사람을 설명하기 위해 왔다. 그것은 절름발이라는 단어에서 파생되었고, 때때로 해커의 반대 개념으로 이해된다. 해커는 자신이 사용하는 것의 이면에 있는 메커니즘을 이해하려고 애쓰지만, 그러한 확장된 지식이 실용적인 가치가 없을 때도 Lamer는 원래 의도한 방식으로 장치를 작동하는 데 필요한 최소한의 정보만 배우려고 한다.

길버트 아라베디언(Gillbert Alaverdian)의 해커 등급 분류는 다음과 같다.

- 1등급: 엘리트(Elite)
  시스템에 존재하는 취약점을 찾아내 해킹에 성공하는 최고 수준의 해커. 마법사로도 불리며 해당 시스템에 아무런 흔적을 남기지 않고 해킹한다.

- 2등급: 세미 엘리트(Semi Elite)
  시스템의 취약점을 알고 해킹 코드를 만들어 내는 실력을 갖췄지만 해킹 흔적을 남겨 추적을 당하기도 한다.

- 3등급: 디벨로프 키디(Developed Kiddie)
  대부분의 해킹 기법을 알고 있으며 특정 사이트의 취약점을 발견할 때까지 여러 번 해킹을 시도해 시스템 침투에 성공하는 해커다.

- 4등급: 스크립트 키디(Script Kiddie)
  보안상의 취약점을 찾아낼 수 있는 운영체제(OS)에 대한 기술과 지식은 부족하지만 디도스 공격을 하는 등 해킹 툴을 사용할 줄 아는 해커다.

- 5등급: 라메르(Lamer)
  해킹 기술은 없지만 해커가 되고 싶어 하고 해킹 툴만 있으면 해킹이 가능하다고 생각해 트로이 목마 등을 인터넷에서 내려받는 해커 워너비이다.

085

스크린 스크래핑(Screen Scraping)은 한 응용 프로그램에서 화면 표시 데이터를 수집하고 다른 응용 프로그램에서 표시할 수 있도록 변환하는 프로세스이다. 이 작업은 일반적으로 보다 현대적인 사용자 인터페이스를 사용하여 표시하기 위해 레거시 응용 프로그램에서 데이터를 캡처하기 위해 수행된다. 스크린 스크래핑은 일반적으로 한 응용 프로그램에서 다른 응용 프로그램으로 화면 데이터를 변환하는 데 사용되는 합법적인 기술을 나타낸다. 때로는 웹 사이트 소유자의 승인 없이 웹 사이트에서 콘텐츠를 수집하는 수동 또는 자동 수단을 사용하는 콘텐츠 스크래핑과 혼동되기도 한다. 스크린 스크래핑은 터미널 에뮬레이션이라고도 한다.

086

웹 셸은 사이버 공격 중에 원격으로 웹 서버에 액세스하는 데 사용되는 악성 프로그램이다. 해커가 미리 정의된 피싱 방법을 통해 해킹된 응용 프로그램에 액세스하는 데 사용되는 셸과 같은 인터페이스이다.

(1) 파일 무결성 모니터링: FIM(파일 무결성 모니터링) 솔루션은 웹에서 액세스할 수 있는 디렉터리에서 파일 변경을 차단하도록 설계되었다. 변경 사항이 감지되면 FIM 도구는 관리자와 보안 직원에게 경고한다. FIM을 구현하면 파일이 디렉터리에 저장되는 즉시 실시간으로 문제를 감지하는 데 도움이 될 수 있다. 이렇게 하면 보안 직원이 웹 셸을 빠르게 찾고 제거하는 데 도움이 될 수 있다.

(2) 웹 응용 프로그램 사용 권한: 웹 응용 프로그램에 대한 사용 권한을 정의할 때는 최소 권한 개념을 사용하는 것이 중요하다. 이 개념의 주요 원칙은 사용자에게 역할을 수행하는 데 필요한 최소한의 권한을 제공하는 것이다. 목표는 각 사용자에게 가져서는 안 되는 권한이 없고 손상된 계정이 자신의 작업을 제한하도록 하는 것이다. 최소 권한 원칙은 위협 행위자가 웹 셸을 취약한 응용 프로그램에 업로드하는 것을 방지하는 데 도움이 될 수 있다.

(3) 침입 방지 및 웹 응용 프로그램 방화벽: 침입 방지 시스

템(IPS)은 네트워크 트래픽의 흐름을 모니터링하여 위협으로부터 IT 자산과 환경을 보호하도록 설계된 네트워크 보안 기술이다. WAF(웹 응용 프로그램 방화벽)는 웹 서비스와 주고받는 HTTP 트래픽을 필터링, 모니터링 및 차단하여 위협으로부터 보호한다.

(4) 네트워크 세분화: 네트워크 세분화는 네트워크를 분리된 서브네트워크로 분할하는 아키텍처 유형이다. 각 서브네트워크는 세그먼트로 간주되며 각 세그먼트에는 자체 보안 네트워크가 있다. 네트워크 분리 아키텍처는 관련되지 않은 세그먼트 간의 연결을 방지한다. 이러한 분리는 웹 셸 전파를 방지하는 데 도움이 될 수 있다.

(5) 엔드포인트 감지 및 응답(EDR): 특정 EDR(엔드포인트 탐지 및 응답) 및 호스트 로깅 솔루션은 웹 셸 공격으로부터 보호하는 데 도움이 될 수 있다. 이러한 솔루션은 시스템 호출 이상을 처리하고 악의적인 동작 패턴을 사용하여 웹 셸을 탐지한다. 웹 셸 보호 기능이 있는 EDR 솔루션은 호출된 시스템 호출을 포함하여 끝점의 모든 프로세스를 모니터링할 수 있다. 웹 셸이 웹 서버 프로세스 내에서 비정상적인 동작을 일으키면 솔루션에서 이를 인식한다.

⌂출처 https://www.imperva.com/

087 정답: 4번

4)번의 이중 블라인드 테스트(Double Blind Test, Black Box Test)는 실제 연습이 테스트라는 것을 피험자와 관찰자가 모두 인식하지 못하는 실험이다. 이중 블라인드 테스트는 테스트의 황금 표준이라고 한다.

이중 블라인드 테스트는 이론 및 실제 테스트를 포함하여 의학 및 심리학의 과학 실험에 사용된다. 예를 들어, 이중 블라인드 테스트에서 예지가 부족하면 편향을 피하고 결과에 영향을 줄 수 있는 다른 효과(예: 치료를 받고 있다는 믿음이 결과 자체에 영향을 미친다는 믿음)를 설명하는 데 도움이 된다.

컴퓨터 보안에서 침투 테스트는 종종 단일 또는 이중 블라인드 테스트로 수행된다. 단일 블라인드 침투 테스트를 통해 조직을 테스트하는 해킹 팀은 사전 정보가 거의 없다. 대상 조직이 지정되면 팀은 공개적으로 사용 가능한 소스에서 정보를 얻는다. 팀은 취약점

을 발견하고 악용하는 데 도움이 되도록 USENET, 회사 웹 사이트, 포럼 및 도메인 이름 등록을 활용할 수 있다.

이중 블라인드 침투 테스트에서는 테스트팀이 테스트에 대한 사전 준비가 되어 있지 않을 뿐만 아니라 방어 조직의 IT 팀에도 미리 알리지 않는다. 이중 블라인드 침투 테스트는 실제 사이버 공격에 대한 매우 효과적인 시뮬레이션을 만든다.

088 정답: 1번

내성 워터마킹(Robust Watermarking)은 디지털 콘텐츠에 저작권자만이 판단하고 이해할 수 있는 눈에 보이지 않고 들리지도 않는 디지털 표식을 첨부하는 기법으로, 왠만한 공격에 내성을 갖는 정보보호 방법이다. 만약 디지털 콘텐츠를 무단으로 복제할 경우 저작권자의 워터마킹이 함께 복제되어 저작권의 여부를 그대로 확인할 수 있게 된다. 워터마킹을 우회하는 모자이크 공격, 잘라내기 공격 등에도 잘 버텨내도록 설계되어야 한다.

089 정답: 2번

기업 차원의 피싱 공격에 대한 영향(잠재적 손실 형태)은 다음과 같다.

- **생산성(Productivity)**: 생산성 손실은 조직이 도난당한 데이터의 백업 파일을 유지 관리하지 않아 데이터를 사용할 수 없고 재생성해야 하는 경우와 관련이 있다.

- **대응 비용(Cost of Response)**: 사고 대응자, 커뮤니케이션, PR, 관리 회의, 포렌식 등으로 대응 비용이 존재하며 심각도에 따라 작업한다.

- **경쟁 우위(Competitive Advantage)**: 손실된 데이터에는 기업의 기밀 정보(예: 혁신적인 아이디어, 전략 계획, 소스 코드, 지적 재산)가 포함될 수 있으므로 경쟁 우위를 심각하게 고려해야 한다.

- **평판(Reputation)**: 사고가 고객에게 영향을 미치고 심각할 경우 평판에 영향을 미칠 수 있다.

- **벌금 및 판결(Fines and Judgements)**: 기업 데이터에 개

인 데이터가 포함된 경우 규제 벌금이 부과될 수 있다. (예: GDPR, CCPA, FTC)

- 자본 자산 대체 비용(Capital assets Replacement Cost): 일반적으로 자본 자산에 대한 대체 비용은 필요하지 않다.

090
정답: 4번

4)번의 가장 무도회 공격(Masquerade Attack)은 도난당한 암호와 로그온을 사용하거나 프로그램의 공백을 찾거나 인증 프로세스를 우회하는 방법을 사용하여 수행할 수 있다. 공격은 조직 내의 누군가 또는 조직이 공용 네트워크에 연결된 경우 외부인에 의해 유발될 수 있다.

가장 무도회 공격자가 얻을 수 있는 액세스 권한의 양은 그들이 달성한 인증 수준에 따라 다르다. 따라서 가장 무도회 공격자는 비즈니스 조직에 대한 가장 높은 액세스 권한을 얻은 경우 사이버 범죄 기회를 완전히 가질 수 있다.

가장 무도회 공격은 여러 가지 방법으로 발생할 수 있다. 내부자 공격의 경우 가장 무도회 공격자는 피해자의 계정 ID와 암호를 훔치거나 키 로거를 사용하여 합법적인 사용자의 계정에 액세스한다.

또 다른 일반적인 방법은 합법적인 사용자의 게으름과 신뢰를 이용하는 것이다. 예를 들어, 합법적인 사용자가 터미널이나 세션을 열어 두고 로그인한 상태로 두면 동료가 가장 무도회 공격자 역할을 할 수 있다. 취약한 인증은 공격자가 훨씬 더 쉽게 액세스할 수 있도록 도와주기 때문에 가장 무도회 공격을 유발할 수 있는 다른 요소 중 하나이다. 공격자가 액세스 권한을 얻으면 조직의 모든 중요 데이터에 침투하여 이를 삭제 또는 수정하고 중요한 데이터를 훔치거나 라우팅 정보 및 네트워크 구성을 변경할 수 있다. 예를 들어, 각 개별 컴퓨터에 고유한 IP 주소가 할당되더라도 해커는 스푸핑을 통해 다른 시스템에 자신이 권한이 있는 사용자임을 확신시켜 기본적으로 해커의 컴퓨터가 동일한 IP를 갖고 있다고 대상 컴퓨터에 확신시킬 수 있다.

091
정답: 4번

책임 추적성(Accountability은 정보 보안의 네 가지 기본 요구 사항 중 하나이며 자신의 행위에 대해 차후에 책임을 질 수 있는 개인들까지 시스템에서 수행하는 활동을 추적할 수 있는 속성을 말한다.

책임 추적성은 (사용자 식별을 위한) 인증 시스템과 (사용자의 활동 내역을 기록하기 위한) 감사 추적을 필요로 한다. 보안 시스템의 기본적인 요소는 특정 행위를 수행한 사람과 특정 시간 기간에 발생한 행위를 파악하는 능력이다. 조직에서는 침입 탐지 및 네트워크 감사 도구 등 최신 소프트웨어 응용 프로그램을 사용하여 차후에 책임을 질 수 있는 개인들까지 컴퓨터 보안 위반 또는 위반 시도를 추적함으로써 책임 추적성을 개선한다.

책임 추적성을 달성하는 방법은 다음과 같다.

- 독립적인 감사
- 강한 식별과 인증, 그리고 책임 보안 의식
- 정확하고 일관적인 감사 로그 증적
- 책임 추적성을 위한 조직의 보안 정책

092
정답: 1번

웹 취약점 진단 기준은 OWASP(The Open Web Application Security Project)에서 발표하는 OWASP TOP 10, CWE/SANS TOP 25, 국정원 8대 취약점, 행정안전부의 웹 취약점 점검 항목 21개가 있다. 행정안전부 웹 취약점 점검 항목 21개 항목은 다음과 같다.

순	점검 항목
1	운영체제 명령 실행
2	SQL인젝션
3	XPath 인젝션
4	디렉터리 인덱싱
5	정보 누출
6	악성 콘텐츠
7	크로스사이트 스크립트(XSS)
8	약한 문자열 강도(브루트포스)
9	불충분한 인증 및 인가
10	취약한 패스워드 복구
11	불충분한 세션 관리
12	크로스사이트 리퀘스트 변조

13	자동화 공격
14	파일 업로드
15	경로 추적 및 파일 다운로드
16	관리자 페이지 노출
17	위치 공개
18	데이터 평문 전송
19	쿠키 변조
20	웹 서비스 메서드 설정 공격
21	URL/파라미터 변조

🏠 출처 행정안전부, 〈전자정부 서비스 웹 취약점 표준 점검 항목 21개〉

093

정답: 3번

ECC(Elliptic Curve Cryptography) 암호화 알고리즘에 대한 문제이다. ECC 알고리즘은 기존에 사용되던 RSA와 같은 비대칭 키 및 공개 키 알고리즘의 유형이다. RSA 알고리즘에 비해서 하드웨어 자원 및 소프트웨어의 성능 요구조건이 낮기 때문에 저사양의 장비와 디바이스에서 원활하게 사용이 가능한 특징이 있다. 타원 곡선에서 발생하는 이산 대수의 어려움을 기반으로 만들어졌다.

094

정답: 4번

문제에서 설명하는 최고책임자는 CDO(Chief Data Officer)를 의미한다. CISO가 기업 내 모든 정보 보안 전략, 정책, 기준, 기술, 방안을 수립하고 책임지는 역할이라면 CDO는 기업의 핵심 자산인 데이터에 집중한다.

과거 데이터의 책임이 정보 전략 또는 업무 담당자의 역할이었다가 최근 CDO라는 직책이 주목받는 이유는 역시 랜섬웨어 때문이다. 랜섬웨어로 인해 기업의 정보, 데이터, 자산, 자원이 암호화되어 인질로 잡히고 금전적인 피해를 초래하기 때문이다. 랜섬웨어의 위협의 수준은 나날이 증가하지만 CISO가 대응하기에는 CISO가 담당하는 범위가 너무 넓어서 CDO의 역할이 중요해지고 있는 것이다. CDO는 주로 랜섬웨어의 공격 대상이 되는 기업 자산, 자원, 데이터, 자료를 식별하고 우선순위를 결정하며 CISO와 함께 보호 수준을 결정하는 역할을 수행한다.

095

정답: 2번

2)번의 시빅 해킹(Civic Hacking)이란 정부가 미처 헤아리지 못하는 분야를 시민 참여 운동으로 채운다는 의미이다. 공공 문제를 해결해야 할 첫 번째 주체는 정부이지만 여러 가지 이유로 정부가 제 역할을 못할 때 시민이 직접 나서 공공 문제를 해결한다는 뜻이다. 공공 문제를 해결하는 방법은 다양하지만 그중에서도 대표적인 것은 바로 집단 지성이다. 서로가 알고 있는 지식과 정보, 그리고 기술과 관련한 데이터를 서로 공유하여 사회를 혼란스럽게 만드는 재난이나 사고를 수습할 수 있는 방법을 찾아내는 것이다. 코로나19 대응 과정에서 공적 마스크 구매 줄서기, 다중이용시설 명부 작성 등으로 불편이 초래된 가운데 시민 주도로 공적 마스크 재고 현황을 확인할 수 있는 앱을 개발하고 이용자 개인정보보호를 위한 안심번호 개발로 사회적 문제를 해결한 것이 대표 사례이다.

096

정답: 4번

대칭 키(비밀 키) 암호화는 블록 암호화, 스트림 암호화로 나눌 수 있으며 블록 암호화 알고리즘의 구조는 Feistel과 SPN으로 나눌 수 있다. SPN(Substitution Permutation Network) 구조는 S-Box와 P-Box를 번갈아 가면서 반복해서 적용하는 샤논의 원리에 근간하여 구성된다. Substitution과 Permutation을 반복하여 평문 및 키와 암호문의 관계를 숨기는 구조이다.

097

정답: 3번

3)번에서 언급하는 다크 웹(Dark Web)은 인터넷을 사용하지만 특정 소프트웨어, 구성 또는 액세스 권한이 필요한 오버레이 네트워크인 다크 넷에 존재하는 월드 와이드 웹 콘텐츠이다. 다크 웹을 통해 사설 컴퓨터 네

트워크는 사용자의 위치와 같은 식별 정보를 누설하지 않고 익명으로 통신하고 비즈니스를 수행할 수 있다.

다크 웹은 딥 웹의 작은 부분을 형성한다. 즉, 다크 웹은 딥 웹의 일부이다. 웹 검색 엔진에 의해 인덱싱되지 않는 웹의 일부이다. 때때로 딥 웹이라는 용어가 특히 다크 웹을 지칭하는 데 잘못 사용되기도 한다. 다크 웹을 구성하는 다크 넷은 소규모의 friend-to-friend P2P 네트워크뿐만 아니라 Tor, Freenet, I2P, Riffle 과 같이 공공기관 및 개인이 운영하는 대중적인 대규모 네트워크를 포함한다. 다크 웹 사용자는 암호화되지 않은 특성으로 인해 일반 웹을 Clearnet이라고 부른다. Tor(토르) 다크 웹 또는 onionland는 네트워크의 최상위 도메인 접미사 '.onion'에서 양파 라우팅의 트래픽 익명화 기술을 사용한다. 온라인 범죄에 앞서 대비할 수 있는 방법의 대다수는 사후에 악성 멀웨어를 없애는 것보다 쉽다. 다음은 사이버 공격에 대응하는 방법들이다.

(1) 2단계 인증 체계를 적용한다.

(2) 로그인 내역을 확인한다.

(3) 인증된 장치를 확인한다.

(4) 안티 악성 코드 소프트웨어를 설치한다.

(5) 즉시 보안 업데이트를 설치한다.

(6) 절대 비밀번호를 드러내지 않는다.

(7) 이메일의 링크를 클릭하지 않는다.

(8) 오프라인 백업을 한다.

098 정답: 2번

은행에 등록된 금융인증서 또는 공동(공인)인증서가 없는 경우에는 다음의 비대면 실명 확인 또는 영업점을 통해 등록해야 한다.

「비대면 실명 확인」 서비스 이용 가능 조건(모두 충족해야 됨)

(1) 대한민국 국적의 만19세 이상 개인 고객(외국인 거래 불가)

(2) '주민등록증' 또는 '운전면허증'이 준비되어 있는 경우

(3) 본인 명의 휴대폰 보유 고객

(4) 당행 또는 타기관의 본인 계좌 인증 가능 고객

099 정답: 1번

2)번의 플리스웨어(Fleeceware)는 숨겨진 과도한 가입비가 함께 제공되는 일종의 멀웨어 모바일 애플리케이션이다. 이러한 응용 프로그램은 구독 취소 방법을 모르는 사용자가 응용 프로그램을 삭제한 후에도 오랫동안 요금을 계속 청구할 수 있다는 장점이 있다.

플리스웨어라는 용어는 2019년 영국 연구원에 의해 만들어졌다. 보안 업체 카스퍼스키(Kaspersky)에 따르면 플리스웨어는 주로 의료 건강 앱, 사진 편집 앱, 인기 높은 게임 관련 앱 등의 모습으로 숨어서 구글 플레이 스토어에 등록된다고 한다. 2020년 기준으로 6억 명 이상의 사용자가 플레이 스토어에서 안드로이드 플리스웨어 앱을 설치했다.

피해자를 각종 유료 서비스에 가입시키는 특징만 뺀다면 정상적인 앱들이다. 이런 앱들의 특징은 대부분 사용자의 알림 및 메시지 기능에 접근할 수 있도록 권한을 요청한다는 것이고, 사용자가 앱 설치 시 이러한 권한을 허용한다면 그 뒤로 사용자에게 오는 확인 문자나 이중 인증 암호 문자를 가로챌 수 있게 된다. 이를 통해 사용자 몰래 구독 서비스에 가입할 수 있게 된다.

4)번의 내그웨어(Nag-Ware)는 어떠한 목적을 달성하기 위해 사용자를 귀찮게 하는 프로그램을 뜻한다. 일반적으로 무료 이용을 대가로 광고를 하지만 유료 애플리케이션 중에서도 내그웨어의 성질을 띠는 제품이 드물지 않게 있다. 예를 들어 셰어웨어의 경우, 무료 체험 기간이 지나면 실행할 때마다 정품 구입을 안내하는 창이 뜨는 하는 식이다.

다만, 최근의 무료 프로그램들은 웬만하면 광고가 달려 있다. 특히 완성도가 높은 프로그램일수록 무료 버전에서는 손해가 나기 때문에 개발자들이 비상업용 프로그램에 더욱 광고를 달아 수익을 낼 수밖에 없다. 광고가 달린 무료 버전의 프로그램 중에서 해당 광고의 유형이 침입형 광고(Intrusive ADs)에 해당되어야 그러한 프로그램들을 내그웨어로 분류할 수 있다. 즉, 사용자가 심리적으로 불편함을 느끼는 광고가 탑재되어 있는지가 기준이 된다.

JNDI(Java Naming and Directory Interface)는 다른 종류의 이름 지정 및 디렉터리 서비스에 액세스하는 데 필요한 API(Application Programming Interface)이다. J2EE 구성요소는 JNDI 조회 메서드를 호출하여 객체를 찾는다. 응용 프로그램은 이 API를 호출하여 자원과 다른 프로그램 객체를 찾는다. 자원은 데이터베이스 서버나 메시징 시스템 같은 시스템과의 연결을 제공하는 프로그램 객체이다(JDBC 자원을 데이터 소스라고도 한다).

모든 자원 객체는 고유하고 사용자에게 친숙한 JNDI 이름으로 식별된다. 자원 객체와 JNDI 이름은 Application Server에 포함된 이름 지정 및 디렉터리 서비스에 의해 함께 바인딩된다. 자원을 새로 만들려면 새로운 이름 객체 바인딩을 JNDI에 입력한다. JNDI는 RMI, LDAP, Active Directory, DNS, CORBA 등과 같은 서로 다른 네이밍 및 디렉터리 서비스와 상호 작용할 수 있는 하나의 공통 인터페이스를 제공하기 위한 Java 기반의 인터페이스이다. 네이밍 서비스와 디렉터리 서비스에 대한 정의는 다음과 같다.

- 네이밍 서비스(Naming Service): '바인딩(Bindings)'이라고도 불리는 이름과 값으로 구성된 엔티티로, '조회(Search)' 또는 '검색(Lookup)' 연산을 사용하여 이름을 기반으로 객체를 찾을 수 있는 기능을 제공한다.
- 디렉터리 서비스(Directory Service): 디렉터리 객체(Directory Objects)를 저장하고 검색할 수 있는 특별한 유형의 네이밍 서비스이다.

디렉터리 객체는 속성을 객체에 연결할 수 있다는 점에서 일반 객체와 차이점을 가지며, 따라서 디렉터리 서비스는 객체 속성에서 작동할 수 있는 확장 기능을 제공한다.

JNDI는 네이밍 또는 디렉터리 서비스의 자바 객체에 바인딩하기 위해 자바 직렬화를 사용하여 해당 객체를 Byte 단위로 가져온다. 객체의 직렬화된 상태가 너무 클 경우를 대비하여 객체를 네이밍 또는 디렉터리 서비스에 간접적으로 저장하여 관리하기 위해 참조(Reference)를 사용한다. 레퍼런스는 네이밍 매니저(Naming Manager)에 의해 디코딩되어 원래 객체를 참조할 수 있도록 객체에 대한 주소와 클래스 정보로 구성된다. Reference 클래스는 팩토리(Factory)를 사용하여 객체를 구성할 수 있는데, 외부에 존재하는 팩토리 클래스도 참조가 가능하여 공격자들이 관심을 가지는 공격 방식이다. 이 공격 방식은 지난 2016년 블랙햇 USA에서도 발표된 바가 있다.

또한, JNDI 원격 클래스를 로드하는 것은 어느 레벨에서 실행되는 지에 따라 다르게 동작한다. 네이밍 매니저(Naming Manager) 레벨에서 실행하는 것과 SPI(Service Provider Interface) 레벨에서 실행하는 것으로 구분된다. SPI의 경우 원격의 클래스를 실행할 때 특정 Provider에 따라 Security Manager를 적용할 수 있다. 반면, 네이밍 매니저의 경우 JNDI 네이밍 레퍼런스(Naming Reference)를 디코딩할 때 항상 원격에 존재하는 클래스를 로드할 수 있으며, 이를 사용하지 않도록 하는 JVM 옵션이 없고 설치된 Security Manager를 적용하지 않는다. 공격자는 이러한 특징을 이용하여 원격으로 자체 코드를 실행할 수 있게 된다.

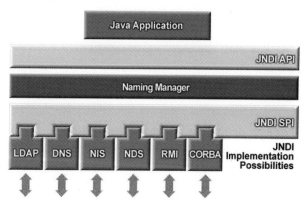

출처 https://www.kisa.or.kr/

101

DDoS 공격은 공격 형태에 따라 크게 (1) 대역폭 공격, (2) 자원 소진 공격, (3) 웹/DB 부하 공격이 있다.

구분	대역폭 공격	자원 소진 공격	웹/DB 부하 공격
공격 특성	높은 bps[1]	높은 pps[2], 높은 connection[3]	높은 pps, 높은 connection
공격 유형	UDP Flooding 및 UDP 기반 반사 공격(DNS, NTP, CLDAP, SSDP 등), Tsunami syn flooding, ICMP Flooding 등	TCP SYN, ACK Flooding 등	GET Flooding, POST Flooding 등
피해 대상	동일 회선을 사용하는 모든 시스템 접속 불가	대상 서버, 네트워크 장비 등의 과부하 발생	대상 웹 IDB서버 과부하 발생
Protocol	UDP, ICMP, TCP, GRE	TCP	HTTP, HTTPS
IP 위/변조 여부	위/변조 가능	위/변조 가능	위변조 불가능 (실제 IP로 공격)
비고	일시적으로 대량의 트래픽을 발생시키기 때문에 회선 대역폭이 작으면 방어가 어려움	대역폭 공격에 비해 적은 트래픽으로도 서버 과부하를 유발할 수 있음	정상적으로 세션을 맺은 후 과도한 HTTP 요청으로 웹/DB서버의 과부하를 유도함

1) bps(bit per second): 초당 bit 수를 지칭하는 약어
2) pps(packet per second): 초당 packet 수를 지칭하는 약어
3) connection: 데이터를 주고받기 위해 클라이언트와 서버 간에 서로 연결된 상태

—— 🏠 출처 https://www.krcert.or.kr/

102

2013년에 David J. Bianco는 '고통의 피라미드(Pyramid of Pain)'라는 개념을 처음으로 도입했다. 당시 그는 공격 지표의 적용 가능성을 개선하기 위해, 사고 대응 및 위협 사냥에 집중한 제안을 내세웠다. 피라미드는 위협 정보의 잠재적 유용성을 측정한다. 또한, 해당 정보 획득의 어려움과 해당 수준에서 탐지 회피(적의 관점에서)를 측정한다. 방어자로서 피라미드 꼭대기로 올라갈수록 방어는 더욱 오랫동안 지속된다.

(1) 해시값(Hash Values): SHA1, SHA256 및 MD5와 같은 암호화 해시는 IDS/IPS, 멀웨어 방지 등과 같은 다양한 사이버 보안 방어 시스템에서 가장 일반적으로 사용되는 IOC이다. SHA Land MOS와 같은 알고리즘에 의해 생성된 해시값은 특정 악성 파일을 나타내는 데 사용된다. 이러한 해시는 침입에 사용된 의심스러운 파일 및 멀웨어에 대한 특정 참조를 제공한다.

(2) IP 주소(IP Addresses): IP 주소는 공격의 가장 일반적인 지표 중 하나이지만 스크립트 키디만이 공격에 자신의 IP 주소를 사용한다. 공격자는 Tor, VPN 및 익명 프록시를 사용하여 IP 주소를 자발적으로 손쉽게 변경한다. IP 주소 제한만 있는 방어 시스템을 탐색하여 사이버 범죄자는 쉽게 공격을 수행할 수 있다. IP 주소 또는 네트 블록(Net block)은 공격을 수행하는 데 사용된 의심스러운 시스템이나 네트워크를 고유하게 식별한다.

(3) 도메인 이름(Domain Names): 도메인 이름은 IP 주소와 달리 사전 등록이 필요하기 때문에 변경이 어렵다. 그러나 DDNS(동적 도메인 이름 시스템) 서비스와 DGA(도메인 생성 알고리즘)를 사용하여 위협 행위자는 API를 사용하여 도메인 이름을 자동으로 수정할 수 있다. 공격자는 도메인 이름 규정을 쉽게 우회할 수 있다. 도메인 이름은 리소스 제어를 나타내는 숫자 주소 대신 사용되는 텍스트 레이블이다.

(4) 네트워크/호스트 아티팩트(Network/Host Artifacts): 아티팩트는 네트워크 또는 호스트에서 악의적인 활동과 합법적인 활동을 명확하게 구분하는 활동의 요소이다. 이러한 네트워크/호스트 아티팩트는 명령 및 제어(C2) 정보, URL 패턴, 디렉터리, 파일, 레지스트리 개체 등의 형태일 수 있다. 보안팀은 위협 인텔리전스를 활용하여 공격자에 대한 네트워크/호스트 아티팩트를 반박할 수 있다.

(5) 도구(Tools): 공격자는 사용하는 도구를 계속 현대화하여 더욱 정교하게 만든다. 일반적으로 이러한 도구는 버그를 스캔하고, 악성 코드를 개발 및 실행하고, C2 세션을 시작하고, 암호를 해독하는 등의 작업을 위해 구축되었다. 트래픽 패턴이나 서명을 기반으로 공격자에게 도구 사용을 박탈하는 것은 공격자에게 불리할 수 있다. 도구는 공격자가 공격을 수행하는 데 사용하는 악성 소프트웨어 또는 유틸리티이다. 여기에는 스피어 피싱 공격을 수행하기 위한 멀웨어 문서를 생성하고 명령 및 제어 채널을 설정하고 암호를 해독하는 백도어를 생성하도록 설계된 소프트웨어가 포함된다.

(6) 전술, 기법 및 절차(TTP): 여기에는 공격자가 최종 목표를 달성하기 위해 표적의 네트워크 정보, 시스템 정보, 조직 정보를 수집하고 데이터 침투에 이르기까지 사용하는 TTP가 포함된다. 공격자는 일반적으로 대상 네트워크에 액세스하기 위해 스피어 피싱을 사용한다. PDF 파일 또는 ZIP 형식의 악성 첨부 파일이 포함된 스피어 피싱은 TTP가 된다. TTP는 악의적인 활동을 수행하는 다양한 방법이 있으므로 특정 도구에 국한되지 않는다.

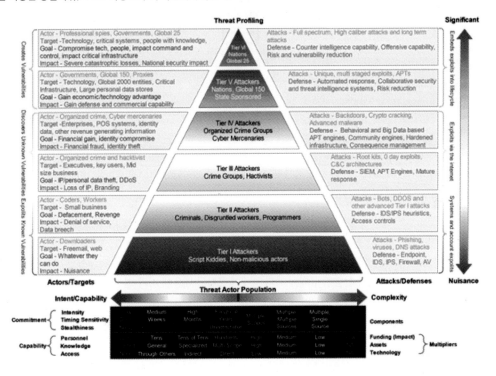

103

워터링 홀(Watering Hole)은 산업 스파이 활동 등을 목적으로 컴퓨터나 네트워크 감염을 통해 기밀 정보를 빼내기 위해 사용된다. 최근에는 사이버 첩보 활동뿐 아니라 상대적으로 보안 위협에 취약한 중소기업을 노린 워터링 홀도 증가하고 있다. 공격자의 웹 사이트에서 자동으로 돌연변이 악성 코드를 생성한 후 기존 유형과 조금씩 다른 형태로 공격하는 '서버 측 다형성 공격 기법'을 이용하기 때문에 방어가 어렵다. 인터넷 브라우저 취약점을 이용한 공격 대응 방법은 다음과 같다.

- 최신 버전의 인터넷 브라우저를 사용한다.
- 소프트웨어 자동 업데이트 기능을 활성화한다.
- 운영체제의 자동 업데이트 기능을 활성화한다.
- 백신 프로그램의 실시간 감시, 자동 업데이트 기능을 활성화한다.
- 수상한 이메일에 포함된 링크를 함부로 클릭하지 않는다.

워터링홀 웹페이지 방문 · 소프트웨어 업데이트 패키지를 가장한 파일 내려줌 · 악성코드 실행됨 · 악성 페이지와 자동 연결 · 추가 악성코드 다운로드 · 스피어피싱 이메일 발송 · 첨부파일 오픈 · 정상문서를 가장한 파일 노출

출처　http://www.igloo.co.kr/

104

심층 패킷 검사(DPI)는 네트워크 트래픽을 검사하고 관리하는 방법이다. 패킷 헤더만 검사하는 기존 패킷 필터링이 감지할 수 없는 특정 데이터 또는 코드 페이로드가 있는 패킷을 찾아 식별, 분류 및 재라우팅하거나 차단하는 패킷 필터링의 한 형태이다.

일반적으로 OSI(Open Systems Interconnection) 참조 모델의 응용 프로그램 계층에서 심층 패킷 검사 기능인 방화벽 방어의 일부로 수행된다. 심층 패킷 검사는 주어진 체크포인트를 통과하는 패킷의 내용을 검사하고 기업, 인터넷 서비스 공급자 또는 네트워크 관리자가 할당한 규칙에 따라 패킷에 포함된 내용에 따라 실시간 결정을 내린다.

이전 형식의 패킷 필터링은 패킷 헤더 정보만 보았으며, 이는 봉투의 내용을 알지 못한 채 봉투에 인쇄된 주소를 읽는 것과 유사하다. 최근까지 방화벽은 대용량 트래픽에 대한 심층 검사를 실시간으로 수행하는 데 필요한 처리 능력을 갖고 있지 않았다. 기술 발전으로 DPI는 패킷 헤더와 데이터를 모두 확인할 수 있도록 더 고급 검사를 수행할 수 있다.

DPI는 메시지의 내용을 검사하고 메시지를 보낸 특정 응용 프로그램이나 서비스를 식별할 수 있다. 또한, 필터를 프로그래밍하여 특정 인터넷 프로토콜 주소 범위 또는 Facebook, Twitter와 같은 특정 온라인 서비스에서 네트워크 트래픽을 찾고 경로를 변경할 수 있다. DPI는 주로 침입 탐지 시스템 기능이 포함된 방화벽과 공격을 탐지하고 네트워크를 보호하기 위한 독립 실행형 IDS에서 사용된다. 바이러스, 웜, 스파이웨어 및 기타 형태의 악성 트래픽 및 침입 시도를 탐지하고 차단하는 네트워크 보안 도구로 선의의 목적으로 사용할 수 있다.

DPI는 데이터 전송을 조절하여 피어 투 피어 남용을 방지하고 네트워크 성능을 향상시키는 데 사용할 수도 있다. DPI를 사용하면 특정 패킷이 포함된 콘텐츠의 발신자 또는 수신자를 식별할 수 있기 때문에 개인정보보호 옹호자와 망 중립성을 반대하는 사람들 사이에 우려가 발생되고 있다.

DPI를 구성하는 주요기술은 다음과 같다.

(1) 패킷 재조합: 패킷을 다시 조합하여 애플리케이션 데이터를 만드는 기술이다.

(2) 트래픽 제어: 패킷의 트래픽 내용을 확인하여 패킷을 전달하는 기술이다.

(3) 패턴 매칭: 악성 패턴을 찾아서 악성 행위를 탐지하는 기술이다.

(4) 하드웨어 성능: 기존의 소프트웨어의 성능 이상을 수행하기 위한 하드웨어 기반의 구현 기술이다.

Deep packet inspection

| Internet protocol (IP) | Transmission Control Protocol (TCP) | Application layer |

TRADITIONAL PACKET ANALYSIS

105

정답: 1번

입찰 다운 공격(Bidding Down Attacks)은 메시지 가로채기(MITM) 공격의 한 형태이다. 본질적으로 사용자 장치(및 이러한 장치가 연결되는 네트워크 엔티티)가 상대방이 보안 기능을 지원하지 않는다고 믿게 하여 서비스를 저하시킨다. 이렇게 함으로써 공격자는 더 강력한 메커니즘을 위해 인증/권한 부여 메커니즘을 강제로 사용한다. 4G 기술을 통해 통신 사업자는 스마트폰 및 기타 장치 내부에 삽입된 SIM 카드와 기지국에 연결하여 사용자를 인증한다. 4G 및 이전 세대 기술을 통한 인증 및 권한 부여는 사용자의 인증 정보(예: 사용자의 신원 및 위치)를 암호화하지 않으므로 통화/문자는 암호화되더라도 공격에 취약하다.

- 가입 인증(Subscription authentication)
- 향상된 가입자 개인정보보호(Enhanced subscriber privacy)
- 네트워크 인증(Network authorizations)

5G 보안 기술은 다음 인증 및 권한 부여 기능을 채택하여 입찰 다운 공격을 완화한다.

(1) 가입 인증

5G 기술을 사용하면 각 사용자 및 장치에 고유한 ID를 할당하여 인증이 수행되므로 SIM 카드가 필요하지 않으므로 인증 책임이 통신 사업자에서 개별 서비스 제공업체로 이전된다. 통신 사업자는 전화 및 데이터 통신 액세스와 같은 서비스를 제공한다. 개별 5G 제공업체는 인터넷 액세스 서비스를 포함한 하드웨어 및 소프트웨어 서비스를 제공한다. 또한, 사용자의 신원과 위치를 암호화하여 입찰 다운 공격 위협을 완화하여 사용자가 네트워크에 접속하는 순간부터 사용자를 식별하거나 위치를 찾을 수 없도록 한다. 5G 보안 아키텍처를 통해 네트워크 사업자는 셀룰러 네트워크에 연결할 때 연결하는 사용자 장비와 각 가입자의 각 부분을 식별하도록 하여 승인된 장치 및 가입자에게만 네트워크 액세스를 제한할 수 있다.

(2) 향상된 가입자 개인정보보호

5G에 의해 추가된 새로운 보안 기능 중 하나는 네트워크 내에서 사용하기 위해 각 가입자에게 할당되는 가입 은폐 식별자(SUCI)이다. SUCI는 숨겨진 SUPI를 포함하는 전 세계적으로 고유한 개인정보보호 식별자이다. 이 메커니즘을 사용하려면 SUCI 식별자를 사용하여 네트워크 연결 프로세스 중에 사용자 장치가 자신을 식별해야 한다. SUCI 및 SUPI 식별자는 일반 텍스트로 전송되지 않고 공격자가 연결 절차를 관찰하고 가입자 식별 정보를 캡처한 다음 가입자 위치를 추적하지 못하도록 256비트 암호화를 사용한다. 도청자와 같은 수동 공격자나 스푸핑된 기지국과 같은 능동적 공격자는 다중 연결을 통해 사용자 장비의 SUCI를 추적하거나 SUPI에서 가입자를 식별하지만 서비스 제공자는 식별하지 않는 세부 정보를 얻을 수 없다.

(3) 네트워크 인증

다음 네트워크 인증은 5G를 통해 구현된다.

- 홈 네트워크에 의한 서빙 네트워크 승인: UE의 홈 네트워크는 서빙 네트워크가 UE에 서비스를 제공하기 전에 서빙 네트워크를 승인한다.
- 무선 액세스 네트워크 인증: 서빙 네트워크는 UE에 서비스를 제공하기 전에 UE의 무선 액세스 네트워크를 인증한다.

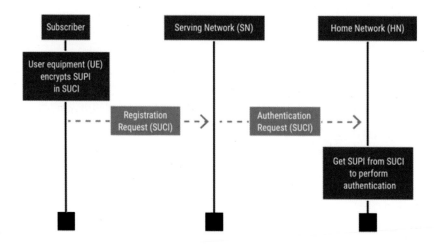

106

정답: 2번

Kerberos는 인터넷과 같이 신뢰할 수 없는 네트워크에서 신뢰할 수 있는 호스트 간의 서비스 요청을 인증하기 위한 프로토콜이다. Kerberos 지원은 Microsoft Windows, Apple macOS, FreeBSD 및 Linux를 포함한 모든 주요 컴퓨터 운영체제에 내장되었다. 마이크로소프트는 Windows 2000부터 Windows의 기본 인증 방법으로 Kerberos 프로토콜을 사용했으며 Windows Active Directory(AD) 서비스의 필수적인 부분이다. 광대역 서비스 공급자는 또한, 이 프로토콜을 사용하여 네트워크에 액세스하는 케이블 모뎀 및 셋톱 박스를 인증한다.

(1) Authentification Service(AS) 교환: 네트워크에 처음 로그온할 때 사용자는 도메인 내 KDC의 AS 부분에서 확인하기 위해 로그인 이름과 암호를 제공하여 액세스를 협상해야 한다. KDC는 Active Directory 사용자 계정 정보에 액세스할 수 있다. 성공적으로 인증되면 사용자에게 로컬 도메인에 유효한 TGT(Ticket to Get Tickets)가 부여된다. TGT의 기본 수명은 10시간이며 사용자가 암호를 다시 입력하지 않고도 사용자의 로그온 세션 동안 갱신할 수 있다. TGT는 휘발성 메모리 공간의 로컬 시스템에 캐시되며 네트워크 전체에서 서비스로 세션을 요청하는 데 사용된다.

(2) Ticket Granting Service(TGS) 교환: 사용자는 서버 서비스에 대한 접근을 원할 때 KDC의 TGS 부분에 TGT를 제시한다. KDC의 TGS는 사용자의 TGT를 인증하고 클라이언트와 원격 서버 모두에 대한 티켓과 세션 키를 만든다. 서비스 티켓이라고 하는 이 정보는 클라이언트 시스템에서 로컬로 캐시된다. TGS는 클라이언트의 TGT를 수신하고 자체 키를 사용하여 읽는다. TGS가 클라이언트의 요청을 승인하면 클라이언트와 대상 서버 모두에 대해 서비스 티켓이 생성된다. 클라이언트는 AS 응답에서 이전에 검색된 TGS 세션 키를 사용하여 해당 부분을 읽는다. 클라이언트는 다음에 오는 클라이언트/서버 교환에서 대상 서버에 TGS 응답의 서버 부분을 제공한다.

(3) Client/Server(CS) 교환: 클라이언트 사용자가 클라이언트/서버 서비스 티켓을 가지고 있으면 서버 서비스와 세션을 설정할 수 있다. 서버는 KDC와 함께 자체 장기 키를 사용하여 TGS에서 간접적으로 들어오는 정보를 해독할 수 있다. 그런 다음 서비스 티켓은 클라이언트 사용자를 인증하고 서버와 클라이언트 간에 서비스 세션을 설정하는 데 사용된다. 티켓의 유효 기간이 경과한 후에는 서비스 티켓을 갱신해야 서비스를 이용할 수 있다. KDC '티켓'은 상호 인증을 제공하여 노드가 안전한 방식으로 자신의

신원을 서로 증명할 수 있도록 한다. Kerberos 인증은 기존의 공유 비밀 암호화를 사용하여 네트워크를 통해 이동하는 패킷을 읽거나 변경하는 것을 방지한다. 또한, 도청 및 재생 공격으로부터 메시지를 보호한다.

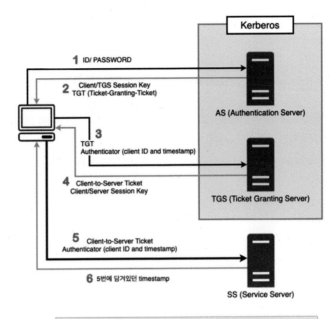

TGT = encrypt(TGS 비밀키, "Client ID, 주소, 유효기간, TGS 세션키")
Client-to-Server Ticket = encrypt(SS 비밀키, "Client ID, 주소, 유효기간, SS 세션키")

107

정답: 1번

인터넷은 전 세계 호스트들이 고유한 IP 주소를 기반으로 언제 어디서나 데이터를 주고받을 수 있는 글로벌 네트워크이다. 서로 다른 IP 주소를 가진 호스트들은 최단 이동 거리를 관리하고, 서로에게 자신이 관리하고 있는 IP 대역을 알려주는 라우터에 의해 통신이 가능해지는데, 이러한 IP 대역을 프리픽스(prefix)로 관리하는 것이 바로 AS(Autonomous System)이다. 이로 인해 AS는 IP 프리픽스(예, 128.6.0.0/16)를 관리하는 최신 라우팅 테이블이 정기적으로 업데이트되어야 하는데, 이처럼 자신의 라우팅 테이블을 서로에게 공유할 때 BGP(Border Gateway Protocol)라는 프로토콜이 사용된다.

BGP Hijacking(하이재킹)이란 AS 간에 라우팅 테이블을 공유하는 BGP 프로토콜을 악용하여 공격자가 임의로 설정한 라우팅 테이블을 인접한 AS에 퍼뜨리는 것을 의미한다. BGP 프로토콜은 신뢰도를 고려하지 않고 가장 빠른 경로만을 따라가기 때문에 공격자는 공격 대상의 라우팅 경로를 분석한 후, 원하는 경로로 네트워크의 흐름을 변경해 중간에 있는 AS를 공격하거나 자신의 의도대로 라우팅 정책을 설정함으로써 네트워크 마비, 데이터 가로채기 등의 행위가 가능해지는 셈이다.

라우팅 공격이라고도 하는 BGP 하이재킹은 ISP(인터넷 서비스 공급자)가 라우팅 시스템을 통해 잘못된 알림을 만들어 트래픽을 우회하는 BGP에 대한 공격이다. 이 공격은 일반적으로 네트워크를 분할한 다음 트랜잭션 처리를 지연시키기 위해 트래픽을 전환하는 조합을 필요로 한다. BGP 하이재킹에서 공격자는 블록체인 네트워크의 노드를 포함하는 두 네트워크 세그먼트 사이의 짧은 경로를 광고하여 해당 노드 간의 트래픽이 공격자를 통해 흐르도록 하고 공격자가 네트워크의 두 부분을 격리하고 트랜잭션을 지연할 수 있도록 한다. 채굴자에 의한 처리로 이 공격은 채굴자 수익을 줄이고 네트워크를 이중 지출에 훨씬 더 취약하게 하며 상인, 교환 및 기타 대규모 엔티티가 거래를 수행하는 것을 방지한다.

BGP 하이재킹에 대응하려면 여러 기술을 사용하는 커뮤니티 접근 방식이 필요하다.

- 멀티홈 노드(Multihomed Nodes): 노드가 두 개의 서로 다른 세그먼트에 인터넷에 연결되어 있으면 공격자가 네트워크를 분할하는 방법을 찾기가 더 어렵다.
- 지능형 이웃 선택(Intelligent Neighbor Selection): 다른 세그먼트의 노드에 연결하는 노드가 많을수록 공격자가 제어해야 하는 통신이 늘어난다.
- 알려진 경로 선택(Known Route Selection): 알려진 경로와 신뢰할 수 있는 경로를 사용하여 다른 네트워크 세그먼트의 노드와 통신한다.
- 네트워크 통계 모니터링(Network Statistics Monitoring): 공격자의 경로 재지정 및 모니터링은 네트워크 대기 시간을 크게 증가시킬 수 있다. 이를 모니터링하면 진행 중인 공격을 감지할 수 있다.
- 암호화된 인증 통신(Encrypted Authenticated Communications): 암호화 및 인증을 통해 공격자가 노드 간에 발생하는 통신을 모니터링하고 변경할 수 없다.

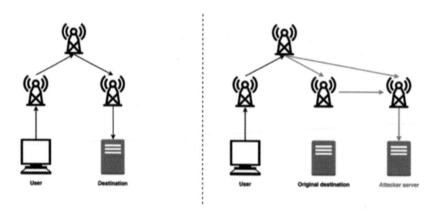

정상 네트워크 흐름(좌) | BGP Hijacking 공격 시 네트워크 흐름(우)

⌂ 출처 S2W Blog

108

정답: 1번

'이진 해시 트리'라고 부르기도 하는 머클 트리(Merkle Tree)는 컴퓨터 과학 응용 프로그램에서 사용하는 데이터 구조로, 비트코인 및 기타 암호화폐에서 블록체인 데이터를 보다 효율적이고 안전하게 인코딩하는 역할을 수행한다. 비트코인의 블록체인에서 거래 블록은 알고리즘을 통해 실행되어 해시를 생성한다.

머클 트리는 해시 목록을 일반화한 해시 기반 데이터 구조이다. 각 리프 노드가 데이터 블록의 해시이고 각 비-리프 노드가 자식의 해시인 트리 구조이다. 일반적으로 머클 트리의 분기 계수는 2이며, 이는 각 노드에 최대 2개의 자식이 있음을 의미한다.

머클 트리는 효율적인 데이터 검증을 위해 분산 시스템에서 사용된다. 전체 파일 대신 해시를 사용하기 때문에 효율적이다. 해시는 실제 파일 자체보다 훨씬 작은 파일을 인코딩하는 방법이다. 현재 주요 용도는 Tor, 비트코인 및 Git과 같은 P2P 네트워크이다.

머클 트리는 일반적으로 다음 이미지와 같이 이진 트리로 구현된다. L1에서 L4까지 레이블이 지정된 블록으로 분할된 데이터 입력을 볼 수 있다. 이러한 각 블록은 일부 해시 함수를 사용하여 해시된다. 그런 다음 각 노드 쌍은 루트 노드에 도달할 때까지 재귀적으로 해시된다. 루트 노드는 그 아래에 있는 모든 노드의 해시이다.

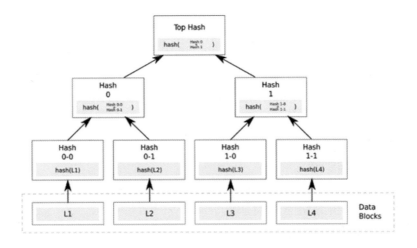

109

4G와 5G 모두 사진, 웹 트래픽 및 문자 메시지의 형태로 데이터를 전송하는 사용자 평면을 암호화하여 사용자의 개인정보를 보호할 수 있는 기능이 있지만, 공격자는 사용자 평면 무결성의 부족을 악용하여 트래픽을 악의적으로 리디렉션할 수 있다. 4G 및 이전 세대에서 UE가 장치의 가입 네트워크 이외의 파트너 네트워크에 연결하고 로밍하는 기능은 다음을 포함하여 위험을 초래할 수 있다.

- UE는 공격자에게 속아 악의적인 네트워크에 연결할 수 있다.
- 파트너 네트워크는 장치가 아닐 때 UE가 현재 네트워크에서 로밍 중인 것처럼 가장할 수 있다.
- Rogue UE는 파트너 네트워크를 속여 연결을 허용할 수 있다.

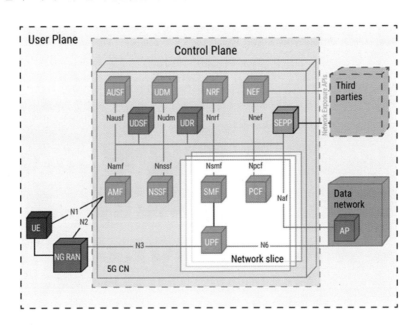

⌂ 출처 Adapted from European Union Agency for Cybersecurity, "ENISA threat landscape for 5G Networks," 21 November 2019, www.enisa. europa.eu/publications/enisa-threatlandscape-for-5g-networks

국가정보원은 안전성 검증필 제품 목록에 등재된 제품에 대해서는 국가·공공기관 도입기준으로 검증필 암호 모듈 탑재를 필수로 요구하고 있다. 안전성 검증필 제품 목록이란, 국가정보원법 제4조·사이버 안보 업무규정 제9조 및 전자정부법 제56조·동법 시행령 제69조에 의거, 국가정보원장이 정한 보안기준을 만족한 '안전성 검증필 제품'이 등재된 목록이다.

(1) '보안기능 확인서'가 발급된 제품

(2) '국내용 CC 인증서'가 발급된 제품

(3) 국가용 보호 프로파일 등 국가정보원장이 인정한 보호 프로파일(PP)을 준수하여 CC 인증을 받은 제품

(4) 그 외 국가정보원장이 안전성을 확인한 제품이 등재된다.

검증필 암호모듈을 필수로 요구하는 제품 예시

분류	제품군	비고
정보보호 시스템 유형	DB암호화	상세 도입 기준은 반드시 보안적합성 검증제도 참고
	통합인증(SSO)	
	문서 암호화(DRM 등)	
	가상 사설망(VPN)	
	소프트웨어 기반 보안USB	
	호스트 자료 유출 방지	
암호가 주 기능인 제품 유형	메일/구간/디스크 · 파일 암호화	
	하드웨어 구간 보안 토큰	
	기타 암호화	

⌂ 출처   https://www.ncsc.go.kr:4018/main/cop/bbs/selectBoardList.do

제 4 장

운영 보안

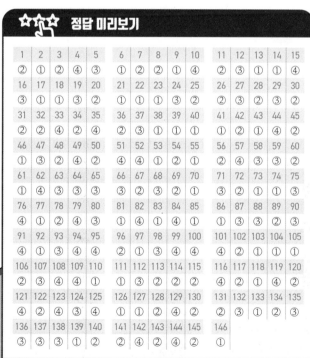

☆☆☆ 정답 미리보기

1	2	3	4	5	6	7	8	9	10	11	12	13	14	15
②	①	②	④	③	①	②	②	①	④	②	③	①	①	④
16	17	18	19	20	21	22	23	24	25	26	27	28	29	30
③	①	①	③	②	①	①	①	③	②	②	③	②	③	②
31	32	33	34	35	36	37	38	39	40	41	42	43	44	45
②	②	④	②	④	②	③	①	①	①	①	②	①	④	②
46	47	48	49	50	51	52	53	54	55	56	57	58	59	60
①	③	②	④	②	②	④	①	①	②	②	④	③	②	③
61	62	63	64	65	66	67	68	69	70	71	72	73	74	75
①	④	③	③	③	②	③	②	②	①	③	②	①	①	③
76	77	78	79	80	81	82	83	84	85	86	87	88	89	90
④	①	②	④	③	①	④	①	④	①	①	③	②	③	③
91	92	93	94	95	96	97	98	99	100	101	102	103	104	105
④	①	③	④	④	②	①	③	④	④	④	②	①	①	①
106	107	108	109	110	111	112	113	114	115	116	117	118	119	120
②	③	④	④	①	①	③	④	②	②	④	②	①	④	②
121	122	123	124	125	126	127	128	129	130	131	132	133	134	135
④	②	④	③	④	①	①	②	④	①	②	③	①	②	③
136	137	138	139	140	141	142	143	144	145	146				
③	③	③	①	①	②	②	④	②	④	①				

해설편

001

정답: 2번

데이터 계보(Data Lineage)를 활용하여 기업은 다음을 수행할 수 있다.

- 데이터 프로세스의 오류 추적
- 더 낮은 위험으로 프로세스 변경 구현
- 자신 있게 시스템 마이그레이션 수행
- 데이터 검색을 메타데이터의 포괄적인 보기와 결합하여 데이터 매핑 프레임워크 만들기

데이터 계보를 사용하면 사용자가 신뢰할 수 있는 원본에서 데이터를 가져오고, 올바르게 변환되고, 지정된 위치로 로드되었는지 확인할 수 있다. 데이터 계보는 전략적 결정이 정확한 정보에 의존할 때 중요한 역할을 한다. 데이터 프로세스가 올바르게 추적되지 않으면 데이터를 확인하는 것이 거의 불가능하거나 적어도 비용이 많이 들고 시간이 많이 걸린다. 데이터 계보는 사용자가 원본에서 대상에 이르기까지 업스트림 및 다운스트림을 검색하여 이상을 발견하고 수정할 수 있도록 하여 데이터의 정확성과 일관성을 검증하는 데 중점을 둔다.

⌂ 출처 https://www.imperva.com/

002

정답: 1번

제26조(직무의 분리) 금융회사 또는 전자금융업자는 다음 각 호의 업무에 대하여 직무를 분리·운영하여야 한다. <개정 2013. 12. 3.>

1. 프로그래머와 오퍼레이터
2. 응용프로그래머와 시스템 프로그래머
3. 시스템보안관리자와 시스템 프로그래머
4. 전산자료관리자(librarian)와 그 밖의 업무 담당자
5. 업무운영자와 내부감사자
6. 내부인력과 전자금융보조업자 및 유지 보수업자 등을 포함한 외부인력
7. 정보 기술부문인력과 정보보호인력
8. 그 밖에 내부통제와 관련하여 직무의 분리가 요구되는 경우 신용정보관리보호인(CIAP)과 최고정보책임자(CIO)는 일반적으로 겸직이 가능하다.

003

정답: 2번

기업에서 사용하는 레거시 시스템의 공급업체는 시스템에 대한 모든 지원을 중단할 경우 하드웨어 결함 또는 시스템 장애 시 전체 서비스 중단을 초래할 수 있다.

(1) 목표 투자를 설정(Establish the target investment mix): 기업 및 I&T 전략과 현재 서비스의 명확성을 검토하고 보장한다. 비용, 전략과의 연계, 포트폴리오의 프로그램에 대한 혜택 유형, 정도에 따라 적절한 투자 조합을 정의한다. 전체 경제 생명 주기에 걸쳐 비용 및 예상 투자 수익률(ROI)과 같은 재무적 측정치와 필요하다면 기업 및 I&T 전략을 조정한다.

(2) 서비스 계약 및 계약서를 검토(Review service agreements and contracts): 서비스 계약을 주기적으로 검토하고 필요한 경우 수정한다.

(3) 공급업체 관계 및 계약서를 식별하고 평가(Identify and evaluate vendor relationships and contracts): 공급업체를 지속적으로 검색 및 식별하고 유형, 중요도 및 위험성을 분류한다. 공급업체 및 계약을 평가하기 위한 기준을 설정한다. 기존 및 대체 공급업체 및 계약의 전체 포트폴리오를 검토한다.

(4) 공급업체 위험 관리(Manage vendor risk): 안전하고 효율적이며 효과적인 서비스 제공을 지속적으로 제공하는 공급업체의 능력과 관련된 위험을 식별하고 관리한다. 여기에는 직접 공급업체의 서비스 제공과 관련된 하청업체 또는 업스트림 공급업체도 포함된다.

(5) 현재 가용성, 성능 및 용량을 평가하고 기준선 설정(Assess current availability, performance and capacity, and create a baseline): 서비스 및 리소스의 가용성, 성능 및 용량을 평가하여 비즈니스 요구 사항을 지원하고 SLA(서비스

수준 계약)에 따라 제공하는 데 비용 적합한 용량과 성능을 사용할 수 있는지 확인한다. 향후 비교를 위해 가용성, 성능 및 용량 기준을 생성한다.

(6) 중요한 자산을 관리(Manage critical assets): 서비스 기능을 제공하는 데 중요한 자산을 식별한다. 비즈니스 요구 사항을 지원하기 위해 안정성과 가용성을 극대화한다.

(7) 비즈니스 영향을 평가(Assess business impact): 기업에 중요한 서비스를 식별한다. 서비스 및 리소스를 비즈니스 프로세스에 매핑하고 비즈니스 종속성을 식별한다. 사용할 수 없는 리소스의 영향에 대해 고객이 완전히 동의하고 수용하는지 확인한다. 중요한 비즈니스 기능의 경우 SLA(서비스 수준 계약)에 따라 가용성 요구 사항을 충족할 수 있는지 확인한다.

(8) 비즈니스 복원력을 유지(Maintain business resilience): 비즈니스 복원 옵션을 평가하고 재해 또는 기타 주요 사고 또는 중단에 직면하여 엔터프라이즈 연속성, 재해복구 및 사고 대응을 보장할 비용 효율적이고 실행 가능한 전략을 선택한다.

004

정답: 4번

프로젝트 작업 기술서(Statement Of Work, SOW)에는 조직의 비즈니스 요구, 제품 범위 명세서, 수행 조직의 전략적 계획 등이 포함된다. 프로젝트 작업 기술서는 프로젝트 관리 분야에서 일상적으로 사용되는 문서로 프로젝트의 작업 요구 사항에 대한 설명이다. 이는 클라이언트에게 서비스를 제공하는 공급업체를 위한 프로젝트별 활동, 결과물 및 일정을 정의한다. SOW에는 일반적으로 표준 규제 및 거버넌스 조건과 함께 세부 요구 사항 및 가격 책정도 포함된다. 이는 종종 마스터 서비스 계약 또는 제안 요청(RFP)에 대한 중요한 동반자이다. 작업 명세서는 일반적으로 이러한 주제를 다루고 있다.

- 목적(Purpose): 프로젝트를 수행하는 이유에 대한 답을 제시한다.
- 작업 범위(Scope of work): 수행할 작업을 설명하고 관련된 하드웨어 및 소프트웨어를 지정한다.
- 작업 위치(Location of work): 하드웨어 및 소프트웨어의 위치와 사람들이 작업을 수행하기 위한 장소를 포함

하여 작업이 수행되는 위치를 설명한다.

- 수행 기간(Period of performance): 시작 및 완료 시간, 주별 또는 월별로 청구할 수 있는 시간 수, 작업을 수행할 위치 및 일정과 관련된 기타 항목과 같은 프로젝트에 허용되는 시간을 지정한다.
- 산출물 일정(Deliverables schedule): 이 부분에서는 기한과 시기를 나열하고 설명한다.
- 적용 가능한 표준(Applicable standards): 계약을 이행할 때 준수해야 하는 모든 산업별 표준을 설명한다.
- 수락 기준(Acceptance criteria): 일반적으로 객관적인 기준으로 제품 또는 서비스가 수락 가능한지 여부를 상품 구매자 또는 수령인이 결정하는 방법을 지정한다.
- 특별 요구 사항(Special requirements): 여기에는 특수 하드웨어 또는 소프트웨어, 직원에 대한 학위 또는 인증과 같은 전문 인력 요구 사항, 여행 요구 사항 및 계약 세부 사항에서 다루지 않는 기타 사항이 지정된다.
- 계약 유형/지불 일정(Type of contract/payment schedule): 프로젝트 수락은 사용 가능한 예산이 필요한 작업을 충당하기에 충분한지 여부에 따라 달라진다. 따라서 선불 또는 단계적 지불 여부에 따른 지불 분류는 일반적으로 초기 단계에서 협상된다.
- 기타(Miscellaneous): 주요 협상의 일부가 아닌 많은 항목이 프로젝트에 중요하기 때문에 나열될 수 있으며 이를 간과하거나 잊어버리면 프로젝트에 문제가 발생할 수 있다.

005

정답: 3번

- SAL1: 우연 또는 우연한 위반에 대한 보호
- SAL2: 낮은 자원, 일반적인 기술 및 낮은 동기로 간단한 수단을 사용하여 의도적 위반으로부터 보호
- SAL3: 중간 수준의 리소스, 시스템 고유의 기술 및 중간 수준의 동기를 갖춘 정교한 수단을 사용하여 의도적인 위반으로부터 보호
- SAL4: 확장된 리소스, 시스템별 기술 및 높은 동기 부여와 함께 정교한 수단을 사용하여 의도적 위반으로부터 보호

006

정답: 1번

정보 시스템 운영 시 발주사와 서비스 제공사는 SLA 계약을 통해 서비스 수준의 목표를 설정하고 이를 준수하기 위해 노력한다. SLA 지표 중 가장 대표적인 값은 다운타임(Downtime)과 가용성(Availability)이다. 다운타임과 가용성을 상호간에 연관성이 있으며 다운타임이 낮을수록 가용성이 높아진다. 가용성을 계산하는 공식은 MTTR, MTTF, MTBF를 이용한 방식이 사용되며 MTBF는 MTTR과 MTTF의 합이다.

- 가용성 = MTTF/MTBF = 40,000/43,200 = 92.59%

007

정답: 2번

관계형 데이터베이스의 설계에서 중복을 최소화로 데이터를 구조화하는 프로세스를 정규화(Normalization)라고 한다. 데이터베이스 정규화의 목표는 이상이 있는 관계를 재구성하여 작고 잘 조직된 관계를 생성하는 것에 있다.

일반적으로 정규화란 크고, 제대로 조직되지 않은 테이블들과 관계들을 작고 잘 조직된 테이블과 관계들로 나누는 것을 포함한다. 정규화의 목적은 하나의 테이블에서의 데이터의 삽입, 삭제, 변경이 정의된 관계들로 인하여 데이터베이스의 나머지 부분들로 전파되게 하는 것이다.

즉, 정규화는 이상 현상이 있는 릴레이션을 분해하여 이상 현상을 없애는 과정으로 이상 현상이 존재하는 릴레이션을 분해하여 여러 개의 릴레이션을 생성하게 된다. 이를 단계별로 구분하여 정규형이 높아질수록 이상 현상은 줄어들게 된다.

008

정답: 2번

아웃소싱은 외부를 뜻하는 'Out'과 자원 활용을 뜻하는 'Sourcing'의 합성어로 아웃소싱은 외부자원을 활용하는 것으로 간단히 정의할 수 있다. IT 아웃소싱의 절차는 다음과 같다. 참고로 비즈니스 프로세스는 IT 아웃소싱 이전에 계획하여 진행해야 한다.

- (1) 계획 수립
  - 아웃소싱의 목적, 범위, 대상, 형태를 결정
  - 비용, 일정, 품질 및 위험 관리 계획 수행
  - 아웃소싱 계획서 작성(계획, 일정, 금액, 절차, 평가 방법 등)
- (2) 대상 업체 선정
  - 제안 요청서 작성 후 대상 업체 선정하여 제안 요청서 발송
  - 평가 기준 작성, 제안서 접수 및 평가, 계약 체결
- (3) 착수, 요구 사항 정의
  - 착수 및 WBS에 근거한 요구 사항 정의서 작성
  - 요구 사항에 근거한 인수 기준 마련
- (4) 진도, 품질, 위험 관리
  - 일정, 품질 등 계획 대비 준수의 여부를 모니터링
  - 진척 관리(일정, 인력, 품질, 산출물 등)
- (5) 검수 및 인수
  - 검수 기준에 근거한 시스템 검수(검수 결과 쌍방 합의)
  - 기능성, 신뢰성, 사용성, 이식성, 유지 보수성 등 검토

009

정답: 1번

일정 기간 동안 소프트웨어 산업에 종사해 왔다면 '기술 부채(Technical Debt)'라는 용어를 들어본 적이 있을 것이다. 디자인 부채 또는 코드 부채라고도 하는 이 단어는 기술 분야에서 널리 사용된다. 버그에서 레거시 코드, 누락된 문서에 이르기까지 모든 것을 포괄한다. 기술 부채는 원래 애자일 선언문(Agile Manifesto)의 저자 17명 중 한 명이자 위키를 발명한 것으로 알려진 소프트웨어 개발자 워드 커닝햄(Ward Cunningham)이 만든 문구이다. 나중에 그것은 수많은 학술 연구, 토론 및 패널 토론의 주제가 되었다.

"빌린 돈으로 다른 방법보다 더 빨리 무언가를 할 수 있지만 그 돈을 갚을 때까지 이자를 지불하게 될 것이다. 기술적 부채는 더 많은

기술적 구현 및 설계 고려 사항보다 고객 가치 및/또는 납품 기한과 같은 프로젝트 제약을 의도적으로 또는 비의도적으로 우선시하는 소프트웨어 개발 조치의 결과를 설명한다."

Reckless	Prudent
"We don't have time for design"	"We must ship now and deal with consequences"
Deliberate	
Inadvertent	
"What's Layering?"	"Now we know how we should have done it"

010 정답: 4번

사이버 보안팀(Cybersecurity team)은 기업의 특정 요구 사항에 따라 다양한 방식으로 구성되지만 일반적으로 다음과 같은 여러 기능 영역으로 세분화된다.

- 위험 평가 및 관리: 조직이 유지할 수 있는 위험 수준을 결정한다. 위협 환경 및 회사의 보안 태세에 대한 평가, 인텔리전스 수집 및 지속적인 업데이트를 기반으로 위험 기반 전략을 개발하고 유지시킨다.
- 정책 및 규정 준수: 프로세스, 관행 및 기술이 산업 표준을 충족하고 내부 요구 사항은 물론 산업별 규정, 연방법 및 주법과 같은 외부 규정을 준수하도록 한다.
- 보안 운영: 보안 정책 및 프로세스를 개발 및 시행하고 보안 도구를 관리하고 운영을 모니터링하여 위협을 탐지하고 대응한다.
- 보안 관리: 시스템 강화, 위협으로부터 엔드포인트 및 네트워크 보호, 초기 위험 평가 수행, 애플리케이션 패치 및 보안 솔루션 유지 관리를 포함한 보안 전략 및 프로세스를 구현한다.
- DevOps: 신규 및 기존 애플리케이션을 개발하거나 수정하여 조직 내 많은 시스템 통합을 이끌며, 강력한 보안 인식과 안전한 소프트웨어 개발을 위한 모범 사례에 대한 지식을 제공한다.

사이버 보안은 매우 전문화되고 역동적인 분야이므로 집중적이고 전문가 주도적인 접근 방식이 필요하다. HR이 하나의 기능으로 교육을 담당할 때 사이버 보안 또는 IT 리더는 필요에 따른 커리큘럼을 만드는 책임을 지고 사이버 보안 교육에 참여해야 한다.

011 정답: 2번

SECaaS (SECurity as a Service)는 정보 보안 솔루션과 기능을 서비스로 제공하는 개념이자 플랫폼으로 최근 확산되고 있는 이 분야의 트렌드이다. 재무, 회계, 인사, 총무, 물류 등 다른 업무에 비하여 정보 보안 분야는 As a Service로의 전환이 늦고 보수적이었던 것이 사실이다.

그러나 서비스로의 전환이 비용 효율적이며 서비스 품질도 점차 안정화되는 추세에 따라 SECaaS가 증가하고 있다. SECaaS의 특징에는 PAYG(Pay As You Go)를 통한 예측 가능한 비용 계획, CAPex to OPex로의 전환에 따른 운영 효율성, 정보 보안 개발/운영 담당 인력의 업무 전환 및 인건비 절감, SLA (Service Level Agreement)를 활용한 아웃소싱 서비스 품질 보증 등이 있다.

012 정답: 3번

3)번의 고릴라 테스트(Gorilla Test)는 모듈에 반복적으로 입력을 적용하여 올바르게 작동하고 버그가 없는지 확인하는 소프트웨어 테스트 기술이다. 수동 테스트 절차이며 선택된 테스트 케이스와 함께 소프트웨어 시스템의 선택된 모듈에서 수행된다.

고릴라 테스트의 주요 목표는 특정 모듈을 많이 테스트하고 구현에서 결함을 찾는 것이다. 테스터는 동일한 테스트 케이스를 반복적으로 수동으로 적용하기 때문에 고문 테스트, 내결함성 테스트 또는 좌절 테스트라고도 한다.

고릴라 테스트는 주로 소스 코드의 독립적인 단위 테스트와 관련된 테스트 단계의 단위 테스트 부분에서 사용된다. 고릴라 테스트는 종종 원숭이 테스트

(Monkey Test)와 혼동된다. 원숭이 테스트에서는 시스템 충돌/파괴만을 목적으로 무작위 입력이 시스템에 적용된다. 대조적으로 고릴라 테스트는 무작위가 아니며 시스템의 모듈에서 결함을 찾는 것과 관련이 있는 반면 원숭이 테스트는 전체 시스템을 테스트한다. 고릴라 테스트는 더 이상의 분류가 없지만 원숭이 테스트는 똑똑한 원숭이, 멍청한 원숭이, 똑똑한 원숭이로 더 나뉘어진다.

013
정답: 1번

공개 SW(Open Source Software) 라이선스란 공개 SW 개발자와 이용자 간의 사용 방법 및 조건의 범위를 명시한 계약을 말한다. 따라서 공개 SW를 이용하려면 공개 SW 개발자가 만든 조건 범위에 따라 해당 소프트웨어를 사용해야 하며 이를 위반할 경우에는 라이선스 위반 및 저작권 침해로 이에 대한 법적 책임을 져야한다. 오픈 소스는 저작권이 있으므로 라이선스 의무 조항을 준수해야 하며 반환 의무가 엄격한 AGPL, GPL, LGPL 등의 사용은 특히 유의해야 한다.

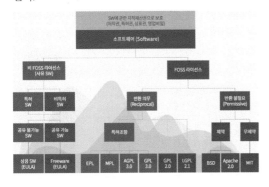

014
정답: 1번

베타 또는 최종 사용자 테스트라고도 하는 사용자 승인 테스트(UAT)는 사용자 또는 클라이언트가 소프트웨어를 수락할 수 있는지 여부를 결정하기 위해 소프트웨어를 테스트하는 것으로 정의된다. 이것은 기능, 시스템 및 회귀 테스트가 완료되면 수행되는 최종 테스트이다. 이 테스트의 주요한 목적은 비즈니스 요구 사항에 대해 소프트웨어를 검증하는 것이다. 이 유효성의 검사는 비즈니스 요구 사항에 익숙한 최종 사용자가 수행한다.

- 계획: UAT 전략은 계획 단계에서 설명한다.
- 테스트 사례 설계: 테스트 사례는 실제 사용 시 소프트웨어의 모든 기능 시나리오를 포괄하도록 설계되어야 한다. 테스터가 테스트 프로세스를 쉽게 수행할 수 있도록 간단한 언어와 방식으로 설계되어야 한다.
- 테스트팀 선택: 테스트팀은 실제 최종 사용자로 구성되는 것이 좋다.
- 테스트 케이스 실행 및 문서화: 테스트팀은 지정된 테스트 케이스를 실행한다. 때로는 관련 무작위 테스트를 수행하기도 한다. 모든 버그는 관련 설명과 함께 테스트 문서에 기록되어야 한다.
- 버그 수정: 테스트팀이 발견 한 버그에 대응하여 소프트웨어 개발팀은 코드를 최종 수정하여 소프트웨어에 버그가 없도록 해야 한다.
- 사인 오프: 모든 버그가 수정되면 테스트팀은 소프트웨어 응용 프로그램의 승인을 받도록 한다. 이는 응용 프로그램이 사용자 요구 사항을 충족하고 시장에 출시될 준비가 되었음을 의미한다.

UAT Test Initiation
- UAT test approach is defined
- Business users who would be performing this testing are identified
- Environments are sorted out
- Test Data requirements are identified
- Required support from all other teams are discussed and support team: identified

UAT Test Design
- Business Scenarios to be validated are identified and documented
- Relevant test Data is identified
- Scenarios are uploaded in the corresponding Management Tools
- Appropriate user accesses are requested and sorted out

UAT Test Execution
- Test Execution of the business scenarios are performed
- Appropriate defects are raised in the test management tool
- Defect Re-testing and Regression testing is performed

UAT Test Closure
- UAT closure report is produced
- Go/ No- Go decision is discussed and recommended

015
정답: 4번

임의 액세스 제어(Discretionary Access Control, DAC)는 보안 액세스 제어 기술의 또 다른 유형이다. 이 컨텍스트에서 개체는 데이터 엔티티를 의미하는 개체 액세스를 허용하거나 제한할 수 있다. 정책은 개체 소유자를 정의하며 많은 소유자가 비즈니스 내에 존재할 수 있다. 예를 들어 그룹 수준 권한을 사용하는 RBAC와 달리 DAC는 개체 수준 권한을 사용한다.

DAC는 개체 소유자가 각 개체를 전송, 변경 또는 확장할 수 있으므로 임의적이다. 본질적으로 이는 비즈니스를 신속하게 확장할 수 있는 능력을 제공한다. DAC는 동적 보안 요구 사항이 있는 기업에 적합한 세분화된 액세스 제어를 제공한다. 첫째, DAC를 사용하면 개체의 소유권을 한 사용자에서 다른 사용자로 변경하거나 이전할 수 있다. 둘째, DAC의 개체 액세스는 ACL(액세스 제어 목록) 권한 부여를 사용한다. 이것은 사용자 식별 및/또는 그룹 구성원 자격을 기반으로 한다. 이를 위해 DAC는 다음과 같은 몇 가지 이점을 제공한다.

(1) 최소한의 관리 의무

(2) 훌륭한 사용자 정의

(3) 간단한 역할 관리

(4) 비용 절감

하지만 성능에 대해서는 다른 어떠한 통제보다 저조하다.

016

정답: 3번

컴플라이언스(Compliance) 관리는 기업 및 규제 기관의 정책과 요구 사항뿐 아니라 업계 표준과 보안 표준을 준수하는 시스템을 만들기 위해 지속적으로 시스템을 모니터링하고 평가하는 프로세스이다. 즉, 컴플라이언스는 확립된 가이드라인이나 사양을 준수하는 상태 또는 그렇게 진행되는 과정이다. 예를 들어 소프트웨어는 표준 기관에서 만든 사양에 따라 개발된 다음, 공급업체의 라이선스 계약에 따라 사용자 조직에서 배포할 수 있다. 규정 준수의 정의에는 조직이 업계 규정과 정부 법률을 모두 준수하도록 하려는 노력도 포함될 수 있다. 규정 준수 표준을 준수하기 위해 조직은 자체 또는 정부 법률에서 부과하는 요구 사항 또는 규정을

따라야 한다.

—— 🏠출처 위키피디아

017

정답: 1번

RAID(Redundant Array of Inexpensive Disk) 시스템은 여러 개의 디스크를 이용해서 디스크의 데이터에 손상이 발생할 경우 복구할 수 있도록 스트라이핑, 복제, 패리티 비트를 사용하는 구조이다. RAID-0은 별도의 중복된 값 저장 없이 여러 개의 디스크에 분산해서 비트를 저장함으로써 성능이 향상되는 효과를 가지고 있으므로 100% 데이터로 저장된다. RAID-5는 복구를 위한 패리티 비트를 사용하는데, 디스크에 분산해서 저장하며 5개의 디스크라면 대략적으로 4/5인 80%에 데이터가 저장된다.

018

정답: 1번

스프링 부트(Spring Boot)는 최소한의 설정으로 스프링 플랫폼과 서드파티 라이브러리들을 사용할 수 있도록 고안된 프레임워크이다. 스프링 부트는 환경 설정을 최소화하고 개발자가 비즈니스 로직에 집중할 수 있게 하여 생산성을 크게 향상시켜준다. 즉, 스프링 프레임워크 기반 프로젝트를 복잡한 설정 없이 쉽고 빠르게 만들어주는 라이브러리이며, 사용자가 일일이 모든 설정을 하지 않아도 자주 사용되는 기본 설정을 알아서 설정해 준다. 스프링 부트를 사용하면 '그냥 실행할 수 있는' 독립 실행형 프로덕션 등급 스프링 기반 애플리케이션을 쉽게 만들 수 있으며, 대부분의 스프링 부트 애플리케이션에는 최소한의 스프링 구성이 필요하다.

019

정답: 3번

오픈 소스 라이선스의 의무 사항은 각각의 라이선스마다 조금씩 차이가 있지만 크게 나누어 보면 공통적으로 '저작권 관련 문구 유지', '제품명 중복 방지', '서

로 다른 라이선스의 소프트웨어 조합시 조합 가능 여부 확인' 등이 있고 특별적으로는 '사용 여부 명시', '소스 코드 공개', '특허 관련 사항 준수' 등이 있다. 다음은 모든 오픈 소스 소프트웨어에 공통적으로 적용되는, 항상 지켜야 할 사항들이다.

(1) 저작권 관련 문구 유지: 저작권이란 표현된 결과물에 대해 발생하는 권리이며 자동적으로 부여된다. 소프트웨어의 소스 코드에 대해서도 마찬가지이며 잘 관리되는 오픈 소스 소프트웨어들의 경우 거의 대부분 소스 코드 상단에 개발자 정보와 연락처 등이 기록되어 있는데 만약 이러한 개발자 정보를 임의로 수정하거나 삭제하여서는 안 된다. 특히 GPL등 수정된 결과물을 다시 공개하도록 규정하고 있는 '상호주의(recipro-cal)' 라이선스들의 경우 만약 소스 코드 상에 개발자 정보가 수정/삭제된 채로 외부에 소스 코드를 공개하였다가 그 사실이 밝혀질 경우 더 큰 문제가 발생할 수 있다. 상식적으로도 쉽게 판단 가능한 사항이므로 항상 준수하여야 한다.

(2) 제품명 중복 방지: 사용하는 오픈 소스 소프트웨어와 동일한 이름을 제품명이나 서비스명으로 사용하여서는 아니된다. 특히 유명한 오픈 소스 소프트웨어일수록 해당 오픈 소스 소프트웨어의 이름이 상표로서 등록되어 있는 경우가 많기 때문에(예: 리눅스) 더욱 조심해야 한다.

(3) 서로 다른 라이선스의 조합: 소프트웨어를 작성하고자 할 경우 기존에 만들어진 코드를 재사용하거나 결합하는 경우가 많은데, 결합되는 각 코드의 라이선스가 상호 상충되는 경우가 있다. 예컨대 MPL 조건의 A코드와 GPL 조건의 B코드를 결합하여 'A+B'라는 프로그램을 만들어 배포하고자 하는 경우, MPL은 'A+B'의 A부분을 MPL로 배포할 것을 요구하는 반면, GPL은 'A+B' 전체를 GPL로 배포할 것을 요구하기 때문에, 'A+B' 프로그램을 배포하는 것은 불가능하게 된다. 이러한 문제를 가리켜 라이선스의 양립성(Compatibility) 문제라고 한다. 따라서 어떤 오픈 소스 소프트웨어에 다른 오픈 소스 소프트웨어를 섞을 경우 반드시 두개의 라이선스가 서로 호환되는지를 확인하여야 한다. 양립성 문제는 자유 오픈 소스 소프트웨어 진영에 심각한 문제점을 제기하였으며, 이를 해결하기 위한 노력도 다양하게 진행되고 있다.

(4) 사용 여부 명시: 많은 오픈 소스 라이선스들은 소스 코드를 자유롭게 열람하고 수정 및 재배포할 수 있는 권리를 부여하는 한편, 소프트웨어를 사용할 때 해당 오픈 소스 소프트웨어가 사용되었음을 명시적으로 표기하는 것을 의무사항으로 채택하고 있다. 이것은 마치 논문을 쓸 때 인용을 하는 것과 비슷하여, '이 소프트웨어는 오픈 소스 소프트웨어인 무엇 무엇을 사용하였습니다.'라는 식으로 사용 여부를 명확히 기술하라는 것이다. 사용자 매뉴얼이나 기타 매뉴얼을 대체하는 매체가 있다면 그곳에 기술하면 된다.

(5) 소스 코드 공개: 오픈 소스 라이선스에 따라서는 수정하거나 추가한 부분이 있을 때 해당 부분의 소스 코드도 공개하여야 한다고 명시하는 경우가 있다. 이에 해당하는 라이선스는 GPL이 가장 유명하다. 그러나 정확한 공개 범위는 각각의 라이선스에서 정하고 있는 범위가 다르고, 소프트웨어를 개발하는 방법에 따라서도 달라질 수 있다.

(6) 특허권 실행 포기: 특허에 대한 기본적인 내용은, 만약 어떤 기술이 특허로 보호될 경우 해당 기술을 구현할 때 반드시 특허권자의 허락을 받아야 한다는 것이다. 이는 오픈 소스 이냐 아니냐에 상관없이 공통적으로 해당된다. 그러나 어떤 특허를 오픈 소스 로 구현할 경우 해당 특허의 구현 결과는 오픈 소스 라이선스를 따르게 되는 등, 오픈 소스 소프트웨어와 관련된 특허권의 문제는 보다 복잡하게 전개되고 있다. 특히 최근 소프트웨어특허가 급격히 증가하면서 문제가 심각해지고 있기 때문에, 새롭게 만들어지는 오픈 소스 라이선스들에서는 특허관련조항을 포함하고 있는 경우가 많아지고 있다.

⌂ 출처 https://opensource.org

020 정답: 2번

파티셔닝은 테이블을 수직 또는 수평으로 분리하여 테이블에 대한 조회 성능을 향상시키거나 SQL 개발 편의성과 운영 효율성을 향상시키는 활동이다. 수직 파티셔닝은 기본 키(Primary Key)를 동일하게 사용하면서 테이블 칼럼의 일부를 별도의 테이블로 분리하는 기법이다. 일반적으로 TEXT, BLOB 등의 사이즈가 큰 칼럼을 별도로 분리하며 되도록 자주 사용하지 않는 필드를 분리하는 것이 효과적이다. 2)번 보기의 해시와 기간 파티셔닝은 수평 파티셔닝에 사용되는 기법이다.

021

문제에서 설명하는 사례는 SCA(Supply Chain At-tack)을 의미한다. 우리말로는 공급망 공격 또는 공급사슬 공격이라고도 불린다. SCA는 다양한 형태로 진행되는데, 문제의 사례는 상용 솔루션 업데이트 서버의 허점을 공략하는 것이다. 업데이트 서버는 필수적으로 외부망과 연결되며 주기적으로 제품 업데이트를 진행하는데, 연결된 시스템이 인증된 것으로 여겨진다. 따라서 업데이트 서버 자체를 해킹할 수도 있지만, 연결된 인증 서버가 취약한 경우 해당 서버를 해킹하여 악성 코드가 포함된 업데이트를 다운로드 받도록 할 수도 있다.

022

디자인 사고(디자인 씽킹, Design Thinking)는 1990년대 디자인 스튜디오 IDEO에서 대중화된 인간 중심의 문제 해결 방식이다. 지난 25년 동안 전 세계로 확장되며 소규모 신생 기업부터 시장에서 가장 큰 기업, NGO 및 정부 기관에 이르기까지 성공적인 팀은 방법론을 채택하여 가장 어려운 과제에 적용했다.

디자인 사고는 사용자를 이해하고, 가정에 도전하고, 문제를 재정의하고, 프로토타입 및 테스트할 수 있는 혁신적인 솔루션을 만드는 반복적인 프로세스이다. 전반적인 목표는 초기 이해 수준에서 즉시 명확하지 않은 대체 전략 및 솔루션을 식별하는 것이다. 따라서 디자인 사고는 창의적이고 협력적인 방식으로 문제를 해결하는 데 도움이 되는 솔루션 기반 접근 방식을 제공한다. 이는 단순한 프로세스 이상이며 완전히 새로운 사고 방식을 제시하고 이 새로운 사고 방식을 적용하는 데 도움이 되는 실습 방법 모음을 제공한다.

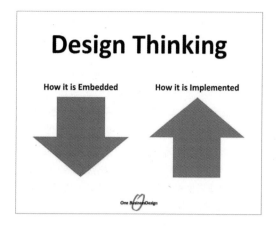

023

유의적 버전 명세(Semantic Version)

(1) 유의적 버전을 쓰는 소프트웨어는 반드시 공개 API를 선언한다. 이 API는 코드 자체로 선언하거나 문서로 엄격히 명시해야 한다. 어떤 방식으로도 정확하고 이해하기 쉬워야 한다.

(2) 보통 버전 번호는 반드시 X.Y.Z의 형태로 하고, X, Y, Z는 각각 자연수(음이 아닌 정수)이고, 절대로 0이 앞에 붙어서는 안 된다. X는 주(主) 버전 번호이고, Y는 부(部) 버전 번호이며, Z는 수(修) 버전 번호이다. 각각은 반드시 증가하는 수여야 한다. (예: 1.9.0 → 1.10.0 → 1.11.0)

(3) 특정 버전으로 패키지를 배포하고 나면 그 버전의 내용은 절대 변경하지 말아야 한다. 변경분이 있다면 반드시 새로운 버전으로 배포하도록 한다.

(4) 주 버전 0(0.y.z)은 초기 개발을 위해서 쓴다. 아무 때나 마음대로 바꿀 수 있다. 이 공개 API는 안정판으로 보지 않는 게 좋다.

(5) 1.0.0 버전은 공개 API를 정의한다. 이후의 버전 번호는 이때 배포한 공개 API에서 어떻게 바뀌는지에 따라 올린다.

(6) 수버전 Z (x.y.z | x > 0)는 반드시 그전 버전 API와 호환되는 버그 수정의 경우에만 올린다. 버그 수정은 잘못된 내부 기능을 고치는 것이라 정의한다.

(7) 공개 API에 기존과 호환되는 새로운 기능을 추가할 때는 반드시 부 버전 Y(x.Y.z | x > 0)를 올린다. 공개 API의 일부를 앞으로 제거할 것(deprecate)으로 표시한 경우에도 반드시 올리도록 한다. 내부 비공개 코드에 새로운 기능이 대폭 추가되거나 개선 사항이 있을 때도 올

릴 수 있다. 부 버전을 올릴 때 수 버전을 올릴 때만큼의 변화를 포함할 수도 있다. 부버전이 올라가면 수버전은 반드시 0에서 다시 시작한다.

(8) 공개 API에 기존과 호환되지 않는 변화가 있을 때는 반드시 주 버전 X(X.y.z | X > 0)를 올린다. 부 버전이나 수 버전급 변화를 포함할 수 있다. 주 버전 번호를 올릴 때는 반드시 부 버전과 수 버전을 0으로 초기화 한다.

(9) 수 버전 바로 뒤에 붙임표(-)를 붙이고 마침표(.)로 구분된 식별자를 더해서 정식 배포를 앞둔 (pre-release) 버전을 표기할 수 있다. 식별자는 반드시 아스키(ASCII) 문자, 숫자, 붙임표로만 구성한다(0-9, A-Z, a-z, -). 식별자는 반드시 한 글자 이상으로 한다. 숫자 식별자의 경우 절대 앞에 0을 붙인 숫자로 표기하지 않는다. 정식 배포 전 버전은 관련한 보통 버전보다 우선순위가 낮다. 정식배포 전 버전은 아직 불안정하며 연관된 일반 버전에 대해 호환성 요구 사항이 충족되지 않을 수도 있다. (예: 1.0.0-alpha, 1.0.0-alpha.1, 1.0.0-0.3.7, 1.0.0-x.7.z.92)

(10) 빌드 메타데이터는 수 버전이나 정식 배포 전 식별자 뒤에 더하기(+) 기호를 붙인 뒤에 마침표로 구분된 식별자를 덧붙여서 표현할 수 있다. 식별자는 반드시 아스키 문자와 숫자와 붙임표로만 구성한다(0-9, A-Z, a-z, -). 식별자는 반드시 한 글자 이상으로 한다. 빌드 메타데이터는 버전 간의 우선순위를 판단하고자 할 때 반드시 무시해야 한다. 그러므로, 빌드 메타데이터만 다른 두 버전의 우선순위는 같다. (예: 1.0.0-alpha+001, 1.0.0+20130313144700, 1.0.0-beta+exp.sha.5114f85)

(11) 우선순위는 버전의 순서를 정렬할 때 서로를 어떻게 비교할지를 나타낸다. 우선순위는 반드시 주, 부, 수 버전, 그리고 정식 배포 전 버전의 식별자를 나누어 계산하도록 한다 (빌드 메타데이터는 우선순위에 영향을 주지 않는다). 우선순위는 다음의 순서로 차례로 비교하면서, 차이가 나는 부분이 나타나면 결정된다: 주, 부, 수는 숫자로 비교한다. (예: 1.0.0 < 2.0.0 < 2.1.0 < 2.1.1) 주, 부, 수 버전이 같을 경우, 정식 배포 전 버전이 표기된 경우의 우선순위가 더 낮다. (예: 1.0.0-alpha < 1.0.0) 주, 부, 수 버전이 같은 두 배포 전 버전 간의 우선순위는 반드시 마침표로 구분된 식별자를 각각 차례로 비교하면서 차이점을 찾는다. 숫자로만 구성된 식별자는 수의 크기로 비교하고 알파벳이나 붙임표가 포함된 경우에는 아스키 문자열 정렬을 하도록 한다. 숫자로만 구성된 식별자는 어떤 경우에도 문자와 붙임표가 있는 식별자보다 낮은 우선순위로 여긴다. 앞선 식별자가 모두 같은 배포 전 버전의 경우에는 필드 수가 많

은 쪽이 더 높은 우선순위를 가진다. (예: 1.0.0-alpha < 1.0.0-alpha.1 < 1.0.0-alpha.beta < 1.0.0-beta < 1.0.0-beta.2 < 1.0.0-beta.11 < 1.0.0-rc.1 < 1.0.0)

⌂ 출처   https://semver.org/

024

정답: 3번

즉각적인 비즈니스 요구에 따라 보안 정책 및 사용자 권한을 추가하거나 제거하는 것은 훨씬 간단하다. ZTNA의 ABAC(속성 기반 액세스 제어)와 RBAC(역할 기반 액세스 제어) 모델로 이 작업을 간소화시킬 수 있다.

NIST에 따르면 ABAC(속성 기반 액세스 제어)는 주체의 할당된 속성, 개체의 할당된 속성, 환경 조건 및 지정된 정책 집합을 기반으로, 그러한 속성과 조건의 관점에서, 개체에 대한 작업 수행에 대한 주체 요청이 허용되거나 거부되는 액세스 제어 방법으로 정의된다.

ABAC는 사용자가 하는 일(예: 작업하는 사업부 및 고용 방식)보다는 사용자에 대한 액세스를 제공한다. 속성을 사용하면 비즈니스의 물리적 측면을 반영하는 사용자 유형, 위치, 부서 등을 기반으로 권한을 부여할 수 있으므로 제어 구조가 더 쉬워진다. 사용자의 속성(이미 알려져 있고 종종 HR 시스템에 저장되어 있는 정보)을 살펴봄으로써 ABAC를 사용하면 풍부하고 복잡한 액세스 제어 정책을 보다 간단하게 표현할 수 있다.

025

정답: 2번

프로젝트 완료 후 교훈(Lessons Learned)을 위한 검토/분석 과정은 조직에게 있어서 중요한 절차다. 다양한 프로젝트 절차의 종료 시점마다 제공되는 교훈은 프로젝트 수행 중에서 무엇이 효과적이었고 무엇이 그렇지 않았는지 인식하고 반영할 기회를 준다. 교훈을 통해 습득한 정보는 추후 수행하는 프로젝트와 매니지먼트(프로젝트 수행자)에게 어떤 계획을 수정해야 하고 어떤 프로세스적 개선이 필요한지 혜안을 제공한다. 나머지 보기는 프로젝트 착수 시점에 수행되어야 할 활동으로, 프로젝트 매니저나 후원자가 프로젝트 개시를 위해 관련 부서장의 승인을 얻기 위한 정보를

수집하는 것이 프로젝트 착수이다.

026

정답: 2번

일반적으로 SIEM/SOC 팀은 가용 직원을 압도할 만큼 아주 많은 양의 보안 경고 및 인시던트를 정기적으로 받는다. 그 결과 수많은 경고를 무시하고 많은 인시던트를 미처 조사할 수 없게 되어 조직이 파악하지 못한 공격에 취약한 상태로 노출된다. 대부분의 경우 경고 및 인시던트는 특정 및 정의된 수정 작업으로 해결할 수 있는 반복 패턴을 따른다.

플레이북은 반복적인 루틴으로 실행할 수 있는 수정 작업 컬렉션이다. 위협 대응을 자동화하고 오케스트레이션하는 데 도움이 될 수 있다. 각각 분석 규칙 또는 자동화 규칙에 따라 트리거되는 경우 특정 경고나 인시던트에 대응하여 플레이북을 자동으로 실행되도록 설정하거나 수동으로 실행할 수 있다. 예를 들어, 계정과 머신이 손상된 경우 플레이북은 SOC 팀이 인시던트 알림을 받을 때까지 네트워크에서 머신을 격리하고 계정을 차단할 수 있다. 또한, 플레이북에는 특정 공격 집단의 공격 수법과 관련한 모든 지표가 담긴다. 이미 여러 보안 커뮤니티에서 특정 공격 집단에 대한 플레이북 기반 지표를 공유한다.

027

정답: 3번

소프트웨어 디자인 패턴(Software Design Pattern)은 소프트웨어 공학의 소프트웨어 디자인에서 특정 문맥에서 공통적으로 발생하는 문제에 대해 재사용 가능한 해결책이다. 소스나 기계 코드로 바로 전환될 수 있는 완성된 디자인은 아니며 다른 상황에 맞게 사용될 수 있는 문제들을 해결하는 데에 쓰이는 서술이나 템플릿이다.

디자인 패턴은 프로그래머가 애플리케이션이나 시스템을 디자인할 때 공통된 문제들을 해결하는 데에 쓰이는 형식화된 가장 좋은 관행으로, 디자인 패턴은 숙련된 객체 지향 소프트웨어 개발자가 사용하는 모

범 사례를 나타낸다. 디자인 패턴은 소프트웨어 개발자가 소프트웨어 개발 중에 직면한 일반적인 문제에 대한 솔루션이다. 이러한 솔루션은 상당한 기간 동안 수많은 소프트웨어 개발자가 시행 착오를 통해 얻었다. 디자인 패턴의 목록은 다음과 같다.

(1) MVC(Model-View-Controller)

(2) MVP(Model-View-Presenter)

(3) MVVM(Model-View-View-Model)

(4) MVI(Model-View-Intent)

(5) VIPER(View-Interactor-Presenter-Entity-Router)

028

정답: 2번

사회 기반 시설부터 일상 생활에서 자주 쓰이는 물품까지 다양한 시스템이 인터넷과 연결되면서 안전성과 보안이 동시에 요구되는 시스템이 늘어나고 있고, 이러한 시스템 들에서 안전성과 보안은 상호 보완적인 관계이므로 안전성에 위협이 발생하면 보안에도 함께 위협이 발생할 수 있고, 보안에 위협이 발생하면 안전성에도 함께 위협이 발생할 수 있다.

이에 따라 안전성과 보안 취약점 분석의 과정에서 서로를 고려할 필요성이 대두되었고, 과정과 결과를 하나로 통합하여 효율성을 높이려는 연구들이 진행되고 있다. 안전성 분석 기법 중 많이 쓰이는 결함 트리(Fault Tree)의 장점과 보안 취약점 분석에서 많이 쓰이는 공격 트리(Attack Tree)의 장점을 통합하여 결함-공격 트리(Fault-Attack Tree)를 구축하고 이를 기반으로 분석하는 연구가 그중 하나이다.

시스템의 안전성과 보안은 시스템이 결함이나 의도하지 않은 행동을 나타내지 않도록 막는 두 축이다. 다양한 시스템이 인터넷과 연결되면서 안전성과 보안이 동시에 요구되고 있다. 안전성과 보안은 상호 보완 작용 관계에 있기 때문에 시스템의 안전성과 보안 분석을 하나로 통합하여 효율성을 높이는 시도가 전개되고 있다. 안전성 분석 기법의 하나인 결함 트리와 보안 분석 기법의 하나인 공격 트리를 통합하여 결함-공격 트리 형태의 기법을 제안하고 시스템을 분석하는 연구가

그중 하나이다. 결함-공격 트리 기반 분석은 정량적, 정성적 분석이 모두 가능하고 시스템을 직관적으로 이해하고 분석하기 쉽다는 장점이 있으나 일치된 표기 방식이나 기법이 정립되어 있지 않은 상황이다.

- 결함 트리는 지능형 엔티티의 재량에 따라 트리의 리프(Leaf)가 자유롭게 입력되는 지능적으로 계획된 공격을 기반으로 하지 않는다.
- 결함 트리는 종속, 중간 노드를 통해 각 리프에서 확률(고장/장애율)을 기준으로 이동한다.
- 각각의 결함 트리는 별개이며 완전히 독립적이다. (결함은 트리의 다른 노드 리프와 서로 독립적으로 무작위로 발생한다.)

029
정답: 3번

정보 보안 자동화 프로그램(Information Security Automation Program, ISAP)은 기술 보안 운영의 자동화 및 표준화를 가능하게 하는 미국 정부의 다중 기관의 전략적인 계획(이니셔티브)이다. 미국 정부의 이니셔티브이지만 표준 기반 설계는 모든 정보 기술 보안 작업에 도움이 될 수 있다. ISAP 상위 수준 목표에는 표준 기반의 보안 검사 및 수정 자동화와 기술 규정 준수 활동의 자동화(예: FISMA)가 포함된다.

ISAP의 하위 수준 목표에는 취약성 데이터의 표준 기반 통신 활성화, 다양한 IT 제품에 대한 구성 기준 사용자 정의 및 관리, 정보 시스템 평가 및 규정 준수 상태 보고, 표준 메트릭을 사용하여 잠재적 취약성 영향에 가중치 및 집계, 식별된 취약성 수정이 포함된다.

ISAP의 기술 사양은 관련 SCAP(Security Content Automation Protocol)에 포함되어 있다. ISAP의 보안 자동화 콘텐츠는 National Vulnerability Database에 포함되거나 참조된다. ISAP는 DISA(Defense Information Systems Agency), NSA(National Security Agency), NIST(National Institute of Standards and Technology) 간의 3자간 MOA(각서)를 통해 공식화되고 있다. 국방부 장관실(OSD)도 참여하고 국토안보부(DHS)는 ISAP가 의존하는 운영 인프라(즉, 국가 취약성 데이터베이스)에 자금을 지원하고 있다.

030
정답: 2번

ITIL 프로세스에 따르면 구성 관리(Configuration Management, CM)는 정기적인 관리 보고서를 포함하여 지속적인 서비스 개선을 사용하여 프로세스의 효율성과 효과성을 지속적으로 평가해야 한다. 또한, 정기적으로 구성 관리 활동의 예상 증가에 대한 검토를 실시해야 한다. ITIL은 다음 보고서를 생성하고 그 결과를 IT 서비스 관리 및 IT 서비스 내의 기타 그룹에서 조사 및 추세 분석에 사용할 수 있도록 할 것을 권장하고 있다.

- 구성 감사 결과
- 증가 및 용량 정보를 포함하여 등록된 CI(구성 항목) 수에 대한 정보
- 구성 관리 활동으로 인한 지연에 대한 세부 정보
- 구성 관리 직원의 근무 시간에 대한 세부 정보

031
정답: 2번

SAL은 대상(Target SAL), 설계(Design SAL), 달성(Achieved SAL), 기능(Capability SAL)의 네 가지 유형으로 분류되고 있다. 이러한 유형은 보안 생명 주기의 여러 측면과 관련이 있다.

(1) 대상 SAL(Target SAL)은 특정 시스템에 대해 원하는 수준의 보안이다. 이는 일반적으로 시스템에 대한 위험 평가를 수행하고 시스템의 올바른 작동을 보장하기 위해 특정 수준의 보안이 필요하다고 결정함으로써 결정된다.

(2) 설계 SAL(Design SAL)은 특정 시스템에 대해 계획된 보안 수준이다. 이러한 SAL은 대상 SAL을 충족하기 위해 다양한 대책을 모색하므로 설계 프로세스 중에 여러 개정을 거칠 수 있다.

(3) 달성 SAL(Achieved SAL)은 특정 시스템에 대한 실제 보안 수준이다. 이는 시스템이 설치된 후 측정되며 보안 시스템이 원래 대상 SAL에 설정된 목표를 충족하는지 확인하는 데 사용된다.

(4) 기능 SAL(Capability SAL)은 구성요소 또는 시스템이 제대로 구성된 경우 제공할 수 있는 보안 수준이다. 이러한 수준은 특정 시스템 또는 구성요소가 적절하게 구

성 및 통합될 때 추가 보상 제어 없이 대상 SAL을 충족할 수 있음을 나타낸다.

이러한 각 SAL은 ISA99 표준 시리즈에 따라 보안 생명 주기의 여러 단계에서 사용하도록 되어 있다. 특정 시스템에 대한 대상으로 시작하여 조직은 다음을 수행해야 한다. 원하는 결과를 얻을 수 있는 기능이 포함된 설계를 구축한다.

032　　　　　　　　　　정답: 2번

보안 컴플라이언스 영역은 매우 다양하다. 많은 표준, 사양 및 권장 사항이 있다. 그중 일부는 SCAP (Security Content Automation Protocol)와 함께 사용하도록 설계되었으며 이러한 사용 사례를 지원하기 위해 최선을 다하고 있다. 일부는 직교하며 특정 시점에서 SCAP를 대체하도록 설계될 수도 있다. 보안 위협으로부터 보호하기 위해 조직은 배포한 컴퓨터 시스템 및 응용 프로그램을 지속적으로 모니터링하고 소프트웨어에 보안 업그레이드를 통합하고 구성에 업데이트를 배포해야 한다.

SCAP는 보안과 관련된 소프트웨어 결함 및 구성 문제를 열거하는 데 널리 사용되는 여러 공개 표준으로 구성된다. 보안 모니터링을 수행하는 애플리케이션은 취약점을 찾기 위해 시스템을 측정할 때 표준을 사용하고 가능한 영향을 평가하기 위해 이러한 결과에 점수를 매기는 방법을 제공한다. SCAP 사양 제품군은 이러한 자동화된 취약성 관리, 측정 및 정책 준수 제품에서 사용되는 명명법과 형식을 표준화한다. 컴퓨터 시스템 구성 스캐너 공급업체는 SCAP에 대해 제품의 유효성을 검사하여 다른 스캐너와 상호 운용되고 스캔 결과를 표준화된 방식으로 표현할 수 있음을 입증할 수 있다.

SCAP의 목적은 현재 받아들여지지 않은 보안 표준을 현재 가지고 있지 않거나 구현이 약한 조직에 이미 수용된 보안 표준을 적용하는 것이다. 즉, 보안 관리자는 미리 결정된 보안 기준에 따라 컴퓨터, 소프트웨어 및 기타 장치를 검사하여 구성 및 소프트웨어 패치

가 비교 대상 표준에 구현되었는지 확인할 수 있다.

033　　　　　　　　　　정답: 4번

스패닝 트리의 비용은 트리의 모든 모서리 가중치의 합이다. 많은 스패닝 트리가 있을 수 있다. 최소 스패닝 트리(Minimum Spanning Tree)는 모든 스패닝 트리 중 비용이 최소이다. 또한, 많은 최소 스패닝 트리가 있을 수 있다. 최소 스패닝 트리에 대한 많은 사용 사례가 있다. 한 가지 예는 새로운 지역에 케이블을 설치하려는 통신 회사다. 특정 경로(예: 도로)를 따라서만 케이블을 묻도록 제한되는 경우 해당 경로로 연결된 점(예: 주택)을 포함하는 그래프가 있을 것이다. 일부 경로는 길이가 더 길거나 케이블을 더 깊이 묻혀야 하기 때문에 더 비쌀 수도 있다. 이러한 경로는 더 큰 가중치를 가진 모서리로 표시된다.

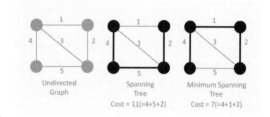

034　　　　　　　　　　정답: 2번

스파이크 테스트(Spike Test)는 시스템 또는 소프트웨어 응용 프로그램의 부하를 갑자기 늘리거나 줄여 수행하는 소프트웨어 성능 테스트 유형이다. 엄청난 수의 사용자에 의해 부하가 생성되고 시스템의 동작을 관찰한다. 스파이크 테스트의 목표는 부하의 급격한 변화가 발생하는 경우 시스템이 실패하거나 살아남을지 여부를 결정하는 것이다.

스파이크 테스트의 목적은 다음과 같다.

- 부하가 갑자기 변경된 시스템 또는 소프트웨어 응용 프로그램의 동작을 평가한다.
- 부하가 급격하게 변경된 경우 시스템의 성능을 관찰한다.

- 극도의 부하에서 시스템의 고장을 관찰한다.
- 두 스파이크 사이의 복구 시간을 결정한다.

스파이크 테스트의 장점

- 스파이크 테스트는 극한 부하에서 시스템을 유지하는 데 도움이 된다.
- 스파이크 테스트는 시스템 또는 소프트웨어 응용 프로그램이 충돌하는 것을 방지한다.
- 시스템 또는 소프트웨어 응용 프로그램의 실패 가능성을 줄인다.

스파이크 테스트의 단점

- 스파이크 테스트는 전문가가 수행하여야 된다.
- 스파이크 테스트는 비용이 많이 든다.

035
정답: 4번

이상(Anomaly) 현상은 하나의 릴레이션에 많은 속성이 존재함으로 인해 중복/종속으로 발생하는 문제점으로, 수정 이상(Modification Anomaly), 삽입 이상(Insertion Anomaly), 삭제 이상(Deletion Anomaly)으로 구성된다.

- 삽입 이상(Insertion Anomalies): 원하지 않는 자료가 삽입되거나 자료가 부족해서 삽입이 되지 않는 문제이다.
- 수정 이상(Modification Anomalies): 정확하지 않거나 일부의 튜플만 갱신되어 정보가 모호해지거나 일관성이 없어져 정보 파악이 되지 않는 문제이다.
- 삭제 이상(Deletion Anomalies): 하나의 자료만 삭제하고 싶지만, 그 자료가 포함된 튜플 전체가 삭제됨으로 원하지 않는 정보 손실이 발생하는 문제이다.

036
정답: 2번

XML(eXtensible Markup Language) 데이터베이스는 XML 형식의 데이터 저장을 허용하는 소프트웨어 시스템이다. XML은 정보를 구성하기 위해 사용자 정의 가능한 태그를 사용하는 데이터를 관리하는 데 사용

되는 메타 마크업 언어이다. 맞춤형 데이터 구조 및 조직 시스템을 생성할 수 있는 언어의 유연성으로 인해 데이터를 여러 형태로 교환하는 데 널리 사용되었다. XML 데이터베이스는 종종 정보 포털, 문서 교환 및 제품 카탈로그와 같은 응용 프로그램에서 사용된다. XML은 문서용 마크업 언어를 정의하기 위한 메타 언어인 SGML(Standard Generalized Markup Language)을 기반으로 만들어졌다.

(1) XML은 다른 목적의 마크업 언어를 만드는 데 사용되는 다목적 마크업 언어이다.

(2) XML은 다른 시스템끼리 다양한 종류의 데이터를 손쉽게 교환할 수 있도록 해준다.

(3) XML은 새로운 태그를 만들어 추가해도 계속해서 동작하므로, 확장성이 좋다.

(4) XML은 데이터를 보여주지 않고, 데이터를 전달하고 저장하는 것만을 목적으로 한다.

(5) XML은 텍스트 데이터 형식의 언어로 모든 XML 문서는 유니코드 문자로만 이루어진다.

037
정답: 3번

데이터 모델링(Data Modeling)은 데이터 흐름을 도식화하는 과정이다. 신규 또는 대체 데이터베이스 구조를 생성할 때 설계자는 데이터가 어떻게 데이터베이스로 유입되고 빠져나오는지에 관한 다이어그램으로 시작한다. 이런 흐름에 관한 다이어그램은 데이터 형식, 구조, 데이터베이스 처리 기능의 특징을 정의하는 데 사용되어 데이터 흐름 요구 사항을 효율적으로 지원한다.

데이터베이스가 구축 및 배포된 이후 데이터 모델은 데이터베이스가 존재하는 이유와 데이터 흐름이 설계되는 방식에 대한 문서화 및 당위성 그 자체가 된다. 이러한 프로세스의 결과로 발생한 데이터 모델은 데이터베이스 내에서 데이터 요소 간의 관계 프레임워크와 데이터 사용 가이드를 제공한다. 데이터 모델은 소프트웨어 개발 및 분석의 기본 요소이다. 따라서 다양한 시스템 전반에서 데이터베이스 콘텐츠를 일관되게 정의하고 구성하기 위한 표준화된 방법을 제공하여 각기

다른 애플리케이션이 동일한 데이터를 공유할 수 있도록 한다.

- 개체와 개체를 처리하는 프로세스 간의 관계 도출
- 개체의 현재 위치 및 개체 간 관계 파악
- 각 데이터 개체의 구성 및 속성 파악
- 시스템에 의해 처리되는 주요 데이터 개체 도출

—— 🏠 출처 https://www.sap.com

038

정답: 1번

BIA(Business Impact Analysis)는 재해 발생 시 기업의 비즈니스에 영향을 미치는 업무를 선정하고, 업무 중단에 대한 정량적/정성적 분석을 통해 복구 우선순위를 도출하는 BCP의 핵심적인 분석 절차이다.

- RTO(Recovery Time Objective): 장애 발생 시 비즈니스 프로세스를 복원해야 하는 목표 시간
- RPO(Recovery Point Objective): 장애로 인한 IT 서비스에서 데이터가 손실될 수 있는 최대 기간

RTO와 RPO 산정을 위해서는 다음과 같은 사항들을 고려하여 BIA(비즈니스 영향 분석)를 진행하여야 한다.

- 복구 시 필요한 H/W, S/W 등 물적 자원
- 복구 시 필요한 인적 자원
- 외부 규제 등 외부 환경에 대한 대응
- 업무 전후 간의 의존도 분석
- 재무적, 운영적인 위험 요인 분석

구분	설명
핵심 우선순위 결정 (Critical Periodization)	영향도가 가장 큰 업무를 우선 복구하여 피해 최소화
중단 시간 산정 (Downtime Estimate)	최대 허용 가능한 중단 시간을 산정하여 서비스 연속성 보장
요구 자원 산정 (Resource Requirements)	업무별 자원 요구 사항을 파악, 원활한 재해 복구 지원

039

정답: 1번

- 생산성(Productivity): 조직에서 IT 직원을 채용 및 유지하지 못하면 조직의 전반적인 생산성이 저하된다.
- 대응 비용(Cost of Response): 조직에서 IT 인력을 채용 및 유지할 수 없는 경우 외부 전문가를 고용하거나 업무를 아웃소싱하여 전체 운영 비용이 증가한다.
- 경쟁 우위(Competitive Advantage): 유능한 IT 직원이 부족하면 생산성과 품질에 영향을 미치고 이는 기업의 경쟁 우위에도 영향을 미친다.
- 평판(Reputation): 불량한 고객 서비스는 기업 평판에 가장 큰 영향을 미친다.
- 직원 교육에 대한 낮은 투자 수익
- 시스템 중단으로 인한 생산성 손실, 평판 손실 및 경쟁 우위 손실 가능성
- 가동 시간 요구 사항, SLA, 계약 및 법적 의무도 영향을 받을 수 있다.

주요 컴플라이언스 대상 영역과 위반 사례

위험 유형	기업	법률 행위	결과
담합	반도체 제조사	미국 DRAM 가격 담합 유죄 인정(2005년)	3억 달러 과징금, 임원 징역
	LCD 제조사	미국 LCD 가격 담합 유죄 인정(2008년)	4억 달러 과징금, 임원 징역
경쟁자 정보	글로벌 항공사	부적절한 경쟁사 정보 이용	6억 달러 합의금·벌금
지적재산권	글로벌 칩셋 제조사	자회사가 경쟁사 기술을 라이선스 없이 사용	현재 소송 진행 중
특허권	글로벌 칩셋 제조사	칩셋에 대한 특허 침해	고객들의 잇따른 주문 취소로 판매량 하락
환경 규제	글로벌 전자회사	제품에 법적 규제 이상의 카드뮴 함유	리콜에 따른 금전적 손실 1억 6,000만 달러 및 이미지 추락
반독점	글로벌 칩셋 제조사	유럽 내 경쟁사 판매 견제를 위한 불법 리베이트 제공	14억 5,000만 달러 벌금
뇌물	글로벌 전자회사	비자금 조성 및 뇌물 제공	CEO 사퇴 주요 임원 고발
성희롱	글로벌 완성차 업체	북미 CEO의 여비서 성희롱	뉴욕포스트 1면 게재, CEO 사퇴
환경 안전	글로벌 정유사	원유 선적 시설을 바다에 묻으려는 시도	불매운동, 매출 감소, 이미지 추락

—— 🏠 출처 News Cip, Deloitte Analysis

로 코드나 노 코드는 개발하는 데 한계가 있어 대규모 개발에는 사용하기 어렵다는 점의 단점이 존재한다. 반면, 로 코드나 노 코드의 장점은 다음과 같다.

(1) 기존 코딩보다 저렴하고 빠른 앱 개발: 로 코드를 사용하면 기업은 비즈니스 애플리케이션을 구축하거나 향상시키기 위해 IT에 의존할 필요가 없다. 따라서 몇 달 또는 몇 년이 아닌 몇 주 또는 며칠 만에 앱을 개발할 수 있어 많은 시간과 비용을 절약할 수 있다. 또한, 로 코드를 사용하면 일상적으로 경험하는 비즈니스 문제를 해결하려는 비즈니스 사용자의 노하우와 선의를 활용하여 숙련된 IT 리소스를 고용하는 문제를 해결할 수 있다.

(2) 사용할 사람이 직접 개발: 비즈니스 사용자는 자신의 앱을 만들 수 있으므로 더 이상 IT 지원을 기다릴 필요가 없으며 아이디어에 따라 진행하여 혁신과 디지털 혁신의 속도를 높일 수 있다. 로 코드를 사용하면 비즈니스 조직의 창의성을 혁신하고 발휘할 수 있으며 IT 부서의 개발 백로그를 해결할 수 있다. 아이디어를 완전한 기능을 가진 애플리케이션으로 쉽게 전환할 수 있는 완벽한 환경을 제공함으로써 가치가 전달된다.

(3) 레거시 시스템의 통합 및 확장: 조직이 디지털 혁신에서 직면하는 가장 큰 문제 중 하나는 수년년에 걸쳐 많은 비용을 들여 개발한 구식 레거시 시스템에 갇혀 있다고 느낀다는 것이다. 로 코드는 엔터프라이즈 시스템을 쉽게 현대화하고 디지털 혁신이 제공하는 잠재력을 최대한 활용하는 방법이다.

(4) 더 빠른 앱 개발 및 업데이트: 기존 소프트웨어 개발은 일반적으로 새로운 서비스나 애플리케이션 변경을 완료하는 데 몇 달이 걸렸다. 이로 인해 직원과 고객들이 불만스러워 할 수 있다. 로 코드 앱 개발을 통해 레거시 애플리케이션 및 서비스를 업데이트하고 새로운 애플리케이션을 구축할 수 있어 더 빠른 혁신으로 이어질 수 있다.

(5) 섀도 IT 감소: 이제 비즈니스 사용자가 아이디어를 애플리케이션으로 전환할 수 있는 안정적인 셀프 서비스 도구가 있으므로 사용자정의가 쉽지 않고 사용하기가 너무 어려워 IT 부서의 손에 넘어가는 기성품 솔루션을 찾는 경향이 줄어들 것이다. 로 코드 플랫폼을 사용하면 비즈니스 사용자가 앱을 아이디어화하고 만들 수 있으며 IT가 애플리케이션을 전반적으로 관리할 수 있도록 적절한 보호 장치와 제어를 할 수 있다.

인증의 수단에 따라서 소유 기반 인증, 지식 기반 인증, 생체 기반 인증으로 분류할 수 있다. 소유 기반 인증은 사용자가 가지고 있는 물건으로 자신을 인증하는 것으로 신분증, ID 카드, 스마트카드, 사원증 등이 있다. 지식 기반 인증은 사용자만이 알고 있는 지식으로 인증하는 것으로 아이디와 비밀번호가 가장 대표적이다. 생체 기반 인증은 서명, 홍채, 안면, 정맥, 목소리, 키보드 다이나믹스 등이 있다.

BYOD(Bring Your Own Device)에 대한 문제이다. 스마트폰, 태블릿, 노트북, 일체형 PC 등 다양한 장치를 업무에서 사용할 수 있도록 허용하고 기업의 자산이 아닌 개인의 장비까지 허가하는 정책이나 기준을 의미한다. BYOD 기반으로 업무 기준을 허용한다면 기업의 자산 구매 및 운영 비용을 절감하는 효과가 있고 직원은 스마트한 업무를 수행할 수 있는 장점이 있다. 재택근무와 원격 회의가 확대되면서 VDI, RBS 기술을 이용해 자신의 장비로 업무를 하는 것이 일반화되면서 BYOD는 필수가 되어가고 있다. 반면에 보안 측면에서는 기업 자산에 비해 보안 취약점이 많은 개인용 자산에 대한 관리가 필요하다는 지적도 있다.

데이터 거버넌스(Data Governance)는 기업에서 사용하는 데이터의 가용성, 유용성, 통합성, 보안성을 관리하기 위한 정책과 프로세스를 다루며 프라이버시, 보안성, 데이터 품질, 관리 규정 준수를 강조한다. 매크로 레벨과 마이크로 레벨에서 둘 다 사용되는 용어이다. 전자의 경우 정치적 개념으로서 국제 관계와 인터넷 거버넌스의 일부를 형성한다. 후자의 경우 경영 개념이며 회사 거버넌스의 일부를 이룬다. 한 조직이 어떤 방식으로 데이터를 관리하고, 활용하고, 보호하는지를 결정하고 적용하는 것을 말한다.

데이터는 생성부터 폐기까지의 모든 과정에서 통제와 관리가 필요한 자산이다. 생성될 때, 수집될 때, 저장될 때, 처리할 때, 활용할 때, 공개될 때, 폐기될 때 모두 누군가의 간섭과 제어가 필요하다. 그리고 이를 다루는 법과 규정들이 대부분 국가에 있거나 생겨나는 중이다.

회사 차원에서 이런 부분의 정보를 부지런히 습득하고 최신화 하는 게 필요하다. 데이터 거버넌스는 데이터 수집, 저장, 처리, 폐기 방법에 적용되는 내부 표준(데이터 정책)을 설정하는 것을 의미한다. 이를 통해 누가 어떤 종류의 데이터에 액세스할 수 있고, 어떤 종류의 데이터가 거버넌스 대상인지를 통제한다. 업계 협회, 정부 기관, 기타 이해관계자가 설정한 외부 표준을 준수하는 것도 데이터 거버넌스에 포함된다.

044

정답: 4번

레그테크(RegTech)란 규제(Regulation)와 기술(Technology)의 합성어로, 규제 기술은 규제 준수를 관리하기 위한 소프트웨어 응용 프로그램 클래스이다. 법적 개념으로서의 레그테크는 '규제 목적을 효과적, 효율적으로 달성할 수 있도록 입법자, 규제 기관(행정청), 시장 참여자가 협력하여 규제의 준수·이행과 그 감시·감독에 인공 지능 등 첨단 기술을 도입하여 활용하는 것'이라고 정의할 수 있다.

2008년 글로벌 금융 위기 이후에 이미 전 세계적으로 레그테크가 활용되기 시작하였는데, 이는 단순히 피규제자인 시장 참여자가 스스로 첨단 기술을 규제 준수에 이용하는 것을 넘어 규제자(입법자, 행정청)가 피규제자로 하여금 첨단 기술을 규제 준수에 활용할 것을 적극 권장하고 규제자와 피규제자가 협력하여 규제 준수의 효율성, 효과성을 높일 수 있는 방안을 강구하는 지점까지 이르고 있다.

레그테크를 도입하면 복잡한 규제를 효과적으로 준수할 수 있고, 인간의 실수로 인한 리스크를 줄일 수 있으며, 빅 데이터 시대에 부합하는 향상된 규제 이행이 가능해지고, 비용의 절감을 통한 효율적인 규제 이행이 가능해지며 규제 기관과의 협업을 통하여 보다 원활하게 규제 목적을 달성할 수 있을 것으로 기대된다.

045

정답: 2번

퍼사드(Facade)는 '건물의 정면'을 의미하는 단어로, 어떤 소프트웨어의 다른 커다란 코드 부분에 대하여 간략화된 인터페이스를 제공해주는 디자인 패턴을 의미한다. 퍼사드 객체는 복잡한 소프트웨어 바깥쪽의 코드가 라이브러리의 안쪽 코드에 의존하는 일을 감소시켜 주고, 복잡한 소프트웨어를 사용할 수 있게 간단한 인터페이스를 제공해준다.

여러 구성요소로 구성된 시스템이 있을 때 사용자는 복잡한 작업을 수행하기 위해 간단한 방법을 제공하고자 하는 경우 퍼사드 패턴을 사용할 수 있다. 예를 들어 쇼핑몰 시스템에는 고객 정보, 상품 정보, 재고 정보, 배송 주문 등 다양한 작업들이 존재한다. 개발자는 소비자에게는 이러한 구성요소 간 관계를 이해할 필요 없이 단순하게 상품을 주문할 수 있도록 만들어 주어야 한다. 이럴 때 퍼사드 패턴을 사용할 수 있다.

퍼사드는 복잡한 하위 시스템들에 대한 간단한 인터페이스를 제공하는 클래스이다. 하위 시스템들을 직접 사용하는 것보다는 제한적인 기능만 제공할 수 있지만 제공하는 기능들은 클라이언트에게 꼭 필요한 기능이다.

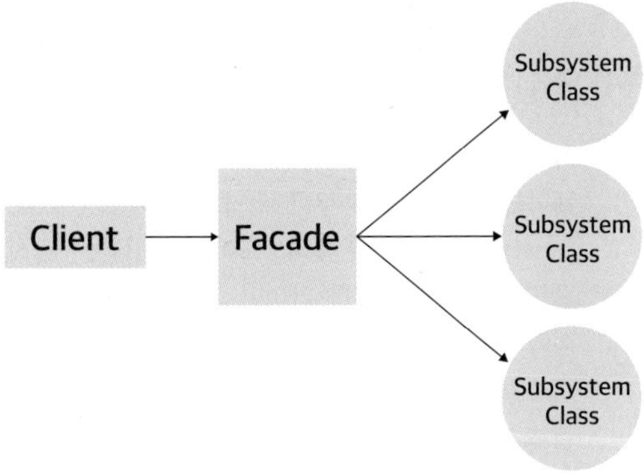

046

정답: 1번

코드 스멜(Code Smell)은 디자인 패턴의 대가 켄트 벡이 제시했던 용어로, 프로그램에 존재하는 코드의 품질을 저하시키는 데 영향을 주는 코드를 의미한다. 명시적으로 기능 오류나 결함을 발생시키지는 않지만 코드의 품질을 저하시키고 중복이 존재하는 등 잠재적으로 결함의 가능성을 가지고 있을 수 있다. 너무 큰 클래스, 너무 큰 메서드, 과도한 개수의 파라미터, 중복된 코드와 로직 등이 이에 해당된다.

047

정답: 3번

시스템 카탈로그(System Catalog)는 데이터베이스 구조를 설명하는 테이블과 뷰로 구성된다. 시스템 카탈로그는 시스템 그 자체에 관련이 있는 다양한 객체에 관한 정보를 포함하는 시스템 데이터베이스이다. 시스템 카탈로그 내의 각 테이블은 사용자를 포함하여 DBMS에서 지원하는 모든 데이터 객체에 대한 정의나 명세에 관한 정보를 유지 관리하는 시스템 테이블이다. 카탈로그들이 생성되면 데이터 사전(Data Dictionary)에 저장되기 때문에 좁은 의미로는 카탈로그를 데이터 사전이라고도 한다.

048

정답: 2번

IT 팀은 필요와 선호도에 따라 다양한 성능 테스트 도구를 사용할 수 있다. 성능 테스트 도구의 몇 가지 예는 다음과 같다.

(1) Apache 성능 테스트 도구인 JMeter는 웹 및 애플리케이션 서비스에 대한 부하 테스트를 생성할 수 있다. JMeter 플러그인은 부하 테스트에서 유연성을 제공하고 그래프, 스레드 그룹, 타이머, 기능 및 로직 컨트롤러와 같은 영역을 커버한다. JMeter는 브라우저 또는 웹 애플리케이션의 테스트 기록을 위한 통합 개발 환경(IDE)과 Java 기반 운영체제의 부하 테스트를 위한 명령 줄 모드를 지원한다.

(2) Micro Focus에서 개발한 LoadRunner는 부하가 걸리는 애플리케이션의 성능을 테스트하고 측정한다. Load-Runner는 수천 명의 최종 사용자를 시뮬레이션하고 부하 테스트를 기록 및 분석할 수 있다. 시뮬레이션의 일부로 소프트웨어는 키 클릭 또는 마우스 움직임과 비슷한 애플리케이션 구성요소와 최종 사용자 작업 간에 메시지를 생성한다. LoadRunner에는 클라우드 사용을 위한 버전도 포함되어 있다.

(3) Neotys에서 개발한 NeoLoad는 웹 및 모바일 애플리케이션에 대한 부하 및 스트레스 테스트를 제공하며 De-vOps 및 지속적 배포를 위해 출시 전에 앱을 테스트하도록 특별히 설계되었다. IT 팀은 이 프로그램을 사용하여 웹, 데이터베이스 및 애플리케이션 서버를 모니터링할 수 있다. NeoLoad는 수백만 명의 사용자를 시뮬레이션 할 수 있으며 사내 또는 클라우드를 통해 테스트를 수행한다.

2)번의 Wireshark는 성능 테스트 도구가 아니라 해킹 도구이다.

049

정답: 4번

보이스-코드 정규화 또는 BCNF 정규화란 Boyce-Codd Normal Form의 약자로, 1974년 Raymond Boyce와 Edgar Codd가 만든 데이터베이스 정규화 형식을 말한다. 관계형 데이터베이스의 릴레이션 R에서 함수 종속성 X→Y가 성립할 때, 모든 결정자 X가 후보 키이면 BCNF 정규형이 된다. 즉, 식별자로 쓰이는 속성이 일반 속성에 종속되지 않아야 한다.

제3정규화를 통해서도 제거되지 않은 데이터의 중복 문제를 해결해 주기 때문에 일명 '제3.5정규화'라고도 부른다. Boyce-Codd 정규형을 만족하는 테이블은 다음 두 가지 조건을 만족해야 한다. 제3정규형이어야 하며 A→B의 모든 종속성에 대해 A는 슈퍼 키여야 한다. 간단히 말해서 종속성 A→B에 대해 B가 프라임 속성이면 A는 비 프라임 속성이 될 수 없음을 의미한다.

—— ⌂참조　https://youtu.be/NNjUhvvw0rk

050

Open API(Open Application Programming Interface) 또는 Public API는 개발자라면 누구나 사용할 수 있도록 공개된 API를 말하며, 개발자에게 사유 응용 소프트웨어나 웹 서비스의 프로그래밍적인 권한을 제공한다. 반대말은 Private API이다. 요컨대 "하나의 웹사이트에서 자신이 가진 기능을 이용할 수 있도록 공개한 프로그래밍 인터페이스가 오픈 API이다."라고 정의할 수 있다.

이러한 Open API 서비스는 아마존, 구글 등 글로벌 회사들이 자사의 서비스를 일반 개발자, 타사 등에 개방하여 다양한 Mashup 서비스가 생겨나게 하고, 이렇게 하는 것이 자사의 비즈니스를 더욱 확대하고 수익을 창출하게 되는 계기가 되는 것이 입증되었기에 국내에서도 공공기관과 포털 사이트를 중심으로 Open API를 이용하여 자사의 자원을 개방하는 서비스가 보편화되고 있는 추세이다.

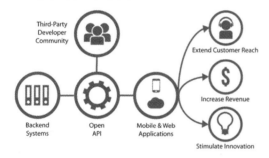

051

SAFe®(Scaled Agile Framework)는 엔터프라이즈 규모에서 애자일 관행을 구현하기 위한 일련의 조직 및 워크플로 패턴이다. 이 프레임워크는 역할과 책임에 대한 체계적인 지침, 작업을 계획하고 관리하는 방법 및 유지해야 할 가치를 포함하는 지식의 모음이다.

SAFe는 수많은 애자일 팀 간의 정렬, 협업 및 제공을 촉진한다. 애자일 소프트웨어 개발, 린 제품 개발 및 시스템 사고라는 세 가지 주요 지식을 중심으로 형성되었다. 비즈니스 규모가 커짐에 따라 SAFe는 애자일 확장을 위한 구조화된 접근 방식을 제공한다. 다양

한 수준의 규모를 수용할 수 있도록 SAFe는 Essential SAFe, Large Solution SAFe, Portfolio SAFe, Full SAFe의 네 가지로 구성된다.

Dean Leffingwell과 Drew Jemilo는 2011년에 SAFe를 릴리즈하여 조직이 고객의 변화하는 요구를 더 잘 충족하는 더 나은 시스템과 소프트웨어를 설계할 수 있도록 지원했다. 당시 팀은 기존 프로젝트 관리 프로세스를 사용하여 소프트웨어를 제공했다. 그러나 변화하는 시장 상황에 신속하게 대응해야 할 필요성이 증가함에 따라 기업이 기업 전체에서 솔루션 제공을 개선하는 데 도움이 되는 새로운 프레임워크가 등장했고 SAFe가 탄생했다.

오늘날 SAFe는 가장 널리 사용되는 확장된 애자일 전달 프레임워크 중 하나이며, SAFe의 전 세계 실행자 커뮤니티는 이를 계속 발전시키고 있다. 시장 점유율에서 Enterprise를 지원하는 Framework 중 PMI Agile Practice Guide(PMI-ACP 5%), Scale Scrum-Nexus(SPS 20%), SAFe(75%) 정도이다.

052

의미 있는 비용 편익 분석 모델을 만드는 단계는 다음과 같다.

(1) 분석의 프레임워크를 정의한다(Define the framework for the analysis): 특정 프로젝트에 대한 정책 변경 또는 투자 전후의 상황을 확인하여 현상 유지의 비용을 분석한다. 먼저 아무것도 하지 않거나 그라운드 제로에 있는 투자 옵션을 취하는 이익을 측정해야 한다. 때로는 현상 유지가 가장 수익성 있는 곳이다.

(2) 비용과 혜택을 확인하고 분류한다(Identity and classify costs and benefits): 각 비용 및 혜택의 효과를 이해할 수 있도록 다음과 같은 방식으로 분류하는 것이 중요하다.

- 직접 비용(의도 된 비용/혜택)

- 간접 비용(의도하지 않은 비용/혜택)

- 유형(측정 및 정량화 하기 쉬운)

- 무형(식별 및 측정하기 어려운)

- 실제(수익에 기여하는 모든 순 이익)

- 이전(손 바꾸는 돈)

(3) 예상 비용 및 수익에 대한 타임라인을 기획한다(Drawing a timeline for expected costs and revenue): 의사결정과 관련하여 타이밍이 가장 중요한 요소이다. 매핑은 비용과 이점이 발생할 때와 단계에 걸쳐 얼마나 많은 비용이 발생할 것인지 수행해야한다. 그것은 두 가지 주요 문제를 해결한다. 첫째, 정의된 타임 라인을 통해 기업은 모든 이해관계자의 기대에 부합할 수 있다. 둘째, 타임 라인을 이해하면 비용과 수익이 운영에 미칠 영향을 계획할 수 있다. 이를 통해 기업은 상황을 더 잘 관리하고 비상 사태보다 앞서 조치를 취할 수 있다.

(4) 비용과 혜택으로 수익을 창출한다(Monetize costs and benefits): 모든 비용과 모든 혜택을 동일한 통화 단위에 배치해야 한다.

(5) 현재 가치를 얻기 위해 비용 및 혜택을 할인한다(Discount costs and benefits to obtain present values): 미래의 비용과 이익을 현재 가치로 전환하는 것을 의미한다. 또한, 적절한 할인율로 현금 흐름 또는 혜택을 할인하는 것을 파악해야 한다. 모든 비즈니스는 다른 할인율을 갖는 경향이 있다.

(6) 순 현재 값을 계산한다(Calculate net present values): 투자 제안은 긍정적인 결과가 얻어지면 효율적인 것으로 간주된다. 그러나 고려해야 할 다른 요소도 있다.

Cost-Benefit Analysis

—— 🏠 출처 https://www.wallstreetmojo.com/cost-benefit-analysis/#h-steps-of-cost-benefit-analysis

053

정답: 1

클라이언트에서 가장 많이 활용하는 것은 단연 일반적인 백신이다. 그러나 사이버 공격은 나날이 지능화되므로 기존의 백신으로는 제로데이 공격, APT 공격을 비롯한 현 공격 추세에 적절한 솔루션이라고 말하기에는 어려운 상황이다. 그래서 이러한 한계점을 어느 정도 보완할 수 있는 클라이언트 보안 솔루션이 바로 EDR이다.

엔드포인트 위협 탐지 대응(Endpoint Detection and Response, EDR)이란 클라이언트 자체에서의 보안을 말하는데, 클라이언트에 설치되어 특정한 행동이나 이상 징후가 보이면 바로 탐지하고 이에 대응한다.

EDR과 백신의 다른 특징 하나는 백신이 시그니처와 패턴 위주로 악성 공격을 탐지한다고 하면, EDR은 머신러닝과 인공 지능을 활용해서 탐지한다. 그렇다고 EDR이 패턴과 시그니처 탐지를 안 하는 것은 아니다. 클라이언트에 깔려 있는 EDR의 에이전트는 클라이언트의 거의 모든 행동을 관찰하고 분석하며, 그러한 관찰한 내용들을 서버에 있는 DB와 대조하고, 일치하는 것이 없으면 머신러닝과 인공 지능을 이용해 위협을 대응한다.

- 엔드포인트 위협 탐지 대응(Endpoint Detection and Response, EDR)
- 모바일 단말기 원격 통제 시스템(Data Loss Protection, MDM)
- 내부 정보 유출 방지(Data Loss Prevention, DLP)
- 전자 문서 관리 시스템(Electronic Document Management, EDM)

—— 🏠 출처 정보통신기획평가원

054

정답: 2번

모델-뷰-컨트롤러(Model-View-Controller, MVC)는 소프트웨어 공학에서 사용되는 소프트웨어 디자인 패턴이다. 이 패턴을 성공적으로 사용하면 사용자 인터페이스로부터 비즈니스 로직을 분리하여 애플리케이션의 시각적 요소나 그 이면에서 실행되는 비즈니스 로직을 서로 영향 없이 쉽게 고칠 수 있는 애플리케이션을 만들 수 있다.

MVC에서 모델은 애플리케이션의 정보(데이터)를 나타내며, 뷰는 텍스트, 체크박스 항목 등과 같은 사용자 인터페이스 요소를 나타내고, 컨트롤러는 데이터와 비즈니스 로직 사이의 상호 동작을 관리한다. 모델-

뷰-컨트롤러는 응용 프로그램을 세 가지의 구성요소로 나눈다. 각 구성요소 사이에는 다음과 같은 관계가 있다.

- 컨트롤러는 모델에 명령을 보냄으로써 모델의 상태를 변경할 수 있다. (예: 워드 프로세서에서 문서를 편집하는 것) 또, 컨트롤러가 관련된 뷰에 명령을 보냄으로써 모델의 표시 방법을 바꿀 수 있다. (예: 문서를 스크롤하는 것)
- 모델은 모델의 상태에 변화가 있을 때 컨트롤러와 뷰에 이를 통보한다. 이와 같은 통보를 통해서 뷰는 최신의 결과를 보여줄 수 있고, 컨트롤러는 모델의 변화에 따른 적용 가능한 명령을 추가·제거·수정할 수 있다. 어떤 MVC 구현에서는 통보 대신 뷰나 컨트롤러가 직접 모델의 상태를 읽어 오기도 한다.
- 뷰는 사용자가 볼 결과물을 생성하기 위해 모델로부터 정보를 얻는다.

055 정답: 1번

정책 및 규정 준수: 프로세스, 관행 및 기술이 산업 표준을 충족하고 내부 요구 사항은 물론 산업별 규정, 연방법 및 주법과 같은 외부 규정을 준수하도록 한다.

Security Administration	Security Operations	Risk Assessment & Management	Policy & Compliance	DevOps
Security Specialist	Security Analyst	Risk Manager	Business Continuity Manager	Application Developer
Security Administrator	Incident Responder	Information Assurance	User Awareness Manager	Database Architect
Security Engineer	Forensic Analyst	Specialist/Administrator	Security Auditor	Database Administrator
Security Architect	Malware Researcher	Pen Tester (Red Team)	Data Privacy Officer	Cloud Architect
Data Recovery Specialist	Pen Tester (Blue Team)	Vulnerability Specialist	Governance, Risk and Compliance Officer	

056 정답: 2번

살충제 패러독스는 테스트 수행을 위한 원칙 중에 하나로, 동일한 테스트 케이스와 시나리오를 반복하여 수행하면 결함을 더는 발견하기 힘들다는 원칙이다. 테스트 케이스의 적절하게 설계하기 위해 블랙박스 테스트 기법과 화이트박스 테스트 기법을 적용하고 자동화 도구를 적용하는 등의 시도가 필요하다.

살충제 패러독스를 피하기 위해서 제3자 테스트를 수행해야 하고, 몽키 테스트(Monkey Test)와 같이 프로젝트와 무관한 인력들의 무작위 테스트도 필요하다.

057 정답: 4번

사회성 테스트(Sociability Test)는 시스템이 관련 없는 기존 시스템에 부정적인 영향을 미치지 않고 의도한 공유 환경에서 수행되는지 확인하기 위한 것이다. 즉, 새로 변경한 시스템이 운영 환경에서 문제없이 잘 작동하는지 점검하는 것이 이 테스트의 목적이다. 이는 응용 프로그램이 주로 작동하는 플랫폼과 다른 시스템과의 인터페이스뿐만 아니라, 클라이언트 서버환경이나 웹 개발 환경, 데스크톱 환경에서 정상적으로 작동하는지를 테스트한다.

ISACA 시험에서는 회귀 테스트(Regression Test), 사회성 테스트(Sociability Test), 그리고 통합 테스트(Integration Test)의 정의에 대해서 많이 출제되므로 반드시 그 정의에 대해서 반드시 파악을 하고 있어야 한다.

058 정답: 3번

사용자 생명 주기 관리(User Lifecycle Management, UML)는 후보자가 채용 제안을 수락한 날부터 시작하여 해당 직원이 퇴사할 때까지 계속된다. HR 및 IT 부서의 경우 이는 사용자 자격 증명을 생성하고 새 직원을 클라우드 리소스에 연결하는 것을 의미한다. 사용자 프로비저닝은 클라우드의 애플리케이션 및 리소스에 대한 사용자 액세스를 생성하고 관리하는 프로세스이다.

소규모 조직에서는 이러한 프로세스를 수동으로 관리할 수 있지만 대규모로 수행할 경우 프로세스에 오류가 발생하기 쉽고 시간이 많이 소요될 수 있다. 자동화된 프로비저닝은 일반적으로 IT 직원이 수동으로 수행하는 데 몇 시간이 걸릴 수 있는 작업을 몇 초 만에 수행한다.

059   정답: 3번

제로 트러스트(Zero Trust) 정책은 조직 내부의 임직원부터 외부의 일반 사용자와 악의적인 공격자까지 어떤 주체와 객체도 신뢰하지 않는 보수적인 보안 정책을 의미한다. 심층 방어막과 다층의 방어 체계를 구축하게 되며 방화벽의 관점에서는 All Allow 방식의 블랙리스트가 아닌 All Deny 방식의 화이트리스트(White-List) 방식을 적용한다. 화이트리스트 방화벽 필터링 정책은 일부 정해진 규칙 이외에 모든 접근을 차단하므로 사용자에게 불편함을 제공하지만 보안 수준은 높일 수 있다.

060   정답: 2번

보안 생명 주기의 첫 번째 단계는 보안 운영 개념(Concept of Operations, CONOPS) 문서에서 특정 시스템의 보안 요구 사항과 이러한 요구 사항을 충족시키는 방법을 만드는 것이다. 운영 개념 (CONOPS, CONOPs, 또는 ConOps)은 해당 시스템을 사용할 개인의 관점에서 제안된 시스템의 특성을 설명하는 문서이다. 예를 들어 비즈니스 요구 사항 사양 또는 이해관계자 요구 사항(StRS)이 있다. CONOPS는 양적 및 질적 시스템 특성을 모든 이해관계자에게 전달하는 데 사용된다.

CONOPS는 군사, 정부 서비스 및 기타 분야에서 널리 사용된다. CONOPS는 일반적으로 개념에서 진화하며 원하는 목표 또는 최종 상태를 달성하기 위해 일련의 기능을 사용하는 방법에 대한 설명이다. 첫 번째 표준은 1362-1998 - IEEE Guide for Information Technology - System Definition - ConOps(Concept of Operations) Document, 29148-2011 - ISO/IEC/IEEE International Standard - Systems and software Engineering - Life Cycle Process -Requirements Engineering이다. 그런 다음 2012 AIAA 개정 제안 가이드: 운영 개념 문서 준비 가이드(ANSI/AIAA G-043A-2012) (G-043-1992 개정)가 왔으며 오늘날 우리는 ISO/IEC/IEEE 15288: 2015 시스템 및 소프트웨어 엔지니어링 - 시스템 생명 주기 프로세스를 보유하고 있다.

합동 군사 작전 분야에서 국방부 용어의 CONOPS는 합동 군 사령관이 달성하고자 하는 것과 가용 자원을 사용하여 수행할 방법을 명확하고 간결하게 표현하는 구두 또는 그래픽 진술이다. 또한, CONOPS는 OV-1 High Level Operational Concept Graphic과 같은 시스템 획득 DODAF 설명에서 사용되거나 요약될 수 있다. 보안 CONPOS 문서는 방법론적으로 시스템 보안 작업을 자세하게 설명하는 도구를 기업에 제공한다.

061   정답: 1번

업무용 컴퓨터에서는 보조 저장 매체에 저장된 개인정보의 보호를 위하여 개별 문서 파일 단위로 암호화(파일 암호화) 또는 디렉터리 단위로 암호화(디스크 암호화)를 수행해야 한다. 파일 암호화는 업무용 컴퓨터에 저장된 개인정보에 대한 보호뿐만 아니라 개인정보 취급자 간에 네트워크상으로 파일을 안전하게 전송하기 위한 방식으로도 사용할 수 있다.

방식	주요 내용
문서 도구 자체 암호화	- 업무용 컴퓨터에서 사용하는 문서 도구의 자체 암호화 - 기능을 통하여 개인정보 파일 암호화
암호 유틸리티를 이용한 암호화	- 업무용 컴퓨터의 OS에서 제공하는 파일 암호 - 유틸리티 또는 파일 암호 전용 유틸리티를 이용한 개인정보 파일 암호화
DRM (Digital Right Management)	- DRM을 이용하여 다양한 종류의 파일 및 개인정보 파일 암호화
디스크 암호화	- 디스크에 데이터를 기록할 때 자동으로 암호화하고 읽을 때 자동으로 복호화하는 기능을 제공함 - 디스크 전체 또는 일부 디렉터리를 인가되지 않은 사용자에게 보이지 않게 설정하여 암호화 여부와 관계없이 특정 디렉터리 보호 가능

062

정답: 4번

합성 백업(Synthetic Backup)은 과거에 생성된 파일의 전체 복사본과 나중에 생성된 하나 이상의 증분 복사본에서 파일을 생성하는 프로세스이다. 이 문맥에서 '합성'이라는 표현은 어셈블된 파일이 현재 또는 이전에 생성된 단일 파일의 직접 복사본이 아니라는 사실을 나타낸다. 대신, 합성 파일은 원본 파일과 하나 이상의 수정 사항에서 특수 응용 프로그램에 의해 병합되거나 '합성'된다. 합성 백업 애플리케이션은 개별 파일에만 사용되는 것이 아니다. 또한, 지정된 폴더 또는 전체 드라이브에 저장된 모든 데이터를 보존하는 데 사용할 수도 있다.

(1) 자동화 백업(Continuous Data Protection, CDP): 일반적인 백업 방식과는 다르게 이미지(Volume Snapshots) 방식이면서 분 단위까지 백업을 받고 필요 시 특정 시점으로 복원할 수 있는 서비스로, 백업 주기가 짧은 경우 유용한 방식이다.

(2) 증분 백업(Incremental Backup): 최종 전체 또는 최종 증분 이후에 변경된 파일만을 백업하는 방식으로 매일 백업해야 하는 데이터 양이 적어서 빠르다는 장점이 있는 반면에, 복구 시 백업 받았던 모든 증분을 복구해야 하므로 복구 시간이 많이 소요될 수 있다.

(3) 차등 백업(Differential Backup): 마지막으로 받은 전체 백업 이후 변경된 모든 데이터를 저장하는 방식으로 이는 바로 이전의 변경된 내용만 매일 백업하는 증분 백업과는 다르며 매일 백업하는 양이 점점 증가하게 된다. 복구 시 마지막으로 받은 전체 백업과 가장 최근의 차등 백업만 복구하면 되기 때문에 증분 백업보다는 빠른 복구가 가능하다는 장점이 있다.

(4) 전체 백업(Full Backup): 데이터 변경 유무와 관계없이 전체 데이터의 복사본을 만드는 백업 방식으로, 백업에 필요한 시간과 용량이 가장 많이 소요되지만 복구 시 최종 백업본만을 복구하기 때문에 가장 간단하게 복구가 가능하다.

063

정답: 3번

비즈니스 요구 사항을 지원하기 위해 적절한 IT 인력 수준을 채용 및 유지할 수 없을 경우 조직은 지속적으로 충분히 숙련된 IT 직원을 모집하지 못하여 전체 기술 운영의 효율성을 상실하고 보안 노출을 증가시키게 된다.

(1) 자원 관리를 평가(Evaluate resource management): 최적의 방식으로 기업의 요구를 충족시키기 위해 비즈니스 및 I&T 리소스(재무 및 인적), 리소스 옵션(소싱 전략 포함), 할당 및 관리 원칙에 대한 현재 및 미래의 필요성을 지속적으로 검토하고 평가한다.

(2) 적절하고 충분한 인력을 확보하고 유지(Acquire and maintain adequate and appropriate staffing): 기업이 기업 목표와 목표를 지원하기에 충분한 인적 자원을 보유하고 있는지 확인하기 위해 정기적으로 또는 기업 또는 운영 또는 IT 환경의 주요 변경 사항에 따라 내부 및 외부 인력 요구 사항을 평가한다.

(3) IT 및 비즈니스 인적 자원의 사용을 계획하고 추적(Plan and track the usage of IT and business human resources): 기업 I&T에 대한 책임이 있는 비즈니스 및 IT 인적 자원에 대한 현재 및 미래의 수요를 이해하고 추적한다. 부족을 식별하고 소싱 계획, 기업 및 IT 채용 프로세스, 비즈니스 및 IT 채용 프로세스에 대한 정보를 제공한다.

064

정답: 3번

OVAL(Open Vulnerability and Assessment Language)은 컴퓨터에 있는 일부 개체의 보안 상태(예: 구성 파일, 파일 권한, 프로세스)를 정의한다. OVAL은 스캐너라는 인터프리터를 사용하여 평가된다. 언어는 평가 프로세스의 세 단계에 해당하는 세 부분으로 구성된다.

- OVAL 정의(Definitions): 특정 기계 상태를 표현하기 위한 것
- OVAL 시스템 특성(System Characteristics): 시스템 정보 표시용
- OVAL 결과(Results): 평가 결과를 보고하기 위한 스키마

OVAL 문서의 주요 개념은 정의, 테스트, 개체 및 상태이다. 각 정의는 충족해야 하는 테스트를 지정한다. 테스트는 개체와 상태를 함께 연결한다. 주어진 객체가 나타내는 리소스가 해당 상태의 요구 사항을 충족하면 테스트를 통과한다. 변수 섹션은 상태 요소를 조정하는 데 사용할 수 있는 외부 변수를 정의하고 있다.

모든 SCAP 언어와 마찬가지로 OVAL은 XML을 기반으로 한다. 언어는 XML 스키마로 정의되며, 이러한 스키마는 모든 플랫폼에 공통인 Core 사양과 특정 플랫폼(예: Linux 또는 Windows 특정 항목)에만 적용 가능한 요소를 포함하는 많은 플랫폼별 확장으로 나뉘어진다.

각 구성요소에는 고유한 XML 네임스페이스가 있다. OVAL은 많은 산업, 학계 및 정부 기관의 기여자 커뮤니티에 의해 개발되었다. OpenSCAP은 OVAL 버전 5.11 및 이전 버전도 지원한다. OVAL 문서는 Center for Internet Security OVAL 저장소(https://oval.cisecurity.org/repository)에서 찾을 수 있다.

065

정답: 3번

속성 기반 액세스 제어(Attribute-Based Access Control, ABAC)는 권한 부여 모델은 역할이나 사용자 대신 속성을 평가한다. 액세스 제어에 대해 보다 세분화된 접근 방식을 제공한다. ABAC를 사용하면 사용자 이름, 역할 및 보안 허가와 같은 사용자 속성을 사용할 수 있다. 또한, 액세스 시간 및 데이터 위치와 같은 환경 속성을 사용할 수도 있다. 리소스 소유자, 생성 날짜와 같은 리소스 속성은 ABAC에 더 많은 유틸리티를 제공한다.

ABAC는 다른 제어 방법보다 몇 가지 더 많은 제어 변수가 있다. 따라서 복잡한 계층 구조가 있는 대규모 비즈니스에서 유용하다. ABAC 사용의 주요 장점 중 하나는 새 사용자를 수용하기 위해 기존 규칙을 변경할 필요가 없다는 것이다. 즉, 잘못된 ABAC 구현에서 시스템을 복구하는 것은 어렵고 시간이 많이 소요될 수 있다.

액티브 디렉터리(Active Directory, AD)는 마이크로소프트가 윈도우용 환경에서 사용하기 위해 개발한 LDAP 디렉터리 서비스의 기능이다. 주 목적은 윈도우 기반의 컴퓨터들을 위한 인증 서비스를 제공한다. 주로 윈도우 환경에서 동일한 데이터베이스를 사용하여 다음을 비롯한 다양한 네트워크 서비스를 제공한다.

(1) LDAP 계열 디렉터리 서비스

(2) 커베로스 기반 인증

(3) DNS 기반 이름 지정 및 기타 네트워크 정보

또, 액티브 디렉터리는 또한, 관리자들에게 정책을 할당하고, 소프트웨어를 배치하고, 중요한 업데이트를 조직에 적용하는 것을 허용한다. 액티브 디렉터리는 중

구성 파일의 단일 항목을 설명하는 OVAL 개체 샘플(64번 해설 그림)

```
<ind:textfilecontent54_object comment="Ensure more than one chrony server is set" id="oval:ssg:obj:531" version="1">
    <ind:filepath>/etc/chrony.conf</ind:filepath>
    <ind:pattern operation="pattern match">^([\s]*server[\s]+.+$){2,}$</ind:pattern>
    <ind:instance datatype="int">1</ind:instance>
</ind:textfilecontent54_object>
```

심 데이터베이스에 있는 정보와 설정값을 저장한다. 액티브 디렉터리 네트워크는 몇 백 개의 객체들이 포함된 조그마한 설치본부터 수백만 개의 객체들이 포함된 커다란 설치본까지 다양하다.

Attribute/ Access Control Type	DAC	MAC	RBAC	ABAC	Rule-Based
Ease of Usage or Convenience	High	Varies	High	High	High
Performance	Low	Varies with Security Levels	High	High	High
Reusability	Yes	No	Yes	Yes	Yes
Single Point Failure	Authorization failure	Less	Less	–	Authorization failure
Authentication Failure	less	varies	Based on role	less	less

Obb

정답: 3번

역할 기반 액세스 제어(Role-Based Access Control, RBAC)는 가장 널리 채택되는 제어 방법 중 하나가 되고 있다. 일부의 경우 RBAC를 사용하여 개인을 그룹화하고 특정 역할에 대한 권한을 할당할 수 있다. RBAC를 사용하기로 결정한 경우 역할을 그룹에 추가하거나 사용자에게 직접 추가할 수도 있다. RBAC를 사용하면 권한과 역할을 쉽게 평가하고 관리할 수 있다.

또한, MAC보다 더 나은 운영 효율성을 제공한다. 무엇보다 기업이 규정 준수를 더 쉽게 충족할 수 있다. 대부분의 경우 RBAC는 비즈니스 관리를 위한 운영 오버헤드를 줄이는 것으로 잘 알려져 있다. 최소 권한 원칙을 활용하여 관리 비용을 절감한다.

실제로 일단 설정하면 권한을 변경하지 않고 모든 그룹을 확장할 수 있다. 역할에 관계없이 개체 수준에서 액세스를 제한하거나 허용할 수 있는 액세스 제어를 찾고 있다면 DAC가 적합할 수도 있다.

Ob7

정답: 2번

UML에서 사용자 관리(User Management)는 액티브 디렉터리에서 사용자 속성과 권한을 최신 상태로 유지하는 것을 전제로 한다. 액티브 디렉터리에서 사용자 속성을 수정하는 것은 사용자 생명 주기 관리의 복잡한 측면 중의 하나이다.

다음을 중심으로 진행된다.

- 사용자 정보(User Information)
- 사용자 책임(User Responsibilities)
- 사용자 역할(User Roles)
- 사용자 권한(User Rights)
- 액세스 권한(Access Privileges)

처음에는 쉬운 작업처럼 들릴 수 있지만 로컬 그룹, 그룹 중첩 및 액세스 제어 목록이 관련되면 IT 관리자가 계정을 관리하는 것이 지나치게 복잡해진다. 이 외에도 IT 관리자는 각 사용자가 디렉터리의 올바른 OU(조직 구성 단위)에 배치되었는지 확인하고 사용자가 역할과 부서를 변경할 때 한 OU에서 다른 OU로 이동시켜야 한다. 잘못된 배치는 직원을 완전히 비생산적으로 만들고 기밀 데이터에 대한 액세스 권한을 부여하며 결국 회사 전체의 보안에 위협이 될 수 있다.

Ob8

정답: 3번

형상 관리의 구성요소로는 4가지로 구분할 수 있는데 형상 식별, 형상 통제, 형상 감사, 형상 기록으로 이루어져 있다.

- 형상 식별(Configuration Identification): 시스템의 효율적인 개발 관리를 위해 형상 관리 대상 항목(SCI)을 정의하고 분류하는 활동이다. (제품, 각종문서, 형상 항목 번호)
- 형상 통제(Configuration Control): 소프트웨어 시스템의 기준선별로 형상을 설정하고 변경하는 일을 체계적인 절차(변경 통제 위원회 CCB)에 의해 통제하고 관리하여 결정하는 절차이다. 변경 요구 관리, 변경 제어, 형상 관리 조직의 운영 및 개발 업체와 외주 업체에 대한 형상 통제 및 지원한다.

- 형상 감사(Configuration Audit): 형상 항목이 요구 사항에 맞도록 잘 변경되었는지 확인하는 것으로 FCA와 PCA가 있다. 소스 코드를 검토하는 FCA는 실제 성능이 기능 기준선(Functional Baseline) 및 할당 기준선(Allocated Baseline)에 명시된 요구 조건을 충족하는가를 확인하는 절차이며 PCA는 검증된 형상 품질의 형상이 설계 문서와 일치하는지를 판단하고, 제품 기준선(Product Baseline)을 확인하기 위한 절차이다. 성공적인 형상 감사는 소프트웨어 기준선을 성공적으로 설정하는데 있다.
- 형상 기록(Configuration Status Accounting): 소프트웨어 형상 및 변경 관리에 대한 각종 수행 결과를 기록하고, 데이터베이스에 의한 관리를 하며, 보고서를 작성하는 기능이다.

069 정답: 2번

인메모리 데이터베이스는 모든 데이터를 메모리에 적재하여 이론상 물리적 I/O가 발생하지 않지만 일반적인 데이터베이스에서는 물리적 I/O의 비용을 감수해야 한다. 따라서 버퍼 캐시 히트율(Buffer Cache Hit Ratio, BCHR) 값을 향상시키기 위해 논리적 I/O를 늘리고 버퍼 캐시를 증설하는 등의 튜닝을 진행하게 된다. BCHR을 계산하는 공식은 다음과 같다.

- BCHR = ((논리적IO - 물리적IO)/논리적IO)×100
- BCHR = (1 - (물리적IO/논리적IO))×100

070 정답: 1번

1998년 Somerville이 정의한 백투백(Back-to-Back) 테스트는 테스트를 위해 여러 버전의 소프트웨어 응용 프로그램이 있을 때 항상 사용된다. 여기에서 모든 버전은 비슷한 테스트 세트로, 테스트한 다음 문제가 있는 경우 일부 시스템/애플리케이션 문제에 대해서 항상 결과를 비교한다.

연속 테스트는 비교 테스트라고도 하는 소프트웨어 테스트의 한 유형이다. 구성요소의 두 개 이상의 변형을 항상 비슷한 입력으로 테스트하고 해당 출력을 비교 및 검사하는 테스트 유형으로 향후 소프트웨어에서 불일치가 발생할 경우에 대비한다. 따라서 연속 테스트에서 단일 테스트 세트는 소프트웨어 제품의 두가지 구현 버전에 대해서 수행되고 결과가 비교된다. 결과에서 불일치가 발생할 때마다 구성요소의 두 버전 중 하나가 실패를 나타내는 것일 수 있다. 또한, 백투백 테스트는 이와 관련된 이벤트를 적절하게 검사하고 정의하는 프로세스이다. 이 테스트에는 항상 동일한 기능의 소프트웨어 구성요소에서 얻은 전체 응답의 교차 비교가 포함된다. 이 테스트 중에 테스트팀이 차이를 확인하거나 관찰할 때마다 차이를 측정하고 필요한 경우 적용한다.

071 정답: 3번

서비스 수준 협약서(Service Level Agreement, SLA)의 성과 지표는 최소한의 서비스 수준, 서비스 평균치 및 최대 가용치이다. 신뢰성 성과 지표는 MTTF, MTTR, MTBSI(MTBF+MTRS) 등이다. 서비스 데스크에서 제기된 문제를 지속적으로 해결하려면 응답 속도를 모니터링, 보고 및 검토하는 데 집중해야 한다.

MTTI(평균 식별 시간)는 서비스 데스크 성능에 대한 가시성을 제공하고 개선 기회를 가리킬 수 있는 핵심 지표이다. (MTTI는 때로로 평균 감지 시간 또는 MTTD로 참조된다.) MTTI는 서비스 또는 구성요소 성능의 문제를 인식하는 데 걸리는 평균 시간으로 정의된다. MTTI는 가장 적절한 대응을 결정하기 위해 고객 문제를 신속하게 검증하고 분류할 수 있는 사전 모니터링 기능을 기반으로 한다. 예를 들어 모니터링 시스템 대시보드 또는 클라우드 서비스 상태 페이지에서 애플리케이션 또는 구성요소 상태를 검토하거나 시도 또는 성공의 큰 감소 또는 오류의 급증과 같이 정상에서 벗어나는 트랜잭션 추세를 확인하여 문제를 식별할 수 있다.

072 정답: 2번

리팩터링(Refactoring)은 소프트웨어 공학에서 '결과

의 변경 없이 코드의 구조를 재 조정함'을 의미한다. 주로 가독성을 높이고 유지 보수를 편하게 한다. 버그를 없애거나 새로운 기능을 추가하는 행위는 아니다. 사용자가 보는 외부 화면은 그대로 두면서 내부 논리나 구조를 바꾸고 개선하는 유지 보수 행위이다.

리팩터링의 잠재적인 목표는 소프트웨어의 설계, 구조 및 구현을 개선하는 동시에 소프트웨어의 기능을 보존하는 것이다. 리팩터링은 코드의 가독성을 향상시키고 복잡성을 감소시키는 효과를 가지며, 이러한 이점은 소스 코드의 유지 보수성을 개선하고 확장성을 개선하기 위해 더 단순하고 깔끔하거나 표현력이 뛰어난 내부 아키텍처 또는 객체 모델을 만들 수 있게 한다. 그리고 소프트웨어 엔지니어는 더 빠르게 수행되거나 더 적은 메모리를 사용하는 프로그램을 작성해야 하는 지속적인 과제에 직면해 있기에 성능 향상이 리팩터링의 또다른 목표가 된다.

일반적으로 리팩터링은 일련의 표준화된 기본 마이크로 리팩터링을 적용하는데, 각 리팩터는 소프트웨어의 동작을 보존하거나 최소한 기능적 요건에 대한 준수를 수정하지 않는 컴퓨터 프로그램의 소스 코드의 작은 변화이다. 많은 개발 환경에서 이러한 기본 리팩터링의 기계적 측면을 수행하기 위한 자동 지원을 제공한다.

코드 리팩터링을 잘 수행하면 소프트웨어 개발자가 기본 논리를 단순화하고 불필요한 수준의 복잡성을 제거하여 시스템의 숨겨진 또는 유휴 버그나 취약성을 발견하고 해결하는 데 도움이 될 수 있다. 그러나 잘못 수행되면 외부 기능을 변경하지 않거나 새로운 버그를 도입하거나 둘 다에 대한 요구 사항을 충족하지 못할 수 있다. 마틴 파울러의 저서 《리팩터링》에 다양한 리팩터링 패턴들이 정리되어 있다. 그중 대표적인 것 몇 가지를 들자면, 필드 은닉, 메서드 추출, 타입 일반화, 메서드 이름 변경 등이 있다.

073 정답: 1번

스파게티 코드(Spaghetti Code)는 불분명한 프로젝트 작업 범위, 계획 및 경험 부족, 표준 규칙을 준수하지 않는 프로그래밍으로 발생한다. 이는 여러 개가 섞인 코딩으로 겉으로 보기에는 작은 오류 같지만 이로 인해 야간 근무가 증가하게 되는, 악성 프로그래밍 용어이다. 일반적으로 스파게티 코드는 여러 개발자가 수개월 또는 수년에 걸쳐 프로젝트에서 작업하고 기존 프로그래밍 구조에다가 코드 및 소프트웨어 범위를 계속적으로 추가 및 변경할 때 발생한다. 이것은 일반적으로 프로그래밍 구문보다 GOTO 문을 선호하는 다소 계획되지 않은 복잡한 코딩 구조를 증가시켜 이로 인해 장기적으로 유지 보수가 어려운 프로그램을 만들게 된다. 스파게티 코드는 개발자와 IT 관리자에게 성가신 것으로 간주되며 리소스를 관리해야 하는 엔터프라이즈 비즈니스라면 절대로 피해야 한다.

—— ⌂참조 IT Ops for security and efficiency - BMC Software

074 정답: 1번

빅 오(Big O) 표기법은 프로그램의 알고리즘에 대한 시간 복잡도를 표현하는 방법이다. 정렬과 탐색 등의 기본적인 알고리즘부터 그래프, 재귀 호출 등의 복잡한 알고리즘까지 시간 복잡도로 성능을 표현한다. 입력되는 데이터의 크기가 증가함에 따라 소요 시간이 어떻게 증가하는지를 X, Y축으로 된 그래프로 표현한다. 일반적으로 성능이 좋은 순서대로 표현하면 $O(1) > O(\log n) > O(n) > O(n \log n) > O(n^2) > O(2^n) > O(n^n)$ 으로 표기할 수 있다.

075 정답: 3번

베어메탈 서버는 단일 고객이 사용하고 여러 소비자 간에 공유되지 않는 하나의 테넌트를 호스팅하는 컴퓨터 서버, 즉 단일 테넌트 서버이다. 베어메탈 서버, 스위치는 다양한 유형의 클라우드 서비스(즉, IaaS, SaaS, PaaS, FaaS 등) 및 고성능 컴퓨팅(HPC) 클러스터에서 기본 IT 인프라로 사용된다.

일반적인 퍼블릭 클라우드에는 각 데이터센터에 수

천 개의 베어메탈 서버와 수백 개의 베어메탈 스위치가 있을 수 있다. BMaaS(Bare-metal as a Service)라고도 불리는 Under-cloud는 베어메탈 인프라를 쉽게 관리할 수 있는 클라우드 서비스 유형이다. BMaaS는 일반적으로 퍼블릭 클라우드 및 HPC 클러스터의 화면 뒤에서 프라이빗 클라우드로 배포된다. BMaaS는 퍼블릭 클라우드 서비스 및 HPC 클러스터에서 워크플로를 자동화하는 API를 제공한다. IaaS 클라우드는 가상 머신(VM) 및 가상 스위치(vSwitch)를 처리하는 반면 BMaaS는 베어메탈 서버 및 베어메탈 스위치를 처리한다.

최근에는 BMaaS도 공용 클라우드 서비스(예: Google, IBM, PacketComputing)로 제공된다. BMaaS를 퍼블릭 클라우드 서비스로 제공하는 것은 개인정보보호, 보안, 민첩성 및 전력/에너지 인식 관리와 관련하여 새로운 도전 과제를 제시한다. BMaaS의 주요 이점은 시스템 하드웨어에 직접 액세스할 수 있다는 것이다. 이는 애플리케이션이 클라우드 환경에서 실행되기 위해 시스템 성능 카운터에 액세스할 수 있음을 의미한다.

또한, BMaaS는 다음과 같은 기존 전용 서버의 모든 이점을 제공한다.

- 전용 리소스: 동일한 서버에서 호스팅 되는 다른 테넌트와 리소스를 놓고 경쟁할 필요가 없다.
- 우수한 성능 및 보안: 악의적인 테넌트와 서버를 공유할 가능성을 제거한다.

서버의 구성 및 소프트웨어 설치를 제어할 수 있다(컴퓨터, 스토리지 및 네트워크 리소스의 온디맨드 프로비저닝).

076

정답: 4번

기업이나 조직이 보유한 물리적인 장비, 소프트웨어, 정보, 데이터 등의 모든 항목이란 '자산=Asset'을 의미한다. 이 자산에 대하여 금전적인 손실을 초래하거나 부정적인 영향을 유발할 수 있는 행위와 행위자를 '위협=Threat'라고 정의한다. 위협(Threat)은 기업과 조직의 자산에 존재하는 취약점(Vulnerability)을 이용하여 발생할 수도 있고 아닐 수도 있다.

077

정답: 1번

RFID(Radio-Frequency Identification)는 무선 주파수를 통해 물체나 사람을 식별하는 인식 시스템으로 바코드와 비슷한 역할을 수행한다. 바코드가 빛으로 제품을 인식하는 반면 RFID는 전파를 이용해 먼 거리에서도 태그를 인식한다는 차이점이 있다. RFID는 주파수를 이용하기 때문에 직접적인 접촉없이 먼 거리에서도 정보를 인식할 수 있고, 고속으로 움직이는 물체도 식별할 수 있다. 심지어 사이에 있는 물체를 투과해 데이터를 수신할 만큼 인식률이 뛰어나다. 하지만 다음과 같이 RFID와 연관된 보안 취약성이 존재한다.

(1) 국제적 규격이 정해지지 않았기 때문에 국가마다 주파수가 달라 호환성이 없다(표준화 필요).

(2) 무선 수신기를 가지고 있는 제3자에 의한 부당한 정보 획득이나 도청 등으로 개인정보의 노출 위험이 있다.

(3) 관리 대상이 되는 태그 및 노드의 수가 기존 네트워크에 비해 많고 이들로 구성되는 네트워크가 자율 분산 구조이기 때문에 취약점이 많다.

(4) 태그 정보 및 센서 노드의 위변조, 위장 리더, DoS 공격, 네트워크에서 개인 추적 정보 유출 등의 위협에 노출될 수 있다.

(5) 전파 교란으로 RFID 인식이 방해될 수 있다.

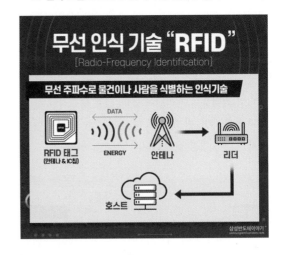

— ⌂ 출처 https://www.samsungsemiconstory.com/

078

일반적으로 테스트를 실행하고 난 후, 실행 값의 정의는 다음과 같다.

(1) Passed: 테스트가 실행되었으며 예상한 결과를 얻었다.

(2) Failed: 테스트가 실행되었으며 예상한 결과를 얻지 못했다. 이 경우 결함이 발생해야 한다.

(3) Not run: 테스트가 아직 실행되지 않았다.

(4) Blocked: 테스터가 통제할 수 없는 방지(차단) 상황으로 인해 테스트를 실행할 수 없다. 차단 상황은 테스트 옆에 주석으로 명시되어야 한다.

(5) Not Completed: 테스트를 시작했지만 완료되지 않았다. 이유는 테스트 옆에 주석으로 명시해야 한다.

(6) N/A: 테스트는 현재 테스트 주기에 적용할 수 없으며 예정되어 있지 않아야 한다. 이유는 테스트 옆에 주석으로 명시해야 한다.

선택지에서 2)번 Deferred의 의미는 테스트를 수행하였으며, 결함이 발생하여 해당 결함 값에 대한 정의이다. 결함 분류 프로세스에서 결함을 평가했으며 현재 릴리스에서는 해당 결함에 대한 해결이 필요하지 않지만 향후 해결이 필요할 수 있다고 판단되었음을 의미한다. 필요한 경우 적절한 해결 방법 또는 실행 계획이 문서화되고 변경 및 릴리스 구현 프로세스에 전달된다. 결함은 제품 백로그 프로세스로 전달되어 제품의 향후 생명 주기 중 언젠가 해결을 위해 고려되어야 한다.

079

스모크 테스트(Smoke Testing)는 소프트웨어의 중요한 기능이 제대로 작동하는지 확인하기 위해 소프트웨어 빌드 후 수행되는 소프트웨어 테스트 기술이다. 이 테스트는 기능 또는 회귀 테스트가 실행되기 전에 실행된다. 스모크 테스트의 주요 목적은 결함이 있는 소프트웨어 애플리케이션을 거부하여 QA팀이 손상된 소프트웨어 애플리케이션을 테스트하는 데 시간을 낭비하지 않도록 하는 것이다.

스모크 테스트에서 테스트 케이스는 시스템의 가장 중요한 기능이나 구성요소를 다루도록 선택되어야 한다. 목적은 철저한 테스트를 수행하는 것이 아니라 시스템의 중요한 기능이 제대로 작동하는지 확인하는 것이다. 예를 들어, 일반적인 스모크 테스트는 응용 프로그램이 성공적으로 시작되었는지 확인하고 GUI가 응답하는지 확인하는 것이다.

1)번의 합리성 테스트(Sanity Testing)는 코드 또는 기능이 약간 변경된 소프트웨어 빌드를 받은 후 버그가 수정되었고 이러한 변경으로 인해 추가 문제가 발생하지 않았는지 확인하기 위해 수행되는 일종의 소프트웨어 테스트이다. 목표는 제안된 기능이 대략 예상대로 작동하는지 확인하는 것이다. 합리성 테스트가 실패하면 더 엄격한 테스트와 관련된 시간과 비용을 절약하기 위해 빌드가 거부된다. 목적은 새로운 기능을 철저히 검증하는 것이 아니라 개발자가 소프트웨어를 생산하는 동안 어느 정도 합리성을 적용했는지 확인하는 것이다.

080

사용자 생명 주기 관리(User Lifecycle Management, UML)는 다음과 같이 5가지 프로세스로 정의내릴 수 있다.

- 사용자 온보딩(User Onboarding)
- 사용자 관리(User Management)
- 커뮤니케이션 관리(Communication Management)
- 광범위한 분석(Extensive Analytics)
- 효율적인 프로비저닝 해제(Efficient Deprovisioning)

081

IAM(Identity Access Management)과 PAM(Privileged Access Management)의 차이는 다음과 같다.

두 서비스 모두 사이버 보안 및 액세스 제어와 관련되어 있지만 IAM과 PAM은 서로 다른 대상에게 서비스를 제공한다. IAM 솔루션은 일반적으로 조직의 모든 구성원이 액세스한다. 각 사용자는 액세스하기로 선택한 장치에 관계없이 회사 인프라에 액세스할 때 식별된다.

PAM 솔루션은 주로 권한 있는 정보에 대한 더 높은 수준의 액세스가 필요한 사용자에게 서비스를 제공한다.

IAM은 각 사용자를 식별하고 다양한 애플리케이션 및 서비스에 대한 액세스를 허용하지만, PAM은 종종 관리 권한이 있는 시스템으로 제한되는 매우 민감한 시스템에 대한 액세스 및 사용자 작업을 관리한다. 이 차이는 또한, 각 시스템이 관리하는 위험 수준이 크게 다르다는 것을 의미한다. 기업은 일반적으로 승인되지 않은 사람이 기업 인프라의 어느 부분에도 액세스하는 것을 원하지 않는다. 그러나 단일 데이터 소스에 대한 액세스와 관련된 위험은 전체 데이터베이스 또는 중요한 비즈니스 시스템에 대한 액세스와 관련된 위협보다 훨씬 낮다. 따라서 액세스를 식별하고 승인하기 위해서 취하는 조치는 두 시스템 간에 다르다.

082 정답: 4번

충분한 회선용량과 DDoS 대응장비가 없어서 자체적으로 방어가 어렵다면, 전문 방어 서비스를 이용하는 프로세스를 수립하여 공격 발생 시 즉각 대응할 수 있도록 숙달한다.

(1) 사전 준비

웹 사이트 헬스체크 등의 모니터링 시스템을 구축하여 주기적으로 모니터링을 수행하고, 사이트의 이상 정보 탐지 시 DDoS 공격에 의한 현상인지 서버 자체 원인인지 파악한다.

(2) 공격 인지

웹 사이트 헬스 체크 등의 모니터링 시스템을 구축하여 주기적으로 모니터링을 수행하고, 사이트의 이상 정보 탐지 시 DDoS 공격에 의한 현상인지 서버 자체 원인인지 파악한다.

(3) 공격 정보 파악

DDoS 공격으로 판단될 경우 해당 공격의 정보(유형, 규모, 시간 등)를 파악해야 한다.

DDoS 공격 유형은 크게 앞서 말한 ① 대역폭 공격, ② 자원 소진 공격, ③ 웹/DB 부하 공격으로 나뉘며, 각각의 특성에 맞게 공격 정보를 신속히 파악하여 대응한다.

(4) 방어 서비스 적용

- DDoS 공격에 의한 서버 장애가 확실할 경우 '0단계'에서 구축한 방어 서비스 적용 프로세스를 수행하여 신속하게 대응할 수 있도록 조치해야 한다.

※ DDoS 공격이 빈번하거나 중요한 서비스일 경우에는 공격이 발생 이전 시점부터 방어 서비스를 적용하여 운영할 수도 있다.

(5) 서비스 모니터링

- DDoS 공격은 차단되었으나 이미 점유된 세션 혹은 서버 부하로 인해 서비스 복구가 느려 질 수 있다.
- 따라서 DDoS 공격을 차단한 이후 서비스 및 장비 모니터링을 통해 이미 유입된 공격에 의한 장비 상태를 확인하여 조치해야 한다.

(6) 사후 조치

- DDoS 공격이 종료된 후 공격을 받은 시스템을 다시 한번 점검하여 특이 사항이 없는지 확인해야 한다.
- 공격 대응 프로세스를 보완하여 추후 발생할 수 있는 DDoS 공격 피해를 대비해야 한다.

083 정답: 1번

재해 복구 시스템을 구축하기 전 반드시 재해 복구 계획(Disaster Recovery Plan, DRP)을 수립해야 한다. DRP의 활동 중에서 정의하는 재해 복구 KPI 목표 중에 가장 대표적인 것이 RTO와 RPO이다. RPO(Recovery Point Objective)는 재해가 복구될 때 재해 발생 전에 어느 지점의 업무/데이터까지 복구할 수 있느냐의 '복구 범위' 관점의 목표이다. RTO(Recovery Time Objective)는 재해에서 다시 온라인으로 복구되는

'복구 시간' 관점의 목표이다. 둘 다 높은 수준으로 목표를 수립할 수록 구축/운영 비용이 증가하며 DRS 기술에 따라서 달성 여부가 결정된다.

084

정답: 4번

가용성이란 사용자가 요청하는 시스템의 서비스를 원하는 때에 원하는 만큼 원활하게 제공할 수 있는 능력이자 특성을 말한다. 가장 대표적인 가용성 저하 공격에는 서비스 거부 공격(Denial of Service, DoS)이 있으며 이를 방어하기 위한 다양한 기술이 있다. 가용성은 보안, 서버, 스토리지, 데이터베이스, 전력 장치, 네트워크에 이르기까지 수직 및 수평적으로 고가용성 아키텍처를 구성해야 유지될 수 있다. 이를 HA(High Availability)라고 한다.

085

정답: 1번

ETL은 Extract(추출), Transform(변환), Load(적재)를 의미하며, 소스 시스템에서 데이터를 동시에 읽고(또는 추출), 쿼리 및 분석을 위해 데이터를 적절한 형식으로 변환(또는 전환)하고, 데이터 웨어하우스, 운영 데이터 저장소 또는 데이터 마트에 로드하는 데이터 웨어하우징 프로세스를 나타낸다.

ETL 시스템은 일반적으로 별도의 하드웨어에서 호스팅되고 다른 그룹이나 사용자가 관리하는 여러 애플리케이션 또는 시스템의 데이터를 통합시킨다. ETL은 일반적으로 임시 보고를 위해 데이터의 임시 하위 집합을 조합하거나, 데이터를 새 데이터베이스로 마이그레이션하거나, 데이터베이스를 새 형식 또는 유형으로 변환하는 데 사용된다.

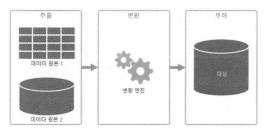

086

정답: 1번

강제적 접근 통제(Mandatory Access Control, MAC)는 다른 어떤 접근 통제보다 MAC가 가장 엄격하게 시행되는 제어 방법이다. 모든 액세스 제어 설정 및 구성은 관리자만 액세스할 수 있다. 즉, 그들의 허락 없이는 아무것도 변경할 수 없다.

무엇보다도 단순성으로 인해 강력한 액세스 제어 기술 중 하나이다. 마찬가지로 모든 변경 사항이 세분화된 수준에서 발생해야 하므로 가장 융통성 없는 방법이기도 하다. MAC 시스템은 종종 SME 또는 높은 보안 수준이 필요한 대기업 내의 특정 정보 사일로에서 사용된다. 기능과 유용성의 절충안을 찾고 있다면 RBAC가 더 적합할 수 있다.

지정된 시스템 관리자가 MAC 거버넌스를 정의한다. 여기에는 각 사용자에게 필요한 특정 역할과 권한이 포함된다. OS 또는 조직의 보안 커널 계층은 MAC가 작동하는 곳이다. 사실상 이는 할당된 액세스가 최종 사용자가 변경할 수 없음을 의미한다. 이를 위해서는 사용자는 보안 레이블이 부여된 데이터에만 액세스할 수 있다는 의미이다. 예를 들어 회사에 100명의 사용자가 있는 경우 MAC를 사용하려면 시스템에서 100개의 다른 역할과 권한을 구성해야 한다.

087

정답: 3번

많은 사람들에게 범죄에는 항상 정당한 이유가 있다. 스파이라고도 불리는 인간 정보 요원은 MICE(Money, Ideology, Coercion and Ego)라는 약어를 사용하여 자신의 국가를 감시하기 위해 모집한 사람들을 식별한다. 이 용어는 조작에 취약한 사람들에게 적용된다. 일반적으로 사람들은 다음과 같은 이유로 일방적으로 기업에 피해를 입히고 악의적인 내부자가 되는 것을 선택한다.

- 돈(Money)은 재정적 이익을 위한 필요 또는 욕망이다. 직원들은 돈이 절실히 필요하거나 자신이 버는 것보다 더 많은 돈을 원할 수 있다. 그들은 기업이 그들에게 충분한 비용을 지불하지 않고 있다고 합리화하여

생각하고 있다.

- 이념(Ideology)이란 직원이 기업을 배신하는 정치적 또는 윤리적 이유를 말한다. 어떤 사람들은 환멸을 느끼고 있으며 일부는 부패한 관행을 발견하면 스스로 내부 고발자가 된다. 어떤 경우에는 해외 정보 작전에 관련된 사람들이 자신의 노력이 실제로 국가를 지원하는 것이 아니라 작전을 실행하는 약탈적인 개인의 목표를 촉진하고 있음을 깨달을 수 있다. 그들의 환멸은 다른 나라를 지원하려는 의지로 바뀔 수 있다.

- 강제(Coercion)는 본질적으로 협박이다. 당혹감이나 기타 해를 입힐 수 있는 상황으로 인해 사람이 위태로워질 수 있다. 예를 들어, 누군가가 스파이에게 해로운 정보를 제공하면 스파이는 "당신이 계속 정보를 제공하지 않으면 과거에 나에게 정보를 주었다는 사실을 폭로할 것이다."라고 말함으로써 해당 정보를 위협으로 계속적으로 사용할 수 있다. 노출을 피하려는 대상에게 이것은 돌아올 수 없는 지점이 된다.

- 자아(Ego)는 부당한 대우를 받아 악의적인 내부자가 되는 사람을 의미한다. 개인은 승진을 하지 못하거나 충분한 존경을 받지 못해서 속상할 수 있다. 그 사람은 발전에 방해를 받을 수 있다. 잠재적인 경미한 사항은 기업에 해를 끼치는 행위를 정당화시킬 수 있다. 이들은 별개의 범주이지만 동기는 일반적으로 더 복잡하다. 어떤 형태의 비윤리적 행위를 저지르는 사람은 누구나 이념적 이유를 주장할 것이다.

088
정답: 3번

애자일(Agile)은 다음 영역에서 IT 감사 업무가 보다 성공적으로 진행되도록 보장한다.

- 엔드 투 엔드 계획 감소(Reduced end-to-end planning): 애자일은 압축된 스프린트 주기와 소규모의 반복적인 접근 방식으로 인해 몇 개월에 걸쳐 감사 계약을 계획하는 대신 계획 프로세스를 몇 주 또는 며칠로 단축시킨다.

- 간소화된 감사 업무(Streamlined audit engagements): 계획, 현장 작업 및 보고 단계를 하나의 응집력 있는 업무로 결합하여 리드 타임이 긴 이질적인 업무 단계의 실행을 방지한다.

- 직접적인 고객 협업(Direct customer collaboration): 감사 참여 스프린트가 시작될 때 애자일 스크럼, 즉 일일 스탠드업 미팅에 고객이 참여하면서 테이블에 앉을

수 있다. 이러한 참여는 모든 당사자에게 유효하고 매우 유익한 감사 결과에 대한 참여를 안내하는 데 있어 그들의 입력을 더욱 용이하게 한다.

- 유연한 감사 범위(Flexible audit scope): 새로운 정보가 감사자에게 제공되거나 감사자가 발견하면 애자일은 실시간 감사 범위 조정을 용이하게 한다. 감사인은 잠재적인 범위 조정이 발견됨에 따라 계속해서 감사 관리 승인을 받아야 하며 감사 고객이 새로운 정보를 발견하거나 제공할 때 테스트 초점을 조정할 준비해야 한다.

- 실시간 보증(Real-time assurance): 직접 고객과의 협업은 감사 계약이 끝날 무렵 감사보고서 초안을 받는 것이 아니라 감사자가 발견한 감사 결과 또는 통제 약점에 대해 고객에게 통보하는 것을 의미한다. 감사인은 테스트를 통해 발견한 잠재적인 발견 사항에 대해 고객에게 감사 업데이트를 제공하거나 약점을 통제해야 한다.

- 빈번한 감사 계획 업데이트(Frequent audit plan updates): 애자일 IT 감사에 의해 생성된 업무의 증가된 속도는 감사 백로그 및 연간 계획을 더 자주 재검토하고 수정할 수 있는 기회를 제공한다. 매년 검토되는 감사 계획과 달리 애자일 감사 계획은 감사 업무 수행에 대한 애자일 반복적 접근 방식으로 인해 분기마다 (또는 경우에 따라 더 자주) 검토된다.

089
정답: 2번

클라우드 컴퓨팅 기술은 자동화, 역할 확장 및 액세스를 기반으로 빠른 변화를 지원한다. 클라우드 공급자는 거의 매일 향상되고 확장되는 고유한 기능을 가지고 있기 때문에 여러 클라우드 공급자를 사용하면 복잡성이 증가할 수밖에 없다. 이러한 역동적인 환경에는 많은 회사가 아직 익숙하지 않은 상태인 변화 제어 및 개선을 위한 민첩하고 능동적인 접근 방식이 필요하다.

부적절한 변경 관리에 대한 위험을 완화하기 위한 통제의 순서는 다음과 같다.

(1) 효과적인 자원 관리(Effective resource management): 리소스 관리 프로세스의 주요 목표와 메트릭을 모니터링한다. 개선을 위해 편차 또는 문제를 식별, 추적 및 보고하는 방법을 결정한다.

(2) 원하는 비전을 전달(Communicate desired vision): 영향을 받는 사람들의 변화에 대해 원하는 비전을 전달한다. 의사소통은 고위 경영진이 수행해야 하며 변경에 대한 근거와 이점을 포함해야 한다. 변경하지 않았을 때의 영향 비전, 로드맵 및 다양한 이해관계자의 참여가 필요하다.

(3) 변경 요청을 평가하고 우선순위를 지정하고 승인(Evaluate, prioritize and authorize change requests): 모든 변경 요청을 평가하여 비즈니스 프로세스 및 I&T 서비스에 대한 영향을 결정하고 변경이 운영 환경에 부정적인 영향을 미치고 수용할 수 없는 위험을 초래하는지의 여부를 평가한다. 변경 사항이 기록되고, 우선순위가 지정되고, 분류되고, 평가되고, 승인되고, 계획되고 일정이 잡혀야 한다.

(4) 서비스 요청을 확인, 승인 및 이행(Verify, approve and fulfill service requests): 적절한 요청 절차를 선택하고 서비스 요청이 정의된 요청 기준을 충족하는지 확인한다. 필요한 경우 승인을 받고 요청을 이행한다.

(5) 사고를 조사, 진단 및 할당(Investigate, diagnose and allocate incidents): 사고 증상을 식별 및 기록하고 가능한 원인을 파악하고, 해결을 위해 할당한다.

(6) 문제를 조사하고 진단(Investigate and diagnose problems): 관련 주제 전문가를 사용하여 문제를 조사하고 진단하여 근본 원인을 평가하고 분석한다.

090

정답: 3번

제3자 위험은 생태계 또는 공급망의 외부 당사자가 조직에 가져오는 모든 위험이다. 이러한 당사자에는 내부 회사 또는 고객 데이터, 시스템, 프로세스 또는 기타 권한 있는 정보에 액세스할 수 있는 공급업체, 파트너, 계약 업체 또는 서비스 제공 업체가 포함될 수 있다.

조직이 강력한 사이버 보안 조치를 취하고 확실한 개선 계획을 가지고 있을 수 있지만 타사 공급업체와 같은 외부 당사자는 동일한 표준을 유지하지 않을 수 있다. 이러한 제3자 관계는 잠재적 위협이 가장 정교한 보안 시스템을 공격할 수 있는 더 쉬운 방법을 제공함으로써 취약성을 증가시킬 수 있다.

대부분의 조직이 일상적인 운영의 최소한 일부 측면을 처리하기 위해 아웃소싱에 의존하기 때문에 제3자 위험을 염두에 두어야 한다. 이는 제3자 관계에서 발생하는 보안 침해가 증가하고 있다는 점을 고려할 때 특히 그렇다. 최근 연구에 따르면 위반이 발생하면 타사 공급업체의 거의 3분의 1이 중대한 위험으로 간주될 수 있다.

또 다른 연구에 따르면 2020년에 조사 대상 조직의 80%가 제3자로부터 데이터 유출을 경험한 것으로 나타났다. 궁극적으로 조직의 이사회와 고위 경영진은 제3자 관계를 관리할 책임이 있다. 관련 위험의 식별 및 제어는 조직 내에서 처리된 활동과 동일한 표준으로 유지되어야 한다.

공급업체 생명 주기 동안 제3자 관계에서 발생하는 수많은 위험에도 불구하고 많은 조직은 여전히 내부 위험만큼 제3자 위험을 부지런히 관리하지 않는다. 이러한 위험을 관리하지 못하면 조직이 규제 조치, 재정 조치, 소송, 평판 손상에 노출될 수 있으며 신규 고객을 확보하거나 기존 고객에게 서비스를 제공하는 조직의 능력이 손상될 수 있다(예산 초과, 품질 문제, 기능 누락, 배송 지연의 조합 등).

091

정답: 4번

익스트림 프로그래밍(Extreme Programming, XP)은 프로그램 개발에 대한 실용적인 접근 방식으로, 비즈니스 결과를 먼저 강조하고 지속적인 테스트 및 수정을 사용하여 제품을 구축하기 위해 점진적이고 시작하는 접근 방식을 취한다. 애자일 방법론 중의 하나로, 비즈니스 상의 요구가 시시각각 변동이 심한 소규모 프로젝트에 적합하다. 일반적인 XP의 특징은 다음과 같다.

(1) 짧은 개발 주기 반복

(2) 프로토타입이 일찍 자주 만들어진다.

(3) 개발 계획이 프로젝트 진행 동안 계속 변화된다.

⌂출처 https://youtu.be/gy1c4_YixCo

092

스토리 카드(Story Card)는 익스트림 프로그래밍(Extreme Programming, XP)에서 요구 사항을 수집하는 데 사용할 수 있는 소프트웨어 개발 아티팩트 중 하나이다. 스토리 카드에 명시된 활동과 규칙을 기반으로 개발자가 시스템을 번역하고 개발하는 데 도움을 줄 수 있다.

그러나 기존 XP 스토리 카드는 프레임워크 또는 템플릿이 잘 정의되지 않고 두세 문장의 요구 사항만 지원한다. 또한, 시스템 기능이 아닌 정보를 명시하지 않는다. 이로 인해 충돌, 누락 및 모호한 요구 사항이 발생할 수 있다. 이러한 문제를 극복하기 위해 머신러닝은 요구 사항 목록에서 콘텐츠를 추출하고 요구 사항의 우선순위와 규칙에 따라 스토리 카드를 생성하는 데 사용할 수 있는 기술 중 하나이다.

093

문제에서 설명하는 테스트 기법은 분류 트리 테스팅(Classification Tree Method/Testing, CTM/CTT)이다. 이 테스트 기법으로 테스트 케이스를 설계하면 마치 나무 모양의 구조가 나온다고 하여 트리 테스팅이라는 이름이 붙여졌다.

입력값을 정량적으로 선정할 수 있는 경우 적용할 수 있으며, 모든 테스트 케이스를 수행할 수 없을 때 합리적인 대안으로 사용할 수 있다. 각 입력 항목의 경우의 수를 나열하고 가장 많은 경우의 수를 가진 항목 A를 기준으로 모든 값을 순환하여 각 세트를 테스트 케이스로 만드는 기법이다. 이 기법을 사용하면 아무리 많은 입력값 조합이 있더라도 항목 A의 개수만큼만 테스트할 수 있는 장점이 있다.

094

DTD(Document Type Definition)는 SGML(Standard Generalized Markup Language) 또는 SGML의 하위 집합인 XML(Extensible Markup Language)의 규칙을 따르는 정의 또는 일련의 명령문을 정의하고 제한하는 특정 문서이다.

DTD는 문서와 함께 제공되며 텍스트 문서의 경우 단락을 분리하고 주제 제목 등을 식별하는 재미있는 작은 코드(또는 마크업)와 각각이 처리되는 방법을 식별하는 사양이다. 문서와 함께 DTD를 우편으로 보내면 DTD 판독기(또는 SGML 컴파일러)가 있는 모든 위치에서 문서를 처리하고 의도한 대로 표시하거나 인쇄할 수 있다. 이는 단일 표준 SGML 컴파일러가 다양한 마크업 코드 및 관련 의미를 사용하는 다양한 종류의 문서를 제공할 수 있음을 의미한다.

컴파일러는 DTD를 확인한 다음 그에 따라 문서를 인쇄하거나 표시한다. 실제로 보고 있는 문서는 HTML이라는 특정 DTD로 코딩되어 있다. 이 경우 컴파일러 또는 문서 처리기는 HTML 태그로 인코딩된 텍스트 문서를 처리하도록 설계된 웹 브라우저이다. (HTML 및 기타 DTD도 처리할 수 있는 다른 프로그램을 개발할 수 있다.)

IBM과 많은 대기업 및 중소기업은 문서를 SGML로 변환하고 있으며 최근에는 각각 고유한 회사 문서 유형 정의 또는 정의 세트가 있는 XML로 변환하고 있다. 기업 인트라넷 및 엑스트라넷의 경우 HTML의 문서 유형 정의는 모든 사람이 문서 형식을 지정하고 보편적으로 읽을 수 있는 하나의 새로운 언어를 제공한다.

095

내구성 테스트라고도 하는 1)번의 침지 테스트(Soak Testing)는 시스템의 장기적인 지속 가능성을 테스트하기 위해 시간이 지남에 따라 최종 사용자의 꾸준한 증가를 시뮬레이션한다. 테스트 중에 테스트 엔지니어는 메모리 사용량과 같은 KPI를 모니터링하고 메모리 부족과 같은 오류를 확인한다. 또한, 침지 테스트는 지속 사용 후 처리량 및 응답 시간을 분석하여 이러한 메트릭이 테스트 시작 시 상태와 일치하는지 보여준다.

2)번의 확장성 테스트(Scalability Testing)는 성능 측정 속성을 확장하거나 축소하는 소프트웨어의 기능을

기반으로 성능을 측정한다. 예를 들어 사용자 요청 수를 기반으로 확장성 테스트를 수행할 수 있다.

3)번의 용량 테스트(Capacity Testing)는 사용자 수를 기준으로 트래픽 부하를 테스트하지만 양이 다르다는 점에서 스트레스 테스트와 유사하다. 용량 테스트는 소프트웨어 애플리케이션 또는 환경이 처리하도록 특별히 설계된 트래픽 양을 처리할 수 있는지 여부를 확인한다.

096
정답: 2번

바이트 코드 삽입(BCI) 도구인 ASM은 다목적 Java 바이트 코드 조작 및 분석 프레임워크이다. 기존 클래스를 수정하거나 이진 형식으로 직접 클래스를 동적으로 생성하는 데 사용할 수 있다. ASM은 복잡한 맞춤형 변환 및 코드 분석 도구를 구축할 수 있는 몇 가지 일반적인 바이트 코드 변환 및 분석 알고리즘을 제공한다. ASM은 다른 Java 바이트 코드 프레임워크와 비슷한 기능을 제공하지만 성능에 중점을 둔다. 가능한 한 작고 빠르게 설계 및 구현되었기 때문에 동적 시스템에서 사용하기에 매우 적합하다(물론 컴파일러와 같은 정적 방식으로도 사용할 수 있음).

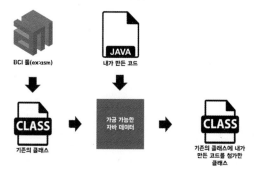

───── 🏠 출처   ASM(ow2.io)

097
정답: 1번

소프트웨어 유지 보수의 4가지 유형은 다음과 같다.

(1) 수정적 소프트웨어 유지 보수: 수정적 소프트웨어 유지 보수는 일반적이고 고전적인 유지 관리 형태이다(소프트웨어 및 해당 문제 관련 기타 모든 경우). 오류 등의 소프트웨어 문제가 있다면 수정적 소프트웨어 유지 보수가 필요하다. 일반적으로 이는 소프트웨어 기능에 광범위한 영향을 미칠 수 있으므로 가능한 한 빨리 해결해야 한다. 많은 경우, 소프트웨어 공급 기업은 사용자에게서 받는 오류 보고서로 수정적 유지 관리가 필요한 문제를 해결할 수 있다. 사용자가 오류를 발견하기 전에 기업이 먼저 인식하고 처리할 수 있다면, 더욱 평판 좋고 신뢰할 수 있는 기업으로 나타내는 부가적인 이점이 된다.

(2) 예방적 소프트웨어 유지 보수: 예방적 소프트웨어 유지 보수는 소프트웨어가 가능한 한 오랫동안 원하는 대로 작동할 수 있도록 미래를 들여다보는 것이다. 여기에는 필요한 변경 및 조정 작업과 업그레이드를 수행하는 것이 있다. 일정 시점에는 중요하지 않더라도 미래에는 더 큰 문제로 변할 수 있는 작은 문제를 예방적 소프트웨어 유지 보수로 해결할 수 있다. 이러한 오류를 잠재적 오류라고 하며, 실질적인 오류로 바뀌지 않도록 검출하고 수정해야 한다.

(3) 완전형 소프트웨어 유지 보수: 시장에 존재하는 모든 제품과 마찬가지로, 소프트웨어가 대중에게 출시되면 새로운 문제와 아이디어가 표면화된다. 사용자는 소프트웨어를 자신의 필요에 가장 적합한 도구로 만들려면 새로운 기능이나 요건이 필요하다고 생각할 수 있다. 완전형 소프트웨어 유지 보수는 필요에 따라 새로운 기능을 추가하고, 관련 없거나 효과적이지 않은 기능을 제거하여 소프트웨어를 변경하는 것을 목표로 한다. 시장과 사용자 요구의 변화에 따라 소프트웨어를 적절한 상태로 유지하는 프로세스이다.

(4) 적응형 소프트웨어 유지 보수: 적응형 소프트웨어 유지 보수는 소프트웨어 관련 정책과 규정뿐만 아니라 변화하는 기술과 관련이 있다. 여기에는 운영체제 변화와 클라우드 저장소, 하드웨어 등이 포함된다. 이러한 변화가 일어나면 소프트웨어가 새로운 요건을 적절하게 충족하고 계속 잘 실행되도록 이에 맞추어서 변경해야 한다.

───── 🏠 출처   https://cpl.thalesgroup.com/

098
정답: 3번

컴포지트 패턴(Composite pattern)은 단일 개체와 비슷한 방식으로 개체 그룹을 처리해야 하는 경우에 사용된다. 컴포지트 패턴은 전체 계층뿐만 아니라 부분을 나타내는 트리 구조의 관점에서 개체를 구성한다. 이러한 유형의 디자인 패턴은 이 패턴이 개체 그룹의 트리 구조를 생성하므로 구조적 패턴에 속한다.

이 패턴은 자체 개체 그룹을 포함하는 클래스를 만든다. 이 클래스는 동일한 개체 그룹을 수정하는 방법을 제공한다. 소프트웨어 엔지니어링에서 소프트웨어 디자인 패턴은 소프트웨어 디자인의 주어진 컨텍스트 내에서 일반적으로 발생하는 문제에 대한 일반적이고 재사용 가능한 솔루션이다. 이는 소스나 기계어로 직접 변환할 수 있는 완성된 디자인이 아니며 오히려 다양한 상황에서 사용할 수 있는 문제를 해결하는 방법에 대한 설명 또는 템플릿이다.

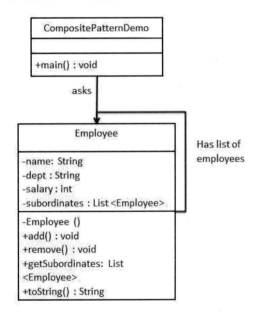

HIPO 모델은 프로그램의 제어 구조를 그래픽으로 나타내는 계층 구조 차트와 계층 구조 차트의 각 모듈에 대한 입력, 출력 및 기능을 설명하는 IPO 차트 세트로 구성된다. HIPO 기술을 사용하여 설계자는 프로그램의 설계를 평가 및 개선하고 구현 전에 결함을 수정할 수 있다. IPO 차트는 계층 차트의 각 모듈을 문서화하기 위해 준비된다.

개요 다이어그램은 모듈에 대한 입력, 모듈이 수행하는 프로세스 또는 작업, 모듈의 출력을 요약한 상위 수준 IPO 차트이다. 상세 다이어그램은 특정 입력 및 출력 데이터 요소 또는 데이터 구조가 특정 프로세스에 연결되는 방식을 보여주는 하위 수준 IPO 차트이다.

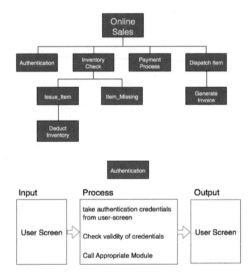

099

정답: 4번

HIPO 모델(계층적 입력 프로세스 출력 모델)은 1970년대의 시스템 분석 설계 지원 및 문서화 기법으로, 시스템의 모듈을 계층으로 표현하고 각 모듈을 문서화하는 데 사용된다. 일부 디자이너는 화살표와 시스템 순서도 기호를 제거하고 텍스트만 표시하여 IPO(입력-처리-출력) 차트를 단순화한다. Hierarchy plus IPO(HIPO) 기술은 컴퓨터 프로그램을 계획 및/또는 문서화하기 위한 도구이다.

100

정답: 4번

정보 기술 서비스 관리에서 최종 소프트웨어 라이브러리(Definitive Software Library, DSL)는 네트워크 파일 서버에 있는 물리적 미디어 또는 소프트웨어 저장소로 구성된 안전한 위치로, 모든 소프트웨어 구성 항목(CI)의 최종 승인 버전이 저장 및 보호된다.

DSL은 개발, 품질 보증 또는 생산 소프트웨어 저장 영역과 별개이다. 여기에는 제어되는 모든 소프트웨어의 마스터 사본과 구매한 소프트웨어의 최종 사본, 현장에서 개발하거나 외부 공급업체에서 구매한 소프트웨어에 대한 라이선스 정보가 포함된다. DSL에 저장된 모든 소프트웨어와 관련된 모든 관련 문서도 DSL에 저장된다. DSL은 개발, 테스트 또는 운영계 파일영역으로 분리되어 있어야 하며 각 기관에서 구입한 소프트웨어의 마스터 버전을 보관하는 저장소를 포함할 수 있다.

승인된 소프트웨어만이 DSL에 저장되어야 하며, 이를 위해 엄격한 변경 및 배포 관리의 통제를 받아야한다. ITIL 버전 3이 발표된 후 Definitive Software Library는 Definitive Media Library로 이름이 바뀌었다.

101 정답: 4번

가치 기반 경영(Value Based Management, VBM)은 경영진이 사업 활동에서 주주의 이익을 최우선으로 고려해야 한다는 경영 철학이다. 가치 기반 관리는 회사의 전반적인 열망, 분석 기술 및 관리 절차 가치의 핵심 동인을 제공한다.

이 프레임워크는 가치를 생성, 관리 및 측정하는 프로세스를 포함한다. VBM은 이익 중심의 비즈니스 관리 방식과 다르다는 점에 주목하는 것이 중요하다. 특히, VBM은 오늘날 내리는 결정이 단순히 단기 이익에 의해 결정되는 것이 아님을 의미한다. 대신 결정이 조직의 지속 가능성과 수익성에 미칠 장기적인 영향을 고려하며, 미래 현금 흐름에 반영된다.

VBM은 회사 내 사람들에게 소유자처럼 생각하고 궁극적으로 소유자에게 이익이 되는 결정을 내리도록 요청한다. 관리자와 경영진은 가치를 창출할 투자 및

성장 기회를 지속적으로 찾고 회사의 자본을 장기적이고 지속 가능한 성공을 보장하는 방식으로 사용해야한다. COVID-19의 사회적, 경제적 영향으로 인해 기업은 효율성을 유지하려면 운영 방식을 완전히 재창조해야 한다.

VBM 접근 방식은 의사결정을 안내하고 조직이 민첩하게 비즈니스를 유지하는 데 필요한 결과를 생성할수 있도록 자본 할당 및 거버넌스 구조를 정의하는 데유용하다. VBM 접근 방식은 조직이 장기적인 성공을위한 경로를 설정하는 데 도움이 된다.

102 정답: 2번

정보 기술 보안 관리를 위한 국제표준 지침인 ISO/IEC 13335-1에서는 위험 분석 전략을 크게 4가지로 나눈다.

(1) 기준선 접근법(Baseline approach): 모든 시스템에 대하여 표준화된 보호 대책의 세트를 체크리스트 형태로 제공한다. 이 체크리스트에 있는 보호 대책이 현재 구현되어 있는지를 조사하여, 구현되지 않은 보호 대책을 식별한다. 이러한 방식은 분석의 비용과 시간이 대단히 절약된다는 장점은 있으나, 과보호 또는 부족한 보호가 될 가능성이 있다. 즉, 그 조직에 적합한 체크리스트가 없다면 위험 분석을 하지 않는 것과 비슷한 상태가 된다. 또한, 이런 방식은 조직의 자산 변동이나 새로운 위협/취약성의 발생 또는 위협 발생률의 변화등 보안 환경의 변화를 적절하게 반영하지 못한다는 점이 있다.

(2) 비정형 접근법(Informal approach): 구조적인 방법론에 기반하지 않고, 경험자의 지식을 사용하여 위험 분석을 수행하는 것이다. 이 방식은 다음에 설명할 상세 위

(101번 해설 그림)

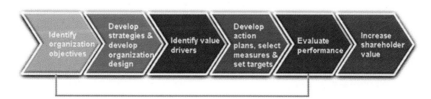

험 분석보다 빠르고 비용이 덜 든다. 특정 위험 분석 방법론과 기법을 선정하여 수행하지 않고 수행자의 경험에 따라 중요 위험 중심으로 분석한다. 이러한 방식은 작은 규모의 조직에는 적합할 수 있으나 새로이 나타나거나 수행자의 경험 분야가 적은 위험 영역을 놓칠 가능성이 있다. 논리적이고 검증된 방법론이 아닌, 검토자의 개인적 경험에 지나치게 의존하므로 사업 분야 및 보안에 전문성이 높은 인력이 참여하여 수행하지 않으면 실패할 위험이 있다.

(3) 상세 위험 분석(Detailed risk analysis): 자산 분석, 위협 분석, 취약성 분석의 각 단계를 수행하여 위험을 평가하는 것이다. 방법론에 따라서는 취약성 분석과 별도로 설치된 정보보호 대책에 대한 분석을 수행하기도 한다. 이러한 방식은 조직의 자산 및 보안 요구 사항을 구체적으로 분석하여 가장 적절한 대책을 수립할 수 있으며, 자산, 위협, 취약성의 목록이 작성, 검토되었으므로 이후 변경이 발생하였을 때 해당 변경에 관련된 사항만을 추가, 조정, 삭제함으로써 보안 환경의 변화에 적절히 대처할 수 있다. 그러나 이런 방식은 분석에 시간과 노력이 많이 소요되며 채택한 위험 분석 방법론을 잘 이해해야 하므로 비정형 접근법과 마찬가지로 고급의 인적 자원이 필요하다.

(4) 복합 접근법(Combined approach): 고위험(High risk) 영역을 식별하여 상세 위험 분석을 수행하고, 그 외의 다른 영역은 기준선 접근법을 사용하는 방식이다. 이 방식은 비용과 자원을 효과적으로 사용할 수 있으며, 고위험 영역을 빠르게 식별하고 적절하게 처리할 수 있다는 장점이 있어 많이 사용된다. 그러나 고위험 영역을 잘못 식별하였을 경우 위험 분석 비용이 낭비되거나 부적절하게 대응될 수 있다.

—— 🏠 출처 KISA

103　　정답: 1번

스프링 프레임워크를 사용하려면 많은 XML 설정 파일(web.xml, rootContext.xml, ServletContext.xml 등)을 작성해야 하고, 설정 방법을 모두 외우지 못했다면 기존에 사용했던 설정을 복사하여 붙여 넣거나, 개발자가 일일이 인터넷 검색을 통해서 설정해야 했다. 하지만 스프링 부트를 사용하면 복잡한 설정 없이 쉽고 빠르게 스프링 프레임워크를 사용할 수 있다. 다음은 스프링 부트를 사용할 때의 장점이다.

(1) 라이브러리 관리의 자동화: 스프링 부트의 Starter 라이브러리를 등록해서 라이브러리의 의존성을 간단하게 관리할 수 있다.

(2) 라이브러리 버전 자동 관리: 기존에는 스프링 라이브러리의 버전을 하나하나 직접 입력해야 했지만, 스프링 부트는 pom.xml에 스프링 부트 버전을 입력하면 스프링 라이브러리뿐만 아니라 서드파티 라이브러리들도 호환되는 버전으로 알아서 다운로드한다.

(3) 설정의 자동화: 스프링 부트는 @EnableAutoConfiguration 어노테이션을 선언해서 스프링에서 자주 사용했던 설정들을 알아서 등록한다.

(4) 내장 Tomcat: 스프링 부트는 Tomcat을 내장하고 있기 때문에 @SpringBootApplication 어노테이션이 선언되어있는 클래스의 main() 메서드를 실행하는 것만으로 서버를 구동시킬 수 있다. 내장 톰캣을 사용하려면 특별한 설정없이 Web Starter 의존성만 추가하면 된다.

(5) 독립적으로 실행 가능한 JAR: 웹 프로젝트라면 WAR 파일로 패키징해야 하지만 스프링 부트는 내장 톰캣을 지원하기 때문에 JAR 파일로 패키징해서 웹 애플리케이션을 실행시킬 수 있다.

104　　정답: 1번

소프트웨어 자산 관리(Software Asset Management, SAM)는 조직 내에서 소프트웨어 응용 프로그램의 구매, 배포, 유지 관리, 활용 및 폐기를 관리하고 최적화하는 것과 관련된 비즈니스 관행이다. ITIL에 따르면 SAM은 '생명 주기의 모든 단계에서 소프트웨어 자산을 효과적으로 관리, 제어 및 보호하는 데 필요한 모든 인프라 및 프로세스'로 정의된다.

정보 기술 비즈니스 전략에서 SAM의 목표는 정보 기술(IT) 비용을 줄이고 소프트웨어 소유권 및 사용과 관련된 비즈니스 및 법적 위험을 제한하는 동시에 IT 응답성과 최종 사용자 생산성을 극대화하는 것이다. SAM은 라이선스 재배포 및 소프트웨어 소유권 및 만료와 관련된 법적 위험 관리와 관련하여 대기업에 특히 중요하다.

SAM 기술은 라이선스 만료를 추적하므로 회사가 윤리적으로 그리고 소프트웨어 준수 규정 내에서 기능할 수 있다. 이는 라이선스 계약 위반과 관련된 법적 비용을 제거하고 회사 평판 관리 전략의 일부로 중요할 수 있다. 두 가지 모두 중요한 형태의 위험 관리이며 대기업의 장기 비즈니스 전략에 중요하다. SAM은 조직의 컴퓨터와 네트워크를 구성하는 소프트웨어와 하드웨어를 모두 감독하는 것을 포함하는 IT 자산 관리로 알려진 광범위한 비즈니스 분야의 한 측면이다.

105 정답: 1번

컴퓨터 통합 생산(Computer Integrated Manufacturing, CIM)은 전체 생산 공정에 컴퓨터를 활용하는 것이다. 이러한 통합은 공정 간의 정보 교환과 상호작용을 가능하게 한다. 컴퓨터 통합으로 인해 생산은 더욱 빨라지고 오류는 적게 발생하며 자동화된 생산 공정을 구축할 능력을 가지게 되었다.

일반적으로 CIM은 실시간 센서 신호 입력에 기반한 폐회로 제어 공정이고 유연한 설계와 생산으로도 알려져 있다. 유연한 제조 시스템은 산업용 로봇, CNC 기계, 컴퓨터 및 센서 모니터링 시스템과 같은 모든 공장 장치가 FMS 통신 네트워크를 통해 효율적이고 자동화된 통합 관리로 통신할 수 있도록 하는 CIM의 일부이다.

106 정답: 2번

개념 증명(Proof of Concept, PoC)은 기존 시장에 없었던 신기술을 도입하기 전에 이를 검증하기 위해 사용하는 것을 뜻한다. 특정 방식이나 아이디어를 실현하여 타당성을 증명하는 것을 뜻한다. 본어로 '개념 실증'이라고도 불리는 PoC는 새로운 프로젝트가 실제로 실현 가능성이 있는가, 효과와 효용, 기술적인 관점에서부터 검증을 하는 과정을 의미한다.

PoC란 IT 세계에서만 한정된 용어가 아닌, 예를 들면 의료 업계에 있어서 신약의 유효성을 검증하거나, 영화 업계에서 스토리가 CG로 재연 가능한 것을 검증하는 것을 의미의 용어로도 사용된다. PoC는 전례 없던 시책이나 평가가 아직 정해지지 않은 신기술을 활

용할 경우 많은 불확실성이 높아지는 경향이 존재한다. 이는 많은 자금을 쏟아 부으며 본격적으로 실시한 프로젝트가 예상외의 좋은 결과를 얻지 못하면 손실도 보다 크게 될 것이므로 그러한 오산을 회피하기 위해서, 투자금 판단의 재료로 PoC가 매우 중요하게 되었다.

107 정답: 3번

ID 및 액세스 관리(Identity Access Management, IAM)는 디지털 ID를 소유한 사용자와 엔티티에게 네트워크, 데이터베이스 등의 기업 리소스에 액세스할 수 있는 적절한 수준의 권한을 제공하는 방식이다. IAM 시스템을 통해 사용자 역할 및 액세스 권한을 정의하고 관리할 수 있다. IT 관리자는 IAM 솔루션을 통해 사용자의 디지털 ID와 관련 액세스 권한을 효율적이며 안전하게 관리할 수 있다. 즉, 관리자는 IAM 기능을 활용하여 사용자 역할을 설정/수정하고, 사용자 활동을 추적/보고할 수 있으며 기업/규제 준수 정책을 적용해 데이터 보안과 프라이버시를 보호할 수 있다.

IAM 솔루션에는 NAC(Network Access Control) 솔루션을 비롯한 여러 프로세스와 도구 집합이 포함될 수 있다. IT 관리자는 NAC 솔루션을 사용하여 정책 생명 주기 관리, 게스트 네트워킹 액세스, 보안 태세 확인 등의 기능을 통해 네트워크 액세스를 제어한다. IAM 솔루션은 클라우드 서비스로 제공할 수도 있고 온프레미스에 구축할 수도 있다. 그리고 온프레미스와 클라우드 둘 다에서 실행되는 하이브리드 솔루션일 수도 있다. 대다수 기업은 더 쉽게 구현/업데이트/관리할 수 있는 IAM용 클라우드 기반 애플리케이션을 선택하고 있다.

108 정답: 4번

핵심 리스크 지표(Key Risk Indicator, KRI)는 회사의 리스크 특성을 객관적으로 수치화 하고 이를 통해 리스크의 변화량을 관찰하며 손실사건 징후를 조기에

포착 예방하기위한 지표를 말한다. KRI는 위험을 모니터링하고 통제하는 데 도움이 된다. 위험 식별을 포함하여 다양한 운영 위험 관리 활동, 위험 및 통제 평가, 위험 선호, 위험 관리 및 거버넌스 프레임워크의 구현 등이 프로세스에 연결된다. 다음 그림을 보고 KRI를 수행하는 올바른 순서를 확인하길 바란다.

109
정답: 4번

ISCM(Information Security Continuous Monitoring) 프로그램은 구현된 보안 제어를 통해 부분적으로 쉽게 사용할 수 있는 정보를 활용하여 미리 설정된 메트릭에 따라 정보를 수집하도록 설정된다. 조직 관계자는 각 조직 계층에 적절하게 위험을 관리하기 위해 필요한 만큼 정기적으로 데이터를 수집하고 분석한다.

이 프로세스에는 거버넌스 및 전략적 비전을 제공하는 고위 리더부터 개발하는 개인에 이르기까지 전체 조직이 포함된다. 조직의 핵심 임무와 비즈니스 프로세스를 지원하기 위해 개별 시스템을 구현하고 운영한다. 그 후 완화 활동을 수행할지 또는 위험을 거부, 이전 또는 수용할지에 대해 조직적 관점에서 결정이 내려진다.

조직의 보안 아키텍처, 운영 보안 기능 및 모니터링 프로세스는 시간이 지남에 따라 개선되고 성숙하여 동적 위협 및 취약성 환경에 더 잘 대응할 것이다. 조직의 ISCM 전략 및 프로그램은 관련성을 정기적으로 검토하고 자산에 대한 가시성과 취약성에 대한 인식을 높이기 위해 필요에 따라 수정한다. 이를 통해 조직의 정보 인프라 보안을 데이터 기반으로 제어하고 조직의

탄력성을 높일 수 있다. 조직 전체의 모니터링은 수동 프로세스나 자동화 프로세스만으로는 효율적으로 달성할 수 없다. 수동 프로세스가 사용되는 경우 프로세스는 반복 가능하고 검증 가능하여 일관된 구현을 가능하게 한다. 자동화된 지원 도구(예: 취약성 검색 도구, 네트워크 검색 장치)의 사용을 포함한 자동화된 프로세스는 지속적인 모니터링 프로세스를 보다 비용 효율적이고 일관되고 효율적으로 만들 수 있다.

조직은 ISCM을 설정, 구현 및 유지 관리하기 위해 다음 단계를 수행한다.

(1) ISCM 전략 정의(Define an ISCM strategy)

(2) ISCM 프로그램 수립(Establish an ISCM program)

(3) ISCM 프로그램 구현(Implement an ISCM program)

(4) 데이터 분석 및 결과 보고(Analyze data and Report findings)

(5) 결과 응답(Respond to findings)

(6) 모니터링 프로그램 및 전략 검토 및 업데이트(Review and Update the ISCM strategy and program)

강력한 ISCM 프로그램을 통해 조직은 규정 준수 기반 위험 관리에서 데이터 기반 위험 관리로 전환하여 위험 대응 결정, 보안 상태 정보 및 보안 제어 효율성에 대한 지속적인 통찰력을 지원하는 데 필요한 정보를 제공할 수 있다.

110
정답: 1번

하드웨어 결함 또는 장애가 발생한 경우에만 손실이 발생한다. 지원의 부족 자체가 손실을 유발하지는 않는다. 하드웨어에 장애가 발생하면 시스템에서 활성화된 비즈니스 프로세스 및 활동을 더 이상 사용할 수 없다.

- 생산성(Productivity): 종속 고객 프로세스에 영향을 미치는 비즈니스 프로세스가 중단되고 시스템 사용자가 더 이상 작업을 완료할 수 없으며 생산성이 이에 영향을 받는다.

- 대응 비용(Cost of Response): 비즈니스 프로세스 중단의 원인을 식별하고 검증하기 위해 근본 원인 조사를 완료해야 한다. 하드웨어 교체를 기다리는 동안 대체 비즈니스 프로세스를 개발해야 한다.

- 교체 비용(Replacement Cost): 교체 시스템을 식별하고 조달한 다음 구현하기 전에 이를 테스트해야 한다.
- 경쟁 우위(Competitive Advantage): 영향을 받는 시스템이 비즈니스가 경쟁 우위를 갖는 비즈니스 영역 또는 프로세스를 지원하는 시스템인 경우 사고를 올바르게 해결할 수 없을 때 시스템이 중단되거나 잠재적으로 완전히 손실될 수 있다.
- 평판(Reputation): 특정 비즈니스 프로세스의 중단은 광범위한 비즈니스 활동, 비즈니스 및 고객 프로세스를 방해하여 결과적으로 부정적인 평판에 영향을 미칠 수 있다.
- 벌금 및 판결(Fines and Judgements): 연장된 정전 기간이 있고 장애가 발생한 시스템이 중요한 비즈니스 및 규제 프로세스를 지원하지 않는 한 적용되지 않는다.

111

ISO(International Organization for Standardization) 및 IEC(International Electrotechnical Commission)는 소프트웨어 제품을 설명하기 위한 구조화된 메타데이터 형식을 정의하는 SWID(소프트웨어 식별) 태그에 대한 표준인 ISO/IEC 19770-2를 발행했다.

SWID(SoftWare Identification, 소프트웨어 식별) 태그 문서는 소프트웨어 제품을 식별하고, 제품 버전을 특성화하는 구조화된 데이터 요소 세트, 제품의 생산 및 배포에 역할을 한 조직 및 개인, 소프트웨어 제품을 구성하는 아티팩트에 대한 정보로 구성된다. 소프트웨어 제품 간의 관계 및 기타 설명 메타데이터, SWID 태그의 정보는 소프트웨어 배포 생명 주기 전반에 걸쳐 소프트웨어 설치 관리를 자동화하는 데 필요한 귀중한 정보를 소프트웨어 자산 관리 및 보안 도구에 제공한다.

SWID 태그는 소프트웨어 자산 관리(SAM) 프로세스의 일부로 소프트웨어 인벤토리 자동화, 컴퓨팅 장치에 있는 소프트웨어 취약성 평가, 누락된 패치 감지, 구성 체크리스트 평가 대상 지정, 소프트웨어 무결성 검사, 기타 보안 및 운영 사용 사례, 설치 및 실행 화이트리스트/블랙리스트를 지원한다.

SWID 태그는 이름, 에디션, 버전, 번들의 일부인지 여부 등 설치된 소프트웨어 애플리케이션에 대한 고유한 정보를 기록한다. 소프트웨어와 함께 설치되고 소프트웨어를 고유하게 식별하여 소프트웨어 인벤토리 및 자산 관리를 위한 데이터를 제공하는 XML 파일로써 SWID는 아직 널리 사용되지는 않았지만 채택이 증가함에 따라 유망한 미래가 있을 수 있다.

112

SCAP 표준은 XCCDF, OVAL, DataStream, ARF, CPE, CVE, CWE와 같은 구성요소로 구성된다. SCAP 표준 제품군은 여러 구성요소 표준으로 구성된다. 구성요소는 공통 목표와 함께 작동하도록 설계되었다. 각 구성요소에 대해 표준은 내부 데이터 구조의 구문 및 의미를 사용하여 문서 형식을 정의한다. 모든 구성요소 표준은 XML을 기반으로 하며 각 구성요소 표준은 자체 XML 네임스페이스를 정의한다. 동일한 구성요소 표준(언어)의 다른 버전은 다른 XML 네임스페이스로 구별될 수도 있다. SCAP에는 두 가지 주요 구성요소가 있다.

(1) SCAP 콘텐츠 모듈: NIST(National Institute of Standard and Technologies) 및 해당 업계 파트너가 개발 한 무료 콘텐츠이다. 이 콘텐츠 모듈은 NIST 및 SCAP 파트너가 동의한 안전한 구성으로 이루어져 있다. Federal Desktop Core Configuration은 일부 마이크로 소프트 윈도우 버전의 보안 강화 구성이다. 이 내용은 SCAP 검사 도구로 검사되는 시스템을 비교하기 위한 기준으로 사용된다.

(2) SCAP 스캐너: 대상 컴퓨터나 응용 프로그램의 구성 및 패치 수준을 SCAP 내용 기준선과 비교하는 도구이다. 이 도구는 편차를 기록하고 보고서를 작성한다. 일부 SCAP 스캐너는 대상 컴퓨터를 수정하여 표준 기준을 준수하도록 할 수 있다. 원하는 기능 세트에 따라 다양한 상용 및 오픈 소스 SCAP 스캐너를 사용할 수 있다. 일부 스캐너는 기업 수준의 스캔을 위한 것이고 다른 스캐너는 개별 PC 사용을 위한 것이다. NVD에서 SCAP 도구 목록을 찾을 수 있다. SCAP 제품의 예로 ThreatGuard, Tenable, Red Hat 및 IBM BigFix가 있다. SCAP에 따라 검증된 제품을 필요로 하는 소프트웨어 벤더는 NVLAP 공인 SCAP 검증 연구소에 연락할 수 있다.

113

정답: 2번

보안 자동화 및 지속적인 모니터링(Security Automa-tion and Continuous Monitoring, SACM)은 효과적인 자산 제어 및 효율적인 정보 전달을 제공하는 생명 주기 프로세스이다. 프로세스에는 리소스(인프라, 데이터), 기능(사람) 및 아티팩트(HW, SW, 문서) 관리가 포함된다.

2015년 9월 현재 SACM은 IETF 작업 그룹을 통해 제안된 표준으로 사양 문서가 초안 상태이다. ITIL 서비스 전환 매뉴얼에 따르면 SACM(서비스 자산 및 구성 관리)의 목적은 다음과 같다.

- 버전, 기준선, 구성 구성요소, 해당 속성 및 관계를 포함하여 서비스 자산 및 구성 항목을 식별, 제어, 기록, 보고, 감사 및 확인한다.
- 승인된 구성요소만 사용하고 승인된 변경만 수행하도록 하여 서비스 생명 주기 전반에 걸쳐 서비스 자산 및 구성 항목(해당되는 경우 고객의 항목)의 무결성을 설명, 관리 및 보호한다.
- 서비스 생명 주기 동안 서비스 자산 및 구성 항목(해당되는 경우 고객의 항목)의 무결성을 보호한다.
- 정확하고 완전한 CMS(구성 관리 시스템)를 구축 및 유지 관리하여 서비스 및 IT 인프라를 제어하는 데 필요한 자산 및 구성의 무결성을 보장한다.

114

정답: 2번

많은 데이터베이스 사용자는 참조 무결성 문제(Ref-erential Integrity Problems)로 인해 외래 키에 대한 오류가 발생한다. 외래 키는 더 이상 존재하지 않는 데이터를 가리키거나 외래 키의 데이터 형식이 기본 키 데이터 형식과 일치하지 않아 참조 무결성이 손상될 수 있다. 이는 외래 키가 기본 키의 모든 데이터를 참조하지 않는 경우에도 발생한다. 회사 이름, 부서 이름 및 주소의 기본 키로 구성된 판매(Sales)에 대한 상위 테이블이 존재하는 경우 고객(Customers)에 대한 하위 테이블은 하나 또는 둘 만이 아니라 상위 테이블의 모든 속성을 참조해야만 한다.

115

정답: 2번

소프트웨어 개발 방법론부터 아키텍처 설계, 코드 인스펙션, 디자인 패턴에 이르기까지 모듈화는 중요한 방향성이다. 적절한 수준으로 모듈화가 적용된 소프트웨어는 유지 보수성, 이식성, 재사용성, 개발 용이성이 우수하고 운영 비용을 절감시키는 데 도움을 준다. 예상치 못한 결함과 오류가 다른 프로그램으로 전파되는 정도를 줄여주는 효과도 있다.

모듈화를 고려할 때 나타내는 항목에는 크게 응집도와 결합도가 있다. 응집도는 각 모듈 내부에서 가진 독립적이고 공통된 기능의 정도를 의미하고 높을수록 좋다. 결합도는 여러 개의 모듈 간에 주고받는 연관성의 정도를 의미하고 낮을 수록 양호하다.

116

정답: 4번

동료 검토(Peer Review) 활동은 프로그램의 기능 요구 사항 만족도, 결함 예방, 버그 수정, 보안 취약점 점검 등을 위한 전반적인 완성도 재고 활동이다. 동료 검토는 참여자와 시기, 방식, 산출물, 목적에 따라서 다양한 형태로 존재하는데, 문제에서 설명하는 활동은 워크스루(Walkthrough)이다. 워크스루는 개발자들이 중심이 되어 실질적인 검토 활동을 수행하며 산출물과 보고는 간소화하는 편이다. 소스 코드의 점검과 완성도 재고, 결함 발견, 버그 수정뿐만 아니라 지식 전달과 협업을 위한 목적으로도 사용된다.

117

정답: 2번

PMI는 PKI 모델에 부족한 권한 부여 기능을 제공하도록 설계되었다. PMI는 일반적으로 권한 관리 및 사용을 통해 강력한 권한 부여 하위 시스템을 지원하는 인프라로 생각할 수 있다. PMI는 기본적으로 액세스 제어, 권한 관리, 권한 수준, 권한 위임 등과 같은 권한 부여 프로세스의 관리를 포함하는 데 사용되는 의미이다.

PMI는 조직이 정책을 기반으로 지정하는 모든 대상 리소스에 대한 보안 액세스를 제공하는 데 도움이 된다. 정책은 어떤 사용자가 어떤 리소스에 액세스할 수 있는지, 어떤 작업을 수행할 수 있는지, 언제 액세스가 허용되는지(예: 시간 제약, 리소스에 액세스하고 수행하는 데 필요한 권한)와 같은 정보를 자세히 가이드해야 한다. 조직은 리소스에 대한 액세스가 다음과 같은 다양한 보안 메커니즘에 의해 제어되는지 확인해야 한다.

(1) 접근을 요청하는 당사자가 그들이 말하는 사람인지 확인하기 위해(인증)

(2) 당사자가 리소스에 액세스할 수 있는 충분한 권한(승인)이 있는지 여부

(3) 그 기밀 자료는 인증되고 승인된 당사자만 읽을 수 있는지 여부(프라이버시)

(4) 트랜잭션 모니터링 여부(감사 및 제어)

PMI는 권한 부여만 처리한다. 다른 문제를 해결하려면 해당 하위 시스템을 배포해야 한다. 권한 관리 인프라(PMI)가 도입되기 전에는 액세스 제어 시스템이 외부 세계에 대해 알고 있는 로컬 정보만 신뢰했다. 이는 소규모 그룹의 사람들(예: 다중 사용자 운영체제)에 매우 효과적이다. 그러나 그리드 상황이나 웹과 같이 협력하고자 하는 사용자의 수가 증가하면 세계의 모든 상황을 로컬에 반영하기가 더 어려워졌다. 리소스 소유자와 리소스에 액세스하는 사용자 간의 관계의 역동성은 또한, 각 사용자가 가진 권한을 관리하는 데 어려움을 증가시켜 이러한 시스템의 확장성을 제한한다. 확장 가능한 솔루션을 용이하게 하기 위해서는 분산된 방식으로 사람들에 대한 신뢰가 구축되어야 하며, 신뢰를 분배하는 수단이 필요하다.

118
정답: 1번

제로 UI(Zero UI)는 사용자가 스크린을 통하여 기기와 인터랙션하지 않고 사용자의 생활 환경 안에서 사용자의 움직임, 목소리, 눈짓, 생각 등을 시스템이 인지하고 사용자에게 반응할 수 있는 인터페이스 기술을 의미한다. 이러한 제로 UI 패러다임은 기계들의 상황

인지를 통한 판단, 사용자의 음성 인식, 사용자 제스처 인식 등을 통하여 구현되고 있다.

제로 UI는 사용자의 생활 환경 안에서 자연스럽게 사용자의 요구 사항을 인지하여 필요한 서비스를 제공함으로써 현재 스크린 기반의 사용자 인터페이스를 최소화하려는 기술이다. 제로 UI는 스마트한 기계들의 상황인지를 통한 판단, 사용자의 음성 인식, 사용자의 자연스러운 제스처 인식 등을 통하여 구현할 수 있다.

현재 제로 UI 기술은 스마트폰에서의 음성 비서, 집에서 음성 비서를 탑재한 스피커 형태의 홈 어시스턴트 등 사용자의 음성 인식을 통하여 주로 구현되고 있다. 하지만, 인공 지능 기술과 사물 인터넷 기술의 발전을 통하여 초연결, 초지능 사회가 되면 기기들이 자율적으로 판단하여 사용자와의 인터랙션을 획기적으로 줄이는 방향의 제로 UI 기술들이 주류를 이룰 것으로 예상된다. 제로 UI는 자연스럽게 사용자의 요구 사항을 인지해야 하므로 사용자의 의도와 맥락을 효과적으로 파악하는 것이 필요하다.

── 🏛 출처   제로 UI 기술 동향 - ETRI

119
정답: 4번

디지털 저작권 관리(Digital Rights Management, DRM) 시스템이란 전자 문서 등 저작물의 무단 복제, 전송, 프린트나 스크린 캡처 등 무단 유출 행위를 사전에 방지하고 조직원에 의한 불법 사용내역을 자동 리포트 해 주는 제반 컴퓨터 솔루션을 의미한다. 이러한 DRM 시스템은 ① 인증처리 시스템, ② 암호화 처리 기술, ③ 다양한 사용 권한 관리 기술, ④ 크래킹 방지 기술, ⑤ 사용자의 다양한 환경 및 응용소프트웨어를 지원할 수 있는 모듈 기술, ⑥ 출력자 및 유출자 추적 기술 등 6가지 기능을 제공하고 있다. 이 밖에도 복제 방지 조치로서 통합인증 권한 관리(EAM) 시스템 등이 있다.

120

제로 등급(Zero Rating)은 인터넷 서비스 제공자(ISP) 및 모바일 서비스 제공자(MSP)가 특정 웹 사이트 및 서비스에서 사용하는 데이터에 대해 고객에게 요금을 부과하지 않는 관행이다. 제로 등급은 공급자가 자신의, 제휴사 또는 인기 있는 사이트를 선호하면서 고객을 위한 더 유혹적인 제한된 데이터 계획을 만드는 데 사용할 수 있다.

이러한 방식의 웹 사이트 및 서비스는 공급자에게 0 등급을 지불하고 일반적으로 제한된 데이터 고객으로부터 유입되는 트래픽을 수신할 수 있다. 현재 제로 등급은 고가의 기본 인터넷 가입과 모바일 요금제의 데이터 제한에 대한 솔루션으로 제시되며 고객이 자주 사용할 수 있는 사이트를 무제한으로 방문할 수 있도록 하는 방법으로 사용되고 있다. 주로 개발 도상국에서 Facebook은 0 등급 웹 사이트의 한 예이다. Facebook Free Basics의 평가판에 따르면 많은 사용자가 등급이 0인 사이트를 넘어서는 모험을 해본 적이 없다고 한다. 비평가들은 이것이 Facebook이 작고 덜 인기 있는 웹 사이트에 비해 틀림없이 불공정한 이점을 제공한다고 주장하고 있다.

121

클라우드 컴퓨팅 기반의 스토리지 서비스를 이용할 때, 저장하는 자료의 유형, 형태, 보관 기간, 중요도, 접근 빈도 등에 따라서 상이한 저장 장치에 보관할 수 있다. 예를 들어 OLTP 서비스에 사용되는 실시간 데이터는 Hot Storage, 조회 빈도가 낮은 1년 이전의 데이터는 Cool Storage, 장기간 보관해야 하는 컴플라이언스 백업 데이터는 아카이브에 저장한다. 아카이브 장치는 오프라인으로 보관하며 비용이 저렴하지만 조회를 하기 위해서는 별도의 변환 절차가 필요하거나 시간이 경과해야 한다.

122

산업 제어 시스템(Industrial Control System, ICS) 환경이 분산화, 초연결화 및 지능화되면서 보안 수요도 갈수록 증가하고 있다. 특히 스마트 팩토리 및 자동화 실현의 일환으로 5G, 산업 사물 인터넷(IIoT), 인공 지능(AI) 등을 적용하면서 기존 산업 제어 시설의 에어갭(Air-Gap: 제어망과 내부 네트워크망을 물리적으로 분리하는 보안 전략)이 지속적으로 얇아지고 있어 더 견고한 보안 체계가 요구된다. IT 환경과 다른 ICS 환경의 보안 위협을 살펴보면 다음과 같다.

- ICS 네트워크에서 정보의 흐름을 차단 또는 지연시켜 PLC(Programmable Logic Controller)와 같은 설비의 작동을 방해
- ICS 설비의 제어 명령, 가이드, 경보 임계값을 무단으로 변경하여 장비를 손상, 불능화 또는 정지시켜 환경적 충격을 초래하거나 사람의 생명을 위협
- 시스템 운영자에게 부정확한 정보를 전송해 무단 변경을 위장하거나 운영자가 부적절한 행동을 시작하도록 하여 다양한 악영향 발생
- ICS 소프트웨어의 형상 설정이 수정되거나 악성 코드에 감염되어 다양한 악영향 발생
- 장비 보호 시스템의 작동을 방해해 대체가 어려운 고가 장비의 손상을 초래
- 안전 시스템의 작동을 방해해 인간의 생명을 위협

IT와 ICS의 보안 특성 비교

분류	정보통신 기술 (ICT, Information &Communication Technology)	산업제어 시스템 (ICS, industrial control system)
성능 요구	· 고사양 시스템	· 저사양 시스템
가용성 요구	· 재부팅 허용 · 시스템 운영 요구 사항에 따라 가용성 결함 감내	· 재부팅 불허용 · 높은 가용성 요구, 여분의 시스템 필요, 계획된 가동 정지 · 철저한 사전 배치 테스트
위험 관리 요구	· 데이터 기밀성과 무결성이 가장 중요 · 고장방지의 중요도 낮음(일시적인 가동 중지 허용) · 비즈니스 운영 지연이 최대 위험 요소	· 인명의 안정성이 가장 중요 · 고장 방지 필수(일시적인 가동 중지 불허용) · 규정의 불이행, 인명 및 장비 혹은 생산 능력의 손실이 최대 위험 요소

시스템 운영	• 일반적인 운영체제 사용하도록 설계, 갱신은 자동화된 도구를 이용해 쉽게 가능	• 특화된 운영체제와 표준 운영체제 사용(흔히 보안 기능 결여) • 소프트웨어 변경은 세심한 주의 필요(보통 벤더에 의해 수행)
자원 제약성	• 보안 솔루션과 같은 제3자 애플리케이션 추가를 지원하는 충분한 자원 이용 가능	• 프로세스에 최적화된 설계로 보안 기능 추가를 위한 메모리 용량 및 컴퓨팅 지원 제한 존재
통신	• 표준 통신 프로토콜, 주로 지역 무선 기능을 가진 유선 네트워크 사용, 통상적인 IT 네트워크 기반으로 구축	• 많은 전용 및 표준 통신 프로토콜, 전용 유선 및 무선과 같은 다양한 형태의 매체 사용, 네트워크가 복잡하고 전력 시스템에 대한 전문성 요구
변화 관리	• 소프트웨어 변경은 보안 정책 및 절차에 따라 주기적으로 진행(보통 자동화 도구 이용)	• 소프트웨어 변경은 제어 시스템의 무결성 보장을 위해 단계적으로 진행, 대부분 더 이상 지원되지 않는 OS 사용으로 패치 불가
관리 지원	• 다양한 지원 형태 가능	• 보통 단일 벤더를 통해서만 가능
시스템 생명주기	• 3-5년의 짧은 생명 주기	• 15~20년의 긴 생명 주기
컴포넌트 접근성	• 지역에 설치되고 접근 용이	• 고립되어 있고 원격지에 설치되어 접근이 어려움

—— 🏠 출처 중소기업 기술로드맵 2018-2020 정보보호, AhnLab

123

정답: 4번

데브옵스(Devops)는 개발 조직과 운영 조직이 유기적으로 결합하여 정책, 조직, 기준, 문서, 절차, 기술, 인력 등 모든 것이 통합되는 정책이자 전략이다. 따라서 개발팀의 SDLC과 운영팀의 ITSM이 연계되어야 하고 산출물 기준이 통합되고 인력이 협업해야 하는데 이 과정에서 차이가 발생하게 된다.

개발팀은 산출물과 절차보다 눈에 보이는 코드를 우선시하고 비기능 테스트보다 기능 테스트 및 요구사항 적합성을 더 중요하게 여긴다. 그리고 프로젝트의 납기는 항상 촉박하고 인력이 부족하여 소수의 인원이 여러 역할을 겸임하는 경향이 있다.

반면에 운영 조직은 ITSM과 연계하고 SPM 기준이 명확하기에 요구 사항, 변경 처리, 형상 관리, 배포,

릴리즈가 통제하게 놓이게 된다. 그리고 지속적 개발 및 배포 프레임워크에 연계되어 자동화된 검사/검토 도구를 사용하는 것이 일반적이다.

124

정답: 3번

현재 소프트웨어는 다음과 같이 저작권, 특허권, 영업비밀, 상표 등의 지적재산권법에 의해 보호받고 있다.

저작권

저작자의 권리를 보호하며, 모든 창작물은 저작권법의 보호를 받는다. 저작권으로 보호되는 저작물에는 소설, 회화, 영화나 노래와 같은 예술 작품뿐만 아니라 컴퓨터 프로그램, 웹 사이트 디자인, 건축 도면 및 제품 설명서와 같은 비즈니스 산출물도 포함된다. 저작권 보호는 저작물이 창작된 시점에서부터 시작되며, 저작자의 사후 70년까지 유지된다. 저작권은 저작권 위원회에 등록할 수 있는데, 등록은 필수는 아니지만 입증을 용이할 수 있기 때문에 권장 사항이다.

특허권

특허는 하드웨어에 구현되거나 소프트웨어에 의해 동작이 구현되는 발명(Invention)을 보호한다. 특허권은 자동으로 부여되는 것이 아니고 법에 정해진 절차에 의해 출원을 하여야 하며, 심사를 통해 부여되는 권리이다. 특허 기술을 구현(Implementation)하기 위해서는 반드시 특허권자의 허락을 득하여야만 한다. 특허 소유자는 소유자가 허가하지 않은 사람이 해당 특허를 활용한 제품을 만들거나, 사용하거나, 판매하는 것을 막을 수 있다. 특허는 무엇인가 유용한 것을 하도록 하는 방식(Method)이므로 소프트웨어의 경우 특허 받은 방식을 구현하는 소프트웨어라면 프로그래밍 언어가 다르거나 소스 코드가 다르더라도 해당 특허권자의 명시적인 허가를 받아야 하며 이는 오픈 소스 소프트웨어, 독점소프트웨어에 공통으로 해당된다.

영업비밀

영업비밀이란 공연히 알려져 있지 아니하고 독립된 경제적 가치를 지니는 것으로서 상당한 노력에 의하여 비밀로 유지되는 생산 방법, 판매 방법, 기타 영업 활동에 유용한 기술상/영업상의 정보로 정의되어 있다. 이러한 영업비밀은 '부정경쟁방지 및 영업비밀보호에 관한 법률'에 의하여 보호받고 있으며, 이와 같은 영업비밀을 부당한 수단으로 취득하거나, 비밀유지의무가 있음에도 다른 사람에게 누출하는 것은 처벌받게 된다.

상표

상표는 제품이나 서비스의 출처를 식별하는 기호, 단호, 슬로건, 디자인, 색상 또는 로고를 출원하여 등록 받은 경우이다. 상표는 회사를 나타낼 수도 있고(애플), 회사가 생산하는 제품이나 서비스를 나타낼 수도 있고(아이폰), 제품 또는 서비스의 기능일 수도 있다(페이스타임). 그리고 그 회사가 가지고 있는 서브 브랜드일 수도 있다(예: 현대와 제네시스). 상표는 10년의 보호가 부여되며 지식재산권 중 유일하게 계속해서 연장할 수 있다. 상표등록은 브랜드를 보호하는 가장 중요한 수단이다.

> ### 개정 저작권법 제25조
>
> ② 특별법에 의하여 설립되었거나 초·중등교육법 또는 고등교육법에 의한 교육기관 또는 국가나 지방 자치단체가 운영하는 교육기관은 그 수업목적상 필요하다고 인정되는 경우에는 공표된 저작물의 일부분을 복제·공연·방송 또는 전송할 수 있다. 다만, 저작물의 성질이나 그 이용의 목적 및 형태 등에 비추어 저작물의 전부를 이용하는 것이 부득이한 경우에는 전부를 이용할 수 있다.
>
> ⑩ 제2항의 규정에 따라 교육기관이 전송을 하는 경우에는 저작권 그 밖에 이 법에 의하여 보호되는 권리의 침해를 방지하기 위하여 복제방지조치 등 대통령령이 정하는 필요한 조치를 하여야 한다.
>
> ### 컴퓨터프로그램보호법 제12조 제2호
>
> 초·중등교육법, 고등교육법에 의한 학교 및 다른

> 법률의 규정에 의하여 설립된 교육기관(상급학교 입학을 위한 학력이 인정되거나 학위를 수여하는 교육기관에 한한다)에서 교육을 담당하는 자가 수업과정에 제공할 목적으로 복제 또는 배포하는 경우에는 그 목적상 필요한 범위 안에서 공표된 프로그램을 복제 또는 배포할 수 있다.

125 정답: 4번

여러 산업 분야의 조직이 오픈 소스 및 타사 소프트웨어에 의존하고 있지만 소프트웨어 구성요소의 품질, 보안 또는 작성자에 대한 기본적인 가시성은 부족하다. 투명성이 부족하면 소프트웨어 공급망이 공격에 쉽게 취약해진다. 이를 방지하기 위해 바이든 대통령의 국가 공급망 개선 행정 명령은 소프트웨어 구성요소를 식별하고 설명하는 방법으로 소프트웨어 자재 명세서(Software Bill of Materials, SBOM)를 채택할 것을 권장했다.

NTIA(National Telecommunications and Information Administration)는 SBOM에 대한 최소 요소를 다음과 같이 정의했다. NTIA는 활발하게 작업 중인 수많은 표준 중에서 CycloneDX, SPDX 및 SWID를 선택했다. 이 세 가지 표준은 행정 명령 이전의 사용 사례를 해결하기 위해 다양한 오픈 소스 프로젝트 및 정부 기관에서 개발했다. 세 가지 모두 최소 SBOM 지침을 충족하지만 프로세스, 출력, 적용 범위 면에서 다르고 로드맵도 다르다.

SBOM이 지원하는 포맷은 다음과 같다.

(1) SPDX: 소프트웨어 패키지 데이터 교환: SPDX는 여러 파일 형식의 소프트웨어 구성요소와 관련된 구성요소, 라이선스, 저작권 및 보안 정보를 전달하기 위한 표준 언어를 제공한다.

(2) 사이클론DX(CycloneDX): 애플리케이션 보안 컨텍스트 및 공급망 구성요소 분석에 사용하도록 설계된 경량 SBOM 표준이다.

(3) SWID: 소프트웨어 식별 태그: NIST에 따르면 "SWID 표준은 SWID 태그가 소프트웨어 제품 설치 프로세스의 일부로 엔드포인트에 추가되고 제품 제거 프로세스에 의해 삭제되는 생명 주기를 정의한다." 제품 이름

및 버전에 대한 세부 정보가 포함된 일관된 레이블을 통해 장치에 있는 소프트웨어 제품의 존재에 대한 표준 표시기이다.

(4) SPDX 라이트: 전체 SPDX가 필요하지 않은 상황을 위한 SPDX의 경량 하위 집합이다. 오픈 소스 라이선스에 대한 지식이나 경험이 없는 사람들도 쉽게 사용할 수 있도록 하고 '일부 산업에서 SPDX 표준과 실제 워크플로 사이의 균형'이 되도록 하기 위한 것이다.

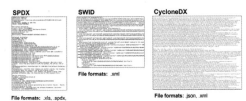

── ⌂참조 https://www.ntia.doc.gov/

126
정답: 1번

소프트웨어 안전성 분석 기법 중에서 FTA(Fault Tree Analysis)는 연역적 사고방식을 이용하고 트리 구조로 도식화하는 기법이다. 사전에 정의한 소프트웨어 결함, 장애, 고장을 최상단 노드에 위치시킨 후 해당 장애에 대한 원인을 분석하여 트리 구조로 구체화한다. AND, OR Gate를 사용해서 결함 원인의 논리적인 표현도 가능한 방법이다. 소프트웨어의 대상에 무관하게 범용적으로 사용할 수 있으며 가독성이 좋다는 장점이 있다.

127
정답: 1번

온라인 데이터에 대해 하루에 한 번 증분 백업 또는 차등 백업을 진행하고 일주일에 한 번 주말에 전체 백업을 하는 경우가 일반적이다. 이와 같은 백업은 하드디스크(HDD)를 대상으로 진행되고 온라인 사이트에 저장하거나 주기적으로 재해 복구 사이트로 복제될 수도 있다. 일정 기간이 경과한 데이터나 스케줄에 의해 주기적으로 백업데이터를 자기 테이프에 복제하고 이

를 별도의 외부 공간에 비치하는 것을 소산 백업 또는 볼팅(Vaulting)이라고 한다.

128
정답: 2번

소프트웨어 메트릭(Software Matric)에는 제품 메트릭, 프로세스 메트릭 및 프로젝트 메트릭의 세 가지 범주로 정의된다.

(1) 제품 메트릭(Product Metrics): 제품의 크기, 복잡성, 디자인 기능, 성능 및 품질 수준은 모두 고려해야 할 요소이다.

(2) 프로세스 메트릭(Process Metrics): 소프트웨어 개발 및 유지 관리를 최적화하기 위해 프로세스 메트릭을 사용할 수 있다. 개발 중 결함률 제거, 결함 도달 테스트 패턴 및 고정 작업이 완료되는 데 걸리는 시간이 모두 예이다.

(3) 프로젝트 메트릭(Project Metrics): 프로젝트의 특성 및 실행은 프로젝트 메트릭으로 설명된다. 소프트웨어 개발자의 수, 소프트웨어 생명 주기 전반에 걸친 직원 배치 패턴, 비용, 일정 및 생산성은 모두 고려해야 할 요소의 예이다.

129
정답: 4번

소프트웨어 메트릭(Software Metrics)은 소프트웨어 특성의 측정 가능하거나 셀 수 있는 측정값이다. 소프트웨어 엔지니어링 메트릭은 소프트웨어 성능 평가, 작업 항목 계획, 생산성 추정 등과 같은 다양한 작업에 사용할 수 있다. 생산이 진행되는 동안 다양한 수치와 추세를 관찰할 수 있으므로 소프트웨어 메트릭을 활용하여 성과를 측정하고, 향후 작업 작업을 계획하고, 생산성을 추적하고, 프로젝트 관리 전반에 걸쳐 생산 프로세스를 더 잘 제어할 수 있다.

또한, 관리 기능과 함께 소프트웨어 메트릭을 활용하여 보다 효율적인 절차를 설계하고 소프트웨어 유지 관리 계획을 세우고 수정해야 할 문제에 대해 프로덕션 팀에 계속 알려줌으로써 프로젝트를 단순화할 수 있게 된다. 소프트웨어 개발 프로세스 전반에 걸쳐

많은 지표가 얽혀 있다. 관리의 네 가지 기능은 계획, 조직, 제어 및 개선이라는 소프트웨어 메트릭과 동일하다.

130

기업은 잠재적인 보안 위험 및 위협에 대한 대응 계획을 사전에 수립해야 한다. 위험의 발생 가능성과 빈도, 수준, 예상 손실 금액을 기반으로 정량적인 분석과 정성적인 분석을 통해 대응 방법을 수립하게 된다. 위험 대응 방법의 대표적인 기법은 위험 회피, 위험 전가, 위험 완화, 위험 수용이 있으며 문제에서 설명하는 보험 가입은 대표적인 위험 전가 대응 방법이다.

131

시스템, 애플리케이션, 솔루션의 로그는 일반적으로 위험도나 중요도에 따라 레벨이 설정된다. 시스템에 장애를 유발할 수 있는 가장 위험한 오류는 Critical로 정의되고 결함과 기능 오류는 Error, 서비스와 기능에 문제를 유발하지 않는 오류는 Warning, 단순 정보는 Infor 등으로 정의된다.

운영 시스템에서는 일반적으로 Error 또는 Warning 수준으로 로그를 관리한다. 만약 Critical 수준으로 설정할 경우 기능 결함에 대한 Error 수준의 로그를 확인할 수 없게 된다.

132

데이터베이스 설계 순서는 요구 사항 분석 → 개념적 설계 → 논리적 설계 → 물리적 설계 → 구현 순으로 이루어진다.

(1) 요구 사항 분석

데이터베이스 설계는 요구 사항 분석 단계부터 시작한다. 요구 사항 분석 단계에서는 조직의 구성원들이 데이터베이스를 사용하는 용도를 파악한다. 데이터베이스를 사용해 실제 업무를 처리하는 사용자에게 필요한 데이터의 종류와 처리 방법 같은 다양한 요구 사항을 수집하고 이를 분석한 결과를 요구 사항 명세서로 작성하는 것이 요구 사항 분석 단계에서 수행하는 주요 작업이다. 요구 사항 분석 단계에서 파악한 사용자의 요구 사항은 이후의 설계 단계에서 중요하게 사용되고, 구축된 데이터베이스의 품질을 결정짓는 중요한 기준이 된다.

(2) 개념적 설계

개념적 설계 단계는 요구 사항 분석 단계의 결과물인 명세서를 가지고 시작한다. 개념적 설계 단계에서는 요구 사항 분석 단계에서 파악한 사용자의 요구 사항을 개념적 데이터 모델을 이용해 표현한다. 개념적 데이터 모델은 개발에 사용할 DBMS의 종류에 독립적이면서, 중요한 데이터 요소와 데이터 요소 간의 관계를 표현할 때 사용한다. 일반적으로 개념적 데이터 모델로 E-R 모델을 많이 사용하는데, E-R 모델은 중요한 데이터 요소와 데이터 요소 간의 관계를 E-R 다이어그램으로 표현한다. 그러므로 E-R 모델을 데이터 모델로 사용한다면 사용자의 요구 사항을 분석한 결과를 E-R 다이어그램으로 표현하는 것이 개념적 설계 단계에서 수행하는 주요 작업이다. 개념적 설계 단계에서 요구 사항 분석 단계의 결과물인 요구 사항 명세서를 개념적 데이터 모델로 변환하는 일을 개념적 모델링이라 한다. 그리고 E-R 다이어그램과 같이 개념적 데이터 모델로 표현한 결과물을 개념적 구조 또는 개념적 스키마라고 한다.

(3) 논리적 설계

논리적 설계 단계에서는 개발에 사용할 DBMS에 적합한 논리적 데이터 모델을 이용해 개념적 설계 단계에서 생성한 개념적 구조를 기반으로 논리적 구조를 설계한다. DBMS의 종류에 따라 네트워크 데이터 모델, 계층 데이터 모델, 관계 데이터 모델, 객체 지향 데이터 모델 등을 논리적 데이터 모델로 사용할 수 있는데, 일반적으로 관계 데이터 모델을 많이 사용한다.

그러므로 관계 데이터 모델을 사용한다면 개념적 설계 단계에서 생성한 E-R 다이어그램을 릴레이션(테이블) 스키마로 변환하여 DBMS가 처리할 수 있도록 하는 것이 논리적 설계 단계에서 수행하는 주요 작업이다. 논리적 설계 단계에서 E-R 다이어그램을 릴레이션 스키마로 변환하는 작업을 논리적 모델링 또는 단순히 데이터 모델링이라 한다. 그리고 논리적 데이터 모델로 표현된 결과물을 논리적 구조 또는 논리적 스키마라고 한다.

(4) 물리적 설계

물리적 설계 단계에서는 논리적 설계 단계에서 생성된 논리적 구조를 기반으로 물리적 구조를 설계한다. 데이터베이스의 물리적 구조는 데이터베이스를 저장 장치에 실제로 저장하기 위한 내부 저장 구조와 접근 경로 등을 의미한다. 그러므로 물리적 설계 단계에서는 저장 장치에 적합한 저장 레코드와 인덱스의 구조 등을 설계하고, 저장된 데이터와 인덱스에 빠르게 접근하게 할 수 있는 탐색 기법 등을 정의한다. 데이터베이스를 실제로 구축할 컴퓨터 시스템의 저장 장치와 운영체제의 특성을 고려하여, 효율적인 성능을 지원하면서도 사용할 DBMS로 구현이 가능한 물리적인 구조를 설계하는 것이 물리적 설계 단계에서 수행하는 주요 작업이다. 물리적 설계 단계에서는 응답 시간을 최소화하고 저장 공간을 효율적으로 활용하면서 데이터베이스 시스템의 처리 능력을 향상시킬 수 있도록 물리적 구조를 설계해야 한다. 물리적 설계의 결과물인 물리적 구조를 내부 스키마 또는 물리적 스키마라고 한다.

(5) 구현

데이터베이스 구현 단계에서는 이전 설계 단계의 결과물을 기반으로 DBMS에서 SQL로 작성한 명령문을 실행하여 데이터베이스를 실제로 생성한다. 이때 사용되는 SQL 문은 테이블이나 인덱스 등을 생성할 때 사용되는 데이터 정의어(DDL)다.

133
정답: 1번

데이터 전처리(Data Preprocessing)는 원시 데이터를 컴퓨터와 머신러닝이 이해하고 분석할 수 있는 형식으로 변환하는 데이터 마이닝 및 데이터 분석 프로세스의 한 단계이다. 텍스트, 이미지, 비디오 등의 형태로 된 원시 실제 데이터는 실제로 매우 지저분하다. 오류와 불일치가 포함될 수 있을 뿐만 아니라 불완전하고 불규칙적이고 균일하지 않은 디자인일 경우가 많다. 시스템은 멋지고 깔끔한 정보를 처리하기를 좋아한다. 시스템은 데이터를 1과 0으로 읽는다. 따라서 정수 및 백분율과 같은 구조화된 데이터를 계산하는 것은 쉽다. 하지만 텍스트 및 이미지 형태의 비정형 데이터는 분석 전에 먼저 정리하고 형식을 지정해야 한다. 데이터 전처리는 다음 5단계로 진행한다.

(1) 데이터 수집(Data Collection)

(2) 데이터 정제(Data Cleaning)

(3) 데이터 통합(Data Integration)

(4) 데이터 축소(Data Reduction)

(5) 데이터 변환(Data Transformation)

134
정답: 2번

의사결정 테이블 테스트(Decision Table Testing) 기법은 테스트 입력 조건이 정량적인 숫자로 사용하기 어려울 때 적용하기에 적합하다. 논리적인 다수의 입력 조건을 Y/N 또는 True/False로 적용해서 조합으로 입력하고 그 결과가 어떻게 나타나는지 검증하는 테스트 기법이다. 보통 테스트 케이스와 시나리오가 테이블 형태로 작성되므로 의사결정 테이블이라고 표현한다.

135
정답: 3번

보안 정보 및 이벤트 관리(Security Information & Event Management, SIEM)는 조직에 차세대 탐지, 분석 및 대응 방안을 제공한다. SIEM 소프트웨어는 보안 정보 관리(SIM)와 보안 이벤트 관리(SEM)를 결합하여, 애플리케이션 및 네트워크 하드웨어에 의해 생성되는 보안 경보에 대한 실시간 분석을 제공한다.

다음은 SIEM의 핵심 기능이다.

(1) 내부자 위협 식별: 손상된 신임 정보나 내부자 위협을 나타낼 수 있는 의심스러운 사용자 활동을 찾아낸다.

(2) 고급 위협 감지: 외견상으로는 위험도가 낮은 일부 이벤트를 모두 엮어서 현재 진행 중인 하나의 극도로 위험도가 높은 사이버 공격을 찾아낸다.

(3) 클라우드 보호: 하이브리드 멀티 클라우드 환경 및 컨테이너형 워크 로드에서 숨겨진 위험을 도출한다.

(4) 데이터 추출 발굴: USB 삽입, 개인 이메일 서비스 사용, 비인가된 클라우드 스토리지 또는 과도한 인쇄 등과 같은 추출 이벤트를 상관시킨다.

(5) 컴플라이언스 관리: GDPR, PCI, SOX, HIPAA 등 다양한 규제 준수 의무와 관련하여 규정 위험을 관리한다.

(6) OT 및 IOT 보안 모니터: OT 및 IoT 솔루션의 모니터링을 중앙집중화하여 비정상적인 활동과 잠재적인 위협을 식별한다.

보안 오케스트레이션, 자동화 및 대응(SOAR)은 일반적으로 조직의 보안 운영 센터(Security Operations Center, SOC)와 병행하여 구현된다. SOAR 플랫폼은 위협 인텔리전스 피드를 모니터링하고 보안 문제를 완화하기 위해 자동화된 대응을 트리거할 수 있다.

136 정답: 3번

CMMI에 정의되어 있는 Verification & Validation 프로세스는 소프트웨어의 완성도, 안정성을 높이고 결함을 줄이며 고객 요구 사항과의 일치성을 향상시키기 위한 활동을 포함하고 있다. Verification은 주로 SDLC 각 단계의 결과물이 계획된 산출물 대로 만들어지는지 정적 검사를 수행한다. Walk Through, Peer Review, Inspection이 대표적인 활동이다. Validation은 소프트웨어가 고객의 요구 사항과 일치하는지 검사하는 활동이며 주로 정적인 통합 테스트, 회귀 테스트, 인수 테스트, 인터페이스 테스트 등을 수행한다

137 정답: 3번

컴퓨팅 환경이 사물 인터넷(IoT)과 같은 분산 아키텍처로 발전함에 따라 기업은 기존의 경계 기반 보안 모델에서 인트라넷과 인터넷을 동등하게 신뢰할 수 없는 것으로 취급하는 ZTN(제로 트러스트 네트워킹) 모델로 이동하고 있다. 이러한 보안 모델은 장치 위치 및 보안 위험 수준 위험과 같은 동적 및 상황적 요인에서 발생하는 위험을 액세스 제어 결정에 통합한다. 연구원들은 동적 컨텍스트를 처리하기 위해 RAdAC(Risk Adaptable Access Control)와 같은 여러 위험 모델을 개발했으며 이러한 모델은 의료 및 기타 시나리오에 적용되었다. RAdAC 모델의 적용 순서는 다음과 같다.

(1) 보안 위험 결정(Determine Security Risk): 요청된 액세스 권한 부여와 관련된 보안 위험에 대한 실시간 확률적 결정은 여러 외부 요인을 조사한 결과를 기반으로 한다. 위험 수준은 액세스와 관련된 사람, IT 구성요소 및 환경과 관련된 위험과 같은 여러 영역에서 결정된다. 이 프로세스의 결과는 복합 위험뿐만 아니라 각 영역에 대한 위험 수준의 정량적 표시이다.

(2) 정책 대비 보안 위험도 비교(Comparison of Security Risk Against Policy): 이 단계에서 측정된 보안 위험의 결과는 액세스되는 개체에 대해 허용 가능한 위험 수준을 식별하는 액세스 제어 정책과 비교된다. 위험 수준은 사람, IT 구성요소 및 복합 위험과 같은 여러 다른 영역에 대해 비교된다. 정책은 각 영역 또는 위험 범위(예: 낮음, 보통, 높음)에 대해 허용 가능한 위험 수준을 지정해야 한다.

(3) 운영상의 필요성 확인을 위한 정책(Policy for verifying Operational Need): 이 시점에서 액세스 권한 부여의 보안 위험은 수용 가능한 것으로 결정되었지만 요청자는 정보에 액세스할 운영상의 필요가 없을 수 있다. 이 정책은 액세스에 운영상의 필요성 확인이 필요한지 여부와 필요한 경우 이를 결정하는 기준을 지정한다. 정책이 운영상의 필요성을 확인해야 하는 경우 추가 처리가 필요하고 그렇지 않은 경우 액세스가 허용된다.

(4) 보안 위험을 우선시하는 운영상의 필요성에 대한 정책(Policy for Operational Need Overriding Security Risk): 이 단계는 보안 위험이 하나 이상의 영역에서 허용할 수 없는 것으로 결정되었지만 요청자가 해당 위험에 관계없이 정보에 액세스해야 하는 운영상의 필요가 있을 수 있는 경우에 발생한다. 모델과 정책은 운영상의 필요

성이 보안 위험을 능가할 수 있는지 여부, 특히 운영상의 필요성이 우선시될 수 있는 위험 영역(예: 개인의 신뢰성, 위치, 취약한 IT 구성요소 등), 어떤 조건에서(예: 상황적 요인) 재정의가 허용되는 경우 요청자의 운영상의 필요성이 보안 위험을 능가할 만큼 충분히 중요한지 여부를 결정하기 위해 추가 처리가 필요하며, 이에 대한 기준을 지정해야 한다. 정책에서. 위험이 허용되지 않는 영역에서 무시가 허용되지 않으면 액세스가 거부된다.

(5) **운영상의 필요성 평가(Assess Operational Need):** 이 단계에서 요청자가 개체에 액세스하는 데 필요한 운영상의 필요가 있는지 확인하기 위해 몇 가지 요소를 검사한다. 정책은 결정을 위한 다양한 요구 사항을 지정한다. 보안 위험이 수용 가능한지 여부 또는 수용할 수 없는 이유에 따라 운영상의 필요성이 있다. 일부 관심 커뮤니티 또는 조직 요청자의 구성원 자격, 위치, 순위 또는 기타 임의 요소는 운영상의 필요를 결정하는 데 사용될 수 있다. 다른 사람이나 자동화된 서비스는 정보에 액세스해야 하는 요청자의 운영상의 필요성을 증명해야 할 수 있으며, 따라서 외부 워크플로 프로세스가 이러한 승인을 구하는 데 관여할 수 있다.

(6) **운영상의 필요성과 정책의 비교(Comparison of Operational Need Against Policy):** 마지막 단계는 정책에 명시된 운영상의 요구 사항이 모두 충족되었는지 확인하는 것이다. 모든 요구 사항이 충족되면 액세스 권한이 부여된다. 만약 그렇지 않으면 거부된다. 정책은 스트레스를 받는 보안 조건과 스트레스를 받지 않는 보안 조건 모두에서 충분한 운영상의 필요성을 결정하기 위한 기준을 식별할 수 있어야 한다.

(7) **의사결정 후처리(Post Decision Processing):** 실제 결정, 결정의 근거 및 기타 관련 정보는 사후 RAdAC 결정 처리에 의해 분석 및 저장되며 결과 분석이 완료된다. 자동으로 실시간으로 제공되며 RAdAC 의사결정 엔진을 지원하고 개선하는 데 사용할 수 있다. 액세스 제어 결정의 결과는 정보 소유자/당국이 도움을 받을 수 있도록 제공된다. 액세스 제어 정책을 평가하고 조정한다. 기업에서 발생하는 정보 공유의 정도를 측정하고 성과 지표와 비교할 수도 있다.

──── ⌂ 출처   NIST - https://csrc.nist.gov/

138
정답: 3번

변화 관리(Change Management)란 기업에 일어나는 중대한 변화를 기업 성과가 향상되는 방향으로 관리하는 것을 말한다. 실무적으로는 조직이 어떠한 목적을 달성하기 위해 취한 변화에 의해 조직의 구성원이 영향을 받아 조직의 성과 저하가 예상될 때 취하는 조직 대상 관리 프로그램들을 말한다. 따라서 변화 관리는 혁신을 추구하면서 병행적으로 수행해야 하는 관리 업무라 할 수 있다. 변화 관리는 이러한 성과 하락의 폭과 깊이를 줄이고 지속적인 성과 향상으로 이어지게 하는 혁신 관리 활동이며, 이러한 혁신 추진 과정상의 문제는 대부분의 조직이 겪는 문제이므로 조직을 변화 관리의 대상으로 정하게 된다.

르윈의 조직 변화 3단계 모델(Lewin's Three-step Model)

심리학자인 르윈(Lewin, 1951)은 조직이 새로운 시스템, 과정, 구조가 도입되는 것만으로는 변화하지 않는다는 걸 알았다. 성공적인 변화는 조직 구성원들이 스스로 변화에 참여하여 조직을 앞으로 나아가게하고, 조직의 성과를 거둘 때 일어난다. 르윈은 변화란 고정된 어떤 상태에서 새로운 상태로 바뀌는 것이라고 주장했고, 그러한 세 가지 상태를 해빙, 변화, 재결빙이라고 이름 붙였다.

- **해빙(Unfreeze):** 이 단계는 조직원들이 변화할 준비를 갖추게 하는 단계이다. 이 단계에서는 어떠한 움직임, 변화에 대한 저항성을 감지하고 목표를 정의하며 변화하도록 사람들을 선동한다. 모든 사람들이 변화할 준비를 하게 하는 것은 어떠한 행동이 이행되기 전에 변화에 긍정적인 사람의 수가 부정적인 사람들의 수를 넘는지를 판단하기 위해 찬반양론을 가늠해 보는 것이다. 이 단계는 르윈이 '힘의 영역 분석(The Force Field Analysis)'이라고 부르는 것을 위한 기본적인 수단이다. 이 방법은 하나의 선을 그은 다음, 의도한 변화를 위하는 요소와, 반대하는 요소들을 나열하는 것과 같이 간단하다. 핵심은 변화를 지지하는 세력은 강화하고, 변화에 반하는 세력은 조절함으로써, 변화를 더욱 성공적으로 만드는 것이다. 변화를 지지하는 세력이 반대 세력보다 세지 못하면, 변화를 위한 동기부여가 부족하다고 말할 수 있다. 이 단계에서의 도전과제는 변화에 대한 협상을 성공적으로 이끌어 가는데 중요한 역할을 하는 유리한 조건들이 지속되도록 하는 것이다. 르윈의 모델은 변화가 저항에 직면할 것이라고 가정한다.

- **변화(Change):** 두 번째 단계는 원하는 상태에 도달하

는 데에 필요한 작업들을 하는 것이다. 이 단계는 보통 약간의 혼란을 야기한다. 기존의 관습은 바뀌고, 새로운 형태의 업무, 새롭게 제정된 규정과 조직원들은 타협해야 한다. 개인은 생각, 감정, 행동 전부의 변화를 요구 받게 된다. 이 시기에 조직은 일시적인 업무 효율 감소를 경험하게 된다. 이 단계는 강력한 리더십, 집중적인 대화와 참여, 그리고 변화의 정도에 따라서 지도와 훈련을 필요로 한다.

- 재결빙(Refreeze): 마지막 단계는 재결빙이다. 이 시점의 목적은 달성된 변화 상태를 제도화하기 위해 안정성과 생산성을 창출하고, 조직원들로 하여금 지금 그들이 안전하고 익숙하다고 인지하는 환경과 다시 연결되도록 하는 것이다. 접근법은 조직에 따라 다를 수도 있지만, 주로 새로운 지침을 정하고, 성과에 대한 보상, 새로운 기준을 제정하는 것을 포함한다. 마지막 단계는 변화 관리자로 하여금 조직원들이 새로운 시스템을 설치하고, 테스트하고, 오류를 찾고, 평가하고 향상시킬 수 있도록 조직원들과 적극적으로 업무 활동을 할 것을 요구한다. 이 단계를 제대로 완수하지 못하면 과거의 관습으로 회귀할 가능성이 높다.

── 🏠 출처　위키피디아

139
정답: 1번

비정규화(Denormalization)의 단점은 데이터 중복이 발생한다는 사실이며, 이는 업데이트 및 삽입 작업이 더 비싸고 더 오래 걸린다는 것을 의미한다. 정규화를 수행하지 않으므로 중복 데이터가 발생한다. 비정규화는 데이터 무결성을 유지하지 않는다. 중복으로 인해 데이터가 일치하지 않을 수 있다. 비정규화(Denormalization)를 과도하게 적용하면 데이터의 무결성이 깨질 수 있고, 질의문에 대한 응답시간이 늦어질 수 있다.

140
정답: 2번

RuBAC를 사용하면 파일, 장치 또는 데이터베이스와 같은 리소스 또는 데이터에 대한 액세스를 관리할 수 있다. 이는 미리 정의된 규칙 또는 액세스 권한 집합을 기반으로 한다. 이는 파일에 액세스하는 개인의 역할과 관계가 없다.

RuBAC에서 시스템 관리자는 비즈니스 리소스의 사용 및 액세스를 결정하는 규칙을 만들고 제어한다. 예를 들어 관리자는 데이터에 액세스 할 시간 프레임을 설정할 수 있다. 이렇게 하면 근무 시간 외에 조직 데이터에 액세스할 수 없다. 이러한 유형의 액세스 제어에서는 규칙이 액세스 및 권한보다 우선한다. RuBAC 규칙은 비즈니스 전체에 존재하며 제어 메커니즘을 사용한다. 회사의 규칙에 따라 각 사용자의 세부 정보를 확인한다.

종종 RuBAC는 기밀 리소스에 대한 액세스를 제어하는 데 유용하다. 규칙 기반 접근 방식은 또한, 전체 비즈니스에서 변경할 때 유연성을 제공한다. 즉, 사용자나 그룹에 영향을 주지 않고 무언가를 변경할 수 있다. 그러나 이 접근 방식은 다른 수준의 유지 관리와 지속적인 모니터링이 필요하다.

141
정답: 2번

임의적 접근 통제(Discretionary Access Control, DAC)는 Lampson에 의해 제안된 접근 통제 매트릭스를 구현하기 위해 개발된 정책으로, 미국 국방성 TCSEC(Trusted Computer Security Evaluation Criteria)의 접근 통제 표준 중의 하나로 정의되었다.

주체가 속한 그룹의 신원에 근거하여 객체에 대한 접근을 제한하는 방법으로 객체의 소유자(부서장 혹은 비즈니스 유닛 관리자 등)가 접근 여부를 결정한다. 임의적 접근 제어 정책은 주체 또는 그들이 속해 있는 그룹의 신분에 근거해 객체에 대한 접근을 제한하는 정책이다. DAC는 또한, 트로이 목마, 멀웨어와 같은 고유한 취약점에 취약하고 ACL 유지 관리의 오버헤드를 수반한다.

142
정답: 4번

하드웨어 장비(서버, 스토리지, 네트워크, 컴퓨터 등)도 운영하는 경우 하드웨어도 시간이 지남에 따라 변경될 수 있으므로 앞에서 설명한 것과 동일한 방식으로 자산을 처리해야 한다. 하드웨어의 일부 변경으로 인해 현재 운영 중인 시스템과 호환되지 않는 상황이 발생할 수도 있다. 따라서 최종 하드웨어 예비 부품을 안전하게 보관할 수 있는 공간을 따로 확보해야 한다.

이러한 영역은 ITIL 내에서 최종 하드웨어 저장소(Definitive Hardware Store, DHS)로 알려져 있으며 여기에는 실제 환경 내에서 비교 시스템과 동일한 수준으로 유지 관리되는 예비 구성요소 및 어셈블리가 포함된다. 이러한 구성요소와 해당 빌드 및 콘텐츠에 대한 세부 정보는 CMDB에 종합적으로 기록해야 한다. 그런 다음 필요할 때 제어된 방식으로 추가 시스템을 위해 또는 주요 사고 복구에 사용할 수 있다. (임시) 사용이 끝나면 DHS로 반환하거나 교체품을 받아야 한다.

143 정답: 2번

> 전자금융감독규정 제30조
>
> 제30조(일괄 작업에 대한 통제) 금융회사 또는 전자금융업자는 안전하고 체계적인 일괄 작업(Batch)의 수행을 위하여 다음 각 호의 사항을 준수하여야 한다. <개정 2013. 12. 3.>
>
> (1) 일괄 작업은 작업요청서에 의한 책임자의 승인을 받은 후 수행할 것
>
> (2) 일괄 작업은 최대한 자동화하여 오류를 최소화할 것
>
> (3) 일괄 작업 수행 과정에서 오류가 발생하였을 경우 반드시 책임자의 확인을 받을 것
>
> (4) 모든 일괄 작업의 작업내용을 기록·관리할 것
>
> (5) 책임자는 일괄 작업 수행자의 주요업무 관련 행위를 모니터링할 것

144 정답: 4번

SAL은 ISA-99.01.01에 정의된 보안을 위한 7가지 기본 요구 사항(Foundational Lequirements, FR)을 기반으로 한다.

(1) 액세스 제어(Access control, AC)

(2) 사용 통제(Use control, UC)

(3) 데이터 무결성(Data integrity, DI)

(4) 데이터 기밀성(Data confidentiality, DC)

(5) 데이터 흐름 제한(Restrict data flow, RDF)

(6) 이벤트에 대한 적시 응답(Timely response to an event, TRE)

(7) 자원 가용성(Resource availability, RA)

SAL은 앞서 나열한 7개 FR을 사용하는 SAL 벡터를 사용할 수 있다. 이 SAL 벡터는 보안 시스템과 관련된 추가 결과 또는 FR이 다루는 보안 목적에 대한 다른 공격에 기반할 수 있는 언어를 사용하여 다른 FR에 대한 SAL 사이의 정의 가능한 분리를 허용한다. SAL 정의에 사용된 언어에는 모든 것을 HSE(Health, Safety, or Environment) 결과와 연관시키지 않고도 한 시스템이 다른 시스템보다 더 안전한 방법에 대한 실용적인 설명이 포함될 수 있다.

145 정답: 2번

- 권한 목록(C-List, 접근 가능 목록): 접근 제어 행렬은 행으로 분리한다.
- C-list(유인나) = [(인사 데이터,rw), (회계 프로그램, rw), (구매 데이터, rw), (급여 데이터, rw), (원가 데이터, rw)]
- 권한 접근 제어 목록(Access control lists: ACLs): 접근 제어 행렬은 열로 분리한다.
- ACL(구매 데이터) = [(아이유,---), (유인나,rw), (전지현, rw), (신세경, rw)]

146 정답: 1번

동적 해싱(Dynamic Hashing)은 컴퓨터 프로그래밍에서 문자열을 해싱하거나 줄이는 방법으로, 단축된 문자 집합이 데이터에 액세스하는 방식에 맞게 증가, 축소 및 재구성된다. 개체 사전에 나열된 모든 개체는 동적이며 동적 해싱이 적용되면 변경될 수 있다. 동적 해싱 프로세스는 더 작고 적응 가능한 문자열을 생성하여 사용자가 사전에서 개체를 찾거나 포함하는 데이

터 구조에 저장된 개체 그룹을 더 빠르고 쉽게 찾을 수 있도록 한다.

동적 해싱은 데이터베이스가 너무 커져서 발생하는 문제를 방지하고 최대 성능을 허용한다. 또한, 시스템 내의 개체, 테이블 및 기타 데이터에 사용할 수 있는 공간을 최대화한다. 동적 해싱은 데이터의 증감에 따라 배열의 크기를 동적으로 변화시키며 오버플로 발생 시 테이블의 크기를 2배수로 확장한다. 분할할 시 해시된 키의 다음 유효 비트가 0인 키를 한 버킷에 두고, 1인 키를 다른 버킷에 둔다. 버킷의 수를 유동적으로 관리하며 해싱된 키를 인덱스로 사용하는 이진 트리를 동적으로 변환하여 사용한다.

데이터에 증감에 따라 버킷을 쪼개거나 합치고 버킷을 포인터로 가리키는 인덱스 테이블을 생성/유지해야 한다. 이때 부하가 발생할 수 있다. 다중 레벨 인덱스를 관리하며 로직이 복잡하다. 데이터가 증가해도 검색의 성능이 유지되며 메모리의 낭비가 적다. 접근 시간을 일정하게 유지해야할 수 있다.

제 5 장

법규 및 제도

해설편

001

통합 사이버 자산 공격 표면 관리 플랫폼(Cyber Asset Attack Surface Management, CAASM)은 사이버 자산 전반에 대한 가시성을 높이고 SecOps 작업을 가속화하는 강력한 도구가 될 수 있다. 포괄적인 CAASM 솔루션을 통해 보안 팀은 보다 효과적인 보안 프로그램을 위해 도구 및 사이버 자산에 대한 자세한 컨텍스트와 통합 보기를 얻을 수 있다. 사이버 자산 공격 표면 관리 플랫폼은 조직이 API 통합을 통해 모든 내부 및 외부 사이버 자산을 수집하고 쿼리하고 보안 제어 및 취약성 격차를 지속적으로 수정할 수 있도록 한다. 플랫폼에 더 많은 데이터를 수집할수록 더 많은 가치를 얻을 수 있다.

높은 수준에서 CAASM 도구는 다음 사용 사례를 지원한다.

(1) 자동화된 사이버 자산 인벤토리: 기존 보안 도구, 데이터베이스, 컨트롤 등에 데이터를 수집하여 공격 표면에 대한 통합된 보기를 유지한다. 본질적으로 조직에 어느 정도 가치가 있는 것은 정교한 CAASM 도구를 사용하여 매핑할 수 있다.

(2) 엔드포인트 보안: 강력한 에코 시스템을 유지하기 위해 필요한 엔드포인트 보안 도구가 구성 및 배포되었는지 확인한다.

(3) 정보 기술 시스템 관리: IT 도구에서 수집한 데이터를 CMDB와 상호 참조하여 투자 수익을 극대화하고 데이터 위생을 보장한다.

(4) 취약성 관리: 선별된 정교한 솔루션 내에서만 제공되는 컨텍스트 및 상관관계 매핑을 통해 팀은 Rapid7, Tenable 및 Qualys와 같은 도구에서 감지한 취약성의 우선순위를 지정할 수 있다.

(5) 사고 대응: 더 나은 비즈니스 기반 통찰력을 통해 팀은 대응 시간을 크게 단축하고 실시간으로 위험을 식별하며 사고가 식별된 경우 고유한 폭발 반경을 정확히 찾아낼 수 있다.

(6) 자격 증명 및 액세스 관리: 공격 표면을 Okta, Active Director, AWS IAM 등과 같은 자격 증명 및 액세스 관리 시스템과 비교하여 권한 경계를 빠르게 이해하고 해결한다.

(7) 규정 준수 평가: CIS, NIST, ISO 27001 등을 포함한 공통 제어 프레임워크에 대한 지속적인 테스트 및 증거 수집을 통해 '시점' 감사의 필요성을 제거한다.

CAASM과 다른 선택지 보기들을 비교하자면 다음과 같다.

- CAASM 대 EASM: EASM은 주로 외부의 인터넷 연결 자산 및 네트워크에 중점을 둔다. 현대의 성공은 내부 문제와 함께 외부 보안 자산을 고려하는 데 달려 있다. 이러한 이점을 제공함으로써 CAASM은 포괄적이고 효과적인 보안 솔루션을 더 잘 준비할 수 있다.

- CAASM 대 DRPS: DRPS는 디지털 위험 모니터링 및 관리를 위해 특별히 제작된 반면 CAASM의 초점은 전체 사이버 생태계에 대한 포괄적인 보기를 제공한다.

- CAASM 대 AASM: CAASM은 비즈니스에 미치는 영향에 따라 모든 위험의 우선순위를 지정하는 플랫폼의 기능에서 API 표면 관리와 다른 반면 AASM은 주로 애플리케이션 소프트웨어에 중점을 둔다. 모든 것을 고려했을 때 CAASM이 제공하는 가시성, 컨텍스트 및 포괄성의 수준은 비슷한 공격 표면 관리 도구를 평가할 때 CAASM을 선두 주자로 만든다.

002

DoD CIP 생명 주기의 여섯 단계는 인프라 보증을 위한 포괄적인 솔루션을 위한 프레임워크를 만들기 위해 서로 구축된다. 생명 주기 단계는 인프라를 손상시키거나 저하시킬 수 있는 이벤트 전, 도중, 후에 발생한다. CIP 여섯 단계의 개요는 다음과 같다.

(1) Analysis and Assessment(분석 및 평가, 이벤트 전에 발생): 분석 및 평가 단계는 CIP 생명 주기의 기초이자 가장 중요한 단계이다. 이 단계에서는 임무 성공에 절대적으로 중요한 자산을 식별하고 자산의 취약성과 상호 의존성, 구성 및 특성을 결정한다. 그런 다음 인프라 손실 또는 성능 저하의 운영 영향에 대해 평가한다. 또한, 사전 예방적 사이버 방어는 컴퓨터와 네트워크에 대한 공격을 예상할 수 있다. 이는 모든 중요한 인프라 부문에 똑같이 적용되는데, 이는 선제적으로 또는 자기 방어를 통해 공격이나 위협의 공격 준비를 방해하고 방해하는 것을 포함하기 때문이다.

(2) Remediation(수정, 이벤트 전에 발생): 수정 단계에는 중단을 일으키거나 국방 인프라, NDI 또는 중요 자산을 손상시킬 수 있는 알려진 사이버 및 물리적 취약성을 수정하기 위해 이벤트가 발생하기 전에 취한 사전 예

방 조치 및 조치가 포함된다. 예를 들어, 수정 조치에는 교육 및 인식, 운영 프로세스 또는 절차 변경 또는 시스템 구성 및 구성요소 변경이 포함될 수 있다.

(3) Indications and Warnings(표시 및 경고, 이벤트 전 또는 이벤트 중에 발생): 표시 및 경고 단계에는 중요한 인프라 자산의 임무 보증 기능을 평가하고 보고할 이벤트 징후가 있는지 확인하기 위한 일일 섹터 모니터링이 포함된다. 표시는 인프라 이벤트가 발생할 가능성이 있는지 또는 계획되었는지를 나타내는 준비 작업이다. 표시는 전술, 작전, 전역 및 전략적 수준의 입력을 기반으로 한다. 전술적 수준에서 입력은 자산 소유자로부터 수행한다. 운영 수준에서 입력은 NDI 부문에서 나온다. 전역 수준에서 입력은 연합 정보, NATO, 지휘 정보, 연합 정부 및 연합군과 같은 지역 자산에서 제공된다. 전략적 수준에서 정보는 정보, 법 집행 및 민간 부문에서 제공된다. 경고는 자산 소유자에게 가능한 위협이나 위험을 알리는 프로세스이다.

(4) Mitigation(완화, 이벤트 전과 이벤트 중 모두 발생): 완화 단계는 경고 또는 인시던트에 대한 응답으로 이벤트 전이나 도중에 수행된 작업으로 구성된다. DoD 중요 자산 소유자, NDI 부문, DoD 설치 및 군사 운영자는 중요한 자산의 손실 또는 쇠약으로 인한 운영 영향을 최소화하기 위해 이러한 조치를 취한다.

(5) Incident Response(인시던트 대응, 이벤트 후 발생): 인시던트 대응은 인프라 이벤트의 원인이나 출처를 제거하기 위해 취해진 계획과 활동으로 구성된다.

(6) Reconstitution(재구성, 이벤트 후 발생): CIP 생명 주기의 마지막 단계에는 중요한 자산 기능이 손상되거나 파괴된 후 다시 구축하거나 복원하기 위해 수행된 작업이 포함된다. 이 단계는 가장 어렵고 가장 적게 개발된 프로세스이다.

CIP 생명 주기를 효과적으로 관리하면 모든 DoD 부문에서 보호 활동을 조정하고 조정할 수 있다. 여러 면에서 DoD CIP는 가장 필수적인 위험 관리이다. 성공을 거둔다는 것은 미션 보장을 얻는 것을 의미한다. 마크를 놓치면 임무 실패뿐만 아니라 인적, 물적 손실을 의미할 수 있다. 중요한 인프라 보호를 위해 위험 관리는 리소스를 활용하여 가장 취약하고 위협에 가장 많이 노출되는 가장 중요한 인프라 자산을 처리해야 한다. CIP 생명 주기에서 가장 중요한 부분은 1단계이다. 인프라 보호를 위해 올바른 자산을 타깃팅하는 것이 중요하기 때문에 이러한 자산을 결정하는 것

이 CIP 생명 주기의 첫 번째 단계이다. 이 단계인 분석 및 평가는 일곱 가지 생명 주기 활동의 핵심이자 기초이다. 견고한 기반이 없으면 나머지 CIP 생명 주기 단계에 결함이 있을 수 있으며, 이로 인해 CIP 계획이 중요한 인프라를 보호하지 못하고, 따라서 임무 보장이 이루어지지 않을 수 있다.

003 〔정답: 2번〕

개인 데이터 처리에 적용되는 주요 GDPR 원칙은 다음과 같다.

- 합법성, 공정성 및 투명성(Lawfulness, fairness and transparency): 개인 데이터는 데이터 주체와 관련하여 적법하고 공정하며 투명한 방식으로 처리되어야 한다.

- 목적 제한(Purpose limitation): 개인 데이터는 명시적이고 적법한 목적을 위해 수집되어야 하며 해당 목적과 양립할 수 없는 방식으로 추가 처리되지 않아야 한다.

- 데이터 최소화(Data minimization): 개인 데이터는 적절하고 관련성이 있으며 처리 목적과 관련하여 필요한 것으로 제한되어야 한다.

- 정확성(Accuracy): 개인 데이터는 정확해야 하며 필요한 경우 최신 상태로 유지되어야 한다. 부정확한 개인 데이터는 처리 목적과 관련하여 지체 없이 삭제 또는 수정되도록 모든 합당한 조치를 취해야 한다.

- 저장 제한(Storage limitation): 개인정보는 처리 목적에 필요 이상으로 데이터 주체를 식별할 수 있는 형태로 보관하여야 한다.

- 무결성 및 기밀성(Integrity and confidentiality): 개인 데이터는 적절한 기술적 또는 조직적 조치를 사용하여 무단 또는 불법 처리 및 우발적 손실, 파괴 또는 손상에 대한 보호를 포함하여 개인 데이터의 적절한 보안을 보장하는 방식으로 처리되어야 한다.

- 책임성(Accountability): 컨트롤러는 GDPR에 대한 책임을 지고 이를 준수할 수 있음을 입증할 수 있어야 한다.

004

정답: 2번

IAPP(International Association of Privacy Professionals)는 조직에서 이러한 위험을 성공적으로 관리하고 데이터를 보호할 수 있도록 지원하여 경력을 개발하고 발전시키려는 전문가를 위한 단체이다. IAPP는 세계에서 가장 크고 포괄적인 글로벌 정보 개인정보보호 커뮤니티이다. IAPP는 오늘날의 빠르게 진화하는 정보 경제에서 번창하는 데 필요한 사람, 도구 및 글로벌 정보 관리 관행을 함께 제공하는 유일한 장소이다. 호주 및 뉴질랜드 시장을 위해 CIPM, CIPT 및 CIPP/E의 세 가지 IAPP 인증 프로그램을 제공하고 있다.

—— 참조 https://iapp.org/

005

정답: 2번

전자정부 표준 프레임워크는 공통 컴포넌트와 표준 프레임워크로 구성된다. 공통 컴포넌트에는 요소 기술 서비스인 유틸리티와 공통 기술 서비스로 구성되며, 보안, 사용자 디렉터리 및 통합인증, 사용자 지원, 협업, 시스템 관리, 시스템 및 서비스 연계, 통계 및 리포팅, 디지털 자산 관리, 외부 추가 컴포넌트로 구성된다. 문제의 보기에 있는 형상 관리 도구는 표준 프레임워크의 개발 환경에 속한다.

006

정답: 4번

SOC 3 보고서는 SOC 2 기반의 보고서를 공개 가능한 버전으로 구성한 것이다. SOC 2 보고서와 마찬가지로 SOC 3 보고서는 TSP에 중점을 두지만 엔티티가 모든 신뢰 서비스 기준을 충족했는지 여부만 보고하므로 자유롭게 배포할 수 있다. 그렇기에 보고서에는 테스트 결과나 의견이 포함되지 않는다. SOC 3 보고서는 누구나 사용하거나 읽을 수 있다. 2014년부터 회사는 더 이상 웹 사이트에 완성 인증을 할 수 없어 SOC 3 보고서가 점차 인기를 잃고 있다.

007

정답: 3번

ISO 12207 국제표준은 소프트웨어의 획득과 공급, 개발, 운영, 유지 보수, 품질 경영 등 총체적이며 포괄적인 전체 프로세스를 제시하고 있다. 범용적이며 포괄적이므로 구체적인 방법과 기법은 정의하지 않으며 프로세스 수준으로 정의하고 있다.

계약 관점에서는 획득, 공급 프로세스를 제시하고 공학 관점에서는 개발과 유지 보수 프로세스를 정의한다. 운영 관점에서의 운영 프로세스와 품질 경영 관점의 QA, V&V, 합동 검토, 감사 프로세스가 정의되어 있다.

지원 생명 주기 안에는 문서화, 형상 관리, 문제 해결 프로세스가 존재하며 관리 관점의 관리프로세스가 있다. 또한, 기반 구조, 훈련, 개선 프로세스도 ISO 12207 표준에 정의되어 있다.

008

정답: 3번

기술 준비 수준(Technology Readiness Level, TRL)은 특정 기술의 성숙도 수준을 평가하는 데 사용되는 측정 시스템의 한 유형이다. 각 기술 프로젝트는 각 기술 수준에 대한 매개 변수에 대해 평가되고 프로젝트 진행 상황에 따라 TRL 등급이 할당된다.

이는 9가지 기술 준비 수준이 있으며 TRL 1이 가장 낮고 TRL 9가 가장 높다. TRL 스케일은 NASA에 의해 처음 개발되었다. 그 이후로, TRL은 다양한 스핀을 가진 다양한 산업에 의해 적용되었다. TRL의 평가는 특정 사용 사례와 기술의 성능 및 비용에 대한 필수 임곗값에 따라 달라진다. 모든 솔루션에 대한 TRL을 측정하기 위한 올바른 메트릭을 설정하는 것은 성능 및 비용 관점에서 매우 중요하다.

	TRL 단계	기술 성숙 수준
기초연구 단계	TRL 1	기초 이론 정립 및 실험
	TRL 2	실용 목적, 아이디어, 특허 등 개념 정립
실험 단계	TRL 3	SW 모델링(분석, 설계)
	TRL 4	연구 시제품(프로토타입) 구현
시작품 단계	TRL 5	서브 시스템 개발(분석, 설계, 구현, 유효성 확인)
	TRL 6	시스템 통합 및 시험, 검증
실용화 단계	TRL 7	실제 운영 환경에서의 시스템 시험, 검증
	TRL 8	시스템 인증
사업화 단계	TRL 9	사업화

— 🏠참조 https://esto.nasa.gov/trl/

009

정답: 2번

개인정보보호법 제2조(정의)는 개인정보보호법 및 시행령에서 사용하는 용어를 정의하고 있다. '정보 주체'란 처리되는 정보에 의하여 알아볼 수 있는 사람으로서 그 정보의 주체가 되는 사람을 말한다. 그리고 '개인정보 파일'이란 개인정보를 쉽게 검색할 수 있도록 일정한 규칙에 따라 체계적으로 배열하거나 구성한 개인정보의 집합물을 말한다. 또한, '개인정보 처리자'란 업무를 목적으로 개인정보 파일을 운용하기 위하여 스스로 또는 다른 사람을 통하여 개인정보를 처리하는 공공기관, 법인, 단체 및 개인 등을 말한다.

010

정답: 1번

ISO 8000은 데이터 품질 및 엔터프라이즈 마스터 데이터에 대한 글로벌 표준이다. 기능을 설명하고 비즈니스 파트너 간의 마스터 데이터 표준 교환에 대한 요구 사항을 정의한다. 이는 엔터프라이즈 마스터 데이터에 대한 요구 사항으로 이식성 개념을 설정하고 진정한 엔터프라이즈 마스터 데이터는 각 조직에 고유하다는 개념을 설정한다. 마스터 데이터는 일반적으로 제품, 서비스 및 자재, 구성요소, 고객 및 거래 상대방에 대한 중요한 비즈니스 정보와 특정 변경 불가능한 거래 및 운영 기록을 관리하는 데 사용된다.

이 표준을 적용하면 조달 비용을 크게 절감하고 재고 합리화를 촉진하며 공급망 관리에서 더 큰 효율성과 비용 절감을 제공할 수 있음이 이미 입증되었다. ISO 8000은 크고 복잡한 조직이 비즈니스 프로세스를 개선하고 운영 비용을 제어하기 위해 전환하는 새로운 기술 표준 중 하나이다. 다른 ISO 및 IEC 표준과 마찬가지로 ISO 8000은 저작권이 있으며 무료로 사용할 수 없다.

011

정답: 4번

스튜어드십 코드(Stewardship Code)는 기관 투자자가 따라야 할 원칙에 관한 영국 회사법의 일부이다. 2010년에 재무 보고 위원회(FRC)에서 처음 발표했으며 2019년에는 FRC에서 업데이트된 스튜어드십 코드를 발표했다.

스튜어드십은 고객과 수혜자를 위한 장기적 가치를 창출하여 경제, 환경 및 사회에 지속 가능한 혜택을 제공하기 위한 책임 있는 자본 할당, 관리 및 감독이다. 영국 스튜어드십 코드는 자산 관리자(투자 관리자), 자산 소유자 및 서비스 제공자(예: 대리 고문, 투자 컨설턴트 및 데이터 제공자)를 위한 자발적 코드이다. 명시된 목표는 수혜자의 이익을 위해 기업 지배 구조에 대한 적극적이고 참여적인 모니터링을 장려하는 것이다. 특히 이 강령은 책임 있는 자본 할당, 관리 및 감독을 촉진하여 고객과 수혜자를 위한 장기적인 가치를 창출하여 경제, 환경 및 사회에 지속 가능한 혜택을 제공하는 것을 목표로 한다. 2019년 말, FRC는 환경, 사회 및 거버넌스(Environmental, Social, Governance, ESG) 요소에 중점을 둔 새로운 주제별 문제를 도입할 뿐만 아니라 다양한 서명 그룹을 위한 새로운 원칙을 도입한 원래의 2010년 강령을 실질적으로 업데이트했다.

— 🏠참조 Korea Stewardship Code(cgs.or.kr)

012

디지털 증거의 수집·분석 및 관리 등에 관한 규칙 제6조에서는 디지털 포렌식을 수행할 수 있는 디지털 조사 분석관의 자격 요건을 명시하고 있다. 상세한 자격 요건은 다음과 같다.

(1) 공정거래위원회가 실시하는 디지털 포렌식 기초 및 심화 교육 과정을 수료한 자

(2) 디지털 포렌식 관련 전문 자격증을 보유한 자

(3) 디지털 포렌식 관련 분야에서 1년 이상 실무 경험이 있는 자

(4) 디지털 포렌식, 컴퓨터공학, 전자공학, 정보보호공학 등 관련 분야에서 학사학위 이상을 소지하거나 다른 국가기관에서 공정거래위원회의 디지털 포렌식 심화 교육 과정에 준하는 교육을 이수한 자로서 디지털 포렌식 관련 지식이 충분하다고 인정되는 자

013

정보 보안 정책은 정보 보안에 대한 경영진의 관심과 참여의 필요성을 명시하고 정보 보안 관리에 조직의 접근방법을 설명해야 한다. ISO27002, ISO27001에서는 정보 보안 정책서가 다루어야 할 내용에 대해서 다음과 같이 가이드하고 있다. 최고 경영진은 다음과 같은 내용을 만족하는 정보보호정책을 수립하여야 한다.

(1) 조직의 목적에 적합해야 한다.

(2) 정보보호 목적을 포함하거나 정보보호 목적을 위한 프레임워크를 제공해야 한다.

(3) 정보보호에 관련된 적용 가능한 요구 사항을 만족시키도록 하는 의지를 포함해야 한다.

(4) 정보보호 경영 시스템의 지속적인 개선을 위한 의지를 포함해야 한다.

(5) 문서 정보로 이용할 수 있어야 한다.

(6) 조직 내부에 공표해야 한다.

(7) 필요한 이해 관련자가 이용할 수 있어야 한다.

014

저작권이란 국내법이 자국의 저작자에게 부여하는 권리이기 때문에 국제적으로 보호되는 저작권이란 사실상 없었다. 그러나 19세기 말경 복제 기술의 혁신과 통신 수단의 발전에 의하여 저작물의 국제적 교류가 불가피해지고 저작물 시장이 넓어지게 됨에 따라 저작물의 국제적인 보호의 필요성이 대두되면서 각국에서도 자국의 저작물을 보호받기 위해 적극적으로 노력하게 되었다. 처음에는 양국 간 상호 호혜주의에 입각한 저작물 보호가 일반적이었지만, 1886년 다자간 협약인 '문화·예술 저작물의 보호를 위한 베른 협약(Berne Convention for the Protection of Literary and Artistic Works, 이하 베른 협약)'이 영국, 프랑스 등 유럽 국가를 중심으로 체결되었다.

베른 협약은 세계 최초의 다자간 협약으로 국제적인 저작권 보호 증진을 위하여 수차례 개정되어 왔으며, 오늘날 전 세계에서 저작권 보호에 관한 기본적 국제 조약으로 인정받고 있다. 그러나 이 협약은 저작권 보호 수준이 높고 저작권 보호 요건으로 무방식 주의를 채택하고 있기 때문에 방식 주의를 취하고 있었던 미국이나 보호 수준이 미흡한 개발도상국이 한동안 가입을 주저해 왔다. 제2차 세계대전 이후 이러한 문제를 해결하기 위하여 UN교육과학문화기구(United Nations Educational, Scientific and Cultural Organization, 이하 UNESCO)의 주도 하에 베른 협약 가입국과 미주 국가와의 협의를 거쳐 서로 다른 문화적 전통을 가진 국가들 간의 저작권 보호를 위하여 1952년 세계저작권협약(Universal Copyright Convention)이 체결되었다. 이후 1971년 파리에서 전면 개정된 바, 우리나라는 이에 가입(1987.10.1. 발효)하였다.

HIPAA(Health Insurance Portability and Accountability Act)

HIPAA 보안 규정은 해당 조직이 모든 전자 개인 건강 관리 정보(Electronic Personal Healthcare Information, ePHI)를 보호하기 위한 기술적 보호 장치를 구현하도록 요구하는데, 여기에는 암호화, 접근 제어, 암호 키 관리, 위험 관리, ePHI 정보 감사 및 모니터링이 구체적으로 언급되어 있다. HIPAA 보안 규정은 HIPAA 암호화 전략을 구현할 때 고려할 요소와 더불어, 해당 조직이 사용할 수 있는 암호화 방법의 예시를 열거한다.

HITECH(Health Information Technology for Economic and Clinical Health)

2009년 ARRA(American Recovery and Reinvestment Act, 미 경기부양책)의 일부로 제정된 HITECH 법안은 HIPAA 암호화 규정 준수 요건 목록을 확장하여 사업체의 직원, 공급업체, 관련 단체가 가진 데이터를 포함하여 '보호되지 않은(암호화되지 않은)' 개인 건강 기록의 데이터 유출을 공개하도록 요구한다.

HIPAA와 HITECH는 모두 환자와 개인의 PHI를 보호하기 위해 노력한다. 의학적으로 관련된 정보의 공개는 고도로 통제되며 접근 또는 전송이 제한된다. HITECH의 제정이 HIPAA보다 늦게 이루어짐에 따라 배운 교훈은 업데이트를 하고 이에 따라 규정이 조정되었다. 환자의 권리도 두 법에 따라 다르다. HIPAA는 환자의 정보와 관련된 공개(승인 여부)에 대한 정보에 대한 액세스 권한을 부여하지 않았다. HITECH는 이제 환자가 정보를 처리, 전송 또는 저장하는 주체가 유지 관리하는 액세스 보고서를 통해 모든 PHI 공개에 액세스할 수 있도록 요구한다. 보고서에는 정보에 액세스한 사람과 액세스 권한이 부여된 권한이 포함되어야 한다.

사이버 공격의 날로 증가하는 위협으로 인해 뉴욕주 금융 서비스 및 보험 산업에서 운영되는 기업은 사이버 보안 프로그램을 구축해야 한다. 뉴욕주 금융 서비스부(NYDFS)는 은행, 보험 회사 및 NYDFS가 감독하는 기타 금융 서비스 기관이 사이버 보안 프로그램을 수립하고 유지하도록 요구하는 일련의 규정(23 NYCRR 500)을 통과시켰다. NYDFS 사이버 보안 규정 준수 요구 사항은 2년 동안 4단계로 시행된다. 각 단계의 일부로 해결해야 하는 보안 활동은 다음과 같다.

- 1단계: 해당 법인은 2020년 8월 28일까지 다음 요구 사항을 준수해야 한다. (년도는 2년 동안 준비해야 된다는 것을 의미)
  - 사이버 보안 프로그램: 회사 정보 시스템의 기밀성, 무결성 및 가용성을 보호하도록 설계된 사이버 보안 프로그램을 개발한다.
  - 사이버 보안 정책: IT 시스템 및 비공개 정보를 보호하기 위한 정책을 개발한다.
  - 최고 정보 보안 책임자 지정: 회사 내에서 또는 제3자를 통해 자격을 갖춘 개인을 지정하여 사이버 보안 프로그램을 감독하고 구현한다.
  - 액세스 권한: 회사의 IT 시스템 및 비공개 정보에 대한 사용자 액세스를 적절하게 제한한다.
  - 사이버 보안 인력 및 인텔리전스: 자격을 갖춘 개인을 활용하여 귀사의 보안 위험을 관리하고 주요 보안 기능의 성능을 감독한다.
  - 사고 대응 계획: 보안 사고에 신속하게 대응하고 손실된 정보를 복구하기 위한 계획을 수립한다.
  - 감독관 통지: 보안 사고 발생 시 감독관에게 알린다.
- 2단계: 해당 법인은 2021년 3월 1일까지 다음 요구 사항을 준수해야 한다.
  - 위험 평가: IT 시스템 및 비공개 정보에 대한 보안 위험 평가를 수행하고 필요에 따라 업데이트한다.
  - 침투 테스트 및 취약성 평가: 사이버 보안 프로그램의 효율성을 평가하기 위해 연간 침투 테스트 및 2년마다 취약성 평가를 수행한다.
  - CISO 연간 보고 요건: CISO는 사이버 보안 보고서를 회사 이사회 또는 고위 임원에게 보고해야 한다.
  - 다중 요소 인증: 사용자는 외부 네트워크에서 내부

네트워크에 액세스하려면 다중 요소 인증 방법을 사용해야 한다.

- 감독관에 대한 사건 통지: 매년 2월 15일까지 NYDFS 사이버 보안 요구 사항을 준수하는지 확인하기 위해 NYDFS 감독관에게 서면 진술서를 제출한다.

- 교육 및 모니터링 - 직원에 대한 인식 교육 제공: 직원에게 정기적인 보안 인식 교육을 제공한다.

- 3단계: 해당 법인은 2021년 9월 1일까지 다음 요구 사항을 준수해야 한다.

  - 감사 추적: 사고를 감지하고 대응할 목적으로 중요한 금융 거래를 기록하고 재구성할 수 있는 보안 시스템을 유지 관리한다.

  - 애플리케이션 보안: 사내에서 생성된 애플리케이션의 안전한 개발, 모니터링 및 평가를 위한 서면 절차 및 지침을 수립한다.

  - 데이터 보존에 대한 제한 사항: 비공개 정보를 안전하게 폐기하기 위한 정책 및 절차를 수립한다.

  - 교육 및 모니터링: 위험 기반 정책, 절차 및 제어 구현: 위험 기반 정책 및 절차를 구현하여 비공개 정보 사용에 대한 무단 액세스를 감지한다.

  - 미공개 정보 암호화: 외부 네트워크를 통해 전송 중인 미공개 정보를 암호화한다.

- 4단계: 해당 법인은 2022년 3월 1일까지 다음 요구 사항을 준수해야 한다.

  - 제3자 서비스 제공업체 보안 정책: 비공개 정보를 제3자 서비스 제공업체와 공유할 때 보안을 유지하도록 문서화된 정책을 개발한다.

017
정답: 3번

개인정보를 처리하는 경우 다음 7가지 원칙을 모두 준수하여야 한다(제5조).

(1) 합법성·공정성·투명성 원칙

(2) 목적 제한의 원칙

(3) 개인정보 최소 처리 원칙

(4) 정확성의 원칙

(5) 보유 기간 제한의 원칙

(6) 무결성과 기밀성의 원칙

(7) 책임성의 원칙

018
정답: 3번

NEP와 NET의 차이점은 NEP는 제품에 대한 인증이고 NET는 상용화 이전 즉 시장에 출시하기 이전의 기술에 대한 인증이라는 것이다. 양자는 시간적인 차이가 있어서 동시 신청을 불가능한 것이 일반적이다. 대체로 새로운 기술로 새로운 제품을 만든 경우 NET를 먼저 신청하고 매출이 발생하면 NEP를 신청할 수 있으나 양자는 별도의 심사이므로 각각에 알맞게 준비를 잘 해야 한다. 참고로 NEP는 대부분 중소기업들이 신청하지만, NET는 삼성전자나 기타 기술 업무를 다루는 대기업들도 많이 신청하고 있다.

019
정답: 4번

정보보호 최고책임자가 수행하는 정보보호 업무 정보보호 최고책임자는 다음 각 목의 업무를 총괄한다.

(1) (정보보호 계획의 수립·시행 및 개선) 정보통신망의 안정성·신뢰성 확보를 위하여 관리적·기술적·물리적 보호 조치를 포함하는 종합적 관리 계획의 수립·시행 및 개선

(2) (정보보호 실태와 관행의 정기적인 감사 및 개선) 정보보호 실태 등에 대하여 조사하거나 관계 대상자로부터 보고를 받을 수 있으며 정기적인 감사를 통해 사업주 또는 대표자에게 조사 결과 및 개선 조치를 보고하는 등 정보보호 업무에 대한 책임

(3) (정보보호 위험의 식별·평가 및 정보보호 대책 마련) 하드웨어 또는 소프트웨어의 결함이나 체계 설계상의 허점으로 인해 사용자에게 허용된 권한 이상의 동작이나 허용된 범위 이상의 정보 열람·변조·유출을 가능하게 하는 약점(취약점) 및 위험의 식별·평가, 위험을 처리하기 위한 보안 조치 설계, 정보보호 대책 마련 등

(4) (정보보호 교육 및 침해사고 모의 훈련 계획의 수립·시행) 정보통신 서비스 제공자를 대상으로 정보보호를 위해 최소 연 1회 이상 필요한 교육 및 침해사고 모의 훈련을 실시

- 정보보호 교육 및 침해사고 모의 훈련의 구체적인 사항은 목적 및 대상, 교육 내용(프로그램), 일정 및 방법 등을 포함하고 교육 대상의 지위·직책, 담당 업무의 내용·숙련도에 따라 그 내용을 각기 다르게 수립·시행

- 자체적인 교육 및 침해사고 모의훈련 계획의 수립·시행이 어려운 경우 한국인터넷진흥원을 통한 지원 요청 가능

CRO(Chief Risk Officer)는 기업 내 위기 관리 시스템 구조에 따라 다르기는 하나, 위기 시 CEO 등을 대행하여 위기관리팀 조직을 가동하고, 활성화시키고, 운용하는 임무를 지휘한다. 위기 발생 이전에는 위기에 대한 감지, 평가, 시나리오 개발, 사전 대비책 마련, 매뉴얼 업데이트, 훈련 및 시뮬레이션 기회 제공 등의 임무를 지휘한다. 위기 발생 이후에는 발생된 위기에 대한 상황 평가, 향후 예측, 핵심 이해관계자 및 여론 분석, 대응안 도출, 실행 등에 대한 임무를 이끌게 된다.

020 정답: 4번

연방 정보 보안 관리법(Federal Information Security Management Act, FISMA)는 정부 정보 및 운영을 보호하기 위한 지침 및 보안 표준의 프레임워크를 정의하는 미국 법률이다. 이 위험 관리 프레임워크는 2002년 전자정부법(Electronic Government Act)의 일부로 법률로 서명되었으며 나중에 업데이트 및 수정되었다. 2002년부터 FISMA의 범위는 연방 프로그램을 관리하는 주 기관이나 미국 정부와 계약을 맺은 민간 기업 및 서비스 제공업체에 적용되도록 확대되었다.

규정을 준수하지 않으면 연방 자금이 감소하거나 기타 처벌이 발생할 수 있다. FISMA는 비용 효율성을 강조하면서 연방 데이터 보안 위험을 줄이는 방법을 제시했기 때문에 전자정부법에서 더 중요한 규정 중 하나이며, 연방 기관이 충족해야 하는 일련의 보안 정책이 만들어졌다. 특히, FISMA는 연방 기관 및 해당 기관에 적용되는 기타 기관에서 기관 차원의 정보 보안 프로그램을 개발, 문서화 및 구현하도록 요구한다. 이러한 프로그램은 민감한 데이터를 보호할 수 있어야 한다.

이 법은 또한 NIST(National Institute of Standards and Technology)와 OMB(Office of Management and Budget)에 일부 책임을 부과한다. 최고 정보 책임자 및 감찰관과 같은 기관 관계자는 기관의 정보 보안 프로그램에 대한 연례 검토를 수행하고 이러한 검토를 OMB에 보고해야 한다. 그런 다음 OMB는 데이터를 사용하여 감독 책임을 지원하고 연례 보고서를 의회에 전달할 것이다. NIST는 최소 보안 요구 사항과 같은 표준 및 지침에 관한 정보를 개발하는 임무를 맡고 있다.

021 정답: 2번

국제표준인 ISO 22317은 비즈니스 영향 분석(Business Impact Analysis, BIA) 프로세스를 구축, 실행, 유지하기 위한 상세한 지침을 제공하는 기술 규격이다. ISO 22317는 비즈니스 영향 분석의 획일적 프로세스를 제공하는 것이 아니라, 기관이 각자의 요구 사항에 맞는 BIA 수행을 위한 프로세스를 설계할 수 있도록 도와준다.

기관의 개별적인 BIA를 ISO 22317로 인증할 수는 없지만, 기관은 이를 BIA 프로세스를 실행하기 위한 지침으로 사용할 수 있다. ISO 22317은 비즈니스 영향 분석만을 다루는 최초의, 그리고 유일한 표준이다. ISO 22317를 설계한 목적은 ISO 22301을 보완하기 위함이었지만, ISO 22301과는 별개로 독립적인 표준으로 사용할 수 있다. 비즈니스 영향 분석 프로세스는 문제적 사안이 기관에 미치는 영향을 분석하는 것을 목적으로 한다.

ISO 22317의 이점은 다음과 같다.

- 제품, 프로세스, 활동 간의 관계를 파악하고 이를 구축하는 방법을 습득
- 비즈니스 연속성 프로그램의 범위를 조정하기 위해 필요한 기술을 습득
- 파트너와 기타 이해당사자의 요구를 더 깊게 이해
- 법, 규제, 계약상 요건과 이것이 비즈니스 연속성 요건에 미치는 영향이 무엇인지 파악하는 능력을 강화
- BIA 프로세스를 유지하기 위해 요구되는 개념, 방법, 도구, 테크닉을 이해

022

1931년에 《과학적 접근(Industrial Accident Prevention: A Scientific Approach)》이라는 한 권의 책이 출판되었다. 저자는 미국의 트래블러스라는 보험회사의 위험 관리 부서에서 근무하던 허버트 윌리엄 하인리히(Herbert William Heinrich)로, 그의 업무는 발생할 수 있는 보험사고를 예방하여 회사의 손해율을 낮추는 것이었다. 그는 접수된 수많은 사고 자료를 검토했고 여러 가지 사례 분석을 통해 하나의 법칙을 만들어 낸다.

이것이 1:29:300이라는 하인리히의 법칙으로, 1건의 큰 상해(major injury)가 발생하면 그 전에 29건의 작은 상해(minor injury)가 발생하고, 같은 원인으로 상해를 입을 뻔한 300건의 무재해 사고(300 accidents with no injuries) 있었다는 사실이다. 하인리히 법칙은 어떤 상황에서든 문제되는 현상이나 오류를 초기에 신속히 발견해 대처해야 한다는 것을 의미함과 동시에 초기에 신속히 대처하지 못할 경우 큰 문제로 번질 수 있다는 것을 경고한다. 이러한 하인리히 법칙을 정리하자면 첫째, 사소한 것이 큰 사고를 야기한다, 둘째, 작은 사고 하나는 거기에 그치지 않고 연쇄적인 사고로 이어진다고 추릴 수 있다.

023

전산학에서 동기화 문제로는 다음과 같이 여러 가지가 있다.

(1) 독자-저자 문제(Readers-writers problem)란 여러 명의 독자와 저자들이 하나의 저장 공간(버퍼)을 공유하며 이를 접근할 때 발생하는 문제이다. 독자는 공유 공간에서 데이터를 읽어온다. 여러 명의 독자가 동시에 데이터를 읽어오는 것이 가능하다. 저자는 공유 공간에 데이터를 쓴다. 한 저자가 공유 공간에 데이터를 쓰고 있는 동안에는 그 저자만 접근이 가능하며, 다른 독자들과 저자들은 접근할 수 없다.

(2) 생산자-소비자 문제(Producer-consumer problem)는 여러 개의 프로세스를 어떻게 동기화할 것인가에 관한 고전적인 문제이다. 한정 버퍼 문제(bounded-buffer problem)라고도 한다. 유한한 개수의 물건(데이터)을 임시로 보관하는 보관함(버퍼)에 여러 명의 생산자와 소비자가 접근한다. 생산자는 물건이 하나 만들어지면 그 공간에 저장한다. 이때 저장할 공간이 없는 문제가 발생할 수 있다. 소비자는 물건이 필요할 때 보관함에서 물건을 하나 가져온다. 이때는 소비할 물건이 없는 문제가 발생할 수 있다.

(3) 잠자는 이발사 문제(Sleeping barber problem)는 운영체제의 프로세스 간 통신과 그들의 동기화 문제를 다루는 고전적인 문제이다.

(4) 식사하는 철학자들 문제(Dining Philosopher Problem)는 동시성과 교착 상태를 설명하는 예시로, 여러 프로세스가 동시에 돌아갈 때 교착 상태가 나타나는 원인을 직관적으로 알 수 있다.

024

세계최고감사기구(International Organization of Supreme Audit Institutions, INTOSAI) 감사 기준은 리마 선언문, 도쿄 선언문, INTOSAI 이사회 및 총회에서 채택된 성명서 및 보고서, 개발도상국의 공공회계와 감사에 관한 유엔 전문가 그룹 미팅의 보고서에 그 기본 틀을 두고 있다. 국제 최고 감사 기관기구(INTOSAI)는 최고 감사 기관인 정부 간 조직이다. 세계의 거의 모든 최고 감사 기관은 INTOSAI의 회원이다.

본국에서 사용되는 시스템의 유형에 따라 INTOSAI의 구성원은 최고 재무 통제관, Comptroller General의 사무실, 감사 총장실, 회계 법원 또는 감사위원회의 제목을 다양하게 지정할 수 있다. INTOSAI는 쿠바 하바나에서 1953년에 설립되었다. 34개의 감사 기관이 원래 그룹을 구성했으며 2010년 현재 회원 자격은 193개 기관(188개 국가 기관, 유럽 감사 법원 및 4명의 관련 회원)을 포함한다.

INTOSAI의 구성원은 유엔의 주요 외부감사원이다. 유엔 총회는 INTOSAI 회원 대표 중 유엔 감사위원회(6년 동안 임명된 3명의 회원)를 임명한다. INTOSAI는 국제 최고 감사 기관 회의 (INCOSAI)라는 제목의 3년기 회의를 개최한다. 분기별 국제 정부 감사 저널을 발행한다. 주요 간행물의 예는 다음과 같다.

- 공공 부문의 내부 통제 표준에 대한 지침(1992 -현재 텍스트는 2004 년 10 월 XVIIIth INCOSAI가 승인한 INTOSAI 내부 통제 표준위원회의 2004 개정판이다. 이후 INTOSAI 표준/지침에 'INTOSAI GOV 9100'으로 통합되었다.) 그것은 내부 통제를 위한 COSO의 통합 프레임워크(서문에 명시된 바와 같이)에 의존하고 COSO의 내부 통제에 대한 정의와 IIA의 내부감사에 대한 정의를 사용한다.
- 민영화 감사를 위한 모범 사례에 관한 지침, (1998)
- 공채무에 대한 내부 통제 기획 지침, (2002)

—— 🏠참조 https://www.intosai.org/

025

정답: 2번

모든 조직은 데이터, 소프트웨어, 서비스, 장비, 건물 등과 같은 자산을 소유하고 있으며, 성공적인 비즈니스 운영을 위해 광범위하게 이에 의존하고 있다. 이러한 자산은 위험에 처할 수 있으므로 보호해야 한다. 상업 및 정부 부문 모두에 대해 여러 가지 위험 분석 및 관리 방법이 제안되었다. 위험 분석은 보안 위반을 야기할 수 있는 위험에 대한 평가이다. 위험 관리는 이러한 위험에 대처하기 위한 적절한 대책을 찾는 것과 관련이 있다. 이러한 방법은 현재 수동으로 적용할 지침 형식 또는 대화형 소프트웨어 패키지로 사용할 수 있다.

CRAMM(CCTA 위험 분석 및 관리 방법)은 위험 관리 방법론으로, 현재 다섯 번째 버전인 CRAMM 버전 5.0이다. CRAMM은 세 단계로 구성되며 각 단계는 객관적인 설문지와 지침에 의해 지원된다. 처음 두 단계는 시스템에 대한 위험을 식별하고 분석한다. 세 번째 단계에서는 이러한 위험을 관리하는 방법을 권장하고 있다. CRAMM 방법은 영국 정부를 대신하여 영국 보안 서비스에서 소유, 관리 및 유지 관리하고 있다. 해당 CRAMM 도구는 영국 정부 국가 안보 당국인 보안 서비스 및 CESG와 협의하여 업계에 의해 개발되었다. 거의 모든 위험 분석 방법에 따라 CRAMM은 위험이 자산 가치, 위협 및 취약성에 의존한다고 주장하고 있다. 이러한 매개 변수의 값은 CRAMM 실무자가 자산 소유자, 시스템 사용자, 기술 지원 직원 및 부서별 보안 담당자와의 일련의 인터뷰에서 평가한다. CRAMM 검토의 결과는 정보보호의 위험을 해결하

는 데 필요한 것으로 간주되는 일련의 권장 대책이다. CRAMM은 이름이 같은 도구로 CRAMM이라는 방법론을 지원한다. 현재 CRAMM은 영국 정부가 선호하는 위험 분석 방법이지만 CRAMM은 영국 이외의 많은 국가에서도 사용되고 있다. CRAMM은 정부 기관 및 산업과 같은 대규모 조직에 특히 적합하다.

CRAMM은 장점과 단점을 가지고 있다. 장점 중 일부는 다음과 같다. CRAMM은 잘 정립된 방법을 기반으로 위험 분석에 대한 구조화된 접근 방식을 제공한다.

- 이 도구는 검토자가 정보 시스템에 대한 철저한 보안 감사를 수행하도록 권장한다.
- 이 도구는 광범위한 계층 적 대책 데이터베이스를 제공한다.
- 이 도구를 사용하면 검토자가 시스템 모델링을 지원하는 데 충분한 유연성을 가질 수 있다.
- 이 도구는 비상 계획에 대한 지원을 제공한다.

단점 중 일부는 다음과 같다.

- 이 도구는 숙련된 CRAMM 실무자만 사용해야 한다.
- 전체 리뷰는 며칠이 아닌 몇 달이 걸릴 수 있다.
- 이 도구는 너무 많은 하드 카피 출력을 생성한다.
- 이 도구는 고객의 집 스타일을 충족시키기 위해 복사 출력을 사용자 정의할 수 있는 유연성을 거의 제공하지 않는다.
- 이 도구는 작동 성능이 느리다.

026

정답: 1번

메칼프의 법칙(Metcalfe's law)은 조지 길더(George Gilder)에 의해 고안되었지만, 이더넷(1980)의 공동 발명가인 로버트 메칼프(Robert Metcalfe)에 기인한다. 이는 연결 수의 증가와 가치 모두를 의미한다. 메칼프의 법칙은 네트워크의 가치가 네트워크의 노드 수의 제곱에 비례한다고 말한다. 최종 노드는 컴퓨터, 서버 및 단순히 사용자가 될 수 있다. 예를 들어 네트워크에 10개의 노드가 있는 경우 고유 값은 100(10×10)이다. 노드를 하나 더 추가하면 값은 121이 되며 다른 노드를 하

나 더 추가하면 값이 144로 점프하게 된다. 네트워크 효과는 성공적인 디지털 비즈니스의 필수 구성요소가 되었다.

027

SOC 2에서 가용성은 모든 정보 및 컴퓨팅 시스템은 항상 준비되어 있으며 조직의 목표를 달성하기 위해 운영 및 사용할 수 있으며 또한, 조직의 시스템과 고객에게 제공되는 제품 또는 서비스에서 사용하는 정보의 접근성을 나타낸다.

- 가용성 목표는 그 자체로 허용 가능한 최소 성능 수준을 설정하지 않는다.
- 시스템에 작동, 모니터링 및 유지 관리에 대한 접근성을 지원하는 제어가 포함되어 있는지 여부를 다룬다.
- 시스템 기능(시스템이 수행하는 특정 기능)이나 사용성(특정 작업이나 문제의 수행에 시스템 기능을 적용하는 사용자의 능력)은 다루지 않는다.

2)번은 가용성이 아니라 무결성과 관련된 내용으로, 모든 시스템 처리는 완전하고 정확하며 유효하고 시기적절하며 조직이 목표를 달성할 수 있도록 승인되도록 한다.

028

가치 사슬(Value Chain)은 기업에서 경쟁 전략을 세우기 위해, 자신의 경쟁적 지위를 파악하고 이를 향상시킬 수 있는 지점을 찾기 위해 사용하는 모형이다. 가치 사슬의 각 단계에서 가치를 높이는 활동을 어떻게 수행할 것인지 비즈니스 과정이 어떻게 개선될 수 있는지를 조사하여야 한다.

(1) 가치 사슬 모형을 통해 회사의 상품 및 서비스를 위한 가치의 마진을 분석할 수 있다.

(2) 가치 사슬 모델의 확장된 범위로서 공급 사슬 관리와, 고객 관계 관리가 포함될 수 있다.

(3) 가치 사슬 모델의 주요활동은 주요 활동과 지원 활동으로 구분된다.

(4) 가치 사슬 모형의 이점으로는 최저 비용, 운영 효율성, 이익 마진 향상, 공급자와 고객 간의 관계와 같은 경쟁 우위를 준다는 점이다.

마이클 포터의 가치 사슬에 따르자면, 모든 조직에서 수행되는 활동은 본원 활동(primary activity)과 지원 활동(support activity)으로 나뉘어질 수 있다.

029

사베인스 옥슬리법(Sarbanes-Oxley Act, SOX)은 미국 기업들에게 금융 보고 요구 사항을 엄격하게 적용해 놓은 연방법이다. SOX는 투자가들로부터 사기 보고서나 회계 정보를 얻는 것을 막기 위해서이며, 모든 보고서 안의 금융에 관련된 모든 활동들이 신뢰성 있고 믿을 수 있는 정보라는 것을 확인시킬 수 있다.

SOX에는 두 가지 데이터 보안에 관련된 섹터가 있는데, Section 302와 Section 404가 그것이다. Section 302에 따르면 SOX의 모든 정보는 어떠한 사기성이나 거짓 정보에 기반한 어떠한 레포트로 올라갈 수 없도록 관리되어야 한다고 쓰여 있다. Section 404에는 기술적인 도구에 의해서 그들의 금융 정보를 보호하고, 잘못 사용되거나 어느 누군가의 손에 닿는 곳에 보관되는 것으로부터 보호해야 한다고 쓰여 있다. 이를 통해서 무결성(Integrity)이 지켜져야 한다.

GLBA(Gramm-Leach-Bliley Act)는 금융 기관들이 데이터를 보호하기 위해서 지켜야 할 것들에게 대해서 명시하고 있다. 이 준수 사항들은 회사들이 소비자들에게 금융 상품과 서비스를 제공할 때, 대출제공자(Loan Provider), 투자 컨설턴트(Investment Consultant), 보험제공자(Insurance provider)가 지켜야 할 것들을 준수하도록 만든다. GLBA의 우산에서 벗어나면 어마어마한 벌금을 물어야 하거나 소비자들에게 신뢰를 잃어 비즈니스에 큰 타격을 입게 될 수도 있다.

030

정답: 3번

NYDFS(NY Department of Financial Services)의 제 3자 보안(Third Party Security)은 다음과 같다. 이 요구 사항은 해당 기관이 규정이 적용되는 시스템 및 파일에 액세스할 수 있는 권한을 부여할 수 있는 제3자에 대한 정책을 적용해야 한다고 명시한다. 해당 금융 기관은 다음을 자세히 설명하는 제3자 보안에 대한 서면 정책을 개발해야 한다.

(1) 제3자 서비스 제공자의 위험 평가

(2) 해당 금융 기관과 비즈니스를 수행하기 위해 충족되어야 하는 제3자 서비스 제공자의 보안 요구 사항

(3) 제3자 서비스 제공자의 보안 관행의 효율성을 평가하기 위한 프로세스

(4) 제3자 정책 및 통제에 대한 주기적 평가

031

정답: 1번

개인정보 정의와 적용대상 범위에 대해서 개인정보를 '식별되었거나 또는 식별 가능한 자연인(정보 주체)과 관련된 모든 정보'로 정의하면서(제4조 제1항), 기존 Directive에 명시되지 않았으나 판례, 유권 해석, 개별법 차원에서 인정된 개념을 포함하였다.

(1) 자연인이 사용하는 장치, 애플리케이션, 도구와 프로토콜을 통해 제공되는 개인 식별이 가능한 경우의 IP 주소, 쿠키(cookie) ID, RFID(무선 인식) 태그 등을 개인정보(온라인 식별자)에 포함한다(전문 제30항).

(2) 위치 정보를 개인정보의 정의에 명시적으로 규정하였다(제4조 제1항).

(3) 민감한 성격의 개인정보를 '특수한 범주의 개인정보'(이하 '민감 정보')라고 정의하면서, 유전 정보와 생체 인식 정보를 명시적으로 규정하였다(제9조 제1항).

(4) 개인정보의 가명 처리(pseudonymisation) 개념을 명문화함으로써(제4조 제5항), 분리 보관 및 특별 조치 등을 통하여 개인정보를 활용할 수 있도록 하였다.

032

정답: 2번

전자 식별 및 인증 서비스(eIDAS)는 신뢰 서비스와 관련된 요구 사항을 정의하고 제공하는 데 한 걸음 앞서 전자 거래의 보안을 보장한다. eIDAS를 사용하면 전자 서명, 전자 인감, 타임 스탬프, 전자 등록 배달 서비스 및 웹 사이트 인증을 포함한 전자 신뢰 서비스(eTS)가 국경을 초월하여 작동하며 종이 기반 프로세스와 동일한 법적 지위를 갖게 된다.

eIDAS의 목표는 디지털 거래의 안전성과 신뢰성에 대한 확신을 높이는 것이다. eIDAS는 유럽 연합 내부 시장에서 전자 거래를 위한 전자 식별 및 신뢰 서비스를 감독한다. 전자 서명, 전자 거래, 관련 기관 및 포함 프로세스를 규제하여 사용자가 전자 자금 이체 또는 공공 서비스와의 거래와 같은 온라인 비즈니스를 수행할 수 있는 안전한 방법을 제공한다. 서명자와 수신자 모두 더 많은 편리함과 보안을 가질 수 있다. 우편이나 팩스와 같은 전통적인 방법에 의존하거나 종이 기반 문서를 제출하기 위해 직접 나타나는 대신 이제는 '1-Click' 기술과 같은 국경을 넘어 거래를 수행할 수 있다.

eIDAS는 전자 서명, 적격 디지털 인증서, 전자 인감, 타임스탬프 및 기타 인증 메커니즘 증명이 종이에서 수행되는 거래와 동일한 법적 지위로 전자 거래를 가능하게 하는 표준을 만들었다. 이 규정은 유럽 연합 내에서 안전하고 원활한 전자 거래를 용이하게 하기 위한 수단으로 2015년 7월에 발효되었다. 회원국은 eIDAS의 표준을 충족하는 전자 서명을 인정해야 한다.

033

정답: 4번

GDPR 대응 방안은 다음과 같다.

(1) 사내 규정 준수 담당자 고용 또는 임명: GDPR에 규정된 규정 준수 담당자는 크게 정보 통제자, 정보 처리자, 정보보호 책임자(DPO)이다. 정보 통제자는 개인정보 처리 방식과 목적을 정하고 외부 계약 업체의 규정 준수도 책임지는 역할을 맡고 있다. 정보 처리자는 개인정보 기록 유지 관리와 처리를 담당하며 내부에서

그룹을 지정할 수 있고 이런 활동을 전부 또는 일부를 수행하는 외주 업체를 지정할 수 있다. GDPR은 규정 위반이나 불이행의 책임을 정보 처리자에게 묻는데 해당 기업은 물론 클라우드 제공업체와 같은 정보 처리 협력 업체 역시 불이익에 대한 책임을 져야 할 가능성이 있다. 마지막으로 정보 보안 전략과 GDPR 준수를 감독한 데이터 보호 담당자(Data Protection Officer, DPO)를 정보 통제자와 정보 처리자가 지명해야 한다. DPO 의무화 대상은 많은 양의 EU 시민 정보를 처리하거나 저장하는 기업, 특수 개인정보를 처리하거나 저장하는 기업, 정보 주체를 주기적으로 감시하는 기업이며 공공 기관도 의무화 대상이다.

(2) GDPR 요건과 일치한 정보보호 계획 수립: 이미 계획이 수립되어 있더라도 재검토하여 GDPR 요건과 일치하도록 업데이트해야 한다.

(3) 위험 경감 조치 이행: 위험과 그 경감 방법을 파악하면 위험 경감 조치를 시행해야 한다. 대부분의 회사에서 이는 기존 위험 경감 조치를 수정하는 것을 의미한다.

(4) 사고 대응 계획 테스트: GDPR은 정보 침해 시 기업들이 72시간 이내에 신고할 것을 의무화하고 있다. 기업이 규정 위반으로 벌금을 물 것이냐는 대응팀이 얼마나 효과적으로 피해를 최소화 하느냐에 직접적으로 좌우되므로 기한 내에 적절한 신고와 대응이 가능하도록 조치해야 한다.

(5) 지속적 평가를 위한 절차 수립: 규정은 계속 준수해야 하며 이를 위해서는 감시와 지속적인 개선이 필요하다.

—— ⌂출처 https://blog.softcamp.co.kr/236

034 　　　　　　　　　　　　 정답: 1번

FIPS(Federal Information Processing Standards)는 연방 정부 컴퓨터 시스템에 대한 NIST(National Institute of Standards and Technology)에서 발행되는 표준 및 지침서이다. FIPS는 표준에 대한 강력한 연방 정부 요구 사항(예: 보안 및 상호 운용성에 대한)이 있지만 받아들일 수 있는 업계 표준 또는 솔루션이 존재하지 않을 때 개발되었다. 정부 관계 기관 및 금융 기관은 이 표준을 사용하여 제품이 지정된 보안 요구 사항을 준수하도록 한다.

FIPS 표준은 컴퓨터 보안 및 상호 운용성 보장과 같은 다양한 목적에 대한 요구 사항을 설정하기 위해 발행되며 적절한 산업 표준이 아직 존재하지 않는 경우를 위한 것이다. 많은 FIPS 사양은 ANSI(American National Standards Institute), IEEE(Institute of Electrical and Electronics Engineers), ISO(International Organization for Standardization)와 같은 기술 커뮤니티에서 사용되는 표준의 수정된 버전이다. NIST(National Institute of Standards and Technology)는 법령에서 요구하거나 사이버 보안에 대한 강력한 연방 정부 요구 사항이 있는 경우 FIPS 간행물을 개발한다. FIPS 간행물은 1996년 정보 기술 관리 개혁법(공법 104-106)의 섹션 5131 및 1987년 컴퓨터 보안법(공법 100-235)에 따라 상무부 장관의 승인을 받은 후 NIST에서 발행하고 있다.

반면, 2)번의 FISMA는 2002년 연방 정보 보안 관리법이다. 이 법은 모든 연방 기관이 비용 효율적인 방식으로 네트워크 보안을 보장하기 위해 특정 세트의 정책, 절차 및 시스템 업그레이드를 구현하도록 요구한다.

035 　　　　　　　　　　　　 정답: 3번

사이버 보안 측정 방법에는 EAL(Evaluation Assurance Level)과 비슷한 SAL(Security Assurance Level) 측정 방식이 있다. Common Criteria 표준을 기반으로 하는 EAL(평가 보증 수준)에서 EAL1은 최소 요구 사항, EAL7은 가장 높은 요구 사항이다. 각 평가 보증 수준은 다음과 같이 설명할 수 있다.

- EAL2: 구조적으로 테스트됨
- EAL3: 방법론적으로 테스트 및 확인됨
- EAL4: 방법론적으로 테스트, 설계 및 검토됨
- EAL5: 준공식적으로 설계 및 테스트됨
- EAL6: 준공식적으로 검증된 설계 및 테스트됨
- EAL7: 공식적으로 검증된 설계 및 테스트를 실시함

산업 제어 시스템(ICS)에 대한 사이버 보안 평가에 대한 또 다른 접근 방식은 IEC 62443이다. 이 표준에는 보안 보증 수준(SAL)의 정의가 도입되었다. 4가지

보안 수준(SAL1~4)이 있으며 7가지 기능 요구 사항 세트를 사용하여 주어진 보안 영역에 대해 평가된다.

보안 수준(Security Assurance Levels, SAL)은 영역에 대한 보안을 해결하기 위한 정성적 접근 방식을 제공한다. 질적 방법으로 보안 수준 정의는 조직 내 영역의 보안을 비교하고 관리하는 데 적용할 수 있다. 더 많은 데이터를 사용할 수 있게 하고 위험, 위협 및 보안 사고에 대한 주제별 표현이 개발됨에 따라 이 개념은 보안 수준(SL)의 선택 및 검증을 위한 정량적 접근 방식이다.

EAL과 SAL의 레벨을 비교하면 다음 표와 같다.

Evaluation Assurance Level	Security Assurance Level	Cybersecurity
EAL1	SAL1	Low
EAL2	SAL1	Low
EAL3	SAL2	Medium
EAL4	SAL2	Medium
EAL5	SAL3	High
EAL6	SAL4	High
EAL7	SAL4	High

036

정답: 2번

ISO 26262는 '자동차-기능 안전성'에 대해 특별히 구성된 기능 안전성 표준이다. 이 표준은 기능 안전성 표준 IEC 61508을 자동차 전기/전자 시스템에 적합하게 수정한 것이다. 즉, ISO 26262 규격은 자동차 산업을 위한 기능 안전 국제표준으로, 자동차 하드웨어 및 소프트웨어 부품을 구성하는 전자/전기 시스템에 적용된다.

ISO 26262는 개발 과정에 사용되는 절차, 방법, 도구와 시스템 자체의 안전 관련 기능들이 충족해야 하는 요구 사항을 규정하고 있다. ISO 26262 규격은 차량의 생명 주기 동안 충분한 수준의 안전성이 충족되고 유지되도록 해야 한다.

ISO 26262가 제공하는 기능은 다음과 같다.

- 자동차 안전 생명 주기(관리, 개발, 생산, 운영, 서비스, 폐

기) 및 해당 생명 주기 단계 동안 필요한 활동에 적합하게 구성된 지원
- 전체 개발 프로세스(요구 사항 지정, 설계, 구현, 통합, 확인, 검증, 구성 등의 활동 포함)의 기능 안전성 측면을 다룸
- 위험 등급(ASIL, 자동차 안전 무결성 수준)을 판정하는 데 필요한 자동차 고유의 위험 기준 방식 제공
- ASIL을 활용해 허용 가능한 잔여 위험을 달성하는 데 필요한 품목별 안전 요구 사항 지정
- 충분하고 허용 가능한 수준의 안전이 달성됨을 보장할 수 있도록 검증 및 확인에 필요한 조치 제공

037

정답: 2번

Val IT(IT 투자 가치)는 정보 기술 기반 비즈니스 투자에 대한 거버넌스 모범 사례를 설명하는 프레임워크이다. Val IT는 전 세계적으로 인정되는 정보 시스템(IS) 지식 및 관행의 개발, 채택 및 사용에 참여하는 독립적인 비영리 글로벌 협회인 ISACA에서 개발했다. Val IT 프레임워크의 목표는 조직이 IT와 비즈니스 간의 관계를 정의하고 IT 투자를 안내하며 IT 지원 비즈니스를 위한 투자 포트폴리오를 관리하도록 돕는 것이다.

Val IT는 7가지 원칙을 기반으로 하고 있다.

(1) IT 기반 투자는 투자 포트폴리오로 관리된다.
(2) IT 기반 투자에는 비즈니스 가치를 달성하는 데 필요한 활동의 전체 범위가 포함된다.
(3) IT 기반 투자는 전체 경제 생명 주기 동안 관리된다.
(4) 가치 전달 방식은 다르게 평가되고 관리될 다양한 범주의 투자가 있음을 인식한다.
(5) 가치 전달 방식은 주요 지표를 정의 및 모니터링하고 변경 사항이나 편차에 신속하게 대응한다.
(6) 가치 전달 방식은 모든 이해관계자를 참여시키고 기능 전달 및 비즈니스 이점의 실현에 대한 적절한 책임을 할당한다.
(7) 가치 전달 방식은 지속적으로 모니터링, 평가 및 개선될 것이다.

038

정답: 1번

'법정 허락' 조건이 발생한 경우에는 문화관광부장관으로부터 해당 저작물의 이용을 승인받아야 하고, 문화관광부장관이 정한 보상금을 저작재산권자에게 지급하거나 법원에 공탁하여야 한다. 현재 저작권위원회(www.copyright.or.kr)는 문화관광부장관으로부터 위탁을 받아 권리자를 대신하여 저작물의 이용을 승인해 주고 있다.

- 공표된 저작물의 저작재산권자나 그의 거소를 알 수 없어 이용 허락을 받을 수 없는 경우의 저작물의 이용(제50조)
- 공표된 저작물을 공익상 필요에 의하여 방송하고자 협의하였으나 협의가 성립되지 않는 경우의 저작물의 방송(제51조)
- 판매용 음반이 우리나라에서 처음으로 판매되어 3년이 경과하고, 그 음반에 녹음된 저작물을 녹음하여 다른 음반을 제작하고자 협의하였으나 성립되지 아니한 경우(제52조) 등이 있다.

저작권법은 외국인의 저작물에 대하여 우리나라가 가입 또는 체결한 조약에 따라 보호한다고 규정하고 있다(제3조 제1항). 그러나 외국인의 저작물이라도 그 외국에서 대한민국 국민의 저작물을 보호하지 아니하는 경우에는 그에 상응하게 조약 및 저작 권법에 의한 보호를 제한할 수 있다(제3조 제3항). 이와 같이 우리 저작권법은 외국인 저작물에 대하여 '상호주의'를 규정하고 있다.

039

정답: 1번

2015년 6월 30일 FFIEC는 규제 대상 금융 기관이 사이버 보안 준비 상태를 평가할 수 있도록 FFIEC 사이버 보안 평가 도구를 출시했다. 이 도구는 자가 평가로 사용될 수 있으며 규제 기관은 시험 중에 완료된 평가를 검토할 수 있다.

FFIEC 규정 준수는 FFIEC(Federal Financial Institutions Examination Council)에서 2005년 10월에 발행한 일련의 온라인 뱅킹 표준을 준수한다. 단일 요소 인증(SFA)이 특히 인터넷에서 점점 더 정교해지는 해커의 전술에 대해 부적절하다는 것이 입증되었기 때문에 표준에는 다중 요소 인증(MFA)이 필요하다. MFA에서는 트랜잭션의 합법성을 확인하기 위해 둘 이상의 인증 형식이 구현된다. 대조적으로 SFA는 사용자 ID와 비밀번호만 포함한다. MFA에서 사용할 수 있는 인증 방법에는 지문 인식, 홍채 인식, 얼굴 인식, 음성 ID와 같은 생체 인증이 있다. 이러한 방법 외에도 기존의 사용자 ID 및 암호와 함께 스마트카드 및 기타 전자 장치를 사용할 수 있다.

FFIEC 지침의 두드러진 특징은 금융 기관에서 수행하는 모든 OLTP(온라인 거래 처리)에 암호화를 사용해야 한다는 요구 사항이다. 암호화 수준은 은행 내부 네트워크 및 공유 외부 네트워크 간에 무단 공개를 방지하기에 충분해야 한다. 기관이 FFIEC 지침을 준수하는지 여부를 확인하려면 내부 환경에 대한 포괄적인 평가를 수행하여 잠재적인 보안 취약점과 위협을 식별해야 한다. 그런 다음, 적절한 수준의 보안을 유지하기 위해 목표를 설정하고 솔루션을 구현하고 정기적인 위험 평가를 수행해야 한다.

040

정답: 2번

- 신기술(NET) 인증: 국내기업 및 연구기관, 대학 등에서 개발한 신기술을 조기에 발굴하여 그 우수성을 인증함으로써 개발된 신기술의 상용화와 기술 거래를 촉진하고 신기술 적용 제품의 신뢰성을 제고로 구매력 창출을 통한 초기 시장 진출 기반 조성을 목적으로 한다. NET는 기술의 우수성을 국가가 인정하여, 기술과 제품의 시장 진출을 돕고 있으며 특히 국가 및 공공기관 우선 구매, 사업화 자금 지원, 정부사업 참여 시 가점 부여 등의 특혜가 주어진다.
- 신제품(NEP) 인증: 국내에서 최초로 개발된 신기술을 적용하여 실용화가 완료된 제품을 인증함으로써 기술개발 촉진 및 인증 제품의 판로 확대 기반 조성을 목적으로 한다. 신제품(NEP) 인증을 통한 제품의 성능과 품질에 대한 우수성을 입증하여 인증 제품의 기술 개발 촉진과 판로 확대에 도움을 준다.

산업기술혁신 촉진법 시행령 제18조의5 및 신제품

(NEP) 인증 및 구매 촉진 등에 관한 운영 요령 제12조에 따라 신제품(NEP) 인증제를 실시하고 있다.

—— ⌂출처 https://www.kats.go.kr/

041

`정답: 4번`

전자금융감독기준 제30조 '일괄 작업에 대한 통제' 조항에서는 일괄 작업(Batch)에 대한 기준을 제시하고 있다. 이는 금융당국이 통제하는 금융기관 정보 처리 시스템에 국한되는 기준이지만 일반적인 기업들에도 동일하게 적용할 수 있는 레퍼런스와 같은 조항이다. 상세한 조항은 다음과 같다.

(1) 일괄 작업은 작업 요청서에 의한 책임자의 승인을 받은 후 수행할 것
(2) 일괄 작업은 최대한 자동화하여 오류를 최소화할 것
(3) 일괄 작업 수행 과정에서 오류가 발생하였을 경우 반드시 책임자의 확인을 받을 것
(4) 모든 일괄 작업의 작업 내용을 기록·관리할 것
(5) 책임자는 일괄 작업 수행자의 주요 업무 관련 행위를 모니터링할 것

042

`정답: 4번`

유럽연합(EU)은 일반 데이터 보호 규정(General Data Protection Regulation, GDPR)을 도입하여 이러한 문제를 해결하기 위해 획기적인 전환을 가져왔다. 이 데이터 개인정보보호 규정은 해당 데이터를 사용하는 회사가 전 세계 어디에 있든 상관없이 EU 시민과 거주자의 데이터 개인정보를 보호하는 목적으로 제정이 되었다. 그 이후로 미국의 캘리포니아 소비자 개인정보보호법(California Consumer Privacy Act, CCPA), 브라질의 LGPD(Lei Geral de Proteção de Dados Pessoais), 남아프리카 공화국의 개인정보보호법(Protection of Personal Information Act, POPIA) 등 전 세계적으로 비슷한 법률이 제정되었다.

043

`정답: 4번`

공공 회계 개혁 및 투자자 보호법(사베인스-옥슬리법, Sarbanes-Oxley Act, SOX)은 2002년에 통과되었다. 모든 미국 상장 회사 이사회, 경영진 및 공공 회계 회사에 대한 요구 사항을 설정하는 미국 연방법이다. 기업 재무 사기 및 잘못된 관리로부터 투자자와 대중을 보호하기 위해 SOX는 재무 보고 및 기업 지배 구조의 투명성을 높인다. 또한 SOX는 다음과 같은 특징이 있다.

- 회사 가치의 허위 진술을 허용하는 회계 허점을 제한한다.
- 공기업과 협력하고 감사하는 최고 경영진, 임원, 이사회 및 공공 회계 회사에 대한 책임을 강화한다.
- 재무 보고에 대한 내부 통제를 수립하고 준수함으로써 더 높은 수준의 거버넌스를 보장한다.

이러한 통제는 재무 기록 및 보고의 기초가 되는 데이터의 무결성을 보호한다. 하지만, 상장 기업은 일반적으로 SOX를 준수해야 하지만 일부 조항은 비상장 기업에도 적용된다. 예를 들어 비상장 기업은 연방 조사를 방해하기 위해 고의적으로 증거를 인멸한 경우 책임이 있다.

044

`정답: 4번`

소프트웨어 테스팅 분야 국제표준 ISO 29119의 네 번째 파트에서는 테스트 기법을 구체적으로 명시하고 있으며 ISTQB 표준에서도 비슷하게 정의하고 있다. 명세 기반 테스트는 블랙박스 테스트라고도 불리며 균등값 테스트, 경곗값 테스트, 조합 테스트(페어와이즈), 문법 테스트, 분류 나무기법 등이 있다. 그리고 구조 기반 테스트는 화이트박스 테스트라고도 불리며 구문, 분기, 제어, 제어분기, 자료 흐름 테스트 기법 등이 있다.

045

정답: 1번

NYDFS 사이버 보안 규정은 세부 사이버 보안 계획의 설치, CISO(최고 정보 보안 책임자) 지정, 포괄적인 사이버 보안 정책의 제정, 사이버 보안 이벤트에 대한 지속적인 보고 시스템 등이 있다. 이러한 구성요소는 모두 여러 하위 규정 및 요구 사항으로 구성된다. 새로운 NYDFS 사이버 보안 규정을 준수하는 사이버 보안 프로그램은 NIST 사이버 보안 프레임워크에 맞게 조정된 몇 가지 주요 요구 사항을 준수해야 한다.

(1) 내부 및 외부의 모든 사이버 보안 위협을 식별한다.
(2) 이러한 위협으로부터 보호하기 위해 방어 인프라를 사용한다.
(3) 시스템을 사용하여 사이버 보안 이벤트를 감지한다.
(4) 탐지된 모든 사이버 보안 이벤트에 대응한다.
(5) 각 사이버 보안 이벤트에서 복구하기 위해 작업한다.
(6) 규제 보고에 대한 다양한 요구 사항을 충족한다.

046

정답: 1번

평가 기관의 평가반은 평가 업무 수행과 관련한 다음의 문서를 작성하여 해당 기관의 기술책임자에게 검토를 받는다.

(1) 평가수행 계획서
(2) 개발 환경 보안 점검 보고서, 독립 시험서, 침투 시험서
(3) 관찰 보고서(제출물의 미비점 및 보완 요청 사항을 기록한 문서)
(4) 평가결과 보고서
(5) 평가·인증 관련 회의록
(6) 국가용 보안요구 사항 준수, 제출물 등 인증 기관이 요청하는 기타 자료 등

평가반은 국가용 보안 요구 사항을 평가에 적용하기 어려운 경우 인증 기관과 협의하에 관계 기관에 보안 요구 사항의 해석을 요청할 수 있다. 평가반은 해당 기관의 기술책임자 검토가 완료되면 인증 기관의 인증자에게 평가 기관 산출물을 제출한다. 인증자는 평가 기관 산출물을 검토하여 평가 원칙을 준수하여 평가 수행을 했는지 감독한다.

047

정답: 2번

GDPR은 다음 경우에 해당하는 개인정보 처리에는 적용되지 않는다.

(1) EU 법률의 범위를 벗어나는 활동(※ EU 개별 회원국의 형사법과 관련하여 수행되는 활동)
(2) 개별 회원국에서 수행하는 EU의 공동 외교 안보 정책과 관련된 활동
(3) 자연인이 순수하게 수행하는 개인 또는 가사 활동(purely personal or household activities)
(4) 공공 안전의 위협에 대한 보호 및 예방을 포함하여, 관할 감독 기구(competent authorities)의 범죄 예방, 수사, 탐지, 기소 및 형사 처벌 집행 관련 활동

048

정답: 3번

연방 사이버 보안 기관인 BSI는 정부, 기업 및 사회를 위한 예방, 탐지 및 대응을 통해 디지털화의 정보 보안을 형성한다. 10년 이상 동안 정보 기술은 우리의 삶을 빠른 속도로 변화시켜 왔다. 인터넷과 이동 통신은 새로운 형태의 통신, 상업 및 엔터테인먼트의 기반이 되었다. 민간 산업에서 새로운 기술 기능을 성공적으로 활용했을 뿐만 아니라 공공 행정에서는 이제 현대 IT를 사용하여 프로세스를 최적화하고 시민들에게 향상된 서비스를 제공할 수 있다.

국가 사이버 보안 기관으로서 연방 정보 보안 사무소(BSI)의 목표는 독일에서 IT 보안을 촉진하는 것이다. BSI는 무엇보다도 독일 연방 정부의 중앙 IT 보안 서비스 제공업체이다. 그러나 효과적인 보안은 관련된 모든 사람이 기여할 때만 가능하기 때문에 IT 제조업체, 개인 및 상업 사용자 및 정보 기술 제공자에게도 서비스를 제공한다. 이러한 이유로 우리는 IT 보안 분야에서 IT 및 인터넷 산업에서 일하는 모든 사람들과 더욱 긴밀한 협력을 원한다. 마지막으로, 모든 사용자

는 모든 기술적 보안 보호 장치에도 불구하고 온라인에서와 마찬가지로 신중해야 하며 위험을 최소화하고 정보 기술과 인터넷이 제공하는 수많은 기회를 최대한 활용할 수 있어야 한다.

BSI 법(BSIG)은 독일 연방 정보 보안 사무소(BSI)의 소임을 정의한다. 최고 연방 정부 기관인 BSI는 '국가, 경제 및 대중을 위한 예방, 탐지 및 대응을 통해' 사이버 보안을 유지한다는 자체 정의된 목표를 추구한다. 확립된 최소 표준, 모범 사례 모델 및 필수 규정을 정의함으로써 BSI는 크고 작은 조직의 안전한 디지털화를 위한 지침을 제공한다. 무엇보다도 BSIG(섹션 8a)에는 '정보 기술 시스템, 구성요소 또는 프로세스의 가용성, 무결성, 신뢰성 및 기밀성'을 유지하기 위한 적절한 보안 기술의 구현을 규정하는 중요 인프라에 대한 요구 사항이 포함되어 있다.

출처 https://www.bsi.bund.de/EN/TheBSI/BSIAct/bsiact_node.html

049

정답: 4번

IT 컴플라이언스란 규제를 만족시킬 수 있도록 기업의 IT 인프라를 구축하고 재정비하는 것을 의미한다. 보통 해당 법규나 제도가 발표되는 시점까지 반드시 관련 시스템의 구축과 데이터 보관체계 등을 의무적으로 갖추어져야 하는 경우가 많다. 기업 경영 활동을 효과적으로 규제하기 위해서는 경영활동을 지원하는 정보 처리 시스템과 데이터 등에 대한 규제를 필수 요소로 수반하는 것이 당연할 수밖에 없는 것이다.

현재 각 정부나 기구의 컴플라이언스 관련 법안들을 살펴보면 거의 공통적으로 기업 및 업무의 생명 주기에 따라 생성된 모든 기록의 보유와 파기에 대해 체계적인 관리를 요구하고 있다. 이는 규제의 종류에 따라 생성 및 보관해야 할 규제 관련 문서의 종류 및 보관 연한이 상이하다는 것을 의미하는 것으로서, 정보 시스템 기반이 아니고서는 도저히 처리가 어렵다고 할 수 있다. 이처럼 규제와 컴플라이언스가 단순히 과거처럼 규정과 업무 관행으로만 설정되는 것이 아니라 정보 시스템의 구축 및 운용까지도 포함하게 되면서 기

업들의 규제 준수를 위한 인적, 물적 비용은 지속적으로 증가하고 있는 추세를 보이고 있다.

국제 규약으로 존재하고 있는 바젤 II의 경우는 대표적인 IT 컴플라이언스를 요구하는 예다. 2007년 1월부터 바젤II 협약이 본격 발효됨에 따라 국내 금융기관들은 위험 관리 인프라를 구축이 불가피해졌다. 은행권에서는 이와 관련 최근 데이터 웨어하우스(DW), 위험 관리 애플리케이션, 대용량 서버 등의 구축에 이르기까지 대규모의 IT 프로젝트를 수행한 바 있다. 특히 미국 주식시장에 상장한 국내기업들의 경우 미국의 회계 투명성 관련 규제 법령인 사베인즈-옥슬리 준수 시스템을 별도로 구축하기도 했다. 개별 규제법령 등에 대한 대응 차원에서뿐만 아니라 기업들은 국내외 기업 규제 관련 사항들에 대한 온라인 통합 정보 네트워크 구축에 나서는 곳도 있다. 이를 통해 기업들이 각종 규제 정보를 통합적으로 수집하고 각종 규제 저촉 여부를 확인하기 위해서이다. 이 같은 통합 정보 시스템은 관련 기관 간에는 물론 전자문서 보관소 등과의 정보 연계를 위한 표준 인터페이스의 설계까지도 필요하다.

(1) 정보 관리: 재무회계기록 및 주요 문서의 투명성과 정확성, 적시성, 완전성을 보장할 적절한 통제기능 요구

(2) 개인정보보호: 기업이 사용자 개인정보를 어떻게 취급할 것인지 규정, 개인정보 원칙을 침해할 경우 어떠한 조치를 취할지를 규정

(3) 보안: 기업의 주요 인프라를 보호하는 것으로 효과적인 보안을 위해 어떻게 사용자를 식별하고 민감한 자원에 대한 사용자 접근을 통제, 추적, 감시할 것인지를 요청

출처 Agendanet.co.kr

050

정답: 4번

인터넷 시장이 도래하면서 온라인 시장이 급속도로 성장하였고, 이런 시장의 변화와 소비자 소비 패턴 변화에 발 빠르게 대응할 필요성이 생겼다. 이에 경쟁을 효과적으로 추진하기 위해 반드시 분석해야 하는 항목 4가지로 4C(Customer, Competitor, Company, Circumstance)가 있다.

(1) 고객(Customer) 분석: 고객에 대한 모든 성향, 구매자 수, 충성도 등 분석

(2) 환경(Circumstance) 분석: 특허권, 정부 규제, 신규 업체의 진입 장벽 분석

(3) 경쟁(Competitor) 분석: 경쟁 상대, 상대 전략, 상대의 목적, 상대의 강점 및 약점

(4) 기업(Company) 분석: 자사의 매출, 시장 점유율, 기술적 강점, 인재의 질

051

정답: 3번

SAP ILM(정보 생명 주기 관리)은 규칙에 따라 라이브 및 아카이브된 데이터의 생명 주기를 관리하는 기능을 통해 SAP 표준 전달을 향상시킨다. SAP ILM은 ILM 특유의 향상된 데이터 보관 기능을 사용한다.

(1) Lifecycle Management: 이것은 앞서 언급한 규칙의 도움으로 데이터의 생명 주기를 관리하는 것에 관한 것이다. 이 규칙은 법적 규정을 매핑하고 해당 데이터(아카이브된 데이터 및 데이터베이스에 포함된 데이터 모두)에 적용하도록 설계되었다.

(2) Legal Case Management: 법적 사건 관리는 법적 사건과 관련된 데이터를 차단하는 것이다. 관련 기능은 보유 기간이 만료된 경우에도 최종 삭제에 의해 이러한 데이터가 파기되지 않도록 보호하는 역할을 한다.

(3) Data Destruction: 앞서 언급한 법령에 따른 데이터 파기 및 법적 사건과 관련된 데이터 차단에 관한 것이다.

(4) Secure Data Storage: 이 기능은 SAP ILM 저장소 내에서 아카이브한 데이터의 안전한 저장을 보장한다. 이 저장소는 SAP ILM 인증 WebDAV 서버이다. 이 유형의 저장소는 데이터가 변경되지 않고 저장되고 보존 기간을 관찰할 수 있다는 보장을 제공한다.

052

정답: 1번

1996년 7월 클린턴 대통령은 주요 기반 시설을 지정하고 취약성을 평가하며 물리적 및 사이버 위협으로부터 기반 시설을 보호하기 위한 종합적인 국가 정책 및 실행 전략을 권고하는 헌장과 함께 주요 기반 시설 보호 위원회(President's Commission on Critical Infrastructure Protection, PCCIP)를 설립했다.

권장된 구제책을 시행하기 위한 법적 또는 규제적 조치를 제안하고 있는 이 헌장은 중요 기반 시설(특히 통신, 전력, 은행 및 금융, 운송 시스템)과 우려되는 사이버 위협 유형(정보 또는 통신 구성요소에 대한 전자, 무선 주파수 또는 컴퓨터 기반 공격)의 예를 제공하고 있다. 국가 주요 기반 시설은 국방이나 경제 안전에 지대한 영향을 미칠 수 있는 시설이나 시스템으로서 지정된 국가주요 기반 시설은 통신망, 전력시스템, 가스 및 오일, 은행 및 금융, 운송 체계, 수자원 공급, 정부 서비스와 긴급 비상 서비스가 이 범주에 포함되었다.

—— ⌂참조 https://youtu.be/YcmICVLUPoA

053

정답: 1번

인증 관리 센터와 인증 기관은 행정 전자 서명 검증 키를 이용하여 인증 업무를 수행해야 한다. 전자정부법 시행령 제30조에는 인증 기관의 인증서에 포함해야 하는 사항을 명시하였다. 해당 사항은 다음과 같다.

(1) 법 제2조 제9호 각 목의 기관으로서 인증을 받는 기관의 명칭 또는 기관의 업무를 담당하는 사람의 성명

(2) 가입 기관 등의 행정 전자 서명 검증 키

(3) 가입 기관등과 해당 인증 기관이 이용하는 행정 전자 서명의 방식

(4) 인증서의 일련번호

(5) 인증서의 유효 기간

(6) 소관 인증기 관의 명칭

(7) 인증서의 이용 범위 또는 용도를 제한하는 경우 이에 관한 사항

(8) 가입 기관 등이 대결(代決)하는 경우 이에 관한 사항

054

정답: 1번

SOC 1과 유사하게 SOC 2는 Type 1 및 Type 2 보고서를 제공한다. Type 1 보고서는 조직의 통제에 대한 특정 시점 스냅숏으로, 통제가 적절하게 설계되었는

지 확인하기 위한 테스트를 통해 검증한다. Type 2 보고서는 더 오랜 기간(보통 12개월) 동안 동일한 통제의 효과를 조사한다.

055

정답: 4번

기능 점수(Function Point)는 소프트웨어 규모 산정 및 비용 산정을 위한 가장 구체적이며 정량적인 도구이며 ISO 14143 국제표준으로 제정되어 있다. 개발자의 관점이 아닌 사용자의 관점에서 기능 중심으로 복잡도와 품질 특성을 고려하여 비용을 산정할 수 있다. 내부 논리 파일, 외부 연계 파일, 외부 입력, 외부 출력, 외부 조회로 구성되며 미조정 기능 점수에 조정 인자를 적용하여 최종 기능 점수를 계산한다.

056

정답: 4번

SWBOK(Software Engineering Body Of Knowledge)은 ISO/IEC 24773으로 제정된 국제표준이다. 소프트웨어 엔지니어링 필수 지식영역을 10가지 항목으로 정리하여 프로세스별 가이드라인을 제시한 표준으로, 개발자와 이해관계자들을 위한 지침서로 활용될 수 있다. SWBOK의 지식 영역에는 SW 요구 사항, 설계, 개발, 테스트, 유지 보수, 형상 관리, 관리, 프로세스, 방법론, 도구, 품질이 포함되어 대부분의 SDLC(Software Development Life Cycle)의 업무가 빠지지 않고 연관되어 있다. 또한, ISO 12207 프로세스와도 유사하여 상호 연관성이 깊다.

057

정답: 3번

ISO/IEC 9126 국제표준은 소프트웨어가 가져야 할 내부/외부 품질 특성을 지표로 정의하고 주특성과 부특성으로 상세하게 명시하고 있다. ISO/IEC 9126 품질 특성을 통해 소프트웨어를 이용하는 사용자부터 분석자, 설계자, 개발자, 운영자, 평가자, 시험자 등 모든

이해관계자들이 공통된 목표와 지표를 공유할 수 있다. 소프트웨어의 기능 및 비기능 품질을 객관적이며 정량적으로 평가하는데 도움을 준다. 이 중에서 유지 보수성(Maintainability) 품질 특성은 Stability, Testability, Changeability, Analyzability, Compliance 부특성을 가진 중요한 특성이다.

058

정답: 4번

위치 정보의 보호 및 이용 등에 관한 법률 시행령(약칭: 위치정보법 시행령) 제20조 '위치정보의 관리적, 기술적 보호조치' 조항에서 위치 정보 사업자가 의무적으로 수행해야 할 정보보호 조치를 정의하고 있다. 조항에서 명시한 상세한 조치 사항은 다음과 같다.

관리적 정보보호 조치 사항

1. 위치정보관리책임자의 지정

2. 위치정보의 수집·이용·제공·파기 등 각 단계별 접근 권한자 지정 및 권한의 제한

3. 위치정보 취급자의 의무와 책임을 규정한 취급·관리 절차 및 지침 마련

4. 위치정보 제공사실 등을 기록한 취급대장의 운영·관리

5. 위치정보 보호조치에 대한 정기적인 자체 검사의 실시

기술적 정보보호 조치 사항

1. 위치정보 및 위치정보시스템의 접근권한을 확인할 수 있는 식별 및 인증 실시

2. 위치정보시스템에의 권한 없는 접근을 차단하기 위한 방화벽 설치 등의 조치

3. 위치정보시스템에 대한 접근사실의 전자적 자동 기록·보존장치의 운영

4. 위치정보시스템의 침해사고 방지를 위한 보안 프로그램 설치 및 운영

5. 위치정보를 안전하게 저장·전송할 수 있는 암호화 기술의 적용이나 이에 상응하는 조치

6. 그 밖에 방송통신위원회가 위치정보의 보호를 위하여 필요하다고 인정하는 기술적 조치

059

OECD의 개인정보보호를 위한 여덟 가지 원칙은 국내의 개인정보보호법 제3조와 일맥상통하며 다음과 같은 원칙으로 구성된다.

(1) 수집 제한의 원칙

(2) 정보 정확성의 원칙

(3) 목적 명확성의 원칙

(4) 이용 제한의 원칙

(5) 안전성 확보의 원칙

(6) 처리 방침 공개의 원칙

(7) 정보 주체 참여의 원칙

(8) 책임의 원칙

060

다음은 인기 있는 보안 소프트웨어 개발 생명 주기 몇 가지이다.

(1) NIST SSDF(Secure Software Development Framework): SSDF(보안 소프트웨어 개발 프레임워크)는 공개적으로 알려진 소프트웨어 취약점을 추적하는 NVD(National Vulnerability Database)의 유지 관리를 담당하는 동일한 조직인 NIST(National Institute of Standards and Technology)에서 만들었다. SSDF는 보안 SDLC를 실현하는 데 도움이 될 수 있는 소프트웨어 개발 방식을 정의하고 있다. 프레임워크에는 표준, 지침 및 소프트웨어 개발 관행을 설명하고 규정하는 문서가 포함된다. 주목할 만한 관행은 다음과 같다.

- 개발자에게 보안 코딩 교육을 제공하여 처음부터 보안을 보장

- 보안 테스트를 자동화 및 통합하여 가능한 한 수정 지점에 가까운 보안 위험을 감지

- 프로젝트 내에 존재하는 오픈 소스 구성요소 및 라이브러리 보호: NIST의 보안 소프트웨어 개발 프레임워크의 목표는 프로덕션 환경에 릴리스된 소프트웨어의 취약점 수를 줄이고 해결되지 않았거나 감지되지 않은 취약점의 잠재적인 악용의 영향을 완화하는 것이다. 또한, 이 프레임워크는 근본 원인을 해결하고 취약점의 향후 재발을 방지하는 데 도움이 될 수 있다.

(2) MS SDL(Security Development Lifecycle): MS SDL은 신뢰할 수 있는 보안 고려 사항으로 최신 개발 파이프라인을 지원하기 위해 마이크로소프트에서 제안했다. SDL에는 특히 규정 준수 요구 사항 및 보안 보증을 지원하기 위해 선택된 사례 모음이 포함되어 있다. 개발자는 SDL을 사용하여 코드베이스 내 취약점의 양과 심각도를 줄이는 동시에 개발 비용과 후기 수정으로 인한 차질을 줄일 수 있게 되었다.

(3) OWASP CLASP(Comprehensive, Lightweight Application Security Process): CLASP는 보안 모범 사례를 구현하는 규칙 기반 구성요소로 구축된다. 개발자가 개발 주기의 초기 단계에서 애플리케이션을 보호하고 구조적이고 반복 가능한 방식으로 보안을 구현하는 데 도움이 될 수 있다. CLASP는 현장의 실제 개발팀을 분석하고 개발 생명 주기를 해체하며 확립된 워크플로에 보안 사례를 추가하는 가장 효과적인 방법을 식별하여 개발되었다. CLASP는 기존 프로세스를 향상시키는 방법을 다룰 뿐만 아니라 팀이 악용될 수 있고 주요 보안 위반으로 이어질 수 있는 특정 취약점과 코딩 약점을 해결하는 데 도움이 되고 있다.

061

크리에이티브 커먼즈 라이선스(Creative Commons License, 이하 CC 라이선스)은 저작권자가 자신의 저작물에 대한 이용 방법 및 조건을 표시하여 이용자들이 그 방법과 조건 내에서 자유롭게 저작물을 이용할 수 있도록 하는 저작자의 공유 의사를 간편하게 표시할 수 있는 방법을 말한다.

저작권법이 저작자에게 배타적 독점권을 부여하고 저작권자가 일정한 조건과 범위를 정하여 제3자에게 허락하는 구조인 반면, CCL은 원칙적으로 저작물에 대해 자유로운 이용을 허용하되 저작자의 의사에 따라 일정 범위의 권리를 유보하는 방식을 채택하고 있다.

이미지	의미
저작자 표시 (Attribution)	저작자의 이름, 출처 등 저작자를 반드시 표시해야 한다는 필수 조건이다. 저작물을 복사하거나 다른 곳에 게시할 때도 반드시 저작자와 출처를 표시해야 한다.
비영리 (Noncommercial)	저작물을 영리 목적으로 이용할 수 없다. 따라서 영리 목적의 이용을 위해서는 별도의 계약이 필요하다.
변경금지 (No Derivative Works)	저작물을 변경하거나 저작물을 이용해 2차 저작물을 만드는 것을 금지한다는 의미이다.
동일조건변경허락(Share Alike)	2차 저작물 창작을 허용하되, 2차 저작물에 원 저작물과 동일한 라이선스를 적용해야 한다는 의미이다.

062 정답: 2번

한국은행은 금융안정위원회(Financial Stability Board, 이하 FSB)와 바젤 은행감독위원회(Basel Committee on Banking Supervision, 이하 BCBS)의 회원으로서 금융 규제 관련 국제 논의에 직접 참여하고 있다. FSB 및 BCBS 참여를 통해 새롭게 도입되는 국제 금융 규제의 내용과 쟁점 사항을 관련 기관에 전달하고 우리나라의 입장을 FSB 및 BCBS 회의를 통해 적극적으로 개진하고 있다.

BCBS는 주로 은행 규제에 초점을 맞추어 활동하고 있으며 2011년에는 2010년 발표한 '바젤Ⅲ 자본 및 유동성규제'의 국별 이행 상황을 점검하고 동 규제가 전 세계적으로 일관성 있게 시행되도록 하는 데 역량을 집중하고 있다. 아울러 은행의 위험 관리 강화를 할 수 있도록 시장 리스크 측정 체계 및 시스템적 중요 금융기관에 대한 추가 규제 방안도 논의하고 있다.

또한, 세계적으로 은행 규제가 잘 이루어지고 있는지를 감독하는 역할도 수행한다. 한국은행은 2009년 3월 회원 기관으로 가입한 이후 중앙은행총재 및 감독기구수장 회의, 바젤위원회, 정책개발소위 회의 등에 참석하여 회원 기관으로서 활발한 활동을 펼치고 있다. 특히 유동성 규제, 시스템적 중요 금융기관 규제 등 금융 규제 개혁 과제에 우리나라와 신흥국 입장이 반영되도록 노력하고 있다.

063 정답: 1번

소프트웨어 제품을 사용하는 사용자의 입장에서 "어떤 특징을 가진 소프트웨어가 품질이 높은 소프트웨어라 할 수 있는가?"에 대한 관점으로 접근하여 '품질 특성'을 정의하였다. 소프트웨어 테스팅에 있어 국제표준 ISO/IEC 25010을 기반으로 하여 품질 평가 모델을 제시한다. IEEE/ISO/IEC 25010 표준의 이름은 'Systems and software engineering - Systems and software Quality Requirements and Evaluation (SQuaRE) - System and software quality model'이다.

IEEE/ISO/IEC 25010의 소프트웨어 품질의 특성 8가지는 기능성, 사용성, 신뢰성, 효율성, 유지 보수성, 이식성, 상호 운영성, 보안성 등이다.

064 정답: 2번

FISMA는 연방 정부의 데이터 보안을 보장하기 위해 다양한 기관에 책임을 할당한다. 이 법은 프로그램 담당자와 각 기관의 장이 비용 효율적이고 시기 적절하며 효율적인 방식으로 위험을 지정된 허용 수준 이하로 유지하기 위해 정보 보안 프로그램에 대한 연례 검토를 수행하도록 요구하고 있다. NIST는 FISMA 준수를 위한 여러 단계를 간략하게 설명한다.

(1) 위험 분류(Risk categorization): 정보 시스템은 적절한 수준의 보안을 제공하는 목표에 따라 분류되어야 한다. 민감한 정보의 보안 수준이 높은지 확인하기 위해 위험 수준의 순서로 분류해야 한다.

(2) 최소 기준선 컨트롤 선택(Select minimum baseline controls): 연방 시스템은 최소 보안 요구 사항을 충족해야 한다. 모든 보안 제어가 충족되어야 하는 것은 아니며 특정 조직 및 사용하는 시스템과 가장 관련이 있는 것

만 충족해야 한다.

(3) 시스템 보안 계획에서 통제를 문서화(Document the controls in the system security plan): 사용된 모든 정보와 시스템의 목록은 물론 시스템과 네트워크 간의 인터페이스도 보관해야 한다. 이러한 시스템을 보호하는 데 사용되는 기준 제어에 대한 문서도 보관해야 한다. 그런 다음 적절한 정보 시스템에서 보안 제어를 구현해야 한다.

(4) 위험 평가 절차를 사용한 통제 개선(Refine controls using a risk assessment procedure): 이는 보안 제어를 검증하고 다른 제어가 필요한지 확인하기 위해 수행해야 한다. 보안 통제가 구현되면 그 효율성을 평가해야 한다.

(5) 인증을 받기 위한 프로그램 담당자와 기관장의 연례 보안 검토 수행(Annual security reviews must be conducted by program officials and agency heads in order to obtain a certification): 이것은 일종의 보안 인증 역할을 한다. 인증은 시스템이 인증되었음을 증명한다. 인증 및 인정은 NIST SP 800-37에 정의되어 있다.

(6) 지속적인 보안 제어 모니터링(Monitor the security controls on a continuous basis): 시스템을 지속적으로 모니터링하려면 공인 시스템이 필요하다. 이는 조직이 보안 사고 또는 데이터 침해에 신속하게 대응하는 데 도움이 된다. 변경 사항이 있는 경우 문서를 업데이트해야 한다. 지속적인 모니터링에는 상태 보고, 구성 관리, 보안 제어, 시스템 변경 사항이 포함되어야 한다.

065

정답: 3번

CMMC 2.0 레벨 3은 APT(Advanced Persistent Threats)로부터 민감한 정보를 보호하는 데 중점을 두고 있다. CMMC 2.0 3단계의 레벨별 특징은 다음과 같다.

(1) Foundational Level 1: CMMC 2.0 레벨 1은 NIST 800-171의 제한된 하위 집합인 CMMC 1.0 레벨 1의 17개 컨트롤로 구성된 기본 레벨이다. CMMC 레벨 1은 FCI(연방 계약 정보)를 처리하고 보호하는 데 중점을 둔 조직에 적용된다. 이러한 통제는 대상 계약자 정보 시스템을 보호하고 강력한 사이버 보안 태세를 개발하는 데 계약자를 참여시키기 위한 기본적인 사이버 위생을 위한 것이다. CMMC 2.0의 기본 레벨인 레벨 1은 자체 평가가 가능하다.

(2) Advanced Level 2: CMMC 2.0 레벨 2는 NIST 800-171의 110가지 컨트롤로 구성된 고급 레벨이다. 레벨 2 CMMC 2.0은 NIST SP 800-171의 14개 도메인과 110개 제어를 반영하고 CMMC 고유의 모든 관행 및 성숙도 프로세스를 제거하는 CMMC 1.0 요구 사항의 레벨 3과 비슷하다. 이는 국가 안보 정보에 중요한 것으로 간주되는 미분류 통제 정보를 처리하는 조직에 적용된다. 이 수준의 준수를 달성하고 유지하려면 3년마다 제3자에 의한 감사 및 평가가 필요하다. 따라서 계약에 DFAR(Defense Federation Acquisition Regulation) 조항이 있는 계약자는 최소한 레벨 2 요구 사항을 충족해야 한다. 또한, DFARS 조항 252.204-7012가 사건 보고와 같은 NIST SP 800-171 보안 요구 사항 외에 추가 요구 사항을 적용 및 지정한다는 점에 유의하는 것이 중요하다.

(3) Expert Level 3: CMMC 2.0 레벨 3은 APT(Advanced Persistent Threats)로부터 민감한 정보를 보호하는 데 중점을 두고 있으며 DoD의 최우선순위인 미분류 제어 정보를 처리하거나 처리하는 조직을 위한 것이다. 레벨 3은 CMMC 1.0 레벨 5와 비슷하다. 현재 이 레벨에 대한 요구 사항은 여전히 개발 중이지만 공식적으로 NIST 800-172를 기반으로 하는 110개의 컨트롤을 나열한다. 계약서에 DFARS 조항이 있는 계약자는 레벨 3 요구 사항을 충족해야 한다. 이 요구 사항을 충족하려면 NIST SP 800-171 보안 요구 사항을 넘어 사고 보고를 포함해야 한다. CMMC 레벨 3의 평가는 CMMC 제3자 평가 기관(C3PAO)이 아닌 정부에서 완료된다는 점도 중요하다.

066

정답: 3번

CMMC 프레임워크에는 17개의 서로 다른 도메인이 있다. 각 도메인은 본질적으로 보안 관행의 범주 또는 그룹이다. 대부분은 FIPS(연방 정보 처리 표준) 및 NIST(국립 표준 기술 연구소)와 같은 인정된 표준에서 가져왔다. CMMC는 계층적 매트릭스로 형식이 지정된다. 기본적으로 인증은 '사이버 보안을 위한 핵심 기능 세트'로 정의되는 17개의 다른 '도메인'으로 분류된다. 각 도메인 내 Processes(5개) 및 Capabilities(43개)가 있으며 Capabilities는 Practices로 이루어진다(Practices 총 171개).

(1) 액세스 제어(Access Control)

(2) 자산 관리(Asset Management)

(3) 인식 및 훈련(Awareness and Training)

(4) 감사 및 책임(Audit and Accountability)

(5) 구성 관리(Configuration Management)

(6) 식별 및 인증(Identification and Authentication)

(7) 사고 대응(Incident Response)

(8) 유지(Maintenance)

(9) 미디어 보호(Media Protection)

(10) 인사 보안(Personnel Security)

(11) 물리적 보호(Physical Protection)

(12) 회복(Recovery)

(13) 위험 평가(Risk Assessment)

(14) 보안 평가(Security Assessment)

(15) 상황 인지(Situational Awareness)

(16) 시스템 및 통신 보호(System and Communications Protection)

(17) 시스템 및 정보 무결성(System and Information Integrity)

067

정답: 1번

기업의 합리적 의사결정의 장애요소로써 일반적인 3가지가 있다. 고정 관념(Stereotype), 편향된 생각(Bias), 프레이밍 효과(Framing Effect)인데, 그중 프레이밍 효과(Framing Effect)는 의사 전달을 어떤 틀 안에서 하느냐에 따라 전달받은 사람의 태도나 행동이 달라지는 효과를 일컫는다.

프레임(Frame)이란 사전적 의미로 '창틀'을 뜻한다. 여기서는 세상을 보는 관점이나 생각의 틀을 의미한다. 예컨대 의사가 환자에게 수술해서 살아날 확률이 90%라고 말하면 수술을 쉽게 받아들이지만, 수술로 죽을 확률이 10%라고 말하면 대다수의 환자가 수술을 거부한다고 한다. 이같이 프레이밍 효과는 사람의 판단에 매우 큰 영향을 끼친다.

068

정답: 4번

NYDFS 사이버 보안 규정(23 NYCRR 500)은 적용되는 모든 금융 기관에 사이버 보안 요구 사항을 적용하는 NYDFS(NY Department of Financial Services)의 새로운 규정 세트이다. 이 규칙은 업계와 대중의 두 차례 피드백 후, 2017년 2월 16일에 발표되었으며 효과적인 사이버 보안 프로그램을 개발하고 구현하기 위한 요구 사항을 설명하는 23개 섹션을 포함하고 있다. NYDFS 사이버 보안 규정에는 조직이 보다 강력한 정책 및 제어를 구현할 시간을 허용하는 4단계로 구성된 단계별 구현 프로세스가 포함되었다.

NYDFS 사이버 보안 규정은 DFS 라이선스, 등록 또는 헌장에 따라 운영되거나 운영되어야 하는 모든 법인, 또는 달리 DFS 규제를 받는 모든 법인 및 규제 대상에 대한 규제되지 않은 제3자 서비스 제공업체에 적용된다.

적용 대상의 예는 다음과 같다.

- 국영 은행
- 허가를 받은 대출 기관
- 개인 은행가
- 뉴욕에서 운영하도록 허가된 외국 은행
- 모기지 회사
- 보험 회사
- 서비스 제공자

NYDFS 사이버 보안 규정에는 제한적인 면제가 있다. 직원이 10명 미만인 조직, 지난 3년 동안 뉴욕 사업에서 발생한 연간 총 수익이 5백만 달러 미만이거나 연말 총 자산이 천만 달러 미만인 조직은 규정의 특정 요구 사항에서 면제된다.

069

정답: 2번

GDPR을 위반하여 과징금을 부여할 경우 각각의 개인정보 처리에 따라 제재 규정을 적용하며, '사업체 집단' 매출을 바탕으로 과징금(fines imposed by reference to the revenues of an undertaking)을 부과한다.

070
정답: 3번

MS가 도입한 소프트웨어 개발 보안을 위한 기본 원리(SDL Principles and Process)는 secure by design, secure by default, secure by deployment, communication(SD3+C)이다.

- Secure by Design: 보안 아키텍처, 설계 및 구조에서 보안 이슈를 고려하고, 위협 모델링 및 위협 완화 방안을 제시, 분석 및 테스트 도구를 사용하여 보안 취약점을 제거, 보안 수준이 낮은 기존 프로토콜과 코드의 사용을 중지
- Secure by Default: 최소 권한으로 실행, 심층 방어를 위한 복수의 위협 완화 방안 고려, 디폴트 설정을 최소화, 위험한 디폴트 설정에 대한 변경 회피, 80% 이하 사용자에게 제공되는 서비스에 대한 디폴트 설정을 해제
- Secure by Deployment: 배포 가이드 생성, 분석 및 관리 도구를 활용하여 최적의 보안 수준 설정, 패치 배포 도구 제공
- Communications: 보안 취약점 보고서 및 보안 업데이트 신속 대응, 커뮤니티에서 보안 관련 사용자 질문 대응에 적극적으로 참여

SD3+C

- Secure by Design
- Secure by Default
- Secure in Deployment
- Communications

PD3+C

- Privacy by Design
- Privacy by Default
- Privacy in Deployment
- Communications

071
정답: 3번

3GPP는 1998년 12월 한국·유럽·일본·미국·중국의 표준화 기관을 중심으로 효율적인 이동통신 표준화 추진을 위해 설립된 후 3~4세대에 걸쳐 이동통신 표준을 주도해 왔다. 현재 TTA를 비롯해 총 7개 표준화기관과 이에 속한 이동통신 사업자·제조사 등 약 600개 기관 및 업체가 참여해 5G 이동통신 기술규격을 개발하고 있다.

(1) 주요 참여 기관
- 표준화기관: TTA(한국), ETSI(유럽), ATIS(미국), ARIB/TTC(일본), CCSA(중국), TSDSI(인도)
- 회원사: 삼성전자, LG전자, SKT, KT, LGU+, 현대자동차, 노키아, 에릭슨, 화웨이, 퀄컴, 인텔, 애플, 버라이즌, AT&T, NTT도코모, CMCC, 보다폰, 오렌지 등 600여개사

(2) 주요 활동: 무선 접속망(Radio Access Networks), 핵심 전송망(Core Network & Terminals), 서비스 요구 사항 및 관련 기능(코덱, 보안, QoS) (Services & System Aspects)등 이동통신 시스템 전반 기술을 개발

(3) 핵심 성과
- 3세대 이동통신 표준 제정: WCDMA(2001.6), HSPA(2008.3), 음성, 동영상 통화, 무선인터넷 서비스 시작
- 4세대 이동통신 표준 제정: LTE (2010.3), LTE-Advanced (2015.3), VoLTE(음성), 고화질 동영상, 초고속 인터넷 서비스 제공
- 5세대 이동통신 표준 제정: 5G (진행중) ← 초고속(eMBB), 초저지연(URLLC), 초연결(mMTC) 서비스 실현

── 🏠참조 https://www.3gpp.org/

072
정답: 2번

전자정부법 제45조부터 48조까지의 조항에 따라 행정 기관과 공공 기관은 정보 기술 아키텍처를 도입하

고 운용할 경우 '정보 기술 아키텍처 도입 운영 지침'에 따라야 한다. 제2조(정의)에서는 정보 기술 아키텍처의 도입과 운용에 필요한 용어를 정의하고 있으며 상세한 내용은 다음과 같다.

> (1) '정보 기술 아키텍처'란 일정한 기준과 절차에 따라 업무, 응용, 데이터, 기술, 보안 등 조직 전체의 구성요소들을 통합적으로 분석한 뒤 이들 간의 관계를 구조적으로 정리한 체제 및 이를 바탕으로 정보화 등을 통하여 구성요소들을 최적화하기 위한 방법을 말한다.
>
> (2) '정보 기술 아키텍처 프레임워크'란 정보 기술 아키텍처 수립, 관리 및 활용에 필요한 핵심 요소들을 정의하고 구조화한 것으로서 정보 기술 아키텍처 활동을 위한 기본 체계를 말한다.
>
> (3) '추진 체계'란 각 기관에서 정보 기술 아키텍처를 수립, 관리, 활용하기 위한 조직 구조와 그 구성원을 말한다.
>
> (4) '메타 모델'이란 정보 기술 아키텍처를 구축하는 데 필요한 정보 및 정보 간의 관계를 표현한 모델을 말한다.
>
> (5) '참조 모형'이란 정보 기술 아키텍처의 구성요소들을 표준화된 분류 체계와 형식으로 정의함으로써 일관성, 상호 운용성 등을 확보하기 위한 모형을 말한다.
>
> (6) '현행 아키텍처'란 업무, 응용, 데이터, 기술, 보안 등에 대한 현재의 정보 기술 아키텍처 정보를 표현한 것을 말한다.
>
> (7) '목표 아키텍처'란 업무, 응용, 데이터, 기술, 보안 등에 대한 미래의 정보 기술 아키텍처 정보를 표현한 것을 말한다.
>
> (8) '이행 계획'이란 현행 아키텍처에서 목표 아키텍처로 도달하기 위하여 필요한 전략과 과제의 도출, 일정·자원 등에 대한 시행 계획을 말한다.
>
> (9) '정보 기술 아키텍처 품질'이란 메타 모델의 구성요소와 구성요소 간의 연관 관계 정보에 대한 현행성, 충실성, 정확성, 정합성 등 품질 요건과 정보 기술 아키텍처의 수립, 관리, 활용 등 성숙도의 확보 수준을 말한다.
>
> (10) '정보 기술 아키텍처 현행화'란 제9호의 정보 기술 아키텍처 품질 제고, 활용 촉진 및 진화를 위하여 개별 기관의 조직, 업무기능 및 절차, 정보화 계획, 기관 메타 모델 등 변경 사항을 반영하는 활

> 동이다.
>
> (11) '일반 업무'란 정보화 기획, 정보화 사업 추진, 정보화 운영, 정보화 평가 등 정보화 이외의 모든 업무를 말한다.
>
> (12) '정보 기술 아키텍처 관리 시스템'이란 개별 기관의 정보 기술 아키텍처 정보를 등록하여 사용자가 관리 및 활용할 수 있는 시스템을 말한다.
>
> (13) '범정부 정보 기술 아키텍처 지원 시스템'이란 전자정부법 제47조 제3항에 따라 행정자치부장관이 행정 기관 등에서 정보 기술 아키텍처 관련 정보를 공동으로 등록·관리·활용할 수 있도록 구축·운영하는 시스템을 말한다.

073 정답: 3번

KCMVP(Korea Cryptographic Module Validation Program)는 전자정부 시행령 제69조 '암호모듈 시험 및 검증지침'에 의거하여 암호 모듈의 안전성과 구현 적합성을 검증하는 제도이다. KCMVP는 미국의 CMVP와 일본의 JCMVP 등과 호환되지 않고 국내에서 사용하는 독자적 인증 제도이다.

암호 모듈 검증 제도는 '사이버안보 업무규정' 제9조와 「전자정부 시행령」 제69조 등에 따라 국가 정보통신망에서 소통·저장되는 비밀이 아닌 업무 자료를 보호하기 위해 국가·공공기관에서 도입하는 암호 모듈의 안전성과 구현 적합성을 검증하는 제도이다. 암호 모듈은 소프트웨어, 하드웨어, 펌웨어 또는 이들을 조합한 형태로 구현될 수 있으며, 검증 기준 만족 여부에 따라 보안 수준 1부터 4까지 부여되며, 가장 높은 단계가 보안 수준 4이다.

암호 모듈은 비밀이 아닌 업무 자료를 보호하는 목적으로 정보의 유출, 위·변조, 훼손 등을 방지하기 위한 기밀성·무결성·인증·부인 방지 등의 기능을 제공한다. 암호 모듈 시험·검증은 국제표준에 기반한 검증 기준(KS X ISO/IEC 19790:2015 및 KS X ISO/IEC 24759:2015) 및 별도 공지한 검증기준에 따라 수행되며, 세부 절차는 '암호모듈 시험 및 검증지침'을 적용한다.

074

정답: 2번

시걸의 법칙(Segal's law)은 다음과 같은 격언이다. "시계를 든 남자는 지금이 몇 시인지 안다. 두 개의 시계를 가진 남자는 절대 확신할 수 없다." 이는 결정을 내리기 전에 너무 많은 정보를 축적함으로써 발생하는 함정을 유머러스하게 정의하고 있다. 즉, 더 많은 데이터를 얻을수록 이미 알고 있는 것과 충돌할 가능성이 높아져 프로세스가 복잡해진다는 의미이다. 표면적으로는 단일 출처의 정보에만 의존하여 얻을 수 있는 단순성과 일관성을 옹호하는 것처럼 보이지만 기본 메시지는 그러한 명백한 확실성을 부드럽게 질문하고 조롱하는 것이다. 그는 정확한 시간을 알고 있다고 확신하지만 오류나 불확실성을 식별할 방법이 없다. 그럼에도 불구하고 이 말은 결정을 내릴 때 잠재적으로 상충되는 정보가 너무 많아 잠재적인 함정에 대해 경고하기 위해 순전히 표면적인 의미로도 사용된다.

075

정답: 4번

전자금융감독규정 제11조(전산실 등에 관한 사항)에 따르면, 금융회사 또는 전자금융업자는 전산실에 관하여 다음 각 호의 사항을 준수하여야 한다.

(1) 화재·수해 등의 재해 및 외부 위해 방지 대책을 수립·운용할 것

(2) 상시 출입문은 한 곳으로 정하며 상시 출입은 업무와 직접 관련이 있는 사전 등록자에 한하여 허용하고, 그 밖의 출입자에 대하여는 책임자의 승인을 받아 출입하도록 하며 출입자 관리 기록부를 기록·보관할 것

(3) 상시 출입이 허용된 자 이외의 출입자의 출입 사항에 대하여는 전산실의 규모 및 설치 장소 등을 감안하여 무인 감시 카메라 또는 출입 자동 기록 시스템 설치 등 적절한 조치를 취하여 사후 확인이 가능하도록 할 것

(4) 출입문은 이중 안전 장치로 보호하며 외벽이 유리인 경우 유리창문을 통하여 접근할 수 없도록 조치할 것

(5) 천정·바닥·벽의 침수로 인한 정보 처리 시스템의 장애가 발생하지 않도록 외벽과 전산 장비와의 거리를 충분히 유지하고 이중 바닥 설치 등 방안을 강구할 것

(6) 적정 수준의 온도·습도를 유지하기 위하여 온도·습도 자료 자동 기록 장치 및 경보 장치 설치 등 적절한 조치를 취할 것

(7) 케이블이 안전하게 유지되도록 전용 통로관 설치 등 적절한 보호 조치를 강구할 것

(8) 정전에 대비하여 조명 설비 및 휴대용 손전등을 비치할 것

(9) 집적 정보 통신 시설(Internet Data Center, IDC) 등과 같이 다수의 기관이 공동으로 이용하는 장소에 정보 처리 시스템을 설치하는 경우에는 미승인자가 접근하지 못하도록 적절한 접근 통제 대책을 마련할 것

(10) 다음 각 목의 중요 시설 및 지역을 보호구역으로 설정 관리할 것

가. 전산 센터 및 재해 복구 센터

나. 전산 자료 보관실

다. 정보보호 시스템 설치 장소

라. 그 밖에 보안 관리가 필요하다고 인정되는 정보 처리 시스템 설치 장소

(11) 국내에 본점을 둔 금융회사의 전산실 및 재해 복구 센터는 국내에 설치할 것

(12) 무선 통신망을 설치하지 아니할 것

076

정답: 2번

ISO 27014는 정보보호 거버넌스 국제표준이며, Evaluate(평가), Direct(지시), Monitor(감시), Communicate(소통), Assure(감사)의 프로세스로 구성된다. ISO 27014 정보보호 거버넌스는 단독으로 구축되지 않으며 조직, 자산, 인적 자원, 프로세스와 밀접하게 연계된다. 조직에서 운영 중인 ITSM, ITRM 등과 통합되며 최종 의사결정권자의 적극적인 지원 하에 조직 전체 임직원의 변화관리를 병행하며 수행되어야 한다.

077

ISO 22301의 초점은 파괴적인 사건(예: 자연재해, 인재 등)이 발생한 후에도 제품 및 서비스의 비즈니스 전달을 연속적으로 보장하는 것이다. 이는 비즈니스 연속성 우선순위(비즈니스 영향 분석을 통해), 비즈니스 운영에 영향을 미칠 수 있는 잠재적인 중단 이벤트(위험 평가를 통해)를 찾고, 이러한 이벤트가 발생하지 않도록 방지하기 위해 수행해야 할 작업을 정의한 다음, 최소한의 복구 방법을 정의함으로써 수행된다.

- BCMS(비즈니스 연속성 관리 시스템): 비즈니스 연속성을 계획, 구현, 유지 관리하고 지속적으로 개선할 수 있도록 하는 전체 관리 시스템의 일부이다.
- MAO(최대 허용 중단): 허용할 수 없는 손상을 일으키지 않고 활동이 중단될 수 있는 최대 시간(최대 허용 중단 기간: MTPD)
- RTO(복구 시간 목표): 제품, 서비스 또는 활동을 재개하거나 리소스를 복구해야 하는 사전 결정된 시간
- RPO(복구 시점 목표): 최대 데이터 손실, 즉 복원해야 하는 활동에서 사용하는 최소 데이터 양
- MBCO(최소 비즈니스 연속성 목표): 조직이 비즈니스 운영을 재개한 후 정의된 목표를 달성하기 위해 생산해야 하는 최소 수준의 서비스 또는 제품

078

감사 품질은 객관적으로 관찰하기가 매우 어렵다. 이에 따라 학계에서는 여러 가지 대용 변수(예: 감리 지적 유무, 재량적 발생액, 회계 법인의 규모, 비적정 의견을 표명하는 성향, 전기 손익 수정금액, 감사 보수)를 사용하여 감사 품질을 측정하고 있다. 또한, 각 국가의 감독기구 등은 감사품질을 객관적으로 측정하기 위한 방법을 찾기 위해 노력하고 있다.

최근 미국의 상장 법인 회계 감독 기구인 PCAOB는 Concept Release를 발표하고 28가지 감사 품질 지표(audit quality indicators)에 대한 의견을 요청하고 있다. PCAOB는 감사위원회가 이들 지표를 활용하여 감사인의 업무를 모니터링 하면 감사 품질이 향상될 것으로 기대하고 있다. 또한, 감사 품질 지표가 공개되는 경우 회계 법인도 감사 품질 제고를 위해 더욱 노력할 것으로 예상하고 있다. 감사 품질 지표는 감사인 선임을 위한 근거로 활용될 수 있다.

079

GDPR은 기업의 GDPR 준수 입증을 위해 인증 메커니즘(certification mechanism)의 이용을 권장하고 있다. 인증 제도를 활용할 경우 기업은 기술적·관리적 조치 및 개인정보 이전과 관련한 적절한 보호 조치를 실시하고 있음을 입증할 수도 있다.

인증서는 감독기구나 지정된 인증 기관이 발행하며 인증의 유효 기간은 최대 3년이다. GDPR은 인증을 발급하는 인증기관(certification bodies)이 소관 감독기구(competent supervisory authority)나 국가의 인정 기관(national accreditation body), 또는 두 기관 모두의 인정을 받도록 요구하고 있다. 이는 인증 메커니즘 수립과 개인정보보호를 보장하기 위한 것으로, 효과적인 인증 메커니즘을 도입할 경우 GDPR 준수와 정보주체에 대한 투명성 향상 효과를 제공할 것으로 기대된다.

080

DITSCAP은 DII의 보안 태세를 확인, 검증, 구현 및 유지하기 위해 표준화된 프로세스, 일련의 활동, 일반 작업 설명 및 관리 구조를 설정한다. DITSCAP은 모든 유형의 정보 기술(IT)과 모든 컴퓨팅 환경 및 임무에 적용할 수 있도록 설계되었다. 기존 시스템 인증 및 평가된 제품을 포함하도록 조정할 수 있다. 새로운 보안 기술이나 프로그램을 사용하고 적절한 표준에 맞출 수 있다.

이 프로세스는 모든 프로그램 획득 전략과 일치할 수 있다. 그 활동은 시스템이 개발 및 통합 중에 인증 요구 사항을 충족하고 배치 후에도 인증된 보안 태세를 계속 유지하도록 보장하기 위해 시스템 생명 주기에 통합될 수 있다.

DITSCAP은 모든 시스템 생명 주기 프로세스

제5장 법규 및 제도   **227**

에 매핑되지만 4단계는 생명 주기 전략과 무관하다. DITSCAP의 4단계는 정의, 검증, 검증 및 사후 인증이다.

- 1단계: 정의는 인증을 달성하는 데 필요한 보안 요구 사항과 노력 수준을 결정하기 위해 임무, 환경 및 아키텍처를 이해하는 데 중점을 둔다.
- 2단계: 검증은 합의된 보안 요구 사항에 따라 진화하거나 수정된 시스템의 준수를 확인한다. 3단계인 검증은 완전히 통합된 시스템이 보안 요구 사항을 준수하는지 검증한다.
- 3단계: 시스템 운영에 대한 완전한 승인(예: 보안 인증)으로 마무리된다.
- 4단계: 사후 인증을 시행한다.

1, 2 및 3단계는 DITSCAP 프로세스 엔진이다. DITSCAP 방법론은 시스템 개발과 보조를 맞추거나 문제를 해결하기 위해 단계 사이에서 전진 또는 후진 이동을 허용한다. 따라서 인증된 시스템을 생성하기 위해 필요한 만큼 단계가 반복된다.

4단계인 사후 인증의 목적은 시스템 관리, 운영 및 유지 관리를 보장하여 허용 가능한 수준의 잔류 위험을 유지하는 것이다. 4단계에는 인증된 시스템의 지속적인 운영에 필요한 활동이 포함된다. 각 단계는 모든 시스템에 대해 수행되고 각 단계 내의 모든 프로세스 활동이 수행된다. 그러나 각 프로세스 활동 내의 절차는 시스템 및 관련 허용 가능한 잔류 위험 수준에 맞게 조정되고 확장될 수 있다.

081　　　정답: 3번

제15조(해킹 등 방지대책)

① 금융회사 또는 전자금융업자는 정보처리시스템 및 정보통신망을 해킹 등 전자적 침해행위로부터 방지하기 위하여 다음 각 호의 대책을 수립·운용하여야 한다.

1. 해킹 등 전자적 침해행위로 인한 사고를 방지하기 위한 정보보호시스템 설치 및 운영

2. 해킹 등 전자적 침해행위에 대비한 시스템프로그램 등의 긴급하고 중요한 보정(patch)사항에 대

하여 즉시 보정작업 실시

3. 내부통신망과 연결된 내부 업무용시스템은 인터넷(무선통신망 포함) 등 외부통신망과 분리·차단 및 접속 금지(단, 업무상 불가피하여 금융감독원장의 확인을 받은 경우에는 그러하지 아니하다) <개정 2013. 12. 3.>

4. 내부통신망에서의 파일 배포기능은 통합 및 최소화하여 운영하고, 이를 배포할 경우에는 무결성 검증을 수행할 것 <신설 2013. 12. 3.>

5. 전산실 내에 위치한 정보처리시스템과 해당 정보처리시스템의 운영, 개발, 보안 목적으로 직접 접속하는 단말기에 대해서는 인터넷 등 외부통신망으로부터 물리적으로 분리할 것(단, 업무 특성상 분리하기 어렵다고 금융감독원장이 인정하는 경우에는 분리하지 아니하여도 된다.) <신설 2013. 12. 3., 개정 2015. 2. 3.>

② 제1항제1호의 규정에 따른 정보보호시스템을 설치·운영하는 경우에는 다음 각 호의 사항을 준수하여야 한다.

1. 삭제 <2015. 3. 18.>

2. 최소한의 서비스번호(port)와 기능만을 적용하고 업무목적 이외의 기능 및 프로그램을 제거할 것

3. 보안 정책의 승인·적용 및 보안 정책의 등록, 변경 및 삭제에 대한 이력을 기록·보관할 것

4. 정보보호시스템 원격관리를 금지할 것. 다만, 원격관리가 불가피한 경우 전용회선(전용회선과 동등한 보안수준을 갖춘 가상의 전용회선을 포함한다) 사용, 접근 통제 등을 포함한 원격 접속 보안 대책을 수립·운영할 것 <개정 2016. 10. 5.>

5. 정보보호시스템의 작동 상태를 주기적으로 점검할 것 <신설 2016. 10. 5>

6. 시스템 장애, 가동중지 등 긴급사태에 대비하여 백업 및 복구 절차 등을 수립·시행할 것 <종전의 제5호에서 이동>

③ 제1항 각 호의 정보보호시스템에 대하여 책임자를 지정·운영하여야 하며, 운영결과는 1년 이상 보존하여야 한다.

④ 금융회사 또는 전자금융업자는 해킹 등 전자적 침해행위로 인한 피해 발생시 즉시 대처할 수 있도록 적절한 대책을 마련하여야 한다. <개정 2013. 12. 3.>

⑤ 삭제 <2013. 12. 3.>

⑥ 금융회사 또는 전자금융업자는 무선통신망을 설치·운용할 때에는 다음 각 호의 사항을 준수하여야 한다. <개정 2013. 12. 3.>

1. 무선통신망 이용 업무는 최소한으로 국한하고 법 제21조의2에 따른 정보보호최고책임자의 승인을 받아 사전에 지정할 것

2. 무선통신망을 통한 불법 접속을 방지하기 위한 사용자인증, 암호화 등 보안대책을 수립할 것

3. 금융회사 내부망에 연결된 정보처리시스템이 지정된 업무 용도와 사용 지역(zone) 이외의 무선통신망에 접속하는 것을 차단하기 위한 차단시스템을 구축하고 실시간 모니터링체계를 운영할 것 <개정 2015. 2. 3.>

4. 비인가 무선접속장비(AP: Access Point) 설치·접속여부, 중요 정보 노출여부를 주기적으로 점검할 것

082 　정답: 2번

서비스가 고객의 재무 보고에 영향을 미치는 경우 조직은 SOC 1을 추구해야 한다. 예를 들어, 조직에서 고객의 청구 및 수집 데이터를 처리하는 소프트웨어를 만드는 경우 고객의 재무 보고에 영향을 미치므로 SOC 1이 적절하다. 조직이 SOC 1 대 SOC 2를 추구하는 또 다른 이유는 고객이 감사를 수행할 권리를 요구하는 경우이다. SOC 1이 없으면 특히 여러 고객이 비슷한 요청을 제출하도록 요청하는 경우 양 당사자에게 비용과 시간이 많이 소요되는 프로세스가 될 수 있다.

또한, 규정 준수 요구 사항의 일부로 SOC 1을 준수해야 할 수도 있다. 예를 들어 회사가 상장된 경우 SOX(Sarbanes-Oxley Act)의 일부로 SOC 1을 추구해야 한다. 이에 반해 SOC 2는 HIPAA 또는 PCI-DSS와 같은 규정 준수 프레임워크를 필요로 하지 않는다. 그러나 조직에서 재무 데이터를 처리하지 않고 다른 유형의 데이터를 처리하거나 호스팅하는 경우 SOC 2가 더 적합하다.

오늘날의 비즈니스 환경이 데이터 침해에 대해 매우 민감하기 때문에 고객은 데이터를 보호하고 누출을 방지하기 위해 합리적인 예방 조치를 취하고 있다는 증거를 원할 수 있다. SOC 1 대 SOC 2를 추구하는 선택은 조직의 상황에 따라 다르다. SOC 1 또는 2 중에서 선택할 때 중요한 결정 요소 중의 하나는 조직의 통제가 재무 보고에 대한 고객의 내부 통제에 영향을 미치는지 여부이다.

감사 회사와 협력하여 조직에 적합한 SOC 유형(또는 둘 다)을 결정할 수 있다.

083 　정답: 2번

'정보보호 및 개인정보보호 관리체계 인증'(Personal information & Information Security Management System, ISMS-P)은 '개인정보보호 관리 체계 인증(PIMS)'과 '정보보호 관리 체계 인증(ISMS)'으로 개별 운영되던 인증 체계를 하나로 통합한 '통합인증제도'로, 2018년 11월 7일부터 시행되었다. 기업과 기관은 '정보보호 및 개인정보보호 관리 체계 인증'을 통해 자사의 개인정보보호 및 정보 보안에 대한 대외 신뢰도 향상 및 내·외부의 개인정보 침해 위험 저감을 기대할 수 있다.

- 최초 심사: 정보보호 및 개인정보보호 관리 체계 인증 취득을 위한 심사(인증 기준의 적합 여부)
- 범위 변경 등 중요한 변경 사항 발생 시 최초 심사
- 사후 심사: 정보보호 및 개인정보보호 관리 체계를 지속적으로 유지하고 있는지에 대한 심사(연 1회 이상)
- 갱신 심사: 유효 기간(3년) 만료일 이전에 유효 기간 연장을 목적으로 하는 심사(인증 기준의 적합 여부)

084 　정답: 1번

ISO 31000 표준은 조직이 직면한 모든 유형의 위험(예: 장비 고장, 직원 또는 고객 사고, 사이버 보안 위반 및 금융 사기)을 관리하기 위한 원칙, 프레임워크 및 공통 접근 방식을 제공한다. COSO ERM 프레임워크와 마찬가지로 ISO 31000은 특정 산업이나 부문에 국한되지 않는다. 그 목적은 조직이 기업 전체에 걸쳐 위험 관리 관

행을 공식화하는 것을 돕는 것이며 ISO는 모든 활동에 적용하거나 맞춤화할 수 있다고 한다.

ISO 31000:2018은 리스크(위험)를 '목표에 가해지는 불확실성의 영향'이라고 정의한다. ISO 31000은 기회 혹은 위협이 될 것이라고 예상했던 결과로부터의 이탈(긍정적이거나 부정적 또는 둘 다)에 초점을 맞추고 있다. 동시에 위험 관리는 '위험과 관련하여 기관을 지휘하고 통제하기 위한 조직화된 활동'이라고 정의한다. 더 넓은 범위에서 위험 관리의 정의는 부정적인 이벤트의 발생 확률과 그로 인한 영향을 축소하고, 모니터링하며, 통제하기 위해 자원을 조직적이고 경제적으로 사용하는 방안을 수립하는 것이다.

위험 관리는 기관의 업무 중 상당히 중요한 부분을 차지한다. 위험 관리를 통해 기관은 필요한 절차를 마련하여 위험에 대한 회복력을 기르고 위험의 영향을 제거하거나 감소할 수 있는 행동계획 및 전략을 세울 수 있다. 표준에는 다음과 같이 세 가지 주요 구성요소가 있다.

(1) Principles: ISO 31000은 비즈니스 가치를 창출하고 보호하기 위한 위험 관리의 기초로 8가지 원칙을 나열한다. 그들은 효과적이고 효율적인 위험 관리 노력의 특성과 ERM의 목적을 설명하고 그 가치를 전달하는 방법에 대한 지침을 제공한다.

(2) Framework: 이는 조직이 비즈니스 기능 및 거버넌스 구조에 위험 관리 메커니즘을 적용하는 데 도움이 되도록 설계되었다. 여기에는 리더십과 헌신, 통합, 설계, 구현, 평가 및 개선의 6가지 맞춤형 구성요소가 포함된다.

(3) Process: 이 표준은 조직이 정책, 절차 및 관행을 체계적으로 적용하는 방법에 대한 지침과 함께 위험을 식별, 평가, 우선순위 지정 및 완화하는 데 사용해야 하는 프로세스를 설명한다. 여기에는 커뮤니케이션, 모니터링 및 검토, 보고 단계도 포함된다.

085
정답: 4번

Know Your Client 또는 Know Your Customer는 투자 고문이 고객의 위험 감수성, 투자 지식 및 재무 상태에 대한 자세한 정보를 알도록 하는 투자 업계

의 표준이다. 금융 서비스의 KYC(고객 알기) 지침에서는 전문가가 비즈니스 관계 유지와 관련된 신원, 적합성 및 위험을 확인하기 위해 노력해야 한다. 절차는 은행의 자금 세탁 방지(AML) 정책의 더 넓은 범위에 있으며 이 프로세스는 제안된 고객, 대리인, 컨설턴트 또는 유통 업체가 뇌물 방지 규정을 준수하고 실제로 그들이 주장하는 사람인지 확인하기 위해 모든 규모의 회사에서 사용하고 있다.

요즘은 은행, 보험사, 수출 채권자 및 기타 금융 기관은 고객의 상세한 실사 정보를 제공할 것을 점점 더 요구하고 있다. 당초 이러한 규제는 금융기관에만 부과가 되었으나 지금은 비금융업, 핀테크, 가상 자산 딜러, 비영리 단체도 의무화되고 있는 추세이다.

086
정답: 1번

정부 3.0(Government 3.0)은 정부가 최신 기술을 활용하여 공공 문제를 해결하려는 것을 의미한다. 이에 활용되는 기술로는 대표적으로 빅 데이터(Big Data), 클라우드 컴퓨팅(Cloud Computing), 사회 연결망(Social Network), GPS와 지리 정보 시스템(GIS) 등이 있다.

—— 🏠출처   https://www.gov30.eu/

087
정답: 2번

사이버 보안 성숙도 모델 인증(Cybersecurity Maturity Model Certification, CMMC)은 미국 국방부(DoD)에서 개발한 사이버 보안 프로그램이다. 이는 국방부(DoD)와 거래하는 조직이 준수해야 하는 표준 및 업계 모범 사례이다. 이 프레임워크는 업계에서 만연한 사이버 보안 위협을 완화하는 데 있어 방위 산업체의 능력과 준비 상태를 측정하도록 설계되었다.

CMMC 규정 준수 프레임워크는 NIST, FAR 및 DFARS와 같은 다양한 사이버 보안 표준의 프로세스 및 보안 구현 모음이다. CMMC 규정 준수 인증을 획득하는 것은 단순히 조직의 현재 사이버 보안 이니셔티브가 업계에서 어느 정도 성숙도에 도달했는지를 나

타낸다. 인증 획득의 주요 목적은 연방 계약자가 소유하고 사용하는 CUI(Controlled Unclassified Information) 및 FCI(Federal Contract Information)의 보안을 개선하는 것이다.

CMMC 또는 CMMC v1.0은 레벨 1의 사이버 위생의 기초에서 레벨 5의 진보 및 고급 레벨에 이르기까지 5개의 성숙도 레벨로 설계되었다. 따라서 미분류 DoD 데이터로 운영되는 조직은 레벨 3을 충족할 것으로 예상되었다. 또는 CMMC 규정 준수보다 낮은 수준이다. 가치가 높은 정보로 운영되는 조직은 레벨 4 이상을 충분히 달성해야 되었다.

그러나 작년 2021년에 연방 정부는 프레임워크의 새 버전인 CMMC 2.0을 발표했다. CMMC 2.0의 업데이트된 버전에 따라 이 버전의 규정 준수에는 수준만 있다. 따라서 이제 CMMC 2.0 준수 요구 사항을 달성하는 것은 계약에 따라 다르며 레벨 1 또는 레벨 2, 레벨 3만 요구하고 있다. CMMC 1.0 과 2.0의 일반적인 차이는 다음과 같다.

1. 레벨(Level)

- CMMC 1.0

  1. CMMC 1.0에는 기본에서 고급까지 5개의 프로그레시브 레벨이 포함되어 있다.
  2. CMMC 레벨 2와 4는 레벨 1, 3, 5 사이의 전환 단계로 사용된다.

- CMMC 2.0
- CMMC 2.0에는 3가지 프로그레시브 레벨이 포함되어 있다.

  1. 기초 레벨 1(CMMC 1.0 레벨 1과 동일)
  2. 고급 레벨 2(CMMC 1.0 레벨 3과 동일)
  3. 전문가 레벨 3(CMMMC 1.0 레벨 5와 동일)

2. 각 레벨의 요구 사항(Requirements at each level)

- CMMC 1.0

  1. 요구 사항에는 각 수준의 사이버 보안 표준 및 성숙도 프로세스가 포함된다.
  2. 사이버 보안 표준은 NIST SP 800-171의 특정 요구 사항과 CMMC 고유 표준으로 구성된다.

- CMMC 2.0

  1. 모든 성숙 프로세스 제거
  2. 모든 CMMC 고유의 보안 관행을 제거한다.
     - 고급 레벨 2는 NIST SP 800-171(110가지 보안 사례)을 반영한다.
     - 전문가 레벨 3은 NIST SP 800-172 요구 사항의 하위 집합을 기반으로 한다.

3. 부가 사항(Additional Changes)

- CMMC 2.0

  1. CMMC 레벨에 대한 DIB 회사 리더십의 연례 확인으로 연례 자체 평가를 허용한다.
  2. 독립적인 평가가 필요한 우선순위 인수, 연간 자체 평가가 필요한 비우선 인수, 연간 회사 확인을 식별하기 위해 CMMC 레벨 3 요구 사항을 분기한다.
  3. 시간 제한이 있고 시행 가능한 실행 계획 및 이정표 프로세스의 개발
  4. 필요하고 승인된 경우 시간 제한이 있는 선택적 면제 절차 개발

CMMC Model 2.0	Controls/ Practices	Assessment
Level 1 Foundation	17 practices	Annual Self-Assessment
Level 2 Advanced	110 practices aligned with NIST 800-171	Triennial Third Party Assessment
Level 3 Expert	110+practices based on NIST 800-172	Triennial Government led Assessment

088 정답: 1번

직업안전보건청(Occupational Safety and Health Administration, OSHA)은 미국에서 고용주와 근로자가 위험을 줄이고 고용주의 작업장 및 근로자의 작업에 특정한 안전 조치를 보장하고자 한다. 의회는 1970년 산업안전보건법 통과에 따라 1971년에 OSHA를 설립하여 작업장 법률과 표준을 시행하고 훈련, 봉사 활동, 교육 및 지원을 제공함으로써 근로자의 안전하고 건강한 작업 조건을 보장했다. 의회는 연간 14,000명의 근로

자 사망과 250만 명의 장애인 근로자를 초래한 연간 작업장 사고에 대응하여 산업안전보건법을 제정했다.

처음부터 OSHA는 작업 사망률을 절반 이상으로 줄였으며 OSHA가 주의를 집중한 산업(예: 직물 및 발굴)의 전체 부상 및 질병 비율을 크게 줄였다. OSHA 규정은 건설에서 해양, 농업에 이르기까지 수많은 산업 작업장에 적용된다. 이 기관은 또한, 일반적으로 공공 부문 고용주를 규제하는 주정부 OSHA 기관을 통해 일부 공공 부문 고용주와 그 근로자를 대상으로 한다. OSHA는 콜롬비아 특별구, 푸에르토리코, 미국령 버진 아일랜드, 아메리칸 사모아, 괌, 북마리아나 제도를 포함한 미국 영토 및 관할 구역뿐만 아니라 50개주 전체에 적용된다.

OSHA 요구 사항을 준수하기 위해 고용주는 여러 가지 특정 조치를 취해야 한다. 여기에는 잠재적 위험에 대한 작업장 검사, 위험 제거 또는 최소화, 작업장 부상 및 질병 기록 보관, 직원에게 안전 및 건강 위험을 인식하도록 교육하고, 사고 예방을 위한 예방 조치에 대해 직원 교육이 포함된다. OSHA는 또한, 직원들이 모든 해당 OSHA 표준 준수, OSHA 안전 규정 준수, 필수 보호 장비 착용, 위험한 상황 보고, 직업 관련 부상 및 질병 보고와 같은 규칙을 준수하도록 요구한다.

또한, OSHA는 많은 권리를 보장함으로써 직원을 보호한다. 여기에는 OSHA 규정 사본을 보유하고 작업장 위험, 예방 조치 및 절차에 대한 정보를 요청할 수 있는 권리가 포함된다. 작업장에 위험한 조건이나 위반 사항이 있다고 생각하는 경우 OSHA 검사를 요청한다. 사망 또는 심각한 신체적 상해의 위험에 노출되는 것을 거부한다.

OSHA 및 연방법은 보복에 대해 고용주, OSHA 또는 기타 기관에 위반 가능성에 대해 불만을 제기하거나 보고하는 근로자를 보호한다. 고용주는 내부 고발자에 대해 불리한 인사 조치를 취하는 것이 금지되며, 자신의 법적 권리가 침해되었다고 생각하는 직원은 고용주 보복을 주장하는 OSHA에 불만을 제기할 수 있다.

국제무기거래규정(ITAR)는 무기수출통제법을 시행하기 위한 세부 사항을 명시한 하위 규정으로, 수출 통제와 관련된 용어 정의부터 군용물자 품목 목록(USML), 군용 품목 제조업체 및 수출업체 등록, 수출 허가 절차 등을 규정하고 있다. 미국의 전략 물자 규제는 크게 국제무기거래규정(International Traffic in Arms Regulations, ITAR)을 통한 군용 품목 및 국방 용역에 대한 통제와 수출관리규정(Export Administration Regulations, EAR)을 통한 이중용도 품목에 대한 통제로 구분된다. 미국은 전략 물자의 불법 수출이 대량 살상 무기 및 미사일 등의 개발, 생산에 활용 시 국제 평화와 자국의 국가 안보에 위협이 되므로 엄격히 처벌하고 있으며, 전략 물자 불법 수출은 해당 기업의 미국 내 수출 제재뿐 아니라 해당 국가에 대한 무역 보복을 초래할 수 있는 중대한 사안으로 다루고 있다.

미국 국제무기거래규정(ITAR) 구성

구분	제목	주요 내용
제120관	목적 및 정의	• 승인권자 및 자격 • 각종 용어의 정의
제121관	미 군용물자품목 (USML)	
제122관	제조/수출업체 등록	• 등록 요건 및 절차
제123관	군용품목 수출허가 및 임시수입허가	• 수출허가 서류 및 절차
제124관	협정, 해외 조달 및 국방 용역	• TAA, MLA 등 포함 내용 • 의회 동의 사항
제125관	기술자료 및 기밀 군용 물자의 수출허가	• 평문 기술자료 수출허가 절차 • 기밀 군용물자 수출허가 절차
제126관	일반 정책 및 방침	• 수출입 금지 대상 국가 • 특정 국가에 대한 면제 사항
제127관	위반 및 벌칙	• 위반 행위 정의, 사항별 벌칙 • 자진신고제도
제128관	행정 절차	
제129관	중계업체 등록 및 허가	
제130관	정치 후원금 및 수수료	

—— 🏠출처　방위사업청

090

국제용 인증서의 유효 기간은 2017년 7월 10일부로 CCRA 협정에 의해 5년이다. 국내용 인증서의 유효 기간은 2021년 1월 13일 이후 발급된 경우 5년이고, 2021년 1월 12일 이전에 발급된 경우 3년이다. 다만, 2021년 1월 12일 이전에 발급된 국내용 인증서가 인증서 효력 연장을 통과한 경우 인증서의 유효 기간은 5년으로 연장된다. 국내용 인증서 유효 기간이 5년으로 확대됨에 따라 인증서의 효력은 5년을 1회 연장할 수 있도록 개정되었다. 국내용 인증서를 발급받은 이후 이미 2회 이상 인증서 효력을 연장한 제품의 경우 인증서 효력 연장이 허용되지 않는다.

091

컨트롤러는 다음 중 하나에 해당할 경우 부당한 지체 없이(without undue delay) 개인정보를 삭제할 의무를 부담한다.

(1) 개인정보가 수집 목적 또는 다른 방식으로 처리되는 목적에 더이상 필요하지 않은 경우

(2) 정보 주체가 동의를 철회하고 해당 처리에 대한 다른 법적 근거가 없는 경우

(3) 정보 주체가 제21조 제1항(국가 안보·국방·공공 안보·범죄 예방)에 따라서 처리에 반대하고 관련 처리에 대하여 우선하는 정당한 사유가 없는 경우, 또는 제21조 제2항에 따라서 직접 마케팅을 위한 처리에 반대하는 경우

(4) 개인정보가 불법적으로 처리된 경우(GDPR 위반 등)

(5) 정보 처리자에 적용되는 유럽연합 내지 회원국 법률에 따른 법적 의무 준수를 위하여 삭제되어야 하는 경우

(6) 아동에게 직접 제공되는 정보 사회 서비스와 관련하여 개인정보가 수집된 경우 개인정보의 처리가 합법적이라는 점에 대한 입증 책임은 컨트롤러에게 있다. 책임의 원칙에 따라 컨트롤러는 언제라도 개인정보 처리에 정당한 근거가 있음을 보여줄 수 있어야 한다.

092

CCPA는 개인 데이터 남용에 대한 대중의 우려가 높아짐에 따라 캘리포니아주가 제정한 보호법이다. 이는 캘리포니아 주민들에게 웹 사이트와 애플리케이션이 수집하는 정보에 대한 더 많은 가시성과 통제력을 제공한다. 영향을 받을 수 있는 소비자 수를 고려할 때 이는 잠재적으로 크고 작은 회사에 막대한 벌금을 의미할 수 있다. CCPA는 캘리포니아 온라인 개인정보보호법(CalOPPA)과 같은 기존 주 개인정보보호 규정을 보완하지만 주요 영역에 대한 새로운 요구 사항도 도입하고 있다.

캘리포니아 소비자 개인정보보호법(CCPA)이 1월 1일에 발효되었을 때 기업은 더 많은 새로운 데이터 개인정보보호 법안에 따라 개인 데이터를 보호하는 방법에 대해 다시 생각해야 했다. 규정이 엄격해짐에 따라 점점 더 다양한 스토리지 시스템 및 데이터 형식에 대한 정보를 저장하는 새로운 IT 과제에 직면했다. 모든 솔루션이 업무에 적합하거나 기업이 매우 다양한 정형 및 비정형 형식으로 데이터를 저장하는 현대적인 클라우드 환경에 맞춰져 있는 것은 아니지만, 결과적으로 CCPA 규정 준수는 새로운 기능을 수행할 수 있는 기능을 갖춘 새로운 유형의 데이터 보호 도구를 요구한다.

GDPR과 CCPA의 비교 사항은 다음과 같다.

대부분의 경우 GDPR은 CCPA보다 범위가 훨씬 더 넓다. 예를 들어 GDPR과 달리 CCPA는 때에 따라 단순히 개인 데이터를 수집하고 처리하기 위해 사전 동의를 받을 필요성이 없다. 그러나 GDPR을 준수한다고 해서 반드시 CCPA를 준수하는 것은 아니다. GDPR과 CCPA는 많은 공통 기능을 공유하지만 여전히 개인 데이터 판매와 관련된 특정 요구 사항을 충족해야 한다.

BSIMM(Building Security in Maturity Model)은 조직에서 자체 이니셔티브를 광범위한 BSIMM 커뮤니티의 데이터와 비교하고 대조하기 위한 측정 도구로 사용된다. BSIMM은 많은 조직이 디지털 혁신 및 De-vOps와 같은 최신 소프트웨어 개발 패러다임을 지원하기 위해 소프트웨어 보안 노력을 조정하고 있음을 보여준다.

BSIMM 모델은 현재 122개의 활동을 수용하는 거버넌스, 인텔리전스, SSDL 터치포인트 및 배포와 같은 4개 도메인으로 구성된 12개 소프트웨어 보안 관행의 프레임워크를 사용한다. 예를 들어, 거버넌스 도메인에는 소프트웨어 보안 이니셔티브의 조직, 관리 및 측정 관행에 속하는 활동이 포함된다. 경영진의 관점에서 BSIMM 활동을 소프트웨어 보안 위험 관리 프레임워크에서 구현된 제어로 볼 수 있다. 구현된 활동은 소프트웨어 보안 이니셔티브에서 예방, 탐지, 수정 또는 보완 제어 기능을 수행할 수 있다. 활동을 통제로 지정하면 거버넌스, 위험 및 규정 준수, 법률, 감사 및 기타 위험 관리 그룹에서 BSIMM의 가치를 더 쉽게 이해할 수 있다. BSIMM 활동 수준은 참여 조직에서 활동이 관찰되는 빈도를 구별한다. 자주 관찰되는 활동은 수준 1로 지정되고 덜 자주 관찰되고 자주 관찰되지 않는 활동은 각각 수준 2와 3으로 지정된다.

094

(1) 생명 주기 계측 구현 및 거버넌스 정의에 사용(Implement lifecycle instrumentation and use to define governance): BSIMM12는 소프트웨어 보안 리더들이 전체 소프트웨어 포트폴리오에 걸쳐 위험 기반 제어 구현으로 극적으로 전환하고 있음을 발견했다. 이를 통해 개발 팀은 소프트웨어 개발 생명 주기 초기에 문제를 찾고 수정할 수 있다. BSIMM12 참가자의 대다수(92%)가 이 활동의 어떤 형태를 구현했다. 보안 소프트웨어 생명 주기 프로세스는 개발 전반에 걸쳐 애플리케이션에 보안을 구축하기 위한 사전 예방적 접근 방식이다. 본질적으로 '생명 주기 계측' 옹호자는 소프트웨어 개발 생명

주기의 다양한 단계에서 데이터를 수집하고 해당 데이터를 사용하여 소프트웨어 보안 정책을 만들고 시행함으로써 소프트웨어 보안을 애플리케이션 개발 프로세스에 긴밀하게 통합한다.

(2) 호스트 및 네트워크 보안 기본 사항이 마련되어 있는지 확인(Ensure host and network security basis are in place): 호스트 및 네트워크 보안을 적용하기 전에 소프트웨어 보안을 구현하려는 것은 양말보다 신발을 먼저 신는 것과 같다. 거의 모든 BSIMM12 참가자(91%)는 데이터 센터와 네트워크 전반에 걸쳐 호스트 및 네트워크 보안 기본 사항이 마련되어 있는지 확인함으로써 소프트웨어 보안을 위한 좋은 기반을 시작했다.

(3) PII 의무 식별(Identify PII obligations): BSIMM12 관찰에서 알 수 있듯이 PII(개인 식별 정보) 보안은 많은 조직에서 최우선 과제로, 참가자의 89%가 PII 요구 사항을 확인했으며 43%가 PII 인벤토리도 구축했다. 호스팅 환경에 대한 아웃소싱은 PII 의무를 완화하지 않으며 모든 관련 의무를 인식하는 데 어려움을 가중시킬 수도 있다. PII가 있는 위치를 이해하고 PII 데이터의 무단 공개를 방지하는 것은 보안을 염두에 둔 모든 기업이 취해야 하는 단계이다.

(4) 보안 기능 검토 수행(Perform security feature review): 아키텍처 분석을 시작할 때 보안 인식 조직은 프로세스를 보안 기능 검토에 중점을 둔다. 예를 들어 보안 기능 검토를 통해 권한 공격 확대의 대상이 되는 시스템이나 PII를 로컬 스토리지에 잘못 저장하는 모바일 애플리케이션을 식별할 수 있다. BSIMM12 참가자의 88%가 이 활동을 구현했다.

(5) 외부 침투 테스터를 사용하여 문제 찾기(Use external penetration testers to find problems): BSIMM12 참가자의 87%가 인식한 사항으로 외부 침투 테스터를 사용하면 보안 문제에 영향을 받지 않는다는 것을 조직에 명확하게 보여줄 수 있다.

(6) 인시던트 대응 생성 또는 인터페이스 (Create or interface with incident response): BSIMM12 참가자의 84%는 소프트웨어 보안 그룹을 조직의 보안 그룹과 연결하는 프로세스를 시작했다. 사고 대응 팀은 중요한 보안 정보가 양방향으로 흐르도록 한다. 인프라 및 소프트웨어 공급업체와의 커뮤니케이션 채널을 여는 것도 소프트웨어 보안 그룹에게 매우 중요한 작업이다.

(7) 보안 기능 통합 및 제공(Integrate and deliver security features): 각 프로젝트 팀이 자체 보안 기능을 구현하도록 하는 대신 BSIMM12 소프트웨어 보안 그룹의 80%가 승인된 보안 기능을 위한 정보센터 노력을 주도하거나

참여한다. 프로젝트 팀은 소프트웨어 보안 그룹의 사전 승인을 받은 구현의 이점을 얻고, 그룹은 종종 보안 기능에 침투하는 오류를 반복적으로 추적할 필요가 없다는 이점을 얻는다.

(8) 자동화된 도구 사용(Use automated tools): 애플리케이션과 네트워크가 복잡해짐에 따라 보안 및 규정 준수를 수동으로 관리하는 것이 점점 더 어려워지고 있다. 수동 작업을 수행하면 문제의 감지 및 수정 속도가 느려지고 리소스 구성의 오류가 발생하고 정책 적용이 일관되지 않아 조직이 규정 준수 문제 및 공격에 취약해질 수 있다. BSIMM12 참가자의 80%는 코드와 애플리케이션을 보호하기 위해 자동화된 도구를 사용하고 있다고 말했다. 반대로, 2021년에는 26명에 달하는 BSIMM12 참가자가 여전히 수동 소프트웨어 보안 및 규정 준수 프로세스에 의존하고 있다는 사실이 주목할 만하다.

(9) QA가 가장자리/경곗값 조건 테스트를 수행하는지 확인(Ensure QA Performs Edge/Boundary value condition testing): BSIMM12 참가자의 대다수(78%)는 예상 입력만 사용하는 과거의 표준 기능 테스트를 추진하는 것의 가치를 인정한다. 점점 더 많은 QA 팀이 적으로 생각하고 사전 예방적 소프트웨어 보안 사고방식을 취하는 방향으로 나아가고 있다.

(10) 규정 준수 제약을 요구 사항으로 변환(Translate compliance constraints to requirements): 규정 준수 제약 조건을 소프트웨어 요구 사항으로 변환하여 개발 팀에 전달하는 것은 BSIMM12 참가자 전략의 77%에 있다. 규정 준수 제약을 소프트웨어 요구 사항으로 나타내면 감사 시 추적 가능성 및 가시성에 도움이 된다.

── ⌂ 출처 https://www.bsimm.com

095

정답: 1번

무어의 법칙(Moore's Law)은 반도체 칩 기술의 발전 속도에 관한 것으로, 반도체 칩에 집적할 수 있는 트랜지스터의 숫자가 적어도 매 18개월마다 두 배씩 증가한다는 법칙이다. 인텔의 창업자 고든 무어(Gordon Moore) 박사는 반도체 칩이 상용화된 지 4년 후인 1965년에, 반도체 칩의 용량이 매년 두 배가 될 것으로 보인다고 예고했다. 그러나, 변화의 속도는 지난 수년간 다소 느려져서, 매 18개월마다 두 배가 되는 것을

반영하기 위해 고든 무어의 승인 아래, 이 법칙의 정의를 수정하였다. 1997년 9월에, 인텔이 발표한 2비트 플래시 메모리와, 기존의 알루미늄을 구리로 대체한 새로운 회로 칩에 관한 IBM의 발표 등은 무어의 법칙이 원래 의미로 회귀하고 있음을 시사하였다.

096

정답: 1번

개인정보보호법 시행령 제19조에서는 고유 식별 정보의 범위에 대해 구체적으로 명시하고 있다. 대통령령으로 정하는 정보에 해당하는 경우이며 상세한 내용은 다음과 같다.

(1) 「주민등록법」제7조의 2제1항에 따른 주민 등록 번호
(2) 「여권법」제7조 제1항 제1호에 따른 여권 번호
(3) 「도로교통법」제80조에 따른 운전면허의 면허 번호
(4) 「출입국관리법」제31조 제5항에 따른 외국인 등록 번호

097

정답: 2번

ISO 61508은 전기 및 전자 장치에 대한 기능 안전 규격에 대한 국제표준이다. ISO 61508이 범용적인 특징을 가지고 있으므로 자동차 장비를 위해 최적화하고 변형한 기능 안전 규격 표준이 필요해졌고, 그래서 나온 기준이 바로 ISO 26262이다.

ISO 26262 표준은 2011년 제정되었고 2018에 두 번째 버전으로 개정되었다. 총 10개의 파트로 구성되며 (버전 2에서 파트11, 12 추가) 자동차 분야 전기전자 장치를 위한 하드웨어 및 소프트웨어의 설계/개발/테스트를 위한 표준이다.

- 파트1: 용어집
- 파트2: 기능 안전 관리
- 파트3: 콘셉트 개발
- 파트4: 시스템 제품 개발
- 파트5: 하드웨어 제품 개발
- 파트6: 소프트웨어 제품 개발

- 파트7: 생산과 운용
- 파트8: 지원 프로세스
- 파트9: ASIL 및 안전 지향적 분석
- 파트10: 가이드라인

098

한국인터넷진흥원(KISA)이 인증하고 TTA와 KTC가 시험을 대행하는 IoT 보안 인증 제도(Certification IoT of Cybersecurity, CIC)는 총 일곱 가지의 인증 영역으로 구성된다.

인증 대상은 IoT 제품과 연동되는 모바일 앱이 해당되며 Lite, Basic, Standard 등급으로 부여된다. 인증 영역은 식별 및 인증, 데이터 보호, 암호, 소프트웨어 보안, 업데이트 및 기술 지원, 운영체제 및 네트워크 보안, 하드웨어 보안, 총 7개의 인증 영역으로 구분된다.

099

ISO 22301은 비즈니스 연속성 관리를 정보 보안 관리 및 IT 관리와 부분적으로 중복되는 회사의 전반적인 위험 관리의 일부로 정의한다. 구현 및 인증은 파트너, 소유자 및 기타 이해관계자에 대한 회사의 규정 준수를 증명하는 데 유용하다. 이 표준을 다른 비즈니스 연속성 프레임워크/표준과 차별화하는 기능 중 하나는 조직이 공인 인증 기관의 인증을 받을 수 있으므로 고객, 파트너, 소유자 및 기타 이해관계자에게 준수를 증명할 수 있다는 것이다.

ISO 22301의 최신 개정판은 2019년 10월에 게시되었다. ISO 22301:2019는 영국 표준 BS 25999-2를 기반으로 개발된 ISO 22301:2012를 대체했다. 이 2019 개정판은 큰 변화를 가져오지는 않았지만 확실히 더 많은 유연성과 덜 규범성을 가져 조직과 고객에게 더 많은 가치를 추가하고 있다.

100

회사에서 ISO 22301을 구현하려면 다음 17단계를 따라야 한다.

(1) 경영 지원(Management support)

(2) 요구 사항 식별(Identification of requirements)

(3) 비즈니스 연속성 정책 및 목표(Business continuity policy and objectives)

(4) 경영 시스템 지원 서류(Support documents for management system)

(5) 위험성 평가 및 치료(Risk assessment and treatment)

(6) 비즈니스 영향 분석(Business impact analysis)

(7) 비즈니스 연속성 전략(Business continuity strategy)

(8) 비즈니스 연속성 계획(Business continuity plan)

(9) 훈련 및 인식(Training and awareness)

(10) 문서 유지 관리(Documentation maintenance)

(11) 운동 및 테스트(Exercising & testing)

(12) 사고 후 검토(Post-incident reviews)

(13) 이해관계자와의 커뮤니케이션(Communication with interested parties)

(14) 측정 및 평가(Measurement and evaluation)

(15) 내부감사(Internal audit)

(16) 시정 조치(Corrective actions)

(17) 경영 검토(Management review)

101

일반 평가 기준(Common Criteria, CC)은 국제 인증이지만 국내에서는 이를 간소화하여 별도의 국내 CC 인증을 수행하고 있다. 국제 CC 인증에 비해 상대적으로 간소화되어 국내의 중소기업들도 쉽게 인증 받을 수 있도록 하고 있다. 국제 CC 인증의 유효 기간은 5년이고, 국내 CC 인증의 유효 기간은 3년이다.

102

정답: 2번

공개 소프트웨어는 소프트웨어의 내용을 프로그래밍 언어로 나타낸 '소스 코드'를 공개하여 누구나 개량·재배포할 수 있는 소프트웨어이다. 자유 소프트웨어의 '자유(Free)'와 공개 소프트웨어의 '공개(Open Source)'는 그 접근에 있어 다소 상이하던 시기가 있어 나뉘어 불리기도 했으나 최근에는 FOSS(Free & Open Source Software)로 지칭되면서 양자가 갖는 특징을 포괄하는 방향으로 안착하고 있다. 이에 대해 좀 더 상세하게 체계를 세운 정의로 OSI(Open Source Initiative)에서 제시하고 있는 다음의 10가지 조건으로 공개 소프트웨어의 정의를 대신하고 있다.

(1) 자유 배포(Free Redistribution)

(2) 소스 코드 공개(Source Code Open)

(3) 2차적 저작물(Derived Works) (허용)

(4) 소스 코드 수정 제한(Integrity of The Author's Source Code)

(5) 개인이나 단체에 대한 차별 금지(No Discrimination Against Persons or Groups)

(6) 사용 분야에 대한 제한 금지(No Discrimination Against Fields of Endeavor)

(7) 라이선스의 배포(Distribution of License)

(8) 라이선스 적용상의 동일성 유지(License must not be specific to a product)

(9) 다른 라이선스의 포괄적 수용(License must not contaminate other software)

(10) 라이선스의 기술적 중립성(License must be Technology-Neutral)

—— 🏠 출처 공개소프트웨어 백서, 2012

103

정답: 2번

ISO/IEC 38500은 공공 및 민간 기업, 정부 기관, 비영리 조직을 비롯한 모든 규모의 조직에 적용할 수 있다. 이 표준은 조직 내에서 정보 기술(IT)의 효과적이고 효율적이며 수용 가능한 사용에 대한 지침 원칙을 조직 이사에게 제공한다. 범위, 프레임워크 및 지침의 세 가지 주요 섹션으로 구성되며, 프레임워크는 정의, 원칙 및 모델로 구성된다. IT의 우수한 기업 거버넌스를 위한 6가지 원칙을 제시하며 다음과 같다.

(1) 책임(Responsibility): 개인과 조직은 IT의 요구와 공급 모두에 대해 자신의 역할을 분명히 정의하고, 역할 내에서 주어진 책임을 이해하고 수락하며, 책임 없는 역할이나 권한이 부여되어서는 안 된다.

(2) 전략(Strategy): ITGI(IT 거버넌스 협회)의 IT 거버넌스 중점 영역 중 전략적 연계(Strategy Alignment)에 해당되는 부분으로 비즈니스 전략은 IT의 현재와 미래의 역량/요구에 대해 고려해야 한다.

(3) 획득(Acquisition): ITGI(IT 거버넌스 협회)의 IT 거버넌스 중점 영역 중 자원 관리(Resource Mgmt.)와 위험 관리(Risk Mgmt.) 영역을 포괄하는 것으로 적절하고 지속적인 분석을 토대로 투명한 의사결정을 통해 IT 기술의 획득이 이루어져야 한다.

(4) 성과(Performance): ITGI(IT 거버넌스 협회)의 IT 거버넌스 중점 영역 중 성과 측정(Performance Measurement)에 해당되는 부분으로 IT는 현재와 미래의 비즈니스에서 요구되는 서비스들을 공급하고, 서비스 수준과 품질을 유지해야 하며 조직을 지원하는 목적에 적합하다.

(5) 준거(Conformance): 컴플라이언스(Compliance) 관리에 대한 항목으로 IT는 모두 강제적인 법과 규제 사항을 따라야 한다. 정책과 그에 대한 진행은 분명하게 정의되고, 구현되고, 강제화해야 한다.

(6) 행동(Human Behavior): IT 정책, 진행 그리고 결정은 프로세스 내의 사람들 모두가 현재 요구하는 사항과 인간 행동에 대해서 고려해야 한다.

104

정답: 3번

정보보호 최고책임자 지정·신고 의무 위반에 대해서는 3천만 원 이하의 과태료 부과(정보통신망법 제76조 제1항 제6호의 2)

- 정보통신망법 시행령은 과태료 부과 기준금액을 위반 횟수별로 1회 7백50만 원, 2회 1천5백만 원, 3회 이상 3천만 원으로 규정

- 정보통신망법 위반에 대해서는 관계 물품·서류 등을 제출하게 할 수 있고, 사업장에 출입하여 업무상황, 장부 또는 서류 등을 검사할 수 있음(정보통신망법 제64조 제1항 및 같은 조 제3항)

- 또한, 정보통신망법을 위반한 자에 대해서는 해당 위반행위의 중지 또는 시정을 위하여 필요한 시정조치 명령, 시정조치의 명령을 받은 자에게 시정조치의 명령을 받은 사실을 공표하도록 할 수 있음(정보통신망법 제64조 제4항)

105

정답: 3번

전 세계의 스토리지, 규정 준수 및 보안 팀은 GDPR(일반 데이터 보호 규정)과 비슷한 브라질 데이터 개인정보보호법인 LGPD(Lei Geral de Proteção de Dados Pessoais)에 따라 데이터 보호 관행을 검토하고 있다.

LGPD는 데이터의 광범위한 사용에 대한 대중의 우려를 해결하기 위해 강화된 일련의 데이터 보호법 중 가장 최근에 제정된 것이다. LGPD를 통해 브라질은 다수의 이질적인 법령을 통일된 표준 세트로 조화시키기 시작했다. 기업이 개인 데이터를 저장하고 처리하는 방법에 대해 보다 엄격한 통제를 통해 브라질 국민의 데이터 개인정보보호 권리를 강화하고 있다. 또한, 개인정보보호 모범 사례를 홍보하고 기업이 규정 준수를 더 많은 수익을 창출할 수 있는 기회로 활용할 수 있도록 설계되었다.

LGPD와 GDPR은 비슷한 점이 매우 많이 가지고 있지만, 법적 근거와 의무적인 데이터 침해 알림과 같은 점에서 LGPD가 유럽 법률보다 더 나아가고 있다. 결과적으로 두 법률은 책임성, 보안, 데이터 최소화, 목적 제한 및 개인정보보호에 대한 공통된 초점을 공유하는 것은 매우 유사하다.

106

정답: 1번

사이버 보안 성숙도 모델 인증(Cybersecurity Maturity Model Certification, CMMC) 프레임워크는 미국 연방 계약 정보(Federal Contract Information) 및 통제 비분류 정보(Controlled Unclassified Information)와 같은 비분류 정보보호에 관한 조직의 성숙도를 측정하기 위해 설계된 검증 메커니즘이다.

CMMC는 다양한 사이버보안 기준과 표준, 기타 우수관행을 포괄하는 새로운 사이버보안 표준의 모음이다. 이는 다섯 단계의 인증 레벨로 구성된 프로세스 및 관행을 포함한다. CMMC 모델은 미국 국방부(Department of Defense)가 개발 및 관리하며 방위 산업 기지(Defense Industrial Base) 시스템 및 네트워크에 존재하는 민감 정보의 잠재적 노출 위험에 대한 국방부의 대응으로 간주된다.

여타 분야에서도 그렇듯, 수많은 보안 사고가 방위 산업 기지 및 국방부 공급망에도 영향을 미쳐왔다. 국방부는 국가 경제 안보 및 일반적인 국가 차원에서의 안보 관련 리스크를 감소하기 위해 비분류 정보보호에 초점을 맞춰야 한다는 점을 인식하고 있다.

따라서 국방부는 국방부 하청업체 커뮤니티에 속한 조직 전반의 사이버 보안 태세를 사정 및 강화하는 CMMC 프레임워크를 발표하였다. CMMC는 사이버 보안 표준이기에 CMMC 인증은 결국 소기업, 민수 용품 하청 업체, 기타 납품 업체 등을 포함한 모든 국방부 하청 업체에 요구된다. 미국 국방성은 2020년 1월 31일 CMMC 1.0 버전을 발표했다. 초안은 주로 대학 부설 연구 센터(University Affiliated Research Centers, UARCs), 연방 출연 연구 개발 센터(Federally Funded Research and Development Centers, FFRDCs), 업계의 참여로 만들어졌다. 과거, 방위 산업체는 자신의 IT 시스템과 시스템에 저장되어 있거나 송수신되는 국방성 기밀 정보의 보안을 구현하고 모니터하고 인증할 책임이 있었다. 방위 사업체는 여전히 필수적 사이버보안 요건을 구현할 책임이 있지만, CMMC는 일종의 패러다임 변화이다. 이는 적국으로부터의 새롭고 진화하는 사이버 위협에 적응할 수 있는 특정한 의무적 관행, 절차 및 능력에 방위 산업체가 부합하는지를 제3자가 평가하도록 의무화한다.

107

정답: 1번

ISMS-P (정보보호 및 개인정보보호 관리체계 인증) 제도는 크게 세 가지 기준으로 구성된다. 관리체계 수립 및 운영, 보호대책 요구 사항, 개인정보 처리 단계별 요구 사항으로 구성된다.

이 중에서 문제에서 물어본 '보호 대책 요구 사항'에는 총 12가지 상세 분야가 존재한다. 상세한 분야는 다음과 같다.

- 2.1 정책, 조직, 자산 관리
- 2.2 인적보안
- 2.3 외부자 보안
- 2.4 물리 보안
- 2.5 인증 및 권한 관리
- 2.6 접근 통제
- 2.7 암호화 적용
- 2.8 정보 시스템 도입 및 개발 보안
- 2.9 시스템 및 서비스 운영관리
- 2.10 시스템 및 서비스 보안관리
- 2.11 사고 예방 및 대응
- 2.12 재해 복구

108 정답: 4번

개인정보보호법 시행령 제48조의 2, (개인정보의 안전성 확보 조치에 관한 특례) 조항에 따르면 개인정보가 안전하게 저장 및 전송될 수 있도록 암호화에 대한 조치 사항을 명시하고 있다. 해당 조항에서 비밀번호는 일방향 암호화를 적용하여 원래의 비밀번호 평문을 알 수 없게 조치하도록 정의했다.

일방향 암호화인 해시 알고리즘을 적용하면 일정한 길이의 문자열로 변환되는데, 본래의 평문으로 원복될 수 없는 것이 특징이다. 대표적인 해시 알고리즘에는 MD5, SHA, SHA-2, SHA-3 등이 있다.

109 정답: 4번

다음 Sarbanes-Oxley(SOX) 4개 섹션은 SaaS 작업에 적용된다.

- SOX 섹션 302: 이를 위해 IT는 SOX 관련 내부 통제에 대한 실시간 보고를 제공해야 한다. 이를 위해서는 증거 수집, 테스트, 위반 보고 및 수정 노력과 같은 작업을 자동화해야 한다.

- SOX 섹션 404: 모든 사업체는 정확하고 투명한 재무 보고를 위해 내부 통제를 가져야 한다. 외부감사인은 매년 이를 검토하고 회사가 내부 통제를 얼마나 잘 문서화, 테스트 및 유지 관리하는지 평가해야 한다.

- IT 및 SaaSOps의 목표는 프로세스가 재무 데이터의 정확하고 완전한 전송을 지원하도록 하는 동시에 자산 보유 계정을 무단 액세스로부터 보호하는 것이다. 따라서 그들은 미션 크리티컬 SaaS 앱을 포함한 IT 시스템과 재무 정보 생명 주기와 관련된 프로세스를 결정해야 한다. 여기에는 보안, 애플리케이션 테스트, 소프트웨어 통합 확인 및 자동화된 프로세스 테스트가 포함된다.

- SOX 섹션 409: 데이터 유출, 인수 합병, 파산과 같이 비즈니스에 중대한 재정적 영향을 미치는 사건은 적시에 공개되어야 한다.

- IT는 Workiva 또는 SOXHUB와 같은 SOX 규정 준수 소프트웨어를 사용할 수 있다. 이러한 도구는 "적시 공개" SOX 요구 사항을 준수할 필요성을 비즈니스에 알리는 경고를 제공한다. 또한, 이러한 소프트웨어는 이해관계자에게 변경 사항을 알리는 데 사용될 수 있다.

- SOX 섹션 802: 공개 회사는 금융 거래와 관련된 민감한 데이터를 최소 5년 동안 보관해야 한다. 따라서 IT는 내부 자동화된 백업 프로세스와 함께 이를 저장하고 시스템이 작동하는지 확인해야 한다. IT 전문가는 또한, 기술 업그레이드 중에도 항상 데이터의 가용성을 유지할 수 있는 조직적 제어 권한이 있어야 한다.

여기에 자동화된 오프보딩 워크플로와 함께 데이터 보존 정책이 SaaS에 대한 SOX 규정 준수를 지원한다.

110 정답: 1번

전자금융감독규정 제13조 '전산자료 보호대책'에 따르면 금융회사 또는 전자금융업자는 전산 자료의 유출과 파괴를 방지하기 위한 보호대책을 수립하고 운용해야 한다. 제13조에는 총 14개의 상세 지침이 명시되어 있다.

문제의 보기 중, 사용자의 전출, 퇴직 등 인사 조치가 있을 때에는 해당 사용자의 계정 정보는 보존하는 것이 아니라 삭제, 중지, 변경 처리해야 한다.

정보 처리시스템의 가동기록은 90일이 아닌 1년 이상 보존해야 한다.

마지막으로 정보 처리시스템 접속 시 5회 이내의 범위에서 미리 정한 횟수 이상 접속 오류가 발생하는 경우 정보 처리시스템 사용을 제한한다

111
정답: 1번

IAM(Identity Access Management) 시스템을 사용하는 조직은 데이터 보안 및 프라이버시와 관련된 대다수 규정준수 의무 요구 사항을 충족할 수 있다. 예를 들어 IAM을 사용하면 HIPAA(Health Insurance Portability and Accountability Act)를 더욱 쉽게 준수할 수 있다. HIPAA는 보호 대상 건강 정보를 취급하는 조직이 건강 관련 데이터를 대상으로 보안 전자 액세스 방식을 구현해야 함을 규정하는 법률이다.

기업에서는 SSO, MFA, RBAC(역할 기반 액세스 제어), 최소 권한(소프트웨어 애플리케이션 등의 엔티티와 사용자에게 작업을 수행하는 데 필요한 최소한의 액세스 권한만 제공하는 방식) 등의 IAM 방법을 사용하여서 HIPAA 요건을 충족할 수 있다.

또한, SOX(Sarbanes-Oxley Act)를 준수해야 하는 금융 서비스 기관에서도 IAM은 매우 유용하다. SOX 404조에 따라 기업은 재무 보고서를 준비하고 해당 보고서의 금융 데이터 무결성을 보호하기 위해 적절한 내부 통제 방식을 구현/테스트하고 문서로 작성해야 한다. IAM 도구와 시스템을 사용하는 기업은 SoD(직무 분리) 정책 적용 등의 다양한 방식을 통해 SOX 요구 사항을 준수할 수 있다. GDPR은 비즈니스적으로 필요하고 합법적인 개인 데이터 사용과 가능한 한 많은 양과 액세스를 제한하려는 의도 사이에서 자연스러운 갈등을 다루고 있다. 이 충돌에 대한 유일한 답변은 ID 및 액세스 관리 시스템에서 제공한다.

── 🏠 출처 https://www.cisco.com/

112
정답: 1번

프로파일링은 '개인의 사적인 측면의 평가, 특히 다음 사항의 분석이나 예측을 위한 모든 형태의 자동화된 처리'를 의미한다(제4조 4항).

- 직장 내 업무 수행(performance at work)
- 경제적 상황(economic situation)
- 건강(health)
- 개인적 취향(personal preferences)
- 신뢰성(reliability)
- 태도(behavior)
- 위치(location), 또는 이동 경로(movements)
- 관심사(interests)

프로파일링은 ① 자동화된 형태의 정보 처리일 것, ② 개인정보에 대하여 수행될 것, ③ 자연인에 대한 개인적 측면들의 평가일 것의 세 가지 요소로 구성된다. 자동화된 의사결정이란 인적 개입 없이 기술적 수단(technological means)에 의해서만 이루어지는 완전 자동화 의사결정(solely automated decision-making)을 의미한다. 자동화된 의사결정은 프로파일링과 무관하게 내려질 수 있고(예컨대, 속도측정 카메라의 증거를 기반으로 속도위반 벌금을 부과하는 경우), 프로파일링에 기반할 수도 있다(예컨대, 개인의 운전습관을 장기간 감시하여 벌금 부과 시 그 액수의 결정에 반복적인 속도위반 내지 운전자의 최근 교통위반 여부를 평가하여 결정하는 경우).

113
정답: 2번

'보호 프로파일'이라 함은 특정 유형의 정보보호 제품에 대해 필요한 보안 요구 사항을 구현 독립적으로 서술한 문서를 말한다.

'평가 대상 제품(Target of Evaluation, TOE)'이라 함은 평가에 착수한 후 인증서를 교부 받기 전까지의 정보보호 제품 등을 말한다.

'정보보호 제품'이라 함은 정보의 수집·가공·저장·검색·송신·수신 중에 정보의 훼손·변조·유출 등을 방지하기 위한 관리적·기술적 수단을 총칭한다.

TMMI 재단은 비영리 조직으로 전 세계 조직이 소프트웨어 및 시스템 테스트를 개선하고 개발 및 유지 관리 중인 시스템에 대해 더 높고 지속 가능한 수준의 제품 품질을 달성할 수 있도록 지원한다. 이러한 조직은 TMMI를 사용하여 비용 효율적인 방식으로 테스트 프로세스를 평가 및 개선할 수 있으며 필요한 경우 공식 인증을 받을 수 있다. 즉, 테스트 프로세스 심사와 개선에 중점을 두어 조직 지원 위한 대표적 테스트 성숙도 평가 모델이다.

TMMI Professional 자격증이 가져올 수 있는 비즈니스 성과(Business Outcomes)는 다음과 같다.

- BO-1 경영진에게 테스트 프로세스 개선의 사업적 가치와 중요성을 설명
- BO-2 테스트 프로세스 개선을 토대로 TMMI 모델을 사용할 때 조직 또는 프로젝트 지침 및 조언
- BO-3 TMMI와 CMMI 모델의 관계를 포함하여 TMMI 모델의 해석과 이해를 지원
- BO-4 비공식 TMMI 평가에서 공동 평가자로 활동
- BO-5 조직 또는 프로젝트 내에서 테스트 프로세스 개선을 위한 프로그램에 참여하고 중요 성공 요인을 식별

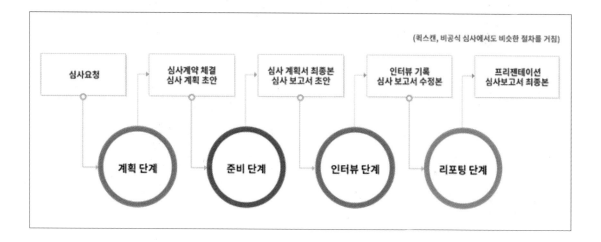

7S는 글로벌 컨설팅 회사인 맥킨지 앤드 컴퍼니가 개발한 조직 진단 도구로, 기업 내부 환경을 체계적으로 분석하고 해결 방안을 수립하기 위한 프레임워크로 널리 활용되고 있다. 미국 선진 기업의 성공 사례를 연구한 Peters와 Waterman의 저서 《In Search of Excellence》에서 소개된 7S는 공유 가치(Shared Value), 전략(Strategy), 스킬(Skill), 시스템(System), 구성원(Staff), 스타일(Style)을 말한다.

이는 조직을 제대로 이해하고 설계하는 데 도움을 줄 뿐만 아니라 조직의 강·약점과 기업 문화의 일체성 여부를 확인하는 데도 널리 활용된다. 7S 각각의 요소를 간단히 살펴보면 다음과 같다.

요소	내용	비고
Strategy(전략)	• 향후 나아가야 할 전략적 방향 제시 • 효율적인 전략 수립 및 실행은 경쟁 우위의 원천	
Structure(조직 구조)	• 비전달성 및 전략 실행에 적합한 조직 구조 • 조직도, 보고 체계, 조직 간 커뮤니케이션 수준 등	3S: 하드웨어적 요소들 – 비교적 변화가 수월하다.
System(시스템)	• 효율적인 업무/정보 프로세스 체계 • 업무 매뉴얼, 지원 시스템, 경영관리 시스템 등	
Shared Value(공유 가치)	• 임직원들이 공유하는 공동의 가치(미션/비전) • 공유된 비전에 대한 경영진의 의지	
Skill(기술/역량)	• 조직으로서 자사가 보유한 차별적 경쟁 역량 • 전사적 지식 및 능력 수준	4S: 소프트웨어적 요소들 – 비교적 변화가 어렵다.
Staff(직원/인력)	• 성과를 창출하는 유능한 인적 자원 • 동기부여 정도, 인사관리 수준, 관리자 리더십 등	
Style(스타일/문화)	• 비전 달성 및 전략 실행에 적합한 기업 문화 • 경영진의 경영 스타일, 변화 대응력, 참여도 등	

116

SOC 2는 서비스 제공자가 민감한 데이터에 대해 적절한 데이터와 개인정보보호를 갖추고 있는지 확인하기 위한 감사 절차이다. SOC 2 인증을 획득하기 위해 노력하는 조직은 일련의 제어를 구현하고 외부감사자의 감사를 통과해야 한다. 감사인은 AICPA TSC(Trust Services Criteria) 중 하나 이상을 준수하는 조직을 평가한다. 팀은 SOC 2 인증을 획득하고 SOC 2 보고서를 받기 위해 모든 적용 가능한 통제를 갖추고 통제 효과에 대한 증거를 제공할 수 있어야 한다. SOC 2에 대한 통제 기준의 5가지 범주는 다음과 같다.

- Security
- Availability
- Processing Integrity
- Confidentiality
- Privacy

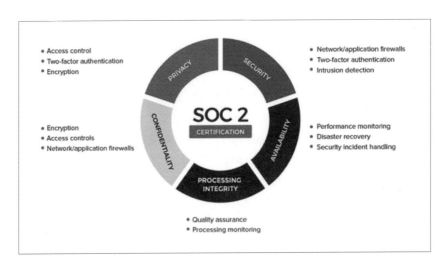

정보보호 최고책임자는 다음 각 목의 업무에 대해서 겸직이 가능하다.

- 정보보호산업의 진흥에 관한 법률 제13조에 따른 정보보호 공시에 관한 업무: 정보통신망을 통하여 정보를 제공하거나 정보의 제공을 매개하는 자는 정보통신 서비스를 이용하는 자의 안전한 인터넷 이용을 위하여 정보보호 투자 및 인력 현황, 정보보호 관련 인증 등 정보보호 현황을 대통령령으로 정하는 바에 따라 공개할 수 있음

- 정보통신기반 보호법 제5조 제5항에 따른 정보보호 책임자의 업무: 주요 정보 통신 기반 시설 보호 대책의 수립·시행, 취약점 분석·평가 및 전담반 구성, 주요 정보 통신 기반 시설의 보호에 필요한 조치 명령 또는 권고의 이행, 침해 사고의 통지, 해당 주요 정보 통신 기반 시설의 복구 및 보호에 필요한 조치 및 기타 다른 법령에 규정된 주요 정보 통신 기반 시설의 보호 업무에 관한 사항

- 전자금융거래법 제21조의2제4항에 따른 정보보호 최고책임자의 업무: 전자금융거래의 안정성 확보 및 이용자 보호를 위한 전략 및 계획의 수립, 정보 기술 부문의 보호, 정보 기술 부문의 보안에 필요한 인력관리 및 예산 편성, 전자금융거래의 사고 예방 및 조치, 그 밖에 전자금융거래의 안정성 확보를 위하여 대통령령으로 정하는 사항

- 개인정보보호법 제31조 제2항에 따른 개인정보보호 책임자의 업무: 개인정보보호 계획의 수립 및 시행, 개인정보 처리 실태 및 관행의 정기적인 조사 및 개선, 개인정보 처리와 관련한 불만의 처리 및 피해구제, 개인정보 유출 및 오용·남용 방지를 위한 내부 통제 시스템의 구축, 개인정보보호 교육 계획의 수립 및 시행, 개인정보 파일의 보호 및 관리·감독, 그 밖에 개인정보의 적절한 처리를 위하여 대통령령으로 정한 업무

- 그 밖에 이 법 또는 관계법령에 따라 정보보호를 위하여 필요한 조치의 이행: 정보보호*와 관련하여 정보통신망법 및 관계 법령 등에 규정된 조치의 이행

직책	근거	대상	역할	직위	비고
정보보호 최고책임자 (CISO)	정보통신망 법 제45조 의 3	정보통신 서비스 제공자	정보통신 시스템 등에 대한 보안 및 정보의 안전한 관리	임직원	신고
개인정보보호 책임자 (CPO)	개인정보보호법 제31조	개인정보 처리자	개인정보의 처리에 관한 업무 총괄 책임	고위공무원, 사업주 또는 대표자, 임원, 개인 정보 처리 부서의 장	지정
정보보호 책임자(CISO)	정보통신기반 보호법 제5조	주요정보통신 기반 시설 관리 기관	시설 보호에 관한 업무 총괄	4·5급 공무원. 영관급 장교, 임원급 관리 운영자	통지
정보보호 최고책임자 (CISO)	전자금융거래법 제21조의 2	금융회사, 전자금융업자	전자금융업무 기반 정보 기술 부문 보안 총괄	임원(상법 제401조의 2 제1항 제3호에 따른 자 포함)	지정
신용정보 관리 보호인	신용정보법 제20조	신용정보회사, 신용정보집중기관, 신용정보 제공·이용자	신용정보의 관리 및 보호에 관한 업무	임원	지정
고객정보 관리인	금융지주회사법 제48조의 2	금융지주회사 등	고객 정보의 엄격한 관리	임원	선임
지능정보화 책임관 (CIO)	지능정보화 기본법 제8조	중앙행정기관, 지방자치단체	지능정보화사회 시책 수립·시행과 지능정보화 사업 조정 등의 업무 총괄	-	임명
DPO(Data Protection Officer)	GDPR(General Data Protection Regulation)	유럽연합(EU), 영국 (UK)	GDPR 및 기타 개인정보보호 관련 법률, 정책 준수를 감시 및 인식 제고, 고취, 훈련 및 감사	-	공공의 경우 반드시 지정

SOC(Service Organization Control) 인증은 서비스 및 서비스 조직에 대한 신뢰도를 높이기 위한 감사 활동으로, 국제적으로도 매우 엄격하고 공신력 있는 것으로 평가되고 있다. 미국 공인회계사협회(The American Institute of Certified Public Accountants, AICPA)가 제정한 SSAE 18 인증 기준에 따라 SOC 1 보고서는 이용자 조직의 재무 보고 내부 통제(Internal Control over Financial Reporting, ICFR)와 관련 있는 통제 목적에 부합하도록 적절히 설계되고 효과적으로 운영되고 있는지를 확인한 결과를 담고 있다.

SOC 2, 3 보고서는 보안성, 가용성, 처리 무결성, 기밀성 및 개인정보보호 관련하여 서비스를 제공하는 기업의 조직 및 서비스 관련 업무 절차들이 얼마나 잘 관리되고 신뢰할 수 있는지를 확인한 결과를 담고 있다. 조직이 안전한 서비스 제공 및 운영을 위한 적절한 내부 통제 절차를 가지고 있어야 함은 물론이고 실제로 이것들이 업무에 반영되었는지 혹은 위반 사항이 없었는지 등까지 검증되어야만 발급을 받을 수 있어서 SOC 인증을 받았다는 것은 글로벌 수준의 내부 통제가 구현 운영되고 있다는 것을 의미하며 그 결과는 상세한 내용을 담아 감사보고서 형태로 발급이 된다.

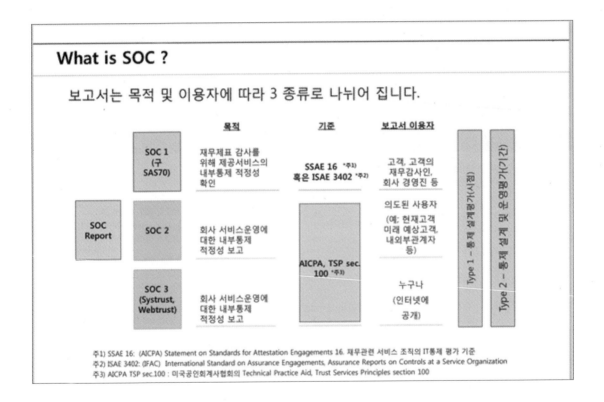

119

전자정부 표준 프레임워크는 실행, 개발, 관리, 운영 등 4개의 환경과 모바일 표준 프레임워크, 공통 컴포넌트로 구성된다. 참조 프레임워크로 대표적인 오픈 소스 프레임워크인 스프링 프레임워크를 채택하였으며, 이외에도 다양한 오픈 소스를 활용했다. 전자정부 표준 프레임워크의 특징은 다음과 같다.

- 개발 프레임워크는 정보 시스템 개발을 위해 필요한 기능 및 아키텍처를 미리 만들어 제공함으로써 효율적인 애플리케이션 구축

- '전자정부 표준 프레임워크'는 공공사업에 적용되는 개발 프레임워크의 표준 정립으로 응용 SW 표준화, 품질 및 재 사용성 향상
- '전자정부 서비스의 품질향상' 및 '정보화 투자 효율성 향상'을 달성하고, 대/중소기업이 동일한 개발 기반 위에서 공정 경쟁
- 표준 프레임워크는 기존 다양한 플랫폼(.NET, php 등) 환경을 대체하기 위한 표준은 아니며, Java 기반의 정보 시스템 구축에 활용할 수 있는 개발·운영 표준 환경 제공

120

정답: 1번

균형성과표(Balanced ScoreCard, BSC)는 과거의 성과에 대한 재무적인 측정 지표에 추가하여 미래성과를 창출하는 동안에 대한 측정지표인 고객, 공급자, 종업원, 프로세스 및 혁신에 대한 지표를 통하여 미래 가치를 창출하도록 관리하는 시스템이다.

BSC의 목적은 고객·내부 프로세스·재무·학습 및 성장 등 4가지 관점의 균형적 결합을 통해 성과 관리를 추구한다. BSC의 특징은 조직의 미션, 비전을 달성하기 위해 어느 부분에 자원을 집중해서 얼마만큼의 성과를 달성하고 있는지 전체적인 시각에서 조직 관리가 이루어진다.

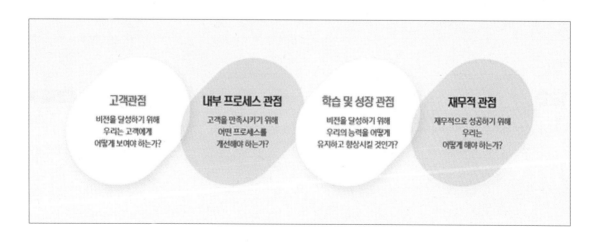

Automotive Spice 또는 ASPICE는 Automotive Software Process Improvement and Capability Determination 의 약자이다. 자동차 산업에서 OEM 공급업체의 개발 프로세스 성능을 평가하기 위해 만들어졌다. 임베디드 자동차 소프트웨어 개발의 최고 품질을 보장하기 위한 모범 사례와 프로세스를 정의한다.

ASPICE는 유럽을 중심으로 한 자동차 OEM들이 소프트웨어 개발 업체의 역량을 평가하기 위해 사용하는 표준 프로세스로, 선임 심사 사원의 엄격한 심사 방법에 따라 인증되어 공신력을 갖추고 있는 것으로 알려져 있다. 인증 프로세스는 외부의 독립적인 ASPICE 인증 평가자가 수행한 감사를 기반으로 한다. ASPICE는 ISO/IEC 15504 표준인 SPICE라고도 하는 소프트웨어 프로세스 개선 및 기능 결정 내에서 개발되었다. SPICE가 소프트웨어 프로세스 평가를 위한 프레임워크를 제공하는 경우 ASPICE는 이 프레임워크를 자동차 산업에 적용한다.

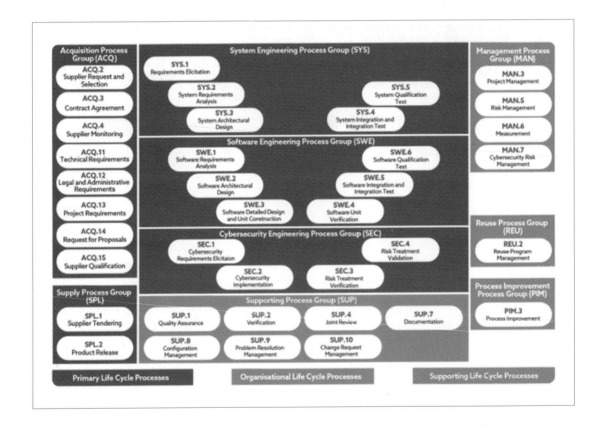

평가·인증 절차는 '평가 신청 → 평가 계약 → 평가 → 인증 → 인증 제품 관리' 5개 단계로 구성된다.

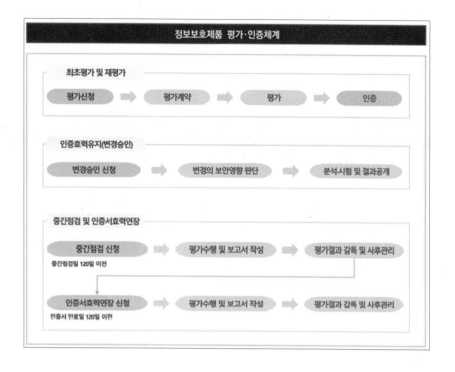

정보보호제품 평가·인증체계

최초평가 및 재평가

평가신청 ⇒ 평가계약 ⇒ 평가 ⇒ 인증

인증효력유지(변경승인)

변경승인 신청 ⇒ 변경의 보안영향 판단 ⇒ 분석·시험 및 결과공개

중간점검 및 인증서효력연장

중간점검 신청 ⇒ 평가수행 및 보고서 작성 ⇒ 평가결과 감독 및 사후관리
중간점검일 120일 이전

인증서효력연장 신청 ⇒ 평가수행 및 보고서 작성 ⇒ 평가결과 감독 및 사후관리
인증서 만료일 120일 이전

123

정답: 1번

록히드 마틴 사이버 킬 체인(Cyber Kill Chain®) 프레임워크는 Intelligence Driven의 일부이다. 사이버 침입 활동의 식별 및 예방을 위한 모델은 공격자가 목표를 달성하기 위해 완료해야 하는 사항을 식별한다. 모든 단계에서 적군을 저지하면 공격 사슬이 끊어진다. 적군은 성공을 위해 모든 단계를 완전히 진행해야 한다. 이것은 해킹 성공을 위해 주어진 확률을 차단하기만 하면 되기 때문에 확률을 우리에게 유리하게 만든다.

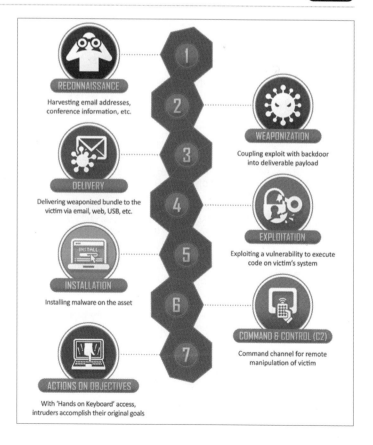

행안부가 제시한 12가지 활용 모델은 민간 위탁형, 다수 민간 위탁형, 혼합 민간 위탁형, 민간 주도형, 다수 민간 주도형, 혼합 민간 주도형, 민간 구축형, 다수 민간 구축형, 혼합 민간 구축형, 민관 공유형(하이브리드 클라우드), 민간 이용형(CSAP 존), 다수 민간 이용형(멀티 클라우드) 등이다.

번호	활용 모델	개념	토지/건물	설비/인프라	서비스운영	서비스이용
1	민간 위탁형	기관이 랙이나 컨테이너 형태의 민간 클라우드 인프라를 도입하고 운영을 클라우드 서비스 사업자에게 위탁하여 클라우드 서비스를 제공받는 방식	공공(민간 인프라 도입)		민간	단일
2	다수 민간 위탁형	기관이 랙이나 컨테이너 형태의 민간 클라우드 인프라를 도입하고 운영을 다수의 클라우드 서비스 사업자에게 위탁하여 클라우드 서비스를 제공받는 방식	공공(민간 인프라 도입)		민간	다수
3	혼합 민간 위탁형	기관이 랙이나 컨테이너 형태의 민간 클라우드 인프라를 도입하고 운영을 클라우드 서비스 사업자에게 위탁하여 제공받는 클라우드 서비스와 기관의 기존 환경을 상호 연계하여 이용하는 방식	공공(민간 인프라 도입)		민간	혼합
4	민간 주도형	기관이 공간(토지/건물)을 제공하고 협약(클라우드 수요 등)에 의해 클라우드 서비스 사업자가 설비/인프라를 제공·운영하여 기관이 해당 클라우드 서비스를 이용하는 방식	공공	민간(신규)	민간	단일
5	다수 민간 주도형	기관이 공간(토지/건물)을 제공하고 협약(클라우드 수요 등)에 의해 다수의 클라우드 서비스 사업자가 설비/인프라를 제공·운영하여 기관이 해당 클라우드 서비스를 이용하는 방식	공공	민간(신규)	민간	다수
6	혼합 민간 주도형	기관이 공간(토지/건물)을 제공하고 협약(클라우드 수요 등)에 의해 클라우드 서비스 사업자가 설비/인프라를 제공·운영하여 이용하는 클라우드 서비스와 기관의 기존 환경을 상호 연계하여 이용하는 방식	공공	민간(신규)	민간	혼합
7	민간 구축형	기관과의 협약(위치, 서비스수요등)에 의해 클라우드 서비스 사업자가 기관의 수요를 기반으로 클라우드 인프라를 제공·운영하고 기관이 해당 클라우드 서비스를 이용하는방식	민간 (신규, 이용)	민간(신규)	민간	단일
8	다수 민간 구축형	기관과의 협약(위치, 서비스수요등)에 의해 다수의 클라우드 서비스 사업자가 기관의 수요를 기반으로 클라우드 인프라를 제공·운영하고 기관이 해당 클라우드 서비스를 이용하는 방식	민간 (신규, 이용)	민간(신규)	민간	다수
9	혼합 민간 구축형	기관과의 협약(위치, 서비스수요등)에 의해 클라우드 서비스 사업자가 기관의 수요를 기반으로 클라우드 인프라를 제공·운영하여 이용하는 클라우드 서비스와 기관의 기존 환경을 상호 연계하여 이용하는 방식	민간 (신규, 이용)	민간(신규)	민간	혼합
10	민관 공유형 (Hybrid Cloud)	기관이 기존 환경(온프레미스 또는 클라우드 환경)과 클라우드 서비스 사업자의 서비스(CSAP인증)를 상호 연계하여 이용하는 방식	민간 (신규, 이용)	민간(이용)	민간	혼합
11	민간 이용형 (CSAP존)	클라우드 서비스 사업자의 서비스(CSAP 인증)를 다수의 행정·공공기관이 이용하는 방식	민간 (신규, 이용)	민간(이용)	민간	단일
12	다수 민간 이용형 (MultiCloud)	기관이 다수 클라우드 서비스 사업자의 서비스(CSAP 인증)를 이용하는 방식	민간 (신규, 이용)	민간(이용)	민간	다수

1981년에 설립된 AHIA(헬스케어 내부감사 협회)는 복잡하고 역동적인 의료 환경 내에서 위험을 평가하고 평가하는 방법에 대한 도구, 지식 및 통찰력을 공유하기 위해 함께 모인 숙련된 의료 내부감사 전문가 네트워크이다. AHIA는 경영진 및 이사회와 함께 의료 내부감사인의 전략적 중요성을 지속적으로 높이고 옹호하는 전문직 모임이다. 헬스케어 거버넌스, 위험 관리 및 내부 통제에 이해 관계가 있는 경우 AHIA가 원스톱 리소스이다.

AHIA는 운영, 규정 준수, 임상/의료, 재무 및 정보 기술과 같은 감사 분야를 포함하는 의료 내부감사 직업의 발전에 전념하는 국제 조직이다.

(1) Program management

(2) Software security

(3) Data protection

(4) Cloud security

(5) Identity and access management

(6) Third-party management

(7) Infrastructure security

(8) Workforce management

(9) Threat and vulnerability management

(10) Monitoring

(11) Crisis management

(12) Enterprise resilience

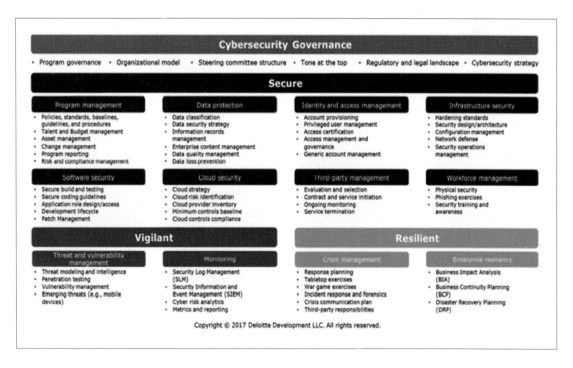

출처 AHIA Article – Wilson Muscio Cyber Assurance – Deloitte QRM 050117

(1) OL: On-Line(온라인 상에서 활용 가능한 상태): 데이터를 웹에 개방형 라이선스(포맷에 상관없이) 하에 공개한 상태를 의미한다.

(2) RE: machine Readable(기계가 읽을 수 있는 상태): 구조화된 형태로 데이터를 제공하는 것을 의미하는데, 기계(컴퓨터)가 데이터를 처리할 수 있는 형태를 의미한다.

(3) OF: Open Format(개방형 데이터 형태): 비독점적 포맷, 개방형 포맷으로 데이터를 개방하고 있는 상태이다.

(4) URI: URI로 개체를 식별함: 단계는 사람들이 개체를 식별할 수 있도록 URI를 사용하고 있는 상태이다.

(5) LD: Linked Data:데이터의 문맥과 배경을 제공하기 위해 다른 데이터와 연결되어 있는 상태이다.

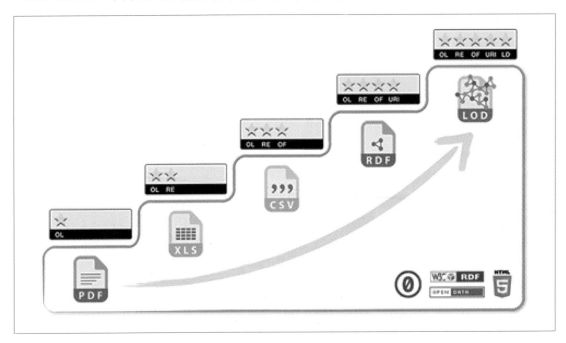

⌂참조 https://5stardata.info/

정보보호 최고책임자 신고 의무 제외 대상(정보통신망법 시행령 제36조의7제2항)은 다음과 같다.

(자본금 1억 원 이하) 자본금이 1억원 이하인 정보통신 서비스 제공자

(중기업) 자본금이 5천만 원 이하인 정보통신 서비스 제공자

(소기업) 중소기업기본법 제2조 제2항에 따른 소기업

(1)「전기통신사업법」에 따른 전기통신 사업자

(2) 법 제47조 제2항에 따라 정보보호 관리 체계 인증을 받아야 하는 자

(3)「개인정보보호법」 제30조 제2항에 따라 개인정보 처리 방침을 공개해야 하는 개인정보 처리자

(4)「전자상거래 등에서의 소비자보호에 관한 법률」 제12조에 따라 신고를 해야 하는 통신판매업자

※ 전기통신 사업자 중소기업과 단순 안내·홍보 위주의 홈페이지만 운영하고 있던 중기업 규모의 제조 기업 등은 신고 의무에서 제외

신고의무가 제외된 기업은 별도 지정·신고 행위가 없는 경우 영 제36조의7제3항에 따라 사업주나 대표자를 정보보호 최고책임자로 지정한 것으로 간주하여 정보보호 공백을 방지

▶ 중소기업 기본법으로 소유와 경영의 실질적인 독립성이 다음 각 목의 어느 하나에 해당하지 아니하는 기업이어야 한다.

자산 총액이 5천억원 이상인 법인(외국법인을 포함하되, 비영리법인 및 아래 각 호의 어느 하나에 해당하는 자는 제외한다)이 주식 등의 100분의 30 이상을 직접적 또는 간접적으로 소유한 경우로서 최다 출자자인 기업. 이 경우 최다 출자자는 해당 기업의 주식 등을 소유한 법인 또는 개인으로서, 단독으로 또는 다음의 어느 하나에 해당하는 자와 합산하여 해당 기업의 주식 등을 가장 많이 소유한 자를 말하며, 주식 등의 간접소유 비율에 관하여는「국제조세조정에 관한 법률 시행령」준용한다

(1) 주식 등을 소유한 자가 법인인 경우: 그 법인의 임원

(2) 주식 등을 소유한 자가 (1)에 해당하지 아니하는 개인인 경우: 그 개인의 친족

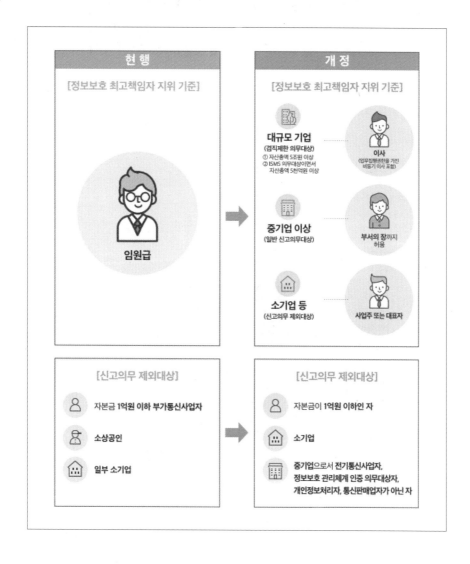

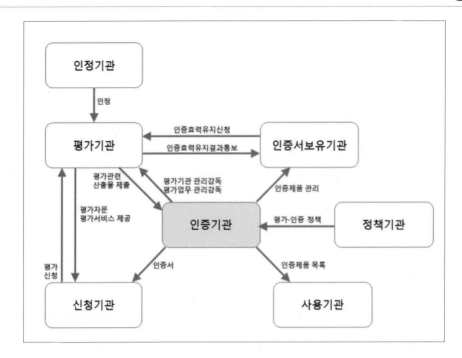

── ⌂출처   과학기술정보통신부, 보안인증사무국(ITSCC)

평가 보증 등급별 국내용 평가 신청을 위한 제출물은 다음과 같다.

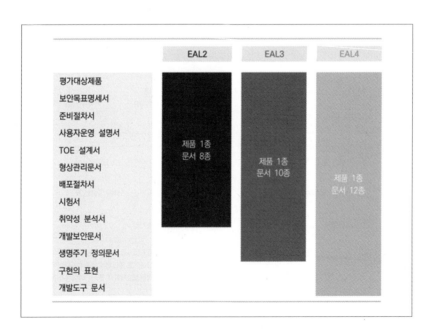

제 6 장
물리 보안

해설편

001

화재 발생 시 물, 할론가스, 이산화탄소에 대한 내성이 존재해야만 내부 보관 용품에 대해서 안전하게 보호가 가능하다.

[산업안전보건기준에 관한 규칙]

제270조(내화기준)

① 사업주는 제230조제1항에 따른 가스폭발 위험장소 또는 분진폭발 위험장소에 설치되는 건축물 등에 대해서는 다음 각 호에 해당하는 부분을 내화구조로 하여야 하며, 그 성능이 항상 유지될 수 있도록 점검·보수 등 적절한 조치를 하여야 한다. 다만, 건축물 등의 주변에 화재에 대비하여 물 분무시설 또는 폼 헤드(foam head)설 비 등의 자동소화설비를 설치하여 건축물 등이 화재시에 2시간 이상 그 안전성을 유지할 수 있도록 한 경우에는 내화구조로 하지 아니할 수 있다.

1. 건축물의 기둥 및 보: 지상 1층(지상 1층의 높이가 6미터를 초과하는 경우에는 6미터)까지

2. 위험물 저장·취급용기의 지지대(높이가 30센티미터 이하인 것은 제외한다): 지상으로부터 지지대의 끝부분까지

3. 배관·전선관 등의 지지대: 지상으로부터 1단(1단의 높이가 6미터를 초과하는 경우에는 6미터)까지

② 내화재료는 「산업표준화법」에 따른 한국산업표준으로 정하는 기준에 적합하거나 그 이상의 성능을 가지는 것이어야 한다.

002

을지태극연습은 국가위기 대응 연습과 전시 대비 연습에 중점을 두고 실시하며, 중앙 및 지방 행정기관과 국방부, 합참, 각 군 본부 및 작전사 등이 참여하여 국지도발에 따른 통합 방위 사태 선포, 방어 준비 태세 격상 등 전쟁 이전 단계의 전시 전환 절차와 전면전 초기 대응 절차를 중심적으로 숙달하고 있다.

을지태극연습에는 전국적인 대형 복합재난 상황에 대비하는 국가위기 대응 연습과 군사적 위협에 대응하는 기존의 전시 대비 연습이 있다.

(1) 국가위기 대응 연습

- 문제 해결형 도상 연습은 예상치 못한 범국가적 대형 복합 위기로 확산되는 상황을 가정하여 현장 상황 및 대처 상황을 점검하는 연습이다.

- 민·관·군 합동 훈련은 대형 복 합위기 대응의 실효성을 높이기 위해 민·관·군이 통합된 실제 훈련을 실시하는 훈련을 말한다.

- 과제 토의는 안보 분야 위기관리 표준·실무·행동 매뉴얼 주관 기관의 기관장들을 중심으로 매뉴얼에 대한 토의를 실시하여 분야별로 개선 방안을 마련하는 연습이다.

(2) 전시 대비 연습

- 전시 전환 절차 연습은 실제 전쟁 상황을 고려하여 이에 따라 기관별 상황 대응, 공무원 비상소집 훈련 등을 실시한다.

- 도상 연습은 전쟁이 일어났을 경우, 실제 상황에 부합하는 복합 상황을 상정하여 실시하는 연습이고 전시 현안 과제 토의는 상황 해결을 위해 계획 검토를 위주로 실시하는 연습이다.

- 실제 훈련은 변화된 안보 상황에 따라 인력, 물자, 장비 등을 어떻게 사용할 것인지 사전에 계획을 세우고 이에 따라 동원 절차를 실제 행동으로 숙달시키는 훈련을 말한다.

003

심층 방어(Defense-in-Depth, DID) 전략은 원자력 안전의 핵심적인 개념이다. 심층 방어는 위협 요인에 대한 다중·다층적인 방어 전략을 가리키는 용어로, 군사 분야에서 시작하여 화학 산업, 원자력 산업, 정보 통신 기술, 교통 안전 분야 등 다양한 기술 분야에서 널리 적용되고 있다.

군사 분야에서는 '종심 방어'로 표현하는데, 이 종심 방어 전략은 고대로부터 오랜 기간에 걸쳐 공격 및 방어 수단의 발전을 반영하면서 지속적으로 발전해 왔다. 미국 원자력규제위원회(U.S.NRC)에서는 심층 방어를 '방사선 또는 위험 물질 방출 사고들을 예방하고 완화할 수 있도록 원자력 시설을 설계하고 운전하기 위한 접근법'으로, 잠재적인 인적 실수나 기계적 고장을 보상하기 위하여 아무리 튼튼하더라도 하나의 방어 단

계에만 의존하지 않고 다수의 독립적이고 중복된 방어 단계를 제공하는 것이 핵심이며, 접근 제어, 물리적 방벽, 다중성·다양성을 지닌 핵심 안전 기능과 비상 대응 조치가 포함되는 것으로 설명하고 있다.

한편 IAEA 안전 용어집(2016)에서는 심층 방어를 예상 운전 과도 사건의 악화를 방지하고 방사성물질과 작업자·민간인·환경 사이의 물리적 방벽들의 유효성을 유지하기 위하여 여러 수준의 다양한 설비와 절차를 다층(계층)적으로 구현하는 것으로 설명하고 있다.

—— 🏠 출처 www.khnp.co.kr – 한국수력원자력

004

정답: 4번

초고층 건물에서의 화재 발생 시, 연돌 효과로 인하여 불의 진행 속도가 예측할 수 없을 정도로 빠르고, 외부 소방력의 투입 시기가 일반 건물보다 늦어질 수밖에 없다. 그리고 상당한 인원이 피난로로 몰리게 되면서 병목 현상이 일어나고, 피난 거리도 상당하기 때문에 피난 시간은 기하급수로 늘어난다.

초고층 건물의 화재 시에서 가장 이상적인 소화 방법은 화재 초기에 건물이 가진 화재 소화 능력이 발휘되어 화재를 진압하는 것이다. 또한, 건물 내부의 인원들은 제연 구역으로 설정된 피난로를 통해서 안전한 피난 지역으로 모두 대피할 수 있어야 한다. 만약 건물이 가진 화재 소화 능력이 화재 시 제때 발휘되지 못하였거나 화재의 크기가 건물의 화재 소화 능력의 한계를 넘어서는 경우, 건물 내의 재실자에게 가장 중요한 것은 제연 구역의 안전한 보호이다.

제연 설비의 궁극적인 목적은 건물 내의 모든 재실자들이 안전한 지상층으로 모두 대피하기 전까지 피난로로 지정된 제연구 역을 안전하게 보호하는 것이다. 제연 구역을 안전하게 보호하기 위해서 화재실의 연기를 외부로 배출하고 제연 구역에 신선한 공기를 공급하여 제연 구역 내의 압력을 높여 연기의 침입을 방지하는 방법을 사용하고 있다.

- 방연막(Smoke barrier): 연기를 차단하기 위한 벽, 문의 설치로 연기 이동을 제어한 것이다.

- 급기가압(Pressurization): 연기 차단벽에 의하여 구획된 보호 공간을 화재실로부터 연기의 유입을 막는 기능이며 미국의 NFPA에서 제시하는 차압은 스프링클러 설비가 거실에 설치된 건물에서의 압력차는 거실의 경우 12.5 Pa이다.

- 공기 흐름에 의한 제어: 화재실로부터 개구부를 통한 연기의 유입을 반대로 흐르게 함으로서 막는 방법이다.

- 강제 배연(Smoke forced venting, Forced ventilation system): 배출기를 사용하여 강제적으로 연기를 외부로 배출하고 환기하기 위한 것이다.

- 자연 배연: 공간의 상부에 배연구를 만들어 축적된 연기를 배연(스모크 타워(smoke tower), 배연창, 무동력 팬 등)하는 것이다.

005

정답: 1번

건축물 붕괴 징조를 느낄 때는 다음과 같이 행동해야 한다.

(1) 다음과 같은 건축물 붕괴 징조를 느낄 때에는 건물 밖으로 즉시 대피하고, 119, 112, 가까운 주민 센터에 신고하며, 주변 사람들에 동 사실을 알린다.

- 건물 바닥이 갈라지거나 함몰되는 현상이 발생되는 때

- 갑자기 창이나 문이 뒤틀리고 여닫기가 곤란한 때

- 철거 중인 구조물에 화재가 발생하거나 화염에 철강재가 노출된 때

- 바닥의 기둥부위가 솟거나 중앙 부위에 처짐 현상이 발생되는 때

- 기둥이 휘거나 대리석 등 마감재가 부분적으로 떨어져 나가는 때

- 기둥 주변에 거미줄형 균열이나 바닥 슬래브의 급격한 처짐 현상이 발생한 때

- 계속되는 지반 침하와 석축·옹벽에 균열이나 배부름 현상이 나타나는 때

- 벽이나 바닥의 균열소리가 얼음이 깨지는 듯이 나는 때

(2) 건축물 붕괴 징후(대규모 홍수 및 지진 발생 시)가 발생할 경우, 지자체와 정부에서 경고 방송 및 재난 방송을 실시하므로 TV, 라디오, 인터넷 등을 통해 재난상황을 지속적으로 주의 깊게 확인한다.

(3) 붕괴에 대비하여 가스를 잠그고 전기 제품의 전원을 끄고, 집 주변에 있는 물건을 치우거나 고정시켜 두며, 중요한 물건은 안전한 곳으로 옮긴다.

(4) 지역재난안전대책본부 및 경찰서, 소방서 등 주요 기관들의 전화번호를 확인하고 온 가족이 알 수 있는 곳에 두고, 지역 주민(마을대표 등) 간의 비상연락망을 유지한다.

006 정답: 3번

(1) 사업주는 혈액 노출과 관련된 사고가 발생한 경우에 즉시 다음 각 호의 사항을 조사하고 이를 기록하여 보존하여야 한다.

1. 노출자의 인적 사항

2. 노출 현황

3. 노출 원인 제공자(환자)의 상태

4. 노출자의 처치 내용

5. 노출자의 검사 결과

(2) 사업주는 제1항에 따른 사고 조사 결과에 따라 혈액에 노출된 근로자의 면역 상태를 파악하여 조치를 하고, 혈액 매개 감염의 우려가 있는 근로자는 기준대로 별도 조치하여야 한다.

(3) 사업주는 제1항과 제2항에 따른 조사 결과와 조치 내용을 즉시 해당 근로자에게 알려야 한다.

(4) 사업주는 제1항과 제2항에 따른 조사 결과와 조치 내용을 감염병 예방을 위한 조치 외에 해당 근로자에게 불이익을 주거나 다른 목적으로 이용해서는 아니 된다.

007 정답: 3번

조도(照度) 또는 조명도(照明度)는 어떤 면이 받는 빛의 세기를 나타내는 값으로 단위 면적에 도달하는 광선속으로 계산한다. 사업주는 근로자가 상시 작업하는 장소의 작업면 조도(照度)를 다음 각 호의 기준에 맞도록 하여야 한다. 다만, 갱내(坑內) 작업장과 감광재료(感光材料)를 취급하는 작업장은 그러하지 아니하다.

(1) 초정밀 작업: 750럭스(lux) 이상

(2) 정밀 작업: 300럭스 이상

(3) 보통 작업: 150럭스 이상

(4) 그 밖의 작업: 75럭스 이상

008 정답: 1번

재난 안전 제품 인증은 크게 신제품 인증(NEP), KS, 공공조달 최소 녹색기준 제품, KC 인증, Q 마크, K 마크, GR 등 7가지로 구분되며, 인증 주관 부서는 행정안전부다.

(1) 신제품(New Excellent Product, NEP) 인증: 국내에서 최초로 개발된 기술 또는 이에 준하는 대체 기술을 적용한 제품을 인증하고, 제품의 초기 판로를 지원 및 기술 개발을 촉진하기 위한 제도로 1993년 5월 신기술(NT) 인증제도 도입이 유래됐다. 신제품 인증은 산업통상자원부의 산업기술혁신촉진법(법률 제17636호)에 의거해 공공 기관 20% 의무 구매 등 8가지 지원이 뒤따르고 있다. 신제품 인증은 국가기술표준원 인증산업진흥과에서 주관하며, 한국산업기술진흥협회 인증 심사팀에서 평가를 진행하게 된다.

(2) KS인증(Korean Industrial Standards): 국가가 정해 놓은 한국산업표준 수준 이상의 제품을 안정적이고 지속해서 생산할 수 있는 체계를 갖춘 기업에 대해 제품의 품질이 한국산업표준(KS)에 적합하다는 것을 국가가 보증하는 것이다.

(3) 공공조달 최소 녹색기준 제품: 조달청이 운영하는 제도로, 조달 구매 시 녹색 환경 요소(에너지 소비 효율 등급 적용 물품, 고효율 에너지 인증기 자재, 대기전력 저감 물품, 환경표지 제품, 우수재 활용, 유해물질 저감 제품 등)를 구매 규격에 반영시키고 이 기준을 충족시키는 제품만 조달 시장에 진입시켜 공공 부문에서 녹색 구매를 확대하기 위해 시행하고 있다.

(4) KC인증(Korea Certification Mark: 국가통합인증마크): 안전·보건·환경·품질 등 분야별 인증 마크를 국가적으로 단일화한 인증 마크로, 2009년 7월 지식경제부(현 산업통상자원부)에서 우선 도입하고, 2011년부터는 환경부, 국토교통부, 해양수산부, 과학기술정보통신부, 행정안전부, 국방부, 고용노동부가 추가돼 8개 부처로 확대 실시되었다.

(5) Q마크(Quality Mark): 공산품의 품질을 인증하는 민간 규격으로, 제조사 요청에 의해 해당 분야 민간 시험검사소에서 진행한 품질 테스트에 통과했음을 인증해주는

인증 마크다. Q마크는 한국기계전기전자시험연구원, 한국건설생활환경시험연구원, 한국화학융합시험연구원, 한국의류시험연구원, FITI시험연구원 등 5개 기관에서 인증하고 있다.

(6) K마크(Korea Testing Laboratory): 한국산업기술시험원에서 주관하는 공산품의 품질 수준을 평가(시험, 검사)하는 인증 제도로, 기술 개발 촉진, 품질 향상과 소비자 선택의 편의성, 부실 제작과 시공으로부터 사용자 보호를 위한 제삼자 입장에서 객관적으로 평가 및 인증하는 제도다. K마크는 조달청 우수 제품 선정 시 가점 수혜 등 다양한 혜택이 주어진다.

(7) GR(Good Recycled Product): 제품별 품질 인증 기준을 제정해 제품 생산 전 과정에서의 종합적 품질 관리 시스템뿐만 아니라 품질과 성능, 제품의 환경성이 우수한 재활용 제품에 부여하는 인증 제도로 국가기술표준원 인증산업진흥과에서 담당하며, 자원순환산업인증원이 운영하고 있다. 이 제도는 자원 순환 제품의 소비자 인식 개선과 품질, 자원 재창출 효과를 통해 자원 순환 산업의 기술 경쟁력 제고와 국가 자원 순환형 사회 실현에 기여하는데 목적을 두고 있으며, 녹색 제품 구매 촉진에 관한 법률 제6조에 의한 공공 기관 의무 구매 대상이 적용된다.

⎯ ⌂ 출처　https://www.boannews.com/

009　　정답: 2번

제325조 정전기로 인한 화재 폭발 등 방지로 사업주는 다음 각 호의 설비를 사용할 때에 정전기에 의한 화재 또는 폭발 등의 위험이 발생할 우려가 있는 경우에는 해당 설비에 대하여 확실한 방법으로 접지를 하거나, 도전성 재료를 사용하거나 가습 및 점화원이 될 우려가 없는 제전(除電) 장치를 사용하는 등 정전기의 발생을 억제하거나 제거하기 위하여 필요한 조치를 하여야 한다.

(1) 위험물을 탱크로리·탱크차 및 드럼 등에 주입하는 설비
(2) 탱크로리·탱크차 및 드럼 등 위험물 저장 설비
(3) 인화성 액체를 함유하는 도료 및 접착제 등을 제조·저장·취급 또는 도포(塗布)하는 설비
(4) 위험물 건조 설비 또는 그 부속 설비
(5) 인화성 고체를 저장하거나 취급하는 설비

(6) 드라이클리닝 설비, 염색가공 설비 또는 모피류 등을 씻는 설비 등 인화성 유기용제를 사용하는 설비
(7) 유압, 압축 공기 또는 고전위 정전기 등을 이용하여 인화성 액체나 인화성 고체를 분무하거나 이송하는 설비
(8) 고압 가스를 이송하거나 저장·취급하는 설비
(9) 화약류 제조 설비
(10) 발파공에 장전된 화약류를 점화시키는 경우에 사용하는 발파기(발파공을 막는 재료로 물을 사용하거나 갱도 발파를 하는 경우는 제외)

010　　정답: 2번

피난구유도등은 다음 각 호의 장소에 설치하여야 한다.

(1) 옥내로부터 직접 지상으로 통하는 출입구 및 그 부속실의 출입구
(2) 직통 계단·직통 계단의 계단실 및 그 부속실의 출입구
(3) 제1호 및 제2호에 따른 출입구에 이르는 복도 또는 통로로 통하는 출입구
(4) 안전 구획된 거실로 통하는 출입구

직통 계단은 「건축법 시행령 제34조(직통계단의 설치)」에 지정된 피난할 때 가장 중요한 계단으로, 건축물의 피난층(직접 지상으로 통하는 출입구가 있는 층을 말한다.) 외의 층에서는 피난층 또는 지상까지 이르는 경로가 계단과 계단참만을 통하여 오르내릴 수 있도록 직통된 계단을 말한다. 계단참이 없는 돌음 계단 및 직통 계단에 해당하지 않는 일반 계단(건물의 일부 층에만 설치된 계단)의 출입구에는 피난구 유도등의 설치 의무가 없다.

011　　정답: 3번

(1) 부식성 산류: 농도가 20퍼센트 이상인 염산, 황산, 질산, 그 밖에 이와 같은 정도 이상의 부식성을 가지는 물질, 농도가 60퍼센트 이상인 인산, 아세트산, 불산, 그 밖에 이와 같은 정도 이상의 부식성을 가지는 물질
(2) 부식성 염기류: 농도가 40퍼센트 이상인 수산화나트륨, 수산화칼륨, 그 밖에 이와 같은 정도 이상의 부식성을 가지는 염기류

012

고급 카메라 샷은 카메라 각도와 배치를 나타내는 것으로, 크기와 공간 인식을 나타내기보다는 영화의 분위기나 내러티브에 영향을 주기 위해 자주 사용된다.

(1) 하이 앵글(High Angle)

하이 앵글 샷은 카메라가 위에서 피사체를 아래로 향하게 하는 촬영 기법이다. 이 유형의 샷은 아래에 있는 피사체나 물체를 취약하거나 무력하거나 약한 것처럼 보이게 하는 데 사용된다. 이 카메라 앵글은 공포 영화에서 카메라가 아래의 피사체에 대해 갖는 자격을 나타내기 위해 가장 일반적으로 사용된다. 하이 앵글이 전달할 수 있는 다른 메시지에는 위험, 우울 및 충격이 포함된다. 하이 앵글 샷을 사용할 때 이것은 관객이 '권력'에 있는 사람의 시점을 가지고 있다고 주장함으로써 주관적인 카메라 뷰를 갖게 한다. 또한, 높은 카메라 앵글 샷은 장면 자체에 대한 개요를 제공할 수 있으므로 시청자가 영화의 설정이 이루어지는 위치를 더 잘 이해할 수 있다.

(2) 로 앵글(Low Angle)

로 앵글 샷은 카메라가 수직축의 낮은 위치에 있고 아이라인 아래에 위치하여 위의 물체나 피사체를 올려다보는 것이다. 이 카메라 앵글은 카메라가 바라보는 위의 피사체를 강하고 강렬하게 보이게 하여 심리적 효과를 불러일으킨다. 또한, 로 앵글 샷을 사용하면 영화의 '영웅'이 취약해 보일 수 있으며 일반적으로 막을 수 없는 캐릭터에 대해 관객이 공감할 수 있는 감정을 갖게 된다. 이 각도가 사용되는 또 다른 일반적인 방법은 물체의 인지된 높이를 높이는 것이다. 낮은 각도에서 무언가를 촬영할 때 실제보다 상당히 크게 보이도록 하기 때문이다.

(3) 어깨 너머로(Over the Shoulder)

어깨 너머로 촬영하는 장면은 두 명 이상의 등장인물이 대화 중에 서로 이야기할 때 영화에서 가장 일반적으로 사용된다. 이 유형의 샷은 장면의 각 캐릭터가 보고 있는 위치의 아이라인을 설정하는 데 사용되며 가장 일반적으로 미디엄 또는 클로즈업 샷을 통해 구도를 잡는다. 이 유형의 장면은 시청자에게 영화의 특정 인물이 다른 인물이 아직 볼 수 없는 것을 보고 있음을 나타내는 데 사용할 수도 있다. 예를 들어 장면에서 피사계 심도를 사용하여 캐릭터가 직접 목격하는 거리에서 무언가를 보도록 시청자의 주의를 끌 수 있다. 이 경우 전경을 흐릿하게 만들고 배경에 초점을 맞추면 심도가 매우 높아진다.

(4) 조감도(Bird's Eye)

조감도 샷은 카메라가 머리 위, 아래에 위치하여 아래에서 진행되는 동작을 캡처하는 것이다. 오늘날과 같은 시대에 이러한 유형의 샷은 아래에서 일어나는 일을 전체적으로 볼 수 있도록 드론으로 가장 일반적으로 캡처 된다. 다양한 유형의 영화 작품에서 조감도는 영화의 설정이 어디에 있는지 컨텍스트를 제공하는 설정 샷으로 사용되며, 조감도는 항공 보기에서 설정에서 정확히 무슨 일이 일어나고 있는지 보여주기 위한 전환 샷으로 사용된다. 이러한 유형의 샷은 각 장면이 내러티브에서 중추적인 역할을 하는 위치에서 일반적으로 사용된다. 그러나 이러한 유형의 샷을 드론으로 캡처할 수 있음에도 불구하고 다리나 마천루와 같은 구조물 또는 건물의 꼭대기에서 조감도를 캡처하는 것도 가능하다.

(5) 더치 앵글/틸트(Dutch Angle/Tilt)

더치 앵글/틸트(Dutch angle/tilt)는 영화 촬영에 대한 문체적 접근 방식에 가깝다. 이를 실행하려면 카메라를 한쪽으로 기울어야 하므로 프레임이 수평이 아니다. 이러한 유형의 카메라 앵글은 주로 영화 내에서 극적인 효과를 만드는 데 사용되며 일련의 다양한 감정을 불러일으킬 수 있다. 더치 앵글은 심리적 고통과 긴장을 고조시킬 수 있으며, 이는 차례로 서스펜스와 스릴을 만드는 영화적 환경을 조성한다. 또한, 이 각도로 장면을 촬영하면 청중이 방향 감각을 잃고 불안해하며 때로는 취한 느낌까지 들 수 있다

013

전압(Electric Pressure) 또는 전위차(Electric Potential Difference)는 전기장 안에서 전하가 갖는 전위의 차이이다. 가장 일반적인 영어 명칭은 Voltage이다. 전기 회로에서는 회로의 두 지점 사이의 전위차를 뜻하며 전기가 흐르게 하는 원인이다. 기전력(Electromotive Force)과는 의미가 약간 다르다. 단위는 볼트(V)이다. 전압은 정전기장이 형성될 때, 전류가 자기장을 통과할 때, 자기장의 세기가 시간에 따라 변할 때, 그리고 이 세 종류가 동시에 일어날 때 발생할 수 있다. 전압을 구분하는 기준은 전기설비기술기준 제3조 제2항에 근거

한 것으로, 동 기술 기준(정의)에서 특별 고압은 '특고압'으로 용어를 개정하였다.

'전기설비기술기준' 제3조 제2항: 전압을 구분하는 저압, 고압 및 특고압은 다음 각 호의 것을 말한다.

(1) 저압: 직류는 750V 이하, 교류는 600V 이하인 것
(2) 고압: 직류는 750V를, 교류는 600V를 초과하고 7kV 이하인 것
(3) 특고압: 7kV를 초과하는 것

014 〔정답: 2번〕

유도등의 표시면은 국제표준화기구(ISO)의 기준에 의한 그림 문자로 하며, 식별이 용이하도록 비상문·비상탈출구·EXIT·FIRE EXIT 또는 화살표 등과 함께 표시할 수 있다. 다만, 계단 통로 유도등은 표시면을 설치하지 아니할 수 있다. 표시면에 사용되는 사람 모양의 국제표준화기구(ISO) 그림 문자는 피난 방향을 표시하는 것이 아니라 피난구를 표시하는 심볼이다. 피난 방향을 표시하는 경우에는 화살표를 병기하여 표시할 수 있다. 표시면의 색상은 녹색으로 표시하고 있다. 이는 주위 조명 상태가 밝은 상태에서 낮은 상태로 변화 시 최고로 민감하게 반응하는 색상이 녹색이기 때문이다.

화재 시 정전 사고가 발생하거나 연기 등이 체류하게 되면 밝은 상태에서 어두운 상태로 주위 조도가 변화하게 된다. 이때는 밝은 상태에서 식별이 용이한 적색보다는 오히려 단파장인 녹색의 식별도가 높게 되는 특성을 이용한 것이다.

015 〔정답: 1번〕

소방 시설의 내진 설계는 지진 시 진앙으로부터 지반을 통해 전달된 지진력이 건축물 내부에 연결된 각 설비에 미치는 영향이 최소화될 수 있도록 각 설비를 설계하는 것을 의미한다. 광의의 개념에서 '내진 설계'란 작용하는 지진하중에 저항하도록 설계하는 협의의 '내진 설계'와 지진을 피해가도록 하는 '면진 설계' 그

리고 능동적 또는 수동적으로 작용하는 지진력을 제어하도록 하는 '제진 설계'를 포함한다. 이 기준의 정의에서 말하는 '내진'이란 광의의 개념의 '내진 설계'된 상태를 의미한다. 소방 배관에 대해 각 설계 방법을 적용하는 경우를 예로 들면 다음과 같다.

(1) 내진 배관은 작용하는 지진력에 대해 버팀대로 구조부재에 단단히 연결시키고 버팀대가 이를 지지하는 방식이다.
(2) 면진은 작용하는 지진력이 배관에 전달되지 못하도록 특수한 장치를 한 경우로, 지진에 의한 건물과 배관 사이에는 상대적 움직임이 크게 발생한다.
(3) 제진은 내진 구조와 유사하나 지진력을 감소시킬 수 있는 제진 장치가 설치되어 지진력을 소산시키는 방식이다. 면진과 제진의 경우에는 상대적 변위가 발생함으로 이에 따른 충돌 안전성을 검토하여야 한다.

016 〔정답: 1번〕

재난안전통신망은 재난 관련 기관이라면 사용할 수 있는 자격을 갖추고 있다. 해당 기관의 중요한 국가 업무를 위하여 재난안전통신망을 도입해 각 업무와 접목시킨다면 더욱 안정적인 서비스를 다양하게 활용할 수 있게 된다. 행정안전부의 재난안전통신망관리과 또는 재난안전통신망 운영센터와의 협업을 통해 이 모든 활용 프로세스가 진행된다.

(1) 재난안전통신망 단말기: 드론 등을 재난안전통신망과 연계하여 꼼꼼한 현장 수색 및 재난현장영상 실시간 송출 등을 통해 재난 대응 능력을 강화한다.
(2) IoT 센서: 하천 범람, 화재 감시 등 IoT 센서와 재난안전통신망을 연계하여 재난을 사전에 예방할 수 있다.
(3) 웨어러블: IoT 센서가 탑재된 손목 밴드, 헬멧 등 웨어러블 안전 장비로 위치 추적 및 건강 상태 정보 등을 수집하여 재난 대응 능력을 높일 수 있다.

017 〔정답: 3번〕

영상 정보 처리 기기 설치에 대한 안내판에 기재하여야 할 사항은 다음과 같다.

(1) 설치 목적 및 장소, 촬영 범위 및 시간, 관리 책임자의 성명 및 연락처, 수탁 관리자의 명칭 및 연락처(영상 정보 처리 기기 설치 운영을 위탁한 경우) 촬영 영상의 보유 기간은 안내판에 필수 기재하여야 할 사항은 아니다.

이외에, 영상 정보 처리 기기 설치 시 주의해야 할 점과 특징은 다음과 같다.

(1) 교도소, 정신보건시설 등과 같이 법령에 근거하여 사람을 구금하는 시설의 화장실에는 영상 정보 처리 기기의 예외적 설치 및 운영이 가능하다.

(2) 영상 정보 처리 기기의 최초 설치 목적과 동일한 목적으로 영상 정보 처리 기기의 줌(Zoom) 기능과 촬영 방향 전환은 가능하다.

(3) 영상 정보 처리 기기(CCTV)에서 녹음 기능은 사용할 수 없다.

(4) 대통령령으로 정한 장소에 영상 정보 처리 기기를 설치 및 운영하려는 공공기관의 장은 공청회 등을 통하여 관계 전문가 및 이해관계인의 의견을 수렴하면 된다. 영상 정보 처리 기기를 설치 및 운영하기 위한 사전 협의는 필요하지 않다.

'건축물의 피난·방화구조 등의 기준에 관한 규칙' 제6조에 따른 정의

> 제6조(불연재료) 영 제2조 제1항 제10호에서 "국토교통부령이 정하는 기준에 적합한 재료"라 함은 다음 각 호의 어느 하나에 해당하는 것을 말한다.
>
> 1. 콘크리트·석재·벽돌·기와·철강·알루미늄·유리·시멘트모르타르 및 회. 이 경우 시멘트모르타르 또는 회 등 미장재료를 사용하는 경우에는 「건설기술 진흥법」 제44조 제1항 제2호의 규정에 의하여 제정된 건축공사 표준 시방서에서 정한 두께 이상인 것에 한한다.
>
> 2. 「산업표준화법」에 의한 한국산업규격이 정하는 바에 의하여 시험한 결과 질량감소율 등이 국토교통부장관이 정하여 고시하는 불연재료의 성능기준을 충족하는 것
>
> 3. 그 밖에 제1호와 유사한 불연성의 재료로서 국토교통부장관이 인정하는 재료. 다만, 제1호의 재료와 불연성재료가 아닌 재료가 복합으로 구성된 경우를 제외한다.

018
정답: 4번

'건축물 내부마감재료의 난연성능 및 화재 확산 방지구조 기준' 제2조에 따른 정의

> 제2조(불연재료) 불연재료는 다음 각 호에 적합하여야 한다.
>
> 1. 「산업표준화법」 제4조의 규정에 따라 제정한 한국산업규격(이하 한국산업규격이라 한다) KS F ISO 1182(건축 재료의 불연성 시험 방법)에 따른 시험결과, 가열시험 개시 후 20분간 가열로 내의 최고온도가 최종평형온도를 20K 초과 상승하지 않아야 하며(단, 20분 동안 평형에 도달하지 않으면 최종 1분간 평균온도를 최종평형온도로 한다), 가열 종료 후 시험체의 질량 감소율이 30% 이하여야 한다.
>
> 2. 한국산업규격 KS F 2271(건축물의 내장 재료 및 구조의 난연성 시험 방법) 중 가스유해성 시험 결과, 실험용 쥐의 평균행동정지 시간이 9분 이상이어야 한다.

019
정답: 4번

화재 시 건물 내에서 발생된 연기를 배출, 유동 또는 확산되지 않도록 제어하는 것을 제연이라 한다. 제연의 원리는 발생된 연기를 희석(dilution), 배출(exhaust), 차단(confinement) 등의 조합으로 실시한다. 제연 설비는 화재실(fire area)의 연기와 열기를 직접 배출시켜야 하며, 피난 및 소화활동을 위하여 배출시킨 배기량만큼 급기를 실시한다. 연기침투를 방지하기 위하여 외기를 주입하며 연기를 배출시키는 경우 배기량은 면적이 아닌 높이(제연경계의 수직거리)의 함수이다. 하부층(lower layer)은 피난 및 소화활동의 공간으로서 연기의 침투가 없거나 연기농도를 낮추어 청결층을 유지하도록 하여야 하며 급기량은 배기량 이상이어야 한다.

020

예상 제연 구역이 제연 경계로 구획된 경우(제4항 제2호 관련), 적용 대상은 다음과 같다.

(1) 예상 제연 구역이 제연 경계로 구획된 경우에 적용한다.

(2) 예상 제연 구역의 구획 중 일부가 제연 경계로 구획된 경우를 포함하나 출입구 부분만을 제 연경계로 구획한 경우는 제외한다.

(3) 공동 제연 예상 구역이 거실일 때: 바닥 면적이 1,000㎡ 이하, 직경 40m 원 안에 들어가야 한다.

(4) 공동 제연 예상 구역이 통로일 때: 보행 중심선의 길이를 40m 이하로 한다.

021

재난안전통신망의 기본 구성은 다음과 같다.

(1) 기지국: 4가지 솔루션으로 전국 서비스: 대한민국 전역 커버리지를 확보하기 위해 4가지 솔루션을 활용하였다. 국가 기반 시설(점), 주요 도로(선), 인구 밀집 지역(면)을 기준으로 고정 기지국이 세워졌으며, 산간·농어촌 지역은 차량형 및 휴대형 이동 기지국을 통해 유사시 통신 지원이 가능하다. 건물 내부나 지하, 해안에는 타 통합공공망(해상망, 철도망) 및 사용망과의 연동기술(RAN-Sharing)을 활용하여 통신 음영 지역을 최소화했다.

(2) 단말 및 지령 장치: 재난 업무 최적의 장비: 사용자의 업무 유형에 따라 스마트폰형, 무전기형, 복합형 등 전용 단말기를 사용한다. 안드로이드 기반으로 제작되어 사용이 어렵지 않고, 다양한 애플리케이션을 통해 업무 확장이 가능하다. 각 신고 센터에 설치되어 있는 지령장치는 재난 현장에 출동한 단말을 통합 지휘할 수 있다.

(3) 운영 센터: 365일 24시간 모니터링: 재난안전통신망 운영 센터는 서울, 대구, 제주 세 곳에 위치해 동시에 운영 중이며, 365일 24시간 시스템을 모니터링한다. 센터 간 전송망을 다중으로 구축하며, 한 센터에서 장애가 발생하더라도 다른 운영 센터가 해당 관할 지역까지 총괄함으로써 재난 대처 공백을 완벽히 차단한다.

022

HFC-125 청정 소화약제는 할로카본 계열 중 뛰어난 소화 성능을 지니고 있으며 적은 약제량으로 설계가 가능해 높은 경제성을 가져다준다. HFC-125의 장단점 특징은 다음과 같다.

- 소화 성능이 우수하다.
- 소화약제 소요량이 적어 경제적이다.
- UL인증 설계와 제품의 사용으로 신뢰성이 높다.
- 화재 시 발생하는 불화 수소의 양이 적어 안전하다.
- UL 설계 프로그램의 설계로 설계의 제한 사항이 많다.
- 국제적인 인체 안정성은 좋으나 국내 기준의 허용도가 낮아 설계 시 어려움이 있다.
- 장거리 배관 시 실린더 수량이 많아지는 단점이 있다.

HFC-125은 다음과 같은 물질이 있는 방호 대상물에는 사용할 수 없다.

- 화약과 같이 연소에 필요한 산소를 자체에서 방생하는 화합물 또는 혼합물
- 나트륨, 마그네슘, 티타늄, 지르코늄, 우라늄 그리고 프로티늄 등의 반응 물질
- 수소 화합물질
- 하이드라진, 과산화물 등 자기열 분해성이 있는 화합물

023

'ISO 감도'란 조리개, 셔터 스피드와 함께 카메라에 들어오는 빛(노출)을 제어하는 구성요소로, 쉽게 말해 '이미지 센서가 가지는 빛에 대한 민감도 설정'이라 할 수 있다. 필름 카메라에서는 필름 제품별로 ISO 감도가 다른 필름을 교체해 촬영했으나, 현재는 디지털 카메라의 이미지 센서가 그 역할을 대신하며 메뉴 설정과 버튼을 통해 간단히 변경할 수 있다. ISO 감도는 일반적으로 숫자(수치)로 표현된다. 숫자가 높을수록 빛에 민감하며 더 어두운 곳에서 촬영이 가능하다. 요즘 출시되는 카메라들은 보통 ISO 100에서 ISO 12800까지 증가시킬 수 있고, 확장 감도를 이용해 그 이상까지도 증폭할 수 있다.

024

재난안전통신망 주요 특징은 다음과 같다.

(1) 세계 최초 자가망 기반 PS-LTE 기술 적용

(2) 대한민국 전역에서 여러 재난 관련 기관들의 일원화된 통신 체계 구성

(3) 음성·사진·영상 등 멀티미디어를 활용한 입체적 소통

(4) 국내 재난안전산업계의 글로벌 경쟁력 확보를 통한 세계 시장 진출 지원

재난안전통신망의 주요 기능은 다음과 같다.

(1) LTE 기술

기존 기술에 멀티캐리어와 캐리어 어그리게이션 기술 적용하여 다자간 통화가 가능한 '그룹 통화', 단말기 간 '직접 통화' 적용, OA&M(Operation, Administration & Maintenance): 기지국 상태 확인 가능, Link performance monitoring, Fault detection and fault signaling 처리

(2) 상호 운용성

상호 운용성 지원을 위한 PS-LTE와 민간 사업자 간의 공중망 간 로밍 서비스, 기존 재난망(예: 경찰과 소방방재청이 쓰는 테트라) 연동

(3) 폭주 대비

재난안전통신 폭주를 대비해 전담 주파수 활용 대응책을 강구 및 구축 비용을 최소화하려면 가능한 1GHz 이하의 대역이 필요하며, 주파수 이용 효율성을 높이기 위해 다른 공공 서비스 수요와 함께 쓸 수 있는 주파수 대역을 발굴

(4) 보안 기술

3GPP의 인증과 보안에 관련된 공통적인 기술표준들이 PS-LTE 대부분 동일하게 사용됨, IMSI (International Mobile Subscriber Identity을 통해, 전화번호를 통해 해당 가입자를 식별하게 하는 15자의 Digit으로 구성됨, HSS(Home Subscriber Server): 이동성 관리, 통화 및 세션 확립 지원, 사용자 인증 및 접근성 승인 기능성을 지원

(5) SOP 운영

SOP(Standard Operating Procedure)를 반드시 수립하여, 다양한 재난 시나리오를 만들고, 이동통신업체, 기관과 시뮬레이션을 진행하도록 하여 표준 운영 절차 마련하여 재난망의 안정성 확보

025

폭발성 물질 및 유기과산화물의 종류는 다음과 같다.

- 질산에스테르류
- 니트로 화합물
- 니트로소 화합물
- 아조 화합물
- 디아조 화합물
- 하이드라진 유도체
- 유기과산화물
- 그 밖에 위 물질과 같은 정도의 폭발 위험이 있는 물질

026

'건축물의 피난·방화구조 등의 기준에 관한 규칙'(국토교통부령 제641호, 2019. 8. 6) 제26조(방화문의 구조), 제64조에 따른 갑종 방화문 및 을종 방화문은 한국건설기술연구원장이 국토교통부장관이 정하여 고시하는 바에 따라 다음 각 호의 구분에 따른 기준에 적합하다고 인정한 것을 말한다.

(1) 생산 공장의 품질 관리 상태를 확인한 결과 국토교통부장관이 정하여 고시하는 기준에 적합할 것

(2) 품질 시험을 실시한 결과 다음 각 목의 구분에 따른 기준에 따른 성능을 확보할 것

가. 갑종 방화문: 다음의 성능을 모두 확보할 것

- 비차열(非遮熱) 1시간 이상

- 차열(遮熱) 30분 이상(영 제46조 제4항에 따라 아파트 발코니에 설치하는 대피 공간의 갑종 방화문만 해당한다)

나. 을종 방화문: 비차열 30분 이상의 성능을 확보할 것 [시행일: 2021. 8. 7.]

방화문은 방화 구획을 위한 수단의 하나로서 화재 시에는 화재에 대비해서 항상 닫혀 있어야 한다. 그 이유는 방화문이 열려있으면 방화 구획의 목적을 달성할 수 없기 때문이다. 그러나 건축물의 관리·운영상 평상시 개방해야 할 필요가 있으면 개방을 하되 화재 시 열이나 연기가 감지되면 반드시 자동으로 닫히는 구조로 설치되어야 한다는 의미이다.

027

정답: 1번

제연 설비는 자연 또는 기계적인 방법(송풍기, 배출기)을 이용하여 연기의 이동 및 확산을 제한하기 위해 사용되는 설비로서 단순히 연기만 배출시키는 배연 설비와 구분되어 사용되며, 송풍기로 가압시켜 가압 공간 내로 연기가 들어오지 못 하도록 하는 방연(smoke defense) 설비와 배출기로 화재실의 연기를 배출시키는 배연(smoke ventilation) 설비로 구분할 수 있다. 연소 방지 설비는 전력, 통신용의 전선이나 가스, 냉난방용 배관 또는 이와 동등한 것을 집합적으로 수용하기 위해 설치되는 공동구 등에서 발생한 화재 진화와 연소를 미연에 예방하기 위하여 설치하는 설비로, 구성은 스프링클러 설비와 유사하며 송수구, 배관, 헤드 등으로 구성된다.

028

정답: 3번

피난구 유도등은 피난구의 바닥으로부터 높이 1.5m 이상으로서 출입구에 인접하도록 설치하여야 한다. 피난구 유도등은 바닥으로부터 높이 1.5m 이상의 곳에 설치하도록 하고 있으나 대형 공간의 층고가 높은 경우 합리적인 위치 선정을 위하여 1.5m 이상으로 출입구에 인접하게 설치해야 한다. 화재 시 발생되는 연기 등으로 인하여 천정에서부터 연기가 축적되어 바닥에 가까운 위치에 유도등을 설치하는 것이 좀 더 장시간 동안 피난을 유도할 수 있으나, 피난구 유도등은 장거리에서도 시야를 확보하고자 출입구 직상부의 높이와 동일선상에 설치하는 것이 합리적이다. 미국 NFPA 101(인명안전기준)에서는 출구 표시(표시면) 설치 위치를 출구 표시의 아랫면 기준으로 하여 출입구 직상부에 설치하고 그 높이는 6ft 80in(약 2,030㎜)를 초과하지 않도록 하고 있다.

029

정답: 1번

화학물질 유출 시 대피 요령은 다음과 같다.

- 안내 방송(방송 시설, 앰프 등)을 경청하고, 지정된 대피 장소로 신속히 대피한다.
- 긴급재난문자(CBS) 발송 시 안내 사항을 숙지한다.
- 방독면이 있으면 착용하고, 방독면이 없다면 가능한 우의나 비닐로 직접 피부가 노출되지 않도록 하고, 수건, 마스크 등을 이용하여 코, 입을 감싸고 최대한 멀리 대피해야 한다.
- 화학 사고로 발생한 독성 가스는 대부분 공기보다 무겁기 때문에 실외에 있는 경우 높은 곳으로 대피해야 하며, 관계 기관이 제공하는 정보에 따라 움직이는 것이 안전하다.
  ※ 불화 수소, 암모니아와 같이 위로 퍼지는 특성을 가진 가벼운 물질은 제외
- 내 위치를 중심으로 사고 발생 지역쪽으로 바람이 불때는 바람이 불어오는 방향으로 대피한다. 사고 발생 지역에서 내 위치쪽으로 바람이 불 때는 직각방향으로 대피한다.
- 실내로 대피한 경우에는 창문 등을 닫아 젖은 수건이나 테이프를 이용하여 밀봉하고, 외부 공기와 통하는 설비(에어컨, 환풍기 등)의 작동은 중단해야 한다.
- 만약 자동차를 타고 사고지역 주변을 지나게 된다면 창문을 닫고, 에어컨 등을 반드시 꺼 외부 공기가 차량 내부로 들어오는 것을 방지해야 한다.
- 안전한 곳으로 대피한 후에는 비눗물로 샤워를 철저히 한 후 깨끗한 옷으로 갈아입어야 한다.
- 화학물질에 노출되었다면, 즉시 병원에 가서 의사의 진찰을 받아야 한다.
- 대피소로 대피하라는 안내가 없는 한 실내에 머물면서 스마트폰, 방송 등을 통해 외부 상황을 파악하도록 한다.

030

정답: 2번

소화활동 설비는 화재를 진압하거나 인명구조 활동을 위하여 사용하는 설비를 말하며 제연 설비, 연결 송수관 설비, 연결 살수 설비, 비상 콘센트 설비, 무선통신 보조 설비, 연소방지 설비로 분류한다

031

정답: 2번

어떤 물질들은 감도 저하, 억제 성분 등을 가지고 있어서 특정 감지기의 감도를 저하시킬 수 있다. 감지기가 감도 저하 물질이 존재하는 대기 중에서 사용되는 경우에는 특정 농도의 산소 자체 점검 가스를 사용하여 주기적으로 감지기의 감도를 점검하여야 한다.

(1) 실리콘, 황, 인, 염소 화합물 등의 물질은 특정 형식의 인화성 가스 감지기에 대해 감도를 저해하는 피독 현상을 유발할 수 있다.

(2) 할로겐화된 탄화수소에의 노출은 인화성 가스 감지기의 일시적 기능 마비를 일으킬 수도 있다.

(3) 어떤 물질들은 독성이나 감도 저하, 억제 성분 등을 가지고 있어 특정 감지기의 감도를 저하시킬 수 있다.

(4) 감지하고자 하는 대기 중에 감도를 떨어뜨리는 물질이 존재하면 알려진 농도의 가스 혼합물을 사용하여 감지기의 감도를 자주 점검해 주어야 한다.

(5) 일반적으로 알려진 감도 저하 물질의 종류는 사용 설명서를 참고하면 알 수 있다.

(6) 감도 저하 물질이 존재하고 있어도 인화성 또는 독성 가스를 감지하는 것이 가능하지만, 이러한 특수 상황에서는 제조사에게 문의하여 확인하는 것이 바람직하다.

032

정답: 3번

이산화탄소 소화약제는 무색, 무취, 전기 비전도성의 불활성 가스이다. 액체 이산화탄소는 대기 중에 직접 방출될 때 드라이아이스를 형성하며, 공기보다 대략적으로 1.5배 무겁다. 이산화탄소는 방출 시 기체 상태로 방호 대상물에 피해를 입히지 않으며, 잔사의 처리가 필요 없다.

또한, 전기 전도성이 없어 통전 상태의 전기 설비에도 사용이 가능하다. 이러한 이산화탄소는 산소 농도를 낮추어 주는 질식 효과와 방호 구역의 온도를 낮추어 주는 냉각 효과를 소화 원리로 화재를 진압한다. 이때 일반적인 산소 농도 15% 이하에서 진화되며, 유류 및 심부 화재의 경우 더 낮은 산소 농도가 유지되어야 한다.

033

정답: 2번

HFC-125는 오존층 파괴지수 0의 하론1301 완벽 대체 친환경 소화약제다. 소화 방출 후 전여물이 없으며 비전도성, 비부식성 약제이다. 물에 의한 피해가 우려되는 장소, 고가의 자산이 보관되어 있는 장소 등에 할로겐 화합물 HFC-125(CHF_2CF_3) 소화약제를 사용하여 초기 화재 진압 목적으로 사용하는 물분무 등 소화 설비이다.

이 약제는 탁월한 열 흡수력과 기화에 의한 냉각 작용의 물리적 원리로 소화하는 특성이 있으며, 전기적으로 비전도성의 불활성 가스로 공기의 무게보다 약 1.2배 무거워 침투 효과가 매우 좋은 전기 화재 등에 탁월한 효과를 나타낸다. 오존층 파괴 물질인 Halon 1301과 다르게 이 소화약제는 환경 오염 문제인 오존층을 파괴하지 않는 청정 물질이다. 또한, 온실 효과인 GWP 및 대기권내 잔존 년 수(ALT)도 Halon에 비하여 청정하므로 Halon 1301의 대체 물질로 적합하다. 이러한 청정성으로 인하여 동 소화약제는 US EPA에 Halon의 대체 물질로써 등재되었다.

⌂출처 http://www.jy-tech.co.kr/

034

정답: 1번

(1) 에틸에테르, 가솔린, 아세트알데히드, 산화프로필렌, 그 밖에 인화점이 섭씨 23도 미만이고 초기 끓는점이 섭씨 35도 이하인 물질

(2) 노르말헥산, 아세톤, 메틸에틸케톤, 메틸알코올, 에틸알코올, 이황화탄소, 그 밖에 인화점이 섭씨 23도 미만이고 초기 끓는점이 섭씨 35도를 초과하는 물질

(3) 크실렌, 아세트산아밀, 등유, 경유, 테레핀유, 이소아밀알코올, 아세트산, 하이드라진, 그 밖에 인화점이 섭씨 23도 이상 섭씨 60도 이하인 물질

035

정답: 3번

사업주는 근로자에게 다음 각 호의 어느 하나에 해당하는 장소에서 용접·용단 작업을 하도록 하는 경우

에는 화재 감시자를 지정하여 용접·용단 작업 장소에 배치해야 한다. 다만, 같은 장소에서 상시·반복적으로 용접·용단 작업을 할 때 경보용 설비·기구, 소화 설비 또는 소화기가 갖추어진 경우에는 화재 감시자를 지정·배치하지 않을 수 있다.

(1) 작업 반경 11미터 이내에 건물 구조 자체나 내부(개구부 등으로 개방된 부분을 포함한다)에 가연성 물질이 있는 장소

(2) 작업 반경 11미터 이내의 바닥 하부에 가연성 물질이 11미터 이상 떨어져 있지만 불꽃에 의해 쉽게 발화될 우려가 있는 장소

(3) 가연성 물질이 금속으로 된 칸막이·벽·천장 또는 지붕의 반대쪽 면에 인접해 있어 열전도나 열복사에 의해 발화될 우려가 있는 장소

036
정답: 2번

산불은 바람이 불어가는 쪽으로 번지게 되므로 바람 방향을 감안하여 산불의 진행 경로에서 벗어나야 한다. 대피 장소는 불이 지나간 타버린 장소, 낮은 장소, 도로, 바위 뒤 등으로 정하고 산불보다 높은 장소를 피하고 불길로부터 멀리 떨어져야 한다. 대피할 시간적인 여유가 없을 때는 낮은 지역을 찾아 낙엽이나 나뭇가지 등을 긁어낸 후 얼굴 등을 가리고 불길이 지나갈 때까지 엎드려 있어야 한다.

037
정답: 1번

볼라드(Bollard)는 자동차가 인도(人道)에 진입하는 것을 막기 위해 차도와 인도 경계면에 세워 둔 구조물이다. 또는 부두에 커다란 배들을 묶어 두기 위해 설치한 말뚝 모양 구조물을 일컫기도 한다. 이외에도 통행 주체의 움직임을 제어하기 위해 말뚝형으로 설치한 구조물들을 가리키기도 한다. 단주(短柱)라고도 한다. 보행자의 안전을 위해 차량이 보행 구역 안으로 진입하는 것을 차단하는 교통 시설물이다. 볼라드는 현재는 거의 이 뜻으로 사용되고 있다. 2014년 6월 2일 국립국어원 말다듬기 위원회 회의에서 '볼라드'를 '길말뚝'

으로 순화하였으나 거의 쓰이지 않는다.

038
정답: 1번

(1) 전동 발전기(Motor Generator): 전동기와 발전기를 직결 또는 벨트나 기어를 사이에 넣어 결합한 전원 장치로 전력을 변성·변환 또는 변류하려는 목적으로 사용된다. 이 경우 전동기는 유도 전동기, 발전기는 직류 발전기를 주로 사용하나 동기 전동기와 동기 발전기, 동기 전동기와 직류 발전기가 결합된 것도 있다.

(2) 회전 변류기(Rotary Converter): 교류를 직류로 바꾸기 위해 사용되는 회전 전기기계로, 동기 변류기라고도 한다. 동기 전동기와 직류 발전기를 조합한 것으로 교류 측에서 보면 동기 전동기이고, 직류측에서 보면 직류 발전기이나, 전기자권선에는 두 가지 전류가 겹쳐서 흐른다.

(3) 정류기(Rectifier) 교류를 직류로 변환하는 것을 정류라 하며 교류 전력에서 직류 전력을 얻기 위해 정류 작용에 중점을 두고 만들어진 전기적인 회로소자나 장치를 정류기라 하며 정류기는 한 방향으로만 전류를 통과시키는 기능을 가지고 있다. 대부분의 전원 장치에서는 실리콘 다이오드(Silicon diode)가 사용되며 제어 정류기 응용 부분에서는 사이리스터(Thyristor)가 광범위하게 사용된다.

039
정답: 1번

공동구(utility-pipe conduit)란 도로 중복 굴착 방지, 도시 미관 개선, 도로 구조 보전 및 교통의 원활한 소통을 위해 전선로, 통신선로, 상·하수도관, 열수송관 등을 지하에 매설한 시설물이다.

공동구는 지자체가 관리하며, 일반인의 출입이 통제되고 있어 재난(화재, 파손 등) 발생 시 직접적인 인명 피해의 우려는 적으나, 재난 발생 시 전력, 통신, 상수 등 단절에 대비한 국민들의 주의가 필요하며, 화재 시 환기구를 통해 유독 가스가 배출될 수 있어 안전한 곳으로 대피하는 것이 필요하다. 공동구 인근에 있는 주민들은 화재 및 파괴 등에 따른 폭발, 도로붕괴 등의 위험이 있으니 지역재난안전대책본부의 통제에 따라 지정된 대피장소로 이동한다.

- 전력 공급이 중단될 수 있으니, 엘리베이터는 절대 이용하지 않도록 하며 계단을 이용한다.
- 대피 시에는 연기·가스에 의한 질식이나 호흡 기관의 장애를 초래할 위험이 있으므로 풍향에 따라 적절히 행동하고 물수건으로 입과 코를 막고 이동한다.
- 대피 장소 등 안전한 곳에 도달한 이후에는 지역재난안전대책본부의 별도 안내가 있을 때까지 무단 이동하지 않고 대기한다.

040   정답: 2번

휘발성 유기 화합물(Volatile Organic Compound, VOC)은 유기 화합물 중 상온에서 기화되는 특성을 가진 화합물을 의미하며 일반적으로 상온은 섭씨 0도 이상 섭씨 40도 이하를 이야기한다. 비점이 낮아 대기중으로 쉽게 증발되는 기체·액체상 유기 화합물의 총칭이다. 비점(끓는점)이 낮아서 대기 중으로 쉽게 증발되는 액체 또는 기체상 유기 화합물을 총칭으로서 VOC라고도 하는데, 산업체에서 많이 사용하는 용매에서 화학 및 제약 공장이나 플라스틱 건조 공정에서 배출되는 유기가스에 이르기까지 매우 다양하며 끓는점이 낮은 액체 연료, 파라핀, 올레핀, 방향족 화합물 등 생활 주변에서 흔히 사용하는 탄화수소류가 거의 해당된다. VOC는 대기 중에서 질소 산화물(NO_x)과 함께 광화학 반응으로 오존 등 광화학 산화제를 생성하여 광화학 스모그를 유발하기도 하고, 벤젠과 같은 물질은 발암성 물질로서 인체에 매우 유해하며, 스티렌을 포함하여 대부분의 VOC는 악취를 일으키는 물질로 분류할 수 있다. 주요 배출원으로는 유기용제 사용 시

설, 도장 시설, 세탁소, 저유소, 주유소 및 각종 운송 수단의 배기 가스 등의 인위적 배출원과 나무와 같은 자연적 배출원이 있다.

VOC가 이슈인 이유는 크게 3가지로 나뉘어진다.

(1) 대기 중 질소 산화물과 공존할 시 햇빛의 작용으로 광화학 반응을 일으켜 오존 등 광화학 산화성 물질을 생성하여 광화학 스모그를 유발시킨다.

(2) 오존 등 생성된 광화학 산화성 물질은 지구 온난화의 원인이기도 한다.

(3) VOC 자체가 발암성을 띄고 있는 독성 화학 물질이며, 광화학 산화물의 전구 물질이다.

앞서 언급된 사항 중에서 세 번째 이유만 보더라도 VOC는 매우 유해하고 위험한 물질이라고 할 수 있다. VOC는 산업 공정 내에서, 심지어 일상 생활에서도 발생하기 때문에 그 위험성을 심각하게 고려해야 한다. 보기 2)번은 나노 입자의 위험성과 관련성이 있으며 VOC와는 관련성이 멀다.

041   정답: 2번

Novec 649/1230(FK-5-1-12)은 3M에서 상업적으로 판매되는 전자 냉각제 액체 및 방화 유체 라인의 상표명이다. '물이 없는 물' 또는 '건조한 물'이라고도 한다. 3M™ Novec™ 1230 소화약제는 할론 및 수소불화탄소(HFC)의 대체재로 개발된 소화약제다. Novec 1230은 지구 온난화 지수(GWP)가 1 미만인 반면, HFC는 GWP가 3000이 넘는다. Novec 1230은 청정 소화약제 중에서 안전 여유율(Safety Margin)이 가장 높다. Novec 1230은 열을 급속히 제거하여 화재 발생 초기에 빠르게 진화한다. 일반적인 전역 방출 시스템에서 질소로 가압된 실린더에 액체로 보관된다. 자동 감지 센서로 인해 화재 초기 단계에 방출하여 수 초 이내에 화재를 진압한다. Novec 1230은 물보다 50배 빠르게 증발한다. Novec 1230 액체가 담긴 수조에 책을 담근 후 1분 이내에 꺼내면 읽던 부분을 펼쳐서 다시 독서를 시작할 수 있다.

042

정답: 2번

억류 및 납치를 당했을 때의 생활안전 행동 요령이다.

- 만일 인질로 억류되었거나 납치 감금을 당했다면 저항하지 말고 순순히 하라는 대로 응하고 급작스러운 행동을 피해야 한다.
- 탈출 성공 가능성이 아슬아슬하다고 판단될 때는, 다시 말해 100% 탈출 자신이 없으면 탈출을 시도하지 않는 것이 좋다.
- 납치된 사람이 여럿(많은 수의 사람)일 때는 잘 띄지 않도록 처신하고, 납치범에게 위협적인 인상을 쓰는 것은 금물이며, 납치범과 눈이 마주치는 것도 피해야 한다.
- 납치범들이 무엇인가를 물어올 때는 답은 되도록 짧게 자연스러운 자세로 대답하고, 화를 내서는 안 된다.
- 납치범이 무엇인가 지시할 때는 공손하고 순응하고, 그들을 자극할 수 있는 언행을 삼가며, 육성 녹음을 요구할 때 기꺼이 응하도록 한다.
- 구출 작전이 전개될 때는 즉시 엎드려야 한다.
- 눈을 가리면 주변의 소리·냄새·피랍로 경사와 거리·범인 음성 등 기억한다.
- 건강 유지를 위해 계속 운동하고, 주는 것은 모두 먹고, 몸이 아플 때는 약을 요구하도록 한다.
- 납치범과 대화를 할 수 있다면 그들과 대화를 하는 것이 좋으며, 우호적 관계를 유지하도록 노력해야 한다.
- 석방 시기가 임박할 때도 자제력을 잃지 않도록 하며 갑작스러운 태도 변화를 보여서도 안 된다.
- 어떠한 상황에서건 외부에게 구출을 위한 모든 수단이 동원되고 있으므로 자제력을 잃지 말고 절망감을 느껴서는 안 되며, 탈출로 등 자신이 유리하게 활용할 수 있는 여건을 파악해야 한다.

043

정답: 1번

폼 소화기(Foam Fire Extinguishers) 또는 거품 소화기는 A급 고체 가연성 화재 및 B급 가연성 액체 화재에 사용하기에 적합하며, 거품 소화기는 냉각 블랭킷 효과를 생성하여 연소 물질을 질식시키고 재점화를 방지한다. 거품 소화기의 특정 용도는 다음과 같다.

- B급 화재: 휘발유 또는 디젤과 같은 가연성 액체와 관련된 화재
- A급 화재: 종이, 직물 또는 나무와 관련된 화재

전기 제품과 관련된 화재이지만 소화기가 35kv 전도도 테스트에서 성공한 경우에에만 사용하며 이 소화기 유형은 다음과 같은 시나리오에서는 사용해서는 안 된다.

- F급 화재: 기름과 그리스가 포함된 조리용 화재(예: 칩 팬 화재)는 거품 소화기로 처리해서는 안 된다.
- C급 화재: 예를 들어 부탄 및 메탄과 같은 가연성 가스와 관련된 화재는 포말 소화기로 처리하기에 적합하지 않다.

044

정답: 2번

'소음 작업'이란 1일 8시간 작업을 기준으로 85데시벨 이상의 소음이 발생하는 작업을 말한다. '강렬한 소음 작업'이란 다음 각목의 어느 하나에 해당하는 작업을 말한다.

가. 90데시벨 이상의 소음이 1일 8시간 이상 발생하는 작업
나. 95데시벨 이상의 소음이 1일 4시간 이상 발생하는 작업
다. 100데시벨 이상의 소음이 1일 2시간 이상 발생하는 작업
라. 105데시벨 이상의 소음이 1일 1시간 이상 발생하는 작업
마. 110데시벨 이상의 소음이 1일 30분 이상 발생하는 작업
바. 115데시벨 이상의 소음이 1일 15분 이상 발생하는 작업

'충격 소음 작업'이란 소음이 1초 이상의 간격으로 발생하는 작업으로서 다음 각 목의 어느 하나에 해당하는 작업을 말한다.

가. 120데시벨을 초과하는 소음이 1일 1만 회 이상 발생하는 작업
나. 130데시벨을 초과하는 소음이 1일 1천 회 이상 발생하는 작업
다. 140데시벨을 초과하는 소음이 1일 1백 회 이상 발생하는 작업

045

정답: 1번

'유기 화합물 취급 특별 장소'란 유기 화합물을 취급하는 다음 각 목의 어느 하나에 해당하는 장소를 말한다.

- 선박의 내부
- 차량의 내부
- 탱크의 내부(반응기 등 화학설비 포함)
- 터널이나 갱의 내부
- 맨홀의 내부
- 피트의 내부
- 통풍이 충분하지 않은 수로의 내부
- 덕트의 내부
- 수관(水管)의 내부
- 그 밖에 통풍이 충분하지 않은 장소

046

정답: 1번

드론에 의한 항공테러 예방을 위하여 '불법 드론 대응 시스템'을 확대 구축한다. 김포공항에 시스템을 구축하기 위해 실시 설계 및 장비 구매를 추진하고, 제주공항에는 레이다 설치 및 시범 운영 중이다. 최근 공항 주변에서 드론이나 연을 날리는 사례들이 종종 발생하는데, 항공 승객의 안전에 상당한 영향을 줄 우려가 있으므로 공항 반경 9.3㎞ 이내에서는 드론이나 연을 날리지 않도록 주의해 주기를 당부하였다.

047

정답: 1번

슬로싱(Sloshing)은 유체가 임의의 형상을 가지는 탱크 내에 부분적으로 차 있는 경우에 이 탱크의 운동으로 인해 발생하는 유동 현상을 말한다. 이 현상은 로켓이나 자동차 등의 연료 탱크는 물론, 원유 혹은 액화가스를 수송하는 선박의 화물창, 그리고 지진으로 인한 석유 저장 용기 내의 유동 현상에 서 다양하게 나타나고 있다.

슬로싱은 이를 유발시키는 가진력의 주기와 탱크 내 액체화물의 주기가 비슷한 공진 지역에서 탱크 내에 심한 비선형 파가 발생하여 탱크 벽이나 탱크 천장에 충격 압력을 유발시키는데, 이로 인한 충격 하중은 순간적이고 국부적이지만 정수압 수두로 환산하면 수십 미터를 넘는 하중이 가해지기도 한다. 충격 압력의 발생으로 인한 구조적인 손상 방지를 위해 화물창 내의 칸막이(Baffle)를 설치하거나 화물창의 슬로싱 고유 주기를 변화시켜 액체의 유동 억제 및 충격 하중을 줄이는 방법을 사용한다.

—— 🏠참조 https://youtu.be/PU_JGU7mjJU

048

정답: 1번

보행 안전 및 편의 증진에 관한 법률 시행규칙

[별표 1] 보행 안전 및 편의 증진 시설의 구조 및 기준(제5조 제2항 관련)

가. 자동차 진입 억제용 말뚝은 보행자가 안전하고 편리하게 통행하는 데 방해가 되지 않는 범위에서 설치하여야 한다.

나. 자동차 진입 억제용 말뚝은 밝은 색의 반사 도료 등을 사용하여 쉽게 식별할 수 있도록 설치하여야 한다.

다. 자동차 진입 억제용 말뚝의 높이는 보행자의 안전을 고려하여 80~100센티미터 내외로 하고, 그 지름은 10~20센티미터 내외로 하여야 한다.

라. 자동차 진입 억제용 말뚝의 간격은 1.5미터 내외로 하여야 한다.

마. 자동차 진입 억제용 말뚝은 보행자 등의 충격을 흡수할 수 있는 재료로 하되, 속도가 낮은 자동차의 충격에 견딜 수 있는 구조로 하여야 한다.

바. 자동차 진입 억제용 말뚝의 0.3미터 앞쪽에는 시각 장애인이 충돌할 우려가 있는 구조물이 있음을 알 수 있도록 점형 블록을 설치하여야 한다.

049

정답: 1번

소화 설비는 물 또는 그 밖의 소화약제를 사용하여 소화하는 기계·기구 또는 설비를 말하며, 종류는 다음과 같다.

- 소화 기구: 소화기, 간이 소화용구, 자동 확산 소화기
- 자동 소화 장치: 주거용·상업용·캐비닛형·가스·분말·고체 에어로졸 자동 소화 장치
- 옥내 소화전 설비: 호스릴 옥내 소화전설비 포함
- 스프링클러 설비 등: 스프링클러 설비, 간이 스프링클러 설비(캐비닛형 간이 스프링클러 설비 포함), 화재 조기 진압용 스프링클러 설비
- 물 분무 등 소화설비: 물 분무 소화 설비(이하 '소화 설비' 생략), 미분무, 포, 이산화탄소, 할론, 할로겐 화합물 및 불활성 기체(다른 원소와 화학 반응을 일으키기 어려운 기체를 말함), 분말, 강화액, 고체 에어로졸

050 정답: 4번

INERGEN SYSTEM은 '방호 구역 내에서 인간의 안전을 염두에 두고 INERGEN 가스를 방출함으로써 산소 농도를 희석시켜 대기를 제어하며 소화하는 과정'이라고 할 수 있다. 방호 구역으로 방출된 INERGEN GAS는 그 공간 내에 산소 농도를 부피 기준으로 8~15%만큼 희석시키며 때로는 10~12%만큼 희석시킨다.

이러한 산소 농도는 포유류 특히 인명의 안전에 전혀 지장이 없으며 또한, INERGEN은 공간 내에 이산화탄소 농도를 증가시켜 이산화탄소 농도를 부피 기준으로 2.5%만큼 증가시키는데, 이러한 수준의 이산화탄소량은 사람의 호흡 속도와 인체의 산소 흡수 능력을 높여준다. 간단히 말해 인체는 공기 중의 낮은 산소 비율을 보상받기 위해 보다 빠르고 깊은 호흡을 하도록 탄산가스에 의해 자극된다.

자체적으로 유독하지 않을 뿐만 아니라 화재 상황에서도 어떤 유독한 열 부산물도 생성하지 않는 불활성 기체를 포함한 이 기체를 이산화탄소 공급과 함께 사용하면 소화와 화재 억제의 목적을 달성할 수 있음은 물론, 저산소증으로 인한 호흡 또는 여타 생리적 장애 없이도 인명을 보호한다.

051 정답: 2번

건축물 내부에 설치된 소방 시설의 내진 안전성을 확보하도록 함으로써 지진 시 화재, 폭발 등 소방 시설의 손상으로 인해 발생할 수 있는 2, 3차 재해에 대비하고, 그 피해를 최소화하기 위함이다.

이 기준의 적용 대상이 되는 건축물은 '건축법 시행령' 제32조에 따른 구조 안전 확인 대상으로, 다음과 같다.

(1) 층수가 3층 이상인 건축물
(2) 연면적 500㎡ 이상인 건축물. 다만, 창고, 축사, 작물 재배사 및 표준 설계도서에 따라 건축하는 건축물은 제외
(3) 높이가 13m 이상인 건축물
(4) 처마 높이가 9m 이상인 건축물
(5) 기둥과 기둥 사이의 거리가 10m 이상인 건축물
(6) 국토교통부령으로 정하는 지진 구역 안의 건축물
(7) 국가적 문화 유산으로 보존할 가치가 있는 건축물로서 국토부령으로 정하는 것

건축물 내부에 설치되어 있지 않으나 건축물의 소방 기능을 지원하는 설비, 예컨대 옥외의 지반면 등에 설치되는 수조와 가압 송수 장치 등의 기기도 이 기준에 따라야 한다. 다만, 이 경우에는 기기가 설치되는 지반의 지지력, 부등침하 등이 고려되어야 한다. 관련 법령에 따라 적용되는 소방 시설에 대해서는 지진 발생 동안 및 발생 후에도 정상적인 작동이 될 수 있도록 구성 요소의 안전성을 확보하여야 한다. 소방 설비는 수조, 가압 펌프, 배관, 스프링클러 등으로 하나의 계통을 이루고 있으므로, 지진 시 어느 한 요소의 파손만으로도 전체 계통의 기능을 상실할 수 있다. 그러므로 모든 구성요소는 내진에 대한 안전성을 담보할 수 있어야 한다.

052 정답: 3번

사업주는 베릴륨의 제조·사용 작업에 근로자를 종사하도록 하는 경우에 베릴륨 분진의 발산과 근로자의 오염을 방지하기 위하여 다음 각 호의 사항에 관한 작

업 수칙을 정하고 이를 해당 작업 근로자에게 알려야
한다.

(1) 용기에 베릴륨을 넣거나 꺼내는 작업

(2) 베릴륨을 담은 용기의 운반

(3) 베릴륨을 공기로 수송하는 장치의 점검

(4) 여과집진방식 집진 장치의 여과재 교환

(5) 시료 채취 및 그 작업에 사용된 용기 등의 처리

(6) 이상 사태가 발생한 경우의 응급 조치

(7) 보호구의 사용·점검·보관 및 청소

(8) 그 밖에 베릴륨 분진의 발산을 방지하기 위하여 필요한 조치

053 `정답: 1번`

배출은 각 예상 제연 구역별로 제1항 내지 제3항에 따른 배출량 이상을 배출하되, 2개 이상의 예상 제연 구역이 설치된 소방 대상물에서 배출을 각 예상 지역별로 구분하지 아니하고 공동 예상 제연 구역을 동시에 배출하고자 할 때의 배출량은 다음 각 호에 따라야 한다. 다만, 거실과 통로는 공동 예상 제연 구역으로 할 수 없다. 공동 예상 제연 구역의 특징은 다음과 같다.

- 가. 예상 제연 구역과 제연 댐퍼의 수량을 대폭 줄일 수 있다.
- 나. 예상 제연 구역 설정과 화재 시 동작 순서가 매우 단순해진다.
- 다. 벽으로 구획된 경우 배출량이 증가한다.
- 라. 제연 경계로 구획된 경우 배출량은 감소한다.
- 마. 단독 제연 시 화재가 발생한 제연 구역에서만 배기가 되나 공동제연은 화재가 발생하지 않은 장소인 경우에도 같은 공동 제연 구역인 경우 동시에 배기가 이루어진다.

또한, 거실과 통로 부분의 경우 제4조 제1항 제2호에서 거실과 통로는 상호 제연을 하도록 규정한 바와 같이 거실과 통로는 묶어서 공동 예상 제연 구역으로 할 수 없으며, 거실 부분과 통로 부분은 각각 별도의 구역으로 설정하여야 한다. 일반적으로 설계 시에는 공동 예상 제연 구역인 거실에서는 동시에 배출되도록 하고

통로에서는 항상 급기를 하여 통로의 급기가 각 공동 예상 제연 구역의 거실로 유입되도록 한다.

054 `정답: 1번`

급기가압(Pressurization) 장치는 기계적으로 밀폐실을 가압하거나 감압할 수 있는 통풍 날개가 장착된 이동식 문을 사용한다. 공기 방출 비율은 주어진 건물의 실내와 외부의 압력차에 의해 측정될 수 있고, 연기 막대기(Smoke pencil)나 그 밖의 지시계에 의해 알 수 있다. 그리고 공기 방출 비율과 압력차의 관계에서 밀폐 공간의 공기 누출 특성을 평가할 수 있다.

급기가압을 행하는 기술은 이 장치가 밀폐실을 일정 압력으로 유지할 뿐만 아니라 감압도 가능하기 때문에 '감압 기술'로 간주된다. 이 기술에 대한 그 밖의 다른 언급은 도어 팬, 블로우어 팬, 블로우어 도어, 침기/누기 밀폐 장치 등을 포함하고 있다. NFPA 12A, 하론 소화 설비에 밀폐 장치 기술이 서술되어 있기 때문에 이 용어는 방재 협회에서 많이 언급되었다.

— 참조 https://youtu.be/Xx5Dcam5ois

055 `정답: 4번`

비상 콘센트 설비는 초기 화재 경과 후 중기 화재가 되면 화재 시 화열로 인하여 상용 전원의 배선이나 전원 설비가 소손 되어 정전이 발생하거나 상용 전원의 공급이 차단될 우려가 높다. 이러한 경우 화재 현장에 출동한 소방대가 소방 대상물에서 안정적으로 전원을 공급받아 각종 소방용 장비를 사용할 수 있도록 하기 위한 소화 활동 설비의 일종이다.

일반적으로 화재 시에는 정전이나 전원 설비의 소손으로 인한 안정적인 전원 공급이 불가능한 경우가 많이 발생하게 되므로 이에 대해 별도의 전원 공급으로 내화 성능의 배선 기준을 확보한 비상 콘센트 설비가 필요한 것으로, 일정 규모 이상의 건물은 비상 콘센트용 비상 전원을 별도로 설치하여야 한다. 비상 콘센트 설비의 주요 구성은 배전반, 분전반, 보호함, 위치표시

등, 콘센트, 배선용 차단기, 배선, 비상 전원 등으로 구성되어 있다.

비상 콘센트는 국가화재안전기준에서 정하는 기준에 따라 소방 대상물의 규모, 구조 및 특성에 따라 적합하게 설치하여야 한다. 이를 위하여 내화 및 내열배선에 의한 공사방법과 콘센트의 배치기준, 배선의 용량, 콘센트의 규격 등에 따른 적정한 시공을 함으로써 화재가 발생할 경우에도 건물에서 안정적인 전원을 공급받을 수 있다.

── ⌂참조 국가화재 안전기준 해설서

055 정답: 1번

사업주는 위험 물질(이하 '위험물'이라 한다)을 제조하거나 취급하는 경우에 폭발·화재 및 누출을 방지하기 위한 적절한 방호 조치를 하지 아니하고 다음 각 호의 행위를 해서는 아니된다.

(1) 폭발성 물질, 유기과산화물을 화기나 그 밖에 점화원이 될 우려가 있는 것에 접근시키거나 가열하거나 마찰시키거나 충격을 가하는 행위

(2) 물반응성 물질, 인화성 고체를 각각 그 특성에 따라 화기나 그 밖에 점화원이 될 우려가 있는 것에 접근시키거나 발화를 촉진하는 물질 또는 물에 접촉시키거나 가열하거나 마찰시키거나 충격을 가하는 행위

(3) 산화성 액체·산화성 고체를 분해가 촉진될 우려가 있는 물질에 접촉시키거나 가열하거나 마찰시키거나 충격을 가하는 행위

(4) 인화성 액체를 화기나 그 밖에 점화원이 될 우려가 있는 것에 접근시키거나 주입 또는 가열하거나 증발시키는 행위

(5) 인화성 가스를 화기나 그 밖에 점화원이 될 우려가 있는 것에 접근시키거나 압축·가열 또는 주입하는 행위

(6) 부식성 물질 또는 급성 독성물질을 누출시키는 등으로 인체에 접촉시키는 행위

(7) 위험물을 제조하거나 취급하는 설비가 있는 장소에 인화성 가스 또는 산화성 액체 및 산화성 고체를 방치하는 행위

057 정답: 3번

이너젠(상품명)(Inergen)은 청정 소화약제(할론 대체물질)의 일종으로, Inert(불활성 가스)+nitrogen(질소)의 합성어이다. 조성은 질소 52%, 아르곤 40%, 이산화탄소 8%이다. 조성 기체 모두가 대기 중에 존재하는 것이므로 인체 및 생태환경에 무해한 소화약제다. INERGEN의 장·단점은 다음과 같다.

- 가장 친환경적인 소화약제이다.
- 인체에 안전하다. (미국 환경보호청 등 국제적 공인기관으로 거주 지역 내 사용을 승인)
- 방출 시간이 길어 원거리 방호가 가능하다.
- 소화 시 운무 현상이 없어 대피가 용이하다.
- 초기 설비비가 가장 고가이다.
- 33병 이상일 경우 고압가스안전관리법상 저장소 허가를 받아야 한다.
- 소화 가스실 면적이 커야 한다.
- 실내의 상승 압력을 배출하기 위한 압력 배출구가 필요하다.

058 정답: 4번

무창 층(Windowless Floor)이란 지상 층 중 다음 각 목의 요건을 모두 갖춘 개구부(건축물에서 채광·환기·통풍 또는 출입 등을 위하여 만든 창·출입구, 그 밖에 이와 비슷한 것을 말한다) 면적의 합계가 해당 층 바닥 면적의 1/30 이하가 되는 층을 말한다. 즉, 채광, 환기, 통풍 또는 출입 등을 위하여 만든 창이나 출입구 등이 매우 적은 곳을 의미한다.

(1) 크기는 지름 50cm 이상의 원이 내접할 수 있는 크기일 것

(2) 해당 층 바닥 면으로부터 개구부 밑부분까지의 높이가 1.2m 이내일 것

(3) 도로 또는 차량이 진입할 수 있는 빈터를 향할 것

(4) 화재 시 쉽게 피난하기 위하여 창살이나 그 밖의 장애물이 설치되지 아니할 것

(5) 내부 또는 외부에서 쉽게 부수거나 열 수 있을 것

059

축광식 피난 유도선은 유효한 휘도로 발광하여 피난 방향을 안내할 수 있도록 최소 60분 이상의 유효 발광 시간을 가져야 한다. 다중 이용 업소 영업장에 있는 통로 또는 복도에는 피난 유도선을 설치하여야 하며 설치 방향은 영업장의 중심으로부터 가까운 주출입구 또는 비상구 방향으로 피난을 유도할 수 있도록 피난 방향을 설정하여 설치하여야 한다. 축광 방식의 피난 유도선은 바닥으로부터 50㎝ 이하의 위치나 바닥면에 연속된 띠 형태로 설치하여 하며 각 표시부 간의 간격은 50㎝ 이내로 설치하여야 한다.

축광식 피난 유도선(부착대가 있는 경우 부착대를 제외)의 두께는 1.0mm 이상(금속 재질인 경우 0.5mm 이상)이어야 한다. 유도선의 크기는 짧은 변의 길이가 20㎜ 이상이어야 하고 면적은 20,000㎟ 이상이어야 한다. 피난 유도선은 벽면에 부착하는 방식과 바닥에 매립하는 방식으로 구분할 수 있으며, 설치 시에는 테이프 또는 접착제 등이 아닌 부착대 등을 사용하여 견고하게 설치하여야 한다. 축광식 피난 유도선은 외광(햇빛) 또는 조명 장치(전등)에 의하여 상시 조명이 제공되거나 비상 조명등에 의하여 조명이 제공될 수 있도록 설치한다. 다만, 상시 점등 비상 조명등이 설치되지 않은 경우에는 화재 신호 및 정전 시에 자동 점등이 될 수 있도록 설치하는 것이 합리적이다.

060

배선용 차단기(MCCB)란 당초 600V 이하의 저압에서 사용하는 퓨즈가 없는 차단기(No Fuse Breaker)로, 일반 개폐기와 달리 충전부가 노출되어 있지 않으며 과전류 발생 시 자동으로 트립(Trip)되어 전로를 보호하는 일종의 저압용 자동 개폐 장치이다. 그러나 국제규격인 IEC에서는 이를 산업용과 주택용으로 구분하는 관계로 국제기준과 부합화하기 위하여 현재는 관련 KS 기준을 개정하였다. 이로 인하여 KSC 8321은 2009.12.31. 개정되어 공식 명칭은 '주택용 배선용 차단기'(Miniature Circuit-Breaker for Overcurrent Protec-

tion for Hous ehold Uses)였으나 2011.12.29. 국제표준의 수준에 맞도록 산업용 차단기와 가정용 차단기를 분리하였고 표준 내용을 정비하여 '산업용 배선 차단기'(Molded-Case Circuit-Breaker for industrial uses(MCCB))로 변경되었다. 적용 범위는 정격 전압이 교류 1,000V 이하로 한정하였다.

이전에 우리가 흔히 알고 있던 '두꺼비집'이라고 불리던 차단기는 퓨즈와 스위치가 개방되어 있어 안전성 면에서 위험이 있었다. 여기서 퓨즈는 전류가 일정 이상 세게 흐르면 전기 부품보다 먼저 녹아 끊어져서 전류의 흐름을 차단하는 금속선을 말한다. 퓨즈와 스위치가 외부에 노출된 두꺼비집의 안전성 문제를 보완한 것이 바로 MCCB 차단기, 배선용 차단기이다. 배선용 차단기는 두꺼비집 형태와 달리 부품이 케이스 안에 들어 있어서 외부와 접촉될 가능성이 낮고 퓨즈를 사용하지 않아 더욱 안전하다. 전자 제품이 정상적으로 작동하고 있을 때 흐르는 전류량을 '정격 전류'라고 하는데, 배선용 차단기는 정격 전류가 흐를 때에는 작동하지 않고, 정격 전류가 아닌 이상 상태에서만 위험을 감지하여 전류를 차단하게 된다. 여기서 '이상 상태'란 전자 기기가 감당할 수 있는 전류 값을 초과한 과부하 상태와 전기가 공급되는 두 가닥의 선이 직접 연결되는 합선 혹은 단락 상태 등이 있다. 즉, 배선용 차단기의 역할은 이전의 두꺼비집 단점을 보완한 배선 보호 기기라고 할 수 있다.

061

'유도등 및 유도표지의 화재안전기준'에서는 통로 유도등의 조도 측정 기준은 바닥에 설치되는 매립형을 제외하고는 동일한 기준을 적용하고 있으나, '유도등의 형식승인 및 제품검사의 기술기준'(국민 안전처 고시 제2015-16호, 2015.1.1.)에서는 다음과 같이 규정하고 있다.

(1) 복도 통로용: 바닥면으로부터 높이 1m로 0.5 떨어진 위치에서 1lx 이상

(2) 거실 통로용: 바닥면으로부터 높이 2m로 0.5 떨어진 위치에서 1lx 이상

(3) 바닥 매립용: 유도등의 바로 윗부분 1m 높이에서 1lx 이상

(4) 계단 통로용: 바닥면으로부터 높이 2.5m로 수평 거리 10m에서 0.5lx 이상

062

정답: 2번

소화 설비 및 소화 활동 설비의 비상전원 용량은 최소 20분 이상으로, 이는 소화 설비 등의 유효 수량에 대한 적용 시간과 동일하게 정전 시 자체에서 비상전원을 사용하여 소방 시설을 가동할 경우 최소한 20분의 작동 시간을 요구한 것이다. 소화 설비의 유효 수량이나 비상전원 용량을 20분으로 규정한 것은 20분 정도가 경과되면 소방대가 출동한다는 개념으로 초기소화에 소요되는 시간을 기준으로 한 것이다. 그러나, 비상 콘센트 설비의 경우는 출동한 소방대가 중기 화재 이후 사용하는 설비이므로 유효 시간에 대한 재검토가 필요한 조항이다. 고층 건축물은 '고층건축물의 화재안전기준(NFSC 604)' 시행으로, 30층 이상인 건축물은 40분 이상, 50층 이상인 건축물은 60분 이상 작동할 수 있어야 한다.

063

정답: 4번

항공 기반 시설(공항, 기상 서비스, 항로 항행 시설, 항공 교육 시설)에 대한 관리적, 물리적 그리고 인적 측면과 기술 지원 환경 및 인프라 측면에서 발생하는 보안 사고의 대응을 위한 보안 관리 체계는 수립 단계에서부터 착수하여 분석이 진행됨에 따라 세부적인 평가가 수행되어야 하며, 시설 변경이 발생하는 경우, 변경된 시설에 대한 재평가가 실시되어야 한다.

또한, 항공기 운용 과정에서 발생 가능한 각종 사고에 대한 사전 예방 및 정비를 위해서도 체계적인 보안성 평가가 필수적이다. 국내의 항공 보안 관리 체계 (SeMS)의 관리 대상은 다음과 같다.

(1) 승객 및 휴대폰 검색 업무

(2) 위탁 수화물 검색 업무

(3) 접근 통제 업무

(4) 화물 검색 업무

(5) 비상 관리 업무

064

정답: 3번

다중 이용 업소 영업장에 있는 통로 또는 복도에는 광원 점등 방식의 피난 유도선을 설치하여야 하며 설치 방향은 영업장의 중심으로부터 가까운 주출입구 또는 비상구 방향으로 피난을 유도할 수 있도록 피난 방향을 설정하여 설치하여야 한다.

(1) 다중 이용 업소의 안전 관리에 관한 특별법 시행령 제2조 제1호 나목에 따른 단란주점영업과 유흥주점영업의 영업장

(2) 다중 이용 업소의 안전 관리에 관한 특별법 시행령 제2조 제2호에 따른 영화상영관, 비디오물감상실업 및 복합영상물제공업의 영업장

(3) 다중 이용 업소의 안전관 리에 관한 특별법 시행령 제2조 제6호에 따른 노래연습장업의 영업장

(4) 산후조리업의 영업장

(5) 고시원업의 영업장

065

정답: 1번

적절한 통제 및 거버넌스 감독이 마련되어 있는지 판단하기 위해 비즈니스 목적의 이해, 문서화 및 측정은 기업이 적절한 거버넌스를 갖고 법적, 규제 및 비즈니스 요구 사항을 충족하는지 확인하기 위한 세 가지 중요한 단계이다.

(1) 비즈니스 목적 이해: 실무선에는 조직의 비즈니스 목표, 기존 정책, 법적 및 규제적 책임을 잘 이해하고 검토할 수 있어야 한다. 만약 실무선에서 이해가 잘 안 되고 있다고 판단이 든다면 시스템이 현재 작동하는 방식과 개선할 수 있는 부분에 대해 주기적으로 교육을 수행하고 모니터링 하여야 한다.

(2) 적절한 문서화 및 현실적인 시나리오 수립

- 기업은 비즈니스 목표 및 정책에 부합하는 절차를 수립해서 문서화를 해야 한다.

- 기업은 이러한 절차를 사용하고 미세 조정하여 현실적인 시나리오를 수립해야 한다.

(3) 현실적인 지표 및 테스트: 기업의 비즈니스 목표와 규정 요구 사항에 따라 조직에서 추적하는 메트릭이 결정되어야 한다. 또한, 특정 행동을 측정하여 관리하려는 것이 무엇인지 자문해야 한다. 궁극적으로 메트릭을 사용하여 작동하는 컨트롤과 조사해야 하는 컨트롤을 식별해야 한다. 기업 통제의 효율성을 측정하고 테스트하는 데는 현장 점검, 발표 및 미고지 테스트, 탁상용 및 현실적인 연습을 모두 사용해야 한다.

066

이산화탄소소화설비의 화재안전기준(NFSC 106), 제4조(소화약제의 저장용기 등)

① 이산화탄소 소화약제의 저장용기는 다음 각 호의 기준에 적합한 장소에 설치하여야 한다. <개정 2012. 8. 20.>

1. 방호구역외의 장소에 설치할 것. 다만, 방호구역내에 설치할 경우에는 피난 및 조작이 용이하도록 피난구부근에 설치하여야 한다.

2. 온도가 40℃ 이하이고, 온도변화가 적은 곳에 설치할 것

3. 직사광선 및 빗물이 침투할 우려가 없는 곳에 설치할 것

4. 방화문으로 구획된 실에 설치할 것

5. 용기의 설치장소에는 해당 용기가 설치된 곳임을 표시하는 표지를 할 것 <개정 2012. 8. 20.>

6. 용기간의 간격은 점검에 지장이 없도록 3㎝ 이상의 간격을 유지할 것

7. 저장용기와 집합관을 연결하는 연결배관에는 체크밸브를 설치할 것. 다만, 저장용기가 하나의 방호구역만을 담당하는 경우에는 그러하지 아니하다.

② 이산화탄소 소화약제의 저장용기는 다음 각 호의 기준에 따라 설치하여야 한다. <개정 2012. 8. 20.>

1. 저장용기의 충전비는 고압식은 1.5 이상 1.9 이하, 저압식은 1.1 이상 1.4 이하로 할 것 <개정 2012. 8. 20.>

2. 저압식 저장용기에는 내압시험압력의 0.64배부터 0.8배의 압력에서 작동하는 안전밸브와 내압시험압력의 0.8배부터 내압시험압력에서 작동하는 봉판을 설치할 것 <개정 2012. 8. 20.>

3. 저압식 저장용기에는 액면계 및 압력계와 2.3 MPa 이상 1.9 MPa 이하의 압력에서 작동하는 압력경보장치를 설치할 것

4. 저압식 저장용기에는 용기내부의 온도가 섭씨 영하 18℃ 이하에서 2.1 MPa의 압력을 유지할 수 있는 자동냉동장치를 설치할 것

5. 저장용기는 고압식은 25 MPa 이상, 저압식은 3.5 MPa 이상의 내압시험압력에 합격한 것으로 할 것

③ 이산화탄소 소화약제 저장용기의 개방밸브는 전기식·가스압력식 또는 기계식에 따라 자동으로 개방되고 수동으로도 개방되는 것으로서 안전장치가 부착된 것으로 하여야 한다.

④ 이산화탄소 소화약제 저장용기와 선택밸브 또는 개폐밸브 사이에는 내압시험압력 0.8배에서 작동하는 안전장치를 설치하여야 한다.

067

이산화탄소는 화재 시 발생하는 연소 생성물 중에서 가장 많은 양을 차지한다. 가스 그 자체의 독성은 거의 없으나 다량이 존재할 경우 사람의 호흡 속도를 증가시키고, 이로 인하여 화재 가스에 혼합된 유해 가스의 혼입이 증가해 위험을 가중시킨다. 공기 중에서 8%가 유출되면 호흡이 곤란해지고 20%이상 유출되면 즉시 사망에 이를 정도로 위험성이 높다. 실제 소방청 자료에 의하면 지난 2000~2018년까지 이산화탄소 소화 설비의 오작동으로 인한 사상사고는 총 11건이 있었으며, 이로 인해 8명이 사망하고 68명이 부상당했다. 다음은 이산화탄소 농도에 따라 발생하는 신체 증상이다.

- 2%: 불쾌감이 있다.
- 3%: 호흡수가 늘어나며 호흡이 깊어진다.
- 4%: 눈, 목의 점막에 자극이 있다. 두통, 귀울림, 어지러움, 혈압 상승이 일어난다.

- 8%: 호흡이 곤란하다.
- 9%: 구토를 하며 실신한다.
- 10%: 시력 장애, 몸이 떨리며 1분 이내에 의식을 잃으며 그대로 방치하면 사망한다.
- 20%: 중추신경이 마비되며 사망한다.

068

정답: 1번

나노 입자의 노출 예방 대책은 다음과 같다.

(1) 엔지니어링 제어 방법: 나노 물질 취급 설비의 밀폐로 근로자를 차단하고 효율의 국소 배기 장치의 HEPA(High Efficiency Particular Air) 필터는 나노 입자를 제거하는 데 효과적인 것으로 판명된 바 있다.

(2) 호흡 보호구: 호흡 보호구는 엔지니어링 제어 등이 나노 입자를 근로자에 노출되지 못하게 할 수 없을 경우에만 고려 대상이며, 호흡 보호구의 사용 결정은 기술적 판단이 요구된다(위험성 평가 등 필요).

(3) 교육 및 훈련: 작업자는 나노 입자의 노출을 줄이기 위하여 어떻게 취급해야 하고 개인 보호구, 작업복, 오염된 표면의 제거 나노 입자가 누출될 경우의 폐기 방법에 대하여 교육이 필요하다. 나노 입자의 노출 경로는 호흡, 흡입 및 피부로서 근로자의 작업과 관련된 노출은 개방된 설비에서 ① 분말(powder) 형태의 나노 입자의 취급으로 인한 호흡, ② 나노 입자의 용액 또는 혼탁액 등의 에어졸 등을 호흡과 흡입, ③ 적절한 조치없이 나노 입자의 청소나 폐기로 인한 노출, ④ 나노 입자가 함유된 물질의 절삭, 연마, 드릴 등 기계 가공에 의한 나노 입자의 에어졸화에 의한 노출 등이 있다.

종래의 물질 샘플 방법으로 공기 중 나노 입자를 측정이 가능하나 한계가 있으므로 과학자들은 작업장에서의 나노 입자의 노출 평가를 위한 보다 정밀하고 특별한 샘플 측정 방법을 개발 중에 있다.

069

정답: 3번

제56조(건축물의 내화구조)

① 법 제50조 제1항에 따라 다음 각 호의 어느 하나에 해당하는 건축물(제5호에 해당하는 건축물로서 2층 이하 인 건축물은 지하층 부분만 해당한다)의 주요

구조부와 지붕은 내화구조로 하여야 한다. 다만, 연면적이 50제곱미터 이하인 단층의 부속건축물로서 외벽 및 처마 밑면을 방화구조로 한 것과 무대의 바닥은 그러하지 아니하다. <2019. 10. 22.>

1. 제2종 근린생활시설 중 공연장·종교집회장(해당 용도로 쓰는 바닥 면적의 합계가 각각 300제곱미터 이상인 경우만 해당한다), 문화 및 집회시설(전시장 및 동·식물원은 제외한다), 종교시설, 위락시설 중 주점영업 및 장례식장의 용도로 쓰는 건축물로서 관람실 또는 집회실의 바닥면적의 합계가 200제곱미터(옥외관람석의 경우에는 1천 제곱미터) 이상인 건축물

2. 문화 및 집회시설 중 전시장 또는 동·식물원, 판매시설, 운수시설, 교육연구시설에 설치하는 체육관·강당, 수련시설, 운동시설 중 체육관·운동장, 위락시설(주점영업의 용도로 쓰는 것은 제외한다), 창고 시설, 위험물저장 및 처리시설, 자동차 관련 시설, 방송통신시설 중 방송국·전신전화국·촬영소, 묘지 관련 시설 중 화장장 또는 관광휴게시설의 용도로 쓰는 건축물로서 그 용도로 쓰는 바닥면적의 합계가 500제곱미터 이상인 건축물

3. 공장의 용도로 쓰는 건축물로서 그 용도로 쓰는 바닥면적의 합계가 2천 제곱미터 이상인 건축물. 다만, 화재의 위험이 적은 공장으로서 국토교통부령으로 정하는 공장은 제외한다.

4. 건축물의 2층이 단독주택 중 다중주택 및 다가구주택, 공동주택, 제1종 근린생활시설(의료의 용도로 쓰는 시설만 해당한다), 제2종 근린생활시설 중 고시원, 의료시설, 노유자시설 중 아동 관련 시설 및 노인복지시설, 수련시설 중 유스호스텔, 업무시설 중 오피스텔, 숙박 시설 또는 장례식장의 용도로 쓰는 건축물로서 그 용도로 쓰는 바닥면적의 합계가 400제곱미터 이상인 건축물

5. 3층 이상인 건축물 및 지하층이 있는 건축물. 다만, 단독주택(다중주택 및 다가구주택은 제외한다), 동물 및 식물 관련 시설, 발전시설(발전소의 부속용도로 쓰는 시설은 제외한다), 교도소·감화원 또는 묘지 관련 시설(화장시설 및 동물화장시설은 제외한다)의 용도로 쓰는 건축물과 철강관련 업종의 공장 중 제어실로 사용하기 위하여 연면적 50제곱미터 이하로 증축하는 부분은 제외한다.

② 법 제50조 제1항 단서에 따라 막 구조의 건축물은 주요 구조부에만 내화구조로 할 수 있다.

070

정답: 1번

화재 시 연기는 주위 온도보다 높기 때문에 밀도차에 의해 부력(Buoyancy Force)이 발생하여 위로 상승한다. 특히, 고층 건물의 기계실, 엘리베이터실과 같은 수직공간 내의 온도와 밖의 온도가 서로 차이가 있을 경우 부력에 의한 압력차가 발생하여 연기가 수직 공간을 상승하거나 하강하는데 이와 같은 현상을 연돌 효과 또는 굴뚝 효과라고 한다. 화재 시에 고층 빌딩에서 연기가 이동하는 중요 요소는 다음과 같다.

- 온도 상승에 의한 공기의 팽창
- 연돌 효과
- 외부에서의 풍력의 영향
- 건물 내 기류의 강제 이동 등
- 정상 상태 하에서 건물 내의 자연 기류의 이동은 대부분 Stack Effect로 일어난다.

방지 대책은 다음과 같다.

- 층간 방화 구획으로 각층을 분리한다.
- 계단실, 엘리베이터실, 전실, 개구부 등은 갑종 방화문 및 방화 셔터로 구획하고 층간 개구부 등은 불연 재료로 틈새를 없애고 방연, 방화 댐퍼 등으로 수직 상승 기류를 차단한다.
- 계단실 부속실 가압 등으로 계단실 내의 연기의 유입을 방지한다.
- 수평적 화재의 확대 방지를 위해 SP 설치로 화재의 크기를 국한시키고, 방화 구역을 설치하여 타 방화 구역으로의 화재 이동을 억제한다.

071

정답: 2번

미세 물분무 시스템(Watermist)은 다목적이며 매우 효율적인 소방 매체이다. Watermist가 전통적인 수성 기반 시스템과 다른 점은 감소된 액적 크기이다. 물방울이 기화하면 대략적으로 약 1,600배 팽창한다. 열흡수는 부피가 아니라 표면적의 함수이기 때문에 작은 물방울은 더 많은 표면적을 의미하므로 이는 더 빠른 열 흡수가 가능하다. Watermist는 미세한 분무 미스트로 물을 전달하는 독특한 능력을 가지고 있다.

이 안개는 빠르게 증기로 전환되어 불을 질식시키고 더 이상의 산소가 화염에 도달하는 것을 방지한다. 동시에 증발은 연소 가스의 상당한 냉각 효과를 생성하고 복사열의 전달을 차단한다. 이러한 방식으로 Watermist는 기존의 수성 대홍수 또는 스프링클러 시스템과 기체 화재 진압 시스템의 화재 진압 특성을 결합한다. 그러나 더 작은 물방울이 반드시 더 나은 성능을 의미하는 것은 아니다. 액적은 빠르게 냉각되고 화재 산소를 거부하기 위해 팽창하는 화재 위치에 도달하는 데 필요한 추진력이 있어야 한다.

— 출처 http://safetyline.co.kr/

072

정답: 4번

충무 훈련은 전시 상황에 맞는 훈련을 통하여 신속하고 체계적인 병력 동원 태세 등을 확립하고 병력 동원 대응 능력을 배양함으로써 비상 사태 시 국가의 안전 보장, 국민의 생명과 재산을 보호하기 위해 실시하고 있다.

충무 훈련은 매년 상·하반기에 시·도별 3년 주기로 실시되는 지역 단위의 비상 대비 종합 훈련으로, 민·관·군의 노력 결집을 통한 총력 안보 태세 확립에 그 목적을 두고 있다. 훈련 기간 중 비상 대비 계획 점검 및 상황 조치 연습, 그리고 국방 동원 자원(기술 인력·차량·건설 기계·정보 통신)의 실제 동원 훈련과 국가기반 시설에 대한 피해 복구 훈련 등이 실시된다. 국방부는 해당 지역 육·해·공군 33개 부대를 대상으로 국방 동원 자원에 대한 인도 및 인수 훈련을 실시하고, 자체 계획에 따라 불시 병력 동원 소집 훈련과 정보 통신 실제 가설 훈련도 실시한다.

(1) 군사 작전 지원을 위한 주요 자원을 동원하는 훈련이다. 비상 사태 발생 시 군사 작전 지원을 위해 지정된 기술 인력(의사, 간호사, 기술자 등)과 차량, 건 설기계, 선박, 통신 회선 등을 실제 동원하여 임무와 역량을 점검한다.

(2) 국가의 주요 기간 시설을 긴급 복구하는 훈련이다. 공항, 항만, 철도, 교량, 전력, 가스, 통신, 상수도 등의 기능 마비 시 신속히 복구하는 훈련이다.

(3) 전·평시 발생 가능한 복합 재난 대비 훈련이다. 대형 건물 붕괴, 지하철 독가스 테러, 공공 시설 및 해상 테러, 대 형화재 등 다양한 위협으로부터 국민의 안전을 책임질 수 있도록 훈련한다.

(4) 국민 생활 안정을 도모하는 훈련이다. 비상 사태 발생 시 극도의 혼란과 범죄, 생필품 사재기 등 상거래의 무질서를 최소화하기 위하여 민심 안정 홍보, 생필품·양곡·유류 배급 및 전재민의 수용(구호) 등을 통해 국민 생활을 안정시키기 위한 훈련이다.

073

정답: 3번

FIMS는 저고도 영공에서 안전하고 규정을 준수하는 무인 항공기 운영을 지원하기 위해 개방형 인터페이스를 통해 스카이가이드 항공 교통 관리 시스템을 U-Space Service Providers(USSP)에 연결하는 항공 데이터 교환 허브이다. U-space의 일부인 FIMS는 스카이가이드의 ATM 시스템에서 USSP 네트워크를 통해 무인 항공기 운영자에게 영공 정보, 지시 및 실시간 트래픽을 배포하는 클라우드 기반 상호 운용 가능한 플랫폼이다. 참여하는 USSP는 개방형 인터페이스를 사용하여 FIMS에 연결하여 드론 운영자가 규제 및 운영 요구 사항을 충족하도록 지원하는 서비스를 제공한다.

074

정답: 1번

'지능형 교통 시스템(Intelligent Transportation Systems, ITS)'은 교통 수단 및 교통 시설에 전자·제어 및 통신 등 첨단 기술을 접목해 교통 정보 및 서비스를 제공하고 이를 활용함으로써 교통 체계의 운영 및 관리를 자동화해 교통의 효율성과 안전성을 향상시키는 교통 체계를 뜻한다. 버스 정류장의 버스 도착 안내 시스템, 교차로에서 교통량에 따라 자동으로 차량 신호가 바뀌는 시스템, 내비게이션의 실시간 교통 정보, 하이패스 등이 ITS 서비스이다.

ITS 국가교통정보센터는 ITS 서비스 분야를 교통 관리, 대중교통, 전자 지불, 교통 정보 유통, 여행 정보 제공, 지능형 차량·도로, 화물 운송 7개 분야로 나누어 개발하고 있다. ITS 이용으로, 물류비, 시설 유지 관리, 에너지 등을 절감하여 경제력이 강화되고, 교통 혼잡과 사고를 예방하는 등 교통 안전을 개선시키고 있다. ITS는 가속화되고 있는 정보화 사회에 맞는 신속, 안전, 쾌적한 차세대 교통 체계를 구현하는 데 목적을 두고 있다.

ITS 서비스는 크게 다음과 같이 분류된다.

- ATMS: 도로상에 차량 특성, 속도 등의 교통 정보를 감지할 수 있는 시스템을 설치하여 교통 상황을 실시간으로 분석하고, 이를 토대로 도로 교통의 관리와 최적 신호 체계의 구현을 꾀하는 동시에 여행시간 측정과 교통사고 파악, 과적 단속 등의 업무 자동화를 구현한다. 예로 요금 자동 징수 시스템과 자동 단속 시스템이 있다.

- ATIS: 교통 여건, 도로 상황, 출발지에서 목적지까지의 최단 경로, 소요 시간, 주차장 상황 등 각종 교통 정보를 FM 라디오방송, 차량 내 단말기 등을 통해 운전자에게 신속, 정확하게 제공함으로써 안전하고 원활한 최적 교통을 지원한다. 예로 운전자 정보 시스템, 최적 경로 안내 시스템, 여행 서비스 정보 시스템 등을 들 수 있다.

- APTS: 대중교통 운영체계의 정보화를 바탕으로 시민들에게는 대중교통 수단의 운행 스케줄, 차량 위치 등의 정보를 제공하여 이용자 편익을 극대화하고, 대중교통 운송 회사 및 행정 부서에는 차량관리, 배차 및 모니터링 등을 위한 정보를 제공함으로써 업무의 효율성을 극대화한다. 예로 대중교통 정보 시스템, 대중교통 관리 시스템 등을 들 수 있다.

- CVO: 컴퓨터를 통해 각 차량의 위치, 운행 상태, 차내 상황 등을 관제실에서 파악하고 실시간으로 최적 운행을 지시함으로써 물류비용을 절감하고, 통행료 자동 징수, 위험물 적재 차량 관리 등을 통행 물류의 합

리화와 안전성 제고를 도모한다. 예로 전자 통관 시스템, 화물차량 관리 시스템 등이 있다.

- AVHS: 차량에 교통 상황, 장애물 인식 등의 고성능 센서와 자동 제어 장치를 부착하여 운전을 자동화하며, 도로상에 지능형 통신 시설을 설치하여 일정 간격 주행으로 교통사고를 예방하고 도로 소통 능력을 증대시킨다.

075
정답: 2번

사람들이 사진을 시작할 때 가장 먼저 알아차리는 것 중 하나는 창을 통해 사진을 찍는 것이 얼마나 어려운가 하는 점이다. 편광 필터는 편광 효과의 이점을 제공한다. 편광 효과는 샷의 피사체를 흐리게 하는 원치 않는 빛의 줄무늬를 모두 줄이는 기능이 있다. 물 표면에 반사된 빛에 대해서도 동일한 작업을 수행할 수 있다. 사진 작가는 또한, 유리 건물을 통해 사진을 찍을 때 원형 편광 렌즈 필터를 편리하게 사용할 수 있다. 이는 샷에 침투하는 산만한 빛 줄무늬와 눈부심을 제거할 수 있기 때문이다. 차량이나 건물과 같이 칠해진 표면의 사진도 빛과 반사를 만들어 내고 CPL 필터를 사용하면 이점을 얻을 수 있다.

또한, CPL 필터는 반사된 표면의 눈부심을 줄여 보다 선명한 이미지를 생성한다. 그러나 태양 광선과 습기가 결합할 때 눈부심으로 인해 발생하는 무지개 사진을 찍는 경우 눈부심 수준을 높이기 위해 필터를 돌리면 실제로 무지개의 색상과 선명도를 높일 수 있다.

원형 편광 렌즈 필터의 가장 일반적인 용도 중 하나는 비금속 표면의 반사를 줄이는 것이다. 모든 야외 사진 작가는 특히 매우 밝거나 화창할 때 반사의 자극에 너무 익숙할 것이다. 이러한 반사는 사진의 주제에서 쉽게 주의를 분산시킬 수 있다. 카메라 렌즈에 CPL 필터를 부착하면 성가신 반사를 터치에 적용하는 데 도움이 된다. 특히, 물이나 젖은 표면을 촬영하면 필터가 산란광을 줄이고 수면에서 하늘이나 기타 물체의 반사를 차단한다. 이렇게 하면 물 아래의 표면을 포함하여 물의 세부 사항이 눈에 띄게 된다.

076
정답: 4번

노벡(NOVEC) 소화약제는 할론 소화약제를 대체하는 차세대 소화약제 중 하나로 뛰어난 소화 성능과 친환경성, 인체 안전성으로 세계적으로도 대표적인 소화약제로 선정되었다. 3M사가 최초 개발한 이 소화약제는 뛰어난 절연력을 지녔으며, 문서 훼손 등의 피해를 예방할 수 있다. 이 때문에 국내에서 '젖지 않는 물'로 더 잘 알려져 있다. 액체로 저장되지만 방출 시에는 가스로 기화하는 특성을 보이며 증발열이 물보다 25배 적고 증기압은 물의 12배에 달해 물보다 50배나 빠르게 기화한다. 이러한 특성은 소화 시스템에 적용 시 화재열을 급격히 떨어뜨려 화재를 진압하고 대상물에는 잔유물을 남기지 않는다. 이 때문에 고가 장비나 전산실, 전기실, 통신실, 데이터 저장실 등에서 주로 사용되고 있다. NOVEC-1230의 장·단점은 다음과 같다.

- 소화 성능이 우수하다.
- 모든 대상물에 적용이 가능하다.
- 다양한 적용성을 가지고 있다. (전영 방출, 국소 방출, 소화기)
- 고압 가스 저장 능력 산정 대상에서 제외된다.
- 타 청정소화약제에 비해 고가이다.

—— 참조 https://youtu.be/aHzErSacOLY

077
정답: 1번

제11조(분사헤드 설치제외) 이산화탄소소화설비의 분사헤드는 다음 각 호의 장소에 설치하여서는 아니 된다. <개정 2012. 8. 20.>

1. 방재실·제어실 등 사람이 상시 근무하는 장소

2. 니트로셀룰로스·셀룰로이드 제품 등 자기연소성 물질을 저장·취급하는 장소

3. 나트륨·칼륨·칼슘 등 활성금속 물질을 저장·취급하는 장소

4. 전시장 등의 관람을 위하여 다수인이 출입·통행하는 통로 및 전시실 등

078

계단에서의 급기가압(Stairwell Pressurization)은 다음과 같은 여러 용도로 사용된다.

- 연기가 계단통, 대피 장소, 승강로 또는 이와 비슷한 장소로 이동하는 것을 방지한다.
- 대피에 필요한 시간 동안 피난처 및 대피 수단에서 안정적인 환경을 유지한다.
- 소방대원을 위한 건물의 가시성을 개선하여 화재 및 구조 작업을 용이하게 한다.
- 생명을 보호하고 재산 피해를 줄인다.

선택지 2는 방화문을 설명한 것으로 방화구획을 구성하는 벽체에 설치하는 개구부의 출입문으로 화재의 확산을 방지하는 성능을 가지는 것으로서 시험기준을 만족한 문을 말한다.

079

정답: 1번

전동기 또는 내연기관을 갖고 실내 바닥면에 설치되는 가압 송수 장치들은 운전 시 진동을 발생시키게 되므로 일반적으로 장치의 하부에 스프링 또는 스프링과 댐퍼로 구성된 면진 장치를 설치하게 된다. 그러나 이러한 스프링 요소 등은 지진 시 상부에 설치된 장치들의 응답을 증폭시키고 경우에 따라 설치 위치를 이탈할 수도 있다. 그러므로 상기와 같은 가압 송수 장치의 지진에 의한 과도한 응답 발생을 방지하기 위하여 내진 스토퍼를 설치한다.

내진 스토퍼는 목적에 따라 이동 방지형, 이동 및 전도 방지형 등으로 구분할 수 있다. 내진 스토퍼의 설계 반영 시 설치 개수 및 위치 선정 등은 내진 보호 대상물의 구조와 내진 스토퍼 제조사의 사양에 따라야 한다. 내진 스토퍼는 바닥면에 설치되는 베이스판, 베이스판으로부터 직각으로 꺾여 상향 연장된 형태의 수직판, 및 베드의 어느 하나의 측면과 수직판 사이에 삽입되는 완충부를 포함하고, 완충부의 수평 완충부는 라운드진 헤드 말단을 갖는 수평 볼트가 수평 방향으로 탄성이동하고 수직 완충부는 라운드진 헤드 말단을 갖는 수직볼트가 수직 방향으로 탄성 이동함으로

써 2차원 면진 기능을 제공할 수 있고, 각 수평 볼트와 각 수직 볼트의 헤드 말단의 라운드진 형태에 의해 베드의 측면 상에서 슬라이딩 이동하게 됨에 따라 2차원 면진 효과를 대폭 향상시킬 수 있다.

유수 검지 장치라 함은 습식 유수 검지 장치, 건식 유수 검지 장치, 준비 작동식 유수 검지 장치를 말하며, 본체 내의 유수 현상을 자동으로 검지하여 신호 또는 경보를 발하는 장치를 말한다.

080

정답: 2번

무창 층 내 설치해야 할 소방 시설의 종류는 다음과 같다.

- 무창 층 바닥 면적 600㎡ 이상인 모든 층: 옥내 소화전 설비
- 무창 층이 있는 근린생활시설, 판매시설, 운수시설, 의료시설, 노유자 시설, 업무시설, 숙박시설, 위락시설, 공장, 창고시설, 항공기 및 자동차 관련 시설, 교정 및 군사시설 중 국방·군사시설, 방송통신시설, 발전시설, 장례시설 또는 복합건축물: 옥내소화전설비
- 무창 층 바닥 면적 1,000㎡ 이상: 스프링클러 설비, 제연 설비
- 무창 층 바닥 면적 450㎡ 이상: 비상 조명등
- 무창 층인 경우 면적에 상관없이: 다중이용업소 간이 스프링클러 설비

081

정답: 2번

거실 통로 유도등은 다음 각 목의 기준에 따라 설치할 것

(1) 거실의 통로에 설치할 것. 다만, 거실의 통로가 벽체 등으로 구획된 경우에는 복도 통로 유도등을 설치하여야 한다.

(2) 구부러진 모퉁이 및 보행 거리 20m마다 설치하여야 한다.

(3) 바닥으로부터 높이 1.5m 이상의 위치에 설치할 것. 다만, 거실 통로에 기둥이 설치된 경우에는 기둥 부분의 바닥으로부터 높이 1.5m 이하의 위치에 설치할 수 있다.

거실의 통로가 벽체 등으로 구획된 경우에 한하여 1m 이하의 높이에 복도 통로 유도등의 설치가 가능하나, 구획된 벽체가 아닌 거실 통로상의 기둥에 유도등을 설치하는 경우에는 1.5m 이하의 위치에 거실 통로 유도등을 설치하여야 한다. 이는 화재 시 연기(농연)는 부력 등에 의해서 천장에서부터 바닥으로 하강하게 되고, 피난 시 대부분은 몸이 바닥을 향해 숙이고 이동하게 된다. 이에 따라 피난구의 방향을 명시하는 통로 유도등은 천장보다는 바닥에 설치하는 것이 합리적이므로 거실 통로 유도등보다 복도 통로 유도등이 화재 시 더 유효하게 피난을 유도할 수 있기에 벽체 등이 있으면 복도 통로 유도등을 개방된 공간에 기둥이 있는 곳에서는 기둥에, 기둥마저 없는 경우에 천장에 설치하도록 한 것이다.

다만, 복도 통로 유도등은 바닥으로 1m 이하의 위치에 설치하므로 주차장은 차량으로 인해서, 공장은 생산 장비 및 생산품 등에 의해서 복도 통로 유도등이 가려져서 제 역할을 할 수 없는 경우에는 거실 통로 유도등을 천장면에 설치해서 피난을 유도하는 것이 바람직하다. 거실, 주차장 등 개방된 장소의 통로가 구부러진 모퉁이 등을 형성하고 있는 경우에는 보행 거리가 20m 이하일 경우에도 피난 방향을 명확히 하기 위해서 기둥 부분보다는 거실 통로 상부에 유도등을 설치하는 것이 합리적이다.

082 정답: 3번

통로 유도등은 각 거실과 그로부터 지상에 이르는 피난 통로가 되는 복도 또는 계단의 통로에 설치되는 전등을 말한다. 통로 유도등이란 피난 통로를 안내하기 위한 유도등으로 복도 통로 유도등, 거실 통로 유도등, 계단 통로 유도등을 말한다.

083 정답: 1번

2014년 원자력 발전을 통한 전력 생산량이 약 40%의 비율을 차지하고 있으며 원자력 발전의 경우, 임의로 전력 생산량을 조절 못하는 구조로 일정 시간 동안 정지 후 재가동이 매우 어려워 전력 생산은 항상 일정한 용량이상을 발전해야 하는 상황이다. 이러한 상황에서 일반적으로 주간에 비해 야간에는 소모 전력이 적어 이를 활용하고자 과잉 생산된 전력을 저장했다가 전력 부족이 발생하면 송전해주기 위한 장치로 전기 저장 장치가 개발되었다. 또한, 환경보호와 천연자원 고갈문제의 해결을 위해 최근 이슈화되는 신재생 에너지는 환경에 따라 발전량이 달라져서 출력이 불안정할 수밖에 없는 구조이다.

신재생 에너지의 경우 전기 저장 장치를 이용할 경우 전기 저장 장치 내의 전기 축적을 통해 출력하게 되어 출력을 안정화시킬 수 있는 장점을 가지게 된다. 또한, 정전 및 화재로 인한 상용 전원 차단 시에도 전기 저장 장치를 통한 전기 공급이 가능하므로 2016. 7. 25. 화재안전기준 개정을 통해 전기 저장 장치를 비상 전원으로 인정하였다. 전기 저장 장치의 전기 저장 방식으로는 리튬 이온 전지(LIB), 나트륨황 전지(NaS), 레독스흐름 전지(RFB), 압축 공기 저장 시스템(CAFS) 등이 있다.

니켈 수소 배터리는 이전 세대의 하이브리드 또는 전기 자동차의 배터리로 많이 활용되었으며, 시중에서는 AA 사이즈의 충전식 건전지로 많이 활용되고 있다. 또한, 니켈 수소 배터리는 단위 부피당 용량이 커, 스마트폰, 태블릿, 노트북 등에 적용되어 널리 활용되고 있다. 니켈 수소 배터리는 1990년경부터는 디지털 카메라, 개인용 전동 공구 등에서 활용되기 시작하여, 1990년 후반에는 자동차 시장에 적용되기 시작하였다. 2020년부터 전기차 및 플러그인 하이브리드 전기 차량은 거의 리튬 배터리로 대체되었다.

084 정답: 4번

산업안전보건법 제164조 제1항 제3호에서 '안전조치 및 보건조치에 관한 사항으로서 고용노동부령으로 정하는 사항'이란 근로자가 특별 관리 물질을 취급하는 경우에는 다음 각 호의 사항을 말한다.

(1) 근로자의 이름

(2) 특별 관리 물질의 명칭

(3) 취급량

(4) 작업 내용

(5) 작업 시 착용한 보호구

(6) 누출, 오염, 흡입 등의 사고가 발생한 경우 피해 내용 및 조치 사항

사업주는 근로자가 특별 관리 물질을 취급하는 경우에는 그 물질이 특별 관리 물질이라는 사실과 '산업안전보건법 시행규칙'에 의거하여 발암성 물질, 생식세포 변이원성 물질 또는 생식독성 물질 등 중 어느 것에 해당하는지에 관한 내용을 게시판 등을 통하여 근로자에게 알려야 한다. [전문개정 2012.3.5.]

085
정답: 4번

배선용 차단기는 트립(Trip)이라는 원리를 이용하여 기기를 보호한다. 트립이란 선로에 이상이 발생했을 경우 전기의 흐름을 차단하여 기기를 보호하는 기능이다. 이 트립은 방식에 따라 완전 전자식, 열동 전자식, 전자식이 있다.

(1) 완전 전자식: 이 방식은 ODP(Oil Dash Pot)를 이용한다. ODP는 실리콘 오일이 들어있는 작고 길쭉한 모양이며, 차단기의 심장이라고 불릴 정도로 중요한 역할을 한다. 기준치 이상의 전류가 흐르면 ODP안의 철심이 이동하게 되어 아마츄어(Armature)라는 소자를 당겨서 전류를 차단한다. 차단기 제조 시 오일의 점도 변화를 통해 차단 시간을 변경할 수 있다는 장점이 있다.

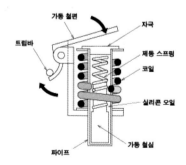

(2) 열동 전자식: 지구에 있는 모든 금속들은 온도 변화에

따라 팽창 및 수축하는 정도가 각각 다르다. 이 팽창률을 이용하여 서로 다른 두 종류의 금속판을 맞대어 놓은 것이 바이메탈(Bimetal)이다. 그리고 바이메탈을 사용하여 만든 차단기가 열동 전자식 차단기이다. 과전류 상태가 되면 바이메탈이 가열되어 구부러지면서 차단기가 작동하게 된다.

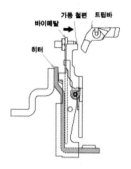

(3) 전자식: 차단기 내부에 전류량을 검출할 수 있는 CT(Current Transformer)라는 센서를 장착하여 전자 회로를 통해 과전류 여부를 검출하고 차단한다. 앞에서 언급한 완전 전자식, 열동 전자식에 비해 트립 동작이 간단하고 정격 전류 등의 조정이 용이한 장점을 갖고 있다.

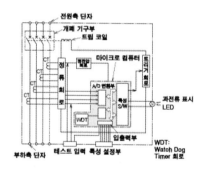

── 🔗 이미지 출처   미쓰비시전기
── 🏠 출처   http://e-daco.net/

086
정답: 4번

정전 시에는 즉시 비상 전원이 작동되므로 이를 확인 및 감시하기 위하여 비상 전원을 설치한 장소는 비상 조명등이 설치되어야 한다. 정전이 될 경우 축전지에 의한 조명등은 즉시 점등이 가능하나, 발전 설비의 경우는 축전지와 달리 발전기용 디젤 엔진이 기동하여 정격 회전수에 도달하여야 정격 사이클과 정격 전압이

발생하게 된다. 따라서 발전실의 경우는 정전 후 발전기에 의한 전원 공급으로 전등이 점등까지는 몇 십 초의 시간이 소요하게 된다. 따라서 비상 전원용 발전실 내부의 경우는 축전지 내장형의 비상 조명등을 설치하는 것이 원칙으로, 이는 정전 시 자동으로 전환되고 즉시 점등이 되는 구조가 되어야 한다.

087 정답: 2번

비상 콘센트는 원칙적으로 화재 시 외부에서 직접 전원을 공급받기 어려운 고층 부분이나 지하 심층(深層)부분에 한정하여 설치 대상을 규정한 것으로 이로 인하여 전통적인 기준은 지하층을 포함하여 지하 및 지상층의 합이 11층 이상인 경우를 비상 콘센트 설치 대상으로 규정했으나 '화재예방, 소방시설 설치유지 및 안전관리에 관한 법률 시행령' 별표 5 및 본 기준에서는 비상 콘센트 대상 적용 시 층수를 적용할 경우 지상층은 11층 이상 건물에서 11층 이상의 층에 설치하도록 규정하고 있다.

특정 소방 대상물	적용 기준
층수가 11층 이상인 특정 소방 대상물	11층 이상에 해당하는 층
지하 3층 이상으로 지하층 바닥 면적의 합계가 1,000㎡ 이상인 경우	지하층의 모든 층
지하 가중 터널	길이 500m 이상인 것

088 정답: 2번

피난 구조 설비는 화재가 발생할 경우 피난하기 위하여 사용하는 기구 또는 설비를 말하며, 피난기구(피난 사다리, 구조대, 완강기, 그 밖에 화재안전기준으로 정하는 것), 인명 구조 기구(방열복, 방화복, 공기 호흡기, 인공 소생기), 유도등(피난 유도선, 피난구 유도등, 통로 유도등, 객석 유도등, 유도 표지), 비상 조명등 및 휴대용 비상 조명등으로 분류한다.

089 정답: 4번

소방 시설은 소화 설비, 경보 설비, 피난 구조 설비, 소화 용수 설비, 소화 활동 설비로, 대통령 령으로 정한 것을 말하는 것으로서, 화재를 탐지(감지)하여 이를 통보함으로서 피해가 우려되는 사람들을 보호하거나 대피시키고, 화재 초기 단계에서 즉시 사람으로 하여금 소화 활동을 할 수 있도록 하며, 자동 설비 또는 수동 조작에 의한 화재 진압은 물론 피난을 가능하게 하여 화재로 인한 인명과 재산의 피해를 최소화하기 위한 기계·기구 및 시스템이라고 정의할 수 있다.

090 정답: 4번

노출(exposure)은 사진을 촬영할 때 필름의 감광 유액면에 광선을 조사하는 조작으로, 감광 재료에 광선을 조사하는 일에는 촬영, 녹음, 인화 작업 들이 있다. 노출은 화상과 음질을 결정짓는 기본 요소이며 광량의 기술적인 조절이 필요하다. 감광막에 일정한 농도를 얻기 위해서는 빛이 약할 때 노출 시간을 늘이고, 빛이 강할 때는 노출 시간을 줄이면 된다.

노출 조절 방법으로는 광선의 광도 조절과 노출 시간 조절이 있다. 광도 조절은 광원의 명도와 거리를 조절하는데, 노출 시간 조절은 조절 장치인 조리개, 필터, 편광 등을 이용하여 조절한다. 사진 필름에 적당한 노출 광을 주기 위해 피사체의 강도, 조도를 측정하는 계기를 노출계라고 한다.

091 정답: 4번

전하 결합 소자(Charge Couple Device, CCD)는 빛의 신호를 전기적인 신호로 바꿔주는 센서(Image sensor)의 일종으로, '고체촬상소자(固體撮像素子)'라고도 불린다. 렌즈를 통해 들어온 빛을 전기 신호로 바꾸어 주는 장치로 필름 카메라의 필름(film)에 해당하는 역할을 한다. CCD는 '픽셀(Pixel)'이라고 불리는 빛을 감지하는 센서들로 이루어져 있는데 이것을 화소(Picture element)라고 하며 화소 수가 많을수록 고화질(High quality)의 영상(Image)을 얻을 수 있다. CCD는 빛의 강약(强弱)만을 감지하며 색 필터를 사용하여 컬러 이미지를 만들어 낸다. 크기는 CCD의 대각선 직경을 Inch(인치)로 표현(1/2Inch, 1/3Inch)하며, CCD의 크기가 클수록 사진의 화질이 좋다.

상보성 금속산 화물 반도체(Complementary Metal Oxide Semiconductor, CMOS)는 CCD와 더불어 가장 많이 사용하는 이미지 센서이다. CCD보다는 전력 소모가 적고 작게 만들 수 있지만, 화질이 떨어지는 단점이 있다. 그래서, 주로 화상 카메라(PC camera)에만 사용되어 왔다. 하지만 현재는 화질이 많이 개선된 것으로 보여지며 현재는 CCD가 CMOS에 비해 절대적으로 많이 사용되지만, 전력 소모가 적은 장점이 있고 화질 면에서도 개선되어 차후에는 주도권을 CMOS가 가지게 될 가능성도 있다.

092 　　　정답: 3번

사진에 있어서 노출(exposure)은 빛에 대한 노출을 말하는 것이며, 중요하고 기본적인 개념 중 하나이다. 좀 더 부연하여 설명하면 카메라에서는 "센서(필름)를 빛에 얼마나 노출하느냐?"를 말하는 것으로, 흔히 사진의 '밝기'라고 하면 이해가 빠를 것이다.

그렇다면 노출 부족이나 노출 과다인 경우 어떻게 보정을 하는가 하면 당연히 노출을 올리거나 내려서 적정 노출을 맞추어야 한다. 이것을 '노출 보정'이라고 하는데, 이 질문에 대한 답변을 이해하기 위해 다음 공식을 꼭 기억하도록 한다. 사진에서 항상 따라다니는 매우 중요한 공식으로 카메라 노출은 조리개 노출＋셔터 스피드 노출＋ISO 노출의 합이다.

── ⌂ 출처　https://post.naver.com/viewer/postView.nhn?volumeNo=27617280&memberNo=48373488

093 　　　정답: 1번

축전지(Storage Battery), 충전지(Rechargeable Battery, 충전식 전지) 혹은 배터리라고 부르는, 외부의 전기 에너지를 화학 에너지의 형태로 바꾸어 저장해 재사용할 수 있게 만든 전지이다. 축전지의 종류는 다음과 같다.

(1) 연 축전지(Acid Battery): Lead-Antimony와 Lead-Calcium 축전지의 전해액은 황산을 묽게 사용한다. 그런 축전지의 특성이 대략 비슷하기 때문에 통틀어 Lead-Acid라 부른다. Lead-Acid 축전지의 화학 반응은 전해액과 극판 사이에서 일어난다. 충전할 때는 양극의 극판에는 산화 납이고 음극판에는 납이 된다. 방전할 때는 음극과 양극 사이에 과산화 납의 상태로 전해액인 황산이 화학 반응을 일으킨다. 전해액은 과산화 납의 형태로 되면 황산을 잃게 된다. 재충전은 다시 음극의 극판은 납이 되고, 양극의 극판은 산화 납으로 되면서 전해액은 황산으로 되돌아오는 것이다.

(2) 알카라인 축전지(Alkaline Battery): 알카라인 축전지는 Nickel-Iron과 Nickel Cadmium으로 구별되는 두 종류가 있다. 그러나 Nickel-Iron CELL은 컴퓨터에 잘 사용되지 않는다. Nickel Cadmium을 NI-CAD 축전지라고도 하는데, 낮은 전압으로 가장 많이 사용되며 환경에 따라 필요할 경우가 많으며 컴퓨터 사용에 적합한 것인데, LeadAcid 축전지에 비해 약 3~4배 이상 가격이 비싸며, 우리나라에서는 현재 수입에 의존하고 있다.

(3) 완전 무보수 밀폐형 연 축전지: 무보수 완전 밀폐형 연 축전지는 납과 칼슘의 합금으로 된 Grid 방식을 채용한 것이다. 이 축전지는 Glass-Fiber-Base(유리-섬유-염기)가 분리된 재료를 전해액으로 만든 Suspension 방식을 이용한 것이다. Silicagel 혹은 다른 오물은 제거시킨다. 이것은 가스 발생을 효과적으로 조절하도록 설계한 것인데 정상 사용 시 가스 99% 이상을 다시 혼합시키는 것이다. 또한, 남는 가스는 낮은 압력으로 배출구로 나갔다가 자동적으로 밀폐되도록 되어 있고 이런 밀폐하는 기술은 축전지의 CASE나 단자에 발생할 수 있는 전해액의 누설이 없다는 것이 큰 이점이다. 충전 시는 99%의 산소와 0.01%의 수소와 0.99%의 혼합물로써 건조하고 비 휘발성이고 비 부식성을 가진 가스로 된다.

이 축전지는 온도와 크게 관계가 있고 최적 온도는 20℃~25℃이며 최적 온도에서 최대 수명은 5년에서 7년 정도이다. 알루미늄 이온은 나트륨보다도 무겁지만, 한 번에 전자를 3개씩 이동시킬 수 있기 때문에 완전히 구현될 경우 리튬 이온 전지를 대체할 수준의 에너지 밀도를 가질 수 있다. 또한, 알루미늄은 나트륨보다도 흔해서 지구 지각에서 3번째로 흔한 원소이며, 리튬/나트륨 이온 전지보다 충전 속도가 더 빠르다는 장점도 있다. 단점으로는 평균 전압이 2.65V로 낮다는 점이 있다.

── ⌂ 출처　전산실 관리지침 - 국무조정실(정보통신부)

094

정답: 1번

CCTV 설치 안내판 미설치 장소는 개인정보보호법 제25조 4항, 시행령 제24조 2항으로 다음과 같다.

- 원거리 촬영, 과속·신호 위반 단속 또는 교통 흐름 조사 등의 목적으로 설치한 경우로서 개인정보 침해의 우려가 적은 경우
- 산불 감시용 등 장소적 특성으로 인하여 안내판 설치가 불가능하거나 설치하더라도 정보 주체가 쉽게 알아볼 수 없는 경우

095

정답: 2번

CCTV(Closed-Circuit Television)는 구리선으로 된 회선을 통해서 영상을 모니터의 수신기로 전송하는 폐쇄 회로 텔레비전이다.

(1) 공개된 장소 CCTV설치 시 준수 사항: 범죄 예방, 시설 안전, 화재 예방 목적으로만 설치 가능, 목욕실, 화장실, 발한실, 탈의실 등 사생활 침해 장소에는 설치 금지

(2) CCTV 안내판을 알아보기 쉬운 장소에 부착: 범설치 목적, 촬영 장소 범위, 관리 책임자 연락처 안내

(3) 녹음 및 임의 조작 금지: 당초 설치 목적을 벗어나 함부로 조작하거나 다른 곳을 비추는 행위 금지

(4) CCTV 영상 정보의 무단 유출·공개 금지: 개인 영상 정보를 제공하는 경우 본인 확인 후 필요 최소한으로 제공, 타인 영상은 모자이크 처리

(5) CCTV 운영 관리 방침 수립·공개: 개인영상정보관리 책임자 지정, CCTV 운영 관리 방침을 홈페이지 등에 공개

(6) CCTV 영상 정보의 안전성 확보 조치: 관리자 외 접근 통제, 관리자별 개별 ID 발급, 잠금장치 마련 등

—— ⌂ 출처 https://nam.daegu.kr/

096

정답: 1번

항공사에서는 고가의 개인 제품인 노트북을 포함한 카메라나, 캠코더, 귀중품 같은 물건들은 위탁 수하물이 아닌 기내에 가지고 탑승하라고 권하고 있다. 고가의 물품이나 중요한 문서 같은 것을 수하물로 위탁했을 경우 분실했을 시에 항공사에서는 전혀 책임을 지지 않는다. 그러니 꼭 휴대하여 탑승을 해야 한다. 기내에서는 안전을 위해 물건들을 보여 달라고 요구하기도 한다. 그럴 경우 노트북도 검사를 받기 위해서 승무원에게 제시하여야 한다. 하지만, 노트북의 경우에는 위협적인 물건으로 분류되지 않기 때문에 보통 기종에는 상관없이 통과된다. 단, 크기나 무게에서는 제지가 있을 수도 있다.

- 모든 랩톱 컴퓨터에 대한 자산 식별 번호 기록 및 재고 조사 실행
- 비행기에 탑승할 때 휴대
- BIOS 패스워드
- 랩탑 컴퓨터에 잠금장치 이용
- 차량에 특수 금고에 랩탑 컴퓨터 보관
- 중요 데이터 암호화
- 추적 소프트웨어 설치

097

정답: 4번

스마트 잠금장치는 스마트 폰, 컴퓨터 또는 태블릿에서 모바일 응용 프로그램의 보안 신호를 전송하여 도어를 잠그거나 잠금 해제할 수 있는 Wi-Fi 또는 Bluetooth 지원 스마트 홈 장치이다. 스마트 잠금장치는 가정에 액세스할 수 있는 사용자를 지정하고 스마트 폰으로 어디에서나 도어를 잠그거나 잠금 해제할 수 있으며 음성으로 도어 잠금을 해제할 수 있는 기능을 갖춘 새로운 가정 보안 환경을 제공한다. 브랜드, 모델 및 기능에 따라 Wi-Fi 지원 스마트 잠금 가격은 $100에서 $300 사이이다. 또한, 스마트 잠금에는 다음 기능 중 일부 또는 전부가 포함될 수 있다.

(1) Wi-Fi 연결을 사용하면 실시간으로 진입 및 퇴근 기록을 볼 수 있기 때문에 언제 집에 왔고 퇴근했는지 언제든지 알 수 있다. 부모는 자녀가 방과 후 집에 안전하게 도착하는지 확인할 수 있다.

(2) 블루투스 연결 기능을 사용하면 스마트 잠금장치로 스마트 폰에 연결하고 접근하면서 잠금을 해제하고 사용자를 인식할 수 있다.

(3) 여러 개의 항목 옵션에는 스마트 폰으로 근접 잠금 해제, 스마트 폰으로 원격 잠금 해제, 집에 들어가야 하는 모든 사람을 위한 맞춤 코드 번호, 음성 명령 및 터치 또는 지문 인식이 포함될 수 있다.

(4) 방문객, 청소 서비스, 애견 관리, 수리 서비스 및 가족 구성원 모두를 위한 영구 또는 임시 입장 코드를 만들 수 있다.

(5) 모든 진입 코드에 대한 액세스 제한을 설정할 수 있다. 제한 사항에는 코드 소유자가 승인된 시간 동안에만 집에 액세스 할 수 있도록 하는 요일과 특정 시간이 포함될 수 있다.

(6) 자동 잠금 옵션을 사용하면 특정 시간 동안 잠금을 해제하도록 스마트 잠금장치를 설정하여 도어를 자동으로 잠글 수 있다.

(7) 경계 자동 잠금은 스마트 폰의 위치가 집의 지정된 경계 외부에서 감지된 경우 자동으로 문을 잠글 수 있다 (지오 펜싱이라고도 함).

(8) 누군가가 스마트 잠금장치로 침입하거나 변경하려고 시도하면 스마트 폰에서 경고를 수신한다. 이런 일이 발생하면 경찰이나 가정 보안 서비스에 자동으로 알리도록 설정할 수도 있다.

(9) 연결된 스마트 홈과 통합하여 문이 잠겨 있지 않은 상태에서 다른 스마트 홈 장치를 활성화한다. 예를 들어 문을 잠그지 않은 상태에서 스마트 표시등을 켜도록 설정할 수 있다.

(10) 집에 접근하거나 시도하는 모든 사람을 보거나 녹화하려면 스마트 잠금장치를 비디오 초인종 및 모든 실내 카메라와 동기화 가능하다.

098

정답: 2번

번견(番犬, Guard dog 또는 Watchdog)은 경비하는 데 사용할 목적으로 사육하여 훈련시킨 개이다. 방범견이라고도 한다. 예기치 않게 침입하는 인간이나 동물로부터 재산을 지키고 감시하는 개이다. 이 유형의 개는 안목이 있어서 집안에 거주하는 사람들을 귀찮게 하거나 공격하지는 않는다. 경비견은 침입자가 귀하의 재산에 침입하는 것을 감지하고 저지하는 데 사용된다. 짖는 개는 오디오 경고 역할을 하며 침입자는 개한테 물리지 않으려고 하는 저지 기능이 있다. 개는 폭발물, 약물 또는 시설에 있어서는 안 되는 기타 밀수품을 감지

할 수 있다.

경비견과 다른 보안 경비원의 특징은 다음과 같다.

- 보안 경비원(Security guards)은 탁월한 시각적 모니터링 및 보고 기능을 제공한다.
- 보안 상황을 식별하고 분석할 수 있다.
- 방어에 심리적 요소를 추가하고 침입자는 보안에 잡히거나 체포되는 것을 두려워한다.
- 필요한 경우 무장 대응을 제공할 수 있다.
- 경비원은 급여를 지급해야 하므로 다른 조치에 비해 매우 비싸다.
- 직원이나 손님이 보안에 의해 부상을 입은 경우 책임을 질 수 있다.

099

정답: 2번

물질에 대한 여러 가지 정보를 담은 자료를 말한다. MSDS(Material Safe Data Sheet)에는 화학물질에 대한 화학적 특성, 취급 및 저장법, 유해성과 위험성, 사고 시 대처 방법 등이 기록되어 있으며, 안전보건공단에서 MSDS 검색을 하면 원하는 화학 물질에 대한 MSDS를 찾아볼 수 있다. 관련 법률에 의해 MSDS가 적용되는 화학 물질을 거래할 경우에는 화학 물질을 제공하는 입장에서 제공받는 쪽에게 MSDS를 작성하여 제공하고 해당 화학 물질의 용기에 경고 표지를 부착해야 한다. 해당 화학 물질을 제공받는 사업장의 경우에는 MSDS를 수령하여 사업장에 비치해야 하며 화학 물질을 담은 용기에 경고 표지가 붙어있는지 확인하여야 한다.

또한, 작업 공정별로 관리 요령을 게시하고 해당 화학 물질을 다루는 근로자에 대하여 MSDS 교육을 실시하여야 한다. 이를 위반할 시 해당 사업장은 과태료를 물게 된다.

(1) 화학 제품과 회사에 관한 정보
(2) 유해성 및 위험성
(3) 구성 성분의 명칭 및 함유량
(4) 응급조치 요령
(5) 폭발 및 화재 시 대처 방법
(6) 누출 사고 시 대처 방법

—— 참조 http://msds.kosha.or.kr/

100

정답: 1번

정답은 1번의 눈부심 방지(Glare Protection)이다. 눈부심은 직사광선이나 반사된 햇빛과 같은 밝은 빛이나 야간에 자동차 헤드 램프와 같은 인공 조명이 있는 곳에서 보는 것이 어렵다. 이 때문에 일부 자동차에는 자동 눈부심 방지 기능이 있는 거울이 포함되어 있으며 건물에서는 블라인드 또는 루버가 종종 탑승자를 보호하는 데 사용된다.

눈부심은 작업(조사 중인 것)과 눈부심 소스 사이의 휘도의 상당한 비율에 의해 발생한다. 작업과 눈부심 소스 사이의 각도 및 눈 적응과 같은 요소는 눈부심 경험에 중요한 영향을 미친다. 눈부심은 일반적으로 불편 눈부심과 장애 눈부심의 두 가지 유형으로 나눌 수 있다. 불편 한 눈부심은 시야 내에서 높은 밝기(또는 밝기 대비)로 인한 심리적 감각으로, 반드시 시력을 손상시키는 것은 아니다. 건물에서 불편한 눈부심은 주변보다 훨씬 큰 밝기를 가진 작은 인공 조명(예: 천장 조명 기구)에서 비롯될 수 있다. 발광원이 시야(예: 일광 창)의 훨씬 더 큰 부분을 차지할 때, 눈부심으로 인한 불편함은 포화 효과와 연결될 수 있다.

관찰자가 항상 밝은 조명 소스를 직접 보는 것은 아니기 때문에 관찰자가 시각적 작업(예: 컴퓨터 화면)에 집중하고 밝은 소스가 주변 시야 내에 있을 때 불편 함의 눈부심이 발생한다. 장애 눈부심은 반드시 불편 함을 유발하지 않고 물체의 시력을 손상시킨다. 이것은 예를 들어 일몰에 서쪽으로 운전할 때 발생할 수 있다.

장애 눈부심은 종종 안구 내의 빛의 상호 반사로 인해 발생한다. 눈부심을 줄이기 위해 선글라스를 착용하는 경우가 많다. 편광 선글라스는 물, 광택이 나는 인쇄물 또는 페인트 된 표면과 같은 비금속 표면에서 반사되는 빛으로 인한 눈부심을 줄이도록 설계되었다. 안경의 반사 방지 처리는 야간에는 눈부심을 줄이고 렌즈에서 튀어나오는 빛으로 인해 내부 조명 및 컴퓨터 화면에서 눈부심을 줄인다. 일부 유형의 안경은 눈 표면의 불완전성으로 인해 발생하는 눈부심을 줄일 수 있다.

101

정답: 1번

스프링클러 설비는 화재가 발생하면 방호 구역에 설치된 감지기 또는 헤드가 화재를 감지하고 일정 이상의 온도에 이르게 되면 헤드가 개방되어 소화수가 방사됨으로써 자동적으로 화재를 진압하게 된다. 따라서 수동으로 작동하여 소화하는 옥내 소화전과 구별된다.

가장 많이 사용되는 방식인 습식 스프링클러 설비의 구조와 작동 원리를 살펴보면, 배관의 1차측과 2차측은 가압수로 채워져 있고, 말단은 폐쇄형 헤드가 설치되어 있다. 따라서 구획된 실에 화재가 발생하면, 실의 온도가 상승하고 일정시간이 지난 후 고온이 되었을 때 헤드가 열에 의하여 개방되며, 2차측 배관 내의 압력이 낮아지면 알람 밸브가 개방되고, 이를 압력 챔버의 압력 스위치가 감지하여 수신반에 화재 발생 신호를 보내며, 펌프를 작동시키게 된다.

그러므로 스프링클러 설비를 정상적으로 유지 관리한다면, 화재 발생 시부터 소화까지 이르기까지 자동적으로 작동하는 효과적인 소화 설비이다. 스프링클러 설비는 건축물의 구조와 용도에 따라 적합한 설비의 시스템이 다르며, 2차측에 설치되는 유수 검지 장치와 헤드의 종류에 따라 크게 4가지 방식으로 분류된다.

유형	배관		헤드		감지기 (상태)	특징
	1차측	2차측	상태	방향		
습식 (Alarm valve)	가압수	가압수	폐쇄형	하향식	안 함	Retarding chamber
건식 (Dry valve)	가압수	기계압	폐쇄형	상향식	안 함	배기 가속 장치 가지 배관-익져스터 밸브-액츄레이터
준비 작동식 (Pre-action valve)	가압수	대기압	폐쇄형	상향식	설치함	긴급 해제 밸브
일제 살수식 (Deluge valve)	가압수	대기압	개방형	상향식	설치함	긴급 해제 밸브

102

정답: 2번

재난안전통신망(Public Safety-Long Term Evolution, PS-LTE)이란 소방을 비롯해 경찰·군·지자체 등 재난 대응 기관별 무선 통신망을 하나로 통합하는 전국 단위 통신망으로, 재난 발생 시 신속한 공동 대응이 가능하다. 정부는 기관별 다른 무선 통신망 사용에 따른 재난 상황 정보 공유와 공동 대응의 어려움을 해소하기 위해 2018년부터 재난안전통신망 구축 사업을 추진해 지역별로 재난망(기지국) 구축에 나섰다. 이런 흐름에 발맞춰 경기도 소방재난본부는 지난해 11월 재난안전통신망 무전기 4,660대를 구매해 일선 소방관서에 배부를 완료했다. 이어 지난 3월 재난종합지휘센터(119종합상황실)에 관련 시스템 구축을 완료한 뒤 최근까지 11주간 도내 5개 소방서를 대상으로 시범 운영을 마쳤다. 재난안전통신망은 4세대 무선통신 기술을 기반으로 통신 환경에 최적화된 안정적인 서비스를 제공한다. 최근 시범 운영에서 난청 지역 개선 효과 등 직원들 사이에서 만족도가 높은 것으로 평가됐다.

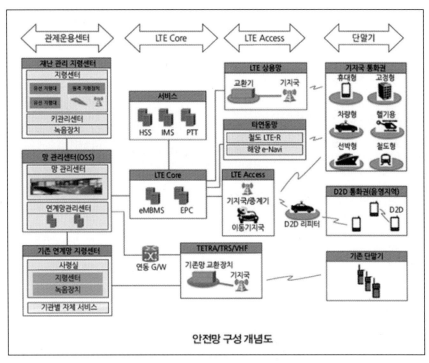

안전망 구성 개념도

103

무인 항공기(UAV)와 천망을 결합한 일체형 고고도 구조 장비인 넷드론(Net-Drone)는 화재 재해 및 기타 비상 상황에서 구조 작업을 수행할 수 있다. 넷드론은 조난 신호를 받으면 최대한 빨리 사고 현장으로 달려가 4개로 나누어 고층에서 피해자들을 돕는다. 넷드론은 무인기 간 유기적인 비행 정보 교환을 통해 드론 편대에 기반한 네트워크망 구축에 있어서의 안정성을 증강시키고, 드론 편대의 위치 정보를 중앙에서 관리하는 체계를 통해 최적의 라우팅 경로를 파악하여 지상의 네트워크 트래픽에 기반한 최상의 드론 배치를 설정한다

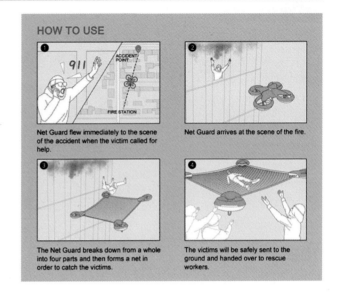

HOW TO USE

Net Guard flew immediately to the scene of the accident when the victim called for help.

Net Guard arrives at the scene of the fire.

The Net Guard breaks down from a whole into four parts and then forms a net in order to catch the victims.

The victims will be safely sent to the ground and handed over to rescue workers.

104

'난연 재료'란 불에 잘 타지 아니하는 성능을 가진 재료로서 국토교통부령으로 정하는 기준에 적합한 재료를 말한다. '불연 재료'란 불에 타지 아니하는 성질을 가진 재료로서 국토교통부령으로 정하는 기준에 적합한 재료를 말한다. '준불연 재료'란 불연 재료에 준하는 성질을 가진 재료로서 국토교통부령으로 정하는 기준에 적합한 재료를 말한다.

구분	불연 재료	준불연 재료	난연 재료
정의	불에 타지 않는 성질을 가진 재료(건축법 시행령 제2조)	불연 재료에 준하는 성질을 가진 재료(건축법 시행령 제2조)	불에 잘 타지 않는 성질을 가진 재료(건축법 시행령 제2조)
시험명 (*공통)	KS F ISO 1182(건축 재료의 불연성 시험 방법)	KS F ISO 5660-1[연소성능시험-열방출, 연기 발생, 질량감소율 -제1부: 열 방출률(콘 칼로리미터법)]	
	* KS F 2271(건축물의 내장 재료 및 구조의 난연성 시험 방법)		
성능 기준 (*공통)	가열 시험 개시 후 20분 간 가열로 내의 최고 온도가 최종 평형 온도를 20K 초과 상승하지 않아야 하며(단, 20분 동안 평형에 도달하지 않으면 최종 1분간 평균 온도를 최종 평형 온도로 한다.) 가열 종료 후 시험체의 질량 감소율이 30% 이하	가열 시험 개시 후 10분 후 총방출 열량 8MJ/㎡이하 이며, 10분 간 최대 열방출률이 10초 이상 연속으로 200kw/㎡를 초과하지 않으며, 10분 간 가열후 시험체를 관동하는 방화상 유해 균열 구멍 및 용융(복합 자재의 경우 심재가 전부 용융, 소멸되는 것을 포함한다.) 등이 없어야 함	가열 시험 개시 수 5분 간 총방출 열량 8MJ/㎡이하이며 5분 간 최대 열방출률이 10초 이상 연속으로 200kw/㎡를 초과화지 않으며, 5분 간 가열 후 시험체(복합 자재인 경우 심재를 포함한다.)를 관동하는 균열, 구멍 및 용융 등이 없어야 함
	*시험 결과, 실험용 취의 평균 행동 정지 시간이 9분 이상.		
해당 자재	콘크리트, 석재, 벽돌, 철강, 유리, 알루미늄 글라스울 회(두께24mm이상) 시멘트판 섬유 시멘트판, 석고 시멘트판, 압출 시멘트판	석고 보드, 목모 시멘트판, 펄프 시멘트판, 미네랄울흡음텍스	난연 합판, 난연 플라스틱판

국민생활과 밀접한 재난안전 제품의 검증된 공급 체계 구축 및 재난관리역량 강화를 위해 재난안전제품 인증 제도를 도입함으로써 재난안전 제품의 품질, 성능, 기술 등에 대한 공신력 확보와 국민의 안전수준 향상 및 재난으로부터 피해 최소화에 기여한다. 정부가 '재난안전제품 인증제도 운영규정'에 의거, 재난안전 제품 인증 대상으로 하는 제품은 크게 △예측·진단 △감지 △대비 △대응 △대피 △구조 △복구 △기타 등 8종 17개 품목이다.

인증 품목		품목별 정의
1. 예측, 진단	재난 예측 제품	기상 및 기후변화, 풍수해 등 예방적 차원에서 재난을 사전 예측하여 재난 피해를 최소화하기 위한 제품
	구조물 진단 제품	구조물의 효용성 증진 및 과학적 유지 관리를 위해 구조물의 안전성을 진단하는 제품
	비구조물 진단 제품	구조물외 전기, 가스, 전자파 등의 재난 상황을 사전에 진단. 점검하는 제품
2. 감지	모니터링 제품	화재, 홍수, 테러 등 재난 상황 발생 및 진행 상황에 대비하기 위한 추적감시 제품
	안전 센서 제품	재난 발생 및 발생 징후를 감지하여 신속히 재난을 대비하여 피해를 최소화할 수 있는 감지 제품
3. 대비	개인 보호구 제품	재난이나 사고로부터 사람의 신체를 보호하기 위하여 착용하는 제품
	시설물 보강 제품	노후, 손상에 의해 취약해진 시설물 등의 안전 및 유지 관리를 위한 보수·보강 제품 또는 예상되는 재난에 대응하기 위하여 새롭게 설치되는 제품
4. 대응	확산 방지 제품	재난으로 인한 피해를 최소화하기 위하여 재난 요인의 확산을 차단하기 위해 사용되는 제품
	위험 인자 해소 제품	재난 발생 후 재난 확산을 가속화하거나 추가적인 2차 피해를 유발하는 위험인자를 제거하기 위한 제품
5. 대피	비상 탈출 제품	육상 및 해상 재난 시 신속하게 위험 지역을 이탈하기 위한 비상탈출 목적의 제품
	대피 안내 제품	재난 발생 경고 및 인명의 안전한 대피를 유도하기 위하여 사용되는 제품
6. 구조	해상 구조 제품	해상 사고 및 재난 발생 시 인명을 안전하게 구조하기 위해 사용되는 제품
	구조물 내 구조 제품	빌딩, 지하 공간, 터널, 운송 수단 등 구조물(시설) 내의 인명 구조 및 주요 물품 회수를 위해 사용되는 제품
	야외 구조 제품	산악 사고, 산불, 교통사고 등 야외에서 발생하는 재난에서 인명을 구조하기 위해 사용되는 제품
7. 복구	시설물 복구 제품	주택, 공공시설 복구 등 재난 복구 사업을 위해 사용되는 제품
	구호 제품	이재민 구호를 위해 사용되는 제품
8. 기타	기타 재난 안전 제품	상기 분류에 포함되지 아니하여도 국민이 사용하고 활용함으로써 안전을 지킬 수 있는 제품

NFPA(National Fire Prevention Association)는 화재 및 전기 관련 위험에 대한 안전 표준, 교육, 훈련 및 옹호를 촉진하는 글로벌 비영리 조직이다. 화재 스프링클러 시스템의 사용을 표준화하는 방법으로 1896년에 설립된 NFPA의 범위는 건물 설계, 구조 대응, 전기 규정 및 기타 안전 문제를 포함하도록 확장되었다. 널리 식별 가능한 NFPA 다이아몬드는 비상 구조대가 위험 물질로 인한 위험을 신속하게 식별하는 데 사용하는 일종의 안전 표지이다. 색상과 숫자의 의미가 있는 이 기호는 NFPA에서 유지 관리하는 더 큰 표준의 일부이다. NFPA는 매년 10월 화재 예방 주간을 후원한다. 이 국가 프로그램의 목표는 매년 특정 안전 주제를 강조하여 화재 및 전기 안전 인식을 높이는 것이다. 협회는 화재 및 기타 위험의 가능성과 영향을 최소화하기 위한 300개 이상의 합의 코드 및 표준을 게시하고 있다. 코드 및 표준은 약 8,000명의 자원 봉사자로 구성된 250개 이상의 기술 위원회에서 관리한다.

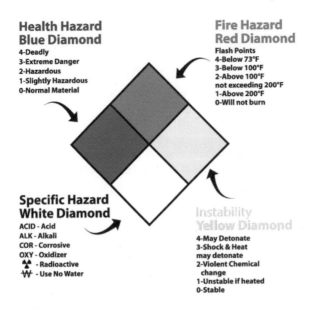

Health Hazard
Blue Diamond

4-Deadly
3-Extreme Danger
2-Hazardous
1-Slightly Hazardous
0-Normal Material

Fire Hazard
Red Diamond

Flash Points
4-Below 73°F
3-Below 100°F
2-Above 100°F
not exceeding 200°F
1-Above 200°F
0-Will not burn

Specific Hazard
White Diamond

ACID - Acid
ALK - Alkali
COR - Corrosive
OXY - Oxidizer
☢ - Radioactive
☒ - Use No Water

Instability
Yellow Diamond

4-May Detonate
3-Shock & Heat
may detonate
2-Violent Chemical
change
1-Unstable if heated
0-Stable

🏠 참조   https://www.nfpa.org/

107

정답: 3번

범죄 예방 환경 설계(Crime Prevention Through Environmental Design, CPTED)는 감시와 접근 통제, 영역성 강화, 명료성 강화, 활용성 증대, 유지 관리 등으로 구성되는데, 주요 내용을 요약하면 다음과 같다.

감시는 공간 배치와 시설 계획을 통해서 잠재적 범죄자와 피해자들의 행위가 시선 연결 범위에 놓일 수 있도록 유도하는 것이 중요하다. 디자인 관점에서는 기계나 인적 경비에 의한 감시보다 일상생활에서 자연스럽게 주변을 살피면서 외부인의 침입 여부를 관찰하고, 이웃과 낯선 사람들의 활동을 구분함으로써 범죄나 불안감을 감소시키는 것이 강조될 수 있다.

접근 통제는 가장 직접적이면서 효과적인 범죄예방 원리인데, 경비원과 순찰 인력에 의한 인적 경비와 보안 설비에 의한 기계적 경비 등 시스템적인 대책과 함께 디자인을 통해서 자연스럽게 사람들의 행위를 통제하는 전략이 중요하다. 공간 디자인을 통한 접근 통제는 사람들의 행동을 일정한 패턴으로 유도하는 환경을 조성하는 것으로, 예를 들어 범행 대상물에 대한 범죄자의 접근이 정해진 경로나 한정된 공간을 통해서만 가능하도록 환경을 설계한다면, 범죄자의 심리적 위험성을 증가시킬 수 있으며 범죄가 발생한 경우라도 도주로를 최소화하는 효과도 얻을 수 있다.

영역성 강화에서 영역이란 '특정 대상에 대해 권리를 주장하거나 책임의식을 유발할 수 있는 심리적, 물리적 범위 또는 경계'를 의미하는 것으로, 사적 공간과 반사적/반공적공간, 공적 공간으로 구분된다. 공간 배치와 시설 계획을 통해서 영역이 명료하게 설정된 환경에서는 반사회적 행태에 대한 직간접적인 통제가 이루어짐에 따라 범죄자의 행위를 위축시키거나 범죄 행위가 발각될 확률도 높일 수 있기 때문에, 주변 환경의 관심과 준법의식을 고취시키는 사용자(주민) 참여 기반의 범죄 예방 원리로도 볼 수 있다. 감시와 접근 통제 개념이 잘 반영된 환경이라도 영역성이 발현되지 않는다면 범죄 예방 효과를 기대하기 어려운 한계도 있다.

명료성 강화는 공간과 시설을 쉽게 인식하고 올바르게 이용할 수 있도록 계획하는 것이다. 따라서 전반적으로 명료성이 강조된 지역에서는 범죄 불안감이 일정 부분 감소되는 효과가 있으며 범죄자의 행위도 소극적으로 위축될 가능성이 있다. 예를 들어 가로 패턴(골목길 구조)을 단순화시킨다면 길 찾기가 쉬울 뿐 아니라 주변 시야 확보로 인해서 범죄로부터 안전해질 수 있다. 또한, 각종 안내 시설과 방범 시설을 눈에 잘 띄고 이해하기 쉽도록 디자인한다면 고립되거나 위험한 환경으로 들어서는 기회를 사전에 차단할 수 있으며 긴급 상황에서는 신속하게 신고 등의 방어적 행위를 할 수 있다.

활용성 증대(또는 활동의 활성화)는 자연적 감시와 밀접한 관계가 있는데, 거리의 눈(eyes on the street)에 의한 감시 효과를 높이는 것으로 사람들이 공간과 시설을 활발하게 이용할 수 있도록 환경을 디자인하여 자연스럽게 감시 기회를 증대시키는 것이다. 이러한 원리는 주로 공공 영역에서 적용되는데, 다양한 활동을 유도하고 공간을 활성화시키는 디자인은 범죄 예방과 함께 사용자의 편의 증진에도 도움이 되므로 공공 디자인과 연계되기도 한다.

유지 관리는 접근 통제 및 영역성 강화와 밀접한 관계가 있는데, 범죄예방 기능(성능)이 꾸준하게 유지되는 시설(제품)을 사용하거나 환경이 지저분해지거나 노후 이미지(분위기)를 조성하지 않도록 환경을 관리하는 것을 의미한다. 깨진 창 이론(broken window theory)으로 알려진 바와 같이 관리되지 않는 환경에서는 사소한 경범죄부터 심각한 강력 범죄까지 다양한 범죄가 발생할 수 있기 때문에 사용자의 관심과 책임 의식에 근거해서 환경이 지속적으로 잘 관리되는 것이 매우 중요하다. CPTED의 활용 예는 다음과 같다.

- 진입점의 수를 제한하도록 한다.
- 모든 손님이 환경에 들어가기 전에 프런트 데스크로 이동하여 로그인하도록 한다.
- 근무 시간 이후나 직원이 많지 않은 주말에는 진입 지점 수를 더욱 줄인다.
- 보도와 조경을 구현하여 대중을 정문으로 안내하도록 한다.
- 일반 대중이 쉽게 접근할 수 없는 공급업체 및 배송 업체를 위한 후방 진입로를 구현한다.
- 대중이 건물에 들어가기 위해 따라야 하는 통로에 조명을 제공하여 접근을 위해서 하나의 출입구만 사용하도록 권장한다.
- 보도와 잔디 구역을 구현하여 차량 통행이 특정 위치를 통해서만 출입할 수 있도록 안내한다.
- 건물 앞(뒷면이나 측면이 아님)에 주차장을 제공하여 사람들이 의도한 입구로 들어가도록 안내한다.

—— ⌂참조   https://www.cpted.or.kr/kr/index.php

108

No.	준비 사항	조항	벌칙
1	적법한 설치 운영(법 제25조제1항) · 법령상 허용, 범죄 예방 및 수사, 시설 안전 및 화재 예방, 교통 단속, 교통 정보 수집·분석 및 제공	법 제75조 제2항 제7호	과태료 3천만 원 이하
2	사생활 침해 장소 설치 금지(법 제25조제2항) · 목욕실, 화장실 등	법 제75조 제1항 제3호	과태료 5천만 원 이하
3	CCTV안내판 설치(법 제25조제4항) · 설치 목적 장소·범위, 관리 책임자 연락처 기재	법 제75조 제3항 제3호	과태료 1천만 원 이하
4	녹음 기능 및 설치 목적 외 임의 조작 금지(법 제25조제5항)	법 제72조 제1항	징역 3년 또는 벌금 3천만 원 이하
5	개인영상정보 목적외 이용 및 제공 제한(법 제18조) · 정보 주체 동의 및 필요 최소한의 정보 제공	법 제71조 제2항	징역 5년 또는 벌금 5천만 원 이하
6	개인영상정보의 안전성 확보 조치(법 제25조제6항) · 내부 관리 계획 수립, 접근 통제 및 접근 권한 제한 조치(관리자 개별ID) · 안전한 저장 전송 기술 적용 및 잠금장치	법 제75조 제2항 제6호	과태료 3천만 원 이하
7	개인정보 처리 방침 수립 및 공개(법 제30조제1항)	법 제75조 제2항 제7호	과태료 1천만 원 이하
8	개인영상정보 관리 책임자 지정(법 제31조 지침 제41조)	법 제75조 제2항 제8호	과태료 1천만 원 이하

—— 🏠 출처   https://nam.daegu.kr/

109

전원 공급 이상이나 기타 전기관련 사고 발생 시 전원을 지속적으로 공급하기 위하여 장비 제조업체의 사양에 따라 적절히 관리하여야 한다. 전기 위협에 대한 대응 방법은 다음과 같다.

대응 방법	내용
무정전 전원 장치(UPS: Uninterruptable Power Supply)	일시적인 전력 공급 중단 시 양질의 안정적 교류 전력을 공급하는 역할
정전 압기(Regulators)	전압을 일정하게, 순수 전력을 안정적으로 유지
서지 보호기	과다한 전류로부터 보호하는 역할
일정한 순서대로 전원 끄기	전압 변경에 따른 데이터 상실, 장치의 손상 회피
차폐 전선(Shield Lines)	자기장으로부터 전선 보호, 케이블 장기간 사용
백업 전원	정전 지속 시간이 무정전 장치 지속 시간보다 클 때 사용
전선 모니터(Power Line Monitors)	주파수와 전압 진폭의 변화 탐지
두꺼비집(Covered Knife Switch)	허용 이상의 과전류가 흐를 시 자동으로 전체 회로를 차단하는 기능

제 7 장

시나리오
문제

001

정답: 3번

비승인 정보 기술(Shadow IT)은 기업 경쟁력 및 컴플라이언스, 보안에 중대한 위협이 될 수 있으므로 거버넌스 수립 조치가 우선적으로 진행되도록 해야 한다.

002

정답: 2번

비승인 정보 기술(새도 IT, Shadow IT)은 기업이나 조직이 업무용으로 승인하지 않은 정보 기술(IT) 제품과 서비스를 직원이 사용하는 것을 파악하지 못하는 상황을 의미한다. IT 제품이나 서비스를 개인적으로 쉽게 구입할 수 있게 되고, 기업에서 승인하는 업무용 제품 및 서비스에 대한 불만족, 보안·관리 정책에 대한 무지 등의 사유로 새도 IT 현상이 나타난다. 조직용으로 구입하거나 허가한 IT 기기, 소프트웨어, 클라우드 스토리지 서비스 등이 아닌, 개인적으로 취득한 제품이나 서비스를 업무에 사용하여 기업의 보안 위협 요인이 된다. 장점은 업무에 필요한 IT 제품이나 서비스를 알맞은 때에 바로 사용할 수 있어 업무 성과를 높일 수 있다.

003

정답: 4번

경제적 측면의 위협 요소와 대응 방안으로 예산 증액 어려움과 범용 감사 소프트웨어(GAS)를 활용한 원가 절감은 올바르게 나열한 것이 아니다. 대응 방안은 필요 자산 정기 수요 조사 및 대량 구매로 가격 협상을 용이하게 하는 것이다.

004

정답: 2번

데이터센터와 같은 시설의 보안 게이트에는 일반적으로 24시간 365일 보안 요원이 상주하면서 물리적 보안의 첨병 역할을 하게 된다. 하지만 만약 이 보안 요원이 부재한 경우 물리적 보안의 허점이 노출되어 여러 가지 보안 위협이 발생할 수 있다. 대부분 사회 공학기법과 내부 공모, 내부자 협력, 물리적 보안 우회 등이 우려되는데 가장 대표적인 사례가 테일 게이팅(Tailgating, 뒤따라 들어가기)이다. 테일 게이팅이 권한이 있는 앞사람의 뒤에 붙어서 게이트를 통과하는 것이라면, 피기배깅은 업히듯이 타인과 함께 공모하여 출입하는 것이다. 또한, 문서와 사진, 자료 등을 무단으로 반출하는 것도 위협이 될 수 있다. 문제에서 제시한 '업무망 내 비인가 저장 장치 사용'은 NAC(Network Access Control) 솔루션으로 차단이 가능하다.

005

정답: 4번

높은 보안 등급이 요구되는 데이터센터와 같은 시설에서 물리적 보안 수준을 향상시키고 인증의 수단을 확대하고자 할 때, 인공 지능 및 영상인식 기술을 적용할 여지가 있다. A 기업의 경우 보안요원 대신 적용할 만한 인공 지능 및 영상 인식 기술에는 음성 인식과 스마트 CCTV, 안면 인식 기술이 가능하다.

그러나 문제에서 제시된 스마트카드와 홍채 인식 기술은 Multi-Factor 인증 기술이며 인공 지능에 해당하는 기술이라고 보기에는 어렵다.

006

정답: 3번

활동 기준 원가 계산(Activity Based Costing, ABC)

활동(Activity) 단위에 따라 업무 과정을 분류하여 각각의 비용을 산출한다. 정보 시스템 등을 활용하여 보다 합리적으로 개선되면 비용 절감 효과를 수치화할 수 있다.

예: 비용＝인원 및 설비의 시간 단가×시간×횟수

☞ 제품 단위당 활동 원가

기계 가공 시간: 3시간×$100＝$300

페인트 작업: 5개×$30＝$150

품질 검사: $50

합계: $500＝(300+150+50)

※ 총 제조 원가＝($100+$500)×100＝$60,000

007

시퀀스 검사(Sequence check)는 입력된 데이터가 미리 결정된 시퀀스에 있어야 할 때 사용된다. 예를 들어 사용자가 작업 주문을 숫자 시퀀스로 입력해야 하는 경우 순서가 잘못된 번호는 오류를 나타낸다. 또는 사용자는 트랜잭션을 시간 순으로 입력해야 하며, 날짜 순서가 잘못된 트랜잭션은 오류를 나타낸다. 관리 번호는 순차적으로 따르며 모든 시퀀스 또는 중복된 관리 번호는 거부되거나 후속 조치를 위해 예외 보고서에 기록된다.

예를 들어, 송장은 순차적으로 번호가 매겨진다. 당일 송장은 12001로 시작하여 15045로 끝난다. 처리 중에 15045보다 큰 인보이스가 발견되면 해당 인보이스는 잘못된 인보이스 번호로 거부된다.

참고로 보기 4)번은 해당 사항이 없다. 개인적으로 감사인의 객관성 유지하기 위해서는 과도한 금품 혹은 향응을 받아서는 안 된다. 현재 제공자가 감사 대상자가 아니라고 할지라도 향후 피감사인이 될 수 있는 위치에 있으므로 이를 받아서는 안 된다. 하지만 조직 생활을 원활히 할 수 있는 수준의 선물이나 식사 같은 것은 피감사인과 같이 할 수 있으며, 감사인도 이를 피감사인에게 제공할 수 있다. 이러한 판단은 감사인이 상황에 맞게 판단하여야 한다.

008

매출 채권 및 기타 유동 채권, 그리고 재고 자산이 많다는 것은 좀비 기업일 가능성이 크다(재고 자산+매출 채권 > 매출 × 0.4가 넘으면 보통 위험성이 크다고 평가한다).

매출 채권이 많다는 것은 물건을 주고 돈을 받은 것이 아니라 외상(채권)으로 준 것을 의미하며, 이 채권 비율이 자산 대비 엄청 높으면 부도가 날 가능성이 높다. 즉, 돈 받을 기업이 부도가 나거나 도주를 하여 돈을 받을 수 없는 상황이 되면 그 피해는 고스란히 해당 업체가 손해를 받게 된다. 또한, 재고 자산이 많다는 것은 안 팔려서 남은 것으로 그만큼 장사가 안 된다는 의미이다. 이는 철강 회사 같은 경우 시간이 지나도 가치가 떨어지는 것이 아니기에 문제가 안 되지만, 유통 회사 같은 경우 시간이 지나면 가치가 떨어지게 되므로 문제가 된다고 보인다. 즉, 옷 같은 경우 이월 상품이 되는 것이고, 식료품 같은 경우 폐기가 되며, 유행 상품은 유행이 지나게 되면 판매가 어렵게 된다.

009

시세보다 저렴한 가격으로 구매자의 눈을 현혹하는 일명 '중고 사기 거래'의 피해자들이 지속 발생하고 있지만, 네이버 페이(안전 거래)라는 명칭만 믿고 구매했던 고객들이 사기 피해를 당했을 경우 실제 금액을 변제 받거나 피해 구제를 받기는 어려워 주의가 요구된다. 국내 최대 중고 거래 사이트 중고나라에서는 '네이버페이', '안전거래'를 검색하면 약 1,000여 건의 거래가 뜬다. 주요 거래 품목은 스마트폰, 컴퓨터, 카메라, 오토바이, 자동차, 화장품 등 종류도 수십 가지에 이른다. 중고나라 안에서 이뤄지는 모든 거래는 안전 거래와 직접 거래로 나뉘는데, 사기 피해 예방을 위해 대부분의 구매자는 안전 거래를 이용하고 있다. 문제는 중고나라에서 유일하게 안전 결제로 등록된 네이버 페이를 이용하는 구매자들이 네이버 페이 안전 거래를 모방한 가짜 주소(URL)를 받거나 카카오톡 메세지로 거래를 하는 피싱(Phishing) 피해를 당하는 경우가 빈번히 발생하고 있다는 점이다. 구매자들이 사기 수법에 걸려드는 이유는 '네이버 페이 안전 거래'라는 브랜드 신뢰도에 속았다는 게 대부분 이유다. 피싱(Phishing)은 개인정보(Private Data)와 낚시(Fishing)의 합성어로, 금융기관을 가장해 이메일로 인터넷 주소를 안내하고 가짜 은행 사이트로 접속을 유도해 범행 계좌로 이체하는 등 금융 정보 등을 탈취하는 것을 말한다.

(1) 피싱(Phishing): 개인정보를 '낚는다(fishing)'의 의미로, 불특정 다수에게 메일을 발송해 위장된 홈페이지로 접속하게 한 뒤, 금융정보를 비롯한 개인정보를 빼내가는 사기 수법을 말한다.

(2) 파밍(Pharming): 피싱이 발전한 수법으로, 금융기관의 도메인 주소(DNS)를 중간에서 탈취해 사용자가 금융기

관 사이트에 접속한 것 같은 착각을 하게 만들어 개인 정보를 빼내가는 수법을 말한다.

(3) 비싱(Vishing, VoIP+Phishing): 피싱이 발전한 수법으로, 인터넷 전화(VoIP)를 이용하여 은행 계좌에 문제가 있다는 자동 녹음된 메시지를 보낸 뒤, 사용자가 비밀번호 등을 입력하면 미리 설치한 중계기로 이를 빼내가는 수법을 말한다.

(4) 스미싱(Smishing, SMS+Phishing): 인터넷이 가능한 휴대폰 사용자에게 문자 메시지를 보낸 후, 사용자가 문자에 기재된 URL로 접속하면 휴대폰에 트로이목마를 주입해 휴대폰을 통제하는 수법을 말한다.

── 🏠 출처 http://www.seoulfn.com

구분	Phishing	Pharming
개요	대부분 불특정 다수에게 메일을 발송해 위장된 홈페이지로 접속하게 한 뒤, 금융 정보를 비롯한 개인정보를 빼내가는 사기 수법	금융기관의 DNS를 중간에서 탈취해 사용자가 금융기관 사이트에 접속한 것 같은 착각을 하게 만들어 개인정보를 빼내가는 수법
수단	이메일 발송	DNS 변경
피해 대상	이메일 수신자 중 반응자	변경된 DNS 사이트 접근자
사용자 피해 수준	이메일에 반응하지 않으면 피해 최소화 가능	평소 사용하는 사이트이므로 거의 눈치를 채지 못함(피해가 큼)
공통점	• 가짜 사이트를 개설하는 방식 사용 • 아무런 의심 없이 개인정보 제공	

010　　　　　　　　　　　정답: 1번

포털 사이트에 로그인된 모든 기기를 로그아웃하고 모조 안전거래 사이트 가입 시 입력한 아이디와 패스워드부터 변경해야 한다. 해당 공격자는 피해자가 입력한 정보로 또 다른 곳에서 안전거래 사기를 수행할 가능성이 높기 때문이다. 이는 또 다른 피해자를 양산할 수 있으며 최악의 경우, 피해자는 공격자가 계속적으로 물품 사기를 수행한 건에 대해 계속적으로 관련성이 없다고 다른 피해자에게 해명을 해야 할 수도 있다.

011　　　　　　　　　　　정답: 2번

위험 노출도(Risk Exposure)은 위험의 발생 가능성과 영향력을 곱한 값이며 여러 가지 변수가 있을 경우 이를 모두 합산해야 한다. 문제의 경우 결함 A의 위험 노출도는 $5000 \times 0.005 = 25$이고 결함 B의 위험 노출도는 $1500 \times 0.01 = 15$이며 DDoS 위험 노출도는 $4000 \times 0.02 = 80$이다. 따라서 전체 위험 노출도는 120이다.

012　　　　　　　　　　　정답: 2번

업계에서는 UEBA를 사용자 활동을 실시간으로 분석하고 이전에 설정된 정상 행동 기준과 비교하여 조직의 사용자 기반, 네트워크, 데이터 또는 IT 자산에서 비정상적인 패턴을 감지할 수 있는 도구로 정의한다. 분석은 사용자 작업의 컨텍스트를 제공하여 조직이 그 의미를 쉽게 이해할 수 있도록 하여 보안 담당자가 사용자 위협을 정확하게 식별하고 잠재적인 위협을 효율적이고 적절하게 처리하도록 돕는다. 하지만, 불행하게도 이러한 기술의 혜택을 받을 수 있는 조직의 수는 대부분 얼리어답터와 대기업으로 제한되어 있다. 그 이유는 다음과 같다.

(1) UEBA 인프라 배포의 복잡함(Deployment of UEBA infrastructures is complex): UEBA 솔루션에는 일반적으로 자체 인프라와 이를 관리 및 유지하기 위한 풀타임 인력이 필요하다. 윈도우 또는 AD(Active Directory) 관리팀이 있는 경우 대부분 이 솔루션을 전담하는 보안 전문가 팀은 따로 없는 형태이다. 결과적으로 많은 수의 조직이 이 기술을 설치하고 사용하기 위한 리소스와 전문 지식을 갖추지 못한 상태이다.

(2) 많은 구성과 튜닝 필요(They require a great deal of configuration and tuning): 사용자 행동 분석 제품은 일반적으로 다양한 로그 소스를 매우 유연하게 지원하지만, 이는 로그 소스를 분석 엔진의 데이터 모델에 매핑하기 위해 많은 사전 구성이 필요함을 의미하기도 한다. 또한, 일반적으로 각 로그 소스가 전체적인 분석에 비례하여 표현되도록 하기 위한 튜닝 작업도 많이 필요하다.

(3) 사용자 행동 경보는 별도의 콘솔에 제공됨(User behavior alerts are presented in a separate console): UEBA 솔루션에서 생성하는 경보는 조직의 기존 보안 및 감사 시스템에 통합되지 않은 별도의 사유 콘솔에 표시된다.

013

임베디드 사용자 행동 분석에는 다음과 같은 장점이 있다.

(1) 분석은 감사 데이터를 처리하도록 사전 구성(Analytics are pre-configured to process your audit data): 강력한 분석 엔진이 즉시 구성되어 기존 감사 솔루션에서 충실도가 높은 AD 및 Windows 로그를 인식한다. UEBA 솔루션은 소스 시스템과 긴밀하게 통합되어 있기 때문에 감사 솔루션에 의해 포착된 활동의 맥락에서 사용자 위협 경고가 표시되어 조사 및 후속 조치 시간이 단축된다.

(2) 튜닝이 불필요(No tuning necessary): 분석 엔진은 감사 로그의 형식, 콘텐츠 및 컨텍스트에 대한 기존 지식을 갖고 있으며 사용자 행동을 모델링하고 이러한 데이터 세트에 대한 이상을 식별하도록 훈련된다. 즉, 정확하고 관리 가능한 결과를 얻기 위해 로그 소스를 데이터 모델에 매핑하고 지표를 조정하는 데 몇 개월을 투자할 필요성이 없다.

(3) 솔루션에서 즉시 가치 추출(Extract value from the solution immediately): 임베디드 UEBA는 기계학습 및 고급 빅 데이터 분석의 힘을 활용하여 사용자 행동의 기준을 설정하고 사용자 위협 또는 네트워크 위반을 나타낼 수 있는 비정상적인 활동을 감지한다. 또한, 예측적이며 더 많은 데이터가 분석되고 추가 동작이 식별됨에 따라 모델이 진화하도록 훈련하므로 결과는 시간이 지남에 따라 정확도가 훨씬 더 향상된다. 솔루션은 환경을 계속 모니터링하고 실시간 조건을 반영하도록 조정한다. 그리고 사용자 활동의 짧은 기록(예: 30일 정도)이 분석되면 솔루션은 해당 환경에서 사용자의 실시간 위험 수준을 식별한다. Change Auditor Threat Detection를 사용하면 마이크로소프트 AD, 애저AD(Azure AD), 익스체인지(Exchange), 오피스 365(Office 365), 익스체인지 온라인(Exchange Online), 파일 서버 등을 대상으로 모든 주요 구성, 사용자 및 관리자 변경 사항을 포괄하는 일체의 실시간 IT 감사, 심층 포렌식과 종합적인 보안 모니터링을 갖출 수 있다. 또한, 엔터프라이즈 전반에서 사용자의 로그온, 인증 및 기타 주요 서비스 활동을 세부적으로 추적하여 위협 탐지와 보안 모니터링 기능을 강화하며 중앙 콘솔을 통해 다수의 IT 감사 솔루션 및 그에 따르는 복잡성을 방지할 수 있다.

014

금융 기업에 대해 정보 보안 관련 기준을 제시하는 금융감독기준에 따르면 제13조 '전산자료보호대책'에서 사용자 정보에 대한 통제 기준을 제시하고 있다. 사용자 정보는 테스트를 위해 사용할 수 없는 것이 원칙이지만, 부하 테스트 등을 위해 불가피하게 사용할 경우 반드시 값을 변환해서 사용해야 하며 사용 즉시 삭제해야 한다.

015

Oracle Database에서 제공하는 AWR(Automatic Workload Repository)는 스냅숏(Snapshot)을 통해 Oracle의 성능 모니터링 결과를 보고서 형태로 제공한다. 기본 설정은 60분에 한 번씩 스냅숏을 생성하고 스냅숏 사이에 발생하는 변화를 분석하며 자원 사용량, Buffer Hit Ratio, Worst SQL List 등 다양한 정보를 제공한다.

016

애플리케이션의 비즈니스 요구 사항이 전체 데이터 조회로 요구되어 구간 검색을 구현할 수 없을 경우, 가장 적절한 조치는 Full Table Scan으로 구현하는 것이다. 전체 테이블을 조회해야 할 경우 Index Range Scan이 오히려 성능을 저하시킬 수 있기 때문에 Full Table Scan이 더 효과가 좋다.

017

가용성 폭포(Availability Cascade)란 사람들의 머리에 떠오르는 현상이 연쇄 반응을 일으켜 걷잡을 수 없이 커져서(가용성 편향) 정책으로까지 이어지는 현상이다. 어떤 의식이 높아진다는 점에서는 긍정적이지만, 일시적으로 발생 빈도가 높아가는 것에 과민 반응을 보이거나 과다 비용을 지출하는 것은 개인적으로나 사회적으로 낭비가 될 수 있다. 실 예로, 최근에 비행기 사고 기사를 많이 접한 사람은 실제보다 비행기가 사고가 일어날 확률이 높다고 판단한다. 하지만 실제적으로 비행기 사고가 날 확률은 자동차나 선박보다 훨씬 낮다. 정치에서 유권자들이 후보들에 대해 정보가 많지 않다면, 최근에 미디어 노출이 많고 긍정적인 기억을 가진 후보를 선택할 가능성이 높다.

시나리오에서 언급한 '버그 바운티(Bug bounty)'는 기업의 서비스나 제품 등을 해킹해 취약점을 발견한 화이트해커에게 포상금을 지급하는 제도로, 기업들은 버그 바운티를 통해서 취약점을 분석, 빠르게 보안 패치를 적용할 수 있다. 구글, 애플, 페이스북, 마이크로소프트(MS) 등 글로벌 기업에서 보안성을 고도화하기 위해 활발하게 시행 중이다.

018 정답: 1번

자신의 장치 가져오기(Bring Your Own Device, BYOD)는 직원이 개인 장치를 사용하여 조직 네트워크에 연결하고 업무 관련 시스템과 잠재적으로 민감하거나 기밀 데이터에 액세스하는 것을 의미한다. 개인용 장치에는 스마트폰, 개인용 컴퓨터, 태블릿 또는 USB 드라이브가 포함될 수 있다. 재택 근무, 유연한 일정 유지, 출장 또는 출퇴근 중 이동 연결을 지원하는 조직이 늘어남에 따라 BYOD 솔루션이 널리 보급되었다. 일부 회사는 BYOD를 제재할 수 있지만 다른 회사는 IT에서 지원하지 않는 소프트웨어 또는 하드웨어를 의미하는 '섀도 IT'의 일부로 간주할 수 있다. BYOD 보안은 IT의 승인 여부에 관계없이 개인 장치가 직장에 들어갈 가능성이 높기 때문에 조직 리더에게 중요한 주제이다. 많은 경우 BYOD 솔루션은 직원 생산성과 사기를 향상시킬 수 있지만 IT 부서에서 해결하지 못한 채 조직의 네트워크에 대한 개인 장치 액세스는 심각한 보안 문제를 야기할 수도 있다. IT 부서는 개인 장치를 보호할지 여부와 방법을 해결하고 액세스 수준을 결정해야 한다. 가장 중요한 것은 정의된 BYOD 보안 정책이 조직 데이터나 네트워크를 손상시키지 않

고 BYOD를 사용하는 방법에 대해 직원에게 알리고 교육해야 한다는 것이다. BYOD 정책의 중요한 요소는 다음과 같다.

(1) 승인된 기기의 유형
(2) 보안 및 데이터 소유권 정책
(3) 개인 장치에 부여된 IT 지원 수준

강력한 BYOD 보안 정책은 전체 IT 보안 및 허용 가능한 사용 정책과 통합되어야 한다. IT 리더는 개인 장치에 적용할 지원 수준을 결정할 때 조직 보안과 직원의 개인정보보호 간에 균형을 유지해야 할 필요성이 있다.

019 정답: 4번

개인정보 비식별화 조치 방안에 따르면 데이터베이스의 민감 정보뿐만 아니라 영상 자료에 대해서도 비식별화를 하도록 명시하고 있다. CCTV에 촬영된 영상 자료에 개인을 식별할 수 있는 얼굴 등의 모습이 포함되는 경우 반드시 블록, 모자이크 처리 등을 통해 비식별화 조치를 취해야 한다. 이 조치는 내부 임직원 교육자료로 사용될 때에도 마찬가지로 수행해야 한다.

020 정답: 2번

제품 백로그(Product Backlog)는 더 큰 제품 로드맵의 일부로 완료해야 하는 작업, 기능 또는 항목의 정렬된 목록이다. 효과적인 제품 백로그를 사용하여 최종 목표를 목표로 하고 더 나은 제품을 빌드하는 데 도움이 되는 일일, 주별 또는 월별 작업을 개발자에게 할당할 수 있다. 제품 백로그는 더 큰 로드맵의 일부로 완료해야 하는 작업, 기능 또는 항목의 정렬된 목록이며 본질적으로 전문화된 할 일 목록이다. 더 큰 제품 로드맵의 일부로 완료해야 하는 작업, 기능 또는 항목의 정렬된 목록이다. 팀에서 애자일 방법론을 사용하는 경우 제품 백로그는 프로젝트 및 이니셔티브를 세분화하여 가장 중요한 작업을 결정하는 데 도움이 될 수 있

다. 즉, 제품 백로그는 제품 목표를 달성하고 팀 간에 기대치를 설정하는 데 도움이 되는 작업 항목 또는 기능의 우선순위 목록이다. 일반적으로 개발 중인 각 제품에는 전용 제품 백로그가 있어야 한다.

마찬가지로 각 제품 백로그에는 전담 프로젝트 팀이 있어야 한다. 때때로 여러 팀이 하나의 더 큰 제품을 작업하는 여러 제품 백로그가 있기도 한다. 제품 로드맵에서 제품 백로그를 작성하여 제품의 발전을 위한 조치 계획을 설명한다. 개발자는 제품 백로그의 작업을 사용하여 가능한 한 빨리 원하는 결과에 도달한다. 모든 개발자가 제품 백로그를 사용할 수 있지만 애자일 팀에서 가장 자주 사용한다. 애자일 프로젝트에서 팀은 제품 생성에 시간을 할애하고 프로젝트가 진행됨에 따라 조정한다. 애자일 방법론의 유연성 때문에 제품 백로그의 작업은 고정되어 있지 않으며 모든 작업을 완료할 것으로 예상되지 않는다. 또한, 애자일 팀은 필요에 따라 작업의 우선순위를 다시 지정하기 위해 정기적으로 제품 백로그 개선을 수행한다.

인지 결정하는 데 도움이 될 수 있다.

(2) 버그 수정(Bug fixes): 버그 수정은 자명하며 스크럼 팀은 제품의 무결성을 유지하기 위해 이를 신속하게 해결해야 한다. 일부 버그는 팀의 현재 스프린트를 방해할 만큼 중요할 수 있지만 다른 버그는 다음 스프린트를 기다릴 수 있다. 그러나 버그에 대한 전반적인 규칙은 팀이 버그를 잊지 않도록 제품 백로그의 맨 위에 유지하는 것이다.

(3) 기술 부채(Technical debts): 금융 부채와 같은 기술 부채는 무시하면 '이자가 발생'한다. 개발자가 기술 작업을 제품 백로그의 맨 아래로 밀면 쌓이고 성취하기 어려워진다. 효과적인 백로그 관리는 기술 부채의 축적을 방지할 수 있다. 팀이 조직화된 상태를 유지하고 더 작은 일일 단위로 기술 작업을 수행하면 거대한 작업에 관심을 끌 가능성이 줄어든다.

(4) 지식 습득(Knowledge acquisition): 지식 습득에서는 연구 단계이며 향후 작업을 수행하기 위해 정보를 수집한다. 더 많은 연구가 필요한 기능을 식별하면 프로토타입, 실험 또는 개념 증명과 같은 지식 획득 작업을 만들어 해당 기능을 작업하는 데 필요한 정보를 얻게 된다.

021
정답: 4번

(1) 큰 항목을 분할하고, (2) 더 이상 '무엇'에 대한 질문이 나오지 않을 때까지 구현이 임박한 항목을 명확화하고, (3) 규모, '가치', 위험 등을 추정하는 것이다. 요약하자면 분할(split), 명확(clarify), 추정(estimate)을 한다.

022
정답: 3번

제품 백로그에는 일반적으로 기능, 버그 수정, 기술 부채 및 지식 획득이 포함된다. 이러한 제품 백로그 항목은 아직 제품에 대해 전달되지 않은 별개의 작업이다.

(1) 기능(Feature): 사용자 스토리라고도 하는 기능은 사용자가 가치 있게 여기는 제품의 기능이다. 기능은 복잡하거나(종종 에픽이라고도 함) 단순할 수 있다. 스토리 맵을 만들면 팀에서 사용자에게 가장 필요한 것이 무엇

023
정답: 3번

전수 검사(Total Inspection)는 검사 로트(Lot) 내의 검사 단위 모두를 하나하나 검사하여 합격, 불합격 판정을 내리는 일이며 100% 검사라고 보면 된다. 예컨대 자동차의 브레이크 성능, 크레인의 브레이크 성능, 프로판 용기의 내압 성능 등과 같이 사람의 안전 문제, 인명 피해, 화재 발생 위험이 있는 경우나 보석류와 같이 아주 고가 제품의 경우에는 전수 검사가 적용된다. 그러나 대량 생산품, 연속체, 파괴 검사와 같은 경우는 전수 검사를 적용할 수 없다.

024
정답: 2번

살라미 공격 또는 슬라이스 공격이라고 불리는 기법이다. 마치 얇게 썰어 놓은 살라미 제품처럼 눈에 띄지 않게 시스템과 조직의 허점을 이용해 데이터를 빼돌리거나 횡령하는 공격 기법이다. 주로 내부자에 의해 수

행되며 권한이 있는 내부자가 아주 작은 금액을 지속적으로 빼돌리거나 고객 데이터를 조금씩 유출하게 된다.

025
정답: 3번

문제에서 B 팀장은 정보운영팀의 데이터 조회 권한을 이용하여 고객 정보를 조회하고 손으로 적어서 자료를 유출했다. 따라서 출력물 보안, 워터마킹, DRM, DLP 등은 효과적인 대응 수단이 되지 못한다. 가장 적절한 기술적 보안 수단은 데이터를 조회한 이력을 기록하고 해당 데이터를 기반으로 이상 탐지 분석을 수행하는 것이다. 데이터 조회 이력을 기반으로 비슷한 권한 및 업무를 가진 사람들이 비해 이상적인 패턴을 보이는 행위자를 탐지하는 것이다. 물론 이것도 100% 완벽하게 예방 및 탐지할 수는 없다.

026
정답: 1번

정보운영팀에서 팀장으로서 고객 정보 및 계 약정보의 조회 권한을 보유한 채 지난 5년간 꾸준하게 데이터를 유출했다. 이를 예방하기 위한 관리적 정보 보안 방법으로는 '업무 순환'이 가장 적절하다. 업무가 강제로 변경될 경우 내부자가 보유한 권한도 변경되어야 하고 내부자의 공모도 연속성이 차단되기 때문에 많은 정보 유출 시도가 예방된다. 특히 고객 정보와 원장 데이터를 얻을 수 있는 권한을 가진 내부자에 대해 적용을 검토할 필요가 있다.

027
정답: 4번

지지도(Support)는 전체 트랜잭션 중 그 규칙을 따르고 있는 트랜잭션의 비율을 의미한다. 즉, 두 품목 A와 B의 지지도는 전체 거래 항목 중에서 항목 A와 항목 B를 동시에 포함하는 거래의 비율을 말한다. 신뢰도(Confidence)는 신뢰도는 항목 A의 거래 중에서 항목 B

가 포함된 거래의 비율을 말한다. 향상도(Lift Improvement)는 A→B의 연관 규칙에서 임의로(Random) B가 구매되는 경우에 비해 A와의 관계가 고려되어 구매되는 경우의 비율이다. 즉, 연관 규칙이 오른쪽 항목을 예측하기 위한 능력이 얼마나 향상되었는가를 표현하는 값이다.

(1) 지지도(Support) (A → B) = 항목 A, B가 동시에 발생한 수/전체 트랜잭션의 수

(2) 신뢰도(Confidence) (A → B) = 항목 A, B가 동시에 발생한 수/항목 A가 발생한 수

(3) 향상도(Lift Improvement) (A → B) = (항목 A, B가 동시에 발생한 수×전체 트랜잭션의 수)/(항목 A가 발생한 수×항목 B가 발생한 수)

풀이

(1) 지지도: 전체 트랜잭션의 수 = 6, 사탕과 아이스크림의 동시에 가지는 트랜잭션의 수 = 3, 3/6 = 0.5(50%)

(2) 신뢰도: 사탕이 포함된 트랜잭션 수 = 4, 사탕과 아이스크림의 동시에 가지는 트랜잭션의 수 = 3, 3/4 = 0.75(75%)

(3) 향상도: 사탕과 아이스크림의 동시에 가지는 트랜잭션의 수 = 3, 전체 트랜잭션의 수 = 6, 3×6 = 24, 사탕이 포함된 트랜잭션 수 = 4, 아이스크림이 포함된 트랜잭션 수 = 4, 4×4=16, 24/16 = 1.5(150%)

028
정답: 1번

데이터 마이닝 방법론 중 하나인 연관성 분석에서, 연관 규칙에 대한 평가의 기준으로 향상도(Lift)가 많이 사용되고 있다. 향상도는 그 범위가 영에서 무한대 사이로 1을 기준으로 양의 연관성, 음의 연관성을 표현할 수 있다. 그러나 그 값의 상대적인 크기의 비교가 어렵다는 한계를 가지고 있다. 상관계수가 두 변수 간의 관계를 나타내는 공분산(covariance)을 표준화한 것과 같이 향상도에 대한 표준화 향상도(standardized lift)가 제안되었다(McNicholas et al., 2008). 표준화 향상도는 0과 1사이의 값을 가지도록 함으로써 상대적인 크기 비교를 쉽게 할 수 있다는 장점이 있다. 그러나 표준화 향

상도는 음의 관계를 갖는 연관 규칙에 대해서는 적절하지 않은 경우가 발생하므로 이에 대한 개선이 필요하다.

029
정답: 3번

프로젝트 종료 시점에 임박한 상황에서 정적 보안 시험 활동에 대한 지적 사항이 도출된 것은 조치하기 어려운 치명적인 사항이다. 하지만 지적 사항을 조치하고 개선해야 하는 경우 최대한 자동화 도구를 사용하여 수행하는 것이 적합하고 사람의 눈과 손으로 검토하는 것은 적합하지 않는 시점이다. 소스 코드 커버리지 산출 도구는 정적 보안성 검토 활동과 어울리지 않으며 보안 취약점 스캔 도구가 가장 적절한 활동으로 볼 수 있다. 가장 대표적인 스캔 도구는 Fortify와 같은 도구가 있다.

030
정답: 1번

A사의 요청 사항은 지리 정보 시스템 프로젝트의 자체 감리에서 도출된 지적 사항이 '보안성 정적 점검 활동'에 대한 사항이다. 문제의 보기 중 Proxy Tool Plug-in 설치 및 수행과 모의 해킹 활동은 동적 점검 활동에 해당되므로 적합하지 않다. 가장 일반적이며 효과적인 보안 취약점 정적 점검 방식은 Fortify와 같은 스캔 도구를 CI/CD 빌드 배포 플랫폼에 연계하여 소스 코드 스캔 자동화를 구현하는 것이다. PM과 PL은 스캔의 취약점 룰셋을 조정하고 그룹웨어와 연계하여 점검 결과를 자동으로 개발자들에게 전달함으로써 설계/개발 단계 전체에 걸쳐 수행이 가능하다.

031
정답: 2번

ISMS-P 인증 기준은 '관리 체계 수립 및 운영', '보호 대책 요구 사항', '개인정보 처리 단계별 요구 사항'으로 구분하여 총 102개의 기준으로 구성된다. 그 중에서 '1.2 위험 관리' 인증 기준은 총 4개의 소구분으로 구성되며 '1.2.1 정보 자산 식별', '1.2.2 현황 및 흐름 분석', '1.2.3 위험 평가', '1.2.4 보호 대책 선정'이다. 문제에서 지적 사항으로 제시한 '가'는 '1.2.1 정보 자산 식별' 기준에 해당하고 '나'는 '1.2.3 위험 평가' 및 '1.2.4 보호 대책 선정' 기준에 해당된다.

032
정답: 3번

위험 분석 및 평가 기법은 정성적 기법과 정량적 기법으로 분류할 수 있다. 정량적 위험 분석 기법을 사용하면 구체적이고 체계적인 근거 자료로 수치화하여 제시할 수 있는 장점이 있지만 상대적으로 시간이 많이 소용될 수 경우가 있고 공수가 많이 투입되어야 한다. 정량적 위험 분석 기법에는 '몬테카를로 시뮬레이션', '연간 예상 손실액(ALE)', '의사결정 나무', '민감도 분석', '확률분포 기법' 등이 있다. 보기에 있는 '우선순위 정렬법'은 정성적 위험 분석 기법에 해당된다.

033
정답: 1번

직무 분리는 ISMS-P 인증 기준뿐만 아니라 정보 보안 감사의 기본적인 요구 사항이다. 개발자, 운영자, 보안 담당자, 자산 관리자, 내부감사자 등의 직무를 한 사람이 겸할 수 없게 분리하여 권한을 최소화하고 보안 위협을 경감시키는 요구 사항이다. 또한, 데이터베이스는 적절한 기술과 솔루션을 이용하여 권한을 보유한 인증 받는 사용자만 접근할 수 있도록 해야 하며 접근한 정보와 활동 내역을 로그로 기록해야 한다. 그리고 데이터베이스의 SQL 질의문은 반드시 사전 승인, 사후 승인 등의 결재 절차를 통해 상위 권한자의 허가를 받아서 수행해야 하고 그 내역을 모두 기록해야 한다.

034
정답: 1번

이러한 시나리오 문제를 받았을 경우 많은 분들이 문제를 포기하거나 계산 시 어려움을 많이 겪는다. 하지만 문제에서 핵심만 추려 풀면 상당히 쉽게 풀 수 있는 문제이므로 절대 포기하지 않도록 한다.

- 고유 위험(Inherent Risk, IR): 내부 통제 시스템이 없다고 가정할 때 계정 잔액이나 거래에 중요한 왜곡 표시 사항이 내재될 가능성이며 현재 이 문제에서는 거래에서 아직까지 받지 못한 미수금 $300,000가 대상이 된다.
- 통제 위험(Control Risk, CR): 재무 자료에 내재된 중요한 왜곡 표시가 내부 통제 시스템에 의해 방지되지 못하거나 발견되어 수정되지 못할 가능성이며 현재 이 문제에서는 직원에 의해 유용이 된 $30,000가 대상이 된다.
- 목표 감사 위험(Tolerable Audit Risk, TAR): 전체 매출액의 30% 수준이므로 $3,000,000이 된다. ($10,000,000 ×30%)

문제에서는 목표 적발 위험(Tolerable Detection Risk, TDR)를 구해야 하므로 산술식은 다음과 같다.

계산식: TDR=TAR/(IR×CR)

9%=3,000,000/300,000+30,000

감사인이 허용하는 왜곡 표시는 감사에 대한 계획 중요성의 비율에 근거한 판단이다. 인지된 위험 수준이 높으면 허용 가능한 왜곡 표시는 계획 중요성의 더 작은 비율(예: 10~20%)이 된다. 반대로, 인지된 위험 수준이 낮으면 허용 가능한 왜곡 표시는 계획 중요성의 훨씬 더 높은 비율(예: 70~90%)이 될 수 있다.

035　　　　정답: 3번

B2C 인터넷 서비스를 제공하는 A 기업은 다양한 채널을 통해 서비스 장애를 인지하게 되었다. 우선 최종 소비자 고객들이 인터넷 문의 게시판에 글을 남기는 VOC(Voice of Customer)가 접수되었고 이는 서비스 데스크나 1선 처리를 통해 확인하게 된다. 이와 유사하지만 다른 채널인 콜센터는 고객의 전화 접수를 받아서 SR(Service Request)나 Incident로 등록하여 운영팀으로 전달하거나 직접 처리하게 된다. 그리고 IDC 관제 센터 내 실시간 모니터링 시스템과 운영팀 APM 모니터, 침입 탐지 시스템의 탐지 알람 등을 수신하는 것으로 탐지하게 되었다. 하지만 CR(Change Request)는 프로그램이나 데이터베이스 DDIC 등의 변경을 초래하는 변경 처리 프로세스이므로 이에 해당되지 않는다.

036　　　　정답: 1번

분산된 노드에서 동시다발적으로 HTTP Query String을 이용하여 정상적인 경로인 웹 서비스를 과도하고 호출하는 분산 서비스 거부 공격이다. 이러한 방식은 주로 웹 서버, 웹 애플리케이션 서버의 자원을 과도하게 소모시키며 서비스의 다운타임을 유발하게 된다. 따라서 데이터베이스의 읽기 전용 노드의 병렬적 확장은 효과가 없는 것은 아니지만, 다른 대응 방법에 비하여 가장 적합하지 않다고 볼 수 있다.

037　　　　정답: 2번

감사 위험(Audit risk)이란 감사인이 중요하게 왜곡표시 되어 있는 재무제표에 대하여 부적합한 감사 의견을 표명할 위험으로써 고유 위험, 통제 위험, 적발 위험의 세 가지 요소에 의하여 결정된다. 고유 위험(Inherent risk)은 관련된 내부 통제가 없다고 가정할 때, 특정 계정 잔액이나 거래 유형의 왜곡 표시가 단독으로 또는 다른 계정 잔액이나 거래 유형의 왜곡 표시와 합쳐서 중요하게 될 위험이며 통제 위험(Control risk)은 계정 잔액이나 거래 유형에 발생될 수 있는 왜곡 표시가 단독으로 또는 다른 계정 잔액이나 거래 유형의 왜곡 표시와 합쳐서 중요하게 될 수 있는데도 회사가 운용하는 내부 통제 제도에 의하여 방지되지 못하거나 또는 적시에 적발되어 수정되지 못할 위험이다. 그리고 적발 위험(Detection risk)은 계정 잔액이나 거래 유형에 존재하는 왜곡 표시가 단독으로 또는 다른 계정 잔액이나 거래 유형의 왜곡 표시와 합쳐서 중요하게 될 수 있는데도 감사인의 입증 절차에 의해서 적발되지 못할 위험이다. 외부감사인은 이러한 감사 위험을 내부 통제 제도를 통하여 수용 가능한 수준으로 낮출 수 있는지를 검토하고 시사한 후 평가함으로써 회사의 내부 통제 제도의 설계 및 운영을 개선하는 동시에 본감사를 경제적·효율적으로 수행할 수 있게 된다.

038

일반적으로 회피, 절감, 전이 및 수용을 포함하는 네 가지 일반적인 위험 완화 전략이 있다.

(1) **위험 회피(Risk Avoidance)**: 당신은 위험이 발생하는 것을 피하기 위해 필요한 모든 조치를 취한다. 위험이 발생하지 않도록 다른 요소를 손상시켜야 할 수도 있다. 예를 들어, 프로젝트의 특정 시점에서 중요한 활동을 완료하기에 충분한 전문가가 없을 위험이 있다. 이러한 위험을 피하기 위해 실제로 작업을 완료하는 데 필요한 것보다 훨씬 더 오래 고용할 수 있다. 또는 한 명이 아프거나 사용할 수 없는 경우를 대비하여 여러 명의 전문가를 고용할 수 있다. 물론 이 위험 완화 예에서는 프로젝트 예산과 같은 다른 것들과 비교해야 한다.

(2) **위험 절감(Risk Reduction)**: 이 완화 조치를 사용하면 위험 분석을 완료한 후 위험 이벤트가 발생할 가능성이나 발생할 영향을 줄이기 위한 조치를 취한다. 예를 들어 예산이 빠듯하고 자금 부족으로 특정 프로젝트를 완료하지 못할 위험이 있다고 가정해 본다면, 예산 내에서 비용을 사전에 관리하여 위험이 발생할 가능성을 줄일 수 있다. 원자재에 대해 더 저렴한 옵션을 선택하거나 예산 내에서 완료할 수 있도록 프로젝트 범위를 축소할 수도 있다.

(3) **위험 전이(Risk Transference)**: 위험을 전가하는 것은 위험이 문제가 되는 결과를 제3자에게 전가하는 것을 포함한다. 많은 비즈니스의 경우 특정 위험을 커버하기 위해 보험 회사에 비용을 지불하는 것이 포함될 수 있다. 또한, 공급자, 아웃소싱 파트너 또는 계약자와의 계약에 작성된 위험 이전이 있을 수 있다. 예를 들어, 프로젝트가 외부 계약자의 부품 또는 서비스를 기다리기 위해 지연되는 경우 계약자는 비즈니스에 발생한 수익 손실에 대해 불이익을 받을 수 있다.

(4) **위험 수락(Risk Acceptance)**: 수용 전략은 단순히 위험을 있는 그대로 수용하는 것이다. 때때로 보상의 가능성이 관련된 위험보다 더 중요하고 당신은 그저 기회를 잡기로 결정한다. 또한, 위험이 발생할 확률이 극히 낮거나 발생할 경우 부정적인 영향이 미미할 수 있다. 이 낮은 위험 범주의 항목에 대해 비즈니스는 위험을 수용하기 위한 지속적인 전략을 가지고 있을 수 있다. 위험 수용을 통해 영향이나 발생 가능성에 대한 변경 사항에 대해 위험을 주의 깊게 모니터링하는 것이 중요하다. 그리고 위험 선호도에 대한 위험을 계속 저울질하고 위험 노출에 대한 부담을 계속 짊어질 가치가 있는지 확인해야 한다.

039

현재 위험이 발생하는 것을 피하기 위해 필요한 모든 조치를 취하는 것이다. 시나리오를 볼 때 프로젝트의 특정 시점에서 중요한 활동을 완료하기에 충분한 전문가가 없기에 이러한 위험을 회피하기 위해 실제로 작업을 완료하는 것보다 더 오래 고용하는 전략으로 위험 회피 대응 방법 중의 하나이다.

040

RTO(Recovery Time Objective)는 재난 시 고객의 요구 사항은 재난이 닥치더라도 업무 재개가 몇 시간 이내에 이루어지기를 바란다. 그렇다면 RTO는 Mirror Site 혹은 Hot Site로 구성을 준비해야 한다. 다시 말해서 재난 시에 업무를 재개할 수 있는 다른 장소에서 수시간 이내에 고객 주문을 온라인으로 처리하겠다는 것이다. 시나리오상 업무 재개가 일주일 이내로 이루어지기를 바라기 때문에 Warm Site가 대안이 된다.

- Mirror Site: 실시간 혹은 1~2시간 이내
- Hot Site: 2시간 이내
- Warm Site: 1주일 이내
- Cold Site: 1개월 이내 혹은 그 이상

RPO(Recovery Point Objective)는 IT 관점이 포함되어 있다. 용인할 수 있는 데이터의 유실량이다. 고객이 재난 시, 제2의 장소에서 업무를 재개했을 때 고객 정보나 데이터가 바로 조금 전의 재난 시점의 것인지, 아니면 하루 전의 것인지, 일주일 전의 것인지를 결정하여야 한다. 즉 고객이 데이터의 중요성에 따라 결정해야 한다. 시나리오상 데이터는 Sensitive하고 일주일 이내로 복구하면 된다고 하였다. 따라서 Warm Site가 대안이 된다.

- Critical: 실시간 혹은 1-2시간 이전의 데이터
- Vital: 2시간 이내의 데이터
- Sensitive: 1주일 이내 혹은 현업 부서가 결정
- Non-Critical: 1개월 이내 혹은 현업 부서가 결정

041

정답: 2번

인터넷 데이터센터(Internet Data Center, IDC)란 전산 장비와 네트워크 설비를 갖추고 개인 또는 기업의 서버를 관리해 주는 시설을 말한다. 서버 호텔 또는 영어 약자로 IDC라고도 한다. 서버, 스토리지, 네트워크 장비, 랙, 케이지 등이 설치되어 있고, 항온항습기와 UPS 등의 인프라가 갖춰져 있다. 암호화폐 채굴장도 일종의 인터넷 데이터센터(IDC)라고 할 수 있다. 각 기관이나 기업에서 자체로 설치하여 운영하는 소형 인터넷 데이터센터(IDC)를 전산실이라고 한다. 인터넷 데이터센터(IDC)의 일정 공간을 임대하여 재판매하는 곳을 가상 인터넷 데이터센터(VIDC)라고 한다.

인터넷 데이터센터(IDC) 구축 시 고려 사항

(1) High Flexibility(고유연성): 비즈니스 환경에 따라 유연하고 신속하게 지원할 수 있는 유연성과 확장성이 보장되도록 구축

(2) High Density(고밀도): 그린 데이터센터처럼 고밀도 환경의 구성을 통한 고효율 데이터센터를 구성하는 것이 필수
- 랙 당 전력 밀도의 증가에 따른 적합한 전력의 분배 필요
- 냉각 성능의 향상
- 에너지 효율의 향상

(3) Management Optimization(관리 최적화): IT 및 시설 운영 모두에 걸친 통합적인 정보 수집 및 관리 기술을 통해 관리 효율 향상 및 자원 절감에 기여하는 기술이 필수

042

정답: 4번

MDM(Mobile Device Management) 보안 솔루션은 모바일 디바이스의 전반적인 통제를 수행하는 기업망에서 BYOD 보안 수준을 향상시키는 기술이다. 사진과 영상 촬영 통제, 비인가 핫스팟 생성 및 접속 통제, GPS 기반 위치 추적, 통화기록 확인, 연락처 확인 등이다. 녹음 기능에 대해서도 일부 지원하는 MDM 솔루션이 있지만 사생활 침해 여지가 굉장히 예민한 부분이므로 통화 내역과 연락처까지만 확인하는 것이 일반적이다. 사용자의 전화 음성, 영상을 자동으로 녹음하는 것은 가장 적절하지 않다

043

정답: 2번

모바일 사원증 태깅이 NFC이므로 보안 게이트는 통과했지만 MDM 활성화 요청을 클라이언트가 받지 못해서 OFF 상태로 건물에 출입된 것이다. A 기업의 보안 게이트에 모바일 사원증을 태깅하면 바로 문을 개방해주는 것이 아니라 MDM 클라이언트의 응답을 확인한 후에 개방하는 것이 가장 올바른 방법이다.

문제의 선택지 중 1)번은 과도한 보안 정책이거나 사생활 침해가 우려되는 방법이다. 3)번은 현실적으로 구현하기 힘든 방법이고 4)번은 과도한 비용이 필요하고 효과가 미미하기 때문에 적절하지 않다.

044

정답: 1번

NFC(Near Field Communication)는 근거리 무선 통신 기술로, 스마트카드, 모바일 사원증, 교통 카드 등의 다양한 곳에서 활용되는 기술이다. ISO/IEC 13157, 14443, 15693 등의 표준과 관련되어 있으며 13.56MHz 주파수 대역에서 424kbit/s의 통신속도를 구현한다. Card mode, R/W mode, P2P mode가 지원되는 오픈형 네트워크 표준으로 누구나 구현하여 사용할 수 있다.

045

정답: 3번

평균 고장 시간(Mean Time To Failure, MTTF)은 수리하지 않는 시스템, 설비 또는 제품 등의 사용 시작부터 고장날 때까지의 평균 시간으로, 수리할 수 없는 장치의 예상 수명 기간을 계산한다. 길수록 유리하다.

MTTF=총 가동 시간/고장 건수

=(가동 1+가동 2+가동 3)/고장 건수

=(20+15+30)/3=21.66

046

정답: 3번

평균 수리 시간(Mean Time To Repair, MTTR)은 고장이 일어난 시점부터 수리가 완료되는 시점까지의 평균 시간으로, 수리하는 데 얼마나 오래 걸리는지 계산한다. 짧을수록 유리하다.

MTTR = 총 고장 시간/고장 건수

= (고장 1+고장 2+고장 3)/고장 건수

= (5+3+8)/3 = 5.33

047

정답: 2번

평균 고장 간격(Mean Time Between Failure, MTBF)은 수리할 수 있는 시스템 또는 설비의 고장 발생 시점부터 다음 고장 발생 시점까지의 평균 시간으로, 수리 가능한 장치의 예상 수명 기간을 계산한다. 길수록 유리하다.

MTBF = MTTF + MTTR

= 고장률 = 고장 건수/총 가동 시간, = 1/고장률

= MTTF (21.66) + MTTR (5.33) = 27

= 총 가동 시간 (수리 시간 포함)/고장 건수 = (20+5+15+3+30+8)/3 = 27

048

정답: 4번

가용도(Availability)는 시스템 전체 운영 시간에서 고장 없이 운영되는 시간의 비율로, 프로그램이 주어진 시점에서 요구 사항에 따라 작동되는 비율이다.

Availability = MTTF/MTBF = MTTF/(MTTF+MTTR)

= 정상적으로 운영되는 시간/총 운영 시간

= 21.66/27 = 0.80

049

정답: 2번

현재 오후 12시부터 오후 6시까지 정전으로 인해 3시간 동안 서비스 불가하였다. 일일 거래량이 대략적으로 평균 60%가 이 시간대에 이루어진다. 따라서 60%이지만 3시간 서비스 불가이므로 30%가 손해로 인해 발생한 거래량이 된다. 따라서 계산은 하루 총 수입은 1억 원이며 그 중 30%가 손해를 보았으므로 총 3천만 원이 된다.

050

정답: 2번

평균 수리 시간(MTTR)은 기계 전자 부품이 고장 난 시점부터 수리하는 데 걸리는 총 시간으로 정의한다. 전자 기기와 같은 제품의 경우 고장이 발생하면 이를 수리하기 보다는 교체하는데, 이 때 고장이 발생한 하드웨어 부품을 새로운 하드웨어 부품으로 교체하는 데 걸리는 총 시간으로 설명된다. MTTR은 MTBF와는 다른 개념으로 시간이 짧을 수록 좋다는 것을 의미한다. 다시 말해 고장이 발생한 시점부터 새로운 부품이 도착하여 교체하는 시간의 총 합이 짧을수록 관련 기기의 정상 운전 도달 시간이 짧아진다는 것을 의미하기 때문이다. 대량 생산이나 고 부가 가치 제품을 생산하는 공정의 MTTR이 길 경우 이는 총생산 감소와 비례하며 손실을 동반하기 때문에 관련 기업에서는 MTTR 시간을 단축시키기 위해 주요 공정상에 주요 부품을 선정 예측하여 예비품을 재고로 보유한다.

051

정답: 4번

MTBF 값이 높게 나온다는 것은 해당 부품의 실패 (고장) 하기 전에 더 오래 작동할 가능성이 있다는 것으로 평가한다. 다시 말해 이는 부품의 신뢰성이 높다는 것을 의미한다. MTTF는 복구할 수 없는 시스템의 신뢰성에 대한 척도를 정의하는 용어로, 관련 제품의 수명을 측정하는 단위로 사용한다. MTTR은 공정의 보전성과 연관성이 높은 것으로 MTTR 시간이 짧을 수록 보전성이 높은 것을 의미한다.

052

CPI/SPI 기반 EAC의 공식은 다음과 같다.

EAC=AC+((BAC-EV)/(CPI x SPI))

CPI=EV/AC and SPI=EV/PV

CPI=EV/AC=80/130=0.62

SPI=EV/PV=80/100=0.8

EAC 공식을 사용한 계산은 다음과 같다.

EAC=AC+((BAC-EV)/(CPI x SPI))=130+((200 - 80)/(0.62 x 0.8))=371.94

053

전체적으로 171 이상의 예산 초과가 예상되며, 이는 완료 시 예산에 비해 85% 이상의 상당한 초과이다.

054

EAC=BAC/CPI 여기서 CPI=EV/AC 또는 EAC =AC/(EV/BAC)임. (동일한 결과를 가진 두 공식)

CPI=EV/AC=80/130=0.62

EAC=BAC/CPI=200/0.62=322.58

055

이 프로젝트의 누적 예상치는 프로젝트의 남은 시간 동안 확장되어 122.58의 예산 초과가 발생할 것으로 보고 있다.

056

Full Table Scan 방식이 일반적으로 질의문의 조회 시간이 오래 걸리고 데이터베이스 부하를 증가시키는 원인이 되는 것은 맞지만 무조건 삭제할 필요는 없다. 테이블을 조회하는 질의문의 검색 조건의 필드가 중복도가 낮은 Cardinality를 가지고 있는 경우에는 오히려 Full Table Scan이 유리할 경우가 있기 때문이다. 그리고 전체 테이블 데이터의 대부분을 조회해야 하는 비즈니스 요구 사항이 있을 때에는 Index Range Scan이 오히려 더 성능이 저하될 수도 있다.

057

원장 테이블은 기본적으로 가장 CRUD가 빈번하게 발생하는 테이블이기 때문에 바이너리 칼럼은 되도록 추가하지 않는 것이 좋으며 가능하다면 반정규화를 통해 별도의 테이블로 구성한다. 불가피하게 칼럼을 추가해야 한다면 프로그램에서 SELECT 칼럼명 FROM 으로 개발해서 불필요한 패치를 줄이도록 해야 한다. 또한, 바이너리 증적 파일을 사용해야 하는 화면에서만 호출하는 별도의 전용 함수(프로그램)를 개발하는 것도 대안이다.

058

A사의 프로젝트에서 수행한 가~마의 활동은 대부분 정적 보안성 점검 및 테스트 활동으로 분류할 수 있다. 정적 점검 활동은 프로그램의 구조 및 로직과 소스 코드 자체를 대상으로 보안 취약점 점검을 수행한다. 개발자와 개발 리더(선임 개발자)의 아이 체크, 코드 리뷰, 코드 인스펙션(Code-Inspection)등의 활동이 대표적인 기법이다. 통합 테스트 단계에서 보안 전문가와 개발자들의 전문가 리뷰를 진행할 수도 있다. 또한, 배포 및 릴리스 프레임워크와 연계하여 자동화된 점검 도구를 적용하는 것이 바람직하다.

059

문제에서 선택지 1)번 같은 경우 이미 발생한 문제를 발견하는 데는 도움이 되나 앞으로 미래의 문제를 해결하기 위해서는 바람직하지 않은 방법이다. 선택지 2)번 같은 경우 유지 보수 담당자를 다른 부서로 전배를 시키는 것은 의미가 없다. 특히 ERP 같은 경우 RBAC, 즉 역할 기반 접근 제어 방법이므로 Role을 부여하는데 있어서 이러한 문제를 근본적으로 해결하지 못한다. 선택지 4)번 같은 경우 유지 보수 담당자의 권한을 전부 수정하는 것은 올바른 방법이 아니다.

선택지 3)번 같은 경우 시나리오상 이러한 문제뿐만 아니라 관리자의 결재를 득함으로써 다양한 이슈 사항을 해결할 수 있는 가장 좋은 방법이 된다. 즉, 재무 관리자가 결재를 수행하면서 다른 취약점도 같이 해결할 수 있는 방법이 된다

060
정답: 3번

핵심 성공 요인(CSF)은 기업 경쟁력 향상을 위한 핵심 내부 역량이며, 목표 달성을 위해 반드시 수행해야 하는 필수 요소이다. 핵심 성공 요인의 개념은 1960년대에 매킨지 컨설팅사의 D. Ronald Daniel에 의해 개발되었다. 이후, 80년대 말 슬론 경영대학의 John F. Rockart에 의해 잘 다듬어지고 인기를 끌게 되었는데. John F. Rockart는 최고 경영자의 정보 요구를 이해하기 위한 수단으로 CSF를 다듬기 시작했다. CSF는 조직 전체의 조사, 인터뷰를 통해 도출되는 과정이 아니라 고위 경영자 중심으로 도출하는 기법이다. CSF는 오랜 경륜과 전문 지식, 통찰력 등에서 발현하는 주관적인 판단에 의해 결정되는 요소이다. 그렇기 때문에 해당 분야에 경험이 적거나 숙련도가 낮은 일반 직원으로부터 핵심 수행 요소들을 꺼내는데 한계가 있으며, 되도록이면 고위 경영자, 또는 임원진으로부터 CSF를 도출해야 한다. 만약 업무 또는 분야에 대한 경험이 부족한 집단으로부터 CSF를 도출해야 한다면 어쩔 수 없이 경험이 풍부한 조직이나 개인을 벤치마킹해야 한다.

CSF는 외부에서 주어지는 요건이나 우연히 발생하는 것이 아니라 많은 노력이 필요한 내부 활동 요인이기 때문에 벤치마킹 형태로 CSF를 도출하면 기업의 정체성을 잃어버리기 쉽다. CSF는 기업의 특성이나 경영 스타일에 따라 달라질 수 있는 주관적인 영역이라는 점을 간과해서는 안 된다.

내부 통제 자체 평가 프로그램을 채택할 때, 계획, 구현, 모니터링의 각 단계별 성공의 측정은 내부 통제 자체 평가에서 도출한 가치와 향후 사용을 결정하도록 개발하여야 한다. 핵심 성공 요인(CSF)은 내부 통제 시스템의 신뢰성을 결정하기 위해 사업 부서의 주요 목적을 파악할 수 있도록 적절하고 관련된 직원과 경영진이 포함된 사업 부서 대표들과 같이 회의를 진행하여 도출하도록 해야 한다.

061
정답: 3번

입증 자료를 검토하고 무효화시키는 것은 벤더에게 이중 지급하는 것을 예방하는 통제이다. 즉, 수표 담당자가 요구되는 서류를 검토하여 타당성이 있어 무효화를 한다면 이중 지급의 입증 자료로 재사용될 수는 없으며 따라서 벤더에게 이중으로 지급되는 일을 시스템상에서 수정하는 방법을 제외하고 가장 최선의 수작업 통제가 될 것이다.

수표 담당 직원이 벤더에게 직접 전달하는 것은 수표의 유용성을 예방하는 방법이며 이는 위의 시나리오상 해법과는 거리가 멀다. 담당 직원을 타 부서로 전배시키는 것도 벤더 이중 지급과는 연관성이 없으므로 올바른 대응이 아니다. 구매요청서는 구매 오더 및 송장 검증 전에 생성되는 문서이며 이는 위의 시나리오 문제와는 관련성이 없다.

062
정답: 2번

적절한 수량을 파악하기 위해서 검수 직원에게는 구매 주문서에 수량이 포함되지 않아야 하는 것이 원칙이다. 이는 검수 직원이 벤더에서부터 배송된 물품의 수량을 확인하고 검수 보고서를 작성한다. 이에 구매 담당자는 검수 직원이 보낸 검수 보고서와 구매 주문서의 물품 수량을 비교하여 입고 수량에 대해서 제대로 파악을 할 수 있게 된다. 또한, 구매 주문서 사본은 재고 관리 부서와 미지급 계정 관리 부서로 보내어져서 관리를 하게 된다. 만약 구매 주문서에 수량이 적혔다면 일부분만 배달된 배송 물품에 대해서 초과 지급을 할 수 있는 허점이 발생하게 된다. 즉, 검수 직원이

제대로 입고 물품에 대해서 파악하지 않게 되는 프로세스 우려 허점이 발생하게 된다. 참고로 구매 주문서와 수령 물품을 비교하는 것은 미승인 벤더 및 미승인 구매를 발견하는 데 도움을 주며, 나머지 보기는 이 시나리오 문제와는 관련성이 없다.

063

정답: 4번

문제의 시나리오에서 정보 보안 및 개인정보보호(PIMS, ISMS-P, ISO 27001) 관점으로 보았을 때 문제가 될 만한 항목은 라, 마 두 가지이다. 프로젝트 안정화 및 장애 대응이라는 목적이 있다 하더라도 해제되는 인력의 계정과 권한은 원칙상 즉시 삭제해야 한다. 또한, ITO 인력이 빈번하게 교체되는 상황일지라도 각 사용자들을 위한 별도의 계정으로 운용해야 하며 계정을 여러 명이 공유해서는 안 된다. 해당 인력이 교체되는 경우 사용하던 계정과 권한은 삭제되어야 하기 때문이다. 또한, 일정 기간 사용하지 않은 시스템 접속 권한은 몇 차례 통지 후에 비활성화해야 한다.

064

정답: 4번

문제의 시나리오에서 가장 눈에 띄는 문제는 사용자가 장기간 접속하지 않았음에도 계정이 그대로 활성화되어 있는 것이다. 이는 개인정보보호법에 저촉될 우려가 있으므로 일정 기간이 경과된 사용자의 계정은 휴면상태로 비활성화해야 한다. 그리고 사용자가 비밀번호 찾기를 요청했을 때 비밀번호 평문 정보를 그대로 전송했으며, 이는 비밀번호가 일방향 암호화 적용 없이 데이터베이스에 저장된 것이다. 따라서 내부자에 의해 비밀번호 정보가 외부로 유출된 위험이 있다고 볼 수 있다. 마지막으로 사용자가 여러 번 비밀번호를 입력해도 로그인이 잠기지 않았으므로 무작위 대입 공격에 노출되어 있다고 볼 수 있다.

065

정답: 3번

A 시스템의 오라클 데이터베이스에 역할(Role)을 생성하고 이를 계층적으로 구성하며 각 역할에 상세한 권한을 부여하고 있다. 그리고 해당 역할을 사용자와 개발자에게 할당하는 접근 통제 및 접근 제어 모델은 RBAC(Role based Access Control)이다. 오라클을 포함한 대부분의 상용 RDBMS 솔루션에서 RBAC를 적용하고 있으며 중앙 관리가 용이하며 대형 시스템의 많은 사용자에 대해 적용하기에 적합한 모델이다.

066

정답: 1번

운영 시스템에서 다양한 기능적 오류와 문제점이 서비스 데스크로 접수되며 변경 관리를 통한 프로그램 변경이 필요하지 않은 요청 건은 인시던트 관리 절차를 통해 1선 및 2선에서 처리된다. 인시던트는 임시 조치(Workaround)로 대응하여 조치될 수도 있는데, 동일한 인시던트가 반복되면 문제 관리로 이관하여 근본 원인을 분석하고 해결책을 도출하는 과정이 진행된다.

067

정답: 3번

둘 이상의 시스템이 충돌하는 경우 복구 계획은 데이터 일관성에 대한 필요성과 RTO 및 RPO와 같은 다른 목표 사이의 균형을 유지해야 한다. 복구 일관성 목표(RCO)가 이 목표의 측정 지표이다. 재해 발생 후 상호 연결된 시스템 내 분산된 비즈니스 데이터의 일관성에 대한 측정을 정의하기 위해 데이터 일관성 목표를 적용한다. 여기에 RCO(복구 일관성 목표)를 적용할 수 있다.

사용하는 메트릭은 RCC(복구 일관성 특성)로, 관련 응용 프로그램에서 복구된 데이터의 유용성을 측정한다. 즉, 재해 발생 후 상호 연결된 시스템 내 분산 데이터의 일관성을 측정하고 있다. RCO 및 RCC는 주문형 제조와 같은 특정 엔터프라이즈 프로세스에 대해 정의할 수 있다. 비즈니스 데이터의 실제 상태가 프로세스가 올바르게 작동하는 데 필요한 데이터 상태에 얼마나 가까운지 알 수 있다.

068 정답: 4번

RTO와 RPO는 절대적인 시스템 별 값이지만 RCO는 프로세스 그룹 또는 개별 비즈니스 프로세스에 대한 시스템 전반의 비즈니스 데이터의 실제 상태와 목표한 상태 사이의 편차를 측정하는 백분율로 표시된다.

RCO는 다음과 같이 계산된다.

RCO = ((총 개체 수) - (일치하지 않는 개체 수))/(총 개체 수)이다.

※ RCO = (10 - 2)/10 = 80%

069 정답: 1번

현재 IT 설치가 복잡해지고 미션 크리티컬 비즈니스 프로세스가 여러 시스템에 중첩됨에 따라 RCO가 점점 더 중요해지고 있다. 100% RCO는 복구 후 비즈니스 데이터 편차가 발생하지 않음을 의미한다. 따라서 100%의 RCO가 필요한 경우 일관성 없는 엔티티를 허용하지 않으며 그 반대의 경우도 마찬가지이다. 제조, 물류 및 금융 시스템(예: 은행)은 일반적으로 높거나 매우 높은 RCO를 요구한다. CRM 또는 HR 응용 프로그램과 같은 다른 응용 프로그램은 RCO가 낮아도 충분히 잘 작동할 수 있다. 어떤 경우이든 RCO는 RTO 및 RPO에 비해 한 단계 더 정교해졌다. 이는 RCO가 상호 연결된 시스템 그룹에 적용되는 반면 RTO 및 RPO는 개별 시스템에 적용되기 때문이다.

070 정답: 3번

델파이 기법은 어떠한 문제에 관하여 전문가들의 견해를 유도하고 종합하여 집단적 판단으로 정리하는 일련의 절차라고 정의할 수 있다. 이것은 추정하려는 문제에 관한 정확한 정보가 없을 때에 "두 사람의 의견이 한 사람의 의견보다 정확하다."라는 계량적 객관의 원리와 "다수의 판단이 소수의 판단보다 정확하다."라는 민주적 의사결정 원리에 논리적 근거를 두고 있다. 또한, 전문가들이 직접 모이지 않고 주로 우편이나 전자메일을 통한 통신 수단으로 의견을 수렴하여 돌출된 의견을 내놓는다는 것이 주된 특징이라 할 수 있다.

071 정답: 1번

LOC: 각 기능의 LOC(원시 코드 라인 수)의 낙관치, 기대치, 비관치를 측정하여 예측치를 구하고 이것으로 비용을 산정하는 기법이다.

예측치: (낙관치 + 4×기대치 + 비관치)/6

장점: 단순함, 쉽고 빠른 비용 산정

단점: 코드 재사용 등 환경 무시(부정확함)

총 라인 수 = 50,000

생산 라인 수 = 1,000

프로그래머 = 10

(50,000/1,000)/10 = 5

072 정답: 3번

노력(MM): 1,000

고정 투입 개발자 수: 20명

개발자 평균 연봉: 6,000만원

구현 단계 비중: 총 노력의 50%

= 개발자 평균 월 급여: (6,000만원/12개월) = 500만원

= 프로젝트 전체 기간: 1,000/20 = 50개월

= 프로젝트 전체 비용: 개발자 명수×개발자 1인 평균 월 급여×프로젝트 전체 기간

→ 20명×500만원×50개월 = 50억

= 구현 단계 비용: 프로젝트 전체 비용×구현 단계 비중

→ 50억×50% = 25억

073

정답: 4번

수학적 산정 기법에는 COCOMO 모형, Putnam 모형, 기능 점수(FP) 모형 등이 있다.

- 코드 라인 수(Lines Of Code): 소프트웨어 각 기능의 원시 코드 라인 수의 낙관치, 중간치, 비관치를 측정하여 예측치를 구하여 비용을 산정한다. 측정이 쉽고 이해하기 쉬워서 많이 사용한다. 예측치 = o(낙관치) + 4×m(중간치) + p(비관치)/6
- Man Month: 한 사람이 1개월 동안 할 수 있는 일의 양을 기준으로 프로젝트 비용을 산정하는 기법이다.
- Man Month = LOC/프로그래머 월간 생산성
- 프로젝트 기간 = Man Month/프로젝트 인력
- COCOMO(COnstructive COst MOdel): 프로그램 규모에 따라 비용을 산정하는 보헴이 제안한 모형으로 규모에 따라 조직형, 반 분리형, 임베디드형으로 나누어진다. 비용 견적의 유연성이 높아 소프트웨어 개발비 견적에 널리 쓰인다.
- Putnam 모형: 소프트웨어 개발 주기의 단계별로 요구할 인력 분포를 가정하는 모형으로 시간에 따른 함수로 표현되는 Rayleigh-Norden 곡선의 노력 분포도를 기초로 한다.
- FP(Function Point) 모형: 요구 기능을 증가시키는 인자별로 가중치를 부여하고, 요인별 가중치를 합산하여 총 기능의 점수를 계산하여 비용을 산정하는 방식이다.

074

정답: 2번

소프트웨어 비용 및 기타 관리 매개 변수를 추정하기 위해 여러 알고리즘 모델이 제안되었다. 완료 시간의 조기 예측은 적절한 사전 계획과 프로젝트의 파멸 가능성을 방지하는 데 절대적으로 중요하다. Putnam의 SLIM 모델은 프로젝트가 진행됨에 따라 프로젝트 완료 시간과 인력 요구 사항을 예측하는 데 광범위하게 사용되는 상당히 안정적인 방법을 제공한다. 그러나 Putnam이 사용하는 Rayleigh-Norden 곡선의 특성으로 인해 프로젝트의 초기 단계, 특히 대부분의 소프트웨어 프로젝트의 경우와 같이 빠른 인력 구축이 필요한 프로젝트에서 이 곡선은 신뢰할 수 없다.

075

정답: 3번

문제의 시나리오에서 가장 치명적인 보안 이슈는 퇴직자에 대해 업무 시스템 접속 권한과 VDI 자산이 회수되지 않았다는 점이다. 개인정보보호 및 정보 보안 관점에서 퇴사자의 정보는 즉시 반환하고 삭제처리 하는 것이 바람직하다. NAC 솔루션이나 출력물 보안 솔루션은 이러한 이슈에 적합한 대응 방법은 아니며 VDI 환경 내 외부망 접속 불가 처리도 스마트폰 촬영을 차단할 수는 없다.

076

정답: 2번

문서가 외부로 유출되더라도 사내망의 DRM 서버와 연결하여 적절한 암호를 입력해야 읽기가 가능하도록 하는 DRM(Digital Rights Management) 기술은 정보 보안의 핵심 기술이다. 또한, 자료가 유출된 경우 이미지, 문서 등의 자료에 눈에 보이지 않는 마크를 삽입하고 해당 마크를 통해 유출자를 추적하는 기법을 디지털 핑거프린팅이라고 한다.

077

상대 습도 구하는 공식은 다음과 같다.

습도=현재 수증기량/포화 수증기량×100

= (32.5/46.1)×100

=70%

포화수증기량표(상대 습도 100%): g/m3

60℃	129.7200	35℃	39.5830	10℃	9.3977	-15℃	1.3858	-40℃	0.1189
59℃	124.2100	34℃	37.5680	9℃	8.8171	-16℃	1.2679	-41℃	0.1066
58℃	118.8900	33℃	35.6410	8℃	8.2686	-17℃	1.1596	-42℃	0.0954
57℃	113.7700	32℃	33.7990	7℃	7.7494	-18℃	1.0595	-43℃	0.0854
56℃	108.8300	31℃	32.0390	6℃	7.2589	-19℃	0.9673	-44℃	0.0763
55℃	104.0800	30℃	30.3580	5℃	6.7956	-20℃	0.8821	-45℃	0.0682
54℃	99.4920	29℃	28.7560	4℃	6.3588	-21℃	0.8044	-46℃	0.0608
53℃	95.0840	28℃	27.2210	3℃	5.9466	-22℃	0.7328	-47℃	0.0542
52℃	90.8360	27℃	25.7600	2℃	5.5579	-23℃	0.6670	-48℃	0.0482
51℃	86.7550	26℃	24.3660	1℃	5.1917	-24℃	0.6067	-49℃	0.0429
50℃	82.8230	25℃	23.0380	0℃	4.8467	-25℃	0.5514	-50℃	0.0381
49℃	79.0420	24℃	21.7730	-1℃	4.4777	-26℃	0.5008	-51℃	0.0338
48℃	75.4140	23℃	20.5680	-2℃	4.1352	-27℃	0.4544	-52℃	0.0299
47℃	71.9250	22℃	19.4210	-3℃	3.8187	-28℃	0.4120	-53℃	0.0265
46℃	68.5700	21℃	18.3290	-4℃	3.5199	-29℃	0.3733	-54℃	0.0234
45℃	65.3500	20℃	17.2910	-5℃	3.2444	-30℃	0.3379	-55℃	0.0207
44℃	62.2590	19℃	15.5620	-6℃	2.9888	-31℃	0.3056	-56℃	0.0183
43℃	59.2930	18℃	15.3660	-7℃	2.7516	-32℃	0.2762	-57℃	0.0161
42℃	56.4480	17℃	14.4750	-8℃	2.5314	-33℃	0.2493	-58℃	0.0142
41℃	53.7180	16℃	13.6290	-9℃	2.3267	-34℃	0.2249	-59℃	0.0125
40℃	51.1020	15℃	12.8270	-10℃	2.1379	-35℃	0.2027	-60℃	0.0109
39℃	48.5950	14℃	12.0650	-11℃	1.9632	-36℃	0.1826		
38℃	46.1930	13℃	11.3430	-12℃	1.8014	-37℃	0.1642		
37℃	43.8930	12℃	10.6590	-13℃	1.6517	-38℃	0.1476		
36℃	41.6910	11℃	10.0110	-14℃	1.5133	-39℃	0.1326		

⌂참조 https://www.wpc.ncep.noaa.gov/html/dewrh.shtml?_x_tr_sl=auto&_x_tr_tl=ko&_x_tr_hl=ko

078

현재 상대 습도 70% 이상이며 프로젝트를 수행하기에 매우 적절하지 않은 상황이다.

상대 습도	영향
40~60%	적정한 습도
60%	액화나 응결, 부식 현상
~40%	정전기 증가

079

항온항습기는 실내 공기에 영향을 받는 각종 장비나 기기가 최상의 상태에서 작동될 수 있도록 공기 상태를 조절해주는 다기능 공조 기기를 말하는 것으로, 전산 기계실 등 온·습도에 민감한 장비가 있는 곳에 적절한 온·습도 유지를 위해 반드시 필요한 장치이다.

항온항습기의 냉각 코일에서는 냉각과 제습, 난방 코일에서는 난방과 재열, 가습기에서는 양질의 스팀 분사가 이루어지며 이런 기능의 조합으로 정밀한 온·습도 제어가 이루어진다. 항온항습기는 냉각열매체에 따라 공냉식, 수냉식 토출 방식에 따라 상향식, 하향식으로 구분되며 난방열매체로는 전기, 온수, 스팀을 사용할 수 있게 설계되어 있다. 대부분의 전산 기계실은 이중 마루가 설치되어 있기 때문에 하향 송풍식이 적당하다. 이러한 하향 송풍식은 기류의 흐름이 원활하여 실내 온·습도 유지에 유리하여, 중·대형 전산실에서 많이 사용하며, 실내의 천정고가 일정수준 확보되어야 한다. 또한, 수냉식 항온항습기는 옥외에 냉각탑(Cooling Tower)이 설치되어 있어야 한다. 항온항습기는 전산 기계실 근무자 또는 전문가에 의해 정기적으로 점검되어야 하며, 점검 항목은 다음과 같다.

- 항온항습기 경보 기능의 정상적인 작동 여부
- 순환 공기 온도 및 습도 점검
- 항온항습기 내 송풍기의 정상적인 작동 여부
- 항온항습기 온도, 습도의 최저/최고 간의 편차 점검
- 항온항습기 내 펌프 운전의 정상적인 작동 여부
- 항온항습기 고온, 저온 점검
- 항온항습기 내 필터의 주기적인 점검 및 교체
- 습도의 양을 주기적으로 점검
- 항온항습기 팬 펌프, 냉각수 흐름의 이상 장애 점검
- 항온항습기 내의 콤프레셔 이중화 여부 및 정기적인 점검

080

IS 감사자는 DLP 전략을 수립하기 전에 먼저 DLP의 핵심 구성요소가 무엇이며 어떻게 작동하는지 이해해야 한다. DLP 소프트웨어의 핵심 구성요소는 클라우드용 DLP를 제외하고 DLP 초기부터 변경되지 않았다. 하지만, 향후 더 많은 회사가 Amazon, Azure 또는 Google 컨테이너를 사용하여 클라우드에 데이터를 오프 프레미스로 저장하고 있다.

(1) DLP for the Endpoint: 데스크톱, 랩톱, USB 스토리지, 가상 데스크톱에 상주하는 데이터

(2) DLP at Rest or for Storage: 일반적으로 서버에 있는 구조화되지 않은 데이터 또는 데이터베이스에 있는 구조화된 데이터

(3) DLP for Network: 네트워크 인터넷으로 전송하거나 나가는 데이터

(4) DLP for Cloud: Google 드라이브에 있는 데이터. Office 365 이메일, 개인 이메일 제공업체

복잡성이 없는 Network DLP는 네트워크, 이메일 또는 웹을 통한 민감한 데이터의 흐름을 모니터링하고 제어하여 규정 준수를 지원하고 데이터 손실 위험을 줄이는 데 도움이 된다. 일반적으로 몇 시간 만에 배포되며 일단 배포되면 전용 리소스가 필요하지 않다. 네트워크 DLP 어플라이언스는 모든 네트워크 트래픽을 검사한 다음 보호를 보장하기 위해 정책을 시행한다. 정책 작업에는 허용, 확인, 차단, 암호화, 경로 재지정 및 격리가 포함된다.

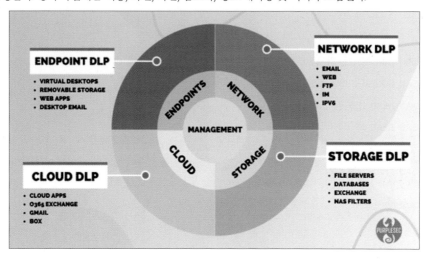

081

정답: 4번

가구를 구입할 수 있다고 가정하면 이러한 일이 발생할 가능성이 50%이고 비용이 $45,000이다. 따라서 계산식은 0.5×$45,000＝$22,500이다. 리퍼브 콘도 옵션에 대한 EMV를 합산하면 $54,500가 되며 이탈리아로의 이전은 동일한 계산식으로 $63,000가 된다. 따라서 결론은 수리에 대한 위험 비용이 더 낮다는 것을 풀이로 알 수 있다.

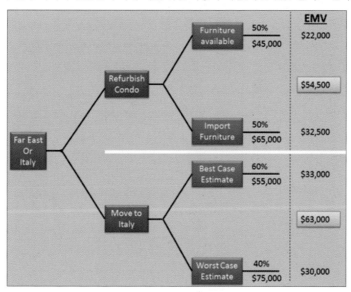

082

주 클라이언트 대 000, 001 및 066 보조 클라이언트 등 SAP에는 여러 클라이언트가 존재하고 있다. 000, 001 및 066 클라이언트는 시스템 관리자만 사용한다. 이러한 클라이언트의 경우 특수 필터를 설정하고 모든 사용자에 대한 모든 작업을 기록할 수 있다. 따라서 이러한 클라이언트는 너무 많은 항목이 발생하지 않기에 감사 클라이언트로 사용하기에 매우 적절하다.

083

정답: 3번

(1) 트랜잭션 RSAU_CONFIG: 보안 감사 로그 관련 커널 매개 변수 및 선택 프로필 유지 관리

(2) 트랜잭션 RSAU_CONFIG_SHOW: 트랜잭션 RSAU_CONFIG의 인쇄 가능한 표시 버전

(3) 트랜잭션 RSAU_READ_LOG: 감사 로그 평가

(4) 트랜잭션 RSAU_READ_ARC: 아카이브 데이터의 감사 로그 평가

(5) 트랜잭션 RSAU_ADMIN: 파일에 대한 무결성 보호 관리 로그 데이터 재구성

(6) 트랜잭션 RSAU_TRANSFER: 감사 프로필의 파일 기반 전송

084

정답: 1번

SAP 감사 로그에서는 3가지 검사 대상(Event Class)이 존재한다

- Critical: 항상 이 기능을 켜야 된다.
- Severe: 가능한 경우 스위치를 켠다.
- Uncritical: 스위치를 켜기에 매우 선택적이다.

085

정답: 4번

감사 로그를 켜려면 먼저 해당 시스템 매개 변수를 설정해야 한다.

- rsau/enable: 활성화하려면 1로 설정한다.
- rsau/local/file: 파일 위치를 /usr/sap/<SID>/<instno>/log/ 형식으로 설정한다.
- audit_<SAP_instance_number>: 감사 로그는 여전히 파일을 사용한다.
- rsau/max_diskspace_local: 최대 디스크 공간(최소 1GB로 설정)
- rsau/selection_slots: 기본값은 2이지만 일반적으로 10개 슬롯으로 설정된다.

불행히도 이러한 매개 변수는 동적이 아니므로 이러한 매개 변수를 활성화하려면 시스템을 다시 시작해야 한다. 활성화 후 트랜잭션 SM19(또는 최신 버전의 RSAU_CONFIG)로 이동하여 감사 로깅을 자세히 켤 수 있다. 첫 번째 단계는 프로필을 만들고 활성화하는 것이다. 다음 단계는 필터를 설정하는 것이다. 감사 로그 필터는 이벤트를 필터링하는 데 사용된다. 모든 이벤트를 선택하면 로깅 새도가 발생하고 기능을 신뢰할 수 없게 된다. 필터를 구성하려면 RSAU_CONFIG 트랜잭션을 사용한다. (이전 SM19 트랜잭션을 대체함).

086

정답: 4번

주요 필터 권장 사항(항상 중요한 항목(Critical) 점검을 반드시 켜고 살펴보아야 된다)에는 다음이 포함된다.

- 디버그 및 바꾸기 작업(Debug & replace actions)
- 디버그 시작(Debug start)
- 감사 로그 구성 자체의 변경 사항(Changes to audit log configuration itself)
- 사용자 생성(User creation)
- 실패한 로그온 시도(Failed logon attempts)
- 잘못된 비밀번호로 인한 사용자 잠금(User locks due to wrong password)

087

정답: 2번

심각하고 중요하지 않은 섹션에서의 다음 검사는 감사에 대한 부가적인 정보를 얻고자 하는 데 유용하다.

- 로그온 실패(Logon failed): 이것은 표준 사용자의 로그온 시도를 감지하는 데 도움이 될 수 있다. 감사 로그는 시도가 발생한 터미널 ID를 캡처한다.
- 운영 레포트 시작됨(Report started): 운영 시스템에서 SE38(프로그램 관리자 모드 실행) 등은 트랜잭션 코드 외부에서 보고서를 직접 시작하는 것이 허용되지 않지만 관리자에 의해서 여전히 발생하고 있다(모든 권한_프로그램 수행). 이 검사는 트랜잭션이 직접 실행이 되는 레포트를 기록한다.
- 운영 레포트 시작 실패(Start of report failed): 운영 시스템에서 사람들이 실제로 보고서를 시작할 수 있는지 여부를 파악한다(프로그램에 대한 권한여부 모니터링).
- 트랜잭션 잠금 및 잠금 해제(Transaction locked and unlocked): 이전 시스템에서 SM01(및 최신 시스템에서는 SM01_DEV 및 SM01_CUS)을 사용하여 트랜잭션의 잠금 및 잠금 해제 여부를 기록한다.
- 트랜잭션 시작됨(Transaction started): 이것은 사람들이 프로그램 수행 권한이 없는데 T-Code를 입력하여 불법적으로 프로그램

을 수행하였는지의 여부에 대해서 검사를 수행한다(즉, 여전히 사용자가 트랜잭션을 계속할 수 있는 권한이 없을 수 있는데, 감사 로그가 트랜잭션 시작을 캡처한다는 것을 기억해야 한다). 그리고 감사인은 많은 RBE(역 비즈니스 엔지니어링) 유형의 도구는 ST03 로깅이 아닌 이 감사 로그 추적에 의존하고 있다. 그 이유는 감사 로그가 집계 수준이 아닌 사용자 수준에 있고 일반적으로 더 오래 보관되기 때문이다.

- 사용자 삭제, 사용자 잠김 및 사용자 잠금 해제
- 사용자의 암호가 변경된다.

088

정답: 4번

RSAU_CONFIG_SHOW 트랜잭션을 사용하여 감사 로그 설정의 개요를 얻을 수 있다.

089

정답: 1번

모든 새로운 SAP 릴리스와 함께 SAP는 감사 로그도 개선해야 한다. 기본적으로 감사 로깅은 업그레이드 후에 업데이트되지 않는다. 따라서 업그레이드 후 감사 로그에 새 항목이 추가되었는지 확인하는 것이 좋다. 이벤트 매개 변수의 차이를 결정하기 위한 보고서는 감사 로그 구성에 대한 변경 사항을 표시하기 위해 새로운 보고서 RSAU_READ_LOG_DIFF를 사용한다.

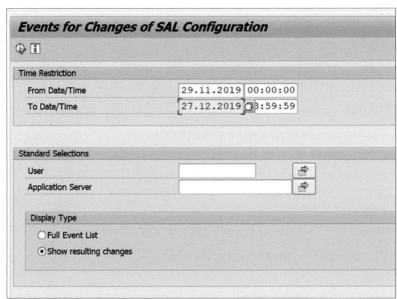

RSAU_ADMIN 트랜잭션을 시작하고 로그 파일 재구성 옵션을 시작한다. 감사 로깅 삭제 또는 RSAUPURG 프로그램을 실행/예약할 수 있다. 이 기능에 대한 제한된 액세스에 대한 통제는 필수이다.

감사 로그 데이터의 장기 저장을 위한 솔루션을 찾아야 하는 보안 또는 비즈니스 측면의 요구 사항이 있을 수 있다. 삭제는 당신을 위한 옵션이 될 수 없다. 왜냐하면 감사 로그는 향후 증적을 위해서라도 삭제해서는 안 되기 때문이다. 감사 로깅 데이터를 보관하려면 보관 개체 BC_SAL에 대한 설정을 활성화한다.

- 감사 로그를 전체 또는 부분적으로 데이터베이스에 저장한다.
- 트랜잭션 SU01의 로그온 데이터 탭에서 사용자 속성 사용자 그룹 권한 부여 확인(User attribute user group authorization)을 사용하여 사용자 그룹별로 필터링한다.
- 필터 수를 10개에서 90개로 늘린다.
- 파일 무결성을 확인하도록 한다.
- 권한 부여 개체 S_SAL과 함께 향상된 권한 부여 개념을 사용한다.
- 로그 데이터를 평가하기 위한 API는 CL_SAL_ALERT_API 클래스와 함께 제공된다.

테스트 결과의 평가는 다음과 같은 계산식으로 정의된다.

(1) 총 노출액: 10,000,000원

(2) 조정된 노출액: 10,000,000×24.5% = 2,450,000원

㈜ 20건의 샘플 중 2개의 예외 사항이 발견되었을 경우 90% 표본 위험 수준에서의 상한 이탈률(24.5%)

운영상의 미비점으로 인한 재무제표의 잠재적 왜곡 표시 규모는 2,450,000원으로, 미미한 수준의 기준 금액 6,000,000원 미만이다. 따라서 상기 미비점과 관련하여 추가적으로 고려할 요소는 없다고 판단된다. 따라서, 운영상의 미비점으로 인한 재무제표의 잠재적 왜곡 표시 규모는 단순한 미비점으로 판단된다. 앞의 표에서 행은 표본 수, 열은 발견된 예외 사항의 수를 나타내며, 테스트 시 사용한 표본 수와 발견된 예외 사항의 수에 해당되는 행과 열이 만나는 셀을 찾아 상한 이탈률을 구한다. 예를 들어, 표본 수가 60개이고, 발견된 예외 사항의 수가 3개인 경우 상한 이탈률은 10.8%가 된다. 상한 이탈률의 적용은 테스트 대상이 되는 모집단의 수가 충분히 크고 모집단을 구성하는 개별 항목의 금액적 변동이 적으며, 테스트 표본 수가 20개 이상인 경우에 적용한다. 또한, 테스트 결과 상한 이탈률이 20% 이하인 경우에만 적용하며, 20%를 초과할 경우에는 상한 이탈률을 적용하지 않고, 총노출액(Gross Exposure) 전체를 재무제표 왜곡 표시의 잠재적 규모로 한다.

—— 🏠 **출처** 한국공인회계사회

제 8 장

신기술 트렌드

해설편

001

정답: 2번

- 아마존(Amazon)의 Managed Blockchain Service: 널리 사용되는 오픈 소스 프레임워크인 Hyperledger Fabric 및 Ethereum을 사용하여 확장 가능한 블록체인 네트워크를 쉽게 만들고 관리할 수 있는 완전 관리형 서비스이다. 이 서비스를 사용하면 신뢰할 수 있는 중앙 권한 없이 여러 당사자가 트랜잭션을 실행할 수 있는 애플리케이션을 구축할 수 있다. 참가자가 확장 가능한 블록체인 네트워크를 쉽게 설정 및 관리할 수 있도록 하는 동시에 네트워크를 생성하는 데 필요한 오버헤드를 제거하고 수백만 개의 트랜잭션을 실행하는 수천 개의 애플리케이션의 요구를 충족하도록 자동으로 확장되는 완전 관리형 서비스이다. 네트워크가 가동되고 실행되면 Managed Blockchain을 사용하여 블록체인 네트워크를 쉽게 관리하고 유지할 수 있다. 인증서를 관리하고 참가자가 네트워크에 가입할 새 구성원을 쉽게 초대할 수 있다.

- 디지털 자산 모델링 언어(DAML): 금융 기관과 고객 간의 모델링 계약을 위해 설계된 컴퓨터 언어이다. Elevence라는 기술 회사에서 개발했으며 Elevence를 인수한 후 Digital Asset에서 퍼블리싱했다. DAML은 다자간 스마트 계약에서 사용하도록 특별히 설계되었다.

- 이더리움(Ethereum): 비트코인의 프로토콜과 블록체인 설계를 기반으로 하지만 화폐 시스템 이외의 응용 프로그램을 지원할 수 있도록 조정되었다. 유일한 유사점은 각 네트워크의 전체 거래 내역을 저장한다는 점이지만 이더리움의 블록체인은 그 이상을 수행한다. 거래 이력 외에도 이더리움 네트워크의 모든 노드는 네트워크 내 각 스마트 계약의 최신 상태 또는 현재 정보, 모든 사용자의 잔액 및 모든 스마트 계약 코드 및 저장된 위치를 다운로드해야 한다. 기본적으로 이더리움 블록체인은 트랜잭션 기반 상태 머신으로 설명할 수 있다.

- 하이퍼레저(Hyperledger): 엔터프라이즈급 블록체인 배포를 위한 안정적인 프레임워크, 도구 및 라이브러리 제품군 개발에 중점을 둔 오픈 소스 커뮤니티이다. 리눅스 재단에서 주최하는 글로벌 협업으로, 금융, 은행, 공급망, 제조 등 다양한 산업 분야의 회사가 포함된다. 기술 거버넌스와 공개 협업 하에 구축된 사용자는 플랫폼 개발 및 홍보에 참여할 수 있다. 하이퍼레저는 프로젝트 호스팅에 대한 모듈식 접근 방식을 사용하고 블록체인 및 공유 원장 PoC, 사용 사례, 현장 추적 및 배포를 개발하기 위한 기술 커뮤니티를 구축한다.

- R3: 오픈 소스 블록체인 플랫폼인 Corda와 상용 버전인 Corda Enterprise에서 블록체인 애플리케이션을 개발하기 위해 민간 및 공공 부문에서 여러 산업에 걸쳐 수십 명의 참가자로 구성된 광범위한 생태계와 협력하는 엔터프라이즈 블록체인 소프트웨어 회사이다.

- Microsoft ® Azure: Microsoft Azure 블록체인 플랫폼을 사용하면 완벽하게 관리되는 블록체인 네트워크를 간단하게 배포하고 내장된 거버넌스 및 코드리스 컨소시엄 관리를 통해 대규모로 관리할 수 있다. 모듈식 컨트롤은 쉬운 회원 온보딩, 코드 없는 권한 부여 및 단순화된 정책 시행을 제공한다. 또한 사용자는 이미 사용 중인 개발자 도구, 데이터 소스 및 애플리케이션과 통합되는 개방적이고 유연한 플랫폼에서 자신 있게 블록체인 애플리케이션을 구축할 수 있다.

002

정답: 1번

블록체인 기술 사용의 핵심 이점은 다음과 같다.

(1) 익명성(Anonymous): 거래와 관련된 개인정보(공개 블록체인의 경우)가 지갑 주소 및 공개 키에 연결되고 개인 식별 정보가 표시되지 않는 익명이다.

(2) 분산형(Distributed): 시스템이 더 안정적이며 더 탄력적이다. 구성요소 오류가 최소화되고 트랜잭션이 암호화되어 전 세계적으로 여러 노드에 저장된다.

(3) 탈중앙화(Decentralized): 중앙 기관을 신뢰할 필요가 없으므로 단일 실패 지점의 가능성이 줄어들고 블록체인이 비난에 저항할 수 있다.

(4) 불변성(Immutable): 데이터는 추가 전용이며 수정할 수 없다. 대부분의 경우 퍼블릭 블록체인 거래는 변조가 불가능하다.

(5) 투명성(Transparent): 투명성을 통해 거래 내역을 더 쉽게 감사할 수 있고 더 높은 정확성과 일관성을 제공한다.

003

정답: 1번

북미 전기 신뢰성 공사(North American Electricity Reliability. Corporation, NERC)는 조지아주 애틀랜타에 본사를 둔 비영리 법인으로, 북미 전기 신뢰성 협의

회(NERC)의 후계자로 2006년 3월 28일에 설립되었다. NERC는 여섯 개의 지역 신뢰성 기관을 감독하며 캐나다와 인접한 미국의 상호 연결된 모든 전력 시스템과 멕시코 바하 칼리포르니아 일부를 포함한다.

또한, NERC는 전기 정보 공유 및 분석 센터(E-ISAC)를 운영한다. E-ISAC는 북미 전역의 벌크 전력 시스템 소유자 및 운영자에게 보안 서비스를 제공한다. E-ISAC 서비스에는 특정 사이버 및 물리적 보안 위협 인텔리전스, 맞춤형 사이버 보안 지식 및 물리적 보안 협업이 포함된다. NERC가 미국 에너지부의 요청에 따라 설립한 E-ISAC는 애틀랜타에 있는 NERC의 벌크 전력 시스템 인식 팀과 긴밀히 협력하여 그리드에 대한 실시간 사이버 및 물리적 보안 위협을 모니터링한다. E-ISAC는 CRISP(사이버 보안 위험 정보 공유 프로그램)를 포함한 기능을 통해 중요한 자산 소유자 및 운영자와 협력하여 대량 전력 시스템에 영향을 미칠 가능성이 있는 사고 패턴에 대한 실시간 사이버 및 물리적 보안 데이터를 분석한다. NERC는 E-ISAC와 NERC의 규정 준수 및 집행 활동을 분리하는 방화벽을 가지고 있다.

──── 🏠참조 https://www.nerc.com/Pages/default.aspx

004
정답: 1번

(1) Classification/supervised

목적: 이전 관찰의 데이터 세트에 대해 학습하는 데 사용되며 학습된 내용을 새 데이터에 적용하려고 시도한다. 이를 위해서는 다른 레이블로 데이터를 분류해야 한다. 텍스트, 이미지 및 비디오를 포함한 다양한 종류의 입력과 함께 작동한다.

Cybersecurity Application: SME의 이전 악성 및 안전한 파일 식별에서 얻은 교육 데이터를 사용한 후 실행 파일 또는 PDF와 같은 기타 유형의 파일이 악성인지 또는 안전한지 확인하는 데 사용된다.

(2) Regression/unsupervised

목적: 종종 서로 다른 데이터 세트 간의 상관관계를 식별하고 숨겨지거나 눈에 띄지 않을 수 있는 관계를 이해하는 데 사용된다.

Cybersecurity Application: 일부 SIEM(보안 정보 및 이벤트 관리) 솔루션에서 다양한 로그 소스 간의 데이터 관계를 설정하는 데 사용된다. 프로세스에서 예측된 API(응용 프로그래밍 인터페이스) 호출을 이전의 합법적인 호출과 비교하여 이상을 식별하는 데 사용할 수 있다.

(3) Clustering/unsupervised

목적: 이전 데이터, 예제 또는 교육을 고려하지 않고 새 데이터에서 직접 작업한다. 클러스터링은 주로 서로 다른 아티팩트 간의 공통점을 식별하고 공통 기능을 기반으로 그룹화하는 데 사용된다.

Cybersecurity Application: 클러스터링은 트래픽을 분석하고 일반적인 패턴을 찾는 데 사용할 수 있다. 예를 들어 여러 컴퓨터에서 내부적으로 작동하는 멀웨어는 일반적인 패킷 크기 또는 빈도와 같은 특정 방식으로 데이터를 유출할 수 있다. 암호화된 트래픽도 공통 기능을 기반으로 하는 유출 트래픽으로 식별될 수 있다.

(4) Stacking/semiunsupervised

목적: 일반적으로 클러스터링이 수행된 후 결과 클러스터를 추가로 분할하는 데 사용된다.

Cybersecurity Application: 스태킹은 특정 인터넷 프로토콜(IP) 주소 또는 도메인과 같은 대상과 같은 기능에 따라 트래픽을 식별하고 그룹화할 수 있다. 유출 트래픽과 매우 유사해 보일 수 있는 트래픽은 특정 위치로 이동하기 때문에 무해한 것으로 그룹화될 수 있다.

005
정답: 1번

5G 핵심 네트워크(Core Network)에는 다음과 같은 위협이 존재한다.

- 원격 액세스 남용 (Abuse of remote access): 네트워크에 원격으로 액세스할 수 있는 악의적인 행위자가 가상 구성요소를 제어하여 구성 변경, 멀웨어 배포, 전송 중 데이터 수정 및 네트워크에 불법 데이터 삽입과 같은 활동에 참여할 수 있다.

- 인증 트래픽 스파이크(Authentication traffic spike): 네트워크가 처리할 수 있는 것보다 더 많은 신호 및 인증 요청을 경험하기 때문에 악의적인 행위자가 서비스 거부로 이어지는 대량의 인증 요청을 보낸다.

- 타사 호스팅 네트워크 기능 남용(Abuse of third party-hosted network function): 신뢰할 수 없는 클라우드 서비스 제공자가 사용자/제어판 트래픽에 액세스, 중단 및 수정할 수 있어 네트워크 가용성 문제 및 민감한 데이터가 공개될 수 있다.

- **API 취약점**(Application programming interface exploitation): 5G를 통해 가입자는 외부 네트워크에 대한 인터페이스를 통해 가입자에게 부가 가치 서비스를 제공하는 다른 사업자 네트워크로 로밍할 수 있다. API의 확장된 사용에 대한 새로운 5G 네트워크 아키텍처의 의존도가 제공하는 개방성과 프로그래밍 가능성으로 인해 공격자에게 가능한 길을 열어 준다.

006 정답: 2번

Qshing은 QR 코드와 피싱(Fishing)을 조합한 신조어이다. QR 코드는 다양한 기술적인 장점이 있지만 보안 측면에서 취약한 것이 사실이다. 스마트폰 등의 장치에서 QR 코드에 접근할 때 악성 코드가 포함된 앱 설치를 유도하거나 불법 사이트로 이동시키는 등의 공격 기법을 Qshing이라고 한다. SMS를 이용한 스미싱, 복제 사이트를 이용한 파밍, 전화를 이용한 보이스 피싱과 같이 공격 대상자를 속이는 해커들의 공격이다.

007 정답: 4번

인공 지능 서비스의 기반에 있는 지도 학습 유형의 딥러닝 알고리즘은 대용량의 레이블 데이터를 통해 학습 모델을 만들어야 한다. 사전에 학습데이터를 입력하고 모델을 만드는 과정에 고의로 조작된 데이터를 포함하여 편향된 서비스를 유발하는 공격 방법을 Poisoning Attack이라고 한다.

008 정답: 2번

SCADA(감독 제어 및 데이터 수집)는 장비 및 조건을 제어하기 위해 원격 위치에서 실시간으로 데이터를 수집하는 산업 프로세스를 제어하기 위한 소프트웨어 응용 프로그램의 범주이다. SCADA는 산업 프로세스와 관련된 데이터 기반 의사결정을 내리고 배포하는 데 필요한 도구를 조직에 제공한다. SCADA 시스템에는 실시간 데이터를 수집하기 위해 현장에 배치된 구성요소와 데이터 수집을 가능하게 하고 산업 자동화

를 향상시키는 관련 시스템이 포함된다. SCADA 구성 요소는 다음과 같다.

(1) 센서 및 액추에이터(Sensors and actuators): 센서는 산업 프로세스의 입력을 감지하는 장치 또는 시스템의 기능이다. 액추에이터는 프로세스의 메커니즘을 제어하는 장치 또는 시스템의 기능이다. 간단히 말해서 센서는 기계의 상태를 표시하는 게이지 또는 미터와 같은 기능을 하고, 액추에이터는 장치를 제어하는 데 사용할 수 있는 스위치, 다이얼 또는 제어 밸브와 같은 역할을 한다. 센서와 액추에이터 모두 SCADA 필드 컨트롤러에 의해 제어 및 모니터링된다.

(2) SCADA 필드 컨트롤러(SCADA field controllers): 이러한 인터페이스는 센서 및 액추에이터와 직접 연결된다. 필드 컨트롤러에는 두 가지 범주가 있다.

(2)-1 원격 터미널 장치(RTU)라고도 하는 원격 측정 장치는 센서와 인터페이스하여 원격 측정 데이터를 수집하고 추가 작업을 위해 기본 시스템으로 전달한다.

(2)-2 PLC(Programmable Logic Controller)는 일반적으로 RTU에서 수집한 현재 원격 측정 및 프로세스에 대해 설정된 표준을 기반으로 산업 프로세스를 제어하기 위해 액추에이터와 인터페이스한다.

(3) SCADA 감독 컴퓨터(SCADA supervisory computers): 이들은 모든 SCADA 프로세스를 제어하고 필드 장치에서 데이터를 수집하고 해당 장치에 명령을 보내 산업 프로세스를 제어하는 데 사용된다.

(4) HMI 소프트웨어(HMI software): SCADA 필드 장치의 데이터를 통합 및 표시하고 운영자가 SCADA 제어 프로세스의 상태를 이해하고 필요한 경우 수정할 수 있도록 하는 시스템을 제공한다.

(5) 통신 인프라(Communication infrastructure): 이를 통해 SCADA 감독 시스템은 필드 장치 및 필드 컨트롤러와 통신할 수 있다. 이 인프라를 통해 SCADA 시스템은 필드 장치에서 데이터를 수집하고 해당 장치를 제어할 수 있다.

009 정답: 1번

합의 알고리즘(consensus algorithm)이란 다수의 참여자들이 통일된 의사결정을 하기 위해 사용하는 알고리즘을 말한다. 합의 모델, 합의 방식, 합의 메커니즘 또는 합의 프로토콜이라고도 한다. 블록체인 시스템의

경우 네트워크에 참여하는 모든 참여자들이 동일한 데이터를 복사하여 분산 저장하기 때문에 원본과 사본의 구별이 없으며, 통일된 의사결정을 내릴 수 있는 권위 있는 중앙(center)이 존재하지 않는다. 이런 상황에서 합리적이고 효율적인 의사결정을 내릴 수 있는 다양한 알고리즘이 개발되었다.

(1) 작업 증명(Proof of Work, PoW): 목푯값 이하의 해시를 찾는 과정을 무수히 반복함으로써 해당 작업에 참여했음을 증명하는 방식의 알고리즘이다. 채굴을 통해 작업 증명을 한다. 비트코인, 이더리움, 라이트코인, 비트코인캐시, 비트코인골드, 모네로, 지캐시, 시아코인, 불웍, 에이치닥 등의 암호화폐에서 작업 증명 방식을 사용하고 있다.

(2) 지분 증명(Proof of Stake, PoS): 해당 암호화폐를 보유하고 있는 지분율에 비례하여 의사결정 권한을 주는 방식이다. 주주총회에서 주식 지분율에 비례하여 의사결정 권한을 가지는 것과 유사하다. 채굴 과정이 필요 없다. 큐텀(QTUM), 피어코인(Peercoin) 등의 암호화폐가 지분 증명 방식을 사용하고 있다. 스트라티스(Stratis)는 처음에 작업 증명 방식을 사용했으나 지분 증명 방식으로 변경했다. 이더리움도 이더리움 2.0부터 작업 증명 방식을 벗어나 지분 증명 방식을 채택할 예정이다.

(3) 권위 증명(Proof of Authority, PoA): 권위 있는 기관에서 조건에 맞는 노드를 증명해 이들 간 합의를 이루는 방식이다. 두나무 블록체인 서비스(DBS)는 권위 증명 방식을 사용한다. 권위 증명에서는 블록체인에 참여한 멤버 전원에게 네트워크 운영에 참여할 권리를 주고 전원이 해당 권한 위임에 투표를 진행한다. 참여자들이 다른 참여자의 권한 위임에 투표함으로써 모든 멤버가 지속적으로 합의 알고리즘에 참여할 수 있다. 네트워크 관리자는 순차적이고 투명한 투표 진행으로 네트워크에 대한 권한을 바꿔주기만 하면 된다.

(4) 위임 지분 증명(Delegated Proof of Stake, DPoS): 암호화폐 소유자들이 각자의 지분율에 비례하여 투표권을 행사하여 자신의 대표자를 선정하고, 이 대표자들끼리 합의하여 의사결정을 내리는 방식이다. 국민의 대표로 의원을 뽑아 의회를 구성하는 대의 민주주의 제도와 유사하다. 이오스, 스팀, 리스크, 엘프, 라이즈, 아크, 비트셰어, 시프트, 보스코인 등이 위임 지분 증명 방식을 채택하고 있다.

(5) 프랙티컬 비잔틴 결함 감내(Practical Byzantine Fault Tolerance, PBFT): 네오, 질리카, 하이퍼레저, R3, ITC, 텐더민트 등에서 사용하는 합의 알고리즘이다. 이 기술은 여러 노드로 구성된 네트워크에서 악의적 공격을 방어하기 위해 만들어졌다.

010

정답: 1번

머신 비전 기술은 산업용 장비가 수행하는 작업을 '확인'하고 확인된 내용에 따라 빠른 결정을 내릴 수 있는 능력을 제공한다. 머신 비전의 가장 일반적인 용도는 시각 검사와 결함 감지, 부품의 위치 지정 및 측정, 제품 식별, 정렬 및 추적이다. 제조에 적용된 머신 비전은 제품 품질과 전반적인 시스템 효율성을 개선하고, 제조 라인의 처리량을 늘리며 인건비를 절감하고 근로자가 더 높은 가치의 작업에 집중할 수 있도록 한다.

각종 산업 분야가 자동화로 전환되면서 반도체 업계는 물론 알루미늄, 자동차, 휴대폰, 물류, 제약/의료, 식음료, 소비재, 목재, 섬유, 유리, 철, 주조, 화학 등 거의 업계 전체의 생산 공정에 단순한 측정뿐만 아니라 획득한 영상의 처리, 판단 프로세서까지 사용자의 목적에 맞게 광범위하게 사용되고 있다.

011

정답: 1번

한 작업 공간에서 사람과 함께 일하는 '협동 로봇(Collaborative Robot, Cobot, 코봇)'이 최근 산업계 전반에 빠르게 확산하고 있다. 업무 효율을 높이고, 사고 발생을 줄이기 위해 2010년 전후로 등장한 코봇은 산업 현장에서 꾸준히 활용되어서 왔지만, 코로나 사태를 계기로 도입률이 가파르게 올라가는 추세이다. 코봇은 사람과 가까운 거리에서 함께 일하는 동료라는 점에서 사람의 접근이 금지된 공간에서 움직이는 전통적인 산업용 로봇과 차이가 있다.

보통 산업용 로봇은 매우 빠른 속도로 움직이며, 수백~수천kg에 달하는 거대한 물건을 들어서 옮기거나 초고온 및 초저온 상태에서 작업하는 등 사람이 할 수 없는 일을 대신해주는 역할을 한다. 반면 코봇이 하는 일은 사람이 할 수 있지만, 단순 반복 작업이어서 효율이 떨어지거나 장시간 작업하면 몸에 무리가 갈 수 있는 일이 대부분이다. 산업용 로봇처럼 초인적 역할을 하는 것이 아니기 때문에 코봇의 길이는 평균 1~2m에 불과하고, 움직임이나 형태는 사람의 팔과 비슷하다. 코봇이 들 수 있는 최대 무게도 보통 20kg 미만이다. 또한, 안전에 위협이 되지 않을 정도의 속도로 움직인다. 화상 초음파 등 센서를 통해 주변 상황을 인식하며 위험한 상황에서는 즉각 멈추도록 설계되어 있다.

012
정답: 4번

인공 지능 서비스의 기반에 있는 지도학습 유형의 딥러닝 알고리즘은 대용량의 레이블 데이터를 통해 학습 모델을 만들어야 한다. 사전에 학습 데이터를 입력하고 모델을 만드는 과정에 고의로 조작된 데이터를 포함하여 편향된 서비스를 유발하는 공격 방법은 Poisoning Attack이라고 한다.

013
정답: 4번

콘텐츠 전송 네트워크(Content Delivery Network, CDN)은 지리적으로 분산된 여러 개의 서버이다. 웹 콘텐츠를 사용자와 가까운 곳에서 전송함으로써 전송 속도를 높인다. 전 세계 데이터센터는 파일 복사본을 임시로 저장하는 프로세스인 캐싱을 사용한다. 따라서 사용자는 가까운 서버를 통해 웹 활성화 디바이스 또는 브라우저에서 인터넷 콘텐츠에 빠르게 접속할 수 있다.

CDN은 웹 페이지, 이미지, 비디오 등의 콘텐츠를 사용자의 물리적 위치와 가까운 프록시 서버에 캐싱한다. 이렇게 하면 콘텐츠가 로딩될 때까지 기다릴 필요 없이 영화 감상, 소프트웨어 다운로드, 은행 잔고 확인, 소셜 미디어 포스팅, 구매 등의 작업을 할 수 있다. 온라인 동영상 스트리밍 서비스를 제공하는 넷플릭스(Netflix)는 전 세계의 사용자들에게 안정적인 서비스를 제공하기 위해 2011년에 자체 CDN을 구축했다. 넷플릭스의 서비스 범위가 전 세계에 걸쳐 있고, 구독자의 절반 이상이 미국 외의 지역에 분포하고 있어 콘텐츠를 안정적이고 빠르게 세계 각지로 전달하기 위해서는 CDN 기술이 필수적이다.

014
정답: 4번

암호화폐 거래소(Cryptocurrency exchange)는 암호화폐와 화폐를 환전해 주는 거래소이다. 달러나 엔화를 환전해주는 외환 거래소를 생각하면 된다. 해외에서는 암호화폐 시장(cryptocurrency market)으로 부르기도 한다. 전 세계적으로 보안 수준을 올리는 수준임에도 불구하고 해킹 사건은 번번이 일어나고 있고 빗썸은 무려 350억 원에 달하는 코인을 해킹으로 도난당하고 말았다. 일반적으로 암호화폐 거래소의 공격에 대한 대응 방법은 다음과 같다.

(1) 물리적 방어 조치를 취하도록 한다.
(2) 침입한다고 해도 암호화폐를 가져갈 수 없도록 만들어야 한다.
(3) 탈취에 성공했다고 하더라고 사용할 수 없게 만들어야 한다.
(4) 내부적으로 보안 정책이 잘 실행되고 관리되는지 모니터링을 수행해야 한다.

4)번의 횡령 사건은 2018년 4월 5일 발생한 사건으로, 서울 남부지검은 암호화폐 거래소 5위 업체 코인네스트의 김익환 대표와 실장급 임원을 횡령·사기 혐의로 긴급 체포를 하였다. 이는 암호화폐 거래를 한 것처럼 꾸미고 입금된 고객의 돈을 회사 대표나 임원들의 계좌로 넣어버린 사건이다. 이에 대한 대응 방법은 내부자 통제를 강화해야 하며 일반적인 외부 공격자의 해킹에 대한 대응 방법과는 거리가 멀다.

—— 🏛 암호화폐 거래소: https://coinmarketcap.com/

015
정답: 3번

제로 트러스트 네트워크 액세스(ZTNA)는 전체 위험을 크게 줄일 수는 있지만 모든 위험을 완벽하게 제거할 수는 없다.

(1) 트러스트 브로커는 모든 종류의 실패에 대한 단일 지점이 될 수 있다. ZTNA 서비스를 통과하는 완전히 격리된 응용 프로그램은 서비스가 중단되면 작동을 중지한다. 잘 설계된 ZTNA 서비스에는 전체 가용성에 영향을 미치는 중단 가능성을 최소화하기 위해 여러 진입점과 출구점이 있는 물리적 및 지리적 중복성이 포함된다. 또한, 공급업체의 SLA를 통해 해당 제품을 얼마나 강력하게 볼 수 있는지 알 수 있다. 그러므로 비즈니스 중단을 최소화하는 SLA가 있는 공급업체를 선호한다.

(2) 트러스트 브로커의 위치는 사용자에게 지연 문제를 생성하여 사용자 경험에 부정적인 영향을 미칠 수 있다. 잘 설계된 ZTNA 제품은 다중 POP에 엔터프라이즈 정책의 분산 복사본을 제공하고 피어링 관계와 결합하여 대기 시간을 줄이면서 중복성을 개선한다.

(3) 공격자는 트러스트 브로커 시스템을 손상시키려고 시도할 수 있다. 가능성은 낮지만 위험은 제로가 아니다. 공용 클라우드를 기반으로 하거나 주요 인터넷 통신 사업자에 보관된 ZTNA 서비스는 공급자의 강력한 테넌트 격리 메커니즘의 이점을 얻고 있다. 그럼에도 불구하고 테넌트 격리가 무너지면 공격자가 공급업체 고객의 시스템에 침투하여 이들 사이에서 측면으로 이동할 수 있다. 손상된 트러스트 브로커는 즉시 중복된 트러스트 브로커로 장애 조치해야 한다. 할 수 없다면 페일 클로즈(Fail closed)가 되어야 한다. 즉, 남용을 방지할 수 없다면 인터넷 연결이 끊어져야 한다. 이러한 입장을 취하는 공급업체를 선호해야 한다. 또한, 공급업체가 서비스 무결성에 영향을 미치는 문제에 대해 인프라를 부지런히 모니터링하는 자체 보안 운영 팀을 유지하는지 확인해야 한다.

(4) 손상된 사용자 자격 증명으로 인해 로컬 장치의 공격자가 장치에서 정보를 관찰하고 유출할 수 있다. 장치 인증과 사용자 인증을 결합한 ZTNA 아키텍처는 이러한 위협을 어느 정도 포함하여 공격이 장치 자체를 넘어 전파되는 것을 차단한다. 가능한 경우 MFA를 ZTNA 프로젝트와 함께 사용하는 것이 좋다. (다단계 인증 및 액세스 관리로 원격 액세스 보안 강화).

(5) 트러스트 브로커 실패 및 사용자 자격 증명에 대한 우려를 감안할 때 ZTNA 관리자 계정은 공격을 받을 수 있다. 관리자 수를 제한하고 관리자의 활동을 모니터링하여 내부 위협을 줄이고 기본적으로 관리자에 대한 강력한 인증을 요구하는 공급업체를 선호해야 한다.

(6) 일부 ZTNA 공급업체는 웹 애플리케이션 프로토콜(HTTP/HTTPS)만 지원하는 개발에 집중하기로 선택했

다. ZTNA 서비스를 통해 레거시 응용 프로그램 및 프로토콜을 제공하는 것은 공급업체가 개발하고 고객이 배포하기가 기술적으로 더 어려울 수 있다.

(7) 일부 공급업체는 실시간 통신 애플리케이션을 위한 보다 효과적인 전송을 가능하게 하기 위해 DTLS 사용을 채택했다. 클라이언트는 ZTNA를 통해 실시간 애플리케이션을 활용하려는 경우 공급자가 이 프로토콜을 지원하는지 확인해야 한다.

(8) 시장은 유동적이며 소규모 공급업체는 아쉽게도 사라지거나 인수될 수 있다.

016
정답: 3번

많은 CASB 보안 기능은 엔터프라이즈/웹 애플리케이션 방화벽 및 보안 웹 게이트웨이와 같은 다른 보안 제어에서 제공하는 기능과 비교하여 고유하며 다음을 포함할 수 있다.

(1) 클라우드 거버넌스 및 위험 평가

(2) 데이터 손실 방지

(3) 협업 및 공유와 같은 클라우드 서비스의 기본 기능에 대한 제어

(4) 위협 방지, 종종 사용자 및 엔티티 행동 분석(UEBA)

(5) 구성 감사

(6) 멀웨어 감지

(7) 데이터 암호화 및 키 관리

(8) SSO 및 IAM 통합

(9) 상황별 접근 제어

017
정답: 4번

엘라스틱 서치(Elastic search)는 실시간 검색을 제공하면서 집계 기능을 제공하고, 시스템 확장에도 용이하여 로그 시스템 개발에 활용하기 적합하다. 결과에 대한 통계를 제공해서 사용자가 흥미를 느끼는 것에 대해 범위를 좁혀 갈 수 있어야 한다. 데이터 검색을 위해서는 몇 가지 이슈를 다루어야 한다. 관련 검색 결과를 내놓고, 통계를 제공하고, 빠른 처리 속도가 필요하다. 엘라스틱 서치의 속도와 확장성, 그리고 수많은 종

류의 콘텐츠를 색인할 수 있는 능력은 다음과 같은 다양한 사용 사례에 이용될 수 있다.

- 애플리케이션 검색
- 웹 사이트 검색
- 엔터프라이즈 검색
- 로깅과 로그 분석
- 인프라 메트릭과 컨테이너 모니터링
- 애플리케이션 성능 모니터링
- 위치 기반 정보 데이터 분석 및 시각화
- 보안 분석
- 비즈니스 분석

데 악용될 수 있다.

이러한 최신 취약점으로 말미암아 현재 이러한 장치를 사용하는 모든 산업 시스템이 공격에 취약하다. 이는 사이버 공격자가 이러한 버그를 악용하여 큰 피해를 입힐 수 있음을 의미한다.

NicheStack은 전 세계적으로 200개 이상의 산업 제어 시스템 공급업체에서 생산한 제품에 사용된다. 널리 사용되는 프로토콜과 매우 취약한 취약점 풋프린트를 사용하면 소유자가 손실을 방지하기 위해 가능한 한 빨리 이러한 방법론을 배포해야 한다.

— 🏛️참조   https://youtu.be/plgtt1BD-nl

018   정답: 3번

NicheStack은 산업용 제어 장치(ICS)의 임베디드 운영체제에 사용되는 독점 인터넷 프로토콜 버전 4(IPv4) 네트워크 계층이다. HVAC(난방, 환기 및 공조) 시스템과 같은 대규모 산업 시스템의 일부인 장치를 제어하기 위해 인터넷을 통한 통신이 가능하다.

INFRA: HALT는 특히 NicheStack 네트워크 계층을 사용하는 장치에 영향을 미치는 일련의 취약점이다. 이러한 취약성에 대해 알고 있고 이러한 장치가 작동하는 네트워크에 액세스할 수 있는 공격자는 이 지식을 사용하여 원격으로 코드를 실행할 수 있다. 이 코드는 시스템 장애를 일으켜 재정적 피해를 초래할 수 있다. 연구원들은 이러한 취약점을 찾고 시스템 소유자에게 패치를 수행하고 식별된 위험을 완화하기 위한 기타 보안 조치를 취할 수 있도록 알리기 위해 노력해왔다.

INFRA: HALT는 일반적으로 산업 제어 시스템(ICS) 공급업체에서 사용하는 NicheStack TCP/IP(전송 제어 프로토콜/인터넷 프로토콜) 스택에 영향을 미치는 보안 취약점 그룹에 부여된 이름이다. 스택은 일반적으로 인터넷을 통해 장치에 액세스하고 제어할 수 있도록 실시간 운영체제(RTOP)에 내장된다. 버그 그룹은 RCE(원격 코드 실행), DoS(서비스 거부), TCP 스푸핑 및 DNS(도메인 이름 서버) 중독과 같은 공격을 허용하는

019   정답: 1번

다양한 공격 벡터와 실패 모드, 그리고 다양한 접근 방식이 관리자가 방어하는 데 어떻게 도움이 되는지 분석한다. 그리고 그러한 사건을 방지하고 예방한다. 암호화폐 및 기타 암호화 자산(cryptocurrencies)의 분석한 취약점의 유형은 다음과 같다.

- 물리적 접근(Physical access): 키 자료에 대한 물리적 액세스
- 부채널 공격(Side-channel attacks): 개인 키 자료의 손실로 이어지는 하드웨어 오류
- 무작위화 약점(Randomization weaknesses): 무작위화 알고리즘 약점, 컴퓨팅에 악용될 수 있음(추측할 수 없는 키가 되어야 함)
- 양자 컴퓨팅(Quantum computing): 각각의 공개 키에서 개인 키 데이터 계산(무언가 현재 비대칭 암호화 설계로 방지되지만 미래의 양자 컴퓨팅으로 잠재적으로 실현 가능)
- 무단 작업(Unauthorized operations): 공격자가 자산에 서명할 수 있도록 하는 키를 사용한 무단 작업(출금 거래 등)

020   정답: 1번

가트너는 하이브리드/멀티 클라우드 데이터센터에서의 워크로드 보호를 위해 중요한 기능을 8개 레이어로 설명한다. 8개 레이어는 다음과 같다.

(1) 보안 강화 및 설정/취약점 관리(Hardening, Configuration and Vulnerability Management): 워크로드 이미지는 필요한 코드와 소프트웨어로만 구성된다. 텔넷/FTP, 브라우저 등 불필요한 애플리케이션이 제거됐는지, 산업 표준이나 기업 가이드라인 등에 맞게 시스템 보안 설정이 구성됐는지, 취약점이 존재하는지 등을 점검하고 관리한다.

(2) ID 세그멘테이션 및 네트워크 가시성(Identity-based segmentation and Network Visibility): 워크로드별 방화벽 및 세그멘테이션 기능으로 각 워크로드를 보호하고 네트워크 가시성을 제공한다. 사용자는 CSP(클라우드 서비스 제공 기업)가 기본적으로 제공하는 세그멘테이션(AWS Security group, Azure Network Security Group 등)을 활용하거나 CWPP가 제공하는 보안 기능을 이용할 수도 있다. 이스트-웨스트(East-West) 통신에서의 네트워크 공격 탐지를 위해 요구되고 있다.

(3) 시스템 무결성 보장(System Integrity Assurance): 워크로드를 인스턴스화(시작)하는 동안 무결한지 검증하거나 워크로드가 부팅된 후 시스템 파일 및 구성에 주요한 변경사항이 있는지 실시간으로 모니터링한다. 일반적으로 FIM(File Integrity Monitoring, 파일 무결성 모니터링)과 같이 중요 파일에서 레지스트리, 시작 폴더, 부트로더(Boot loader) 등을 모니터링한다.

(4) 애플리케이션 제어(Application Control/Whitelisting): 일반적으로 서버는 단일(Single) 애플리케이션을 구동한다. 서버에서 무슨 실행 파일을 구동할 것인지 제어함으로써 보안을 강화할 수 있으며, 자동 거부(Default Deny) 또는 제로 트러스트 보안 형상(Zero-Trust Security Posture)을 적용할 수 있다.

(5) 취약점 예방 및 메모리 보호(Exploit Prevention/Memory Protection): 운영체제 및 실행 가능한 애플리케이션 취약점에 대응하며, 메모리상 악성 코드 실행 등 파일리스 공격으로부터 서버 워크로드를 보호한다.

(6) 서버 워크로드 EDR, 행위 모니터링 및 위협 탐지/대응(Server Workload EDR, Behavioral Monitoring and Threat Detection/Response): 워크로드의 네트워크 통신, 프로세스 시작, 파일 오픈, 로그 등을 모니터링해 의심스러운 행위를 탐지하고 이에 대응한다. 또는 허용된 애플리케이션 행위에서 벗어난 비정상적인 행위가 있는지 탐지하는 형태이기도 하다. 호스트 기반 에이전트 방식으로 탐지되거나 네트워크 또는 클라우드 베이스 기반으로 탐지되는 형태도 존재한다.

(7) 호스트 기반 침입 탐지 시스템(Host-Based IPS With Vulnerability Shielding): 워크로드 환경으로 유입되는 네트워크 트래픽을 분석해 알려진 취약점에 대한 공격을 탐지/차단한다. 네트워크 기반 IPS만으로는 워크로드 보호 외에 가상 머신 간(Inter-VM), 컨테이너 간(Inter-Container-Based) 공격으로부터의 보호는 어렵다. 반면 HIPS(호스트 기반 IPS)는 패치되지 않거나 또는 패치될 수 없는 호스트를 제로데이 취약점 공격으로부터 보호하며, 서버 워크로드를 보호하는 데 중요한 역할을 수행할 수 있다.

(8) 안티 멀웨어 스캐닝(Anti-malware Scanning): 시그니처 기반의 안티 멀웨어 스캐닝을 말한다. 일반적으로 관리되고 있는 서버 워크로드에서는 필요성이 크지 않으며, NFS 서버나 FTP 서버 등의 파일 공유가 진행되는 저장소(Repository) 서버를 대상으로 활용된다. 컴플라이언스 요구 사항 중 하나로 제시될 수 있는 기능이다.

출처 https://www.gartner.com/

021 정답: 2번

CRISP-DM(Cross-Industry Standard Process for Data Mining)은 전 세계에서 가장 많이 사용되는 데이터 마이닝 표준 방법론이며 초보자나 전문가가 비즈니스 전문가와 함께 모형을 만들어 내는 포괄적인 방법론이다. 또한, 어떤 산업 분야에도 적용할 수 있는 표준적 데이터 마이닝 프로세스이다. CRISP-DM의 일반적인 장점은 다음과 같다.

(1) 일반화 가능(Generalize-able): 데이터 마이닝을 위해 설계되었지만 CRISP-DM의 창시자 중 한 명인 William Vorhies는 모든 데이터 과학 프로젝트가 비즈니스 이해에서 시작하기 때문에 수집 및 정리해야 하는 데이터가 있으며 데이터 과학 알고리즘을 적용한다고 주장한다. CRISP-DM은 오늘날 가장 발전된 데이터 과학 활동에도 강력한 지침을 제공한다.

(2) 상식(Common Sense): 학생들이 프로젝트 관리 지침 없이 데이터 과학 프로젝트를 수행하도록 요청받았을 때 "CRISP와 비슷한 방법론을 지향하고 단계를 식별하고 여러 번 반복했다. 또한, CRISP-DM을 구현하도록 교육을 받고 명시적으로 지시받은 팀이 다른 접근 방식을 사용하는 팀보다 더 나은 성과를 보였다.

(3) 채택 가능(Adopt-able): Kanban과 마찬가지로 CRISP-DM은 많은 교육, 조직 역할 변경 또는 논쟁 없이 구현할 수 있다.

(4) 올바른 시작(Right Start): 비즈니스 이해에 대한 초기 진

행에 있어 기술 작업을 비즈니스 요구와 일치시키기에 데이터 과학자가 비즈니스 목표를 제대로 이해하지 못한 채 문제에 뛰어드는 것을 방지하는 데 도움이 된다.

(5) **강력한 마무리(Strong Finish):** 마지막 단계 배포에서도 마찬가지로 프로젝트를 종료하고 유지 관리 및 운영으로 전환하기 위한 중요한 고려 사항을 다룬다.

(6) **유연성(Flexible):** 느슨한 CRISP-DM 구현은 민첩한 원칙 및 관행의 많은 이점을 제공하도록 유연할 수 있다. 프로젝트가 중요한 미지수로 시작한다는 사실을 인정함으로써 사용자는 단계별로 순환할 수 있으며 매번 데이터와 문제에 대한 더 깊은 이해를 얻을 수 있다. 이전 주기에서 배운 경험적 지식은 다음 주기에 반영될 수 있다.

반면, CRISP-DM의 일반적인 단점은 다음과 같다.

(1) **엄격함(Rigid):** 반면에 일부에서는 CRISP-DM이 Waterfall과 동일한 약점을 갖고 있고 빠른 반복을 방해한다고 주장한다.

(2) **많은 문서화(Documentation Heavy):** 거의 모든 작업에는 문서화 단계가 있다. 자신의 작업을 문서화하는 것이 성숙한 프로세스의 핵심이지만 CRISP-DM의 문서화 요구 사항은 팀이 실제로 납기 제공하는 것을 불필요하게 늦출 수 있다.

(3) **현대적이지 않음(Not Modern):** 사람들은 CRISP-DM이 빅 데이터보다 앞선 프로세스로, "4V로 인해 빅 데이터 프로젝트에 적합하지 않을 수 있다."라고 주장한다.

(4) **프로젝트 관리 접근 방식이 아님(Not a Project Management Approach):** 아마도 가장 중요한 것은 CRISP-DM이 사용자가 한 사람 또는 소규모의 긴밀한 팀이라고 암묵적으로 가정하고 프로젝트에 필요한 팀워크 조정을 무시하기 때문에 진정한 프로젝트 관리 방법론이 아니라는 것이다.

022

탈중앙화 금융(De-Fi)은 암호화폐에서 사용되는 것과 비슷한 안전한 분산 원장을 기반으로 하는 신흥 금융 기술이다. 이 시스템은 은행과 기관이 화폐, 금융 상품 및 금융 서비스에 대해 갖는 통제를 제거한다. 많은 소비자를 위한 De-Fi의 주요 매력은 다음과 같다.

(1) 은행 및 기타 금융 회사가 서비스 사용에 대해 부과하는 수수료를 제거한다.

(2) 돈을 은행에 보관하는 대신 안전한 디지털 지갑에 보관한다.

(3) 인터넷에 연결된 사람이라면 누구나 승인 없이 사용할 수 있다.

(4) 몇 초와 몇 분 안에 자금을 이체할 수 있다.

디파이(De-Fi)는 블록체인을 기반으로 하는 기존의 금융 도구, 특히 이더리움(Ethereum)이다. 이들은 주로 디지털 자산을 만들고 발행하는 모듈화 된 프레임워크 또는 오픈 소스 프로토콜을 전제로 하고 있으며, 검열에 대한 저항과 금융 서비스 접근성 향상과 같은 공공 블록체인에서 작동한다는 두드러진 이점을 제공하도록 설계되었다. 모든 것을 분산시키는 것은 신중한 움직임이 아니며 많은 디파이 서비스들은 블록파이(Block-Fi)와 같은 하이브리드 디지털 자산/기존 금융 서비스를 제공함으로써 이를 고려한다. 금융 상품에 대한 지속적인 관심을 포괄하는 대안적인 용어는 개방형 금융으로 통합 디지털 자산, 블록체인 및 개방형 프로토콜의 생태계가 기존 재정적 구조로 고통받고 있다. 이더리움(Ethereum)의 응용 서술에서 눈에 띄는 변화는 제품에 대한 공개 금융 도구의 인기와 일치했다.

023

부채널 공격(Side Channel Attack)이란 칩셋, 프로세서, 스마트카드 등의 하드웨어 연산 장비를 대상으로 수행되는 공격이다. 주로 전력, 전파, 전류, 소비량, 신호 등의 물리적인 값을 분석하여 숨겨진 정보를 얻어내고 취약점을 찾아내는 공격 기법이다. 복잡한 연산을 수행할 때와 일반적인 상황에서의 전력 소비량은 차이가 발생하고 이때 내보내는 신호를 분석하면서 암호화 키 등의 복잡한 데이터를 얻어내는 고난도의 공격 기법이다. 2014년, 유명했던 Heardbleed 공격이 부채널 공격의 일종이다.

024

가트너에 의해 처음 대중화된 CNAPP는 DevSecOps를 클라우드로 논리적으로 확장하는 것으로 간주될 수 있다. DevSecOps가 보안을 소프트웨어 개발 생명 주기의 핵심에 두는 것처럼 CNAPP는 보안을 사후 고려로 태그하는 대신 클라우드 기반 애플리케이션 인프라의 핵심에 보안을 둔다. CNAPP 기능은 코드 디자인부터 테스트 및 디버깅, 프로덕션 및 후속 업데이트로의 배포에 이르기까지 모든 애플리케이션 생명 주기 단계에 걸쳐 있다.

(1) 클라우드 보안 상태 관리(CSPM): 이러한 기능은 클라우드 아키텍처에 대한 자동화된 스캔을 제공하여 잘못된 구성을 찾고 일반적인 취약성을 신속하게 탐지하고 해결할 수 있도록 지원한다. 추가적인 이점은 규정 준수가 단순화된다는 것이다. 정부 의무 조건이 보안팀이 구현하고 확인하는 것이 항상 쉬운 것은 아니지만 자동화된 CSPM 기능은 격차를 해소하는 데 도움이 된다. CSPM 기능은 응용 프로그램 생명 주기의 개발 및 운영 측면과 관련이 있다. CSPM 도구는 지속적인 검색 덕분에 응용 프로그램이 어디에 있든 응용 프로그램에 대한 정보를 수집하고 해당 응용 프로그램에 대한 지속적으로 업데이트되는 세부 정보(보안을 위한 필수 인텔)를 제공한다. 불량 응용 프로그램이 배포되었거나 이전 응용 프로그램을 업데이트해야 하는 경우 CSPM 도구를 통해 팀에 알린다.

(2) 클라우드 서비스 네트워크 보안(CSNS): 이러한 기능은 많은 공격 유형, 특히 클라우드 내부의 논리적 경계에서 배포된 앱을 보안/보호함으로써 프로덕션 측면에 중점을 둔다. 이를 위해 CSNS 기능은 크롤링 성능을 저하시킬 수 있는 DoS(서비스 거부) 공격의 탐지 및 완화, SSL(보안 소켓 계층) 패킷과 같은 암호화된 트래픽의 실시간 검사 및 일반적으로 웹 서버에 적용되는 부하 분산을 제공하여 차세대 방화벽을 처리할 수 있다.

(3) 클라우드 워크로드 보호 플랫폼(CWPP): 이 기능은 클라우드 워크로드를 찾은 다음 여러 단계에서 핵심 자산을 보호하여 클라우드 워크로드를 보호한다. 일반적인 예로는 SQL 및 NoSQL 데이터베이스, API(응용 프로그래밍 인터페이스) 코드, 가상 서버 및 쿠버네티스와 연결된 컨테이너와 같은 컨테이너가 있다.

(4) 클라우드 인프라 권한 관리(CIEM): 클라우드에는 다른 계산 아키텍처와 마찬가지로 많은 논리적 서비스, 사용자 및 그룹이 있으며, 각 논리 서비스에는 연결된 앱 및 끝점 권한이 있으며 최소 권한 기준으로 할당되는 것이 이상적이다. CIEM 기능은 누가 어떤 권한을 가지고 있는지 확인하고 위험을 최소화하기 위해 비즈니스 컨텍스트 및 직무 역할에 적합한지 확인하는 데 도움

이 된다. 응용 프로그램 액세스 권한을 정책과 상호 연결하고, 부적절한 액세스를 줄이거나 제거하고, 불량 계정을 탐지 및 해결하고, 적절한 사람이나 서비스만 액세스 및 권한을 갖도록 보장함으로써 응용 프로그램 액세스 권한을 모니터링하고 관리한다.

025
정답: 2번

블록체인은 데이터를 중앙 집중식으로 관리하던 기존 구조를 탈중앙식·분산식으로 전환하여 업무 효율화를 지향하며 가치의 인터넷(IoV)을 실현하고 있다. 블록체인의 4가지 기술 특성은 다음과 같다.

(1) 탈중앙성: 중개자 없이 네트워크 내의 참여자가 공동으로 블록의 검증과 승인, 합의 등의 활동을 하며 만들고 관리한다.

(2) 투명성: 새로운 블록은 생성되는 동시에 모든 참여자에게 전송되어 공유되므로 참여자들 누구나 볼 수 있다.

(3) 불변성: 한 번 연결된 블록은 수정하거나 삭제하기 어렵다.

(4) 가용성: 블록은 모든 참여자의 노드에 분산 저장되므로 그 중 어느 하나가 문제를 일으키더라도 전체 시스템은 그대로 유지한다.

026
정답: 1번

분산 제어 시스템(Distributed Control System, DCS)은 공장, 기계 또는 제어 영역 전반에 걸쳐 지리적으로 분산된 제어 루프를 사용하는 디지털 자동화 산업 제

어 시스템(ICS)이다. 모든 기계를 작동하는 중앙 집중식 제어 시스템과 달리 DCS는 기계의 각 섹션이 작업을 실행하는 자체 전용 컨트롤러를 가질 수 있도록 한다. DCS에는 고속 통신 네트워크로 연결된 영역 전체에 여러 로컬 컨트롤러가 있다. 각 컨트롤러가 자율적으로 작동하는 동안 운영자가 실행하는 중앙 감독 제어가 있다. DCS에는 소프트웨어와 하드웨어 요소가 모두 포함된다.

대부분의 컨트롤러를 사용하여 로컬 설치가 간편하여 설치 비용이 최소화된다. 현장의 저 지연 자동화 제어로 안정성이 향상된다. 중앙 제어 기능 및 원격 제어 옵션에 대한 인간 감독이 활성화되며, 개별 프로세스에는 별도의 CPU가 있는 자체 컨트롤러가 있으므로 중앙 컨트롤러 시스템과 달리 개별 장애 상황에서 다른 프로세스가 계속될 수 있다. DCS는 기능적으로 오늘날의 SCADA(감독 제어 및 데이터 수집)와 유사하다. SCADA는 발전소, 석유 및 가스 정제, 통신, 운송, 물 및 폐기물 관리에도 사용된다. SCADA는 제어 센터가 더 멀리 떨어져 있는 상황에서 사용되는 경향이 있다. 기타 ICS 기술에는 산업 자동화 및 제어 시스템(IACS), 프로그래밍 가능한 논리 컨트롤러(PLC), 프로그래밍 가능한 자동화 컨트롤러(PAC), 원격 터미널 장치(RTU), 제어 서버, 지능형 전자 장치(IED) 및 센서가 존재한다. DCS는 산업 공정을 제어하고 안전, 비용 효율성 및 신뢰성을 높이는 데 사용된다.

DCS의 장점은 다음과 같다.

- 복잡한 프로세스의 처리
- 시스템 이중화(Redundancy), 시스템 안정화 및 신뢰성 향상
- 프로그래밍 언어의 다양성
- HMI(Human Machine Interface)를 통한 그래픽 표현, 알람(경보) 시스템, 인터페이스
- 플랫폼의 확장성 분산 컨트롤러에 최대 1,0000 포인트 이상의 I/O를 추가하여 소규모에서 대규모 서버로 확장 가능
- 보안성

027

SCMS는 V2V 및 V2I 통신의 신뢰 기반이 되는 보안 인증서를 발급 및 관리할 수 있는 보안 인프라를 제공한다. 연결된 차량 장치는 SCMS에 등록하고 CA(인증 기관)에서 보안 인증서를 받은 다음 해당 인증서를 디지털 서명의 일부로 메시지에 첨부한다. 인증서는 장치가 시스템에서 신뢰할 수 있는 행위자임을 증명하는 동시에 개인정보를 유지한다. 오작동 감지 및 보고를 통해 시스템은 필요한 경우 악의적인 행위자를 식별하고 메시지 권한을 취소할 수 있다. 인증서의 유형은 다음과 같다.

온보드 장비(OBE)

- OBE 등록 인증서(OBE Enrollment Certificate): 등록 인증서를 사용하여 다른 인증서(가명 및 신분증)를 요청한다는 점에서 OBE의 여권과 같다. 인증 프로세스는 OBE가 SCMS와 인터페이스하고 부트스트랩 프로세스 중에 등록 인증서를 요청할 수 있는 권한을 제공한다.
- 가명 인증서(Pseudonym Certificate): 가명 인증서는 단기이며 기본 안전 메시지 인증 및 오작동 보고에 주로 사용된다. 개인정보보호를 위해 장치에는 동시에 유효한 여러 인증서가 제공되므로 자주 변경할 수 있다.
- 식별 인증서(Identification Certificate): OBE는 주로 V2I 애플리케이션에서 인증을 위해 식별 인증서를 사용한다. 현재 V2I 애플리케이션 중 어느 것도 애플리케이션 수준에서 OBE에 의한 암호화가 필요하지 않다. 그러나 미래에는 필요할 수 있다. 식별 인증서에 대한 개인정보보호 제한이 없으므로 OBE는 주어진 애플리케이션에 대해 한 번에 하나의 식별 인증서만 유효하다.

RSU

- RSU 등록 인증서(RSU Enrollment Certificate): 등록 인증서를 사용하여 응용 프로그램 인증서를 요청한다는 점에서 RSU의 여권과 같다. 인증 프로세스는 부트스트랩 프로세스 중에 RSU가 SCMS와 인터페이스하고 등록 인증서를 요청할 수 있는 권한을 제공한다.
- 애플리케이션 인증서(Application Certificate): 애플리케이션 인증서는 RSU에서 신호 단계 및 타이밍 또는 여행자 정보 메시지와 같이 전송된 무선 메시지에 서명하는 데 사용된다. RSU에 대한 개인정보 제한이 없기 때문에 RSU는 주어진 애플리케이션에 대해 한 번에 하나의 애플리케이션 인증서만 유효하다.

028

정답: 4번

다음은 블록체인 상호 운용성 플랫폼 유형이다.

- 개인/자체 호스팅(Private/self-hosted): 대부분의 기업 블록체인은 수동으로 프로비저닝된 맞춤형 블록체인 시스템이다. 참가자는 알려져 있고 신뢰할 수 있지만 제한적이므로 처리 속도와 확장성이 향상된다. 주요 단점은 퍼블릭 블록체인에 존재하는 탈중앙화와 익명성이 없다는 것이다.

- 관리형 블록체인 서비스 공급자(Managed Blockchain Service Providers)(예: AWS 및 Azure): 이러한 서비스 공급자는 Hyperledger Fabric 또는 Ethereum과 같은 인기 있는 오픈 소스 프레임워크를 사용하여 블록체인 네트워크를 쉽게 만들고 관리할 수 있는 완전 관리형 서비스를 제공한다. 장점은 다음과 같다.

  - 확장성(Scalability): 피어 노드를 쉽게 추가하고 성능이 떨어지는 노드를 교체

  - 보안(Security): 키 관리 서비스

  - 단순성(Simplicity): 하드웨어 필요성 제거 및 소프트웨어 배포 간소화

- 하이브리드/멀티클라우드 블록체인(Hybrid/multicloud Blockchain): 이 블록체인 인프라는 두 개의 블록체인을 활용한다. 하나의 블록체인은 공개되어 접근 가능한 가시성을 제공한다. 다른 하나는 거래가 허용된다. 이를 통해 보안, 속도 및 확장성을 제공하는 동시에 유연성과 가시성을 제공한다.

인 생태계를 유지하고 관리하기 위한 경제적 기반 인센티브로 확보된다.

(2) Private: 프라이빗 블록체인은 블록체인 워크플로에서 당사자가 참여할 수 있는 대상과 유형, 기능 및 기능을 제한할 수 있는 액세스 제어를 기반으로 설계 및 운영된다. 프라이빗 블록체인에서는 한 명 이상의 이해관계자 또는 관리자가 네트워크를 제어하여 퍼블릭 블록체인 구현에는 없는 블록체인에서 거래를 수행하기 위해 제3자 승인에 대한 요구 사항을 도입한다. 프라이빗 블록체인에서는 거래에 참여하는 당사자만이 이에 대해 알고 있다. 많은 사설 블록체인이 다양한 유형의 권한(예: 데이터 제출, 데이터 확인 및 보기 전용)의 계층을 허용하지만 대부분의 경우 다른 당사자는 액세스할 수 없다. 따라서 사설 블록체인과 관련된 합의 방법론이 있을 수 있고 일반적으로 있지만 신뢰는 여전히 사설 구현에서 중요한 역할을 한다.

(3) Hybrid: 블록체인 기술의 사용 사례가 늘어남에 따라 하이브리드 블록체인이 발전했다. 이는 한 구성요소가 완전한 공개 블록체인(모든 이점과 과제가 있음)이고 병렬 구성요소가 허가된 비공개인 블록체인인 구현으로 규정 준수 및 액세스 허가를 유지하는 엔터프라이즈 수준 트랜잭션을 허용한다. 하이브리드 블록체인은 데이터 불변성과 투명성을 유지하면서 단일 참여자에게 완전히 개방되지 않는 것을 포함하여 퍼블릭 및 프라이빗 블록체인 기술의 최고의 이점을 실현하고자 한다. 하이브리드 블록체인에서는 트랜잭션이 공개되지는 않지만 필요할 때 항상 확인할 수 있다.

029

정답: 3번

블록체인의 종류는 다음과 같다.

(1) Public: 퍼블릭 블록체인은 설계상 무허가이다. 즉, 모든 사람이나 당사자가 블록체인 네트워크에 합의 과정에 참여할 수 있으며, 애플리케이션, 스마트 계약 또는 거래를 생성한다. 해당 블록체인의 모든 거래 내역을 투명하게 볼 수 있다. 참여하려면 블록체인 플랫폼 오픈 소스 소프트웨어를 다운로드하기만 하면 된다. 블록체인 시스템은 분산 네트워크이기 때문에 단일 개체가 네트워크를 제어할 수 없다. 이 프레임워크의 뒷부분에서 설명하는 51% 공격과 같이 네트워크 처리 능력의 집중에 대한 관련 우려가 있다. 퍼블릭 블록체인은 비트코인이 사용하는 합의 방법론인 작업 증명과 같은 암호화 검증의 조합을 사용하여 작동하며 블록체

030

정답: 2번

블록체인과 스마트 계약은 오프체인 데이터에 접근할 수 없기 때문에 블록체인 오라클(Oracles)은 오프체인과 온체인 데이터 간의 연결을 제공한다. 오라클은 정보를 소스에서 실시간으로 스마트 계약으로 전송하여 스마트 계약이 작동할 수 있는 범위를 넓히기 때문에 블록체인 생태계의 기능을 크게 확장한다.

오라클은 데이터 제공에만 국한되지 않고 하나 이상의 외부 소스에서 데이터를 쿼리, 확인 및 인증하고 인증된 데이터를 요청자에게 전달하는 외부 권한 있는 소스 역할을 한다. 오라클에서 블록체인으로의 대부분의 데이터 흐름은 단방향이지만 특정 오라클은 양방향 정보 교환을 처리할 수 있다.

오라클에는 두 가지 기본 형식이 있다. (소프트웨어 오라클과 하드웨어 오라클) 소프트웨어 오라클은 다양한 소스에서 온라인 정보를 추출하고 데이터를 블록체인으로 전송한다. 소프트웨어 오라클의 사용 사례에는 환율, 디지털 자산 가격, 위치 정보 및 실시간 비행 정보가 포함된다. 하드웨어 오라클은 바코드 스캐너 및 온습도 센서와 같은 하드웨어 장치에서 데이터를 가져와 블록체인에 전달한다. 하드웨어 오라클의 일반적인 사용 사례는 부패하기 쉬운 상품의 운송과 같은 공급망과 관련된 것이다. 오라클 설계의 주요 과제는 오라클이 손상되면 오라클에 의존하는 스마트 계약도 손상된다는 것이다. 이것은 오라클이 주요 블록체인 합의의 일부가 아니기 때문에 중요하다. 따라서 퍼블릭 블록체인이 제공할 수 있는 보안 메커니즘의 일부가 아니며, 이것을 흔히 오라클 문제라고 한다.

오라클의 주요 기능은 다음과 같다.

(1) 요청 확인(Listen): 블록체인 네트워크를 모니터링해 오프체인 데이터를 요청하는 유저 또는 스마트 컨트랙트가 있는지 확인

(2) 추출(Extract): 서드파티 웹 서버에서 호스팅 되는 오프체인 API와 같은 하나 또는 다수의 외부 시스템으로부터 데이터 가져오기

(3) 포맷(Format): API로부터 받은 데이터를 블록체인이 읽을 수 있는 형태(인풋)로 포맷 또는 블록체인 데이터가 외부 API(아웃풋)에 호환될 수 있도록 상호 시스템 간 커뮤니케이션을 가능하게 함

(4) 입증(Validate): 데이터 서명, 블록체인 트랜잭션 서명, TLS 서명, TEE 실행, 영지식 증명 등 다양한 조합을 활용해 오라클 서비스의 퍼포먼스를 증명할 수 있는 암호학적 증거 생성

(5) 계산(Compute): 오라클이 제출한 다수의 데이터에 대한 중간값 계산 또는 개인 리스크 프로필, 시장 시세, 자본 비용 등과 같은 다른 종류의 데이터로부터 보험료 산정하는 더 복잡한 계산을 포함해 데이터에 대한 다양한 종류의 계산 수행

(6) 전파(Broadcast): 컨트랙트를 위한 데이터 및 해당 온체인 증거를 전송하기 위해 블록체인의 트랜잭션을 서명 및 전파

(7) 아웃풋(Output) (optional): 스마트 컨트랙트의 실행과 동시에 외부 시스템에 데이터 전송(전통적 결제 네트워크에 결제 지시 전달 또는 사이버 물리적 시스템에 영향을 미치는 데이터 전달)

031 정답: 1번

CAN(Controller Area Network)이란 차량 내에서 호스트 컴퓨터 없이 마이크로 컨트롤러나 장치들이 서로 통신하기 위해 설계된 표준 통신 규격이다. 차량 내 ECU(Electronic control unit)들은 CAN 프로토콜을 사용하여 통신한다. 초기에는 차량 네트워크용으로 개발되었으나 최근에는 차량뿐만 아니라 산업 전 분야에 폭넓게 적용되고 있다.

(1) 메시지 지향성 프로토콜(Message-Oriented Protocol): CAN은 노드의 주소에 의해 데이터가 교환되는 것이 아니라 메시지의 우선순위에 따라 ID(IDentifier)를 할당하고, 이 ID를 이용해 메시지를 구별하는 방식을 사용한다. 즉, 임의의 한 노드 A가 메시지를 전송했다면 A를 제외한 나머지 노드들은 A가 전송한 메시지가 자신에게 필요한 메시지인지를 판단(ID 기반 판단)한다. 자신에게 필요하다면 받아들이고, 아니라면 무시한다.

(2) 보완적인 에러 감지 메커니즘: CAN은 다양한 에러 감지 메커니즘이 상호 보완적으로 에러를 감지하기 때문에 높은 안정성을 보장한다. 또한, 메시지 전송 시, 에러가 감지되면 자동으로 해당 메시지를 즉시 재전송하는 기능이 있기 때문에 다른 프로토콜에 비해 에러 회복 시간이 짧다.

(3) 멀티 마스터 능력: CAN을 기반으로 한 네트워크에는 버스를 점유하기 위한 감독자 노드(Bus Master)의 필요가 없다. 즉 모든 노드가 버스 마스터가 되어 버스가 비어 있을 때(Idle)라면 언제든지 메시지 전송이 가능하다. 모든 노드는 버스가 비워지는 즉시 메시지 전송을 시작한다. 만약 CAN 버스에서 두 개의 노드에서 메시지를 동시에 전송하려고 하더라도 우선순위(식별자, ID)에 따라 각각 전송이 된다. 즉, 우선순위가 높은 메시지(이때 더 낮은 ID 번호가 더 높은 우선순위를 가짐)가 먼저 전송이 된다. CAN은 다중통신망(Multi Master Network)이며 CSMA/CD+AMP(Carrier Sense Multiple Access/Collision Detection with Arbitration on Message Priority) 방식을 이용한다.

먼저 CAN 노드에 메시지를 보내기 전에 CAN 버스 라인이 사용 중인지를 파악한다. 또한, 메시지 간 충돌 검출을 수행한다. 이 때 어떠한 노드로부터 보내진 메

시지는 송신 측이나 수신 측의 주소를 포함하지 않는다. 즉, 주소 지정 방식으로 통신하지 않는다.

대신 메시지의 처음 부분에 CAN 네트워크상에서 각각의 노드를 식별할 수 있도록 각 노드마다 유일한 식별자(ID-11bits 또는 29bits)를 가지고 있다. 네트워크상에 연결된 모든 노드는 네트워크상에 있는 메시지를 수신한 후 자신이 필요로 하는 식별자의 메시지인 경우에만 받아들이고, 그렇지 않은 경우의 메시지는 무시한다. 네트워크상(CAN 통신 라인)에 흘러 다니는 여러 노드의 데이터가 동시에 사용자가 필요로 하는 노드로 유입되는 경우에는 식별자의 숫자를 비교하여 먼저 받아들일 메시지의 우선순위를 정하는데, 식별자의 숫자가 낮을수록 우선순위가 높다.

우선순위가 높은 메시지가 CAN 버스의 사용 권한을 보장받으며 이때 낮은 순위의 메시지는 자동으로 다음 버스 사이클에 재전송이 되도록 한다. 각 CAN 메시지는 11비트의 식별자(CAN 2.0A), 또는 29비트의 식별자(CAN 2.0B)를 가지며, CAN 메시지의 맨 처음 시작 부분에 위치한다. 이러한 식별자는 메시지의 형태를 식별시켜주는 역할과 메시지에 우선순위를 부여하는 역할을 한다.

—⌂ 출처 https://www.fescaro.com/

032

Z-Wave(지-웨이브)는 주로 가정용 자동화에 사용되는 무선 통신 프로토콜이다. 보안 시스템, 온도 조절 장치, 창문, 자물쇠, 수영장 및 차고 문의 개폐와 같은 주거용 기기 및 기타 장치의 무선 제어가 가능하도록 저에너지 전파를 사용하는 메시 네트워크이다. 가정 및 사무 자동화 시장을 겨냥한 다른 프로토콜 및 시스템과 마찬가지로 Z-Wave 자동화 시스템은 인터넷을 통해 무선 열쇠고리, 벽걸이 키패드 또는 스마트폰, 태블릿 또는 컴퓨터, Z-Wave 게이트웨이 또는 허브 컨트롤러와 포털 역할을 하는 중앙 제어 장치를 외부에 연결할 수 있다. 얼라이언스의 일부인 여러 제조업체의 가정용 제어 시스템 간의 상호 운용성을 제공한다. 2017년 5월 기준으로, 1,700개 이상의 상호 운용 가능한 Z-Wave 제품이 있다.

033

제조, 시뮬레이션, 의료, 게임 등 일부 특정 분야에서 활용되던 XR(eXtended Reality)이 코로나19로 인한 온택트 기술 수요 급증으로 일상생활에 빠르게 적용되는 추세이다. 확장 현실로 불리는 XR은 가상 현실(Virtual Reality), 증강 현실(Augmented Reality), 혼합 현실(Mixed Reality) 등 실감 기술을 통칭한다. 이 기술들은 가상과 현실의 융합을 통해 현실의 경험을 확장하고 특별한 몰입감을 제공하면서 주목을 받았다. 하지만 최근에는 코로나19가 장기화되면서 대면 수준의 일상을 영위할 수 있는 기술로써 XR 기술에 대한 관심이 커지고 있다. 사실상 일상생활의 상당 부분에 제약이 발생했고, 이를 극복하기 위해서는 현실에 가까운 경험이 필요하기 때문이다.

034

통제 목적은 기업의 전략적 목표를 완수하는 데 기여하기 위해 하나 혹은 그 이상의 운영 영역 혹은 역할에서 달성할 목적으로 정의된다. 즉, 운영의 효율성 및 효과성을 확보하여 이윤을 창출하고, 이를 적절하게 기록하며(재무 보고 목적), 법규 및 내부 규정을 준수하게 하며, 또한 핵심 자산을 보호하는 것이다. 내부감사(Internal audit)의 내부 통제(Internal control)는 통제 환경의 구축, 위험 평가체제, 통제 활동, 정보와 의사소통 체계 등 조직의 풍토와 구조를 망라한 매우 포괄적인 개념으로써 내부감사 기능의 제고가 내부 통제의 강화로 직결되지는 않는다. 하지만 내부감사 기능은 내부 통제 시스템의 구축 및 운영의 적정성에 대하여 객관적이고 독립적인 입장에서 평가하고 적절한 개선 방안을 제시하는 역할을 담당하여 내부감사 기능을 강화함으로써 내부 통제 시스템의 효율화를 도모할 수 있다.

(1) 운영의 효과성과 효율성

(2) 재무보고의 신뢰성

(3) 적용되는 법률과 규제들의 문서

(4) 자산 보호

035

정답: 4번

로봇 프로세스 자동화(Robotic Process Automation, RPA)는 이전에는 사람이 하던 반복적인 태스크를 소프트웨어 로봇이 대신한다. 대부분의 RPA 도구는 개별 워크스테이션에서 실행되며 학습을 통해 데이터베이스에서 스프레드시트로 데이터 행을 옮기는 것과 같은 반복 태스크를 수행한다. 개별 봇이 엄청난 양의 단순 태스크를 부지런히 처리하는 동안 기업의 이익이 쌓여 간다.

RPA는 광범위한 BPM(비즈니스 프로세스 관리) 전략에 따라 조직의 운영 효율성을 높이는 데 중요한 역할을 할 수 있다. '로봇 프로세스 자동화'라고 하면 공장에 있는 물리적 로봇이 떠오르겠지만, RPA에서는 오직 소프트웨어 봇만 사용한다. RPA는 양식 기입, 청구서 작성과 같은 단순 작업부터 고객 서비스, 문제 해결과 같은 복잡한 작업에 이르기까지 이전에는 사람이 했던 반복적인 소프트웨어 태스크를 봇으로 자동화한다.

RPA의 장점 중 하나는 단순성이며 일반적으로 개발 기술이 없는 최종 사용자도 RPA 봇을 학습시켜 배포할 수 있다는 점이다. 배포된 봇은 즉시 유용한 작업을 수행하기 시작하며 하루 24시간 매우 저렴한 비용으로 작업을 계속할 수 있다. RPA 솔루션은 리스크가 낮고 잠재적 ROI(투자 수익률)가 높다.

—— 🏠 https://mediacenter.ibm.com/id/1_cdvcnyle

036

정답: 1번

변경 데이터 캡처(Change Data Capture, CDC)는 데이터베이스 내 데이터에 대한 변경을 식별해 필요한 후속 처리를 자동화하는 기술이다. 여기서 후속 처리는 데이터 전송 또는 공유 등이다. 이는 실시간 또는 근접 실시간 데이터 통합을 기반으로 하는 데이터 웨어하우스 및 기타 데이터 저장소 구축에 폭넓게 활용된다. 관계형 데이터베이스(예: SQL Server 또는 Oracle)에서 데이터 웨어하우스, 데이터 레이크 또는 기타 데이터베이스로 거의 실시간으로 데이터를 이동하는 데 이상적인

솔루션으로 부상했다.

변경 데이터 캡처는 데이터베이스의 데이터 변경 사항을 식별하고 추적하는 소프트웨어 프로세스이다. CDC는 새로운 데이터베이스 이벤트가 발생하면 지속적으로 데이터를 이동 및 처리하여 실시간 또는 거의 실시간에 가까운 데이터 이동을 제공한다. 실시간 이벤트 스트리밍 이벤트(입금 및 출금)는 변경 데이터 캡처를 사용하여 실시간으로 캡처 및 스트리밍된다. 시간에 민감한 결정이 내려지는 고속 데이터 환경에서 변경 데이터 캡처는 지연 시간이 짧고 안정적이며 확장 가능한 데이터 복제를 달성하는 데 매우 적합하다. 변경 데이터 캡처는 다운타임 없이 클라우드로 마이그레이션하는 데에도 이상적이다. 80% 이상의 기업이 2025년까지 멀티 클라우드 전략을 구현할 계획이므로 여러 환경에 걸쳐 데이터를 복제해야 하는 필요성을 감안할 때 비즈니스에 적합한 변경 데이터 캡처 방법을 선택하는 것이 그 어느 때보다 중요하기 때문이다.

037

정답: 2번

역할 기반 액세스 제어(RBAC)와 같은 정적 형식의 권한 부여와 달리 PBAC를 사용하면 조직 전체의 역할을 감사 및 변경하지 않고도 새로운 규정이나 새로운 기업 정책에 따라 자격을 신속하게 변경할 수 있다. 이를 통해 자산이 손상되지 않고 규정을 준수할 수 있다. 정책을 사용하여 권한 부여를 제어하면 비즈니스 소유자가 데이터, 리소스 등이 핵심 자산으로 안전하게 사용되도록 보장할 수 있다.

표준 기반 PBAC는 복잡한 인증 요구 사항이 있는 조직을 지원하도록 특별히 설계되었다. 일반적으로 대규모 조직에는 중요한 데이터를 보호하기 위한 보안 방법으로 역할이 충분하지 않은 비즈니스 영역이 있다. 관리 역할은 규정 준수를 보장하는 것이 사실상 불가능한 것으로 판명되면서 리소스의 주요 소모가 된다. 정책 기반 권한 부여를 사용하면 개발자, 감사자, 비즈니스 소유자 및 IT 보안 팀에 대한 조직 차원의 액세스 제어를 단순화하고 강화할 수 있다.

038

정답: 4번

클라우드 액세스 보안 브로커(Cloud Access Security Broker, CASB)의 역할은 엔터프라이즈 보안 요구 사항을 충족하기 위해 클라우드의 데이터 및 위협에 대한 가시성과 제어를 제공하는 것이다. 이는 3단계 프로세스를 통해 수행된다.

(1) 검색(Discovery): CASB 솔루션은 자동 검색을 사용하여 모든 타사 클라우드 서비스 목록과 이를 사용하는 사람을 컴파일한다.

(2) 분류(Classification): 클라우드 사용의 전체 범위가 공개되면 CASB는 애플리케이션이 무엇인지, 앱에 어떤 종류의 데이터가 있으며, 어떻게 공유되는지를 결정하여 각각 관련된 위험 수준을 결정한다.

(3) 교정(Remediation): 각 응용 프로그램의 상대적 위험이 알려진 후 CASB는 이 정보를 사용하여 조직의 데이터 및 사용자 액세스에 대한 정책을 설정하여 보안 요구 사항을 충족하고 위반이 발생하면 자동으로 조치를 취할 수 있다.

CASB는 또한, 멀웨어 방지 및 데이터 암호화를 통해 추가 보호 계층을 제공한다.

039

정답: 2번

인터넷에서 중요한 데이터와 트랜잭션의 양이 계속 증가함에 따라 공격자의 위협도 갈수록 늘어나고 있다. CDN은 보안을 강화해 DDoS(Distributed Denial-of-Service) 공격과 같은 보안 문제와 악의적 공격자를 차단하는 기능을 웹 사이트에 제공할 수 있다. 네트워크가 복잡해짐에 따라 DoS 공격과 웹 기반 공격(SQL 인젝션, 크로스 사이트 스크립팅, 로컬 파일 또는 원격 파일 인클루전)이 점점 빈번하게 발생하고 있다. 악성 공격자들은 DDoS 공격에 관심이 쏠리도록 만든 다음에 더욱 심각한 손실을 유발하는 다른 악성 공격을 일으키는 사례도 증가시키고 있다. 두 가지 유형의 공격 모두 정상 트래픽과 악성 트래픽을 구별하기가 쉽지 않은 경우가 대부분이며, 시간이 지나면서 공격 전략이 급속도로 진화하기 때문에 방어 전략을 최신 상태로 유지하기 위해서는 상당히 많은 보안 전담 리소스가 필요하다. 인터넷 위협 환경이 급격하게 변화함에 따라 안전한 웹 사이트를 지원하는 것이 CDN의 중요한 요구 사항이 되었다. CDN은 악성 행위자들이 어떠한 경우에도 전송 및 가용성에 영향을 미치지 않도록 하는 동시에 다양한 공격을 막아 냄으로써 콘텐츠 제공업체와 사용자들을 보호할 수 있어야 한다.

040

정답: 3번

주로 사용되는 암호화폐 해킹 수법은 다음과 같다.

- 개인 키를 탈취해 코인 출금
- 전자 지급 서버에 랜섬을 걸고 합의 유도
- 시스템에 직접 침입해 거래 원장을 위변조하고 출금 시도
- 개인정보를 탈취해 피싱
- 사이트 파밍 공격

공격자들은 암호화폐 거래소 시스템을 직접 해킹하거나 랜섬 공격을 진행하고, APT, 피싱, 파밍 등 여러 방법으로 공격을 수행한다.

3)번의 플래시론(Flash Loan)은 블록체인 네트워크에서 블록이 생성되는 짧은 시간 안에 대규모 대출을 받아 서로 다른 시장의 시세 차이를 발생시킨 후 담보를 상환하여 차익을 실현시키는 방법이다. 이는 일반적인 암호화폐 해킹 공격과는 거리가 멀다.

041

정답: 1번

SCMS(Security Credential Management System)는 다음과 같은 몇 가지 이점을 제공한다.

- 무결성 보장: 사용자가 보낸 사람과 받는 사람 간에 메시지가 수정되지 않았음을 신뢰할 수 있도록 한다.
- 신뢰성 보장: 사용자가 메시지가 신뢰할 수 있고 합법적인 출처에서 유래한 것을 신뢰할 수 있도록 한다.
- 개인정보보호: 사용자가 메시지가 자신의 개인정보를 적절하게 보호한다는 것을 신뢰할 수 있도록 한다.

이는 상호 운용성을 달성하는 데 도움이 되므로 서

로 다른 차량 제조업체와 모델이 기존 계약이나 차량 설계 변경 없이 서로 대화하고 신뢰할 수 있는 데이터를 교환할 수 있다.

커넥티드 차량 기술은 전용 단거리 통신(DSRC), GPS 및 기타 무선 기술을 사용하여 안전, 이동성 및 환경 정보를 공유함으로써 미국인의 운행 방식을 변화시킬 수 있는 잠재력을 가지고 있다. SCMS는 이 커넥티드 차량 환경의 중요한 구성요소다. 현재 차량 함대에서 발견되는 다른 유형의 안전 기술과는 달리, 커넥티드 차량 애플리케이션은 협력적이며, 이는 차량이 시스템의 이점을 실현하기 위해 실시간으로 데이터를 교환하고 분석해야 한다는 것을 의미한다. 이러한 협력적인 메시지 교환은 애플리케이션이 주변 운전 상황에 대해 운전자에게 경고 및 경고를 발행하는 데 사용하는 데이터를 생성한다. 또한, 응용 프로그램이 이동성 및 환경 조건을 결정할 수 있다. 그러나 협력 시스템은 운전자가 연결된 차량 장치에서 발행된 경고 및 경고를 신뢰할 수 있는 경우에만 작동할 수 있으며, 이는 적어도 부분적으로 다른 연결된 차량 장치에서 받은 정보를 기반으로 한다. SCMS PoC는 장치가 디지털 인증서를 사용하여 신뢰할 수 있고 개인정보보호 방식으로 정보를 교환할 수 있는 메커니즘을 제공한다.

042

정답: 4번

Bitcoin Mixer(Bitcoin Tumbler)는 온라인으로 구매할 때 익명성을 유지하려는 경우 매우 인상적인 서비스이다. P2P 결제 및 기부를 하려는 경우에도 유용할 수 있다. 이 서비스는 개인의 자금을 혼합하고 이 사람에게 새로운 비트코인을 제공하는 데 사용된다. 여기에서 초점은 누군가가 출처를 알아내려고 할 수 있으므로 블렌더가 흔적을 혼동할 수 있는 능력이 있는지 확인하는 것이다. 최고의 믹서는 익명성을 최대로 유지하는 믹서로 각 비트코인 거래를 추적하기가 매우 어렵기를 원한다. 믹싱 서비스를 사용하려는 이유는 해커 및 제3자로부터 코인을 숨기고 싶기 때문이다. 그들은 블록체인 분석을 할 수 있고 개인 데이터를 추적하여 비트코인을 훔칠 수 있다. 비트코인 텀블러를 사용하면 더 이상 걱정할 필요가 없기 때문이다. 암호화폐 텀블러 또는 암호화폐 혼합 서비스는 잠재적으로 식별 가능하거나 '오염된' 암호화폐 펀드를 다른 암호화폐 펀드와 혼합하여 펀드의 원래 출처로 돌아가는 흔적을 모호하게 만드는 서비스이다. 이것은 일반적으로 크고 임의의 기간 동안 여러 입력에서 소스 자금을 모아서 대상 주소로 다시 내보내는 방식으로 수행된다. 모든 자금이 뭉쳐서 무작위로 분배되기 때문에 정확한 코인을 추적하기가 매우 어렵다.

텀블러는 암호화폐, 일반적으로 비트코인(따라서 비트코인 믹서)의 익명성을 개선하기 위해 등장했다. 익명성을 목표로 하기 때문에 텀블러는 암호화폐 자금 세탁에 사용되었다. 텀블러는 수익을 내기 위해 혼합된 총 코인의 일정 비율(일반적으로 1~3%)의 거래 수수료를 받는다. 혼합은 개인정보를 보호하는 데 도움이 되며 불법적으로 얻은 자금을 혼합하여 자금 세탁에 사용할 수도 있다. 거액의 돈을 섞는 행위는 반구조화법 위반으로 불법일 수 있다. 금융 범죄 작가 제프리 로빈슨은 텀블러가 불법 활동, 특히 테러 자금 지원에 잠재적으로 사용되기 때문에 범죄화되어야 한다고 제안했지만, CTC의 보고서에 따르면 테러 관련 활동에서 이러한 사용은 '상대적으로 제한적'이다. 거래소가 도난당한 비트코인에서 파생된 '오염된' 예금을 블랙리스트에 올린 사건이 적어도 한 번 있었다. 텀블러의 존재로 다크넷 마켓의 익명 사용이 쉬워지고 법 집행은 더 어려워졌다.

043

정답: 3번

스테이블코인(Stablecoin)은 법정 화폐로, 표시한 코인의 가격이 거의 변동하지 않고 안정된 암호화폐를 말한다. 가치 안정 화폐라고도 한다. 암호화폐의 가격을 일정하게 유지하기 위해 법정화폐 또는 다른 암호화폐를 담보로 잡거나, 정교한 알고리즘에 의해 공급량을 조정하는 방식으로 스테이블코인을 구현할 수 있다. 암호화폐는 일반적으로 가격 변동성이 크다. 심지어 1~2시간 사이에 몇 배를 오르고 내리는 코인도 있다.

336　정보보안 1000제 ⋯ 해설편

상대적으로 변동성이 적은 비트코인도 심한 경우 하루에 10% 내외의 변동이 발생되기도 한다. 암호화폐에 투자하는 경우 예측 불가능한 가격 변동에 많은 어려움을 겪기도 한다. 이러한 가격 변동은 암호화폐에서 아직 풀지 못한 문제 중의 하나이다. 국내 거래에서도 암호화폐의 가격 안정성이 필요한 경우가 있지만, 특히 수출·송금 등 해외 거래에서는 급격한 변동성 및 수수료 등의 영향을 받지 않고 암호화폐가 안정적 가치만 보장된다면, 널리 사용될 수 있다.

기간에 따른 환율 차이 등의 변동성이 없다면, 거래 당사자들은 더 안전하고 편리하게 거래할 수 있다. 이런 필요에 의해 가격이 안정된 스테이블코인이 등장하게 되었다. 스테이블코인의 개념은 오래 되었는데, 테더(Tether), 트루USD(TrueUSD) 등 달러 페깅(pegging) 토큰은 이미 여러 암호화폐 거래소에서 거래되고 있다. 페깅(pegging)이란 '못을 박아서 고정시키기'라는 뜻으로, 암호화폐의 가격이 마치 못을 박은 듯이 법정 화폐에 가치에 고정되어 있다는 뜻이다.

다음은 대체 불가능 토큰(Non-fungible token, NFT)의 장점이다.

(1) 생산의 용이성: 기존의 예술 작품이 진품으로 인정받으려면 상당한 비용과 시간이 소모되었고 이후에도 진품 논란이 생기는 등 그 과정이 굉장히 복잡했지만, NFT는 매우 간단한 컴퓨터 작업만으로도 확고한 진품 증명 토큰을 생산할 수 있다. 만약 실존하는 예술 작품을 NFT로 만들고 싶다면, 디지털 카메라로 찍거나 3D 스캔을 사용하여 디지털 파일을 생성한 후 NFT를 붙이면 된다.

(2) 거래의 자유로움: 고가의 예술 작품을 거래하려면 기존의 예술품 거래 전문 기업이나 협회의 서비스를 이용해야 했고 그로 인한 수수료도 상당히 부담이 됐지만, NFT는 식별 및 구별 방법이 너무 명확하기 때문에 부담이 거의 없는 수준이다. 개인 간에도 인터넷 전송을 통해 거리와 시간의 제약을 받지 않기 때문에 더욱 거래하기가 쉽다.

(3) 희소성: 디지털 파일임에도 불구하고 희소성이 생긴다는 가장 큰 장점이 있다. 가령 사진의 경우 인터넷에 한 번이라도 올리면 다른 사람들이 구글이나 페이스북을 통해 무단으로 도용할 수 있다. 게다가 디지털이라서 실체가 없기 때문에 현실의 작품과 달리 그냥 카피하

면 끝이라서 희소성이 매우 떨어지기에, 특정 매체가 아니면 인쇄해서 작품으로 파는 경우가 대부분이다. 하지만 NFT를 사용하면 '제작 당시의 최초로서 단 하나의 정품 인식 코드'라는 분명한 희소성이 생기기 때문에 무단 복제물에 비해 가치를 인정받을 수 있다. 그리고 NFT 역시 디지털이기 때문에 원본 파일에 내장시키기 쉽다는 장점도 있다.

── 🔗 출처 해시넷

044

보안 오케스트레이션, 자동화 및 대응(Security Orchestration, Automation, and Response, SOAR) 솔루션은 성숙한 보안 운영팀에서 API 연결 보안 솔루션 에코시스템 전반에 걸쳐 작업을 자동화하는 다단계 플레이북을 구성하고 실행하는 데 사용된다.

이와 대조적으로, 확장된 위협 탐지와 대응(Extended Detection and Response, XDR)은 마켓플레이스를 통한 생태계 통합을 가능하게 하고 제3자 보안 제어에 대한 간단한 작업을 자동화하는 메커니즘을 제공한다.

SOAR은 복잡하고 비용이 많이 들며 파트너 통합 및 플레이북을 구현 및 유지 관리하기 위해 고도로 성숙한 SOC(Security Operation Center)가 필요하다. 그에 반해 XDR은 XDR 플랫폼에서 연결된 보안 도구에 이르기까지 실행 가능성을 제공하는 간단하고 직관적인 제로 코드 솔루션인 'SOAR-lite'를 의미한다.

045

관리형 탐지 및 대응(Managed detection and response, MDR)은 소프트웨어 및 서비스 공급업체 모두에서 점점 더 인기있는 제품이 되어 가고 있다. 그래서 인기가 더 높아짐에 따라 제품이 확장되었다. MDR과 함께 MEDR, MNDR 및 MXDR이 있고 자세한 설명은 다음과 같다.

(1) 관리형 엔드포인트 탐지 및 대응(Managed endpoint detection and response, MEDR): 이 서비스의 초점은 특히 엔드포인트에 있다. 엔드포인트 보호 에이전트가 있는

공급업체는 종종 해당 소프트웨어에 대한 관리형 탐지 및 응답을 제공하여 제품을 보강한다.

(2) **관리형 네트워크 탐지 및 대응**(Managed network detection and response, MNDR): MNDR은 서버, 이메일, 라우터 및 방화벽을 포함한 네트워크 인프라에 중점을 둔다. 오퍼링에는 온프레미스, 하이브리드 또는 전체 클라우드 MNDR이 포함된다.

(3) **관리형 확장 감지 및 대응**(Managed extended detection and response, MXDR): 엔드포인트와 네트워크 모두에 대한 탐지 및 대응 수행을 원하는경우 또는 IoT 장치 또는 운영 기술 네트워크로 적용 범위를 확장을 원하는 경우 바로 이때 여기에서 MXDR이 필요하다. 위협은 엔드포인트와 인프라 전반에서 상호 연관될 수 있으며 서비스에는 종종 사내 SOC 활동에 대한 직접적인 지원이 포함된다.

046 정답: 2번

엘라스틱 서치(Elastic search)는 텍스트, 숫자, 위치 기반 정보, 정형 및 비정형 데이터 등 모든 유형의 데이터를 위한 무료 검색 및 분석 엔진으로 분산형과 개방형을 특징으로 한다. 엘라스틱 서치는 Apache Lucene을 기반으로 구축되었으며, Elasticsearch N.V.(현재 명칭 Elastic)가 2010년에 최초로 출시했다. 간단한 REST API, 분산형 특징, 속도, 확장성으로 유명한 엘라스틱 서치는 데이터 수집, 보강, 저장, 분석, 시각화를 위한 무료 개방형 도구 모음인 Elastic Stack의 핵심 구성요소다. 보통 ELK Stack(Elasticsearch, Logstash, Kibana의 머리글자)이라고 하는 Elastic Stack에는 데이터를 엘라스틱 서치로 전송하기 위한 경량의 다양한 데이터 수집 에이전트인 Beats가 포함되어 있다.

엘라스틱 스택 구성

엘라스틱은 매우 빠른 속도와 확장성, 복원성뿐만 아니라 정형·비정형 데이터를 모두 수용할 수 있는 유연성을 가지고 있다. 이 같은 장점으로 인해 단순 검색 엔진으로 활용하는 단계를 넘어 빠른 데이터 확인이 필요한 모든 분야에서 관심을 끌고 있다. 마케팅 분석·비즈니스 서비스·인프라 모니터링·보안-실시간 탐지 등

이 대표적이다. 엘라스틱 서치에서 관계형 데이터 모델링 방법은 크게 4가지가 있으며 각각 기술적 장단점이 존재한다. 때문에 자신의 데이터 특성 및 상황을 고려하여 적절한 모델링 방법을 활용해야 한다.

(1) Parent-Child 모델링

(2) Nested 모델링

(3) Application Side Join 모델링

(4) Denormalization 모델링

047 정답: 1번

보안 웹 게이트웨이(Secure Web Gateway, SWG)는 보안되지 않은 트래픽이 조직의 내부 네트워크에 들어가지 못하게 하는 일종의 보안 솔루션이다. 기업은 직원 및 사용자가 악의적인 웹 트래픽, 웹 사이트 및 바이러스, 악성 프로그램에 액세스하여 감염되는 것을 방지하기 위해 사용한다. 이러한 의미는 조직 규제 정책의 구현 및 준수를 보장한다. 즉, 보안 웹 게이트웨이(SWG)는 주로 악의적인 트래픽과 데이터가 조직의 네트워크에 들어가거나 나가는 것을 모니터링하고 방지하는 데 사용된다. 일반적으로 인터넷, 웹 사이트 및 기타 Web 2.0 제품, 서비스에서 발생하는 위협으로부터 조직을 보호하기 위해 구현된다. 일반적으로 네트워크의 외부 경계에서 구현된 하드웨어 및 소프트웨어 게이트웨이 장치, 응용 프로그램을 통해 구현된다. 보안 웹 게이트웨이가 제공하는 일부 기능에는 URL 필터링, 응용 프로그램 수준 제어, 데이터 유출 방지 및 바이러스, 악성 코드 감지가 보통 포함되고 있다.

048 정답: 1번

조직이 클라우드 우선 접근 방식을 채택함에 따라 여전히 모든 사용자와 모든 위치에 대해 조직 전체에 엔터프라이즈 방화벽 기능을 제공해야 한다. 불행히도 NGFW는 10년 이상 전에 설계되었으며 클라우드 애플리케이션이나 클라우드 우선 기업의 동적 요구 사항

을 지원하도록 설계되지는 않았다. 또한, 가상 방화벽 대응 제품에는 기존 NGFW 어플라이언스와 동일한 제한 사항과 과제가 많이 존재하고 있다. 애플리케이션이 클라우드로 이동함에 따라 방화벽도 클라우드로 이동하는 것은 어찌 보면 당연한 순서이다.

FWaaS를 사용하면 조직에서 구매, 배포 또는 관리할 보안 어플라이언스 없이 모든 애플리케이션에 대한 보안 로컬 브레이크아웃을 설정할 수 있다. 전체 Layer 7 방화벽을 포함한 보안 기능은 SSL 검사, 증가하는 대역폭 및 사용자 요구, 수명이 긴 연결을 통한 클라우드 애플리케이션 트래픽을 처리하기 위해 탄력적으로 확장되는 클라우드 서비스로 제공된다. 단일 콘솔의 중앙 집중식 관리를 통해 조직은 사무실에 있든, 지역 지사를 방문하든, 재택근무 중이든 관계없이 모든 사용자, 모든 장치, 연결 위치에 관계없이 모든 사용자에게 동일한 보호 기능을 제공할 수 있게 되었다.

FWaaS는 다음을 포함하여 NGFW에 비해 여러 가지 장점을 제공한다.

(1) 프록시 기반 아키텍처(Proxy-based architecture): 이 설계는 모든 사용자, 애플리케이션, 장치 및 위치에 대한 트래픽을 동적으로 검사한다. 기본적으로 SSL/TLS 트래픽을 대규모로 검사하여 암호화된 트래픽에 숨겨진 멀웨어를 탐지한다. 또한, 네트워크 앱, 클라우드 앱, 도메인 이름(FQDN) 및 URL을 기반으로 여러 계층에 걸쳐 세분화된 방화벽 정책을 사용할 수 있다. 오늘날의 지능형 위협을 차단하려면 프록시 기반 아키텍처가 필요하다.

(2) 클라우드 기반 IPS(Cloud IPS): 이 IPS(침입 방지 시스템)는 연결 유형이나 위치에 관계없이 상시 가동되는 위협 보호 및 적용 범위를 제공한다. 검사하기 어려운 SSL 트래픽을 포함하여 네트워크 안팎의 모든 사용자 트래픽을 검사하여 사용자, 앱 및 인터넷 연결에 대한 완전한 가시성을 복원한다.

(3) DNS 보안 및 제어(DNS security and control): 1차 방어선인 클라우드 기반 방화벽은 사용자가 악성 도메인에 접근하지 못하도록 보호한다. CDN 기반 앱에 특히 중요한 더 나은 사용자 경험과 클라우드 애플리케이션 성능을 제공하기 위해 DNS 확인을 최적화한다. 또한, DNS 터널링을 감지하고 방지하기 위한 세분화된 제어 기능을 제공한다.

(4) 가시성 및 단순화된 관리(Visibility and simplified manage-

ment): 클라우드 기반 방화벽은 플랫폼 전반에 걸쳐 실시간 가시성, 제어 및 즉각적인 정책 시행을 제공한다. 모든 세션을 자세히 기록하고 고급 분석을 사용하여 이벤트의 상관관계를 파악하고 단일 콘솔에서 모든 사용자, 애플리케이션 및 위치에 대한 위협 및 취약성에 대한 통찰력을 제공한다.

049 정답: 3번

국토교통부는 자율 주행차가 안전하게 제작되고 조기 상용화될 수 있도록 지원하기 위하여 관계기관 협의를 거쳐 레벨 3 자율 주행차 안전기준 개정을 추진한다고 밝혔다.

- 고속도로 등 제한된 범위에서 자율 주행 시스템이 운전하며, 필요 시(차선 불분명, 기상 악화 등)에만 운전자가 개입하여 운전하는 단계
- 국토교통부는 지난 '19년 12월 세계 최초로 레벨 자율 주행차 안전 3 기준을 제정한 바 있으며 이후 제정된 국제 기준('21. 3)과 정합성을 높이기 위해 이번 개정을 추진한다.
- UN 산하 자동차안전기준국제조화포럼(UN/ECE/WP.29)에서 우리나라를 포함한 해외 정부, 관련 기관 및 산업·학계 등 의견 수렴을 거쳐 제정

050 정답: 3번

미국 교통부(U.S. DOT)는 커넥티드 차량 기술이 안전하고 개인정보를 보호하는 방식으로 작동하도록 하기 위해 최선을 다하고 있다. 커넥티드 카 애플리케이션은 차량, 도로 인프라, 교통 관리 센터 및 무선 모바일 장치 간에 정보를 교환함에 따라 사용자가 한 번도 만난 적이 없는 불명확한 사용자로부터 수신한 정보의 유효성을 신뢰할 수 있도록 보장하는 보안 시스템이 필요하다. 이러한 이유로 부서는 충돌 방지 메트릭 파트너십(Crash Avoidance Metrics Partnership, CAMP)을 통해 자동차 산업 및 산업 보안 전문가와 파트너 관계를 맺어 사용자가 서로에 대한 확신을 가질 수 있도록 하는 개념 증명(Proof-of-Concept, PoC) 보안 시스템

을 시스템 전체적으로 설계 및 개발했다.

결과적으로 PoC SCMS(Security Credential Management System)는 사용이 중지되었으며 여러 상용 SCMS 공급업체가 운영 및 실제 연결 차량 배포에 대한 인증서를 제공하고 있다. SCMS는 V2V(Vehicle-to-Vehicle) 및 V2I(Vehicle-to-Infrastructure) 통신을 위한 메시지 보안 솔루션이다. 신뢰할 수 있는 통신을 용이하게 하기 위해 매우 혁신적인 암호화 및 인증서 관리 방법을 사용하는 PKI(공개 키 인프라) 기반 접근 방식을 사용한다.

인증된 시스템 참가자는 SCMS에서 발급한 디지털 인증서를 사용하여 연결된 차량 기술의 기반을 형성하는 안전 및 이동성 메시지를 인증하고 검증한다. 차량 소유자 및 운영자의 개인정보를 보호하기 위해 이러한 인증서에는 개인 또는 장비 식별 정보가 포함되어 있지 않지만 시스템의 다른 사용자가 각 메시지의 출처를 신뢰할 수 있도록 시스템 자격 증명 역할을 한다. SCMS는 또한, 개인정보를 유지하면서 오작동하는 장치를 식별 및 제거하여 각 메시지의 내용을 보호하는 핵심 기능을 수행한다.

051 정답: 3번

(1) CoAP(Constrained Application Protocol): CoAP는 IoT 애플리케이션을 위해 제한된 노드 및 네트워크를 사용하여 통신하고 인터넷에 연결할 수 있도록 설계되었다. IoT 시스템에는 비용 효율성을 위해 각 노드에 높은 메모리가 없을 수 있는 수많은 노드가 필요하기 때문에 CoAP는 4바이트 고정 헤더만으로 최소한의 리소스로 데이터 전송이 이루어질 수 있도록 설계되었다. CoAP는 컴팩트한 통신 프로세스를 향상시키기 위해 UDP를 독점적으로 사용한다. 즉, 장치 간의 통신 프로세스는 이전에 연결을 설정할 필요없이 발생할 수 있다. HTTP와 마찬가지로 CoAP는 IETF 제한된 RESTful 환경(CoRe) 워킹 그룹에 의해 표준화된다. 서버는 URL 형태로 리소스를 제공하며 클라이언트는 GET, PUT, POST 및 DELETE와 같은 몇 가지 지정된 함수를 사용하여 리소스에 액세스한다.

(2) MQTT(Message Queuing Telemetry Transport): 개방형 OASIS 표준 및 ISO 권장 프로토콜로 개발된 MQTT는 작

은 대역폭과 최소 리소스(예: 마이크로 컨트롤러)로 데이터 전송에서 작동하는 것을 목표로 했다. 일반적으로 TCP/IP 프로토콜 제품군을 사용하는데, TCP/IP 프로토콜 제품군은 먼저 연결을 설정하여 실행한 다음 한 당사자가 최종적으로 연결을 끊을 때까지 여러 데이터 교환을 허용한다. MQTT 기술은 MQTT 발행/구독 아키텍처를 사용하여 실행되며 클라이언트(게시자 및 구독자) 및 브로커의 2가지 컴포넌트 범주에서 네트워크를 설정한다. 발행/구독 아키텍처는 먼저 네트워크의 클라이언트 장치를 2개의 범주, 게시자 및 구독자로 나눈다. 이러한 게시자는 시스템에 데이터를 입력하는 장치 또는 노드이다. 한편, 가입자는 데이터를 수신하는 최종 장치 또는 노드들이다. 전송된 데이터는 브로커가 게시자로부터 보낸 주제를 정렬하고 이전에 해당 주제에 가입한 적절한 클라이언트로 보내는 다양한 주제의 형태이다.

(3) AMQP(Advanced Message Queueing Protocol): MQPP와 같은 AMQP는 메시지 큐 프로토콜이다. 즉, 시스템의 구독자와 게시자는 '메시지 큐'에서 메시지를 보내고 요청하여 통신한다. 이 표준은 비동기 통신에서 IoT 응용 프로그램의 필요성을 충족시켜 시스템이 수많은 '사물'에서 통신할 수 있을 만큼 유연함을 보장한다. MQPP 자체는 ISO 및 IEC 인증을 받은 개방형 OASIS 표준 프로토콜이다. 메시징 운영자가 작동하는 방식과 비슷한 방식으로 작동한다. 브로커는 수신 및 전송된 메시지를 할당하고 여러 클라이언트가 구독 된 메시지를 생성하거나 수신한다. OASIS는 출판사로서 AMQP가 2015년 비즈니스 커뮤니케이션에 적합한 프로토콜이라고 밝혔다. AMQP는 낮은 오버헤드 특성과 함께 안정적이고 안전하며 상호 운용 가능하며 개방적이며 표준 특성으로 인해 IoT 애플리케이션에 적합한 솔루션이 되었다. AMQP는 MQPP보다 고급 프로토콜로 사용되기 때문에 일부는 AMQP를 IoT 시스템에 더 나은 솔루션으로 선택할 수 있다. 그럼에도 불구하고 AMQP에는 유선 연결에 대한 보다 복잡한 솔루션이 필요하지만 모두 시스템 설정 방법에 따라 다르다.

(4) XMPP(Extensible Messaging and Presence Protocol): 1999년에 개발된 XMPP는 XML(Extensive Markup Language)을 기반으로 하는 오픈 소스 프로토콜이다. 따라서 둘 이상의 네트워크 엔티티 간의 신속한 구조화된 데이터 교환을 지원하고 운영을 위한 확장을 추가할 수 있다. XMPP 네트워크의 구조는 이메일의 구조와 매우 유사하여 프로토콜에 분산된 속성을 제공한다. 즉, 누구나 어디서나 프로토콜로 자체 서버를 설정할 수 있다. XMPP 프로토콜은 음성 및 화상 통화, 다중 사용자 채

팅 등을 포함한 인스턴트 메시징 목적으로 일반적으로 사용된다. 그러나 이 프로토콜은 연결 프로토콜에 대해 유연하고, 안전하며, 사람의 개입 없이 미들웨어 통신을 가능하게 하므로 IoT 기능도 적절하게 작동한다. XMPP를 사용하는 IoT의 몇 가지 응용 프로그램에는 Google 클라우드 프린트 및 로지텍 하모니 허브(홈 오토메이션 및 미디어 제어)가 포함된다.

(5) DDS(Data Distribution Service): DDS는 OMG(개체 관리 그룹)에서 개발한 최초의 개방형 상호 운용 가능한 미들웨어 프로토콜이다. 이 작업은 안전하고 실시간 데이터 배포를 제공한다고 주장한다. MQTT와 마찬가지로 DDS는 게시자/구독자 아키텍처에서 작동한다. 그러나 프로토콜은 클라이언트와 함께 브로커 사용을 구현하지 않으므로 QoS(서비스 품질) 계약 시스템을 적용하여 GDS(글로벌 데이터 공간) 전반에 걸쳐 주제 배포가 발생한다. GDS는 DDS 전송 응용 프로그램 중에 '메모리' 역할을 한다. 그러나 실제로는 DDS 서버의 실제 메모리가 아니며 가상 개념일 뿐이다. GDS는 실제로 시스템에 연결된 노드의 로컬 저장소의 조합이다. 게시자 클라이언트가 정보를 보내고 주제를 선언하면 QoS 계약이 만들어지고 제공되는 다음 구독자가 주제에 대한 정보를 요청하면 QoS 계약이 요청되고 데이터 교환이 설정된다. DDS는 일반적으로 IoT의 산업 부분에서 사용되며 Industry 4.0에서 큰 역할을 할 뿐이다. GDS는 실제로 시스템에 연결된 노드의 로컬 저장소의 조합이다.

052

정답: 2번

ML과 AI를 구별하는 것이 중요하다. 데이터 과학자, 컴퓨터 과학자 및 연구 전문가는 일반적으로 ML을 자동화를 가능하게 하는 프로그래밍 유형으로 간주하며, 이는 결국 AI의 보다 야심 찬 목표의 실현으로 이어질 수 있다. 다음은 ML, DL, AI의 기본 정의이다.

- 인공 지능(Artificial Intelligence, AI): 일반적으로 인간 지능이 필요한 작업을 수행할 수 있는 스마트 기계를 구축하는 데 전념하는 광범위한 컴퓨터 과학 분야이다. AI는 근본적으로 컴퓨터가 인간처럼 생각하도록 하는 노력이다. 이 용어는 학습 및 문제 해결과 같은 인지 기능을 모방하는 기계를 설명한다. AI는 ML 및 DL 노력을 설명하는 데 일반적으로 사용되는 용어이다. ML

및 DL 알고리즘과 구현이 발전함에 따라 AI는 전반적으로 향상될 것이다.

- 머신러닝(Machine Learning, ML): 컴퓨터가 스스로 원하는 기능을 학습, 적응 및 수행할 수 있도록 하는 AI의 하위 분기이다. ML 알고리즘은 이전 입력 및 결과에서 패턴을 학습하고 그에 따라 작업을 조정한다. 일반적으로 컴퓨터 프로그램을 수정해야 하는 경우 누군가가 다시 코딩해야 한다. ML을 사용하면 프로그램이 자체적으로 코딩하거나 업데이트할 수 있다. 이 기능은 방화벽, 침입 탐지 시스템, 기타 보안 어플라이언스 및 도구에 유용할 수 있으며, 새로운 위협이나 새로운 위협에 적응하도록 코드를 즉시 조정할 수 있다.

- 딥러닝(Deep Learning, DL): 데이터를 처리하고 의사결정에 사용할 패턴을 생성하는 ML의 하위 집합이다. DL 기술을 사용하면 기계가 인간의 지능 입력 없이 작업을 완료할 수 있다. DL은 신경망을 사용하여 인간의 두뇌를 에뮬레이트한다. 신경망은 본질적으로 ML 알고리즘의 계층이다.

053

정답: 4번

COBIT 5는 GEIT(엔터프라이즈 IT), 위험 관리, 정보 보안, 감사 및 보증, 규정 준수의 거버넌스를 포괄하는 도구를 제공한다. COBIT 5는 비즈니스 내 IT에 대한 전체론적 접근 방식으로 인해 기업 내, 공급 및 규제 사슬 전반에 걸쳐 10가지 질문을 적용할 수 있는 안정적인 프레임워크를 제공한다. COBIT 5를 IoT 거버넌스에 적용하려면 다음을 고려해야 한다.

- 기술 수준에서 IT 위험 평가를 수행 및 검토하고 비즈니스에 미치는 영향을 평가한다.
- 통제를 적용 및 수정한다. 대부분의 그것은 개인정보보호, 보안 및 안전 통제가 될 것이다.
- 경영진과 외부 제3자로부터 지속적으로 보증을 받는다.
- 내부 및 외부감사로부터 독립적인 보증을 받고 이에 따라 조치를 취한다.

054

정답: 3번

디지털 카르텔(Digital Cartel)은 알고리즘을 이용한 기업의 담합 행위를 말한다. 인터넷과 컴퓨터에 기반한 디지털 경제가 확대되면서 알고리즘은 정보의 활발한 유통, 거래비용 절감 등을 통해서 효율적인 자원 배분과 소비자 후생 증진에 기여해 왔다. 그러나 투명성이 높고, 거래 비용이 낮은 시장 상황은 역설적으로 알고리즘을 이용한 담합에 용이한 환경이 되고 있다.

알고리즘은 담합 과정에서의 정보 교환, 가격 조정, 가격 모니터링 등의 과정을 사람의 직접적 개입 없이 수행하여 담합의 발생 위험과 지속성을 높이는 역할을 할 수 있다. 선진국에서는 디지털 카르텔이 적발되는 사례가 나타나면서 이에 대한 본격적인 논의를 시작하고 있다. 알고리즘 감사 제도를 통해서 알고리즘에 대한 투명성을 높이자는 제안, 기업의 법인격과 같은 법적 지위를 알고리즘에 부여하여 권리와 책임을 명확히 하자는 제안 등 새로운 경쟁 환경에 맞는 전향적인 대응을 요구하는 의견들이 나오고 있다.

055 정답: 2번

특정 시장 환경에 따라 가상 발전소(Virtual Power Plant, VPP)는 전체 범위의 작업을 수행할 수 있다. 일반적으로 목표는 풍력 발전 단지, 태양열 공원, 열병합 발전(CHP) 장치와 같은 분산 에너지 자원을 네트워크로 연결하여 전력을 모니터링, 예측, 최적화 및 거래하는 것이다. 이러한 방식으로 재생 가능 발전의 변동은 제어 가능한 장치의 발전 및 전력 소비를 늘리거나 줄임으로써 균형을 맞출 수 있다. VPP의 주요 특징은 전력 수요의 피크를 처리하기 위해 유연한 용량을 집계할 수 있다는 것이다. 이와 관련하여 천연가스 연소 피크를 에뮬레이트하거나 대체할 수 있으며 일반적으로 동일한 자본 지출 없이 유통 네트워크 병목 현상을 해결할 수 있다. 여러 장치의 전력을 통합함으로써 VPP는 동일한 서비스와 이중화를 제공하고 대규모 중앙 발전소 또는 산업 소비자와 동일한 시장에서 후속적으로 거래할 수 있다.

── ⌂참조 https://youtu.be/u6PUYTmGCYs

056 정답: 4번

공존 현실(Coexistent Reality)은 현실과 가상 공간이 합쳐진 공간에서 사용자들이 실제와 같이 서로 느끼고 교류하는 것을 말한다. 시각과 청각, 촉각, 후각 등 다양한 감각을 느낄 수 있고, 여러 사람이 교류하고 협업할 수 있다는 점에서 기존의 가상 및 증강, 혼합 현실과 차별화된다. 즉, 원격 사용자들이, 4D+ 감각을 소통하고 협업함은 물론, 감성(정서), 경험의 소통에 의해 공감을 형성하고 친밀감을 느끼면서 소통한다.

※ 4D+: 시각(3D), 청각, 진동, 운동 외에 역감, 촉감 및 기타 부가 감각들이 결합된 복합 감각

057 정답: 4번

클라우드 컴퓨팅, SaaS, IaaS, PaaS 등의 기술 및 서비스는 다양한 장점을 비즈니스 오너와 사용자들에게 제공한다. CapEx(구축 비용)와 OpEx(운영 비용) 사이에서 사용자가 원하는 방식으로 유연하게 자원의 구성을 변경할 수 있는 Flexibility와 Resource Provisioning를 제공한다. 또한, 서비스 방식으로 제공되기 때문에 사용한 만큼 비용을 지불하는 Pay as you Go 과금 방식 덕분에 비용을 절감할 수 있다.

058 정답: 1번

3D 프린팅 공정은 1980년대에 고안되었는데, 처음에는 '고속 원형 제작'이라고 했다. 이를 통해 기업들은 다른 방법을 사용할 때보다 프로토타입을 빠르게 그리고 더 정확하게 개발할 수 있었다. 30년 이상 혁신을 거듭하면서 지금은 훨씬 더 다양하게 활용되고 있다. 3D 프린팅에 가장 자주 사용되는 재료는 열가소성 플라스틱이지만 포토폴리머, 에폭시 레진, 금속 등을 사용할 수도 있다. 복잡한 조직 모델을 3D 프린팅하는 데, 사람의 세포와 젤라틴을 혼합해 사용하는 최첨단 바이오 잉크도 활용한다. 심지어 초콜릿 같은 식용 재료도 3D 프린터에 사용되고 있다. 제조업자, 엔지

니어, 디자이너, 교육자, 의료 전문가, 취미 활동가들이 이 기술을 방대한 용도에서 이용하고 있다. 국내에서는 FDM, SLA, SLS, Polyjet 방식이 주로 알려졌으며 각각의 종류에 따른 특징들은 다음과 같다.

(1) FDM 방식(또는 FFF): Fused deposition modeling 또는 Fused filament fabrication의 약어로 사출 성형의 원료로 사용되는 펠릿(Pelet)을 가공하여 만든 필라멘트(filament)라고 부르는 롤 형태의 소재를 사용하여 압출하는 방식이다. 국내는 물론 전 세계적으로 가장 보편화된 3D프린팅 제작 방식으로 비교적 단순한 메커니즘과 유지 보수 및 운용이 쉽고 간편하기 때문에 산업 현장은 물론 교육, DIY 등 범용성 넓게 활용되고 있는 적층 가공 방식이다. 주로 활용되는 원료로는 PLA, ABS, PVC, HIPS 등이 있으며 최근에는 커피 찌거기, 폐 플라스틱을 활용한 재생소재 분야에서도 3D프린팅 기술이 접목되어 각광받고 있다.

(2) SLA 방식: Stereolithography의 약어로, 레이저와 같은 일정 파장 이상의 빛을 받으면 액체 상태에서 경화되어 고체화되는 성질을 가진 광경화성수지(예: 레진)를 이용한 3D프린팅 제작 방법이다. 광중합체 또는 포토폴리머 경화 방식이라고도 부르며 앞서 소개한 FDM 방식의 3D프린터 출력 방식의 한계로 지적되는 여러 가지 단점들을 크게 보완하고 뒤에서 소개할 정밀 3D 프린팅 기술 중 하나인 폴리젯(Polyjet) 방식에도 적용되고 있는 만큼 기대 가치가 큰 3D 인쇄 기술이다.

(3) SLS 방식: Selective Laser Sintering의 약어로, 우리말로 해석하면 선택적 소결 방식으로 풀이할 수 있다. 소결이란 고체 상태의 재료에 녹는점 이하의 열을 가하여 조직 간의 융착을 통해 하나의 형태로 결합하는 것을 말한다. SLS 방식의 3D 프린팅 기술은 분말 소재를 활용한다. 소결 공정은 레이저의 성능에 따라서 결과물의 품질 부분에 큰 영향을 주기 때문에 앞서 소개한 2가지 방식에 비해서 운용 난이도가 높은 편에 속한다.

(4) Polyjet 방식: 시제품 제작 분야에서 가장 우수한 성능을 자랑하는 3D 프린팅 기술로, 사무실, 가정에서 사용되는 2D 잉크젯 프린터와 원리가 비슷하다고 해서 잉크젯 방식의 3D 프린터로도 많이 불리고 있다. SLA 방식과 마찬가지로 열경화성 수지를 사용하며 빌드 트레이에 분사된 재료 위로 UV 램프 빛을 조사하여 적층하는 방식을 사용한다. 폴리젯 방식은 매우 정밀하며 사용할 수 있는 소재의 범위도 넓고 출력 과정에서 컬러(CMYK) 구현이 가능하다는 장점이 있다. 현재 활용되고 있는 산업용 3D프린팅 제작 기술 중에서 가장

활용성이 유연하며 정밀도가 높은 기술이지만, 장비의 가격이 워낙 비쌀 뿐만 아니라 재료 수급, 운용에 전문성이 요구되기 때문에 기업 내주에서 자체적으로 운용하기에 어려운 부분들이 있다. 비슷한 방식으로 CJP(Color Jet Printing), MJP(MultiJet Printing) 등이 있다.

059

현재 국내 제조업은 경쟁력 지수의 하락과 함께 글로벌 제조업 증가세 둔화로 스마트 제조의 도입이 적극적으로 필요한 상태다. 국내 제조업이 활성화되고 글로벌 경쟁력을 확보하기 위해서는 제조업의 스마트화와 함께 산업 사물 인터넷, 에지 컴퓨팅, 클라우드 컴퓨팅, 디지털 트윈, 인공 지능, 네트워크 등 ICT 기술이 결합된 생산 제조 플랫폼이 도입되어야 한다.

이러한 인프라를 가장 잘 설명하는 사례가 바로 '등대 공장(Lighthouse Factory)'이다. 밤바다의 등대처럼 제조업의 미래를 밝혀주며 안내하고 있다는 의미의 표현이다. 등대 공장은 4차 산업혁명 시대를 맞아 최첨단 기술과 인프라를 적극 도입해 제조업의 미래를 제시한 스마트 팩토리를 의미한다. AI, IoT, 빅 데이터 등 최첨단 기술을 활용해 공장 설비 교체를 최소화하고 공정 프로세스의 혁신을 도모한 등대 공장은 근로자가 더 흥미롭고 생산적으로 근무할 수 있는 최적의 인프라를 제공한다. 또한, 생산 효율성을 높이면서 더 나은 단계로 나아갈 수 있는 제조업계의 방향을 보여주는 비콘(beacon)이자 세계 경제 성장의 동력이라고 설명된다.

4차 산업혁명 기반의 제조 혁신을 이끄는 3개의 기술 트렌드인 연결성(Connectivity), 지능화(Intelligence), 유연한 자동화(Flexible Automation)를 성공적으로 적용한 것도 등대 공장의 특징이다

060

데이터브릭스에 따르면 MLOps=DataOps+ModelOps+DevOps을 의미한다. MLOps는 머신러닝 작업(Machine Learning Operations)을 뜻한다. MLOps는 머신러닝 모델을 프로덕션으로 전환하는 프로세스를

간소화하고, 뒤이어 이를 유지 관리하고 모니터링하는 데 주안점을 둔 머신러닝 엔지니어링의 핵심 기능이다. MLOps는 협업 기능이며, 주로 데이터 사이언티스트, DevOps 엔지니어, IT로 구성된다. MLOps는 머신러닝과 AI 솔루션 제작과 품질에 대한 유용한 접근법이다. 데이터 사이언티스트와 머신러닝 엔지니어는 MLOps 방식을 채택하여 협업을 추진하고 모델 개발과 프로덕션 속도를 증강할 수 있다. 이를 위해 ML 모델의 적절한 모니터링, 검증과 거버넌스를 포함해 지속적인 통합과 배포(CI/CD) 관례를 구현해야 한다. 머신러닝의 (대량) 생산은 쉽지 않은 일이다. 머신러닝 생명 주기는 데이터 수집, 데이터 준비, 모델 훈련, 모델 조정, 모델 배포, 모델 모니터링, 설명 가능성과 같은 복잡한 구성요소가 많이 모인 형태로 구성되어 있다. 또한, 데이터 엔지니어링부터 데이터 사이언스, ML 엔지니어링에 이르기까지 여러 팀에 걸친 협업과 전달이 필요한 일이기도 하다. 따라서 이 모든 프로세스를 동기화하고 협력이 이루어지는 상태를 유지하려면 극히 엄격한 운영 원칙을 적용해야 한다. MLOps는 머신러닝 생명 주기의 실험, 반복과 지속적 개선을 총망라한다. MLOps의 주된 장점은 효율성, 확장성과 리스크 완화이다.

(1) 효율성: MLOps를 사용하면 데이터 팀이 모델을 더욱 빨리 배포하고 양질의 ML 모델을 제공하며 배포와 프로덕션 속도를 높일 수 있다.

(2) 확장성: MLOps는 엄청난 확장성과 관리를 지원하므로 수천 개의 모델을 감독, 제어, 관리, 모니터링하여 지속해서 통합, 제공하고 지속해서 배포할 수 있다. 구체적으로 설명하자면, MLOps는 ML 파이프라인 재현성을 제공하므로 여러 데이터 팀에서 좀 더 긴밀하게 결합된 협업을 추진할 수 있고 DevOps 팀과 IT 팀의 갈등이 줄어들며 릴리스 속도도 빨라진다.

(3) 리스크 완화: 머신러닝 모델에는 철저한 규제 검토와 드리프트 검사가 필요할 때가 많다. MLOps를 이용하면 투명성을 강화할 수 있고 그러한 요청에 더욱 빨리 대응할 수 있으며 주어진 기업이나 업계의 규정을 더욱 엄격히 준수하는 데 도움이 된다.

061 정답: 4번

몇 년 전, 전 세계에 있는 가정용 웹캠 장비에 대한 보안이 뚫리고 외부 연결이 허용되면서 인터넷에서 타인의 가정용 웹캠의 영상을 볼 수 있는 이슈가 발생했었다. 또한, 가정용 장비보다 훨씬 많은 수의 장비를 보유한 기업용의 경우에도 무작위 공격 방식에 의해 접속이 허용되는 경우가 존재한다. 이를 유발하는 가장 큰 원인은 공장에서 출하된 장비의 초기 관리자 비밀번호를 변경하지 않았기 때문이다. 해커들은 주요 제조사 장비들의 공장 초기 비밀번호 목록으로 사전 공격을 감행하면서 장비에 로그인이 될 때까지 시도할 수 있으므로 반드시 비밀번호를 변경해야 한다. 뿐만 아니라 비밀번호의 복잡도를 높은 수준으로 설정하고 같은 네트워크 집단 장비의 비밀번호를 모두 같지 않도록 해야 한다.

062 정답: 3번

인간 증강(Human augmentation)은 인간의 감지, 행동 및/또는 인지 능력을 향상시키기 위한 방법, 기술 및 응용 프로그램을 다루는 분야이다. 이는 감지 및 작동 기술, 정보의 융합 및 분열, 인공 지능(AI) 방식을 통해 달성된다. 이는 감지 및 작동 기술, 정보의 융합 및 분열, 인공 지능(AI) 방식을 통해 달성된다. 인간 증강은 인간의 '사이보그화'를 의미할 뿐만 아니라 전혀 예측할 수 없는 미래를 기반으로 하지 않는다. 인간 증강은 간단히 말해서 기술이나 인공 화학 물질을 사용하여 일시적 또는 영구적으로 인간의 능력을 향상 또는 회복시키는 것을 의미한다. 하지만 인간증강을 위해서는 다음과 같은 우선 사항을 고려해야 한다.

(1) 데이터 프라이버시(Data Privacy): 일부 유형의 인간 증강 기술은 데이터 처리에 의존하기 때문에 기술의 개인 데이터 영향에 대한 우려가 제기된다. 예를 들어, 라이프 로깅은 많은 사람들이 자신의 건강을 증진하고 생활 기록을 개인 데이터로 기록하는 데 사용된다. 이러한 경우 데이터를 보호하기 위해 더 복잡한 문제가 발생한다.

(2) 신뢰성(Reliability): 일부 인간 증강 기술의 실패는 심각한 부상이나 사망을 초래할 수 있다. Ford의 경우 외골격 작동의 결함이 직원의 건강을 해칠 수 있다. 오하이오 주립 대학에서 수행한 연구에 따르면 외골격의 고장은 뇌에 부담을 줄 수도 있다.

(3) 윤리적 문제(Ethical Concerns): 인간 증강 기술, 특히 인지를 증강하는 기술을 테스트하려면 윤리에 대한 우려를 제기할 수 있는 복잡한 프로세스가 필요하다. 가장 최근의 예는 인지 능력에 현저한 영향을 미칠 뇌 임플란트를 개발하는 신경학 회사인 Neuralink가 동물에게 칩을 테스트하기 시작할 때 였으며 테스트에서 Neuralink와 협력하고 있는 University of California, Devis는 실제로 동물 학대에 대한 법적 조치에 직면해 있다.

4)번의 장애 극복 기능(Failover, 페일오버)은 컴퓨터 서버, 시스템, 네트워크 등에서 이상이 생겼을 때 예비 시스템으로 자동전환되는 기능이다. 시스템 대체 작동 또는 장애 조치라고도 한다.

063
정답: 2번

배깅(Bagging)과 부스팅(Boosting)은 앙상블 학습 기법의 강력하고 인기 있는 클래스이다. 부스팅은 학습 오류를 최소화하기 위해 약한 학습자 세트를 강한 학습자로 결합하는 앙상블 학습 방법이다.

부스팅에서는 데이터의 무작위 샘플을 선택하고 모델에 맞춘 다음 순차적으로 훈련한다. 즉, 각 모델은 이전 모델의 약점을 보완하려고 하며 각 반복에서 각 개별 분류기의 약한 규칙이 결합되어 하나의 강력한 예측 규칙을 형성한다.

배깅에서는 약한 학습자가 병렬로 학습되지만 부스팅에서는 순차적으로 학습된다. 이는 일련의 모델이 구성되고 각각의 새 모델 반복과 함께 이전 모델에서 잘못 분류된 데이터의 가중치가 증가함을 의미한다. 이러한 가중치 재분배는 알고리즘이 성능 향상에 집중해야 하는 매개 변수를 식별하는 데 도움이 된다. 배깅과 부스팅의 또 다른 차이점은 사용 방법에 있다. 예를 들어, 배깅 방법은 일반적으로 높은 분산과 낮은 편향을 나타내는 약한 학습자에게 사용되는 반면 부스팅 방법은 낮은 분산과 높은 편향이 관찰될 때 활용된다. 배

킹은 대출 승인 프로세스 및 통계적 유전체학에 활용되었으며 부스팅은 이미지 인식 앱 및 검색 엔진 내에서 더 많이 사용되었다.

064
정답: 2번

De-Fi는 탈중앙화 금융(Decentralized Finance)의 약자로, 블록체인 네트워크상에서 은행, 증권사, 보험사 등의 전통적인 금융 기관을 거치지 않고 구현된 금융 서비스를 의미한다.

De-Fi에서 금융서비스는 ① 서비스 규칙 생성, ② 이용자 가입, ③ 규칙 이행의 순으로 진행된다. 큰 틀에서 은행의 각 단계와 형태가 크게 다르지 않으나 세부적으로 들여다보면 근본적으로 차이가 있다. 우선 De-Fi에서는 서비스 규칙을 생성하는 주체가 한정되어 있지 않다. 전통적인 예금 업무를 수행하기 위해서는 금융 회사를 설립하고 상당한 수준의 물적·인적 요건을 충족해야 하지만 De-Fi에서는 별도의 자본금이나 전산 설비가 없더라도 누구든지, 심지어 일반 개인이라 할지라도 자신만의 서비스 규칙을 생성함으로써 예금을 비롯한 다양한 금융 상품을 간편하게 개발할 수 있다. 이것이 가능한 이유는 블록체인 네트워크(예: 이더리움)가 각종 계약과 관련하여 이용자들을 연결하는 일종의 플랫폼 역할을 수행하기 때문이다. 네트워크상에서는 누구든 원하는 대로 서비스 규칙을 만들 수 있으며(서비스 규칙 생성 단계), 해당 규칙에 동의하는 이용자들은 서비스 개발자의 허락을 받거나 별도의 판매 절차를 거치지 않고도 서비스에 가입할 수 있다(이용자 가입 단계).

De-Fi가 지니는 또 다른 차이점은 서비스의 규칙을 이행하는 주체가 개발자가 아닌 블록체인 네트워크라는 점이다. 블록체인을 생성·유지하는 다수의 노드(node)들은 프로그래밍 코드로 작성된 서비스 규칙을 각자 독립적으로 실행하고 서로의 결괏값을 비교·검증함으로써 최종적으로 단일의 결과물을 블록체인에 기록한다. 그리고 그 결과로 서비스 규칙들이 이행되며 이용자들에게 De-Fi 서비스가 제공된다(규칙 이행 단계). 따라서 De-Fi 서비스의 개발과 가입, 이행에 있어

블록체인 네트워크는 일종의 플랫폼 역할을 수행하며 이로 인해 De-Fi는 기존 금융 산업과 차별화된 특징을 갖는다. 즉, 누구든지 자신만의 규칙을 적용한 금융 상품을 새롭게 만들 수 있으며, 다른 이용자가 만든 금융 상품에 자유롭게 가입할 수도 있다. 블록체인 네트워크에서 한번 생성된 De-Fi 서비스는 네트워크가 유지되는 한 기계적으로 변함없이 이행된다는 점에서도 기존 금융 산업과 차이가 있다.

출처 https://www.kcmi.re.kr/

065

정답: 4번

국토교통부는 규제 미비로 인한 레벨 3 상용화 지연 등 자율 주행차 제도·안전 기준 등에 대해 잘못 알려졌거나 충분히 공유되지 않은 정책 사례를 제대로 알리기 위해, 자율 주행차 관련 제도현황을 공유하고 각계의 의견 수렴을 위한 민·관·학 합동 간담회·교육 프로그램 등도 추진할 계획이다.

(1) 국내 레벨 3 자율 주행차 상용화를 위한 규제 개선 미비

☞ 레벨 3 자율 주행차 안전기준('19.12) 및 보험 제도('20.4)를 이미 완비하여 현재 일반 국민을 대상으로 한 레벨 3 자율 주행차 출시 및 운행이 가능

(2) 미국은 시범 구역으로 지정된 지역 내에서 자율 주행차가 자유롭게 운행할 수 있지만, 한국은 시범 구역 내 특정 노선으로 제한되어 자율 주행 기술 개발이 더디다.

☞ 우리나라도 임시 운행 허가를 받은 자율 주행차는 전국 모든 도로에서 운행 가능

(3) 레벨 3 자율 주행 최고 속도를 60km/h로 제한한 국내 법규에 맞추기 위해 60km/h까지 자율 주행 시스템이 작동한 후 60km/h 이상의 속도에서는 레벨 2 수준인 고속도로 주행 보조로 전환되는 시스템으로 개발하고 있다.

☞ 유럽·일본 등은 최고 속도를 60km/h로 제한하는 데 반해, 우리나라 기준은 도로의 제한 속도까지 자율 주행 허용(사실상 제한 없음)

(4) 자율 주행차 시험 운행 시 보조 운전자가 탑승해야 하여, 무인 시범 운행이 허용되지 않아 테스트를 통한 기

술 개발이 더디다.

☞ 무인 운행도 허용(임시운행허가 규정에 무인운행 요건이 이미 규정되어 있음)

＊ 현재 5개 기업·기관이 무인 운행 실증 중

(5) 자율 주행 기능의 횡가속도를 3m/s2으로 규정하여 자율 주행 기술 개발이 어렵다.

☞ 우리나라 자율 주행차 안전기준에서는 자율 주행 기능의 횡가속도를 제한하고 있지 않음

066

정답: 2번

국토교통부에서 제시한 개정안의 주요 내용은 다음과 같다.

(1) 자율 주행 해제 방식 명확·구체화: 기존에는 자율 주행 상황에서 가속·제동 장치 조작 시 자율 주행 기능이 바로 해제되도록 규정하고 있으나, 국제기준과의 정합성을 고려하여 해제를 위한 조작 방식을 세분화하였다.

＊ 1) 페달만 조작 시에는 자율 주행 기능이 지속되는 상태에서 운전 전환 요구 실시

＊ 2) 핸들을 잡은 상태에서 가·감속 페달 조작 시에는 자율 주행 해제

(2) 운전 전환 요구 기준 개선: 기존에는 자율 주행 상황에서 고속도로 출구 등 운전자 개입이 필요한 시점의 15초 전에 운전 전환을 요구토록 하였으나, 복잡한 운행 상황 등을 감안하여 자동차를 안전하게 정지시킬 수 있는 충분한 시간을 제작사가 자율적으로 설정하도록 변경하였다. 다만, 자율 주행차 최고 속도의 경우 국제기준은 시속 60km/h로 제한하고 있으나, 업계에 대한 규제 최소화 측면을 고려하여 국내 자율 주행차 최고 속도를 도로의 제한 속도까지 허용(사실상 제한하지 않음)하도록 하였다.

(3) 비상 운행 조건 명확화: 기존에는 자율 주행 상황에서 운전자가 운전 전환 요구에 대응할 수 있는 시간이 충분하지 않을 경우 비상 운행을 시작하도록 하여 비상 운행 조건이 불분명하였으나, 비상 운행 시작 조건을 최소 제동 성능인 5m/s2(현행 안전기준상 최소 제동 성능)을 초과하여 감속해야 하는 상황으로 명확화하였다.

(4) 자율 주행 시스템 작동 상태 알림 방식 개선: 자율 주행 시스템의 작동 상태를 운전자에게 보다 확실히 알릴 수 있도록 계기판 외 핸들 테두리 등에 별도 시각 장치를 추가하고, 해제 시에도 운전자에게 별도 알림을 실시토록 하였다. [자율 주행 시스템 알림 방식 개선

내용]

(5) 자율 주행 해제 시 영상 장치(영화, 게임 등)의 자동 종료 규정: 「도로교통법」 개정('21.10)으로 자율 주행 시스템 사용 시 휴대폰·영상 장치 조작 등이 허용됨에 따라 자율 주행 해제 시에는 영상 장치 등이 종료되도록 규정하였다.

※ 그 외, 시스템 감지 거리, 최소 안전 거리, 운전 전환 요구 시각 신호 등에 대해 그림, 도표 등을 추가 제시하여 이해도 제고

── ⌂ 출처 국토교통부

067 정답: 1번

대체 불가능한 토큰(Non-fungible token, NFT)은 블록체인에 저장된 데이터 단위로, 고유하면서 상호 교환할 수 없는 토큰을 뜻한다. NFT는 사진, 비디오, 오디오 및 기타 유형의 디지털 파일을 나타내는 데 사용할 수 있다. 가상의 진품 증명서 역할을 하므로 대체 불가능하고 사본은 인정되지 않는다. 이러한 디지털 항목의 사본은 누구나 얻을 수 있지만 NFT는 블록체인에서 추적되어 소유자에게 저작권과 소유권 증명을 해야한다.

068 정답: 4번

XDR은 사일로 보안을 대체하고 조직이 통합된 관점에서 사이버 보안 문제를 해결할 수 있도록 지원한다. 전체 에코 시스템의 정보로 구성된 단일 원시 데이터 풀을 통해 XDR은 EDR보다 더 빠르고 심층적이며 효과적인 위협 탐지 및 대응을 가능하게 하여 더 넓은 범위의 소스에서 데이터를 수집하고 대조한다.

XDR은 위협에 대한 더 많은 가시성과 컨텍스트를 제공한다. 이전에 해결되지 않았을 사고는 더 높은 수준의 인식으로 나타나 보안팀이 추가 영향을 수정 및 줄여서 공격 범위를 최소화할 수 있다. 일반적인 랜섬웨어 공격은 네트워크를 가로질러 이메일 받은 편지함에 도달한 다음 엔드포인트를 공격한다. 보안 문제를 각각 독립적으로 살펴보는 것은 조직을 불리하게 만든다.

XDR은 사용자 또는 규범적 응답 엔진에 내장된 논리에 의해 서로 다른 보안 제어를 통합하여 사용자 액세스 비활성화, 의심되는 계정 손상에 대한 다중 요소 인증 강제, 인바운드 도메인 및 파일 해시 차단 등과 같은 엔터프라이즈 보안 자산 전반에 걸쳐 자동화된 또는 원 클릭 대응 조치를 제공한다. 전체 에코 시스템의 정보로 구성된 단일 원시 데이터 풀을 통해 XDR은 EDR보다 더 빠르고 심층적이며 효과적인 위협 탐지 및 대응을 가능하게 하여 더 넓은 범위의 소스에서 데이터를 수집하고 대조한다.

(1) 데이터 소스 간의 상관관계를 통해 MTTD(평균 탐지 시간)를 줄인다.

(2) 분류를 가속화하고 조사 및 범위를 지정하는 시간을 줄여 MTTI(평균 조사 시간)를 줄인다.

(3) 간단하고 빠르며 관련성 높은 자동화를 가능하게 하여 MTTR(평균 응답 시간)을 줄인다.

(4) 전체 보안 자산에 대한 가시성을 향상시킨다.

069 정답: 2번

단일 보안 제품, 기술 또는 솔루션은 그 자체로서 산업 제어 시스템(ICS)을 적절하게 보호할 수 없다. 심층 방어 기법으로도 알려진 2개 이상의 서로 다른 중첩 보안 메커니즘을 수반하는 다중 계층 전략을 사용하여 어느 한 메커니즘에서 발생한 결함의 영향을 최소화하는 것이 좋다. 심층 방어 구조 전략은 효과적인 보안 정책, 훈련 프로그램, 사고 대응 메커니즘 및 물리적 보안과 함께 방화벽, 완충 지대의 구성, 침입 탐지 기능의 사용을 수반한다. 추가로, 효과적인 심층 방어 전략에는 산업 제어 시스템(ICS)에서 있을 수 있는 공격 경로에 대한 철저한 이해가 필요하다. 이러한 공격 경로는 다음과 같다.

- 네트워크 주변의 백도어 및 홀
- 공통 프로토콜의 취약점
- 현장 장치에 대한 공격
- 데이터베이스 공격

- 통신 하이재킹 및 '중간자' 공격
- 스푸핑 공격
- 권한 및/또는 공유 계정에 대한 공격

2)번은 블록체인 도입 시 고려되어야 할 보안 위협으로, 거래 검증 및 합의에 관련된 내용이다. 이는 메인 체인에서 유효하지 않는 자산이 사이드 체인에서 거래가 가능한 것을 말하는 것으로 ICS와는 해당 사항이 없다.

── 🏠출처   NIST SP 800-82 [Guide to Industrial Control Systems(ICS) Security

070
정답: 2번

인공 지능의 적대적 공격이란 인공 지능 모델이 대상을 잘못 인식하도록 이미지에서 특정 부분만 변조하는 적대적 공격 기술을 개발하고자 한 것이다. 특히 적대적 공격 중 회피 공격의 경우 인간의 눈으로 식별하기에는 어려운 노이즈 데이터를 삽입하고, 이 때문에 자율 주행 자동차의 경우 정지 표시판을 속도 제한 표시로 인식해 오작동을 유발하는 등의 방식으로 인공 지능을 통해 타 인공 지능을 공격하게끔 한다. 이러한 공격으로 인해 인명 피해나 재산의 손실이 있을 수 있기에 많은 연구자들은 연구를 통해, 사고를 막고자 노력을 기울이고 있다.

── 🏠출처   과학기술정보통신부

071
정답: 1번

비트코인에서 대중들에게 널리 퍼진 UTXO(Unspent Transaction Output, 아직 소비되지 않은 트랜잭션 결과물)라는 개념이 현재 다양한 블록체인 플랫폼에서도 사용되고 있다.

비트코인이나 큐텀의 경우, 누군가로부터 받은 금액을 UTXO로 저장한다. 예를 들어, A와 B로부터 각각 1비트코인과 3비트코인을 받아 총 4비트코인을 갖게 되었으면, 지갑에는 4비트코인이 한꺼번에 묶여 있지 않고 1비트코인, 3비트코인을 각각 UTXO로 저장한

다. 다시 UTXO 안에 있는 금액을 송금할 때는 새로운 UTXO을 생성하기 때문에 기존 UTXO는 파기한다. 예를 들어, 4비트코인이 있는 UTXO에서 2비트코인을 타인에게 송금하면 2비트코인을 송금한 UTXO와 남겨진 2비트코인에 대한 UTXO가 새로 생성된다.

UTXO 모델은 LiteCoin, Bitcoin Cash 및 Cardano를 포함한 Bitcoin 및 파생 체인에서 사용된다. 비트코인은 지갑에 저장되지 않는다. 비트코인은 거래에서 거래로 이동한다. 입력은 이전 트랜잭션에서 받은 공개 키(사용자 주소)의 소유자가 (개인 키로) 잠금을 해제할 수 있는 UTXO이며 소유자가 만들고자 하는 트랜잭션 지불에 대한 출력으로 사용할 수 있다. 각 트랜잭션은 이전 트랜잭션의 출력을 소비하고 미래의 트랜잭션에서 사용할 수 있는 새로운 출력을 생성한다. 사용자에게 거래 지불 값과 정확히 일치하는 UTXO 또는 UTXO의 조합이 없는 경우 사용자는 지불 값을 초과하는 출력을 생성하고 두 개의 UTXO를 생성해야 한다. 하나는 받는 사람에게 정확한 값을 지불하고 다른 하나는 차이(즉, 변경)를 사용자에게 다시 보낸다.

UTXO 모델은 일반적으로 계정/잔액 모델보다 구현이 더 복잡하다. UTXO 모델에서 모든 전송 트랜잭션(출력)은 전송 트랜잭션 값을 충족하기 위해 원하는 출력을 생성할 UTXO의 하위 집합을 결정하기 위해 사용자 계정에 속하는 사용되지 않은 UTXO 집합에 걸쳐 여러 계산이 필요하다. UTXO 모델은 상태 비저장이며 상태 기반 스마트 계약에 필요한 자산 발행 및 이전 이상의 기능을 가진 애플리케이션에는 적합하지 않다.

072
정답: 1번

블록체인에서는 광범위한 합의 방법론이 있다. 다음 목록은 주요 방법론을 강조한다.

- 작업 증명(Proof of work, PoW): 암호화 문제(해시 퍼즐)를 해결하기 위해 경쟁하는 채굴자(컴퓨팅 리소스를 제공하여 블록체인을 계속 실행하는 참가자)가 수행한다. PoW 알고리즘은 거래를 확인하고 체인에 추가되는 새로운 블록을 생성하는 데 사용된다.

- 지분 증명(Proof of Stake, PoS): 암호화폐 블록체인 네트워크가 분산 합의를 달성하는 것을 목표로 하는 합의 알고리즘 유형이다. PoS 합의에서 다음 데이터 블록의 생성자는 블록체인 내에서 무작위 선택과 부 또는 나이(즉, 지분)의 여러 조합을 통해 선택된다.
- 실용적인 비잔틴 내결함성(Practical Byzantine Fault Tolerance, PBFT): 한 노드가 기본 노드 또는 리더가 되고 다른 모든 노드를 백업 노드라고 하여 모든 노드가 순서대로 정렬되는 합의 메커니즘이다. 노드는 메시지가 특정 피어 노드에서 왔으며 전송 중에 메시지가 수정되지 않았음을 증명하기 위해 통신한다(다수 원칙에 따라 동의).
- 경과 시간 증명(Proof of Elapsed Time, PoET): Intel SGX (Software Guard Extensions)를 사용하여 다음 블록 게시자를 무작위로 결정하기 위해 허가된 블록체인 네트워크에서 자주 사용되는 합의 메커니즘 알고리즘이다. SGX를 사용하면 애플리케이션이 보호된 환경에서 신뢰할 수 있는 코드를 실행하여 선택이 공정하도록 할 수 있다.

073　　정답: 2번

일반 블록체인 참조 아키텍처 모델의 복제된 상태 머신 계층은 분산 응용 프로그램에 대한 비즈니스 처리 규칙을 제공하는 스마트 계약을 관리한다. 이 레이어는 세 가지 주요 구성요소와 상호 작용한다. 이벤트를 사용하여 스마트 계약은 기본 DApp으로 트랜잭션 상태 전환을 통신하거나 브로드캐스트할 수 있다. DApp은 또한, 이러한 이벤트를 수신하고 그에 따라 처리할 수 있다. 구현은 블록체인 설계에 따라 다를 수 있지만 스마트 계약은 Solidity, Go, Java, Plutus 등과 같은 고급 프로그래밍 언어로 작성된다. 스마트 계약 실행 및 검증은 일반적으로 VM(가상 머신)(예: Solidity용 Ethereum VM[EVM] 또는 Corda용 Java VM) 내에서 실행되며, 여기서 상위 수준 프로그래밍 언어는 VM에 의해 하위 수준 기계 명령으로 컴파일된다. 모든 전체 노드는 스마트 계약과 VM의 버전을 유지하지만 계약 상태는 주소와 계정 상태 간의 매핑을 제공하는 world-state trie에서 블록체인 네트워크를 통해 공유된다. 블록체인 네트워크는 컴퓨터처럼 생각할 수

있으며, world-state trie는 해당 컴퓨터의 하드 드라이브와 같다. 이 상태 정보의 인코딩 프로세스는 수정된 Merkle Patricia tree인 trie 데이터 구조를 사용하여 처리된다. 동일하거나 유사하게 파생된 개념의 애플리케이션은 Hyperledger Fabric, Corda 및 Ripple을 포함한 다른 블록체인 설계에 사용된다.

074　　정답: 4번

공개/개인 키 암호화는 공개 키와 개인 키를 사용하여 비트코인 보내기 또는 받기와 같은 다양한 작업을 수행한다. 공개 키는 널리 공유될 수 있으며, 개인 키는 비밀로 유지되어야 한다. 그러나 개인 키는 분실 또는 도난당한 경우 재설정하거나 복구할 수 없다는 점에 유의해야 한다. 개인의 공개 키로 메시지를 암호화하여 해당 개인 키를 가진 사람(메시지를 받는 사람)만 해독하고 읽을 수 있도록 할 수 있다.

디지털 서명은 보낸 사람의 개인 키를 사용하여 생성되므로 디지털 서명된 메시지의 수신자는 보낸 사람의 공개 키를 사용하여 메시지가 개인 키의 소유자, 즉 보낸 사람에 의해 생성되었음을 확인할 수 있다.

각 비트코인은 현재 소유자의 공개 키와 연결되어 있다. 누군가 비트코인을 보내면 새 소유자의 공개 키를 특정 양의 비트코인에 연결하는 트랜잭션이 생성되고 보낸 사람의 개인 키로 서명(공유되지 않음)된다. 이 거래가 비트코인 네트워크로 브로드캐스트되면 네트워크는 이 코인의 새 소유자가 새 공개 키의 소유자, 즉 수신자라는 것을 인식한다.

대부분의 암호화폐는 지갑을 사용하여 사용자가 소유권을 추적하고 암호화폐를 보내거나 받을 수 있는 공개 및 개인 키 쌍을 저장한다. 지갑은 하드웨어 장치, 프로그램 또는 서비스일 수 있다. 암호화폐는 물리적 형태로 존재하지 않기 때문에 암호화폐 자체는 지갑에 상주하지 않는다. 대신 암호화폐는 이러한 암호화폐를 제어할 수 있는 개인 및 공개 키를 자세히 설명하는 거래 기록으로 구성된 블록체인에서 유지 관리된다.

075

5G RAN은 모든 RAN 인터페이스에서 보안 통신을 제공하고 물리적 공격에 취약한 장소에 추가 보호 기능을 포함한다. gNodeB(gNB) 또는 기지국이라고 하는 5G RAN은 RU(Radio Unit), DU(Distributed Unit), CU(Central Unit)로 구성되어 있다. 다양한 구성 및 VNF(가상 네트워크 기능)로 배포된다. RU와 DU는 모두 네트워크 가장자리에 있다. 따라서 네트워크 운영자는 최소한의 물리적 보안으로 무인 위치 또는 사이트에 배포할 수 있다. 이는 민감한 데이터가 암호화되지 않은 상태로 RU/DU를 통해 전송되거나 RU/DU가 암호 해독에 사용되는 키를 소유하는 경우 물리적 공격에 취약한 상태로 남을 위험이 있다. 암호화되지 않았거나 제대로 암호화되지 않은 무선 장치(RU)/분산 장치(DU)로 인한 물리적 공격으로 인한 민감한 데이터 취약성 코어/사용자 평면 및 5G 코어 네트워크에 대한 새로운 인터페이스의 도입으로 인해 공격자의 위험이 높아져 다음과 같은 결과가 발생한다.

- 더 많은 공격자
- 네트워크 중단(Network disruptions)
- 가짜 액세스 네트워크 노드 위협(Fake access network node threat)
- 인터페이스 플러딩을 통한 플러딩 공격 위협(Flooding attack threat via interface flooding)

완화하는 방법은 다음과 같다.

- 사용자 장비 통신 암호화를 통한 민감한 데이터 제한
- RAN 인터페이스 보호

076

(1) NRF(Network Repository Function): 3GPP 5G 표준에서 정의한 NF(Network Function) Service Framework 구성요소 시스템으로, Dynamic하게 변경되는 5G Core NF의 서비스 상태 모니터링과 연동 정보(예: IP Address, FQDN 등) 관리 기능 수행을 통해, 5G Core NF 간 상호 연동을 지원하는 5G Core Network의 인프라 솔루션이다. NRF 시스템은 NF 관리 기능을 제공하기 위해 3GPP 5G System Architecture상에서 HTTP2 기반 Nnrf SBI(Service-based interface exhibited by NRF)를 통해 아래 서비스 처리 기능들을 제공한다.

- NF Service Registration: NF 인스턴스에서 제공하는 5G Core 서비스 정보 관리
- NF Service Discovery: 5G Core SBI(Service-based Interface)를 지원하는 NF Instance의 정보를 제공
- Access Token: 5G Core 서비스 이용을 위한 인증 및 권한 Token 제공

(2) NSSF(Network Slicing Selection Function): 다양한 서비스를 제공하는 5G 망 환경에서 사용자가 요청한 서비스에 대해 서비스 가능한 최적의 네트워크 슬라이스를 선택하고, 망에서 사용자에게 허가된 요청 서비스를 지원할 수 있는 최적의 AMF(Access Management Function) 또는, AMF Set 정보를 제공하는 솔루션이다. NSSF 시스템은 네트워크 슬라이스 선택기능을 제공하기 위해 3GPP 5G System Architecture 상에서 HTTP2기반 Nnssf SBI(Service-based interface exhibited by NSSF)를 통해 아래의 서비스 처리 기능들을 수행한다.

- NS(Network Slice) Selection: 사용자에게 적합한 Network Slice 정보 제공
- NSSAI(Network Slice Selection Assistance Information) Availability: Access Network에서 서비스 가능한 S-NSSAI 정보 관리

(3) UDR(Unified Data Repository): 5G NF에게 데이터 저장 및 조회 기능을 제공하는 5G Core network 솔루션으로, 저장 가능한 데이터는 가입자 데이터, 정책 데이터, 구조화된 데이터, application 데이터 등이 있다.

(4) UDM(Unified Data Management): 가입자의 Subscription Data와 Authentication Data를 저장/관리하는 Network Function이다. UDM은 ARPF와 SIDF, UDM으로 구분하여 서비스를 제공한다. ARPF는 인증(Authentication)과 인증 키(Key Agreement credential)의 생성을 담당하고, SIDF는 SUCI를 암호화(concealing)하여 SUPI로 복호화(De-concealing)하는 기능을 제공하며, UDM은 User Identification handling, Access Authorization, Subscription data Management를 수행한다.

- ARPF(Authentication credential Repository and Processing Function)
- SUCI(Subscription Concealed Identifier)
- SUPI(Subscription Permanent Identifier)
- SIDF(Subscription Identifier De-concealing Function)

(5) SEPP(Security Edge Protection Proxy): 5G Core Network

350 정보보안 1000제 ··· 해설편

Function간 Inter-PLMN(Public Land Mobile Network) Control Plan Interface에서의 메시지 필터링 및 Policy 와 Topology Hiding기능 제공을 위한 Proxy이다.

(6) 5G-EIR(Equipment Identity Register): PEI(Permanent Equipment Identifier) 상태(예: PEI 가 blacklist 여부)를 체크하기 위한 5G Core의 Network Function이다.

(7) SMSF(Short Message Service Function): AMF을 통해 SMS over NAS를 제공하기 위해 필요한 시스템이다. 기존 Legacy 망에서 SMS의 저장 및 전달(store and forward)을 담당하는 SMSC 시스템과 SGd Interface로 연동하고, 5G Control Plane Network Function 중에 AMF, UDM 과 Service-based Interface로 연동하여 SMS over NAS 방식의 SMS MO/MT 서비스를 제공한다.

- AMF(Access and Mobility Management Function)

- UDM(Unified Data Management)

- MO(Mobile Originating)/MT(Mobile Terminating).

(8) AUSF(Authentication Server Function): 3GPP access 및 Non-3GPP access를 위한 인증을 지원한다. AUSF는 UDM(Unified Data Management), AMF(Access and Mobility Management Function) 와 SBI(Service-based Interface)로 연동하고, UDM/AMF 에게 AUSF Service를 제공한다.

(9) PCF(Policy Control Function): 5G Network 전체 동작에 대한 통합 Policy를 관장하고 다른 Control Plane NF에 Policy를 전달하는 기능을 제공하는 5G Core Network 솔루션이다.

(10) MEC(Multi-Access Edge Computing): 중앙 집중적인 4G/5G 망의 Core 장비 기능을 Edge에서 분산 처리하도록 하여 초저지연 (Ultra-low latency) 및 광대역 (High bandwidth)특성을 지닌 서비스를 효율적으로 처리하기 위한 Solution이다.

- MEC Platform: MEC Service를 지원하는 ME app 및 API GW 기능 수행

- MEC Management: MEC Portal을 통한 MEC Configuration & Operation

- MEC Data Plane: DNS Query에 의한 Traffic Offloading 기능 수행

출처 http://www.telcoware.com/

077 정답: 4번

2019년에 5G 기술의 구현은 훨씬 빠른 데이터 속도, 더 높은 연결 밀도, 훨씬 더 낮은 대기 시간, 장치 간 통신, 더 나은 배터리 소비 및 개선된 전체 무선 범위를 제공한다는 목표로 시작되었다. 5G 기술은 4G LTE 기술에서 진화한 기술이지만, 계승된 4G 기술의 핵심 영역을 개선해 4G 및 이전 세대와 차별화된다. 5G 기술은 새로운 무선(5G NR) 기술을 도입하여 4G 또는 이전 세대보다 전반적으로 더 높은 수준의 보안을 제공하고 있다.

(1) 더 큰 용량으로 더 빠른 네트워크 제공: 더 빠른 처리와 더 큰 용량은 IoT 에코 시스템의 연결 요구 사항을 더 잘 충족할 수 있다. 증가된 속도와 용량은 네트워크를 통한 데이터 전송 지연을 제거할 수 있다. 5G의 매우 빠른 속도는 1밀리초의 대기 시간을 제공한다. 더 빠른 5G 속도는 4G 네트워크에서 실행되는 장치를 통해 이러한 영화를 다운로드하는 데 현재 더 긴 시간이 걸리는 것과 비교하여 몇 초 만에 HD 영화를 다운로드할 수 있음을 의미한다.

(2) 많은 정적 및 모바일 지원 (사물 인터넷 기기): 5G 기술의 유연성은 다음과 같은 다양한 범위를 제공한다.

- 속도

- 대역폭

- 서비스 품질 요구 사항

(3) 네트워크 에너지 사용량 감소: 5G 기술은 네트워크 에너지 사용량을 90%까지 줄이고 저전력 IoT 장치에 최대 10년의 배터리 수명을 제공할 수 있다.

078 정답: 2번

(1) 네트워크 액세스 보안(I): 사용자의 장치가 네트워크를 통해 서비스를 안전하게 인증 및 액세스할 수 있게 하고 특히 무선 액세스 링크에 대한 공격으로부터 보호할 수 있도록 하는 보안 기능 그룹

(2) 네트워크 도메인 보안(II): 그룹 노드가 신호 데이터와 사용자 데이터를 안전하게 교환하고 유선 네트워크에 대한 공격으로부터 보호할 수 있도록 하는 보안 기능

(3) 사용자 도메인 보안(III): 이동국 및 장비에 대한 액세스를 보호하는 보안 기능 그룹

(4) 애플리케이션 도메인 보안(IV): 사용자 도메인과 공급자 도메인의 애플리케이션이 메시지를 안전하게 교환할 수 있도록 하는 보안 기능 그룹

(5) SBA 도메인 보안(V): 네트워크 기능이 서비스를 제공하는 네트워크 도메인 내에서 다른 네트워크 도메인과 안전하게 통신할 수 있도록 하는 보안 기능(네트워크 기능 등록, 검색 및 권한 부여 보안 측면과 같은) 그룹으로 새로 구성되어 도입된 5G 보안 도메인

(6) 보안의 가시성 및 구성 가능성(VI): 보안 기능이 작동하는지 여부와 서비스의 사용 및 제공이 보안 기능(보안의 가시성 및 구성 가능성)에 의존해야 하는지 여부를 사용자가 알 수 있게 해주는 기능 그룹 (그림에는 표시되지 않음)

이러한 기능이 3GPP의 5G 보안 표준에 따라 구현되도록 하는 것은 네트워크 공급자의 책임이다.

079

정답: 2번

잠재적 위협의 맥락에서 사설 셀룰러 네트워크에 대한 다양한 사이버 위협은 다음과 같다.

(1) 서비스 거부(Denial of Service, DoS): 서비스 거부는 연결된 특정 서비스에 대한 연결 또는 액세스를 거부하는 장치 또는 네트워크에 대한 공격을 의미한다. 포드와 도요타와 같은 자동차 제조업체는 개인 5G 네트워크를 사용하여 공장의 연결성을 개선하여 로봇 용접기와 같은 구성요소가 보다 효율적으로 함께 작동할 수 있도록 했다. 이러한 구성요소가 통신을 위해 개인 셀룰러 네트워크에 의존하는 경우 완벽하게 조율된 단일 프로세스에도 해를 끼칠 수 있는 DoS 공격으로 인해 전체 시설이 종료되어 심각한 재정적 손실이 발생할 수 있다.

(2) 모바일 네트워크 매핑(Mobile Network Mapping, MNmap): 무선 데이터 스니핑 장치는 셀룰러 신호를 통해 전송되는 식별 데이터를 사용하여 네트워크에 연결된 장치 유형을 결정할 수 있다. 이를 MNmap 공격 또는 장치 지문 인식이라고 한다. 이는 악의적인 행위자가 개인 네트워크 내의 장치 및 해당 기능에 대한 중요한 정보에 액세스할 수 있게 된다.

(3) 입찰 중단 공격(Bidding Down Attack, 서비스 저하): 해커는 IMSI 사칭 장비를 사용하여 DoS 공격을 실행할 수 있지만 이러한 모든 장치가 수행할 수 있는 것은 아니다. 또한, 신뢰할 수 있는 네트워크 노드로 자신의 상태를 사용하여 연결된 장치에 악성 명령을 보내는 중간자 공격(MITM)을 수행할 수 있다. 이러한 공격은 장치가 낮은 품질의 네트워크 프로토콜로 '입찰(Bid down)'을 수행하여 서비스 품질을 저하시킨다. 이는 기업 네트워크에 대한 미묘하면서도 매우 해로운 공격일 수 있다.

(4) 배터리 드레인(Battery Drain): 또 다른 유형의 중간자 공격(MITM)은 장치 배터리가 빠르게 소모되는 신호를 보낼 수 있다. 이러한 공격은 중요한 IoT 장치를 유지 관리하는 데 사용되는 네트워크에 사용될 때 심각하고 생명을 위협하는 결과를 초래할 수 있다.

(5) 모바일 신원 캡처(Mobile Identity Capture): 해커가 셀룰러 신호를 가로채고 이를 송수신하는 장치의 신원을 추론하는 것은 어렵지 않다. ID를 캡처하는 이 프로세스는 MNmapping 및 기타 공격의 시작점이 될 수 있지만 특정 컨텍스트에서는 그 자체로 충분히 큰 문제가 될 수 있다.

(6) 악성 코드 배달(Malware Delivery): 중간자(MITM) 공격의 일반적인 목적은 보안 프로토콜을 우회하여 바이러스, 봇, 키로거, 랜섬웨어 및 기타 유해한 소프트웨어와 같은 멀웨어를 유포하는 것이다.

(7) 통신 차단(Intercepting Communication): 사설 5G/LTE 네트워크는 전 세계 원격 및 접근이 어려운 지역에서 신뢰할 수 있는 통신 시스템을 제공하는 데 사용할 수 있으며, 해당 지역의 근로자에게 더 큰 안전 및 기타 이점을 제공한다. 이러한 네트워크가 외부 세계와의 유일한 접촉 지점일 때 해커가 통신을 가로채고 잘못 지시할 가능성이 있다. 한 가지 가능한 공격 벡터는 서비스 다운그레이드로, 장치가 느리고 덜 안전한 통신 프로토콜을 사용하여 연결되도록 강제하여 데이터를 더 쉽게 캡처하고 해독할 수 있다.

(8) DNS 스푸핑(DNS Spoofing): IMSI 사칭(또는 다른 방법)을 통해 개인 네트워크에 액세스한 해커는 해당 네트워크에서 DNS 스푸핑 공격을 시작할 수 있다. 중간자(MITM) 기반의 이 공격은 악의적인 행위자가 요청된 DNS 서버의 IP 주소를 변경할 수 있도록 허용한다. 그런 다음 악의적인 행위자는 도메인 요청을 리디렉션하여 자체 통제하에 있는 악의적인 사이트로 연결할 수 있다.

(9) 업링크 사칭(Uplink Impersonation): 네트워크의 성격과 구조에 따라 해커는 많은 해를 끼칠 수 있다. IMP2GT와 같은 공격 벡터를 사용하면 공격자는 네트워크 장치에 해당 트래픽의 합법적인 대상으로 표시할 수 있다.

(10) 다운링크 사칭(Downlink Impersonation): 네트워크 수준 명령을 사칭할 수 있는 해커가 가장 치명적일 수 있다.

이는 위험 및/또는 필수 시스템을 작동하는 IoT 장치 환경에서 특히 위험하다. IMP4GT와 같은 공격을 통해 공격자는 실제 서비스 사이트의 ID로 악성 사이트 또는 서비스를 운영 할 수 있다.

── ⌂ 출처 https://www.firstpoint-mg.com/

080
정답: 1번

가장 높은 수준에서 MDR은 전체 MDR 보안 서비스 공간을 포괄하는 포괄적인 용어이다. 사이버 보안 프로그램의 일부를 아웃소싱 하기를 원하거나 필요로 하는 조직에서 주목을 받고 있다. MDR 오퍼링에는 소프트웨어 자동화가 포함될 수 있지만 대부분은 인간의 전문 지식과 기술이 혼합된 것이다. 최소한 MDR 서비스는 일반적으로 다음과 같은 이점을 제공하고 있다.

(1) 위협 사냥(탐지)(Threat hunting(detection)): 보안 전문가는 위협이 실제 문제가 되기 전에 사전에 위협을 찾는다. 경보의 근본 원인을 조사하여 보안 운영 센터 또는 SIEM의 경보를 검증하는 사고대응팀과 달리 위협 헌터는 SOC에 경보가 표시되기 전에 침해 또는 공격의 징후를 찾는다.

(2) 위협 인텔리전스(Threat intelligence): 위협에 대한 정보는 팀이 피해가 발생하기 전에 공격을 식별하고 대응하거나 가능한 한 빨리 복구하는 데 도움이 되도록 수집, 분석 및 배포된다.

(3) 자동 및 수동 응답(Automated and manual response): 위협이 감지되면 이를 무력화하기 위한 조치를 취해야 한다. MDR 서비스 자체와 마찬가지로 응답은 사람의 개입 또는 자동화된 응답을 기반으로 할 수 있다. 일반적으로 멀웨어 제거 또는 패치와 같은 작업은 자동으로 처리되지만 보다 복잡한 작업(예: 엔드포인트 손상에 대한 포렌식 평가)은 사람의 개입이 필요하다.

081
정답: 3번

확장된 위협 탐지와 대응(Extended Detection and Response, XDR)에 대해 이야기할 때 일부 사람들은 보안 정보 및 이벤트 관리(Security Information & Event Management, SIEM) 도구를 다른 방식으로 설명한다고 보통 생각한다. 그러나 XDR과 SIEM은 별개의 개념이다.

SIEM은 기업 전체에서 대량의 로그 데이터를 수집, 집계, 분석 및 저장한다. SIEM은 기업 전체의 거의 모든 소스에서 사용 가능한 로그 및 이벤트 데이터를 수집하여 여러 사용 사례에 저장할 수 있는 매우 광범위한 접근 방식으로 시작했다. 여기에는 거버넌스 및 규정 준수, 규칙 기반 패턴 일치, UEBA와 같은 휴리스틱/행동 위협 탐지, IOC 또는 원자 지표에 대한 원격 측정 소스에 대한 헌팅이 포함된다. 그러나 SIEM 도구는 구현하는데 많은 미세 조정과 노력이 필요하다. 보안팀은 SIEM에서 발생하는 수많은 경고에 압도되어 SOC가 중요한 경고를 무시하도록 할 수 있다. 또한, SIEM은 수십 개의 소스와 센서에서 데이터를 캡처하지만 여전히 경고를 발행하는 수동 분석 도구이다.

XDR 플랫폼은 표적 공격에 대한 효과적인 탐지 및 대응을 위해 SIEM 도구의 문제를 해결하는 것을 목표로 하며 행동 분석, 위협 인텔리전스, 행동 프로파일링 및 분석을 포함한다.

082
정답: 2번

가트너에서 정의한 보안 서비스 에지(Security Service Edge, SSE)는 전용 클라우드 플랫폼에서 제공되는 네트워크 보안 서비스의 융합이다. SSE는 보안 서비스에 중점을 둔 아키텍처로 SASE(Secure Access Service Edge) 프레임워크의 하위 집합으로 간주될 수 있다. 보안 서비스 에지는 다음과 같은 세 가지 핵심 서비스로 구성된다.

(1) 보안 웹 게이트웨이(SWG)를 통해 인터넷 및 웹에 안전하게 액세스

(2) 클라우드 액세스 보안 브로커(CASB)를 통해 SaaS 및 클라우드 앱에 안전하게 액세스

(3) 제로 트러스트 네트워크 액세스(ZTNA)를 통해 비공개 앱에 대한 원격 액세스 보안

083

클라우드 액세스 보안 브로커(Cloud Access Security Broker, CASB)는 사용자와 클라우드 서비스 공급자 사이에서 중개자 역할을 하는 클라우드 호스팅 소프트웨어 또는 온프레미스 소프트웨어 또는 하드웨어이다. CASB가 보안 격차를 해소할 수 있는 능력은 SaaS(Software-as-a-Service), PaaS(Platform-as-a-Service) 및 IaaS(Infrastructure-as-a-Service) 환경 전반에 걸쳐 확장된다. 가시성을 제공하는 것 외에도 CASB를 통해 조직은 보안 정책의 범위를 기존 온프레미스 인프라에서 클라우드로 확장하고 클라우드 관련 컨텍스트에 대한 새로운 정책을 생성할 수 있다.

CASB는 기업 보안의 중요한 부분이 되어 기업이 클라우드를 안전하게 사용하면서 민감한 기업 데이터를 보호할 수 있다. CASB는 정책 시행 센터의 역할을 하여 관리되지 않는 스마트폰, IoT 장치 또는 개인용 노트북을 포함하여 액세스를 시도하는 장치의 종류에 관계없이 여러 유형의 보안 정책 시행을 통합하고 클라우드에서 비즈니스에서 활용하는 모든 것에 적용한다. CASB는 4가지 측면에서 설명할 수 있는 기능을 포함하도록 성장하였다.

(1) 가시성(Visibility): 대기업에는 다양한 클라우드 환경에서 많은 애플리케이션에 액세스하는 직원이 얼마든지 있을 수 있다. 클라우드 사용이 IT의 관점을 벗어나면 엔터프라이즈 데이터는 더 이상 회사의 거버넌스, 위험 또는 규정 준수 정책에 구속되지 않는다. 사용자, 기밀 데이터 및 지적 재산을 보호하기 위해 CASB 솔루션은 장치 및 위치 정보와 같은 사용자 정보를 포함하여 클라우드 앱 사용에 대한 포괄적인 가시성을 제공한다. 클라우드 검색 분석은 사용 중인 각 클라우드 서비스에 대한 위험 평가를 제공하여 엔터프라이즈 보안 전문가가 액세스를 계속 허용할지 또는 앱을 차단할지 결정할 수 있도록 한다. 이 정보는 또한, 개인의 기기, 위치 및 직무에 따라 앱 및 데이터에 대한 다양한 수준의 액세스 권한을 부여하는 등 보다 세분화된 제어를 형성하는 데 유용하다.

(2) 규제 준수(Compliance): 기업은 모든 시스템과 데이터 스토리지를 클라우드에 아웃소싱 할 수 있지만 기업 데이터의 개인정보보호 및 안전을 관리하는 규정을 준수할 책임은 유지한다. 클라우드 액세스 보안 브로커는 HIPAA와 같은 다양한 규정 준수 규정과 ISO 27001, PCI DSS 등과 같은 규정 요구 사항을 해결하여 클라우드에서 규정 준수를 유지하는 데 도움을 줄 수 있다. CASB 솔루션은 규정 준수 측면에서 가장 위험한 영역을 결정하고 보안 팀이 이를 해결하는 데 집중해야 하는 방향을 제시할 수 있다.

(3) 데이터 보안(Data Security): 클라우드 도입으로 원거리에서 효과적인 협업을 방해하는 많은 장벽이 제거되었다. 그러나 데이터의 원활한 이동이 이점이 될 수 있는 만큼 민감한 기밀 정보를 보호하는 데 관심이 있는 기업에게는 막대한 비용이 소요될 수 있다. 온프레미스 DLP 솔루션은 데이터를 보호하도록 설계되었지만 이러한 기능은 종종 클라우드 서비스로 확장되지 않으며 클라우드 컨텍스트가 부족하다. CASB와 정교한 DLP의 결합을 통해 IT는 민감한 콘텐츠가 클라우드로 또는 클라우드에서 클라우드 내에서, 클라우드에서 클라우드로 이동하는 시기를 볼 수 있다. 데이터 손실 방지, 협업 제어, 액세스 제어, 정보 권한 관리, 암호화 및 토큰화와 같은 보안 기능을 배포하여 기업 데이터 유출을 최소화할 수 있다.

(4) 위협 방어(Threat Protection): 과실 또는 악의적인 의도를 통해 자격 증명을 도난당한 직원 및 제3자가 클라우드 서비스에서 민감한 데이터를 유출하거나 훔칠 수 있다. 비정상적인 사용자 행동을 정확히 찾아내기 위해 CASB는 일반 사용 패턴에 대한 포괄적인 보기를 컴파일하고 이를 비교 기준으로 사용할 수 있다. 머신러닝 기반 사용자 및 엔티티 행동 분석(UEBA) 기술을 통해 CASB는 누군가가 데이터를 훔치거나 부적절하게 액세스 권한을 얻으려고 시도하는 즉시 위협을 감지하고 해결할 수 있다. 클라우드 서비스에서 오는 위협으로부터 보호하기 위해 CASB는 적응형 액세스 제어, 정적 및 동적 멀웨어 분석, 우선순위 분석, 위협 인텔리전스와 같은 기능을 사용하여 멀웨어를 차단할 수 있다.

084

엘라스틱 스택은 차세대 데이터 플랫폼이며 검색·분석·데이터 저장소 역할을 하는 엘라스틱 서치, 데이터 수집을 담당하는 비츠(Beats), 정제·전처리를 수행하는 로그스태시(Logstash), 시각화·관리 기능을 제공하는 키바나(Kibana)로 구성된다.

(1) 엘라스틱 인덱스: 서로 관련되어 있는 문서들의 모음

이다. 엘라스틱 서치는 JSON 문서로 데이터를 저장한다. 각 문서는 일련의 키(필드나 속성의 이름)와 그에 해당하는 값(문자열, 숫자, 부울, 날짜, 값의 배열, 지리적 위치 또는 기타 데이터 유형)을 서로 연결한다. 엘라스틱 서치는 역 인덱스라고 하는 데이터 구조를 사용하는데, 이것은 아주 빠른 풀텍스트 검색을 할 수 있도록 설계된 것이다. 역 인덱스는 문서에 나타나는 모든 고유한 단어의 목록을 만들고, 각 단어가 발생하는 모든 문서를 식별한다. 색인 프로세스 중에, 엘라스틱 서치는 문서를 저장하고 역 인덱스를 구축하여 거의 실시간으로 문서를 검색 가능한 데이터로 만든다. 인덱스 API를 사용해 색인이 시작되며, 이를 통해 사용자는 특정한 인덱스에서 JSON 문서를 추가하거나 업데이트할 수 있다.

(2) 로그스태시: Elastic Stack의 핵심 제품 중 하나인 Logstash는 데이터를 집계하고 처리하여 엘라스틱 서치로 전송하는 데 사용된다. Logstash는 서버 사이드 오픈 소스 데이터 처리 파이프라인으로, 사용자는 이를 이용해 다양한 소스에서 동시에 데이터를 수집하고, 이를 강화하고 변환한 다음, 엘라스틱 서치에서 색인되도록 할 수 있다.

(3) 키바나: 엘라스틱 서치를 위한 시각화 및 관리 도구로서, 실시간 히스토그램, 선 그래프, 파이 차트, 지도 등을 제공한다. Kibana에는 사용자가 자신의 데이터를 기반으로 사용자 정의한 동적 인포그래픽을 만들 수 있는 Canvas, 위치 기반 정보 데이터를 시각화하기 위한 Elastic Maps 같은 고급 애플리케이션도 포함된다.

(4) 비츠: 경량 데이터 수집기로 수백 수천 개의 장비와 시스템으로부터 Logstash나 엘라스틱 서치에 데이터를 전송한다.

085 〔정답: 3번〕

사이버 물리 시스템(Cyber-Physical Systems, CPS)은 다수의 이종 시스템들이 네트워크를 통해 결합되거나 연동되어 자율적으로 임무를 수행하는 스마트시티, 국방, 교통, 스마트 그리드, 스마트제조 등을 포함하는 대규모 시스템(System of System, SoS)에 필수적으로 필요한 기술이다. 미래 제조 산업의 핵심으로 꼽히며 사회 모든 분야에 걸쳐 광범위한 적용이 예상된다. CPS는 대규모로 시스템들을 통합하는 통합화의 과정이기도 하면서 각각의 시스템들이 독립적으로 제어되는 대표적인 분산 정보 시스템의 구조를 가지고 있다. Systems of Systems와 밀접하게 연관되어 있고, 분산제어 시스템의 구조이어야만 현실 세계의 복잡하고 대용량의 데이터를 수집, 통제할 수 있다. 특히 스마트제조 분야에서 제조 기업이 스마트화할 공정의 대상과 범위 선정, 방법에 대한 사전 검증과 구현 후 효과 분석에 유용한 기술로, CPS를 통해 스마트 팩토리에 대한 보급 확산에 대한 정책 추진과 제조기업의 스마트화가 가속화될 수 있다

086 〔정답: 1번〕

정부는 스마트 제조를 핵심 전략으로 삼고 2015년 12월 스마트제조 R&D 중장기 로드맵을 최종 발표하고, 앞으로 우리나라 제조업을 혁신할 8대 기술을 사물 인터넷(IoT, Internet of Things), 클라우드(Cloud), 사이버 물리 시스템(CPS, Cyber-Physical System), 빅 데이터(Big Data), 스마트센서(Smart Sensor), 3D 프린팅(3D Printing), 에너지 절감, 홀로그램(Hologram)을 제시하고, 이를 중심개념으로 연구 개발을 진행하고 있다. 8대 기술은 신제품 조기 개발, 효율적인 시제품 제작과 최적화된 양산 시스템 구축 등 제조업 혁신을 위한 핵심 기술로, 독일의 Industry 4.0, 미국의 첨단 제조 파트너십(AMP) 등 선진 제조 강국들도 관련 기 술개발과 현장 응용에 박차를 가하고 있다.

087 〔정답: 2번〕

ModelOps는 동적 환경에서 탁월하다. 정의된 조건이 변경될 때마다 모델을 쉽게 조정할 수 있다. 기업은 다양한 비즈니스 문제에 대해 다양한 유형의 모델을 통합한다. ModelOps를 사용하면 그에 따라 시스템을 전환하거나 확장할 수 있다. ModelOps는 데이터 과학자, 데이터 엔지니어, 애플리케이션 소유자 및 인프라 소유자 사이의 다리와 같다. 역동적인 협업을 촉진하고 생산성을 향상시킨다. 기업은 ModelOps를 사용하여 다음과 같은 문제를 해결한다.

(1) 규정 준수(Regulatory Compliance): 규정 요구 사항을 준수하려면 각 모델의 교육, 평가 및 채점을 체계적으로 재현해야 한다. 모델 모니터링은 모든 비즈니스 및 규정 요구 사항이 충족되도록 규정 준수 게이트 및 제어를 시행하는 데 도움이 된다.

(2) 사일로 환경(Silos Environment): 배포에서 모니터링까지 모델에 여러 팀이 참여한다. 팀 간의 비효율적인 협업은 AI 확장을 어렵게 만들 수 있기에 팀이 함께 해야 하며 ModelOps는 모델이 데이터 과학팀에서 IT 프로덕션팀으로 쉽게 이동할 수 있는 환경을 만드는 데 도움이 된다.

(3) 모델마다 솔루션의 상이(Different models have different solutions): 기업에는 다양한 비즈니스 문제에 대한 수백 가지 모델이 있다. 각 모델은 특정 비즈니스 프로세스 변형, 고유한 고객 세분화 등을 설명한다. ModelOps는 워크플로, 감사, 성능 조정 및 거버넌스를 확인하여 비용을 제어하고 가치를 창출하는 단일 보기를 제공한다.

(4) 복잡한 기술(Complex Technology): 데이터 및 분석 문제에 대해 광범위한 솔루션, 도구 및 기술을 사용할 수 있다. 지속적인 혁신으로 모두를 관리하기는 어렵다. 때에 따라서는 가장 전문적인 팀조차도 따라가지 못할 수 있다. 그러므로 ModelOps를 사용하면 새로운 기술을 더 쉽게 통합하고 채택할 수 있다. ModelOps와 MLOps를 혼동하기 쉽다. 차이점을 이해하려면 모델링에 정확히 어떤 도움이 되는지 알아야 한다. 두 가지 모두 확장 가능한 AI 솔루션을 만드는 데 필요하다.

088 정답: 1번

물류 서비스의 경우 물류 센터에서 시작된 화물의 배송이 최종 고객까지 전달되는 구간을 First Mile, Middle Mile, Last Mile로 분류한다. 정보 시스템 및 정보 보안 영역에 이를 적용하면 First Mile은 IDC 및 Server Farm이고 Middle Mile은 네트워크 구간이며 Last Mile은 모바일 디바이스 및 PC 환경이다. 물류 업무에서 Last Mile 배송의 중요성이 각광받으면서 킥보드, 전기 자전거, 새벽 배송, 당일 배송이 킬링 서비스로 대두되고 있다. 이와 같이 정보 보안에서도 Rich Client Device의 확대로 인해 Last Mile의 보안 취약점이 증가하여 관리가 필요한 상황이다.

089 정답: 4번

나노 기술(Nano Technology, NT)은 '물질을 나노미터 크기의 범주에서 조작·분석하고 이를 제어함으로써 새롭거나 개선된 물리적·화학적·생물학적 특성을 나타내는 소재·소자 또는 시스템(이하 '소재 등'이라 한다)을 만들어내는 과학기술 및 소재 등을 나노미터 크기의 범주에서 미세하게 가공하는 과학기술'을 말한다. ('나노기술개발촉진법' 제2조 1항) 최소의 원료로 최고 성능을 지닌 제품을 생산하는 기술로서, 1~100nm 영역에서 원자와 분자의 배열 제어로 소재, 소자 및 시스템 특성에 큰 영향을 미치는 기술이며 나노 기술을 이용하면 특별한 기능을 가진 신물질과 첨단 제품의 생산이 가능하다. 나노 기술의 특징은 다음과 같다.

- 학제 간(Interdisciplinary) 연구 분야: 기존의 기술 분야(물리, 화학, 재료, 전자 등)들을 횡적으로 연결하는 등 학문 간 경계가 없음
- 높은 기술 집약도: 나노 구조물의 분석, 제어, 합성 등 전 과정을 나노 수준(100nm 이하)에서 제어
- 높은 경제적 파급성: 재료, 전자, 에너지, 우주 항공, 의학 등 거의 모든 산업 분야에 응용이 가능
- 환경 및 자연 친화성: 초미세 상태에서 나노 구조체를 합성하여 에너지 효율의 극대화 및 효과적 오염 제거 등으로 부산물 생성의 최소화(하지만 나노 입자를 잘못 사용하였을 경우 그 자체가 독성)
- 핵심 기술: BT, IT, ET, ST, CT 등의 기반 기술이며, 융합 산업을 선도할 핵심 기술

나노 독성학은 나노 기술의 위험성에 대응하기 위해 파생된 학문이다. 나노 기술이 더 이상 실험실에서만 사용되는 것이 아니라 사회 여러 곳에서 활용되기 시작함에 따라서 일으키는 문제들을 알리고 해결하는 것을 목적으로 한다. 그리고 신체에 일으키는 문제에 국한되지 않고 환경, 생태계 등 넓은 범위를 포함한다. '나노'라는 단어 자체가 해당 크기를 지닌 물질을 전체적으로 이야기하기 때문에 다루는 물질도 다양하다. 탄소나노튜브, 풀러렌, 은 나노 입자 등 '나노'하면 바로 생각나는 물질들부터 시작해서 미세 먼지까지 넓은 범위의 물질의 독성을 판단하게 된다. 그리고 우리가 상상하는 것 이상으로 우리 삶 여러 곳에 나노 물질은 침

투해 있다. 화장품, 세제, 샴푸 등 다양한 상품에 나노 물질이 포함되어 있고 이는 편의를 위하여 사용되지만 우리를 위협할 수도 있어서 주의가 필요하다.

──── ⌂참조 https://www.nnpc.re.kr

090   정답: 2번

Brain Decoding은 신경 과학에서 인기 있는 주제이다. 목적은 뇌 활동 데이터를 사용하여 감각 시스템에서 나온 대상을 재구성하는 방법이다. 샌프란시스코 캘리포니아 대학(UCSF)의 과학자들은 지원자의 뇌에 전극을 이식한 다음 대뇌 언어 센터에서 신호를 디코딩하여 컴퓨터 시뮬레이션 버전의 성대(입술, 턱, 혀, 후두)가 음성을 생성하도록 안내했다. 합성기를 통해 자원 봉사자의 결과는 대부분 알아들을 수 있었지만 연구자들은 연설이 부분적으로 다소 흐릿하다고 지적했다.

뇌졸중, 뇌성마비, 근위축성 측삭 경화증(ALS), 파킨슨병 및 다발성 경화증과 같은 질병, 뇌 손상 및 암은 때때로 사람의 말을 하는 능력을 앗아간다. 이러한 조건으로 인해 일부 사람들은 눈이나 잔여 안면 근육 움직임을 추적하여 단어를 한 글자씩 철자하는 장치를 사용한다. 그러나 이러한 방법은 느리고 분당 100~150단어인 자연어와 비교하여 일반적으로 분당 10단어 이상을 전달하지 못한다.

──── ⌂참조 https://youtu.be/kbX9FLJ6WKw

091   정답: 2번

지그비(Zigbee)는 IEEE 802.15.4 표준으로 제정된 WPAN(Wireless Personal Network) 근거리 무선 네트워크 기술이다. 저사양의 소물, 사물 인터넷 디바이스 간에 저전력, 저속, 저비용의 네트워크를 구축할 수 있으며 홈 네트워크 및 센서 네트워크를 위해 사용된다. 2.4GHz 주파수 대역에서 동작하며 DS-SS 변조 방식으로 구현되고 전송 속도는 약 20~250kbps이다.

092   정답: 3번

YAML은 모든 프로그래밍 언어로 구성 파일을 만드는 데 자주 사용되는 소화 가능한 데이터 직렬화 언어이다. 인간 상호 작용을 위해 설계된 YAML은 또 다른 데이터 직렬화 언어인 JSON의 엄격한 상위 집합이다. 그러나 엄격한 상위 집합이기 때문에 JSON이 할 수 있는 모든 것과 그 이상을 수행할 수 있다. 한 가지 주요 차이점은 대괄호와 중괄호를 사용하는 JSON과 달리 줄 바꿈과 들여쓰기가 실제로 YAML에서 의미하는 바가 있다는 것이다. 이러한 특징 덕분에 기존에 JSON을 사용하던 중이라면 금세 익힐 수 있으며 JSON만 지원하던 환경에서도 점차 YAML을 빠르게 지원해 나가는 추세이다. 만약 지원이 없더라도 사용자가 직접 쉽게 변환해서 사용할 수 있다. YAML은 진정한 의미의 프로그래밍 언어가 아니다. YAML 파일은 정보를 저장하므로 작업 및 결정이 포함되지 않는다. XML이나 JSON과 달리 YAML은 사람이 읽기 쉬운 방식으로 데이터를 제공한다. 간단한 구문은 언어의 기능에 영향을 미치지 않는다. XML 또는 JSON 파일에 추가된 모든 데이터 또는 구조는 YAML에도 저장할 수 있다. 사람이 읽을 수 있는 코드 외에도 YAML은 다음과 같은 기능도 제공한다.

- 언어 간 데이터 이식성
- 일관된 데이터 모델
- 원패스 처리
- 구현 및 사용 용이성

093   정답: 2번

인공 지능을 보안에 접목한다고 해도 보안의 마스터 키, 만능 솔루션이 아니다. 머신러닝으로 학습한 인공 지능 보안이 인간에 의해 수행된 것보다 2~3배 이상의 보안 효과를 보여주는 것은 확실하지만 인공 지능을 보안에 적용하기 위해서는 우선 이러한 오류를 먼저 선결적으로 해결해야 한다. 이를 위해서는 비지도(unsupervised learning) 학습 기법을 사용하여 효율적으로 탐지하고, 사람의 인지 능력을 최대한 모방하는

지도 학습 기법을 사용하여 공격자가 의도하는 공격 의도를 자동으로 분류 및 식별이 가능하도록 해야 하며, 단순한 연동이 아닌 다중 소스와 단일 보기(Multi Source But Single View), 작동(Operation)이 가능하도록 해야 한다. 특히, 각종 사이버 위협에 대한 하나의 기법 또는 알고리즘이 아닌 침해 대응의 각 요소별로 최적화된 알고리즘과 기법, 학습 방법을 지원하고 이를 통합할 수 있는 기술이 필요하다.

094 정답: 1번

인공 지능(AI)은 악성 코드 탐지뿐만 아니라 보안 관제·관리, 위협 탐지 분석, 이상 탐지 등 여러 분야에서 활용이 가능하다.

보안 분야	인공 지능 활용
이상 탐지	• 이상 탐지 시스템(Anomaly Detection) • 사용자 이상 행위 탐지(UEBA) • 이상 거래 탐지 시스템(FDS) • 네트워크 이상 트래픽 탐지(NTA)
위협 탐지 분석	• 악성 코드 분석·분류 자동화 • 위협 인텔리전스
보안 관제·관리	• 보안 이벤트 자동 분석·분류를 통한 과·오탐 감소 • 보안 룰 자동 생성·관리

—— 🏠출처 마이더스 AI 센터

095 정답: 3번

유추(Inference) 유형 공격 중 하나인 인공 지능의 모델 도치 공격(Model Inversion)은 인공 지능 모델의 상위 몇 개의 예측된 확률만을 이용해 공격자가 인공 지능 모델 학습에 사용되었던 데이터를 추출할 수 있는 방법이다.

이러한 방법을 사용한다면 꼼꼼하지 않게 설계된 인공 지능 모델을 통해서 공격자가 알지 못해야 하는 정보들을 유추하는 것이 가능해진다. 실제로 이러한 일이 벌어지게 된다면 많은 인공 지능의 경우 많은 시간과 돈을 들여서 정확도가 높은 인공 지능을 개발하려 노력하지만, 이를 간단히 훔쳐 갈 수 있는 특징이 존재

한다. 모델 추출 공격의 경우 많은 시간과 돈을 들여가며 학습한 모델을 공격자가 간단히 훔쳐갈 수 있다는 점에서 구글, 아마존 등의 인공 지능 기반 회사들이 관련 방어 기술 개발에 열을 올리고 있다.

참고로 회피(Evasion) 유형 공격은 인공 지능 모델이 판단에 사용하는 다양한 결정 기준을 회피 혹은 역이용하여 오작동을 유발하는 공격으로, 대표적인 예로 주어진 입력에 사람이 알아보기 힘든 만큼의 노이즈를 섞어 오분류(Misclassification)를 유도하는 '적대적 예시(Adversarial Example)'를 들 수 있다. 오염(Poisoning) 유형 공격은 인공 지능 모델의 학습 과정에 직접적으로 관여, 학습 데이터를 오염시킴으로써 각종 역기능을 유도한다. 인공 지능의 학습 데이터를 적당히 오염시킬 수 있다면 학습의 결과로 나오는 인공 지능 모델의 정확도를 저하시키거나 특정 입력에서만 오작동을 유도할 수 있다.

096 정답: 1번

앙상블(Ensemble) 학습은 여러 모델의 예측을 결합하여 더 나은 예측 성능을 추구하는 머신러닝에 대한 일반적인 메타 접근 방식이다. 학습 모델에서 노이즈, 분산 및 편향은 오류의 주요 원인이다. 머신러닝의 앙상블 방법은 이러한 오류 유발 요인을 최소화하여 머신러닝(ML) 알고리즘의 정확성과 안정성을 보장한다. 앙상블 학습은 분류자 또는 전문가와 같은 여러 모델을 전략적으로 생성하고 결합하여 특정 계산 지능 문제를 해결하는 프로세스이다. 앙상블 학습은 주로 모델의 (분류, 예측, 함수 근사 등) 성능을 향상시키거나 잘못된 모델을 잘못 선택하는 가능성을 줄이는 데 사용된다. 앙상블 학습의 다른 응용 프로그램에는 모델이 내린 결정에 대한 신뢰도 할당, 최적(또는 최적에 가까운) 기능 선택, 데이터 융합, 증분 학습, 비정상 학습 및 오류 수정이 포함된다.

097

데이터 전처리(Data Preprocessing)는 성능을 보장하거나 향상시키기 위해 사용되기 전에 데이터를 조작하거나 삭제하는 것을 의미할 수 있으며 데이터 마이닝 프로세스에서 중요한 단계이다. '가비지 인, 가비지 아웃'이라는 문구는 특히 데이터 마이닝 및 기계학습 프로젝트에 적용할 수 있다. 데이터 수집 방법은 종종 느슨하게 제어되어 범위를 벗어난 값(ex. 수입: -100), 불가능한 데이터 조합(ex. 성별: 남성, 임신: 예) 및 누락된 값 등이 발생한다.

이러한 문제에 대해 주의 깊게 선별되지 않은 데이터를 분석하면 잘못된 결과를 초래할 수도 있다. 따라서 분석을 실행하기 전에 데이터의 표현과 품질이 무엇보다 중요하다. 종종 데이터 전처리는 컴퓨터 생물학에서 기계학습 프로젝트의 가장 중요한 단계이다. 관련성이 없고 중복되는 정보가 많이 존재하거나 이상하고 신뢰할 수 없는 데이터가 있는 경우 교육 단계에서 지식을 발견하는 것이 더 어렵다.

데이터 준비 및 필터링 단계에는 상당한 처리 시간이 소요될 수 있다. 데이터 전처리의 예로는 정리, 인스턴스 선택, 정규화, 원 핫 인코딩, 변환, 특징 추출 및 선택 등이 있다. 데이터 전처리는 최종 데이터 처리의 결과가 해석될 수 있는 방식에 영향을 줄 수 있다. 화학 데이터의 다변수 처리(화학계량학)와 같이 결과 해석이 핵심인 경우 이 측면을 주의 깊게 고려해야 한다.

── 🏛 출처 위키피디아

098

SEPP(Security Edge Protection Proxy)는 5G Core Network Function 간 Inter-PLMN(Public Land Mobile Network) Control Plan Interface에서의 메시지 필터링 및 Policy와 Topology Hiding 기능 제공을 위한 Proxy이다. 보안 에지 보호 프록시(SEPP)는 5G 네트워크 간의 보안 상호 연결을 가능하게 한다. SEPP는 모든 5G 상호 연결 로밍 메시지에 대해 소스 및 대상 네트워크 간의 종단 간 기밀성 및 무결성을 보장한다.

사업자 간 보안 5G 코어 네트워크는 모바일 네트워크 주변에 있는 SEPP(Security Edge Protection Proxy)라는 엔티티를 도입한다. SEPP는 불투명 프록시이며 다음 기능을 지원한다.

- 인터페이스를 사용하여 서로 통신하는 서로 다른 PLMN에 속하는 두 네트워크 기능 간의 애플리케이션 계층 제어 평면 메시지를 보호한다.
- 내부 토폴로지 정보를 외부에서 볼 수 없도록 제한하여 토폴로지 숨기기를 수행한다.
- 로밍 네트워크에서 SEPP와 상호 인증 수행한다.

3)번은 AUSF(Authentication Server Function)의 기능이다.

099

보안 강화 네트워크 기능(Security-enhancing network functions, NF)의 5G 코어 네트워크는 사업자 네트워크 내 및 로밍 파트너와의 보안을 위한 전문 네트워크 기능을 도입하고 NF-NF 통신을 위한 서비스 기반 아키텍처(Service-Based Architecture, SBA)를 도입하여 보안을 강화한다. 다음은 보안을 강화하는 네트워크 기능이다.

- 인증 서버 기능(AUthentication Server Function, AUSF): 홈 네트워크 내에 있으며 UE와 인증을 수행한다. AUSF는 UE 인증에 대한 결정을 담당하지만 5GAKA 또는 EAP-AKA가 사용되는 경우 인증 데이터 및 키 자료를 계산하기 위해 백엔드 서비스에 의존한다.
- 인증 자격 증명 저장소 및 처리 기능(Authentication credential Repository and Processing Function, ARPF): 인증 자격 증명을 유지하는 통합 데이터 관리(Unified Data Management, UDM)의 기능 요소이다. 이는 가입자 관련 정보를 저장하고 사용자 측에서 인증 및 암호화와 관련된 보안 기능을 구현하는 엔티티인 USIM(Universal Subscriber Identity Module)에 의해 미러링된다.
- 구독 식별자 은폐 기능(Subscription Identifier Deconcealing Function, SIDF): 구독 은폐 식별자(SUCI: SUbscrition Concealed Identifier)를 해독하여 구독 영구 식별자(SUPI: SUbscription Permanent Identifier)를 생성한다. SIDF는 UDM(통합 데이터 관리)의 기능 요소로, 가입자의 SUPI(가입 영구 식별자)를 나타내기 위해 SUCI(가입

은폐 식별자)를 해독하는 역할을 한다.

- 서빙 네트워크의 보안 앵커 기능 (SEcurity Anchor Function, SEAF): 중개자 역할을 한다. UE와 홈 네트워크 간의 인증 프로세스 동안 SEAF는 UE의 홈 네트워크에 의존하여 인증을 수락하는 UE의 인증을 거부할 수 있다.

100
정답: 3번

킬 스위치(Kill Switch)는 스마트폰과 모바일 디바이스를 분실하거나 도난당할 경우 디바이스 내부의 개인 정보와 기업용 데이터를 유출할 것을 막기위해 원격으로 초기화 및 삭제시키는 솔루션이다. 인공 지능(Artificial Intelligence, AI)이 임계점을 넘어 강인공 지능이 되면서 인간의 통제를 벗어나는 것을 우려하여 킬 스위치를 AI에 적용한다는 이론이 존재한다. AI는 블랙박스의 영역이 아주 강한 분야이므로 AI Kill Switch는 이론적인 수준에 머물러 있지만 필요성은 충분히 중요한 상황이다.

101
정답: 2번

자연 모사 기술은 오랜 기간의 진화를 통해 최적화한 자연의 기본구조·원리·시스템 메커니즘을 모방·응용하여 지속 가능 발전에 기여하는 기술로 정의되며 Biology(자연 연구)+Engineering+Physical Science 등으로 통합 연구가 필요한 대표적인 융합 기술이다. 자연 세계의 생물은 높은 에너지 소비 효율, 낮은 폐기물 배출, 자체 정화 능력, 극한 환경 시스템에서의 높은 적응 능력을 보유하고 있다.

최근 이를 청색 기술(Blue Technology)이라고 부르며 자연 모사 기술의 발전 가능성이 재조명되고 있다. 청색 기술 혁명의 미래는 사회 경제적 측면에서 인간과 자연이 공조하는 지속 가능한 경제성장이 가능하고 4차 산업 혁명의 보완재 역할을 한다. 자연 생태계 훼손 없이 안정적 발전 도모로 미래 세대에 반드시 필요한 산업이다. 청색 기술은 생태 모방(biomimicry), 생체 모방 공학(biomimetics), 바이오닉스(biognosis) 등 생명 공

학 기술 및 자연 모사 신소재 개발 등이다. 청색기술을 통해 에너지·자원·환경 등 인류의 난제를 해결하고 고부가 가치 미래 신시장 창출이 가능하다고 전망한다. 이는 청색 기술로 한 개체의 쓰레기를 다른 개체가 활용해 '무탄소' 성장이 가능한 '순환 경제'가 이루어질 수 있을 것으로 보기 때문이다.

102
정답: 4번

시맨틱 웹은 W3C(World Wide Web Consortium)에서 주도한다. W3C의 RDF(Resource Description Framework)를 기반으로 하며 일반적으로 URI(Uniform Resource Identifier)를 사용하여 데이터를 나타내는 구문으로 설계되었다. 이러한 구문을 RDF 구문이라고 한다. RDF 파일에 데이터를 포함하면 컴퓨터 프로그램이나 웹 스파이더가 웹에서 데이터를 검색, 발견, 수집, 평가 및 처리할 수 있다. 시맨틱 웹의 주요 목표는 사용자가 더 적은 노력으로 정보를 검색, 발견, 공유 및 결합할 수 있도록 기존 웹의 진화를 촉진하는 것이다.

인간은 웹을 사용하여 온라인 티켓 예약, 다양한 정보 검색, 온라인 사전 사용 등과 같은 여러 작업을 실행할 수 있다. 그럼에도 불구하고 웹 페이지는 사람의 개입 없이는 이러한 작업을 수행할 수 없다. 이러한 이유는 기계가 아닌 사람이 읽기 때문이다. 시맨틱 웹은 기계가 데이터를 빠르게 해석하여 웹에서 사용 가능한 정보를 검색, 혼합 및 조치하는 것과 관련된 수많은 지루한 작업을 수행할 수 있게 하는 미래에 대한 비전으로 간주될 수 있다. 시맨틱 웹은 기계가 의미에 따라 복잡한 인간의 요청을 빠르게 이해하고 대응할 수 있도록 하는 프로세스이다. 이러한 종류의 이해는 적절한 정보 소스가 의미론적으로 구조화되어야 하는 어려운 작업이 된다.

103
정답: 4번

사물 분석(Analytics of Things, AoT)은 여전히 진화하고 있으며 실제 비즈니스 가치를 달성하기 위해서는 상

당한 시간과 노력이 필요하다. 다른 모든 분석과 마찬가지로 사물 분석은 데이터 수집 및 분석으로 구성된다. 패턴 이해 및 변동 분석, 이상 감지, 예측 자산 유지 관리, 절차 또는 프로세스 분석을 통한 최적화, 처방 및 상황 인식과 같은 다양한 범주의 사물 분석이 있다.

사물 분석에는 많은 과제가 있다. 사물 인터넷에서 생성되는 데이터양이 많기 때문에 제한된 데이터만 필요하고 의미 있는 데이터로 간주된다. 따라서 정크 데이터를 처리하지 않고도 깨끗한 분석을 달성하려면 적절한 전략이 필요하다. 데이터 캡처에 사용되는 장치를 사용하면 시스템의 무결성을 보호하기 위해 보안 및 개인정보가 보장되어야 한다. 사물 분석의 또 다른 과제는 표준화 및 프로토콜 과제이다. 사물 인터넷과 관련된 장치에 대한 통신 프로토콜의 표준화가 필요하다. 사물 분석은 기업이 인터넷에 연결된 장치가 더 효율적이고 더 똑똑하게 작동하도록 하는 데 도움이 될 수 있다. 사물 분석은 특히 교통, 의료 및 제조와 같은 많은 산업 분야에서 예측 분석의 거대한 자산이 될 수 있다.

104 정답: 4번

증강 현실(AR)은 우리가 보는 것을 컴퓨터 생성 정보와 오버레이하여 현실 세계에 대한 우리의 시각을 향상시킨다. 오늘날 이 기술은 사용자가 휴대폰을 앞에 두고 있어야 하는 스마트폰 AR 애플리케이션에 널리 사용된다. 카메라에서 이미지를 가져와 실시간으로 처리함으로써 앱은 상황에 맞는 정보를 표시하거나 실제 세계에 뿌리를 둔 것처럼 보이는 게임 및 소셜 경험을 전달할 수 있다.

스마트폰 AR은 지난 10년 동안 크게 개선되었지만 응용 프로그램은 여전히 제한적이다. 웨어러블 스마트 안경을 통해 보다 전체적인 AR 경험을 제공하는 데 점점 더 초점이 맞춰지고 있다. 이러한 장치는 초 저전력 프로세서와 깊이 인식 및 추적을 비롯한 여러 센서를 결합해야 하며, 이 모두는 오랫동안 착용할 수 있을 만큼 가볍고 편안한 폼 팩터 내에 있어야 한다.

가상 현실(Virtual Reality, VR)은 AR(Augmented Reality, 증강 현실), MR(Mixed Reality, 혼합 현실), XR(eXtended Reality, 확장 현실), SR(Substitutional Reality, 대체 현실)까지 진화한 상태다.

105 정답: 4번

로보틱 프로세스 자동화(RPA)는 지속적으로 많은 관심을 받는 기술 중 하나이다. RPA는 리스크가 거의 없이 저렴한 비용으로 자동화를 도입하고 비즈니스 이점을 누리기 위한 시작점이 되기도 한다. 개념은 간단하고 잘 알려져 있다. 소프트웨어 '로봇'이 일상적인 인간과 컴퓨터 간의 컴퓨터 상호작용을 복제하여 번거로운 반복 작업을 자동화하는 것이다. RPA는 수동 상호작용과 완전 자동화 간의 격차를 해소한다. RPA는 특히 IT 리소스와 예산이 제한된 경우나 적절한 API가 없는 관계로 상당한 변화 없이는 자동화가 어려운 백엔드 애플리케이션 관련 작업을 하는 경우에 유용하다. RPA의 장점은 다음과 같다.

(1) 안정성: 민첩한 데이터에 대한 접근 방지, 정보의 인적 오류 예방
(2) 정확성: 입력 자동화를 통한 오류 예방 및 문제 최소화
(3) 효율성: 반복적인 업무를 RPA가 대신 처리
(4) 신속성: RPA가 연중무휴로 신속하게 작업 수행 가능
(5) 경제성: 효율적으로 인간비 감소, 매출 증대에 기여

106 정답: 3번

블록체인 기술은 2030년 기준 연간 3,400조 원 규모의 부가 가치를 창출할 것으로 예측되며, 암호화폐 기반의 새로운 투자 방식이 각광받고 있다. 자율 자동차, 부동산, 의료 그리고 교육 등 다양한 분야에서 도입을 위한 시도가 활발하며 각국 정부 역시 도입 검토와 관련 전략을 수립하고 있다.

연구 개발 끝에 상용화되는 다른 기술과는 달리, 블록체인 기술은 적용 및 연구가 동시에 진행되고 빠르게 발전하고 있으므로 주체별 적극적인 대응 전략이 필요하다. 여러 분야에서 블록체인을 활용한 다양한

사례가 동시다발적으로 발생하고 있으며 관련 투자 역시 활발히 이루어지고 있다.

블록체인은 5가지 요소 기술로 구성되었으며 일부 단계는 수년간 완전히 발전하지 않지만 기업과 사회의 미래에 중대한 영향을 미칠 것으로 전망하고 있다. 블록체인의 5가지 요소 기술은 다음과 같다.

- 분산화(Distribution)
- 암호화(Encryption)
- 불변성(Immutability)
- 토큰화(Tokenization)
- 탈중앙화(Decentralization)

⌂출처　The 4 Phases Of The Gartner Blockchain Spectrum

107
정답: 2번

"인공 지능(AI) 모델 운영화(ModelOps)는 모든 AI 및 의사결정 모델의 거버넌스와 전체 생명 주기 관리에 주로 초점을 맞춘 일련의 기능이다. 여기에는 기계학습(ML), 지식 그래프, 규칙, 최적화, 자연어 기술 및 에이전트를 기반으로 하는 모델이 포함된다. MLOps(ML 모델의 운영화에만 초점) 및 AIOps(IT 운영을 위한 AI)와 달리 ModelOps는 모든 AI 및 의사결정 모델을 운영하는 데 중점을 둔다." - 가트너

"모델은 기존 소프트웨어보다 비즈니스에 대한 책임이 더 크다. 그들은 규제 조사와 규정 준수를 받아야 한다. 제대로 운영되는 모델은 특정 사업부의 주요 성과를 극적으로 변화시킬 수 있다. 따라서 사업부와 규정 준수 부서 간의 통합이 중요하다." - 포브스

2018년 가트너는 대기업에 AI 채택에 대해 질문했다. 관리자들은 다음 해까지 시스템의 23%가 AI를 통합할 것으로 예상했다. 가트너는 2019년에 후속 조치를 취했으며 배포의 5%만이 프로덕션 단계에 도달했음을 발견했다. 대부분의 기업은 AI를 신속하게 확장하고 시스템에 통합할 수 없는 상태이다. 배포되지 않은 모델의 이러한 구축은 결국 회사 성장에 영향을 줄 수 있다. 모델은 복잡한 재교육이 필요하며 데이터 과학자는 대기 시간을 관찰할 수 있는 환경을 인식하지 못하거나 이에 대한 액세스 권한이 없다. 여기서 ModelOps가 등장하여 이러한 문제를 해결하고 조직에서 AI 이니셔티브를 쉽게 확장 및 관리할 수 있도록 지원한다.

108
정답: 4번

지갑(월렛)은 암호화폐를 저장하는 곳이다. 각 지갑에는 몇 가지 중요한 고유 요소가 있으며 접근 권한이 있는 사용자를 제어하는 보안 조치로도 작동한다. 첫 번째 구성요소는 개인 키며 월렛 주소에 연결된 수학적으로 생성된 숫자 및 문자열이다. 이 키를 제어하면 해당 월렛에서 암호화폐를 사용할 수 있다. 이 키를 잃어버리거나 잊으면 월렛에 있는 자금을 회수할 수 없으므로 접근이 불가능해진다.

다음으로는 공개 키가 있으며 이 또한, 월렛 주소와 수학적 관련성이 있다. 공개 키는 월렛 주소가 여러분의 소유임을 증명한다. 이름에서 알 수 있듯이 개인 키를 안전하게 유지하고 본인만 알고 있는 것이 중요하다. 공개 키는 누구나 볼 수 있으며 귀하의 지갑에는 블록체인에 대해 확인할 수 있는 모든 입출금의 로그도 포함된다. 암호화폐에 사용되는 가장 기본적인 월렛은 핫 월렛과 콜드 월렛이다. 핫 월렛은 인터넷에 연결된 월렛이고 콜드 월렛은 오프라인 월렛이다.

핫 월렛은 위험성이 더 크고 공격에 취약하다. 이는 인터넷 연결로 더 빠른 온라인 거래가 가능하지만 동시에 해커들에게 문을 열어 주기가 쉽기 때문이다. 반대로 콜드 월렛은 USB와 같은 별개의 하드웨어에 오프라인으로 유지되기 때문에 더 안전하다. 해당 기기를 가지고 있어야만 접근이 가능하기 때문에 결국 온라인 시스템인 블록체인 기술을 기반의 암호화폐 거래를 하기에는 더 많은 시간이 소요된다. 거래를 위해서는 자금을 핫 월렛에 옮기거나 콜드 월렛을 임시로 인터넷에 연결해서 오프라인에서 체결한 거래 내역을 보내야 한다.

의사결정 나무(Decision Tree)는 간단하게 말해서 if~else와 같이 특정 조건을 기준으로 O/X로 나누어 분류/회귀를 진행하는 트리 구조의 분류/회귀 데이터 마이닝 기법이다. 이해도가 매우 높고 직관적이라는 장점이 있다. 그렇기에 많이 사용되며, 의사결정 나무도 많은 머신러닝 기법과 동일하게 종속변수의 형태에 따라 분류와 회귀 문제로 나뉜다. 종속변수가 범주형일 경우 Decision Tree Classification으로 분류를 진행하고, 종속변수가 연속형일 경우 Decision Tree Regression으로 회귀를 진행한다. 의사결정 나무에서는 초기에 트리를 키우는 단계에서 정지 규칙을 적용하지 않으면 끝마디가 하나의 범주만을 가질 때까지 계속하여 최대 트리를 형성하기 때문에 과적합(overfitting) 문제가 발생할 수 있다.

이에 과적합 문제를 줄이기 위해 정지 규칙(Stopping Rule) 최대 트리를 적절히 가지치기(Pruning)를 이용함으로써 예측력이 좋은 분류 규칙을 도출할 수 있다. 통상적으로 오분류 비용(misclassification cost)과 트리의 복잡도를 고려하여 수행된다. 가지치기를 통해 나무의 성능을 더욱 높일 수 있다. 이는 중요도가 낮은 기능을 사용하는 가지를 제거하는 작업이 포함된다. 이런 식으로 트리의 복잡성을 줄이고 과적합을 줄여 예측력을 높인다. 가지치기는 뿌리나 잎에서 시작할 수 있으며 가장 간단한 가지치기 방법은 리프에서 시작하여 해당 리프에서 가장 인기 있는 클래스를 가진 각 노드를 제거한다. 이 변경 사항은 정확도를 저하시키지 않는 한 유지되며 감소된 오류 정리라고도 한다. 학습 매개 변수(알파)를 사용하여 하위 트리의 크기를 기반으로 노드를 제거할 수 있는지 여부를 측정하는 비용 복잡성 가지치기와 같은 보다 정교한 가지치기 방법을 사용할 수 있다. 이것을 가장 약한 링크 가지치기라고도 한다.

데이터베이스 지식 발견(Knowledge Discovery in Database, KDD)은 1996년 Fayyad가 프로파일링 기술을 이용해서 데이터로부터 통계, 지식을 얻기 위한 마이닝 프로세스이다. 데이터 마이닝, 기계학습, 인공 지능, 패턴 인식, 데이터 시각화의 구조를 가지고 있다.

여기서 프로파일링 기술이란 범죄에서 증거들을 통해서 단서를 찾아내는 방법이다. 데이터 조각들을 분석해서 증거들을 찾고 범인을 유추한다. 데이터 파일 내의 데이터를 보다 보면 어떤 현상에 대해서 유추할 수 있는 데서 비슷한 방법으로 생각할 수 있다. 전통적으로 데이터 마이닝 및 지식 검색은 수동으로 수행되었다. 시간이 지남에 따라 많은 시스템의 데이터양이 테라바이트 크기를 초과하여 더 이상 수동으로 유지관리할 수 없게 되었다. 또한, 모든 비즈니스가 성공적으로 존재하기 위해서는 데이터에서 기본 패턴을 발견하는 것이 필수적이다. 그 결과, 숨겨진 데이터를 발견하고 인공 지능의 일부를 구성하는 가정을 만들기 위해 여러 소프트웨어 도구가 개발되었다.

KDD 프로세스는 지난 10년 동안 정점에 도달했다. 이제 귀납적 학습, 베이지안 통계, 의미론적 쿼리 최적화, 전문가 시스템 및 정보 이론을 위한 지식 획득을 포함하여 발견에 대한 다양한 접근 방식을 수용한다. 궁극적인 목표는 낮은 수준의 데이터에서 높은 수준의 지식을 추출하는 것이다. KDD에는 다학문 활동이 포함되며 여기에는 데이터 저장 및 액세스, 방대한 데이터 세트에 대한 알고리즘 확장 및 결과 해석이 포함된다. 데이터 웨어하우징에 포함된 데이터 정리 및 데이터 액세스 프로세스는 KDD 프로세스를 용이하게 한다. 인공 지능은 또한, 실험과 관찰을 통해 경험적 법칙을 발견하여 KDD를 지원한다. 데이터에서 인식된 패턴은 새로운 데이터에 대해 유효해야 하고 어느 정도 확실해야 한다.

111

CRISP-DM(CRoss Industry Standard Process for Data Mining)은 데이터 과학 프로세스의 기반이 되는 프로세스 모델이다. 산업 전반에 걸쳐 데이터 마이닝 프로세스를 표준화하기 위해 1999년에 발행된 이후로 데이터 마이닝, 분석 및 데이터 과학 프로젝트를 위한 가장 일반적인 방법론이 되었다. CRISP-DM의 느슨한 구현과 포괄적인 팀 기반 애자일 프로젝트 관리 접근 방식을 결합한 데이터 과학팀은 최상의 결과를 얻을 수 있다.

(1) Business Understanding(비즈니스 이해): 각종 참고 자료와 현업 책임자와의 커뮤니케이션을 통해 비즈니스를 이해하는 단계

   - 수행 업무: 업무 목적 파악, 상황 파악, 데이터 마이닝 목표 설정, 프로젝트 계획 수립

(2) Data Understanding(데이터 이해): 분석을 위한 데이터를 수집 및 속성을 이해하고, 문제점을 식별하며 숨겨져 있는 인사이트 발견하는 단계

   - 수행 업무: 초기 데이터 수집, 데이터 기술 분석, 데이터 탐색, 데이터 품질 확인

(3) Data Preparation(데이터 준비): 데이터 정제, 새로운 데이터 생성 등 자료를 분석 가능한 상태로 만드는 단계 (많은 시간이 소요될 수 있음)

   - 수행 업무: 분석용 데이터 셋 선택, 데이터 정제, 데이터 통합, Training/Test 데이터 분리 등

(4) Modeling(모델링): 다양한 모델링 기법과 알고리즘을 선택하고 파라미터를 최적화하는 단계
   - 모델링 결과를 검증용 데이터 데이터로 평가하여 과적합(Over-Fitting) 문제를 추가 확인

   - 수행 업무: 모델링 기법 선택, 모델 테스트 계획 설계, 모델 작성, 모델 평가

(5) Evaluation(평가): 모형의 해석 가능 여부 및 결과가 프로젝트 목적에 부합하는지 평가하며 결과를 수용할 것인지 판단하는 단계

   - 수행 업무: 분석결과 평가, 모델링 과정 평가, 모델 적용성 평가

(6) Deployment(전개): 모델링과 평가 단계를 통해 완성된 모델을 업무에 적용하기 위한 계획 수립. 모니터링과 모델의 유지 보수 계획을 마련하고 각 관리자에게 전달하여 필요한 조치를 취하며 검토가 완료된 모형을 현업에 적용.

   - 수행 업무: 전개 계획 수립, 모니터링과 유지 보수 계획 수립, 프로젝트 종료 보고서 작성, 프로젝트 리뷰

112

모든 가능한 독립변수들의 조합에 대한 회귀 모형을 분석해 가장 적합한 모형을 선택한다.

(1) 단계 선택법(Stepwise Method): 각 단계에서 최소 확률 F를 가지면서 방정식에 없는 독립변수가 입력된다. 확률 F가 충분히 커지면 회귀 방정식에 이미 있는 변수가 제거된다. 이 방법은 포함하거나 제거할 변수가 더 이상 없으면 종료된다. 초보자가 가장 선호하는 선택 방법이다.

(2) 후진 제거법(Backward Elimination): 방정식에 모든 변수를 입력한 다음 순차적으로 제거하는 변수 선택 프로시저이다. 종속변수와 함께 편상관이 가장 작은 변수가 가장 먼저 제거된다. 변수가 제거 기준을 충족하면 제거되고 첫 번째 변수가 제거되면 방정식에 남아 있는 변수 중 편상관이 가장 작은 변수가 그다음으로 제거된다. 방정식에 제거 기준을 만족하는 변수가 없으면 프로시저가 중단된다. 전체변수들의 정보를 이용 가능, 변수가 많은 경우에는 활용이 어렵고 안정성이 부족하다.

(3) 전진 선택법(Forward Selection): 변수가 모형에 순차적으로 입력되는 단계별 변수 선택 프로시저이다. 방정식에 입력할 첫 번째 변수는 종속변수와 최대량의 상관 또는 음의 상관에 있는 변수이다. 이 변수는 진입 기준을 만족시켰을 때만 방정식에 입력된다. 첫 번째 변수를 입력하면 방정식에 없고 편상관이 가장 큰 독립변수가 다음에 입력되도록 고려된다. 진입 기준에 맞는 변수가 없으면 프로시저가 중단된다. 이해가 쉬우며 많은 변수에서 활용 가능하다. 변숫값의 작은 변동에 결과가 달라져 안정성이 부족하다.

113

SaaS 관리 플랫폼(SaaS management platform, SMP)은 자동차의 대시보드 제어판과 같다고 생각할 수 있다. 타이어 공기압이 낮거나 승객이 안전벨트를 착용하지 않는 등의 문제가 발생하면 패널이 운전자에게 신

호를 보낸다. 운전자가 이러한 모든 영역을 수동으로 확인하고 문제를 진단하는 것은 어려울 것이다. 마찬가지로 SMP를 사용하면 IT 팀이 각 개별 애플리케이션의 설정을 관리하지 않고도 SaaS 애플리케이션에 대한 제어를 유지할 수 있게 된다.

SaaS 관리는 회사의 전체 SaaS(Software-as-a-Service) 애플리케이션 포트폴리오에서 관리 작업을 자동화하고 중앙 집중화한다. SaaS 관리의 첫 번째 단계는 SaaS에 대한 ID와 액세스를 이해하고 제어하는 것이다. SaaS 관리의 다음 단계는 회사의 전체 SaaS 포트폴리오에서 프로세스를 간소화하는 것이다. 하드웨어나 로컬 네트워크가 아닌 클라우드에서 실행되는 SaaS 애플리케이션 또는 소프트웨어는 많은 조직의 일상 업무에서 핵심적인 역할을 한다. Google Workspace, Slack 및 Salesforce는 SaaS 애플리케이션의 일반적인 형태이다. SaaS 애플리케이션은 인터넷을 통해 액세스되기 때문에 승인된 사용자만 로그인할 수 있도록 하는 것과 같은 많은 보안 고려 사항을 도입한다. 그리고 그들이 로그인하는 장치는 안전해야 한다. 이러한 우려는 애플리케이션 액세스 정책을 관리하고 전체 조직에서 규정 준수를 보장하는 IT 팀에 추가적인 부담을 주고 있다.

SMP는 종종 CASB(클라우드 액세스 보안 브로커)와 비교된다. CASB는 SaaS 애플리케이션, 서비스로서의 인프라(IaaS) 및 서비스로서의 플랫폼(PaaS) 서비스를 보호하는 데 도움이 된다. 섀도 IT 검색 및 특정 액세스 제어 기능과 같은 일부 기능은 SMP와 서로 중복된다. 그러나 CASB는 SMP의 관리 역할 이상으로 확장되는 DLP(데이터 손실 방지) 및 위협 보호 기능을 제공한다. 즉, SMP와 CASB는 서로 통합이 가능하다. 예를 들어, SMP는 CASB의 데이터를 사용하여 SaaS 애플리케이션 전반에 걸친 액세스 및 사용 방식에 대한 더 정확한 그림을 생성할 수 있다.

114 정답: 4번

사물 인터넷(IoT) 아키텍처를 설계할 때 솔루션은 여러 구성요소로 구성된다. 이러한 각 구성요소는 서로 다른 용도로 사용되며 모두 IoT 솔루션을 설계하고 구축하기 위한 빌딩 블록을 제공한다. 사물 인터넷(IoT) 솔루션의 주요 구성요소는 다음과 같다.

(1) 장치(Devices): 장치는 센서 및 기타 구성요소에 연결된 개별 IoT 장치이다. 장치는 사물 인터넷의 '사물' 부분을 제공한다.

(2) 필드 게이트웨이(Field Gateway): 필드 게이트웨이는 클라우드와 하나 이상의 장치 및/또는 기타 필드 게이트웨이 간의 연결 지점 역할을 하는 장치 또는 소프트웨어 구성요소이다. 온프레미스 또는 로컬 네트워크에서 실행되는 구성요소와 클라우드 간에 단일 연결 지점을 제공하여 추가 보안을 제공하는 데 사용할 수 있다. 필드 게이트웨이는 이벤트/메시지 통신 집계, 메시지 또는 프로토콜 변환, 또는 솔루션 내 여러 다른 기능에서 다양한 기능을 제공할 수 있다. 에지 게이트웨이라고 하는 장치도 필드 게이트웨이의 한 유형이다. 에지 게이트웨이(Edge Gateway) 또는 에지 장치(Edge Device)는 실시간 처리 루프에서 대기 시간을 줄이기 위해 다른 장치에 더 가까운 로컬에서 클라우드 기능을 실행하는 기능을 추가하여 고급 기능을 제공한다. Edge 장치로 푸시다운 될 수 있는 일부 클라우드 기능은 기계학습, 이벤트 스트림 처리 또는 기타 클라우드 기능이다.

(3) 클라우드 게이트웨이(Cloud Gateway): 클라우드 게이트웨이는 필드 게이트웨이와 매우 유사하지만 온프레미스 또는 다른 장치에 대해 로컬로 실행하는 대신 클라우드에서 실행된다. 클라우드 게이트웨이는 로컬이 아닌 클라우드에서 운영하여 필드 게이트웨이와 비슷한 기능을 제공할 수 있다.

(4) 서비스(Services): 서비스 구성요소는 REST API, 데이터베이스 또는 기타 구성요소와 같은 IoT 시스템 백엔드의 다른 구성요소 버킷이다. 이러한 서비스는 클라우드 또는 온프레미스에서 로컬 또는 하이브리드 방식으로 실행할 수 있다. 기본적으로 전체 IoT 솔루션 내에서 필요한 모든 위치에 있다.

115 정답: 1번

브라우저 격리(Browser Isolation)는 기본적으로 격리된 가상 환경에서 모든 검색 활동을 실행하여 웹 기반 위협으로부터 컴퓨터/네트워크를 보호한다. 이 환경에는 가능한 위협이 포함되어 있으며 컴퓨터의 하드 드라이브 또는 네트워크의 다른 장치와 같은 사용자 생태계의 어떤 부분에도 침투할 수 없다. 사용자가 안전하지 않은 웹 사이트에 접근하지 못하도록 하는 대신 격리된 탐색을 통해 사용자는 웹 사이트가 악성일지라도 안전하게 액세스할 수 있다.

브라우저 격리 기술은 웹 콘텐츠가 안전하지 않다고 가정할 때 제로 트러스트 접근 방식을 채택한다. 모든 사용자 탐색 활동은 사용자의 컴퓨터에서 멀리 떨어진 격리된 환경으로 이동된다. 웹 콘텐츠가 실제로 사용자의 컴퓨터에 도달한 적이 없기 때문에 멀웨어는 시스템에 진입할 수 없다. 모든 브라우징 세션이 끝날 때 브라우징 환경을 자동으로 파괴하므로 사용자가 악의적인 것을 발견하면 세션이 끝날 때 지워진다. 사용자가 보안 가상 브라우저에 다시 연결하면 멀웨어가 없는 깨끗하고 새로운 이미지를 얻게 된다. 이것이 브라우저 격리가 작동하기 위한 요구 사항은 아니지만 다양한 솔루션의 공통 기능일 수 있다. 쉽게 이야기를 하자면, 브라우저 격리는 전투기 조종사와 드론 조종사의 차이로 생각할 수 있다. 드론 조종사는 실제 전투기 조종사가 수행할 수 있는 거의 모든 것을 수행할 수 있지만 전쟁 지역에 들어가 조종사의 생명을 위험에 빠뜨리는 일은 없다. 브라우저 격리를 사용하는 것은 드론 조종사가 되는 것과 같다. 원격 위치에서 웹을 탐색하여 네트워크에 해를 끼치지 않도록 할 수 있지만 작업의 한가운데에 있는 것처럼 느껴진다.

116

정답: 2번

모든 IoT 솔루션은 다양한 구성요소를 사용하여 구축된다. IoT 솔루션의 전체 보안 아키텍처 내에서 서로 다른 구성요소는 서로 다른 신뢰 영역(Trust Zones) 및 경계(Boundaries)로 격리된다. 이러한 다양한 영역과 경계는 보호를 위해 솔루션의 다양한 구성요소를 분리하기 위해 물리적 및 소프트웨어 기반 격리 수준을 제공한다. 신뢰 영역 및 경계에 대한 세분화된 보호를 제공하기 위해 IoT(사물 인터넷) 솔루션의 다양한 측면이 보안 보호를 통해 서로 분리되어 서로를 보다 안전한 방식으로 격리한다.

- 신원 스푸핑(Identity spoofing)
- 이벤트 데이터 변조(Event data tampering)
- 정보 공개(Information disclosure)
- DDOS 공격(Distributed Denial of Service (DDOS) attacks)
- 상승된 권한 악용(Elevated privilege exploits)

IoT 보안 아키텍처를 설계할 때 염두에 두어야 할 주요 신뢰 영역은 다음과 같다.

- 로컬 영역(Local Zone)
- 장치 영역(Device Zone)
- 필드 게이트웨이 영역(Field Gateway Zone)
- 클라우드 게이트웨이 영역(Cloud Gateway Zone)
- 게이트웨이 및 서비스 영역(Gateway and Services Zone)
- 원격 사용자 영역(Remote User Zone)

117

정답: 1번

기업이 워크로드와 민감한 데이터를 SaaS 앱으로 이동하는 것을 가속화함에 따라 우발적 노출 위험, 데이터 유출을 유발하는 지나치게 관대한 권한, 규정 미준수, 멀웨어와 같은 위협이 여전히 중요한 과제로 남아 있다.

SaaS 보안 태세 관리(SaaS Security Posture Management, SSPM)는 조직에 가시성, 제어 및 규정 준수 관리 기능을 제공하여 중요한 워크로드를 보호하고 이러한 문제를 해결할 수 있다. SSPM을 사용하면 SaaS 스택과 관련된 위험 및 잘못된 구성을 신속하게 감지하고 규정 준수를 시행하며 내부 위협 및 멀웨어로부터 보호하는 데 필요한 도구에 대한 통찰력을 얻을 수 있다. SaaS 애플리케이션은 기업, 개인 및 기타 유형의 민감한 데이터를 셀 수 없을 정도로 많이 보유하고 있으며 공급업체는 사용자와 함께 필요한 모든 보안 정책을 개발할 전문 지식이나 리소스가 부족한 경우가 많다. 애플리케이션과 사용자 전반에 걸쳐 이러한 다양한 보안 정책을 일관되게 개발하고 시행하는 것은 매우 어려운 작업이다. SSPM은 CIS 또는 NIST와 같은 업계 표준에 매핑되는 사전 구축된 정책 프로필에 대해 SaaS 애플리케이션의 구성을 지속적으로 모니터링하여 이 프로세스를 단순화시킨다. 잘못된 구성은 신속하게 경고하고 사용자는 문제가 악용되기 전에 자동으로 문제를 해결할 수도 있다.

118

정답: 4번

2019년 미국 Endpoint security 분석 전문 업체인 Endgame을 인수함으로써 Elastic은 SIEM과 END-POINT를 하나의 플랫폼 안에서 제공할 수 있게 되었다.

(1) 내부자 보안 위협 분석(내부자 정보유출, 이상행위탐지/모니터링)

(2) 보안 관제 센터(SOC)의 핵심 솔루션인 SIEM

(3) 원격 오피스 환경에서 가장 중요한 EDR(Endpoint Detection/Response)

(4) 수집 후 분석이 아닌, 실시간 보안 데이터 탐지 및 분석과 대응

엔드포인트 탐지 및 대응(Endpoint Detection and Response, EDR) 또는 엔드포인트 위협 탐지 및 대응(Endpoint Threat Detection and Response, ETDR)은 컴퓨터와 모바일, 서버 등 단말(Endpoint)에서 발생하는 악성행위를 실시간으로 감지하고 이를 분석 및 대응하여 피해 확산을 막는 솔루션이다. 주로 악성 코드, 랜섬웨어, 바이러스, 정보 유출 차단 목적으로 사용되나 '제로데이 공격(Zero day Exploit)' 대응에 효과적인 것으로 알려져 있다. EDR은 '실시간 차단'이 아닌 '탐지 및 대응'을 위한 솔루션이다. 다양한 이벤트를 보고 분석하기 때문에 엔드포인트에서 모든 데이터를 수집해 연계, 분석한다. 엔드포인트에서 발생하는 모든 이벤트를 '탐지 및 대응' 해야 하기 때문에 다른 솔루션과의 연계가 필요하다. 안티바이러스, 유해 사이트 차단, 평판 정보, 위협, 인텔리전스, SIEM, 행위 분석 기술, DLP, 보안 관제 등 여러 보안 솔루션의 기술이 필요하므로 연계되어야 한다. 원칙적으로 섀도 IT는 기업 내 허용하지 않은 IT 디바이스, S/W를 사용하여 IT 자산 관리에서 파악되지 않는 미인증 IT로써 선택지 중 보안 요소에서 가장 거리가 멀다.

119

정답: 1번

SASE(Secure Access Service Edge)는 2019년 가트너가 현대적인 사이버 보안 아키텍처를 표현하기 위해 개발한 용어이다. SASE는 보안 서비스를 사용자에게 더 가까이 제공하고, 위험 수준에 따라 적절한 수준의 액세스를 제공하는 데 초점을 맞추고 있다. SASE는 보안과 통합된 네트워킹의 표본이다. 사용자의 위치에 상관없이 공격으로부터 뛰어난 보호를 제공하며, 사용자가 어디에 있든지 기업 위치로 트래픽을 백홀할 필요 없이 일관된 적용을 보장한다. 이 프로세스는 사용자에게 투명하며, 보다 안전한 환경을 제공한다. SASE는 네트워킹 및 보안 기술이 구현되는 방식의 아키텍처상 변화이다. SASE 아키텍처는 다음과 같은 이점을 통해 현대 기업 네트워크의 진화를 지원한다.

(1) 민첩성: IT는 SASE 아키텍처를 통해 최적화된 네트워크 성능과 강력한 보안 기능을 모든 사업장, 애플리케이션, 사용자에게 전달할 수 있다. 새로운 자원과 기능의 제공은 신속하고 간단하다. 딱 맞는 에지 클라이언트를 설치하고 SASE 플랫폼에 플러그인 하면 회사 정책 그대로 네트워크와 보안을 관리할 수 있다.

(2) 협업: IT팀은 네트워크와 보안의 융합을 통해 단일 인터페이스로 모든 기능과 정책을 관리한다. 공통 용어를 쓰며 네트워크와 보안 이벤트를 깊숙이 들여다볼 수 있다. 여러 팀의 협업을 통해 가용성, 성능, 보안 요건이 모두 충족되어야 하는 서비스를 효과적으로 개선시킨다.

(3) 효율성: SASE를 사용하는 IT팀은 온프레미스 인프라 관리의 부담에서 벗어날 수 있다. 물리적 토폴로지, 리던던시, 확장, 사이징, 업그레이드 업무가 확실하게 감소한다. IT는 이제 더 나은 서비스를 협업에 제공하는 한편, 귀중한 자원과 스킬을 통상적인 인프라 관리에 소모하지 않고 실질적인 관련 문제에 보다 집중할 수 있다.

(4) 비용 절감: 네트워크와 보안 스택이 단순화되고 여러 포인트 제품이 통합되면 벤더와 고객들은 인프라 운영에 드는 총비용의 절감을 느낄 수 있다. 참고로, 여러 곳에 분산된, 클라우드에 접근하려는 사용자에 대한 보안 접근과 통제는 SASE 솔루션의 가장 큰 도입 효과이자 장점이다.

120

IIoT는 OT 네트워크가 기술 스택의 핵심 부분을 형성하는 산업 부문에서 사물 인터넷(IoT)의 확장된 사용이다. IIoT는 주로 클라우드 컴퓨팅에서 효율성과 성능을 끌어낸다. IIoT를 채택하는 조직은 유연성과 확장성을 비롯한 이점을 활용할 수 있으며 퍼블릭 클라우드 컴퓨팅 고유의 프로세스를 수행할 수 있다. 그러나 퍼블릭 클라우드를 채택하면 특히 온프레미스 OT 네트워크를 퍼블릭 클라우드 환경과 연결하는 조직의 경우 보안 문제가 수반된다. 클라우드 기반 IIoT 운영 모델을 사용하면 OT 네트워크와 엔터프라이즈 IT 네트워크가 분리되어 관리, 오케스트레이션, 모니터링 및 제어를 위해 WAN/인터넷을 통해 직접 클라우드와 별도로 연결되므로 기존의 6레벨 Purdue 모델은 더 이상 사용되지 않는다. 이 연결성은 주로 성능에 중점을 둔다. 그러나 이 새로운 모델은 OT 네트워크의 게이트웨이에 대한 성공적인 공격 및 손상이 전체 OT 인프라를 공격에 노출시킬 수 있기 때문에 심각한 보안 문제도 야기시킨다. 따라서 3가지 유형의 사이트/네트워크에 적절한 가드레일을 추가하는 것이 필수적이다.

(1) 물리적 OT 장치(예: 액추에이터 및 센서)와 프로그래밍 가능한 컨트롤러로 구성된 OT 네트워크 사이트

(2) 엔터프라이즈 IT 사이트

(3) 관리, 저장, 오케스트레이션, 모니터링 및 제어를 위한 조직의 OT 및 IT 플랫폼 서비스를 호스팅하는 클라우드

가드레일을 추가하기 위한 기존의 모범 사례에는 보안 솔루션을 하나씩 추가하여 여러 수준에서 공격을 완화하거나 방지하는 심층 방어(DiD) 전략 구현이 포함된다. 이 접근 방식이 효과적이기는 하지만 IT 및 OT 환경을 실행하는 조직에 문제가 된다. 이러한 유형의 조직이 직면한 상위 3가지 과제는 높은 CAPEX 및 OPEX 비용, 관리 복잡성 및 열악한 사용자 경험이다. 가드레일을 추가하기 위한 기존의 모범 사례에는 보안 솔루션을 하나씩 추가하여 여러 수준에서 공격을 완화하거나 방지하는 심층 방어 전략을 구현하는 것이 포함된다.

121

2017년 2월, 영국 옥스퍼드대 등 학계와 시민단체 그리고 업계가 참여한 인공 지능 워크숍에서 작성한 〈AI 악용 보고서(The Malicious Use of Artificial Intelligence)〉에서는 인공 지능이 인간의 능력을 능가할 만큼 발전하지는 않았지만 다양한 인공 지능 속성 중 현재 보안에 큰 영향을 미치고, 향후 미칠 것으로 예상되는 6가지 속성을 다음과 같이 제시하였다.

속성	주요 내용
이중성	인공 지능은 민간용, 군용 등의 용도로 사용이 가능하고, 특정 용도로 사용하도록 정해지지 않음
효율성 확장성	인간의 능력보다 특정 작업은 더 빠르고 낮은 비용으로 수행이 가능하며, 동시에 많은 작업 수행을 위한 시스템 복제 가능
우수성	인간이 가진 기본 환경(수중, 야간 등)에 자유롭고 어떤 면에서는 인간보다 뛰어난 성능 발휘 가능
익명성	타인과 소통, 대면해서 대응하는 분야 감소
보급성	인공 지능 관련 기술은 쉽게 적용될 수 있으며, 본래 기술과는 다르게 악용도 가능
취약성	데이터 중독 공격, 적대적 사례, 자율 시스템의 결함 등 아직 해결되지 않은 취약점이 다수 존재

── 🏠 출처　한국정보화진흥원, "인공 지능 악용에 따른 위협과 대응 방안"

122

AI를 위한 보안은 AI 모델이 구동되는 OS 등 시스템 보안과 소프트웨어 보안과 별개로 AI 모델은 고유의 보안 취약점을 갖고 있다. 2014년 AI 모델에 대한 기만공격이 알려진 이래 공격자 측면에서 여러 가지 공격이 가능하다는 것이 연구되어 왔다. AI 모델에 대한 공격은 AI의 학습 단계와 활용 단계에 따라 나눌 수 있는데, 학습단계에서는 학습데이터에 오염데이터를 주입하여 모델의 정확도를 떨어뜨리는 오염 공격과 특정 패턴을 포함한 이미지를 특정 클래스로 분류하는 백도어 공격(Backdoor Attack)이 가능하다.

학습된 AI 모델을 활용하는 단계에서는 데이터를 변조하여 모델의 오분류를 유도하는 기만 공격, 학습에 사용된 데이터 복원이나 멤버십 추론, 모델 복제 등

의 공격이 가능하다. 오염 공격(Poisoning Attack)은 학습데이터 중, 강아지 사진에 고양이 레이블을 붙이는 것 같은 오염 데이터를 포함하여 학습된 모델의 정확도를 떨어뜨리는 공격이다. 공격자의 목표는 최소한의 오염 데이터 비율로 최대한 정확도 저하를 유도하는 것이다.

백도어 공격(Backdoor Attack)은 학습데이터에 트리거(Trigger)라고 불리는 특정한 패턴을 포함하여 학습하고, 활용 단계에서 트리거를 포함한 입력 데이터에 대해 특정 클래스로 분류하도록 하는 공격을 의미한다. 다른 방식으로, 학습 데이터에 트리거를 포함하지 않고 모델의 특정 파라미터를 수정하여 트리거가 포함된 입력 데이터에 반응하게 할 수도 있다. 이러한 백도어 공격은 오염 공격과 마찬가지로 아웃소싱 개발이나 전이학습 때 발생할 수 있다. 트리거의 종류는 특정 위치에 특정 패턴을 고정적으로 포함하는 정적(static) 트리거와 객체의 경계선 역영에 특정 색상을 주입하는 식으로 이미지에 따라 트리거가 달라지는 동적(dynamic) 트리거가 있다.

—— ⌂ 출처 디지털비즈온

123

2018년 디지털치료제연합(DTA)이 발표한 백서에 따르면, 디지털 치료제(Digital Therapeutics, DTx)는 의학적 이상이나 질병을 예방 또는 치료하기 위해 근거 기반의 치료적 개입을 제공하는 고도화된 소프트웨어 프로그램이다. 독립적으로 사용하거나 환자 관리 및 건강 예후를 높이고자 다른 치료제 또는 기기 등과 함께 사용할 수 있다. 디지털 치료제는 전통적인 약물과 달리 실시간, 연속적으로 24시간 환자 상태를 모니터링할 수 있다는 장점이 있다. 디지털 치료제로 불리려면 '임상 시험을 통한 유효성 및 안전성 검증'이 필수다.

세계 최초의 디지털 치료제는 미국 '페어 테라퓨틱스(Pear Therapeutics)'의 약물 중독 치료 앱인 '리셋(reSET)'이다. 알코올, 코카인, 대마 등 약물중독 환자에게 인지행동치료(CBT)를 제공하는 앱으로, 2017년 9월 FDA 승인을 받았다. 이에 앞서 2010년 웰닥(Welldoc)의 당뇨 관리 플랫폼인 '블루스타(bluestar)'가 FDA로부터 의사 처방용으로 허가받아, 블루스타를 최초로 꼽는 경우도 있다. 하지만 허가 사항에 '치료 목적'이 포함된 것은 리셋이 처음이기에 리셋을 최초의 디지털 치료제로 보는 시각이 지배적이다.

디지털치료제 목적별 구분

	건강 관리	질병 관리 및 예방	복약 순응도 개선	질병 치료
검증	규제 기관 재량	유효성 및 안전성에 대한 제3자의 검증과 규제 기관의 승인 필요		
유효성	질병 관련 의학적 효과를 주장하지 않음	저~중등도 위험에 대해 효과 주장 (예: 질병 진행률 낮춤)	중등도~고위험에 대해 효과 주장 (예: 기존 치료제 효과 높임)	중등도~고위험에 대해 효과 주장 (예: 임상 예후 직접적으로 개선)
임상 근거	임상 시험 및 지속적으로 근거 창출 필요			
환자 구매 방식	환자 직접 구매(의사 처방 불필요)	일반 의약품(OTC) 또는 의사 처방 필요		의사 처방 필요
기존 치료와 관계	독립적으로 사용 또는 다른 치료 간접 지원	단독 또는 병용 요법	병용 요법	단독 또는 병용 요법

—— ⌂ 출처 2018년 디지털치료제연합 백서

AI 기술 스택은 AI 서비스 개발을 위해 필요한 요소 기술 계층(layer)의 집합으로, AI 관련 기술 개발 분야 등 정보 제공을 위해 다양한 기술 스택들이 제시되고 있다. 하지만 현재 AI 기술 계층에 대한 표준적 정의가 없어, 기업이 어떤 기술로 어떤 서비스를 제공하는지, 어떤 기술을 개발해야 하는지 등 이해가 약간 어려운 상황이다.

현재 CMU AI 스택, 맥킨지 AI 스택, 모던 AI 스택, AI Knowledge Map 등이 제시되고 있다.

맥킨지 AI Stack은 2017년에 발표되었으며 서비스, 학습(데이터와 방법), 플랫폼(아키텍처, 알고리즘, 프레임워크), 인터페이스 및 HW 등 9계층으로 세분하여 제안하였다. 자세한 내용은 다음과 같다.

기술 계층		정의	사례
서비스	⑨ 솔루션 및 활용 사례	• 딥러닝 모델을 사용한 문제 해결	자율 차량(시각적 인식)
학습	⑧ 데이터 유형	• 특정 애플리케이션을 기반으로 AI에 제공되는 데이터	레이블이 있는/없는 데이터
	⑦ 방법	• 주어진 데이터를 활용하여 특정 분야에 적용하기 위한 모델 최적화 기	지도, 비지도, 강화학습
플랫폼	⑥ 아키텍처	• 주어진 문제의 데이터에서 특징을 추출하는 구조화된 접근법	CNN, RNN...
	⑤ 알고리즘	• 최적의 추론을 위해 신경망의 가중치를 점진적으로 수정하는 일련의 규칙	Back propagation Evolutionary, Contrasted Divergence
	④ 프레임워크	• 아키텍처를 정의하고 인터페이스를 통해 하드웨어에서 알고리즘을 호출하는 SW 패키지	Caffe, Torch, Theano, TensorFlow...
③ 인터페이스		• SW와 기본 HW 간의 통신을 결정하고 촉진하는 프레임워크 내의 계층	개방형 컴퓨팅 언어
HW	② 헤드 노드	• 가속기 간의 연산을 관리하고 조율하는 HW 장치	CPU
	① 액셀러레이터	• AI에 필요한 고도의 병렬작업 수행 실리콘 칩	학습 및 추론 지원 CPUs, GPUs, ASICS, FPGAs

CMU AI Stack은 Andrew Moore 교수가 'AI는 학습을 통해 실세계를 이해하고, 현명한 결정을 내리는 것'이라고 정의하며, ISO의 OSI 모델을 참조하여 8계층을 제시하였다.

AI 8계층		세부 내용
	컴퓨팅	시스템(HW), 네트워크, 프로그래밍 언어, 운영체제 및 컴퓨팅을 가능하게 하는 장치 간의 상호작용과 관련된 기술
	AI 윤리	윤리적 이슈 추론에 필요한 도구와 AI 기술
	자율	사람의 개입 없이 AI가 자체적으로 결정을 내리는 기술
	인간-AI 상호작용	척추손상 환자가 시선으로 전동 휠체어의 로봇팔을 작동시키는 것과 같이 사람이 할 수 있는 일을 보충(Argumentation)
	계획 & 행동	최적화, 안전, 지식 네트워크 및 전략적 추론을 바탕으로 스택의 최상위 층보다는 덜 정교한 고급 시스템 및 알고리즘
	의사결정	사람의 의사결정을 지원하는 기술
	모델링	AI 스택의 최상위층의 시스템이 정보를 이해하도록 해주는 것 사람들의 사진을 분석하여 얼굴 특징을 추적하고 감정 상태를 인식
	머신러닝	경험을 통해 학습하는 프로그램을 만드는 기술
	데이터 관리	정보를 수집하고 저장하여 빅 데이터를 만들어 중요한 정보를 찾는 방법에 대한 것
	기기	기계가 주변 세계를 인식하는 데 필요한 모든 센서 및 구성요소

AI Knowledge Map은 Francesco Corea가 발표한 것으로 해결해야 할 문제 (Y축)과 해결 방법(X축)을 조합하여 AI 기술들을 세분하였다.

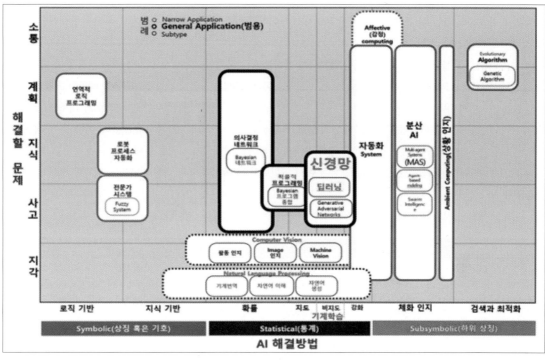

Modern AI Stack은 AI 솔루션 공급자 관점에서 인프라, 개발자 환경, LoB(Line of Business) 클라우드 서비스 제공 범위에 따라 솔루션 사업자 유형을 구분하였다.

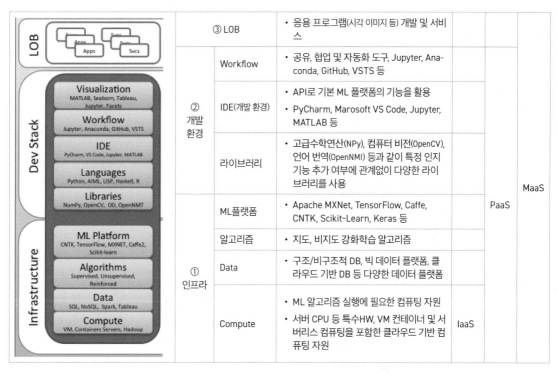

—— 🏛 출처 정보통신산업진흥원

디지털 트윈(Digital Twin) 부문의 전문가들을 중심으로 디지털 트윈 구축을 어느 정도 표준화할 수 있는 플랫폼의 필요성과 그 플랫폼의 기능 및 구성요소에 대한 논의가 이루어지고 있지만, 아직은 초기 단계로 우선은 플랫폼을 정의하는 것부터 필요하다.

이 분야의 전문 컨설턴트들은 디지털 트윈 플랫폼이 갖춰야 할 기본적인 기능으로 디지털 트윈 생명 주기 관리, 단일한 정보 소스, 오픈 API, 시각화와 분석, 이벤트와 프로세스 관리, 고객과 사용자 관점 등 6가지를 제안하고 있다.

복잡한 기술이라도 최근에는 스타트업들이 새로운 솔루션을 가지고 등장하는 경우가 많지만, 이와 대조적으로 디지털 트윈에서는 현재 대형 기업들이 디지털 트윈의 상용 솔루션이나 구축 서비스를 제공하고 있다. 예를 들어, 대표적인 디지털 트윈 솔루션 기업인 GE는 제트 엔진 제조 공정의 일환으로 사내에서 디지털 트윈 기술을 구축했고 현재는 그 기능을 고객 기업에 제공하고 있으며, 제조업 부문에서 영향력이 큰 독일의 대형 기업 지멘스도 디지털 트윈 솔루션을 제공하고 있다. 현장과 가까운 이들 기업 못지않게 IBM도 IoT 사업 부문의 강점을 어필하기 위해 디지털 트윈 솔루션을 공급하고 있으며, 오라클과 MS 역시 디지털 트윈 사업을 전개하고 있는 실정이다.

기본(핵심) 기능	제공 기능의 설명
디지털 트윈 생명 주기 관리	• 디지털 트윈의 설계, 구축, 테스트, 배포, 유지 기능 • 개별 물리적 장치의 엔지니어링 다이어그램, 부품 명세표, 소프트웨어 버전 및 기타 구조 물을 추상화하여 표현하는 '디지털 마스터(또는 디지털 스레드)'를 생성하기 위한 모든 정보를 취합하고, 디지털 마스터에 발생하는 변화를 관리할 수 있는 도구를 제공 • 관리 도구들은 디지털 마스터에 기반을 둔 개별 디지털 트윈들을 테스트, 배포, 유지하기 위해 사용 • 관리 도구는 보통 수백 개의 디지털 마스터와 수천 개의 디지털 트윈을 처리해야 함
단일한 정보 소스(Single Source of Truth)	• 디지털 트윈은 물리적 자산과 자산에서 나오는 데이터의 정확한 복제가 되어야 하나 디지털 자산은 유지 보수 과정에서 물리적 상태가 변화하기도 함 • 부품 교체 및 다른 버전의 펌웨어 설치가 발생하면 디지털 트윈 플랫폼은 단일한 정보 소스를 생성하기 위해 각 디지털 트윈의 정확한 상태를 업데이트하여 제공해야 함
오픈 API	• 잘 정의된 디지털 트윈은 산업용 IoT 솔루션들에게 인터페이스와 연계 포인트가 되어야 하며, 이를 위해 개방형 API를 제공해야 함 • 특히, 최근에는 기계학습과 분석 서비스들이 API를 통해 디지털 트윈과 상호작용하는 것이 중요해지고 있으며, 각 기업은 디지털 트윈을 ERP, SCM 등 기간 시스템과 통합해야 하는 상황이 되고 있음
시각화와 분석 (Visualization and Analysis)	• 기업들이 디지털 트윈에서 나오는 라이브 데이터를 시각화, 대시보드화하고 심층 분석을 할 수 있는 도구를 제공해야 함 • 라이브 데이터는 디지털 마스터와 연결되어야 하며, 이를 통해 디지털 마스터의 디자인 문서와 여타 컴포넌트들에 대한 드릴다운 분석을 제공해야 함
이벤트와 프로세스 관리	• 이벤트와 비즈니스 프로세스를 구성하고 디지털 트윈 데이터에 근거해 실행될 수 있는 기능을 제공해야 함 • 라이브 데이터에 근거한 유지 보수 요청의 일정을 짜는 이벤트나 물리적 자산의 현재 관리 상태를 정확히 보여주기 위한 이벤트 생성 기능 등이 기본으로 제공되어야 함
고객과 사용자 관점	• 디지털 트윈을 운영하는 기업, 디지털 트윈과 연관된 데이터와 정보에 접속할 수 있는 이용자의 속성을 고려한 인터페이스를 제공해야 함 • 디지털 트윈의 이해관계자들 사이의 협업과 정보 공유를 용이하게 하는 기능의 제공

출처 정보통신기획평가원, Ian Skerrett's Blog. IITP 정리

유사성(similarity Measure)은 거의 모든 과학 분야에서 근본적으로 중요하다. 예를 들어, 수학에서 유사성을 평가하는 기하학적 방법은 합동 및 동질성 연구뿐만 아니라 삼각법과 같은 관련 분야에서도 사용된다. 위상적 방법은 의미론과 같은 분야에 적용된다. 그래프 이론은 분류학에서 분지학적 유사성을 평가하는 데 널리 사용된다. 퍼지 집합 이론은 또한, 관리, 의학 및 기상학과 같은 분야에서 적용되는 고유한 유사성 측정을 개발했다. 분자 생물학에서 중요한 문제는 단백질 쌍의 서열 유사성을 측정하는 것이다.

유사성은 제품이나 브랜드에 대한 선호도와 그 선호도와 제품 소비 동기를 모델링하는 데 중요한 역할을 한다. 여기서 일반적인 가정은 제품을 평가할 때 사람들이 이상을 상상하고 제공된 제품과 이 이상과의 유사성을 판단한다는 것이다. 유사도를 계산하는 방법 중 가장 많이 쓰이는 5가지 방법은 다음과 같다.

- 유클리드 거리(Euclidean distance)
- 코사인 유사도(Cosine similarity)
- 맨해튼 거리(Manhattan distance)
- 자카드 유사도(Jaccard similarity)
- 민코프스키 거리(Minkowski distance)

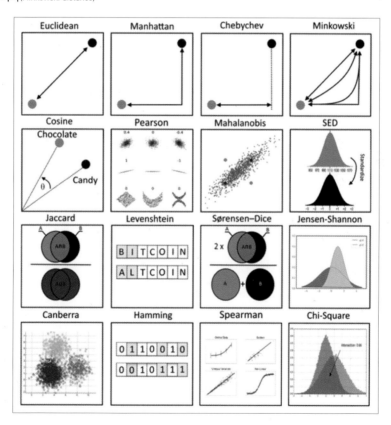

127

등대 공장(Lighthouse Factory)은 밤하늘에 등대가 불을 비춰 길을 안내하는 것처럼 첨단 기술을 적극 도입해 세계 제조업의 미래를 이끄는 공장을 말한다. 세계경제포럼이 2018년부터 전 세계 공장들을 심사해 매년 두 차례씩 선발하며 국내에서는 포스코(2019년)와 LS일렉트릭(2021년), LG전자(2022년)이 선정되었다.

세계에 수많은 공장이 있지만 현재까지 등대 공장에 이름을 올린 공장은 단 103곳에 불과하다. WEF의 글로벌 등대 네트워크는 세계적으로 제조업의 대규모 디지털 전환을 장려하고 그 속도를 끌어올리기 위해 만들어졌다. 디지털 전환을 통해 운영과 재무에 어떻게 영향을 미치는지를 입증하는 게 목적이다.

글로벌 등대 네트워크에 속한 등대 공장은 세계적으로 총 103곳이다. 프록터앤갬블(P&G), 유니레버, 아람코, 알리바바, 르노그룹, HP, 보쉬, 타타스틸, 마이크론, 폭스콘, 에릭슨, 슈나이더 일렉트릭 등 세계적 기업들의 공장이 네트워크에 속해 있다. LG전자 창원 공장은 이번에 존슨앤존슨즈, 스나이더 일렉트릭, 웨스턴디지털, 사노피, BOE, 하이얼 등과 함께 새 등대 공장에 이름을 올렸다.

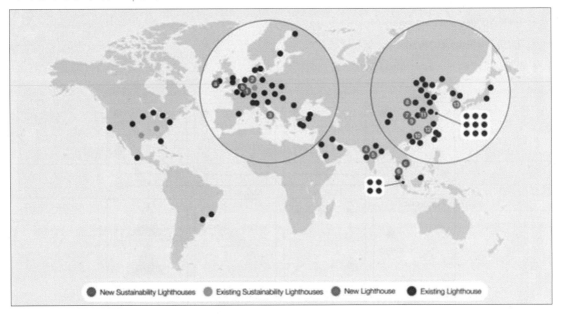

● New Sustainability Lighthouses　◉ Existing Sustainability Lighthouses　● New Lighthouse　● Existing Lighthouse

128

클라우드 네이티브 애플리케이션 보호 플랫폼(Cloud-Native Application Protection Platform, CNAPP)은 기업이 클라우드 네이티브 생태계의 전체적으로 혜택을 받을 수 있는 단순화된 보안 아키텍처이다. 클라우드는 비즈니스와 IT에 혁명을 일으키면서 인프라 보안 복잡성을 기하급수적으로 증가시켰다. 문제의 중심에는 개발에서 생산에 이르는 광범위한 도구를 통합하여 애플리케이션과 애플리케이션이 실행되는 플랫폼 모두에서 보안 격차를 제거하는 것이다.

CNAPP 플랫폼은 이 과제를 목표로 하며 워크로드와 애플리케이션을 보호하기 위해 통합된 생명 주기 보안 및 규정 준수 접근 방식을 취함으로써 초점을 전환시키고 있다. 현재 연구 및 자문 회사인 Gartner, Inc.에서 도입한 개념이 점점 주목을 받고 있다. 사유는 CNAPP는 보안에 혁명을 일으킬 잠재력이 있기 때문이다.

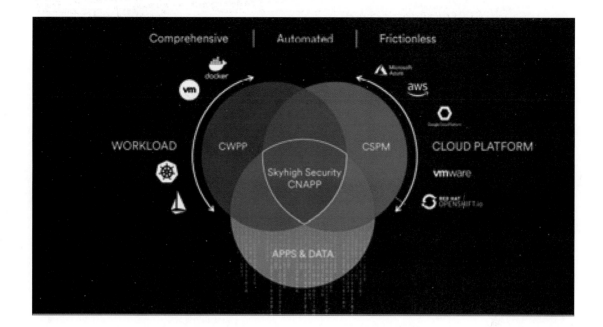

129

인공 지능을 활용한 대표적인 보안 위협은 다음과 같다.

속성	주요 내용
개인정보 유출	• 최신 디지털 정보 기기들은 인공 지능 기술이 탑재되어 운용되고 있으나 이때 수집된 데이터는 사용자 동의 없이 사용되고 있어 악용 가능성 내재
적대적 스티커 (Adversarial Patch)	• 컴퓨터가 인지하지 못하는 이미지를 담은 스티커로, 단순히 출력해서 사물 옆에만 놓아두면 이미지를 인식하는 인공 지능 알고리즘이 오작동 • 자율 주행차에 적용한 인공 지능에 문제 발생 시 생명과 직결되는 사고가 발생할 가능성이 큼
인공 지능 시스템의 블랙박스 모델 추출	• 블랙박스 모델의 매개 변수를 추출하여 악의적 사용자가 기본 기술에 접근 가능
스피어 피싱 (Spear phishing)	• 공격자가 사전에 공격 목표 관련된 정보를 수집·분석하여 공격을 수행하는 형태 • 기존 피싱(Phishing)은 숙련된 작업자가 필요했지만 인공 지능을 활용하면 공격에 사용되는 숙련도가 낮아져 공격 범위 확대 가능
모방 및 흉내	• 인간의 목소리를 흉내 내지 못하지만 알고리즘을 활용하여 음성 모방이 가능하며, 합성 기술로 사칭 및 허위 사실 유포 가능 • 인공 지능은 인식하지만 사람은 해독하지 못하는 백색 소음의 명령을 음성인식 시스템에 들려줌으로서 은밀하게 해킹 명령을 지시 • 딥페이크(Deepfake) 기술(Deep learning + Fake) 등을 활용하여 가짜 뉴스 등을 만들어 사회 불안에 활용 가능하며 영상의 진위를 가리기가 점점 어려워지고 있음
정교하고 자동화된 스웜(swarm) 공격	• 각종 취약점 및 액세스 포인트, 장치를 공격하는 스웜은 해커의 명령만 받는 봇넷과 달리 자가 학습하고, 서로 정보를 교환하면서 다수의 피해자를 공격하고 대응을 완화

⛰ 출처 "인공 지능 악용에 따른 위협과 대응 방안", 한국정보화진흥원(NIA)

미국 CSA(Cloud Security Alliance)에서는 클라우드 보안 위협으로 총 12가지는 다음과 같다. 미국 표준 기술 연구소(NIST)에서는 총 8가지를 정의하였고, 가트너는 총 7가지, UC버클리에서는 총 10가지를 정의하였으나 대부분 내용은 대동소이하다.

구분		주요 내용	원인	비고
1	데이터 유출	• 민감한 정보, 보호된 정보에 대한 유출 • 민감도에 따른 손상율 상이	• 기술적 해킹에 의한 유출 • 관리 실수에 의한 유출	◐
2	신분 및 접근에 대한 불충분한 관리	• 암호 키가 본문에 포함되거나 약한 비밀 번호의 사용 • 작업 종료 또는 무응답에 대한 빠른 세션 종료의 부재	• 비밀번호 도난 등 사용자의 약한 보안 관리 • 시스템 설계상의 문제	●
3	안전하지 않은 인터페이스와 애플리케이션 프로그래밍	• 애플리케이션 구축을 서두르기 위해서 기존의 코드를 재사용하거나 합성해서 사용하면 보안에 위협	• 시스템 구축 단계에서 발생할 수 있는 문제로 사업자의 충분한 단속과 검토가 필요	●
4	시스템 취약점	• 공격자가 프로그램에 악용할 수 있는 기술적인 버그	• 컴퓨터 발명 이후 현재까지 위협이 될 수 있는 기술 문제	○
5	계정 및 서비스	• 피싱이나 사기 등 각종 악성 사이트로 하이재킹 유도(redirection)하여 계정 등을 탈취	• 피싱, 파밍의 유도	◐
6	악의적인 내부 관계자	• 시스템 접근 권한을 갖는 내부자의 위협 • 도덕적으로 적합하지 않은 사람의 고용	• 클라우드 서비스 사업체 내부 직원의 도덕성	●
7	지능형 지속 공격(APT)	• 시스템에 침투하여 기밀 정보를 탈취하거나 파괴	• 루트킷, 백도어, 웜 바이러스 등의 침입	○
8	데이터의 유실	• 악의적인 공격 외에 클라우드에 저장된 데이터의 유실	• 관리자의 우발적인 삭제 • 화재, 지진 등의 물리적 재앙으로 인한 파괴 • 암호화 키의 분실	●
9	불충분한 실사	• 클라우드 사업 시 충분한 실사와 재정, 기술, 법적 검토 없이 도입	• 사업자의 부주의	●
10	클라우드 컴퓨팅 남용 및 불온한 사용	• 악의적인 의도를 가진 사업자의 클라우드 도입, 더 찾아내기 힘들고 위험한 존재가 될 수 있음	• 클라우드 서비스 사업체의 도덕성	●
11	분산 서비스 거부 공격	• 여러 대의 공격자를 분산 배치하여 동시에 특정 사이트를 공격	• DoS, DDoS 등의 공격	○
12	공유 기술의 취약점	• 가상 머신을 적절히 관리하지 못하면, 하나의 작은 구멍으로 전체가 위협받을 가능성	• 관리의 문제 • 기술적 취약성	◐

※편집 주: 기술적 요인(○), 기술 외적 요인(●), 기술 및 기술 외적 요인(◐)

── ⌂참고 CSA, Cloud computing top threats in 2016, 2016. (재편집)

구분	분류 내용
NIST(클라우드 고객 관점 위험 레벨 8가지)	관리 부재, 고립의 어려움, 서비스 제공자 의존, 규제 위협, 데이터 보호, 관리 인터페이스 보완, 안전하지 않은 데이터 삭제, 악의적인 내부자
Gartner(클라우드 7가지 위협)	권한 관리자의 접근, 정책, 데이터 저장 위치, 조사 자원, 데이터 분리, 복구, 장기적 생존 가능성
UC Berkeley(클라우드 10가지 보안 요소)	가용성, 데이터 Lock-In, 데이터 기밀과 감시, 데이터 서비스 전송 장애 요소, 불확실한 성능 예측, 확장 가능한 스토리지, 대규모 분산 시스템 버그, 신속한 스케일링, 평판 공유, 소프트웨어 라이선싱

── ⌂자료 한국인터넷진흥원, 클라우드 서비스 정보보호 안내서, 2011.

131

Gartner에서는 앞으로 대부분의 기업이 도입해야 하는 장기적으로 활용 가능한 보안 네트워킹 모델로 SASE를 제시했다. 하지만 아직까지는 완성된 SASE 모델을 제공하는 벤더가 없는 실정이다. 현재 가장 수준이 높은 SASE 형태는 클라우드 관리형 SD-WAN 및 클라우드 제공 보안 기능이 통합된 컨버지드 모델의 형태이다.

Figure 1: SSE has emerged as a standalone market segment in Gartner's latest research

132

사용자 지갑(User Wallet)은 블록체인의 기본 인터페이스 역할을 한다. 지갑은 키와 주소를 관리하고, 잔액을 추적하고, 트랜잭션을 생성 및 서명하고, 계약과 상호 작용하여 사용자의 돈에 대한 액세스를 제어한다. 지갑은 암호화폐를 보유하고 있지 않지만 사용자 개인 키의 컨테이너이며 이러한 키를 관리하는 시스템이다. 허가된 블록체인의 사용자 지갑은 특정 사용자에게 할당된 스마트카드 일 수 있으며, 여기서 사용자는 인증 또는 서명에 필요한 개인 키를 제시하기 위해 암호 해독을 통제한다. 웹 지갑은 웹 애플리케이션 및 거래소에 통합된 지갑이다. 웹 지갑에서 애플리케이션 또는 거래소의 운영자는 지갑의 관리자가 되어 사용자를 대신하여 개인 키를 관리한다. 이들은 일반적으로 보관 지갑으로도 알려져 있다. 브라우저, 데스크톱 및 모바일 지갑은 최종 사용자가 개인 키 관리를 책임지는 비수탁 지갑으로 간주된다. 운영자 또는 개발자는 최종 사용자의 개인 키에 액세스할 수 없으며 최종 사용자가 키를 분실한 경우 이를 복구할 수 없다. 위의 유형은 블록체인에 지속적으로 연결되어 있다는 점에서 핫 지갑이다. 이에 반해 콜드 지갑 유형에는 하드웨어 지갑과 클래식 종이 지갑이 있다. 콜드 지갑은 에어 갭 또는 연결 부족이 사용자 또는 네트워크 위반 시 노출을 최소화하기 때문에 최종 사용자를 위한 최상의 보호 기능을 제공한다.

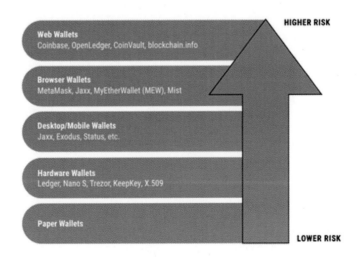

클라우드 시스템에서의 보안은 기업 및 기관의 클라우드 도입을 저해하는 불안 요소이며, 클라우드의 다양한 보안 문제에 대한 기술 및 기술 외적인 보안책은 다양하게 존재한다. 클라우드는 기본적으로 일반적인 시스템의 보안과 같은 문제를 가지고 있으며 해결 방안도 기본적으로 유사하다.

다만, 가상화 기술로 인한 공유 자원 환경으로 인해 더 복합적으로 보안을 고려해야 하나 이는 기존의 보안 방식을 재구성한 방어 체계로 해결이 가능하다. 기본적으로 어떤 하드웨어나 소프트웨어도 보안 위협에는 항상 노출되어 있으며, 보안 문제는 컴퓨터 시스템이 존재하는 한 끊임없이 고려해야 할 문제이다. 클라우드 보안 문제를 해결하기 위한 다양한 기술적 솔루션들이 현재 존재하며, 인증 및 보험 등과 같은 기술 외적인 해결책도 존재하고 있다.

마지막으로, 다양한 클라우드 보안 솔루션들로 인해 클라우드의 보안은 일반적인 정보 보안 수준 이상으로 이루어지고 있으며, 도입 및 활용에 있어서 심각한 우려 사항은 아니라고 판단된다.

구분		위협 요소	해결 방안

기술적	기존 보안 위협 상속	• 네트워크 트래픽의 도청 및 위변조
		• 인증 및 접근 권한 탈취에 따른 데이터 유출 손실
		• 서비스 거부(DoS, DDoS) 공격
		• 시스템 설계상의 오류
			• 암호화, 해싱, 디지털 서명, 중복 모니터링 등 강화
			  - 데이터 송수신 암호화
			  - 저장된 데이터의 암호화 및 키 관리
			  - 주기적 백업 및 백신 관리
			  - 다단계 인증 및 접속 관리

	가상화를 통한 위협	• 하이퍼바이저 감염
		• VM내부 공격 용이성
		• 공격자 익명성
		• 가상 머신의 이동성에 따른 보안 문제
			• 암호화를 통한 전송 데이터의 보호
			• 저장 데이터에 대한 암호화 및 키 관리
			• 접근 권한에 대한 해시 검사
			• 자원 사용량 제한, 로그 이력 관리 등 VM 간의 독립성 보장
			• 다양한 침입 탐지 기법의 도입
			  - 하이퍼바이저 기반의 VM 감시·대응
			  - 에이전트리스 기반 VM 감시·대응
			• 보안 사항을 고려한 프로그램 설계

기술 외적	관리 측면 문제	• 내부자 문제 • 해커들의 타깃 • 피해 규모의 확산 • 물리적인 저장소 관리 • 자연재해	• 내부자들에 대한 교육 및 검증된 채용 • 국제 클라우드 보안 표준을 준수하는 인증 획득 • 보안 사고 발생 시 보상하는 제도 및 보험을 통한 사고 대응
	법 제도 문제	• 국가별 상이한 법 체계	• 법적인 쟁점을 사전 점검 후 시스템 설계·도입 • 국제표준

134

블록체인(BlockChain)은 누구나 열람할 수 있는 장부에 거래 내역을 투명하게 기록하고, 여러 대의 컴퓨터에 이를 복제해 저장하는 분산형 데이터 저장 기술이다. 여러 대의 컴퓨터가 기록을 검증하여 해킹을 막는다. 즉, 블록에 데이터를 담아 체인 형태로 연결, 수많은 컴퓨터에 동시에 이를 복제해 저장하는 분산형 데이터 저장 기술이다. 공공 거래 장부라고도 부르며 중앙 집중형 서버에 거래 기록을 보관하지 않고 거래에 참여하는 모든 사용자에게 거래 내역을 보내 준다. 거래 때마다 모든 거래 참여자들이 정보를 공유하고 이를 대조해 데이터 위조나 변조를 할 수 없도록 한다.

135

CRISP-DM(Cross Industry Standard Process for Data Mining) 방법론은 전 세계에서 가장 많이 사용되는 데이터 마이닝 표준 방법론으로, 단계, 일반 과제, 세부 과제, 프로세스 실행 등의 4가지 레벨로 구성된 계층적 프로세스 모델이기도 하다.

CRISP-DM의 생명 주기는 총 6단계로 구성되는데, 각 단계들은 순차적으로 진행되는 것이 아니라, 필요에 따라 단계 간의 반복 수행을 통해 분석의 품질을 향상시킨다. CRISP-DM 모델은 유연하므로 쉽게 사용자 정의할 수 있다. 예를 들어, 조직에서 자금 세탁을 감지하는 것이 목표라면 특정 모델링 목적 없이 대량의 데이터를 조사하게 될 것이다. 모델링 대신에, 사용자의 작업은 재무 데이터에서 의심스러운 패턴을 밝히기 위해 데이터 탐색 및 시각화에 초점을 맞출 것이다. CRISP-DM을 사용하면 특정 요구 사항에 맞는 데이터 마이닝 모델을 작성할 수 있다. 이러한 상황에서 모델링, 평가 및 배포 단계는 데이터 이해 및 준비 단계보다 관련성이 부족할 수 있다. 그러나 장기 계획 및 이후의 데이터 마이닝 목적을 위해 이러한 이후 단계 동안 제기된 일부 질문을 고려하는 것은 여전히 중요하다. 2015년에 IBM은 CRISP-DM을 개선하고 확장하는 데이터 마이닝/예측 분석을 위한 분석 솔루션 통합 방법(ASUM-DM이라고도 함)이라는 새로운 방법론을 발표했다.

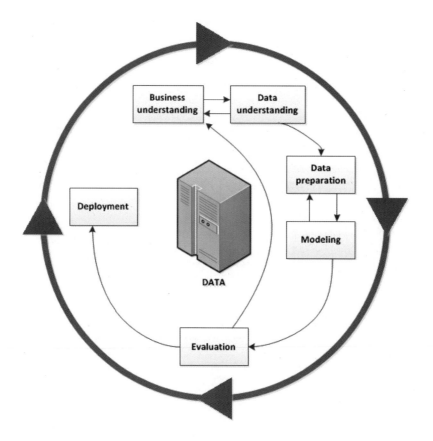

──⌂ 출처 IBM

136

정답: 3번

전통적인 OT(Operational Technology) 네트워크는 지난 수십 년 동안 잘 작동해 온 엄격한 6레벨(레벨 0에서 레벨 5) 계층 퍼듀 모델을 기반으로 구축되었다. 그러나 인더스트리 4.0을 통해 특히 제조 및 유틸리티와 같은 부문의 조직은 현재 상태에 의문을 제기하고 이점을 활용하고 경쟁 우위를 유지하기 위해 산업용 사물 인터넷(IIoT)과 같은 최신 기술을 탐색하기 시작했다.

그러나 OT와 관련된 이러한 새로운 산업 기술은 주로 성능에 중점을 두며 반드시 충분한 보안이 내장되어 있지 않는 경우가 많다. 따라서 보안 액세스 서비스 에지(SASE)와 같은 지원 기술 스택을 탐색하여 OT 네트워크의 격차를 해결하고 보안을 강화하는 것이 필수적이다. 전통적인 퍼듀(Purdue) 모델을 기반으로 구축된 기존 OT 네트워크는 6단계로 구성된다.

- 레벨 0: 센서 및 액추에이터와 같은 물리적 프로세스 장치가 포함된다.
- 레벨 1: 프로그래머블 컨트롤러와 같은 필드 컨트롤러를 호스팅한다.
- 레벨 2: SCADA(감독 제어 및 데이터 수집) 및 HMI(인간-기계 인터페이스)를 포함한 시스템을 호스팅한다.
- 제어 및 모니터링 시스템을 포함한 레벨 3 호스트 시스템:
  ▶ 레벨 3과 4 사이에는 DMZ(완충 구역)가 구성되어 엔터프라이즈 IT 네트워크에서 또는 엔터프라이즈 IT 네트워크를 통해 오는 잠재적인 공격으로부터 OT 네트워크를 보호한다.

- 레벨 4: 데이터베이스 서버, 애플리케이션 서버 및 파일 서버가 포함된다.
- 레벨 5: 엔터프라이즈 IT 네트워크 및 시스템이 포함된다.
  - ▶ 엔터프라이즈 IT 시스템은 MPLS(Multiprotocol Label Switching) 네트워크와 같은 공유 WAN(광역 네트워크)을 통해 원격 OT 네트워크 및 해당 관리 서버 또는 OT 장치와 연결한다.

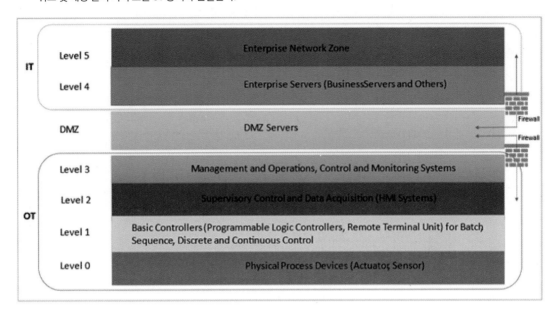

137

정답: 1번

국토교통부는 규제 샌드박스 실증 특례를 받아 운영하고 있는 주차 로봇을 제도화하는 내용의 '기계식주차장치의 안전기준 및 검사기준 등에 관한 규정' 개정안을 2022년 5월 27일부터 6월 17일까지 행정 예고하고 2022년 9월부터 시행할 예정이라고 밝혔다. 이번 개정안은 주차 로봇의 정의, 주차로봇 운영에 필요한 안전 기준과 검사 기준을 규정하여 주차 로봇이 상용화되도록 제도적 장치를 마련하기 위한 것이다.

'자율 주행 주차 로봇 서비스'는 이용자가 입고 구역에 차량을 두면 주차 로봇이 운반기와 차량을 함께 들어 올린 후 주차장 바닥의 QR 코드를 인식하여 경로를 따라 빈 주차 구획으로 이동하여 주차하고, 이용자가 출고 구역에서 차량 번호를 입력하면 주차 로봇이 출고 구역까지 자율 주행으로 차량을 이동하는 방식이다. 현재 주차 로봇은 부천시에 위치한 노외 주차장에서 2020년 10월부터 실증하고 있으며, 주차 로봇의 위치·경로 인식, 안전 장치 등의 운영 시스템을 검증하고, 안전성을 보완하고 있다.

QR 코드 인식 기반의 스마트 주차 로봇 서비스('20.10~'22.9)

그동안 사람이 직접 일반(자주식) 주차장에 주차하는 경우에는 빈 주차 공간을 찾기 위한 배회 시간이 소요되고 사람 또는 차량 간 접촉 사고 및 문콕 사고의 발생 우려도 높았다. 그러나, 앞으로는 주차 로봇이 도입되면 주차 시간 단축은 물론 주차장에서 발생 가능한 안전사고 위험도 크게 낮출 수 있을 것으로 전망된다. 아울러 주차 로봇 도입 시에는 주차면에 사람이 타고 내리기 위한 통로 면적을 확보할 필요가 없어 일반(자주식) 주차장 대비 공간 효율성이 약 30% 정도 높아지는 효과도 있다. 기존 기계식 주차장과 비교 시 철골·레일·체인 등 장치가 불필요하여 기계식 주차장 대비 초기 설치 비용도 약 20% 정도 절감이 예상되어 다양한 형태의 주차장 설치가 가능할 것으로 기대된다.

개정안 주요 내용

- (용어 신설) 기계식 주차 장치 종류에 지능형 주차 장치(주차 로봇에 의하여 자동차를 이동·주차하도록 설계한 주차 장치) 신설

- (안전 기준 신설) 비상 시 주차 로봇 수동 조작 장치, 주차 로봇에 적재된 자동차 이탈 방지 장치, 2대 이상의 주차 로봇 이동 시 로봇 및 자동차 간 충돌 방지 장치, 장애물 감지 시 즉시 정지 장치 등 주차 로봇의 운영에 필요한 안전 기준 신설

- (검사 기준 신설) 주차 로봇의 사용 검사(설치 후 사용 전), 정기 검사(사용 검사 경과 후 2년마다), 정밀 안전 검사(설치 후 10년 경과 시) 기준 신설

- (검사 기관) 사용·정기·정밀 안전 검사는 한국교통안전공단 시행

138

정답: 3번

제로 트러스트 네트워크 액세스(ZTNA)는 명확하게 정의된 액세스 제어 정책을 기반으로 조직의 애플리케이션, 데이터 및 서비스에 대한 보안 원격 액세스를 제공하는 IT 보안 솔루션이다. ZTNA는 VPN이 전체 네트워크에 대한 액세스 권한을 부여하는 특정 서비스 또는 애플리케이션에만 액세스 권한을 부여한다는 점에서 가상 프라이빗 네트워크(VPN)와 다른 차이점이 존재한다. ZTNA는 4가지 핵심 원칙을 기반으로 내부 애플리케이션에 대한 안전한 원격 액세스를 제공하기 위해 근본적으로 다른 접근 방식을 취한다.

(1) ZTNA는 네트워크 액세스에서 애플리케이션 액세스를 제공하는 행위를 완전히 분리한다. 이러한 격리는 손상된 장치에 의한 감염과 같은 네트워크에 대한 위험을 줄이고 인증된 승인된 사용자에게만 특정 애플리케이션에 대한 액세스 권한을 부여한다.

(2) ZTNA는 아웃바운드 전용 연결을 만들어 네트워크와 애플리케이션 인프라 모두 권한이 없는 사용자가 볼 수 없도록 한다. IP는 인터넷에 절대 노출되지 않아 네트워크를 찾을 수 없도록 만드는 '다크넷'을 만든다.

(3) ZTNA의 기본 앱 세분화는 사용자가 승인되면 1대1로 애플리케이션 액세스 권한이 부여되도록 한다. 승인된 사용자는 네트워크에 대한 전체 액세스가 아닌 특정 애플리케이션에만 액세스할 수 있도록 한다. 세분화는 과도하게 허용된 액세스는 물론 멀웨어 및 기타 위협의 측면 이동 위험을 방지한다.

(4) ZTNA는 전통적인 네트워크 보안 접근 방식이 아닌 사용자-응용 프로그램 접근 방식을 취한다. 네트워크는 덜 강조되고 인터넷은 MPLS 대신 종단 간 암호화 TLS 마이크로 터널을 활용하여 새로운 기업 네트워크가 된다. VPN과 ZTNA에는 차이점이 있다. 주로 VPN은 네트워크 전반에 걸친 액세스를 제공하도록 설계된 반면, ZTNA는 특정 리소스에 대한 액세스 권한을 부여하고 자주 재인증을 요구한다.

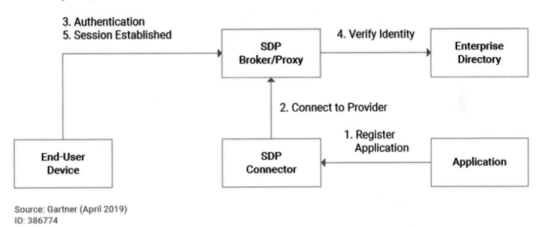

Conceptual Model of Service-Initiated ZTNA

Source: Gartner (April 2019)
ID: 386774

139

정답: 4번

기업은 새로운 소프트웨어/기술 플랫폼을 적시에 채택하지 않아 중요한 기회비용을 발생시킨다. 위협은 복잡하며 다음을 포함한 여러 요인으로 인해 발생할 수 있다.

- 산업 지수 대비 기회 및 운영 비용 증가
- 기대에 미치지 못하는 신제품 및 서비스로 인한 시장 점유율 상실
- 제품이 비즈니스 요구를 충족하지 못하거나 비즈니스 사례에서 논의된 목표 이익을 달성하지 못하여 경쟁자에게 이점을 상실
- 장기적인 영업권에 대한 제품 및 서비스의 부적절한 자동화
- 직원의 기술 및 역량 격차

통제 순서는 다음과 같다.

(1) 신기술 제품 및 서비스별 가치 최적화를 평가(Evaluate value optimization by new technology product and services): I&T 지원 투자, 서비스 및 자산의 포트폴리오를 지속적으로 평가하여 기업 목표를 달성하고 가치를 제공할 가능성을 결정한다. 가치 창출을 최적화할 관리 방향의 변경 사항을 식별하고 평가한다.

(2) 기업의 맥락과 방향을 이해(Understand enterprise context and direction): 기업 맥락(산업 동인, 관련 규정, 경쟁 기반), 현재 작업 방식 및

디지털화 측면에서 야심찬 수준을 이해한다.

(3) 채택된 신기술의 맥락에서 대상 디지털 기능을 정의(Define target digital capabilities in context of adopted new technology): 기업의 맥락과 방향에 대한 이해를 바탕으로 대상 I&T 제품 및 서비스와 필요한 기능을 정의한다. 참조 표준, 모범 사례 및 검증된 신기술을 고려하도록 한다.

(4) 전략계획 및 로드맵을 정의(Define the strategic plan and roadmap): 관련 이해관계자와 협력하여 전체적인 디지털 전략을 개발하고 목표와 목표를 달성하는 데 필요한 점진적 단계를 정의하는 로드맵을 자세히 설명한다. 디지털 혁신을 주도하고 비즈니스와 I&T 간의 조정을 주도하는 사람을 임명하여 혁신 여정에 집중하도록 한다.

(5) 신기술에 의한 변화에 대한 정보통신기술 전략 및 방향을 전달(Communicate the I&T strategy and direction about changes by new technology): 기업 전체의 적절한 이해관계자 및 사용자와의 커뮤니케이션을 통해 I&T 전략에 캡처된 비즈니스 및 I&T 목표와 방향에 대한 인식과 이해를 높인다.

(6) 신기술의 가치를 최적화하기 위한 엔터프라이즈 아키텍처 비전을 개발(Develop the enterprise architecture vision to optimize value of new technology): 아키텍처 비전은 비즈니스, 정보, 데이터, 애플리케이션 및 기술 영역을 포괄하는 기준 및 대상 아키텍처에 대한 개괄적인 설명을 제공한다. 아키텍처 비전은 제안된 기능의 이점을 기업 내 이해관계자에게 판매할 수 있는 핵심 도구를 후원자에게 제공한다. 아키텍처 비전은 새로운 기능(I&T 전략 및 목표에 따라)이 기업 목표 및 전략적 목표를 충족하고 구현 시 이해관계자의 우려 사항을 해결하는 방법을 설명한다.

(7) 새로운 기술을 예상대로 사용하여 기회와 솔루션을 선택(Select opportunities and solution by use of new technology as envisaged): 비즈니스 및 기술 관점을 모두 고려하여 기준 아키텍처와 대상 아키텍처 간의 격차를 합리화하고 논리적으로 프로젝트 작업 패키지로 그룹화한다. 프로젝트를 관련 I&T 지원 투자 프로그램과 통합하여 아키텍처 이니셔티브가 전체 엔터프라이즈 변경의 일부로 이러한 이니셔티브와 일치하고 활성화되도록 한다. 이를 위해 비즈니스 및 IT의 주요 기업 이해관계자와 협력하여 기업의 변환 준비 상태를 평가하고 기회, 솔루션 및 모든 구현 제약 조건을 식별하도록 한다.

(8) 신기술 활용의 혁신에 유리한 환경을 조성(Create an environment conducive to innovation in use of new technology): 문화, 보상, 협업, 기술 포럼 및 직원 아이디어를 홍보하고 캡처하는 메커니즘과 같은 방법을 고려하여 혁신에 도움이 되는 환경을 만든다.

(9) 새로운 기술과 혁신적인 아이디어의 잠재력을 평가(Assess the potential of emerging technologies and innovative ideas): 식별된 새로운 기술 및/또는 기타 I&T 혁신 제안을 분석하여 비즈니스 잠재력을 이해한다. 이해관계자와 협력하여 신기술 및 혁신의 잠재력에 대한 가정을 검증한다.

제 9 장

IS 감사

1	2	3	4	5	6	7	8	9	10	11	12	13	14	15	16	17	18	19	20
③	③	①	①	①	③	②	③	①	④	①	②	②	②	③	④	④	④	②	③
21	22	23	24	25	26	27	28	29	30	31	32	33	34	35	36	37	38	39	40
④	④	①	④	③	④	②	③	①	③	②	④	③	③	③	②	②	④	④	④
41	42	43	44	45	46	47	48	49	50	51	52	53	54	55	56	57	58	59	60
①	④	①	④	②	③	①	③	①	①	③	③	④	③	③	②	②	①	①	③
61	62	63	64	65	66	67	68	69	70	71	72	73	74	75	76	77	78	79	80
④	②	②	②	②	②	①	②	①	④	②	④	②	③	①	②	④	③	②	②
81	82	83	84	85	86	87	88	89	90	91	92	93	94	95	96	97	98	99	100
②	②	①	①	③	①	①	②	①	④	②	④	②	③	①	④	④	②	④	③
101	102	103	104	105	106	107	108	109	110	111	112	113	114	115	116	117	118	119	120
②	①	③	④	①	③	④	④	③	④	④	②	②	④	④	③	③	②	③	④
121	122	123	124	125	126	127	128	129	130	131	132	133	134	135	136	137	138	139	140
①	③	②	②	②	①	④	④	④	③	②	②	②	①	①	①	④	②	④	③
141	142	143	144	145	146	147	148	149	150	151	152	153	154	155	156	157	158	159	160
②	③	①	①	②	②	②	④	④	④	②	①	③	②	③	③	②	④	①	①
161	162	163	164	165	166	167	168	169	170	171	172	173	174	175	176	177	178	179	180
①	②	①	③	③	③	②	③	②	③	④	①	①	①	②	④	①	①	④	②
181	182	183	184	185	186	187	188	189	190	191	192	193	194	195	196	197	198	199	200
③	④	③	①	③	④	②	④	②	②	③	②	②	④	②	③	④	②	①	③
201	202	203	204	205	206	207	208	209	210	211	212	213	214	215					
③	④	③	④	②	③	④	④	③	④	①	②	①	③	②					
216	217	218	219	220	221	222	223	224	225	226	227	228	229	230					
③	②	④	②	②	②	②	③	②	①	①	①	①	②	①					
231	232	233	234	235	236	237	238	239	240	241	242	243	244	245					
②	②	④	④	②	①	②	④	②	②	②	④	④	②	②					
246	247	248	249	250	251	252	253	254	255										
③	②	④	①	②	①	②	④	③	①										

해설편

감사 실무자의 작업 문서에는 감사 계약 프로젝트 계획이 포함되어야 한다. 명확한 프로젝트 정의는 프로젝트 효과와 효율성을 보장하는 중요한 요소이다. 감사 업무 프로젝트 계획에는 다음과 같은 참조 항목이 포함되어야 한다.

- 감사 대상
- 예정된 작업 유형
- 작업의 높은 수준의 목표와 범위
- 실태조사 실시
- 취득해야 할 관련 정보
- 취득한 정보 및 감사 증거로의 사용을 확인 또는 검증하는 절차

또한 다음과 같은 일반적인 주제가 포함되어야 한다.

- 예산
- 자원 가용성 및 할당
- 스케줄 날짜
- 보고의 종류
- 대상 관객
- 결과물

다음과 같은 특정 주제가 포함될 수도 있다.

- 증거 수집, 테스트 수행 및 보고를 위한 정보 준비/요약에 필요한 도구 식별
- 현재 관행을 평가하는 데 사용할 평가 기준(기업 정책, 절차 또는 프로토콜)
- 위험 평가 문서
- 보고 요건 및 배포
- 사용 가능한 외부 보고서(있는 경우 신뢰할 수 있는 정보)
- SSAE18 증명 업무 표준에 대한 설명과 같이 필요한 경우 요청해야 하는 보고서

선택지 3)번은 감사 기능의 책임에 관련된 내용으로, 감사 기능은 기업에 가치를 추가하여 전략, 사명 및 규제/준수 기대치와 같은 조직적 관점이 업무에 통합되도록 하고 전문적 기대치(예: 윤리, 전문성 개발)를 준수하도록 하는 것이다. 이는 감사 헌장에 포함되어야 할 사항이다.

SAP는 주로 ROLE 및 PROFILE 두 가지 방법으로 권한을 관리한다. 시스템에는 설치 초기 단계에서 시스템에 의해 정의된 몇 가지 중요한 역할 및 매개 변수 파일이 이미 포함되어 있다. 이러한 역할과 매개 변수 파일이 할당되면 보유자는 시스템 내에서 해당 관리 작업을 수행할 수 있으며 물론 전체 시스템에 매우 위험할 수 있으므로 처음부터 신중하게 사용하고 자체 관리 규칙을 설정해야 한다.

SAP 환경의 경우 권한 있는 액세스 권한으로 사용자 계정을 악용하여 발생할 수 있는 위험은 잘 알려져 있으며 SAP 서버를 종료하여 서비스 가용성을 중단하고, 중요한 정보를 읽거나 수정하고, 시스템 구성, 프로그램, 사용자 및 기타 영역에 대한 무단 변경을 수행하는 등의 작업을 수행할 수 있다. 이러한 이유로 권한 있는 액세스는 대부분의 시스템, 특히 운영 시스템에서 신중하게 부여되고 면밀히 모니터링되어야 한다. 여기에는 SAP_ALL, SAP_NEW, S_ABAP_ALL 및 S_A.SYSTEM과 같은 강력한 권한 부여 프로파일을 통해 할당되는 권한이 포함된다.

- SAP_ALL: 가장 일반적인 표준 프로파일이며 SAP 시스템에 존재하는 거의 모든 권한을 포함한다. SAP_ALL을 통해 사용자는 기본 관리, 응용 프로그램 및 구성요소 유지 관리, 사용자 지정, 테이블 유지 관리 등에 액세스할 수 있다.
- SAP_NEW: 최신 릴리스에 도입된 모든 새로운 권한이 포함된다. 이 프로파일은 변경된 모든 권한이 포함되어 있으므로 시스템을 새 릴리스로 업그레이드한 후 유용하다. 이 프로필은 예를 들어 모든 조직 값 앞에 별표(*)가 붙기 때문에 시스템에 대한 확장 액세스 권한도 부여한다는 점을 숙지해야 한다. 이후 릴리스에서는 SAP_NEW 프로필이 SAP_NEW 역할로 대체되었다. 자세한 내용은 SAP Note 1711620 - 역할(Role) SAP_NEW가 SAP_NEW 프로파일을 대체함을 참조한다.
- S_A.SYSTEM: 담당자가 사용자를 생성 및 변경하고 역할과 프로파일을 생성 및 변경하는 등의 작업을 수행할 수 있도록 하는 기본 권한이 포함되어 있다. SAP_ALL만큼 강력하지는 않지만 이 프로파일을 사용하면 사용자가 역할과 프로파일을 다른 사용자

에게 할당할 수 있으므로 SAP_ALL의 백도어가 될 수 있다.

- **S_A.DEVELOP**: 개발자가 시스템의 거의 모든 것에 액세스할 수 있는 권한이 포함되어 있다. 다른 모든 표준 프로파일과 마찬가지로 이것은 운영 환경의 누구에게도 할당해서는 안 된다.
- **SAP**: 시스템 관리자와 데이터베이스 및 운영체제 관리자 계정은 분리되어 있다. SAP_ALL, SAP_NEW, S_A.ADMIN, S_A.CUSOMIZ, S_A.DEVELOP, S_A.SYSTEM, S_A.USER 및 더 큰 권한을 가진 기타 매개 변수는 일반 사용자에게 할당할 수 없다.

003 정답: 1번

애자일(Agile)은 성공적인 감사 기능을 뒷받침하는 입증된 표준을 대체하기 위한 것이 아니다. 애자일은 감사의 필수 비즈니스 목표를 달성하기 위한 수단이다. 애자일은 ISACA ITAF 표준에 있는 일반, 성능 및 보고 표준과 지침을 보완하는 방법을 보여주고 있다.

애자일이 ITAF를 보완하거나 만족시키는 방법(How Agile Complements or Satisfies ITAF)

애자일은 감사인의 조직 독립성을 반영하는 감사 고객과의 보다 직접적인 커뮤니케이션 및 참여를 장려한다.

- 애자일에서 사용되는 협업 접근 방식(조직 독립성으로 촉진됨)을 통해 감사는 주제 전문 지식을 활용하여 감사 결과에 대한 신속한 합의를 허용하고 수정 일정을 최소화할 수 있다.
- 애자일은 감사에 대한 기존 접근 방식과 달리 이해 상충이 발생할 경우 손상될 수 있는 감사 객관성을 손상시키지 않는다.
- 애자일 감사 기능은 전문적인 회의론과 감사 업무 전반에 걸쳐 최종 결정을 내릴 수 있는 능력을 유지한다.
- 감사 백로그는 필요한 리소스, 적절한 감사 범위의 설정, 적절한 감사 목표, 적절한 수준의 근면 및 재량을 고려하는 애자일에서 더 자주 우선순위를 지정한다.
- 애자일을 통해 감사 관리는 각 감사 업무의 주요 문제에 대해 결론을 내릴 수 있는 권한을 보유한다.

- 일일 스탠드업 스크럼 회의와 2주간의 스프린트 주기는 중급 및 고위급 감사 직원의 개발을 크게 향상시킨다.
- 감사 고객과 협업 참여 증가로 감사 직원이 비즈니스를 더 완벽하게 배울 수 있다.
- 애자일이 활용하는 협업적이고 빈번한 커뮤니케이션 프로세스는 감사 고객이 감수하는 모든 위험을 경영진에게 완전히 공개하도록 한다.
- 애자일 스프린트 회고는 감사팀이 개인, 고객과 감사팀 간의 상호 작용, 실행된 프로세스, 감사 도구 및 완료에 대한 정의와 관련하여 마지막 스프린트가 전달된 방식을 분석하는 데 사용하는 도구이다.

004 정답: 1번

감사 범위에는 조직의 물리적 위치와 비즈니스 기능, 활동 및 프로세스가 포함되어야 한다. 감사 범위에는 공급업체 감사 프로그램 및 공급업체 감사 목표가 일치해야 한다.

005 정답: 1번

감사 증거는 감사인이 자신의 결론을 입증하는 데 중요하다. 감사 종료 후 감사인이 제시하는 의견은 수집된 감사 증거에 달렸다. 또한, 감사 결과에 이의가 있는 경우 감사인은 자신의 의견을 뒷받침하기 위해 감사 증거의 강도에 의존할 수밖에 없다.

감사인은 고객이 제공한 재무제표가 재무 보고 프레임워크와 일치하는지 확인해야 하므로 감사 증거 수집은 재무 정보에 특히 중요하다. 재무제표는 종종 존재 또는 발생, 완전성, 평가 또는 할당, 권리와 의무, 표시 및 공개로 분류될 수 있는 고객의 특정 주장을 하는 데 사용된다. 고객이 제공한 모든 진술이나 기록은 외부 제3자(예: 은행)에 의해 확증되어야 한다. 감사인은 고객이 제공한 정보의 정당성을 확인하기 위해 자체 계산 및 분석을 수행해야 한다. 감사 증거를 수집하는 절차는 다음과 같다.

(1) **점검**(Inspection): 감사인은 물리적 자산, 기록 또는 문서

를 검사하여 증거를 수집한다.

(2) 관찰(Observation): 감사관은 고객의 비즈니스 프로세스와 운영을 관찰하여 결함을 식별한다.

(3) 외부 확인(External confirmation): 감사인은 고객이 제공한 재무 정보 및 회계 기록을 확인하기 위해 제3자에게 연락할 수 있다.

(4) 재계산(Recalculation): 감사인은 최종 회계 잔액이 고객이 보고한 잔액과 일치하는지 확인하기 위해 자체 계산을 수행한다.

(5) 재연(Reperformance): 감사인은 결함을 식별하고 추가 최적화를 위한 기회를 발견하기 위해 특정 작업이나 프로세스를 다시 수행할 수 있다.

(6) 분석 절차(Analytical Procedures): 감사인은 고객의 재무 기록을 분석하여 불일치를 찾는다.

(7) 문의(Inquiry): 감사인은 감사 프로세스에 대한 비즈니스 프로세스를 더 깊이 이해하기 위해 고객의 고위 경영진과 이야기한다. 그러나 질의만으로는 감사 위험을 줄이기 위한 충분한 감사 증거로 간주되지 않는다.

감사 증거는 전체 감사 프로세스의 필수적인 부분이다. 하지만 증거가 수집되는 방법, 출처가 어디인지, 감사 전에 회사가 한 주장을 승인하거나 거부할 수 있는 충분한 증거가 있는지는 반드시 고려해야 한다.

006

정답: 3번

데이터 마이닝 도구는 데이터의 의미에 대한 지식 없이 추세 또는 이상을 찾는다. 데이터 이상은 반드시 사기의 결과는 아니고, 다양한 요인의 결과일 수 있다. 많은 경우 사용자가 다른 값 대신 한 값을 입력한 잘못된 데이터 입력으로 인해 발생한다. 또한, 오류는 소프트웨어 또는 하드웨어 오작동으로 인해 데이터가 손상되는 경우가 있다. 분명히 그러한 오류는 쉽게 측정할 수 없지만 심각한 비율로 수입과 평판 모두에 직접적인 손실을 초래할 수 있는 상당한 피해를 초래할 수 있으며 다른 경우에는 의도적으로 오류가 발생하기도 한다.

데이터 마이닝의 많은 응용 프로그램은 시장 분석 및 고객 유지와 관련이 있지만 특히 사기 탐지 및 예방을 위한 수많은 응용 프로그램이 있다. 사용자는 일반

적으로 관계에서 찾을 필드를 지정하지 않는다는 점을 강조해야 한다. 오히려 데이터 마이닝 프로그램은 모든 데이터를 읽고 데이터 필드 간에 관계가 존재하는지 확인한다. WizRule의 경우 관계에는 다음 중 하나가 포함될 수 있다.

- Formula rules
- If-then rules
- Spelling rules

007

정답: 2번

공급업체 감사자는 공급업체 감사에 대한 고유한 요구 사항이 있음을 이해해야 한다. 예를 들어 준수해야 하는 현지 법률 및 규제 요구 사항이 있을 수 있다 (예: EU 일반 데이터 보호 규정[GDPR], 인도 정보 기술법, 미국 캘리포니아 소비자 개인정보보호법[CCPA]). 요구 사항은 또한, 고객과의 계약, 마스터 서비스 계약 또는 부속서에서 발생할 수 있다(예: 서비스 제공, 정보 보안, 비즈니스 연속성, 개인정보보호 또는 이러한 초점 영역). 또한, 조직이 ISO(International Organization for Standardization)/IEC(International Electrotechnical Commission) 정보 보안 관리 시스템 표준 27001:2013에서 인증을 받았거나 인증을 받을 계획인 경우 해당 요구 사항이 적용된다(예: 공급업체 서비스 모니터링 및 검토). 조직에는 공급업체 감사를 수행하기 위한 요구 사항을 설명하는 자체 정책이 있을 수도 있다. 또한, 조직은 일반적으로 공급업체 감사를 수행하기 위한 전제 조건인 감사 권리 조항을 포함하는 것에 대해 공급업체와 합의했을 수 있다.

감사 목적은 공급자 계약에 대한 적합성의 정도를 결정하거나 조직의 요구 사항을 충족하는 공급자의 능력을 평가하는 것일 수 있다. 감사는 다음과 같은 보다 구체적인 목적을 위해 수행될 수도 있다.

- 정보 보안 사고 및 문제가 제대로 관리되고 있는지 확인하기 위해
- 공급업체 서비스 또는 비즈니스 상태의 변경이 서비스 제공에 영향을 미치는지 확인하기 위해

- 운영상의 문제 및 실패, 결함 추적, 제공되는 서비스와 관련된 중단, 공급업체 감사 추적 및 정보 보안 이벤트 기록을 검토하기 위해
- 데이터 프라이버시 준수 정도를 결정하기 위해
- 공급업체의 비즈니스 연속성 기능을 평가하기 위해

008

정답: 3번

BCP는 심각한 실패나 재해로 인해 사업 활동이나 프로세스가 중단되는 것에 대항하기 위해 명확하고 상세히 기술된 계획을 개발하는 것에 초점을 둔다. 이에 반해 DRP는 심각한 실패나 재해의 영향으로 인해 핵심 정보 시스템과 데이터가 중단되는 것에 대항하기 위해 명확하고 상세히 기술된 계획을 개발하는 것에 초점을 둔다. 다음은 BCP와 DRP의 공통점으로는 다음과 같다.

- 일부 예방적 기능이 있으나 둘 다 교정 통제로 분류된다.
- 위험 회피가 아니라 위험 수용이다.
- 목적은 조직의 가용성 확보이다.
- 대상은 통제를 가하고도 남아 있는 잔여 위험이다.
- 어떤 조직에서든 대외비로 관리한다.

009

정답: 1번

DRP를 테스트할 때 사용할 수 있는 재해 복구 계획을 테스트하는 데 사용할 수 있는 여러 유형의 테스트 방법이 있다. 많은 회사에서 체크리스트를 진행한 다음, 시뮬레이션 테스트를 진행하기로 결정한다. 시뮬레이션 테스트는 재해가 실제로 발생했을 때 직원이 무엇을 해야 하는지 알 수 있도록 하는 것이 중요하다. 회사는 시뮬레이션 테스트를 수행하는 동안 전체 중단 테스트를 수행하기로 결정할 수 있지만 이는 회사가 이러한 유형의 테스트를 허용할 예산 유형이 있는지 여부에 달렸다. ISACA Review 매뉴얼에서 가이드하고 있는 재해 복구 테스트의 진행 순서는 다음과 같다.

(1) 계획에 대한 테이블톱 워크스루
(2) 모의 재해 시나리오를 이용한 테이블톱 워크스루
(3) 복구 계획의 인프라스트럭처와 커뮤니케이션 구성요소 테스트
(4) 인프라스트럭처 및 중요 애플리케이션 복구 테스트
(5) 인프라스트럭처, 중요 애플리케이션 및 최종 사용자 참여 테스트
(6) 시스템에 익숙하지 않은 직원과 전체 복원 및 복구 테스트
(7) 불시 테스트

010

정답: 4번

주 업무 처리 시설을 사용할 수 없을 때, 조직은 본 처리 시설이 복구될 때까지 핵심적인 프로세스를 유지하기 위한 대체 시설을 사용해야 한다. 경영진은 최적의 복구 목표 시간(RTO)을 설정하고, 적절한 복구 대안을 선택해야 한다.

백업 사이트 또는 작업 영역 복구 사이트는 화재, 홍수, 테러 위협 또는 기타 파괴적인 이벤트와 같은 재해 발생 후 조직이 이전할 수 있는 위치이다. 이는 재해 복구 계획의 필수적인 부분이며 조직의 광범위한 비즈니스 연속성 계획이다. 백업 또는 대체 사이트는 조직에서 운영하거나 재해 복구 서비스를 전문으로 하는 회사를 통해 계약된 다른 데이터센터 위치일 수 있다. 경우에 따라 한 조직에서 공동 백업 사이트를 운영하기 위해 두 번째 조직과 계약을 체결한다. 또한, 조직은 각 데이터센터에 웜 사이트를 설정하는 다른 조직과 상호 계약을 맺을 수 있다. 콜드 사이트, 웜 사이트, 핫 사이트를 포함하여 세 가지 유형의 백업 사이트가 있다. 형식 간의 차이점은 각 형식을 구현하는 데 필요한 비용과 노력에 의해 결정된다. 시설이 외부 업체에 의해 제공되는 경우, 회사는 재해 이후 지체 없이 자신들이 필요로 하는 자원에 접근할 수 있도록 해주겠다고 명확하게 서술된 계약서를 가지고 있어야 한다. 외부 사이트 사용과 관련된 계약 조항에는 여러 가지 항목이 있지만 그중에서도 우선 고려되고 필요한 것은 다음과 같다.

- 가용성: 회사는 필요 시점에 지체 없이 시설을 사용할 수 있어야 한다.
- 감사: 사이트의 논리적, 물리적, 환경적 보안을 평가할 수 있도록 사이트에 대한 감사를 허용하는 감사 권리 조항이 있어야 한다.
- 신뢰성: 업체는 자신들이 제공하는 시설의 신뢰성을 입증할 수 있어야 한다.
- 보안: 사이트는 회사 보안 정책을 준수할 수 있도록 회사에 의해 적절하게 보호되어야 한다.
- 우선순위: 계약은 재해 발생후 만족할 만한 우선순위를 제공할 수 있어야 한다.
- 보증: 업체는 시설의 가용성과 장비의 적정성에 대해서 보증할 수 있어야 한다.
- 테스트: 계약에 테스트에 대한 권한이 포함되어 있어야 한다.

서비스 제공자에게 하위 계약자를 포함하는 외주 서비스에 관련된 모든 인력들이 외주 서비스에 대한 그들의 책임을 인식하고 있음을 보장하도록 요구해야 한다. 이를 위하여 모든 외주사를 포함하는 주기적인 보고회를 수행할 수 있다. 하위 계약자를 포함하는 외주사의 책임과 의무 조항을 공식적으로 계약서에 포함해야 한다. 원청 기관은 정기적으로 외주사와 외주 협약을 검토해야 한다(연 1회 이상). 이 검토는 구매 프로세스와 연계되어야 하며 재무, 기술, 규제 및 운영 요구사항을 고려해야 한다.

011 정답: 1번

정기 테스트 및 유지 관리의 일환으로 조직은 복구 및 연속성 계획의 전체 또는 부분 테스트를 수행하도록 선택할 수 있지만 대부분의 조직은 리소스 제약으로 인해 전체 규모 테스트를 수행하지 않는다. 복구(DR) 및 연속성(BC) 계획을 지속적으로 개선하기 위해 조직은 문서, 연습 또는 준비 테스트를 수행할 수 있다. 테스트는 조직의 정상적인 운영에 최소한의 지장을 주는 시간에 일정을 잡아야 한다. 모든 주요 팀 구성원이 테스트에 참여하고 테스트 프로세스가 계획의 모든 중요한 영역을 다루는 것이 중요하다. 조직에서 사용하는 테스트 방법은 간단한 것부터 복잡한 것까지 다양하며 각 방법에는 고유한 목적과 이점이 있다.

012 정답: 2번

감사 로그(Audit Log)는 정보(IT) 기술 시스템에서 이벤트를 기록하는 것으로 감사를 위한 증적 대상이다. 액세스한 리소스를 문서화하는 것 외에도 감사 로그 항목에는 일반적으로 대상 및 소스 주소, 타임 스탬프 및 사용자 로그인 정보가 포함된다. HIPPA, Gramm-Leach-Bliley 법 및 Sarbanes Oxley 법과 같은 규정에는 감사 로그와 관련된 특정 권한이 있다.

2)번의 Turnbull 보고서는 1999년에 처음 발행되었으며 영국 상장 기업의 내부 통제에 대한 모범 사례를 제시했다. 2005년 10월 FRC(Financial Reporting Council)는 '내부 통제: 통합 강령에 관한 이사를 위한 지침'이라는 제목으로 지침의 업데이트 버전을 발표했다. 2014년 9월에 이것은 FRC의 위험 지침으로 대체되었다. Turnbull Report의 지침에 따르면 회사는 이사회가 내부 통제 및 위험 관리 시스템을 검토했는지 여부를 보고해야 하며 이사회가 시스템의 효율성에 대한 의견을 표명할 것을 권장하지만 요구하지는 않는다. 보고서에서 내부 통제와 위험 관리의 긴밀한 결합은 다른 영향력 있는 보고서에서 내부 통제뿐만 아니라 위험 관리의 중요성을 강조한 미국과 캐나다의 비슷한 발전을 반영한다.

013 정답: 2번

재해 시나리오에 대응해야 하는 인력들은 가장 핵심적인 자원에 대한 책임을 맡은 사람들이다. 따라서 비즈니스 연속성 계획 실행의 성공을 위해서는 경영진과 사용자의 참여가 보다 핵심적이다. 관리자의 참여는 핵심 시스템, 핵심 자산, 핵심 복구시간, 필요한 자원들을 식별하는 데 필수 요소이다.

비즈니스 연속성 계획의 수립 과정에 참여해야 하는 3개의 주요 부서는 지원 서비스(사고/재해의 신호를 처음

인지하는 부서), 비즈니스 운영(사고로 인해 영향받는 부서), 그리고 정보 처리 지원(복구를 수행하는 부서)부서이다. 비즈니스 연속성 계획의 궁극적인 목적은 비즈니스 운영의 복구와 재개이므로, 계획 수립 시 정보 시스템 서비스뿐만이 아니라 전체 조직을 고려해서 진행하는 것이 필수이다.

── 🏠참조 CISA Review Manual 27th

014 정답: 2번

재해 복구 계획(DRP)은 계획되지 않은 사고 후 조직이 신속하게 작업을 재개할 수 있는 방법을 설명하는 문서화된 구조화된 접근 방식이다. DRP는 비즈니스 연속성 계획(BCP)의 필수적인 부분이며 기능하는 정보 기술(IT) 인프라에 의존하는 조직의 측면에 적용된다. DRP는 조직이 데이터 손실을 해결하고 시스템 기능을 복구하여 최소한의 수준에서 작동하더라도 인시던트의 여파로 수행할 수 있도록 돕는 것을 목표로 한다.

이 계획은 재난의 영향을 최소화하기 위한 단계로 구성되어 조직이 계속 운영하거나 미션 크리티컬 기능을 신속하게 재개할 수 있다. 일반적으로 DRP에는 비즈니스 프로세스 및 연속성 요구 사항에 대한 분석이 포함된다. 조직은 세부 계획을 생성하기 전에 BIA(비즈니스 영향 분석) 및 RA(위험 분석)를 수행하고 복구 목표를 설정하는 경우가 많다. 사이버 범죄 및 보안 침해가 더욱 정교해짐에 따라 조직에서 데이터 복구 및 보호 전략을 정의하는 것이 중요하다. 사고를 신속하게 처리하는 능력은 가동 중지 시간을 줄이고 재정적 및 평판 손상을 최소화할 수 있다. 또한, DRP는 조직이 규정 준수 요구 사항을 충족하는 동시에 복구에 대한 명확한 로드맵을 제공하는 데 도움이 된다. 개별 애플리케이션 및 IT 서비스의 가용성에 대한 중요성은 이들이 지원하는 비즈니스의 중요성에 따라 결정된다.

이러한 비즈니스 프로세스들과 해당 IT 서비스 및 애플리케이션의 중요성과 긴급성은 비즈니스 영향 분석(BIA) 수행과 복구 목표 시간(RTO) 및 복구 목표 시점(RPO)의 할당을 통해서 정의될 수 있다. DRP를 작성하기 전에 위험 분석 및 비즈니스 영향 분석을 통해 재해 복구 프로세스에서 리소스를 집중할 위치를 결정할 수 있다. BIA는 파괴적 사건의 영향을 식별하고 DR의 맥락 내에서 위험을 식별하기 위한 출발점이며 RTO 및 RPO를 생성한다. RA는 BIA에 강조 표시된 시스템 및 프로세스의 운영을 방해할 수 있는 위협 및 취약성을 식별한다. 비즈니스 데이터의 가용성과 이것을 처리하고 다룰 수 있는 능력은 조직의 지속 가능한 개발 및 생존에 필수적이다.

015 정답: 3번

헬프 데스크(Help-Desk)는 직원이 IT 관련 문제, 특히 제품, 서비스, 사내 도구, 플랫폼 및 장치에 관한 지원을 요청하고 받을 수 있는 자원이다. 일부 비즈니스에 있는 헬프 데스크는 관련 기술과 일반적으로 발생하는 문제를 해결하는 방법에 대한 깊은 이해와 많은 경험을 갖춘 단일 직원과 같이 단순할 수 있다. 보다 조직화된 대규모 비즈니스에서는 IT 문제 발생 시 이를 추적하고 분석하는 데 도움이 되도록 설계된 전용 소프트웨어 도구에 따라 지원받는 전문가 팀으로 헬프 데스크가 구성될 수 있다. 만일 조직에 헬프 데스크가 있다면, 해당 데스크는 예상되는 중단 상황에서 가장 먼저 인식할 수 있는 조기 경보 시스템의 역할을 수행할 수 있다.

016 정답: 4번

비즈니스 연속성(BC)과 재해 복구(DR)는 조직이 불리한 사건 후에도 계속 운영할 수 있는 능력을 지원하는 밀접하게 관련된 활동이다. BCDR의 목표는 위험을 제한하고 예기치 않은 중단 후에 조직이 가능한 한 정상에 가깝게 운영되도록 하는 것이다. 이러한 관행을 통해 조직은 문제가 발생한 후 다시 정상으로 돌아가고, 데이터 손실 및 평판 훼손의 위험을 줄이고, 비상 사태의 기회를 줄이면서 운영을 개선할 수 있다.

BC는 보다 사전 예방적이며 일반적으로 조직이 재해 동안 및 재해 후에도 미션 크리티컬 기능이 계속될 수 있도록 구현해야 하는 프로세스 및 절차를 나타낸다. 이 영역에는 조직의 성공에 대한 장기적인 과제에 맞춰진 보다 포괄적인 계획이 포함된다.

DR은 보다 사후 대응적이며 조직이 사고 후 운영을 재개하기 위해 취해야 하는 특정 단계로 구성된다. 재해 복구 작업은 사고 후 발생하며 응답 시간은 몇 초에서 며칠까지 다양하다. BC는 일반적으로 조직에 중점을 두는 반면 DR은 기술 인프라에 중점을 둔다. DR은 비즈니스 연속성 계획의 일부이며 재해 후 데이터에 쉽게 액세스하는 데 중점을 둔다.

BC는 이 요소를 포함하지만 이벤트 기간 동안 조직이 유지해야 하는 위험 관리 및 기타 계획도 고려해야 한다. 비즈니스 연속성과 재해 복구 사이에는 유사점이 있다. 둘 다 사이버 공격에서 인적 오류, 자연재해에 이르기까지 다양한 계획되지 않은 사건을 고려한다. 또한, 특히 미션 크리티컬한 애플리케이션과 관련하여 비즈니스를 가능한 한 정상에 가깝게 운영하는 것을 목표로 한다. 많은 경우 동일한 팀이 BC와 DR 모두에 관여한다.

017

정답: 4번

백업은 일반적으로 아카이브에 저장된 파일 또는 모든 유형의 데이터의 복제본이다. 백업이 시작되면 파일이 복사되며 이러한 사본은 별도의 위치에 보관된다. 보통 백업 프로세스 시간은 백업하는 데이터양에 따라 다르다. 스냅숏은 서버 파일 시스템의 즉각적인 종류의 '사진'의 기능이다. 이 사진은 촬영 당시 서버에 대한 모든 것을 캡처한다. 스냅숏을 사용하면 스냅숏이 생성되었을 때의 상태로 서버를 되돌려 서버를 복원할 수 있게 된다.

다음은 서버/파일 백업과 스냅숏 간의 주요 차이점이다.

- 백업은 추가 위치, 동일한 드라이브 또는 동일한 서버에 저장할 수 있다. 오프사이트 및 온사이트 스토리지가 필요하지 않는다. 스냅숏은 온사이트 및 오프사이트 스토리지가 모두 필요하며 항상 원래 시스템 데이터가 있는 동일한 위치에 저장해야 한다.

- 백업은 백업이 시작된 시점과 종료 시점 사이에 차이가 있을 수 있다. 하지만 스냅숏은 서버의 '사진'으로 지정된 시간에 정확히 보존되는 기능이 있다.

- 백업 생성 프로세스는 길고 지루할 수 있다. 스냅숏은 즉각적이며 완료하는 데 훨씬 적은 시간이 걸린다. 스냅숏은 데이터 복사에도 시간이 덜 걸린다.

- 백업 파일에는 파일 시스템만 포함된다. 스냅숏은 다양한 유형의 시스템으로 만들 수 있다. 여기에는 파일, 앱, 설정 등이 포함된다.

- 백업은 다른 특정 위치에 있으며 쉽게 복원할 수 있으며 일반적으로 확인할 수 있다. 반면 스냅숏은 정확히 백업 기능이 아니다. 백업 프로세스의 일부로 사용할 수 있지만 대부분 단기 솔루션 기능이다. 백업이 완료되면 스냅숏이 삭제된다.

- 스냅숏과 백업 모두 장단점이 있다. 그러나 장기간 적용해야 하는 경우 일반적으로 백업을 선택하는 것이 좋다. 이에 반해 스냅숏은 단기 사용 및 저장을 위해 설계되었다. 일반적으로 동일한 인프라에서 최신 버전의 서버로 되돌려야 하는 경우에만 유용하다.

결론적으로 스냅숏과 파일 백업은 서로 다른 수준의 데이터 보호를 위해 함께 사용할 수 있으며 실제로 이것은 서로 간의 백업 전략에 가장 권장되는 방법이다.

018

정답: 4번

BIA 수행을 위한 국제표준이 존재하지만 사용되는 방법론은 조직마다 다를 수 있다. BIA는 일반적으로 다음 단계를 포함하는 다단계 프로세스로 진행한다.

(1) 고위 경영진의 BIA 승인 확보

(2) BIA를 수행할 수 있는 훈련된 사람들의 팀구성

(3) BIA 계획 준비

(4) 설문지, 인터뷰 및 문서에서 분석과 관련된 정보 수집

(5) 수집된 정보 및 인터뷰 데이터 평가

(6) 미션 크리티컬 비즈니스 프로세스, 해당 프로세스가 의존하는 기술, 해당 프로세스를 수행할 수 없는 경우의 영향, 복구 시간 목표(RTO) 및 복구 시점 목표(RPO)와 같은 특정 성능 메트릭을 식별하기 위한 분석 수행

(7) 결과를 문서화하기 위한 보고서 준비

(8) 결과를 고위 경영진에게 발표

(9) 미션 크리티컬 프로세스의 복구 및 복원을 위한 전략을 정의하는 데 도움이 되도록 BIA 결과를 RA 결과와 조정

(10) 이 결과를 사용하여 BCP를 개발

BIA를 수행하는 직원은 프로세스를 준비하기 위해 여러 출처에서 구할 수 있는 모든 자료를 검토해야 한다. 또한, BIA 단계에서는 고위 경영진의 전폭적인 지원과 정보 기술 인력 및 최종 사용자들의 적극적인 참여가 중요하다. 조직의 핵심적인 업무 프로세스를 지원하는 정보 자원들의 중요성은 고위 경영진의 승인 하에 결정되어야 한다.

019

정답: 2번

RFID(Radio-Frequency Identification)는 주파수를 이용해 ID를 식별하는 방식으로, 일명 전자 태그로 불린다. RFID 기술이란 전파를 이용해 먼 거리에서 정보를 인식하는 기술을 말하며, 전자기 유도 방식으로 통신한다. 여기에는 RFID 태그(이하 태그)와, RFID 판독기(이하 판독기)가 필요하다. 태그는 안테나와 집적 회로로 이루어지는데, 집적 회로 안에 정보를 기록하고 안테나를 통해 판독기에 정보를 송신한다. 이 정보는 태그가 부착된 대상을 식별하는 데 이용된다. 쉽게 말해, 바코드와 비슷한 기능을 하는 것이다. RFID가 바코드 시스템과 다른 점은 빛을 이용해 판독하는 대신 전파를 이용한다는 것이다. 따라서 바코드 판독기처럼 짧은 거리에서만 작동하지 않고 먼 거리에서도 태그를 읽을 수 있으며, 심지어 사이에 있는 물체를 통과해서 정보를 수신할 수도 있다. RFID와 연관된 위험은 일반적으로 다음과 같다.

- 비즈니스 프로세스 위험: RFID 시스템 구성요소에 대한 직접적인 공격은 RFID 시스템을 통하여 가능해진 비즈니스 프로세스를 손상시킬 수 있다.

- 비즈니스 인텔리전스 위험: 상대방이나 경쟁자가 RFID가 생성한 정보에 대한 승인받지 않은 접근을 획득하고, 정보를 이용하여, RFID 시스템을 구현한 조

직의 이익을 손상시킬 수 있다.

- 프라이버시 위험: RFID 시스템을 원래 의도했거나 인식했던 목적 이외에 용도로 개인 식별 정보를 사용하면, 개인의 프라이버시 권리 및 기대를 침해할 수 있다. 또한, 작동하는 태그를 개인적으로 소유하는 것은 이러한 태그된 물품을 추적하는 것이 가능하기 때문에 프라이버시 위험에 해당된다.

- 외적 영향 위험: RFID 기술은 RFID와 연결되지 않았거나 배치되지 않은 시스템, 자산과 인력에게 위험을 야기시킬 수 있다. 위험에 영향을 주는 RFID의 주요한 특성은 RFID는 조작자나 사용자에게 보이지 않는다는 것이다.

020

정답: 3번

테스트 단계가 성공적으로 수행되면 적용 단계가 시작된다. 회사의 변화 통제 절차에 따라 시스템을 설치하여야 한다. 정보 시스템 감사자는 시스템 적용 이전에 적절한 서명 절차가 이루어졌는지를 먼저 확인하고 다음 사항을 수행해야 한다.

- 스케줄링에 사용한 프로시저를 검토한다. 그리고 운영 환경에서 사용하는 시스템 파라미터에 맞게 시스템을 가동한다.

- 시스템 문서가 완전한지를 검토하고 테스트 단계에서 추가된 변경 사항이 누락되지 않도록 관리한다.

- 데이터가 모두 올바르고 완전하게 전환이 되었는지를 확인을 해야 하며 문제없을 경우 운영 단계 시스템에 적용한다.

021

정답: 4번

시스템 개발 생명 주기의 마지막 단계는 새로운 시스템을 개발 테스트하여 스테이징 환경에서 프로덕션 환경으로 마이그레이션하고 사용자에게 제어를 전환하는 것이다. 마이그레이션의 주요 목표는 시스템 요구사항을 충족하고 시간과 비용의 제약 내에서 프로젝트를 완료하는 것이다. 두 가지 기본 마이그레이션 단계는 (1) 최종 시스템 테스트 및 사용자 승인 테스트를 설계 및 수행하고 (2) 사용자에게 시스템 제어권을 이전

하는 것이다.

사용자가 새로운 시스템을 구성되는 대로 수락하면 개발자는 사용자에게 시스템을 인계하고 시스템이 프러덕션에 들어간다. 이 프로세스를 컷오버, 또는 배포라고 할 수 있다. Cut-over에는 다음과 같이 4가지 기본 전환 전략이 있다.

(1) Pilot System: 파일럿 시스템은 영향을 측정하는 방법으로, 회사 운영의 한 부분에만 설치되는 시스템이다. 파일럿이 만족스럽게 수행되면 시스템은 즉시, 단계적 또는 병렬 방식으로 회사의 나머지 부분에 설치된다. 파일럿 시스템은 기업이 소비자가 신제품을 줄 반응을 평가하기 위해 따를 수 있는 마케팅 테스트 활동과 같다.

(2) Immediate Cutover: 즉시 전환이 이루어지면 기존 시스템을 해체하고 새로운 시스템을 동시에 가동한다. 즉, 이전 시스템은 종료 즉시 새 시스템으로 교체되며 전환 기간이 두 시스템의 부분이 활성화된다. 위험이 높기 때문에 즉각적인 컷오버 전략에는 신중한 고려 및 계획이 필요하다.

(3) Parallel Cutover: 병렬 컷오버 전략을 사용하면 새로운 시스템은 새 시스템의 정확성과 신뢰성을 확인할 수 있을 때까지 기존 시스템과 동시에 실행된다. 병렬 컷오버는 다음과 같은 몇 가지 방법으로 위험을 줄인다.
- 이를 통해 이전 시스템의 출력과 비교하여 새 시스템의 출력을 검증할 수 있다.
- 사용자가 프로덕션 환경에서 확인할 수 있도록 하여 새 시스템에 대한 사용자의 신뢰를 구축한다.
- 사용자가 작동에 익숙해질 수 있도록 하여 새로운 시스템으로 사용자의 편안함을 구축한다.
- 새 시스템이 실패할 경우를 대비하여 안전망(여전히 작동하는 이전 시스템)을 제공한다. 이 기능은 필요한 경우 이전 시스템으로 폴백할 수 있기 때문에 대체라고 하는 경우가 많다.

(4) Phased Cutover: 비용 및 위험 규모에서 만족스러운 중간 수준을 달성하는 마이그레이션 전략은 시스템이 단계적으로 설치되는 단계적 전환이다. 이것은 시스템 개발을 위해 따라온 단계적 개발 접근 방식과 유사하다. 단계적 전환 전략을 사용하여 설치 중인 시스템은 기존의 생명 주기 접근 방식, 애자일 또는 반복적인 SDLC와 같은 개발 방법론에 따라 개발되었을 수 있다. 하위 시스템에 의한 단계적 전환을 위한 기능의 순서는 일반적으로 사용자의 요구에 따라 또는 기능의 논리적 진행에 따라 결정된다.

022

정보 시스템을 효과적이고 효율적으로 개발하고 유지 보수하려면 회사 전체적으로 엄격한 구성 관리, 변경 관리, 배포 관리 절차를 적용한 후 계속적으로 유지해야 한다. 정보 시스템 감사자는 구성, 변경, 배포 관리를 위한 도구에 대해서 잘 파악하고 있어야 하며 개발자 사이의 직무 분할과 운영 환경에 대한 통제가 잘 이루어지도록 해야 한다. 구성 관리 시스템에서는, 유지 보수 요구서는 문서로 작성하며 변경 통제 그룹에서 승인을 받도록 되어 있다. 이와 함께 유지 보수 단계별로 점검 포인트, 검토, 서명 절차를 두어 안전하게 통제하도록 하여야 한다. 구성 관리가 잘 작동하려면 최고 관리자의 지원이 필수적이다. 구성 관리 프로세스는 구성 관리 계획에 따라 개발되어야 하며 운영 절차로 만들어야 한다.

023

데이터 전환은 운영 중인 기본 정보 시스템에 축적되어 있는 데이터를 추출(Extraction)하여 새로 개발할 정보 시스템에서 운영 가능하도록 변환(Transformation)한 후, 적재(Loading)하는 일련의 과정이다. 데이터 전환을 위한 상세 설계, 전환 및 검증 프로그램 개발과 통합 전환을 수행할 수 있도록 계획하여야 한다. 전환 단계에서는 업무 간 병렬 처리, 전환 시나리오에 따른 일관된 통제 및 관리, 주기적으로 데이터 전환 테스트를 반복하는 등 통합된 체계적 접근이 필요하다. 데이터 전환 프로세스에서 다음 사항에 유의해서 살펴보아야 한다.

(1) 완전한 데이터 전환
(2) 데이터 통합성
(3) 전환하는 데이터의 저장소와 안전
(4) 데이터의 일관성
(5) 데이터 접근 유지

전환 절차는 테스트 환경에서 개발하고, 기록을 남기며, 운영 시스템에서 반복 적용할 수 있어야 한다. 정보 시스템 감사인은 이 프로세스에 사용하기로 한 도구나 기법이 적절한지 점검해야 하며, 데이터를 분석하거나 오염시키지 않고 필요한 전환이 이루어지도록 해야 하며, 데이터 분석하는 것은 최소화해야 하며, 사용 부서 관리자의 승인을 얻어야 한다. 과거 플랫폼에서 만든 전환 전 마지막 데이터 사본과 새로운 시스템에서 만든 전환 후 첫 번째 데이터 사본은 향후 참조할 가능성이 크므로 별도 저장소에 잘 보관하여야 한다.

024 정답: 4번

완료 시 예측(EAC)은 프로젝트 또는 프로그램 중 주어진 시간에 프로젝트 또는 프로그램을 완료하는 데 소요될 예상 예산이다. EAC(Estimate at Completion)는 WBS(Work Breakdown Structure)에서 주어진 노력 수준을 완료하는 데 드는 비용에 대한 독립적인 예측이다.

EAC는 획득 가치 관리(EVM) 및 비용 추정에 사용되는 도구이며 실제 수행된 작업 비용 AC에 나머지 모든 작업에 대한 ETC를 더한 것과 같다. 계약에 대한 계약자 성과의 과거 이력(예: 비용 및 일정 효율성)을 기반으로 EAC를 예측하는 데 사용할 수 있는 도구가 있다. 이러한 EAC 예측은 완료 시 계약 비용을 충당하기에 충분한 자금이 있는지 평가하는 프로그램 관리자에게 매우 유용하다. 완료 시 추정 EAC 공식 획득 가치 EAC 공식은 완료 시 추정치가 이미 계약에 지출한 금액에 계약을 완료하는 데 소요되는 금액을 더한 금액과 같다는 단순한 개념을 기반으로 한다.

표준 EVM EAC 공식은 다음과 같다.

- EAC with bottom-up ETC: EAC = AC + ETC
- EAC with ETC at budgeted rate: EAC = AC + BAC - EV
- EAC with ETC based on present CPI: EAC = BAC/CPI
- EAC considering CPI and SPI: EAC = AC + ((BAC - EV)/(CPI×SPI))

획득 가치 기법을 이용하면 현재까지의 계획 대비 프로젝트 성과를 금액으로 환산할 수 있으며, 프로젝트 중간에도 프로젝트를 완성하는 데 추가적으로 필요한 일정과 원가가 예측 가능하다.

025 정답: 3번

준비도 테스트(Preparedness Test)는 팀 구성원과 참가자가 실제 정전 또는 재해를 시뮬레이션하고 복구 및 연속성에 영향을 미치는 데 필요한 단계 수행을 시뮬레이션하는 전체 테스트의 현지화 된 버전이다. 이 테스트는 전체 계획 대신 계획의 특정 영역에 대해서만 수행할 수도 있다. 이 테스트는 대응 능력을 검증하고, 기술과 훈련을 보여주고, 의사결정 능력을 연습한다. 다른 테스트에 비해 준비도 테스트만 실제로 기본 리소스를 오프라인으로 전환하여 백업 리소스 및 처리 기능을 테스트한다. 이 테스트는 정기적으로 계획의 일부분을 차례로 수행하고, 계획이 얼마나 좋은지에 대한 증거를 점차적으로 진행하는 비용대비 효과적인 방법이다. 또한, 계획을 점진적으로 향상시킬 수 있는 수단을 제공한다.

026 정답: 4번

감사 증거는 수감 기관의 조직과 사업 및 활동 또는 기능에 대한 감사관의 판단과 결론을 뒷받침할 수 있는 합리적이고 목적에 부합하는 증거가 확보되어야 한다. 다음은 감사 기준으로서의 감사 증거에 대하여 설명하고 있다.

감사 과정에서의 지적 사항, 결론 사항, 권고 사항은 반드시 근거가 있어야 한다. 감사관이 감사 대상에 관한 모든 정보를 검토할 수가 없기 때문에, 자료 수집 및 표본선정 기법을 조심스럽게 선택하는 것이 중요하다. 전산 자료가 감사에서 주요 부분을 차지하고 데이터 신뢰도가 감사 목표 달성에 있어서 중요할 경우, 감사관은 신뢰할 만하고 적절한 전산 자료를 확보해야 한다. 감사관은 적절한 감사 증거를 확보하기 위해서 조사, 관찰 및 질의답변 등과 같은 기법과 절차를 숙지하고 있어야 한다. 감사 기관은 이러한 기법들이 모든 계량적인 중대한 오류와 부정행위를 찾아낼 수 있는지를 확인해야 한다. 감사 접근 방법과 절차를 선정하는 데 있어서 증거의 질에 대한 고려가 있어야 한다. 예를 들면 증거가 합리적이고 합당한 지를 파악해야 한다. 감사관은 감사계획의 근거와 범위, 수행한 감사 업무, 지적 사항 및 감사 증거를 감사 조서에 적절하게 기록하여야 한다. 다음과 같은 이유들로 인해서 적절한 문서화가 중요하다.

(1) 감사관의 의견과 보고 내용을 확인 및 뒷받침

(2) 감사의 효율성과 효과성 증진

(3) 수감 기관 또는 제3자로부터의 질의에 대한 답변 및 보고서 작성 시 정보원으로 활용

(4) 감사 기준에 따라 감사를 실시하였다는 입증 자료로 활용

(5) 계획과 감독의 용이

(6) 감사관의 전문성 개발 지원

(7) 위임 업무가 성실하게 수행되었는지 확인

(8) 향후 참고 자료로 활용

감사관은 감사 조서를 작성하는 데 있어서 본인의 능력과 경험 및 지식이 반영된다는 것을 명심하여야 한다. 감사 조서는 당해 감사와 관계가 없다 하더라도 경험이 있는 감사관이라면 결론을 뒷받침할 수 있는 근거를 동 조서에서 찾아낼 수 있을 정도로 완벽하고 상세하게 작성되어야 한다.

027

정답: 2번

SAP NetWeaver ILM에서는 감사 영역을 사용하여 비즈니스 측면에서 ILM 개체를 그룹화하므로 세금 또는 재무 감사, 보증 및 제품 책임 청구와 같은 감사 목적으로 해당 데이터를 검색할 수 있다. 감사 영역에 ILM 개체를 할당하는 것은 ILM 개체에 대한 규칙을 만들 수 있는 전제 조건이다. 부서별 규칙을 만들려면 각 부서에 대해 동일한 ILM 개체가 포함된 감사 영역을 만들어야 한다. 절차 수행은 다음과 같다.

1. 함수 호출

ILM 조종석 메뉴(보존 관리 조종석 또는 보존 창고 조종석)에서 감사 영역, 프로세스 감사 영역, 애플리케이션 시스템에서 트랜잭션 ILMARA를 사용하여 함수를 호출할 수도 있다.

2. 감사 영역 만들기, 복사 또는 병합

감사 영역을 만든 다음 ILM 개체를 할당하거나, 기존 감사 영역(모든 관련 개체 포함)을 복사하거나, 다른 감사 영역과 병합한 다음 ILM 개체에 대한 할당을 조정할 수 있다. 감사 영역을 만들려면 다음과 같이 진행한다. (Z 네임스페이스에서만 감사 영역을 만들 수 있다. 다른 감사 영역과의 합병에 대한 소스 감사 영역도 Z 네임스페이스에 있어야 한다. SAP에서 제공하는 감사 영역을 변경하거나 합병에 대한 감사 영역을 사용하려면 Z 네임스페이스에 복사해야 한다.)

(1) 만들기를 선택한다.

(2) Z 네임스페이스에 있는 이름과 감사 영역에 대한 설명을 입력한다.

(3) 전송 요청(요청 사용자 지정)을 지정하여 저장한다.

(4) 아래에 설명된 대로 감사 영역에 ILM 개체를 할당한다.

다른 감사 영역을 복사하여 감사 영역을 만들거나 두 감사 영역을 병합하려면 다음과 같이 진행한다.

(1) 원본 감사 영역을 선택한다.

(2) 복사를 선택한다.

(3) 다음 데이터를 입력한다.

(* SAP에서 제공하는 감사 영역을 템플릿으로 사용하려면 이 설정을 수행해야 한다.)

- 복사 또는 병합 후 비활성화: 대상 감사 영역에서 ILM 규칙만 편집하려면 이 확인란을 선택한다. 그런 다음 시스템은 소스 감사 영역의 모든 객체를 비활성화한다. 이 확인란을 선택하지 않으면 모든 활성 ILM 개체가 두 감사 영역 모두에서 변경되지 않은 상태로 유지되므로 각 활성 감사 영역에 대한 규칙이 필요하다. 감사 영역을 병합하면 원본 감사 영역에서 활성화된 모든 ILM 개체도 대상 감사 영역에서 활성화된다. 대상 감사 영역에서 활성 상태인 ILM 개체는 원본 감사 영역에서 비활성 상태인 경우에도 활성 상태로 유지된다.

- 감사 영역: Z 네임스페이스에 있는 대상 감사 영역의 이름(복사본의 새 이름 또는 병합에 대한 기존 감사 영역의 이름)

(4) 항목과 프롬프트를 확인한다.

(5) ILM 보존 웨어하우스 콕핏에서 함수를 호출한 경우 원본 감사 영역에서 감사 패키지 템플릿을 복사하거나 병합할지 여부를 선택한다. 확인을 선택하여 실행한다. (감사 패키지 템플릿이 대상 감사 영역에 이미 있는 경우에만 감사 패키지 템플릿을 병합할 수 있다. 각 감사 패키지 템플릿의 이름은 고유해야 한다.)

(6) 전송 요청을 지정하여 새 감사 영역을 저장한다.

3. 감사 영역에 대한 ILM 오브젝트 할당 편집

(1) 감사 영역을 선택하고 계속을 선택한다.

(2) 편집을 선택한다.

(3) 개체 할당 열에서 감사 영역에 할당할 모든 ILM 개체를 선택한다. (CDE(컨텍스트 데이터 추출기)를 사용하여 만든 표준 보관 개체에 대한 감사 영역을 만드는 경우 기본적으로 SN_META 보관 개체가 선택된다. 일반 CDE를 사용하여 만든 개체를 보관하기 위한 감사 영역을 만드는 경우 SN_META_G 보관 개체의 선택을 취소하여 SN_META 보관 개체를 선택한다.)

(4) 전송 요청(요청 사용자 지정)을 지정하여 저장한다. ILM 보존 웨어하우스 콕핏에서 함수를 호출한 후에는 감사 영역과 관련된 각 ILM 개체에 대한 테이블과 필드를 선택할 수도 있다.

   a. 테이블 및 필드 선택을 선택한다.

   b. 편집을 선택한다.

   c. 선택 열에서 감사 영역에 할당할 ILM 개체의 모든 테이블 및 필드를 선택한다. 테이블을 선택하면 모든 관련 필드가 포함된다. 단일 필드를 선택하면 * 기호가 선택 필드에 나타난다.

   d. 저장한다.

ILM 객체에 대한 체크썸 정의 또는 체크썸 결과를 표시하는 옵션도 있다. 이렇게 하려면 관련 줄을 선택하고 체크썸 표시를 선택한다.

4. 감사 영역 삭제

(1) 감사 영역에 할당된 ILM 규칙이 없는지 확인한다.

(2) 삭제를 선택한다.

(변경된 내용은 변경 문서 객체 ILM_ARA에 기록되며 트랜잭션 ILM_CHDOC_ARA을 사용하여 변경 내용을 볼 수 있다.)

—— ⌂출처 https://help.sap.com/

028 정답: 3번

감사관과 최고 감사 기관에 대한 일반 기준에 따르면 감사관과 최고 감사 기관은 필요한 능력을 보유하고 있어야 한다. 다음 사항은 감사 기준으로서의 능력을 설명하고 있다.

최고 감사 기관은 일반적으로 감사 의견, 결론 및 권고안을 마련하고 보고하는 의무를 부여받고 있다. 어떤 나라에서는 이러한 의무가 기관의 장에게 주어지며, 합의제 기구로서 조직이 된 최고 감사 기관의 경우 기관 자체에 주어진다. 최고 감사 기관 내의 토론을 통해서 감사 의견과 결정의 객관성과 권위가 촉진된다. 최고 감사 기관이 합의제의 형태를 띠는 경우, 최종 결정이나 의견이 권한의 차이는 없으나 조직 구성이 다른 여러 기관 내의 의사결정 단위(심판부, 연합부, 심판부의 일부 등)에서 내려지더라도 이는 최고 감사 기관 전체의 것이 된다. 독임제의 최고 감사 기관의 경우에는 원장이 모든 의견을 제시하고 결정을 하거나 혹은 최고 감사 기관장의 이름으로 이러한 결정이 내려진다. 최고 감사 기관의 의무와 책임은 공공 책임이라는 개념에 아주 중요하기 때문에 최고 감사 기관은 가장 우수한 감사 방법과 기법을 감사에 적용해야 한다.

최고 감사 기관은 또한, 직원이나 외부 전문가가 감사 기준, 계획 절차, 감사 방법 및 감독 절차를 준수해서 훌륭한 감사보고서가 작성, 제출될 수 있도록 해야 하며, 이를 위해서 효과적인 절차를 수립하여야 한다.

최고 감사 기관은 효과적으로 임무를 수행하는 데 필요한 감사 기법과 경험을 확보하고 있어야 한다. 어떠한 성격의 감사를 실시한다 하더라도 이 감사의 성격과 범위 및 복잡성에 적합한 경험과 기법을 보유한 감사관이 이를 실시하여야 한다.

최고 감사 기관은 체계 분석 기법(Systems-Based

Techniques), 분석적 검토 방법(Analytical Review Methods), 통계표본추출 방법(Statistical Sampling), 자동화 정보 처리 체제(Automated Information Systems) 감사 등 최신 감사 기법을 항상 숙지하고 있어야 한다. 최고 감사 기관의 감사 권한이 성질상 광범위하거나 재량이 크면 클수록 실시하는 모든 감사의 질을 높게 유지하는 것이 더욱 어려워진다. 따라서 최고 감사 기관이 감사 시행 빈도나 보고서의 성격에 대해서 재량을 가지고 있는 경우에는 수준 높은 관리가 필요하다.

029　　　　　　　　　　　　정답: 1번

비즈니스 프로세스 리엔지니어링(BPR)은 품질, 출력, 비용, 서비스 및 속도와 같은 중요한 측면에서 극적인 개선을 달성하기 위해 비즈니스 프로세스를 근본적으로 재설계하는 것이다. 비즈니스 프로세스 리엔지니어링은 기업 비용과 프로세스 중복을 대규모로 줄이는 것을 목표로 한다. 비즈니스 프로세스 재설계의 적용을 위한 기법으로는 다음과 같다.

(1) 역공학(Reverse engineering): 경쟁기업의 제품을 완제품에서부터 애초에 설계되었던 부품 단계까지 역 추론함으로써 경쟁제품의 설계사양을 유도하는 것을 말한다.

(2) 리스트럭처링(Restructuring): 시스템의 기능적인 변화없이 다른 새로운 시스템으로 변환하는 것을 말한다.

(3) 리엔지니어링(Reengineering): 기능의 변화를 목적으로 시스템을 완전히 재설계하는 것을 말한다.

030　　　　　　　　　　　　정답: 3번

침투 테스트(Penetration Testing)는 비즈니스의 IT 인프라 또는 응용 프로그램에 대해 실제 해커 공격을 시뮬레이션하는 것을 말한다. 침투 시험(Pentest)을 통해 악용되는 취약성을 식별하고, 기업의 사이버 공격 방지 전략을 개선할 수 있다. 전환이 완료되면 운영 환경에서 실제 운영을 위한 조작을 수행하여 사용자 승인 테스트를 수행해야 한다. 시스템이 이제 운영 가능한 상태이고 문서에 표시된 요구 사항을 모두 충족하는 것을 확인하는 절차가 사용자 승인 테스트이다. 침투 테스트와 같은 보안 테스트를 최종 테스트와 적용 단계에서 수행한다.

031　　　　　　　　　　　　정답: 2번

BPR은 1980년대 말 마이클 해머가 미국 기업들을 컨설팅하면서 조직 목표를 달성하는 가치 사슬과 비즈니스 프로세스를 새롭게 개조한다면 혁신적 결과를 가져올 수 있다는 것을 발견하고, 개념화하여 세계적으로 전파하게 되었다. BPR에서 가장 중요한 사항은 핵심 통제 장치가 리엔지니어링 과정에서 제거될 위험성이 존재한다는 것이다. 정보 시스템 감사자는 기존 핵심 통제 장치를 구별할 임무와 이러한 통제 장치가 프로세스에서 제거될 경우 그 영향도를 평가할 책임이 있다. 만일 이 통제 장치가 핵심 장치라면 감사자는 해당 예방 통제 장치가 제거된다는 점과 그 영향도에 대해서 대응책을 경영층에 보고하여야 한다.

032　　　　　　　　　　　　정답: 4번

프로젝트의 모든 엄격함은 제품, 서비스 또는 결과를 만드는 데 사용된다. 프로젝트 활동의 실행을 완료하고 고객 요구 사항 및 제품 특성 및 프로젝트 품질과 관련된 제품 또는 서비스의 모든 테스트가 완료되고 이 제품/서비스 또는 결과가 상업적 목적으로 출시될 준비가 된 시간을 컷 오버 계획이라는 단계로 롤아웃해야 한다. 모든 프로젝트에 대해 전환 요구 사항은 요구 사항 또는 제품 및 프로젝트의 특성에 따라 다르지만 전환 절차는 일반적으로 유지된다. 컷 오버 계획은 원래 프로젝트 계획으로 시작되며 프로젝트 실행이 마지막 구간에 있을 때 본질적으로 나중에 정교해진다. 프로젝트 후원자나 운영 위원회가 승인한 전환 계획을 확실히 준수하는 것은 프로젝트 관리자의 책임이다. 전환 계획은 운영 환경을 수립하는 단계마다 담당자가 누구인지 지정을 해야 한다. 어떻게 해당 단계를 검증할 것이며 문제가 발생하면 원래 상태로 복귀할 절차도 준비해야 한다. 시스템이 다른 시스템과 인터페이스하거나 여러 가지 플랫폼에 나누어서 배치한다면 최종 종단간 연결에 문제가 없는 것을 확인하기 위해 운영 환경에서 최종 전환 테스트를 수행하는 것이 좋다. 그런 테스트를 수행하는 경우 테스트 거래가 운영 데이터베이스나 파일에 남지 않도록 해야 한다.

4)번의 예상 비용과 수익 ROI 분석 결과를 평가하는 단계는 사후 검토로 적용 후 리뷰 단계이다.

033

정답: 3번

리커트 척도(Likert Scale)는 설문 조사 등에 사용되는 심리 검사 응답 척도의 하나로, 각종 조사에서 널리 사용되고 있다. 리커트 척도에서는 응답자가 제시된 문장에 대해 얼마나 동의하는지를 답변하도록 한다. 리커트 척도라는 명칭은 이 척도 사용에 대한 보고서를 발간한 렌시스 리커트(Rensis Likert)의 이름에서 따온 것이다(Likert, 1932). 라이커트 척도라고도 한다. 리커트 척도는 어떤 태도에 대해 연속적인 강도 관계를 갖는 다수의 값들로 구성된 다수의 문항을 활용하는 평정 척도이다. 하나의 주제를 그 척도의 중심 내용으로 삼아서 여러 개의 진술의 세트를 구성한다. 그리고 그 진술들에 대해서 응답자가 응답하는 전반적인 경향을 측정치로 합산하여 결과 점수를 도출하는 척도이다. 리커트 척도에서 가장 중요한 것은 동일한 주제를 다루는 서로 다른 진술들 사이에는 매우 높은 연관성이 보장되어야 한다는 것이다. 즉, 문항 간 내적 일관성이 높아야 한다. 그렇기 때문에 일차적으로 사전 검사(Pilot Testing)를 거쳐서 신뢰도가 낮게 나타나는 문항이 있으면 이를 제거하고 본 조사에 투입하게 된다.

리커트 척도는 3점(+, 0, -)을 두는 경우는 드물고, 보통 5점이나 7점 등 홀수 보기를 두는 경우가 많다. 만일 홀수 보기가 아니라면 이는 중도적 응답인 '보통이다'를 삭제했거나, '잘 모르겠다' 같은 예외적인 응답을 추가한 경우. 일본 등의 문화권에서는 극단적인 응답을 가급적 자제하고 거의 대부분 중간 정도에서 응답하는 경향을 보이는데, 이것이 심할 경우 아예 '보통

이다'를 없애버리는 것도 가능하다. 특히 한 개인이 어느 쪽으로든 입장을 표명하는 것 자체가 중요한 경우. 이런 방법을 강제 선택법(forced-choice method)이라고도 한다.

리커트 척도는 개인의 태도나 가치를 평가하기에 매우 유용하며, 굉장히 범용적이고 다루기에도 편하다. 그러나 총점을 계산하는 과정에서 각 문항 간의 응답자의 편차는 전부 사라지고, 총점이 의미하는 개념적 정의가 무엇인지에 대해서도 별도로 이론을 세워야 하며 그 자체로는 별 의미가 없다. 또한, 자기 보고(self-report) 식이기 때문에 주관성이 혼입된다는 문제점도 있고, 사람마다 각 점수가 의미하는 긍정/부정 및 동의/거부의 정도가 다 다를 수 있다.

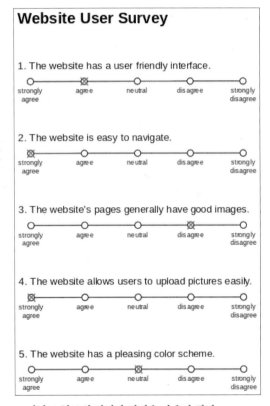

리커드 척도의 장점과 단점은 다음과 같다.

장점

(1) 높은 신뢰도와 타당성 확보 가능

(2) 척도 구성이 쉬우며 시간과 비용이 절감됨

(3) 판단자가 따로 없어도 피조사자의 응답만으로 문항 분석이 가능함

(4) 평가자의 주관적 개입 배제 가능

(5) 항목에 대한 응답 범위의 설정에 따라 측정의 정밀성 확보 가능함

단점

(1) 얻어진 총점은 등간 변수로 취급되지만, 실제로는 척도 간격이 불분명한 서열 척도임

(2) 문항 분석의 절차는 기술적 수준에서의 내적 일관성을 다루지만, 이론적 타당성을 검증하지 못함

(3) 총점이 뜻하는 내용이 불명확함

034

정답: 3번

감사 증적 데이터에는 사건 발생 일시, 사건 유형, 사건을 발생시킨 주체의 신원(예: 계정, 접속 IP 등 가능한 경우), 작업 내역 및 결과(성공/실패)를 상세히 포함해야 한다. 그 외, 감사 증적이 미리 할당된 한도를 초과할 경우 인가된 관리자에게 통보 또는 감사 저장 실패가 예상되는 경우에 취해야 할 대응 행동을 취해야 한다. 감사 데이터 손실 예측 시 인가된 관리자의 대응 행동으로 감사 데이터를 외부 로그서버 또는 백업 서버로 전송하는 기능을 제공할 수 있다. 감사 증적이 포화인 경우, 감사 데이터의 손실을 방지하기 위한 대응 행동(예: 오래된 감사 레코드 덮어쓰기 등)을 취해야 한다.

035

정답: 3번

합리성 체크(Reasonableness Check)는 회계 정보의 유효성을 검사하는 감사 절차이며 데이터의 불일치를 찾는 데 높은 수준에서 유용하다. 입력 데이터는 미리 결정된 합리적인 한계 또는 발생률과 일치시킨다. 예를 들어, 위젯 제조업체는 일반적으로 20개 이하의 위젯에 대한 주문을 받는다. 20개 이상의 위젯에 대한 주문이 접수되면 컴퓨터 프로그램은 주문이 비합리적이라는 경고와 함께 기록을 인쇄하도록 설계되어야 한다. 또 다른 예는, 감사자는 보고된 기말 재고 잔고를 회사 창고의 저장 공간과 비교하여 보고된 재고량이

그곳에 들어갈 수 있는지 확인할 수 있다. 또는 보고된 채권 잔액을 지난 몇 년 동안의 채권 추세선과 비교하여 잔액이 합리적인지 확인한다. 또 다른 합리성 체크의 예는 회사의 총 마진 비율을 동일한 산업의 다른 회사에 대한 동일한 비율과 비교하는 것도 합리성 체크이다.

036

정답: 2번

데이터 유효성 검사 편집 및 제어를 위한 체크 방법은 다음과 같이 많은 종류가 존재한다.

(1) Sequence Check

(2) Key Verification

(3) Limit Check

(4) Check Digit

(5) Range Check

(6) Completeness Check

(7) Validity Check

(8) Duplicate Check

(9) Reasonableness Check

(10) Logical Relationship Check

(11) Existence Check

037

정답: 2번

준거성/통제 테스트(Compliance Test)는 중대한 약점을 예방하고 탐지하며 교정하는 데 효과적인 통제의 운영을 평가하려고 설계된 감사 절차이며 실증/상세 테스트(Substantive Test)는 주장 단계에서 중대한 약점을 탐지하려고 설계된 감사 절차이다. 즉, 준거성 테스트는 문서 및/또는 자동화된 증거의 추적을 포함할 수 있는 정의된 프로세스의 존재 및 효율성을 테스트하기 위해 수행된다. 실증 테스트는 의존도, 본질, 범위 및 시기를 결정하기 위해 통제를 평가해야 하는 경우 수행된다. 잔액은 잔액 및 거래에 대한 검증과 분석적 검토 절차를 통해 검증된다. 실증 테스트는 항상 적

합성 테스트 후에 수행된다. 준거성 테스트가 더 약한 통제를 나타내는 경우, 실증 테스트는 더 엄격할 수 있다. 반면 준거성 테스트 결과 내부 통제가 강화된 것으로 확인되면 실증 테스트를 약하게 할 수도 있다.

038

정답: 4번

4)번의 효과적인 검색 알고리즘을 생성이 가능한 것은 정규화(Normalization)의 특징이다. 또한, 데이터 삽입 시 릴레이션(Relation)을 재구성할 필요성이 감소하며 데이터 구조의 안정성과 무결성을 유지할 수 있다. 데이터베이스 비정규화(Denormalization)의 단점은 다음과 같다.

(1) 처리 사이즈의 증가(Increased processing size): 데이터 중복성 및 데이터 중복 가능성으로 인해 쿼리(Query) 처리 사이즈가 증가한다.

(2) 테이블 사이즈의 증가(Increased table sizes): 데이터베이스의 비정규화의 결과로 테이블의 사이즈가 크게 증가할 수 있으며 이는 저장 공간의 로드와 관련될 수 있다.

(3) 테이블 및 삽입 업데이트 비용 증가 발생(Increased costs of updating tables and inserts): 데이터베이스 비정규화로 인해 데이터가 중복된 테이블에서는 데이터 업데이트가 문제가 될 수 있다. 예를 들어 고객 주소에 대한 데이터가 포함된 추가 열이 추가되었다고 가정할 경우, 이 데이터를 업데이트하는 것은 부담스럽고 비용이 많이 들 수 있다. 데이터베이스가 정규화되면 훨씬 저렴한 비용으로 사전 테이블에서만 업데이트를 수행할 수 있다. 이는 인서트 명령어와 비슷하다. 하지만 비정규화는 여러 테이블을 조인하여 데이터가 중복되기 때문에 하나의 테이블에 대해 많은 데이터를 얻는 것은 부담이 될 수 있다.

(4) 데이터의 불일치 가능성 존재(Data may be inconsistent): 쿼리를 실행하기 전에 테이블을 철저히 파악하고 데이터 중복을 고려해야 한다. 데이터 불일치의 위험 없이 필요한 데이터를 추출할 쿼리는 포괄적으로 준비되어야 한다.

039

정답: 4번

업무 재설계(Business process reengineering, BPR)는 경영 혁신 기법의 하나로, 기업의 활동이나 업무의 전반적인 흐름을 분석하고, 경영 목표에 맞도록 조직과 사업을 최적으로 다시 설계하여 구성하는 것이다. 정보 시스템이 도입되면서 BPR은 반복적이고 불필요한 과정들을 제거하기 위 작업 수행의 여러 단계들이 통합되고 단순화된다. 정보 시스템 감사인은 감사의 목표에 맞게 작업 결과서나 작업 증명서를 제출할 수도 있다. 해머와 챔피(Hammer&Champy, 1993)는 BPR 추진을 위하여 반드시 지켜야 할 7가지 원칙을 제시하였다.

(1) 업무 자체보다는 업무의 결과를 중심으로 조직화하라.

(2) 프로세스의 결과를 이용하는 사람이 해당 업무를 수행하게 하라.

(3) 정보 처리 업무는 정보를 실제로 생산하는 업무에 포함시켜라.

(4) 지리적으로 분산되어 있는 자원을 마치 중앙에 집중되어 있는 것처럼 취급하라.

(5) 병행 업무에 대해서는 결과의 통합이 아닌, 과정의 연결을 시도하라.

(6) 의사결정점을 실제로 업무가 수행되는 곳에 두고, 통제를 처리 과정의 일부로 만들어라.

(7) 정보는 한 번만 그 원천(발생 지역)에서 파악하라.

040

정답: 4번

전환이 완료되면 운영 환경에서 실제 운영을 위한 조작을 수행하여 사용자 승인 테스트(UAT)를 수행해야 한다. 시스템이 이제 운영 가능한 상태이고 문서에 표시된 요구 사항을 모두 충족하는 것을 확인하는 절차가 사용자 승인 테스트이다. 사용자 승인 테스트(UAT)는 소프트웨어 테스트 프로세스의 마지막 단계이다. UAT 동안 실제 소프트웨어 사용자는 소프트웨어를 테스트하여 사양에 따라 실제 시나리오에서 필요한 작업을 처리할 수 있는지 확인한다. 물론 침투 테스트와 보안 테스트를 이 단계에서 수행한다.

041

정답: 1번

프로그램 개발 단계에서 개발자가 프로그램을 테스트 환경에서 돌리면 많은 프로그램 결함이 발생된다. 시스템 개발 단계에서 프로그램을 디버깅하는 이유는 프로그램을 실제 사용하기 이전에 프로그램의 비정상 종료 상황이나 프로그램 코딩 결함을 발견하여 수정하기 위함이다. 디버거(Debugger) 또는 디버깅 도구(Debugging Tool)는 다른 대상 프로그램을 테스트하고 디버그하는 데 쓰이는 컴퓨터 프로그램이다. 검사받는 코드는 명령어 집합 시뮬레이터(Instruction Set Simulator, ISS) 위에서 돌아감으로 인해 특정한 조건에서 멈출 수 있는 강점을 갖지만, 직접 프로세서에서 실행될 때보다는 느려진다. 몇몇 디버거들은 이 효과를 제한하기 위해 동작의 두 가지 모드를 제공하는데, 전체 또는 부분적 시뮬레이션이 그것이다.

디버깅 도구는 3가지가 존재한다.

(1) 메모리 덤프: 특정 시간에 메모리의 내용을 보여준다. 이는 프로그램이 정지하거나 실패하였을 때 메모리 상태의 모습을 개발자에게 보여주어 데이터 값이나 파라미터 값이 불일치하는지 점검하는 데 도움을 준다.

(2) 로직 경로 모니터: 프로그램을 수행하는 동안 수행한 이벤트 순서에 대한 보고서를 제공함으로써 개발자가 로직 에러를 찾도록 하여 준다.

(3) 출력 분석기: 프로그램 예상 결과와 실제 수행 결과를 비교하여서 원인을 분석하는 데 도움을 준다.

042

정답: 4번

감사 계획은 전략을 구현하고 감사를 종결하기 위해 수행될 전반적인 감사 전략과 구체적인 절차를 수립하기 위해서 감사 프로세스 초반에 수행되어야만 한다.

감사 계획을 수립하는 단계는 다음과 같다.

- 가용성, 무결성, 보안과 비즈니스 기술, 정보의 기밀성과 같은 정보 및 프로세스의 요구 사항을 포함하여 조직의 임무, 목표, 목적과 프로세스를 이해한다.
- 감사 목적과 관련하여 기업의 지배 구조(거버넌스)와 업무 관행을 이해한다.
- 피감사인의 비즈니스 환경의 변화를 이해한다.

- 이전 감사 조서를 검토한다.
- 정책, 기준 및 요구되는 지침, 절차 및 조직 구조 같은 내용을 파악한다.
- 감사 계획을 설계하는 데 도움이 되는 위험 분석을 실시한다.
- 감사 범위와 감사 목적을 수립한다.
- 감사 접근 방식과 감사 전략을 개발한다.
- 감사인을 감사에 배정한다.
- 감사 실행 계획을 수행한다.

043

정답: 1번

현금 자동 입출금기의 사용에서 감사인은 반드시 다음을 확인해야 한다.

- 악성 소프트웨어의 침입을 막기 위한 물리적 보안 검토
- 적정한 고객 식별과 고객의 기밀성 유지를 수립하는 수단의 검토
- 회수된 카드에 대한 설정된 절차 검토
- 암호화 키 변경관리 절차 검토
- 트랜잭션 추적을 위한 파일 관리 및 보존 시스템 검토
- 감사 증적을 제공하기 위한 예외 보고서의 검토
- 현금 자동 입출금기와 그 안에 있는 현금의 보안을 보장하는 물리적 보안 방안
- 감사 증적을 제공하기 위한 예외보고서의 검토
- 현금 자동 입출금기 거래의 일일 대사를 검토에 포함 사항
- 현금 자동 입출금기의 개방 및 예금을 개수하는데 직무 분리의 검토
- 카드 데이터를 엿보던지 입력하는 동안 개인 식별 번호 탈취를 방지하기 위해 현금 자동 입출금기의 카드 슬롯, 키패드 그리고 가림막의 검토 등

———— 🏠 출처 **CISA Review Manual 27th Edition**

044

정답: 4번

숫자 확인(Check Digit)은 수학적으로 계산된 숫자 값이 데이터에 추가되어 원본 데이터가 변경되지 않았거

나 올바르지 않지만 유효한 값으로 대체되었는지 확인한다. 이 제어는 전치 및 전사 오류를 감지하는 데 효과적이다. 예를 들어, 운전면허, 계좌 번호, 여권번호에 체크 디지트를 추가하여 사용 시 정확성을 확인할 수 있다. 즉, 체크 디지트는 수동으로 입력된 식별 번호에 대한 오류 검출에 사용되는 리던던시 검사의 한 형태이다. 이는 컴퓨터 생성 데이터의 오류를 검사하는 데 사용되는 이진 패리티 비트와 유사하다. 시퀀스 입력에서 다른 숫자의 알고리즘에 의해 계산된 하나의 숫자로 구성된다. 체크 자릿수를 사용하면 잘못 입력된 한 자리 수 또는 연속된 두 자리 수의 순열과 같은 일련의 문자 입력에서 간단한 오류를 감지할 수 있게 된다.

045

정답: 2번

수집한 데이터를 완전하고 정확하도록 만드는 것이 처리 통제이다. 승인 과정을 통해 처리하고 수정하는 절차를 이용하여 변경이 발생하기 이전까지 데이터베이스나 파일이 완전하고 정확하도록 만든다. 다음은 누적 데이터의 완전성 및 정확성 문제를 해결하는 데 사용할 수 있는 처리 제어 기술이다.

(1) 수동 재계산(Manual recalculations): 처리가 예상 작업을 수행하고 있는지 확인하기 위해 트랜잭션 샘플을 수동으로 재계산할 수 있다.

(2) 편집(Editing): 편집 검사는 응용 프로그램에서 정확하고 완전하며 유효한 입력 및 업데이트를 테스트하는 프로그램 명령 또는 서브루틴이다.

(3) 실행별 합계(Run-to-run totals): 실행별 합계는 응용 프로그램 처리 단계를 통해 데이터 값을 확인하는 기능을 제공한다. 실행별 합계 검증(Run-to-Run Total Verification)은 컴퓨터로 읽은 데이터가 승인된 다음 업데이트 프로세스에 적용되었는지 확인한다.

(4) 프로그래밍된 통제(Programmed controls): 소프트웨어를 사용하여 데이터 및 처리 오류를 감지하고 수정 조치를 시작할 수 있다. 예를 들어, 처리를 위해 잘못된 파일 또는 파일 버전이 제공된 경우 응용 프로그램은 적절한 파일 및 버전을 사용하도록 지시하는 메시지를 표시할 수 있다.

(5) 산출 금액의 합리성 검증(Reasonableness verification of

calculated amounts): 응용 프로그램을 통해 산정된 금액의 합리성을 확인할 수 있다. 합리성은 미리 결정된 기준에 대한 적절성을 보장하기 위해 테스트될 수 있다. 불합리하다고 판단되는 거래는 추가 검토가 있을 때까지 거부될 수 있다.

(6) 계산된 금액에 대한 한도 확인(Limit checks on calculated amounts): 편집 확인은 미리 결정된 한도를 사용하여 계산된 금액이 올바르게 입력되지 않았음을 보증할 수 있다. 한도를 초과하는 거래는 추가 조사를 위해 거부될 수 있다.

(7) 파일 총계 조정(Reconciliation of file totals): 파일 총계 조정은 정기적으로 수행해야 한다. 조정은 수동으로 유지 관리되는 계정, 파일 제어 레코드 또는 독립 제어 파일을 사용하여 수행할 수 있다.

(8) 예외 보고서(Exception reports): 예외 보고서는 잘못된 것으로 보이는 트랜잭션이나 데이터를 식별하는 프로그램에 의해 생성된다. 이러한 항목은 미리 결정된 범위를 벗어나거나 지정된 기준에 맞지 않는 경우이다.

2)번의 정확성, 완전성, 적시성 보고서(Accuracy, completeness and timeliness report)는 출력 통제의 예이다.

046

정답: 3번

강력한 사이버 위험 관리 프로세스는 자동화 및 데이터 분석 도구에 의존하여 팀이 항상 기존 위험의 상태를 인식하고 트리거 조치가 발생할 경우 완화 전략을 즉시 구현할 수 있도록 한다. 위험 모니터링 기술 스택에는 각 위험에 대한 위험 선호도를 설정하고, 위험을 모니터링하고, 위험을 종합적으로 보고하여 조직 전체에 명확한 가시성을 제공하기 위해 위험 수준에 대해 보고하는 기능이 포함되어야 한다.

- 업계 모범 사례를 기반으로 한다.
- 실시간 데이터 피드를 활용하여 새로운 위협을 분석한다.
- 사건과 위협에 대한 주요 정보를 익명으로 공유한다.
- 전문 산업 교육 없이 사용자에게 직관적이어야 한다.
- 위험 평가를 위한 산업 관련 데이터를 제공한다.
- ROI 추적을 위한 투자 대 영향을 수치 제공한다.
- 유연한 보고 옵션을 제공한다.

솔루션은 실시간 위협 분석 및 취약성 추적을 위해 서로 다른 데이터 소스에 연결해야 한다. 또한, 위험 성향을 쉽게 추적하고 규정 준수를 확인할 수 있도록 위험 및 규제 프레임워크와 통합되어야 한다. 변화하는 위험 수준이나 규정에 대한 모니터링을 자동화함으로써, 수동 감독의 운영 부담을 제거할 수 있다. 사이버 위험 분석가는 추가 조치가 필요한 상황에서 자동화된 경고를 수신하고 전략적 분석이 필요한 문제에 시간을 할애해야 한다. 자동화된 위험 평가 플랫폼으로 이동하면 사이버 위험 관리 전략을 간소화할 수 있다. 그리고 가장 높은 위험과 잠재적인 취약성을 만들 수 있는 외부 요인에 대해 항상 명확한 가시성을 확보해야 한다. 이를 통해 팀은 이미 발생한 침해를 발견하기 위해 몇 달을 기다리는 대신 위험을 완화하고 취약성을 신속하게 수정하는 우선순위를 지정할 수 있다.

047　　　정답: 1번

비즈니스 위험 평가 프로세스에서 다음 단계로 수행한다.

(1) 프로필 만들기(Create a profile): 먼저 위험 목록으로 비즈니스 프로필을 설정한다.

(2) 비즈니스 영향 결정(Determine business impact): 각 위험이 비즈니스에 미치는 재정적 또는 평판적 영향은 무엇인가?

(3) 위협 평가(Assess threat): 과거 데이터와 산업 데이터를 기반으로 각 위협이 발생할 가능성은 어느 정도인가?

(4) 취약점 평가(Assess vulnerabilities): 현재 조직에 어떤 약점이 있는가?

(5) 위험 결정(Determine risk): 어떤 위험이 가장 높은 우선순위인지 평가한다.

(6) 위험 처리(Treat the risk): 비용 및 잠재적 영향을 기준으로 각 위험을 완화, 회피, 이전 또는 수용해야 하는가?

048　　　정답: 3번

데이터베이스(Database, DB)는 여러 사람이 공유하여 사용할 목적으로 체계화해 통합, 관리하는 데이터의 집합이다. 작성된 목록으로써 여러 응용 시스템들의 통합된 정보들을 저장하여 운영할 수 있는 공용 데이터의 묶음이다. 데이터베이스에 속해 있는 모델은 다양하다. 여러 사람이 공유하고 사용할 목적으로 통합 관리되는 정보의 집합이다. 논리적으로 연관된 하나 이상의 자료의 모음으로 그 내용을 고도로 구조화함으로써 검색과 갱신의 효율화를 꾀한 것이다. 즉, 몇 개의 자료 파일을 조직적으로 통합하여 자료 항목의 중복을 없애고 자료를 구조화하여 기억시켜 놓은 자료의 집합체라고 할 수 있다. 공동 자료로서 각 사용자는 같은 데이터라 할지라도 각자의 응용 목적에 따라 다르게 사용할 수 있다.

(1) 통합된 데이터(Integrated Data): 하나의 주제에 따라 중복을 최소화한 데이터, 즉 동일한 내용의 데이터가 중복되지 않다는 것을 의미하며 데이터 중복은 관리상의 복잡한 부작용을 초래한다.

(2) 저장된 데이터(Stored Data): 언제든지 이용할 수 있도록 저장된 데이터 집합, 자기 디스크나 자기 테이프 등과 같이 컴퓨터가 접근할 수 있는 저장 매체에 저장된다는 것을 의미한다. 데이터베이스는 기본적으로 컴퓨터 기술을 바탕으로 한다.

(3) 공용 데이터(Shared Data): 여러 사용자가 다수의 응용 시스템을 공유하는 데이터, 여러 사용자가 서로 다른 목적으로 데이터를 공동으로 이용한다는 것을 의미한다.

(4) 운영 데이터(Operational Data): 중복을 최소화하고 여러 사람이 공유함에 있어서 문제가 발생하지 않도록 관리를 필요로 하는 데이터의 집합, 어느 순간이라도 동시에 여러 사용자에 의해 사용될 수 있다.

(5) 변화되는 데이터(Changeable Data): 새로운 데이터의 추가, 기존 데이터의 삭제, 갱신으로 항상 변화하면서도 항상 현재의 정확한 데이터를 유지해야 한다.

049　　　정답: 1번

논리적 관계 체크(Logical Relationship Check)는 특정 조건이 참인 경우 하나 이상의 추가 조건 또는 데이터 입력 관계가 참이어야 하고 그러한 경우 입력이 유효한 것으로 간주한다. 예를 들어, 직원의 고용 날짜는 생년월일 이후 16년 이상이어야 할 수도 있다. 체크 방법은 자주 출제되는 영역으로, CISA 시험을 준비하는 수험생이라면 반드시 각각의 특징을 숙지해야 한다.

- 순서 체크(Sequence Check): 통제 번호는 순서대로 나오고 순서에 맞지 않거나 통제 번호가 중복이 되면 처리를 거절하고, 사후 조치를 위해 예외 보고서에 표시한다. 예를 들면 청구 번호는 일련번호를 사용한다. 일과 중에 청구 번호가 12001로 시작하고 15405로 끝나면 일과 중에 처리하는 청구서 번호가 15045보다 크면 청구 번호 오류로 해당 청구서를 처리 거절한다.

- 한도 체크(Limit Check): 금액 데이터는 미리 정한 금액 범위를 초과할 수 없다. 예를 들면, 급여가 미화 4,000달러를 초과하지 못한다고 할 때, 미화 4,000달러를 초과하는 급여 수표는 처리를 거절하고 추가 검사나 별도 승인을 얻어야 한다.

- 유효성 체크(Validity Check): 데이터가 미리 정한 기준을 충족하는지 프로그램으로 유효성을 점검한다. 예를 들면, 급여 레코드에 혼인 여부 필드가 있고 입력할 수 있는 값은 M과 S일때, 이와 다른 값이 들어 있으면 해당 레코드는 처리 거절한다.

- 범위 체크(Range Check): 데이터는 미리 정한 범위 이내여야 한다. 예를 들면, 제품 타입 코드가 100부터 250까지이면, 이 범위를 벗어나는 데이터는 제품 유형 오류로 처리 거절하여야 한다.

- 합리성 체크(Reasonableness Check): 입력 데이터마다 미리 정해 둔 합리적인 범위나 발생 비율이 있을 수 있다. 예를 들면, 기계 장치를 만드는 공장이 평소의 주문량이 20개 이하일 때, 20개를 초과하는 주문이 입력되면 주문량 비정상이라는 경고와 함께 해당 레코드를 보고서에 인쇄하여야 한다.

- 테이블 대조(Table Lookups): 입력 데이터는 미리 정해 둔 기준 수치가 적혀 있는 테이블을 준수해야 하는 경우가 있다. 예를 들어, 도시 코드가 1부터 10까지인 경우, 입력 도시 번호로 도시 명칭을 찾는 경우 입력 도시 번호는 테이블에 등록된 번호와 일치하여야 한다.

- 존재 체크(Existence Check): 입력 데이터는 미리 정한 기준에 맞아야 한다. 예를 들어 거래 코드 입력란에는 올바른 거래 코드를 입력해야 한다.

- 키 검증(Key Verification): 서로 다른 사람이 동일 기계에 데이터를 입력하고 최초 입력 데이터와 두번째 입력 데이터를 비교하는 것이 입력키 점검 절차이다. 예를 들어 직원 번호를 두 번 입력하고 입력 키 값을 비교할 수 있다.

- 숫자 확인(Check Digit): 수학적으로 산출한 값을 데이터에 추가하여 원시 데이터가 변경되지 않았거나 정확하게 입력되었음을 확인하는 방법이다. 이 방법은 위치 변경 오류와 전사 오류를 찾아내는 데 효과적이다. 예를 들면 계좌 번호에 체크 디지트를 추가하면 사용자 입력이 정확한지 확인할 수 있다.

- 완전성 체크(Completeness Check): 어떤 필드는 0이나 공백 대신 데이터가 들어 있어야 한다. 해당 필드의 모든 바이트를 하나씩 점검하여 0이나 공백이 없는지 점검할 수 있다. 예를 들어 새 직원 레코드의 직원 번호란이 공백이고 이 필드가 핵심 필드라면 해당 레코드는 처리 거절하거나 해당 레코드를 처리하기 위해서는 해당 필드에 값을 채우라고 요청해야 한다.

- 중복 체크(Duplicate Check): 새 거래는 방금 전에 입력한 내용과 대조하여 동일한 거래가 두 번 입력되지 않도록 비교한다. 예를 들어 벤더의 청구서 번호가 전에 입력한 청구서 번호와 동일한지 점검하면 벤더에게 두 번 지급하는 일을 막을 수 있다.

- 논리적 관계 체크(Logical Relationship Check): 만일 어떤 관계가 참이면, 다른 입력 자료도 참인 관계가 있을 수 있다. 예를 들면, 직원의 취업일은 자신의 생일보다 16년 이후이어야 한다.

── ⌂출처   CISA Review Manual 27th 221 Page

050 정답: 1번

숫자 확인(Check Digit)은 은행 계좌 번호와 같은 식별 번호의 오류 감지에 사용되는 중복 검사의 한 형태로, 최소한 때때로 수동으로 입력해야 하는 응용 프로그램에서 사용된다. 컴퓨터 생성 데이터의 오류를 확인하는 데 사용되는 이진 패리티 비트와 유사하다. 시퀀스 입력의 다른 숫자(또는 문자)에서 알고리즘에 의해 계산된 하나 이상의 숫자(또는 문자)로 구성된다. 검사 숫자를 사용하면 잘못 입력된 숫자 하나 또는 연속된 두 숫자의 순열과 같은 일련의 문자(보통 숫자) 입력에서 간단한 오류를 감지할 수 있다.

051

정답: 3번

내부감사와 외부감사는 서로 상반되지 않는다. 대신, 그들은 서로를 보완한다. 외부감사인은 자신이 적합하다고 생각하는 경우 내부감사인의 작업을 사용할 수 있지만 외부감사인의 책임은 감소되지 않는다. 내부감사는 비즈니스 활동에 대한 점검 역할을 하며 운영 효율성을 높이기 위해 다양한 문제에 대한 자문을 제공한다. 반면에, 외부감사는 전적으로 독립적이며 절차를 수행하기 위해 제3자가 조직에 파견된다. 또한, 조직의 연간 계정의 정확성과 유효성을 확인한다. 내부감사인과 외부감사인은 주기적으로 모여서 의견을 교환해야 하며 그 내용은 다음과 같다.

(1) 감사보고서와 경영진에 대한 권고 사항의 교환

(2) 감사 기법, 방법, 용어에 대한 공통의 이해

(3) 감사 영역의 조정 및 중복 노력 최소화

(4) 상호 각자의 감사 프로그램 및 감사 조서에의 접근

052

정답: 4번

모범 규준은 내부 통제 시스템의 적정성을 평가하고 개선점을 모색하는 것을 감사위원회의 의무로 정하고 있다. 감사위원회는 내부회계관리제도의 운영실태를 평가하고, 반기마다 이사회에 보고하여 미비점이나 취약점을 시정해야 한다. 외부감사법 시행령에 따라, 내부회계관리제도 운영실태 평가 보고서에는 (1) 해당 회사의 내부회계관리제도가 신뢰성 있는 회계정보의 작성 및 공시에 실질적으로 기여하는지를 평가한 결과 및 시정 의견, (2) 내부회계관리제도 운영실태보고서에 거짓으로 기재되거나 표시된 사항이 있거나, 기재하거나 표시하여야 할 사항을 빠뜨리고 있는지를 점검한 결과 및 조치 내용, (3) 내부회계관리제도 운영실태보고서의 시정 계획이 회사의 내부회계관리제도 개선에 실질적으로 기여할 수 있는지를 검토한 결과 및 대안 등이 포함된다.

053

정답: 2번

감사 종료 단계에 감사위원회는 감사인으로부터 감사 결과를 보고받고, 감사인의 권고 사항과 이에 대한 경영진의 입장에 대한 평가를 수행해야 한다. 특히 각종 평가 및 추정과 관련된 가정과 관련 기초 자료의 적정성에 대해 감사인에게 보고받고, 그 적절성을 검토해야 한다. 끝으로 감사인의 업무 수행을 평가하여 차기 연도의 감사 계획 수립과 감사인 선임 시 반영하도록 한다.

감사인의 평가는 업무수행팀 및 회계법인 수준의 항목을 나누어 수행하고, 감사인과의 커뮤니케이션과 독립성, 역량 등의 측면을 포함한다. 보다 체계적인 평가를 위해 평가표를 활용할 수 있다. 감사위원회는 감사인의 선임 단계부터 감사업무 수행 감독, 감사결과 평가에 이르기까지 감사인과의 관계에서 가장 중요한 역할을 담당한다. 모범 규준은 감사인 선임 단계, 실시 단계, 종료 단계로 나누어 감사위원회의 역할을 제시한다.

먼저 감사위원회는 양적 요소와 질적 요소를 모두 고려하여 감사인을 선임해야 하고, 감사인과의 계약 조건의 적정성을 검토하여 문서화해야 한다. 선임 후에는 감사인과 세부 감사 계획에 대하여 협의하고 그 과정을 문서화해야 한다. 감사법도 감사인의 선임, 계약 내용에 대한 검토 등을 문서화할 것을 요구하므로 문서화 방식, 담당자, 검토 절차 등을 세부적으로 정해서 둘 필요성이 있다. 그리고 감사 실시 단계에서 감사 계약대로 감사가 수행되고 있는지를 점검하고, 종료 단계에 계약 체결 시의 계약 조건과 감사 실시 내용이 적절하게 일치하는지 확인해야 한다.

054

정답: 4번

상법은 자산 총액 2조 원 이상인 상장기업의 경우 감사위원회 설치를 의무화하고 있는 반면, 모범 규준은 자산총액 1조 원 이상인 대규모 상장기업이면 감사위원회를 설치할 것을 권고하고 있다. 이미 감사위원회를 자발적으로 설치한 2조 원 미만의 상장기업이 늘어

나고 있는 추세이다. 또한, 감사위원회 산하에 이를 보좌하고 감사 실무를 수행하는 내부감사부서를 설치하여야 한다. 감사위원회는 주로 사외이사로 구성된 회의체이지만, 광범위한 영역에 대해 감독 책임을 갖기 때문에 상시적으로 감사위원회 업무를 살필 수 있는 보조조직이 있어야 실질적인 업무수행이 가능하다. 내부감사부서의 책임자는 임원급으로 하고, 감사위원회가 내부감사부서 책임자와 구성원이 독립성과 전문성을 갖출 수 있도록 감독하여야 한다. 내부감사부서는 감사위원회 업무계획, 회의 준비와 같은 사전 활동부터 주요 이슈의 파악 및 보고, 내부감사 절차 등을 수행하고, 감사위원회의 활동에 대한 문서화 작업 등 감사위원회의 책임과 밀착된 업무를 수행한다. 따라서 감사위원회 업무의 실효성은 내부감사부서의 독립성과 전문성에 따라서 움직인다고 해도 과언이 아니다. 금융회사의 경우 금융회사의 지배 구조에 관한 법률에 따라 의무적으로 내부감사부서를 설치하여야 한다.

── 🏠 출처 https://www.pwc.com/

055
정답: 2번

감사위원회와 외부감사인의 Private Session에서 논의할 사항으로 다음과 같은 사항들이 있다.

(1) 재무제표나 공시 자료에 대해 수정을 권고했으나 받아들여지지 않은 사항과 그 내용

(2) 경영진 및 중간 관리자의 특성 및 재무보고팀의 역량에 대한 의견

(3) 이익이나 재무 비율의 질(Quality)

(4) 가장 많은 시간이 소요되고, 예산을 초과하는 비용이 들며, 경영진과의 의견 불일치를 유발하는 감사 영역

외부감사인 조서의 외부 공개는 외부감사인의 승인 후에 가능하며, 내부감사인 조서의 외부 공개는 감사팀장(CAE) 판단에 의해서 가능하다.

056
정답: 2번

대기 오염 감사의 주요 쟁점으로 다음과 같은 사항에 대해서 고려해야 한다.

- 대기 오염의 출처 및 정도에 대한 데이터
- 대기 오염으로 인한 건강과 환경에 대한 위협 인식
- 대기 오염 통제를 위한 정책/법률/규칙의 존재
- 대기 질 기준의 존재 및 준수
- 대기 질 기준 위반에 대한 처벌
- 대기 오염을 줄이기 위한 프로그램/전략
- 대기 오염을 줄이기 위한 프로그램/전략 준수
- 대기 오염을 줄이기 위한 프로그램/전략 준수 모니터링
- 대기 오염을 통제하기 위한 기반 시설의 적절성

대기 오염 방지와 관련된 환경 정책, 규칙 및 규정 준수는 국가마다 다르며 해당 국가에서 유행하는 특정 법률의 적용을 받는다. 준수 감사는 모든 감사 활동의 주요 부분이며 예방과 관련하여 정부가 정한 행위/규칙을 평가하는 첫 번째 단계를 구성할 수 있다. 대기 오염 방지를 관리하는 규칙의 준수 및 모니터링도 준수 감사의 기초를 형성할 수 있다. 또한, 규정 감사 중에 부가적으로 다음 사항에 대해서도 확인할 수 있다.

- 대기 오염 방지를 위한 기금 활용
- 다양한 산업 및 차량 등급에 대한 오염 표준 설정
- 대기 오염 통제 프로그램으로 인한 대기 오염 물질 감소
- 대기를 오염시키는 주요 산업의 식별 및 이에 대한 조치
- 충분하고 지속적으로 모니터링을 수행할 수 있도록 모니터링 실험실에 장비와 훈련된 인력
- 오염 방지를 위해 설정된 목표 달성 모니터링
- 해당 국가가 서명한 국제 협정에 따른 의무 이행 정도

057
정답: 2번

환경 감사란 일반적으로 대기, 수질, 토양, 폐기물, 자연환경 등 환경 분야와 관련된 정부의 사업, 정책 등이 독립적이고 객관적인 기준에 부합되는지 여부와 개발

사업으로 인해 기존 환경이 훼손되거나 우려되는 사항에 대하여 방지 및 보호대책이 마련되었는지 등을 점검하는 것을 의미한다. 제조 시설의 모든 출력은 제품 또는 폐기물의 두 가지 범주로 나누어진다. 기업은 운영에서 발생하는 낭비를 줄이기 위해 노력해야 한다. 이는 희소 자원의 비효율적인 사용을 의미하기 때문이다. 폐기물 관리는 그렇지 않으면 사용되지 않을 자원을 소비하고 이러한 폐기물 관리 활동에서 종종 오염이 생성되기 때문에 모든 폐기물은 오염과 간접적으로 연관될 수 있다. 따라서 예방은 가능하거나 가능성이 있는 것에 대해 선진적인 조치를 취하는 행위이다. 자원을 효율적으로 이용하여 폐기물의 발생을 최대한 억제하고 발생된 폐기물의 순환이용 및 적정한 처분을 촉진하여 천연자원과 에너지의 소비를 줄임으로써 환경을 보전하고 지속가능한 자원순환사회를 만드는 데 필요한 기본적인 공해 방지 서열화는 다음과 같이 나열할 수 있다.

재활용 → 자원 절감 → 재생 → 에너지 활용 → 처리 → 매립 → 방치

058

정답: 1번

입증 절차 세부 감사 계획의 수립과 목표 적발 위험의 결정을 통해서 감사 증거, 절차, 시기, 범위에 대해서 결정해야 한다.

(1) 목표 적발 위험을 낮지 않게 설정 시 축소된 입증 절차 수행 가능하다.

(2) 목표 적발 위험을 낮게 설정 시 확대된 입증 절차 수행 가능하다.

── 🏠 출처 https://youtu.be/fMxFCTZClLU

059

정답: 1번

감사란 법적 권한이 있는 기관이 단체나 조직의 업무 상황을 감독하고 조사하는 일을 말한다. 따라서 피감부서에서는 이러한 감사를 미리 계획하여 평가해 봄으로써 본격적인 감사에 대비할 수 있도록 준비한다.

감사 일정표를 짤 때에는 대상 부서와 감사 실시 기간과 주요 감사 항목 등을 명시하고 감사인을 확인한다. 또한, 전회 감사 시 지적 사항을 확인하여 이번 감사에서 또 지적받지 않도록 면밀한 준비가 필요하다. 이러한 일정표를 통해 피감부서의 활동에서 놓칠 수 있는 여러 가지 행위나 조건 위배 등에 대해 면밀히 체크할 수 있는 기회가 될 것이다. 일반적으로 감사업무 수행 일정표에 포함될 내용은 다음과 같다.

(1) 수행될 활동

(2) 수행 시기

(3) 예상 소요 시간(계획된 감사 업무의 범위가 다른 감사자가 수행한 비슷한 업무의 성격과 정도를 고려해서 판단한다.)

060

정답: 3번

COBIT®은 EGIT(엔터프라이즈 IT)의 관리 및 거버넌스에 대한 이해, 설계 및 구현을 지원하기 위해 개발된 광범위하고 포괄적인 프레임워크이다. COBIT은 최적의 거버넌스 시스템을 구축하고 유지하기 위한 구성요소 및 설계 요소를 정의한다. COBIT은 1996년에 처음 출시되었으며, 2018년 최신 버전인 COBIT 2019가 출시되었다. 2012년 COBIT 5가 출시되었으며 디지털화 등 정보 기술(I&T) 분야의 신기술 및 비즈니스 트렌드를 반영하기 위해 COBIT 5가 COBIT 2019로 업데이트되었다. 전문가들의 새로운 인사이트 IT 및 거버넌스에서 새 버전에 포함되었다. COBIT 2019로의 원활한 전환을 위해서는 COBIT 5와 COBIT 2019의 주요 차이점을 알아야 한다. ISACA에 따르면 COBIT 2019는 다음 사항을 포함하도록 개정되었다

- 중점 분야 및 설계 요소에 의해 거버넌스 시스템을 비즈니스 요구에 맞춰 좀더 정확하게 생성
- 글로벌 표준, 프레임워크 및 모범 사례와의 정렬을 강화해 프레임워크의 적합성을 확장
- 세계의 거버넌스 커뮤니티로부터의 피드백을 허용하는 오픈 소스 모델로 신속한 업데이트와 보강
- 정규 업데이트를 수시로 발표
- 최적의 거버넌스 시스템을 개발할 수 있도록 지원하

는 지침과 툴을 추가해 COBIT 2019를 규범이 되도록
만듦

- IT 성과 및 CMMI와의 정렬을 측정하는 향상된 툴
- 새로운 온라인 협업 기능 등 의사결정 지원 확대

3)번은 COBIT 5.0의 5대 원칙에 대한 세부 내용
이다.

061

정답: 4번

ISO 31000과 COSO의 ERM 프레임워크는 동일
한 궁극적인 목표를 가지고 있다. 바로 조직이 효과적
인 위험 관리 전략 및 프로세스를 구현하도록 지원하
는 것이다. ISO 31000과 COSO는 모두 위험을 평가,
관리 및 모니터링하는 데 사용되는 기술과 방법에 중
점을 둔다. 많은 면에서 그것들은 동일한 지식 체계의
표현이다. 둘 다 조직을 위한 지침으로 설계되었으며
규정 준수에 대한 인증은 없다. 각 표준에 따라 ERM
시스템은 개별 조직에 맞춤화되어야 하며 이를 달성
하기 위해 필요에 따라 지침을 조정할 수 있다. ISO
31000과 COSO는 모두 조직의 의사결정 프로세스에
위험 관리를 포함시키는 것의 중요성을 강조하여 기업
경영진과 비즈니스 관리자가 비즈니스 결정을 내릴 때
위험과 위험이 조직 목표와 어떻게 관련되는지 이해할
수 있도록 한다. 두 가지 모두 새로운 비즈니스 문제와
요구 사항이 나타날 때 위험을 검토하고 ERM 전략과
통제를 수정할 필요성을 강조한다. 두 표준은 이해하
고 구현하기 쉽도록 거의 동시에 업데이트되었다. 또한,
ISO 31000과 COSO ERM 프레임워크 사이에는 많
은 차이점이 존재한다. 차이점은 다음과 같다.

(1) Development: ISO 31000은 공식 표준 기관에서 개발
했으며 ISO는 2018 버전을 작업할 당시 70개 이상의
국가에서 5,000개 이상의 의견을 받았다. 반면 COSO
는 전문 협회 그룹이며 2017 ERM 프레임워크 업데이
트는 COSO 이사회의 지시와 외부 고문 및 관찰자의 의
견을 받아 컨설팅 회사 PwC에서 개발했다.

(2) Focus: COSO 프레임워크는 조직의 현재 ERM 관행
을 평가하기 위한 기준을 제공하는 위험 관리 활동의
일반적인 기업 거버넌스와 감사에 더 집중한다. ISO

31000은 위험 관리와 전략적 계획 및 의사결정에서의
역할에 중점을 두고 ERM의 특성과 구현 방법에 대한
지침을 제공한다.

(3) Presentation: ISO 31000은 어휘 가이드와 IEC 31010
으로 보완되었지만 16페이지에 불과하다. COSO 프레
임워크의 요약은 16페이지이지만, 전체적으로 100페
이지 이상의 텍스트 및 시각적 요소가 포함되어 있다.

(4) Audience: 보다 일반적인 위험 관리 표준인 ISO 31000
은 ERM에 관심이 있는 광범위한 사용자를 위해 작성
되었다. 2017년 업데이트에서 COSO의 프레임워크 범
위를 확장하기 위해 변경된 사항에도 불구하고 여전히
회계 및 감사 전문가를 대상으로 한다.

(5) Framework, principles and process: COSO는 위험 관
리를 광범위한 조직 거버넌스 및 관리 관행에 통합하
는 단일 구조로 프레임워크, 원칙 및 프로세스를 결합
한다. ISO 31000은 이러한 세 가지 요소를 구분하고 필
요한 위험 관리 작업을 보다 직접적으로 자세히 설명
한다.

(6) Risk appetite vs. Risk criteria: COSO 프레임워크에는
조직의 위험 선호도 개념이 포함되어 있으며, 이는 위
험 허용 범위 및 용량과 관련된 개념과 함께 자세히 설
명한다. ISO 31000의 2018 버전은 위험 기준을 사용
하여 조직이 기꺼이 감수할 위험의 양과 유형을 설명
한다.

(7) Risk reduction vs. Business success: COSO 프레임워
크는 일반적으로 위험 감소 및 회피에 중점을 둔 것으
로 간주되는 반면 ISO 31000은 위험 관리를 사용하여
비즈니스 가치를 생성하는 데 중점을 둔다.

062

정답: 2번

내부감사자는 다음과 같은 원칙을 적용하고 준수해
야 한다.

(1) 성실한 책임감(Integrity): 내부감사자의 성실한 책임감
은 신뢰감을 만들어 주며, 감사와 관련하여 그들의 판
단에 대해서 신뢰할 수 있는 기반을 제공한다.

(2) 객관성(Objectivity): 내부감사자는 검토되는 활동이나
프로세스에 관한 정보를 수집하고, 평가하고, 보고하
는 데 있어서 최고 수준의 직업인으로서의 객관성을
보여야 한다. 내부감사자는 감사 업무와 관련된 상황
에 대하여 균형 잡힌 평가를 해야 하며, 판단을 함에 있
어 자신 및 다른 사람의 이해에 따라 부적절하게 영향

을 받아서는 아니 된다.

(3) 보안 의식(Confidentiality): 내부감사자는 그들이 입수한 정보의 가치와 소유권을 존중하고, 법률적 또는 직업인의 의무로서 그렇게 하도록 되어 있는 경우가 아니라면 적절한 승인 절차 없이는 정보를 노출시키지 말아야 한다.

(4) 역량 보유(Competency): 내부감사자는 내부감사 서비스 수행에 필요한 지식, 기술, 그리고 경험을 가져야 한다.

- 조직의 목적과 신념 전달
- 통일된 윤리적 행위 지침 수립
- 조직 내의 윤리적 문화 증진
- 윤리에 대한 객관적 기준 제공

064 　　정답: 3번

클라우드 관리 전략은 클라우드 거버넌스의 여러 주요 측면을 통합해야 한다. 적절한 제어를 설정하고 클라우드 서비스 사용을 최적화하는 데 필수적이다.

(1) 재무 관리(Financial management)

(2) 운영 관리(Operations management)

(3) 보안 및 규정 준수 관리(Security and compliance management)

(4) 데이터 관리(Data management)

(5) 성과 관리(Performance management)

(6) 자산 및 구성 관리(Asset and configuration management)

이러한 요소는 독립적이고 고립된 목표가 아니며 서로 영향을 미치고 경우에 따라 제약을 가한다. 데이터 관리와 보안은 서로 얽혀 있다. 운영 관리와 비용 통제는 중첩되고 서로 영향을 미치며, 운영 관리는 기업이 데이터 생명 주기 관리 정책을 구현하는 방법을 구체화하는 데도 도움이 된다. 개발자와 제품 관리자는 보안을 강화하기 위해 전문 데이터 손실 보호 서비스를 선택할 수 있다. 규모에 따라 이 서비스는 엄청나게 비쌀 수 있다.

063 　　정답: 2번

윤리 강령의 제정 목적은 내부감사 업무를 수행하는 직무에 윤리 의식을 조성시키기 위함이다. 내부감사 직무란 한 조직의 업무 수행의 가치를 증대시키고 개선시키기 위해 설정된 독립적이고 객관적인 검증과 컨설팅 활동이다. 이것은 체계적이고 훈련된 접근 방법을 이용하여 위험 관리, 통제, 그리고 기업 지배 구조 프로세스의 효과성을 평가하고 개선시켜 조직이 그 목표를 완수하도록 하는 데 도움을 준다.

윤리 강령은 위험 관리, 통제, 그리고 기업 지배 구조 프로세스에 관한 객관적 검증을 함에 있어 신뢰의 기반 위에 있어야 하는 내부감사 활동 직무에 필요하고도 적절한 것이다. 이런 윤리 강령 제정으로 내부감사 활동의 정의는 다음 두 가지 중요한 요소를 포함하는 데까지 확장된다.

(1) 내부감사 직무 및 감사 수행과 관련되는 원칙(Principles)

(2) 내부감사자에게 요구되는 행동 규범(Rules of Conduct): 이러한 규범은 원칙을 해석하여 실제로 적용하는 데 도움을 주며, 내부감사자의 윤리적 행동을 유도하기 위한 의도를 갖는다. 직무 수행 방안(Professional Practices Framework) 및 국제감사인협회(IIA)의 여타 관련 발표문의 제정과 함께 윤리 강령은 내부감사자가 다른 사람을 위해 서비스를 제공함에 있어 지침이 된다. 내부감사자란 IIA 회원, IIA로부터 전문 자격증을 받았거나 받기 위해 준비하는 수험생, 그리고 내부감사 직무의 개념 정의에 따라 내부감사 서비스를 제공하는 사람들을 말한다.

065 　　정답: 3번

IT 거버넌스의 구조와 원리 중 지휘와 통제, 책임감, 책임 추적성 중 가장 중요시되는 것은 책임 추적성이다. 책임감과 책임 추적성을 분리시킨 이유는 책임감이 책임져야 할 내용이라면 책임 추적성은 그 내용을 실천하는 실천 강령이기 때문이다. 즉, 책임감을 구체화하는 것이 책임 추적성이다.

066

적용 후 검토를 수행하는 정보 시스템 감사인은 시스템 개발 프로세스에 독립적이어야 한다. 프로젝트 개발팀과 시스템 개발 단계에서부터 컨설팅을 수행한 정보 시스템 감사인은 검토를 수행하지 않아야 한다. 적용 후 검토는 프로젝트 개발팀과 적절한 사용자 그룹이 함께 진행해야 한다. 또한, 프로젝트 진행과 관련이 없는 독립적인 그룹이 적용 후 검토를 진행할 수 있다. 내부 프로젝트 검토와는 달리, 정보 시스템 감사인이 수행한 적용 후 검토는 시스템 개발과 적용 절차에서 통제 항목에 집중되는 경향이 있다.

067

ITSM을 기반으로 정보 시스템 운영 및 지속적 개선 업무를 수행하는 경우 최초의 서비스 요청 (Service Request, SR)부터 변경 요청(Change Request, CR), 형상 관리(Configuration Management, CM). 릴리즈 관리(Release Management, RM)까지 연계되어야 한다. 서비스 요청을 먼저 완료 처리하면 변경 요청 발생이 차단되어야 하며, 서비스 요청과 변경 요청이 없거나 이미 완료된 경우 형상을 편집할 수도 없고 릴리스를 할 수도 없게 해야 한다. 해당 답안을 제외한 나머지 방법은 근본적인 해결 방안은 아니다.

068

내부 통제 자체평가는 다음과 같은 단점이 존재한다.

- 감사기능의 대체로 오해할 수 있다.
- 부가적인 업무 부담으로 여겨질 수 있다. (예: 경영진에게 제출하는 추가적인 보고)
- 개선안에 대한 실행의 실패는 직원의 사기를 저해할 수 있다.
- 결여된 동기 부여는 약한 통제를 탐지하는 데 효과성이 제한적일 수 있다.

IS 감사인은 비즈니스 프로세스에 대한 위험을 기반으로 비즈니스 프로세스 소유자들이 적정한 통제를 정의하고 접근하도록 돕고, 통제의 필요성을 이해하도록 하는 촉진자로써 역할을 수행한다. 내부 통제 자체 평가의 가장 중요한 목적은 통제 모니터링 책임의 일부를 현업 부서로 이관함으로써 내부감사 기능을 최대한 끌어올리는 것이다. 현업 관리자들과 같은 피감사자들은 자신들의 환경에 대한 통제의 책임이 있고, 경영진도 동일하게 통제를 모니터링해야 한다. 내부 통제 자체 평가 프로그램은 특히 고위험 분야에 집중해서, 통제의 설계와 모니터링을 경영진에게 교육하여야 한다. 즉, 내부 통제 자체 평가는 감사의 책임을 대체하는 것이 아니라 보다 강화하는 것이다.

069

감사 보고 목적에는 다음의 6가지가 있다.

- 공식적으로, 피감사인에게 감사 결과를 제시한다. (피감사인이 다를 경우 감사 고객)
- 감사 수행의 공식적 종료로 기여
- 보증서를 제공하고, 필요하다면 교정 활동이나 관련된 권고가 필요한 분야 식별
- 피 감사인 또는 감사 주체를 찾고 있는 어떤 조직에 가치 있는 참조로 기여
- 감사 발견 사항이 있을 경우 감사 후속 감사를 위한 근거로 기여
- 잘 개발되고 작성될 경우 감사 신뢰성 고취

감사보고서는 내부감사인이나 외부감사인이 내부 또는 외부감사의 결과로 발행한 공식적인 의견 또는 부인으로서, 사용자가 다음 결과에 따라 결정을 내릴 수 있도록 하는 보증 서비스이다. 감사보고서는 특히 비즈니스에서 재무 정보를 사용자에게 보고할 때 필수적인 도구로 간주된다. 많은 제3자 사용자는 재무 정보가 독립적인 외부감사인의 인증을 받는 것을 선호하거나 요구하기까지 한다. 채권자와 투자자는 최고 감사 기관(SAI)의 감사보고서를 사용하여 금융 투자에 대한 결정을 내린다. 감사보고서는 재무제표의 신뢰성을

높이는 데서 가치를 얻으며, 이는 재무제표에 대한 투자자의 의존도를 높인다. 정부에서 입법부 및 반부패 기관은 감사보고서를 사용하여 시민을 대신하여 공공 관리자의 활동을 추적한다. 따라서 감사보고서는 지방 당국, 정부 부처, 부처 및 관련 정부 기관과 같은 좋은 거버넌스를 육성하기 위해 만들어진 기관에서 공공 재정, 자원 및 신뢰가 관리되도록 하기 위해 시민을 대신하는 확인 메커니즘이다.

070

정답: 2번

경영자주장은 재무제표에 나타난 경영자가 명시적 또는 묵시적으로 주장하는 내용을 말하며, 그 내용은 다음과 같다.

(1) 실재성(Existence): 자산이나 부채는 대차대조표일 등 주어진 특정 일자 현재 존재하고 있다.

(2) 권리와 의무(Rights and Obligations): 자산이나 부채는 대차대조표일 등 주어진 특정 일자 현재 회사에 귀속되고 있다.

(3) 발생사실(Occurrence): 거래나 사건은 회계 기간 동안 회사에 실제로 발생하였다.

(4) 완전성(Completeness): 재무제표에 기록되지 않은 자산, 부채, 거래나 사건 또는 공시되지 않은 사항은 존재하지 아니한다.

(5) 평가(Valuation): 자산이나 부채는 적절한 가치로 계상되었다.

(6) 측정(Measurement): 거래나 사건은 올바른 금액으로 기록되었으며, 수익이나 비용은 적절한 기간에 배분되었다.

(7) 재무제표 표시와 공시(Presentation and Disclosure): 재무제표의 구성 항목은 일반적으로 인정된 회계 처리 기준에 따라 공시, 분류 및 기술되어 있다.

071

정답: 2번

법적 권한이 있는 기관이 기업의 자산과 업무 현황을 감독하고 확인하는 것을 감사라고 한다. 영업 연도의 회계 및 회계 이외의 기간까지 확인을 하며 감사보고서는 이러한 감사를 토대로 만들어진 보고서이다.

감사보고서는 IS 감사 직업의 최종 산출물이다. 감사보고서의 정확한 형식은 조직에 따라 다양하지만, IS 감사인은 감사보고서의 기본적인 구성요소, 이 보고서 어떻게 감사 발견 사항을 경영진과 소통하는지를 이해하여야 한다.

072

정답: 2번

경영진은 내부회계관리제도를 문서화·공식화하여 회사의 각 계층 및 기능별로 내부회계관리제도 상의 역할과 통제를 명확히 이해하고 수행할 수 있도록 한다. 회사는 고유한 사업 환경을 감안하여 내부회계관리제도에 대한 문서화 수준을 차별화할 수 있으나, 이 경우에도 각 업무 프로세스별 통제 목표와 통제에 대한 구체적 식별 및 평가 절차를 문서화한다. 따라서 통제에 대한 구체적 식별 및 평가 절차를 감안하지 않고 단지 내부회계관리규정을 보유하고 있는 것으로는 효과적이라고 할 수 없으며 경영진의 책임을 다하였다고 할 수 없다. 경영진은 회사의 내부회계관리제도를 운영 및 평가하는 데 있어 모범 규준을 포함한 일반적으로 인정되는 기준을 활용한다. 경영진은 회사의 내부회계관리제도에 대한 자체적인 평가활동을 수행·감독하며 평가 결과 및 평가 방법에 대해 근거 자료를 유지한다. 경영진은 조직 내 각 업무 분야에서 내부회계관리제도와 관련된 제반 정책 및 절차가 적절히 지켜질 수 있도록 각 부서 등 조직 단위별로 통제에 관한 역할과 책임을 적절히 부여한다. 경영진은 중간 관리자로 하여금 각 업무 분야 내에서 효과적인 내부회계관리제도를 마련하여 시행하도록 하는 한편, 모든 직원들이 내부회계관리제도와 관련한 각자의 역할을 이해하고 이를 적절하게 수행하도록 감독한다. 회사 내 특정 기능 또는 사업 단위를 책임지는 담당자(임원)는 해당 기능, 사업 단위 내의 내부회계관리제도를 설계 및 운영하고, 내부회계관리제도를 총괄하는 대표이사와 내부회계관리자를 적절히 지원할 책임이 있다. 경영진은 다음 사항을 포함하여 내부회계관리제도를 원활히 운영하는 데 필요한 제반 조치를 강구한다.

- 이사회가 승인한 내부회계관리규정의 시행
- 적절한 내부회계관리제도의 설계 및 운영
- 내부회계관리제도의 효과성에 대한 평가
- 내부회계관리제도에 대한 책임·권한·보고 관계의 명확화 등

—— 🏠 출처 내부회계관리제도 모범규준 적용해설서

073

정답: 3번

IT 거버넌스 연구소는 1998년 ISACA에 의해 '기업의 정보 기술을 지시하고 통제하는 국제적 사고와 표준을 발전'시키기 위해 설립되었다. ITGI는 IT 거버넌스 및 관련 주제에 대한 연구, 출판물 및 리소스를 제공하여 기업 리더가 IT 전략이 비즈니스의 사명과 목표를 지원하도록 지원하고 있다. 연구소는 다음을 포함하는 주제에 대한 정보와 함께 웹 사이트에 원본 연구와 외부 소스의 연구를 모두 수집한다.

(1) IT 목표를 비즈니스 목표와 일치시키기(Aligning IT goals with those of the business)

(2) IT 성과 측정(Measuring IT performance)

(3) IT 관련 위험 관리 전략 수립(Establishing IT-related risk management strategies)

(4) 비즈니스 IT 투자 최적화(Optimizing business IT investment)

(5) IT를 사용하여 비즈니스 가치 제공(Using IT to deliver business value)

074

정답: 1번

내부회계관리제도의 다섯 가지 구성요소(통제 환경, 위험 평가, 통제 활동, 정보 및 의사소통, 모니터링)가 모두 내부회계관리제도의 평가 대상에 포함된다. 내부회계관리제도의 구성요소들은 전사적 수준과 업무 프로세스 수준의 내부회계관리제도로 구분할 수 있으며, 이는 일반적으로 다음과 같이 정리될 수 있다.

(1) 통제 환경: 일반적으로 통제 환경은 전사적 수준의 내부회계관리제도로 분류된다.

(2) 위험 평가: 유의한 계정 과목 등의 선정, 업무 프로세스와의 연계, 사업 부문의 선정 등은 전사적 수준, 유의한 계정 과목과 관련된 경영자 주장을 식별하는 과정은 업무 프로세스 수준의 위험 평가에 해당한다.

(3) 통제 활동: 통제 활동은 업무 프로세스 내에서 달성하고자 하는 통제 목표 및 재무제표 각각의 계정 과목에 대한 경영자 주장과 관련되기 때문에 대부분의 경우 업무 프로세스 수준으로 분류된다.

(4) 정보 및 의사소통: 정보 기술 일반통제와 임직원의 권한과 책임에 대한 의사소통 등은 복수의 계정 과목 또는 업무 프로세스에 영향을 미치기 때문에 전사적 수준, 업무 프로세스 내에서 이루어지는 정보 기술 응용 통제(자동화된 통제)는 업무 프로세스 수준의 내부회계관리제도로 분류된다.

(5) 모니터링: 내부감사 기능이나 경영진의 자체 평가 절차 등은 전사적 수준, 일상적인 업무의 일부로서 수행되는 관리자의 검토 및 승인 절차 등은 업무 프로세스 수준의 내부회계관리제도로 분류된다.

또한, 재무제표에 중요한 왜곡 표시를 초래할 수 있는 오류나 부정을 적절히 예방하고 적시에 발견하기 위해서는 내부회계관리제도가 효과적으로 설계되고, 적절히 설계된 내부회계관리제도가 효과적으로 운영되어야 하기 때문에 내부회계관리제도의 평가에는 설계의 효과성 및 운영의 효과성이 모두 포함된다.

075

정답: 3번

정보 기술 일반 통제(프로그램 개발 관련 통제, 프로그램 변경 관련 통제, 보안 통제, 컴퓨터 운영 관련 통제 등): 정보 기술 일반 통제는 특정한 계정 과목이나 주석 사항에 직접 영향을 미치기보다는 업무 프로세스 수준에서 수행되는 자동화된 통제(정보 기술 응용 통제)와 수작업 통제(특히, 전산 시스템에서 산출된 자료에 의존하여 수행되는 통제)의 효과성에 전반적인 영향을 미치기 때문에 전사적 수준의 내부회계관리제도로 분류된다. 정보 기술 일반 통제(IT General Controls)는 정보 시스템이 구입 개발되고 유지 보수되며 운영되는 전반적인 환경에 대한 통제를 의미한다. 정보 기술 일반 통제는 재무제표상의 각 계정 과목에 영향을 미치는 제반 거래를 처리하는 응용 시스템의 효과성(자동화된 통제와 정보 시스

템을 통해 산출되는 자료에 의존하는 수작업 통제를 포함)에 영향을 미치기 때문에, 정보 시스템 환경 하에서의 내부회계관리제도의 평가 목적상 반드시 고려되어야 한다. 다만, 회사의 모든 전산 시스템이 내부회계관리제도 평가의 범위에 포함될 필요는 없으며, 주요한 재무정보(재무 정보의 원천이 되는 자료 또는 정보를 포함한다)를 입력, 처리 및 산출하는 데 사용되는 전산 시스템으로 평가 대상을 한정할 수 있다. 정보 기술 일반 통제에는 전산화 계획의 수립, 재난 복구 계획 등 다양한 영역이 존재하며, 회사의 전산 시스템에의 의존 정도, 회사의 규모나 업종 등에 따라 달라질 수 있으나 내부회계관리제도 목적상으로는 일반적으로 다음의 영역이 포함된다.

- 프로그램 개발(Program Development)
- 프로그램 변경(Program Changes)
- 프로그램과 데이터에 대한 접근 보안(Access to Program and Data)
- 컴퓨터 운영(Computer Operations)

076 정답: 2번

국립표준기술연구소(NIST)에서는 다음과 같이 정의한다. 정보 보안 거버넌스는 프레임워크 수립 및 유지 관리하고 정보 보안 전략을 비즈니스 목표에 맞추고 지원하며 정책 및 내부 통제를 준수함으로써 적용 가능한 법률 및 규정을 준수하고 위험을 관리하기 위해 책임의 할당을 제공하는 것을 보증하기 위한 관리 구조 및 프로세스를 지원하는 프로세스로 정의할 수 있다. 정보 보안 거버넌스 프레임워크는 일반적으로 다음과 같은 요소로 구성되어 있다.

- 비즈니스 목표와 본질적으로 연결된 포괄적인 보안 전략
- 전략, 통제 및 규제의 각 측면을 다루는 보안 정책 관리
- 절차와 지침이 정책을 준수하는 것을 보장하기 위해 각각의 정책에 대한 완벽한 표준화
- 이해 충돌이 없는 효과적인 보안 조직 구조

- 정책을 준수하는 것을 보장하고 효과에 대한 피드백을 제공하기 위해 제도화된 모니터링 프로세스

효과적인 정보 보안 거버넌스를 위해서는 경영자가 비즈니스 목표를 지원하는 포괄적인 정보 보안 프로그램의 개발 및 관리에 지침을 주는 프레임워크를 수립하고 유지해야 한다.

077 정답: 4번

CAAT(Computer Assisted Audit Techniques)는 감사자가 사용하는 도구이다. 이 도구를 사용하면 주어진 데이터에서 불규칙성을 쉽게 검색할 수 있다. 이 도구를 사용하면 모든 회사의 내부 회계 부서에서 더 많은 분석 결과를 제공할 수 있으며 모든 비즈니스 환경과 산업 부문에서도 사용된다. CAAT의 도움으로 더 많은 분석을 통해 더 많은 법의학 회계를 수행할 수 있다. 감사인이 효율적이고 생산적인 방식으로 작업하는 데 도움이 되는 정말 유용한 도구다. CAAT 도구는 더 많은 금액을 분석 형식으로 전용할 수 있는 법의학 회계를 지원하고 도구가 사기를 감지하는 위치를 알려준다. 이 도구는 데이터를 자동화된 형식으로 단순화한다.

현재 비즈니스 세계의 감사자는 새로운 도구가 가이드북과 함께 제공되고 사용자 친화적이기 때문에 이 도구를 사용하기가 훨씬 더 쉽다는 것을 알게 되었다. CAAT 도구를 사용하려면 회계사 또는 감사자가 올바른 데이터를 선택하는 것이 필수적이며 선택 프로세스가 매우 까다로우며 이에 대해 전문가가 필요하다. 올바른 데이터를 선택한 후 CAAT 도구로 가져오면 이제 도구가 자동으로 분석 데이터를 생성한다. 이 도구는 실제로 감사자의 효율성에 기여한다. CAAT 문서는 감사 프로그램에 참조되어야 하고, 제공되는 감사 절차와 목적을 명확하게 파악해야 한다.

CAAT를 사용해서 운영 데이터에 접근이 필요할 때 감사자는 읽기 전용으로 신청해야 한다. 감사자가 수행하는 모든 데이터 조작은 통제된 환경에서 운영 데이터의 복사본을 이용하여 운영 데이터가 비승인된

업데이트에 노출되지 않아야 한다. 대부분의 CAAT는 운영 시스템에서 독립적인 플랫폼으로 운영 데이터를 내려받을 수 있어 표준 플랫폼에서 분석을 실시하여 어떤 부정적 영향으로부터 운영 시스템을 격리할 수 있다

078

정답: 3번

디스커버리 표본추출(Discovery Sampling)은 특정 속성(즉, 오류)을 가진 단위의 비율이 모집단의 주어진 백분율을 초과하지 않는지 확인하기 위한 탐색적 표본추출이다. 디스커버리 표본추출을 사용하는 데 필요한 세 가지 결정은 다음과 같다.

(1) 모집단의 크기

(2) 허용되지 않는 최소 오류율

(3) 신뢰 수준

일반적으로 디스커버리 표본추출은 자세한 검사가 필요한 문서 배치를 식별하는 데 사용된다. 또한, 디스커버리 표본추출은 사후 감사 신뢰도를 테스트하는 데에도 사용할 수 있다. 오류가 발견되지 않으면 감사자는 전체 재고 목록이 정확하다는 결론을 내린다. 하나의 오류가 발견되면 감사자는 표본추출을 중단하고 목록의 모든 확장을 확인한다. 디스커버리 표본추출의 문제는 일부 허용되는 배치가 거부된다는 것이다. 디스커버리 표본추출은 내부감사인이 최종 점검으로 사용할 수 있지만 외부감사인은 모집단의 데이터 품질을 테스트하기 위한 예비 스캔 절차로만 사용해야 한다.

079

정답: 2번

표본추출은 표본의 특성이 선택한 모집단에 일반화될 수 있도록 관심 모집단에서 개체를 선택하는 프로세스이다. 표본이 전체 모집단의 특성을 반영하도록 하려면 표본추출 계획을 사용하여 가장 확실하게 보장되는 엄격한 절차를 따라야 한다. 표본추출 계획은 어떤 시간, 어떤 재료, 어떤 방식으로 누구에 의해 측정될 것

인지에 대한 자세한 개요이다. 통계적 표본추출 계획은 확률 법칙을 따르므로 추출한 표본의 통계에서 모집단에 대한 유효한 추론을 할 수 있다. 또한, 표본추출 오류의 크기를 미리 결정할 수 있다. 고정 크기 속성 표본추출은 시스템 편차가 상대적으로 높고 쉽게 측정될 수 있는 개발 시스템을 수용할 수 있다.

문제에서 설명하는 표본추출은 stop-or-go 표본추출로, 편차율이 낮고 오류를 찾기 어려운 안정적인 시스템에서 사용할 수 있다. 순서는 다음과 같다.

(1) 테스트의 목적을 결정

(2) 속성 및 편차 조건 정의

(3) 모집단 정의

(4) 표본 선정 방법 결정

(5) 표본 크기 결정

(6) 표본추출 계획의 절차 수행

(7) 표본 평가 및 결론 표현

—— ⌂출처 https://onlinelibrary.wiley.com/doi/pdf/10.1002/9781119422808.app5
Appendix E: Statistical Sampling Plans – Forensic Systems Engineering – Wiley Online Library

080

정답: 4번

경영진은 고용, 신입사원 교육, 훈련, 평가, 상담, 승진, 보상 등의 방침을 통해 임직원의 성실성, 윤리적 행동, 적격성에 대한 기대 수준을 반영하여 전달한다. 인력 운용 정책 및 교육 정책과 관련된 통제 항목은 일반적으로 다음과 같은 사항들을 포함한다.

- 고용, 교육, 승진, 보상 등을 포함한 인사 정책과 방침
- 회사의 정책이나 윤리강령에 어긋나는 행위에 대한 적절한 징계 또는 문제점 개선
- 신입사원의 과거 이력 검토

독립적인 상시 조직(예를 들어, 내부통제팀, 준법감시팀, 내부감사팀 등)의 평가 결과 보고서 검토를 하는 것은 경영진으로부터 감사팀의 독립성을 저해할 수 있다.

081

정보 시스템 감사인은 경영진의 통제 관행을 고려할 때 정보 시스템 전략 계획의 중요성에 관심을 가져야 한다. IT 전략 계획이 전사적인 비즈니스 전략과 연계되어야 한다. 정보 시스템 감사인은 전략 계획 프로세스 및 계획 프레임워크의 중요성에 초점을 맞추어서 진행해야 한다. 특히 비즈니스상의 경영 계획 또는 비즈니스 개발 계획들이 IT 전략 수립, 전략 계획의 내용, 전략 계획의 업데이트 요건 및 커뮤니케이션 계획, 모니터링 및 평가 요건에 어떻게 반영되었는지 평가해야 한다는 것을 숙지해야 한다.

또한, 정보 시스템 감사인은 CIO 혹은 고위 경영진들이 전체적 비즈니스 전략의 수립에 어떻게 참여하는지를 검토해야 한다. IT 조직의 비즈니스 전략 수립 참여가 저조하다는 것은 IT 전략 및 계획이 비즈니스 전략과 연계되지 않을 위험이 존재함을 의미한다. 최고 경영진의 책임으로서 고려할 사항에는 기업이 직면하고 있는 문제와 기회에 대처하는 데 비용 효율이 높은 정보 시스템 솔루션을 찾아내고, 필요한 자원을 파악하여 이를 입수하기 위한 수행 계획을 수립하는 것이 포함된다.

出처 ISACA CISA Review Manual

082

표준(Standard)

- 표준은 공인된 외부 표준 기관에서 승인한 필수 요구 사항, 실행 규범 또는 사양
- 정보보호정책과 마찬가지로 반드시 지켜야 하는 요구 사항에 대한 규정이지만, 정책의 준수를 위해 요구되는 보다 구체적인 사항이나 특별한 요구 사항을 규정
- 조직의 환경 또는 요구 사항에 일치되어 관련된 모든 사용자들이 준수하도록 요구되는 규정

정책(Policy)

- 정보보호에 대한 목표, 방향이 제시되는 정보보호 관련 문서
- 최고경영자의 정보보호 실행에 대한 의지와 지원을 포함
- 조직의 경영 목표를 반영하고 정보보호 관련 상위 정책과 일관성을 유지
- 정보보호를 위해 관련된 모든 사람이 반드시 지켜야 할 특정 요구 사항 및 규칙에 대하여 전반적이며 개략적으로 규정

절차(Procedures)

- 사용자들이 표준, 정책, 지침을 따르기 위하여 구체적으로 어떻게 해야 하는지에 대하여 세부적이고 상세하게 설명한 문서
- 정보보호 활동의 구체적 적용을 위해 필요한 적용 절차 및 관련 양식 등의 구체적이고 세부적인 방법을 기술
- 효과적인 정책의 번역물로서 프로세스 책임자에 의해서 공식화됨

지침(Guidelines)

- 표준과 유사하지만 강제성이 미약하고, 선택적이거나 권고적인 내용이며 융통성을 가질 수 있는 정보보호를 위한 규정
- 정보보호정책에 따라 특정 시스템 또는 특정 분야별로 정보보호 활동에 필요하거나 도움이 되는 세부 사항을 규정
- 정책 및 표준, 의존성, 제안 및 사례의 명확한 설명, 절차를 명확히 만드는 서술, 배경 정보 및 사용할 수 있는 도구에 대한 설명

083

이 문제는 자주 출제되는 영역으로, CISA 응시생들은 반드시 숙지해야 한다.

IT 전략 위원회

이사회에 다음 문제에 대해 통찰력과 자문을 제공한다.

- 비즈니스 관점에서 IT 개발의 적절성
- 비즈니스 목표와 IT의 연계
- 전략적 IT 목표의 달성

- 전략적 목표를 달성하는 데 적합한 IT 자원, 스킬 그리고 인프라의 확보
- IT 외주의 역할 및 가치 창출을 포함한 IT 비용의 최적화
- IT 투자의 위험, 수익 그리고 경쟁력 관점
- 주요 IT 프로젝트들의 진행 경과
- IT의 비즈니스 기여(예: 계획된 비즈니스 가치 제공)
- 컴플라이언스 위험을 포함한 IT 위험에 노출
- IT 위험의 억제
- IT 전략에 관련된 경영진에 대한 지도
- 이사회의 IT 전략에 대한 촉매 역할

IT 운영 위원회

- IT 비용 지출 수준과 비용 할당 방법에 대한 결정
- 기업의 IT 아키텍처를 조정하고 승인함
- 프로젝트 계획, 예산을 승인하고 우선순위와 이정표를 정함
- 적절한 자원을 확보하고 할당함
- 프로젝트가 지속적으로 비즈니스 요구 사항(사업 타당성에 대한 재평가 포함)을 충족하도록 함
- 적시에 그리고 주어진 예산 안에서 기대하는 가치 및 성과를 낼 수 있는지 프로젝트 계획을 모니터링 함
- 프로젝트들 간뿐만 아니라 조직의 타 부문과 IT 부서 간의 자원 및 우선순위 충돌을 모니터링 함
- 전략 계획(우선순위, 예산, 기술적 접근 방법, 자원 등)에 대한 수정에 대해서 의견 개진 및 요청함
- 경영진의 IT 거버넌스 책무 및 실무에 대한 주요 공헌자 역할을 수행함

084
정답: 1번

IT 전략 위원회

- IT 전략에 대해서 이사회와 경영진에 자문 제공
- 전략에 대해 의견을 제시하고 전략에 대한 승인을 받기 위한 준비를 수행하도록 이사회로부터 권한 위임을 받음
- 현재와 미래의 전략적 IT 현안에 초점을 맞춤
- 구성원은 이사회 구성원 및 이사회 구성원이 아닌 전문가

IT 운영 위원회

- IT 전략의 수행 시 최고경영진을 지원함
- 매일의 IT 서비스 제공과 IT 프로젝트를 감독함
- IT 구현에 집중
- 구성원은 후원인 자격의 최고경영진, 비즈니스 최고경영진(주요 사용자), 최고정보관리책임자(CIO), 또한, 필요시 주요 자문역(IT, 감사, 법, 재무 등)

085
정답: 3번

정보 보안 거버넌스를 위해서는 전략적 방향 제시와 추진력이 필요하다. 또한, 이사회가 계획이 달성되었는지를 판단하는 뿐만 아니라 정보 보안 관리를 위한 경영진의 참여와 자원 투입 그리고 책임 할당이 필요하다. 효과적인 정보 보안 거버넌스는 정책을 승인하고, 적절한 모니터링을 보장하며, 평가 지표, 보고서 추세 분석 결과를 검토하는 데 있어서 이사회와 경영진이 관심을 가지고 적극적으로 참여를 해야 달성이 가능하다.

086
정답: 1번

직무 분리(SoD)는 최소 2명의 개인이 작업의 개별 부분을 담당하도록 하여 오류 및 사기를 방지하도록 설계된 내부 통제이다. 직무 분리는 한 사람이 합리적으로 완료할 수 있는 작업을 여러 작업으로 나누어 한 사람이 단독으로 제어할 수 없도록 한다. 예를 들어 급여 관리는 사기와 오류가 모두 위험인 관리 영역이다. 급여에 대한 일반적인 직무 분리는 한 명의 직원이 업무의 회계 부분을 담당하고 다른 한 명이 수표 서명을 담당하도록 하는 것이다. 보안은 향상되지만 작업을 별도의 구성요소로 나누면 비즈니스 효율성에 부정적인 영향을 미치고 비용, 복잡성 및 인력 요구 사항이 증가할 수 있다. 이러한 이유로 대부분의 조직에서는 비즈니스에서 가장 취약하고 중요한 요소에만 직무 분리를 적용한다.

다음 직무들은 서로 분리되어 부여되어야 한다.

- 자산 보관(The custody of assets)
- 해당 자산에 영향을 미치는 관련 거래의 권한 또는 승인(The authorization or approval of related transactions affecting those assets)
- 관련 거래의 기록 또는 보고(The recording or reporting of related transactions)

087

정답: 1번

정보 시스템 감사인이 통제 비즈니스 전문가 역할을 위해 해당 프로젝트에 참여할 수 있다. 프로젝트 팀원으로 정보 시스템 감사인이 참여를 하면 독립적이고 객관적인 검토 보고 임무를 수행함으로써 프로젝트 참여자가 적절하게 비즈니스를 수행하도록 도울 수 있다. 이러한 경우, 감사인은 정보 시스템 감사 비즈니스 업무를 수행하는 것이 아니고 프로젝트에서 고문 역할을 수행한다. 참여 수준에 따라 다르지만 정보 시스템 감사인은 응용 프로그램이 완성되어 가동하는 경우 해당 시스템에 대한 감사를 수행할 수가 없다.

088

정답: 2번

프로젝트 운영 위원회(Steering Committee in Project Management)는 목표 달성을 보장하기 위해 프로젝트를 감독하고 지원하는 임무를 맡은 주요 이해관계자의 관리 기관이다. 그들은 프로젝트를 처음부터 끝까지 감독하고 프로젝트 생명 주기 전반에 걸쳐 지침과 지원을 제공한다. 운영 위원회는 프로젝트 팀이 방향, 범위, 목표, 예산 및 일정을 설정하는 데 도움이 되는 자문 그룹이다. 프로젝트 관리에서 운영 위원회의 주요 역할과 책임은 다음과 같다.

- 회사 내 기존 및 신규 프로젝트 이니셔티브를 지지한다.
- 프로젝트 자원 활용, 마감일, 직원 채용 및 마케팅 요구 사항에 대한 상담을 제공한다.
- 프로젝트 계획에 따라 이정표를 달성하도록 프로젝트 팀을 안내한다.
- 전체 프로젝트 범위 및 전략적 프로젝트 방향 결정

한다.
- 성공적인 성과를 측정하기 위한 프로젝트 모니터링 KPI를 설정한다.
- 들어오는 프로젝트 요청을 규제하고 검증하며 프로젝트 계획에 포함하는 것을 승인하거나 거부한다.
- 프로젝트 작업에 적합한 직원, 프로젝트 관리자 및 주제 전문가 식별한다.
- 프로젝트 이정표의 우선순위를 지정한다.
- 프로젝트 협업을 감독하고 팀 간의 갈등을 해결한다.
- 최종 사용자 문제를 해결하기 위해 프로젝트 전략과 혁신적인 아이디어를 브레인스토밍 한다.
- 프로젝트 진행 상황을 검토하고 프로젝트 결과를 위협할 수 있는 장애물을 최소화하기 위한 지원을 한다.
- 고위 경영진, 투자자 및 기타 관련 이해관계자와 프로젝트 진행 상황에 대해 긍정적이고 시기적절한 의사소통을 촉진한다.

089

정답: 1번

프로젝트 마일스톤(Project Milestones)은 프로젝트 일정의 한 지점을 설명하는 데 사용되는 관리 도구이다. 이러한 점은 프로젝트의 시작과 끝을 기록하고 주요 작업 단계의 완료를 표시할 수 있다. 마일스톤은 시작되거나 완료된 모든 것을 상징하는 데 사용할 수 있지만 주로 일정 도구로도 사용된다. 마일스톤이 프로젝트의 주요 진행 지점에 초점을 맞추면 일정을 잡는 데 얼마나 유용한지 알 수 있다. 작업이 더 큰 프로젝트를 관리 가능한 부분으로 나누는 것처럼, 마일스톤은 프로젝트 단계를 분리하여 프로젝트 관리자가 계획, 일정 및 실행하는 데 도움이 된다. 마일스톤은 프로젝트 일정 관리를 위해 반드시 필요한 지점을 체크하기 위해 사용한다. 프로젝트 성공을 위해 필수적인 사항들을 각 단계별로 체크함으로써 전체적인 일정이 늦춰지지 않고 제 시간 안에 과업이 종료될 수 있도록 관리하는데 도움을 준다. 다만, 마일스톤은 프로젝트 진행 과정에서 결정적으로 중요한 핵심적인 사항들만 체크하기 때문에, 그다지 중요하지는 않더라도 프로젝트 진행에 꼭 필요한 다양한 요소들을 상세하게 파악하기 어렵다는 단점이 있다.

구성 관리는 IT 환경에서의 하드웨어, 소프트웨어, 문서, 프로세스, 절차 등의 IT 인프라스트럭처와 서비스를 식별, 제어, 유지 관리, 검증 및 점검하는 중요한 프로세스이다. 또한, IT 인프라스 트럭처와 서비스의 기본 속성뿐만 아니라, 논리적인 상호 관계를 기록한다. 구성 관리에서의 가장 중요한 작업은 실환경에 위치한 구성요소가 구성관리 데이터베이스의 내용에 정확히 반영되고 기록하는 것이다. 이를 위해서는 IT 환경 내의 구성요소에 대한 모든 변경 사항을 반드시 기록해야 한다. 따라서 변경 및 릴리즈 작업이 발생하면 구성요소의 변경 사항을 구성 관리에 제공하여 구성 관리 데이터베이스에 기록하는 것이 중요하다. 즉, 모든 구성요소는 변경 관리에 의해 제어되는 경우에만 구성 관리 데이터베이스에 기록되고, 변경 관리에서 먼저 승인하지 않으면 구성 관리 데이터베이스를 변경할 수 없음을 보장해야 한다. 구성요소가 IT 운영 환경 내에 실제적으로 존재하는지를 확인하고, 그에 대한 정보가 구성 관리 데이터베이스에 정확하게 기록되고 관리되는지를 확인하는 것은 매우 중요하다. 이러한 확인 절차는 구성감사 계획을 수립하여 진행하는 것이 바람직하며, 이 과정을 통해 등록되지 않고 허가되지 않은 구성요소가 발견되면 이에 대한 조사와 수정 활동을 병행하여야 한다. 구성 감사는 정기적인 감사를 기본으로 하며, 다음과 같은 시기에도 비정기 감사 활동을 지속적으로 수행해야 한다.

- 중대한 변경 또는 릴리즈의 발생 전후
- 승인받지 않은 구성요소가 발견되었을 때
- 재난 복구 이후에 IT 운영 시스템이 정상 가동되었을 때
- 새로운 구성 관리 시스템을 도입한 후
- 수시로

—— 🏠 출처　구성 및 변경관리 지침: 국무조정실 - 정보통신부

(1) 요구 사항 도출(요구 사항 수집): 시스템, 사용자, 그리고 시스템 개발에 관련된 사람들이 서로 의견을 교환하여 요구 사항이 어디에 있는지, 어떻게 수집할 것인지를 식별하고 이해하는 과정이다.
- 요구 사항 도출은 소프트웨어가 해결해야 할 문제를 이해하는 첫 번째 단계이다.
- 요구 사항 도출 단계에서 개발자와 고객 사이의 관계가 만들어지고 이해관계자가 식별된다.
- 이 단계에서는 다양한 이해관계자 간의 효율적인 의사소통이 중요하다.
- 요구 사항 도출은 소프트웨어 개발 생명 주기 동안 지속적으로 반복된다.
- 요구 사항을 도출하는 주요 기법에는 인터뷰, 브레인스토밍, 워크숍, 프로토타이핑, 유스 케이스 등이 있다.

(2) 요구 사항 분석: 개발 대상에 대한 사용자의 요구 사항 중 명확하지 않거나 모호하여 이해되지 않는 부분을 발견하고 이를 걸러내기 위한 과정이다.
- 사용자 요구 사항의 타당성을 조사하고 비용과 일정에 대한 제약을 설정한다.
- 내용이 중복되거나 하나로 통합되어야 하는 등 서로 상충되는 요구 사항이 있으면 이를 해결한다.
- 도출된 요구 사항들을 토대로 소프트웨어의 범위를 파악한다.
- 도출된 요구 사항들을 토대로 소프트웨어와 주변 환경이 상호 작용하는 방법을 이해한다.

(3) 요구 사항 명세: 요구 사항을 체계적으로 분석한 후 승인될 수 있도록 문서화하는 것을 의미한다.
- 요구 사항을 문서화할 때는 기능 요구 사항은 빠짐없이 완전하고 명확하게 기술해야 하며, 비기능 요구 사항은 필요한 것만 명확하게 기술해야 한다.
- 요구 사항은 사용자가 이해하기 쉬우며, 개발자가 효과적으로 설계할 수 있도록 작성되어야 한다.
- 설계 과정에서 잘못된 부분이 확인될 경우 그 내용을 요구 사항 정의서에서 추적할 수 있어야 한다.

(4) 요구 사항 확인(요구 사항 검증): 개발 자원을 요구 사항에 할당하기 전에 요구 사항 명세서가 정확하고 완전하게 작성되었는지를 검토하는 활동이다.
- 분석가가 요구 사항을 정확하게 이해한 후 요구 사항 명세서를 작성했는지 확인하는 것이 필요하다.

- 요구 사항 명세서의 내용이 이해하기 쉬운지, 일관성은 있는지, 회사의 기준에는 맞는지, 그리고 누락된 기능은 없는지 검증하는 것이 필요하다.
- 요구 사항 문서는 이해관계자들이 검토해야 한다.
- 일반적으로 요구 사항 관리 도구를 이용하여 요구 사항 정의 문서들에 대해 형상 관리를 수행한다.

092
정답: 4번

설계의 효과성 평가는 내부 통제가 중요한 부정이나 재무제표 왜곡 표시를 예방하거나 적발할 수 있도록 설계되어 있는지 여부에 초점을 둔다. 감사인이 내부 통제 설계의 효과성 평가 시 고려할 사항은 다음과 같다.

- 업무 프로세스 내의 통제가 재무제표에 대한 경영진의 주장 및 통제 목적을 효과적으로 달성하고 위험을 감소시키고 있는지 여부
- 통제의 수행 빈도(통제가 시기적절하게 식별된 위험을 적발하거나 예방할 수 있는지 여부)
- 통제 수행자의 지식과 경험
- 통제되는 프로세스와 관련된 업무 분장
- 통제 수행 과정에서 식별된 예외 사항의 적시 처리 여부
- 통제를 수행하는 데 사용된 정보의 신뢰성
- 통제가 수행된 기간(Period covered by the control)

093
정답: 2번

통제 유형, 수행 빈도 등은 내부 통제의 운영 효과성 평가의 방법 및 범위 등을 결정하는 요소가 될 뿐만 아니라, 설계의 효과성 평가에도 영향을 미칠 수 있기 때문에 식별된 통제 활동에 대한 속성을 파악하여 문서화가 필요하다. 즉, 통제 유형(예를 들면, 자동화된 통제와 수작업 통제)과 수행 빈도는 운영 효과성 평가를 위한 테스트 절차 및 표본 수 결정 시 고려가 되어야 한다. 정보 기술 응용 통제 등 전산을 통해 자동으로 수행되는 통제는 자동화된 통제(예: 신용 한도를 초과한 주문에 대한 전산을 통한 주문 입력 통제), 수작업으로 수행되는 통제(예: 은행 잔고와 회사 장부 상 예금잔액의 대사)는 수작업 통제로 분류하고 있다.

094
정답: 3번

품질 보증(Quality Assurance)은 일정한 효율과 품질이 보장되어야 하는 활동 또는 제품에 대하여 보증을 부여하기 위하여 필요한 증거를 제공하는 것을 이른다. QA는 Quality Assurance의 약어로 품질 보증을 뜻하며, CODE, ISO 8402 Quality management and quality assurance에서는 QA를 기업이 품질 요건 및 충족할 수 있는 신뢰를 제공하기 위해 품질 관리 시스템의 요구 사항에 따라 구현 가능한 품질 관리를 계획하고 체계적인 활동을 수행하는 것으로 정의하고 있다. QA는 고객의 요구 사항을 충족하기 위한 활동으로 제품의 개발, 주문 및 자재 구매, 고객의 요구 사항을 검토하여 이를 충족시키기 위한 검사, 생산 공정 관리 및 일정, 단계별 공장 활동을 관리하는 것이 포함되어 있다. 정보 시스템 감사인은 응용 프로그램이 완성되어 가동하는 경우 해당 시스템에 대해서 감사를 수행할 수 없다.

095
정답: 1번

프로젝트를 구성하는 조직구조는 크게 3가지로 나뉜다. 기능 조직, 매트릭스 조직, 프로젝트 조직이다.

(1) 기능 조직: 기능 매니저(부서장)가 이끌게 되므로 프로젝트 매니저의 권한은 아주 적다. 기능 조직에서는 프로젝트 관리자가 통상적인 조직 운영 체계 안에서 참모 기능을 수행한다. 프로젝트 매니저는 조직 구성상 부서 내부에 속하면서 사업이 종료될 때까지 동료와 팀 멤버들에게 조언하는 역할을 수행한다.

(2) 프로젝트 조직: 프로젝트 매니저가 프로젝트에 관한 모든 공식 경영 권한을 보유한다. 이는 프로젝트 관련 예산, 일정, 팀 구성에 관한 권한을 포함한다.

(3) 매트릭스 조직: 프로젝트 매니저의 권한 크기에 따라 약한 매트릭스 조직과 강한 매트릭스 조직으로 나뉜다. 기능 매니저의 권한이 프로젝트 매니저보다 크면

약한 매트릭스 조직, 기능 매니저의 권한보다 프로젝트 매니저의 권한이 크면 강한 매트릭스 조직이라 한다. 즉, 매트릭스 조직에서는 기능 매니저와 프로젝트 매니저가 프로젝트 권한을 함께 공유한다.

— 🏠출처   조직 구조 - Wiki - Confluence (313.co.kr)

096
정답: 4번

비즈니스 사례(Business Case)는 프로젝트의 이점이 비용을 얼마나 초과하는지, 왜 실행되어야 하는지를 설명하는 프로젝트 관리 문서이다. 비즈니스 사례는 프로젝트 시작 단계에서 준비되며 그 목적은 이해관계자에게 그 가치를 확신시키기 위해 프로젝트의 모든 목표, 비용 및 혜택을 포함하는 것이다. 비즈니스 사례는 고객, 고객 또는 이해관계자에게 피칭하는 프로젝트가 건전한 투자임을 증명하는 중요한 프로젝트 문서이다. 비즈니스 사례의 필요성은 재무 평가, 제안, 전략 및 마케팅 계획을 하나의 문서로 수집하고 프로젝트가 조직에 어떻게 도움이 되는지에 대한 전체 모습을 제공한다는 것이다. 비즈니스 사례가 프로젝트 이해관계자에 의해 승인되면 프로젝트 계획 단계를 시작할 수 있다. 프로젝트를 진행하는 어떤 단계에서라도 비즈니스상 타당성이 없는 것이 드러나면 프로젝트 후원자나 정보 기술 운영 위원회는 프로젝트를 계속 진행할지 중단할지 검토하여야 한다. 또한, 프로젝트 진행 도중 비즈니스 사례가 변경이 되면 프로젝트에 대한 계획과 승인 절차에 따라 재승인을 받아야 한다.

097
정답: 4번

프로젝트 위험 관리는 프로젝트 관리자가 긍정적으로든 부정적으로든 프로젝트에 영향을 미칠 수 있는 잠재적 위험을 관리하는 데 사용하는 프로세스이다. 목표는 이러한 위험의 영향을 최소화하는 것이다. 위험은 사람, 기술, 리소스 또는 프로세스(프로젝트 포함)에 영향을 줄 수 있는 예기치 않은 이벤트이다. 발생할 수 있는 일반적인 문제와 달리 위험은 갑자기, 때로는 완전히 예기치 않게 발생할 수 있는 사건이다. 프로젝트 관리자는 프로젝트가 노출된 위험, 발생 시기 및 이유를 항상 알지 못한다. 이러한 높은 수준의 불확실성으로 인해 프로젝트 위험 관리에는 진지하고 심층적인 접근 방식이 필요하다. 프로젝트 위험 관리 프로세스는 리스크를 식별하고 분석한 후 프로젝트 생명 주기 전반에 걸쳐 발생할 수 있는 모든 리스크에 대응하는 것으로 구성된다. 일반적으로 위험 관리는 사후 대응 활동이 아니며 어떤 위험이 발생할 수 있는지 알아내려면 모든 계획 프로세스에 위험 관리가 포함되어야 한다. 소프트웨어 시스템을 설계하고 개발하는 과정에서 다음과 같은 잠재적인 위험이 존재한다.

(1) 전략 위험: 회사의 전략을 감안하지 않고 영업 목표를 달성하려고 할 때 전략 위험이 발생한다.
(2) 영업 위험: 새로운 시스템이 사용자의 영업 요구 사항과 기대에 미치지 않는 위험을 영업 위험이라고 한다.
(3) 프로젝트 위험: 시스템 설계 및 개발을 수행하는 활동이 프로젝트에 할당된 재무자원을 초과함에 따라 일정을 초과하는 경우 프로젝트 위험이 발생한다.
(4) 규정 준수 위험: 기업의 규정, 기업의 비즈니스 활동과 관련된 국가의 법률 및 기타 법률 문서 준수와 관련된 위험으로, 문제 계약/약속과 관련된 법적 문제(통제 환경, 윤리, 사기, 계약 조항 등)의 위험이다.

098
정답: 2번

IEEE(IEEE Std. No. 610.12-1990)에서는 소프트웨어 기준선을 제품 속성에 대한 합의된 설명 및 검토로 정의하고 있다, 이는 이후에 추가 개발 및 정의 변경을 위한 기초 역할을 하며 이러한 변경은 공식적인 변경 제어 절차를 통해서만 수행될 수 있다. 기준선은 하나 이상의 소프트웨어 구성 항목의 완료 또는 전달로 표시되는 소프트웨어 개발의 이정표이자 참조 지점이며 사전 정의된 제품 세트의 공식 승인은 공식 기술 검토를 통해 획득된다.

이는 제품 개발 생명 주기의 일부 중요한 지점에서 구성 항목(다양한 주요 산출물)을 수정 및 변경하여 달성할 수 있다. 기준선과 관련된 각 요소는 공식적인 변경 통제 하에 있어야 한다. 소프트웨어 설계 단계가 소프트웨어 기준선 관리를 수행하기 가장 좋은 지점이다. 소프트웨어 기준선이란 디자인 단계에서 더 이상의 디자인 변경을 허용하지 않는 한계선이기에 사용자 요구 사항은 항목별로 시간과 비용을 고려하여 검토하여야 한다. 소프트웨어 기준선을 이용하여 요구 사항 변경을 통제하지 못하면 다양한 위험이 발생한다. 가장 문제가 되는 현상은 변경 사항이 개발 단계 내내 추가되는 비즈니스 범위 확대 상황이다.

099

정답: 4번

실무자는 승인된 IT 감사 계획에 따라 각 감사 업무를 계획하고 수행해야 한다. 표준 업무 계획에 자세히 설명된 대로 감사 업무 프로젝트 계획을 설정하면 실무자가 범위의 모든 요소를 이해하고 식별된 모든 위험을 다루며 합의된 일정 내에서 감사 업무를 실행하는 데 필요한 기술과 지식을 사용할 수 있다.

감사 업무 수행(Audit engagement)의 주요 작업은 다음과 같다.

- 계획 및 위험 평가 식별(Planning and risk assessment)
- 통제 식별(Identifying controls): IT 감사 계획에서 식별된 범위, 감사 목표 및 주요 위험 영역을 기반으로 실무자는 감사 업무 범위 내에서 통제를 식별해야 한다.
- 통제 평가 및 증거 수집(Assessing controls and gathering evidence): 실무자는 통제의 설계 효율성 및 운영 효율성에 대한 정보와 증거를 수집 및 분석하여 범위 내 통제를 평가해야 한다.
- 수행한 작업을 문서화하고 발견 사항을 식별(Documenting work performed and identifying findings): 실무자는 수행한 작업을 문서화하고, 수집된 정보와 증거를 기록하고, 식별된 발견 사항을 문서화해야 한다.
- 발견 사항 확인 및 시정 조치에 대한 후속 조치(Confirming findings and following up on corrective actions): 실무자는 피감사인에게 발견 사항을 확인해야 한다. 피감사인이 감사 업무가 종료되기 전에 발견 사항에 대한 시정 조치를 수행하는 경우 실무자는 문서(및 결론)에 취한 조치를 포함해야 하지만 원래 발견 사항도 언급해야 한다.

- 결론 도출 및 보고(Drawing conclusions and reporting): 실무자는 결론을 도출하고 결과가 감사 목표 달성에 미치는 영향을 보고해야 한다. 감사 목적에 대한 영향을 평가하지 않고 통제 결과에만 초점을 맞추는 것은 충분하지 않다.

100

정답: 3번

세계최고감사기구(INTOSAI)의 모든 감사 의견 및 보고의 형태와 내용은 다음의 일반 원칙을 따른다.

(1) 제목: 적절한 제목을 달아서 독자가 보고서를 다른 진술서나 정보와 구별할 수 있도록 하여야 한다.

(2) 서명 및 일자: 의견 또는 보고는 반드시 서명이 되어야 한다. 일자를 제시함으로써 감사관이 그 날짜까지 거래나 사례의 영향에 대해서 고려를 하고 있었다는 인상을 독자에게 줄 수 있다(재무 감사의 경우에 있어서는 재무제표에 해당하는 기간을 지날 수도 있다).

(3) 목적과 범위: 의견 또는 보고는 감사 목적과 범위를 반드시 밝혀야 한다. 이를 통해서 독자는 감사의 목적과 범위가 무엇인지를 알 수 있게 된다.

(4) 완전성: 감사 의견들은 반드시 관련 재무제표에 첨부되어서 발간되어야 하나 성과 감사보고서는 자유롭게 만들어질 수 있다. 의견과 보고서는 감사관이 준비한 그대로 제출되어야 한다. 최고감사기관은 독립성을 견지하기 위하여 필요한 어떠한 사항도 포함시킬 수 있어야 한다. 그러나 때로는 국익 차원에서 완전히 공표할 수 없는 정보를 획득하는 경우도 있는데, 이는 감사보고서의 완전성에 영향을 줄 수도 있다. 이러한 상황에서는 감사관은 비밀로 취급되거나 민감한 사항에 대해서는 별도로 비공개 보고서로서 취급하는 등 보고서를 작성하는 데 있어서 책임을 지게 된다.

(5) 수취인: 감사계약 상황과 규정 및 관습을 고려하여 수취인을 파악하여야 한다. 보고서 송부와 관련해서 공식 절차가 있는 경우에는 필요하지 않을 수도 있다.

(6) 구체적 사안의 명시: 의견이나 보고에는 (합법성 감사의 경우에는) 재무제표 또는 (성과 감사의 경우에는) 관련 분야가 명시되어야 한다. 이에는 수감 기관명, 날짜, 재무제표가 해당되는 기간과 감사 대상이 된 사항들이 포함된다.

(7) 법적근거: 감사 의견과 보고서는 감사의 법적 근거나 다른 근거가 명시되어야 한다.

(8) 기준의 이행: 감사 의견과 보고서는 감사에서 어떤 기준을 따랐는지를 명시해야 한다. 이를 통해서 독자들은 이 감사가 적합한 절차에 따라서 수행이 되었다는 것을 알게 된다.

(9) 시의적절성: 감사 의견이나 보고서는 즉각적으로 독자나 사용자에게 제공되어야 한다. 특히 필요한 조치를 취해야 하는 측에게 즉각적으로 제공되어야 한다.

감사 의견은 전반적으로 재무제표에 관련이 있는 경우 표준 양식을 따라 만들어진다. 감사 의견을 제시하는 목적은 의미에 대해서 독자들이 이해할 수 있도록 하는 것이지 상황을 장황하게 언급하는 것이 아니다. 어휘들은 감사의 법적 틀에 의하여 영향을 받지만 의견의 내용은 명확하게 적정인지 한정인지를 밝혀야 한다. 그리고 한정 의견이라면 특정 측면에서 한정 의견인지 아니면 부적정 의견인지 혹은 의견 거절인지를 밝혀야 한다.

감사관이 다음 사항에서 만족했을 때 적정 의견이 주어진다.

(1) 재무제표가 일관되게 적용이 되어온 회계 기준과 정책에 따라 작성되어진 경우

(2) 재무제표가 법적 요건과 관련 규정을 이행한 경우

(3) 재무제표에 제시된 견해가 감사관의 수감 기관에 대한 의견과 일치할 때

(4) 재무제표에 관련된 모든 주요한 사항이 적절하게 공개되었을 경우

특정한 경우에 감사관은 독자가 비정상적이거나 중요한 사항에 대해서 관심을 기울이지 않고는 재무제표를 이해할 수가 없다는 것을 고려해야 한다. 일반적으로 적정 의견이 제시된 경우에 감사관은 재무제표의 특정 부분에 대한 언급이 한정 의견으로 잘못 해석될 수 있을 때, 이 특정 부분에 대하여 언급을 하지 않는다. 이러한 인상을 주는 것을 피하기 위하여, 사항을 강조하기 위한 언급이 의견과는 별도의 문단에 포함된다. 감사관은 재무제표에 있어서 적절치 못한 공시를 보완하기 위해 강조사항을 이용해서는 안 되며, 한정 의견을 대체하거나 대안으로써 강조사항을 이용해서도 안 된다.

다음 사항이 발견되거나, 아래의 사항이 재무제표에 중대한 영향을 미친다고 판단될 경우, 감사관은 적정

의견을 제시할 수 없다.

(1) 감사 범위에 한계가 있을 때

(2) 재무제표가 불완전하거나, 오해의 소지가 있거나, 회계 기준을 이행하지 않은 이유가 공정한 것이 아닌 경우

(3) 재무제표에 영향을 미치는 불확실성이 있을 때

101 정답: 2번

감사 기능은 완전한 조직 독립성을 가지고 활동할 수 있는 기업 내 수준으로 보고해야 한다. 독립성은 감사 헌장에 정의되어야 하고 감사 기능에 의해 이사회와 거버넌스 책임자에게 적어도 매년 정기적으로 확인되어야 한다. 감사 기능의 조직적 독립성을 보장하기 위해 다음 사항을 거버넌스 담당자(예: 이사회)에게 보고하여 입력 및/또는 승인을 받아야 한다.

(1) 감사 자원 계획 및 예산 (The audit resource plan and budget)

(2) 리스크 기반 감사 계획 (The risk-based audit plan)

(3) IT 감사 활동에 대한 감사 기능의 수행 추적 (Performance follow-up performed by the audit function on the IT audit activity)

(4) 중요한 범위 또는 리소스 제한에 대한 후속 조치 (Follow-up of significant scope or resource limitations)

감사 기능의 조직적 독립성을 보장하기 위해서는 이사회와 경영진의 명시적인 지원이 필요하다. 경영진의 지원에는 조직의 모든 수준에 대한 서면 커뮤니케이션이 포함될 수 있다.

102 정답: 1번

SAP T-Code SUIM은 보안 및 권한 부여 중에서 SAP에서 가장 많이 사용되는 T-코드 중 하나이며, 특히 다양한 SAP 권한 부여 측면을 한 곳에서 요약하기 때문에 특히 그렇다. SUIM은 '사용자 정보 시스템'의 약자이지만, 일반적으로 권한 부여 관련 질문에 대한 답변을 찾는 데 사용된다. '누가 이 T-Code에 액세스할 수 있는지' 및 '어떤 직원이 회사 코드 1000에 액세

스할 수 있는지'와 같은 질문은 T-Code SUIM을 사용
하여 쉽고 빠르게 답변할 수 있다. 그러나 SUIM을 사
용하는 데는 몇 가지 트릭이 있으며 SUIM을 오용하지
않기 위해 SUIM의 장점과 단점을 잘 이해하여야 한
다. 또한, T-Code SUIM은 때때로 잘못된 답변을 제
공할 수 있으므로 SUIM 사용자는 이를 알고 있어야
하며 때때로 결과를 확인해야 한다.

- User
- Roles
- Profiles
- Authorizations
- Authorization Objects
- Transactions
- Comparisons
- Where-used Lists
- Change Documents

⌂참조 https://youtu.be/SreCPtk4sHA

103 정답: 3번

SAP는 액세스 컨트롤(SAP Access Control)을 통한
안정적인 시스템 권한 관리를 제공하며, 이는 4단계를
통해 조직에 적용할 수 있다.

- 1단계: 권한 관리 대상 기준 확정 및 시스템상 기준 등
  록(중요한 권한 및 직무 분리)
- 2단계: 중요한 권한 및 직무 분리를 반영한 시스템 역
  할 생성 및 변경
- 3단계: 사용자 권한 부여 시, [기존 권한 + 신규 부여
  권한] 기준 접근 리스크 분석
- 4단계: 예외적 권한 사용을 위한 긴급 권한 관리

104 정답: 4번

(1) 전사적 수준의 통제(Entity Level of Control)
(2) 정보 기술 일반 통제(Information Technology General Con-
   trol)
(3) 업무 프로세스 수준 통제(Transaction Level of Control)

105 정답: 1번

감사 캔버스(Audit Canvas)는 감사 목표와 범위를 정
의하는 데 유용하므로 감사팀이 전체 업무에 대한 작
업 계획을 미리 개발할 필요 없이 업무의 우선순위 영
역에서 바로 시작할 수 있다. 비전과 방향은 감사 관리
에서 비롯되지만 애자일(Agile)은 점진적이고 지속적으
로 계획하기 때문에 테스트 중에 발견된 새로운 사실
과 위험을 수집하여 특정 시점의 의사결정이 가능하
다. 감사 목표, 범위, 타이밍, 인사 할당, 기업 전략, 비즈
니스 목표 및 주요 위험은 감사 캔버스에 통합하는 것
을 고려해야 하는 구성요소다. 감사 캔버스는 감사 목
표와 범위를 정의하는 데 유용하므로 감사팀이 전체
업무에 대한 작업 계획을 미리 개발할 필요 없이 업무
의 우선순위 영역에서 바로 시작할 수 있다.

106 정답: 3번

기업은 중요한 직원의 가용성에 비즈니스 영향을 미
치는 규정 변경 사항을 인식하지 못하고 있으며 작업
장 보건 및 안전 규정에 대한 변경 사항을 구현하지 않
고 있다. 여기서 나오는 위험을 완화하기 위한 통제의
순서는 다음과 같다.

(1) 관리 목표, 방향 및 결정을 전달(Communicate manage-
   ment objectives, direction and decisions made): 기업 전체의
   이해관계자에게 인식을 전달하고 조정 및 I&T 목표에
   대한 이해를 촉진한다. 중요한 I&T 관련 결정과 조직에
   미치는 영향에 대해 정기적으로 커뮤니케이션한다.

(2) 정책 및 절차를 정의하고 전달(Define and communicate
   policies and procedures): 정책 및 제어 프레임워크의 기
   타 구성요소를 준수하고 성능 측정을 유지하기 위한
   절차를 마련한다. 비준수 또는 부적절한 성과의 결과
   를 시행한다. 추세와 성능을 추적하고 제어 프레임워
   크의 향후 설계 및 개선에서 이를 고려한다.

(3) 기술 환경을 모니터링하고 스캔(Monitor and scan the
   technology environment): 기술 감시 프로세스를 설정하여
   기업 외부 환경을 체계적으로 모니터링하고 스캔하여
   가치를 창출할 수 있는 가능성이 있는 신기술을 식별
   한다. (예: 기업 전략 실현, 비용 최적화, 노후화 방지, 기업 및
   I&T 프로세스 활성화를 통해) 시장, 경쟁 환경, 산업 부문,

법률 및 규제 동향을 모니터링하여 기업 맥락에서 새로운 기술 또는 혁신 아이디어를 분석할 수 있다.

(4) 직원의 기술과 능력을 관리(Maintain the skills and competencies of personnel): 직원에게 필요한 기술과 역량을 정의하고 관리한다. 직원이 교육, 훈련 및/또는 경험을 기반으로 자신의 역할을 수행할 능력이 있는지 정기적으로 확인한다. 적절한 경우 자격 및 인증 프로그램을 사용하여 이러한 역량이 유지되고 있는지 확인한다. 직원들에게 기업 목표를 달성하는 데 필요한 수준으로 지식, 기술 및 역량을 유지할 수 있는 지속적인 학습과 기회를 제공한다.

(5) 위험을 분석(Analyze risk): 위험 결정을 지원하기 위해 실제 I&T 위험에 대한 입증된 견해를 개발한다.

(6) 비즈니스 영향을 평가(Assess business impact): 기업에 중요한 서비스를 식별한다. 서비스 및 리소스를 비즈니스 프로세스에 매핑하고 비즈니스 종속성을 식별한다. 사용할 수 없는 리소스의 영향에 대해 고객이 완전히 동의하고 수용하는지 확인한다. 중요한 비즈니스 기능의 경우 SLA(서비스 수준 계약)에 따라 가용성 요구 사항을 충족할 수 있는지 확인한다.

(7) 시설을 관리(Manage facilities): 법률 및 규정, 기술 및 비즈니스 요구 사항, 공급업체 사양, 건강 및 안전 지침에 따라 전력 및 통신 장비를 포함한 시설을 관리한다.

(8) 외부 규정 준수 요구 사항을 식별(Identify external compliance requirements): 지속적으로 지역 및 국제 법률, 규정 및 기타 외부 요구 사항의 변경 사항을 모니터링하고 I&T 관점에서 규정 준수 의무를 식별하도록 한다.

록 해야 한다.

(4) 서비스 계약을 정의하고 준비(Define and prepare service agreements): 서비스 카탈로그의 옵션을 기반으로 서비스 계약을 정의하고 준비한다. 또한, 내부 운영 계약을 포함시킨다.

(5) 서비스 계약 및 계약서를 검토(Review service agreements and contracts): 서비스 계약을 주기적으로 검토하고 필요한 경우 수정한다.

(6) 공급업체 관계 및 계약서를 식별하고 평가(Identify and evaluate vendor relationships and contracts): 지속적으로 공급업체를 검색 및 식별하고 유형, 중요도 및 위험성을 분류한다. 공급업체 및 계약을 평가하기 위한 기준을 설정한다. 기존 및 대체 공급업체 및 계약의 전체 포트폴리오를 검토한다.

(7) 공급업체 관계 및 계약서를 관리(Manage vendor relationships and contracts): 각 공급업체에 대한 관계를 공식화하고 관리해야 한다. 계약 및 서비스 제공을 관리, 유지 및 모니터링한다. 신규 또는 변경된 계약이 기업 표준과 법률 및 규제 요구 사항을 준수하는지 확인한다. 계약 분쟁을 처리한다.

(8) 비즈니스 영향을 평가(Assess business impact): 기업에 중요한 서비스를 식별한다. 서비스 및 리소스를 비즈니스 프로세스에 매핑하고 비즈니스 종속성을 식별한다. 사용할 수 없는 리소스의 영향에 대해 고객이 완전히 동의하고 수용하는지를 확인한다. 중요한 비즈니스 기능의 경우 서비스 수준 계약(Service Level Agreement, SLA)에 따라 가용성 요구 사항을 충족할 수 있는지를 확인한다.

107
정답: 4번

(1) 예산을 만들고 관리(Create and maintain budgets): I&T 지원 프로그램 및 I&T 서비스 포트폴리오를 기반으로 투자 우선순위를 반영하는 예산을 준비한다.

(2) 적절하고 적당한 인력을 확보하고 관리(Acquire and maintain adequate and appropriate staffing): 기업이 기업 목표와 목적을 지원하기에 충분한 인적 자원을 보유하고 있는지 확인하기 위해 정기적으로 또는 기업, 운영 또는 IT 환경에 대한 주요 변경 사항에 따라 내부 및 외부 인력 요구 사항을 평가한다.

(3) 계약직을 관리(Manage contract staff): I&T 기술을 갖춘 기업을 지원하는 컨설턴트 및 계약 직원이 조직 정책을 알고 준수하며 합의된 계약 요구 사항을 충족하도

108
정답: 4번

내부 및 외부 보안 위협(예: 해커, 멀웨어): 기술 시스템 및 비즈니스 정보의 기밀성, 무결성 또는 가용성에 영향을 미치는 기술 시스템에 대한 악의적인 액세스 및 손상 또는 오용

(1) 정책 및 절차를 정의하고 전달(Define and communicate policies and procedures): 정책 및 제어 프레임워크의 기타 구성요소를 준수하고 성능 측정을 유지하기 위한 절차를 마련한다. 비준수 또는 부적절한 성과의 결과를 시행한다. 추세와 성능을 추적하고 제어 프레임워크의 향후 설계 및 개선에서 이를 고려한다.

(2) 위험을 분석(Analyze risk): 정기적인 위험 평가 및 위험 관리는 일반적으로 이 위험 시나리오를 포함하여 잠재적 위험, 그 영향 및 확률을 식별하는 데 필수적이다. 이 컨트롤은 다른 보다 구체적인 컨트롤의 핵심이며 적절하게 식별하는 데 필요하다.

(3) I&T 인프라에 대한 적절한 지속적인 모니터링을 통해 통제 또는 새로운 유형의 이벤트(예: 잠재적인 멀웨어, 새로운 취약성)에 대한 준수 부족을 신속하게 식별할 수 있다.

(4) 엔드포인트 보안을 관리(Manage endpoint security): 엔드포인트(예: 랩톱, 데스크톱, 서버, 기타 모바일 및 네트워크 장치 또는 소프트웨어)가 처리, 저장 또는 전송되는 정보에 대해 정의된 보안 요구 사항 이상인 수준에서 보호되는지 확인한다.

(5) 사용자 ID 및 논리적 액세스를 관리(Manage user identity and logical access): 모든 사용자에게 비즈니스 요구 사항에 따라 정보 액세스 권한이 있는지 확인한다. 비즈니스 프로세스 내에서 자체 액세스 권한을 관리하는 비즈니스 단위와 같이 조정한다.

(6) 역할, 책임, 접근 권한 및 권한 수준을 관리(Manage roles, responsibilities, access privileges and levels of authority): 비즈니스 프로세스 목표를 지원하는 데 필요한 비즈니스 역할, 책임, 권한 수준 및 업무 분리를 관리한다. 비즈니스, IT 및 제3자가 관리하는 자산을 포함하여 비즈니스 정보 프로세스와 관련된 모든 정보 자산에 대한 액세스 권한을 부여한다. 이를 통해 비즈니스는 데이터의 위치와 데이터를 대신하여 처리하는 사람을 파악할 수 있다.

(7) 비즈니스 연속성 정책, 목표 및 범위를 정의(Define the business continuity policy, objectives and scope): 기업 및 이해관계자의 목표에 맞게 비즈니스 연속성 정책 및 범위를 정의하여 비즈니스 복원력을 향상시킨다.

(8) 비즈니스 탄력성을 유지(Maintain business resilience): 비즈니스 복원 옵션을 평가하고 재해 또는 기타 주요 사고 또는 중단에 직면하여 엔터프라이즈 연속성, 재해 복구 및 사고 대응을 보장할 비용 효율적이고 실행 가능한 전략을 선택하도록 한다.

109

정답: 3번

ISACA는 위험이 있을 수 있는 주요 프로세스를 식별하기 위해 다음과 같이 6가지 위험 유형을 가이드하고 있다.

(1) 제품 제공(Product delivery): 기술은 비즈니스 요구를 충족하는 새로운 제품과 서비스를 제공하기에 충분하지 않음

(2) 서비스 품질(Service quality): 기술/데이터 중단, 장애, 성능 저하, 손상 또는 손실로 인한 서비스 기대치 충족 불가능.

(3) 데이터 및 시스템 보호(Data and system protection): 데이터, 기술 또는 관련 비즈니스 프로세스의 오용으로 인한 손상, 중단 또는 손실

(4) 법률 및 규정 준수(Legal and regulatory compliance): 불충분한 규정 준수 감독, 모니터링 및 감독은 규제 기관과의 장기적인 관계를 회복할 수 없을 정도로 손상시키고 공공 제재, 처벌, 새로운 서비스 제공 지연 또는 피할 수 있는 개선 투자를 포함한 규제 조치를 초래할 수 있음

(5) 작업장 안전(Workplace safety): 재정, 규제 또는 평판에 영향을 미칠 수 있는 물리적 시설 관점, 심리적 관점(즉, 학대) 또는 개인 안전 관점(즉, 물리적 폭력이 존재함)에서 안전하지 않은 작업 환경

(6) 제품 및 서비스 비용(Product and service cost): 합리적인 비용으로 IT 제품 및 서비스를 제공할 수 없음

110

정답: 4번

감사 계획은 감사 목적(Audit Purpose), 범위(Audit Scope), 기준(Audit Criteria)을 다루는 감사 계획을 작성해야 한다. 또한, 가용 자원 및 활동 일정을 명확하게 고려해서 명시해야 한다. 공급업체 감사는 해당 요구 사항을 식별하고 공급업체 경영진과의 커뮤니케이션을 통해 위험 임계값을 결정하고 필요한 통제를 구현함으로써 위험을 해석해야 한다. 즉, 계획 확립된 공급업체 감사 방법론을 설명해야 하는 공급업체 감사에 대해서는 위험 기반(Risk-based) 접근 방식을 따르는 것이 좋다. 공급업체 감사는 해당 요구 사항을 식별하고 공급업체 경영진과의 커뮤니케이션을 통해 위험 임계값을 결정하고 필요한 통제를 구현함으로써 위험을 해석한다. 위험 기반 공급업체 감사는 안전 장치, 기술, 정책 및 절차의 결함과 같은 취약성으로 인해 사고가 발생할 가능성을 다룬다. 감사 결과에 위험 설명을 부가

적으로 추가하면 공급업체 감사 프로세스에 가치가
추가된다.

111
정답: 4번

(1) IT 인프라/클라우드 보안 문서 수집: 조직은 클라우드
  공급자 또는 인프라 공급자로부터 모든 관련 보안 문
  서, 증명을 수집해야 한다. 팀은 다음을 포함한 문서
  수집을 고려할 수 있다.
  - 클라우드 공급자 SOC 보고서(SOC 1, SOC 2, SOC 3)
  - 서비스 수준 계약(SLA)
  - 비즈니스 제휴 계약(BAA)

(2) 계약자 및 타사 공급업체 계약 수집: IT 인프라, 문서
  수집 외에도 조직은 계약자, 타사 공급업체 및 소프
  트웨어 회사와 체결한 모든 계약 및 NDA를 수집해야
  한다.

(3) 관리 보안 정책 생성: SOC 2를 준비하는 팀은 조직의
  기술, 직원 구조 및 보안 목표를 기반으로 관리 정책을
  개발해야 한다. 관리 정책은 SOC 2 내부 통제를 관리
  하기 위한 표준 운영 절차를 제공해야 한다. 정책은 보
  안 역할, 시스템 액세스, 재해 복구(DR), 위험 평가 및
  분석, 보안 교육을 포함한 주제를 다루어야 한다.

(4) 기술 통제 설정: 보안 팀 구성원은 클라우드 환경과 IT
  인프라 전반에 걸쳐 필요한 모든 내부 보안 통제를 구
  현해야 한다. 팀은 다음을 포함한 보안 통제를 시행해
  야 한다.
  - 암호화
  - 액세스 제어
  - 네트워크 및 방화벽
  - 백업 설정
  - 침입 탐지
  - 취약점 검색 및 패치

(5) SOC 2 평가 범위 결정: SOC 2 보고서는 5가지 TSC(신
  뢰 서비스 기준)(보안, 가용성, 처리 무결성, 기밀성, 개인정보
  보호) 중 하나 이상에서 서비스 조직을 평가한다. 팀은
  SOC 2 감사에서 어떤 기준을 평가할지 고려해야 한다.
  - 감사가 SOC 2 Type I 또는 SOC 2 Type II 보고서를 다
    룰 것인지 결정한다.
  - SOC 2 보고서에서 평가할 TSC(Trust Service Criteria)
    결정한다.

(6) SOC 2 심사원 선택: 보안 프로그램을 준비한 후 조직
  은 평판이 좋은 SOC 2 감사 회사를 선택해야 한다.
  SOC 2 감사는 AICPA 계열 회사에서만 수행할 수 있다.
  팀은 비슷한 규모/유형의 회사와 함께 일했으며 이전
  에 SOC 2 감사를 수행한 경험이 있는 회사를 찾아야
  한다.

112
정답: 2번

평가 프로세스의 속도를 높이고 잠재적인 감사 오
버헤드를 줄이기 위해 팀은 모든 관련 보안 및 규정 준
수 증거와 아티팩트를 수집하여 SOC 2 감사자에게 제
공해야 한다. 보안 정보는 조직 정책, 공급업체 및 현재
IT 인프라에서 수집해야 한다. 팀은 다음을 포함한 보
안 증거 수집을 고려할 수 있다.

- 소스 코드에 대한 액세스 권한이 있는 사용자 목록
- 구성 관리 프로세스의 증거
- 오프사이트 백업 생성의 증거
- 암호 및 액세스 제어 표준의 증거
- 디스크 및 스토리지 암호화의 증거
- 필요한 비즈니스 제휴 계약(BAA)의 증거
- 사용자 접근 요청 및 사용자 생성/수정 로그
- 공공 개인정보보호정책의 증거(개인정보보호 기준)

113
정답: 2번

감사 증거에는 8가지 유형이 있다. 각 유형은 감사
목적, 클라이언트 및 테스트 중인 주장에 따라 특정
목적을 달성하는 데 사용된다.

- 신체검사(Physical examination): 특정 자산이 실제로 존
  재하는지 여부를 확인하거나 자산의 상태를 확인하기
  위해 감사인이 직접 수집한 물리적 증거이다. 신체검
  사는 또한, 기계 또는 공급품의 사용과 같은 고정 자
  산에 주로 사용되는 감사 증거의 주요 출처이다.
- 확인(Confirmations): 이는 재무제표의 다양한 측면(예:
  마감 은행 잔고 또는 미지급금 기록)을 확인하기 위해 은행
  과 같은 제3자에게 의존하는 것을 말한다.
- 문서 증거(Documentary evidence): 감사자는 내부 프로

세스 문서, 이메일 또는 로그와 같은 문서를 수집하여 전체 감사의 여러 부분을 지원한다. 감사인은 감사 절차의 일부로 보증 또는 추적을 위해 문서를 사용할 수 있다.

- 분석 절차(Analytical procedures): 재무 정보 및 불일치를 찾기 위해 고객이 제공한 회계 기록을 입증하기 위해 자체 계산을 사용하는 감사인이 수행한 모든 분석을 의미한다.

- 구두 증거(Oral evidence): 감사인은 감사 절차를 설계하기 전에 비즈니스 운영에 대해서 문의하기 위해 고객의 고위 경영진과 Q&A 세션을 가질 수 있다.

- 회계 시스템(Accounting system): 감사인이 재무 보고 문서 및 재무제표와 관련된 모든 정보에 액세스할 수 있다. 회계 시스템은 또한, 감사 증거의 출처로 작용할 수 있다.

- 재연(Reperformance): 감사인은 주요 내부 통제 프로세스를 수행하여 결함을 확인함으로써 통제 위험을 평가한다.

- 관측 증거(Observatory evidence): 감사인은 고객이 약점을 찾기 위해 운영, 정책 및 프로토콜을 수행하는 방법을 관찰한다. 그리고 이러한 프로세스가 어떻게 작동하는지에 대한 메모를 작성한다.

114

정답: 4번

범용 감사 소프트웨어(Generalized Audit Software, GAS)는 컴퓨터 지원 감사(Computer-Assisted Auditing)에서 자주 사용되는 소프트웨어 제품군 중 하나이다. 이는 컴퓨터 저장 매체에 유지 관리되는 데이터에 액세스하고 조사하는 수단을 제공할 수 있는 기성품 패키지이다. IT 감사인이 응용 프로그램 시스템에서 생성 및 유지 관리하는 기록의 품질에 대한 증거를 직접 얻기 위해 사용하는 도구 중 하나로 오늘날 시장에는 많은 GAS 패키지가 있다.

GAS는 컴퓨터 파일을 읽고, 원하는 정보를 선택하고, 반복적인 계산을 수행하고, 감사관이 지정한 형식으로 보고서를 인쇄할 수 있는 일련의 컴퓨터 프로그램 루틴으로 구성된다. 일반화된 감사 소프트웨어를 사용하면 감사인이 전산화된 기록에 직접 액세스하고 대량의 데이터를 효과적으로 처리할 수 있다. GAS는 컴퓨터 파일의 모든 데이터를 빠르게 스캔, 테스트 및 요약할 수 있기 때문에 일반적으로 샘플 기반으로 수행했을 많은 절차를 전체 모집단으로 확장할 수 있다. 또한, GAS를 사용하면 일반적으로 자동화 시스템과 컴퓨터 기반 작업을 더 잘 이해할 수 있다. 감사를 더 흥미롭고 어렵게 만들 수 있으며 감사인에게 IT 환경 내에서 증거 수집 프로세스 및 전자 데이터 파일 무결성 검사를 소개하는 훌륭한 방법이다.

일반화된 감사 소프트웨어는 다음과 같은 감사 작업을 수행할 수 있다.

(1) 기록의 품질, 완전성, 일관성 및 정확성 검사(비정상적으로 큰 입출금에 대한 은행 요구불 예금 파일 검토)

(2) 계산 확인 및 계산(이자, 은행 COT 등 재계산 및 급여 순 급여, 공제 등 확인)

(3) 별도 파일의 데이터 비교(구식 항목과 느리게 움직이는 항목에 대한 현재 및 이전 기간 재고 파일 비교)

(4) 감사 샘플(미수금 확인서, 일정 금액 이상 고객 환불)을 선택하고 인쇄

(5) 데이터를 요약하고 다시 배열(물리적 관찰을 용이하게 하기 위해 위치별로 인벤토리 항목의 배열을 다시 지정)

(6) 다른 감사 절차를 통해 얻은 데이터를 회사 기록과 비교(채권자 명세서와 미지급금 파일 비교)

일부 고급 GAS에는 다양한 감사 기능이 포함될 수 있으며 이에 초보 감사자도 전문적인 업무를 수행할 수 있다. 광범위한 감사 기능과 사용 용이성 외에도 고급 GAS는 이제 엔터프라이즈 엔터프라이즈 인트라넷 시설 또는 기타 시설을 통해 배포되는 이기종 하드웨어 및 소프트웨어 플랫폼에 저장된 다양한 파일에 액세스, 분석 및 보고할 수 있다. GAS는 안정적으로 배우고 사용하기 쉽고 기존 프로그래밍 언어에 비해 뚜렷한 이점을 제공한다. 대부분의 GAS 시스템은 약 1주일의 교육만 필요로 하며 몇 주 동안 사용하면 숙달될 수 있다. 또한, GAS 사양 코딩은 일반적으로 기존 프로그래밍 언어에 필요한 코딩 항목의 일부만 필요로 한다. 이것은 더 빠른 코딩을 허용하고 오류 가능성을 줄인다.

115

통합 테스트 시설(Integrated Test Facility, ITF)은 실시간 입력과 동시에 테스트 트랜잭션을 처리하기 위해 데이터베이스에 가상 엔티티를 만든다. ITF는 테스트 트랜잭션을 시스템의 정상적인 프로덕션 실행에 통합하는 데 사용할 수 있다. 주기적인 테스트가 별도의 테스트 과정을 필요로 하지 않는다는 장점이 있다. 그러나 신중한 계획이 필요하며 테스트 데이터는 프로덕션 데이터와 분리되어야만 한다.

또한, ITF는 응용 프로그램에서 트랜잭션의 올바른 작동을 확인하지만 시스템이 올바르게 작동하고 있는지는 보장하지 않는다. 통합 테스트 시설은 독립적으로 계산된 데이터를 사용하여 처리를 비교하기 위해 동일한 프로그램을 사용하기 때문에 IT 감사 중에 유용한 감사 도구로 간주된다. 여기에는 애플리케이션 시스템에 더미 엔티티를 설정하고 처리 정확도를 확인하는 수단으로 엔티티에 대한 테스트 또는 프로덕션 데이터를 처리하는 작업이 포함된다.

116

스프레드시트는 데이터를 신속하게 분석하고 의사 결정을 지원하기 위해 정보를 제시할 수 있는 빠르고 유연하며 직관적이고 비용 효율적인 플랫폼을 제공한다. 스프레드시트는 최종 사용자에 의해 개발되며 비 IT 비즈니스 요구 사항과 엄격하게 관리되는 IT 시스템 사이의 다리를 형성하는 최종 사용자 컴퓨팅(EUC) 그룹의 응용 프로그램의 일부이며 가장 널리 퍼진 예이다. 그러나 최종 사용자가 IT 시스템에서 널리 사용되는 동일한 제어의 대상이 아니라는 사실로 인해 최종 사용자에 의존하는 많은 비즈니스에 대한 위험이 증가했다.

스프레드시트가 우려나 의심의 원인이 되는 경우는 거의 없다. 경영진은 동일한 스프레드시트 소프트웨어를 수년 동안 사용해 왔음에도 불구하고 우려할 이유가 거의 없다고 생각할 수 있다. 스프레드시트는 쉽게 변경할 수 있고 특정 제어 기능이 부족할 수 있으며 사람의 실수에 취약하다.

마이크로소프트 엑셀의 스프레드시트 감사 기능

Spreadsheet Detective는 수천 명의 스프레드시트 전문가가 다음을 위해 사용한다.

- 포괄적인 통합 문서 보고서, 데이터 흐름 분석 및 오류 감지를 통해 개요를 제공한다.
- 수식이 있는 셀과 모델 전체에서 복사된 방법을 표시한다.
- 영어 자동 이름을 사용하여 모호한 "A1" 참조를 명확히 한다.
- 비모달 창을 사용하여 현재 셀 및 수식의 여러 측면을 설명한다.
- 복잡한 수식의 중간값과 셀 참조를 평가한다.
- 복잡한 선례 및 종속 관계를 쉽게 따를 수 있다.
- 간결한 보고서와 그래픽 주석으로 서로 다른 스프레드시트를 비교한다.
- 시나리오를 관리하고 몬테카를로 시뮬레이션을 수행한다.
- 암호 분실 위험 없이 중요한 통합 문서를 암호화 가능하다.
- 민감도 관계를 분석한다.
- 명명된 범위의 이해와 조작을 돕는다.

마이크로소프트의 엑셀과 같은 전자적인 스프레드시트는 정보를 행과 열로 정리한다. 이 정리는 큰 데이터를 쉽게 분석할 수 있도록 해준다.

117

업무 연속성 계획의 일부인 재해 복구에서는 하드웨어, 통신 및 IT 자산을 포함하여 중요한 지원 시스템을 복원하는 데 필요한 단계에 중점을 둔다. 업무 연속성이 긴급 상황에서도 정기적인 업무 프로세스를 중단 없이 지속할 수 있도록 보장하는 범위가 훨씬 넓은 경우, 복구 계획은 대신 손상된 시스템과 손실된 데이터를 복구하고 재해 발생 이전의 기능으로 신속하게 복구하는 데 중점을 둔다. 일반적으로 비즈니스 복구 계획의 개발 시 다음의 현안을 고려해야 한다.

- 서비스 제공자 측과 고객 측 직원 간의 작업 배정
- 조직 내의 변경 요구를 충족시키기 위한 변경 통제의 필요성
- 사이트 간 물리적 이동에 소요되는 시간
- 재해 복구로 인한 추가 지출을 감사할 경우에 적합한 감사 절차 구현
- 기밀성이 중요한 경우, 재해 발생 후 회수한 자원에 대한 보호

118 정답: 2번

재해 복구 계획은 계획하지 않은 보안 사고에 대응하여 지침을 제공하기 위해 체계적으로 문서화된 접근법이다. 재해의 영향을 최소화하기 위한 예방 조치로 구성된 단계별 계획으로, 기업은 이를 통해 신속하게 미션 크리티컬 기능을 재개하거나 계속해서 평소처럼 운영할 수 있게 된다. 일반적으로 DRP에는 모든 비즈니스 프로세스와 연속성 니즈에 대한 심층 분석이 포함된다. 기업은 상세한 계획을 수립하기 전에 먼저 리스크 분석(RA)과 비즈니스 영향 분석(BIA)을 수행해야 하며, RTO와 RPO도 설정해야 한다. 대책 평가 시 다음과 같은 사항이 고려되어야 한다.

- 복구에 관한 장기·단기 요구 사항을 수용할 수 있는 서비스 제공자의 능력
- 복구 대책의 구현이 미래의 업무와 기술 전략에 제약 사항이 될 것인지 여부
- 서비스 제공자에 의해서 업무 연속성 관리가 실행될 정도
- 서비스 제공자와 고객 간의 비용 배정
- 고객의 업무와 그와 관계된 업무 연속성 요구 사항의 성장을 고려하여 예비 능력을 준비했는지 여부

119 정답: 3번

테스트를 통해 모든 DRP를 입증하며, 계획의 결점을 확인하여 재해가 발생하기 전에 문제를 해결할 수 있는 기회를 제공한다. 또한, 테스트는 해당 계획의 효과를 입증하고 RPO에 맞춘다. IT 기술과 시스템은 계

속하여 변화한다. 따라서 테스트를 통해 기업의 DRP가 최신 상태인지 확인해야 한다. DRP를 테스트하지 않는 이유로는 예산 제한, 경영진의 승인 부재, 리소스 제한 등이 포함된다. DR 테스트에는 시간과 계획, 리소스도 필요하다. 이때 라이브 데이터를 사용하므로 보안 사고가 발생할 위험도 있다. 하지만 테스트는 절대 무시해서는 안 될 DR 계획의 중요 단계이다.

서프라이즈 테스트(Surprise test)는 가장 어려운 재해 복구 계획 테스트 실행으로, 전체 중단 테스트를 준비하기가 매우 어렵고 종종 경영진의 저항에 직면하게 된다.

120 정답: 4번

DRP 테스트의 또 다른 유형으로 병렬 테스트(Parallel test)는 트랜잭션 데이터가 중요한 비즈니스 처리의 핵심 구성요소인 환경에서 일반적으로 사용된다. 복구 사이트는 작동 준비 상태로 되지만, 본 사이트에서의 작업은 정상적으로 계속된다. 일반적으로 이 테스트에는 대체 컴퓨팅 시설에서 중요한 처리 구성요소를 복구한 다음 이전 백업에서 데이터를 복원하는 작업이 포함된다. 그러므로 일반 생산 시스템은 중단되지 않는다. 그런 다음 백업 다음 날의 트랜잭션은 새로 복원된 데이터에 대해 실행되며 해당 날짜의 정상 작업 중에 얻은 동일한 결과는 복구 시스템의 결과에 미러링되어야 한다. 메인프레임 및 미드레인지 시스템에 크게 의존하는 조직은 종종 이러한 유형의 테스트를 사용한다.

121 정답: 1번

재해 복구 계획이 실행 가능한지 확인하려면 철저한 테스트가 필요하다. 또한, DRP의 상세한 전술적 주제를 고려할 때 일상적인 인프라, 하드웨어, 소프트웨어 및 구성 변경이 DRP가 수행되는 방식을 실질적으로 변경한다는 것은 놀라운 일이 아니다. 조직의 정보 시스템은 끊임없이 유동적이지만 불행하게도 업데

이트된 DRP에 쉽게 적용되는 변경 사항은 많지 않다. 복구 방법론으로서 DRP의 초기 및 지속적인 효율성을 모두 보장하려면 테스트를 수행하고 독립적인 제3자가 테스트를 모니터링하고 평가를 수행해야 한다. 모든 DRP 테스트의 가장 높은 충실도에는 비즈니스 중단이 포함된다.

그러나 전체 중단 테스트(Full interruption test)는 실제로 재해의 원인이 될 수 있으므로 시도하기 전에 각별한 주의를 기울여야 한다. 비즈니스 중단 테스트에서 조직은 실제로 기본 위치에서 정상적인 비즈니스 처리를 중지하고 대신 대체 컴퓨팅 시설을 사용한다. 이러한 테스트는 완전히 중복되고 종종 로드 밸런싱된 작업이 이미 존재하는 조직에서 더 일반적으로 사용된다.

122

정답: 3번

재해 복구 계획(DRP)의 주요한 목적은 다음과 같다.

- 예방(Prevention, 사전 재해): 시스템 및 리소스에 대한 재해의 전반적인 영향을 최소화하려면 미션 크리티컬 시스템용 미러 서버 사용, 핫 사이트 유지, 재해 복구 인력 교육 등의 사전 계획이 필요하다. 이러한 사전 계획은 또한, 조직이 재해로부터 복구할 수 있는 능력을 극대화 시킨다.
- 연속성(Continuity, 재해 중): 핵심 미션 크리티컬 시스템 및 리소스 골격(조직을 운영 상태로 유지하는 데 필요한 최소한의 자산)을 유지 관리하고 재해 중에 보조 핫 사이트를 시작하는 프로세스이다. 연속성 측정은 필수 시스템과 리소스를 보존하여 전체 조직이 중단하는 것을 방지한다.
- 복구(Recovery, 재해 후): 모든 시스템과 리소스를 완전한 정상 작동 상태로 복원하는 데 필요한 단계이다. 조직은 빠른 배송 프로그램에 가입하여 복구 시간을 단축시킬 수 있다.

123

정답: 2번

그룹에 대한 적절한 인력 구성과 지원이 요구되고 위기관리에 대한 교육이 필요하며 비즈니스 연속성 계획은 올바르게 설계되고 검증되고 문서화되며 예산 확보가 이루어져야 하며 감사를 받아야 한다. IT 사고 관리는 IT 팀이 비즈니스에 가능한 한 부정적인 영향을 최소화하는 것을 목표로 하는 방식으로 중단 후 서비스를 가능한 한 빨리 정상으로 되돌리는 IT 서비스 관리(ITSM) 영역이다. IT 사고 관리는 조직이 예기치 않은 하드웨어, 소프트웨어 및 보안 장애에 대비할 수 있도록 하고 이러한 이벤트로 인한 중단 기간과 심각도를 줄인다. ITIL(IT 인프라 라이브러리) 또는 COBIT과 같은 확립된 ITSM 프레임워크를 따르거나 시간이 지남에 따라 확립된 지침과 모범 사례의 조합을 기반으로 할 수 있다. 실제로 IT 사고 관리는 직원이 사고를 조사하고 근본 원인을 식별하며 영구적인 수정 사항을 개발 및 배포하는 동안 서비스가 작동 및 실행되도록 하기 위해 임시 해결 방법에 의존하는 경우가 많다. IT 사고 관리의 특정 워크플로 및 프로세스는 각 IT 조직이 작업하는 방식과 해결하는 문제에 따라 다르다. 대부분의 IT 사고 관리 워크플로는 사용자와 IT 직원이 네트워크 속도 저하와 같은 잠재적 사고를 선제적으로 처리하는 것으로 시작된다.

124

정답: 2번

공식 기술 검토(Formal Technical Reviews, FTR)는 소프트웨어 표현에 대한 기능, 논리 또는 구현의 오류를 발견하는 것을 목표로 하는 소프트웨어 품질 보증 활동이다. 검토 중인 소프트웨어가 요구 사항을 충족하는지 확인하기 위해 소프트웨어가 사전 정의된 표준에 따라 표현되었는지 확인한다. 균일한 방식으로 개발된 소프트웨어를 달성하고 프로젝트를 보다 쉽게 관리할 수 있도록 한다. FTR(공식 기술 검토)은 또한, 주니어 개발자가 소프트웨어 분석, 설계 및 구현에 대한 다양한 접근 방식에 대해 더 많이 알 수 있도록 하는 학습 장소이다. 또한, 지금까지 소프트웨어 개발에 노출되지 않은 사람들을 위한 백업 및 연속성 역할도 수행한다.

125

감사인은 감사 조서(Working paper)에 감사 업무의 계획, 수행한 감사 절차의 성격, 시기 및 범위, 그 결과, 그리고 확보된 감사 증거로부터 도출된 결론에 대한 정보를 기록하여야 한다. 따라서 감사조서는 감사의 계획과 수행 과정에 도움을 주고, 감사 업무에 대한 감독과 검토 과정에 도움이 되며 감사 조서에 포함된 감사 증거는 감사 의견 형성의 지지 자료가 된다. 감사 증거가 수록되는 감사 조서는 감사인이 회계감사기준에 의거하여 조직적이고 합리적인 감사를 실시하였음을 대내외적으로 증명하는 기능도 갖는다.

감사조서는 비록 회사의 업무에 관한 내용이라 할지라도 자기의 책임에 관한 증거로서 당연히 감사인의 소유이다. 그러나 회사의 기밀 사항 등이 기록되어 있으므로 감사인이 감사 조서를 타인에게 공개하기 위해서는 반드시 회사의 동의를 얻어야 한다. 다만 일반 조서는 법원으로부터 제출을 요구받은 경우와 감리 및 윤리 사항과 관련하여 증권선물위원회, 공인회계사회 등 회계감사 관계 기관으로부터 제출을 요구받은 경우 그리고 회사의 승인을 받은 경우에, 금융기관 고객 예수금의 실명 조서는 법원으로부터 제출을 요구받은 경우에 반드시 제출하도록 규정하고 있다. 감사 조서 공개 시에는 (1) 회사의 허가 내지 동의를 얻어야 한다. (2) 감사 조서의 출납이나 열람 시에는 책임자의 허가를 받도록하며, 문서를 외부로 유출할 때는 보관증을 받는다.

126

감사 조서는 감사 준칙에서 최소한 5년 이상, 외감법에서는 8년간 보존하도록 규정하고 있다. 한편 상법에서는 상업 장부를 10년간 보관하도록 규정하고 있으므로 10년 동안 이를 보관하여야 한다. 감사 조서의 각 면에는 형식적 구비 요건인 감사 대상 회사명, 감사 기준일, 감사 대상 계정명, 감사 목적, 작성자 및 작성일, 검토자 및 검토일 등이 기록되어야 한다. 표준화된 감사 조서는 작성과 검토에 효율성을 향상시킬 수 있고

감사업무의 품질을 통제할 수 있으므로 업무의 위임을 용이하게 한다. 그리고 감사 조서의 내용이 갖추어야 할 구비 요건은 논리성, 완전성, 명료성, 연결성, 진실성, 능률성 등이다.

127

재해 복구에는 자연재해 또는 인적 재해가 발생한 후 중요한 기술 인프라 및 시스템의 복구 또는 지속을 가능하게 하는 일련의 정책, 도구 및 절차가 포함된다. 재해 복구는 비즈니스 연속성이 아니라 중요한 비즈니스 기능을 지원하는 정보 기술(IT) 또는 기술 시스템에 중점을 둔다. 여기에는 중대한 파괴적 사건에도 불구하고 비즈니스 기능의 모든 필수 측면을 유지하는 것이 포함된다. 따라서 비즈니스 연속성의 하위 집합으로 간주될 수 있다. 재해 복구는 기본 사이트가 일정 시간 동안 복구할 수 없다고 가정하고 데이터 및 서비스를 원래 위치로 복원하는 것과 반대되는 2차 생존 사이트로 데이터 및 서비스를 복원하는 프로세스를 나타낸다. 일반적으로 복구 전략에 선택을 미치는 요인들은 다음과 같다.

- 비즈니스 프로세스와 이를 지원하는 애플리케이션 중요성
- 비용
- 복구에 필요한 시간
- 보안

고위 경영진은 제시된 전략 중에서 가장 적절한 전략을 선택하고, 피할 수 없는 잔존 위험을 수용해야 한다.

128

RPO(복구 시점 목표) 및 RTO(복구 시간 목표)는 재해 복구 또는 데이터 보호 계획의 가장 중요한 두 가지 매개 변수다. 이는 기업이 최적의 클라우드 백업 및 재해 복구 계획을 선택하도록 안내할 수 있는 목표다. 비즈니스 영향 분석과 함께 RPO/RTO는 비즈니스 연속

432   정보보안 1000제 ⋯ 해설편

성 계획에 포함할 실행 가능한 전략을 식별하고 분석하기 위한 기반을 제공한다. 실행 가능한 전략 옵션에는 RPO/RTO 또는 그 근처의 시간 프레임에서 비즈니스 프로세스를 재개할 수 있는 모든 것이 포함된다.

RPO(복구 시점 목표)는 해당 기간 동안 손실된 데이터 양이 비즈니스 연속성 계획의 최대 허용 임계값 또는 '허용 범위'를 초과하기 전에 중단 동안 경과할 수 있는 시간 간격을 설명한다. 예를 들어, 정전 시 사용 가능한 마지막 데이터 복사본이 18시간 전이고 이 비즈니스의 RPO가 20시간인 경우 여전히 비즈니스 연속성 계획의 RPO 매개 변수 내에 있다. 즉, "해당 기간 동안 손실된 데이터 양을 감안할 때 비즈니스 프로세스의 복구가 어느 시점까지 견딜 수 있을 정도로 진행될 수 있습니까?"라는 질문에 대한 답변이다.

RTO(복구 시간 목표)는 연속성 중단과 관련된 허용할 수 없는 결과를 피하기 위해 재해 후 비즈니스 프로세스를 복원해야 하는 기간 및 서비스 수준이다. 즉, RTO는 "비즈니스 프로세스 중단 알림 후 복구하는 데 시간이 얼마나 걸렸습니까?"라는 질문에 대한 답변이다. RPO는 네트워크 다운타임 동안 손실되거나 다시 입력해야 하는 가변 데이터양을 지정한다. RTO는 중단이 정상적인 비즈니스 운영의 흐름을 심각하고 수용할 수 없을 정도로 방해하기 시작하기 전에 경과할 수 있는 실시간의 양을 지정한다.

129
정답: 4번

재해 복구 계획 프로세스의 궁극적인 목표는 제품과 서비스를 시장에 제공하는 인력과 운영 능력에 영향을 미칠 수 있는 사고에 대응하고, 법과 요구 사항을 준수하는 것이다. 재해 복구 계획은 지리적 위치, 비즈니스의 성격과 법적 규제에 따라 다양한 규정 준수 요구 사항의 적용을 받을 수 있다. 대부분의 규정 준수 요구 사항은 서비스의 연속성 보장에 초점을 맞추겠지만 그중에서도 사람의 안전이 제일 중요하다. BCP는 핵심 기능을 영위하기 위한 예방적(Preventive) 개념이 강하며, 복구적(Recovery) 개념의 DRP와 차이가 있다.

130
정답: 3번

준거성 테스트의 예에는 다음 사항에 대한 확인/검증이 포함된다.

(1) 사용자 접근 권한
(2) 프로그램 변경 통제 절차
(3) 문서화 절차
(4) 프로그램 문서
(5) 예외에 대한 후속 조치
(6) 로그 검토
(7) 소프트웨어 라이선스 감사

실증 테스트의 예에는 다음 사항에 대한 확인/검증이 포함된다.

(1) 증빙 서류 등을 보증하기 위해 계정 샘플 또는 거래 샘플에 대한 복잡한 계산(예: 이자) 수행
(2) 재고 평가 계산의 유효성 확인
(3) 고정 자산 기록/등록부로 고정 자산 잔액 확인
(4) 배당 승인 시 이사회 의사록 검토.
(5) 은행 잔고 확인을 위한 은행 확인받기
(6) 차단 절차 테스트

131
정답: 4번

인프라 보안을 담당하는 보안 및 위험 관리 리더는 ZTNA 관련하여 다음을 수행 및 확인해야 한다.

(1) ZTNA 솔루션을 선택 및 구현하기 전에 먼저 높은 수준의 제로 트러스트 전략을 수립하고 ID 및 액세스 관리 기술과 프로세스를 잘 이해하도록 해야 한다.
(2) VPN 교체가 ZTNA 공급업체의 기능을 수량화하는 주요 목표인지, 그리고 VPN을 교체하기 위해 ZTNA를 구현하는 데 충분한 이점이 있는지 현재 VPN 환경을 평가해야 한다.
(3) 에이전트 기반 ZTNA 선택을 보다 광범위한 SASE 아키텍처 결정의 일부로 선택하여 SSE 공급자를 통합하여 관리되는 장치에서 여러 에이전트의 복잡성과 잠재적으로 지원되지 않는 구성을 방지해야 한다.
(4) 원하는 최종 사용자 액세스 사용 사례와 엔드포인트 및 조직의 애플리케이션 아키텍처를 기반으로 ZTNA 공급업체 선택의 우선순위를 지정한다.

데이터 손실 방지(Data Loss Prevention, DLP)는 개인 정보보호/준수, 지적 재산(IP) 보호, 데이터 가시성이라는 많은 조직의 공통적인 고충인 세 가지 주요 목표를 해결하고 있다.

(1) 개인정보보호/준수(Personal Information Protection/Compliance): 대개 일반적인 조직은 개인 식별 정보(PII), 보호 대상 건강 정보(PHI) 또는 지불 카드 정보(PCI)등 법률적으로 민감한 정보를 수집하고 저장하고 있다. 즉, 고객의 민감한 데이터를 보호해야 하는 HIPAA(PHI용) 및 GDPR(EU 거주자의 개인 데이터용)과 같은 규정 준수의 적용을 받을 가능성이 크다. DLP는 민감한 데이터를 식별, 분류 및 태그 지정하고 해당 데이터를 둘러싼 활동과 이벤트를 모니터링할 수 있다. 또한, 보고 기능은 규정 준수 감사에 필요한 세부 정보를 제공한다.

(2) IP 보호(IP Protection): 일부 조직은 조직에 분실 또는 도난 시 조직의 재무 상태와 브랜드 이미지를 위험에 빠뜨릴 수 있는 중요한 지적 재산과 영업 또는 국가 기밀이 존재하기도 한다. 이는 컨텍스트 기반 분류를 사용하는 DLP 솔루션은 지적 재산을 구조화된 형태와 구조화되지 않은 형태로 분류할 수 있는 기능이 존재한다. 정책과 통제가 이루어지면 이 데이터의 원치 않는 유출로부터 보호할 수 있다.

(3) 데이터 가시성(Data Visibility): 조직에서 데이터 이동에 대한 추가 가시성을 확보하려고 많은 준비를 시도하고 있다. 포괄적인 엔터프라이즈 DLP 솔루션을 사용하면 엔드포인트, 네트워크 및 클라우드에서 데이터를 보고 추적할 수 있다. 이를 통해 조직 내의 개별 사용자가 데이터와 상호 작용하는 방식에 대한 가시성을 얻을 수 있다.

이 세 가지 주요 사용 사례가 있지만 DLP는 내부자 위협, Office 365 데이터 보안, 사용자 및 엔티티 동작 분석, 지능형 위협을 비롯한 다양한 기타 문제를 해결할 수 있다.

133
정답: 2번

조직은 비즈니스의 연속성을 확보하기 위한 계획과 전략은 지속적으로 변화하는 요구 사항들 및 계획과 전략에 영향을 줄 수 있는 중요한 변경을 반영할 수 있도록 주기적으로 검토되고 업데이트가 되어야 함을 알아야 한다. 테스트, 유지 관리 및 분석은 조직에 재해 발생 시 실행 가능한 BCP 계획을 제공한다. 계획에는 비즈니스 전략의 변경, 새로운 애플리케이션의 도입, 공급업체 또는 계약 변경, 애플리케이션 또는 시스템의 처분을 허용하기 위한 정기 검토 및 테스트 일정이 포함되어야 한다.

조직은 계획의 주기적인 테스트 및 유지 관리가 구현되도록 비즈니스 연속성 조정자인 코디네이터를 임명해야 한다. 코디네이터는 팀 구성원과 참가자가 BCP에서의 임무와 관련된 정기적인 교육을 받고 테스트 결과와 기록을 유지하도록 가이드 해야 한다. 조직은 이사회와 경영진의 기대치가 충족되었는지 확인하기 위해 비즈니스 연속성 프로세스의 적절성을 검토하기 위해 독립 당사자(내부 또는 외부 IS 감사인)를 지정해야 한다. 독립적인 검토에는 중요한 비즈니스 프로세스의 식별, 팀 및 개별 기술, 테스트 시나리오 및 일정, 테스트 결과 및 권장 사항 전달 평가가 포함되어야 한다.

IS 감사인은 테스트 및 교육을 직접 관찰하고 BCP의 효과에 대해 보고해야 한다. 테스트하는 동안 상세한 문서와 관찰을 유지해야 하며 문서에는 발생한 모든 문제와 제안된 솔루션이 포함되어야 한다. 이 문서는 계획 목표에 대해 측정된 계획의 성공과 함께 테스트 분석 중에 사용해야 한다. 이 분석 동안 팀 구성원과 경영진은 계획과 관련된 특정 또는 일반 측정에 대해 평가할 수 있어야 한다.

비즈니스 연속성 계획 조정 담당자는 과거에 수행되었던 모든 사전 비즈니스 연속성 계획 테스트 결과를 보유하고 있어야 한다. 정보 시스템 감사인은 이러한 테스트 결과들을 검토하고, 수정이 필요한 사항들이 계획에 반영되었는지를 확인해야 한다. 또한, 정보 시스템 감사인은 이전의 테스트가 비즈니스 연속성 목적을 달성하기 위해 철저하고 정확하게 수행되었는지를 평가해야 한다. 조직은 비즈니스의 연속성을 확보하기 위한 계획과 전략은 지속적으로 변화하는 요구 사항들 및 계획과 전략에 영향을 줄 수 있는 중요한 변경을 반영할 수 있도록 주기적으로 검토되고 업데이트가 되어야 함을 알아야 한다.

테스트, 유지 관리 및 분석은 조직에 재해 발생 시 실행 가능한 BCP 계획을 제공한다. 계획에는 비즈니스 전략의 변경, 새로운 애플리케이션의 도입, 공급업체 또는 계약 변경, 애플리케이션 또는 시스템의 처분을 허용하기 위한 정기 검토 및 테스트 일정이 포함되어야 한다. 조직은 계획의 주기적인 테스트 및 유지 관리가 구현되도록 비즈니스 연속성 조정자인 코디네이터를 임명해야 한다. 코디네이터는 팀 구성원과 참가자가 BCP에서의 임무와 관련된 정기적인 교육을 받고 테스트 결과와 기록을 유지하도록 가이드해야 한다.

조직은 이사회와 경영진의 기대치가 충족되었는지 확인하기 위해 비즈니스 연속성 프로세스의 적절성을 검토하기 위해 독립 당사자(내부 또는 외부 IS 감사인)를 지정해야 한다. 독립적인 검토에는 중요한 비즈니스 프로세스의 식별, 팀 및 개별 기술, 테스트 시나리오 및 일정, 테스트 결과 및 권장 사항 전달 평가가 포함되어야 한다. IS 감사인은 테스트 및 교육을 직접 관찰하고 BCP의 효과에 대해 보고해야 한다. 테스트하는 동안 상세한 문서와 관찰을 유지해야 하며 문서에는 발생한 모든 문제와 제안된 솔루션이 포함되어야 한다. 이 문서는 계획 목표에 대해 측정된 계획의 성공과 함께 테스트 분석 중에 사용해야 한다. 이 분석 동안 팀 구성원과 경영진은 계획과 관련된 특정 또는 일반 측정에 대해 평가할 수 있어야 한다. 비즈니스 연속성 계획 조정담당자는 과거에 수행되었던 모든 사전 비즈니스 연속성 계획 테스트 결과를 보유하고 있어야 한다. 정보 시스템 감사인은 이러한 테스트 결과들을 검토하고, 수정이 필요한 사항들이 계획에 반영되었는지를 확인해야 한다. 또한, 정보 시스템 감사인은 이전의 테스트가 비즈니스 연속성 목적을 달성하기 위해 철저하고 정확하게 수행되었는지를 평가해야 한다.

134

정답: 1번

워크스루 테스트(Walk-through test)는 해당 관리자와 BCP/DRP 팀 구성원이 실제로 만나 계획 절차, 개별 교육 요구 사항 및 중요한 계획 요소에 대한 설명을 논의하고 진행한다는 점에서 문서 테스트의 확장된 개념이다. 워크스루 테스트는 감사인이 조직의 회계 통제 및 위험 관리 조치를 평가하는 동안 수행하는 많은 테스트 중 하나이다. 테스트를 통해 조직에서 가능한 한 빨리 시정해야 하는 시스템 결함과 중요한 약점을 드러낼 수 있다.

워크스루 테스트를 수행할 때 감사인은 거래가 어떻게 시작되고 회사 또는 조직의 회계 시스템을 통해 완료되는지 연구한다. 여기에는 거래가 승인되고, 수동으로, 자동으로 또는 둘 다에 의해 기록된 다음 장부의 총계정 원장에 보고되는 방법을 식별하는 작업이 포함된다. 감사인은 프로세스의 각 단계에서 정확성을 위한 통제가 어떻게 적용되는지, 통제를 개선하기 위해 후속 조치를 취하는 방법을 알고 싶어한다. 좋은 워크스루 테스트는 회계 시스템의 거래 입력과 관련된 직원도 문서화한다. 체크리스트와 순서도는 철저한 워크스루 테스트를 수행하는 데 도움이 된다. 조직은 이사회와 경영진의 기대치가 충족되었는지 확인하기 위해 비즈니스 연속성 프로세스의 적절성을 검토하기 위해 독립 당사자(내부 또는 외부 IS 감사인)를 구현해야 한다. 독립적인 검토에는 중요한 비즈니스 프로세스의 식별 평가가 포함되어야 한다.

135

정답: 2번

조직은 위기 커뮤니케이션(Crisis Communications Plan, CCP) 계획을 사용하여 중단이 발생한 경우 내부 및 외부 커뮤니케이션에 대한 표준 절차를 문서화해야 한다. 위기 커뮤니케이션 계획은 공공 지원을 담당하는 조직에서 개발하는 경우가 많다. 계획은 사건에 적합한 다양한 커뮤니케이션 형식을 제공한다. 위기 커뮤니케이션 계획은 일반적으로 특정 개인을 비상 대응과 관련하여 대중의 질문에 답변하거나 대중에게 정보를 제공하는 유일한 권한으로 지정한다. 여기에는 사건의 상태에 대한 보고서와 공개 보도 자료 템플릿을 직원에게 배포하는 절차도 포함될 수 있다. 위기 커뮤니케이션 계획 절차는 조직의 COOP 및 BCP 계획자에게 전달되어 계획에 권한 있는 관리가 승인된 진술만 대중에게 공개한다는 명확한 방향이 포함되도록 해야 한다.

136
정답: 1번

BCP는 중단 중 및 중단 후 조직의 비즈니스 프로세스를 유지하는 데 중점을 둔다. 비즈니스 프로세스의 예로는 조직의 급여 프로세스 또는 고객 서비스 프로세스가 있다. BCP는 단일 사업부 내의 비즈니스 프로세스를 위해 작성되거나 전체 조직의 프로세스를 다룰 수 있다. BCP는 우선순위로 간주되는 기능만 처리하도록 범위를 지정할 수도 있다. BCP는 COOP 계획과 함께 장기 복구에 사용될 수 있으며 리소스 또는 시간이 허용하는 한 추가 기능을 온라인 상태로 만들 수 있다. 비즈니스 프로세스는 정보 시스템(IS)을 사용하기 때문에 비즈니스 연속성 계획자는 정보 시스템 소유자와 협력하여 BCP 기대치와 IS 기능이 일치하도록 해야 한다. 조직의 요구 사항 및 규모에 따라 비즈니스 연속성 계획은 하나 이상의 문서로 이루어질 수 있으며 다음의 문서들을 포함한다.

- 재해 복구 계획(Disaster Recovery Plan, DRP)
- 비즈니스 복구 계획(Business Recovery Plan, BRP)
- 운영 연속성 계획(Continuity of Operations Plan, COOP)

137
정답: 4번

운영 연속성 계획(Continuity of Operations Plan, COOP)은 대체 사이트에서 조직의 MEF(Mission Essential Functions)를 복원하고 정상 운영으로 돌아가기 전에 최대 30일 동안 해당 기능을 수행하는 데 중점을 둔다. 추가 기능 또는 현장 사무실 수준의 기능은 BCP가 처리할 수 있다. 대체 사이트로 재배치할 필요가 없는 사소한 위협이나 중단은 일반적으로 COOP 계획에서 해결되지 않는다.

- Program plans and procedures(프로그램 계획 및 절차)
- Continuity communications(연속성 통신)
- Risk management(위험 관리)
- Vital records management(중요 기록 관리)
- Budgeting and acquisition of resources(예산 책정 및 자원 확보)
- Human capital(인적 자본)
- Essential functions(필수 기능)
- Test, training, and exercise(테스트, 훈련 및 연습)
- Order of succession(승계 순서)
- Devolution(디볼루션)
- Delegation of authority(권한 위임)
- Reconstitution(재구성)
- Continuity facilities(연속성 시설)

COOP 계획은 HSPD-20/NSPD-51, 국가 연속성 정책 및 FCD 1, 연방 행정부 국가 연속성 프로그램 및 요구 사항에 따라 조직에 의무화된다. 연방 지침은 COOP 계획을 정보 시스템 비상 계획, 재해 복구 계획 또는 BCP와 혼동해서는 안 되는 특정 유형의 계획으로 구분한다. 비정부 조직은 일반적으로 COOP 계획보다 BCP를 사용하여 미션/비즈니스 프로세스를 처리한다.

138
정답: 2번

감사인은 통제가 설계된 대로 운영되는지 여부와 통제를 수행하는 사람이 통제를 효과적으로 수행하는 데 필요한 권한과 적격성을 갖추었는지 여부를 결정하여 통제의 운영 효과성을 테스트해야 한다. 다양한 이해관계자의 검토와 승인을 용이하게 하기 위해 테스트와 그 결과를 일정한 형식에 따라 문서화하도록 테스트 계획을 수립하는 것이 바람직하다. 즉, 테스트 계획은 테스트 대상 주요 통제를 포함하고, 다음과 같은 요소를 포함하여 수립하는 것이 바람직하다.

- 테스트 방법: 테스트는 질문, 관찰, 문서 검사, 재수행의 방법을 이용한다.
- 테스트 범위: 테스트 계획에는 테스트할 통제의 수와

선택한 방법을 제시한다.

- 테스트 수행 시기: 테스트 계획에는 언제 테스트가 수행되고, 언제부터 언제까지를 테스트할 것인지, 그리고 중간평가 이후 기말까지의 기말평가 계획을 포함한다.
- 기타 문서화: 테스트 계획에는 테스트 수행자, 수행될 테스트 절차, 테스트를 통해 확인될 재무제표 주장, 어떠한 관련 증거가 검토되어야 하는지를 포함한다.
- 예외 사항 처리: 테스트 계획에는 어떻게 예외 사항이 조사되고, 파악되며, 언제 추가적인 테스트가 수행될 것인지를 설명한다.

139 정답: 2번

비즈니스 영향 분석(BIA)은 재해, 사고 또는 비상사태의 결과로 중요한 비즈니스 운영에 대한 중단의 잠재적 영향을 결정하고 평가하는 체계적인 프로세스이다. BIA는 조직의 비즈니스 연속성 계획(BCP)의 필수 구성요소다. 여기에는 모든 위협과 취약성을 드러내는 탐색 구성요소와 위험을 최소화하기 위한 전략을 개발하기 위한 계획 구성요소가 포함된다. BIA의 기본 가정 중 하나는 조직의 모든 구성요소가 다른 모든 구성요소의 지속적인 기능에 의존한다는 것이다. 그러나 일부는 다른 것보다 더 중요하며 재해 발생 시 더 많은 자금과 운영 자원을 할당해야 한다. 비즈니스 영향 분석을 수행하기 위한 다양한 접근 방법이 존재한다.

- 설문 접근법: 먼저 세부적인 설문지를 만들고 IT와 최종 사용 부서의 핵심 사용자에게 설문지를 배포하여 설문을 수행한 후 설문지를 집계하여 분석한다.
- 인터뷰 실시: 핵심 사용자 그룹을 대상으로 인터뷰를 실시하는 방법이다. 인터뷰를 통해서 수집한 지식은 세부적인 비즈니스 영향 분석 계획 및 전략 수립을 위해서 집계되고 분석된다.
- 잠재적인 도출: IT 관련자 및 최종 사용자들을 한곳에 모이게 하여 여러 가지 중단 상황에 따른 잠재적인 비즈니스 위험에 결론을 도출하는 것이다.
- 서신 질의 방법: 모든 데이터가 취합된 후 사용될 수 있다. 이는 여러 방법을 통해 핵심 리소스와 수용 가능한 중단 시간을 빠르게 결정할 수 있다.

2)번의 오픈 서베이는 100% 모바일 설문 조사이다. 거리에서 즉석으로 이뤄지는 종이 설문이나 특정한 환경에서만 참여할 수 있는 PC 온라인 설문 조사 혹은 ARS 설문 조사와 달리, 언제 어디서든 스마트폰 푸시 알림만 눌러서 즉각적인 응답에 참여할 수 있다. 하지만 기업의 핵심 프로세스를 외부에 유출할 수 있는 심각성과 위험이 존재하기에 바람직하지 않은 방법이다.

140 정답: 3번

일반적인 비즈니스 영향 분석(BIA)의 목적은 다음과 같다.

- 핵심 우선순위 결정(Critical Periodization): 영향도가 가장 큰 업무를 우선 복구하여 피해 최소화
- 중단 시간 산정(Downtime Estimate): 최대 허용 가능한 중단 시간을 산정하여 서비스 연속성 보장
- 요구 자원 산정(Resource Requirements): 업무별 자원 요구 사항을 파악, 원활한 재해 복구 지원

3)번 선택지가 설명하는 핵심 업무 프로세스, 애플리케이션, 정보 시스템 및 IT 인프라 요소 간의 의존 관계를 파악하는 것은 위험 평가 영역이며, 위험 평가 대상에 대한 위협 및 취약성과 요소 간의 의존 관계 맵은 위험 평가 보고서이다. 위험 평가는 비즈니스에 지장을 줄 수 있는 상황을 식별하려고 한다. 위험 평가는 비즈니스 전체에 대해 수행되는 경우가 많지만 IT별 위험 평가도 일반적으로 수행된다. 위험 평가 보고서는 일반적으로 사이버 보안, 통신 장애 및 지정학적 사고를 비롯한 다양한 영역에서 위험을 식별한다. 위험 평가 보고서에는 일반적으로 인적 오류 관련조치도 포함되며, 때로는 비즈니스와 직접적으로 관련되지 않은 위험도 포함되기도 한다.

141 정답: 2번

비즈니스 영향 분석(BIA)은 재해 발생 시 기업의 비즈니스에 영향을 미치는 업무를 선정하고, 업무 중단

에 대한 정량적/정성적 분석을 통해 복구 우선순위를 도출하는 BCP의 핵심적인 분석 절차이다. 즉, 조직이 업무 중단 상황으로 야기되는 손실의 정도를 조사하고자 한다면 비즈니스 영향 분석(BIA)을 확인해 보아야 한다. 비즈니스 영향 분석(BIA)은 조직으로 하여금 특정 애플리케이션 시스템의 가능한 최대 중단 시간과 손실 데이터양을 알 수 있도록 한다. 비즈니스 영향 분석은 업무 중단 상황 이후에 증가되는 손실을 측정하고 핵심 정보 자산의 보호와 복구를 위해서 사용되어야 할 기술을 결정할 수 있도록 한다.

142

정답: 3번

비즈니스 연속성 계획(BCP)은 재해 상황에서 조직이 무엇을 해야 할지를 식별한다. BCP는 회사의 운영에 영향을 미칠 수 있는 모든 위험을 정의하는 것을 포함하므로 조직의 위험 관리 전략의 중요한 부분이다. 비즈니스 연속성 계획은 계획되지 않은 재해 발생 시 중요한 비즈니스 기능을 복원하기 위한 조직의 절차 시스템을 의미한다. 이러한 재해에는 자연재해, 사이버 공격, 서비스 중단 또는 기타 잠재적 위협이 포함될 수 있다.

143

정답: 1번

비즈니스 영향 분석(BIA)은 비즈니스 연속성 계획 전략을 수립하는 데 있어 가장 중요한 단계이다. 이후 위험 대응책과 비즈니스 연속성 계획을 수립한다. 가트너에 따르면, BIA는 업무 활동에 자연적, 인위적 사건이 미칠 수 있는 (재무, 인명/안전, 규제, 법/계약, 명성 등의) 영향을 파악하고 평가한다. 주요 IT 시스템에 대해 BIA를 완료하면 시스템 우선순위와 의존성을 파악할 수 있으며 이는 시스템 우선순위 설정을 쉽게 하고 손실을 최소화할 수 있는 복구 전략 및 우선순위 개발에도 도움이 된다.

BIA는 3대 보안 목표, 즉, 기밀성, 완전성, 가용성을 점검한다. 비즈니스 영향 분석은 핵심 프로세스와 이를 지원하는 IT 구성요소를 평가하고 시간대, 우선순위, 자원 및 연관 관계를 결정하는 데 사용된다. 비록 위험 평가가 비즈니스 영향 분석 전에 이루어졌고, 심각성과 위험이 비즈니스 연속성 계획에 반영되었더라도 경험상 중복 체크를 실시해야 한다. 비즈니스 영향 분석은 핵심 업무 프로세스를 지원하는 구성요소를 찾아낼 수 있다. IT 활동이 외부 서비스 제공자에 아웃소싱되고 있다면 계약 조건도 고려되어야 한다.

144

정답: 1번

모든 복구 비용과 중단 비용의 총합은 최소화되어야 한다. 중단 비용(Disruption Costs)은 시간이 지나면서 증가하고, 복구 비용(Recovery Costs)은 시간이 지나면서 감소한다. 총 비용 곡선은 서로 간에 교차되면서 U자형이 되기에 곡선의 밑 부분에서 비용 최소점을 찾을 수 있다. 기간은 복구를 정의할 때 고려해야 할 또 다른 주요 문제이다. 모든 시스템을 한 시간, 하루 또는 일주일 이내에 가동하고 실행하는 것이 목표인가? 첫 주에 몇 가지 핵심 시스템만 논의하고 나머지는 복원하는 데 더 오래 걸리는 것으로 하여도 충분한가? 이러한 요소는 종종 '복구 시간 목표'(RTO) 또는 '서비스 제공 목표'(SDO)로 표현된다. 이는 장애가 발생한 후 시스템 또는 서비스를 사용할 수 있게 될 때까지 경과할 수 있는 시간을 의미한다. RPO(복구 시점 목표)는 손실을 감수할 수 있는 데이터를 나타낸다. 인프라에 따라 데이터 손실이 큰 영향을 미칠 수 있다. RPO가 낮을수록 복구를 위해 인프라 환경을 유지 관리하는 전체 비용이 높아진다.

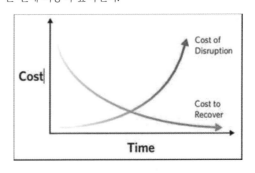

145

정답: 2번

어떠한 조직에서도 데이터는 중요한 자산 중의 하나로서 데이터의 백업, 저장과 잠재된 복원은 기업의 핵심적 고려 사항이다. 재난 복구 계획(DRP)의 핵심 요소(온 사이트 또는 원격지)는 적절한 데이터의 가용성이다.

백업 데이터와 종이 문서의 원격지 저장을 포함해서, 중요한 데이터와 문서를 복제하는 것은 복구 방법 가운데에서 가장 필수적인 항목이다. 조직의 핵심 활동들이 재해 상황에서 중단되지 않도록, 보조 저장 매체를 사용하여, 백업 목적으로 소프트웨어 애플리케이션 파일과 관련 데이터를 저장해야 한다.

146

정답: 2번

모든 기업은 자신들이 보호하고자 하는 민감한 기밀문서를 가지고 있다. 이 정보의 범위는 개인 데이터에서 고객 정보 또는 회사 계획에 이르기까지 모든 정보가 손실되면 파괴적인 영향을 미칠 수 있다. 기업은 도난이나 인위적인 오류를 방지하기 위해 이러한 문서를 안전하게 저장해야 할 필요성이 있다. 이들은 클라우드 백업과 원격 스토리지를 위한 온라인 스토리지 기술을 사용해 이를 구현할 수 있다. 또한, 클라우드 스토리지는 하드 드라이브에 장애가 발생할 경우 비즈니스 문서 재해 복구를 위한 백업으로 사용할 수 있다. 오프사이트 스토리지는 조직 내부에 물리적으로 존재하지 않는 모든 데이터 스토리지 리소스 또는 시설이다. 주로 데이터 백업 및 복구 서비스를 제공하는 데 사용되는 물리적으로 원격 데이터 저장소 리소스이다.

오프사이트 스토리지(Offsite Storage)에 저장해야 할 문서의 종류는 다음과 같다.

- 운영 절차: 애플리케이션 시스템 실행 매뉴얼, 업무 흐름 통제 지시서, 운영 시스템 매뉴얼, 특수 절차
- 시스템과 프로그램 문서: 흐름도, 프로그램 소스 출력물, 프로그램 논리 설명, 테이블 정의서, 특수 작업 통제 명령어, 오류 조건 및 기타 설명 등
- 특수 절차: 예외 처리, 변형적인 처리, 비상 처리 등과

같은 정상적이지 않은 절차나 지시 사항을 기록

- 입력 소스 문서/출력 문서: 복사본, 마이크로필름 보고서, 감사를 위한 요약본, 과거 분석 자료, 핵심 작업의 수행, 법적 요구 사항, 보험금 청구에 필요한 문서 등
- 비즈니스 연속성 계획: 참고를 위한 비즈니스 연속성 계획의 복사본

오프사이트 스토리지는 조직 내부에 물리적으로 존재하지 않는 모든 데이터 스토리지 리소스 또는 시설이다. 주로 데이터 백업 및 복구 서비스를 제공하는 데 사용되는 물리적으로 원격 데이터 저장소 리소스이다. 오프사이트 스토리지는 또한, 오프사이트 스토리지 시설에 데이터를 저장하는 실제 프로세스를 의미한다.

147

정답: 2번

비즈니스 복원 계획은 비즈니스 연속성 관리, 재난 복구 및 기타 계획 등을 비즈니스 복원 계획에 결합하는 것으로, 이러한 활동 중 많은 부분이 복원력 계획에 포함될 가능성이 있다. 다음은 비즈니스 탄력성 계획의 4가지 주요 단계이다.

- 이벤트 후 조직이 어떻게 기능 해야 하는지 식별한다.
- 사고의 가능성을 예측하고 대비하는 방법을 정의한다.
- 비즈니스 운영의 대체 또는 임시 방법을 결정한다.
- 기업 문화가 비즈니스 회복에 미치는 영향을 확인한다.

복원력에 대한 현재 표준에는 복원력 계획을 개발하기 위한 특정한 프레임워크는 존재하지 않는다. 하지만 팀은 주로 전체적으로 계획의 일부가 되어야 하는 활동을 사전에 정의해야 한다.

2)번은 위험 평가(Risk Assessment, RA)에 대한 설명이다. 위험 평가는 비즈니스의 지속적인 운영에 대한 잠재적 위험, 위협 및 취약성을 식별한다. 여기에는 허리케인 및 지진과 같은 자연재해와 같은 위협이 포함될 수 있다. 화재, 공급자 실패, 정전, 기타 유틸리티 중단, 그리고 사이버 공격 등이다. 이러한 평가는 위험이 발생하는 경우 실패 지점과 같은 취약성 영역을 식별한다.

테스트 계획(Test Plan) 단계는 제품이나 시스템이 설계 사양 및 기타 요구 사항을 충족하는지 확인하고 보장하는 데 사용할 전략을 문서화한다. 테스트 계획은 시스템에서 테스트 대상인 특정 부분을 표시하며, 테스트 과정에서 찾아내는 결함 유형의 분류 기준이 들어 있다. 테스트 계획 문서 형식은 적용되는 제품 및 조직만큼 다양할 수 있다. 일반적으로 테스트 계획에 설명되어야 하는 세 가지 주요 요소가 있다. 테스트 커버리지, 테스트 방법 및 테스트 책임 등이다.

(1) 테스트 범위: 테스트 계획의 테스트 범위에는 제품 수명의 어떤 단계에서 어떤 요구 사항이 확인되는지 명시되어 있다. 테스트 범위는 설계 사양 및 안전 표준 또는 규제 코드와 같은 기타 요구 사항에서 파생되며, 설계의 각 요구 사항 또는 사양에는 이상적으로는 하나 이상의 해당 검증 수단이 있어야 한다.

(2) 테스트 방법: 테스트 계획의 테스트 방법은 테스트 범위가 구현되는 방법을 나타낸다. 테스트 방법은 표준, 규제 기관 또는 계약에 따라 결정되거나 새로 만들어야 할 수도 있다. 테스트 방법은 또한, 테스트 수행에 사용할 테스트 장비를 지정하고 합격/불합격 기준을 설정한다. 하드웨어 설계 요구 사항을 확인하는 데 사용되는 테스트 방법은 육안 검사와 같은 매우 간단한 단계부터 별도로 문서화되는 정교한 테스트 절차에 이르기까지 다양하다.

(3) 테스트 책임: 테스트 책임에는 조직이 테스트 방법을 수행하고 제품 수명의 각 단계에서 수행할 작업이 포함된다. 이를 통해 테스트 조직은 자신이 담당하는 테스트 방법을 구현하는 데 필요한 테스트 장비 및 기타 리소스를 계획, 획득 또는 개발할 수 있다. 테스트 책임에는 수집할 데이터와 해당 데이터를 저장하고 보고하는 방법이 포함된다.

테스트 담당자는 테스트에서 발견한 결함의 심각도를 결정해야 한다. 심각한 정도에 따라 적용 전에 문제를 수정하거나 적용 후에 문제를 고치라고 시정 요청할 수 있다. 프로젝트 추진 부서와 최종 사용 부서의 관리자, 프로젝트 매니저는 테스트 단계에서 심각도 수준을 정의해야 한다.

구매한 시스템의 경우 벤더가 사전에 테스트를 했지만 이 시스템과 변경된 시스템도 최종 사용자와 시스템 유지 보수 담당자가 철저하게 테스트를 수행해야 한다. 벤더가 설계한 대로 기능을 수행하여 변경 사항으로 인해 기존 기능에 역효과를 미치는 것을 막을 수 있다. 구매 소프트웨어인 경우 벤더가 테스트하면서 변경한 인수 버전을 적용해야 한다. 이러한 통제가 없으면 악의적인 패치나 트로이 목마 같은 악성 프로그램이 반입될 위험성이 존재한다. 특히 감사인은 보안 요구 사항과 감사 기능이 올바르게 구현되어 있는지, 하드웨어 같은 경우 구입 절차가 어떻게 해서 진행이 되었는지, 복수 벤더를 고려했는지, 벤더 간 비교는 정의된 대로 진행이 되었는지 또한 확인해야 한다.

최종 인수 테스트는 시스템 부서의 직원이 시스템 테스트를 완료하면 적용 단계에서 새 시스템 인수 테스트를 실시한다. 테스트를 실시할 때 회사의 품질관리 부서의 방법론을 준수해야 하며 품질관리 부서는 모든 소프트웨어 개발 프로젝트에서 적절한 수준의 테스트가 이루어지도록 적극적으로 가이드해야 한다.

품질보증 테스트(QA)와 사용자 인수 테스트는 목적이 다르므로 둘을 같이 섞어서 진행을 해서는 안 된다. 품질보증 테스트는 주로 정보 기술 부서에서 수행을 하며 최종 사용자는 필요한 경우 최소로 참여한다. 각 과정에 참여하는 QA는 기획 분석 단계에서 수행하는 데이터 수집과 수집된 데이터를 해석할 수 있는 역량, 협업 단계에서 개발 멤버와 협업할 수 있는 최소한의 기술, 즉 서비스 아키텍처에 대한 이해와 코드를 이해하는 역량, 프로세스 개선과 관련된 테스트 관리 역량, 각 담당자들과 원활히 소통할 수 있는 커뮤니케이션 역량 등이 필요하다.

사용자 인수 테스트는 적용을 앞둔 시스템이 문서화된 모든 요구 사항을 충족하는지 점검하는 과정이다. 인수 기준이란 산출물이 미리 정의한 사용자의 요구 사항을 충족하는 수준을 의미한다. 사용자 인수 테스트 플랜은 완성된 시스템의 최종 테스트를 위해 문서화가 필요하다. 인수 테스트를 성공적으로 완료하면 프로젝트 팀은 응용 프로그램 패키지를 운영으로 이관하고 지원 단계로 접어들 수 있게 된다.

151

정답: 2번

시스템 테스트(System testing)는 통합한 모듈들이 요구 사항에 잘 맞게 작동이 되는지를 판단하게 되며 작동 시간, 처리 능력, 부하, 복구 등과 같은 비기능적인 요소들도 점검한다. 시스템 테스트는 정보 시스템이 완전히 통합되어 구축된 상태에서 정보 시스템의 기능을 총체적으로 검사하는 것이다. 통합된 각 모듈이 원래 계획했던 대로 작동하는지, 시스템의 실제 동작과 원래 의도했던 요구 사항과는 차이가 없는지 등을 판단하게 된다. 수행 시간, 파일 저장 및 처리 능력, 최대 부하, 복구 및 재시동 능력, 수작업 절차 등을 점검한다. 시스템 테스트는 시스템의 내부적인 구현 방식이나 설계에 대한 지식에 관계없이 테스트를 수행하는 블랙박스 테스트의 일종으로 분류된다. 새로 만든 시스템이거나 수정한 시스템의 프로그램, 객체, 데이터베이스 스키마의 기능이 정상적으로 작동하는지 확인하기 위해 수행하는 테스트를 의미한다. 이 테스트는 운영 환경이 아닌 테스트나 개발 환경에서 소프트웨어 개발자가 테스트 팀원이 되어 테스트를 수행하는 것이 일반적이다. 시스템 테스트에는 일반적으로 50가지 이상의 유형이 있다. 다음은 시스템 테스트 중 일부를 소개하는 목록이다.

- 사용성 테스트(Usability test): 주로 사용자의 응용 프로그램 사용 용이성, 제어 처리의 유연성 및 목표를 달성하기 위한 시스템의 능력에 중점을 둔다.
- 부하 테스트(Load test): 소프트웨어 솔루션이 실제 부하를 주어서 수행되는지 확인하는 데 필요하다.
- 회귀 테스트(Regression test): 개발 프로세스 과정에서 변경된 사항이 새로운 버그를 일으키지 않았는지 확인하기 위한 테스트가 포함된다. 또한, 시간이 지남에 따라 새 소프트웨어 모듈을 추가할 때 오래된 버그가 나타나지 않도록 한다.

- 복구 테스트(Recovery test): 소프트웨어 솔루션이 신뢰할 수 있고 가능한 충돌로부터 성공적으로 복구할 수 있음을 입증하기 위해 수행된다.
- 마이그레이션 테스트(Migration test): 소프트웨어가 문제없이 이전 시스템 인프라에서 현재 시스템 인프라로 이동할 수 있는지 확인하기 위해 수행된다.
- 기능 테스트(Functional test): 기능 완전성 테스트라고도 하는 기능 테스트에는 누락된 기능이 있는지 생각하는 작업이 포함된다. 테스터는 기능 테스트 중에 제품이 개선해야 할 추가 기능 목록을 만들 수 있다.
- 하드웨어/소프트웨어 테스팅(Hardware/Software test): 하드웨어/소프트웨어 테스팅은 테스터가 시스템 테스트 중에 하드웨어와 소프트웨어 간의 상호 작용에 주의를 집중할 때 사용한다.
- 보안 테스트(Security test): 정보 시스템이 데이터를 보호하고 의도한 대로 기능을 유지하는지 확인하는 프로세스이다. 테스트팀이나 전문 보안 테스트 회사에서 수행할 수 있다.
- 볼륨 테스트(Volume test): 시간이 지남에 따라 커질 수 있는 값(예: 누적 카운트, 로그 및 데이터 파일)이 프로그램에 의해 수용될 수 있고 프로그램이 어떤 식으로든지 작동을 중지하거나 작업을 저하시키지 않는지 확인하는 테스트이다. 일반적으로 성능 엔지니어가 수행한다.
- 스트레스 테스트(Stress test): 지정된 요구 사항의 한계 또는 그 이상에서 시스템 또는 구성요소를 평가하는 테스팅 기술이다. 일반적으로 성능 엔지니어가 수행한다.

2)번의 전체 중단 테스트는 재해 복구 계획(DRP)과 관련된 테스트로, 작업은 기본 사이트에서 종료되고 재해 복구 계획에 따라 복구 사이트로 잘 이동되는지 확인하기 위한 테스트이다. 이는 매우 철저한 테스트이지만 비용이 많이 들고 테스트가 실패할 경우 운영에 큰 지장을 줄 수 있다.

── ⌂참조 https://www.guru99.com/types-of-software-testing.html

152

정답: 1번

테스트는 시스템의 규모와 복잡성에 맞추어서 진행해야 한다. 정보 시스템 적용에는 적절한 테스트 방법론이 필요하고 요구 사항을 추적할 수 있는 테스트 계획을 개발해야 하며 필수적인 자원을 확보하여 테스트를 성공적으로 완수해야 한다. 테스트를 끝내면, 관계 당사자에게 시스템과 시스템 컴포넌트가 기대한 대로 작동하며 프로젝트 착수 시에 예상했던 기대 효과를 줄 수 있다는 확신을 줘야 한다. 정보 시스템 감사자는 다양한 테스트를 수행해야 한다는 점을 잘 이해하고 또한, 품질관리 모니터링과 평가가 회사의 내부 절차에 따라 생산된 최종 산출물의 품질이 비즈니스 처리 절차에 어떻게 도움이 되는지 잘 파악하고 있어야 한다.

153 정답: 2번

시제품 개발은 제품이 완성될 때까지 점진적으로 보완되고 조금씩 추가되어 테스트된다. 개발과 유지 관리가 모두 포함되며 제품은 모든 요구 사항을 충족할 때 완제품으로 정의된다. 이 모델은 폭포수 모델의 요소와 프로토타이핑의 반복 철학을 결합하고 있다. 시제품 개발에 대한 특징은 다음과 같다.

첫째, 시제품 개발의 약점으로는 시스템 개발 초기 요건 정의 단계에 포함되지 않았던 요구 사항이 계속 필요기능으로 추가된다는 점이다. 초기 요건을 넘어서는 대규모 개선 작업은 회사의 전략과 비용 대비 효과 면에서 점검을 수행해야 한다. 그렇지 않으면 최종 시스템의 기능은 과다하게 되고 저효율성 문제가 발생할 우려성이 있다.

둘째, 시제품 개발 방법의 문제점으로는 개발이 끝난 시스템에 적절한 통제 장치가 없다는 것이다. 사용자가 원하는 내용이 화면에 집중하다 보니 시스템 개발자는 전통적인 시스템 개발 방법에서 중요하게 생각하는 백업과 복구, 보안, 감사 추적과 같은 기능을 누락할 위험성이 존재한다.

셋째, 시제품 개발 방법에서는 변경 관리가 많이 어렵다. 디자인과 요구 사항의 변경이 매우 빨리 이루어지므로 승인문서를 준비하지 못하고 시스템을 더 이상 유지, 보수하지 못하는 수준까지 변할 수도 있다.

2)번은 신속 응용 프로그램 개발(RAD)의 특징이다. RAD 방법론은 회사가 전략적으로 중요한 시스템을 개발 비용을 줄이고 유지 보수 품질을 낮추어서 신속하게 개발하는 방법이다. RAD 방법론은 개별 응용 시스템을 분석, 설계, 개발, 구현하는 데 사용한다. 하지만 RAD는 회사 전체의 비즈니스 분야 요구 사항을 분석하고 계획을 세우는 일에는 맞지 않다. RAD는 비용을 절감하고 품질을 높이면서 신속하게 시스템을 개발하는 방법론이다.

154 정답: 3번

시제품 개발 방법을 점진적 개발 방법론이라고 한다. 이 방법은 개발 위험을 줄이기 위해 시행착오를 교정하는 방식으로 시스템을 개발한다. 이를 통해 개발자와 고객이 위험을 줄이기 위해 시제품 작성법을 사용하면서 단계마다 관련 위험을 이해하고 이를 해결하며 개발한다. 의사결정 지원 시스템 설계와 개발에서 많이 사용하는 방법이 시제품 개발 방법론이다.

시제품 방식은 요구 사항 정의 단계를 수행하지 않으며 요구 사항은 사용자 교육과정에서 계속적으로 변경이 된다. 점진적 모델은 요구 사항이 소프트웨어 개발 주기의 여러 독립형 모듈로 분할되는 소프트웨어 개발 프로세스이다. 이 모델에서 각 모듈은 요구 사항, 설계, 구현 및 테스트 단계를 거친다. 모듈의 모든 후속 릴리스는 이전 릴리스에 기능을 추가한다. 이 프로세스는 완전한 시스템이 달성될 때까지 계속된다.

(1) 요구 사항 분석(Requirement analysis): 점진적 모델의 첫 번째 단계에서 제품 분석 전문 지식이 요구 사항을 식별한다. 그리고 시스템 기능 요구 사항은 요구 사항 분석 팀에서 분석하여 정의한다. 점진적 모델에서 소프트웨어를 개발하기 위해 이 단계는 중요한 역할을 수행한다.

(2) 설계 및 개발(Design & Development): SDLC의 점진적 모델의 이 단계에서 시스템 기능 및 개발 방법의 설계가 성공적으로 완료된다. 소프트웨어가 새로운 실용성을 개발할 때 점진적 모델은 스타일과 개발 단계를 사용한다.

(3) 테스팅(Testing): 점진적 모델에서 테스팅 단계는 추가 기능뿐만 아니라 기존의 각 기능의 성능을 확인한다.

테스트 단계에서는 다양한 방법을 사용하여 각 작업의 동작을 테스트한다.

(4) 구현(Implementation): 구현 단계는 개발 시스템의 코딩 단계를 활성화한다. 설계 및 개발 단계에서 설계하고 테스트 단계에서 기능을 테스트하는 최종 코딩이 포함된다. 이 단계가 끝나면 작업하는 제품의 수를 늘리고 최종 시스템 제품까지 업그레이드한다.

155

정답: 2번

배치 통제(Batch Control)는 입력 프로세스를 관리하는 데 도움이 될 수 있다. 배치 관리가 활성화된 상태에서 배치에 입력할 것으로 예상되는 문서 수와 총액을 지정한다. 그런 다음 배치의 마지막 문서를 종료하면 예상 합계와 실제 합계 간의 차이가 양식에 표시된다. 각 문서를 개별적으로 검토하는 대신 문서 수와 입력한 총액이 정확한지 또는 추가 검토 및 수정이 필요한지 여부를 빠르게 결정할 수 있다.

(1) 금액 합계: 처리한 항목의 금액 합계가 배치 문서의 금액 합계와 동일한지 비교한다.

(2) 항목 합계: 배치에서 처리한 문서의 항목 개수가 전체 처리한 항목 개수와 동일한지 비교한다.

(3) 총 문서수량: 배치에서 처리한 문서의 수량과 전체 문서 수량이 동일한지 비교한다.

(4) 해시 합계: 시스템이 산출한 합계와 배치의 합계가 동일한지 비교한다.

배치 통제 데이터 처리 시스템에 내장된 정확성 검사는 특히 데이터 준비 단계에서 입력 데이터의 일괄 처리에 적용되어져 사용된다. 배치 통제의 범위는 배치가 개별 ID를 유지하는 한 시스템까지 데이터 검증 단계를 넘어 확장될 수 있다. 특히, 데이터 유효성 검사 중에 거부된 잘못된 기록이 추가 처리를 위해 배치가 릴리스되기 전에 다시 제출되었는지 확인하는 데 사용할 수 있다.

156

정답: 3번

통제는 시점에 따라 다음과 같이 분류한다.

(1) 예방 통제(Preventive Control): 알려진 보안 위협의 발생을 사전에 대비 및 방어

(2) 탐지 통제(Detective Control): 보안 위협 및 침해사고의 발생을 인지하고 통제

(3) 저지 통제(Deterrent Control): 미비한 통제 조치를 보완하거나 위험 발생을 저지

(4) 교정 통제(Corrective Control): 문제의 원인을 식별/분석하여 보완 조치

예방 통제(Preventive Control)는 오류와 사기가 발생하기 전에 그 가능성을 줄이는 것을 목표로 하며 종종 직무 분리의 개념을 중심으로 이루어진다. 품질 관점에서 예방 통제는 사전 예방적이며 품질에 초점을 맞추기 때문에 필수적이다.

3)번의 백업 절차는 예방 통제가 아니라 교정 통제이다. 백업이라는 말에 현혹되어 예방 통제를 선택하는 실수하지 않도록 한다.

157

정답: 2번

컴퓨터 지원 소프트웨어 공학(Computer-Aided Software Engineering, CASE)은 컴퓨터 지원 시스템 공학이라고도 하는데, 시스템 개발 방법론들의 자동화를 지원하는 소프트웨어 도구를 제공해 개발자의 반복적인 작업량을 줄이도록 하는 것이다. 또한, CASE 도구들은 문서의 생성과 개발팀 간의 협업을 돕는다. 작업된 내용을 검토하고 수정하기 위해 서로 다른 사람의 파일에 접근하도록 허용해 팀 구성원들은 그들의 작업을 손쉽게 공유할 수 있다. CASE 도구들은 강력한 그래픽 기능이 있으며 PC 기반에서 운영된다. CASE 도구들은 차트와 다이어그램을 자동으로 생성하는 그래픽 기능, 화면과 리포트 생성기, 데이터 사전, 분석과 검사 도구, 코드 생성기, 문서 생성기 등을 제공한다. CASE는 다음과 같이 세 가지 분류로 나눌 수 있다.

(1) 상위 CASE: 비즈니스와 응용 프로그램 요구 사항을 기술하고 문서화하는 제품으로, 데이터 객체 정의와 관

계, 프로세스 정의관련 정보가 포함되어 있다.

(2) 중위 CASE: 상세 설계를 지원하는 제품으로 화면이나 보고서 레이아웃, 입력 항목, 데이터 객체 구조와 프로세스 플로우가 포함된다. 설계 과정에서 항목과 관계가 변경되면 자동 설계에서 내용이 조금 변경되고 관련 내용도 자동으로 갱신된다.

(3) 하위 CASE: 데이터베이스와 프로그램 코드를 생산하는 제품으로 상세 설계 정보와 프로그램 원칙, 데이터베이스 룰을 이용하여 프로그램 로직과 데이터 파일 포맷 그리고 전체 응용 프로그램을 생산하는 제품이다.

CASE 도구에 투자하면 품질과 속도 면에서 이익이 발생하며 시스템 개발 프로세스에 사용자와 적절한 명세서를 제공해 필요한 승인 사항을 정보 시스템 감사인이 확보해야 한다.

158
정답: 4번

트랜잭션 플로우 차트에는 핵심 응용 프로그램 처리 통제에 필요한 중요한 정보가 들어가 있다. 거래가 입력되는 지점 처리되는 지점, 기록되는 지점은 통제가 취약한 곳으로 검토해야 한다.

(1) 시스템 개발 방법론 문서: 시스템 개발 방법을 기술한 문서로 비용 수익 분석과 사용자 요구 사항이 포함된다.

(2) 기능 설계 명세서: 응용 프로그램의 기능을 상세하게 설명한 문서 명세서를 검토하면서 중요한 통제 포인트를 확인해야 한다.

(3) 프로그램 변경: 프로그램이 변경되는 내용을 상세하게 기술한 문서로 승인 처리와 소스 코드를 찾는 데 사용한다.

(4) 사용자 매뉴얼: 사용자가 시스템을 어떻게 활용하는지 가이드를 제공한 문서로 이 문서에서 통제 약점을 찾을 수 있다.

(5) 기술 참고 서류: 소프트웨어를 구매한 경우에는 벤더가 제공한 기술 문서와 자체 개발한 문서를 의미한다. 접근 방식과 비즈니스 로직이 들어가 있다.

4)번의 외부감사보고서는 전반적인 내용을 파악 가능하지만, 응용 프로그램의 상세한 내용을 파악하기에는 미흡하다.

159
정답: 1번

애플리케이션 통제는 컴퓨터 기반 회계 시스템과 관련된 거래 및 상시 데이터와 관련된 통제(수동 및 컴퓨터)이다. 그것들은 주어진 응용 프로그램에 따라 다르며 그 목적은 회계 기록의 완전성과 정확성과 해당 기록에 작성된 항목의 유효성을 보장하는 것이다. 효과적인 컴퓨터 기반 시스템은 컴퓨터 처리 주기의 입력, 처리 및 출력 단계와 마스터 파일에 포함된 데이터에 대한 적절한 제어가 존재함을 보장한다. 감사 의뢰인의 재무제표에서 중요한 왜곡 표시 위험을 결정하는 과정의 일부로 감사인이 적용 통제를 확인, 기록 및 평가해야 한다.

따라서 애플리케이션 통제의 목적은 다음을 보장하는 것이다.

- 입력 데이터는 정확하고 완전하며 승인되었으며 정확하다.
- 데이터는 허용 가능한 기간 내에 의도한 대로 처리된다.
- 저장된 데이터는 정확하고 완전하다.
- 출력이 정확하고 완전하다.
- 입력에서 저장, 처리 및 최종 출력에 이르는 데이터 프로세스를 추적하기 위해 기록이 유지된다.

애플리케이션 통제는 데이터 편집, 비즈니스 기능 분리, 처리 합계 균형, 트랜잭션 로깅 및 오류 보고를 포함하여 개별 비즈니스 프로세스 또는 애플리케이션 시스템의 범위와 관련된 통제이다.

160
정답: 1번

구입 절차의 마지막 단계는 선정한 제품과 계약을 맺고 서명하는 절차이다. 계약을 서명하기 전에 반드시 법률 담당 임원의 검토가 필요하다. 물품 공급 계약, 용역 계약, 공사 계약, 하도급 계약 등 기업이 맺는 계약은 그 종류가 다양하다. 기업이 처한 구체적인 상황이나 기업의 주요 업무 분야, 재무 상황, 계약의 특성과 그 유형에 따라 계약서의 내용도 달라지지만 통상 계약서를 작성할 때는 다음과 같은 사항에 대해서 주의 깊게 살펴보아야 한다.

(1) 기업 법무 계약서 작성 시 가장 중요한 것은 합의 사항에 대해 정확하게 기재하는 것이다.

(2) 계약 주체를 분명하게 특정하고, 당사자 간 권리 및 의무를 분명하게 기재한다.

(3) 계약 불이행 시 구제 방안과 계약 존속 기간을 분명하게 기재한다.

(4) 당사자의 인적 사항을 정확하게 작성한다.

(5) 계약 관련 분쟁 발생 시를 대비, 손해 배상, 계약 해지 및 해제, 관할 법원 등에 대해 정확하게 기재한다.

(6) 계약서에 계약 체결일, 당사자 서명, 날인이 정확하게 되어 있는지 확인한다.

기업 운영 과정에서 맺는 계약은 그 종류가 매우 다양하며, 계약의 유형이나 형태에 따라 검토해야 할 사안은 조금씩 다른 형태이다. 계약 유형에 따라 그에 적합한 내용의 계약서를 작성하는 것이 바람직하다. 계약서 작성은 신중해야 하며, 때문에 법률 전문가의 계약서 검토는 반드시 수행해야 할 필요한 상황이다.

161
정답: 1번

기준선은 최종 제품의 다양한 표현을 반영하며 기능, 할당 및 릴리스 기준선을 포함한다. 프로젝트 기준선은 릴리스 관리를 위한 기본 구성관리 기술이며 이 지점에서 소프트웨어 작업 산출물을 선별하여 버전 번호를 부여한다.

소프트웨어 구성 관리(Software Configuration Management, SCM) 또는 형상 관리는 소프트웨어의 변경사항을 체계적으로 추적하고 통제하는 것으로, 형상 관리는 일반적인 단순 버전 관리 기반의 소프트웨어 운용을 좀 더 포괄적인 학술 분야의 형태로 넓히는 근간이다. 일반적으로 형상 항목(Configuration Item)이라는 형태로 작업 산출물을 선정하고, 형상 항목 간의 변경 사항 추적과 통제 정책을 수립하고 관리한다. 기능 요구 사항 명세서, 설계서, 테스트 플랜을 포함한다. 이러한 산출물이 구성 관리 항목이 되고 변경 관리 위원회의 공식 관리 절차에 포함된다. 이 절차는 응용 시스템 생명 주기 전체에 사용되며 새 시스템 개발이나 기존

시스템 변경에 생명 주기 절차를 이용하는 경우 분석, 설계, 개발, 테스트, 적용 단계에서 계속 사용한다.

162
정답: 2번

디버깅(Debugging) 또는 디버그(debug)는 컴퓨터 프로그램 개발 단계 중에 발생하는 시스템의 논리적인 오류나 비정상적 연산(버그)을 찾아내고 그 원인을 밝히고 수정하는 작업 과정을 뜻한다. 일반적으로 디버깅을 하는 방법으로 테스트 상의 체크, 기계를 사용하는 테스트, 실제 데이터를 사용해 테스트하는 법이 있다. 디버깅을 통해 프로그램에서 런타임 오류를 감지하고 진단하며 제거할 수 있다.

- 로직 경로 모니터(Logic Path Monitor): 프로그램이 실행하는 단계의 순서를 보여준다. 이것은 프로그래머에게 프로그램의 논리 오류(있는 경우)에 대한 단서를 제공한다.
- 출력 분석기(Output Analyzer): 예상 결과와 실제 결과를 비교하여 원인을 분석하고 프로그램 결과의 정확성을 확인하는 데 사용한다.
- 메모리 덤프(Memory Dump): 프로그램이 중단될 때와 같이 특정 시점의 컴퓨터 내부 메모리 내용에 대한 그림을 제공하여 데이터 또는 매개 변숫값의 불일치에 대한 정보를 제공한다.

163
정답: 1번

접근 통제(Access control)는 컴퓨팅 환경에서 리소스를 보거나 사용할 수 있는 사람 또는 대상을 규제하는 보안 기술이다. 비즈니스 또는 조직에 대한 위험을 최소화하는 보안의 기본 개념이다. 접근 통제에는 물리적 및 논리적이라는 두 가지 유형이 있다. 물리적 접근 통제는 캠퍼스, 건물, 객실 및 물리적 IT 자산에 대한 액세스를 제한한다. 논리적 접근 통제는 컴퓨터 네트워크, 시스템 파일 및 데이터에 대한 연결을 제한한다. 시설을 보호하기 위해 조직은 사용자 자격 증명, 카드 판독기 액세스, 감사 및 보고서에 의존하는 전자 접근 통제 시스템을 사용하여 제한된 비즈니스 위치 및

데이터센터와 같은 독점 영역에 대한 직원 액세스를 추적한다. 이러한 시스템 중 일부는 출입 통제 패널을 통합하여 객실과 건물로의 출입을 제한하고 경보 및 잠금 기능을 사용하여 무단 액세스 또는 작동을 방지한다.

접근 통제 시스템은 암호, PIN(개인 식별 번호), 생체 인식 스캔, 보안 토큰 또는 기타 인증 요소를 포함할 수 있는 필수 로그인 자격 증명을 평가하여 사용자 및 엔티티의 식별 인증 및 권한 부여를 수행한다. 둘 이상의 인증 요소가 필요한 다단계 인증(MFA)은 접근 통제 시스템을 보호하기 위한 계층화된 방어의 중요한 부분인 경우가 많다. 일반적으로 온라인 프로그래밍 환경은 프로그램 개발을 빠르게 수행할 수 있도록 한다. 표준과 구조적 프로그래밍 기법을 사용하도록 도움을 준다. 온라인 시스템은 개발자가 문제를 해결하는 능력을 향상시킨다. 하지만 온라인 시스템은 승인받지 않고 시스템을 사용할 취약점이 있기에 접근 통제 소프트웨어를 사용하여 위험을 경감시키도록 한다.

164

정답: 3번

회사에서 직무 분리를 허용하지 않을 때는 보완 통제를 고려해야 한다. 여러 내부 통제 메커니즘을 통해 조직에서 분리된 업무를 시행할 수 있다.

- Audit Trails: 감사 추적은 업데이트된 감사 파일을 통해 원본에서 실제 시간까지의 실제 트랜잭션 흐름을 다시 만드는 데 도움이 되는 제어 메커니즘 중 하나이다. 정밀 감사는 거래를 시작한 사람, 거래의 정확한 시간과 날짜, 거래 유형, 거래가 구성된 정보 필드 및 업데이트된 파일에 대한 정보를 제공한다.
- Exception Reporting: 관리자는 예외가 적시에 적절하게 처리되었음을 보여주는 증거로 강화된 예외 보고서를 처리해야 한다. 일반적으로 최종 보고서에 본인의 서명이 필요하다.
- Supervisory Review: 감독 검토는 원격지에서 관찰이나 조사를 통해 수행되어야 한다.
- Transaction Logs: 조직에서는 처리된 모든 명령과 응용 프로그램을 기록하는 시스템 또는 응용 프로그램 트랜잭션 로그를 유지 관리해야 한다.

- Independent Review: 규정된 절차에 따라 실수나 고의적인 실패를 보상하기 위해 독립적인 검토를 권장한다. 이는 비즈니스 재무제표의 오류 및 부정을 감지하는 데 도움이 될 수 있다.
- Reconciliation: 애플리케이션 조정 및 독립적인 검증 프로세스는 궁극적으로 사용자의 책임이며, 이는 애플리케이션이 성공적으로 실행되었다는 신뢰도를 높이는 데 사용할 수 있다.

165

정답: 3번

위험 분석은 감사 계획의 수립 과정의 일부로, 위험과 취약성을 식별하여 위험을 감소시키는 데 필요한 통제를 결정한다. IT 위험 관리를 조직 전반의 위험 관리에 통합해야 하며, 조직의 위험 정도, 위험 성향, 위험 허용 한계에 대해 정보에 입각한 의사결정을 하여 위험에 대응하는 방법을 상호 이해하여야 한다. 위험 관리 기본 프로세스는 다음과 같다.

(1) 비즈니스 목적을 파악: 효과적인 위험 관리는 조직의 위험 성향에 대한 명확한 이해에서 시작한다. 이러한 이해는 모든 위험 관리 노력을 추진하고, 주어진 IT 상황 내에서 기술에 대한 향후 투자, IT 자산의 보호 정도, 필요한 보증 수준에 영향을 미친다.

(2) 자산 식별: 위협에 취약한 보호가 필요한 정보 자원 또는 자산을 식별, 분석, 보고하는 것이다.

(3) 자산에 대한 위협 및 취약성 평가: 정보 자원과 관련된 위협과 취약성, 그리고 발생 가능성을 평가하는 것이다.

(4) 영향 평가: 취약점을 이용한 위협의 결과를 영향이라고 하며, 영향의 크기는 심각성과 기간에 따라 달라진다.

(5) 위험 계산: 각 위협별로 발생 가능성과 영향의 크기를 계산하여 전반적인 위험 수준을 측정하도록 한다. 위험은 위협의 발생 가능성과 손실/피해의 크기에 비례한다.

6. 위험 평가와 대응: 위험이 식별되면, 취약성을 수용할 수 있는 위험 수준까지 낮추기 위해서 현재 통제를 평가하거나 새로운 통제를 설계할 수 있다. 이를 대응책 또는 보호 장치라고 한다.

(7) 위험 처리: 남아있는 위험 수준을 잔여 위험(residual risk)이라고 하며 통제가 더 필요한 영역을 파악함으로

써 추가적으로 감소시킬 수 있다. 수용 가능한 위험은 경영진의 위험 선호도에 따라서 목표를 수립할 수 있다. 수용 가능한 목표를 초과한 위험은 추가 통제나 보다 엄격한 통제를 구현하여 위험을 완화시켜야 한다.

(8) 주기적 재평가: 위험에 대한 주기적 위험 재평가 및 프로세스를 반복 수행하도록 한다. 위험 관리 프로세스는 대응책으로서 보완 통제의 적용과 주요 위협 사이에서 비용 효과적인 균형을 이루어야 한다.

166

정답: 1번

(1) Application Portfolio: 이 포트폴리오 관리는 조직에 대한 상대적 가치를 기반으로 기존 시스템에 대한 지출을 비교하는 데 중점을 둔다. IT 투자의 수익성 측면에서 기여도를 기준으로 비교할 수 있다. 또한, 이러한 비교는 특정 기술에 대한 조직의 경험 수준, 응용 프로그램 및 인프라에 대한 사용자의 친숙도와 같은 비 유형적 요인, 그리고 새로운 기술의 출현 및 오래된 기술의 노후화와 같은 외부 요인을 기반으로 할 수도 있다.

(2) Infrastructure Portfolio: 조직의 정보 기술에서 인프라 관리(IM)는 전반적인 효율성을 위해 정책, 프로세스, 장비, 데이터, 인적 자원 및 외부 연락처와 같은 필수 운영 구성요소를 관리하는 것이다. 인프라 관리는 때때로 시스템 관리, 네트워크 관리 및 스토리지 관리의 범주로 나뉜다. IT 인프라, 운영 및 관리 소싱/서비스 솔루션을 활용할 수 있는 조직의 능력은 애플리케이션과 서비스의 가용성, 비용 및 효율성뿐만 아니라 솔루션 제공자와의 합의 및 전체 소싱 프로세스 관리에 달렸다. 선택적인 IT 소싱 및 서비스를 통해 비용을 절감하고 IT 품질을 높이며 경쟁력을 높이려는 급박한 상황에서 많은 조직에서 관리 측면을 고려하지 않는다. 이러한 방치의 예측 가능한 결과는 초과 지불, 비용 초과, 충족되지 않은 기대 및 완전한 실패 등이다.

(3) Project Portfolio: 이 유형의 포트폴리오 관리는 특히 잠재적 ROI 측면에서 혁신 기능 개발에 대한 지출 문제, 재구성 또는 인수가 발생하는 상황에서 투자 중복 감소 또는 법적 또는 규제 명령 준수와 관련된 문제를 해결한다. 프로젝트 지향적인 포트폴리오 관리의 관리 문제는 ROI, 전략적 정렬, 데이터 정리, 유지 관리 절감, 결과 솔루션의 적합성 및 이러한 프로젝트를 대체하기 위한 새로운 투자의 상대적 가치와 같은 기준으로 판단할 수 있다. 체계적인 분야로써 정보 기술 포트폴리오 관리는 대규모 IT 조직에 더 적합하다. 소규모

조직에서는 우려 사항이 IT 계획 및 거버넌스 전체로 일반화될 수 있다.

167

정답: 2번

직무 기술서와 직무 명세서는 비슷해 보이지만 사실 문서의 내용과 목적에 차이가 있다. 따라서 자신이 처한 상황과 역할에 맞게 적절한 자료를 선택해야 효율적으로 원하는 바를 얻을 수 있다.

- 직무 기술서(Job Descriptions): 해당 직무의 특징과 직무 수행에 필요한 자격 요건을 기술한 서식이다. 직무 기술서를 구성하는 항목에는 직무번호, 직무 명, 소속, 직군, 등급, 수행 요건 등이 있다. 직무 분석의 결과에 따라 해당 직무 수행에서 기대하는 과업 및 행동 양식을 비교적 객관적이고 구체적이며 단순 명료하게 나타낸다.

- 직무 명세서(Job Specification): 인사관리의 특정 목적을 달성하기 위해 필요한 종업원의 행동, 능력, 지식 등의 인적 특성을 강조한 문서다. 일반적으로 직무 기술서와 함께 활용되며, 직무 기술서가 제시하는 직무 특징과 자격 요건을 인적 자원 활용 수단으로 바꾸어 직무성과를 예측하도록 한다. 직무 명세서는 교육 내용, 건강 특성, 지적 능력, 특수 능력, 과거 직업 경험, 성숙 가능성 등의 요소를 담고 있다.

직무 기술서는 '직무' 자체에 관한 사항을, 직무 명세서는 직무에 필요한 '사람'에 대한 특징을 보여준다는 점에서 큰 차이가 있다. 두 자료 모두 직무 분석이 선행된 후 그 결과를 정리하고 기록한다는 공통점이 있으나, 중점적으로 다루는 내용이 달라 두 가지를 구분해야 한다.

직무 기술서를 통해 직원, 계약자 및 제3자 사용자가 정보 보안 위협 및 우려 사항, 책무 및 법적 책임을 인식하게 하여 일상적인 작업 과정에서 조직의 보안 정책을 준수하고 인적 오류의 위험을 줄일 수 있도록 해야 한다.

168

SLA(Service-Level Agreement)는 우리말로 서비스 수준 협약이라고 하며, 고객이 공급업체로부터 기대하는 서비스 수준을 기술한 문서로 계약서이다. 이는 해당 서비스의 성과를 측정하는 기준과 합의된 서비스 수준을 달성하지 못할 경우 구제책이나 불이익 등을 함께 명시한 체계적인 계약이다. 서비스 수준 협약의 두 당사자 중 한쪽은 항상 서비스의 고객이고, 상대방은 서비스를 제공하는 공급업체가 된다. 일반적으로 여기에 포함될 수 있는 서비스 측정치들은 CPU의 가용 시간, CPU 응답 시간, 헬프 데스크 응답 시간, 서비스 완료 시간 등이다. 추가 고려 사항으로는 공급업체의 재정적 생존 가능성, 라이선스 확장성, 소프트웨어 에스크로 조항 등이 있다.

169

내부회계관리제도 감사보고서일은 감사 의견을 뒷받침하는 충분하고 적합한 증거(감사 문서가 검토되었다는 증거를 포함함)를 입수한 날보다 빠르지 않아야 한다. 감사인이 재무제표를 감사하지 않고 내부회계관리제도만을 감사할 수가 없으므로 내부회계관리제도 감사와 재무제표 감사는 통합되어 진행된다. 따라서 내부회계관리제도 감사보고서일은 재무제표 감사보고서일과 동일해야 한다. 감사인은 재무제표에 대한 감사보고서에 다음 문단을 (의견 문단 바로 뒤에) 추가해야 한다.

"우리는 또한, 회계감사기준에 따라, [통제준거기준 식별]에 근거한 회사의 20X8년 12월 31일 현재의 내부회계관리제도를 감사하였으며, 20X9년 XX월 XX일자[재무제표에 대한 보고서일자와 동일한 보고서일자] 감사보고서에서 [의견의 성격 포함]을 표명하였습니다."

감사인은 또한, 내부회계관리제도에 대한 감사보고서에 다음 문단을 (의견 문단 바로 뒤에) 추가하여야 한다.

"우리는 또한, 회계감사기준에 따라, 회사의 [재무제표 식별]를 감사하였으며, 20X9년 XX

월 XX일자[내부회계관리제도의 효과성에 대한 감사보고서일자와 동일한 보고서일자] 감사보고서에서 [의견의 성격 포함]을 표명하였습니다."

170

미국은 엔론 사태 이후 2002년 사베인스 옥슬리법(Sarbanes-Oxley Act)에 따라 공적 회계감독기구인 PCAOB(Public Company Accounting Oversight Board)가 설립되어 공개 회사의 외부감사인에 대한 독립적인 감독 업무를 수행하고 있다. PCAOB는 투자자 보호를 촉진하기 위해 연방 증권법에 따라 제출된 준수 보고서를 포함하여 브로커-딜러의 감사를 감독한다. 모든 PCAOB 규칙 및 표준은 미국 증권 거래 위원회(SEC)의 승인을 받아야 한다. PCAOB는 투자자를 보호하고 유익하고 정확하며 독립적인 감사보고서를 준비하는 데 있어 공익을 증진하기 위해 의회가 공기업 감사를 감독하기 위해 설립한 비영리 법인이다. PCAOB에는 4가지 주요 임무가 있다.

- 발행인, 브로커 및 딜러를 위한 감사보고서를 준비하는 공공 회계 회사를 등록한다.
- 감사 및 관련 증명, 품질 관리, 윤리 및 독립 표준을 설정하거나 채택한다.
- 등록된 회사의 감사 및 품질 관리 시스템을 검사한다.
- 등록된 공공 회계 회사 및 관련 직원이 특정 법률, 규칙 또는 전문 기준을 위반한 경우 조사하고 징계한다.

—— 🏠 출처　**PCAOB** (pcaobus.org)

171

PCAOB의 품질관리감리 결과 보고서는 크게 ① 감리 접근 방법, ②감사보고서 감리 결과 지적 사항(감사보고서 의견 형성에 있어 감사 증거를 충분히 수집하지 못한 경우와 감사 의견과 관련되지는 않지만 PCAOB 규칙을 준수하지 않은 경우, ③회계법인의 품질관리 시스템에 대한 지적 사항, ④PCAOB 보고서에 대한 회계법인(대표이사)의 의견으로 구성된다. PCAOB는 대형 회계법인(100개 회사 이상 감사)에 대하여는 1년마다 감리를 실시하고, 그 이외의 회계법인에 대하여는 3년마다 감리를 실시한다. PCAOB 품질관리감리(Inspection) 절차는 다음과 같다.

(1) 개별 감사보고서 선택(Select Audits for Review): 위험 기준과 랜덤 방식으로 감사보고서를 선택하며, 회계법인은 동 선택에 대해 전혀 영향력을 행사할 수 없다

(2) 감사조서 리뷰 및 인터뷰(Review Work Papers and Interview Engagement Team)

(3) 의견서 제공(Provide Comment Forms): 회계법인과 인터뷰 후 감사 절차상 흠결이 발견된 경우 문서 형식의 의견서를 제공한다.

(4) 흠결 평가(Evaluation of the Deficiencies): 회계법인은 자체 평가 후 추가 감사 절차를 진행하고, 회사에 재무제표 또는 내부 통제 보고서 수정 필요성을 알림과 동시에 종전에 발행한 감사보고서를 신뢰하지 않도록 조치를 취한다.

(5) 감리결과보고서에 흠결 사항 포함(Include the Deficiency in the Inspection Report): 흠결 사항이 감사 의견에 영향을 미치는 경우 감사 증거를 충분히 수집하지 못한 경우에 포함하고 그렇지 않은 경우 감사 의견과 관련되지는 않지만 PCAOB 규칙을 준수하지 않음에 포함한다.

(6) 감리 결과 조치(Enforcement and Other Referrals): 감리팀은 조치 필요 사항 발견 시 담당 부서(Division of Enforcement and Investigations)에 통보하고, 필요 시 SEC 등 다른 정부 기관에 통보한다.

172

정답: 1번

조직에 대해서 KRI 지표를 선택하는 두 가지 방법이 존재한다.

(1) 하향식(Top-down): 고위 경영진 및/또는 이사는 비즈니스 전반에 걸쳐 모니터링할 지표를 선택한다. 이것은 일반적으로 전략적 수준의 KRI에 가장 효과적인 접근 방식이다. 하향식 KRI는 최상위 전략 및 비즈니스 목표의 맥락에서 집계 및 관리 이해를 촉진할 수 있다.

(2) 상향식(Bottom-up): 이 접근 방식을 통해 비즈니스 엔티티 또는 프로세스 관리자는 운영 프로세스 내에서 관련성이 있는 것으로 간주되는 지표를 선택하고 모니터링한다. 상향식 접근 방식은 비즈니스 엔티티 관리자가 엔티티 및 프로세스의 실제 운영 목표와 가장 관련성이 높은 지표를 선택하도록 한다. 또한, 상향식 및 하향식 접근 방식의 조합을 사용하도록 선택할 수도 있다.

173

정답: 1번

빅 데이터(Big Data)란 기존 데이터베이스 관리 도구의 능력을 넘어서는 대량(수십 테라바이트)의 정형 또는 심지어 데이터베이스 형태가 아닌 비정형의 데이터 집합조차 포함한 데이터로부터 가치를 추출하고 결과를 분석하는 기술이다. 즉, 데이터베이스 등 기존의 데이터 처리 응용 소프트웨어(data-processing application software)로는 수집·저장·분석·처리하기 어려울 정도로 방대한 양의 데이터를 의미한다.

(1) 분석 기획(Planning): 문제점을 인식하고 분석 계획 및 프로젝트 수행 계획을 수립하는 단계

(2) 데이터 준비(Preparing): 요구 사항과 데이터 분석에 필요한 원천 데이터를 정의하고 준비하는 단계

(3) 데이터 분석(Analyzing): 원천 데이터를 분석용 데이터 셋으로 편성하고 다양한 분석 기법과 알고리즘을 이용하여 데이터를 분석하는 단계, 분석 단계를 수행하는 과정에서 추가적인 데이터 확보가 필요한 경우 데이터 준비 단계를 반복 진행한다.

(4) 시스템 구현(Developing): 분석 기획에 맞는 모델을 도출하고 이를 운영 중인 가동 시스템에 적용하거나 시스템 개발을 위한 프로토타입 시스템을 구현한다.

(5) 평가 및 전개(Deploying): 데이터 분석 및 시스템 구현 단계를 수행한 후 프로젝트의 성과를 평가하고 정리하거나 모델을 발전 계획을 수립하여 차기 분석 기획으로 전달하고 프로젝트를 종료하는 단계

174

정답: 1번

금융감독원에서 제시하는 은행법 시행령 내부 통제 기준에 포함하여야 할 사항은 다음과 같다.

- 업무의 분장 및 조직 구조에 관한 사항
- 자산의 운용 또는 업무의 영위 과정에서 발생하는 위

험의 관리에 관한 사항

- 임직원이 업무를 수행함에 있어서 반드시 준수하여야 하는 절차에 관한 사항
- 경영의사결정에 필요한 정보가 효율적으로 전달될 수 있는 체제의 구축에 관한 사항
- 임직원의 내부 통제 기준 준수 여부를 확인하는 절차, 방법 및 내부 통제 기준을 위반한 임직원의 처리에 관한 사항
- 임직원의 유가증권거래 내역의 보고 등 불공정거래 행위를 방지하기 위한 절차나 기준에 관한 사항
- 내부 통제 기준의 제정 또는 변경 절차에 관한 사항
- 준법감시인의 임면 절차에 관한 사항
- 상기 사항에 대한 구체적인 기준으로서 금감위가 정하는 사항(은행업감독규정 제59조의2 및 제59조의3)

175 정답: 2번

준법감시인의 임면 및 자격 등

(가) 준법감시인의 임면

- 금융기관이 준법감시인을 임면하고자 하는 때에는 이사회의 결의를 거쳐야 함. (다만 외국 금융기관의 지점은 예외)
- 금융기관은 준법감시인을 임면한 때에는 그 사실을 금감위에 통보하여야 함.

(나) 준법감시인의 자격

- 한국은행 또는 금융감독원 검사 대상 금융 기관에서 10년 이상 근무 경력이 있는 자
- 금융관련 석사학위 이상 학위 소지자로서 연구기관 또는 대학에서 연구원 또는 전임강사 이상의 직에 5년 이상 근무 경력이 있는 자
- 변호사 또는 공인회계사 자격을 가진 자로서 당해 자격과 관련된 업무에 5년 이상 근무 경력이 있는 자
- 재경부, 금감위, 증선위, 금감원에서 5년 이상 근무 경력이 있는 자로서 퇴임·퇴직 후 5년이 경과한 자
- 결격사유(미성년자, 금치산자, 벌금 이상 형 선고 후 5년을 경과하지 아니한 자 등)
- 감독 당국으로부터 주의·경고의 요구 이상에 해당하는 조치를 받지 아니한 자

176 정답: 4번

SaaS 환경에서 파일을 관리하기 위한 모범 사례로 IT 및 SaaSOps 팀은 파일 및 설정을 관리하는 데 도움이 되는 중요한 작업을 우선적으로 나열하고 모니터링하여 민감한 파일을 항상 관리하고 보호해야 한다. 다음 체크리스트는 모든 IT 전문가가 현대 디지털 작업 공간을 운영하기 위해 노력해야 하는 핵심 활동을 나타낸다.

- 공개 또는 외부 공유되는 민감한 파일
- 회계 또는 재무와 같은 민감한 폴더 경로가 공개적으로 또는 외부적으로 공유됨
- 개인 이메일 계정(예: Gmail, Yahoo)으로 민감한 파일 전달
- 경영진(예: CEO, CFO)의 민감한 데이터 노출
- 공개 또는 외부 공유되는 특정 파일 형식(예: 스프레드시트 및 PDF에는 민감한 정보가 포함될 가능성이 큼)
- 특정 파일, 폴더, 캘린더 등에 더 이상 액세스할 수 없어야 하는 사용자(예: 컨설턴트, 인턴, 팀을 바꾼 직원)
- 특정 그룹/배포 목록에 더 이상 속하지 않아야 하는 사용자(예: 계약자, 팀을 바꾼 직원)
- 파일이 공유되는 외부 도메인
- 파일을 공유하는 외부 사용자

SaaS 환경에 대한 완전한 가시성이 없으면 규정 준수를 유지하기 위해 조직의 파일을 안전하게 관리하는 것이 거의 불가능하다.

177 정답: 3번

KPI는 회사가 얼마나 잘하고 있는지를 나타내는 정량적 측정이다. 좋은 KPI는 의사결정을 위해 미리 결정된 목표와 비교하여 일련의 값을 생성하여 감사 기능의 성능을 측정한다. 메트릭이 무엇인지 더 잘 알수록 팀 구성원이 더 생산적이고 효율적으로 일할 수 있다. 다음은 감사 회사에 필요한 중요한 6가지 핵심 성과 지표(KPI)이다.

(1) 총 월 수익(Total Monthly Revenue): 팀의 생산성을 모니터링하려면 각 직원이 주어진 기간 동안 얼마나 많은

돈을 벌었는지 세심한 주의가 필요하다. 발송된 송장 또는 미수금 일정을 검토하여 월별 시간 프레임의 총 청구 가능 시간에서 월별 수입을 계산하여 이를 측정할 수 있다. 수취채권(Accounts receivable, AR)은 회사가 현금 흐름을 얼마나 잘 관리하고 있으며 연체 계정이 있는지 여부를 보여줄 수 있는 핵심 성과 지표이기도 하다. AR 잔액은 고객이 현재 회사에 빚지고 있는 금액을 정확하게 나타낼 뿐만 아니라 감사 회사의 미래 부채 수준에 대한 좋은 통찰력을 제공한다. 월별 수익은 회사의 장기적인 재무 건전성을 측정하여 향후 재무적으로 유지될 수 있는지 판단할 수 있는 지표이다. 이 성과 지표는 고객에게 투자한 노력의 양이 감사 회사에 가치를 제공하는지 알려준다.

(2) 클라이언트당 평균 수익(Average Revenue per Client, ARPC): 각 고객의 매출에 대한 평균 기여도(ARPC)는 그들이 회사에 얼마나 많은 돈을 가져다주는지를 측정한 것이다. KPI로서 ARPC는 회사의 기존 고객이 얼마나 수익성이 있는지 결정하는 데 중요한 지표가 된다. ARPC는 고객 관계를 심화하고, 현재 고객이 많든 적든 다양한 서비스를 제공 및 판매하는 회사의 능력을 측정하며, 회사의 성장을 지원하는 균형 잡힌 고객 포트폴리오가 있는지 여부를 측정한다. 낮은 ARPC는 팀이 클라이언트 기반에 대해 비효율적이거나 새로운 고객에게 서비스를 확장하고 판매하는 데 집중해야 함을 나타낸다. 높은 ARPC는 균형 잡힌 고객 포트폴리오를 보유하고 있으며 건전한 수익을 올리고 있음을 의미한다.

(3) 컴플라이언스 및 위험 관리 점수(Compliance and Risk Management Score): '핵심 위험 지표'라는 용어는 일부 규정 준수 지표에도 사용된다. KRI는 잠재적 위험 노출에 대한 '감시' 또는 '조기 경고 시스템'으로 간주될 수 있다. 규정 준수 KPI는 감사인이 직무를 수행하는 방법을 나타내는 중요한 데이터 요소 집합이며 팀의 생산성을 측정하기 위해 모니터링해야 하는 요소를 식별하는 것이 중요하다.

- 비준수: 조직의 위험에 대한 위험 평가는 허용되는 것보다 훨씬 더 높은 것으로 나타났다. 내부 통제 및 규정 준수 정책이 일관되지 않거나 비효율적이거나 자주 실패한다.
- 부분적으로 준수: 일부 준수 프로토콜은 프로세스에 여전히 격차가 있는 동안 식별된 위험을 효과적이고 일관되게 완화한다.
- 규정 준수: 절차 및 정책은 문서화 프로세스 중에 직면한 문제를 식별, 평가 및 완화하여 위험을 효과적

으로 줄인다.

(4) 프로세스 효율성 지표(Process Efficiency Indicators)
- 프로세스 효율성 지표는 회사의 관리 및 운영에 대한 유용한 개요를 제공할 수 있다. 조감도를 통해 리더는 성장을 촉진하기 위해 시정 조치가 필요한 부분을 찾을 수 있다.
- 완료율: 완료율은 할당된 총 서비스양과 관련하여 완료된 작업 할당의 총 수를 측정한 것이다.
- 서비스 완료율을 추적하는 한 가지 옵션은 린 방법론의 영역인 Kanban을 채택하여 비즈니스 프로세스를 할 일, 수행 및 완료 단계로 나누는 것이다. 팀 구성원의 완료율을 분석하여 더 많은 고객을 수용할 수 있는지 또는 특정 실습 영역이 이미 최대 수용 인원인지 여부를 예측할 수 있다.
- 작업 완료를 위한 주기 시간: 주기 시간은 문제 식별에서 해결까지 평균적으로 걸리는 시간을 계산하여 프로세스 효율성과 생산성에 대한 통찰력을 제공한다. 또한, 일상 활동 중에 또는 더 큰 프로젝트의 일부로 만들 수 있는 개선 기회를 찾는 데 도움이 된다.
- 감사 회사에 널리 사용되는 KPI는 완료까지의 시간(Time to Completion, TTC)으로 감사인이 작업을 완료하는 데 걸리는 시간을 나타낸다. TTC는 일반적으로 시간 또는 일 단위로 측정되며 '수행된 작업' 또는 '작업한 시간'으로 추적할 수 있다. 각 완료 단계에서 소요된 시간을 분석하는 것은 직원 생산성 수준을 평가하는 출발점이 될 수 있다. 예를 들어, 직원이 성과 기대치를 충족하기 위해 22시간 동안 노력한다면 예상 시간 내에 업무의 58%를 완료하고 있는 것이다. 이는 이 직원들이 목표를 42% 초과했음을 의미한다.
- 수준별 작업 완료율: 작업은 할당된 작업 우선순위 수준(높음, 중간, 낮음)에 따라 순위가 매겨지므로 이 메트릭은 각 수준의 각 목표에 대한 완료율을 측정한다. 이 데이터 포인트는 팀 구성원이 회의를 하지 않을 때 작업을 위임할 때 더 많은 감독이나 지원이 필요한지 여부를 결정하는 데 도움이 된다.

(5) 고객 만족도 점수(Customer Satisfaction Score): 클라이언트 만족도를 측정하기 위해 팀은 설문 조사 데이터와 클라이언트의 피드백을 사용할 수 있다. 특정 설문 조사의 모든 질문에 대한 평균 점수가 부정적인 것보다 긍정적일 때 KPI가 더 높다. 이 측정 항목을 추적하는 것이 매우 중요하다. 기업이 경쟁 업체와 비교하여 어떻게 하고 있는지 이해하고 팀이 지속적으로 제공한 내용을 검증하는 데 도움이 되기 때문이다. 고객 만

족도 점수를 추적하기 위해 감사 회사는 NPS(Net Promoter Score)를 측정할 수 있다. NPS 점수는 친구, 가족 및 동료가 귀하의 회사에 추천한 고객의 수를 추적한다. 이 측정 항목은 해당 업계에서 귀하가 얼마나 잘 알려져 있는지 보여주기 때문에 중요하다. 다른 사람에게 비즈니스를 추천하는 사람이 많을수록 품질 인식이 높아진다.

(6) 고객 유지(Customer Retention): 고객 유지율을 주시하는 것은 모든 감사 회사에서 매우 중요하다. 기업은 고객 유지를 측정하고 개선할 방법을 끊임없이 찾고 있다. 고객 평생 가치 및 이탈율과 같은 지표를 추적하여 주어진 시간 동안 고객을 얼마나 잘 유지하고 있는지 확인한다. 이 정보를 추적하는 것은 필수적이다. 따라서 기업은 비즈니스의 어떤 영역에서 작업과 성공이 필요한지 알고 있다. 기업은 이익에 상당한 영향을 미칠 수 있는 이 분야의 성장을 위해 항상 노력해야 한다. 고객 수가 많은 경우 계정 관리팀에서 매월 활동을 추적할 수 있다. 그러나 고객 목록이 적고 고객이 오랫동안 귀하와 함께하기로 계약을 체결한 경우 매년 추적하는 것이 가장 좋다.

⌂ 출처 https://boombirds.com/

178

정답: 1번

회사는 다음과 같은 다양한 이유로 SaaS 관리 플랫폼(SMP)를 사용의 장점을 고려해야 한다.

(1) 섀도 IT 발견(Uncovering shadow IT): 애플리케이션 검색은 섀도 IT 또는 애플리케이션 또는 장치의 무단 사용을 식별한다. 섀도 IT는 데이터에 대한 가시성과 제어를 유지하는 조직의 능력을 손상시켜 데이터 침해에 더 취약하게 만든다.

(2) 더 나은 의사결정 및 비용 절감(Better decision making and cost savings): SMP의 가시성 기능은 조직이 SaaS 사용을 더 잘 이해할 수 있도록 도와주고 있다. 이 데이터를 사용하여 조직은 액세스 수준 또는 라이선스 배포에 대해 정보에 입각한 결정을 내려 비용을 효율적으로 절감할 수 있다.

(3) 작업 효율성(Task efficiency): SMP가 없으면 IT 관리자는 각 SaaS 애플리케이션의 관리 콘솔을 방문하여 관리 작업을 완료하고 보안 설정을 조정해야 한다. 이는 IT 팀에 수동 작업의 부담을 줄 뿐만 아니라 오류의 여지를 만든다.

(4) 향상된 중앙 집중식 보안(Improved, centralized security): SMP는 IAM, 엔드포인트 관리 및 기타 보안 도구와 통합이 가능하다. 이를 통해 관리자는 한 곳에서 보안 설정을 확인할 수 있으므로 애플리케이션 전반에 걸쳐 일관성이 보장할 수 있다.

179

정답: 2번

민감한 데이터에 대한 정기적인 콘텐츠 스캔은 모든 개인정보 데이터 보호 및 보안 규정 준수 프로그램의 일부가 되어야 한다. 기밀 및 개인 식별 데이터 유출은 생각보다 자주 발생한다. 이러한 유형의 비정형 데이터는 어디에나 존재하며 예를 들어 고객 연락처 정보, 영업 비밀 또는 사회 보장 번호 등이다. 민감한 데이터에 대한 자동화된 콘텐츠 스캔을 실시하기 위해서는 다음과 같은 3가지 방법을 우선적으로 고려해야 한다.

(1) 최소한의 권한으로 모든 계정을 유지한다. 작업에 필요한 모든 새 SaaS 앱 액세스 권한을 가능한 한 낮게 설정해야 한다.

(2) 액세스 변경 사항을 추적한다. 최소한 사용자 ID, 일회용 암호, 오프보딩된 사용자 및 변경 날짜를 추적하여 변경을 쉽게 추적하고 위험을 제한할 수 있도록 한다.

(3) 정기적인 감사를 실시한다. 모든 SaaS 앱의 모든 사용자 및 최고 관리자 권한을 정기적으로 모니터링하여 확인되지 않은 액세스 누적과 그에 따른 위험을 방지시킨다.

민감한 데이터에 대한 콘텐츠 스캔은 사용자를 방해해서는 안 된다. 조직에서는 데이터 유출을 방지하기 위해 오랫동안 CASB(Cloud Access Security Brokers)를 사용해 왔다. CASB는 보안 정책을 시행하고 사용자와 장치가 클라우드 리소스에 액세스하려고 시도할 때 클라우드 전반에서 누출을 막는다. 유일한 문제는 CASB가 일반적으로 너무 엄격하다는 것이다. 콘텐츠에서 민감한 데이터를 스캔하고 발견하면 취할 수 있는 유일한 조치는 파일을 격리하거나 차단하는 것이다. CASB는 운영 컨텍스트를 고려하지 않고 고려할 수도 없기 때문에 사용자 생산성에 적지 않는 타격을 준다.

180

감사인의 독립성과 객관성이 손상되는 사례는 다음과 같다.

(1) 객관성을 손상하는 비감사적 업무의 수행

(2) 감사인에 부과된 활동에 업무 운영 권한이 포함된 경우

(3) 감사인으로 전근되었거나 일시적으로 고용된 직원이 1년이 경과하기 전 자신이 맡았던 업무를 감사하는 경우

(4) 업무 처리 절차를 디자인, 설치, 그리고 기안 작성(초안 작성) 하는 것

(5) 시스템의 설계, 설치, 작동, 시스템 절차에 대한 초안 작성하는 것

감사사가 시스템 통제 기준을 권고한 경우 또는 3)번의 시스템이 가동되기 전에 절차를 검토하는 경우 등은 객관성을 손상시켰다고 볼 수가 없다.

감사인에 의한 일시적 비감사 업무 수행이 감사 보고 과정에 충분하게 공개가 된 경우에는 독립성을 손상하지 않는다.

181

정답: 3번

예상 금전적 가치(Expected Monetary Value, EMV)는 확률에 기반하기 때문에 빠르고 쉬운 공식은 없다. 예상 금전적 가치 계산은 상황이 복잡할 때 더 복잡해진다.

$$\$100 \times 1/4 = \$25$$

$$-\$100 \times 3/4 = (-\$75)$$

$$= \$25 + -\$75 = -\$50$$

182

정답: 4번

귀무가설은 일반적으로 기각될 것이 예상되어 세워진 가설이고 검증하려는 가설은 귀무가설에 대해서 대립 가설(Anti Hypothesis)로 불린다. 대립가설은 귀무가설과 다른 것이라면 어떤 것이라도 상관이 없는데, 대개의 경우 대립가설은 귀무가설의 여집합으로 정의된

다(한 예를 들면 모평균의 차를 검증할 경우, 귀무가설 μ1＝μ2에 대해서 대립가설μ≠μ2가 된다).

용어	설명	예제
귀무가설 (H0)	영가설, 통계학에서 버릴것을 예상하는 가설	μ0＝μ1, 두 약품의 효과가 동일하다
대립가설 (H1)	연구가설, 귀무가설에 대립하는 명제	μ0≠μ1, 두 약품의 효과가 동일하지 않다.
1종 오류 (α)	H0이 사실인데, H0이 기각될 확률	약효가 동일한데, 동일하지 않다라고 나올 확률
2종 오류 (β)	H0이 거짓인데, H0이 채택될 확률	약효가 동일하지 않은데, 동일하다라고 나올 확률

183

정답: 4번

4)번의 추정(推定)은 입력된 자료가 불완전하거나 불확실하더라도 사용할 수 있는 계산된 결과의 근삿값이다. 추정 이론은 통계학과 신호 처리의 한 분야이며, 측정 또는 관찰된 자료에 기반하여 모수의 값을 추정하는 것을 다룬다. 특히 통계학에서는 통계추론으로 언급되기도 한다. 모집단의 미지의 특정치, 즉 파라미터, 예를 들면 평균치, 표준편차, 비율 등에 관해서 그 값을 표본으로부터 추측하는 것을 추정이라 한다.

184

정답: 3번

확률분포(Probability Distribution)는 확률변수가 특정한 값을 가질 확률을 나타내는 함수를 의미한다. 예를 들어, 주사위를 던졌을 때 나오는 눈에 대한 확률변수가 있을 때, 그 변수의 확률분포는 이산균등분포가 된다. 확률 분포는 확률변수가 어떤 종류의 값을 가지는가에 따라서 크게 이산 확률 분포와 연속 확률 분포 중 하나에 속하며, 둘 중 어디에도 속하지 않는 경우도 존재한다. 이산확률분포(Discrete Probability Distribution)는 이산확률변수가 가지는 확률분포를 의미한다. 여기에서 확률변수가 이산확률변수라는 말은 확률변수가 가질 수 있는 값의 개수가 가산 개 있다는 의미이다. 이산확률분포는 확률 질량 함수를 통하여 표현 가

능하며, 누적분포함수로 표현할 경우 그 함수는 비약적 불연속으로만 증가한다. 자주 사용되는 이산확률분포에는 다음과 같은 예가 있다.

- 이산균등분포
- 초기하분포
- 푸아송분포
- 이항분포
- 베르누이분포
- 음의 이항분포
- 기하분포
- 다항분포

연속확률분포(Continuous Probability Distribution)는 확률 밀도 함수를 이용해 분포를 표현할 수 있는 경우를 의미한다. 연속확률분포를 가지는 확률변수는 연속확률변수라고 부른다. 자주 사용되는 연속확률분포에는 다음과 같은 예가 있다.

- 정규분포
- 연속균등분포
- 균일분포
- 카이제곱분포
- 지수분포
- 감마분포

185 　정답: 3번

점추정에는 오차가 존재하므로 신뢰도 문제가 발생하기 마련이다. 이를 보완하기 위해 나타난 개념이 구간추정(interval estimation)이다. 구간추정(interval estimation)은 신뢰도를 제시하면서 상한값과 하한값으로 모수를 추정하는 방법이다. 신뢰도를 제시할 때 사용하는 척도로 신뢰수준(confidence level)을 사용하는데, 신뢰수준은 추정값이 존재하는 구간에 모수가 포함될 확률을 말한다. 신뢰수준(보통 95%, 99% 사용)은 $100 \times (1-\alpha)$%로 계산하는데, 여기에서 α는 조사에서 인정되는 오차의 수준을 말하며 이를 유의수준(significant level)이라고도 부른다. 신뢰구간(confidence interval)은 상한값과 하한값의 구간으로 표시되며, 신뢰수준을 기준으로 추정된 점으로부터 음(-)의 방향과 양(+)의 방향으로 하한과 상한을 표시한다. 신뢰도가 높을수록 신뢰구간이 넓어져 추정값이 존재하는 구간에 모수가 포함될 확률이 높아진다. 이 뜻은 신뢰도가 높을수록 추정값을 커버하는 신뢰구간의 폭이 넓어짐을 의미한다. 신뢰구간이 좁을수록 조사자는 더 의미 있는 결과를

제시할 수 있는 것처럼 보이지만, 신뢰수준이 낮아지는 것을 감수해야 한다. 따라서 조사 상황에 맞는 신뢰수준을 선택해야 한다.

186 　정답: 4번

다음은 일정 비율 이상의 소수 주주가 행사할 수 있는 권리이다.

- 3% 이상 지분 보유 시
  - 주주제안권
  - 임시 주총 소집 청구권
  - 이사/감사 해임 청구권
  - 집중 투표 청구권
  - 회계장부 열람 청구권
  - 회사의 업무, 재산 상태 조사권
- 1% 이상 주주의 권리
  - 이사, 청산인의 위협행위 유지 청구권
  - 대표 소송권
- 1주 이상 주주의 권리
  - 이사, 감사에 대한 손해배상 청구 및 이익 반환에 대한 대표 소송권
  - 설립 무효 소권
  - 주식교환 무효 소권
  - 총회 결의 취소의 소권
  - 신주발행 무효 소권
  - 감자 무효 소권
  - 반대 주주의 주식매수 청구권

187 　정답: 4번

감리 업무 주요 처리 절차는 다음과 같다.
① 감리 착수 → ② 감리 실시(문답 포함) → ③ 질문서 송부 → ④ 처리안 결재 → ⑤ 조치 사전통지 → ⑥ 감리위 심의 → ⑦ 증선위

188

정답: 2번

표본추출방법(Sampling)은 크게 확률적 표본추출과 비확률적 표본추출로 나뉜다. 각 방법에 대한 설명은 다음과 같다.

확률 표본추출방법은 모집단에 속한 모든 단위가 표본으로 선택받을 확률을 동일하게 가지고 있는 경우이다. 그리고 이 과정에서 무작위(랜덤)로 추출되어야만 한다. 확률 표본추출방법의 종류는 다음과 같다.

(1) 단순무작위 표본추출법: 이는 모집단의 모든 부분(표본추출 틀)이 표본으로 선택될 동일한 확률을 가지고 있는 경우이다. 무작위로 표본을 추출한다는 것은 사람이 아무 숫자나 떠올리고 추출하는 것이 아니다. 단순 무작위 표본추출을 위해 난수표나 컴퓨터를 활용한 무작위 배정을 통해 표본을 추출한다. 임의적인 수나 컴퓨터화된 임의 숫자 생성기를 활용하게 된다. 무작위로 표본이 뽑히기 때문에 표본은 편향되지 않으며 표본으로부터의 얻어진 결과를 통해 일반화할 수 있다.

(2) 체계적(계통) 표본추출법: 체계적 표본추출법은 표본추출 틀에서 처음으로 추출하는 표본만 단순 무작위 표본추출법에 의해 뽑고 이후에 뽑게 될 표본은 매 k번째에 해당하는 표본을 추출하는 방법이다. 예를 들어, 무작위로 선택된 표본이 3번째 표본이고 이를 10 간격으로 표본을 추출한다고 가정하였을 때 표본이 추출되는 순서는 3, 13, 23, 33, 43... 순으로 될 것이다. 여기서 k는 N/n을 나타내는 것으로 표본추출 단위 N을 표본 n으로 나눈 비율이 된다.

(3) 층화추출법: 층화추출법은 어떠한 기준에 따라 모집단을 층 나누듯 범주화하고 이를 여러 소집단으로 구성하는 방법이다. 여기서 집단 내에서는 동질적이지만 집단 간에는 이질적인 특성을 지닌다. 예를 들어 고등학교 학생들의 독서량을 알아볼 때 고1, 고2, 고3 간에는 독서량이 다를 수 있지만 학습(1반, 2반, 3반,... 10반) 간에는 독서량의 차이가 없을 수 있다. 이때 이질적으로 나뉠 수 있는 특성은 바로 '학년'이 되는 것이다. 이렇게 서로 다른 층으로 나눌 수 있는 기준이 있을 때 그 특성을 기준으로 모집단을 소집단으로 구성한다. 그리고 그 안에서 단순 무작위 표본추출을 진행하면 된다.

(4) 군집 표본추출법: 군집 표본추출법은 집단을 여러 집단으로 나누고 무작위로 선출된 군집의 모든 개체를 측정하는 방식으로 진행된다. 예를 들어 학군에 따른 고등학생들의 독서량을 살펴보고자 한다면 먼저 학군을 여러 그룹으로 나누어 군집화하고 각 학군에서 단순 임의 표본추출을 사용하여 표본을 추출한다. 그렇게 선출된 집단에서 전체를 조사하는 방식으로 진행된다. 예를 들면 고등학생 독서량을 알아보기 위해 전국 → 시/도 → 구/군 식으로 군집화하고 이 중에서 무작위로 고등학교를 뽑았을 때 C 고등학교가 선택되었다면 C 고등학교 전체를 하나의 표본처럼 조사하는 방식이다.

비확률 표본추출법은 모집단에 속한 모든 단위가 표본으로 선택받을 확률이 정확하게 결정되지 않은 상황의 표본추출 기법이다. 따라서 이 방법은 표본추출 편향에 영향을 받을 수 있다. 이는 모집단을 일반화하기 어렵다는 단점이 있다. 비확률 표본추출방법의 종류는 다음과 같다.

(1) 편의 표본추출법: 편의 표본추출법은 조사자 편의에 따라 모집단으로부터 접근성이 용이하고 편리한 방법을 통해 표본을 추출하는 방식이다. 측정 도구의 타당성을 확인하려는 목적의 예비 조사에서 편리하게 사용될 수 있다.

(2) 판단 표본추출법: 판단 표본추출법은 목적 표본추출법이라고도 하는데 이는 조사자의 주관에 따라 표본의 대상을 선정하는 것을 의미한다. 이때 표본은 모집단의 특성을 반영할 수 있는 사람들로 구성이 되어야 하고 이를 위해서 조사자의 주관적 견해가 중요한 기준으로 작용한다. 적은 수의 표본만으로도 모집단의 특성을 대표할 수 있다는 장점이 있다.

(3) 할당 표본추출법: 할당 표본추출법은 (확률) 층화추출법과 같이 모집단이 상호 배타적인 하위집단으로 나뉜 상태에서 하위집단을 선택한 후 그 안에서 작위적으로 표본을 추출하는 방법이다. 얼마나 할당해서 추출할지는 비례할당 추출법과 비비례할당 추출법에 따라 진행하면 된다. 언뜻 보면 층화추출법과 비슷해 보이지만 층화추출법은 무작위적으로 표본이 추출되는 한편, 할당 표본추출법은 작위적으로 표본이 추출된다는 점에서 차이를 보인다.

(4) 눈덩이 표본추출법: 눈덩이 표본추출법은 초기 연구에서 조사자의 대상을 쉽게 찾기 어려울 때 전문가 집단의 추천이나 권유를 통해 첫 표본만 소개를 받아 조사를 진행하고 그 후 그 표본에서 건너 아는 사람을 통해 눈덩이 식으로 불어나 표본을 추출하는 방법이다. 이 방법은 접근하기 어려운 모집단을 대상으로 조사를 진행하거나 처음부터 표본 프레임을 선정하기 어려운 경우에서 유용하게 사용된다.

189

정답: 2번

의사결정나무 분석과 예상 금전적 가치는 정량적 위험 분석을 수행하는 프로세스를 수행할 때 사용되는 기술 중의 일부이며 판단을 내릴 수 있는 더 나은 정보를 얻기 위해 모든 프로젝트의 불확실성을 결정하는 단계로 사용된다. 즉, 의사결정나무 분석을 통해 더 나은 결정을 내리고 위험 위협과 기회 모두에 대해 가장 적절한 조치를 결정할 수 있으므로 위험 대응 계획 프로세스를 지원할 수 있다.

190

정답: 2번

눈덩이 표본추출(Snowball Sampling)은 현재 등록된 연구 참가자가 연구를 위해 미래의 피험자를 모집하는 데 도움이 되는 비확률적 표본추출법이다. 예를 들어, 리더십 패턴을 연구하려는 연구자는 개인에게 자신의 커뮤니티에서 영향력 있는 다른 사람들의 이름을 묻도록 요청할 수 있다. 샘플 그룹이 굴러가는 눈덩이처럼 자라기 때문에 이 기술을 '눈덩이'라 한다. 비확률적 표본추출법은 연구자 또는 다른 참가자가 무작위로 샘플을 선택하는 것과 달리 샘플을 선택하므로 모집단의 모든 구성원이 연구에 선택될 기회가 동일하지 않음을 의미한다.

191

정답: 4번

피조사자 방어권 보장 강화된 내용은 다음과 같다.

(1) 대리인의 조사과정 기록 허용
(현행) 피조사자가 행정절차법에 따라 대리인을 조사 과정에 참여시킬 수 있지만, 대리인이 조사과정을 촬영·녹음·기록하는 것은 금지(적발 시 퇴거)
→ 기록 행위까지 제한함으로써 피조사자가 본인 진술 내용과 쟁점을 충분히 숙지하지 못하고 감리위·증선위에서 대응해야 하는 문제가 있음
(개선) 대리인이 질의·답변의 주요 내용을 수기로 기록하는 행위를 가능하도록 함

※ 경찰청 사례(자기변호노트): 수사 과정에서의 피의자 방어권 내용, 행사 방법 등이 안내되어 있고, 수사 과정을 메모할 수 있는 공란 제공 → 한국공인회계사회가 '감리수검노트'를 마련·제공 할 예정

(2) 피조사자의 문답서 열람 조기 허용
(현행) 피조치자가 직접 작성·날인한 확인서*에 대해서는 즉시 자료 열람이 가능한 반면, 문답서**는 금감원의 사전 통지(조치 예정일 10일 전) 이후에야 열람이 가능
* 피조사자가 수행한 업무 관련 특정 사실에 대해 인정하는 서류
** 감리 조사과정에서 감리집행기관과 피조사자의 답변내용을 문답형식으로 서면화한 증거로 감리위·증선위에서 중요한 단서로 활용
→ 이에 피조치자가 자신의 문답 내용 등 정확한 혐의 내용에 대해 충분한 검토를 거치지 못한 채 감리위·증선위에 임하게 되어 실질적인 방어권 행사가 제약된다는 지적이 있음
(개선) 문답서 열람 시점(사전통지 전 질문서 송부 직후)을 종전보다 약 2주 정도 앞당겨 방어권 행사 기간을 충분히 보장

(3) 감리 조사과정에서의 자료 요청 서면화
(현행) 감리를 수행하는 과정에서 피조사자에게 구두로 자료를 요청하는 사례가 다수 있음
→ 구두 요청은 명확성이 낮아 구체적인 요구 내용과 범위에 대한 혼선을 유발하거나 피조사자에게 불필요한 자료 제출 부담을 가중할 소지가 있다는 지적이 제기됨
(개선) 구두 요청한 자료에 대해서는 3영업일 이내에 문자화된 전자 수단(SMS, 이메일, 팩스 등) 등을 통해 사후 보완

(4) 조치 사전통지 내용 충실화
(현행) 사전통지서에 기재되는 위법동기 판단 근거, 사실 관계, 지적금액 산출 사유가 다소 구체적이지 못해
→ 피조치자가 문제가 되는 쟁점에 대해 충분히 숙지하지 못하고 감리위·증선위 대응을 할 수밖에 없다는 지적이 있음
(개선) 사실 관계에 대한 감리집행기관의 판단, 적용된 양형기준(가중감경 사유 포함) 등을 구체적으로 제공
① 감리위 안건에 기재하는 위반근거 및 지적금액 산정 내역을 사전통지서에도 동일하게 안내하

고(지적사항별) - 지적사항과 직접적으로 관련되는 회계기준서·감사기준서 문단을 구체적으로 제시

② 또한, 감리위 안건에 기재되는 동기 판단근거*와 예상 조치수준을 사전 통지서에도 제시**

* 다만, 고의 위반 행위와 관련하여 피조치자 간 공모, 증거인멸이나 비밀누설 등으로 수사를 방해할 우려가 있는 경우에는 적의 조정

** 과징금·과태료 부과 예정 금액, 산정 내역 및 근거, 감사인 지정기간 등 제시

(5) 피조사자 권익보호수단 활용 안내 강화

(현행) 피조사자가 현 감리실무 및 관련 규정에 따른 권익보호수단을 충분히 숙지하지 못하고 있는 경우가 존재한다는 지적이 있음

→ 문답 과정에서 감사조서 등 필요자료 지참·열람이 가능하고, 회사 소속 회계사 등 전문가 조력이 가능함에도 이를 알지 못해 활용하지 못하는 사례가 있음

(개선) 금감원이 피조사자들에게 문답 등 감리절차 진행과정에서 필요한 자료의 지참·열람* 및 회사 소속 회계전문가 등의 조력이 가능**하다는 것을 적극적으로 안내

* 감사인은 감사조서 및 재무제표 등의 지참·열람에 제한이 없고, 회사 관계자도 회사 자료 등의 지참·열람에 제한이 없음

** 외감규정 제24조 제4항 및 행정절차법 제12조 제1항에 따라 피조사자는 법인 임직원에 대한 조사과정 입회 요청 가능

192

정답: 4번

눈덩이 표본추출(Snowball Sampling)은 연구자가 연구 참가자를 찾는 데 어려움을 겪을 때 사용된다. 이것은 일반적으로 범죄자, 마약 딜러 또는 도박중독자와 같은 숨겨진 인구에 대한 연구에서 발생한다. 이러한 개인은 연구자가 접근하기 어려운 경향이 있기 때문이다. 눈덩이 표본추출 방법은 현재 참가자가 연구와 관련된 비슷한 특성을 공유하는 다른 사람들을 알고 있을 가능성이 크기 때문에 유용하다. 이러한 숨겨진 집단의 구성원은 관심사를 공유하거나 같은 그룹에 참여하기 때문에 밀접하게 연결되는 경향이 있으며 다른 사람들에게 연구의 이점을 알리고 기밀을 보장할 수

있다.

(1) 선형 눈덩이 표본추출(Linear Snowball Sampling): 단 하나의 주제로 시작하는 직선 추천 순서에 따라 달라진다. 이 개별 피험자는 한 명의 새로운 추천을 제공한 다음 샘플 그룹에 모집된다. 이 추천은 또 다른 새로운 추천을 제공하며 이 패턴은 이상적인 표본 크기에 도달할 때까지 계속된다.

(2) 지수 비차별 눈덩이 표본추출(Exponential Non-Discriminative Snowball Sampling): 샘플에 모집된 첫 번째 피험자는 여러 추천을 제공한다. 각각의 새로운 추천은 연구자에게 더 많은 잠재적 연구 주제를 제공할 것이다. 이 기하학적 사슬 표본추출 순서는 연구 참가자가 충분할 때까지 계속된다.

(3) 지수 판별 눈덩이 표본추출(Exponential Discriminative Snowball Sampling): 이러한 유형의 눈덩이 표본추출은 각 주제가 여러 참조를 제공한다는 점에서 지수 비차별 눈덩이 표본추출과 매우 유사하다. 단, 이 경우 각 추천에서 하나의 주제만 모집한다. 연구원은 연구의 목적과 목표에 따라 모집할 추천을 결정한다.

193

정답: 2번

감리 조사기한(원칙 1년)을 명문화하여 신속한 감리 종료 도모

(현행) 외부감사 법령상 감리 조사 기간 제한 규정이 부재하여,

→ 바이오 분야 등 회계처리 이슈가 복잡한 사안은 3~4년 이상 감리가 지속되는 경우가 발생한 사례가 있음

* 최근 4년간('18~'21년) 감리 조사 기간 통계(총 225건, 심사 종결은 제외)

1년 이내:136건(61%), 1~2년:65건(29%), 2~3년:19건(8%), 3년 초과:5건(2%)

(개선) 금감원 감리 조사 기간이 합리적으로 운영될 수 있도록 관련 규정에 감리 조사 기간 명문화

→ 감리 조사 기간을 원칙적으로 1년으로 제한하고, 불가피한 사유*로 연장이 필요한 경우에는 금감원장의 '사전 승인'을 받도록 함(6개월 단위로 연장·추가 연장 가능)

* 예) 감리방해 또는 피조치자의 자료제출 지연으로 원활한 감리수행이 어려운 경우 등

194
정답: 2번

고정 크기 속성 표본추출 계획은 비교적 큰 편차율이나 적당한 기대치를 갖는 통제를 측정할 수 있기 때문에 개발 중인 운영 시스템의 감사에 적합하다. 높은 수준의 성능을 발휘하는 컨트롤은 편차 비율이 낮고 이러한 경우 상대적으로 찾기 어려운 이벤트를 감지할 수 있는 표본추출 전략이 필요하다.

그중 하나가 Stop-or-go 표본추출이다. Stop-or-go 표본추출은 재무 감사 세계의 속성 표본추출 전략이며 예상 편차율이 매우 작은 재무 통제에 사용된다. 측정된 편차율이 매우 낮은 한 적은 수의 표본추출을 사용하기 때문에 고정 크기 속성 표본추출 계획보다 효율적이다. 감사 대상은 블록으로 분할되며 각 블록은 상대적으로 작은 샘플 크기를 갖는다. 샘플 편차 비율이 몇 블록에 걸쳐 작게 유지되면 감사가 중지될 수 있다. 측정된 비율이 예상보다 높으면 감사인은 샘플 크기를 늘리고 계속하거나 해당 제어 시스템에 대한 감사를 중단할 수 있다. Stop-or-go 표본추출은 문서, 생산, 자원 등과 같은 운영 기능의 자연스러운 그룹화 때문에 운영 제어에 적절할 수 있다. 제어 시스템의 편차율이 낮고 각 그룹에 대해 속성 테스트를 수행하면 평균 SDR(System Deviation Rate)을 쉽게 결정할 수 있다. 따라서 Stop-or-go는 시스템의 포렌식 분석을 위한 표본추출 계획으로 자연스러운 선택이 된다.

195
정답: 2번

데이터 취합을 위한 감사 절차와 단계를 결정해야 한다. 이 시점에서 감사 프로세스는 감사팀이 감사접근법이나 전략을 식별하고 선택하며, 감사 프로그램을 개발하는 데 충분한 정보를 확보해야 한다.

- 검토하려는 부서의 정책, 기준과 가이드라인을 식별하고 확보한다.
- 모든 규칙 준수 요건 사항을 식별한다.
- 인터뷰 대상자의 목록을 식별한다.
- 도구를 포함해서 평가를 실시할 방법을 식별한다.
- 통제를 테스트하고 검증할 감사 도구와 방법론을 개발한다.
- 테스트 스크립트를 개발한다.
- 테스트를 평가할 기준을 식별한다.
- 테스트 및 테스트 결과가 정확하다고 평가할 방법론을 정의한다.

2)번의 위험 평가 수행은 사전감사 계획 수립 때 하는 것으로, 보기와 가장 거리가 멀다.

—— 🏠 **출처** ISACA, Tools and Techniques - Creating Audit Programs

196
정답: 3번

정보 시스템 및 정보 기술에 대한 통제는 일반적으로 일반 통제와 응용 통제로 나눌 수 있다.

- 정보 기술 일반 통제: 컴퓨터 시스템의 지속적이고 적정한 운용을 확보하는 것으로, 일반적으로 프로그램 개발 관련 통제, 프로그램 변경 관련 통제, 보안 통제, 컴퓨터 운영 관련 통제 등이다.
- 정보 기술 응용 통제: 특정 응용 프로그램 내의 데이터 처리에 대한 통제로 응용 시스템 상에서 처리되는 모든 업무의 완전성, 정확성, 권한 부여의 적정성, 효과성을 보장하기 위한 통제 등이다.

자동화된 응용 통제의 테스트를 위하여 벤치마킹 전략을 사용할지 여부를 결정하기 위해 감사인은 다음의 위험 요소를 평가해야 한다.

(1) 응용 통제가 응용 프로그램 내에 정의된 프로그램과 일치하는 정도
(2) 응용 프로그램이 안정된 정도 (즉, 기간마다 변경이 거의 없음)
(3) 실행 중인 프로그램의 변경 일자(compilation dates)에 대한 보고서의 이용 가능성 및 신뢰성

197

감사 계획은 전략이나 지침으로 구성된 조직의 감사를 수행하기 위한 계획으로 정의될 수 있다. 감사 계획은 감사의 기본 원칙으로 감사인은 고객이 수행한 업무의 세부 사항을 파악해야 한다. 이는 업무 팀 구성원이 수행하는 감사 절차의 성격, 시간 및 범위를 확인하기 위한 것이다. 다른 사실 외에도 다음을 포함하도록 개발되어야 한다.

- 고객의 비즈니스, 즉 정책, 회계 시스템, 내부 통제 절차 등에 대한 지식을 얻는다.
- 내부 통제에 의존하는 어느 정도의 의존성을 설정한다.
- 감사 절차의 성격, 시간 및 범위를 확인한다.
- 감사 작업을 조정한다.

이에 반해, 감사 프로그램은 감사 계획의 청사진으로, 감사 수행 방법, 수행 대상 및 수행을 위해 따라야 할 단계를 지정한다. 감사인이 감사를 적절하게 수행하기 위해 추구하는 일련의 지침이다. 감사 계획이 수립되면 다양한 단계로 구성된 감사 프로그램이 개발된다. 이는 감사 목표를 달성하기 위한 적절한 방법을 선택하기 위한 지침과 함께 특정 조건에서 감사 절차를 구현하기 위한 포괄적인 계획에 불과하다. 이는 주로 엔티티의 크기 및 비슷한 기타 요소를 기반으로 한다. 감사 프로그램은 수집하고 분석해야 하는 증거 또는 사실의 내용과 양을 결정한다. 또한, 감사 수행에 대한 감사 직원의 책임을 나눈다. 감사 프로그램은 일반적인 조건에 따라 수정될 수 있을 만큼 충분히 유연해야 한다. 감사 계획과 감사 프로그램의 차이점은 다음과 같은 이유로 명확하게 도출할 수 있다.

- 감사 계획은 감사를 효과적으로 수행하기 위해 감사인이 준비한 계획 또는 설계로 정의된다. 한편, 감사 프로그램은 감사인이 의견을 표명할 수 있도록 충분한 사실과 증거를 수집하기 위해 조직의 최종 계정에 실행될 검증 단계 목록으로 구성된 철저한 계획을 말한다.
- 감사 계획은 감사의 최우선 원칙일 뿐이다. 반대로 감사 프로그램은 일련의 검사 및 검증 단계이다.
- 감사 계획은 감사원이 먼저 설계한 후 다양한 단계로

구성된 종합 감사 프로그램이 작성된다.

198

감사 프로그램은 감사 계획의 청사진으로 감사 수행 방법, 수행 대상자 및 수행 방법을 지정한다. 이것은 감사의 적절한 실행을 위해 직원이 추구하는 일련의 지침이다. 감사 계획이 공식화되면 다양한 단계로 구성된 감사 프로그램이 개발된다. 특정 조건에서 감사의 목적을 달성하기위한 적절한 방법을 선택하는 지침과 함께 감사 절차를 구현하기 위한 포괄적인 계획이다. 이는 주로 엔티티의 크기와 비슷한 다른 요소를 기반으로 한다. 감사 프로그램은 얼마나 많은 증거 또는 사실을 획득하고 분석할지를 결정한다. 감사 프로그램은 우세한 조건에 따라 수정될 만큼 유연해야 한다. 감사 프로그램을 개발하는 주요 목적은 다음과 같다.

- 감사 절차 및 연속적인 단계의 공식적인 문서이다.
- 비슷한 감사를 수행할 필요가 있는 내부 또는 외부감사 및 보증 전문가들이 사용할 수 있도록 반복 가능하고 손쉬운 절차를 만든다.
- 사용할 테스팅의 유형을 문서화한다.
- 감사 프로세스의 계획 단계에 관련된 일반적으로 수용 가능한 감사 기준을 충족시킨다.

199

내부회계관리제도 감사와 재무제표 감사의 목적이 동일하지 않더라도, 감사인은 각각의 감사 목적을 동시에 달성할 수 있도록 통합 감사를 계획하고 수행해야 한다. 통합 감사는 운영, 프로세스 또는 기업을 아우르는 핵심 내부 통제를 평가하는 것과 결합되어 위험에 중점을 두고 적절한 감사 원칙을 수행하는 것으로 정의할 수 있다. 하지만, 통합 감사는 감사인이 중요한 취약점보다 덜 심각한 모든 미비점을 식별하였다는 합리적인 확신을 감사인에게 제공하지 않는다. 따라서 감사인은 통합 감사 중에 식별된, 중요한 취약점보다 덜 심각한 미비점이 없다고 명시하는 보고서를 발행해서는

안 된다. 또한, 감사인은 기업의 내부회계관리제도의 효과성에 대해 의견을 표명하는 보고서를 발행하기 때문에, 감사인이 통합 감사 중 중요한 취약점이 식별되지 않았음을 나타내는 보고서를 발행해서는 안 된다. 통합 감사 프로세스는 다음과 같은 일을 수행한다.

- 감사 영역에 대한 조직이 당면한 리스크를 식별
- 관련된 핵심 통제에 대한 파악
- 핵심 통제의 설계를 검토 및 이해
- IT 시스템이 핵심 통제를 지원하는지를 통제
- 관리 통제가 효과적으로 수행되고 있는지를 테스트
- 통제 위험, 설계 및 취약점에 대한 결합된 보고서 또는 의견

통합 감사 개념은 여러 이해관계자들이 수용하고 가치를 얻어 급진적으로 변화를 수행하고 있다.

- 직원이나 프로세스 소유자들은 통제와 감사 절차의 연계성을 알 수 있으므로 감사 목적을 보다 잘 이해할 수 있다.
- 최고경영자는 IT 자원의 배분과 효용성에 있어서 향상된 통제의 효과성에 상응하는 개선점 간의 연계성을 잘 이해한다.
- 주주는 기업 거버넌스를 확대 추진하는 정도와 필요로 하는 재무제표 간의 연계성을 보다 잘 이해할 수 있다.

200
정답: 4번

소프트웨어 라이선스 위반을 탐지할 수 있도록 정보 시스템 감사인은 다음과 같은 작업을 수행해야 한다.

- 실제로 설치된 소프트웨어와 라이선스 계약을 비교한다.
- 필요한 경우 CPU 및 코어를 포함하는 서버 사양 목록을 검토한다.
- 설치된 소프트웨어의 목록을 생성하기 위해 전체 네트워크를 스캔한다.
- 사용되고 있는 것과 라이선스를 받은 모든 표준 애플리케이션 프로그램과 시스템 소프트웨어의 목록을 검토한다.

- 라이선스 계약의 종류를 파악할 수 있도록 모든 소프트웨어 계약서를 제출받는다.

소프트웨어 라이선스는 기본적으로 계약 준수이며 조직이 재정에 대한 고려 여부와 관련 없이 소프트웨어 출판자의 약관을 준수할 것에 동의한 것이다. 따라서 정보 시스템 감사인은 준수 여부 확인을 위해 법률 전문가의 의견을 요청할 수도 있다.

201
정답: 3번

접근 통제 소프트웨어의 목적은 데이터에 대한 승인받지 않은 접근, 시스템 기능 및 프로그램에 대한 승인받지 않은 사용, 데이터에 대한 승인받지 않은 갱신/변경, 또는 컴퓨터 자원에 접근하려는 승인받지 않은 시도를 탐지 또는 예방하는 것이다. 많은 유형의 접근 통제 소프트웨어 및 기술이 있으며 접근 통제를 유지하기 위해 여러 구성요소가 함께 사용되는 경우가 많다. 소프트웨어 도구는 온프레미스, 클라우드 또는 이 둘의 하이브리드에 있을 수 있다. 주로 회사의 내부 접근 관리에 초점을 맞추거나 외부적으로 고객에 대한 접근 관리에 초점을 맞출 수 있다. 접근 관리 소프트웨어 도구 유형에는 다음이 포함된다.

- 보고 및 모니터링 애플리케이션
- 비밀번호 관리 도구
- 프로비저닝 도구
- ID 저장소
- 보안 정책 시행 도구

마이크로소프트 Active Directory(AD)는 위에 나열된 대부분의 도구를 단일 제품에 포함하는 소프트웨어의 한 예이다. IAM(Identity and Access Management)을 위한 인기 있는 제품을 제공하는 다른 공급업체에는 IBM, Idaptive 및 Okta가 있다.

202
정답: 4번

시스템과 데이터의 무결성을 유지하기 위해서는 운영 환경과 부여된 권한을 정확하고 일관성 있게 정의

하고 통제하고 모니터링 하는 것이 필요하다. 정보 시스템 관리자는 특권이 부여되지 않은 사용자들이 특권 명령의 실행 능력을 취득하여, 컴퓨터 전체를 장악하는 일이 없도록 적절한 승인 기법을 구현할 책임이 있다.

소프트웨어 무결성 이슈는 또한 OWASP Top 10 2021의 A08: Software and Data Integrity Failures 새로 신설된 항목으로 애플리케이션이 신뢰할 수 없는 소스, 저장소 및 CDN, 플러그인, 라이브러리, 모듈에 의존하는 경우에 발생한다. 안전하지 않은 CI/CD 파이프라인은 개발 및 배포 과정에서 애플리케이션이 변조되면 무결성이 훼손될 가능성이 있으므로, 애플리케이션이 사용하는 코드에 대한 무결성 검증 절차를 추가해야 하며 감사자는 이 부분에 대해서도 반드시 숙지해야 한다.

203
정답: 3번

파라미터는 '소프트웨어나 시스템상의 작동에 영향을 미치며, 외부로부터 투입되는 데이터'라는 의미로 통용되고 있다. 파라미터를 활용하여 소프트웨어나 시스템을 작동시키기 때문에 다양한 활용도를 지니고 있다. 다양한 소프트웨어 제품들은 시스템의 성능을 적절하게 조정하거나, 시스템 활동 기록 등의 기능을 활성화시킬 수 있도록 파라미터와 선택사항들을 제공한다. 파라미터는 표준화된 소프트웨어를 다양한 환경에 적응시키므로 시스템의 동작 방식을 결정하는 데 중요한 역할을 수행한다. 일반적인 소프트웨어 통제 파라미터는 다음과 같은 작업을 처리한다.

- 데이터 관리
- 자원 관리
- 작업 관리
- 우선순위 설정

파라미터의 선택은 조직의 작업 부하와 통제 환경의 구조에 적합하여야 한다. 통제가 이루어지는 방법을 알 수 있는 가장 효과적인 방법은 소프트웨어의 통제 기능 및 파라미터를 검토하는 것이다. 모니터링이 부족

하면, 승인받지 않은 접근과 부정확한 시스템 사용 기록을 발생시키는 것은 물론 탐지되지 않은 오류 및 처리 중인 데이터의 오류를 발생시킬 수 있다.

204
정답: 3번

최종 사용자 컴퓨팅(EUC)은 프로그래머가 아닌 사용자가 작동하는 응용 프로그램을 만들 수 있는 시스템을 의미한다. EUC는 최종 사용자를 컴퓨팅 환경에 더 잘 통합하는 것을 목표로 하는 컴퓨팅 접근 방식 그룹이다. 이러한 접근 방식은 고급 컴퓨팅이 신뢰할 수 있는 방식으로 문제 해결을 수행할 수 있는 가능성을 실현하려고 시도한다. 최종 사용자 컴퓨팅은 사용자가 단순히 일련의 버튼을 클릭하는 것부터 제어된 스크립팅 언어로 스크립트를 작성하는 시민 개발자, 코드를 직접 수정하고 실행할 수 있는 것까지 복잡성이 다양할 수 있다. 최종 사용자 컴퓨팅의 IT 부서의 부족으로 인해 보안 위험을 야기할 수 있으며 다음과 같다.

(1) 권한: 시스템에 승인된 접근에 안전한 매니즘이 부재될 수 있다.

(2) 인증: 시스템에 인증된 사용에 대한 안전한 매카니즘이 부재할 수 있다.

(3) 감사 로깅: 표준화된 EUC 솔루션들이 유용하지 않을 수 있다.

(4) 암호화: 애플리케이션이 암호화되지 않거나 또는 보호되지 않은 민감한 데이터를 포함할 수 있다.

205
정답: 2번

IT 서비스 관리는 사용자와 경영진에게 기대한 수준의 서비스가 제공될 것이라는 것을 보증하는데 중요하다. 서비스 수준에 대한 기대치는 조직의 비즈니스 목적으로부터 도출된다. 또한, IT 서비스는 서비스 관리 프레임워크에 기반한다. IT 서비스 제공에는 첫째, 정보 시스템 운영, 둘째, IT 서비스 및 정보 시스템 관리, 셋째, 이것을 지원하는 책임을 맡은 그룹에 대한 관리가 포함된다.

206

프로젝트 종료와는 달리 적용 후 검토는 솔루션의 장점과 주요 실패 내용이 현실화된 시점인 프로젝트 완료 후 몇 주 뒤나 몇달 뒤에 수행하여야 한다. 검토는 장점을 확인하는 절차이며 프로젝트 성공 수준과 영업에 미치는 효과 분석 내용을 포함한다. 적용 후 검토가 효과적이기 위해서는 검토할 정보를 프로젝트 타당성 검토와 설계 단계에서 식별하고 프로젝트 단계별로 자료를 수집해야 한다. 프로젝트 매니저는 소프트웨어 개발 프로세스의 효과와 소프트웨어 관련 추정의 정확성을 프로젝트 진행 도중 측정하는 체크 포인트를 수립해야 한다. 비즈니스적인 측정 요소는 사전에 수립하고 프로젝트 착수 이후와 프로젝트를 적용한 후 자료를 수집한다.

207

Computer Assisted Audit Techniques 또는 CAAT는 컴퓨터 소프트웨어 도구를 사용하여 비즈니스 데이터를 쿼리하여 감사를 향상시킬 보고서를 생성하는 감사 방법으로 정의할 수 있다. CAAT는 CAATT(Computer Assisted Audit Tools and Techniques) 또는 BEAST(Beneficial Electronic Audit Support Tools)라고도 한다. CAAT는 보다 전통적인 감사 방법을 보완하기 위해 수년 동안 사용되어 왔다. CAAT 도구에는 ACL(Audit Command Language), IDEA, Excel, Access, SQL Server가 포함된다. 컴퓨터 기반 감사 시스템의 특성은 감사인이 감사 절차를 지원하기 위해 감사 클라이언트 회사의 컴퓨터 또는 자신의 컴퓨터를 감사 도구로 사용할 수 있다는 것이다. 감사인이 특정 감사 업무에 대해 CAAT 사용과 수동 기술 사용 중에서 선택할 수 있는 범위는 다음 요소에 따라 다르다.

(1) 수동 테스트 수행의 실용성

(2) CAAT 사용의 비용 효율성

(3) 감사 시간의 가용성

(4) 감사 의뢰인의 컴퓨터 설비 가용성

(5) 지정된 CAAT 사용에 대한 감사 경험 및 전문성 수준

(6) 감사 클라이언트의 내부감사 기능이 수행하는 CAAT의 수준과 외부감사인이 이 작업에 의존할 수 있는 정도

CAAT를 사용하면 이전에 수행하는 데 많은 인력이 소요되었던 수동 감사 작업을 훨씬 짧은 시간에 수행할 수 있다. 오늘날의 현대 상업 세계에서 감사인은 많은 양의 회계 데이터에 직면하고 감사를 수행할 때 제한된 데이터 샘플로 작업해야 한다. CAAT를 사용하면 감사자가 전체 데이터 세트로 작업할 수 있으므로 그렇지 않으면 감지되지 않았을 수 있는 문제를 발견할 가능성이 커진다. 감사인은 세부적으로 제한되어 있고 완전히 정확하지 않은 보고서에 의존하는 경우가 많다. CAAT 및 ERP 시스템 소스 데이터를 사용하면 감사인이 자신의 요구 사항을 충족하고 회사 상태를 제대로 반영하는 보고서를 독립적으로 작성할 수 있게 된다. 데이터를 조사하면 보다 전통적인 감사 기술을 사용할 때 감지되지 않는 매우 미묘한 통제 또는 프로세스 약점이 종종 드러날 수도 있다.

208

여러 유형의 애플리케이션 통제가 존재한다. 통제의 종류는 다음과 같다.

- 입력 통제(Input Controls): 이 통제는 데이터가 직원에 의해 직접 입력되었는지, 비즈니스 파트너가 원격으로 입력했는지 또는 웹 지원 응용 프로그램이나 인터페이스를 통해 입력했는지 여부에 관계없이 주로 비즈니스 응용 프로그램에 입력된 데이터의 무결성을 확인하는 데 사용된다. 데이터 입력은 지정된 매개 변수 내에 있는지 확인하기 위해 사용된다.

- 처리 통제(Processing Controls): 이 통제는 처리가 완전하고 정확하며 승인되었는지 확인하는 자동화된 수단을 제공한다.

- 출력 통제(Output Controls): 이 통제는 데이터로 수행된 작업을 처리하고 출력을 입력과 비교하여 출력 결과를 의도한 결과와 비교해야 한다.

- 무결성 통제(Integrity Controls): 이러한 제어는 처리 중인 데이터와 저장 중인 데이터를 모니터링하여 일관

성과 정확성을 유지시킨다.

- 관리 추적(Management Trails): 종종 감사 추적이라고 하는 처리 이력 통제를 통해 관리는 소스에서 출력까지 트랜잭션을 추적하고 또는 역으로 추적하여 기록하는 트랜잭션 및 이벤트를 식별할 수 있다. 이러한 통제는 또한, 다른 통제의 효과를 모니터링하고 가능한 한 소스에 가까운 오류를 식별한다.

4)번의 시스템 개발 생명 주기 통제(System Development Life Cycle Controls)는 응용 애플리케이션 통제보다는 정보 기술 일반 통제(Information Technology General Controls ITCG)이다. ITGC는 조직 또는 시스템 환경에 있는 모든 시스템 구성요소, 프로세스 및 데이터에 적용된다. 이러한 통제의 목적은 응용 프로그램의 적절한 개발 및 구현은 물론 프로그램 및 데이터 파일과 컴퓨터 작업의 무결성을 보장하는 것이다.

209

정답: 4번

모든 데이터 입력이 올바르게 처리되고 데이터 파일이 적시에 정확하게 업데이트되도록 처리 통제가 존재한다. 지정된 응용 프로그램에 대한 처리 통제를 설계한 다음 실제 데이터로 '라이브' 실행하기 전에 테스트해야 한다. 처리 통제에는 다음과 같은 사항이 있다.

(1) 수작업으로 재계산: 예상대로 처리가 되었는지 점검하기 위해 거래 샘플을 추출해서 수작업으로 계산한다.

(2) 에디팅: 입력된 데이터가 정확하고 완전한지 테스트하는 프로그램 명령어나 서브루틴이다

(3) 단계별 합계: 단계별 비즈니스 프로그램 처리를 수행하여 데이터 값을 검증한다.

(4) 프로그램 통제: 데이터와 비즈니스 처리 과정에서 오류를 찾아서 수정 작업을 진행하는 프로그램이다.

(5) 산출 금액의 사유 검사: 산출 금액이 적절한지 점검하는 응용 프로그램을 말한다.

(6) 금액 한곗값 검사: 미리 정해 둔 한계값을 이용하여 입력 금액이나 산출 금액이 정확한지 검사하는 방법이다.

(6)-1 파일 합곗값 대사: 수작업으로 계산하는 계정이나 통제 파일 기록이나 통제 파일을 활용하여 대사 작업을 수행한다.

(6)-2 예외 보고서: 거래나 데이터에 착오가 발생하면 해당 프로그램이 예외 보고서를 출력한다.

이러한 제어는 처리가 완전하고 정확하며 승인되었는지 확인하는 자동화된 수단을 제공한다.

210

정답: 3번

배치 잔액대사(Batch-job Reconciliation, 일괄 처리)는 그룹 또는 일괄 처리에서 트랜잭션을 처리하는 것이다. 일괄 처리가 진행 중이면 사용자 상호 작용이 필요하지 않다. 이것은 일괄 처리를 한 번에 하나씩 트랜잭션을 처리하고 사용자 상호 작용이 필요한 트랜잭션 처리와는 구별된다. 일괄 처리는 언제든지 수행할 수 있지만 하루가 끝날 때 은행 보고서를 처리하거나 월별 또는 격주 급여를 생성하는 것과 같은 주기 종료 처리에 특히 적합하다. 즉, 일괄 처리는 여러 트랜잭션을 단일 그룹으로 자동화하고 처리하는 기술이며, 일괄 처리는 급여, 월말 조정 또는 밤새 거래 정산과 같은 작업을 처리하는 데 도움이 된다. 일괄 처리 시스템은 시간이 지남에 따라 비용과 노동력을 절약할 수 있지만 초기에 설계하고 구현하는 데 비용이 많이 들 수 있다. 일괄 처리 작업은 정기적으로 예약된 시간(예: 야간) 또는 필요에 따라 실행된다. 예를 들어, 소비자가 받는 유틸리티 및 기타 서비스에 대한 청구서는 일반적으로 매월 일괄 처리하여 생성된다. 일괄 처리는 한 번에 많은 양의 데이터를 처리하는 비용대비 효율적인 수단이기 때문에 유용하다. 한 가지 주의할 점은 처리를 위한 입력이 정확해야 하며 그렇지 않으면 전체 배치의 결과가 잘못되어 시간과 비용이 이전보다 낭비된다는 것이다.

(1) 배치 등록: 배치 합계 기록과 시스템이 작성한 합계를 비교할 수 있게 등록한다.

(2) 통제 계정: 통제계정은 초기화한 파일을 배치 합계용으로 사용한다. 데이터를 처리하여 마스터 파일을 만들고 마스터 파일과 초기화한 편집 파일의 합계를 대조하여 합계를 비교한다.

(3) 컴퓨터 일치: 배치 헤더 상세에 들어 있는 배치 합계와 자료를 처리하여 산출한 합계를 비교하여 해당 배치를 수락할지 거절할지를 결정하도록 한다.

211

비즈니스용 컴퓨터 응용 프로그램이 입력되거나 처리하거나 출력하는 데이터가 완전하고 정확하고 사전에 승인을 받도록 설계가 되어 있는지 통제 항목을 이해하고 확인해야 한다. 정보 시스템 감사인은 보고서와 로그 감사 추적 자료를 증거로 채택하는 방법인 통제 기술을 잘 알고 있어야 한다.

디지털 포렌식(Digital Forensic)이란 분쟁과 관련된 전자 기록들을 조사해 데이터의 위조 및 훼손 여부를 분석하고 정보를 수집하는 일련의 과학적인 조사 방법과 기술을 의미한다. 감사에서 디지털 포렌식은 감사에 필요한 입증 자료들을 찾아내거나, 회계 자료의 왜곡 가능성 등을 검증하는데 활용된다. 어딘가 존재하지만 쉽게 찾을 수 없는 감사에 필요한 중요 자료도 디지털 포렌식 기술을 활용하면 확보할 수 있다. 배임이나 횡령에 대한 의혹을 받고 있는 경영진에 대해서 포렌식 조사를 통해 혐의를 입증하거나, 반대로 의혹을 불식시킬 수 있는 정황 및 물적 증거를 찾을 수도 있다. 감사 과정에서 쟁점이 되는 정보들을 추가로 제출해 '자료 부족'으로 인한 감사 의견 거절 문제를 일부 해소할 수도 있다. 감사 과정에서 포렌식을 활용해 회계 데이터의 변경에 대해 추적하고 분석하는 것이 가능하다. 포렌식 과정에서 방대한 양의 데이터를 추출 및 분석해 필요한 자료를 확보하고, 때로는 부정의 흔적을 찾기 위해서는 많은 전문 인력들이 필요하고 또 많은 시간이 소요된다.

감사인의 관점에서 포렌식 기술 및 프로세스를 잘 알고 있는 것은 좋지만 모든 감사인이 반드시 필수적으로 알아야 할 통제 기술하고는 거리가 멀다.

212

- 예방 통제(Preventative controls): 원하지 않거나 승인되지 않은 활동이 발생하지 않도록 방지하도록 설계된 모든 보안 조치를 의미한다. 예를 들면 울타리, 자물쇠 및 경보 시스템과 같은 물리 통제; 바이러스 백신 소프트웨어, 방화벽 및 IPS와 같은 기술 통제; 업무 분리, 데이터 분류 및 예방 감사 같은 관리 통제 등이다.

- 탐지 통제(Detective controls): 진행 중인 또는 발생한 후에 원치 않거나 승인되지 않은 활동을 감지하고 경고하기 위해 취한 보안 조치 또는 구현된 솔루션을 의미한다. 물리적 통제의 예에는 경비원, 경찰 또는 시스템 관리자에게 경고하는 물리 센서(도어 알람, 화재경보기)의 알람 또는 알림이 포함된다. 허니팟과 IDS는 기술적 탐지 통제의 예다.

- 교정 통제(Corrective controls): 무단 또는 원치 않는 활동에 따라 손상을 복구하거나 리소스 및 기능을 이전 상태로 복원하기 위해 취한 조치가 포함된다. 기술적 교정 통제의 예에는 시스템 패치, 바이러스 격리, 프로세스 종료 또는 시스템 재부팅이 포함된다. 사고 대응 계획을 실행에 옮기는 것은 관리적 교정 통제의 한 예이다.

2)번은 통제 분류상 예방 통제이지만, 나머지는 전부 교정 통제이다. 특히 BCP, DRP, 백업 절차는 예방적 성격(위험회피)을 가지고는 있으나 교정 통제로 시험에 주기적으로 출제되므로 반드시 숙지해야 한다.

213

적발 통제(Detective Control)는 트랜잭션이 발생한 후 오류 또는 문제를 찾기 위해 설계되었다. 적발 통제는 예방적 통제가 의도한 대로 작동하고 있다는 증거를 제공할 뿐만 아니라 부정을 탐지할 사후 기회를 제공하기 때문에 필수적이다. 적발 통제의 예는 다음과 같다.

- 부서별 거래의 월별 조정
- 조직 성과 검토(예: 예상치 못한 차이를 찾기 위한 예산과 실제 비교)
- 실제 재고(예: 현금 또는 재고 수) 조사

1)번의 프로그램된 편집 점검은 예방 통제의 한 예이다. 편집 점검(Edit Check)이라는 말에 현혹되어 적발 통제로 생각하는 실수를 저지르지 않도록 한다.

214

사용자 승인 테스트(UAT)는 최종 사용자가 소프트웨어 애플리케이션을 제조 환경으로 이동하기 전에 소프트웨어 시스템을 확인하기 위해 수행하는 테스트이다. UAT는 테스트 개체의 필요한 기능이 실제 상황과 활용에 적합한 방식으로 작동하고 있음을 입증하는 데 도움이 된다. 최종 사용자의 요구 사항과 아이디어가 소프트웨어 작동과 동기화되는 것이 중요하다. 테스트 중에 예상한 결과가 달성되지 않으면 항목이 기록되고 추가 수정을 위해 설계자와 개발자에게 다시 보내어진다. 이 프로세스를 통해 완제품에 결함이 없고 사용자가 원하는 상태인지 최종 확인한다.

UAT는 모든 온라인 프로그램을 성공적으로 실행하고 원활하게 작동하는 데 필수적이다. 이 테스트는 기능 및 시스템 테스트와 같은 다른 테스트가 이미 수행된 경우에만 최종적으로 수행된다. 즉, 제품이 시장에 출시되기 전에 테스트 프로세스의 마지막 단계를 구성한다.

UAT의 주요 이점은 비즈니스 요구 사항이 명시된 대로 충족되는지 확인하는 것이다. UAT는 장치의 통합 테스트 중에 제한 사항을 인식하는 데 도움이 된다. 이는 또한, 생산 후 결함 발견의 위협을 줄이는 데 도움이 된다. UAT의 목적은 다음과 같다.

- 확신(Confidence): 시스템이나 시스템의 일부 또는 특정한 비기능적인 특성에 대해서 확신을 얻는 것
- 배포 가능성 평가: 결함(Defect)을 찾는 것이 아니라 시스템을 배포하거나 사용할 준비가 되었는지 평가
- 준수성 확인: 계약 또는 규정에 맞는지 준수성을 확인
- 피드백(Feedback): COTS(Commercial Off-the-Shelf, 상용 SW)는 기존 고객이나 잠재적인 고객으로부터 피드백을 받기 위해 실시

215

침투 테스트는 모든 산업 또는 조직에 적용할 수 있으므로 다른 사이버 보안 평가 방법과 다르다. 조직의 인프라와 운영에 따라 특정 해킹 기술이나 도구를 사용하려고 할 수도 있다. 이러한 기술과 방법론은 IT 직원과 회사 표준에 따라 각각 다를 수 있다.

다음과 같은 적응 가능한 6단계 프로세스를 사용하여 침투 테스트는 조직에서 보안 프로토콜을 사전에 업데이트하는 데 도움이 될 수 있는 일련의 결과를 생성한다.

(1) 준비(Preparation): 조직의 필요에 따라 이 단계는 간단하거나 복잡한 절차가 될 수 있다. 조직에서 평가할 취약성을 결정하지 않은 경우 시스템을 조합하여 가능한 진입점을 찾는 데 상당한 시간과 자원을 투자해야 한다. 이와 같은 심층 프로세스는 일반적으로 시스템에 대한 완전한 감사를 아직 수행하지 않은 기업에만 필요하다. 그러나 취약성 평가가 수행되면 이 단계가 훨씬 쉬워진다.

(2) 공격 계획 설정(Construct an attack plan): 윤리적인 공격자를 고용하기 전에 IT 부서는 팀이 침투 테스트를 수행하는 데 사용해야 하는 사이버 공격 또는 사이버 공격 목록을 설계한다. 이 단계에서 침투 테스터의 시스템 액세스 수준을 정의하는 것도 중요하다.

(3) 팀 구성(Select a team): 침투 테스트의 성공 여부는 테스터의 자질에 달렸다. 이 단계는 테스트를 수행하는 데 가장 적합한 윤리적 해커를 지정하는 데 사용되며, 이러한 결정은 직원의 전문성에 따라 내릴 수 있다. 회사가 클라우드 보안을 테스트하려면 클라우드 전문가가 사이버 보안을 적절하게 평가할 수 있는 가장 좋은 사람일 수 있다. 회사는 또한, 침투 테스트를 수행하기 위해 전문 컨설턴트와 인증된 사이버 보안 전문가를 고용하기도 한다.

(4) 도난 수행할 데이터 유형을 확인(Determine the stolen data type): 윤리적 해커팀이 훔치는 것은 무엇인지 정의하는 단계로 선택된 데이터 유형에 따라 이를 획득하는 데 사용되는 도구, 전략 및 기술에 중대한 영향을 미칠 수 있다.

(5) 테스트를 수행(Perform the test): Kali Linux, Nmap, Metasploit 및 Wireshark를 포함하여 테스터가 사용할 수 있는 자동화된 소프트웨어 프로그램 및 기술이 많기 때문에 이것은 테스트 프로세스에서 가장 복잡하고 미묘한 부분 중 하나이다.

(6) 보고서 결과를 통합(Integrate the report results): 결과 보고는 프로세스의 가장 중요한 단계이다. 조직이 결과를 통합할 수 있도록 결과가 상세해야 한다.

216

요구 사항(Requirement)이란 시스템 개발 분야에서 어떤 과제를 수행하기 위하여 필요한 조건이나 능력을 말한다. 시스템 개발 및 운영 시 발주자가 특정 과제를 수행하는 데 필요한 조건과 능력을 체계적으로 정리하여 요구 사항 번호를 붙여서 제안 요청서를 작성하고, 제안자가 해당 요구 사항에 맞춰 제안서를 작성한다. 요구 사항은 소프트웨어가 어떤 문제를 해결하기 위해 제공하는 서비스에 대한 설명과 정상적으로 운영되는 데 필요한 제약 조건 등을 나타낸다.

(1) 요구 사항은 소프트웨어 개발이나 유지 보수 과정에서 필요한 기준과 근거를 제공한다.

(2) 요구 사항은 개발하려는 소프트웨어의 전반적인 내용을 확인할 수 있게 하므로 개발에 참여하는 이해관계자들 간의 의사소통을 원활하게 하는 데 도움을 준다.

(4) 요구 사항이 제대로 정의되어야만 이를 토대로 이후 과정의 목표와 계획을 수립할 수 있다.

요구 사항에는 다음과 같은 사항을 기술해야 한다.

(1) 시스템이 수행하는 비즈니스

(2) 사용자가 시스템을 사용하는 방법

(3) 시스템이 가동하기 위한 조건

(4) 시스템이 충족해야 할 정보 기준

3)번에서 서술한 제약 사항(시스템 설계, 구축, 운영과 관련하여 사전에 파악된 기술, 표준, 업무법, 제도 등의 제약 조건)은 비기능 요구 사항(Non-functional requirements)이다.

217

ITIL v3 서비스 전환 간행물은 변경 자문 위원회(CAB)를 '평가, 우선순위 지정, 승인 및 변경 일정을 지원하는 사람들의 그룹'이라고 정의했다.

CAB는 변경 사항을 승인할 것으로 예상되지 않지만, 변경 사항을 승인해야 하는지 조언하는 데 있어 CAB의 역할은 중추적이다. 따라서 CAB의 구성원은 비즈니스와 기술 모두에 경험이 있어야 하며, 만약 기술 변경이 제대로 관리되지 않을 경우 발생할 수 있는

중대한 문제를 지적할 수 있어야 한다. CAB는 고유한 위험을 최소화할 필요성과 변경 필요성 간의 균형을 유지하도록 설계된 변경 관리 프로세스의 필수적인 부분이다. 예를 들어, CAB는 프로덕션 환경의 모든 변경 사항에 대한 감독을 담당한다. CAB는 적절한 의사결정을 보장하는 데 필요한 여러 관점을 제공한다. CAB는 요청된 변경 사항을 검토하고 우선순위를 지정하고 변경 프로세스를 모니터링하며 관리 피드백을 제공하는 임무를 맡고 있다.

(1) 예정된 변경 사항을 검토: 아키텍처, 우선순위, 위험, 영향, 충돌, 긴급 변경 및 일정을 고려한다.

(2) 과거 변경 사항을 검토: 성공, 실패, 그에 따른 사고, 수정된 문제, 무단 변경 등을 고려한다.

(3) 변경 프로세스를 검토: 종속성, 비즈니스 요구 사항, 규정 준수 요구 사항, 개선 사항 등을 고려한다.

업무 영향도가 매우 크거나 긴급 장애가 발생했을 때, 변경자문위원회를 소집할 시간이 없을 수 있으므로 긴급한 결정을 내릴 권한이 있는 소규모 조직을 구성하는 것이 필요하다. 이를 긴급 변경자문위원회(ECAB, CAB/EC)라 한다. 가능하면, 적절한 기준에 근거하여 각각의 장애에 대해 변경자문위원회와 긴급 변경자문위원회를 어떻게 구성할지를 사전에 명시하는 것이 바람직하다.

218

'사업 타당성 분석'이란 어떤 신규 사업이나 프로젝트가 할 만한 가치가 있는지 또는 성공 가능한지에 대한 의사결정을 위하여 사업 전략의 실행 가능성, 기술성, 시장성, 경제성, 위험 정도 등을 총체적으로 분석하고 평가하는 일련의 과정이라 정의할 수 있다. 사업 타당성 분석의 구체적인 내용에는 사업 개발과 수행 전략, 프로젝트 구조, 사업 수행 능력, 시장성(수급, 상업성, 성장성, 경쟁 정도와 시장 진입 난이도 등), 기술적 타당성, 법률적 타당성, 국가 경제·사회·환경에 대한 영향, 자금 조달 가능성과 수지분석, 국가 위험, 프로젝트 건설과 운영에서 발생하는 위험의 분석과 대응 방법 등이 포

함된다.

(1) 프로젝트 범위: 다루고자 하는 비즈니스 상의 문제점이나 기회로 분명하고 간명하게 파악해야 한다.

(2) 현황 분석: 시스템이나 소프트웨어 제품에 대한 현황을 정의한다. 현재 사용하고 있는 시스템이나 소프트웨어 제품의 장점과 단점을 상세하게 정의하도록 한다.

(3) 요구 사항: 시스템 관련 부서의 요구 사항과 제약 조건을 감안하여 프로젝트 요구 사항을 정의해야 한다.

(4) 접근 방법: 추천하는 시스템과 소프트웨어 솔루션의 요구 사항을 충족하기 위해 수행하는 행동의 방향을 정의한다. 이 단계에서 기존의 방식대로 구축할 것인지 아니면 상용 대안으로 구매할 것인지 결정한다.

(5) 평가: 타당성 연구 단계에서 선정한 요소에 대한 프로젝트의 비용 대비 효과 분석을 실시한다. 최종 보고서에는 선택한 방안의 비용 대비 효과 분석의 내용을 담고 있어야 한다.

(6) 검토: 타당성 연구가 완전하고 정확한지 확인하기 위하여 타당성 연구 단계에서 완성한 요소를 공식 검토한 다음 프로젝트를 진행할지 중단할지 결정하거나 최종 결정을 위해 수정을 요청한다.

219

정답: 2번

변경 통제 위원회(Change Control Board, CCB)는 작업과 관련하여 언제 특정 변경이 이루어져야 하는지에 대한 최종 결정을 내릴 책임이 있는 프로젝트 팀 또는 프로젝트 그룹 내의 모든 개인 그룹을 나타낸다. 변경 통제 위원회가 일련의 변경이 필요한 시기와 여부를 결정하는 프로세스는 두 가지이다.

먼저 변경 통제 위원회는 제안된 변경 사항이 문제의 항목에 미치는 영향을 검토하고 연구해야 하며, 그런 다음 해당 평가를 수행한 후 변경 통제 위원회는 변경 사항을 승인하거나, 변경 사항을 거부하거나, 일부에 따라서는, 추가 정보를 요청하거나 궁극적인 선택에 영향을 미칠 다른 상황이 발생할 때까지 결정을 연기한다.

실제로 기준선에 영향을 미치는 중요한 변경 사항은 거의 항상 승인을 위해 CCB를 통과해야 한다. 변경

통제 위원회는 고객과 합의한 원래 기준 요구 사항에서 제안된 변경 사항을 검토해야 하며 위원회에서 변경 사항에 동의하면 변경 사항이 프로젝트 팀과 고객에게 전달되고 요구 사항은 변경 사항의 기준이 된다. 변경 제어 위원회의 권한은 프로젝트마다 다를 수 있지만(예: 합의 기반 의사결정 참조) 변경 제어 위원회에서 도달한 결정은 종종 최종적이고 구속력 있는 것으로 받아들여지고 있다. 이 용어는 PMBOK 3판과 4판에서 정의되었다.

220

정답: 3번

WBS(Work Breakdown Structure)는 시각적이고 계층적이며 결과물 지향적인 프로젝트의 도구이다. 프로젝트 관리자가 프로젝트 범위를 세분화하고 프로젝트를 완료하는 데 필요한 모든 작업을 시각화할 수 있기 때문에 프로젝트 관리자에게 유용한 다이어그램이다. 프로젝트 작업의 모든 단계는 작업 분석 구조 차트에 요약되어 있어 필수적인 프로젝트 계획 도구가 된다. 최종 프로젝트 인도물 및 이와 관련된 작업 및 작업 패키지는 WBS 다이어그램의 맨 위에 있으며 아래의 WBS 수준은 프로젝트 범위를 세분화하여 프로젝트를 완료하는 데 필요한 작업, 인도물 및 작업 패키지를 나타낸다. 프로젝트 관리자는 프로젝트 관리 소프트웨어를 사용하여 작업 분류 구조를 배치하고 실행한다. WBS 수준 및 작업 계층을 통합하는 간트 차트와 함께 사용하면 프로젝트 관리 소프트웨어는 프로젝트 계획, 일정 수립 및 실행에 특히 효과적일 수 있다. 업무 분류 체계는 계층 구조를 시각적으로 구성한 축소된 버전의 프로젝트 계획이다. 업무 분류 체계는 목표, 결과물, 타임라인, 주요 이해관계자를 비롯하여 성공적인 프로젝트 헌장에 포함되는 모든 요소를 갖추고 있어야 한다.

업무 분류 체계를 구성하는 요소는 다음과 같다.

- 업무 분류 체계 사전
- 작업 설명
- 작업 소유자
- 작업 예산
- 완료일
- 작업 상태

221

감사 문서는 법과 규칙, 계약 협정 사항과 직업적 기준에서 요구하는 감사 정보를 포함해야 한다. 감사 문서는 최소한 다음 사항에 대한 기록을 포함해야 한다.

(1) 감사 범위와 목적의 계획과 준비

(2) 감사 분야의 범위에 대한 설명 및 워크스루

(3) 감사 프로그램

(4) 수행된 감사 단계와 수집된 감사 증거

(5) 다른 감사인과 전문가의 서비스 이용

(6) 감사 발견 사항, 결론 및 권고 사항

(7) 문서 식별과 날짜에 관련한 감사 기록 문서

권고되는 기록물은 다음과 같다.

(1) 감사 작업의 결과로 발행된 보고서의 복사본

(2) 감사 감독상의 검토 증거

감사 기록 문서는 도달한 결론을 지지하는 증거가 필요하고 간결, 완전, 쉬운 검색과 충분히 포괄적이여야 한다. 감사 기록 문서는 일반적으로 피감사인의 자산으로 특별하거나 일반적인 허락을 받은 승인된 사람만 접근 가능하여야 한다. 외부 기관이 감사 기록 조서에 접근하려고 할 때 IS 감사와 보증 전문가는 고위 경영진과 법률 고문으로부터 사전에 적절한 승인을 획득해야 한다.

222

COBIT 2019에는 5개 대신 6개의 관리 원칙이 있다. 거버넌스 및 관리 목표를 지원하는 프로세스의 수는 용어의 일부 변경과 함께 37개에서 40개로 증가했다. 거버넌스 원칙이 추가되고 성능 관리가 ISO/IEC 33000 대신 CMMI 성능 관리 체계를 기반으로 한다. 마지막으로 엔터프라이즈 거버넌스 시스템의 설계에 영향을 미치는 11가지 설계 요소가 도입되고 Enabler가 제거되었다. 기업 거버넌스 시스템은 ISACA의 툴킷(Toolkit)을 사용하여 해당 필드에 적절한 값을 삽입하여 설계할 수 있다. COBIT 2019에는 I&T의 신기술과 비즈니스 트렌드가 포함된다. 조직 고유의 다른 국제표준, 지침, 규정 및 모범 사례와 통합하고 효과적인 EGIT 프레임워크를 제공할 수 있다. 다음은 COBIT 5와 COBIT 2019의 차이점을 한눈에 보기 편하게 정리한 표이다.

COBIT 5	COBIT 2019
Five governance principles	Six governance principles
37 processes	40 processes
"Manage" terminology is used for management processes "Ensure" terminology is used for governance processes	"Managed" terminology is used for management processes "Ensured" terminology is used for governance processes
Governance framework principles are absent	Governance framework principles area added
Measuring performance uses 0-5 scale based on ISO/IEC 33000	CMMI performance management scheme used
Enablers are included	Enablers are renamed as components
Design factors are not available	Design factors are included

223

COBIT 2019의 성과 관리는 CMMI Performance Management Scheme을 기반으로 하며, 역량과 성숙도는 0에서 5 사이로 측정되며, COBIT 5에서 사용되는 척도는 ISO(International Organization for Standardization)/International Electrotechnical Commission(International Electrotechnical Commission)을 기반으로 한다. COBIT 2019에서 도입된 디자인 요소는 엔터프라이즈 거버넌스 시스템의 디자인에 영향을 미치는 요소이다.

(1) Enterprise Strategy

(2) Enterprise Goals

(3) Risk Profile

(4) I&T Related Issues

(5) Threat Landscape

(6) Compliance Requirements

(7) Role of IT

(8) Sourcing Model of IT

(9) IT Implementation Methods

(10) Technology Adoption

(11) Enterprise Size

224

정답: 2번

통제는 '비즈니스 목표가 달성되고 원치 않는 사건이 방지되거나 탐지 및 수정될 것이라는 합리적인 확신을 제공하도록 설계된 정책, 절차, 관행 및 조직 구조'로 정의된다. 조직에서 정보 시스템 통제(IS Control)의 기본 목적은 다음을 보장하는 것이다. 비즈니스 목표가 달성되고 원하지 않는 위험 이벤트가 방지되거나 감지되고 수정된다. 이는 비즈니스 목표가 달성될 것이라는 합리적인 보증을 제공하는 정책, 절차, 관행 및 조직 구조로 구성된 효과적인 정보 제어 프레임워크를 설계함으로써 달성된다. IS 통제 목적은 각 IT 프로세스 영역의 효과적인 통제를 위해 관리자가 고려해야 할 상위 수준 요건에 대한 완전한 집합을 제공한다. ISACA 협회에서 가이드하는 목적은 다음과 같다.

(1) 정보 시스템 프로세스에 통제 활동을 구현함으로써 얻기를 바라는 진술문 혹은 달성해야 할 목적

(2) 정책, 절차, 프랙티스, 조직구조의 구성

(3) 비즈니스 목적이 성취되고 원하지 않은 사건을 예방, 탐지, 교정하게 될 합리적인 보증을 제고하는 설계

일반적인 정보 시스템 통제 목표에는 부가적으로 다음이 포함된다.

(1) 정보 시스템 자산 보호

(2) 기업 정책, 규제 및 법적 요구 사항 준수

(3) 시스템 신뢰성 보장

(4) 데이터 무결성 유지

(5) 시스템 보안 보장

(6) 시스템 가용성 보장

(7) 시스템 제어 가능성 유지

(8) 시스템 유지 관리성 보장

(9) 시스템 사용성 보장

(10) 시스템 효율성 보장

(11) 시스템 경제성 및 효율성 유지

(12) 시스템 품질 유지

225

정답: 1번

바젤은행감독위원회(Basel Committee on Banking Supervision, BCBS)는 국제결제은행 산하 위원회로 감독 당국 간 현안을 협의하고 국제적인 감독 기준을 제정하는 곳이다. BIS 자기자본비율 등 은행 감독과 관련한 국제표준 제정, 각국 감독 당국 간 협력 및 정보 교환 등의 기능을 수행하고 있다. BCBS의 기능은 다음과 같다.

(1) 은행의 자기자본비율 등 은행감독 관련 국제표준 제정

(2) 감독 업무의 질적 수준 향상 및 가이드라인 개발

(3) 각국 감독 제도의 잠재적 애로 요인에 대한 조기 경보 체제 개선

(4) 각국 감독 당국 간 협력 증진 및 정보 교환 촉진

(5) 내부 통제 시스템의 적정성 및 유효성에 대한 감사 및 평가

(6) 위험 관리 절차 및 리스크 평가 기법의 운용 및 그 유효성에 대한 검토

(7) MIS 및 재무 정보 시스템과 전자 정보 시스템, 전자금융 서비스에 대한 검토

(8) 회계기록 및 재무보고서의 정확성 및 신뢰성 검토

(9) 자산보전 방안에 대한 검토

(10) 리스크를 감안한 자기자본 평가 시스템의 적정성 검토

(11) 영업 활동의 경제성 및 효율성 평가

(12) 거래 내용 및 관련 내부 통제 절차의 작동 상태에 대한 감사

(13) 관련 법규 및 윤리 기준의 준수, 경영 방침 및 절차의 이행 시스템의 검토

(14) 감독 당국 앞 보고(Regulatory reporting)의 신뢰성과 적시성에 대한 감사

(15) 특별 조사(Special investigation) 업무

—— ⌂ 바젤위원회의 "은행의 내부감사기능 및 감독 당국과 감사인 간의 관계(Internal Audit in Banks and the Supervisor's Relationship with Auditors", 2001 8월)

226

리스크 스코어링 시스템 구축 시 고려하여야 할 일반적인 리스크 요인(Risk Factor)은 다음과 같다.

(1) 거래의 특성(거래 빈도, 거래 규모 및 유동성 등)

(2) 영업 환경의 특성(거래의 복잡성, 거래 규모의 변화, 업무 처리 및 보고 시스템의 중앙 집중화 정도, 경제 환경 및 규제 환경 등)

(3) 내부 통제, 보안 및 경영 정보 시스템

(4) 인적 자원(경영진 및 직원의 경력, 이직률, 자질, 권한의 위임 정도 등)

(5) 경영진의 감독 수준

227

내부 통제는 조직의 비즈니스 목적을 달성하는 데 잠재적으로 방해할 위험에 대한 노출을 줄이도록 조직 내의 모든 단계에서 운영한다. 조직 내에서 개개인이 이 프로세스에 참여하여야 하지만, 효과적이고 효율적인 내부 통제 시스템을 촉진할 수 있는 적절한 조직 문화를 구축하고, 내부 통제 시스템의 효과성을 지속적으로 모니터링할 책임이 이사회와 고위 경영진에 있다. 내부 통제 시스템 구축 및 운영의 기본적 책임은 이사회에 있으며 이사회는 내부 통제에 관한 기본 정책을 정하고 경영진은 이사회가 정한 내부 통제 기본 정책을 기준으로 세부적인 이행 방안을 마련하여 제도를 운영할 책임이 있다.

228

제8조의4(기피 신청 각하와 처리)

① 기피 신청을 접수한 감사부서의 장은 다음 각 호의 경우 해당 신청을 각하한다.

1. 기피 신청 대상 사건이 송치된 경우

2. 동일한 사건에 대하여 이미 기피 신청이 있었던 경우

3. 기피사유에 대한 소명이 없는 경우

4. 제8조의2제2항의 규정에 위배되어 기피 신청이 이루어진 경우

② 기피 신청 대상 경찰관이 소속된 수사부서의 장은 기피 신청 사실을 통보받은 후 지체없이 별지 제234호 서식의 의견서를 작성하여 소속 경찰관서 내 감사부서의 장에게 제출하여야 한다. 다만, 해당 기피 신청이 제1항에 따라 각하되는 경우에는 그러하지 아니하다.

③ 제2항의 경우 수사부서의 장이 기피 신청을 이유 있다고 인정하는 때에는 기피 신청 사실을 통보받은 날부터 3일 이내에 사건 담당 경찰관을 재지정하여 소속 경찰관서 내 감사부서의 장에게 해당 사실을 통보하여야 한다.

④ 제2항의 경우 수사부서의 장이 기피 신청을 이유 있다고 인정하지 않는 때에는 소속 경찰관서 내 감사부서의 장은 기피 신청 접수일부터 7일 이내에 공정수사위원회를 개최하여 기피 신청 수용 여부를 결정하여야 한다.

⑤ 공정수사위원회는 위원장 1인을 포함하여 5인의 위원으로 구성하되, 기피 신청 대상 경찰관이 소속된 경찰관서 내 감사부서의 장을 위원장으로, 수사부서 경찰관 2명과 수사부서 이외의 부서 경찰관 2명을 위원으로 구성한다.

⑥ 공정수사위원회는 재적위원 전원의 출석으로 개의하고 출석위원 과반수의 찬성으로 의결한다.

⑦ 제3항 또는 제4항의 경우 기피 신청 대상 경찰관이 소속된 경찰관서 내 감사부서의 장은 기피 신청자에게 별지 제235호 서식에 따라 결과를 통보하여야 한다.

⑧ 기피 신청 접수일부터 수용 여부 결정일까지 해당 사건의 수사는 중지된다. 다만, 수사기일 임박, 증거인멸 방지 등 수사의 필요성이 있어 수사부서장의 지휘가 있는 경우에는 그러하지 아니하다.

229

내부감사인은 자신의 작업이 특정 벤치마크를 충족하는지 확인하기 위해 내부감사 표준을 준수해야 한다. 이러한 표준은 감사인이 회사 내에서 어떻게 운영되어야 하는지 이해하는 데 도움이 된다. 감사 현장 또

는 내부감사 헌장은 내부감사 부서의 주요한 목적을 지정하는 공식 문서이다. 모든 회사는 내부감사 목적을 명확히 하기 위해 명확하게 정의되고 명확한 감사 헌장을 가지고 있어야 한다.

감사 헌장에는 여러 가지 요인을 정의하고 있으며 여기에는 내부감사인의 권한과 책임과 조직 내에서의 위치가 포함된다. 또한, 내부감사 기능이 제공하는 서비스의 특성을 설명한다. 감사 헌장에는 이러한 모든 것이 회사가 목표를 달성하는 데 어떻게 도움이 되는지 정의하는 것도 포함된다. 모든 회사에서 감사 위원회와 이사회는 정관을 승인할 책임이 있다. 또한, 다른 당사자가 회사 내에서 내부감사인의 역할을 이해하는 데 도움이 된다. 내부감사의 범위, 책임, 마감일 및 권리는 내부감사 헌장에서 비롯된다.

(1) 사명과 목적(Mission And Purpose): 내부감사 헌장은 내부감사 기능의 사명과 목적을 명확히 해야 한다. 언급한 바와 같이 기업이 이 헌장을 사용하는 주된 이유 중 하나이다. 이 영역은 내부감사 부서의 목적과 기능을 정의하는 데 도움이 될 수 있다.

(2) 내부감사 업무에 관한 국제기준 준수(Adherence to International Standard For Internal Auditing's Professional Practice): 감사 헌장은 IIA의 IPPF(International Professional Practice Framework)를 준수해야 한다. 따라서 내부감사 기능이 설계되어야 하고 감사 헌장에는 내부감사 기능이 IIA의 IPPF 프레임워크에 어떻게 부합하는지에 대한 세부 사항이 포함되어야 한다.

(3) 권한(Authority): 내부감사 헌장은 또한, 내부감사에게 부여된 권한을 명확히 해야 한다. 이를 정의함으로써 감사 헌장은 내부감사 활동의 범위에 대한 명확한 그림을 제공하는 데 도움이 될 수 있다. 또한, 내부감사 기능이 임무를 수행하는 데 필요한 권리가 있음을 확인한다.

(4) 독립성과 객관성(Independence And Objectivity): 내부감사인은 회사 경영진과 독립적이어야 한다. 따라서 이에 대한 진술도 포함해야 한다. 감사인이 회사의 경영진과 독립적이고 객관성을 확인할 수 있도록 해야 한다.

(5) 내부감사 활동의 범위(Scope Of Internal Audit Activities): 내부감사 헌장이 명확히 해야 하는 다른 주요 영역 중 하나는 내부감사 활동의 범위이다. 이 진술은 일반적으로 위험 관리, 내부 통제 시스템, 기업 지배 구조 등에서 감사인의 역할을 언급한다. 또한, 경영진에게 보고하는 감사인의 의무도 정의한다.

(6) 책임(Responsibility): 내부감사 헌장은 내부감사인의 책임도 정의해야 한다. 이러한 책임은 위에 정의된 범위 및 권한에 따른다. 마찬가지로, 책임에는 표준 기관의 요구 사항 또는 규정 준수 의무도 포함된다.

(7) 품질 보증 및 개선 프로그램(Quality Assurance And Improvement Program): 감사 헌장에는 품질 보증 및 개선과 관련된 지침도 포함되어야 한다. 이는 IIA 표준을 준수해야 한다. 또한, 감사인이 품질 보증을 확인하기 위해 보고해야 하는 요구 사항이 있는지 확인해야 한다.

230 정답: 1번

직무 기술서는 해당 직무의 목적과 업무의 범위, 주요 책임, 요구받는 역할, 직무 수행 요건 등 직위에 관한 정보를 제시한 문서를 의미한다.

(1) 명백한 업무 요구 사항에 대해서 기술한다. (신입사원의 용이한 모집이 가능함)

(2) 객관적인 승진 기준을 제공한다.

(3) 직원에 대한 조직의 기대치를 표현한다.

(4) 감사부서가 인원 계획에 관여 가능하다.

(5) 적정한 연봉 결정에 사용 가능하다.

(6) 능력을 갖춘 감사인의 선발이 가능하다.

구성요소	세부 내용
① 능력 단위 분류 번호	• 전체 직무 구조 관리를 위한 직무 고유의 코드 번호
② 능력 단위	• 수행하고자 하는 능력 단위의 명칭
③ 직무 목적	• 직무를 수행함으로써 이루고자 하는 직무의 목적
④ 개발 날짜	• 개발된 년, 월, 일
⑤ 개발 기관	• 직무 기술서를 개발한 기관
⑥ 직무 책임 및 역할	• 직무에 대한 책임 및 역할 영역 분류 및 상세 내용
⑦ 직무 수행 요건	• 직무를 수행하기 위하여 개인이 일반적으로 갖추어야 할 사항 – 학력, 자격증, 지식 및 스킬, 사전 직무 경험, 직무 숙련 기간 등

231

정답: 2번

내부감사와 외부감사의 감독 책임은 이사회에 있다. 최고 감사 책임자(Chief Audit Executive, CAE), 감사 이사, 내부감사 이사, 감사 총책임자 또는 감사관은 내부 감사에 대한 전반적인 책임을 지는 고위 독립 기업 임원이다. 상장 기업에는 일반적으로 내부감사 부서가 있으며, 이 부서는 최고 경영자(CEO)에게 행정적 보고와 함께 이사회의 감사 위원회에 기능적으로 보고하는 최고 감사 책임자(CAE)가 이끄는 부서이다. CAE는 위험과 통제, 회사 전략 및 규제 환경을 이해하기 때문에 CAE는 기존 내부감사 외에 추가적인 조직적 책임을 맡을 수 있다. CAE는 감사 영역의 적절한 배분을 통한 업무 중복을 최소화하기 위해 다른 내, 외부의 검증 및 컨설팅 서비스 제공자와 정보의 공유 및 업무 조정을 해야 한다.

(1) 내부감사인이 수행한 감사 업무가 외부감사 업무와 중복되지 않도록 해야 한다.
(2) 재무제표에 대한 정기 연차 감사와 관련해 외부감사인을 위한 업무를 수행하는 것에 동의할 수 있다.
(3) 내부감사와 외부감사의 업무 조정에 관해 정기적인 평가를 해야 한다.
(4) 내부, 외부감사인의 업무 조정에 관한 평가를 최고경영진과 이사회에 보고해야 한다.

232

정답: 2번

표본위험(허용) 증가 시 표본크기는 감소해야 한다. 허용오류의 크기 증가 시 표본크기는 감소해야 한다. 기대오류의 수준 증가 시 표본크기는 증가해야 한다.

233

정답: 4번

표준편차는 자료의 값이 평균으로부터 얼마나 떨어져 있는지, 즉 흩어져 있는지를 나타내는 값이다. 계층화된 표본은 주어진 모집단의 하위 그룹 (계층)이 연구조사의 전체 표본 집단 내에서 적절하게 표현되도록 보장하는 표본이다. 즉, 계층화된 표본을 사용하면 계층

구조가 동일한 계층의 구성원이 관심 특성의 관점에서 가능한 한 유사하도록 선택되면 단순한 무작위 표본보다 항상 더 높은 정밀도를 얻을 수 있게 된다. 이는 지층의 차이가 클수록 정확도는 높아진다.

234

정답: 4번

효과적인 내부 통제제도는 경영진이 업무 성과를 측정하고, 경영 의사결정을 수행하며, 업무프로세스를 평가하고, 위험을 관리하는데 기여함으로써 회사의 목표를 효율적으로 달성하고 위험을 회피 또는 관리할 수 있도록 한다. 그리고 직원의 위법 및 부당 행위(횡령, 배임 등) 또는 내부 정책 및 절차의 고의적인 위반 행위뿐만 아니라 개인적인 부주의, 태만, 판단상의 착오 또는 불분명한 지시에 의해 야기된 문제점들을 신속하게 포착함으로써 회사가 시의적절한 대응 조치를 취할 수 있게 해 준다. 또한, 효과적인 내부 통제 제도는 정보의 신뢰성을 향상시킨다. 그러나 아무리 잘 설계된 내부 통제 제도라고 할지라도 제도를 운영하는 과정에서 발생하는 집행 위험은 피할 수 없다. 즉, 최상의 자질과 경험을 지닌 사람도 부주의, 피로, 판단 착오 등에 노출될 수 있으며, 내부 통제 제도도 이러한 사람들에 의해 운영되므로 내부 통제 제도가 모든 위험을 완벽하게 통제할 수는 없다. 그 외 내부 통제에 대한 내재된 한계성은 다음과 같다.

(1) 인간적인 판단의 실수가 있을 수 있다.
(2) 경영자의 내부 통제 무시가 있을 수 있다.
(3) 부정행위 발생으로 통제가 약화될 수 있다.
(4) 통제는 공모에 의해서 우회될 수 있다.
(5) 비용은 통제의 이익을 초과되어서는 안 된다.

235

정답: 2번

통제 활동의 시기에 따른 분류는 다음과 같다.

- 사전 통제(feedforward control): 자원 변환 과정 이전의 투입 단계에서의 통제 활동으로, 장기적 관점에서 문제를 예상하고 예방하는 관점에서의 통제를 의미

한다.

- 동시 통제(concurrent control): 자원 변환 과정 중에 이루어 지는 통제 활동으로, 기준으로부터 업무가 멀리 이탈되지 않도록 현재의 업무를 모니터링을 하는 통제를 의미한다.
- 피드백 통제(feedback control): 자원 변환 과정 이후의 산출 단계에서의 통제 활동으로, 과거의 실패로부터 학습함으로써 미래의 실행을 향상시키기 위한 통제로 사건 이후에 개선 행위가 발생한다.
- 다원 통제(multiple control): 통제 활동이 두 개 이상의 단계에서 동시에 발생한다. 피드포워드, 동시 및 피드백 제어 방법은 상호 배타적이지 않으며 오히려, 일반적으로 여러 통제 시스템과 결합된다.

관리자는 성과 표준을 정의하고 전략적 통제 지점에서 정보 피드백을 얻기 위해 통제 시스템을 설계한다.

236

정답: 2번

감사팀장(CAE)은 감사인들이 감사의 전부 또는 일부를 수행함에 있어 필요한 지식, 기술, 그리고 기타 능력이 부족한 경우 마땅한 조언이나 지원을 구해야 한다. 즉, 감사인들이 모든 분야에 대해 자격을 갖출 것을 요구하지는 않는다. 하지만 감사인이 독자적인 감사 업무 수행이 어려운 경우에는 아웃소싱 업체가 필요한 상황이며 CAE는 이를 결정해야 한다.

외부서비스 제공자가 감사부서로서 일할 때, 서비스 제공자는 효과적인 감사부서를 유지하게 하는 책임이 현 조직에 있다는 것을 그 조직에게 알려야 한다. 또한 CAE는 적절한 감사범위에 대한 확신을 하고, 업무 중복을 최소화하기 위해 정보를 공유하고, 활동을 조정하고, 다른 내부 및 외부검증 및 컨설팅 서비스 제공자의 업무결과에 의존할 지를 고려하도록 강력히 권고된다.

(부연) 업무를 조정할 때, CAE는 다른 검증 및 컨설팅 서비스 제공자의 업무결과에 의존할 수 있다. 의존하기 위한 기초가 될 일관된 프로세스가 수립되어야 하고, CAE는 검증 및 컨설팅 서비스 제공자의 역량, 객관성, 그리고 전문가로서의 정당한 주의 정도 등을 고려해야 한다. CAE는 또한 다른 검증 및 컨설팅 서비스 제공자가 수행한 업무의 범위, 목표, 그리고 결과에 대한 명확하게 이해해야 한다. 다른 이들이 작성한 업무결과에 의존하더라도, CAE는 여전히 내부감사활동에 의해 도출된 결론 및 의견에 대한 적절한 증거를 확인할 책무와 책임이 있다. 또한 무엇보다 외부 서비스 제공 업체가 수행하는 작업이 감사 기준을 준수하여 진행되는지 파악하는 것이 중요하다.

237

정답: 2번

정보 기술 거버넌스(Information Technology Governance, IT 거버넌스)는 이사회와 최고 경영진의 책임이며, 엔터프라이즈 거버넌스의 통합된 한 부분이다. IT 거버넌스는 조직의 정보 기술이 조직의 전략과 목표를 유지하고 확대하는 것을 보장하는 리더십, 조직 구조 그리고 프로세스로 구성되어 있다. IT 거버넌스의 5가지 요소는 다음과 같다.

IT 거버넌스의 5가지 요소(도메인)	중점 내용
전략적 연계 (Strategic Alignment)	• 기업의 경영과 사업의 전략과 계획 수립이 일치해야 한다. • IT의 목적을 정의하는 것은 물론 IT의 운영을 포함해 경영 전략과 일치해야 한다. • 기업의 전략이든 IT의 전략이든 전략은 기업이 지향하거나 이루어내고자 하는 최종 목적지이다.
가치 제공 (Value Delivery)	• IT의 생명 주기(life cycle) 동안 가치 제공을 추구해야 한다. • IT의 가치를 제고하려는 노력은 내재화(in place)되어 있어야 한다. • 가치의 전달 여부는 IT가 아닌 IT의 사용자, 고객, 기업의 입장에서 입증되는 것이다.

위험 관리 (Risk Management)	• 위험 관리의 측면은 기업이나 조직의 위험에 대한 성향(appetite), 위험에 영향을 주는 외적 요구 사항과 준수 사항의 이해도에 따라 성격이 달라진다. • 위험은 제거되는 것이 아니고 관리의 대상이다. • 위험 관리는 용인 가능한 수준(acceptable level of risk)에서 결정된다. • 위험 관리는 어느 한 시점이 아닌 지속적인 시점에서 관리해야 한다.
자원 관리 (Resource Management)	• 자원이 있어야 경영전략을 지원하는 IT 전략을 수행할 수 있다. 그러므로 지원은 선행 조건이 된다. • 자원의 효율성을 위해서는 시기적절한 재투자가 있어야 한다. • 자원을 위한 재투자는 비용 측면으로만 생각해서는 안 되며 비용 대비 효과를 고려해야 한다.
성과 측정 (Performance Report)	• 측정할 수 없다면 관리할 수 없다. • 성과 측정은 이해관계자(stakeholder)에게 보고되고 승인받아야 하는 필수 요건이다. • 성과 측정은 가시화(visual)되어야만 의미가 있다. • 성과 측정은 계획 대비 실적을 의미한다. 그러므로 성과 측정 후의 차이점을 다시 전략적 연계로 환류하는 것이 중요 하다.

238

정답: 3번

칸반 보드(Kanban Board)는 작업 프로세스를 명확하게 하고 진행 중인 작업을 제한하여 효율성을 높이는 데 도움이 되도록 설계된 워크플로 시각화 도구이다. 이 새로운 수준의 투명성을 통해 문제가 있는 작업 단계를 신속하게 식별하고 이를 개선하여 팀이 곧 더 효율적으로 작업할 수 있다. 칸반 보드는 작업을 시각화하고, 진행 중인 작업을 제한하며 효율성(또는 흐름)을 최대화하는 애자일 프로젝트 관리 도구이다. 애자일 팀과 DevOps 팀이 일상 업무에서 체계를 확립하는 데 도움이 될 수 있다.

- Kanban Cards: 이것은 작업의 시각적 표현이다. 각 카드에는 마감일, 담당자, 설명 등과 같은 작업 및 상태에 대한 정보가 포함되어 있다.
- Kanban Columns: 보드의 각 열은 워크플로의 다른 단계를 나타낸다. 카드는 완전히 완료될 때까지 워크플로를 거친다.
- Work-in-Progress Limits: 워크플로의 여러 단계에서 최대 작업량을 제한한다. WIP를 제한하면 팀이 현재 작업에만 집중할 수 있으므로 작업 항목을 더 빨리 완료할 수 있다.
- Kanban Swimlanes: 다양한 활동, 팀, 서비스 클래스 등을 구분하는 데 사용할 수 있는 수평 레인이다.
- Commitment Point: 커밋은 작업 항목이 시스템으로 가져올 준비가 된 작업 프로세스의 지점을 표시한다.
- Delivery Point: 작업 항목이 완료된 것으로 간주되는 워크플로의 지점이다.

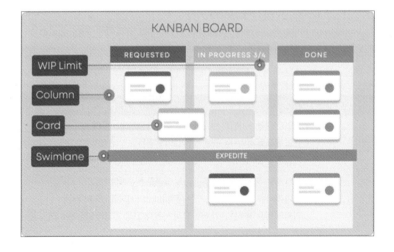

애자일(Agile)은 각 업무의 계획 세부 사항을 작업에 가장 가까운 개인에게 직접 푸시하여 감사 위험을 최소화하고, 반복적으로 정제되고 지속적으로 승인되는 이해관계자 정의 목표의 범위 내에서 작동하도록 하여 감사 위험을 줄인다. 애자일 감사를 성공적으로 계획하려면 감사팀 내에서 또는 기업 내에서 사용 가능한 주제 전문가로 구성된 감사 제품 소유자와 스크럼 마스터를 할당해야 한다. 감사 제품 소유자는 주로 감사 고객 및 비즈니스 이해관계자 요구 사항을 감사팀으로 번역하고, 계약의 결론적 영역을 정의하고, 준비 또는 완료의 정의를 설정하고, 명시된 감사를 달성한 최종 감사 결과에 서명하는 일을 담당한다. 스크럼 마스터는 주로 적절한 스프린트 계획을 보장하고, 일일 스탠드업을 촉진하고, 사용자 스토리를 만들고, 하위 작업을 할당하고, 감사 백로그를 적극적으로 관리하고, 향후 애자일 감사를 위한 프로세스 개선을 주도하는 스프린트 회고를 주도하는 데 관심을 가진다.

또한, 성공적인 감사 계획을 위해서는 감사 고객과 함께 감사 캔버스를 작성해야 한다. 감사 제품 소유자와 감사 고객은 이해관계자 요구 사항을 개발하여 감사팀 구성원에게 전달한 다음 필요한 감사 요구 사항의 범위를 지정하는 데 도움을 준다. 결론이 필요한 높은 수준의 감사 목표는 정의되는 각 사용자 스토리에 대한 작업 표준으로 공식화된다. 각 스토리에 필요한 작업은 개별 2주 스프린트 주기 내에서 발생하도록 계획되어 있다. 모든 사용자 스토리를 추적하는 감사 백로그는 스크럼 마스터에 의해 문서화되고 관리되며, 스크럼 마스터는 감사 제품 소유자와의 마무리를 위해 작업이 계획, 할당, 지속적으로 평가 및 승인되도록 한다. 애자일 감사의 계획 단계에서 감사팀은 최소한 다음 단계를 수행해야 한다.

(1) 감사 제품 소유자와 스크럼 마스터를 식별하고 할당한다.

(2) 감사 고객 및 비즈니스 이해관계자와 협력하여 감사 캔버스 초안을 작성한다.

(3) 위험 역학 관계를 수행하여 감사 우선순위 및 고려 사항이 변경되지 않았는지 확인한다.

애자일 감사를 성공적으로 계획하려면 감사팀 내에서 또는 기업 내에서 사용 가능한 주제 전문가로 구성된 감사 제품 소유자와 스크럼 마스터를 할당해야 한다.

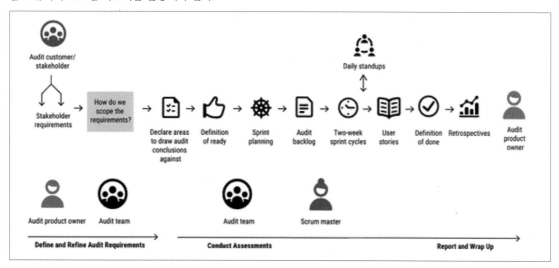

GDPR(일반 데이터 보호 규정)은 거주자에게 개인 데이터를 보다 효과적으로 보호하고 제어할 수 있는 새로운 유럽 연합(EU) 법률이다. EU 내외의 기업이 데이터를 수집, 저장 및 전송하는 방법과 데이터 사용 방법을 규제한다. EU 개인 데이터를 처리하는 모든 회사는 GDPR 시행 2018년 5월 25일부터 규제하고 준수할 준비가 되어 있어야 한다.

GDPR에 따라 EU 거주자는 더 큰 데이터 보호, 개인정보보호 및 통제를 기대할 수 있다. 보다 구체적으로 개인은 자신의 개인 데이터에 액세스하고, 오류를 수정하고, 처리를 거부하거나 제한하고, 지우고, 회사에서 데이터 내보내기를 요청할 권리가 있다. 반면에 회사는 데이터 보호 및 개인정보보호와 관련하여 책임을 증가시킬 것이다.

SAP 데이터 생명 주기 관리(Information Lifecycle Management, ILM) 기반 데이터 보관은 보존 요구 사항이 적용되는 대량 데이터에 중점을 두고 있으며 회사는 주로 성능상의 이유로 아카이브에 저장하려고 한다. 예를 들어 세금 코드에 따른 보존 기간은 데이터를 일정 기간 보관하는 주된 목적이다. 그러나 데이터 개인정보보호 관점에서 개인 데이터의 처리는 의도된 목적의 맥락에 있다. 처리의 기본 또는 원래 목적이 더 이상 존재하지 않는 경우, 보존은 법적 보존 기간과 같은 다른 구속력 있는 원칙에 근거할 수 있다. 요구 사항은 처리 목적이 더 이상 존재하지 않는 개인 데이터를 다른 보존 기간이 적용되지 않는 한 삭제해야 한다는 것이다. 이 경우 데이터를 차단해야 한다. 이러한 맥락에서 삭제는 데이터가 제거되면 더 이상 복구할 수 없음을 의미하며, 차단은 데이터가 삭제되지 않는다는 것을 의미하지만 법적, 계약적 또는 법적 의무를 기반으로 하지 않는 처리에는 관여할 수 없다.

SAP ILM을 사용한 보존 관리를 통해 조직은 이전에 정의된 규칙에 따라 SAP Business Suite 및 SAP S/HANA에서 생산적인 데이터의 생명 주기를 관리할 수 있다. 이 데이터는 데이터베이스 또는 BC-ILM 인증 스토리지 시스템에 저장될 수 있다. 따라서 SAP ILM은 기업이 데이터 보존에 대한 법적 규정을 준수할 수 있도록 지원하므로 회사의 규정 준수 전략의 중요한 구성요소가 된다. 이러한 규정은 회사가 운영되는 국가 및 산업에 따라 다르며 비즈니스 데이터를 저장해야 하는 국가(원산지라고도 함)를 정의한다. SAP ILM은 기업의 데이터 관리를 지원하는 많은 구성요소를 갖추고 있으며 GDPR 구현 프로젝트에 사용할 수 있다.

Archiving	Retention management	Retention warehouse
• **Control data growth** proactively to meet service-level requests • **Analyze data** volumes • **Move data** securely from the database to the archive	• **Enforce data retention periods** required by regulations and industry practice • **Manage the responsible destruction** of data based on policies • **Store data securely** with SAP or partner products • **Perform e-discovery** operations and **set legal holds**	• **Consolidate data** from multiple systems • **Decommission** legacy systems • **Run reports** on data from decommissioned systems
Data volume	End-of-life data	End-of-life system

　재난 발생 시 비즈니스 연속성을 유지하려는 방법을 정의하는 활동 문서로, 재해, 재난에도 정상적인 운영이 가능하도록 데이터 백업 및 단순 복구뿐만 아니라 고객 서비스 지속성 보장, 핵심 업무 기능을 지속하는 환경 조성을 목적으로 한다. BCP 개발을 위해서는 기업이 운영하고 있는 시스템의 파악과 함께 비즈니스 영향 평가(BIA)가 선행되어야 한다.

　BCP는 업무의 중단 상황과 이후의 비즈니스 운영의 연속성을 위한 계획 및 핵심 비즈니스 활동들이 가능한 빨리 유지되거나 복구되는 것을 보장한다. 또한, 가장 핵심적인 비즈니스 기능들의 우선순위화 된 재개에 초점을 맞추도록 한다. BCP는 보안 정책과 프로그램의 일부가 되어야 한다. 그렇지 않으면 홀로 떨어져 경원시된다. BCP의 수립과 유지 관리에서 가장 중요한 것은 바로 경영진의 지원이다. 일반적으로 비즈니스 연속성 계획의 프로세스는 총 5단계로 나뉜다. 하지만 본 문제에서는 총 8단계의 프로세스인데 이는 기본적인 5단계를 잘 숙지하면 쉽게 풀 수 있는 문제이다. 일반적인 BCP 5단계 방법론은 다음과 같다.

(1) 프로젝트의 범위 설정 및 기획

(2) 사업 영향 평가

(3) 복구 전략 개발

(4) 복구 계획 수립

(5) 프로젝트의 수행 테스트 및 유지 보수

업무연속성계획 주요 내용(산업통상자원부, '업무연속성계획 가이드라인')

구분	주요 내용	비고
비상 조직 체계 구성 및 R&R 정의	• 비상 시 체계적인 대응을 위한 비상 조직 체계 구성 • 명확한 조직 및 개인별 역할 규정	업무 연속성 전략
기업의 핵심 기능 분석	• 위기 상황에서도 반드시 지속되어야 하는 핵심 업무의 종류 및 범위 확정	업무 영향 분석 (BIA)
필요 자원 파악 및 부족 시 대응 계획 수립	• 핵심 업무의 지속을 위해 반드시 필요한 자원(인력 포함) 파악 • 필요 자원의 부족이 예상되는 경우의 대체 수급 방안 마련	업무 연속성 계획 (BCP)
소통 계획의 수립	• 직원, 고객, 거래처, 하도급 업체 등 내외부 주요 이해관계자에 대한 연락망 준비 • 직원뿐만 아니라 파견 및 하청 노동자에게도 행동 지침 등 교육 제공	
감염병 발생 상황에서의 대응 방법 숙지	• 사업장 소독 및 청결 관리, 소독제 등 필요 물품 구비, 환자 발생 시 대응 방법 등 숙지	

──── ⌂ 출처　산업통상자원부 홈페이지 (www.motie.go.kr)

개체 관계도(ERD, ER 다이어그램)는 시스템 내의 다양한 엔티티와 이들이 서로 관련되는 방식을 시각적으로 표현한 것이다. 기본 설계에서 가장 중요한 것은 개체 관계도(ERD)이다. 개체 관계도는 시스템에 어떤 데이터가 있으며 이 데이터는 어떤 관계가 있는지 표시한다. 개체 관계도는 요구 사항 분석에 사용하는 도구이며, 시스템에서 어떤 데이터를 저장하고 관리해야 하는지 이해하는 데 사용한다.

ER 스키마의 엔티티는 테이블, 속성이 되고 데이터베이스 스키마를 변환한다. 데이터베이스 테이블과 그 관계를 시각화하는 데 사용할 수 있기 때문에 일반적으로 데이터베이스 문제 해결에도 사용된다. 소프트웨어 엔지니어링의 엔티티 관계 다이어그램 엔티티 관계 다이어그램은 소프트웨어 프로젝트의 계획 단계에서 소프트웨어 엔지니어링에 사용된다. 그들은 서로 다른 시스템 요소와 서로 간의 관계를 식별하는 데 도움이 된다. 일반적으로 알려진 대로 데이터 흐름도 또는 DFD의 기초로 자주 사용된다.

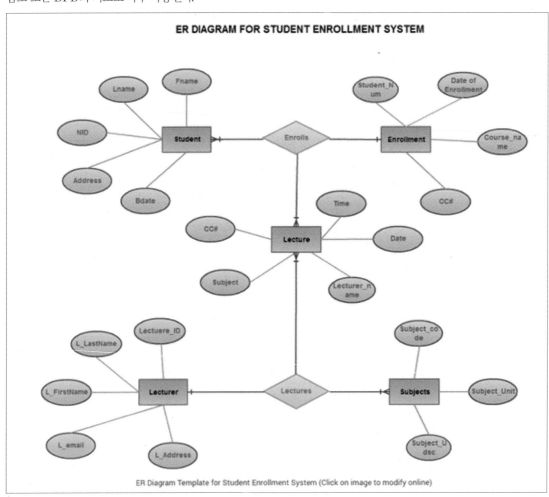

ER Diagram Template for Student Enrollment System (Click on image to modify online)

정보 시스템 비상 계획(Information System Contingency Plan, ISCP)은 시스템 중단 후 시스템의 평가 및 복구에 대해 확립된 절차를 제공한다. ISCP는 역할과 책임, 인벤토리 정보, 평가 절차, 자세한 복구 절차, 시스템 테스트를 포함하여 시스템 복구에 필요한 주요 정보를 제공한다. ISCP는 주로 정보 시스템 비상 계획 절차가 사이트나 위치에 관계없이 시스템 복구를 위해 개발된다는 점에서 DRP와 다르다. ISCP는 시스템의 현재 위치 또는 대체 사이트에서 활성화할 수 있다. 대조적으로, DRP는 주로 손상되거나 거주할 수 없는 위치에서 임시 대체 위치로 하나 이상의 정보 시스템의 운영을 이동하는 절차와 함께 개발된 현장별 계획이다. DRP가 정보 시스템 사이트를 대체 사이트로 성공적으로 전송한 후 영향을 받는 각 시스템은 해당 ISCP를 사용하여 시스템을 복원, 복구 및 테스트하고 운영에 투입한다.

Plan	Purpose	Scope	Plan Relationship
Business Continuity Plan (BCP)	Provides procedures for sustaining mission/business operations while recovering from a significant disruption.	Addresses mission/business processes at a lower or expanded level from COOP MEFs.	Mission/business process focused plan that may be activated in coordination with a COOP plan to sustain non-MEFs.
Continuity of Operations (COOP) Plan	Provides procedures and guidance to sustain an organization's MEFs at an alternate site for up to 30 days; mandated by federal directives.	Addresses MEFs at a facility; information systems are addressed based only on their support of the mission essential functions.	MEF focused plan that may also activate several business unit-level BCPs, ISCPs, or DRPs, as appropriate.
Crisis Communications Plan	Provides procedures for disseminating internal and external communications; means to provide critical status information and control rumors.	Addresses communications with personnel and the public; not information system-focused.	Incident-based plan often activated with a COOP or BCP, but may be used alone during a public exposure event.
Critical Infrastructure Protection (CIP) Plan	Provides policies and procedures for protection of national critical infrastructure components, as defined in the National Infrastructure Protection Plan.	Addresses critical infrastructure components that are supported or operated by an agency or organization.	Risk management plan that supports COOP plans for organizations with critical infrastructure and key resource assets.
Cyber Incident Response Plan	Provides procedures for mitigating and correcting a cyber attack, such as a virus, worm, or Trojan horse.	Addresses mitigation and isolation of affected systems, cleanup, and minimizing loss of information.	Information system-focused plan that may activate an ISCP or DRP, depending on the extent of the attack.
Disaster Recovery Plan (DRP)	Provides procedures for relocating information systems operations to an alternate location.	Activated after major system disruptions with long-term effects.	Information system-focused plan that activates one or more ISCPs for recovery of individual systems.
Information System Contingency Plan (ISCP)	Provides procedures and capabilities for recovering an information system.	Addresses single information system recovery at the current or, if appropriate alternate location.	Information system-focused plan that may be activated independent from other plans or as part of a larger recovery effort coordinated with a DRP, COOP, and/or BCP.
Occupant Emergency Plan (OEP)	Provides coordinated procedures for minimizing loss of life or injury and protecting property damage in response to a physical threat.	Focuses on personnel and property particular to the specific facility; not mission/business process or information system-based.	Incident-based plan that is initiated immediately after an event, preceding a COOP or DRP activation.

비즈니스 복원력(Business Resilience)은 지속적인 비즈니스 운영을 유지하고 사람, 자산 및 전반적인 브랜드 자산을 보호하면서 중단에 빠르게 적응하는 조직의 능력이다. 비즈니스 복원력은 비용이 많이 드는 다운타임을 방지하고 취약성을 보완하며 예기치 않은 추가 침해에 직면하여 비즈니스 운영을 유지하기 위한 재해 후 전략을 제공함으로써 재해 복구(DR) 및 비즈니스 연속성(BC)을 지원한다.

비즈니스 복원력은 조직이 예기치 않은 이벤트에서 살아남기 위해 비즈니스 프로세스와 워크플로를 보존해야 한다는 이해에서 시작된다. 비즈니스 복원력 계획의 중요한 과제 중 하나는 인적 요소이다. 사람들은 혼란스러운 상황에 대처하는 방법에 대해 준비하고 교육을 받아야 한다. 비즈니스 복원력에는 조직 복원력, 운영 복원력, 사이버 복원력 및 공급망 복원력과 같은 전반적인 복원력의 다양한 요소가 포함된다.

개념 증명(Proof of Concept, PoC)은 아이디어가 현실화될 수 있는지 여부를 결정하는 데 집중하는 작업이다. 개념 증명은 아이디어의 실현 가능성을 결정하거나 아이디어가 구상한 대로 작동하는지 확인하기 위한 것이다.

개념 증명은 아이디어에 대한 시장 수요를 탐색하거나 최상의 생산 프로세스를 결정하기 위한 것이 아니며, 오히려 그 초점은 아이디어가 실행 가능한지를 테스트하는 것이다. 즉, 개념 증명에 관련된 사람들에게 아이디어의 개발 또는 구축 가능성을 탐색할 기회를 제공하는 것이다. 예를 들어 소프트웨어 개발에서 개념 증명은 아이디어가 기술 관점에서 실현 가능한지 여부를 보여주며, 신생 기업의 경우 개념 증명은 재정적 실행 가능성을 보여준다.

개념 증명을 개발하면 제품 소유자가 성공을 방해할 수 있는 잠재적인 기술 및 물류 문제를 식별하는 데 도움이 될 수 있다. 또한, 조직이 유망한 제품 또는 서비스에 대한 내부 피드백을 요청할 수 있는 기회를 제공하는 동시에 불필요한 위험과 노출을 줄이고 이해관계자가 개발 주기 초기에 설계 선택을 평가할 수 있는 기회를 제공한다. 이 프로세스를 거치는 개인이나 팀은 성공적인 개념 증명을 사용하여 이해관계자, 관리자 또는 투자자에게 아이디어가 더 추구할 가치가 있음을 확신시킬 수 있다.

개념 증명과 프로토타입이라는 용어는 종종 같은 의미로 사용되지만 서로 다른 결과를 생성하고 다른 목적을 수행하기 위한 서로 다른 프로세스이다. 개념 증명이 아이디어가 현실화될 수 있는지 여부를 결정하기 위한 것이라면 프로토타입은 해당 아이디어를 사용성, 기능 및 디자인에 대해 테스트 및 평가할 수 있는 최종 제품의 슬림한 버전으로 바꾸는 것을 의미한다. 프로토타입은 시판 제품의 모든 특징과 기능을 가질 것으로 기대되지 않으며 최종 제품의 모든 유용성 또는 미학을 포함할 것으로 기대되지 않는다. 프로젝트 관리자 및 경영진과 같은 이해관계자와 잠재적 투자자에게 최종 제품이 무엇인지에 대한 초안을 제공한다.

Proof of concept vs. prototype

Proof of concept (POC)	Prototype
Theoretical demonstration of a product/process/concept.	Very early draft of a product/process/concept.
Determine whether an idea can be turned into a reality.	Meant to turn a POC idea into a slimmed-down version of the end product that can be tested and evaluated for usability, functionality and design.
Test whether the idea is viable and explore the idea's potential to be developed or built.	Not expected to have all the features and functions of a market-ready product, nor is it expected to contain all the usability or aesthetics of a final product.
Verify that the idea will function as envisioned.	Gives stakeholders, project managers, executives and potential investors a draft of what the final product might be.
Identify potential technical and logistical issues that might interfere with success.	Allows makers to determine how best to develop the product when it moves into full production for a final, market-ready item.
Address how the proposed product or service will support organizational goals, objectives or other business requirements as a secondary goal.	
Not intended to explore market demand for the idea, nor is it intended to determine the best production process.	

246

정답: 3번

출력 통제는 모든 데이터가 처리되고 해당 출력이 규정된 승인된 사용자에게만 배포되도록 하기 위해 필요하다. 출력 통제의 정도는 조직마다 다르지만(정보의 기밀성과 조직의 규모에 따라 다름) 공통된 통제는 다음과 같다.

- 영구적으로 미결 예외 항목이 없는지 확인하기 위해 예외 보고서 정보를 적절하게 검토하고 후속 조치한다.
- 적시에 최종 사용자에게 정보를 쉽게 배포할 수 있도록 데이터 처리를 신중하게 처리한다.
- 데이터 처리 담당자에게 규정된 배포 절차를 알리는 공식 서면 지침이 있어야 한다.
- 승인된 정책에 따라 배포되었는지 확인하기 위해 책임 있는 담당자가 산출물 배포를 지속적으로 모니터링한다.

ISACA 협회에서는 다음과 같이 가이드하고 있다.

(1) 수표와 귀중한 양식은 적절하게 기록하고 안전하게 관리: 절도와 파손과 누설을 방지하기 위해 수표와 귀중한 양식은 적절하게 기록하고 안전하게 관리하여야 한다.
(2) 컴퓨터가 출력하는 수표와 양식과 서명: 컴퓨터가 출력하는 수표와 중요 양식과 서명은 적절하게 통제되어야 한다.

(3) 정확성, 완전성, 적시성 보고서: 제3자 분석 및 보고서 작성 응용 프로그램으로 보고서가 작성되는 경우가 있다. 원시 데이터가 아무리 정확하고 믿을 수가 있다고 하더라도 구성 과정이 잘못되면, 산출된 보고서에 결함이 있을 수 있다.

(4) 시스템에서 산출된 보고서: 경영자가 의사결정과 영업 결과 분석을 위해 사용하는 데이터다. 정보 시스템의 정보를 신뢰할 수 있도록 정보의 일관성을 유지하는 것이 핵심 요소이다.

(5) 보고서 배포: 출력 보고서는 승인받은 배포 파라미터에 따라 배포해야 한다. 시스템 운영자는 보고서가 일정 계획에 따라 정확하고 안전하게 배포되는지 확인해야 한다.

(6) 잔액과 대사: 데이터 처리 응용 프로그램의 출력은 통제의 합계와 잔액을 맞추어야 한다.

(7) 출력 에러 처리: 에러 보고서는 에러를 발생시킨 부서에 적시에 전달되어 검토를 하고 에러 수정을 하도록 진단해야 한다.

(8) 출력 보고서 보관 기간: 보고서 보관 기간은 엄격하게 준수해야 하며, 보고서 보관 정책에 법률을 준수하는 원칙을 포함해야 한다.

(9) 보고서 수령 확인: 민감한 보고서가 안전하게 배포될 수 있도록 접수자는 보고서 수령 시 서명이 이루어져야 한다.

3)번은 체크디지트 항목으로, 데이터 검증 편집 및 통제 항목이다.

Output Controls
These controls ensure that output is complete, accurate, and distributed appropriately.

Domain	Control	Possible Tests
General ledger posting	• All individual and summarized transactions posting to general ledger.	• Sample of input and subledger summary transactions traced to the general ledger.
Subledger posting	• All successful transactions posting to subledger.	• Sample of input transactions traced to subledger.

247

입력 승인은 데이터가 애플리케이션 시스템에 입력할 수 있도록 적절하게 승인되었음을 의미한다. 배치 양식의 서명, 온라인 액세스 제어, 고유 암호, 워크스테이션 식별 및 원본 문서와 같은 사항을 알고 있어야 한다. 입력 통제는 유효하고 승인된 정보만 트랜잭션에 입력되도록 한다. 입력 통제는 사용자 승인 권한, 편집 확인 및 데이터 입력 유효성 검사의 조합을 사용하여 작동한다. 입력 승인을 통해 응용 프로그램이 승인된 데이터만 처리하도록 할 수 있다. 승인 방법은 다음과 같다.

(1) 배치 보고서나 원천 문서에 서명: 승인이 적절하게 이루어진 증거가 된다.

(2) 온라인 접근 통제: 중요한 기능과 데이터는 허가된 당사자만 사용할 수 있다.

(3) 유일한 패스워드: 허가 받은 자료를 남이 보지 못하게 하는 방법이다.

(4) 터미널과 사용자 워크스테이션 구분 아이디: 개인뿐만 아니라 특정 터미널이나 워크스테이션에서 입력하도록 제한을 한다.

(5) 원천 문서: 원천 문서에 데이터를 기록한다. 원천 문서를 잘 설계하면 여러 곳에서 사용할 수 있다. 원천 문서를 잘 관리하도록 해야 하며 빠짐없이 모두 입력이 되도록 절차를 구성해야 한다.

(6) 입력 데이터 점검: 예상한 형식으로 정보를 수신된 것을 확인하고 입력 항목에 악의나 조작이 없다는 것을 확인해야 한다.

출처 ISACA Review Manual 27th Edition

Input and Access Controls

These controls ensure that all input transaction data is accurate, complete, and authorized.

Domain	Control	Possible Tests
Data checks and validation	• Reasonableness and limit checks on financial values. • Format and required field checks; standardized input screens. • Sequence checks (e.g., missing items), range checks, and check digits. • Cross checks (e.g., certain policies are only valid with certain premium table codes). • Validations (e.g., stored table and drop-down menu of valid items).	• Conduct a sample test of each scenario. • Observe attempts to input incorrect data. • Determine who can override controls. • If table driven, determine who can change edits and tolerance levels.
Automated authorization, approval, and override	• Authorization and approval rights (e.g., of expenses or claim payments or credit over a certain threshold) are allocated to users based on their roles and their need to use the application. • Override capability (e.g., approval of unusually large claims) is restricted by the user's role and need to use the application by management.	• Conduct tests based on user access rights. • Test access privileges for each sensitive function or transaction. • Review access rights that set and amend configurable approval and authorization limits.
Automated segregation of duties and access rights	• Individuals who set up approved vendors cannot initiate purchasing transactions. • Individuals who have access to claims processing should not be able to set up or amend a policy.	• Conduct tests based on user access rights. • Review access rights that set and amend configurable roles or menu structures.
Pended items	• Aging reports showing new policy items with incomplete processing are reviewed daily or weekly by supervisors. • Pending files where there is insufficient information available to process transactions.	• Review aging results and evidence of supervisor review procedures. • Walk through a sample of items to and from the aging report or pending file.

248

정답: 4번

베이스라인(Baseline, 기준선)은 미리 정의된 작업 제품 집합의 완료 및 공식 승인으로 표시된 소프트웨어 개발 생명 주기의 기준점이다. 기준선의 목적은 개발 생명 주기의 중요한 지점에서 다양한 주요 결과물(구성 항목)을 수정하고 공식적으로 변경하여 제어되지 않는 변경에 대한 프로젝트의 취약성을 줄이는 것이다. 기준선은 시스템의 특정 릴리스를 구성하는 소프트웨어 및 하드웨어 구성요소의 집계를 식별하는 데도 사용된다. IEEE에 따르면 "공식적으로 검토되고 모든 책임자가 동의한 사양 또는 제품은 추가 개발의 기초 역할을 하며 공식적으로 정의된 변경 프로세스에 의해서만 변경될 수 있다."라고 정의하고 있다. 일반적인 기준선에는 다음과 같은 구성요소가 포함된다.

기준선	산출물	관련 업무	기준선	산출물	관련 업무
기능 기준선	사업 수행 계획서 시스템 명세서 형상 관리 계획서	- 프로젝트 수행 계획 - 요구 사항 명세 - 기능 정의 검토	개발 기준선	원시/실행 코드 단위 시험 보고서 통합 시험 계획서	- 소프트웨어 개발 - 단위 테스트 실시 - 통합 테스트 시나리오 검토
할당 기준선	요구 사항 정의서 DFD, WBS 자료 사전	- 요구 기능 하위 할당 - 기본 설계 명세서 검토 - 작업 패키지 할당	제품 기준선	통합/시스템 시험 인증 시험 보고서 운영 전환 계획서	- 통합 테스트 실시 - 안전성 및 품질 검토 - 운영 전환 검토
설계 기준선	ER-Diagram 기본 설계 산출물 상세 설계 산출물	- 데이터베이스 설계 - 소프트웨어 설계 - 설계 명세서 검토	운영 기준선	납품 산출물 사용자 매뉴얼 운영자 매뉴얼	- 시스템 운영 전환 - 사용자에 산출물 납품 - 사용자 환경 운영성

──── ⌂참조　Baseline items in Software Development - GeeksforGeeks

기업 지배 구조에서 가장 일반적으로 사용되는 다른 지표 중 하나는 KPI 또는 핵심 성과 지표이다. KRI는 잠재적 위험을 나타내는 데 사용되지만 KPI는 성과를 측정한다. 많은 조직에서 이 둘을 서로 바꿔서 사용하지만 둘을 구별할 필요성이 있다. KPI는 일반적으로 조직 성과에 대한 높은 수준의 개요를 제공하도록 설계되었다. 따라서 이러한 메트릭은 개발 위험에 대한 조기 경고 신호를 적절하게 제공하지 못할 수 있지만 추세를 분석하고 성능을 모니터링하는 데 중요하다. KRI는 경영진이 기업의 다양한 영역에서 증가하는 위험 노출을 이해하는 데 도움이 된다. 때때로 이는 경영진이 조치의 필요성을 나타내는 진화하는 위험 및 잠재적 기회의 지표로 추적할 수 있는 주요 비율을 나타낸다. 다른 것들은 더 정교할 수 있고 새로운 위험이나 기회로 이어질 수 있는 새로운 사건에 대한 다차원 점수로 여러 개별 위험 지표의 집계를 포함할 수 있다. 예를 들어, 은행 부문에서 은행은 채무 불이행자에 대한 데이터를 포함할 KPI를 개발할 수 있다. 이 KPI는 이미 발생한 사건, 즉 고객이 대출 계약에 따라 은행에 지불하지 않은 경우를 강조 표시할 수 있다. 그러나 KRI를 개발하는 것은 위험 이벤트가 발생하기 전에 대출 상환 추세를 나타내는 보다 적극적인 방법이 될 것이다. 위험과 기회의 균형을 적절하게 유지하고 성과 관리와 위험 관리의 가능한 한 최상의 일치를 얻으려면 각 KRI를 KPI와 연결해야 한다. KPI는 오랫동안 성과 관리에서 필수적인 역할을 해왔다. 성과와 위험 관리를 연결하는 가장 효과적인 방법의 하나는 KRI 선택, 임계값 설정 등을 통해 위험 요소를 회사가 선택한 성과 관리 도구에 통합시킨다. 이를 통합함으로써 회사는 동일한 프로세스의 일부로 성과와 위험을 동시에 측정하고 모니터링할 수 있게 된다.

1)번의 KAI는 위험 관리 프레임워크와 가장 관련이 없다.

INDICATOR METRIC	WHAT DOES IT MEASURE?	WHAT'S THE PURPOSE?	WHO'S THE AUDIENCE?
Key performance indicator (KPI)	KPIs measure how effectively the organization is achieving its business objectives.	They provide directional insight on how you're progressing toward strategic objectives, or the effectiveness of specific business processes or control objectives.	**Strategic KPIs** **Most often executive management and the board.** **Operational KPIs** **Most often managers, operational process owners, and department heads.**
Key risk indicator (KRI)	KRIs measure how risky certain activities are in relation to business objectives.	They provide early warning signals when risks (both strategic and operational) move in a direction that may prevent the achievement of KPIs.	**Strategic KRIs** **Most often executive management and the board.** **Operational KRIs** **Most often managers, operational process owners, and department heads.**
Key control effectiveness indicator (KCI)	KCIs measure how well controls are working.	They provide direct insight into a specific control activity, procedure, or process that wasn't implemented or followed correctly.	Most often front-line control activity owners.

IT 아웃소싱은 IT 시스템 개발부터 운영, 유지 보수에 이르는 전산 업무 전체 또는 일부를 전산 전문 업체에 위탁 관리하는 것. 날로 복잡해지는 기업 전산 환경을 개선하여 서비스 향상을 도모하고, 비용을 절감하기 위하여 IT 토털 아웃소싱을 도입하고 있다. IT 아웃소싱은 비즈니스 결과를 위한 IT 지원 비즈니스 프로세스, 애플리케이션 서비스 및 인

프라 솔루션을 효과적으로 제공하기 위해 외부 서비스 제공자를 사용하는 것이다. IT 아웃소싱 사업 제공 서비스는 다음과 같다.

구분	내용
IT 아웃소싱	고객 아웃소싱 추진에 대한 의사결정 및 전략 수립, 추진 성과 분석, 효과적인 아웃소싱 관리 체계 수립을 지원하는 서비스
IT 진단	고객사가 IT 경쟁력을 확보/유지할 수 있도록 현재 IT 수준을 진단하여 업계 최고 수준과의 차이를 분석하고 이를 극복하기 위한 개선 방안을 제시하는 서비스
SLA/SLM 체계 정립	SLA(Service Level Agreement, 서비스 수준 협약서), SLM(Service Level Man agement, 서비스 수준 관리) IT 아웃소싱 서비스 수준에 대한 정량적 관리 및 관리의 투명성 확보를 통해 IT 서비스 수준 향상을 도모하는 서비스
보안/위험 관리 서비스	고객의 비즈니스 목적을 달성하는 데 있어 전산 시스템과 네트워크 등 모든 IT 자산과 조직에 일어날 수 있는 위험을 분석하고 이에 대한 대책을 수립하여 관리자와 조직이 그 대책을 실현할 수 있도록 지원하는 서비스

251

의사결정 지원 시스템(Decision Support System, DSS)은 회사의 의사결정 능력을 향상시키는 데 사용하는 컴퓨터 프로그램 응용 프로그램이다. 이는 대량의 데이터를 분석하고 조직에 가능한 최상의 옵션을 제공한다. 의사결정 지원 시스템은 다양한 영역과 출처의 데이터와 지식을 결합하여 사용자에게 일반적인 보고서 및 요약 이상의 정보를 제공한다. 이것은 사람들이 정보에 입각한 결정을 내리도록 돕기 위한 것이다.

DSS는 기업 경영에 당면하는 여러 가지 문제를 해결하기 위해 복수의 대안을 개발하고, 비교 평가하여 최적안을 선택하는 의사결정 과정을 지원하는 정보 시스템으로 정의된다. 구체적으로 분석 모형, 데이터베이스, 대화식 컴퓨터 모형화 과정 등을 통해 반 구조적 비구조적 성격을 갖는 의사결정 문제에 대해 개별 관리자의 의사결정 스타일과 정보 요구를 반영하여 의사결정 과정을 지원하는 시스템이다. 의사결정 지원 시스템 개발은 조금씩 발전하는 접근법을 사용하므로 평가 단계가 필요 없다. 한 번에 한 가지를 개발하고 매 단계마다 가시적인 성과를 내야 하므로 개발 초기에 사용자가 많은 시간과 비용을 투여할 필요성이 없다. 다음은 의사결정 지원 시스템(DSS)와 비즈니스 인텔리전스(BI)의 비교 표이다.

Basis of Distinction	DSS	BI
Acronym	Decision Support System	Business Intelligence
Definition	A computerized system for information that helps with the decision making within an organization or a business community.	A term used to describe various software programs that help with the organization and management of data and other valuable information within an organization.
Benefit	It helps the user to find out the errors that exist within the program and aid them to analyze the information to make decisions.	It helps with the automatic analysis and therefore gives suggestions that just have the implementation phase left to act.
Management	It takes more time for the beginning to the implementation since the processes involved require time and mostly include manual handling.	It takes less time to complete all the features since the computer thinks for itself and hence, does not require manual handling.
Applications	Sales order, material requirement, planning of results, inventory records, and financial data among others.	A decision support system, query, reporting, analytical processing, statistical analysis and data mining.

252

마스터 파일 통제의 목적은 마스터 파일에 포함된 고정 데이터의 지속적인 무결성을 보장하는 것이다. 모든 마스터 파일에 대해 엄격한 '보안' 제어를 실행하는 것이 매우 중요하다. 여기에는 다음이 포함된다.

- 마스터 파일 데이터에 대한 액세스를 제한하기 위한 적절한 암호 사용
- 적절한 업무 분리를 포함하는 데이터 수정에 대한 적절한 절차의 수립 및 수정 권한은 적절한 책임자로 제한됨
- 독립적인 책임 담당자가 마스터 파일 데이터를 승인된 데이터로 정기적으로 확인
- 레코드 수 및 제어 합계 사용을 포함하여 마스터 파일 업데이트에 대한 처리 제어

ISACA에서 가이드하고 있는 내용은 다음과 같다.

(1) 시스템 통제 파라미터: 이 파일에 들어 있는 항목은 시스템 운영에 영향을 주고 시스템이 사용하는 통제 기능을 변경한다.

(2) 상시 데이터: 자주 변하지 않으면서도 비즈니스 처리에서 데이터를 입력하거나 변경하려면 승인이 필요하다. 데이터 변경 보고서와 같이 입력과 점검 내용을 승인하는 입력 통제가 포함될 수 있다. 감사 추적 기록이 모든 변경 사항을 기록한다.

(3) 마스터 데이터/잔액 데이터: 엄격한 승인과 검토 통제를 거치지 않은 채 거래 처리마다 변경되는 잔액과 총액을 수정할 수 없다. 변경 사항이 재무제표에 영향을 줄 수도 있으므로 감사 추적 기록이 매우 중요하다.

(4) 거래 파일: 정확성 검사, 컨트롤 합계, 예외 보고서에 사용되는 파일이다.

Master Files and Standing Data Controls
These controls ensure the integrity and accuracy of master files and standing data.

Domain	Control	Possible Tests
Update authorization	• Access to update allocated rights to senior users based on their roles and need to use the application.	• Review access to set and amend master files and standing data.

File and Data Transmission Controls
These controls ensure that internal and external electronically transmitted files and transactions are received from an identified source and processed accurately and completely.

Domain	Control	Possible Tests
File transmission controls	• Checks for completeness and validity of content, including date and time, data size, volume of records, and authentication of source.	• Observe transmission reports and error reports. • Observe validity and completeness parameters and settings. • Review access to set and amend configurable parameters on file transfers.
Data transmission controls	• Application of selected input controls to validate data received (e.g., key fields, reasonableness, etc.).	• Test samples of each scenario. • Observe attempts to input incorrect data. • Determine who can override controls. • If table driven, determine who can change edits and tolerance levels.

253

컷오버(Cut-over)란 기존에 운영되던 정보 시스템을 완전히 중단시키고, 새로 구축된 정보 시스템을 본격 오픈하는 것을 의미한다. 성공적인 개발 및 테스트 후에도 전환은 소프트웨어 프로젝트의 성공에 매우 중요하다. 대기업에서는 배포가 복잡할 수 있으며 프로덕션 환경과 응용 프로그램을 적절하게 구성하기 위해 특정 순서로 단계를 수행해야 한다. 전환이 실패하면 팀의 노력이 헛될 수 있으며, 많은 비용이 드는 작업을 반복해야 하고 프로젝트 시작이 지연될 뿐만 아

니라 프로덕션 환경에서 컷-오버가 롤백되는 동안 고객이 서비스 문제를 경험할 수 있다. 성공적인 가동을 위해서는 잘 작성된 프로젝트 전환 계획이 필수적이다. 이는 최종 사용자의 가동 중지 시간을 줄이고 관련된 사람들의 일정을 간소화한다. 데이터 또는 코드 마이그레이션, 리포지토리에서 버전 생성 등과 같은 많은 종속 단계가 있다. 전환 계획은 이러한 모든 활동을 완료하는 데 도움이 된다.

전환 계획(Cut-over plan)은 실제 전환일보다 앞서 준비해야 하며, 설계 단계에서 공식 적용 계획을 작성해 두어야 한다. 그리고 시스템 개발이 진행되면서 계속 수정되어야 한다.

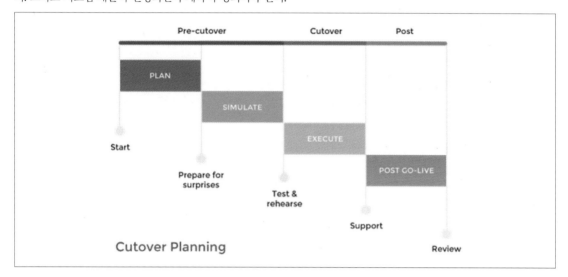

Cutover Planning

254

정답: 3번

인수 테스트(Acceptance Testing)는 정보 시스템의 검사 중 하나로서, 해당 시스템이 실제 운영 환경에서 사용될 준비가 되었는지 최종적으로 확인하는 테스팅 단계이다. 개발자가 중심이 되어 수행하는 단위 테스트와 개발자 테스터가 같이 수행하는 통합 테스트 그리고 전문적인 테스터가 주축이 되어 수행하는 시스템 테스트와 달리 인수 테스트의 주축이 되는 테스터는 고객이나 실제 사용하는 사용자가 참여하며, 다른 이해관계자(Stakeholder)도 참여할 수는 있다. 최종 테스트와 적용 단계에서 인수 테스트와 완료 서명 작업을 실시하고 새로운 정보 시스템을 가동한다. 새 시스템이 비즈니스 처리 시스템으로써 효과적이고, 위험을 적절한 수준으로 경감시키며, 시스템의 원래 목적을 달성하였으므로 시스템에 대한 경영진은 책무를 다했음을 밝혀야 한다. 시스템의 목표와 내부 통제 수준을 준수하기 위해 시스템이 효과적인지 관리자가 확인할 수 있도록 인증 절차를 수행한다.

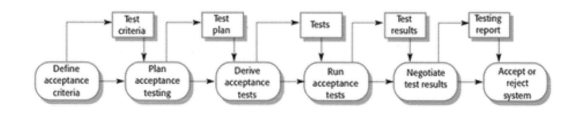

255

내부 통제(Internal Control)는 조직에서 위험을 관리하고 사고 발생을 줄이기 위해 사용하는 시스템이다. 내부 통제 구조는 통제 환경, 회계 시스템 및 통제 활동이라는 절차로 구성된다. 몇 년 전에 5개의 후원 조직이 특정 회계 문제 또는 프로젝트를 주기적으로 식별하고 해결하는 독립적인 민간 부문 그룹인 후원 조직 위원회(COSO)는 운영 및 회계의 내부 통제 결함 문제를 해결하기 위해 소집되었다. 그들은 이후 COSO의 내부 통제 통합 프레임워크로 알려진 보고서를 발표했으며 효과적인 내부 통제 시스템에 필요하다고 결정한 5가지 구성요소는 다음과 같다. 내부 통제 시스템은 다음을 수행하는 공식 정책 및 절차로 구성된다.

(1) 자산이 적절하게 사용되었는지 확인(ensure assets are properly used)

(2) 회계 시스템이 제대로 작동하는지 확인(ensure that the accounting system is functioning properly)

(3) 최대 효율성을 보장하기 위해 조직의 운영을 모니터링(monitor operations of the organization to ensure maximum efficiency)

(4) 자산을 안전하게 유지(ensure that assets are kept secure)

(5) 직원이 회사 정책을 준수하는지 확인(ensure that employees are in compliance with corporate policies)

제10장

모의고사

📢 **참고**: 모의고사 1회는 앞서 나온 문제와 겹치지 않는 새로운 문제이므로, 자세한 해설을 더해 마지막 마무리 학습에 도움이 될 수 있도록 했다. 모의고사 2~3회는 별도의 해설이 없으며 앞서 풀어본 1장~9장의 문제를 무작위 하게 선별하여 구성했다. 따라서 더욱 깊은 학습이 필요하다면 모의고사 1회를 푼 뒤, 해설을 통해 마무리 학습을 하고 모의고사 2~3회를 풀어서 실력을 검증해 보길 바란다.

해설편

⟨1회⟩

001

정답: 2번

ISACA IT Audit Framework(ITAF)에서 제시하는 증거 항목은 다음과 같다.

- IT 감사 및 보증 실무자는 합리적인 결론을 도출하기 위해 충분하고 적절한 증거를 확보해야 한다.
- 전문적인 회의론을 적용하여 IT 감사 및 보증 실무자는 결론을 뒷받침하고 업무 목표를 달성하기 위해 획득한 증거의 충분성을 평가해야 한다.
- 다른 작업 문서와 함께 IT 감사 및 보증 실무자는 공식적으로 정의되고 승인된 보존 기간과 일치하는 기간 동안 증거를 보존해야 한다.

002

정답: 4번

경계 방어는 시설이 높은 보안 위험으로 간주되는 시나리오에서 사용되며 이러한 경우 외부 경계는 추가 보호 계층으로 간주될 수 있다. 그중 울타리(Fence)는 일반적으로 부동산 주변에 배치되는 일반적인 억제 수단이다. 다만, 단호한 침입자는 울타리 아래나 너머로 길을 찾을 것이므로 침입자를 막는 확실한 방법이 아니며 시설의 안전을 보장하지 않는다는 점을 기억해야 한다. 중요한 지역은 주변에 최소 8피트의 울타리가 있어야 한다. (1피트=12인치=30.48cm)

높이 또는 각도	설명
3~4피트	우발적인 침입자 방어
6~7피트	쉽게 오를 수 있다는 생각 버리게 함
가시철망 8피트	강력한 재산 보호, 심각한 침입자 저지, 중요 지역 보호
가시철망 45도	내부에서 기울게 만들어 탈출 방지 외부에서 기울게 만들어 침입 방지

003

정답: 3번

웨이퍼 텀블러(Wafer tumbler) 잠금장치는 종종 디스크 텀블러 잠금장치로 오인되지만 실제로는 매우 다르다. 웨이퍼 텀블러 잠금장치는 플랫 웨이퍼를 사용하여 잠금장치가 작동하지 않도록 한다. 내부의 플랫 웨이퍼는 올바른 키 세트로만 이동한다. 일련의 플랫 웨이퍼는 원통형 웨이퍼 텀블러 내부에서 찾을 수 있다. 목적은 원통형 플러그를 제자리에 고정시키는 것이다. 이 웨이퍼는 일반적으로 스프링 로딩되어 플러그 내부의 직립 슬롯에 고정된다. 이러한 배열은 웨이퍼가 정반대의 넓은 홈으로 돌출되어 잠금장치의 외부 케이싱에 위치하게 한다. 넓은 홈에 붙어 있는 돌출된 웨이퍼는 오른쪽 키가 삽입되어 잠금을 해제할 때까지 플러그의 회전을 중지시킨다. 올바른 키를 삽입하지 않으면 웨이퍼는 외부 실린더 하부의 홈에 스프링이 고정되어 있다. 올바른 키를 삽입하면 웨이퍼가 아래쪽 홈에서 올라오지만 실린더의 상부 홈으로 들어갈 만큼 충분히 높지는 않다. 웨이퍼가 풀리면 키와 웨이퍼가 회전하여 도어를 잠금 해제하거나 잠글 수 있다.

004

정답: 1번

전자금융감독규정에 의거 총자산이 10조 원 이상이고 종업원 수가 1,000명 이상일 경우 CIO와 CISO는 겸직을 할 수 없다. 그러나 보통 CIO와 CISO(정보보호최고책임자), CPO(개인정보보호책임자), CIAP(신용정보관리보호인)은 분리하는 것이 일반적이다.

- 사업 연도 말을 기준으로 총자산이 2조 원 이상, 상시 종업원 수 300명 이상인 경우: 임원으로 지정
- 사업 연도 말을 기준으로 총자산이 10조 원 이상, 상시 종업원 수 1,000명 이상인 경우: 겸직 금지

'자산총액이 5조 원 이상이거나 정보보호 관리체계 인증 의무대상자 중 자산총액 5천억 원 이상인 정보통신 서비스 제공자'의 정보보호최고책임자(CISO)는 정보통신망법에서 규정한 업무 이외의 다른 업무를 맡는 것을 금지(겸직 금지)하는 개정 정보통신망법(제45조의3 제3항)이 시행되었다.

정보통신망법에서 규정한 CISO의 업무는 다음과 같다(제45조의3 제4항).

(1) 정보보호 관리체계의 수립 및 관리·운영
(2) 정보보호 취약점 분석·평가 및 개선
(3) 침해 사고의 예방 및 대응
(4) 사전 정보보호 대책 마련 및 보안 조치 설계·구현 등
(5) 정보보호 사전 보안성 검토
(6) 중요 정보의 암호화 및 보안 서버 적합성 검토
(7) 그 밖에 이 법 또는 관계 법령에 따라 정보보호를 위하여 필요한 조치의 이행

005

정답: 4번

전자적 전송 매체를 이용하여 영리 목적의 광고성 정보를 전송하는 경우 수신자의 명시적인 사전동의를 받아야 하며, 2년마다 정기적으로 수신자의 수신 동의 여부를 확인해야 한다. 수신 여부 확인 시 수신자에게 알려야 할 사항은 다음과 같다.

(1) 전송자의 명칭
(2) 수신 동의의 날짜 및 수신에 동의한 사실
(3) 수신 동의에 대한 유지 및 철회 의사를 표시하는 방법

006

정답: 1번

이블 트윈 공격(Evil twin Attack)은 로그온한 사람들을 속이고 비밀번호나 신용카드 번호를 훔치기 위해 합법적인 네트워크인 것처럼 가장한 무선 네트워크를 가리킨다. 이블 트윈은 피싱 사기의 무선 버전이다. 공격자는 합법적인 제공자처럼 행세하며 노트북이나 휴대 전화로 핫스팟에 연결한 무선 사용자들을 가지고 논다. 무선 장치들은 근처에 연결할 수 있는 핫스팟을 통해 인터넷에 연결한다. 하지만 이런 핫스팟들은 해커들에게는 먹잇감이 될 수 있다. 충분한 장비를 갖춘 사람은 핫스팟을 찾아 그것 대신에 자신의 '이블 트윈'을 대체시킬 수 있다. 이러한 종류의 이블 트윈 공격은 해커에 의해 통신 링크를 스누핑하거나 사람들을 선동하여 사기성 웹 사이트로 들어가도록 피싱하여, 의심하지 않고 사용하는 사용자들의 암호를 훔치는 데 사용될 수 있다.

007

정답: 1번

FM200은 Halon1301 대체물질 소화약제 중 가장 안정된 소화약제로, 전기적으로 비전도성 약제가 필요한 곳, 약제의 방출 후 문제를 발생시키는 곳, 그리고 상시 사람이 거주하는 지역의 화재를 진압하기 위해 사용되며 용기 내 약제 압력이 저압으로 안전하고 초기 투자비에 비해 사후 유지 관리가 저렴한 소화약제다. FM200 화재 진압의 주요 장점은 화재 진압에 필요한 소량의 약제이다. 이것은 더 적은 수의 실린더를 의미하므로 FM200 실린더의 저장을 위한 낭비되는 공간이 줄어든다. FM200 시스템은 10초 이내에 소화 수준에 도달하여 일반적인 가연성, 전기 및 가연성 액체 화재가 심각한 손상을 일으키기 전에 중지한다. FM200은 화재를 빠르게 진압하므로 피해가 적고 수리 비용이 저렴하다. 다른 화재 진압 시스템과 마찬가지로 FM200 시스템은 사람을 위한 추가 안전 여유를 갖도록 설계되었다.

FM200 리필은 간단하고 비용 효율적이므로 가동 중지 시간과 비즈니스 중단도 줄어든다. FM200은 청정제로 분류되어 점유 공간 내에서 사용하기에 안전하다. FM200 화재 진압 환경의 안전성은 10년 이상의 실제 경험과 광범위한 과학적 연구를 통해 입증되었다. FM200 시스템은 대부분의 다른 소화제보다 저장 공간을 덜 차지한다. FM200 사용의 화재 방지 이점 외에도 환경에도 이점이 있다. FM200 화재 진압제는 성층권 오존을 고갈시키지 않으며 재앙적인 화재가 미칠 영향에 비해 환경에 미치는 영향을 최소화시킨다. FM200 화재 진압은 이미 전 세계 70개국 이상에서

10만 개 이상의 응용 분야에서 작동하고 있는 솔루션이다.

008

정답: 1번

공격 유형	방어 여부	비고
파밍(캐시 포이즈닝)	방어/방지	DNS 데이터 위변조 방식 이용 공격에 효과적 대응
피싱	해당 없음	피싱은 유사 도메인 네임 사용하지만, 데이터 위-변조에 해당하지 않음
DDoS 공격	해당 없음	DDoS 공격 방어 메커니즘이 아님
웜 바이러스에 의한 호스트 정보 변조	해당 없음	DNSSEC은 DNS 질의응답 절차 관련 '데이터 위-변조' 방지 기술

—— 출처 https://www.kisa.or.kr/

009

정답: 1번

감사 테스트 데이터(Test Data)는 감사 클라이언트가 사용하는 응용 프로그램에 내장된 제어의 존재와 효율성을 테스트하는 데 사용된다. 이와 같이 더미 거래는 클라이언트의 전산화된 시스템을 통해 처리된다. 그런 다음 처리 결과를 감사인의 예상 결과와 비교하여 통제가 효율적으로 작동하고 시스템의 객관성이 달성되고 있는지 확인한다. 예를 들어, 두 개의 더미 은행 지불 거래(하나는 내부 승인 매개 변수와 하나는 외부 승인 매개 변수)는 매개 변수 내에서 처리된 트랜잭션만 시스템에서 '수락'할 것이라는 예상으로 처리될 수 있다. 분명히, 처리된 더미 거래가 예상 결과를 산출하지 못한다면 감사인은 검토 중인 영역에서 실질적인 절차를 강화할 필요성을 고려해야 한다. 이 접근법은 감사인이 생성한 데이터를 피감사 프로그램의 지배 하에 둔다. 테스트 데이터는 절대로 실제 데이터와 혼합되어서는 안 된다. 그리고 테스트 데이터는 실제 업무 처리를 방해해서는 안 되며 감사인이 테스트 데이터를 사용할 때에는 IT 직원에 의한 모니터링을 수행할 필요성이 있다.

010

정답: 1번

사회 공학기법은 고급 해킹 기술이나 물리적인 도구가 없이도 사람을 속이거나 조직에 자연스럽게 침투하는 등의 방법을 사용한다. 사람과 환경을 속이고 위장하며 사람들 사이에 녹아드는 방법을 사용하고 상대방이 모르는 사이에 정보를 조금씩 취득하여 이를 유의미한 정보를 얻을 때까지 반복한다. 인터뷰, 설문 조사, 전화, 훔쳐보기, SNS 탐색, 커뮤니티 검색, 구글 해킹, 휴지통 뒤지기, 주변 사람 수소문하기, 어깨너머로 훔쳐보기, 게이트에 뒤따라 들어가기 등이 있다. 피싱과 파밍, 스니핑, 도청도 사회 공학기법으로 분류하는 경우도 있지만, 상대적으로 가장 먼 기법이고 기술적 해킹으로 분류하는 것이 더 적합하다.

011

정답: 2번

격리성 수준(Isolation Level)을 가장 높은 수준인 Serializable 수준으로 운용하지 않을 경우에 Phantom Read 상황은 발생할 수 있다. 트랜잭션 T1가 범위 A 데이터를 조회한 후 트랜잭션 T2가 범위 A의 데이터를 삽입했을 때 T1이 다시 조회를 수행하면 이전과 다른 추가 데이터가 보이게 되는 현상을 말하며, 보이지 않았던 값이 조회되는 상황이다. 데이터베이스 격리성 수준을 높이면 대응이 가능하지만 그만큼 성능이 저하되는 것을 감수해야 한다.

012

정답: 3번

소프트웨어 테스트 기법 중에서 휴리스틱 테스팅은 탐색적 테스팅이라고도 불리는 기법이다. 숙련된 지식과 경험을 가진 테스트 전문가뿐만 아니라 비전문가도 수행이 가능한 기법이지만 전문가의 결과가 더 좋을 수는 있다. 또한, 특별한 테스트 케이스 없이도 진행이 가능하며 테스트 담당자가 가진 지식과 경험을 기반으로 테스트 대상 소프트웨어의 결함을 찾아내는 방식이다.

사전에 사용되었던 테스트 케이스, 시나리오를 재활용할 수도 있지만 휴리스틱 기법에서는 테스트 담당자의 역량에 의존한다. 이와 같은 특징 때문에 테스트팀에서 목표/지표/목적/범위/시간을 명시하지 않는다면 테스트 효과가 낮아질 수 있으므로 테스트 관리자는 목표를 설정해야 한다. 그리고 Timebox, Daily Meeting과 같은 보조적인 관리 활동을 통해 테스트 활동의 품질을 향상시킬 수 있다.

013

정답: 1번

스마트 팩토리 CPPS는 IIoT 기술을 적용해 생산의 전 과정을 연결, 데이터를 수집, 감시하고, 모아진 제조 빅 데이터를 관리, 정제, 분석하며, 실시간 가상화를 통해 현장 상황과 일치하는 사이버 모델을 수립, 디지털 트윈 개념으로 활용함으로써, 자율, 능동적으로 설계, 운영 최적화를 달성하고자 하는 핵심 실행 전략이다. 특히 스마트 팩토리의 설계, 운영을 위한 CPS 기술의 개발과 적용을 위해서는 기술 그 자체에 대한 연구와 개발에 더하여 다른 기술과 상호 작용, 유연하게 운용될 수 있는 통합 기술과 플랫폼의 구축이 필수적이다.

스마트 팩토리에서 CPPS는 외부 환경, 공장 설비 및 운영 환경에 부착된 센서와의 통신을 통해 수집된 정보를 자율적으로 분석하고 의사결정하여 최적의 솔루션을 찾는 방식으로, 지능화된 상황 인지, 판단(의사결정), 수행을 통하여 제조 현장의 설비 간 네트워크에서부터 설계, 운영에 관련된 최적화된 의사결정을 통합하여 지원한다. 특히 데이터 애널리틱스를 통해 물리적 세계(제조 현장)와 동기화된 사이버 모델, 즉 '디지털 트윈 (Digital twin)'이 구축, 활용된다. 즉, 공장에서는 제품, 공정, 다양한 설비들과 ERP(Enterprise Resource Planning, MES(Manufacturing Execution System) 등 여러 생산 관리 시스템들이 IIoT, 플랫폼 등을 통하여 상호 연계되며, 이를 바탕으로 운영, 관리가 수행된다. 또한, 설계/운영 CPS에서는 제조 빅 데이터 관리와 분석을 통해 현장과 동기화된 사이버 모델을 구성, 운영과 가시화를 수행하며, 이를 바탕으로 지식 관리와 최적화가 달성된다.

주요한 기능으로는 클라우드 기반 제조 빅 데이터 애널리틱스, 실시간 가상화를 통한 디지털 트윈 구성 및 가시화, 제조 최적화와 지식 관리 등을 들 수 있다. 마지막으로 서비스 지향 & 개방형 네트워크와 표준 플랫폼(Service-Oriented and Open Network-Based Standard Platform), 엔지니어링을 지원하는 PLM(Product Life-cycle Management)을 바탕으로, IIoT와 IIoS 기반 개방형 네트워크와 구성요소들이 통합되고 상호 연계된다.

014

정답: 2번

뮤턴트 테스트(Mutant Testing)는 테스트 대상 프로그램에 버그(변경)을 적용하고 그 변경을 테스트 케이스가 발견할 수 있는지 여부를 판단하는 테스트 기법이다. 뮤턴트 테스트는 프로그램과 소스 코드의 수준을 검증하는 것이 아니라 테스트 설계(테스트 케이스, 테스트 시나리오)의 수준을 검증하는 기법이다. 또한, 고의로 적용한 버그(변경)를 뮤턴트라고 부르며 전체 뮤턴트 중에서 어느 정도 발견이 되었는지를 뮤턴트 점수(Mutant Score)로 수치화해서 관리한다.

015

정답: 2번

공개 데이터(Open Data)는 상업적인 경우를 포함하여 모든 사람이 공개적으로 액세스, 활용, 편집 및 공유할 수 있는 데이터이다. 데이터는 저작권, 특허 또는 기타 제어 메커니즘의 제한 없이 모든 사람이 자유롭게 사용하고 원하는 대로 다시 게시할 수 있어야 한다. 개방형 정의는 데이터 및 콘텐츠와 관련하여 '개방성'을 정의하는 원칙을 설정한다. 이는 '공개 데이터' 및 '공개 콘텐츠'라는 용어에서 '공개'의 의미를 정확하게 정의함으로써 품질을 보장하고 다양한 공개 자료 풀 간의 호환성을 장려한다. 다음은 공개 데이터의 3가지 조건이다.

- 가용성과 접근성(Availability and Access): 데이터는 인터넷을 통해서 내려받을 수 있어야 하고, 합리적인 비용

으로 원천 데이터를 변환하거나 새로운 저작물 생산
이 가능해야 함. 또한, 데이터는 편리하게 수정 가능
한 형태로 제공해야 한다.

- 재사용과 재배포(Reuse and Redistribution): 데이터는 다
  른 데이터셋과 조합하여 사용하는 것을 포함한 재사
  용, 재배포가 가능한 형태(가능하면 관련 라이선스나 법제
  도적 조항)여야 한다.

- 모두의 참여(Universal Participation): 모든 사람이 사용,
  재사용, 재배포할 수 있어야 한다. 예를 들어 '상업적',
  '비상업적' 이용에 대한 제한 혹은 특정 목적(교육용 등)
  을 위한 이용의 제한 등이 없어야 한다.

—— 🏠출처　http://opendatahandbook.org/

016　　　　　　　　　　　정답: 2번

　웹/DB 서버를 대상으로 애플리케이션 취약점 등을
이용하여 서버 자원을 고갈시키는 공격 유형으로 Get
Flooding, Slowloris, Rudy, Slow read 공격 등이 있
다. 웹/DB 부하 공격은 다량의 HTTP 요청을 통해
웹 서버와 DB 서버 연동에 부하를 유발하는 공격이며
Connection 수치가 높은 것이 특징이다. Connection
수가 급증하면 분석 툴 및 웹 서버 Access Log 등을
확인해 원인을 파악해야 한다. 웹/DB 서버 부하 공격
의 대표적인 공격유형은 GET Flooding 공격으로, 과
도한 GET 요청을 보내 웹 서버의 부하를 유발시키는
공격이다. 평상시에 비해 과도한 HTTP 요청이 확인되
거나, 비정상적인 HTTP 요청이 확인될 경우에는 공
격으로 판단하고 이에 대응해야 한다.

(1) GET Flooding: 웹과 DB 부하 공격의 가장 대표적인 공
    격 방식으로, 최근에도 활발 하게 이루어지고 있는 공
    격 방법이다. 공격자는 TCP Protocol의 3-way-hand-
    shake를 통해 서버와 세션을 맺은 후, HTTP GET 메서
    드 요청을 통해 웹 서버의 자원을 소진함과 동시에 DB
    서버까지 자원을 소진 시 켜서 정상적인 사용자의 웹
    서비스 이용을 차단한다. 자원 소진 공격과 유사하게
    bps에 비해 높은 pps를 보인다. 정상 요청과 비슷한 요
    청을 보이기 때문에 사전 대비가 어렵고 적은 개수의
    좀비PC/단말로도 서비스 장애를 유도할 수 있다는 특
    징이 있다.

(2) Slowloris Attack: GET Flooding에 비해 상대적으로 규

모가 작은 공격이다. HTTP GET 메서드 요청과 유사
하지만 단시간 내 폭발적으로 요청하는 공격이 아니
라 오랜 시간 동안 지속적으로 공격을 수행한다는 차
이점이 있다. 정상적인 HTTP 패킷의 헤더는 Carriage
Return & Line Feed(이하 개행 문자)가 두 번 나타난다.
첫 번째 개행 문자는 헤더의 종료이며 두 번째 개행 문
자는 전체 헤더의 종료를 의미한다. 만일 헤더의 마지
막에 개행 문자를 하나만 전송하면 웹 서버는 헤더가
모두 도착하지 않은 것으로 간주하고 연결을 유지하며
대기 상태를 유지한다. 즉, 지속적인 공격으로 서버의
자원을 잠식하는 공격이다.

(3) RUDY(R-U-Dead-Yet) Attack: POST Method를 이용하는
    대표적인 Slow 공격 유형이 다. POST 요청은 전달할
    데이터의 크기를 Content-Length 헤더에 삽입하여 보
    내게 되는데, RUDY Attack은 이 크기를 매우 크게 설
    정한 후 서버로 전달할 데이터를 장시간에 걸쳐 조금
    씩 분할하여 전달하게 한다. 그렇게 되면 서버는 아직
    모든 데이터가 수신되지 않았다고 판단하여 장시간 연
    결을 유지하게 되며 결과적으로 정상 사용자들의 요청
    을 서비스할 수 없게 된다.

(4) Slow read Attack: TCP 통신에서 사용되는 windows
    size를 악용한 공격 기법이다. 클라이언트마다 한 번
    에 처리할 수 있는 패킷의 크기가 다르기 때문에 해당
    크기를 windows size 필드를 통해 전달하며, windows
    size를 기준으로 패킷을 주고받게 된다. Slow read At-
    tack은 windows size를 낮게 설정하여 서버로 전달하
    고, 해당 size를 기준으로 통신하면서 데이터 전송이
    완료될 때까지 Connection을 유지하게 만들어 서버의
    Connection 자원을 고갈시키는 공격이다.

017　　　　　　　　　　　정답: 4번

　회귀분석은 두 개 이상의 변수 사이에 유의미한 관
계가 존재하는지 여부를 알려줄 뿐만 아니라 그 관계
성에 대한 보다 구체적인 정보를 제공할 수 있다. 특히,
여러 변수가 종속변수에 미치는 영향의 강도를 추정할
수 있다. 만약 한 변수(가령 가격)의 값을 변경하면 회귀
분석을 통해 종속변수(판매)에 어떤 영향을 미칠지 알
수 있다.

　기업은 회귀분석을 사용하여 여러 척도로 측정된
변수의 효과를 검정할 수 있다. 활용할 수 있는 도구
상자에 회귀분석을 포함해두면 예측 모델을 구축할

때 사용할 최상의 변수 집합을 평가하여 예측 정확도를 크게 높일 수 있다.

마지막으로 회귀분석은 데이터 모델링을 사용하여 머신러닝에서 회귀 문제를 해결하는 가장 좋은 방법이다. 차트에 데이터 포인트를 표시하고 이들을 관통하는 가장 적합한 선을 그어 각 데이터 포인트의 오류 가능성을 예측할 수 있다. 즉, 각 데이터 점이 선에서 멀리 떨어져 있을수록 예측 오차가 커진다(이 가장 적합한 선을 회귀선이라고 부르기도 한다). 회귀 분석에는 많은 종류가 있지만, 다음의 다섯 가지가 가장 일반적으로 사용된다.

(1) 선형 회귀(Linear Regression): 머신러닝에서 가장 일반적인 회귀분석 유형이라고 할 수 있는 선형 회귀는 예측 변수와 종속변수로 구성되며, 이 둘은 선형 방식으로 서로 연관 지어져 있다. 선형 회귀는 위에서 설명한 대로 가장 적합한 선, 즉 최적적합선을 사용한다. 변수들이 서로 선형적으로 연결되어 있는 경우 선형 회귀를 사용한다. 광고 지출 증가가 판매에 미치는 영향을 예측할 때 등이 예가 될 수 있다. 그러나 선형 회귀분석은 특이치에 영향을 받기 쉬우므로 빅 데이터 집합을 분석하는 데 사용해서는 안 된다.

(2) 로지스틱 회귀(Logistic Regression): 종속변수에 이산 값이 있는 경우, 다시 말해 0 또는 1, 참 또는 거짓, 흑 또는 백, 스팸 또는 스팸 아닌 것 등의 두 가지 값 중 하나만 취할 수 있는 경우 로지스틱 회귀를 사용하여 데이터를 분석할 수 있다. 로지스틱 회귀는 S자형 곡선을 사용하여 대상 변수와 독립변수 사이의 관계를 표시한다. 그러나 로지스틱 회귀 분석 방식은 대상 변수에서 거의 동일한 값이 발생하는 대규모 데이터 세트에서 가장 효과가 있다는 사실에 유의해야 한다. 이 경우, 변수들의 순위를 지정할 때 문제를 일으킬 수 있기 때문에 서로 상관성이 높은 독립변수들이 데이터 집합에 포함되어서는 안 된다. (이것은 multicollinearity, 즉 다중공선성이라고 알려진 현상으로, 회귀 분석에서 사용된 모델의 일부 예측 변수가 다른 예측 변수와 상관 정도가 높아, 데이터 분석 시 부정적인 영향을 미치는 현상을 의미한다.)

(3) 리지 회귀(Ridge Regression): 그러나 불가피하게 독립변수들 사이에 높은 상관관계가 있는 경우라면 리지 회귀가 더 적합한 접근 방식이다. 다중 회귀라고도 불리는 리지 회귀는 정규화 또는 규제화(regularization) 기법으로 알려져 있으며 모델의 복잡성을 줄이는 데 사용된다. 또한, '리지 회귀 페널티'로 알려진 약간의 편향,

즉 바이어스(bias)를 사용하여 모델이 과적합(overfitting)에 덜 취약하게 만든다.

(4) 라쏘 회귀(Lasso Regression): 라쏘 회귀는 리지 회귀와 같이 모델의 복잡성을 줄여주는 또 다른 정규화 기법이다. 회귀 계수의 절대 사이즈를 금지함으로써 복잡성을 줄인다. 리지 회귀와는 다르게 아예 계수 값을 0에 가깝게 만든다. 그 장점은 기능 선택을 사용할 수 있다는 것이다. 데이터 집합에서 기능 세트를 선택하여 모델을 구축할 수 있다. 라쏘 회귀는 필요한 요소들만 사용하고 나머지를 0으로 설정함으로써 과적합을 방지할 수 있다.

(5) 다항 회귀(Polynomial Regression): 다항 회귀는 선형 모델을 사용하여 비선형 데이터 집합을 모델링한다. 이것은 동그란 모양의 구멍에 네모난 모양의 못 또는 말뚝을 끼워 넣는 것과 같다. 다항 회귀는 독립변수가 여러 개인 선형 회귀를 뜻하는 다중 선형 회귀와 비슷한 방식으로 작동하지만, 비선형 곡선을 사용한다. 즉, 데이터 포인트가 비선형 방식으로 존재할 때 사용한다. 모델은 이 데이터 포인트들을 지정된 수준의 다항식 특성으로 변환하고 선형 모델을 사용하여 모델화한다. 선형 회귀에서 볼 수 있는 직선이 아닌 곡선의 다항식 선을 사용하여 최적적합을 수행한다. 그러나 이 모델은 과적합으로 나타나기 쉬우므로 이상한 결과치를 피하기 위해서는 끝 부분의 곡선을 분석하는 것이 좋다.

— 🏠 출처 https://www.appier.com/

018   정답: 2번

디자인 씽킹(Design Thinking)은 분석적 사고와 직관적 사고를 모두 활용하는 통합적 접근이다. 디자인 씽킹을 통한 제품 개발 프로세스는 사용자(소비자)가 원하는 방향으로 해답을 찾아가기 위해 '공감하기', '문제를 정의하기', '아이디어 내기', '프로토타입(prototype) 만들기', '테스트하기' 등 다섯 단계로 구성된다.

(1) 디자인 씽킹 1단계: 공감하기(Empathy)

디자인 씽킹의 첫 번째는 사용자가 원하는 것이 무엇인지 확인하는 '공감하기' 단계이다. 사용자의 니즈를 탐색하는 방법으로 '관찰하기'(Field Observation), '스스로 체험하기'(Participatory Research), '깊이 있게 물어보기'(In-depth Interview) 방법을 활용한다. 사용자의 행동과 주변 환경을 관찰하고, 연구자가 직접 사용자가 되

어 체험한 것을 바탕으로 사용자의 공간에서 경청하는 인터뷰라는 과정을 통하여 사용자의 관점을 이해하고 공감하는 과정이다.

(2) 디자인 씽킹 2단계: 문제 정의하기(Define)

디자인 씽킹의 두 번째 단계는 '문제를 정의하는' 단계이다. 이 단계는 '공감하기'에서 수집된 정보를 해석하고 종합하여 새로운 인사이트를 발굴하는 단계이다. 관찰, 체험, 인터뷰를 통해 사용자의 행동과 언어에 내재된 욕구(니즈)가 무엇인지 발견하고 그 욕구를 충족시키기 위해 해결해야 할 과제가 무엇인지를 파악하는 단계이다.

(3) 디자인 씽킹 3단계: 아이디어 내기(Ideate)

디자인 씽킹의 세 번째 단계는 사용자의 욕구를 해결하는 다양한 아이디어를 도출하는 단계이다. '아이디어 내기'는 분산(확산)적 사고와 수렴(집중)적 사고를 필요로 한다. '아이디어 내기'에서는 브레인스토밍 등을 통하여 문제점을 해결하기 위한 다양한 아이디어를 모으는 분산적 사고 과정을 거친 다음 반드시 구현해야 하는 핵심적인 아이디어를 분류하여 도출된 아이디어의 우선순위를 정하는 수렴적 과정을 거친다.

(4) 디자인 씽킹 4단계: 프로토타입 만들기(Prototype)

프로토타입 만들기 단계에서는 분산 및 수렴 과정을 거쳐 수집된 아이디어를 바탕으로 사용자가 시제품(또는 서비스)을 이용하는 상황을 상정한 대표적인 시나리오를 작성한다. 이 시나리오를 중심으로 사용자의 실제 사용 모습(Scene)과 필수적인 핵심 기능 요소(Function & Feature) 등을 시각화한다.

(5) 디자인 씽킹 5단계: 테스트하기(Test)

디자인 씽킹의 마지막 단계는 준비한 프로토타입을 사용자 혹은 이해관계자가 직접 사용하고 평가한 후 개선 의견을 구하는 피드백 과정이다. 이 단계는 실제 사용자의 사용 경험에 대한 이해를 깊이 있게 탐색하고 프로토타입의 개선 방향을 탐색하는 과정이며 피드백을 바탕으로 개선 작업을 거쳐 다시 테스트한다.

디자인 씽킹을 적용한 신제품 콘셉트 개발 프로세스는 통상적으로 12주 내외의 기간이 소요되며 리서처와 마케터의 관여도가 매우 높은 조사 방법이다. 그러나 디자인 씽킹의 단계별로 분석적 사고와 창의적 사고를 역동적으로 적용하면 시장에서의 성공 가능성이 큰 신제품 콘셉트의 인사이트 도출이 가능하다는 장점이 있다.

019 정답: 1번

차세대 방화벽(Next-generation firewall, NGFW)과 기존 방화벽(Traditional firewall, TFW)의 차이는 다음과 같다.

기존 방화벽은 OSI(Open Systems Interconnection) 모델의 레이어 3 및 4에서만 작동하여 동작을 알리고 호스트와 최종 시스템 간의 네트워크 트래픽을 관리하여 완전한 데이터 전송을 보장한다. 포트 및 프로토콜을 기반으로 트래픽을 허용하거나 차단하고, 상태 기반 검사를 활용하고, 정의된 보안 정책을 기반으로 결정을 내린다. 하지만, 랜섬웨어와 같은 지능형 위협이 등장하기 시작하면서 더 강력하고 지능적인 보안 솔루션에 대한 수요가 많아졌다.

네트워크 보안의 차세대 진화로 알려진 NGFW는 기존 방화벽에서 기대할 수 있는 모든 기능을 제공하지만 ID, 사용자, 위치 및 애플리케이션에 대한 보다 엄격한 정책을 허용하며 보다 세분화된 기능을 제공하고 있다. NGFW은 많은 이점을 제공할 수 있지만 오늘날의 분산된 인력을 지원하는 데 필요한 기능이 부족하다. 예를 들어 NGFW로 트래픽을 백홀하는 것은 애플리케이션이 데이터센터에 있고 대부분(따라서 엔드포인트)이 기업 또는 지역 사무실에 있을 때 의미가 있다. 그러나 오늘날의 애플리케이션은 어디서든 작업을 지원하기 위해 클라우드로 이동했다. NGFW 및 VPN을 비롯한 기존 네트워킹 및 보안 도구는 확장성 부족으로 인해 지금은 현재 충분하지 않은 추세이다.

020 정답: 2번

임계 구역(Critical Section)은 공유 자원 접근 순서에 따라 실행 결과가 달라지는 프로그램의 영역을 말한다. 임계 구역에서 'critical'은 '대단히 중요한'이라는 뜻으로, 프로세스 실행 상황에서는 공유할 수 없는 매우 중요한 자원이다. 임계 구역에서는 프로세스들이 서로 동시에 작업하면 안 된다. 즉, 한 프로세스가 임계 구역에 돌입하면 다른 프로세스는 임계 구역 밖에서 차례를 기다려야 하며 임계 구역에 먼저 들어간 프로세스가 나와야 들어갈 수 있다. 공유된 자원에 접근하기 위해선 임계 구역에 진입해야 하며 이러한 임계 구역 문제를 해결하기 위해선 3가지 조건을 충족해야 한다.

(1) 상호 배제(Mutual Exclusion): 임계 영역 보호, 한 프로세스가 임계 구역에 들어가면 다른 프로세스는 임계 구역에 들어갈 수 없어야 한다.

(2) 한정 대기(Bounded Waiting): 특정 프로세스가 기아(Starvation) 상태에 빠지는 것을 방지, 특정 프로세스가 무한히 대기해서는 안 된다는 것이다. 즉, 임계 구역에 대한 요청이 허용될 때까지 다른 프로세스들이 임계 구역에 진입할 수 있는 횟수에 한계가 있어야 한다는 것이다.

(3) 진행의 융통성(Progress Flexibility): 교착 상태가 일어나서는 안 된다.

임계 구역 문제는 알고리즘을 이용한 소프트웨어적인 해결 방법뿐만 아니라 하드웨어적인 방법으로도 해결할 수 있다. 하지만 이는 바쁜 대기를 사용하여 자원을 낭비하고 알고리즘도 너무 복잡해 에츠허르 데이크 스트라(Edsger Wybe Dijkstra)는 이를 해결할 알고리즘을 제안했는데 그 알고리즘이 바로 세마포어(Semaphore)이다. 세마포어는 두 개의 원자적 함수(wait(), signal())로 조작되는 정수 변수로서, 멀티프로그래밍 환경에서 공유 자원에 대한 접근을 제한하는 방법으로 사용된다. 이는 철학자들의 만찬 문제의 고전적인 해법이지만 모든 교착 상태를 해결하지는 못한다.

021

정전기(靜電氣, Static electricity)는 정지되어 있지 않은 전하에 의해 일어나는 물리적 현상이다. 정전기란 물체에 전하가 축적-방전되는 것으로 정전기의 방전에 의한 재해는 전격, 화재, 폭발의 착화 원인이 있으며, 방전에 의해 발생된 Noise는 특히 인텔리전트 빌딩에서 OA, BA 기기의 전자 회로의 오동작 및 부동작이 있다. 정전기의 대전현상에는 마찰대전, 박리대전, 유동대전, 분출대전, 충돌대전, 유도대전, 비말대전, 적하대전, 침강대전, 부상대전, 동결대전 등이 있다. 인간이

정전기에 의해 감전되는 전압은 대체로 500V이며, 이때의 누설전류는 수 μA 정도이나 전자기기는 이 정도의 전압에도 반도체가 파괴되고, 디바이스의 오동작을 일으킨다.

정전기의 세기(V)	영향
40	민감한 회로
1,000	모니터
1,500	디스크 데이터 손상
2,000	시스템 셧다운
4,000	프린터 고장
17,000	칩셋 영구 손상

022

INTOSAI(세계최고감사기구, International Organization of Supreme Audit Institutions)의 감사 기준은 리마선언문, 도쿄선언문, INTOSAI 이사회 및 총회에서 채택된 성명서 및 보고서, 개발도상국의 공공회계와 감사에 관한 유엔 전문가그룹미팅의 보고서에 그 기본틀을 두고 있다. INTOSAI 감사 기준은 다음과 같이 4부문으로 구성되어 있다.

- 기본 원칙(Basic Principles)
- 일반 기준(General Standards)
- 실시 기준(Field Standards)
- 보고 기준(Reporting Standards)

INTOSAI는 전산조직 감사를 포함한 모든 감사수행과정에서 준수해야 할 절차와 관례를 설정하기 위한 기본 틀을 마련하기 위해 본 감사기준을 개발하였다. 이들 기준은 개별 국가의 최고감사기관(Supreme Audit Institution, SAI)이 처한 저마다의 헌법적, 법률적 그리고 그 밖의 상황 여건에 비추어 이해되어야 할 것이다.

023

폐쇄 회로 텔레비전(Closed Circuit Television, CCTV)는 신호가 공개적으로 배포되지 않고 주로 감시 및 보

안 목적으로 모니터링되는 TV 시스템이다. CCTV는 카메라의 전략적 배치와 어딘가의 모니터에서 카메라의 입력을 관찰하는 데 의존한다. 카메라는 개인 동축 케이블 실행 또는 무선 통신 링크를 통해 모니터 및/또는 비디오 레코더와 통신하기 때문에 콘텐츠에 대한 액세스가 이를 볼 수 있는 사용자에게만 설계에 의해 제한됨을 나타내기 위해 '폐쇄 회로'라는 지정을 받는다. 일반적으로 CCTV를 배치할 때의 고려사항은 다음과 같다.

- 적절한 높이, 조명
- 사각지대 없는 배치
- 녹화 기능, 알람 시스템 연동
- 주기적인 유지 보수

024
정답: 1번

자물쇠(Lock and key)는 문 또는 상자를 잠그는 데 쓰이며, 도둑의 침입을 막거나 물건을 잃어버리지 않기 위해 사용한다. 자물쇠를 열기 위해 열쇠 혹은 조합을 이용한 비밀 번호를 사용한다. 종류에는 고정식 자물쇠, 림 자물쇠, 원통형 자물쇠, 조합 자물쇠, 맹꽁이 자물쇠, 카드 자물쇠, 전자조합 자물쇠, 생물 특성 인식 장치, 전자기 자물쇠 등이 있다. 자물쇠는 기원전 2000년경에 이집트에서 처음 발명되었다. 최근에는 기계를 이용하는 디지털 자물쇠(도어락)도 도입되었으며, 한국에서는 디지털 방식을 이용하는 경우가 많다. 자물쇠는 이에 맞는 열쇠, 전자식 디지털을 이용한 비밀 번호, 지문 등으로 열린다.

025
정답: 3번

SABSA(Sherwood Applied Business Security Architecture)는 중요한 비즈니스 프로세스를 지원하기 위해 위험 중심의 엔터프라이즈 정보 보안 아키텍처 및 서비스 관리를 개발하기 위한 모델 및 방법론이다. Zachman Framework와 독립적으로 개발되었지만 비슷한 구조를 가지고 있다. SABSA 모델의 주요 특징은 모든 것이 보안에 대한 비즈니스 요구 사항, 특히 보안이 새로운 비즈니스 기회를 개발하고 활용할 수 있는 기능을 갖춘 비즈니스 요구 사항의 분석에서 파생되어야 한다는 것이다. 이 프로세스는 처음부터 비즈니스 요구 사항을 분석하고 전략 및 개념, 설계, 구현 및 생명 주기의 지속적인 '관리 및 측정' 단계를 통해 추적 가능성 체인을 만들어 비즈니스 의무가 유지되도록 한다.

모델은 계층화되며 최상위 계층은 비즈니스 요구 사항 정의 단계이다. 각 하위 계층에서 개념적 아키텍처, 논리적 서비스 아키텍처, 물리적 인프라 아키텍처의 정의를 거치고 마지막으로 가장 낮은 계층에서 기술 및 제품(구성요소 아키텍처)을 선택하는 새로운 수준의 추상화 및 세부 사항이 개발된다. SABSA 모델 자체는 일반적이며 모든 조직의 출발점이 될 수 있지만 구조에 의해 암시 분석 및 의사결정 과정을 거치면 기업에 특정되고 마침내 고유한 비즈니스 모델에 맞게 고도로 사용자 정의된다. 그것은 실제로 엔터프라이즈 보안 아키텍처가 되며, 조직 내에서 정보 보안 관리의 전략적 프로그램 성공의 핵심이다. SABSA는 IT(정보 기술) 및 OT(운영 기술) 환경 모두에 사용할 수 있는 방법론이다.

── 🏠참조 https://sabsa.org/

026
정답: 4번

OCTAVE®(운영상 중요 위험, 자산 및 취약성 평가 SM) 접근 방식은 보안을 위한 위험 기반 전략적 평가 및 계획 기술을 정의한다. OCTAVE는 자기 주도적 접근 방식으로, 조직의 사람들이 조직의 보안 전략 수립에 대한 책임을 진다는 것을 의미한다.

OCTAVE는 조직 내 사람들의 경험과 전문 지식을 활용하도록 설계되었다. 첫 번째 단계는 위협이 제기하는 상대적 위험을 기반으로 위협 프로필을 구성하는 것이다. 이 프로세스는 조직과 관련된 취약성 평가를 계속 수행한다. OCTAVE는 세 단계를 정의한다.

- 1단계: 자산 기반 위협 프로필 구축
- 2단계: 인프라 취약성 식별
- 3단계: 보안 전략 및 계획 개발

OCTAVE는 미국 국방성을 위해 카네기 멜론 대학 (CMU)에서 2001년에 개발되었다. 그 틀은 그 이후로 몇 가지 진화 단계를 거쳤지만 기본 원칙과 목표는 동일하게 유지되었다. OCTAVE는 평평한 계층 구조를 가진 소규모 조직을 위한 단순화된 방법론인 OCTAVE-S와 대규모 조직 또는 다단계 구조를 가진 조직을 위한, 보다 포괄적인 버전인 OCTAVE Allegro로 두 가지 버전이다.

OCTAVE-S는 소규모 조직(100명 미만)에서 일반적으로 발견되는 제한된 수단과 고유한 제약 조건에 맞는 접근 방식의 변형이다. OCTAVE-S는 정보를 수집하고 분석하는 조직 직원의 소규모 학제 간 팀 (세 명에서 다섯 명)이 주도하여 조직의 고유한 운영 보안 위험을 기반으로 보호 전략 및 완화 계획을 수립한다. OCTAVE-S를 효과적으로 수행하려면 팀의 비즈니스 및 보안 프로세스에 대한 폭 넓은 지식이 있어야 하므로 모든 활동을 자체적으로 수행할 수 있다.

── 🏠참조 http://www.CERT.org/octave/osig.html

027
정답: 3번

「개인정보보호법」 제23조 제1항 각 호 외의 부분 본문에서는 민감정보의 범위를 법률에서 직접 규정하는 정보(사상·신념, 노동조합·정당의 가입·탈퇴, 정치적 견해, 건강, 성생활 등에 관한 정보)와 정보주체의 사생활을 현저히 침해할 우려가 있는 개인정보로서 대통령령으로 정하는 정보로 구분하여 규정하고 있는바, 개인정보보호법령은 민감정보에 해당함이 명확한 정보는 법률에서 직접 규정하되 법률에서 직접 규정하지 않았으나 사생활을 현저히 침해할 우려가 있어 민감정보로서 보호할 필요가 있는 정보는 대통령령에서 추가로 규정할 수 있는 체계로 되어 있다.

그리고 「개인정보보호법」에서는 개인정보의 경우 '살아 있는 개인에 관한 정보로서 성명, 주민 등록 번호 및 영상 등을 통하여 개인을 알아볼 수 있는 정보'로 정의하여 개인정보에 해당하는 정보를 포괄적으로 규정하고 있으나(제2조 제1호), 고유식별정보 및 민감정

보의 경우 이에 해당하는 정보를 각각 '주민 등록 번호, 여권번호, 운전면허의 면허번호, 외국인등록번호' (제24조 제1항 및 같은 법 시행령 제19조) 및 '사상·신념, 노동조합·정당의 가입·탈퇴, 정치적 견해, 건강, 성생활 등에 관한 정보, 유전자검사 등의 결과로 얻어진 유전정보, 「형의 실효 등에 관한 법률」 제2조제5호에 따른 범죄경력자료에 해당하는 정보'(제23조 제1항 및 같은 법 시행령 제18조)로 열거하여 규정하고 있다.

제23조(민감정보의 처리 제한) ① 개인정보 처리자는 사상·신념, 노동조합·정당의 가입·탈퇴, 정치적 견해, 건강, 성생활 등에 관한 정보, 그 밖에 정보주체의 사생활을 현저히 침해할 우려가 있는 개인정보로서 대통령령으로 정하는 정보(이하 "민감정보"라 한다)를 처리하여서는 아니 된다. 다만, 다음 각 호의 어느 하나에 해당하는 경우에는 그러하지 아니하다. <개정 2016. 3. 29.>

1. 정보주체에게 제15조제2항 각 호 또는 제17조제2항 각 호의 사항을 알리고 다른 개인정보의 처리에 대한 동의와 별도로 동의를 받은 경우

2. 법령에서 민감정보의 처리를 요구하거나 허용하는 경우

② 개인정보 처리자가 제1항 각 호에 따라 민감정보를 처리하는 경우에는 그 민감정보가 분실·도난·유출·위조·변조 또는 훼손되지 아니하도록 제29조에 따른 안전성 확보에 필요한 조치를 하여야 한다. <신설 2016. 3. 29.>

제18조(민감정보의 범위)

법 제23조제1항 각 호 외의 부분 본문에서 "대통령령으로 정하는 정보"란 다음 각 호의 어느 하나에 해당하는 정보를 말한다. 다만, 공공기관이 법 제18조제2항제5호부터 제9호까지의 규정에 따라 다음 각 호의 어느 하나에 해당하는 정보를 처리하는 경우의 해당 정보는 제외한다. <개정 2016.9.29, 2020.8.4>

1. 유전자검사 등의 결과로 얻어진 유전정보

2. 「형의 실효 등에 관한 법률」 제2조제5호에 따른 범죄경력자료에 해당하는 정보

3. 개인의 신체적, 생리적, 행동적 특징에 관한 정보로서 특정 개인을 알아볼 목적으로 일정한 기술적 수단을 통해 생성한 정보

4. 인종이나 민족에 관한 정보

028

제27조(전산원장 통제)

① 금융기관 또는 전자금융업자는 장애 또는 오류 등에 의한 전산원장의 변경을 위하여 별도의 변경절차를 수립·운용하여야 한다.

② 제1항의 절차에는 변경 대상 및 방법, 변경 권한자 지정, 변경 전후내용 자동기록 및 보존, 변경내용의 정당여부에 대한 제3자 확인 등이 포함되어야 한다.

③ 금융회사 또는 전자금융업자는 대차대조표 등 중요 자료의 계상액과 각종 보조부·거래기록·전산원장 파일의 계상액에 대한 상호일치 여부를 전산시스템을 통하여 주기적으로 확인하여야 한다. <개정 2013. 12. 3.>

④ 금융회사 또는 전자금융업자는 제3항에 따른 확인 결과 불일치가 발견된 때에는 그 원인 및 조치 내용을 전산자료의 형태로 5년간 보존하여야 한다. <개정 2013. 12. 3.>

⑤ 금융회사 또는 전자금융업자는 이용자 중요원장에 직접 접근하여 중요원장을 조회·수정·삭제·삽입하는 경우에는 작업자 및 작업내용 등을 기록하여 5년간 보존하여야 한다. <개정 2013. 12. 3.>

029

서비스 거부 공격의 각각의 대응 방안은 다음과 같다.

(1) Land Attack: 라우터나 패킷 필터링 도구를 이용하여 자신의 시스템 주소와 동일한 소스 주소를 가진 외부 패킷을 필터링한다. 소스 IP/PORT와 목적지 IP/PORT가 동일하면 차단하도록 설정한다.

(2) Teardrop Attack: 패킷의 재조합 과정에서 들어오는 각 패킷의 Fragment Offset의 합을 검사한다.

(3) Ping of Death: 보통 ICMP 패킷은 분할하지 않으므로 패킷 중 분할이 일어난 패킷을 탐지하는 방식을 사용한다.

(4) Smurf Attack: 동일한 ICMP Echo Reply 패킷이 다량으로 발생한다면 해당 패킷들을 모두 차단시킨다. 또한, 브로드캐스트 주소로 전송된 ICMP Echo Request 메시지에 대해 응답하지 않도록 설정한다.

030

침투 테스트는 일반적으로 다음과 같은 5단계로 수행된다.

- 정찰(Reconnaissance): 수동 또는 능동일 수 있다. 수동적 정찰의 예는 방대한 정보 풀인 Google® 등을 사용하여 대상 기업 또는 기업 내의 개인에 대해 알아내는 것이다. 적극적인 정찰의 예는 대상의 웹 사이트와 상호 작용하여 웹 사이트에 무엇이 있는지 확인하는 것이다.

- 검색(Scanning): 장치에 연결할 수 있는지 확인하기 위해 네트워크 검색 또는 프로브를 적극적으로 실행한다. 포트 스캔을 통해 해당 장치에서 연결할 수 있는 서비스를 확인한다. 서비스 식별 스캔을 통해 어떤 버전의 서비스가 있는지 식별하며 또한, 취약성 스캔을 활용하여 서비스가 취약한 대상을 계속 찾는다.

- 액세스 획득/취약점 악용(Gaining Access/Eploitation): 액세스 권한을 얻기 위한 취약점 악용을 실행한다.

- 권한 상승 및 수평 이동(Privilege Escalation and Horizontal Movement): 권한을 더 높은 수준으로 승격시킨다.

- 트랙 커버(Covering Tracks): 로그 조작 및 기타 조치를 통해 시스템 환경에서 공격자의 존재 및 활동을 추적하여 제거한다.

031

인터넷주소자원 공개 키 기반 인증(RPKI)은 인터넷 주소자원 보유기관의 IP 주소, AS 번호를 PKI 표준(RFC3779)으로 암호화된 인증서를 발행하고 해당 주소의 라우팅 정보 무결성을 보장하는 인터넷 라우팅 보안 기술이다. IP 주소, AS 번호 주소자원(Resource)을 PKI(Public Key Infrastructure) 표준 기반으로 암호화된 인증서를 발행하여서 'Resource Public Key Infrastructure(RPKI)'로 정의하여 지칭한다.

인증서는 할당된 IPv4, IPv6 주소 및 AS 번호 자원을 사용할 수 있는 증거와 권한을 제공하며 암호화된 방식으로 검증할 수 있다. 이것은 네트워크 운영자가BGP(Border Gateway Protocol)의 결함(缺陷)으로 발생하는 경로 누수(Route Leak), 경로 하이재킹(Route Hijacking) 사고들에 대비하여 인증된 정보에 입각하여 안전한 라우팅을 결정할 수 있도록 한다. 2011년부터 국제인터넷표준화기구(Internet Engineering Task Force, IETF)의 SIDR(Secure Inter-Domain Routing) 워킹그룹에서 인터넷주소자원 공개 키 기반 인증에 필요한 표준화 작업을 추진하여 2014년 2월에 구성요소들에 대한 표준이 완료되었으며, 운영 이슈 및 운영 지침 등에 대해서도 표준화 작업이 진행 중이다.

032
정답: 4번

무선 랜(無線 LAN, Wireless LAN)은 무선 신호 전달 방식(일반적으로 확산 대역 또는 직교주파수분할다중화 방식)을 이용하여 두 대 이상의 장치를 연결하는 기술이다. 이를 이용해 사용자는 근거리 지역에서 이동하면서도 지속적으로 네트워크에 접근할 수 있다. 오늘날 대부분의 무선 랜 기술은 IEEE 802.11 표준에 기반하고 있으며, 와이파이라는 마케팅 네임으로 잘 알려져 있다. 무선 랜은 한때 미국 국방성에 의해 LAWN(Local Area Wireless Network)라고 불리기도 했다. 무선 랜은 설치의 용이성으로 인해 가정환경에서 매우 널리 쓰이게 되었다. 또한, 커피숍과 같은 상업 시설들은 방문객들을 위해 무료로 사용이 가능한 무선 랜 환경을 제공하기도 한다.

(1) 무선 단말기: 무선단말기는 사용자가 실제로 네트워크에 접속 시에 사용하게 되는 장비를 말한다. 우리가 흔히 사용하는 스마트폰, 노트북, PC, 태블릿 PC 등이 무선 단말기에 해당한다. 사용자는 항상 이들 단말기에서 무선 네트워크 목록을 검색 후 원하는 네트워크에 접속할 수 있다. 스테이션(Station)이라고도 칭한다.

(2) 무선 공유기: 무선 랜은 유선 랜을 기반으로 한 네트워크의 범위를 확장하는데, 따라서 무선 공유기는 유선 랜의 가장 마지막에 위치하여 유선 랜에서 무선 랜으로 네트워크를 확장하는 기능을 한다. 흔히 말하는 공유기 패스워드 크랙이라는 것이 장비에 설정된 암호를 알아내는 기법이다. 무선 랜의 직접적인 암호를 설정하는 장비이니만큼 암호 이외에도 무선 랜의 많은 설정 기능을 가지고 있다. 무선 랜의 서비스 범위는 무선 공유기 자체에서 지원하는 대역과 관리자 계정에서 그 신호의 강도를 조절할 수 있다.

(3) 무선 브릿지: 무선 브릿지는 일반적인 네트워크에서 말하는 브릿지의 기능과 같다. 다시 말해, 물리적으로 다른 네트워크를 연결해 주는 기능을 하며 단지 무선이라는 것이 차이다. 두 개의 서로 다른 물리적인 무선 네트워크를 연결해야 하므로 특성상 네트워크 간 전파를 방해하는 장애물이 있어서는 안 된다.

(4) 무선 랜 카드 및 무선 안테나: 무선 랜 카드는 단말기(Station)와 AP에 장착되어 무선 통신을 위해 전파를 송수신하는 장비이다. 무선 랜 카드는 PCMCIA용, USB용, PCI 용이 있다. 무선 랜 안테나는 무선 전파를 더 멀리 송수신하기 위해 사용한다. 무선 랜의 전파는 방향성이 없다. 단, 상하의 방향보다는 좌우로 전파가 강하게 흐르는 경향이 강하다.

(5) 사용자 인증 서버: 인증 서버는 무선 랜을 통해 접속하려는 사용자의 인증을 위한 인증키를 관리하고 인증키가 없는 비인가 사용자의 접속을 차단하는 역할을 한다.

033
정답: 2번

애자일(Agile)은 모든 개별 감사팀 구성원이 업무 범위를 명확히 하도록 권장하여 ITAF 표준을 보완하고 있다. 이러한 노력은 참여 범위를 개별 사용자 사례로 압축하여 감사팀이 준비 정의 사용에 대해 수집, 문서화, 분석 및 결론을 내려야 하는 구체적인 증거를 제시한다. 스프린트 일일 스탠드업은 감사 방법 및 결과에 대해 자주 논의해야 한다. 이 논의를 통해 선임 감사관은 신규 감사팀원을 대상으로 거의 실시간으로 코칭할 수 있으며, 감사 제품 소유자는 작업 품질이 완료의 정의를 충족하는 시기를 결정할 수 있다. 애자일 감사의 현장 작업 단계에서 감사팀은 최소한 다음 단계를 수행해야 한다.

(1) 감사 캔버스의 입력을 감사 업무의 결론적인 영역으로 변환한다.

(2) 감사팀이 작업을 시작할 수 있도록 스프린트 계획 활동을 시작한다.

(3) 종합적으로 감사 결론에 도달하는 데 필요한 개별 사용자 스토리가 포함된 감사 백로그를 문서화한다.

(4) 감사 참여 진행 상황, 방해 요소, 결과, 변경 사항 및 지원을 얻는 방법에 대해 논의하기 위해 일일 스탠드업

미팅을 예약한다.

(5) 매 2주 스프린트 후 또는 합의된 다른 빈도로 스프린트 회고전을 개최한다.

034

2)번의 생일 공격(Birthday Attack)은 생일 역설의 이름을 따서 명명되었다. 이름은 23명 이상의 사람들이 있는 방에서 두 사람이 같은 생일을 공유할 확률이 50% 이상이라는 사실에 근거한다. 23명이 있는 방에 있는 경우 365분의 1의 확률로 그 방에 있는 22명의 다른 사람과 생일을 공유할 확률은 총 22/365이다. 생일 문제에 따르면 해시 함수의 입력값을 다양하게 할수록 해시값이 같은 두 입력값을 발견할 확률은 빠르게 증가한다. 따라서 모든 값을 대입하지 않고도 해시 충돌을 찾아낼 확률을 충분히 크게 만들 수 있다.

035

테스트 자동화는 도입하는 대상 시스템의 유형, 규모, 진행 단계, 개발자 역량 등에 따라서 모두 다르게 적용해야 한다. 특히 개발단계의 SI 프로젝트와 운영단계의 프로젝트에는 도입 방법론을 상이하게 준비해야 하며 변화관리도 신경 써야 한다. 테스트 자동화 도구에 적용할 테스트 시나리오와 테스트 케이스는 설계자와 개발자의 도움을 받는 것이 완성도를 높이는 데 도움을 준다. 또한, 테스트 자동화 도구는 구축한 후에 사람의 손에 의해 지속적으로 관리되어야 하므로 전문인력의 상주를 통한 관리가 필요하다. 테스트 자동화는 개발자 수준의 단위 테스트보다는 통합 테스트와 헬스체크 모니터링 관점의 적용이 더 효과적이다.

036

NoSQL은 키-값, 문서, 열 형식 및 그래프 형식을 비롯한 다양한 데이터 모델을 수용할 수 있는 데이터베이스 관리 접근 방식이다. NoSQL 데이터베이스는 일반적으로 비관계형, 분산형, 유연성 및 확장성을 의미한다. 추가적인 일반적인 NoSQL 데이터베이스 기능에는 관계형 및 SQL 데이터베이스의 일반적인 ACID(원자성, 일관성, 격리 및 내구성) 트랜잭션 일관성과 달리 데이터베이스 스키마, 데이터 클러스터링, 복제 지원 및 최종 일관성의 부족이 포함된다. NoSQL 데이터베이스 시스템에는 4가지 유형이 있다. 각각 다른 유형의 데이터 모델을 사용하므로 각 NoSQL 유형 간에 상당한 차이가 있다.

(1) 문서 데이터베이스(Document databases): 문서 저장소라고도 하는 이러한 데이터베이스는 반구조화된 데이터와 해당 데이터에 대한 설명을 문서 형식으로 저장한다. 이를 통해 개발자는 마스터 스키마를 참조할 필요 없이 프로그램을 만들고 업데이트 할 수 있다. 웹 애플리케이션 개발자들 사이에서 널리 통용되는 데이터 교환 형식인 JavaScript 및 JSON(JavaScript Object Notation)의 사용과 함께 문서 데이터베이스의 사용이 증가했다. 문서 데이터베이스는 블로깅 플랫폼, 웹 분석 및 전자 상거래 애플리케이션과 같은 콘텐츠 관리 및 모바일 애플리케이션 데이터 처리에 사용된다. Couchbase Server, CouchDB, MarkLogic 및 MongoDB는 문서 데이터베이스의 케이스이다.

(2) 그래프 데이터베이스(Graph databases): 그래프 데이터 저장소는 데이터를 관계형 데이터베이스의 행과 비슷한 노드와 노드 간의 연결을 나타내는 에지로 구성한다. 그래프 시스템은 노드 간의 관계를 저장하기 때문에 데이터 관계의 더 풍부한 표현을 지원할 수 있다. 또한, 엄격한 스키마에 의존하는 관계형 모델과 달리 그래프 데이터 모델은 시간과 사용에 따라 발전할 수 있다. 그래프 데이터베이스는 소셜 미디어 플랫폼, 예약 시스템 또는 고객 관계 관리와 같이 관계를 매핑해야 하는 시스템에 적용된다. 그래프 데이터베이스의 예로는 AllegroGraph, IBM Graph 및 Neo4j가 있다.

(3) 키-값 저장소(Key-value stores): 키-값 데이터베이스라고도 하는 이러한 시스템은 고유 키를 관련 값과 쌍으로 연결하는 간단한 데이터 모델을 구현한다. 이 모델은 단순하기 때문에 확장성이 뛰어나고 성능이 뛰어난 응용 프로그램을 개발하는 데 사용할 수 있다. 키-값 데이터베이스는 온라인 구매자를 위한 장바구니 세부 정보를 관리하거나 멀티플레이어 게임을 위한 세션 세부 정보를 관리할 때 필요한 것과 같은 웹 애플리케

이션의 세션 관리 및 캐싱에 이상적이다. 구현은 RAM, 솔리드 스테이트 드라이브 또는 디스크 드라이브와 함께 작동하도록 지향하는 방식이 다르다. 인기 있는 키-값 데이터베이스의 예로는 Aerospike, DynamoDB, Redis 및 Riak 등이 있다.

(4) 와이드 칼럼 매장(Wide-column stores): 이러한 데이터베이스는 관계형 데이터베이스 테이블과 같은 친숙한 테이블, 열 및 행을 사용하지만 열 이름과 형식은 단일 테이블의 행마다 다를 수 있다. 각 열은 디스크에 별도로 저장된다. 기존의 행 중심 저장소와 달리 열별로 데이터를 쿼리할 때 와이드 열 저장소가 최적이다. 와이드 칼럼 스토어가 탁월할 수 있는 일반적인 애플리케이션에는 추천 엔진, 카탈로그, 사기 탐지 및 이벤트 로깅이 포함된다. Accumulo, Amazon SimpleDB, Cassandra, HBase 및 Hypertable은 와이드 칼럼 스토어의 케이스이다.

037

품질 비용(Cost of Quality, CoQ)은 프로젝트 전반에 걸쳐서 인도물의 결함과 장애, 기능 오류를 줄이고 납품 이후의 대응에 소모되는 노력과 금전적인 정도를 의미한다. 예방비용, 평가비용, 내부 실패비용, 외부 실패비용으로 상세하게 분류할 수 있다. 예방비용과 평가비용을 충분히 계획하고 집행함으로써 인도물의 납품 직전과 이후에 발생하는 실패비용을 줄이는 것이 품질 비용 관리의 목적이다. 전체 품질 비용이 증가할지라도 실패비용을 줄이는 것이 틀린 것은 아니지만 실패비용을 줄이는 만큼 전체 품질 비용이 함께 줄어드는 것을 목표로 해야 한다.

038
정답: 1번

병행 시뮬레이션(Parallel Simulation)에는 감사자가 클라이언트 응용 프로그램 시스템의 일부를 복제하는 컴퓨터 프로그램을 작성하는 작업이 포함된다. 병행 시뮬레이션 테스트를 수행하기 위해 감사자가 일반적으로 사용하는 도구는 감사자가 사용하도록 특별히 설계된 소프트웨어인 일반화된 감사 소프트웨어이다. 병행 시뮬레이션을 사용하려면 감사자가 고객의 생산 프로그램을 모방하는 컴퓨터 시뮬레이션을 구성해야 한다. 이 방법으로 감사자는 시뮬레이션 된 프로그램을 통해 실제 고객 데이터를 처리하고 그 결과를 해당 데이터에 대한 고객의 처리와 비교한다. 출력에 차이가 없다는 것은 클라이언트의 소프트웨어가 효과적으로 작동함을 나타내는 반면, 차이가 발생하였다면 이는 잠재적인 결함을 나타낸다. 병행 시뮬레이션은 다음 영역에서 유용하다.

(1) 고객 계정 잔액의 실질적인 테스트를 용이하게 한다.
(2) 클라이언트의 응용 프로그램에서 사용된 제어에 대한 증거를 제공한다.
(3) 대량 거래의 정확성을 테스트한다.
(4) 예외를 강조하는 것은 감사인이 차이점이 있는 항목에 초점을 맞추는 데 도움이 된다.

대부분의 병행 시뮬레이션 응용 프로그램은 관련 클라이언트 데이터의 전체 집합을 처리하는 데 사용된다. 병행 시뮬레이션은 클라이언트 데이터를 표본추출하도록 설계할 수는 있지만 이는 표준이 아니라 예외이다. 주요 문제는 병행 시뮬레이션 개발 비용이다. 시뮬레이션 개발 비용은 트랜잭션 테스트를 위해 일반화된 감사 소프트웨어를 사용하는 것보다 높을 수 있다. 병행 시뮬레이션을 사용하는 비용은 시뮬레이션할 클라이언트 시스템의 부분, 클라이언트 계산의 복잡성 및 처리할 데이터양에 따라 다르기 때문이다.

039
정답: 4번

(1) 모니터링 알고리즘 (Monitoring Algorithms):

- 경쟁 기업의 가격 정보를 실시간으로 수집
- 담합에서 이탈할 경우 즉시 통보함으로써 담합의 지속성을 제고
- 담합을 촉진하는 알고리즘의 가장 분명하고 간단한 역할은 담합 합의를 시행하기 위해 경쟁자의 행동을 모니터링하는 것이다. 이 역할에는 경쟁업체의 비즈니스 결정에 관한 정보 수집, 잠재적인 편차를 찾기 위한 데이터 스크리닝, 궁극적으로 즉각적인 보복 프로그래밍이 포함될 수 있다. 데이터 수집은 이 프로세스에서 가장 어려운 단계일 수 있다. 가격 데이터가

공개적으로 사용 가능하더라도 반드시 시장이 투명하다는 것을 의미하지는 않는다. 음모에 가담한 회사는 모든 경쟁업체의 데이터를 정기적으로 업데이트할 수 있는 사용하기 쉬운 형식으로 집계해야 한다. 이것은 이미 온라인 회사로부터 직접 데이터를 수신하거나 인터넷 봇과 같은 소프트웨어 애플리케이션을 사용하여 웹 사이트에서 데이터를 추출하는 자동화된 프로세스인 웹 스크래핑을 사용하는 애그리게이터라고도 하는 일부 가격 비교 웹 사이트에서 이미 수행하고 있다. 새로운 자동 데이터 수집 프로세스가 가능해짐에 따라 이러한 기술은 전자 상거래에서 전통 시장으로 확장될 것이다. 결과적으로, 담합 회사는 정교한 알고리즘을 사용하여 서로의 행동을 점점 더 모니터링할 수 있게 될 것이다.

(2) 병행 알고리즘 (Parallel Algorithms):

- 동일한 가격 결정 알고리즘을 공동으로 이용
- 직접적 의사교환 없이 담합을 가능하도록 함
- 매우 역동적인 시장에서 카르텔을 구현하는 데 따른 어려움 중 하나는 수요와 공급의 지속적인 변화로 인해 가격, 생산량 및 기타 거래 조건의 빈번한 조정이 필요하다는 사실이다. 결과적으로 기업은 자주 재협상을 해야 한다. 회의, 전화 통화, 이메일 또는 제3자를 통한 담합 합의는 모두 적발될 위험이 있다. 공모하는 회사에 대한 대안 솔루션은 가격이 시장 상황의 변화에 동시에 반응하여 의식적인 병렬성 시나리오를 복제하도록 의사결정 프로세스를 자동화하는 것이다. 이미 논의한 바와 같이, 예를 들어 항공사, 호텔 예약 서비스 및 운송 네트워크 회사에서 동적 가격 책정 알고리즘을 구현하여 수요가 낮거나 높은 기간에 공급을 효율적으로 조정하여 경쟁 촉진 효과를 가져왔다. 그러나 기업이 디지털 시대 기업의 다른 경쟁 정책과 경쟁하지 않고 반경쟁 가격을 설정하도록 프로그래밍된 동일한 동적 가격 책정 알고리즘을 공유하기 시작하면 경쟁에 대한 우려가 발생할 수 있다. 그러한 알고리즘을 통해 기업은 담합할 수 있을 뿐만 아니라 추가 커뮤니케이션에 참여할 필요 없이 가격이 시장 변화에 자동으로 반응하도록 할 수 있다.

(3) 신호 알고리즘 (Signaling Algorithms):

- 가격 인상 신호를 실시간으로 주고받을 수 있게 하여 담합을 촉진
- 불완전 담합 이론에서의 가격 선도 행위(Price leadership)

- 회사가 서로 다른 규모를 갖고 차별화된 제품을 판매하며 이질적인 비즈니스 전략을 수행하는 매우 역동적인 시장에서 암묵적인 담합은 자연스러운 초점이 없기 때문에 달성하기 매우 어려울 수 있다. 노골적인 의사소통을 피하기 위해 회사는 신호 및 일방적인 가격 발표를 통해 더 복잡한 협력 전략을 공모하고 조정하려는 의도를 드러내려고 할 수 있다.
- 독점 금지 소송 과정에서 Posner 판사가 인정한 사항:(만약 기업이 경쟁자들이 그렇게 할 것이라고 기대하고 가격을 인상하고 그들이 그렇게 한다면, 그 기업의 행동은 피청약자가 가격을 인상함으로써 수락하는 일방적인 계약의 제안으로 개념화될 수 있다. 정보의 일방적 공개의 반경쟁 효과가 효율성보다 더 큰지 경쟁 기관이 평가해야 하는 그러한 행위의 잠재적인 찬반 경쟁 효과를 고려할 때 경쟁법에 따라 신호를 처리하는 방법에 대한 명확한 라인을 설정하기는 매우 어렵다. 강화 효과(OECD, 2012). 시장의 투명성이 높아지면 일반적으로 효율성이 향상되며 따라서 경쟁 기관에서 환영한다. 그러나 공모를 조장하거나 투명성이 공급자에게만 이익이 되는 경우 기업에 행동을 조정하는 초점을 제공함으로써 반경쟁 효과를 일으킬 수도 있다.

(4) 자가학습 알고리즘 (Self-learning Algorithms):

- 인공 지능 알고리즘이 시장에서 발생하는 데이터를 학습
- 고도화된 인공 지능이 스스로 내린 결정이 담합을 초래
- 마지막으로, 알고리즘이 할 수 있는 가장 복잡하고 미묘한 방법 공모 결과를 달성하려면 머신러닝 및 딥러닝 기술을 사용하여 경쟁자가 명시적으로 알고리즘을 프로그래밍하지 않아도 독점 결과를 잠재적으로 가능하게 할 수 있다. 다시 말해서, 강력한 예측 능력을 가진 일부 알고리즘이 지속적으로 학습하고 다른 시장 참여자(인간 또는 인공 대리인일 수 있음)의 행동에 재적응함으로써 어떠한 조치도 취하지 않고도 공모할 수 있는 위험이 있다. 인간의 개입. 기계학습 알고리즘이 실제로 어떻게 결탁하여 결과에 도달할 수 있는지는 아직 명확하지 않다. 그러나 일단 시장 상황이 담합하기 쉽다는 주장이 제기되면 인간보다 빨리 학습하는 알고리즘도 고속 시행착오를 거쳐 결국 협동 균형에 도달할 수 있을 가능성이 있다. 무한한 수의 반경쟁 가격이 유지될 수 있는 경우에도 자체 학습 알고리즘이 공동 이익을 극대화하고 소비자에게 가장 큰 피해를 주는 가격을 보다 쉽게 결정할 수 있을 가능성도 있다.

040

정답: 1번

ISO 9126은 소프트웨어 내부 및 외부 품질 요구 사항 특성을 정의한 표준이다. ISO 14598은 소프트웨어의 구매자와 공급(판매자) 사이에 사용하는 소프트웨어 품질 평가 기준이다. ISO 12119는 패키지 소프트웨어에 대한 품질 요구 사항에 대한 표준이다. 이 세 가지 표준은 유사하지만 조금씩 다른 기준을 가지고 있어서 프로젝트 현장에서 하나의 표준으로 통합될 필요성이 있었다. 이를 하나로 통합한 표준이 ISO/IEC 25000이며 SQuaRE(Software Quality and Requirement Evaluation)라고도 한다.

041

정답: 1번

보고서는 모든 심각한 발견 사항을 포함해야 한다. 발견 사항에 대해 설명이 필요하면, IS 감사인은 원인과 위험을 포함해서 발견 사항을 서술해야 한다. IS 감사인은 보고서를 제출하기 전에 심각한 발견 사항에 대해서 적절한 직위의 경영진과 즉각적인 소통을 해야 한다. 또한, 심각한 발견 사항에 대해 소통을 하기 전 보고서의 의도나 내용을 변경하면 안 된다.

- 보고서에 제시한 사실들이 정확하고 중요하다는 것을 보장한다.
- 권고 사항은 현실적이고, 비용 효익이 있는지 보장하고, 그렇지 않다면, 피감사인 조직의 경영진과 협상을 통해 대안을 모색한다.
- 합의된 권고 사항의 실행 시기를 결정한다.

IS 감사인은 감사 결과의 궁극적 책임이 고위 경영진과 감사위원회에 있다는 점을 알고 있어야 하며, 쟁점과 우려 사항 등을 이들과 자유롭게 의사소통해야 한다. 고위 경영진보다 낮은 직급에 의한 접근을 거부하려는 시도는 감사의 독립 기능을 제한할 수 있다.

042

정답: 2번

QA는 Quality Assurance의 약어로, '품질 보증'을 뜻한다. ISO 8402 Quality management and quality assurance에서는 QA를 다음과 같이 정의하고 있다. 기업이 품질 요건 및 충족할 수 있는 신뢰를 제공하기 위해 품질관리 시스템의 요구 사항에 따라 구현 가능한 품질관리를 계획하고 체계적인 활동을 수행하는 것으로 정의하고 있다. QA는 고객의 요구 사항을 충족하기 위한 활동으로 제품의 개발, 주문 및 자재 구매, 고객의 요구 사항을 검토하여 이를 충족시키기 위한 검사, 생산공정관리 및 일정, 단계별 공장 활동을 관리하는 것이 포함되어 있다.

QC는 Quality Control의 약어로, '품질 관리'를 뜻한다. ISO 8402 Quality management and quality assurance에서는 QC를 다음과 같이 정의하고 있다. 품질 요구 사항을 충족시키기 위한 운영 기술 및 활동으로 정의하고 있으며 불량품의 검사, 수정, 피드백 등의 완성품의 품질 요건을 충족시키는 기술 및 활동을 의미한다. 품질결함이 발생하면 관련 부서에 불량정보에 대한 내용을 객관적 자료와 함께 피드백을 제공하여 개선책을 강구하는 것이 주 업무이다.

품질 보증(QA)과 품질 관리(QC)의 차이점은 바로 업무의 범위에 있다. 품질 보증의 주 직무는 생산품목의 전 과정 공정상에서 원자재로 시작하여 완제품이 만들어지는 활동을 모니터링, 관리하는 것이며 품질관리는 특정 단계에서의 원자재, 완제품의 품질에 대해 각종 검사를 통해 객관적인 데이터를 만들어 내고 현장에서 직접 뛰면서 부적합품을 발견하고 시정 활동을 하는 것이라 할 수 있다.

- 품질 관리(QC)는 품질 보증(QA)의 하위 업무 범위이다.
- 품질 보증은 결함을 예방하고 오류를 방지하는 데 중점을 두며 품질 관리는 부적합, 결함을 감지하고 시정 조치 활동에 중점을 둔다.
- 품질 보증은 공정(Process)에 중점을 두고, 품질 관리는 제품(Product)에 중점을 둔다.

043

정답: 4번

정보 보안 기법 및 기술, 대응방안은 바라보는 관점에 따라서 다양한 분류법이 존재한다. 그중에서 가장 대표적인 분류법이 관리적 보안, 기술적 보안, 물리적 보안이다. 관리적 보안은 정책, 조직, 산출물, 계획 및 검토 등의 정보 보안 방법을 의미한다. 그리고 기술적 보안은 솔루션이나 기법을 이용하여 실질적으로 보안 대책을 수행하고 실행하며 그 결과를 바탕으로 관리적 보안과 연계하여 활동하는 방법이다. 물리적 보안은 물리적인 하드웨어 매체나 신체적인 접근 통제 등의 관점에서 대응하는 정보 보안 기법이다.

044

정답: 3번

robot.txt는 웹 사이트 루트 디렉터리부터 모든 상세한 경로까지 상세하게 크롤링 로봇의 수집 허용/차단 여부를 결정할 수 있는 기준이다. 국제표준은 아니지만 권고안에 따라 모든 웹 사이트가 사용할 수 있으며, 구글검색, 네이버검색 등의 크롤링 로봇을 차단할 수도 있다. 하지만 이는 강제적인 시스템 제약 사항이 아니므로 해커는 robot.txt를 무시하고 모든 정보를 크롤링하여 스캔할 수 있다. 문제에서 "User-Agent: *"는 모든 로봇을 의미하고 "Disallow: /"는 모든 페이지를 차단한다는 뜻이며, "Allow: /$"는 루트 디렉터리만 허용한다는 뜻이다.

045

정답: 4번

(1) 성실한 책임감(Integrity)

(1)-1 그 업무를 정직, 근면 그리고 책임감 있게 수행하여야 한다.

(1)-2 법을 준수하고, 법에 의하여 그리고 직업인으로서 공개가 요구되는 것을 밝혀야 한다.

(1)-3 고의로 불법행위의 당사자가 돼서는 안 되며, 내부감사 업무 종사자로서 또는 조직원으로서 불명예스러운 행동을 하여서는 아니 된다.

(1)-4 합법적이고 윤리적인 조직의 목표를 잘 이해하고 공헌해야 한다.

(2) 객관성(Objectivity)

(2)-1 그들의 공정한 판단을 저해하거나, 저해할 것으로 간주되는 어떤 활동이나 관계에 참여하지 않아야 한다. 이런 참여는 조직의 이해와 상충될 수 있는 활동이나

관계를 포함한다.

(2)-2 그들의 직업적 판단을 저해하거나 저해시킬 것으로 간주되는 어떤 것도 수용해서는 아니 된다.

(2)-3 그들이 조사하여 알게 된 모든 사실들을 밝혀야 한다, 만약 밝히지 않는다면 검토한 내용의 결과보고를 왜곡시키게 될 수 있다.

(3) 보안의식(Confidentiality)

(3)-1 그들의 업무 수행 중에 취득한 정보의 사용과 보호에 있어 신중해야 한다.

(3)-2 개인의 이익을 목적으로 정보를 사용하여서는 아니 되며, 어떠한 경우든 법에 반하고, 합법적이고 윤리적으로 타당한 조직의 목표에 방해가 되는 식으로 정보를 이용해서는 아니 된다.

(4) 역량 보유(Competency)

(4)-1 자신이 필요한 지식과 기술, 그리고 경험이 있는 분야에 대해서만 감사를 수행해야 한다.

(4)-2 내부감사 직무수행 기준(SPPIA)에 따라 내부감사 서비스를 수행해야 한다.

(4)-3 지속적으로 자신의 업무 숙련도를 높여, 감사 서비스의 효과성과 질적 수준을 향상시켜야 한다.

046

정답: 2번

LEA(Lightweight Encryption Algorithm) 알고리즘은 2013년 대한민국에서 개발된 대칭 키 블록 암호화 기술이다. 128비트 고정길이 블록을 사용하며 키의 길이는 128, 192, 256비트를 지원하고 라운드 횟수는 키의 길이에 맞춰 24, 28, 32회로 지원된다. LEA는 SPN 방식의 구조인 S-BOX(Substitution), P-BOX(Permutation)을 사용하지 않고 ARX(Addition, Rotation, Exclusive-or) 구조만으로 구성되어 속도가 빠른 특징이 있다.

047

정답: 2번

SQuaRE에서 '보안'의 세부 항목들을 보면 Confidentiality(기밀성), Integrity(무결성), Non-repudiation(부인방지), Authenticity(인증성), Accountability(책임성) 등의 특성을 지녀야 한다고 세

부 항목들이 기재되어 있다. 제품이나 시스템이 정보와 데이터를 보호하는 정도, 사람이나 다른 제품이나 시스템이 권한의 유형과 수준에 적절한 데이터 액세스 수준을 갖는다. 이러한 특성은 다음과 같은 하위 특성으로 구성된다.

- 기밀성: 제품이나 시스템이 액세스 권한이 있는 사람만 데이터에 액세스할 수 있도록 보장하는 정도
- 무결성: 시스템, 제품 또는 구성요소가 컴퓨터 프로그램 또는 데이터에 대한 무단 액세스 또는 수정을 방지하는 정도
- 부인 방지(Non-repudiation): 사건이나 행위가 나중에 부인될 수 없도록 행위 또는 사건이 발생했음을 입증할 수 있는 정도
- 책임성: 엔티티의 작업이 해당 엔티티에 대해 고유하게 추적될 수 있는 정도
- 인증성: 주체 또는 자원의 신원이 주장된 것으로 입증될 수 있는 정도

048

컨테이너(Container)는 애플리케이션이 한 컴퓨팅 환경에서 다른 컴퓨팅 환경으로 빠르고 안정적으로 실행될 수 있도록 코드와 모든 종속성을 패키징하는 소프트웨어의 표준 단위이다. Docker 컨테이너 이미지는 코드, 런타임, 시스템 도구, 시스템 라이브러리 및 설정과 같이 애플리케이션을 실행하는 데 필요한 모든 것을 포함하는 가벼운 독립 실행형 실행 소프트웨어 패키지이다. Linux 및 Windows 기반 애플리케이션 모두에서 사용할 수 있는 컨테이너화된 소프트웨어는 인프라에 관계없이 항상 동일하게 실행된다. 컨테이너는 소프트웨어를 환경에서 격리하고 개발과 스테이징 간의 차이에도 불구하고 균일하게 작동하도록 한다. Docker 엔진에서 실행되는 Docker 컨테이너는 다음과 같은 특성이 존재한다.

- 표준(Standard): Docker는 컨테이너에 대한 산업 표준을 만들었으므로 어디서나 이식할 수 있다.
- 경량(Lightweight): 컨테이너는 시스템의 OS 시스템 커널을 공유하므로 애플리케이션당 OS가 필요하지 않으므로 서버 효율성을 높이고 서버 및 라이선스 비용

을 절감할 수 있다.

- 보안(Secure): 애플리케이션은 컨테이너에서 더 안전하고 Docker는 업계에서 가장 강력한 기본 격리 기능을 제공한다.
- 하이퍼바이저(Hypervisor)는 호스트 시스템에서 다수의 게스트 OS를 구동할 수 있게 하는 소프트웨어이다. 하드웨어를 가상화하면서 하드웨어와 각각의 VM을 모니터링하는 중간 관리자 역할을 하는 것이 하이퍼바이저(Virtual Machine Monitor)이다.

049

IT 거버넌스의 효과는 다음과 같다.

(1) 경영진의 신임:
- 경영진의 IT에 대한 이해도가 증가한다.
- IT 부서의 경영 언어 사용으로 타 부서와의 의사소통이 원활하게 된다.

(2) 기업전략에 맞춘 IT의 적응성:
- 기업의 전략과 요구 사항이 IT에 의해 신속하고 유연성 있는 대처를 한다.

(3) 높은 투자 수익률:
- 프로젝트의 실패, 비효율적인 IT 설비투자 및 기준에 의한 업무 프로세스로 인해 발생하는 비용을 줄인다.
- 고객만족과 직결되는 핵심기능을 IT의 성과로 지원하므로 기업의 투자유치가 높아진다.

(4) 기업 서비스의 신뢰성 제고:
- IT의 기업 핵심프로세스에 대한 지원 향상으로 기업의 위상이 제고된다.
- 핵심 프로세스를 지원하는 IT 프로세스는 하상 성과가 감시되고 측정되어 짐으로 인해 신뢰성이 제고된다.

(5) 투명성의 증가:
- 프로젝트 혹은 IT 서비스 비용에 대해 정확하고 신뢰할 만한 정보를 경영진에게 제공한다.
- 경영진은 이해관계자에게 투명성 있는 자료를 제공한다.
- 투명성 있는 정보로 의사결정자의 의사결정에 기여한다.

이에 반해 IT Management의 문제점은 다음과 같다.

(1) 이사회, 최고 경영층과 IT관리자 사이의 괴리가 존재한다.

(2) 이사회, 최고 경영층의 관심이 부족하다.

(3) 기업 전략과의 연계가 미약하다.

(4) IT관리자의 책임만 있고, 권한은 부재한 상황이 연출된다.

050
정답: 4번

데이터베이스는 일관성, 무결성, 기밀성, 가용성 및 동시성 등을 고려하여 설계하고 운용되어야 한다. 데이터 일관성의 수준을 높일수록 동시성(병행성)은 저하되는 반비례 경향이 있게 된다. 일관성을 제공하는 가장 대표적인 데이터베이스 기법이 Lock(잠금) 기능이며 Shared Lock과 Exclusive Lock으로 분류할 수 있고 2-phase Locking 기법도 존재한다. 그리고 데이터베이스 동시성을 향상시키는 가장 대표적인 기법이 MVCC(Multi Version Concurrency Control)이며 상용 RDBMS에서 대부분 지원하는 기능이다.

051
정답: 2번

모든 데이터 관련 프로젝트의 상당 부분은 데이터 전처리에 관한 것이며 데이터 과학자는 데이터 준비 및 관리에 시간의 약 80%를 보낸다. 데이터 전처리는 머신러닝 알고리즘이 처리된 출력을 이해하고 작업할 수 있도록 데이터를 분석, 필터링, 변환 및 인코딩하는 방법이다. 데이터에서 학습하는 알고리즘은 단순히 데이터베이스의 값에 대해 작동하는 통계 방정식이다. 데이터 프로젝트는 기계에 들어가는 데이터의 품질이 높은 경우에만 성공할 수 있다. 실제 시나리오에서 추출한 데이터에는 항상 노이즈와 누락된 값이 있다. 이는 수동 오류, 예기치 않은 이벤트, 기술 문제 또는 기타 다양한 장애로 인해 발생한다. 불완전하고 노이즈가 많은 데이터는 일반적으로 누락된 값을 처리하도록 설계되지 않았고 노이즈로 인해 샘플의 실제 패턴이 중단되기 때문에 알고리즘에서 사용할 수 없다. 데이터 전처리는 당면한 데이터를 철저히 처리하여 이러한 문제를 해결하는 것을 목표로 한다. 품질은 다음을 통해 확인할 수 있다.

- 정확도(Accuracy): 입력한 데이터가 맞는지 확인한다.
- 완전성(Completeness): 데이터가 기록 가능한지 여부를 확인한다.
- 일관성(Consistency): 일치하거나 일치하지 않는 모든 위치에 동일한 데이터가 유지되는지 여부를 확인한다.
- 적시성(Timeliness): 데이터가 올바르게 업데이트되어야 한다.
- 신뢰성(Believability): 데이터는 신뢰할 수 있어야 한다.
- 해석 가능성(Interpretability): 데이터는 이해 가능해야 한다.

052
정답: 4번

광학 문자 인식(Optical Character Recognition, OCR)은 스캔한 종이 문서와 같은 물리적 문서의 디지털 이미지 내에서 인쇄되거나 손으로 쓴 텍스트 문자를 구별하는 기술의 사용이다. OCR의 기본 프로세스는 문서의 텍스트를 검사하고 문자를 데이터 처리에 사용할 수 있는 코드로 변환하는 것이다. OCR은 때때로 텍스트 인식이라고도 한다. OCR 시스템은 물리적 문서를 기계가 읽을 수 있는 텍스트로 변환하는 데 사용되는 하드웨어와 소프트웨어의 조합으로 구성된다. 광학 스캐너 또는 특수 회로 기판과 같은 하드웨어는 텍스트를 복사하거나 읽는 데 사용되는 반면 소프트웨어는 일반적으로 고급 처리를 처리한다. 소프트웨어는 또한, 인공 지능(AI)을 활용하여 언어 또는 필기 스타일 식별과 같은 지능형 문자 인식(ICR)의 고급 방법을 구현할 수도 있다. OCR 프로세스는 하드 카피 법적 또는 역사적 문서를 PDF로 변환하는 데 가장 일반적으로 사용된다. 이 소프트 카피에 배치되면 사용자는 문서를 워드 프로세서로 만든 것처럼 편집, 서식 지정 및 검색할 수 있다.

OCR 기술의 주요 장점은 시간 절약, 오류 감소 및 소요되는 노력이 최소화된다는 것이다. 또한, ZIP 파일로 압축, 키워드 강조 표시, 웹 사이트에 통합 및 이메일 첨부와 같은 물리적 사본으로는 불가능한 작업을 수행할 수 있다. 문서의 이미지를 촬영하면 디지털로 보관할 수 있지만 OCR은 해당 문서를 편집하고 검색할 수 있는 추가 기능을 제공한다.

053

정답: 3번

데이터 손실 방지(Data Loss Prevention, DLP)는 권한 없는 사용자가 민감한 데이터를 손실, 오용 또는 액세스하지 않도록 하는 데 사용되는 도구 및 프로세스 집합이다. DLP 소프트웨어는 규제 대상 데이터, 기밀 데이터 및 비즈니스 크리티컬 데이터를 분류하고 일반적으로 HIPAA, PCI-DSS 또는 GDPR과 같은 규정 준수에 의해 주도되는 사전 정의된 정책 팩 내에서 또는 조직에서 정의한 정책 위반을 식별한다. 이러한 위반 사항이 식별되면 DLP는 경고, 암호화 및 기타 보호 조치를 통해 수정을 시행하여 최종 사용자가 실수로 또는 악의적으로 데이터를 공유하여 조직을 위험에 빠뜨릴 수 없도록 한다. 데이터 손실 방지 소프트웨어 및 도구는 엔드포인트 활동을 모니터링 및 제어하고, 기업 네트워크에서 데이터 스트림을 필터링하고, 클라우드의 데이터를 모니터링하여 저장, 이동 및 사용 중인 데이터를 보호한다. DLP는 또한, 규정 준수 및 감사 요구 사항을 충족하고 포렌식 및 사고 대응을 위한 취약점 및 이상 영역을 식별하기 위한 보고 기능을 제공한다. DLP 기술은 보호가 필요한 민감한 데이터를 식별한 다음 보호하는 방식으로 작동한다. 데이터는 일반적으로 사용 중, 이동 중 또는 정지 상태와 같이 주어진 시간에 세 가지 상태 중 하나로 존재하며 DLP 솔루션은 이러한 상태 전체 또는 일부에서만 데이터를 식별하도록 설계될 수 있다. 데이터를 민감한 것으로 플래그 지정하기 위해 DLP 에이전트 프로그램은 다음과 같은 다양한 기술을 사용할 수 있다.

(1) 규칙 기반 일치 또는 정규 표현식(Rule-based matching or Regular expressions): 이 일반적인 기술은 미리 작성된 규칙을 기반으로 민감한 데이터를 식별한다(예: 16자리 숫자는 종종 신용카드 번호임). 가짜 양성 비율이 높기 때문에 규칙 기반 일치는 심층 검사 전에 첫 번째 통과에 불과한 경우가 많다.

(2) 정확한 데이터 일치(데이터베이스 핑거프린팅)(Exact data matching(database fingerprinting)): 이 기술은 일반적으로 제공된 데이터베이스에서 에이전트가 핑거프린팅한 다른 민감한 데이터와 정확히 일치하는 데이터를 식별한다.

(3) 정확한 파일 일치(Exact file matching): 이 기술은 파일 내용을 분석하지 않고 일치하는 파일 해시를 식별한다는 점을 제외하고는 기본적으로 정확한 데이터 일치와 유사하게 작동한다.

(4) 부분 문서 일치(Partial document matching): 이 기술은 설정된 패턴 또는 템플릿(예: 긴급 치료 시설의 모든 환자가 작성하는 양식 형식)과 일치시켜 민감한 데이터를 정확히 찾아낸다.

(5) 머신러닝, 통계 분석 등(Machine learning, statistical analysis, etc.): 이 기술군은 학습 모델이 주어진 데이터 문자열이 민감한 시점을 인식하도록 '훈련'하기 위해 대량의 데이터를 제공하는 데 의존한다. 이는 비정형 데이터를 식별하는 데 특히 유용하다.

(6) 사용자 지정 규칙(Custom rules): 많은 조직에는 식별 및 보호할 고유한 유형의 데이터가 있으며 대부분의 최신 DLP 솔루션을 사용하면 다른 조직과 함께 실행할 고유한 규칙을 구축할 수 있다.

민감한 데이터가 식별되면 데이터 보호 방법을 결정하는 것은 조직의 DLP 정책에 달렸다. 결과적으로, 그것을 어떻게 보호하고자 하는지는 왜 그것을 보호하고 싶은지와 많은 관련성이 있게 된다.

054

정답: 1번

보안 정보 이벤트 관리(Security Information and Event Management, SIEM) 기술은 보안 장치, 네트워크 인프라, 시스템 및 애플리케이션에서 생성된 이벤트 데이터를 집계한다. 기본 데이터 소스는 로그 데이터이지만 SIEM 기술은 네트워크 원격 측정 데이터(흐름 및 패킷)와 같은 다른 형태의 데이터도 처리할 수 있다. 이벤트 데이터는 채점, 우선순위 지정 및 신속한 조사를 위해 사용자, 자산, 위협 및 취약성에 대한 컨텍스트 정보와 결합될 수 있다. 네트워크 보안 이벤트 모니터링, 사용자 활동 모니터링 및 규정 준수 보고와 같은 특정 목적을 위해 서로 다른 소스의 이벤트, 데이터 및 컨텍스트 정보를 보다 효율적으로 분석할 수 있도록 데이터를 이상적으로 정규화해야 한다. 이 기술은 보안 모니터링을 위한 이벤트의 실시간 분석, 사용자 및 엔티티 행동의 고급 분석, 이력 분석을 위한 쿼리 및 장기 분석, 사고 조사 및 관리, 보고(예: 규정 준수 요구 사항)에 대한 기타 지원을 제공한다.

SIEM는 조직에서 네트워크에 대한 최신 보안 위협을 탐지할 수 있는 강력한 도구이다. SIEM은 보안 이벤트의 장기적 분석과 함께 실시간 보고 기능을 통해 조직의 IT 보안에 대한 포괄적 방어 체계를 제공한다. SIEM 소프트웨어는 네트워크 전반의 소스에서 생성되는 이벤트 레코드를 로깅한다. 이러한 로그들은 나중에 소프트웨어에서 분석 과정을 지원하는 중요한 포렌식 도구를 IT 직원에게 제공한다. 완벽한 로그 수집은 수많은 규제 준수 보고 요구 사항을 충족하는 데 도움이 된다. 구문 분석 및 표준화는 서로 다른 시스템의 로그 메시지를 공통 데이터 모델로 매핑하고 다양한 소스 형식으로 로깅된 관련 이벤트를 분석하도록 지원한다. 상관분석 기능은 개별 시스템 또는 애플리케이션의 로그 이벤트를 연결시킴으로써 보안 위협의 탐지 및 대응 속도를 높여준다. SIEM 어그리게이션은 중복되는 이벤트 레코드를 통합하고 상관분석 및 집계된 이벤트 데이터를 실시간으로 보고하며 장기 요약 내용과 비교함으로써 이벤트 데이터양을 줄인다.

055
정답: 2번

IT 및 보안 조직은 클라우드 인프라 권한 관리(Cloud Infrastructure Entitlements Management, CIEM) 솔루션을 사용하여 클라우드 및 다중 클라우드 환경에서 ID 및 액세스 권한을 관리한다. 클라우드 권한 관리 솔루션 또는 클라우드 권한 관리 솔루션이라고도 하는 CIEM 솔루션은 클라우드 인프라 및 서비스에 대한 최소 권한 액세스 원칙을 적용하여 조직이 과도한 클라우드 권한으로 인해 발생하는 데이터 침해, 악의적인 공격 및 기타 위험으로부터 방어할 수 있도록 지원한다.

056
정답: 3번

컴퓨터 보안에서 격자 기반 접근 제어(Lattice-based access control, LBAC)는 개체(예: 리소스, 컴퓨터 및 응용 프로그램)와 주체(예: 개인, 그룹 또는 조직) 간의 상호 작용을 기반으로 하는 복잡한 접근 제어 모델이다. 이러한 유형의 레이블 기반 필수 접근 제어 모델(MAC)에서 격자는 객체가 가질 수 있고 주체가 접근할 수 있는 보안 수준을 정의하는 데 사용된다. 주체는 주체의 보안 수준이 객체의 보안 수준 이상인 경우에만 객체에 접근할 수 있다. 수학적으로 보안 수준 접근은 각 객체와 주체가 접근 권한의 최대 하한(만남)과 최소 상한(조인)을 갖는 격자(부분 순서 집합)로 표현될 수도 있다. 예를 들어, 두 주체 A와 B가 객체에 대한 접근이 필요한 경우 보안 수준은 A와 B 수준의 충족으로 정의된다. 다른 예에서 두 객체 X와 Y가 결합되면 다른 객체 Z를 형성하고, X와 Y 레벨의 결합에 의해 형성된 보안 레벨이 할당된다. LBAC는 RBAC(역할 기반 접근 제어)와 반대되는 레이블 기반 접근 제어(또는 규칙 기반 접근 제어) 제한이라고도 한다. 격자 기반 접근 제어 모델은 Denning(1976)에 의해 처음으로 공식적으로 정의되었다.

057
정답: 2번

컨텍스트 기반 접근 제어(Context-based access control, CBAC)는 응용 프로그램 계층 프로토콜 세션 정보를 기반으로 TCP 및 UDP 패킷을 지능적으로 필터링하는 방화벽 소프트웨어의 기능이다. 이는 인트라넷, 엑스트라넷 및 인터넷에 사용할 수 있다. CBAC는 보호가 필요한 네트워크 내에서 연결이 시작된 경우에 방화벽을 통해 지정된 TCP 및 UDP 트래픽을 허용하도록 구성할 수 있다. (즉, CBAC는 외부 네트워크에서 시작된 세션의 트래픽을 검사할 수 있으며, 방화벽 양쪽에서 시작된 세션의 트래픽을 검사할 수도 있다. 이것은 상태 기반 검사 방화벽의 기본 기능이다.) CBAC가 없으면 트래픽 필터링은 네트워크 계층 또는 기껏해야 전송 계층에서 패킷을 검사하는 접근 목록 구현으로 제한된다. 그러나 CBAC는 네트워크 계층 및 전송 계층 정보뿐만 아니라 응용 프로그램 계층 프로토콜 정보(예: FTP 연결 정보)를 검사하여 TCP 또는 UDP 세션의 상태를 파악한다. 이를 통해 FTP 제어 채널에서 협상의 결과로 생성된 여러 채널을 포함하는 프로토콜을 지원할 수 있다. 대부분의 멀티미디어 프로토콜과 일부 다른 프로토콜(예: FTP, RPC 및 SQL*Net)에는 여러 제어 채널이 포함된다. CBAC는 방화벽을 통해 이동하는 트래픽을 검사하여 TCP 및 UDP 세션에 대한 상태 정보를 검색하고 관리한다. 이 상태 정보는 허용 가능한 세션(보호된 내부 네트워크 내에서 시작된 세션)에 대한 반환 트래픽 및 추가 데이터 연결을 허용하기 위해 방화벽의 접근 목록에 임시 개방을 만드는 데 사용된다. CBAC는 심층 패킷 검사를 통해 작동하므로 Cisco는 IOS(Internetwork Operating System)에서 이를 'IOS 방화벽'이라고도 부른다. CBAC는 서비스 거부 방지 및 감지 및 실시간 경고 및 감사 추적의 이점도 제공한다.

058

정답: 2번

효과적인 KRI를 개발하려면 조직 목표 및 이러한 목표 달성에 영향을 미칠 수 있는 위험 관련 이벤트를 철저히 이해해야 한다. 목표가 매출을 늘리고 비용을 줄여 이익을 늘리는 것이라면 조직은 이를 달성하기 위한 전략에 집중할 수 있다. 그러나 고안된 전략 중 하나 또는 전체에 영향을 미칠 수 있는 몇 가지 잠재적 위험이 발생할 수 있다. 주요 위험을 핵심 전략 이니셔티브에 매핑하면 경영진이 가장 중요한 지표를 식별하고 성과를 모니터링할 수 있다. 이러한 메트릭은 핵심 전략 이니셔티브의 구현을 감독하고 중단 가능성을 줄이는 데 도움이 될 수 있다. 대부분의 조직은 시간이 지남에 따라 발전한 KRI를 모니터링하지만 이러한 효율성을 정기적으로 평가하고 잠재적인 위험을 강조하기 위해 지속적으로 모니터링하는 것이 중요하다. 시간이 지남에 따라 새로운 위험이 나타나고 기존 KRI가 충분하지 않을 수 있으므로 역동적인 상황에 맞게 새로운 KRI를 추가해야 한다. 주제별 전문가가 KRI 디자인을 조사하게 하면 조직을 안전하게 유지하는 데 큰 도움이 될 것이다. 그들은 근본 원인 이벤트, 스트레스 포인트 및 자신의 단위 또는 그들이 감독하는 프로세스의 중간 이벤트에 대해 밝힐 수 있다. 그들의 감독은 주요 위험이 배제되지 않고 부작용이 발생한 후가 아니라 적시에 효과적으로 전달되도록 할 수 있다. 효과적인 KRI는 특정 위험을 추적하는 데 사용되는 고품질 데이터에서 탄생한다. 이 데이터의 출처(조직 내부 또는 외부)는 신중하게 검토되고 조사되어야 한다. 이것은 고용할 KRI를 결정하는 데 많은 도움이 될 것이다. 무역 간행물, 고객, 직원 및 공급망 구성원과의 토론과 같은 출처는 기업 수준에서 조직에 해로울 수 있는 직면한 위험에 대한 통찰력을 제공한다. 데이터가 대조되고 나면 수집된 정보가 강력하고 의사결정 프로세스가 쉬워지기 위해 KRI를 측정하고 표준화하기 위해 취하는 접근 방식이 균일해야 한다.

059

정답: 3번

웹 격리 기술은 원격 가상 환경에서 모든 검색 활동을 격리하여 악의적인 웹 콘텐츠가 회사 네트워크에 도달하지 못하도록 한다. 웹 격리 기술은 모든 웹 기반 위협으로부터 보호한다.

(1) 악성 웹 사이트로부터 보호(Protection From Malicious Websites): 사용자의 컴퓨터에서 로컬 코드 실행이 발생하지 않기 때문에 사용자는 모든 악성 웹 사이트로부터 보호된다.

(2) 악성 링크로부터 보호(Protection From Malicious Links): URL은 웹 페이지, 이메일, 문서, Skype 등 격리된 웹 브라우저에서 자동으로 열리기 때문에 소스에 관계없이 사용자가 보호된다.

(3) 악성 이메일로부터 보호(Protection From Malicious Emails): 웹 격리를 사용하면 모든 웹 기반 이메일이 원격 서버에서 무해하게 렌더링되고 이메일 클라이언트의 링크가 원격 서버에서도 자동으로 열린다.

(4) 악성 다운로드로부터 보호(Protection From Malicious Downloads): 관리자는 사용자가 다운로드할 수 있는 파일을 미세하게 제어할 수 있으며 모든 허용된 다운로드를 먼저 검사하여 위협을 제거한다.

(5) 악성 광고로부터 보호(Protection From Malicious Ads): 광

고와 트래커는 자동으로 차단된다. 광고가 표시되면 원격으로 렌더링되어 악성 콘텐츠로부터 사용자를 보호한다.

(6) 익명 브라우징(Anonymous Browsing): 고급 익명 브라우징 기능은 사용자의 실제 신원을 가린다.

(7) 데이터 손실 방지(Data Loss Prevention): 내장된 DLP 기능은 기업 데이터가 우발적으로 또는 의도적으로 유출되지 않도록 보호한다. 이러한 기능을 통해 관리자는 사용자가 인터넷에 업로드 할 수 있는 파일을 제한할 수 있다.

(8) 사용자 행동 분석(User Behavior Analytics): 조직은 규정 준수 모니터링과 내부 위협 및 비생산적인 직원을 탐지하는 데 사용할 수 있는 사용자의 웹 활동에 대한 분석을 얻을 수 있다.

(9) 보안 경고 수 감소(Reduced Number of Security Alerts): 원격 서버에서 모든 웹 콘텐츠를 격리하면 조사해야 하는 보안 경고 및 오탐이 줄어든다.

(10) 웹 기반 멀웨어 비용 제거(Eliminates the Cost of Web-Based Malware): 멀웨어 감염의 영향은 심각할 수 있으며 수정하는 데 상당한 비용과 시간이 필요하다. 격리된 검색은 웹 기반 멀웨어로부터 네트워크를 완전히 보호한다.

3)번의 원격 저널링(Remote Journaling)은 기본 환경에서 제품의 정상적인 기록과 동시에 원격 데이터 저장 환경에서 컴퓨터 응용 프로그램의 제품을 기록하는 프로세스이다.

060

정답: 3번

일반적으로 FIPS 140-2라고 하는 연방 정보 처리 표준(Federal Information Processing Standard, FIPS) 140-2는 암호화 모듈의 유효성을 검사하는 데 사용되는 미국 정부 컴퓨터 보안 표준이다. NIST에 의해 수립된 FIPS 140-2는 연방 정보 보안 관리법(FISMA)에 의해 미국과 캐나다 정부 조달의 필수 인증 요소로 지정되었다.

FIPS 140-3 테스트는 2020년 9월 22일에 시작되었지만 FIPS 140-3 유효성 검사 인증서는 아직 발급되지 않았다. FIPS 140-2 테스트는 2021년 9월 21일까지(나중에 이미 진행 중인 응용 프로그램의 경우 2022년 4월 1일로 변경됨) 계속 사용할 수 있었으며, 1년 이상의 중복 전환 기간이 생성되었다. CMVP 대기열에 남아 있는 FIPS 140-2 테스트 보고서에는 해당 날짜 이후에도 유효성 검사가 부여되지만 모든 FIPS 140-2 유효성 검사는 실제 최종 유효성 검사 날짜에 관계없이 2026년 9월 21일에 기록 목록으로 이동된다.

061

정답: 2번

최고감사기관은 감사기준 적용이 어려운 업무들이 높은 질적 수준을 유지할 수 있도록 별도의 적절한 기준을 설정해야 한다.

(1) 최고감사기관은 정부 감사 과정에서 발생하는 다양한 상황에 알맞게 스스로의 판단을 적용하여야 한다.

(2) 국민의 의식 수준이 높아짐에 따라 국민은 공공 자원을 관리하는 사람들이나 기관에 대해 공공 책임성(Public Accountability)을 요구하고 있다. 따라서 적절하고 효과적으로 운용되는 책임 검증 과정이 필요하다.

(3) 정부 내의 적합한 정보, 통제, 평가와 보고 체계가 발전하면 책임성 검증이 촉진될 것이다. 재무보고서 및 기타 정보의 형식과 그 내용이 정확하고 충분한 것인가에 대해서는 관리자가 책임을 져야 한다.

(4) 관계 당국은 정부의 필요에 맞추어 재무 보고와 공시에 적합한 회계 기준이 공표되도록 해야 하고, 수감 기관은 명확하고 측정 가능한 목적과 성과 목표를 개발하여야 한다.

(5) 적합한 회계 기준이 일관되게 적용되면 재무 상태와 운영 성과가 공정하게 제시될 수 있다.

(6) 적절한 내부 통제 시스템은 오류와 부정행위의 위험을 최소화한다.

(7) 감사 자료 확보에 관한 법률을 제정하면 감사 대상 활동의 종합적인 평가를 위해 필요한 모든 관련 자료를 유지하고 획득하는 데 필요한 수감 기관의 협조를 용이하게 할 수 있다.

(8) 모든 감사 활동은 최고감사기관의 감사 권한 범위를 넘지 않아야 한다.

(9) 최고감사기관은 성과 척도의 타당성 여부 확인 감사를 위한 감사 기법 향상에 노력하여야 한다.

062

경계 침입 탐지 평가 시스템(Perimeter Intrusion Detection and Assessment System, PIDAS)은 보호 구역의 경계를 구성하고 보호 구역에 대한 액세스를 감지, 방해, 제어 또는 거부하도록 설계된 장벽, 투명 구역, 조명 및 전자 침입 감지, 평가 및 액세스 제어 시스템의 상호 지원 조합이다.

PIDAS는 재산, 건물 또는 기타 보안 영역의 물리적 경계를 침입하려는 침입자의 존재를 감지하는 장치 또는 센서이다. 일반적으로 전체 보안 시스템의 일부로 배포되며 교정 시설, 공항, 군사 기지 및 원자력 발전소와 같은 높은 보안 환경에서 종종 발견된다. 단점은 False Positive Error 즉, 오작동률이 높다는 점이다.

- False Positive(Type 1 error): 늑대가 없는데도 양치기는 늑대가 나타났다고 외친다.
- False Negative(Type 2 error): 늑대가 나타났는데도 양치기는 늑대가 없다고 생각한다.

063

Microsoft SDL(Security Development Lifecycle)은 개발 프로세스의 모든 단계에서 보안 및 개인정보보호 고려 사항을 도입하여 개발자가 매우 안전한 소프트웨어를 빌드하고 보안 준수 요구 사항을 해결하며 개발 비용을 절감할 수 있도록 지원한다. Microsoft SDL의 지침, 모범 사례, 도구 및 프로세스는 보다 안전한 제품 및 서비스를 빌드하기 위해 내부적으로 사용하는 관행이다.

애자일 개발의 핵심은 스프린트라는 점이다. 짧은 기간(보통 15~60일) 내에 일련의 기능이나 스토리가 설계, 개발, 테스트 및 고객에게 잠재적으로 전달된다. 제품에 추가할 기능 목록을 제품 백로그라고 하며, 스프린트가 시작되기 전에 제품 백로그에서 기능 목록을 선택하고 스프린트 백로그에 추가한다. SDL은 이러한 은유에 완벽하게 부합하며, SDL 요구 사항은 작업으로 표현되고 제품 및 스프린트 백로그에 추가된다. 그런 다음 이러한 작업은 팀 구성원이 선택하여 완료한

다. 백로그에 추가된 한입 크기의 SDL 작업을 작동하지 않는 스토리로 생각할 수 있다.

SDL이 해결하려는 주요 어려움은 전체 SDL을 짧은 릴리스 주기에 맞추는 것이다. 2년 또는 3년의 릴리스 주기 동안 모든 SDL 요구 사항을 완료하도록 의무화하는 것은 전적으로 합리적이지만 2주 또는 3주 길이의 릴리스 주기에 대해 동일한 것을 의무화하는 것은 합리적이지 않다.

SDL 요구 사항을 모든 스프린트(Every Sprint), 일회성(one-time) 및 세 가지 버킷(three bucket) 그룹으로 분류하는 것이 이 문제를 해결하기 위한 SDL-Agile 솔루션이다. Microsoft SDL 팀은 릴리스 주기가 짧은 팀을 위해 최상의 보안 조합, 기능 개발 및 릴리스 속도를 제공하는 데 필요한 상황이라고 고려하고 있다.

064

제24조(비상대응훈련 실시)

① 금융회사 또는 전자금융업자는 제23조제4항에 따른 행동매뉴얼 또는 같은 조 제5항에 따른 비상대책에 따라 연 1회의 비상대응훈련을 실시하고 그 결과를 금융위원회에 보고하여야 한다. 이때, 제23조제10항에 따른 재해복구전환훈련을 포함하여 실시할 수 있다. <개정 2013. 12. 3., 2016. 6. 30.>

② 금융위원회는 금융분야의 비상대응능력을 강화하기 위하여 금융회사 또는 전자금융업자를 선별하여 금융분야 합동비상대응훈련을 실시할 수 있다. <개정 2013. 12. 3.>

③ 금융위원회는 제2항의 규정에 따른 합동비상대응훈련을 실시할 때, 다음 각 호의 기관에게 지원을 요청할 수 있다.

1. 「정부조직법」 제15조에 따른 "국가정보원(국가사이버안전센터)"

2. 「경찰법」 제2조에 따른 "경찰청(사이버테러대응센터)"

3. 침해사고대응기관 <개정 2013. 12. 3.>

4. 그 밖에 비상대응훈련의 실효성 확보를 위하여 금융위원회가 필요하다고 인정하는 기관

④ 금융회사 또는 전자금융업자는 제1항 및 제2항에 따른 의무의 이행을 위하여 전자금융보조

065

정답: 4번

서비스 거부 공격의 종류는 다음과 같다.

(1) Smurf Attack: 출발지 IP를 희생자 IP로 위조한 후 증폭 네트워크로 ICMP Echo Request를 브로드캐스트를 수행함으로써 다수의 ICMP Echo Reply가 희생자에게 전달되어 서비스 거부를 유발시키는 공격이다.

(2) Land Attack: 출발지 IP와 목적지 IP가 같은 패킷을 만들어 보냄으로써 수신자가 자기 자신에게 응답을 보내게 하여 시스템의 가용성을 침해하는 공격이다.

(3) Teardrop Attack: IP 패킷의 재조합 과정에서 잘못된 Fragment Offset 정보로 인해 수신 시스템이 문제를 발생하도록 만드는 공격이다. 공격자는 IP Fragment Offset 값을 서로 중첩되도록 조작하여 전송하고 이를 수신한 시스템이 재조합하는 과정에서 오류가 발생하여 시스템 기능을 마비시키는 공격이다.

(4) Ping of Death: Ping을 이용하여 ICMP 패킷을 정상적인 크기보다 아주 크게 만들어진 패킷을 전송하면 네트워크를 통해 라우팅되어 공격 네트워크에 도달하는 동안 아주 작은 Fragment되어 정상적인 Ping보다 많은 부하가 걸리게 되어 시스템의 성능을 떨어뜨리는 공격이다.

066

정답: 1번

DB 접근 제어 방식과 주요 기능은 다음과 같다.

(1) Gateway Inline 방식

- 타깃 DB와 클라이언트 네트워크 사이에 인라인 구성
- 서버나 클라이언트에 별도의 에이전트 설치 또는 변경 불필요
- 규모가 크지 않고 DB 서버가 한곳에 위치한 경우, 온라인 비중이 높지 않은 경우에 유리
- DB Application, DB Client 간에 모두 통제
- 트래픽으로 인한 속도 저하 발생 가능

(2) Gateway Proxy 방식

- DB 서버로 접속하는 모든 IP를 DB 서버로 통하도록 설정(클라이언트에 별도 프로그램 설치)
- DB 서버와 Application 서버 간에는 통제하지 않음
- 타깃 DBMS의 추가 기능
- Gateway 장애 대비 이중화 구성 가능
- 내부 사용자의 개인정보 및 대외비 유출에 대한 통제에 용이
- 사용자가 보안 서버를 통해 DB에 접근
- 중앙 집중식 접근 통제

(3) Agent 방식

- 서버 자체에 접근 제어 및 로깅 기능을 포함한 Agent 설치
- DB에 직접 접근하는 전용 클라이언트를 포함해 모든 접근 루트 통제 가능
- DB 서버의 부하가 증가하고 성능 저하가 발생 가능함
- 시스템 정지의 리스크 우려
- 우회 경로 차단
- 오라클의 QEQ 완벽 처리
- Telnet, SSH 모두 지원
- 감사 및 접근 제어 가능

(4) Sniffing 방식

- 네트워크 선로 상의 패킷을 TAP 방식과 미러링 방식을 통해 패킷 분석/로깅
- 개개의 SQL 단위로 통제할 수 없고 로깅만 가능
- 권한이 없는 SQL을 수행하는 세션의 경우 DB서버로 해당 세션을 종료시키는 명령어를 보내는 방법 등으로 통제하는 기능을 일부 제공
- 사후 감사의 의미에 비중을 두는 방식
- 서버와 클라이언트에 에이전트 설치나 설정 변경 불필요
- 네트워크에 부하 없이 구성 가능
- 외부 사용자 및 내부 사용자가 DB로 보내는 모든 패킷을 로그 서버에 저장
- 다수의 DBMS 관리 용이

—— ⌂ 출처 https://thegap.tistory.com/8

067

사악한 쌍둥이 공격(Evil Twins Attack)으로부터 장치를 보호하는 방법은 다음과 같다.

(1) 안전하지 않은 Wi-Fi 핫스팟 피하기(Avoid unsecured Wi-Fi hotspots): 공용 네트워크에 연결해야 하는 경우 '안전하지 않음'으로 표시된 액세스 포인트를 피하도록 한다. 보안되지 않은 네트워크에는 보안 기능이 없으며 사악한 쌍둥이 네트워크에는 거의 항상 이 지정이 있다. 해커는 종종 위험을 모르고 네트워크에 연결하는 사람들에게 공격을 수행한다.

(2) 자신의 핫스팟 사용(Use your own hotspot): 공용 Wi-Fi 대신 개인용 핫스팟을 사용하면 사악한 쌍둥이 공격으로부터 보호할 수 있다. 외부에 있을 때 안정적인 네트워크에 연결되어 해커가 데이터에 액세스할 위험이 줄어들기 때문이다. 액세스 포인트를 비공개로 유지하려면 비밀번호를 설정해야 한다.

(3) 경고 알림 확인(Check warning notifications): 네트워크에 연결하려고 시도하고 장치에서 의심스러운 것을 경고하면 주의해야 한다. 모든 사용자가 그런 것은 아니므로 부정적인 결과를 초래할 수 있다. 성가신 것처럼 보이는 경고를 무시하는 대신 장치가 위험으로부터 사용자를 보호하려고 하므로 주의해야 한다.

(4) 자동 연결 비활성화(Disable auto-connect): 장치에서 자동 연결을 활성화한 경우 범위 내에 있으면 이전에 사용한 모든 네트워크에 자동으로 연결된다. 이것은 공공장소에서 위험할 수 있다. 특히 과거에 자신도 모르게 사악한 쌍둥이 네트워크에 연결한 경우에는 더욱 그렇다. 대신 집이나 사무실에 없을 때마다 자동 연결 기능을 비활성화하고 연결하기 전에 먼저 장치에서 권한을 요청하도록 한다. 이런 식으로 네트워크를 확인하고 승인하거나 비 승인할 수 있다.

(5) 공용 Wi-Fi에서 개인 계정에 로그인하지 않기(Avoid logging into private accounts on public Wi-Fi): 가능하면 공용 Wi-Fi에서 금융 또는 개인 거래를 수행하지 않는다. 해커는 사악한 쌍둥이 네트워크에 연결된 상태에서 로그인 정보를 사용하는 경우에만 로그인 정보에 액세스할 수 있으므로 로그아웃 상태를 유지하면 개인정보를 보호하는 데 도움이 된다.

(6) 다단계 인증 사용(Use multi-factor authentication): 다중 요소 인증은 시스템에 로그인하는 데 두 가지 이상의 단계가 필요한 경우이다. 계속 진행하려면 입력해야 하는 휴대 전화로 전송된 코드와 비밀번호 요구 사항을 결합할 수 있다. 이것은 해커와 귀하의 정보 사이에 추가 보안 계층을 제공한다. 계정이 다단계 인증을 제공하는 경우 설정할 가치가 있다.

(7) HTTPS 웹 사이트에 충실(Stick to HTTPS websites): 공용 네트워크를 사용할 때는 HTTP가 아닌 HTTPS 웹 사이트만 방문해야 한다. HTTPS 웹 사이트에는 종단 간 암호화가 있어 해커가 여러분이 하는 일을 볼 수 없다.

(8) VPN 사용(Use a VPN): VPN 또는 가상 사설망은 사용 중인 네트워크에 관계없이 인터넷에서 데이터를 암호화하여 사악한 쌍둥이 공격으로부터 사용자를 보호한다. 안정적인 VPN은 온라인 활동을 네트워크로 보내기 전에 암호화하거나 스크램블하여 해커가 읽거나 이해할 수 없도록 한다. 또한, 포괄적인 보안 제품이 설치되어 있는지 확인할 수도 있다.

068

WEP는 802.11b 표준에 지정된 보안 프로토콜이다. WEP는 유선 LAN과 동일한 보안 및 개인정보보호 기능을 갖춘 무선 근거리 통신망을 제공한다. 표준 64비트 WEP는 40비트 키를 사용하지만 104비트 키 크기를 사용하는 128비트 WEP도 사용할 수 있다.

WEP는 또한 개방 시스템 인증(Open System Authentication, OSA) 및 공유 키 인증(Shared Key Authentication, SKA)의 두 가지 인증 형식을 사용한다. 클라이언트에 올바른 WEP 키가 있는 한 OSA를 사용하면 모든 클라이언트가 액세스 포인트로 인증할 수 있다. SKA는 4단계 핸드셰이크로 WEP 키를 보낸다. 핸드셰이크는 클라이언트와 액세스 포인트가 요청을 보내고 데이터를 암호화하는 시도-응답 인증 방법을 사용한다. 2003년 Wi-Fi Alliance는 WEP 대신 WPA로 대체한다고 발표했다. 서버와 클라이언트 컴퓨터 모두에서 WPA를 구현할 수 있도록 하는 소프트웨어 업데이트는 같은 해에 널리 사용 가능하게 되었다.

액세스 포인트는 WEP/WPA 혼합 모드에서 작동하여 WEP 및 WPA 클라이언트를 모두 지원할 수 있다. 그러나 혼합 모드는 모든 사용자에게 WEP 수준 보안만 효과적으로 제공한다. WPA는 무선 통신의 보안에 큰 변화를 가져왔다. Wi-Fi 6 및 5G가 새로운 발전과 잠재적인 단점을 가져옴에 따라 무선통신은 빠르게 변화하고 있다.

069

감사 캔버스(Audit Canvas)는 감사팀, 감사 고객 및 주요 비즈니스 이해관계자가 공동 개발한 한 페이지짜리 계획 문서이다. 감사팀은 감사 캔버스를 사용하여 감사 프로젝트의 가장 중요한 목표를 높은 수준에서 요약하고 명확하게 표현해야 한다. 따라서 주요 활동, 가치 제안, 고객 관계, 주요 자원, 채널, 비용 구조 및 수익 흐름이 감사 캔버스에 반영될 수 있다. 감사 기능은 또한, 다음을 포함한 여러 문제에 대해 감사 고객을 고려하고 협력하여 감사 캔버스를 준비해야 한다.

- 고객과 기업 전략의 일치성 감사(Audit customer's alignment with corporate strategy)
- 고객의 비즈니스 목표 감사(Audit customer's business objectives)
- 감사 프로젝트가 목표를 달성하지 못할 경우 감사 고객에 대한 위험(Risk to the audit customer if the audit project fails to meet its objectives)
- 감사 고객 및 기업에 대한 감사 프로젝트 예상 가치(Audit project expected value to the audit customer and the enterprise)

070

문제의 테스트 대상 프로그램은 입력해야 할 항목들이 셀렉트 박스(Select Box)로 인해 선택 가능한 경우의 수가 존재한다. 또한, 국가, 도시, 날짜와 같이 선택할 수 있는 경우의 수가 아주 많기 때문에 전체 테스트 케이스를 모두 수립할 수 없는 한계가 있는 경우이다. 이런 경우에는 테스트 항목을 구간으로 분할하여 균등값, 경곗값 테스트 기법을 적용할 수 있다. 또는 모든 경우의 수 중에서 가장 많은 수를 가진 항목을 기준으로 구성하는 분류 트리 기법도 가능하다.

하지만 4)번의 의사결정 테이블 테스트는 입력 항목을 논리적인 분류로 나눌 수 있는 프로그램일 때 적용할 수 있기 때문에 이 문제 속 상황에는 적합하지 않다

071

내장된 감사 모듈(EAM)은 기업 시스템의 지속적인 모니터링을 가능하게 하는 CAAT(Computer Assisted Audit Techniques) 종류이다. 내장된 감사 모듈은 응용 프로그램에 내장된 소프트웨어 모듈이며 감사 관련 데이터를 지속적으로 캡처하고 모니터링하도록 특별히 설계되었다. 사전 프로그래밍된 제약 조건을 위반하면 경고가 생성되고 감사자에게 알리며 트랜잭션 데이터는 파일에 저장된다.

내장된 감사 모듈은 감사자가 중요하다고 간주하는 트랜잭션이나 이벤트에 대한 데이터를 수집하기 위해 엔터프라이즈 시스템 내의 특정 지점에 배치되는 소프트웨어 모듈로 정의된다. 내장된 감사 모듈은 다음과 같이 데이터를 감지하고 캡처하기 위한 것이다. 트랜잭션은 엔터프라이즈 시스템에서 처리된다. 위반이 발생하면 문제가 되는 트랜잭션을 거부하거나 허용하고 오류를 기록할 수 있다. 엔터프라이즈 시스템은 트랜잭션을 효율적이고 신속하게 처리하도록 설계되었다. 따라서 모든 문제가 되는 트랜잭션이 처리되지 않도록 하는 것은 실용적이지 않다. 위반의 심각도에 따라 일부 트랜잭션은 조건부로 처리되고 다른 트랜잭션은 거부될 수 있다. 트랜잭션을 거부하게 만드는 오류의 심각도 수준은 클라이언트 조직에서 협상하고 수락해야 한다.

엔터프라이즈 시스템과의 통합 맥락에서 내장된 감사 모듈은 다음과 같은 특성을 가져야 한다.

- 감사자가 미리 정의된 쿼리 모음, 미리 정의된 쿼리의 속성 수정 또는 간단한 스크립트 구성
- 쿼리의 등록(임베딩) 및 스케줄링을 위한 프로세스
- 지속적으로 또는 일시적으로 위반한 건에 대해 트랜잭션 흐름에서 쿼리를 실행하는 방법
- 위반 사항을 전자적으로(예: 우편으로) 보고할 수 있는 능력
- 위반한 트랜잭션 세부 정보를 보조 스토리지에 복사하는 기능

내장된 감사 모듈은 모든 트랜잭션 오류 및 위반 건에 대해 데이터를 캡처할 수 있다. 결과적으로 오류 또

는 위반 건에 대해 트랜잭션 데이터를 지속적으로 모니터링할 수 있는 기능으로 규정 준수 또는 실질적인 테스트 도구로 사용할 수 있다. 회계 기간 동안 내장된 감사 모듈을 사용하는 경우 통제 작업에 대한 데이터(준수 테스트)와 실제 거래 오류에 대한 데이터(실질 테스트)를 기록한다. 이는 이중 목적 테스트를 용이하게 하고 포괄적인 감사 도구를 구성할 수 있도록 한다.

072 정답: 2번

맥케이브(McCabe) 회전 복잡도는 소프트웨어 소스 코드 및 모듈의 복잡도를 계산하는 공식이다. 일반적으로 가장 많이 활용하는 계산법은 노드(n)와 에지(e)를 이용한 계산법이며 복잡도는 에지(e)에서 노드(n)의 개수를 빼고 2를 더한 값이다. 따라서 문제에서 제시된 사례에서는 노드(n)는 7개, 에지(e)는 9개이므로 복잡도는 4이다.

* 복잡도=edge-node+2

073 정답: 1번

외래 키(Foreign Key)는 한 테이블의 필드(Attribute) 중 다른 테이블의 행(Row)을 식별할 수 있는 키를 말한다. 외래 키는 원래 테이블의 기본 키 데이터에 연결되는 한 테이블의 데이터 열이다. 외래 키와 기본 키 테이블 간의 연결이 끊어지지 않도록 외래 키 제약 조건을 만들어 테이블 간의 연결을 손상시키는 작업을 방지하고 잘못된 데이터가 외래 키 열에 추가되는 것을 방지할 수 있다. 원래 테이블의 기본 키 또는 상위 테이블은 다른 자식(Child) 테이블의 여러 외래 키의 대상이 될 수 있다. 그러나 기본 키는 반드시 외래 키의 대상일 필요는 없다. 기본 키는 테이블의 행을 식별하는 열 또는 열 집합이다. 그러나 외래 키는 기본 키가 일치해야 하는 테이블과 다른 테이블에 있다. 관리자는 필요에 따라 SQL Server와 같은 관계형 데이터베이스에서 기본 키를 선택하거나 변경할 수 있다. 예를 들어, 도시에 있는 사람들은 한 응용 프로그램에서 운전 면허증 번호로 고유하게 식별될 수 있지만 다른 상황에서는 전화번호로 식별하는 것이 더 편리할 수 있다. 테이블의 기본 키가 변경되면 연결된 외래 키 집합이 결과적으로 변경된다.

074 정답: 4번

문제의 설명과 보기의 도구는 관리도(Control Chart)를 의미한다. 관리도는 생산 시설에서 발생하는 데이터를 측정하고 표본의 상한선(Upper Control Line, UCL), 하한선(Lower Control Line, LCL)을 기준으로 관리하는 도구이다. 관리도를 이용하면 생산 시설에서 발생하는 이상 현상, 장애, 결함, 가용성 이슈를 빠르게 발견하고 대응할 수 있다. 관리도의 개념은 보안 관점에서 이상 현상을 발견하는 Security Management 기능으로 적용되어 있다.

075 정답: 3번

COBIT 5.0은 ITRM, ITSM, ValIT, Asset Management 등 조직과 자산, 위험, 인적 자원, IT까지 통합하는 거버넌스 프레임워크이다. 프로젝트(Project)와 프로그램(Program)을 관리하고 요구 사항(Requirement), 변경(Change), 자산(Asset), 형상(Configuration)을 관리하는 COBIT 5.0 프로세스 영역은 Build, Acquire, Implement에 해당된다.

076 정답: 3번

USR1 사용자가 테이블 TBL_LIST에 가진 DELETE 권한을 삭제하면서 기존에 타 사용자에게 부여할 수 있었던 권한과 그에 따라 생겼던 다른 사용자의 권한까지 연쇄적으로 한 번에 삭제하는 REVOKE 명령어는 다음과 같다.

```
REVOKE GRANT OPTION FOR DELETE ON TBL_
LIST FROM USR1 CASCADE
```

077

정보 보안의 핵심 기능인 AAA는 인증(Authentication), 인가(Authorization), 계정(Accounting)으로 구성된다. 인증은 보안의 주체인 사용자가 실제로 본인인지에 대한 신원을 확인하는 절차이며 인가와 함께 BAC, MAC, RBAC 시스템과 연계하여 시스템 접근 통제로 구현된다.

인가는 보안의 주체인 사용자에게 보안 정책에서 허가된 적절한 권한을 부여하는 절차를 의미하고 계정(Accounting)은 계정에 대한 정보를 수집하여 감사, 관리, 로그, 과금에 사용하는 절차이다.

078

정답: 1번

Think Time이란 최종 사용자가 시스템에 평균적으로 어느 정도 머물다가 다음 트랜잭션을 호출하는지에 대한 평균값이다. 정보 시스템 및 서비스가 가진 고유한 특성으로 각각이 평균적인 값을 가진다.

Think Time이 중요한 이유는 성능 시험, 부하 시험, 스트레스 시험, 가용성 시험 등을 수행할 때 최종 동시 접속 사용자 수를 계산하기 위해 필요하기 때문이다. 자동화된 테스트 도구에서 가상의 Active User를 이용해 성능 부하 테스트를 수행하고 그 결과인 TPM(Transaction Per Minute)에 Think Time을 적용해야 동시 접속 사용자 수가 산출된다.

일반적으로 인터넷 게시판과 커뮤니티는 1분이 넘는 값을 가지고, 그룹웨어 및 전자결제 시스템은 30초, 주식 트레이딩과 콜센터 시스템은 10초 내외의 짧은 값을 가진다.

079

정답: 4번

문제에서 설명하는 서비스이자 기술은 CDN(Content Delivery Network)을 의미한다. 영상 기반의 스트리밍 서비스를 제공하는 시스템은 IDC 또는 본사 콘텐츠 서버에서 전 국가 및 지역에 실시간 서비스를 제공

하는 데 한계가 있다. 따라서 분산된 에지 서버에 중앙 서버의 자료를 주기적으로 복제하여 전송 속도와 성능을 향상시키게 된다. CDN 기술을 적용하면 다수의 서버로 동일한 자료가 복제되어 있고 유연성과 가용성을 제공하므로, 분산 서비스 거부 공격인 DDoS에 대응하는 데 유리한 장점도 있다.

080

정답: 1번

데이터베이스의 DCL(Data Control Language)에는 권한을 통제하는 GRANT, REVOKE와 일관성을 통제하는 COMMIT, ROLLBACK이 존재한다. 그중에서 GRANT 명령어는 권한을 부여하는 기능을 하며 권한을 다른 사용자에게 부여하는 옵션인 WITH GRANT OPTION도 있다.

문제에서 물어보는 'TBL_LIST 테이블에 대해 USR1 사용자에게 SELECT 권한과 다른 사용자에게 권한을 부여할 수 있는 옵션 포함'은 다음과 같다.

```
GRANT SELECT ON TBL_LIST TO USR1 WITH
GRANT OPTION
```

081

정답: 4번

문제에서 설명하는 이메일 보안 기술은 PGP(Pretty Good Privacy)이다. 1991년 필 짐머만이 개발했으며 이후 오픈 소스 형태로 공개되어 누구나 사용할 수 있고 리눅스 등 다양한 환경에서 기본적으로 사용되는 활용성이 높은 이메일 보안 기술이다.

PGP 자체만으로는 이메일 메시지의 기밀성과 세션키 배포를 제공하고 송신자의 인증과 송신 부인방지는 제공하지 않는다. 하지만 전자 서명 기술과 결합하여 인증과 송신 부인 방지를 제공할 수 있으므로 이와 같은 형태로 많이 사용된다.

082

정답: 2번

로그(Log)는 기업에서 발생하는 대표적인 비정형 데이터로, 과거에는 문제 상황 보존을 위해 사용됐고, 최근에는 마케팅/영업 전략 수립을 위한 사용자의 형태 분석 등에 사용된다. 용량이 방대하기 때문에 이를 분석하기 위해서는 고성능과 확장성을 가진 시스템이 필요하다.

083

정답: 3번

DDoS 공격은 인터넷에 연결된 디바이스의 네트워크를 악용해 사용자가 서버 또는 네트워크 리소스(사용자가 자주 접속하는 웹 사이트나 애플리케이션)에 접속하지 못하도록 차단한다. DDoS 공격을 시작하기 위해 공격자는 멀웨어를 사용하거나 보안 취약점을 악용해 악의적으로 컴퓨터와 디바이스를 감염시키고 제어할 수 있다. '봇' 또는 '좀비'라 불리는 컴퓨터 또는 감염된 디바이스는 멀웨어를 더욱 확산시키고 DDoS 공격에 참여한다. 이러한 봇은 '봇넷'이라는 봇 군대를 형성하며, 수적 우세를 활용해 공격 규모를 증폭시킨다.

사용자는 IoT 디바이스가 감염되었다는 것을 알아차리지 못하는 경우가 많기 때문에 정상 디바이스 소유자들은 2차 피해자가 되거나 알지 못하는 사이에 공격에 참여하게 되고 피해를 입은 기업은 공격자를 식별하기 어렵게 된다. 공격자가 봇넷을 구축한 후에는 각 봇에 원격 명령을 전송해 특정 시스템을 공격하라고 지시한다. 봇넷이 네트워크 또는 서버를 공격할 때 공격자는 개별 봇이 공격 대상의 IP 주소로 요청을 보내도록 지시한다. 트래픽 급증으로 인해 서비스 거부가 발생하면 정상 트래픽이 웹 사이트, 웹 애플리케이션, API, 네트워크에 접속하지 못하게 된다. DDoS 공격 형태로써 대역폭 공격의 종류에 해당되는 것은 다음과 같다.

(1) UDP Flooding: 대역폭 공격 중 가장 대표적인 공격 방식이다. 데이터를 전송할 때 TCP프로토콜의 연결 지향(connection-oriented)이 아닌 UDP 프로토콜의 비연결형(connectionless) 특성을 악용한 공격이다. 출발지 IP를 위/변조한 후 UDP 프로토콜로 대규모 데이터를 생성해 피해 대상 시스템을 향해 전달한다. UDP Flooding은 대상 서버에서 UDP Port를 사용하지 않아도 공격할 수 있으며, 공격을 수행하는 감염된 기기가 많을수록 위험도는 증가한다. 단순한 공격 방식과 강력한 효과로 과거부터 현재까지 지속적으로 사용되는 공격 방식이다.

(2) ICMP Flooding: Internet Control Message Protocol은 장치 간 연결을 진단하는 ping 명령에 대표적으로 쓰이는 프로토콜로, 주로 ICMP Request와 Reply를 사용한다. ICMP Flooding은 ICMP Request 패킷을 이용하여 피해 서버로 대량의 ICMP 패킷을 생성해 전달하여 피해 서버의 대역폭을 고갈시키는 공격 방식이다. 반사 공격과 다르게 ICMP Flooding은 증폭이 발생하지 않기 때문에 공격 기기의 대역폭에 따라 공격 규모가 결정된다.

084

정답: 2번

CMMC 2.0은 CMMC 1.02의 레벨 2와 4를 제거하였으며 바로 위와 아래 레벨 간으로 전환되었다. 새로운 CMMC 2.0 수준은 아래에 설명된 대로 DIB(Defense Industrial Base) 조직에서 처리하는 정보 유형을 기반으로 한다.

(1) CMMC 2.0: 레벨 1(Foundational): CMMC 2.0 레벨 1은 FAR 52.204-21의 17개 컨트롤을 기반으로 하는 CMMC 1.02 레벨 1과 동일하다. 이러한 통제의 목표는 주로 승인된 사용자에 대한 액세스를 제한하여 해당 계약자의 정보 시스템을 보호하는 것이다. 이 수준은 해당 계약자 정보의 기본적인 보호를 제공하며 FCI(Federal Contract Information)를 처리하는 조직에만 적용된다. 요구 사항을 추구하는 회사는 제3자 인증을 요구하지 않는다. 대신 계약자는 FCI를 처리, 저장 또는 전송하는 환경 내에서 사람, 기술, 시설 및 외부 공급자를 지정해야 한다. 회사는 FAR 조항 52.204.21에 명시된 FCI에 대한 기본 보호 요구 사항을 충족한다는 사실을 1년에 한 번 자체 인증해야 한다.

(2) CMMC 2.0: 레벨 2(Advanced): CMMC 2.0 레벨 2는 NIST SP 800-171을 기반으로 하는 CMMC 1.02 레벨 3과 동일하다. 여기에는 NIST 800-171에서 가져온 CMMC 1.02의 14개 도메인과 110개 보안 제어가 모두 포함되지만 CMMC 1.02에 고유한 20개의 레벨 3 관행 및 프

로세스는 모두 제거된다. 결과적으로 CMMC 2.0 레벨 2는 NIST SP 800-171과 완전히 일치한다. 이 수준은 CUI(Controlled unclassified information)로 작업하는 회사를 위해 설계되었다. CMMC 레벨 2를 찾고 있다면 3년마다 제3자 평가가 필요할 것으로 예상할 수 있다. DoD는 레벨 2 요구 사항을 분기할 것이라는 이전 성명을 롤백했다. 즉, 공인 C3PAO(CMMC 타사 평가 기관) 또는 공인 CMMC 평가자의 평가를 계획해야 한다.

(3) CMMC 2.0: 레벨 3(Expert): CMMC 2.0 레벨 3은 CUI for DoD 프로그램을 최우선으로 처리하는 회사에 적용된다. DoD는 여전히 특정 보안 요구 사항을 개발 중이지만 CMMC 1.02 레벨 5와 비슷하다. 그러나 레벨 3의 요구 사항은 NIST SP 800-172 컨트롤의 하위 집합에 추가하여 NIST SP 800-171의 110개 컨트롤을 기반으로 할 것이라고 이미 표시했다.

레벨 3(전문가) 준수를 원하는 회사는 NIST SP 800-171에 지정된 보안 요구 사항과 NIST SP 800-172에 지정된 요구 사항의 하위 집합을 충족해야 한다. DoD는 레벨 3 준수를 원하는 조직이 어떻게 평가될 것인지 결정하는 과정에 있다. 그러나 이러한 회사는 규정 준수를 위해 DIBCAC(Defense Industrial Base Cybersecurity Assessment Center) 감사를 요구한다.

085　　정답: 1번

1)번은 후속 활동 절차가 아니라 보고서와 관련된 내용으로, 후속 활동 절차와 관련 없는 내용이다

ISACA IT Audit Framework(ITAF)에서 제시하는 후속 활동(Follow-up Activities)의 절차와 내용은 다음과 같다.

- IT 감사 및 보증 실무는 감사 기능(예: 이사회 및/또는 감사 위원회)에 대한 거버넌스 및 감독을 담당하는 책임자에게 발견 사항 및 권장 사항에 대한 진행 상황을 모니터링하고 주기적으로 보고해야 한다. 보고에는 경영진이 보고된 감사 결과 및 권장 사항을 다루기 위해 적절하고 시기적절한 조치를 계획하고 취했는지 여부에 대한 결론이 포함되어야 한다.
- 감사 발견 사항 이행의 전반적인 상태에 대한 진행 상황은 감사 위원회가 있는 경우 정기적으로 감사 위원회에 보고해야 한다.

- 발견과 관련된 위험이 수용되었고 기업의 위험 선호도보다 크다고 판단되는 경우 이 위험 수용에 대해 고위 경영진과 논의해야 한다. 위험 수용(특히 위험 해결 실패)은 감사 위원회(있는 경우) 및/또는 이사회가 주의를 기울여야 한다.

086　　정답: 1번

조명이 잘 설치되어 있으면 침입자와 침입자가 건물에 들어갈 가능성이 훨씬 작기 때문에 시설에도 조명을 설치해야 한다. 이렇게 하면 일반적으로 가시성이 매우 좋지 않은 야간에 현장의 재산과 인력을 보호할 수 있다. 조명이 보안 측면에 미치는 영향은 다음과 같다.

- 침입자를 낙담시킨다.
- 야간에 자산, 직원 및 재산을 보호한다.
- 감지를 제공한다.
- 억제하는 역할을 한다.
- 입구와 주차장은 조명이 잘 되어 있어야 한다.

NIST 권장 사항에 따르면, 조명의 높이는 최소 8피트이고 최소 2피트 촉광을 제공해야 한다.

087　　정답: 3번

감사 실무자는 감사 기능을 수행할 명확한 권한이 있어야 한다. 이 권한은 일반적으로 이사회 및/또는 감사 위원회와 같은 거버넌스 책임자가 공식적으로 승인해야 하는 감사 헌장에 문서화되어 있다. 감사 기능 전체에 대한 감사 헌장이 존재하는 경우 IT 감사 및 보증 권한이 통합되어야 한다.

- IT 감사 및 보증 기능은 목적, 책임, 권한 및 책임을 나타내는 감사 헌장에 감사 기능을 적절하게 문서화해야 한다.
- IT 감사 및 보증 기능은 이사회 및/또는 감사 위원회와 같이 감사 기능의 거버넌스 및 감독을 담당하는 사람들이 감사 헌장에 동의하고 공식 승인을 받아야 한다.

- IT 감사 및 보증 기능은 감사 헌장을 경영진/고위 경영진에게 전달해야 한다. 또한, 감사 헌장의 관련 요소는 착수 회의 및/또는 계약서를 통해 감사를 받는 그룹과 공유되어야 한다.
- 정기적인 감사 헌장 검토를 통해 감사 헌장에 반영된 감사 및 보증 기능의 책임은 기업의 사명 및 전략과 일치하도록 유지되어야 한다. 기업의 사명이나 전략이 변경되거나 감사 기능의 책임이 변경되는 경우 감사 헌장을 즉시 검토해야 한다.

088
정답: 4번

포트 매핑이라고도 하는 포트 전달(Port Forwarding)을 사용하면 사설 네트워크의 컴퓨터나 서비스가 인터넷을 통해 다른 공용 또는 사설 컴퓨터나 서비스와 연결할 수 있다. 포트 포워딩 또는 포트 매핑을 사용하면 인터넷의 원격 서버 및 장치가 개인 근거리 통신망(LAN) 내에 있는 장치에 접근할 수 있으며 그 반대의 경우도 마찬가지이다. 포트 포워딩이 없으면 내부 네트워크의 일부인 장치만 서로 액세스할 수 있으며 포트 포워딩을 사용하면 누구나 액세스할 수 있다. 기본적으로 포트 포워딩은 인터넷 연결 IP 주소의 외부 '포트'를 로컬 개인 네트워크의 특정 컴퓨터에 매핑한다. 이렇게 하면 여러분(또는 다른 사람)이 인터넷에서 컴퓨터의 무언가에 접근할 수 있다. 포트 포워딩은 모든 종류의 문제를 해결하지만 위험 할 수도 있다. 예를 들어 원격 데스크톱 연결을 보호하지 못하면 누군가가 멀리서 컴퓨터에 로그인할 수 있다.

089
정답: 2번

사용자의 보안 인식 교육에 고려해야 할 주제들은 다음과 같다.

- 데이터 네트워크의 IoT 디바이스와 관련된 물리적 위험
- 조직에 개인의 IoT 디바이스를 가져올 때 관련된 정책
- IoT 디바이스에 의해 수집된 데이터와 관련된 개인정보보호 요구 사항
- 기업의 IoT 디바이스와 연결하기 위한 절차

2)번은 IoT 보안 관리자 교육으로, 보안 관리자는 안정적으로 작동하는 IoT 시스템을 유지하기 위해 필요한 기술 및 절차에 대한 정보를 교육 이수해야 한다.

⌂ 출처 "사물 인터넷 시대를 위한 보안 가이드"(브라이언셀, 드류 반 듀란)

090
정답: 3번

네트워크 정보를 동적으로 학습하고 유지하는 다이나믹 라우팅 프로토콜이 있다. 스태틱 라우팅프로토콜은 네트워크 관리자가 수동으로 직접 목적지 경로를 지정해주며 외부 네트워크와 연결되는 경로가 하나뿐인 Stub 네트워크나, 주로 변화가 적은 네트워크에서 사용한다. 장점으로는 관리자가 경로를 직접 입력하므로 라우터의 부담과 대역폭 낭비가 적고 보안성이 있다.

단점은 한 네트워크에 회선이 추가될 경우 관리자가 직접 설정해야 되며 풍부한 지식이 요구된다. 다이나믹 라우팅 프로토콜은 네트워크 정보를 프로토콜을 이용하여 동적으로 관리하는 것을 말하며, 네트워크가 복잡한 경우 많이 사용한다.

장점은 네트워크에 변화를 감지하면 변화된 내용을 학습하고 새로운 최적 경로를 선정하므로 편리하지만 부하가 많이 생긴다는 단점이 있다. 역할에 따라 EGP와 IGP로 분류할 수 있으며 EGP는 서로 다른 AS 간에 네트워크 정보를 교환하기 위해 구동하는 라우팅 프로토콜로, 대표적으로 BGP가 있다. IGP는 단일 AS 내에서 구동하는 라우팅 프로토콜로 동작 원리에 따라 거리 백터 라우팅 프로토콜과 링크 상태 라우팅 프로토콜로 나뉠 수 있다.

- IGP(Interior Gateway Protocol: 역내 게이트웨이 프로토콜)
  - 자치 시스템(AS) 내부의 라우터들끼리 라우팅 정보를 교환하는 데 사용되는 라우팅 프로토콜
  - RIP(Routing Information Protocol 경로설정 정보 프로토콜)
  - IGRP(Interior Gateway Routing Protocol 경로설정 정보 프로토콜)

- OSPF(Open Shortest Path First 최단 경로 우선 프로토콜)

- EGP(Exterior Gateway Protocol: 역외 게이트웨이 프로토콜)
  - 자치 시스템(AS) 상호 간에 라우팅 정보를 교환하는 데 사용되는 프로토콜
  - BGP(Border Gateway Protocol 경계 경로 프로토콜)

— 🏠 출처 https://ciscoking.tistory.com/10?category=821022

091

정답: 1번

ISACA의 ITAF(정보 기술 감사 프레임워크)는 다음과 같은 포괄적인 IT 감사 프레임워크이다.

- IT 감사 및 보증 실무자의 역할과 책임, 윤리, 예상되는 직업적 행동, 필요한 지식과 기술을 다루는 표준을 설정한다.
- IT 감사 및 보증과 관련된 용어와 개념을 정의한다.
- IT 감사 및 보증 업무의 계획, 수행 및 보고를 위한 지침과 기술을 제공한다.

ISACA 자료를 기반으로 ITAF는 IT 감사 및 보증 실무자가 감사 수행 및 효과적인 감사보고서 개발에 대한 지침을 얻을 수 있는 단일 소스를 제공한다. ITAF 제3판은 2013년 11월 1일부터 IT 감사 및 보증 표준과 지침을 통합했다. ITAF 제4판을 발행하기 전에 ISACA는 논평을 위한 공개 초안을 발표했으며 65명 이상의 검토자가 피드백을 제공했다. ITAF 4판은 2020년 10월부터 발효됐다. COSO는 내부 통제를 3가지 목적 달성을 위해 이사회, 경영진 및 기타 주체들이 실행하는 절차로 정의한다.

092

정답: 2번

COSO(The Committee of Sponsoring Organizations of the Treadway Commission)는 1985년 효과적인 내부 통제 체계를 확립하기 위해 AICPA, AAA, FEI, IIA, IMA의 5개의 민간단체가 미국에서 공동 설립한 조직이다. COSO의 설립 목적은 다음과 같다.

- 기업 운영의 효율성 및 효과성 확보(운영 목적): 회사가 업무를 수행하는데 자원을 효과적이고 효율적으로 사용

- 보고 정보의 신뢰성 확보(보고 목적): 회사는 내·외부 보고를 위해 신뢰할 수 있는 재무 및 비재무 정보의 작성 및 보고 체계
- 관련 법규 및 정책의 준수(법규 준수 목적): 회사의 모든 활동은 관련 법규, 감독 규정, 내부 정책 및 절차를 준수

093

정답: 1번

내부회계관리제도는 내부 통제 제도 내 보고 정보의 신뢰성 확보 목적 중에서 외부에 공시되는 재무제표의 신뢰성을 목적으로 하며, 자산의 보호와 부정 방지 프로그램을 포함한다. 내부회계관리제도는 회사의 재무제표가 일반적으로 인정되는 회계처리기준에 따라 작성·공시되었는지에 대한 합리적 확신을 얻기 위해 설계·운영되는 내부 통제 제도의 일부분이며, 회사의 경영진과 이사회를 포함한 모든 구성원들에 의해 지속적으로 실행되는 과정을 의미한다.

내부 통제 구성요소	구성요소별 주요 원칙
통제 환경 (Control Environment)	내부 통제에 영향을 미치는 조직 문화와 관련하여 경영진의 경영 철학, 이사회 및 감사(위원회) 등의 권한과 책임의 배분, 조직체계 구성, 교육과 성과 평가와의 연계가 이뤄지는 체계
위험 평가 (Risk Assessment)	목표 달성과 관련된 위험에 대한 식별과 분석, 위험에 대한 중요도 평가와 주요한 변화 사항에 대한 관리
통제 활동 (Control Activities)	식별된 위험을 감소시킬 수 있도록 조직의 정책 및 절차를 준수할 수 있는 통제 활동을 선택 및 구축
정보 및 의사소통 (Information & Communication)	내부 통제의 책임을 수행하기 위한 조직 내·외부의 정보 체계 구축 및 의사소통 체계
모니터링 활동 (Monitoring)	내부 통제 운영에 대한 주기적인 평가와 지속적인 개선을 이루기 위한 체계

— 🏠 출처 감사위원 및 감사를 위한 내부회계관리제도 업무 체크 포인트

094

정답: 4번

부적절한 변경 관리(Inadequate change management)는 잘못된 컴퓨팅 결과와 비즈니스 결정은 재정적 손실, 평판 손상, 규제 영향 및 경쟁 불이익을 초래할 수 있다.

- 효과적인 자원 관리(Effective resource management): 탐지 통제
- 원하는 비전을 전달(Communicate desired vision): 예방 통제
- 변경 요청을 평가하고 우선순위를 지정하고 승인(Evaluate, prioritize and authorize change requests): 예방 통제
- 서비스 요청을 확인, 승인 및 이행(Verify, approve and fulfill service requests): 탐지 통제
- 사고를 조사, 진단 및 할당(Investigate, diagnose and allocate incidents): 탐지 통제
- 문제를 조사하고 진단(Investigate and diagnose problems): 탐지 통제

095

정답: 4번

애자일 방법론은 다음과 같은 이점을 통해 감사 부서에 이점을 제공한다.

- 신속한 감사 결과 달성
- 고립된 감사 및 고객팀 방지
- 거의 실시간으로 의사소통
- 고객과 긴밀하게 협업

애자일은 감사 업무의 계획, 실행 및 보고 단계에서 적절한 보증 결과를 생성할 수 있는 능력 때문에 매력적인 모델이다. 애자일을 채택하기 전에 기존의 감사 접근 방식은 규정된 표준의 원칙 기반인 폭포식 실행 방법론이었다. 원칙 기반인 폭포수 방법론의 표준은 수행해야 할 작업을 감사 부서에 규정하고 있다. 그러나 해당 성능 지침이 없는 경우 이러한 표준은 각 표준을 정확히 어떻게 실행해야 하는지 또는 감사 부서에서 각 작업을 어떻게 완료해야 하는지에 대한 적절한 지침을 제공하지 않을 수 있다. 애자일은 감사자에게

다른 어떤 방법론보다 직접적인 지침을 제공하고 있다.

애자일 감사 방법론은 적응력이 뛰어난 계획 프로세스, 자체 관리 감사팀, 조기 또는 시기적절한 감사 결과, 감사 계약의 변경 사항에 대한 민첩한 대응, 최적의 가치 제공에 대한 강조를 용이하게 한다. 또한, 애자일을 통해 IT 감사 부서는 감사 업무 내에서 추가 단계로 이동하기 전에 더 적은 수의 작업에 동시에 집중하여 더 작지만 더 빈번한 간격(예: 스프린트)으로 가치를 제공할 수 있다.

애자일 원칙은 가장 짧은 시간에 고객에게 최고의 가치를 제공할 작업의 지속적인 우선순위 지정에 엄격한 초점을 맞추고 있다. 애자일 감사 도구 세트는 또한, 소프트웨어 개발에서 영감을 얻고 있다. 스프레드시트 또는 감사 관리 소프트웨어와 같은 레거시 도구 대신 애자일 감사 도구 세트는 Atlassian Jira ®, Kanban 보드 및 스프린트와 같은 소프트웨어 개발 도구를 사용하여 감사 계약 계획, 현장 작업 및 모니터링을 수행한다. 여기서 스프린트는 정의된 작업이 완료되는 짧은 고정 길이 반복이다.

096

정답: 3번

로 코드나 노 코드 플랫폼을 도입할 때 가장 먼저 고려할 점은 투자 대비 수익률(ROI)이다. 로 코드, 노 코드는 코딩 방식에서 빌딩 블록 방식을 사용하기 때문에 업무를 빠르게 완료할 수 있기 때문에 얼마나 빠르게 가치 대비 속도를 낼 수 있는지 따져봐야 한다.

그리고 로 코드, 노 코드 플랫폼 상당수가 구독형 모델이기 때문에 비용 최적화가 필요하다. 또한, 로 코드, 노 코드 플랫폼은 독립적인 도구가 아닌 기업 및 조직의 기본 인프라스트럭처에 패치되는 기술이기에 새로운 업무 프로세스를 위해서만 사용하는 것이 아니라 기존 자산부터 인공 지능, 초자동화 같은 최신 기술을 쉽게 연결할 수 있는 솔루션인지 검토해봐야 한다.

마지막으로 보안에 대한 부분이다. 로 코드, 노 코드 솔루션은 내부 용도로 사용할 경우 위협적이지 않을 수 있지만 외부에 노출되어 범용 애플리케이션으로 확대할 경우 권한 부여 및 인증 메커니즘과 데이터 암

호화 등 신뢰받는 프레임워크 안에서 플랫폼을 운영할 수 있어야 한다.

── 🏠 출처 https://www.ahnlab.com/

097

정답: 2번

IT 아웃소싱을 수행할 때 고려해야 할 상위 10가지 위험 사항은 다음과 같다.

(1) 통제력 상실(Loss of Control): 아웃소싱의 가장 큰 위험은 통제력 상실이다. 외부 대행사에 아웃소싱할 때 사내 팀에서 실행했던 비즈니스 프로세스를 제어할 수 있는 권한이 거의 없거나 또는 미미한 수준으로 관리가 되는 경우가 많다. 그리고 서비스 제공자가 잘못 관리하면 아웃소싱 서비스의 품질에 영향을 줄 수도 있다. 또한, 제어 수준은 공급업체의 지리적 거리에 따라 다르다. 거리가 멀어지면 대면 회의 및 점검이 어려워져 가상 통신 서비스에 의존하게 된다. 이는 성능 및 생산성 모니터링을 어렵게 만들 수 있다. 또한, 해외 공급업체와 협력하기가 상당히 어려울 수 있다.

(2) 통신 장벽(Communication Barriers): 사용하는 화상 회의 도구 유형에 관계없이 전화 및 화상 통화를 통해 직접 대면하는 것보다 의사소통하는 것이 더 어렵다. 특히 해외 아웃소싱에서는 더욱 그렇다. 특히 시간이 지나면 해결하더라도 고려해야 할 일정 문제가 존재한다. 예를 들어, IT 아웃소싱을 위해 미국에서 원격 팀을 고용하는 경우 근무 시간에 맞춰 일찍 출근해야 하거나 근무 시간에 참석하기 위해 한밤중에 일해야 한다.

(3) 예상치 못한 숨겨진 비용(Unforeseen and Hidden Costs): 아웃소싱의 주요 동기는 비용 절감과 수익성을 통해 경쟁 우위를 확보하는 것이다. 그러나 숨겨진 비용이 발생하면 이는 위험이 된다. 서비스 아웃소싱하기 전에 모든 추가 비용과 함께 현재 사내 개발 비용과 벤더 가격을 비교해야 한다. 이것은 공급업체 요금에 대한 대략적인 정보를 제공한다. 예를 들어, 하드웨어 또는 소프트웨어 업그레이드, 재배치, 시간 외 서비스, 문제 해결 등

(4) 완벽한 공급업체를 찾기 어려움(Difficult to Find the Perfect Vendor): 올바른 공급업체나 서비스 제공업체를 선택하는 것은 생각보다 어렵다. 그들은 적합한 직무에 필요한 기술과 전문성을 갖추어야 한다. 또한, 아웃소싱 파트너는 긴급한 문제를 처리할 수 있을 만큼 유연해야 한다. 아웃소싱 파트너가 다른 시간대에 있는 경

우 해결되지 않은 문제가 발생할 때 이는 결과적으로 더 큰 차질이 되는 경우가 많다.

(5) 개인정보 및 보안 문제(Privacy and Security Concerns): 서비스 조직에 아웃소싱할 때 비즈니스 자산을 완전히 또는 부분적으로 외부인에게 노출시키게 된다. 그렇기 때문에 개인정보보호, 지적 재산권 및 데이터 보호에 주의를 기울여야 한다. 여기에는 저작권, 특허, 영업 비밀 등도 포함된다. 평판이 좋은 공급업체를 고용하면 가능성은 낮지만 제3자 조직이 중요한 정보나 영업 비밀을 도용/유출할 가능성이 항상 존재하기에 계속적인 모니터링을 수행해야 한다. 이 우려는 자국의 법률을 준수하지 않는 다른 국가의 사람을 고용할 때 배가 된다.

(6) 원격 팀에 대한 경험 부족(Lack of Experience with Remote Teams): 원격 팀을 관리하는 것은 이론보다 더 복잡할 수 있기에 계약자의 전문성은 원격 팀을 올바르게 관리하는 데 중요한 역할을 한다. 그렇게 하지 않으면 본사와 아웃소싱 팀과의 사이에서 커뮤니케이션 격차가 발생할 수도 있다. 결국, 그들은 업무가 불필요하다고 생각할 수 있고 프로젝트에 덜 참여하게 될 것이다. 원격 팀을 잘못 관리하고 동기를 부여하지 않으면 기한을 지키지 않고 고객을 만족시키지 못하고 결국 직원에게 스트레스를 줄 수 있다.

(7) 핵심 제품 아웃소싱(Outsourcing a Key Product): 핵심 제품을 아웃소싱하는 것은 중요한 결정이다. 핵심 프로젝트를 수행하기 위해 해외 회사를 고용하면 외부 공급업체에 의존하게 된다. 아웃소싱은 비용 효율적이고 작업을 더 쉽게 만들지만 결국 본사의 제품 전문성과 핵심 역량을 잃기 시작한다. 따라서 전체 제품을 오프쇼어링하는 것보다 팀을 이끌고 제품을 개선할 수 있는 엔지니어나 분석가와 같은 전문 인력을 고용하는 것이 좋다.

(8) 공급업체의 배송 실패 또는 지속적인 지연(Vendor Failure to Deliver or Constant Delays): 아웃소싱 서비스는 4x 규칙이라는 일반적인 규칙을 중심으로 이루어진다. 즉, 조직이나 원격 직원이 인용한 아웃소싱 기능을 수행하는 데 있어 보통 4배의 시간이 걸린다. 지연의 원인은 잘못된 의사소통, 부정확성, 의사소통 지연 등으로 인해 발생할 수 있다.

(9) 아웃소싱 제품의 품질(Quality of the Outsourced Product): 모든 기업은 가능한 한 빨리 고품질의 제품을 제공하는 것을 목표로 한다. 그리고 제3자에게 도움을 요청할 때도 동일한 약속을 연장해야 한다. 사내 직원처럼 아웃소싱 제공업체가 비즈니스 노하우에 전부 익숙해질

필요는 없다. 하지만 해외 서비스 제공업체를 고용한 경우 실제 제품의 품질 문제가 심각하게 저하될 우려가 있다.

(10) 지리적 위치(Geolocation): 기술이 발전하면서 의사소통이 쉬워지면서 거리는 거의 문제가 되지 않는다. 그러나 범위를 좁히면 아웃소싱 서비스의 효율성은 고용하는 서비스 유형에 따라 다르다. 예를 들어 IT 서비스를 아웃소싱하는 경우 거리를 고려할 필요가 없지만 물리적인 이익을 위해서는 서비스 제공자의 지리적 위치가 중요하다. 거리는 운송 비용으로 변환되며 거리가 멀수록 운송 비용이 높아진다. 또한, 검사를 위해 먼 거리를 이동해야 하며 매번 체크인을 자주 하는 것은 비효율적이다. 이는 품질 또는 공급망 문제에 대한 준비가 되어 있지 않으면 문제를 해결하는 데 더 많은 시간이 걸릴 수 있게 된다.

098

정답: 4번

Cyber Asset Attack Surface Management(CAASM)의 주요 키 포인트는 다음과 같다.

(1) Cyber Asset Management: 사이버 자산 컨텍스트를 추가하고 사이버 자산 간의 관계를 매핑하여 조치를 취하고 응답 시간을 단축한다. 그렇게 하여 전체 사이버 자산 인벤토리에 대한 완전한 보기를 확보하여 사이버 보안 위생 및 보안 태세를 개선하도록 한다.

(2) Cloud Security: CAASM은 팀이 잘못된 구성을 찾을 수 있도록 돕고 규정 준수 드리프트에 대해 클라우드 자산을 지속적으로 모니터링한다. 그렇게 하여 AWS, GCP 및 Azure 클라우드 자산 인벤토리와 클라우드 보안 태세를 완전히 이해하도록 해준다.

(3) Vulnerability and Incident Response Context: 분류 및 대응에 필요한 컨텍스트로, 인시던트 및 취약성을 강화한다. CAASM은 취약점 발견 및 사고와 관련된 특정 중요 위험과 폭발 반경을 식별하여 SecOps 응답 시간을 단축시킨다.

(4) Identity and Access Governance: 사용자 ID 인벤토리는 사용자 접근 검토를 자동화하고 권한 및 자격 문제를 감지한다.

(5) Compliance: SOC 2 보안, NIST 사이버 보안, CIS 벤치마크, PCI DSS, HIPAA 규정 준수 등을 포함한 모든 보안 정책 및 규정 준수 프레임워크에 대한 테스트 및 증거 수집을 자동화한다. CAASM 솔루션을 사용하여 컨트롤 및 프레임워크 관계를 매핑할 수도 있다. 자동화는 리소스, 예산 및 시간이 제한된 팀에게 매우 중요하다.

팀은 다음을 포함한 특정 사용 사례에 CAASM을 사용할 수 있다.

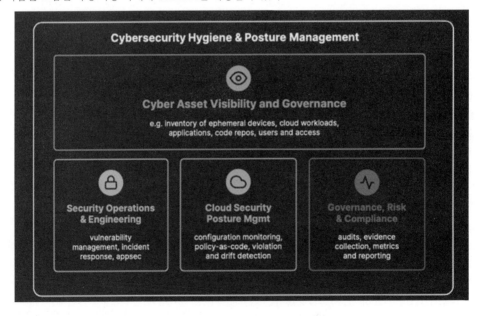

—— ⌂ 출처 https://try.jupiterone.com/

099

암호화는 각 방식의 단점을 보완하기 위하여 두 가지 이상의 방식을 혼합하여 구현하기도 한다. 이 경우, 구축 시 많은 비용이 소요되지만 애플리케이션 서버 및 DB 서버의 성능과 보안성을 높일 수 있다.

방식	암·복호화 모듈 위치	암·복호화 요청 위치	주요 내용
운영체제 암호화	파일 서버	DB 서버	• OS에서 발생하는 물리적인 입출력(I/O)을 이용한 암·복호화 방식으로 DBMS의 데이터 파일 암호화 • DB 서버의 성능 저하가 상대적으로 적으나 OS, DBMS, 저장 장치와의 호환성 검토 필요 • 기존 DB 파일 암호화 방식과 유사
DB 서버 암호화	DB 서버	DB 서버	• 암·복호화 모듈이 DB 서버에 설치되고 DB 서버에서 암·복호화 모듈을 호출하는 방식 • 구축 시 응용 프로그램의 수정을 최소화할 수 있으나 DB 서버에 부하가 발생하며 DB 스키마의 추가 필요 • 기존 Plug-In 방식과 유사
응용 프로그램 자체 암호화	애플리케이션 서버	응용 프로그램	• 암·복호화 모듈이 API 라이브러리 형태로 각 애플리케이션 서버에 설치되고, 응용 프로그램에서 해당 암·복호화 모듈을 호출하는 방식 • DB 서버에 영향을 주지 않아 DB 서버의 성능 저하가 적은 편이지만 구축 시 응용 프로그램 전체 또는 일부 수정 필요 • 기존 API 방식과 유사
DBMS 자체 암호화	DB 서버	DBMS 엔진	• DB 서버의 DBMS 커널이 자체적으로 암·복호화 기능을 수행하는 방식 • 구축 시 응용 프로그램 수정이 거의 없으나 DBMS에서 DB 스키마의 지정 • 기존 커널 방식(TDE)과 유사
DBMS 암호화 기능 호출	DB 서버	응용 프로그램	• 응용 프로그램에서 DB 서버의 DBMS 커널이 제공하는 암·복호화 API를 호출하는 방식 • 구축 시 암·복호화 API를 사용하는 응용 프로그램의 수정 필요 • 기존 커널 방식(DBMS 함수 호출)과 유사

100

의사결정 나무는 분류 및 예측을 위한 가장 강력하고 널리 사용되는 도구이다. 의사결정 나무는 트리 구조와 같은 순서도이다. 여기서 각 내부 노드는 속성에 대한 테스트를 나타내고, 각 분기는 테스트 결과를 나타내며, 각 리프 노드(터미널 노드)는 클래스 레이블을 보유한다.

알고리즘	설명
CHAID	• 카이제곱검정(범주형 반응 변수) 또는 F검정(연속형 반응 변수)을 이용하여 다지분리(Multiway Split) 수행 • 가지치기를 하지 않고 적당한 크기에서 나무 모형의 성장을 중지하며 입력 변수가 반드시 범주형 변수여야 함 • 불순도의 측도로 카이제곱 통계량 사용
CART	• 지니수(Gini Index, 범주형) 또는 분산의 감소량(연속형)을 이용하여 이진분리(Binary Split) 수행 • 반응 변수가 범주형인 경우 지니수, 연속형인 경우 분산을 이용해 이진분리를 사용 • 개별 입력 변수뿐만 아니라 입력 변수들의 선형결합 중 최적의 분리를 찾을 수 있음
CS5.0	• 명목형 반응 변수를 지원하는 가장 정확한 알고리즘으로, 다지분리(범주) 및 이진분리(수치) 수행 • 다지분리(Multiple split)가 가능하고 범주형 입력 변수의 범주 수만큼 분리 가능 • 불순도의 측도로 엔트로피 지수 사용
Random Forest	부트스트래핑(Bootstrapping), 배깅(Bagging) 등의 앙상블(Ensemble) 기법을 활용

감사인의 적절한 전문적 주의(Due professional care)에 따라 실무자는 다음을 결정하거나 평가해야 한다.

- IT 감사 및 보증 표준을 충족하는 데 필요한 리소스의 유형, 수준, 기술 및 역량
- 식별된 위험의 중요성 및 그러한 위험이 감사 대상에 미치는 잠재적 영향
- 수집된 감사증거의 충분성, 타당성 및 관련성
- 실무자가 신뢰하는 다른 사람들의 역량, 성실성 및 결론

또한 실무자가 준수해야 할 사항은 다음과 같다.

- 적절한 전문적 관리를 위해 실무자는 합리적인 확신의 개념을 염두에 두고 모든 업무를 수행해야 한다.
- 실무자는 높은 수준의 행동과 품성을 유지하면서 적법하고 정직한 방식으로 이해관계자의 이익을 위해 봉사해야 하며 직업에 대한 신용을 훼손하는 행위를 해서는 안 된다.
- 수행한 작업 수행에 있어 전문적인 판단을 내리는 데 적절한 전문적 주의가 적용된다. 정당한 전문적 보살핌은 실무자가 전문적인 회의론, 근면, 성실 및 주의를 가지고 전문적인 판단이 필요한 문제에 접근해야 함을 의미한다. 그들은 전체 계약 기간 동안 이러한 태도를 유지해야 한다.
- 실무자는 감사 업무 수행과 관련된 모든 문제에 대해 마음과 외양 모두에서 적격성, 객관성 및 독립성을 유지해야 한다. 그들은 문제를 해결하고 결론에 도달하는 데 있어 정직하고 공정하며 편견이 없어야 한다.
- 적절한 전문 관리를 수행하려면 실무자가 비효율, 오용, 오류, 범위 제한, 무능, 이해 충돌 또는 사기의 존재 가능성을 고려해야 한다. 또한, 실무자는 이러한 문제가 발생할 수 있는 특정 조건이나 활동에 주의를 기울여야 한다.
- 실무자는 IT 감사 및 보증 목표를 달성하기에 충분한 이해와 전문적 능력을 입증하기 위해 전문 표준의 발전에 대해 지속적으로 숙지하고 준수해야 한다.
- 실무자는 전문적인 표준과 법적 및 규제 요건을 준수하면서 성실하게 감사 업무를 수행해야 한다.

Due Care	Due Diligence
의무적인 행위나 활동으로 비이행 시 법률적/도의적 제약이 따를 수 있음	의무 사항은 아니지만 장기적인 관점에서 조직 또는 구성원에게 이익을 가져다줄 수 있는 행위나 활동. 비이행 시 도의적 제약은 있으나 법률적 제약이 없을 수도 있음
단기적인 관점에서 판단	장기적인 관점에서 판단
하부 조직의 행위/활동에 초점	상위 조직의 행위/활동에 초점
행위/활동의 이행 여부에 초점	행위/활동의 인지 및 이해 정도에 초점
통제 활동을 이행하는 것	통제 활동 이행 여부를 확인하는 것
의사결정 직후 상대방과 동의한 의무 사항을 약속된 시간 내에 이행하는 것 문제 발견 시 해결을 위해 즉각적인 행동에 나서는 것	의사결정 전 충분한 조사를 통해 필요한 정보를 이해하고 해야 할 의무 사항을 인지하는 것 문제해결 후 원인 분석 및 해결 과정이 적절했는지 평가하고 개선책이 있는지 연구/조사하는 것
(사례 1) 몸이 아플 때 병원에 가서 진단을 받고 약을 처방받는 행위	(사례1) 식단 조절과 운동을 통해 건강을 유지하는 것
(사례 2) 회사 네트워크에 방화벽 설계 및 설치	(사례2) 회사 내 네트워크 보안 인프라스트럭쳐에 대한 연구 (네트워크 다이어그램, 업계 최신 보안 정보 연구 등)
(사례 3) 컴퓨터 내 백신 프로그램 설치	(사례3) 정기적인 백신 프로그램 스캔 및 최신 버전 업데이트

🏠 출처 https://barram.tistory.com/85

정보보안 1000제

정보보안 1000제

기술사·감리사·보안기사·CIA·CISSP·CISA·CISM·ISMS-P 정보 보안 자격증 완벽 대비

초판 1쇄 2023년 4월 7일

지은이 김정재·곽동훈
발행인 최홍석

발행처 (주)프리렉
출판신고 2000년 3월 7일 제 13-634호
주소 경기도 부천시 원미구 길주로 77번길 19 세진프라자 201호
전화 032-326-7282(代) **팩스** 032-326-5866
URL www.freelec.co.kr

편집 서선영
디자인 박경옥

ISBN   978-89-6540-356-2

Authentification

정보
보안

1000 제

김정재 · 곽동훈 지음

프리렉

합격 후기

독자 여러분이 준비하는 자격시험의 종류는 각자 다르겠지만, 그 시험들은 모두 만만치 않은 난이도를 자랑합니다. 시험을 준비하는 과정에서 지치고 힘든 시기는 누구나 있기 마련입니다. 이럴 때, 같은 시험을 준비하는 동료의 조언이나 합격 후기를 들으면 긍정적인 힘을 얻을 수 있습니다. 여러분께 좋은 기운을 전하고자 〈정보보안 1000제〉를 통해 학습하여 자격시험에 합격한 합격자분들의 생생한 합격 후기를 실었습니다.

저자진이 운영하는 커뮤니티 '정보보안 문제 공작소(cafe.naver.com/is1000)'에 접속하면 더욱 많은 합격 후기를 만날 수 있습니다.

QR 코드를 스캔하면 저자진이 운영하는 커뮤니티로 바로 연결됩니다.

다음은 CISA 자격증과 CISSP 자격증입니다. 자격 시험을 준비하는 과정이 지칠 때마다 이 자격증 이미지를 보고 학습 의욕을 고취하길 바랍니다.

CISA 자격증

CISSP 자격증

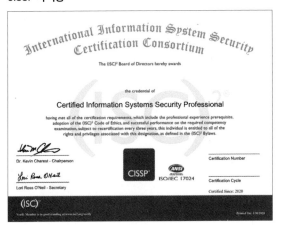

합격에 가장 안전하고 확실한 방법을 제시하는 저자진!

| 작성자: 합격 |

CISSP 시험은 9월에 합격하였으나 최근 여유가 생겨 늦게나마 후기를 남기게 되었습니다. 12차 세미나 후기에 좋은 소식으로 보답하겠다고 약속했는데 합격 소식을 전할 수 있어 기쁩니다. 먼저 합격에 많은 도움을 준 저자님, 다양한 후기를 전해준 카페 회원분들께 감사드리며 준비 과정을 간략히 공유드리고자 합니다.

1. 학습 기간(3개월)

평일 2시간 이상, 주말 8시간 이상

2. 시험 준비

① 학원 이론서 이론 1회독

② 학원 이론서 문제 + 학원 문제 풀이반 문제 풀이

③ 12차 세미나 참석(시험 합격에 가장 결정적)

　쉽지 않은 시험이라는 점을 다시 느끼며 시험에 대한 이해도 향상, 잘못된 공부 방법 교정 등

④ 학원 이론서 이론 2회독하며 이론 서브노트 작성

　학원 이론서 문제 + 학원 문제 풀이반 문제 풀이 리뷰하며 오답 서브노트 작성

⑤ 기출 서브노트 작성

⑥ 이론/오답/기출 서브노트 3회독 + 출근/퇴근/점심시간 카페 문제 풀이

⑦ 〈정보보안 1000제〉(2021) 문제 풀이(IS 감사 파트 일부 제외)

3. 전하고 싶은 말

① 세미나 참석 기회가 있다면 반드시 참석하길 권장합니다.

② 서브노트를 꼭 작성하길 권장합니다.

③ 시험 유형은 〈정보보안 1000제〉의 내용과 가장 유사하다고 생각합니다.

④ 시험의 앞부분 문제가 어렵고 뒤로 갈수록 익숙한 문제들이 나오니 초반에 당황하지 않는 것이 중요합니다.

⑤ 한/영 번역이 필요한 문제가 다수 존재하므로 전환 기능을 적절히 활용하길 바랍니다.

⑥ 긴 시간동안 시험에 응시해야 하므로 쉬는 시간에 스트레칭, 커피나 초콜릿 등 간식을 섭취하면

많은 도움이 됩니다.

⑦ 공부를 하면 할수록 범위가 끝이 없다는 느낌을 받으므로 적절한 시점에 시험장을 미리 예약하고 필요시 변경하는 것이 좋습니다.

끝으로 저는 사정상 온/오프라인 강의 등, 학습에 많은 비용을 지출하지 못했지만 저자진의 카페와 도서를 최대한 활용하고 저자진의 가이드를 모두 수행하여 원하는 결과를 얻을 수 있었습니다. 시간이 걸릴 수는 있으나, 저자분들이 가장 안전하고 확실한 방법을 제시하는 것이니 저자진을 믿고 잘 준비해서 모두 좋은 결과를 얻길 바랍니다.

시험에 더 수월하게 응시할 수 있게 하는 〈정보보안 1000제〉

| 작성자: 파도바람소리 |

안녕하세요. CISSP 시험에 응시하고 어제 최종 합격을 통보받아 후기를 남깁니다. 짧게 말하자면 많이 어려웠습니다. 30번 문제를 넘어가는데 '뭐지? 이거 CISSP 맞나?'하면서 분명히 공부했는데 안 한 것 같은 느낌이 강하게 밀려오더군요. 다른 분의 합격 후기에서 자포자기한 심정에 멘털이 나갔다고 적힌 걸 보았는데, 완전히 공감됐습니다. 저는 컴퓨터공학 분야를 전공한 사회 초년생 직장인이고, 작년 말에 정보보안기사를 취득했습니다. 올해 9월부터 자격 시험과 관련하여 유명한 학원의 인터넷 강의를 듣기 시작했습니다. 퇴근하고 들으려니 피곤해서 '두 번은 못 듣는다'라는 마음으로 1.4~1.6배속으로 빠르게 재생하며 열심히 필기하면서 들었습니다. 대략 한 달 정도 걸린 것 같습니다.

사실 '좀 귀찮은데... 별도의 서브노트를 굳이 만들어야 하나?' 싶어서 바로, 그 학원의 문제집을 풀기 시작했습니다. 암기가 부족했는지 채점할 때마다 문제집에 비가 내리더군요. 바로 겸손해져서 개념 정리를 시작했습니다. 앞에 100문제만 풀어봐도 개념을 더 볼 때인지, 많은 문제를 푸는 단계에 돌입해야 하는지 감이 올 것입니다. 필기 내용과 이론서를 다시 보면서, 파트별로 평균 5페이지 정도로 서브노트를 만들었습니다. 빨리 여러 번 훑어서 익숙해지기 위한 목적이었습니다. 서브노트를 만들기 잘했다 싶은 게 나중에 문제를 계속 풀다 보면, 그냥 푸는 것 자체에만 몰두해서 멍해지고 CISSP 이론 뼈대가 무엇인지 가물가물해지는데 그럴 때마다 한 번씩 빠르게 읽어서 중심을 잡는 데 좋았습니다.

이후에 학원의 문제집과 〈정보보안 1000제〉 저자진의 카페에 업로드된 문제를 병행하며 풀었습니다. 제 생각엔 여기서 당락이 갈렸다고 봅니다. 학원의 문제 풀이 인터넷 강의는 듣지 않았기 때문에 학원의 문제집이 단편적이거나 설명이 부실하면 카페 문제로 그 부분을 보완하기 위해 관련된 내용을 찾아서 풀었습니다. 이 점이 학습을 상당히 효율적으로 커버해 주었던 것 같아요. 머리에 쉽게 들어오지 않는 문제만 따로 정리해서 복습할 때마다 양을 줄여갔고, 도합 3회 반복하여 봤습니다. 뿐만 아니라 카페 문제는 영/한 번역이 같이 올라와서 시험장에서 맞닥뜨린 그 미묘한 오역 또는 초월 번역을 미리, 더 많이 맛볼 수 있었습니다. 영어로 볼 때 뉘앙스 차이가 더 명확한 문제들이 있으니 영어를 함께 보는 게 꼭 필요할 듯싶습니다!

여기까지 하고 시험 준비 기간이 좀 남아서 〈정보보안 1000제〉(2021)를 풀었습니다. 시간 관계상 전부 풀 수는 없었고, 시나리오 문제 앞부분을 위주로 난이도 별 3개 이하에서 일부만 쭉 풀었습니다. 합격하긴 했지만 아쉬운 점이 있다면 인터넷 강의를 수강한 학원의 문제집을 복습할 시간을 줄여서 〈정보보안 1000제〉를 다 풀었다면 시험에 더 수월하게 응시할 수 있지 않았을까 싶습니다.

당일, 악랄한 문제들이 참 고르게 분포되어 있어서 시간 관리에 많이 신경 썼습니다. 본인이 몇 번 정도 쉴지, 그래서 문제 몇 번까지 몇 분 정도를 남기고 풀지… 이런 것을 생각하고 들어가는 것도 좋아 보입니다. 다들 서너 번씩 쉬었다고 하던데, 저는 절반 풀고(한 170분 정도 남기고) 딱 한 번 5분 정도 쉬면서 화장실에서 고양이 세수하고 살짝 물 마시고, 스트레칭하고 들어갔고 시험 시간을 3분 남기고 퇴실했습니다. 예상 밖의 고전에 지쳐 집에 가고 싶다는 표정으로 쭈뼛쭈뼛거리니, 안내원이 종이 한 장을 쓱 내밀었습니다. 확인해 보니, 축하 문구가 적혀 있어 감사의 인사를 전하고 나왔습니다.

서브노트 정리와 카페 문제 덕분에 남들 다 맞추는 문제를 빨리빨리 풀 수 있었고 시나리오 문제에 시간을 많이 할당한 것이 전략이라면 전략이었습니다. '플래그' 없다고 많이들 걱정하던데, 저와 같은 우유부단한 사람에게는 오히려 더 집중해서 정답을 선택하게 만든 전화위복 요소였습니다. 그리고 합격 후기에 나온 건 꼭, 반드시 찾아보고 들어가세요. 영어 이야기가 나온 김에 느낀 점을 더 적어봅니다(다른 분 합격 후기에서도 비슷한 내용이 나왔습니다! 반드시 읽어보길 바랍니다). 제가 다른 자격증(ex. 보안기사)을 공부할 당시에 문제집은, 주로 잊혀지는 개념을 리마인드하는 용도, 중요하지 않게 여겨지던 개념이 출제되면 그 방식을 이해하는 용도였습니다. 근데 CISSP 시험 준비에서는 이보다 좀 더 확장된 느낌을 받은 문제집의 용도가 하나 더 있었는데 그게 '볼드체 단어(PRIMARY, FIRST, BEST, MOST + 유도하는 방향)'에 대한 대응력 테스트였습니다. 많은 합격자분들이 문제 양치기를 강조하는 이유는 바로 여기에 있는 것 같습니다.

이 시험을 가장 어렵게 만드는 건 기가 막힌 사지선다 보기 추출인 것 같은데 마치 출제자들이 내가 뭘 헷갈려 하는지 이미 다 알고 문제를 낸 듯한 느낌이 듭니다. 무엇보다 절차상 무엇이 우선인지, 분명 모두 답이 될 수 있으나 왜 '이것'이 '저것'보다 더 훌륭한 답인지, 문제별로 협소한 의미의 답을 원하는지,

보편적인 의미의 답을 원하는지, 진짜 내가 놓친 개념인지 아니면 헷갈림 유도를 위한 함정인지에 대한 판단 능력이 시험 내내 도마 위에 오릅니다. 모든 개념을 외울 수 있는 인간 스캐너가 아니시라면, 이러한 문제가 많은 CISSP에서 소거법을 효과적으로 적용하는 '감'을 길러야 한다면, 문제 양치기가 베스트인 것 같습니다.

합격으로 가는 가장 빠른 길은 이미 그 길을 걸어본 사람의 발자취를 따라가는 것

| 작성자: 농부도경수 |

안녕하세요? 이번 달에 두 번째로 본 CISA 시험에 합격하게 되어 합격 후기를 남기게 되었습니다. 시험을 준비하는 분들께 조금이라도 도움이 되라고 합격 후기를 적습니다.

1. 배경

저는 외국계 회계, 재무팀에서 10년 정도 커리어를 쌓았고 2015년도 AICPA를 취득했지만 계속 서비스 위주의 회사에만 있었기에. 정통 Accounting/Finance로의 실무 경력이 좀 부족하다고 생각했습니다. 앞으로의 커리어 방향성에 대한 고민하던 중 우연한 기회에 내부감사쪽 업무를 하게 되었고 관련 업계에서 일하는 분의 추천으로 IT 내부감사와 관련된 CISA를 공부하게 되었습니다.

2. 시험 준비

① 공부 기간
- 첫 번째: 2020년 11월 ~ 2021년 6월 초(약 7개월)
- 두 번째: 2021년 10월 ~ 2022년 3월 초(약 5개월)
처음에 떨어져서 심리적, 체력적으로 힘들어서 중간에 몇 개월 쉬었습니다.
② 공부 패턴
평일 출퇴근 왕복 2시간, 평일에 아기 재우고 11시부터 1시까지 최소1~2시간 정도 공부했습니다. 주말은 매주 토요일 하루 6시간에서 8시간 공부했습니다. 보통 평일에는 문제를 풀고, 관련 자료를 찾아봤고 주말에는 매뉴얼을 보며 주로 서브노트를 정리하며 심화학습하고 개념을 위주로 공부했습니다.
③ 수강 강의
- 학원 온라인 강의 2번
- 〈정보보안 1000제〉 카페 정규 강의(6월에 떨어지고 작년 11월 수강)

④ 개념정리

- 학원 개념서, ISACA 협회 매뉴얼: 정말 많이 봄

- 타사 개념서: 최초 서브노트 만들 때 봄

- CISA Review 매뉴얼북: 2차 시험을 준비하면서 시험 앞두고서 혹은 심화학습할 때

처음에는 CISA Review 매뉴얼북의 말이 어렵고 이해되지 않아서 학원 책을 많이 봤어요. 강의 때 들은 예시와 도표, 그림도 많은 참고가 되었습니다. 그러다가 어느 정도 내용이 익숙해지고 이해도가 높아지다 보니 나중에는 매뉴얼에 상세히 나와 있는 설명들도 읽을 수 있었습니다. 서브노트를 만들면서 두 책을 적절히 사용하였고 특히 저는 제가 잘 모르는, 헷갈리는 부분은 '심화학습'이라고 따로 노트를 만들었는데 이때 매뉴얼에 있는 상세한 설명을 참고해서 정리했습니다.

⑤ 문제 풀이

- 학원 문제집: 최소 3회(1회차 시험 전에만 봄)

- ISACA 문제집: 최소 3회(2회차에는 시험 한 달 전에 정독 1번 하고 학원 문제집은 안 풀었습니다)

- 〈정보보안 1000제〉: 주로 IS 감사 파트 위주로 풀이

- 카페 문제: 처음에는 CISA 게시판에 업로드되는 문제만 풀었는데 나중에는 매일 업로드되는 문제 중 관련 내용이면 CISA/CISSP 안 가리고 풀었습니다.

3. 시험 응시

① 1차 431점, 2차 555점

② 두 번째 시험 볼 때도 사실, 새로운 문제로 느껴지는 것이 많다 보니 또 떨어지나 하고 마지막까지 불안했는데 그래도 전체적으로 오른 점수를 받아서 기뻤습니다.

③ 두 번째 시험 볼 때(전략)

- 도메인 1,2에서 (특히2) 아는 건 다 맞추고, 도메인 4, 5에서 점수를 끌어올리자고 생각했습니다.

- 도메인 5는 몰랐던 개념 위주로 좀 더 상세히 공부하고 도메인 4는 BCP를 열심히 공략했는데, 시험 전략이 잘 맞아떨어진 것 같아요.

4. 제가 생각하는 두 번째 도전했을 때 시험에 합격할 수 있었던 이유

① 시험에 대해, 그리고 '나'에 대해 다시 파악하고 좀 더 깊이 있게 공부한 것

제가 이 시험을 시작할 때 추천해 준 분께서 본인은 학원 책 한번 보고 들어가서 합격하셨다고 전해 들었습니다. 또한, 합격한 분들이 한 3~4달 바짝 공부하면 딸 수 있다고 했습니다. 저는 시험에 처음 응시했을 때 나름 열심히 했는데도, 시험장에 들어가니 알던 것도 다 헷갈리고 너무 어려워서 떨어진 사실

보다도 시험의 난이도에 충격받았습니다. 그래서 이걸 어떻게 다음에 준비하고 공부해야 합격할 수 있을지 감이 안 잡히더군요. 아마 저처럼 커트라인 근처에서 떨어진 분들이 있으리라 생각합니다. 아예 공부 안 한 것이 아니라면, 대부분 '그래도 열심히 했는데…'하며 아쉽게 불합격한 분이 많더라고요.

그런데 곰곰이 생각해 보니 이 시험은 어려운 시험이 맞더라고요(저에게). 왜냐하면 보안에는 전혀 지식이 없었고. 감사 실무를 실제로 직접 해본 경험도 없으니, 당연히 그 분야를 공부하고 또 그쪽에서 일하는 분들보다 제가 더 많이 공부해야 하는 게 당연했어요. 저는 그냥 수박 겉핥기로 모르는 부분이 있어도 암기하면 되겠지 싶었는데, 시험장에서 그게 들통난 느낌이었어요.

그래서 재시험을 준비할 때는 '이 시험은 어려운 시험이다. 쉽게 생각하고 촘촘히 공부 못한 것이 불합격의 원인이다.'라고 생각하고 시험의 성격이 다시 무엇인지 생각한 뒤, 서두르지 않고 처음부터 다시 개념부터 정리했습니다. 기존에 있던 서브노트에 코멘트를 추가하고 특히 헷갈리고 잘 모르겠는 부분은 '심화노트'를 만들어서 따로 정리했어요.

제가 잘 아는 부분은 두 번 풀어도 잘 알겠고 모르겠는 건 계속 풀어도 모르겠더라고요. 문제 하나를 읽는데 정확히 잘 모르는 용어와 개념이 너무 많아서 문제를 풀기도 전에 구글링으로만 시간을 보낸 적도 많았습니다. 유튜브에 쉽게 설명해 주는 영상도 많이 보고, 노트에 정리하기 애매한 것들은 캡처하거나 복사해서 개인 블로그에 저장해두고 틈틈이 보았습니다. 이번에는 시험에 잘 나온다는 부분 위주가 아니라 매뉴얼에 있는 개념들을 전체적으로 훑으면서 공부했습니다.

시험 준비하는 분들 모두 배경이 다르고, 본인의 수준과 지식이 다를 거예요. 그에 맞춰서 본인이 약한 부분을 '도메인별로' 파악해서 공략하면, 아마 저보다 공부 기간을 많이 단축할 수 있지 않을까 생각합니다.

저는 첫 번째 시험을 봐서도 그렇지만 한 번 떨어지고 카페의 정규 강의를 들으면서 어느 부분을 얼마큼 어떻게 공부해야겠다는 것을 더 확실히 알 수 있었습니다. (어느 도메인에 약하고 어느 도메인에 비교적 안정적인지) 만약 '정말 자기는 모르겠다', '주위에 도움받을 (떨어지신 경험이 있는) 인맥도 루트도 없다' 또는 '속성으로 시험을 준비해야겠다'하는 분은, 카페의 정규 강의가 또 언제 열릴지 모르겠지만 들어보는 것을 추천합니다.

② 문제 많이 풀기

합격자들과 저자진이 말했듯이, 시험에서 원하는 답이 있어요. '문제-답' 이렇게 외워서는 풀어지지 않고 문제에서 묻고자 하는 의도를 파악해야 하는 문제가 많습니다. 똑같은 문제가 나오긴 하는데 제 느낌상, 그러한 문제는 많아야 150 문제 중에 10 문제 정도이고 나머지는 비슷하긴 해도 다르고 생소한 문제도 많이 있습니다. 저는 틈틈이 카페 문제를 같이 공부하는 분들과 풀었고 막판에는 매뉴얼 문제집으로 한 번 풀었는데 많은 참고가 되었습니다.

가끔(어쩌면 자주) 카페 문제에 오류가 있습니다. 꼭 카페에서 해당 문제와 키워드를 검색해 보세요. 관련 문제가 많이 올라와 있고 찾아보면 답을 알아낼 수 있습니다. 찾아보면서 공부하는 과정이 있어야 내 것이 되더라고요. 협회 매뉴얼 책도 답만 체크하지 말고 보기와 해설까지 모두 내가 접수해 버리겠다는 마음으로 정독하길 바랄게요.

3. 기타 몇 가지, 후기를 마치며

① 카페 세미나에 꼭꼭 참석하세요! 합격으로 가는 가장 빠른 길은 이미 그 길을 걸어본 사람의 발자취를 따라가는 것. 사실 제가 한 이야기는 모두 저자진이 매일 강조했던 건데, 처음에는 그대로 실천하지 못했습니다.

② 가능하면 꼭 스터디를 하세요. 누군가와 함께 하는 게 덜 지치더라고요. 그리고 서로서로 보완이 됩니다. 스터디원을 만나는 가장 좋은 방법은 카페 커뮤니티 혹은 카페의 세미나, 정규 강의를 활용하길 바랍니다.

③ 포기하지 않고 그냥 하기! 두 번째 시험을 볼 땐 시험에 빨리 합격하는 게 중요한 게 아니고 한 번에 잘 합격하는 게 중요하다고 생각해서 1월에 보려고 했던 시험 일정을 한 번 더 미뤄서 3월에 응시했습니다. 각자 주어진 여건과 환경이 다르니 '저 사람은 저랬는데 난 왜 안될까~' 하지 마시고 좌절하지 마세요. 포기하지 않았더니 정말 합격할 수 있더라고요.

④ 회사 다녀와서 피곤하고 힘들고 아기와 놀아주고 싶은데 그러지도 못할 때도 있어서 마음이 참 힘들기도 했습니다. '누가 시키지도 않았는데 이걸 왜 하고 있을까?' 하는 생각이 들면서 진도가 나가지 않아서 포기하고 싶을 때도 많았는데 그때마다 다른 합격자의 합격 후기를 읽으면서 위안과 힘을 얻었어요. 같이 공부하면서 힘을 주신 스터디원분들 감사합니다. 저자님, 도움을 주셔서 다시 한번 감사드리고, 이 글을 보는 수험생분들 모두 모두 합격하길 바랍니다.

3번의 도전 끝에 합격한 비결은 바로, 〈정보보안 1000제〉와 저자진의 카페입니다.
| 작성자: minyyj |

상상으로만 하던 CISA 합격 후기를 자기 전에, 이제야 올리게 되었습니다. 이 카페를 알지 못했더라면 합격하지 못했을 것이라 생각되어, 감사한 마음에 바로 달려왔습니다.

1. 카페 및 세미나

학원에서 권장하는 방법대로 공부를 하였으나(교재 3회독/문제집 3회독), 두 번째 시험에서 근소한 차이로 떨어지게 되었습니다. 저와 같은 비전공자에게는 인터넷 강의는 필수인 것 같습니다만, 합격을 보장해 주는 것은 아니라고 생각합니다. 사람에 따라 혹은 시험 문제 구성에 따라 440~460점 정도 나오지 않을까 싶습니다. 저는 주위에 CISA 시험을 준비하는 사람이 없어서, 시험에 대한 정보가 거의 없었습니다. '앞으로 어떻게 공부해야 하나, 시험을 더 보면 붙을 수 있을까?'하는 의구심이 많이 들었습니다. 그러던 중 〈정보보안 1000제〉 교재를 알게 되었고, 지난 세미나에 참여하게 되었습니다. 저자님을 비롯하여 너무 대단한 분들이 많았고, 합격 후기와 조언 등을 들으며 다시 시험을 보기로 마음을 바로 잡았습니다.

2. 소요시간 및 결과

① 첫 번째 시험: 6월 30일, 381점

시험 보는 데 쉽다고 느껴졌고(저자님이 말씀한 1단계) 시간은 1시간 50분 걸렸습니다.

② 두 번째 시험: 9월 30일, 441점

시험 볼 때 떨어지겠구나 싶었지만 최선을 다해 답을 골랐고, 근소한 차이로 떨어졌습니다. 시간은 2시간 50분 걸렸습니다. (저자님이 말씀한 2단계)

③ 세 번째 시험: 2월 23일, 503점

이번엔 문제가 쉽다고 느껴졌습니다. (3단계) 그래서 '내가 함정에 빠지고 있나'하고 생각하며 한번 푸는 데 150문제에 150분 걸렸습니다. 검토 두 번 더 하고 나니 3시간 40분 정도 걸렸던 것 같습니다.

3. 공부 방법

이번에 붙은 이유를 다른 회차하고 비교해 보면, 다음 요소 덕분인 것 같습니다.

① 학원 인강 2배속 한 번 더, 서브노트 다시 제작, 문제집 3회독

② CISA Review, Question and Explanation

③ 〈정보보안 1000제〉 카페에 올라온 자료

④ 〈정보보안 1000제〉 카페 문제

⑤ 〈정보보안 1000제〉 문제 풀이

저는 착실하게 저자가 조언한 내용을 따랐습니다. 한 가지 더 추가하자면, 저는 '감사인의 시각'을 기르기 위해 저만의 노트를 만들었습니다. 내용을 요약한 서브노트와는 다른 형식의 노트였습니다. 덕분에

2영역 점수가 많이 올랐습니다. 그래도 CISA 시험이 붙을 수 있는 시험이기는 한가 봅니다. 사실 지금도 믿기지 않습니다. 아직 실무 경력은 없어서 명함에 새기려면 몇 년 기다려야 하지만, 그래도 너무나도 행복하네요. 끝으로, 가장 많은 도움을 주신 저자님, 합격 후기를 올려준 많은 회원님들, 합격 후기에 축하한다고 부럽다고 댓글 남겼더니 저도 붙을 수 있을 거라 격려하고 좋은 기운 남겨준 회원님들, 매일 공부일지 올리시며 자극해 준 회원님들, 모두 감사합니다!

 ## 책의 문제 퀄리티가 좋습니다. 보안관련 공부하는 분들에게 추천합니다.
| 작성자: Zest |

저의 CISSP 공부방법 & 합격 후기는 다음과 같습니다.

1. 시험 준비(총 60일)

- 평일 출/퇴근 시간 매일 1시간씩 키워드 구글링 및 문제 풀이(카페 기출 문제, ISC2 CISSP Official APP)
- 평일 퇴근 후 매일 3시간 공부
- 주말 토/일 매일 6~10시간 공부
- 학원 CISSP 정규반 온라인 강의 전체 1회 수강
- 교재 전체 3~4회 공부, 총 정리 3회 공부, 도메인 1~8 전체 요약 서브노트 작성(A4 10~15장)
- 학원 CISSP 문제 풀이반 온라인 강의 1회 수강
- 공부하면서 지칠 때마다 까페에 있는 좋은 글을 보며 정신적으로도 많은 자극을 받아 자만하지 않고 시험을 준비할 수 있었습니다.
- 문제 풀이반 교재 2회 공부(정답률 60~70%)
- 〈정보보안 1000제〉(2021) 전체 1회 문제 풀이 및 오답 풀이(정답률 60~70%)
  (이 책의 문제 퀄리티가 좋습니다. 꼭 CISSP 준비가 아니더라도 보안관련 공부하는 분들에게 추천합니다.)
- 기타 키워드 구글링 정리 진행
- ISC2 CISSP Official APP 1000 문제 풀이, 용어 정리

2. 후기

저도 이 카페에서 여러 합격 후기 및 자료를 통해 도움을 많이 받았으므로 조금이나마 도움이 되고자

출제된 키워드를 기억나는 대로 최대한 적습니다. 카페 내 키워드들에 대해 기본 개념, 구성요소, 보안 이점만 제대로 숙지해도 50~60문제는 충분히 풀 수 있으니 도움을 받길 바랍니다. 시험에 앞서, 전 보안 실무 경력 6~7년에 보안기사 자격을 보유 중인 상태였습니다. 또한 공부도 60일간 정말 꾸준히 열심히 했습니다. 그런데도 막상 시험에선 자신 없는 문제가 엄청 많았고, 불합격이라고 생각할 정도로 시험이 어려웠습니다. 미리 단단히 마음먹는 게 좋습니다. 시험 때 멘털 관리 정말 잘하셔야 하고요, 집중하여 개념에 대해 고민한 후에 답을 선택하길 바랍니다.

'문제: A는?' '답: B'와 같은 쉬운 문제 거의 없었습니다. 예를 들어, 직무분리가 문제이면 그 문제되는 상황이 지문에 녹아 있고 문제를 푸는 입장에서 문제 속 상황을 보고 직무분리가 문제인 걸 판단/식별해야 합니다. 보기에는 직무분리를 해결하기 위한 보안조치 방안들이 나오는데 다 맞는 것처럼 보이니 가장 최적의 답을 찾는 게 중요합니다. 대부분의 문제가 단답보단, 시나리오 및 상황, 현재 처한 문제, 감사결과 등의 지문을 주고 '보안담당자 또는 책임자로서 취해야 할 보안조치로는?' 같은 문제가 대다수입니다. 기본 개념을 숙지하고 구글링으로 많이 공부하시어, 열심히만 하시면 분명 합격할 수 있는 시험입니다. 좋은 결과 있길 바랍니다.

좋은 자료 공유 및 책 집필, 열심히 카페 운영해 주신 저자님 고생 많으셨고 감사했습니다.

두 번의 도전 끝에 문과생도 합격했습니다!

| 작성자: 나나잘하세요 |

안녕하세요. 저는 회사에서 감사업무를 주로 하고 있으며, IT 쪽은 문외한인 문과생 출신입니다. 역시 회사 업무와 CISA 공부를 병행하는 것은 쉽지 않은 것 같습니다.

첫 시험은 10월에 응시하여 447점으로 낙방했고, 두 번째 시험에 붙었습니다. 첫 번째 시험을 볼 때, 학원 기본서 위주로 공부하였습니다. 첫 시험 준비 중 강의는 온라인으로 학원 기본 강의 및 문제 풀이를 들었고 이론서를 정독하며, 학원 문제집을 2.5회독 보았습니다. 기본적으로 추천하는 정도로 공부했다고 생각하여 당연히 합격할 것이라고 생각했습니다. 합격한 주변 지인이 시험이 쉽다고 말했고 쉽게 합격한 후기 등을 보고 시험을 너무 만만하게 본 것이 가장 큰 실패 원인이었던 것 같습니다. 첫 시험 결과를 보고 대안을 찾다가 〈정보보안 1000제〉 카페에 가입하게 되었고 저자진의 다양한 정보에 기초하여 공부 방법을 다시 세우고 재도전했습니다.

두 번째 시험 준비 시에는 카페 글을 보고 문제 풀이 위주로 준비했고 출퇴근 시간, 여유 시간 등을 이용하여 학원 온라인 강의 1회 더, 이론서 정독, 학원 문제집 1회독 더, ISACA 문제집 2회독, 〈정보보안 1000제〉 1회독(문과생에겐 IT 부분이 너무 어려워서 CISA 시험과 관련된 친숙한 용어와 관련된 문제 위주로만 보았습니다. 물론 관련 해설은 열심히 보았습니다.), 그리고 카페에 있는 CISA 관련 다수 문제 및 정보를 보았습니다. 두 번째 시험 전 학원 및 ISACA 문제집을 계속 보니 익숙해져서 문제를 풀 때 자신이 있었는데, 막상 오프라인 시험장에서 시험 문제를 보니 새로운 느낌이더군요. 오히려 첫 시험 때 는 문제가 쉽다는 느낌이었는데 두 번째 시험은 더 어렵다는 느낌을 받았고, 개념이나 문제 유형은 비 슷하지만 첫 시험 때와 동일한 문제는 하나도 없는 것으로 보였습니다.

CISA 시험의 특성상 외워서 푸는 문제나 기술적인 문제는 거의 안 나올 것이므로 첫 시험 때처럼 벼락 치기 방식보다는 두 번째 시험에는 시험 전 날에 무리하지 않고 시험 당일 좋은 컨디션을 유지하려고 했습니다. 시험 중에는 아는 문제는 하나도 안 틀린다는 각오로 중간에 한 번 쉬고, 4시간을 꽉 채워서 시험에 응시했습니다. 어려운 시험이 끝나니 진이 다 빠지더군요.

감사업무는 제가 잘 알고 있다고 생각하여 첫 시험 때는 도메인 1, 2에 소홀했는데, 두 번째 시험 때는 더 집중해서 보았습니다. 기본적으로 CISA 기본 이론은 바탕이 돼야 하고 이에 내가 알던 실무를 적용 해야 하는 것 같습니다. 두 번의 시험 모두 애자일이 나왔고, 클라우드 환경을 중요하게 다루는 것 같았 습니다.

두 번째 시험에는 블록체인도 나왔으나 〈정보보안 1000제〉에서 기본 개념을 보아서 어렵지는 않았습 니다. 중요한 부분에 대한 이론은 당연히 숙지해야 하겠지만, 신기술 트렌드 문제의 경우 개념 정도는 잡고 가는 것이 좋을 것 같습니다. 다만, CISA 시험의 특성상 감사인의 관점과 연계를 시키는 경우가 많으므로 지엽적으로 볼 필요는 없습니다.

첫 번째 시험 중 느낌이 좋아 합격할 줄 알았지만 불합격 표시를 보고 패닉에 빠졌습니다. 두 번째 시험 전에는 어느 정도 공부했다고 생각하여 자신이 있었는데, 막상 시험 문제를 풀다 보니 확신이 없었습니 다. 두 번의 시험 공부 및 시험을 치르며 느낀 건, 명확하지 않고 애매한 문항들이 많아 CISA 시험이 절 대로 만만한 시험이 아니라는 점입니다. 다행히 좋은 카페에 가입하여 공부하면서 지칠 때마다 카페에 있는 좋은 글을 보며 정신적으로도 많은 자극을 받아 자만하지 않고 시험을 준비할 수 있었고 좋은 결 과가 있었습니다. 바쁜 가운데서도 좋은 정보를 올려주는 저자님, 카페 회원분들께 정말 감사드립니다. 그리고 관련 시험을 준비하는 분들도 좋은 결과가 있길 기원하겠습니다.

참고로 도메인 1, 2, 5는 첫 시험 보다 100점 이상 올랐고 도메인 3, 4는 100점 이상 떨어졌습니다. 점 수는 시험 운도 좀 작용하는 것 같습니다. 도메인 3 점수는 좀 난감하네요.

**학원에서 접하지 못한 개념 및 새로운 유형의 문제를
〈정보보안 1000제〉에서 만났습니다.**

| 작성자: 보안열정 |

1. 공부 기간 및 공부 방법

① 기간: 2022년 3월~5월(약 3개월, 매일 2시간씩(점심시간 1시간 / 퇴근 후 1시간))

② 공부 방법:

- 학원 개념 정리 및 문제 풀이 인터넷 강의 수강 후 개념정리는 3번, 문제 풀이는 4번 반복 학습

- 〈정보보안 1000제〉 문제 풀이 1회(정답률 50~60%/법규 문제 제외), 카페에서 제공한 문제 풀이

- 〈정보보안 1000제〉 문제는 학원에서 접하지 못한 개념 및 문제 유형을 접할 수 있어서 생각의 틀을 계속 넓힐 수 있었으며, 카페에서 제공하는 문제는 영어에서 한국어로 잘 번역되어 있어서 많은 도움이 되었습니다.

- 요약정리 차원의 서브노트 작성(새로운 개념들은 구글링을 통해 간략하게 요약)

- 개인적으로는 서브노트 작성이 가장 많이 도움이 되었습니다.

2. 시험 소감

① 오전 8시 시험에 응시하는 분들은 굳이 일찍 가실 필요 없습니다. 7시 25분 정도 되니깐 문을 개방합니다.

② 쉬는 시간은 눈치 보지 않고 자유롭게 이용하면서 집중 및 멘털 관리를 해야 합니다. 250문제, 6시간 시험이다 보니 지칩니다. (단, 흡연은 제한되니 커피나 초콜릿을 사전에 준비하면 좋을 것 같습니다.)

③ ISC2에서 주관하여 문제를 출제하다 보니 한국어로 번역된 문장이 오역되는 부분이 있어서 문제를 풀 때 확실하지 않은 문제들은 영어 원문을 읽고 최종 정답을 체크하는 게 좋습니다. 문제도 길지 않게 1~2줄로 구성되어 있기 때문에 시간이 충분하다고 생각합니다. 간혹 4줄 정도되는 문제가 있긴 하지만 몇 문제 안됩니다.

④ 개인적으로 가장 중요하다고 생각되는 부분은 '서브노트'입니다. 공부를 처음 시작할 때부터 만들게 되면 양이 너무나 많아지기 때문에 시험 보기 전에 정리한다는 차원에서 계속 접해도 익숙하지 않은 개념, 카페 등 후기에서 중요하다고 말하는 개념, 문제 풀이 3~4회 한 후에도 틀리는 문제 위주로 정리하면 좋을 것 같습니다.

카페에 1000회 이상 방문하면서 정말 많은 도움을 얻었습니다.

| 작성자: SSONG |

안녕하세요. 카페에 가입한지 딱 1년이 된 회원입니다. 그동안 카페에 1000회 이상 방문하면서 보안 트렌드, 취업 공고, 그리고 CISA 문제들까지 정말 많은 도움을 받았습니다. 1년간의 노력이 결실을 맺어서, 이번에 상시 채용으로 진행된 현대 계열사 정보보안 분야에 신입사원으로 합격하게 되었습니다. 비전공자였던 제가 이 카페를 알게 되어 CISA에 합격하고, 저자님을 비롯하여 현직자분들께 정보보안 조언을 많이 얻게 되어 보은하고자 카페에 취업 후기글을 남기게 되었습니다.

1. 취업 스펙

- 학력: 인서울 중상위 대학, 비전공(통계학 전공), 학점 4.1
- 어학: 토익 925, 토스 140
- 봉사: 해외 IT 교육 봉사활동 1회
- 자격증: CISA(inactive), 정보처리기사, ADsP, SQLD
- 경력: 타 기업 정보보호 관련 부서 7개월 근무
- 학내외활동: 정보보안 동아리(케이쉴드 주니어), 빅 데이터 동아리

2. 자격증의 중요성

사실 스펙으로만 보면 전공자에 비해 정보보안 관련 스펙이 많이 부족하다고 생각할 수 있습니다. 실제로 제가 작년 4학년에 정보보안 분야로 진로를 틀고 나서, 복수전공을 하기에도 좀 늦었다고 생각했습니다. 그래서 제가 준비한 스펙은 정보보안 동아리에서 활동하는 것과 자격증 중에서도 높은 가점을 주는 CISA를 취득하는 것이었습니다. 보통의 대학생들이 많이 준비하는 정보보안기사를 준비하지 않고 CISA를 준비한 이유는 여러 가지가 있었습니다.

① 정보보안기사는 1년에 시험이 2번 진행되었고, 난이도를 예측할 수 없습니다. 그마저도 필기-실기 두 번 합격하고도 한 달 후에 자격증이 나온다는 점에서 취업 준비생인 제 입장에서는 마음이 급했습니다.

② CISA는 어느 때나 시험을 볼 수 있고, 1번 만에 결과가 나오고, 심지어 시험 끝난 직후 결과를 알 수 있다는 점이 매력적으로 다가왔습니다. 높은 강의료와 시험 비용으로 인해 조금 망설였지만, 강의+시험 비용은 대기업 한 달 월급 정도라고 생각했습니다. 이에 장기적인 관점에서 보면 시간을 단축하면서 더 좋은 자격증을 얻을 수 있다는 점이 가장 큰 이점이라고 여기게 되었습니다.

③ 세미나에 참석하면서 마음을 더 굳혔습니다. 대학생 입장에서 작년 11월 세미나에 참석했는데요. 현직자분들도 이 자격증을 취득하기 위해 공부하는 모습을 보게 되었습니다. 또한 저자님께서도 CISA의 매력을 한껏 말씀해 주셔서 매료되었습니다. 사실 이날이 보안기사 필기 시험일이었는데, 시험장이 아닌 세미나를 간 것이 큰 전환점이 되었던 것 같습니다.

3. 면접에 임하는 마인드

자격증과 자기소개서를 통해 서류 합격이 되어도 중요한 것은 면접이었습니다. 현재 합격한 곳 이외에도 타 보안업계와 금융권 보안부서의 채용 과정에서 서류 합격을 한 적도 여럿 있었습니다. 그러나 보안부서의 경우, 회사 입장에서 수익을 내는 부서가 아니기 때문에 적은 인원으로 운영되는 경우가 많아 1~2명 정도 뽑는다고 들었습니다.

서류에 통과해서 면접에 왔다는 것은 합격에 가까운 것이라고 생각할 수 있으나, 경쟁자들 또한 서류를 통과하고 같은 선상에 왔다는 것을 직시해야 합니다. 처음에 이 점을 인지하지 못하고 면접에 '적당히 열심히' 임했던 것 같습니다.

그래서 이번에는 회사를 다니면서 퇴근 후 10일간 하루 5시간 이상, 주말에는 10시간 이상 면접을 준비했습니다. 준비량이 많은 것도 면접에 도움이 되었지만, 이만큼 준비를 했다는 사실이 저에게 자신감을 북돋아 주었습니다. 결국 면접장에서도 면접관분들께서 "정말 준비 많이 하셨네요"라고 말씀해 주셨는데 합격한 것을 보면 이러한 노력과 열정이 좋게 다가간 것 같습니다.

취업을 준비한 1년 동안 주말에 쉬지도 못하고 마음이 불편한 상태로 지냈는데, 이제야 마음이 가벼워졌습니다. 사실 1년은 엄청나게 긴 기간이라고는 할 수 없지만, 저는 그동안 노력을 축약하여 했다고 생각합니다. 취업은 '열심히 하면 무조건 합격한다'라는 긍정적인 생각을 하면서 계획을 세우고 그것에 맞게 열심히 임하면 합격한다는 것을 몸소 느꼈습니다.

취업 준비 과정 속에서도 포기하거나 대충 하고 싶은 마음이 들던 때도 많았습니다. 그런데 카페의 회원분들 중, 현직에 계심에도 불구하고 열심히 미래를 준비하는 모습을 보면서 '저런 분들도 공부하는데, 내가 이렇게 나약해지면 안 되겠다'라는 생각을 많이 했습니다. 또한 회원들을 위해 문제도 많이 올려주고, 취업공고도 올려주는 저자진을 보며 삶의 의지를 다시금 다지게 되었던 것 같습니다. 그래서 취업은 제 혼자만의 힘으로 한 것이 아니라, 제가 도움을 요청드리고 그 손을 잡아 준 많은 분들 덕이라고 생각합니다. 많은 조언과, 도움을 준 카페 회원분들께 감사드립니다.

해설 내용이 굉장히 알차서 까먹은 개념, 헷갈리는 개념 모두 잘 정리되었습니다.

| 작성자: 두로산맨 |

먼저, 이직한 회사에서 해당 직무를 수행하려면 CISSP가 꼭 필요한 자격증이었기 때문에 준비하게 되었습니다. 사실 CISSP를 따야 되는지 모르고 입사했는데 처음에 엄청 부담되었습니다.

1. 공부 방법

전체적으로는, 학원 인터넷 강의 1회(이론+문제 풀이) → 학원 문제집 풀이 오답 1회 → 서브노트 작성 →〈정보보안 1000제〉+ 카페 문제 풀이, 병행으로 진행했습니다

2. 공부 기간

대략 3~4개월 정도 걸린 것 같습니다. 초반 한 달은 학원의 인터넷 강의를 듣기 전이라 별도의 학습 서적이나 자료가 없어서, 가지고 있던 보안기사 책과 정보보호론 책들을 조금씩 읽었습니다. 지금 생각해 보면 보안기사 책이나 정보보호론 책을 읽었던 게 큰 도움이 되지는 않았으나, 전혀 도움이 되지 않은 것도 아닙니다.

본격적으로 공부를 시작한 건 1월 말부터였습니다. 이때부터 약 한 달 동안 학원 이론 강의+문제 풀이 강의를 들었습니다. 평일에 퇴근 후 평균 한 강의씩 들었습니다. 제가 생각하기에 학원 이론서가 좀 불친절해서, 강의는 1배속으로 들으며 최대한 필기를 많이 했습니다. 그리고 강의를 듣는 한 달 동안 이론서를 시간이 날 때마다 펼쳐서 읽었습니다. 학원 문제집은 한 번만 풀면서, 문제가 이렇게 나오겠구나 느낌만 본 것 같습니다.

3. 서브노트

카페에서 저자님이 꼭 만들어야 한다고 강조하는 글을 보고 만들게 되었습니다. 워낙 CISSP 도메인이 방대하다 보니 서브노트를 만들면서 시간도 많이 걸리고 귀찮았지만, 지금 생각해 보면 이게 큰 도움이 됐습니다. 서브노트를 작성하면서 이론을 다시 한번 정독하게 되고 머릿속으로 계속 고민하면서 작성하게 되더라고요. 그리고 시험 보기 전까지 서브노트와 학원에서 준 총정리 프린트물을 거의 10번 가까이 돌려본 것 같습니다. 서브노트는 문제를 풀면서 계속 업데이트했고요.

4. 〈정보보안 1000제〉

중간에 법규 파트와 마지막 모의고사 문제를 빼고 다 풀었습니다. 별 4개~5개의 난이도는 문제만 보고

풀 수 있으면 풀고 아예 모르겠으면 그냥 스킵했습니다. 〈정보보안 1000제〉에 굉장히 양질의 문제가 많았습니다. 물론 CISSP만을 위한 책은 아니다 보니, CISSP에서 안 나올 법한 문제들도 있었지만 그래도 다 좋은 내용이었습니다. 한 번 다 풀고 채점하니 한 60% 정도의 정답률이 나왔습니다. 풀면서 아예 모르는 개념도 많아서 좌절을 많이 했네요. 〈정보보안 1000제〉를 풀면서 가장 도움이 되었던 건 제가 푼 문제가 맞건 틀리건, 풀었던 모든 문제의 해설을 정독한 것입니다. 해설 내용이 굉장히 알차서 까먹은 개념, 헷갈리는 개념 모두 잘 정리되었습니다.

5. 카페 활용

카페에 있는 CISSP 문제들은 대략 1000문제 정도 풀었습니다. 더 많이 풀고 싶었는데, 제가 문제 풀이를 너무 늦게 시작해서 많이 풀지는 못했습니다. 그 대신 문제 하나하나 정말 많이 고민하면서 풀고, 해설도 계속 곱씹으면서 읽었습니다. 아마 본 시험에서 가장 도움이 되었던 게 카페 문제가 아닐까 싶습니다. 카페 문제를 풀면서 '이 문제를 낸 출제자의 의도는 뭐지? 답을 찾아가는 방법은 무엇일까? 왜 저 답은 오답일까, 왜 이 답이 제일 PRIMARY고 BEST지?'라고 생각했던 게 시험에서도 그대로 적용되었습니다. 지난 주 토요일, 시험을 보고 합격 메일을 받았습니다. 주말 지나고 화요일까지 육아와 업무로 인해 너무 정신이 없어서 이제야 합격 후기를 남기며, 카페 자료와 저자진의 도움이 너무 컸기 때문에 글재주는 없지만 이렇게 후기를 남겨봅니다.

카페 내 문제로 시험 전 최종 점검하여 합격했어요.

| 작성자: 택아 |

CISSP 합격했습니다. 게시글은 좀 늦었습니다.

1. 공부 기간

2022년 2월~5월까지, 평일은 퇴근 후 취침까지 3시간/ 주말은 8시간

2. 이론 공부

1~2시간 후 취침 전까지 문제 풀이(좋아하는 술자리도 2달간 참고 그냥 공부했습니다.)

3. 공부 방법

일단 기초가 중요하다고 생각합니다. 도메인별 자료를 인터넷으로 최신 자료를 획득하여 서브노트를 작

성하고 〈정보보안 1000제〉의 문제를 풀었습니다. 〈정보보안 1000제〉 1회차는 개념을 이해하겠다는 목적으로 하루 50문제씩 풀기만 했고, 역시 80% 이상은 틀렸습니다(해설은 '이렇게 풀이가 되는구나' 수준으로 읽기). 2회차는 동일하게 50문제씩 풀면서 해설을 다시 복기하고 이해하기 위해 노력했고, 3회차는 거의 눈에 익어 바로 이해되지 않는 단어 위주로 구글링하여 검색하면서 문제를 풀었습니다. 또한 4회차는 시험을 앞두고 있어 3회차 풀이 시, 자주 틀린 문제를 체크한 위주로 넘겨보듯이 이해했습니다.

4. 후기

시험을 2주 앞두고 카페에 올라온 문제를 풀기 시작했습니다. 그런데 제가 공부한 내용(동일한 문제)은 거의 나오지 않아서 패닉에 빠졌습니다. 그러나, 문제를 풀수록 공부했던 개념이 정리되었습니다. 시험 하루 전까지 카페의 문제를 하루에 거의 100~200개씩 풀면서 CISSP 시험에 문제 유형을 대비하며 서브노트를 정리했습니다.

역시, 시험은 마음을 굳게 먹었음에도 눈에 익은 형태가 아니었습니다. 하지만 긴장하지 않고 문제에서 제시된 최선의 답은 무엇일지 고민하고, 영어와 한글의 문제를 같이 비교하면서 문제를 풀었습니다. 시험을 보면서 솔직히 내가 합격하기에는 준비가 부족했다는 생각이 들 정도로 정답을 확신했던 문제는 거의 없었습니다. 그러나 〈정보보안 1000제〉와 카페 내 문제를 풀이하면서 정리했던 개념을 떠올리면서 내가 감사관으로서의 입장에서 최선의 답을 내기 위한 방법을 고민하며 문제를 풀었고, 마지막 1시간은 포기하고 싶었지만 그동안의 시간과 노력, 그리고 응시 비용이 생각나서 끝까지 집중하여 풀이했습니다. 감사합니다.

〈정보보안 1000제〉, 카페 문제 및 합격자 후기의 힘으로 합격한 것 같습니다.

| 작성자: 기역기역 |

안녕하세요. 카페의 도움을 많이 받아, 오늘 CISSP 시험을 보고 합격 종이를 받았습니다. 2달 반 정도 공부하면서 공부량이 부족한 것 같아 항상 신경이 쓰이고 스트레스였는데 카페에서 도움을 많이 받아 합격할 수 있지 않았나 싶습니다. 〈정보보안 1000제〉, 카페 문제 및 합격자 후기의 힘으로 합격한 것 같습니다. 정말 감사드립니다.

직장 생활과 육아, 공부를 병행하다 보니 중간중간 급한 일이나 피곤한 일이 겹쳐 공부의 연속성이 떨어지는 경우가 자주 생기더군요. 그래서 오히려 시험 일정을 절대 질질 끌지 않으려 했습니다. 시험 범위가 넓다 보니 준비 기간이 길어진다면 타사 강의를 들으며 겨우 잡아가던 출제 경향 및 문제 풀이 요령의 느낌을 잃어버리고 단순 암기 부분만 머리에 남을 것 같았습니다. 퇴근 후에, 그리고 쉬는 날 짬내서 공부했고 학원 강의 1회 완강+주요 내용 정리노트 작성(정리하며 기본서 1회독) 하는 데 한 달 정도 걸렸습니다. 정리노트 작성이 끝나자마자 한 달 뒤로 시험을 예약했고 한 달가량 문제를 열심히 풀었습니다.

문제 풀이를 해도 실제 시험에서 똑같은 문제는 거의 없다고 들었기 때문에 어떤 방식으로 접근해야 되는지를 중점으로 오답을 복습했습니다. 예를 들어, '가장 먼저 보안정책을 세운다'가 보기에 있을 때 문제가 구체적인 사례인 경우엔 정책보단 실제 조치작업이 답이 되고 보안의 방향적인 부분을 물어보는 경우엔 '정책을 세운다'가 답이 된다와 같은 풀이 느낌을 파악하는 데 집중했습니다.

그리고 다른 합격자분들이 올린 키워드들이 많은 도움이 되었고 거의 정답인 경우가 많았습니다. 시간이 없는 분들은 카페의 다른 후기에 있는 키워드들은 꼭 보고 가길 바랍니다. 저는 키워드가 세세하게 기억나지 않습니다만, 많은 키워드를 작성한 분들 대단합니다.

시험 때 처음 맞닥뜨리는 1~50번 문제는 정말 어려웠습니다. 불합격한다면 이걸 어떻게 공부해야 할지 감조차 오지 않는 막막한 문제들이었습니다. 50번을 넘어 뒤로 갈수록 낯익은 개념들이 많이 나왔고 지식 기반으로 고민 없이 답을 고를 수 있는 단순한 문제들도 꽤나 있었습니다.

시험을 준비하는 분들 모두 좋은 소식 있기를 바라겠습니다. 감사합니다.

〈정보보안 1000제〉 해설집과 카페 내에 있는 문제를 최대한 많이 보는 게 좋습니다.

| 작성자: 김영준ㅋㅋㅋㅋㅋ |

어제 서울 피어슨뷰에서 아침 8시에 시험을 보고 CISSP 예비 합격을 받았습니다. 저는 보안관련 엔지니어로 근무 중이라서 시스템·네트워크·정보보안 분야의 개념들은 크게 어렵지는 않았습니다. 하지만 아무래도 엔지니어로 근무하다 보니, 관리 분야나 소프트웨어 개발 분야가 굉장히 어렵게 느껴지더라고요. 이해도 안 될뿐더러 이쪽 분야의 개념은 외운다고 해결되는 문제들이 아니라 많이 힘들었습니다.

일단 공부 방법과 후기부터 말씀드리면 다음과 같습니다.

　　① 학원 CISSP 온라인 강의와 함께 이론서 2회독
　　② 학원 CISSP 문제 풀이반 교재와 강의 2회독

③ 카페에 있는 CISSP 문제 게시판 문제 풀이(절반 정도): 일단 PC로 쭉 보면서 풀었고 틀린 문제는 체크해 두었다가 해설 부분을 위주로 보면서 이해하려고 노력했습니다. 모두가 알다시피, 게시판에 문제가 엄청 많습니다. 저도 절반 정도만 본 것 같습니다.

④ 〈정보보안 1000제〉: 저는 이 책을 풀 때, CISSP 시험이다 보니 국내 개인정보보호법이나 ISMS-P 관련 문제는 과감하게 제외하였습니다. 처음 저자 서문에서, 채점하여 50% 정도면 문제 풀이에 집중하라고 적혀 있는데 저는 처음 문제 풀이를 할 때 시스템이나 네트워크 쪽은 60%가량 맞췄고(모르는건 그냥 찍지도 않았습니다), 나머지 관리 쪽이나 컴플라이언스 쪽에서 40%~50% 정도 맞춘 것 같습니다. 책 자체를 시험 1주일 앞두고 풀기 시작해서 사실 신기술 트렌드는 포기하고 풀지 않았습니다. 마지막에 모의고사 100문제가 있는데 저에게는 너무 어려웠습니다. 또한 문제 풀이 게시판에 있던 문제들도 풀면서 생각보다 많이 틀려서 정말 많이 좌절했는데, 그냥 포기하지는 말자라는 생각으로 도전했습니다. 많이 틀려도 해설 내용을 1번이라도 봐서 비슷한 문제가 나왔을 경우, '찍기 전 확실히 아닌 보기라도 제외하고 찍자'라는 생각으로 했던 것 같습니다. 11월부터 기초 이론을 공부했고 대략 4개월 정도 준비했습니다.

실제 시험을 볼 때는 처음에는 '나름 풀만한 거 같은데?'라는 생각을 했습니다. 100문제 넘어가니까 집중하기가 어려워 지문도 길게 느껴지고 어렵게 느껴졌습니다. 저는 총 2번 쉬었습니다. 90문제 정도 풀고 쉬고, 150문제 정도 쉬고, 그다음에는 쭉 풀었습니다. 마지막 200문제 넘어가니 집중력도 떨어지고, 뒤로 가니 정말 모르는 문제가 많았는데 최대한 지문 2번씩 읽고 영어 지문도 1번 읽고 나서 풀었습니다. 시험 시간은 총 대략 5시간 20분 정도 걸렸습니다.

마지막으로 당부드리고 싶은 이야기는 끝까지 포기하지 않고 지문을 읽고 또 읽는 게 중요하다는 것입니다. 기본서에 대한 개념이 어느 정도 잡혔다는 가정 하에, 〈정보보안 1000제〉 해설집과 카페 내에 있는 문제를 최대한 많이 보는 게 좋은 것 같습니다. 열심히 하는 분들 꼭 좋은 결과 받길 기원하고 또 저 자님께 감사드립니다. CISA 준비할 때 다시 방문하겠습니다. 화이팅하세요!

합격에 제일 도움됐던 것은 〈정보보안1000제〉 오답 정리

| 작성자: 새하얀 |

딱 70일 전에 시험을 예약하고 나서부터 공부하기 시작해서 결국 끝을 봤네요. 시험 준비는 저자님이 보내주신 공부 방법 메일 내용을 거의 비슷하게 따라 했습니다. 시험 일주일 전쯤엔 카페 세미나도 참

석해서 시험 배경부터 공부 요령도 잘 듣고 왔습니다. 교재는 학원 CISSP 강의 교재, 〈정보보안 1000제〉(2021), 카페 문제들입니다. 초반에는 강의 교재를 압축한다 생각하고 모르는 내용 위주로 서브노트에 적고 암기했고, 중반에는 시간 날 때마다 카페 내 문제를 풀었습니다. 후반에는 카페 문제와 더불어서 〈정보보안 1000제〉를 엄청 꼼꼼히 봤습니다.

생각해 보니 합격에 제일 도움됐던 것은 〈정보보안1000제〉 오답 정리인 것 같습니다. 〈정보보안 1000제〉의 챕터별 정답률이 55~60% 정도 나왔습니다. CISSP은 70% 이상을 맞추어야 되는데, 이때 사실 좌절감을 많이 느꼈습니다. (별 1~3개 문제도 제게는 엄청 어려웠습니다.)

[다음] 버튼을 못 누르고 10분~20분 생각했던 문제들도 많았고, 시험 난이도는 엄청 어려웠습니다. 답이 애매한 문제, 아예 모르겠는 느낌을 받았던 문제가 거의 대부분이었습니다. 시험 볼 분들에게 빨리 공유하고 싶어서 글이 뒤죽박죽이네요. 감사합니다.

〈정보보안 1000제〉 문제만 풀어도 정답을 도출하는 감각을 길러내는 데 충분합니다.

| 작성자: ppp123 |

어제 CISA 시험을 보고 왔습니다. 다행히 예비 합격이 나왔네요. 9월 첫 주부터 시작해서 약 한 달 반 동안 평일 3시간씩, 주말 4~5시간씩 공부했습니다. 업무와 병행하려니 굉장히 힘들었네요. 차라리 정보보호학과 대학생이라면 더 빨리 취득 가능하지 않을까 생각합니다.

제가 보안엔지니어로만 6년간 일했습니다. 정보보안기사 자격증도 있고 나름 정보보안에 대해 자신 있다고 생각했습니다. 제 경력 치고는 나름 다양하게 일을 해왔거든요. (리버싱, 펜테스팅, 디지털포렌식 등등)

그런데 이 CISA라는 친구는 엔지니어 관점에서 도저히 답이 나오는 시험이 아니더군요. 다행히 〈정보보안 1000제〉의 도움을 많이 받았습니다. 감사 프로세스, 거버넌스, SDLC 같은 기본 이론이 부족했기에 학원 강의도 온라인으로 수강을 했습니다만, 〈정보보안 1000제〉 문제만 풀어도 정답을 도출하는 감각을 길러내는 데 충분하다고 생각이 드네요.

1~2주 쉬었다가 CISSP 공부를 시작해 보려 합니다. 다들 화이팅하세요!

시험에서 생소한 문제가 별로 없었을 정도로 카페 문제가 많이 도움 됐습니다.

| 작성자: 까막까악 |

최종 점수가 나온 후 합격 후기를 올릴까 했으나, 내일이 4기 개강일인 점 감안하여 개강 축하 메시지를 예비 합격 소식으로 전달합니다.

1. 배경

- CIA 합격 후 관련 지식의 업그레이드를 위해 6월부터 카페 정규반 수강
- CISA는 6월에 처음 접했으나, 공부 과정에서 생각보다 CIA 준비 경험이 도움이 많이 되었습니다.

2. 공부 방법

수강 시 CISA 매뉴얼 1차 리뷰 후, CISA 1000제 및 카페 문제로 문제 풀이 위주로 공부했습니다. 카페 문제는 중복 문제 포함하여 약 3,000문제 정도 푼 것 같네요. 시험에서 생소한 문제가 별로 없었을 정도로 카페 문제가 많이 도움 됐습니다. 다른 분들도 많이 언급했지만, 시험에 똑같은 문제는 많지 않고요. 이해하면 맞출 수 있는 것 기준입니다. 비중을 말하자면 70%는 카페 문제 유형으로 풀 수 있습니다. 지나치게 문제 풀이 위주로만 학습하여, 마지막에는 CISA 매뉴얼을 훑어보면서 불안했지만 이 공부 방법이 저한테는 맞는 방법이었습니다. 왜냐하면 감사방법에 대한 기초가 있어서 초반부터 문제 풀이가 나름 재미있었기 때문입니다. 출퇴근 시간에 습관적으로 문제를 풀었어요. 합격 후에 문제 풀이 안 하는 오늘의 퇴근길이 허전했을 정도입니다.

3. 감사 말씀 및 소감

그리 길지 않은 수험 기간에 합격할 수 있도록 길잡이가 되어 준 저자님께 가장 감사드리고, 함께한 우리 스터디 멤버에게도 감사 및 응원의 말씀드립니다. 꾸준히 공부하면 방향성은 명확한 거 같습니다.

개인적으로 CISA 문제 풀이가 꽤 재미있었고, 이 재미가 오래가지는 않을 거 같아 피치를 올려 마무리할 수 있었습니다. CISA 자격증이 IS 감사의 기본 소양에 대한 증빙이라 생각하고 기회가 되면 활용할 수 있는 방안을 찾아보려 합니다. 이번 주말은 문제와의 싸움을 더 이상 하지 않아도 된다는 게 제일 가뿐하네요. 허전하기도 하고요. 이상입니다.

저자 서문

지난 2022년은 사이버 보안 직업에 매우 중요한 해였다. 지정학적 및 거시경제적 난기류에 의해 형성되고 정의되는 현대 사이버 보안 환경의 장애물은 인력 내에서 열정과 끈기를 불러일으키고 있으며, 이는 주변 세계와 함께 계속 변화하고 진화하고 있다. 글로벌 사이버 보안 인력은 증가하고는 있지만 중요한 임무를 수행하는 데 있어 필요한 전문가의 격차도 커지고 있다.

전 세계 사이버 보안 전문가의 범위를 이해하기 위해 비영리 단체 (ISC)2(International Information Systems Security Certification Consortium)에서는 2019년에 사이버 보안 인력 추정치를 도입했다. 이 단체는 독점 방법론을 통해 다양한 기본 및 보조 데이터 소스를 통합하여 조직 보안을 담당하는 작업자 수를 추정한다. 발표한 보고서에 따르면 2022년의 전 세계 사이버 보안 인력이 작년보다 11.1% 증가한 470만 명으로 추정되며, 이는 464,000개의 일자리가 늘어났음을 의미한다. 아시아 태평양 (APAC)이 가장 큰 성장(15.6%)을 보였고 북미가 가장 낮았으나(6.2%) 전반적으로 모든 지역에서 성장했다. (그림 1-A, 1-B)

그림 1-A

그림 1-B

하지만 전 세계적으로 사이버 보안 인력이 빠르게 증가하는 동안 수요는 더욱더 빠르게 증가하고 있다. (ISC)2에서 분석한 사이버 보안 인력에 대한 공급과 수요 간 격차에 따르면 작년에 464,000명 이상의 인력이 추가되었음에도 불구하고 해당 격차(340만 명)는 전년 대비 26.2% 증가하여 이는 인력의 두 배 이상이 필요하게 되었다. 따라서 현재 보안 분야는 명실공히 전문직이 되었음을 의미한다. (그림 2-A, 2-B)

그림 2-A

그림 2-B

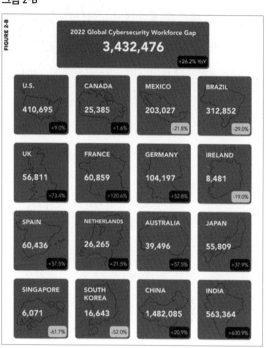

———— ⌂ 그림(1-A, 1-B, 2-A, 2-B) 출처: (ISC)² Cybersecurity Workforce Study, 2022)

인력 격차에 대해 사이버 보안 작업자의 약 70%는 조직에 효과적인 사이버 보안 직원이 충분하지 않다고 생각하고 있다. 특히 항공우주와 정부, 교육, 보험, 운송 부문에서 부족 현상이 더욱 심각하다. 사이버 보안 인력 격차는 위험 평가와 감독, 주요 시스템 패치 같은 직업의 가장 기본적인 기능을 위태롭게 한다. 인력이 부족한 조직의 직원 절반 이상이 인력 부족으로 인해 조직이 사이버 공격의 '보통' 또는 '극단적' 위험에 처하게 될 수 있다고 생각한다.

몇 년 전부터 많은 조직과 사이버 보안 전문가들은 COVID-19 팬데믹이라는 전례 없는 폭풍에 휩싸여서 가장 어려운 도전을 맞이했다. COVID-19는 운영의 모든 측면에서 사이버 보안 세계에 급격한 변화를 가져왔다. 원격 작업은 일부 직무 역할, 특히 기술 분야에서는 새롭고 특별한 것이 아니었다. 하지만 직장 전체를 대상으로 한 원격 작업 전환은 광범위하고 갑작스럽게 이루어져 보안 전문가가 대응할 시간이 거의 없었다. (ISC)²(International Information Systems Security Certification Consortium)의 2020년 보고서에 따르면, 조직이 원격으로 인력을 이동시키는 데 전 세계 응답자의 30%는 하루가 걸렸다고 응답했으며, 47%는 며칠에서 일주일 정도의 시간이 소요되었다고 한다. 단지 응답자의 16%만이 이러한 전환에 일주일 이상 걸렸다고 한다. 대부분의 경우, 조직이 원격 작업으로의 대대적인 전환을 완료할 수 있도록 하는데 며칠(때로는 단 하루)밖에 여유 시간이 없었다. 이는, 네트워크 연결 기능, 장치 및 기술 지식 수준이 매우 다른 많은 경우를 합리적으로 고려한 후 판단하여 사용자 인력을 온라인으로 빠르게 전환시켜야 했다는 말이다. 이와 같이 COVID-19로 인한 경제적인, 시간적인 문제와 함께 전 세계 사이버 보안 전문가 부족 문제 역시 심각하다. 여전히 약 3백만 명 정도가 부족한 걸로 추산되며 응답자의 절반 이상(56%)이 사이버 보안 인력 부족으로 인해 조직이 위험에 처했다고 답하고 있다. 즉, 이는 전 세계 사이버 보안 인력이 조직의 중요한 자산을 효과적으로 보호하기 위해서는 89% 이상 성장해야 한다는 것이다. 따라서 전 세계적으로 보안은 이제 선택이 아니라 필수가 된 시대이다. 또한 전 세계적으로 4차 산업혁명과 관련된 전문적인 사이버 보안 인력의 필요성이 이슈가 되는 것이 지금의 현실이다.

2019년 9월부터 CIA(국제내부감사) 자격증의 PART-3 도메인 영역에 보안 문제가 새로이 출제된다. 이제는 모든 자격증 시험이 보안의 중요성을 알게 되었으며, 특히 IT와 관련이 있다면 자격증 시험에 보안 관련 문제가 점차 추가되고 있다. 이 문제집은 특정 자격증 영역에 특화된 문제집이 아니다. 보안과 관련된 시험을 대표적으로 나열하면, 기술사, 감리사, 보안기사, CIA, CISSP, CISA, CISM 등이 있다. 보안을 아름드리 큰 나무에 비유하면 뿌리부터 이해해야 하므로 이 문제집은 다양한 자격증과 관련성이 있도록 총괄하여 문제집을 구성하였다.

이 문제집은 시중에서 많이 볼 수 있는 문제는 배제하고 되도록 새로운 트렌드의 보안 문제, 신기술 용어, 정의로 구성했으므로, 이 책을 보는 수험생들이 시험장에서 당황하지 않고 시종일관 자신감 있는 시각으로 문제를 바라보고 정답을 선택할 수 있도록 문제를 구성하였다.

이 문제집을 바람직하게 활용하는 비법은 다음과 같다.

첫째, 이 문제집은 대부분 중상급 이상의 난이도 문제로 구성되어 있기 때문에 되도록 기본 해설서를 많이 보아, 어느 정도 기본 용어와 정의, 문제에 대해서 이해한 다음 최종 정리 차원에서 본 문제집 풀이를 수행하길 바란다. 사람마다 지닌 능력과 배경, 시간에 따라 차이는 있겠지만, 시험 실시일로부터 역산하여 1달~2달 전에 문제집을 풀어보길 추천한다. 이해 없이 처음부터 이 문제집을 풀면 단순히, 문제와 답을 외우게 되고 실제 시험에 유사한 문제가 출제되면 반사적으로 문제집의 지문과 비슷한 것을 선택하게 된다.

둘째, 문제는 되도록 3번 이상 생각해보고 푼 뒤에 해설을 보기 바란다. 이해 없이 암기만 하는 것은 불합격의 지름길이다. 요즘 시험은 똑같은 문제가 아니라 유사한 문제가 출제되는 경향을 보이므로 문제의 핵심을 반드시 이해하고 넘어가야 한다. 또한 이해가 안 된 부분과 신기술 및 트렌드 문제는 반드시 인터넷에서 찾아보도록 한다. 책을 보고 바로 암기한 것에 비해 인터넷에서 검색하여 찾아본 내용은 시험장에서 더 또렷하게 기억해낼 수 있다.

셋째, 자주 틀리는 문제와 정의 및 용어에 대해서는 나만의 정리 노트(서브노트)를 만들어서 활용한다. 이는 복잡하게 얽힌 머릿속의 생각을 체계적으로 정리하는 효과가 있다. 인터넷에 올라와 있는 정리 노트는 자신의 것이 아닌 타인의 생각을 정리해 놓은 것이므로 일부 효과는 있겠지만, 큰 효과는 기대하기 어렵다. 따라서 반드시 직접 정리 노트를 만들어서 활용하도록 한다.

넷째, 이 문제집의 모든 문제는 별표(★) 기호로 난이도를 표기했다. 따라서 수험생 모두 자신의 능력에 맞는 방법으로 문제를 풀이하도록 안내하며, 적어도 난이도와 관련된 문제로 시간에 구속받지 않도록 문제집을 구성하였다.

보통 시험에 대한 공부 방법이나 시험 합격 여부 가능성을 많이 문의하는데, 저자진의 추천 공부 방법은 다음과 같다.

전체 문제를 풀이했을 때

- 30% 미만으로 정답을 맞혔을 때: 기본이 부족하므로 다시 기본부터 확실히 공부
- 50% 미만으로 정답을 맞혔을 때: 기본은 어느 정도 마스터했다고 보고, 될 수 있는 한 문제를 많이 풀면서 공부(이론서를 계속 보는 것은 비효율적이며 하루빨리, 문제 풀이 위주로 전환)
- 70% 이상으로 정답을 맞혔을 때: 시험 준비가 되어 있다고 보며, 최신 트렌드 기술 위주로 공부

다섯째, 만약 시간이 없고, 반드시 이번 시험에 합격해야 하는 상황에 놓여 있다면 문제 풀이보다는 해

설의 내용을 공략하길 바란다. 물론 난이도에 따른 해설을 선택해야 하지만 여기저기 산재되어 있는 신기술 트렌드 문제에 대해 정리해 놓았기 때문에, 짧은 시간 내 학습 성과를 향상시킬 수 있게 구성했다.

여섯째, 수험생에게 당부하고자 하는 내용은 문제와 보기, 지문은 끝까지 읽고 답을 선택해야 한다는 점이다. 시간이 부족하다고 앞부분만 읽고 잘못된 답을 선택해서는 안 되며, 문제를 볼 땐 좁은 시야로 나뭇잎을 보기보다는 넓은 시야로 수풀을 보도록 감각을 키워야 한다. 특히 '가장 맞는 답은' 또는 '가장 틀린 답은' 이렇게 문제가 나오면, 먼저 출제자의 출제 의도가 무엇인지 파악하고 그 후 광의적인 내용에서부터 협의적인 내용으로 접근하는 능력을 키워야 한다. 문제에 따라 다르지만 요즘엔 시나리오 문제에서 가끔씩, 도메인 전체 영역에 해당하는 문제가 많이 출제되고 있다.

마지막으로 이 문제집이 나오기까지 저자를 믿고 지지해준 프리렉 출판사와 무한한 신뢰와 격려로 지원해준 회사 선후배님, 그리고 항상 건강을 염려하는 사랑하는 가족에게 무한한 감사를 전한다.

- 김정재

정보 보안 분야가 보안 전문가만의 영역으로 여겨지던 시절이 있었다. 하지만 현재 정보 보안 분야는 보안을 전문으로 수행하는 담당자뿐만 아니라 다양한 직무에 걸쳐 많은 영향을 미치고 있으며 반도체와 제조, 물류, 조선, 금융 등 많은 업종에서 그 중요성이 날로 강조되고 있다. 이러한 경향은 날이 갈수록 커지는 추세이며, 그 배경에는 정보 보안 취약점에 의해 발생한 수많은 보안 사고와 정보 유출 이슈가 있었음을 부정할 수 없다. 이러한 보안 사고가 증가하지 않도록 정부는 각종 법규와 제도를 강화하고 법제화를 추진하여 정보 보안 규제의 범위를 넓히고 있다. 이렇게 정보통신 시장의 변화와 정부의 규제 확대에 따라 정보 보안 관련 자격 제도에도 변화가 생기고 있다. 몇 해 전, 국가인증 자격인 정보보안기사가 신설되었고 PIMS와 ISMS가 통합된 P-ISMS 제도가 발효되어 운영 중이다. 개인정보보호의 중요성은 더이상 강조가 필요 없을 정도로 중요하며 전자정부법, 개인정보보호법, 정보통신망법 등의 관련 법규도 꾸준히 개정되고 있다.

기술 관점에서 바라보면, 4차 산업혁명의 변화 속에 인공지능과 로봇, 자동화, 사물인터넷, 블록체인 등의 최신 기술이 빠르게 발전하면서 정보통신 분야에 디지털 전환 등의 업무 혁신이 야기되고 있다. 특히 인공지능과 로봇 기술은 과거에는 상상하지 못했던 서비스를 실현하고 있으며 앞으로 더욱 많은 서비스가 탄생하리라 예측된다. 이러한 기술들은 전통적인 제조 분야에서부터 서비스 분야까지, 기존에 한계라고 여겨졌던 영역을 모두 파괴하고 있으며 이런 변화를 정보 보안 분야에서 따라가지 못하는 상황도 보인다. 최신 기술을 이용한 악의적인 해킹 기법과 내부자에 의한 공격이 증가하지만 보안 및 감사 담당자들의 역량이 부족하여 대처하기 어려운 경우도 존재한다. 따라서 최신 기술에 대한 기술적인 이해와 전통적인 정보 보안 영역에 대한 이해를 병행해야 하며 검증/감리/감사 부문에 대한 지식도 충분히 함양해야 하는 시점이다.

이번 〈정보보안 1000제〉 개정판에서는 이전 판에서 출제했던 문제와 중복되지 않으면서도 중요한 문제를 담으려고 노력했으며 최신 기술과 감사 영역의 문제를 더욱 추가했다. 정보보안기사 초급 문제와 같은 누구나 알고 있는 평범한 문제는 최대한 배제하고 CISSP, CISA 자격증에서 관심을 갖는 시나리오 문제를 수록했으며 모의고사의 비중을 늘려서 실전과 같은 느낌을 줄 수 있도록 보완했다. 이 책은 정보보안 분야 자격증을 처음 공부하는 수험생보다 공부를 어느 정도 진행한 수험생에게 더 알맞은 난이도의 수험서가 될 수 있겠다는 생각이 든다. 이 책을 통해 도움을 받을 수 있을 수험생은 CISA, CISSP, CIA, 정보보안기사, 감리사, 기술사 등을 준비하는 분들이며 3판 이후에도 지속적으로 새로운 경향의 문제를 포함하여 개정판을 출간할 예정이므로 수험생들에게 많은 도움이 되길 바란다. 마지막으로 저자진이 운영하는 네이버 카페를 통해 많은 정보를 공유하고 수험생들과 소통하고자 하므로, 공부에 열의가 있으신 독자들은 카페에 방문하길 바란다.

▶ 정보보안 문제 공작소 _ cafe.naver.com/is1000

- 곽동훈

저자 소개

김정재 프로

현재 삼성SDS에서 사업부 품질 보안 그룹의 품질 담당자이자 SAP ERP 컨설턴트로 약 20여 년간 IT 인력으로 재직 중이다. 현재까지 총 15여 개의 프로젝트를 수행하였고 개발자부터, 설계자, 프로젝트리더, 프로젝트관리(PMO)까지 수행한 명실공히 IT 프로젝트 전문가이다. 주요 프로젝트로는 재정경제부의 디지털 예산회계, 삼성전자 ERP, 삼성 관계사 ERP, 삼성금융(화재) 프로젝트가 있으며, 사업부 품질 관리뿐만 아니라 중국 서안(Xian)까지 코드 품질을 확산하는 데 공헌했다. 주요 수행 업무는 품질 관리 및 성능 개선(Performance Tuning)이며, 특히 삼성 내 SAP에서 코드인스펙션 활용 도구를 개발하여 개발 품질 및 성능 개선에 일조했다. ISACA Korea 협회에서 글로벌 협력 부문 간사 역할을 수행 중이며, 현재 CIA(국제공인내부감사사)를 준비하고 있다.

주요 관심 사항은 IT 거버넌스에 맞게 효과적이고 효율적으로 내부 통제를 구축하고 평가하여 리스크를 관리하는 것이다. 또한 PMP 방법론을 응용한 COBIT IT 통제 프레임워크를 기반으로 보안 영역부터 감사 영역에 이르기까지 전 세계 어디서든 활용할 수 있는 체계적인 검증 및 컨설팅 활동을 구축, 운영 및 평가하여 조직의 목표를 달성하고자 한다.

Certification:

- CISA(Certified Information System Auditor)
- PMP(Project Management Professional)
- CISSP(Certified Information System Security Professional)
- SAP: MM(Procurement), SD(Order Fulfillment), PP(Production Planning & Manufacturing), FI(Financial Accounting), CO(Management Accounting), ABAP(SAP Development), B1(Business one), BC(System Administration), BI(Business Intelligence), PI(Process Integration), SRM(Supplier Relation Management), HANA(Production Planning & Manufacturing), FI Professional(Financials in SAP S/4HANA for SAP ERP Finance Expert)
- MCP(Microsoft Certified Professional)

▶ CISA / PMP / CISSP / SAP 관련 자격증 문의사항: tulip125.kim@samsung.com

곽동훈 프로

건국대학교에서 석사 과정으로 정보 보안을 전공하였다. ICT 분야에서 20년간 웹/게임/시스템 개발, 데이터베이스 운영, 테스트, 품질관리, 성능 테스트, 사업제안, 영업, 컨설팅 등 다양한 경험을 가진 전문가이다. 정보시스템 프로젝트 현장에서 쌓아왔던 경력을 기반으로 최근 5년간 SAP ERP 컨설턴트로 활동하면서 고객사의 비즈니스 프로세스를 혁신하고 시스템 운영 수준을 향상하는 업무를 수행했다. 또한 기업 리스크 관리, 조직 진단, 정보시스템 보안 관리 및 내부 감사 분야로 업무 영역을 넓히면서 20년 경력의 종착지를 향해 아직도 발전해 나가는 중이다. 이렇게 많은 영역을 경험한 바, 정보보안이야말로 가장 중요한 역량이자 지식이라고 생각하며 ICT 분야에 진입하는 신입사원부터 자격증 취득을 원하는 선후배님들을 위해 이 책을 출판하게 되었다. 이 책이 CISA, CISSP, CIA, 정보보안 기사 등의 자격을 준비하는 수험생들에게 큰 도움이 되길 바란다.

Certification:

- 정보관리기술사
- OCP 10g(Oracle Certified Professional 10g)
- RHCSA(Red Hat Certified System Administrator)
- ISTQB Foundation

▶ 기술사 관련 자격증 문의사항: cocopeople@naver.com

contents

정답과 해설

별책

제1장

시스템 보안

문제편

수많은 기업 정보 시스템은 전통적인 3 Tier 구조를 기반으로 한 중앙 집중형 아키텍처로 구성되고 정보 보안을 위한 기밀성, 무결성, 가용성 모델을 지향하고 있다. 데이터베이스 및 웹 서버, 파일 서버, 업무용 장비 등의 시스템은 항상 잠재적인 보안 취약점이 내재되어 있기 때문에, 기업의 중요한 자산과 고객의 개인 정보 유출을 방지하고 지속 가능한 기업의 경영을 위해서는 정보 보안 시스템의 확립이 가장 중요한 요소이다. 시스템 보안은 정보 보안의 가장 기본이자 핵심이 되는 항목이므로, 정보 시스템의 물리적•기술적 보안 기술을 이해하고 다양한 공격 기법에 대해서 학습하는 것은 매우 중요하다. 또한 최근 사물 인터넷과 분산형 아키텍처 등의 신기술이 발전하고 이를 기업 시스템에 적용하는 사례가 증가하면서 새로운 공격 기법과 그에 대응하는 보안 기술이 등장하고 있으므로 이에 대한 학습도 필요하다. 제1장 시스템 보안에서 다루는 학습 요점은 다음과 같다.

- 기업 정보 시스템 아키텍처, 운영체제, 소프트웨어의 이해
- 기밀성, 무결성, 가용성, 접근제어 및 인증 기술의 이해
- 전통적인 시스템 보안 기술과 새로운 공격 기법의 이해
- 사물 인터넷을 비롯한 신기술과 그에 따른 보안이슈 이해
- 자산 보안, 데이터베이스, 성능 개선 등 실무담당자 관점의 이해

제1장 | 시스템 보안

 해설편 3p

001
난이도 ★★☆☆☆

다음 중 단일 장애점(SPOF)을 예방하는 방법에 가장 해당하지 않는 것은 무엇인가?

① High Availability(HA)

② Load Balancing

③ MSA(Micro Service Architecture)

④ RAID(Redundant Array of Independent Disks)

002
난이도 ★★★☆☆

웹 애플리케이션은 PC와 모바일에서 다양한 웹 브라우저를 통해 시스템에 접근하고 서비스를 호출하게 된다. HTML과 다양한 스크립트 기반 언어로 구현된 웹 애플리케이션에서는 사용자 요청과 입력값에 대해 유효성 검증을 수행한다. 이러한 유효성 검증은 클라이언트 환경에서 수행되므로 악의적인 공격자가 이를 우회할 방법이 존재한다. (가)를 이용하면 공격자는 웹 브라우저의 정상적인 유효성 검증 기능을 우회하거나 비정상적인 값을 포함하여 서버로 요청을 보낼 수 있게 된다. (가)는 해킹 측면이 아닌 보안 점검을 위한 방법으로 사용하기도 하는데, 이 (가)에 들어가는 용어는 무엇인가?

① Web Proxy

② Sandbox

③ Web Application Hooker

④ CSRF Exploit

003
난이도 ★☆☆☆☆

다음은 OTP와 보안 카드를 기능적으로 비교한 것이다. 보기 중 가장 관련이 없는 것은 무엇인가?

① 거래 편리성: OTP 발생기는 종류와 상관없이 1개를 다른 은행에서도 모두 사용 가능하기에 범용성이 좋다.

② 비밀번호: 카드에 인쇄된 30개 비밀번호는 항상 재사용할 수 있어서 편의성이 좋다.

③ 복제 가능성: OTP는 복제 불가하나 보안카드는 촬영, 복사로 복제가 가능하기에 기밀성이 낮다.

④ 사용법: OTP는 생성된 6자리 비밀번호를 전자금융 거래 시 입력하여 사용한다.

004
난이도 ★★☆☆☆

웹 서버, 웹 애플리케이션 서버에 대한 전체적인 보안 점검을 진행했다. A 시스템의 Apache Web Server 4개를 점검한 결과, apache2.conf 또는 httpd.conf 설정 파일의 Options 파라미터에 Indexes 값이 설정되어 있었다. 이로 인해 발생할 수 있는 보안 취약점은 무엇인가?

① Cross Site Scripting

② Directory Listing

③ SQL Injection

④ Server-Side Request Forgery

005

난이도 ★★☆☆☆

다음 [보기]의 내용은 무엇을 설명한 것인가? 가장 알맞은 답을 선택지에서 고르시오.

보 기

마이크로소프트사가 개발한 프로토콜로, 다른 컴퓨터에 그래픽 사용자 인터페이스를 제공하는 프로토콜이다. 이 프로토콜은 ITU-T, T.128 애플리케이션 공유 프로토콜의 확장이다. 클라이언트는 윈도우 모바일을 비롯한 대부분의 마이크로소프트 윈도우 버전에 포함되어 있고, 리눅스, 유닉스, MAX OS 10 비롯한 여러 현대의 운영체제에도 존재한다. 기본적으로 TCP 포트 3389를 사용한다.

① RDP   ② VNC

③ Tsclient   ④ VPN

006

난이도 ★☆☆☆☆

일반적인 리눅스에서 lastlog 명령어로 조회할 수 있는 구성요소로 가장 관련이 없는 것은 무엇인가?

① 로그인 이름

② 현재 시스템 사용자의 UID, GID, groups를 출력

③ 포트

④ 마지막 로그인 날짜

007

난이도 ★★☆☆☆

ePUB(electronic PUBlication) 중에서 텍스트 위주였던 기존 eBook 방식에 동영상, 음악, 모션 등 멀티미디어 기능이 더해져서 한층 진화된 eBook의 버전은 무엇인가?

① ePUB 1.0   ② ePUB 2.0

③ ePUB 3.0   ④ ePUB 4.0

008

난이도 ★★☆☆☆

그래프 데이터베이스(GDB)는 시맨틱 쿼리를 위해 그래프 구조를 사용하여 데이터를 표현하고 저장하는 데이터베이스이다. 그렇다면 GDB 관련 요소와 가장 관련이 없는 것은 무엇인가?

① 종단(terminator)   ② 노드(node)

③ 에지(edge)   ④ 프로퍼티(property)

009

난이도 ★★☆☆☆

FTP(File Transfer Protocol)는 명령어 처리를 위한 21번 포트와 데이터 전송을 위한 20번 포트를 사용한다. 클라이언트가 FTP 서버의 명령어 21번 포트로 FTP 접속을 요청하면 서버가 데이터 전송을 진행할 서버의 포트 번호를 클라이언트에게 알려준다. 이후 클라이언트는 서버에 오픈된 해당 포트로 데이터 전송을 연결하여 FTP 파일을 전송한다. 이러한 FTP 전송 방식을 무엇이라고 하는가?

① FTP Half Open mode

② FTP Stealth mode

③ FTP Client-Side mode

④ FTP Passive mode

010

난이도 ★★★☆☆

다음 중 기존 네트워크 보안에 비해 보안 서비스 에지(SSE)의 장점으로 가장 관련이 없는 것은 무엇인가?

① 더 나은 위험 감소(Better risk reduction)

② 포괄적인 거버넌스 체계(Comprehensive governance framework)

③ 제로 트러스트 액세스(Zero trust access)

④ 통합 이점(Consolidation advantages)

011

난이도 ★★☆☆☆

스푸핑, 스니핑, 파밍, 피싱 등의 공격 기법은 공격의 대상이 되는 시스템과 단말기의 정보를 얻어내기 위해 다양한 방식으로 공격한다. 악성 코드의 공격 대상이 자주 되는 이 파일은 IP와 호스트의 도메인 주소를 매핑하는 정보를 로컬에 저장한 파일이다. 데스크톱 단말기부터 유닉스, 리눅스, 윈도우 서버에 이르기까지 비슷한 목적으로 사용되며, 이 파일이 변조될 경우 사용자나 서비스는 자신도 모르게 해커의 시스템으로 접근하게 될 수 있다. 이 파일은 무엇인가?

① network
② hosts
③ httpd.conf
④ resolv.conf

012

난이도 ★★★☆☆

다음 [보기] 속 빈칸에 들어갈 내용은 무엇인가? 가장 알맞은 답을 선택하시오.

> **보기**
>
> (　　　)은 비즈니스 정보 및 기타 민감한 데이터가 노출되지 않도록 보호하도록 설계된 보안 접근 방식인 DLP(데이터 손실 방지)의 중요한 구성요소이다.

① CSPM(Cloud Security Posture Management)
② EDR(Endpoint Detection and Response)
③ ERM(Enterprise risk management)
④ EDM(Exact Data Matching)

013

난이도 ★★★☆☆

페이지 교체 알고리즘 중 FIFO에서 페이지 프레임의 개수를 늘렸지만 페이지 부재가 오히려 증가하는 현상을 무엇이라고 하는가?

① Bélády's Anomaly
② Working Set
③ Semaphore
④ Thrashing

014

난이도 ★☆☆☆☆

안드로이드 버전은 여러 가지가 있으며 주로 디저트 위주의 이름으로 발표되고 있다. mac OS도 버전별로 고양잇과 동물 이름으로 발표되고 있다. 이와 같이 시리즈 형태로 OS 버전이 발표된 것을 무엇이라고 하는가?

① 코드 브레이커
② 코드 사인
③ 코드 네임
④ 코드 스테이츠

015

난이도 ★★★☆☆

다음 [보기] 중 ISACA에서 가이드하는 무단 정보 접근(Unauthorized Access of Information)에 대한 위험을 완화하기 위한 통제의 순서로 올바르게 나열한 것은 무엇인가?

> **보기**
>
> 가. 데이터 품질 전략을 정의(Manage quality standards, practices and procedures and integrate quality management into key processes and solutions)
>
> 나. 데이터 자산의 생명 주기를 관리(Manage network and connectivity security)
>
> 다. 역할과 책임을 설정(Establish roles and responsibilities)
>
> 라. 정보(데이터) 및 시스템 소유권을 정의(Communicate management objectives, direction and decisions made)
>
> 마. 자산 생명 주기를 관리(Manage vulnerabilities and monitor the infrastructure for security-related events)
>
> 바. 조직의 데이터 관리 전략과 역할 및 책임을 정의하고 전달(Define and communicate policies and procedures)

① 가 → 다 → 라 → 나 → 바 → 마
② 다 → 라 → 바 → 가 → 나 → 마
③ 가 → 라 → 다 → 나 → 마 → 바
④ 다 → 바 → 라 → 나 → 가 → 마

016

난이도 ★★☆☆☆

다음 중 XACML 언어의 특성으로 볼 수 없는 것은 무엇인가? 가장 관련이 적은 것을 찾으시오.

① 표준성
② 일반성
③ 변동성
④ 분산성

017

난이도 ★★★☆☆

웹 애플리케이션에서 유입되는 사용자의 입력값은 반드시 유효성 검증과 비정상 값에 대해 검증이 필요하다. 사용자의 로그인 화면 등 입력화면에 고의로 오류를 유발하고 웹에 표기되는 SQL 오류 결과로 데이터베이스 정보를 알아내는 공격 기법이 존재한다. 이 공격을 차단하기 위해 서버 설정에서 오류 결과를 화면에 표시하지 않도록 변경하는 것이 웹 서버 보안의 기법이다. 이렇게 오류 결과가 웹 페이지에 도출되지 않도록 보안을 강화했으나 다음 [보기]와 같이 공격자가 데이터를 입력하여 결과의 성공 실패에 따라 적절한 데이터를 취합하기도 한다. 이러한 공격은 무엇인가?

> **보기**
>
> ```
> SELECT A, B, C FROM TBL_OO WHERE
> COL1='' AND SUBSTRING(db_name(), 1, 1)
> = 'a'
> SELECT A, B, C FROM TBL_OO WHERE
> COL1='' AND SUBSTRING(db_name(), 1, 1)
> = 'b'
> SELECT A, B, C FROM TBL_OO WHERE
> COL1='' AND SUBSTRING(db_name(), 1, 1)
> = 'c'
> SELECT * FROM TBL_TT WHERE COL1=''
> ORDER BY 1
> SELECT * FROM TBL_TT WHERE COL1=''
> ORDER BY 2
> SELECT * FROM TBL_TT WHERE COL1=''
> ORDER BY 3
> ```

① Full SQL Injection
② Blind SQL Injection
③ Sandbox SQL Injection
④ Request SQL Injection

018

난이도 ★★☆☆☆

개발 보드는 개발 환경과 개발 표적이 다른 크로스 플랫폼 개발을 위한 도구로써 서로 다른 플랫폼 간의 개발 시 개발한 코드가 실제로 표적 플랫폼에서 제대로 동작하는지를 확인하기 위한 도구다. 그렇다면 이와 관련된 도구와 가장 관련이 없는 것은 무엇인가?

① 라즈베리 파이
② 바나나 파이
③ 비글 보드
④ 크림 파이

019

난이도 ★★☆☆☆

다음 [보기]에 해당하는 내용은 무엇인가? 가장 알맞은 답을 선택하시오.

> **보기**
>
> 스마트폰 분실 및 도난 사건이 증가하면서 스마트폰 제조사에서 이를 예방하기 위해 착안한 기술이다. 스마트폰 분실 시 사용자의 비밀번호를 입력해야 쓸 수 있다. 사용자가 분실 또는 도난당한 아이폰과 아이패드를 못 쓰게 한다. 기기 정보를 초기화하거나 기본 작동 상태로 되살리려면 기기 주인의 계정으로 접속해야 한다.

① Activation Lock
② JailBreaking
③ Rooting
④ FirmBleeding

020
난이도 ★★★☆☆

리눅스 운영체제에서 사용자 계정의 기본 마스터 정보는 /etc/password 파일에 저장되며 읽기 전용으로 제공된다. root 권한을 가진 사용자만 읽기 권한을 제공하는 핵심 파일이다. /etc/password와 달리 사용자의 계정 비밀번호를 일방향 함수로 암호화한 결과와 비밀번호의 만료일자, 변경일자, 유예기간 등을 저장하는 시스템 파일은 무엇인가?

① /etc/usr_password

② /etc/profiles

③ /etc/password_hs

④ /etc/shadow

021
난이도 ★★★★☆

호스트 기반 네트워킹 ACL 시스템으로서, 리눅스 또는 BSD 같은 운영체제의 인터넷 프로토콜 서버에서 네트워크 접근을 필터링하기 위해 사용된다. 이것은 접근 제어 목적을 위한 필터 역할을 하는 토큰으로서 사용되며, 호스트나 부분망 IP 주소, 호스트명 쿼리 응답을 허용한다. 이것은 무엇을 의미하는가?

① PDU   ② VLAN

③ Firewall   ④ TCP Wrappers

022
난이도 ★★★☆☆

웹 애플리케이션 보안에 대한 다음 [보기] 설명 중에서 잘못된 것을 모두 고르시오.

보기

가. HTML Tag로 사용되는 < > 등의 특수 문자를 replace 함수를 이용해서 치환하는 로직이 존재하는지 확인한다.

나. POST 방식으로 호출되는 애플리케이션의 값 변경 테스트를 위해 웹 브라우저 Querystring 값을 변경

하여 전송해서 결과를 확인한다.

다. 보안성 시험 중, Java Servlet 프로그램의 입력값 유효성 검증 로직을 우회하기 위해 Web Proxy Tool을 사용하여 애플리케이션을 호출한다.

라. 데이터베이스의 오류 상태를 빠르게 확인할 수 있도록 애플리케이션에서 유입되는 질의문의 오류를 웹 페이지에서 조회할 수 있도록 설정 값을 조정한다.

마. Javascript 기반의 프로그램을 개발할 때 사용자의 웹 브라우저의 호환성 여부를 고려하여 유효성 검증 로직이 우회되지 않도록 개발한다.

① 나, 마   ② 가, 나, 다

③ 나, 다, 라   ④ 가, 나, 다, 라

023
난이도 ★★★☆☆

다음 [보기] 속 빈칸에 해당하는 내용은 무엇인가? 가장 알맞은 답을 선택하시오.

보기

(   )은/는 문서 콘텐츠와 이미지를 보호하도록 설계되었다. 부분 및 파생 텍스트 기반 콘텐츠 일치를 수행하기 위해 지문 문서의 인덱스에 의존한다.

① IDM: Indexed Document Matching

② EDM: Exact Data Matching

③ EDM: Electronic Data Management

④ PAM: Pattern Access Matching

024
난이도 ★★★☆☆

일부 IoT 장치는 운영체제가 필요하지 않지만, 프로세스 다수와 메모리 관리 및 메시징, 기타 통신을 지원하는 유틸리티 서비스는 실시간 운영체제를 사용한다. IoT 운영체제로는 여러 종류가 존재한다. 이와 가장 관련이 없는 것은 무엇인가?

① Tizen   ② Contiki

③ MANTIS   ④ TinyOS

025

다음 [보기] 중 ISACA에서 가이드하는 부적절한 패치/취약점 관리(Inadequate Patch/Vulnerability Management)에 대한 위험을 완화하기 위한 통제의 순서로 올바르게 나열한 것은 무엇인가?

> **보기**
>
> 가. 직접적인 이해관계자 참여, 커뮤니케이션 및 보고(Direct stakeholder engagement, communication and reporting)
>
> 나. 품질 표준, 관행 및 절차를 관리하고 품질 관리를 주요 프로세스 및 솔루션에 통합(Manage quality standards, practices and procedures and integrate quality management into key processes and solutions)
>
> 다. 네트워크 및 연결 보안을 관리(Manage network and connectivity security)
>
> 라. 정책 및 절차를 정의하고 전달(Define and communicate policies and procedures)
>
> 마. 보안 관련 이벤트에 대한 취약성을 관리하고 인프라를 모니터(Manage vulnerabilities and monitor the infrastructure for security-related events)
>
> 바. 관리 목표, 방향 및 결정을 전달(Communicate management objectives, direction and decisions made)

① 가 → 바 → 라 → 나 → 다 → 마
② 라 → 다 → 바 → 나 → 마 → 가
③ 라 → 나 → 다 → 바 → 마 → 가
④ 가 → 라 → 다 → 나 → 바 → 마

026

정보 시스템의 로그인 비밀번호, 토큰, API 암호 등을 안전하게 저장하고자 HSM(Hardware Security Module)을 사용한다. HSM 모듈은 FIPS 140-2 표준에서 정의한 보안수준을 만족해야 한다. "악의적인 목적으로 모듈의 외부에서 물리적으로 침입할 때 HSM 모듈에 저장된 암호가 삭제되어야 한다."라는 최소 요구 사항은 FIPS 140-2의 어떤 레벨에 해당하는가?

① Level 4
② Level 3
③ Level 2
④ Level 1

027

공격자가 시스템이 접근 가능한 권한을 획득하기 위해 시도하는 로그인 공격 중에 가장 기본적인 기법은 Brute Force Attack이다. 해당 공격 기법 중, 잘 알려진 비밀번호 패턴을 기반으로 우선 공격하는 기법이 Dictionary Attack인데 시스템에서 이를 대비하는 가장 효과적인 방법은 무엇인가?

① 사용자가 비밀번호를 주기적으로 변경하도록 강제적인 규칙을 적용한다.
② 시스템 비밀번호의 패턴에 영문자, 숫자, 특수문자의 복잡성의 수준을 높인다.
③ 특정 횟수(5회 등) 이상 비밀번호가 잘못된 경우 로그인을 일정 시간 동안 차단한다.
④ 비밀번호 변경 시 최근 사용했던 비밀번호를 동일하게 사용하지 않도록 강제화한다.

028

하드웨어 침투 테스트를 수행할 때 전형적으로 수행해야 할 순서로 다음 [보기]를 가장 올바르게 나열한 것은 무엇인가?

① 3 → 5 → 1 → 4 → 2
② 4 → 1 → 5 → 3 → 2
③ 4 → 1 → 3 → 5 → 2
④ 3 → 1 → 5 → 4 → 2

029

난이도 ★★☆☆☆

다음 부적절한 패치/취약점 관리(Inadequate Patch/Vulnerability Management)에서 선택지와 통제의 유형이 다른 것은 무엇인가?

① 보안 관련 이벤트에 대한 취약성을 관리하고 인프라를 모니터(Manage vulnerabilities and monitor the infrastructure for security-related events): 예방 통제

② 품질 표준, 관행 및 절차를 관리하고 품질 관리를 주요 프로세스 및 솔루션에 통합(Manage quality standards, practices and procedures and integrate quality management into key processes and solutions): 예방 통제

③ 직접적인 이해관계자 참여, 커뮤니케이션 및 보고(Direct stakeholder engagement, communication and reporting): 예방 통제

④ 네트워크 및 연결 보안을 관리(Manage network and connectivity security): 예방 통제

030

난이도 ★★★☆☆

윈도우 시스템에는 환경 설정, 시스템 변수, 프로그램 정보, 사용자 정보, 하드웨어와 인터페이스 정보 등이 저장된 레지스트리가 있다. 다음 중 Windows 10 운영체제에서 최상위 레지스트리 항목이 아닌 것은 무엇인가?

① HKEY_CURRENT_CONFIG
② HKEY_CURRENT_USER
③ HKEY_LOCAL_MACHINE
④ HKEY_SYSTEMS_ROOT

031

난이도 ★★★★☆

다음 [보기]에 해당되는 내용은 무엇인가? 가장 알맞은 답을 선택하시오.

보기

가상 메모리 페이지 속도 향상을 위해서 자주 참조되는 가상 메모리 주소를 실제 메모리 주소로 매핑 시 성능 개선 위해 MMU에서 사용하는 고속 캐시이다.

① TLB(Translation Lookaside Buffer)
② PCB(Process Control Block)
③ PFF(Page Fault Frequency)
④ SLC(Synthesisable Logic Circuits)

032

난이도 ★★☆☆☆

다음 중 슬랙 공간(Slack Space Area)의 종류와 가장 관련이 없는 것은 무엇인가?

① 램 슬랙(RAM Slack)
② 파일 시스템 슬랙(File System Slack)
③ 네트워크 슬랙(Network Slack)
④ 드라이브 슬랙(Drive Slack)

033

난이도 ★★★★☆

메모리 가상화(Virtual Machine, VM)에서 다음 [보기]는 메모리 할당 문제의 해결 방법으로 무엇을 설명하고 있는가?

보기

가상화 플랫폼에서 사용되는 메모리 관리 기능으로 호스트 시스템이 다양한 가상 머신에 이전에 할당된 미사용 메모리를 이용하거나 회수하여 메모리 풀을 인위적으로 확장할 수 있다. 즉, 예약된 메모리보다 더 많은 메모리를 사용하는 가상 머신의 메모리 영역을 빈 값으로 강제로 채워 가상 머신 운영체제가 자체적으로 스와핑(Swapping)하도록 한다.

① Transparent page sharing

② Memory ballooning

③ Memory distribution mirroring

④ Memory overcommitment

034

난이도 ★★☆☆☆

A 기업의 정보 처리 시스템은 매일 새벽 1시부터 5시까지 백업 및 복구와 같은 가용성 관리 작업을 수행한다. 현재 매일 새벽에 전체 백업을 수행하고 있다. 데이터 사이즈가 작고 백업 시간이 얼마 소요되지 않아서 문제가 없었으나 최근에 디스크 사용량이 늘어나고 백업 시간이 지속적으로 증가하는 추세이다. 게다가 새로운 비즈니스를 확장하면서 야간 업무가 새벽 2시까지 연장되어 전체 백업의 수행 시간이 불과 3시간으로 축소됐다. 이런 상황에서 기술적이고 경제적인 측면을 고려하여 가장 적절한 대응 방안은 무엇인가?

① 매일 1회 전체 백업 스케줄을 격일 1회로 변경하여 부담을 경감시킨다.

② 백업용 디스크의 사용량 증가 추이를 분석하고 잔여 용량의 잔여 사용 가능 일자를 도출한 후 디스크 용량을 증설한다.

③ 디스크 백업 솔루션의 성능을 향상시키고 백업 시간을 줄이기 위해 솔루션 서버의 CPU 자원을 증설한다.

④ 주 1회 일요일 야간에 전체 백업을 수행하고 평일 야간에는 전체 백업 대신 증분 백업으로 변경한다.

035

난이도 ★★★☆☆

아마존 AWS 에서는 '액세스키 유출 예방 방법'에 대해서 친절하게 가이드하고 있다. 이와 관련하여 가장 관련이 없는 것은 무엇인가?

① CloudTrail 활용(생성한 리소스 삭제)

② AWS Root Access Key 생성 지양

③ 애플리케이션마다 다른 액세스 키 사용

④ 모바일 앱 이용 AWS 액세스 키 사용

036

난이도 ★★☆☆☆

의도적으로 수정된 보안 구성(Security Configuration Intentionally Modified)에 위험 소유자(Risk Owner)로 가장 관련이 없는 것은 무엇인가?

① CIO

② CTO

③ CDO

④ CFO

037

난이도 ★★★★☆

다음 중 ASLR 우회 기법의 종류로, 가장 해당하지 않는 것은 무엇인가?

① BruteForce

② Observer

③ HeapSpray

④ Memory Leak

038
난이도 ★★☆☆☆

정보 시스템의 가용성을 저하시키고 서비스에 다운타임을 유발하는 서비스 거부 공격은 다양한 기법과 유형이 존재한다. 이 중에서, 전송하는 패킷의 발신지 IP 주소를 공격 대상 시스템의 IP로 변조한 채 수많은 정상적인 시스템에 전송하는 공격기법이 있다. 이 기법은 서비스 거부 공격의 추적이 상대적으로 어려운 편이며 정상적인 시스템으로부터 오는 패킷이라 파악이 더 힘들다. 이 공격기법은 무엇인가?

① Ping of Death

② LAND Attack

③ Tear Drop

④ DrDoS(Distributed Reflect Denial of Service)

039
난이도 ★★☆☆☆

보안 정보 이벤트 관리(SIEM)는 서버 및 보안시스템으로부터 생성되는 로그 데이터들을 빅 데이터 기법을 활용하여 상관 분석, 포렌식 기능, 지능적 위협에 대한 조기 경고 모니터링이 가능한 시스템이다. 그렇다면 SIEM의 여러 가지 기능 중에서 특히나 로그에 대한 주요기능으로 가장 관련이 없는 것은 무엇인가?

① 로그 수집

② 로그 분류

③ 로그 분석

④ 로그 감사

040
난이도 ★★☆☆☆

공개 키 기반 구조(PKI)는 공개 키 암호화 알고리즘을 이용하여 인터넷에서 금융 및 다양한 서비스에서 활용되고 있다. 다음 중 공개 키 기반 구조(PKI)가 제공하지 않는 보안 특성 및 기능은 무엇인가?

① 부인 방지

② 가용성

③ 무결성

④ 접근 제어

041
난이도 ★★★★☆

윈도우 10에는 마이크로소프트사에 사용자의 정보를 수집, 서버로 전송하는 기능이 있다. 이러한 기능으로 인해 사용자의 컴퓨터가 많이 느려지곤 한다. 윈도우 10에서 추적 및 데이터 유출을 최소화하기 위해 취할 수 있는 몇 가지 단계가 있다. 이와 관련하여 가장 관련이 없는 것은 무엇인가?

① 광고 추적 비활성화

② 분산원장을 위한 퍼블릭 키 옵션 변경

③ 타임라인 비활성화

④ 진단 및 피드백 옵션 변경

042
난이도 ★★★☆☆

다음 무단 정보 접근(Unauthorized Access of Information)에서 통제의 유형이 다른 하나는 무엇인가?

① 데이터 자산의 생명 주기를 관리(Manage the life cycle of data assets)

② 데이터 품질 전략을 정의(Define a data quality strategy)

③ 조직의 데이터 관리 전략과 역할 및 책임을 정의하고 전달(Define and communicate the organization's data management strategy and roles and responsibilities)

④ 자산 생명 주기를 관리(Manage the asset life cycle)

043

난이도 ★★★☆☆

데스크톱 PC 대부분에 설치된 운영체제인 윈도우에는 레지스트리(Registry)가 있다. 윈도우 시스템의 주요 환경, 파일, 계정, 프로그램, 하드웨어, 소프트웨어, 인터페이스, 주변 장치 등에 대한 정보가 설정되어 있는 핵심 저장소이다. 따라서 악성 코드가 이 레지스트리를 공격하고 변조하려고 하는 경우가 많다. 윈도우 레지스트리 중에서 프로그램과 파일 간의 연결 정보를 저장하고 각 파일의 확장자를 설정하는 레지스트리는 무엇인가?

① HKEY_CLASSES_ROOT
② HKEY_LOCAL_MACHINE
③ HKEY_CURRENT_CONFIG
④ HKEY_USERS

044

난이도 ★★★☆☆

다음 [보기] 내용은 무엇인가? 가장 알맞은 답을 선택하시오.

보 기

로봇은 다양한 서비스를 어느 곳에서나 어느 때나 사용자가 제공받을 수 있도록 네트워크 기반으로 한 로봇 시스템을 일컫는다. 이는 로봇에 네트워크를 활용하여 로봇이 제공할 수 있는 응용 서비스를 확장하고 로봇이 모든 기능을 자체적으로 가짐으로써 안게 되는 기술적, 비용적 문제를 네트워크를 통해 기능을 분담하는 것이다.

① Ubiquitous Robotic Companion
② Collaborative Robot
③ Multi-sensing Autonomous Vehicle
④ Robotic Process Automation

045

난이도 ★☆☆☆☆

최근 미국이 슈퍼컴퓨터의 성능을 한 단계 높이면서 2년만에 왕좌의 자리를 되찾았다. 미국 에너지부 오크리지 국립연구소의 슈퍼컴 프런티어(Frontier)가 5월 말 독일 함부르크에서 열린 '2022 국제슈퍼컴퓨팅 콘퍼런스'에서 일본의 후가쿠를 제치고 세계에서 가장 빠른 슈퍼컴으로 선정됐다. 그렇다면 현재 슈퍼컴의 성능은 어느 정도 수준인가?

① 테라급
② 페타급
③ 엑사급
④ 제타급

046

난이도 ★★★☆☆

다음 중 IAM(Identity and Access Management)의 특징으로 볼 수 없는 것은 무엇인가?

① 다단계 인증(Multi-Factor Authentication)
② SSO(Single Sign-On)
③ 연합 인증(Federated Authentication)
④ ADFS 통합(Active Directory Federation Services)

047

난이도 ★★★☆☆

다음 중 서버리스 컴퓨팅의 장단점과 가장 관련이 없는 것은 무엇인가?

① 서버리스 모델에서 운영 비용이 높아지는 이유는 항상 자체 서버를 실행하고 관리하는 대신 필요한 만큼 클라우드 기반 컴퓨팅 시간에 대해 비용을 지불하기 때문이다.

② 자체 서버를 실행하지 않거나 자체 서버측 로직을 제어하지 않는 데 따른 단점이 있다.

③ 클라우드 제공업체는 자사 구성요소가 상호작용하는 방법을 엄격히 제한할 수 있어 사용자 시스템의 유연성과 커스터마이징 수준에 영향을 주게 된다. BaaS 환경의 경우 개발자는 코드 제어 권한이 없는 서비스에 의존해야 할 수 있다.

④ IT 스택의 이러한 측면에 대한 제어 권한을 이전하면 벤더 종속성 문제도 발생할 수 있다. 제공 업체를 변경하면 새로운 벤더 사양에 맞추기 위해 시스템을 업그레이드하는 비용이 발생할 수도 있다.

① 가 → 나 → 다 → 라
② 가 → 나 → 라 → 다
③ 라 → 가 → 다 → 나
④ 라 → 가 → 나 → 다

049

난이도 ★★★★☆

트램펄린 기법(Trampoline Technique)은 셸코드의 주소를 직접 쓰는 것이 아니라 JMP ESP 가젯을 이용하여 셸코드가 저장된 주소로 이동하게 하는 기법이다. 그렇다면 트램펄린 기법은 궁극적으로 무엇을 우회하기 위한 공격 방법인가?

① Canaries
② ASLR
③ RELRO
④ PIE

048

난이도 ★★★☆☆

ISACA에서 가이드하는 의도적으로 수정된 보안 구성(Security Configuration Intentionally Modified)에 대한 위험을 완화하기 위한 통제의 순서로 [보기]의 내용을 올바르게 나열한 것은 무엇인가?

보기

가. 데이터 품질 전략을 정의(Define a data quality strategy)

나. 솔루션 구축(Build solutions)

다. 악성 소프트웨어로부터 보호(Protect against malicious software)

라. 관리 목표, 방향 및 결정을 전달(Communicate management objectives, direction and decisions made)

050

난이도 ★★★☆☆

시스템 오픈을 한 달여 남겨 둔 시점에 비기능 테스트의 일환으로 보안 취약점 점검을 수행했다. 점검자는 소스 코드 취약점 정적 검사를 완료한 후 동적 검사를 수행하고 있었다. A모듈 웹 페이지의 본문에 <script>alert("Exploit")</script>라고 작성하고 저장했더니 화면 조회 시 자바스크립트 경고창에 'Exploit'이라고 표시되었다. 보안 담당자가 도출한 보안 취약점은 무엇인가?

① Server-Side Injection
② SQL Injection
③ Session Hijacking
④ Cross Site Scripting

051

[보기]가 설명하는 것은 무엇인가? 가장 알맞은 답을 선택하시오.

> **보기**
>
> 방화벽, 가상 전용 네트워크, 침입 차단 시스템, 웹 콘텐츠 필터링, 안티스팸 소프트웨어 등을 포함하는 여러 개의 보안 도구를 이용한 관리 시스템이다. 이는 비용 절감, 관리 능력이 향상되는 포괄적인 관리 시스템으로, 중소기업뿐만 아니라 모든 규모의 네트워크에 이용 가능하다는 특징이 있다.

① ESM(Enterprise Security Management)

② UTM(Unified Threat Management)

③ SIEM(Security Information and Event Management)

④ NAC(Network Access Control)

052

난이도 ★★★★☆

다음 [보기]는 무엇을 설명한 내용인가? 가장 알맞은 것을 선택하시오.

> **보기**
>
> 영상 속에 작은 2차원 비트맵이나 애니메이션을 합성하는 기술이다. 초기에는 2D 비디오 게임에서 비디오 영상과 분리된 별도의 그래픽스 객체를 의미했지만, 오늘날에는 다양한 층의 이미지, 텍스트 등을 각각의 우선순위를 두고 합성하는 기술을 통틀어 일컫는다.

① Fanta   ② Lemon lime

③ Sprites   ④ Eternals

053

난이도 ★★★☆☆

다음 중 IDaaS(Identity as a Service)의 특징으로 가장 해당하지 않는 것은 무엇인가?

① 다양한 접근 통제 지원(Various access control support)

② 비용 및 복잡성 제거(Eliminate cost and complexity)

③ 위험 감소(Reduce risks)

④ 사용자 경험 개선(Improve user experiences)

054

난이도 ★☆☆☆☆

인터넷의 수많은 사이트는 대형 포털 서비스와 같이 보안 수준이 높은 시스템도 있지만, 소형 시스템의 경우 보안에 대한 허점이 많을 수도 있다. 이와 같은 특징을 이용해서 해커는 보안 취약점이 존재하고 정보 보안 수준이 낮은 사이트에서 사용자의 아이디와 비밀번호, 비밀번호 힌트, 개인정보를 획득해서 다른 사이트의 공격에 사용하기도 한다. 이와 같은 공격 기법을 무엇이라고 하는가?

① Dictionary Attack

② Common Credential

③ Parallel Spoofing

④ Credential Stuffing

055

난이도 ★★☆☆☆

다음 [보기]는 클라우드의 무엇을 설명한 것인가? 가장 알맞은 답을 선택지에서 고르시오.

> **보기**
>
> 클라우드 서비스를 이용할 때 필요한 인증 수단이다. 계정에 대한 결제 정보 및 모든 클라우드 서비스의 전체 리소스에 대한 권한을 가지고 있으므로 유출 시 심각한 피해가 발생할 우려가 있다. 그러므로 아예 삭제하거나 만들지 않는 것이 좋다. 클라우드의 루트(Root) 계정을 다른 사용자와 공유하는 것은 바람직하지 않으며, 필요한 사용자에 적합한 계정을 생성해야 한다.

① 클라우드 라이선스 키(Cloud License Key)

② 클라우드 액세스 키(Cloud Access Key)

③ 클라우드 마법사 키(Cloud Guru Key)

④ 클라우드 관리자 키(Cloud Management Key)

056

난이도 ★☆☆☆☆

부트 로더(Boot Loader)는 전원이 켜지기 전에 실행 가능 상태로 존재하고 있다가 전원이 켜지면 자동으로 실행되는 프로그램을 의미한다. 다음 중 부트 로더 기능과 가장 관련이 없는 것은 무엇인가?

① 바이오스로부터 제어권을 넘겨받으면 비밀번호를 확인한다.
② 특정 운영체제 커널을 컴퓨터 메모리에 올린다.
③ 루트(Root) 파일 시스템을 준비한다.
④ 필요한 하드웨어를 초기화한다.

057

난이도 ★★★★☆

메모리상의 공격을 어렵게 하기 위해 스택이나 힙, 라이브러리 등의 주소를 랜덤으로 프로세스 주소 공간에 배치하여 실행할 때마다 데이터 주소가 바뀌게 하는 기법을 무엇이라 하는가?

① Canaries
② RELRO(RELocation Read-Only)
③ ASLR(Address Space Layout Randomization)
④ PIE(Position Independent Executable)

058

난이도 ★★★☆☆

시스템 운영자는 별도의 로그 관리 솔루션(ELM, ESM 등)이 없더라도 주요한 로그를 관리하고 취합하여 모니터링해야 한다. 유닉스 운영체제와 Apache Web Server의 error_log 파일에 대해 새로 발생하는 오류를 실시간으로 콘솔에서 확인하고 싶다면 다음 중 어떤 명령어를 사용해야 하는가?

① cat -r | wc -l ./error_log
② tail -f ./error_log
③ head -f ./error_log
④ tail -n 100 ./error_log | wc -l

059

난이도 ★★☆☆☆

다음 [보기]에 해당되는 내용은 무엇인가? 가장 알맞은 답을 선택하시오.

> **보기**
>
> 전자금융거래 시 스마트폰 애플리케이션(금융결제원 제공)을 통하여 매번 다른 번호를 생성한 후 이미지 형태로 전송하여 전자금융거래에 입력하는 OTP(One-time password) 기기이다.

① 모바일 OTP
② 스마트 OTP
③ 디지털 OTP
④ 온라인 OTP

060

난이도 ★★☆☆☆

한국지능정보사회진흥원(NIA)에서 제시했던 재해 복구 시스템 가이드라인에 따르면 데이터 전송 방식에는 동기식과 비동기식이 존재한다. 다음의 설명 중에서 재해 복구 시스템의 동기식 데이터 전송 방식의 특징을 잘못 설명한 것은 무엇인가?

① 동기식 데이터 전송 방식은 비동기식보다 일반적으로 더 빠르게 동작한다.
② 재해 복구 사이트의 시스템의 처리 결과의 응답을 받은 후에 온라인 사이트의 시스템에서 트랜잭션이 완료된다.
③ Mirror, Hot 수준의 시스템을 구축하기 위해 사용되는 데이터 전송 방식이다.
④ 재해 복구 사이트 내 시스템의 다운타임이 발생할 경우 온라인 사이트에 영향을 줄 수 있다.

061
난이도 ★★★☆☆

클라우드는 스테이트리스 프로세스와 스테이트풀 프로세스로 나뉘어진다. 이와 관련하여 가장 관련이 없는 것은 무엇인가?

① 스테이트풀 애플리케이션은 사용자에게 받은 요청을 처리할 때마다 같은 서버를 사용한다.

② 스테이트풀 애플리케이션은 창의 위치, 기본 설정 구성, 최근 활동과 같은 항목을 추적한다.

③ 오늘날 우리가 사용하고 있는 대부분의 애플리케이션은 스테이트리스이다.

④ 스테이트리스 트랜잭션의 가장 일반적인 예시는 검색창에 질문을 입력하고 엔터키를 누르는 형식으로 진행되는 온라인 검색이다.

062
난이도 ★★☆☆☆

다음 [보기]는 무엇을 설명한 것인가? 가장 알맞은 답을 선택하시오.

> **보기**
>
> 무료 오픈 소스 기반의 데이터베이스 관리 시스템(DBMS)이다. 오라클(Oracle), MySQL, 큐브리드(Cubrid) 등의 관계형 데이터베이스 관리(RDBMS)와 달리 빅 데이터와 같은 비정형 데이터 분석에 주로 사용되는 NoSQL의 일종이다. 이는 유연한 스키마를 가진 제이슨(JSON) 방식의 문서에 데이터를 저장한다. GNU AGPL과 아파치 라이선스(Apache License)를 따른다.

① 티베로(Tibero)

② 몽고디비(MongoDB)

③ 마리아디비(MariaDB)

④ 카산드라(Cassandra)

063
난이도 ★☆☆☆☆

[보기]의 내용이 설명하는 것은 무엇인가? 가장 적절한 것을 고르시오.

> **보기**
>
> 여러 대의 컴퓨터가 연결되어 하나의 시스템처럼 동작하는 컴퓨터 집합을 말한다. 구성요소는 일반적으로 고속의 근거리 통신망으로 연결되며, 서버로 사용되는 노드에는 각각의 운영체제가 실행된다. 일반적으로 단일 컴퓨터보다 더 뛰어난 성능과 안정성을 제공하며, 비슷한 성능과 안정성을 제공하는 단일 컴퓨터보다 비용 면에서 훨씬 더 효율적이다.

① Grid Computing

② Cloud Computing

③ Computer Cluster

④ Distributed Computing

064
난이도 ★★★★☆

다음 [보기]는 무엇을 설명한 내용인가? 선택지에서 올바른 것을 선택하시오.

> **보기**
>
> • 코드 블록은 캡슐화되며 각 블록에는 하나 이상의 연결된 처리기가 있다.
>
> • 각 처리기는 처리하는 예외 유형에 대한 필터 조건의 일부 형식을 지정한다.
>
> • 보호된 블록의 코드에 의해 예외가 발생하면 해당 핸들러 집합을 순서대로 검색하고 일치하는 필터 조건을 가진 첫 번째 핸들러를 실행한다.
>
> • 단일 메서드는 여러 개의 구조화된 예외 처리 블록을 가질 수 있으며 블록은 서로 중첩될 수도 있다.

① SEH(Structured Exception Handler)

② TCEH(Try Catch Exception Handler)

③ FBEH(Finally Block Exception Handler)

④ REH(Runtime Exception Handler)

065

난이도 ★★☆☆☆

다음 중 공인인증서를 보안 토큰(HSM)에 저장하는 방법과 관련이 없는 것은 무엇인가?

① 공인인증서 발급/재발급

② 보안 토큰(HSM) 초기화 후 복구 이미지로 복원

③ 타 기관 공인인증서 등록

④ 저장 매체(PC, USB)에 있는 공인인증서를 보안 토큰(HSM)에 복사

066

난이도 ★★☆☆☆

모든 IoT 장치에 대한 영향 범주별 위험 매핑은 필수이지만, 알려진 IoT 장치만 다루기 때문에 완전하지는 않다. 이는 IT 지식 없이 엔터프라이즈 네트워크에 도입된 IoT 장치를 포함하는 스텔스 IoT(Bring your own device(BYOD), IoT-embedded equipment)의 또 다른 위험을 해결해야 하기 때문이다. 이와 관련하여 가장 관련이 없는 것은 무엇인가?

① 구형 컴퓨터 및 기타 장비의 현재 폐기 프로세스를 검토한다.

② 정품으로 간주되는 모든 속성(예: 제조사, 모델 및 소프트웨어 버전)을 포함하여 각 장치를 식별한다.

③ 장치를 모니터링하여 정상적인 트래픽 패턴을 정의하고 인벤토리에 장치 서명을 기록한다.

④ IoT 트래픽이 합의된 네트워크 경계 내에 유지되도록 트래픽을 모니터링한다.

067

난이도 ★★☆☆☆

일반적으로 IoT 장치에는 컴퓨터와 4가지 공통점이 존재한다. 이와 관련하여 가장 관련이 없는 것은 무엇인가?

① Hardware

② Standard Process & Manual

③ Operating systems on the device

④ Network to communicate with other devices

068

난이도 ★★★☆☆

운영체제는 하나의 프로세스를 실행시키면 이 프로세스를 세그먼트라는 단위로 묶어서 가용 메모리 영역에 저장한다. 시스템에는 최대 16,383개의 세그먼트가 생성될 수 있고 그 크기와 타입은 모두 다양하게 생성될 수 있다. 그렇다면 이와 관련하여 가장 관련이 없는 것은 무엇인가?

① 캐시 세그먼트   ② 데이터 세그먼트

③ 코드 세그먼트   ④ 힙 세그먼트

069

난이도 ★★☆☆☆

다음 [보기]에 해당되는 내용은 무엇인가? 가장 알맞은 답을 선택하시오.

보기

누구나 이 디자인이나 이 디자인에 근거한 하드웨어를 배우고, 수정하고, 배포하고, 제조하고 팔 수 있는 디자인이 공개된 하드웨어이다. 하드웨어를 만들기 위한 디자인 소스는 그것을 수정하기에 적합한 형태로 구할 수 있어야 한다. 이는 각 개인이 하드웨어를 만들고 이 하드웨어의 사용을 극대화하기 위하여 쉽게 구할 수 있는 부품과 재료, 표준 가공 방법, 개방된 시설, 제약이 없는 콘텐트 그리고 오픈 소스 디자인 도구를 사용하는 것이 이상적이다. 디자인을 자유롭게 교환함으로써 지식을 공유하고 상용화를 장려하여 사람들이 자유롭게 기술을 제어할 수 있도록 하는 것이 목적이다.

① OIC(Open Interconnect Consortium)

② OSIoT(Open Source Internet of Things)

③ OSHW(Open Source Hardware)

④ OaaS(Operations as a Service)

070

난이도 ★★★☆☆

다음 [보기]에 해당되는 내용은 무엇인가? 가장 알맞은 답을 선택하시오.

보 기

타사에서 호스팅하는 클라우드 기반 데스크톱 가상화 서비스이다. 타사 클라우드 공급업체는 데스크톱 운영 체제를 실행하는 가상 클라우드 머신을 포함하여 데스크톱 스토리지, 컴퓨팅 및 네트워킹과 같은 모든 백엔드 리소스를 관리한다. 공급업체는 가상 데스크톱을 사용자 장치로 스트리밍하여 언제 어디서나 데스크톱 및 애플리케이션에 액세스할 수 있게 해준다. 이는 멀티 테넌시를 기반으로 하므로 대부분의 클라우드 서비스 제품과 마찬가지로 구독 기반이다. 조직은 로컬 데이터센터의 프라이빗 클라우드에서 데스크톱 인프라를 배포할 수도 있다.

① DaaS(Desktop-as-a-Service)
② VDI(Virtual Desktop Infrastructure)
③ RDP(Remote Desktop Protocol)
④ VNC(Virtual Network Computing)

071

난이도 ★★★☆☆

다음의 [보기]의 설명은 한 기업의 정보 보안 부서에서 규정한 접근 통제, 인증 등에 대한 보안 정책과 기준이다. 정보 보안 전문가가 보았을 때 다음의 설명 중에서 올바르지 않은 것은 무엇인가?

보 기

가. 그룹웨어 로그인 비밀번호는 금융당국 기준에 준하는 복잡한 패턴으로 설정하도록 기준을 설정한다.

나. 기업 내 전사 Active Directory의 계정 시스템과 연동하여 시스템 로그인과 SSO를 구현한다.

다. 개발-품질-운영 시스템 프로그램 이관 시 안정적인 SFTP를 이용해 소스를 이관한다.

라. 보안 등급이 높은 보안 관리자 및 DB 관리자 등의 로그인은 OTP 인증을 필수로 요구한다.

마. 99.99% 가용성 수준의 24x7 운영 서비스의 경우 인

시던트에 대해 CRUD 질의문을 먼저 수행한 후 로그를 기록한다.

① 가, 나, 마
② 나, 다
③ 다, 마
④ 다, 라, 마

072

난이도 ★★★★☆

기업 평균 데이터센터 효율성(CADE)은 조직의 데이터센터 세트의 전반적인 에너지 효율성을 평가하고 평가하는 데 사용되는 성능 메트릭이다. 그렇다면 이와 관련된 계산식으로 올바르게 설명한 것은 무엇인가?

① CADE=정보 시스템 효율성+기반 시설의 효율성
② CADE=(정보 시스템 효율성×정보 시스템 사용률) - (기반 시설의 효율성×기반 시설 사용률)
③ CADE=정보 시스템 효율성×기반 시설의 효율성
④ CADE=(정보 시스템 효율성×정보 시스템 사용률)/(기반 시설의 효율성×기반 시설 사용률)

073

난이도 ★★★☆☆

다음 [보기]에 해당되는 정의는 무엇인가? 가장 알맞은 답을 선택지에서 고르시오.

보 기

컴퓨팅에서 운영체제를 사용하지 않고 한 컴퓨터의 메모리에서 다른 컴퓨터의 메모리로 직접 메모리 액세스하는 것이다. 이를 통해 처리량이 높고 대기 시간이 짧은 네트워킹이 가능하며 이는 대규모 병렬 컴퓨터 클러스터에서 특히 유용하다.

① RMA(Remote Memory Access)

② PGAS(Partitioned Global Address Space)

③ DMA(Direct Memory Access)

④ RDMA(Remote Direct Memory Access)

074
난이도 ★★☆☆☆

다음 [보기]에 해당되는 내용은 무엇인가? 가장 알맞은 답을 선택지에서 고르시오.

> **보기**
>
> 우선순위가 높은 작업이 우선순위가 낮은 작업으로 간접적으로 대체되어 작업의 할당된 우선순위를 효과적으로 반전시키는 스케줄링 시나리오이다. 이는 우선순위가 높은 작업이 우선순위가 높은 작업에 의해서만 실행되는 것을 방지할 수 있다는 우선순위 모델을 위반한다. 역전은 낮은 우선순위 작업과 리소스 경합이 있을 때 발생하며 중간 우선순위 작업에 의해 선점된다.

① 라운드 로빈(Round Robin)

② 우선순위 역전(Priority Inversion)

③ 우선순위 상속(Priority Inheritance)

④ 자원 기아(Resource Starvation)

075
난이도 ★☆☆☆☆

다음 [보기]에 해당되는 내용은 무엇인가? 가장 알맞은 답을 선택하시오.

> **보기**
>
> 원래 교육용 프로젝트로, 아주 저렴하게 학습할 수 있도록 하는 목표를 갖고 만들어진 소형 컴퓨터이다. 운영체제는 라즈비안이나 아크 리눅스등의 리눅스 운영체제를 지원한다. 운영체제 설치는 SD카드에 이미지 파일 도구를 이용하여 복사하여 간단하게 설치할 수 있다. 소형 컴퓨터이기 때문에 어느 정도의 컴퓨터로 할 수 있는 작업은 대체가 가능하다. 하지만 진정한 장점은 5V의 저전력이라는 점과 작은 크기, 무엇보다 저렴하다는 것이다.

① 싱글 코어 컴퓨터

② 라즈베리 파이

③ 에지 컴퓨터

④ USB 컴퓨터

076
난이도 ★★☆☆☆

정보 시스템의 규모는 커지고 네트워크의 구성은 복잡해지며 다양한 보안 솔루션 장비가 필요해지고 있다. Anti-Virus, Firewall, IDS, IPS, Anti-DDoS 등 장비가 많아질수록 관리해야 하는 자산이 증가하고 잠재적 위험도 증가한다. 따라서 여러 종류의 보안 기능을 하나의 장비에 모은 어플라이언스 솔루션(Appliance Solution)이 등장했는데 이것은 무엇인가?

① SIEM(Security Information and Event Management)

② UTM(Unified Threat Management)

③ UIS(Unified Information System)

④ SOAR(Security Orchestration, Automation and Response)

077
난이도 ★☆☆☆☆

Apple TV, Apple Watch, iPad, iPhone 및 Mac용 앱을 만드는 데 사용되는 완전한 개발자 도구 세트(IDE)이다. 즉, 이 개발 환경은 MacOS와 iOS 개발을 위해 애플이 개발한 도구 모음으로 기기 분석 도구, 시뮬레이터 및 OS 프레임워크를 tvOS SDK, watchOS SDK, iOS SDK 및 macOS SDK 번들 형태로 제공한다. 이것을 무엇이라고 하는가?

① Apple Code

② Xcode

③ Mac Code

④ Zcode

078
난이도 ★★☆☆☆

정의된 영역에 있는 다수의 이동 전화 사용자에게 동시에 메시지를 전송하는 방법이다. ETSI의 GSM 위원회와 3GPP에 의해 정의되며 2G, 3G, 4G, LTE(통신) 및 5G 표준의 일부이다. 이것은 궁극적으로 무엇에 대한 정의인가?

① RNC   ② MNO

③ CBS   ④ SMS

079
난이도 ★★★☆☆

프로세스(Process)는 컴퓨터에서 연속적으로 실행되고 있는 컴퓨터 프로그램을 말한다. 종종 스케줄링의 대상이 되는 작업(task)이라는 용어와 거의 같은 의미로 쓰인다. 여러 개의 프로세서를 사용하는 것을 멀티프로세싱이라고 하며 같은 시간에 여러 개의 프로그램을 띄우는 시분할 방식을 멀티태스킹이라고 한다. 그렇다면 프로세스 메모리 구조상 4가지 영역과 가장 관련이 없는 것은 무엇인가?

① 코드(Code) 영역

② 데이터(Data) 영역

③ 버퍼 캐시(Buffer Cache) 영역

④ 스택(Stack) 영역

080
난이도 ★★★★☆

다음 [보기]는 무엇에 대한 정의인가? 가장 알맞은 것을 선택지에서 고르시오.

> **보기**
>
> 비정상, 무한 루프 등에 빠진 경우 시스템 통제가 불가능한 상황에서 자동으로 시스템을 리셋하는 하드웨어 기능이다. 타임아웃이 되기 전 S/W 명령으로 그 값을 클리어하지 않으면 MCU를 리셋시켜 시스템을 정상적으로 동작하고 있는지 감시하고 지속적인 오동작을 방지 신뢰성 향상 기술이다.

① Dead man's Switch

② Heartbeat

③ Watchdog Timer

④ Keepalive

081
난이도 ★☆☆☆☆

다음 [보기]는 무엇에 대한 정의인가? 가장 알맞은 정답을 선택지에서 고르시오.

> **보기**
>
> 승객 또는 화물을 항공 여행 비용의 일부만으로 항공사 속도로 이동시키기 위한 것이다. 이 제품은 진공 튜브에서 자기 시스템에 의해 매달려 작동하도록 설계되었다. 원래의 개념은 선형 전기 모터를 사용하여 저압 튜브를 통해 공기 베어링 부상 포드를 가속하고 감속하도록 제안했다. 차량은 매우 낮은 난기류로 최대 760mph(1223.1km/h)의 속도로 조용히 활공한다. 이 시스템은 완전히 자율적이고 조용하며, 목적지로 직접 가고 주문형으로 제안된다.

① Boom Supersonic

② Hyperloop

③ Urbanloop

④ Flying car

082
난이도 ★★☆☆☆

특정한 프로세스를 관리할 필요가 있는 정보를 포함하는 운영체제 커널의 자료 구조이다. 작업 제어 블록(Task Control Block, 줄여서 TCB) 또는 작업 구조라고도 한다. 그렇다면 이와 관련된 구성요소로 가장 관련이 없는 것은 무엇인가?

① 프로세스 식별자(Process ID)

② CPU 스케줄링 정보

③ 프로세스 상태(Process State)

④ 프로세스 점유 시간(Process Occupancy Time)

083

PRAM(Parallel Random-Access Machine)의 모델은 다양한 제약 조건이 있다. 이와 관련하여 다음 중 가장 관련이 없는 것은 무엇인가?

① EREW

② ERCW

③ PREW

④ CRCW

084

난이도 ★★☆☆☆

다음 중 CPU 스케줄링 평가 기준(CPU Scheduling Criteria)으로 가장 관련이 없는 것은 무엇인가?

① CPU 이용률(CPU utilization)

② 수집 시간(Collection Time)

③ 대기 시간(Waiting Time)

④ 반환 시간(Turnaround Time)

085

난이도 ★★★☆☆

임계 영역(Critical Section)은 공유 자원이 접근되는 부분을 뜻한다. 만약 어떤 프로세스가 임계 영역의 작업을 수행 중이라면 다른 프로세스는 해당 임계 영역에 들어와서는 안 된다. 임계 영역을 구현하기 위해서는 3가지 조건을 충족해야 한다. 다음 중 그 조건이 아닌 것은 무엇인가?

① 상호 배제(Mutual Exclusion)

② 한정 선택(Limited Selection)

③ 진행(Progress)

④ 한정 대기(Bounded Waiting)

086

난이도 ★★★★☆

운영체제에서 실행 중인 프로세스 간에 정보를 주고받는 것을 Inter Process Communication (IPC)이라고 한다. IPC의 종류로 가장 해당하지 않는 것은 무엇인가?

① Buffering Cache

② Semaphores

③ Shared memory

④ Sockets

087

난이도 ★☆☆☆☆

다음 중 클라우드 서비스 활용 대상에 해당하지 않는 분류는 무엇인가? 관련이 없는 것을 고르시오.

① B2B(Business to business)

② B2E(business to employee)

③ B2C(Business to customer)

④ B2G(Business to government)

088

난이도 ★★★☆☆

XACML은 OASIS OPEN 표준이다. 다음 중 XACML과 가장 관련 있는 접근 통제 모델은 무엇인가?

① MAC(Mandatory Access Control)

② DAC(Discretionary Access Control)

③ RADAC(Risk-Adaptive Access Control)

④ ABAC(Attribute-based access control)

089

난이도 ★★☆☆☆

AI 반도체는 학습·추론 등 AI의 두뇌 역할을 하는 반도체로, 시스템 반도체로 분류된다. 고효율·저전력·대용량 연산이 특징이다. 그렇다면 다음 [보기]와 같은 특징이 있는 반도체는 무엇인가?

> **보기**
>
> 구조가 고정되어 '프로그램화 가능성(Programmability)'은 낮지만, 규모가 작은 특정 에지 응용 분야에서는 장점이 크다. 사물 인터넷(Internet of Things, IoT)에서 사용하는 센서의 AI 신호 처리나 대량의 영상 입력 데이터를 고정된 가중치의 CNN으로 처리해야 하는 영상 분류와 같은 응용 분야에 유용하다. 하지만, 가중치가 고정되므로 지속적인 학습이 필요한 응용 분야에는 사용하기 어려울 것으로 예상한다. 또한, 구조의 한계로 여러 개의 칩을 동시에 연결하는 병행성(Parallelism)을 활용하기도 어렵다. 이에 따라 실제 응용 분야는 에지 컴퓨팅 분야에 한정될 것으로 전망된다.

① FPGA 반도체

② ASIC 반도체

③ GPU 반도체

④ 뉴로모픽 반도체

090

난이도 ★★☆☆☆

다음 [보기]는 무엇을 의미하고 있는가? 가장 알맞은 답을 선택하시오.

> **보기**
>
> 원격 공격자는 이 취약점을 쉽게 악용해 IoT 기기의 제어권을 탈취할 수 있으며, 공격에 필요한 유일한 정보는 타깃 사용자의 UID이다. 공격자는 이 UID를 소셜 엔지니어링 기법을 통해 얻어낼 수 있다. 플랫폼을 사용하는 대부분의 기기는 IP 카메라와 같은 영상 모니터링 제품이며 공격자는 이 취약점을 통해 음성 및 영상 데이터를 도청할 수 있다. 이 플랫폼의 최대 고객 중 하나는 중국 기술 회사인 샤오미(Xiaomi)이며 2020년 보도 자료에서 COVID-19 팬데믹 동안 세계 10대 베이비 케어 카메라 제조업체와 협력하기 시작했다고 언급했다.

① Javelin cloud platform

② Carrot cloud platform

③ Kalay cloud platform

④ Jaguar cloud platform

091

난이도 ★★★★☆

다음 [보기]에 대한 설명으로 가장 알맞은 사항을 선택지에서 고르시오.

> **보기**
>
> 하드웨어 보안 평가 활동을 위해 사용할 수 있는 테스트 도구로, 모듈식 및 프로그래밍 가능 플랫폼(FPGA 구성요소)을 기반으로 하는 소프트웨어 및 전자 감사 기능이 있는 도구이다. 임베디드 장치의 전자 통신 인터페이스에 대한 보안 테스트를 수행하는 데 사용할 수 있다. UART, Parallel, SPI, CAN Modbus 등을 포함한 다양한 데이터 버스 유형과 인터페이스에 사용할 수 있는 모듈식의 유연한 도구를 제공하도록 설계되었다.

① BlueMaho

② SecBee

③ Hardsploit

④ Chibi

092

난이도 ★★★☆☆

다음 중 SSPM(SaaS 보안 태세 관리)의 장점과 관련이 없는 것은 무엇인가? 가장 해당하지 않는 것을 선택하시오.

① 컴플라이언스 관리 간소화(Simplifies Compliance Management)

② 지능형 상관관계 및 통찰력(Intelligent Correlation and Insights)

③ 클라우드 구성 오류 방지(Prevents Cloud Misconfigurations)

④ 지나치게 관대한 설정 감지(Detects Overly Permissive Settings)

093

난이도 ★★★★★

이 공격은 스택 쿠키를 포함한 버퍼를 모두 덮어쓰고 예외 처리를 위해 사용되는 Exception_handler 부분에 셸코드 주소를 덮어씌워 예외 처리가 아닌 셸코드가 실행되도록 한다. 이와 같은 공격 방법을 무엇이라 하는가?

① Function Pointer Overwrite

② SEH Overwrite

③ Direct EIP

④ Trampoline

094

난이도 ★★☆☆☆

다음 중 DaaS(Desktop-as-a-Service)와 VDI(Virtual Desktop Infrastructure)를 비교 설명한 내용 중 가장 적절한 것은 무엇인가?

① VDI는 자체 하드웨어에서 호스팅이나 관리되고 자체 IT 인력이 관리하지만 DaaS는 클라우드 서비스 제공자에게 모든 것을 맡기는 형태이다.

② VDI는 중앙 업무망에서 처리된 결괏값을 자신의 단말기에서 볼 수만 있으므로 보안성이 높다.

③ VDI는 각종 업무용 소프트웨어를 단시간 내 전체 직원에게 배포가 가능하므로 관리가 편하다.

④ VDI는 가상의 업무 공간을 구독의 형태로 제공받는 서비스로 비용 절감이 가능하다.

095

난이도 ★★★☆☆

ELB(Elastic Load Balancing)은 CLB, NLB, ALB, GWLB 총 4가지 종류가 있다. 다음 [보기]에 해당되는 내용은 무엇을 설명한 것인가?

> **보기**
>
> - L7 계층에서 작동한다(Application Layer).
> - HTTP/HTTPS 트래픽을 지원하는 로드 밸런싱에 최적화되었다.
> - Path-based routing을 지원하여 여기에 연결된 인스턴스는 여러 개의 URL과 Path를 가질 수 있다.

① Classic Load Balancer(CLB)

② Gateway Load Balancer(GWLB)

③ Network Load Balancer(NLB)

④ Application Load Balancer(ALB)

096

난이도 ★★★☆☆

기존 클라우드 서비스(Cloud Service)와 대척점에 있는 AI 응용 분야는 에지 컴퓨팅(Edge Computing)이다. 영상이나 사진과 같은 대량의 입력 데이터를 처리해야 하는 응용 분야에서는 에지 컴퓨팅을 통해 데이터를 자체적으로 처리하거나, 데이터의 양을 줄여 유무선 통신을 통해 클라우드 서비스로 전달하는 방식을 취해야 한다. 에지 컴퓨팅을 위한 가속기는 AI 칩 설계의 또 다른 큰 분야를 차지하고 있다. 그렇다면 AI 칩으로 그 기능의 특징과 관련성이 먼 것은 무엇인가?

① 합성곱 신경망(Convolution Neural Net)

② 높은 안정성(Ultra Reliable and Low Latency Communication)

③ 영상 분류(Image Classification)

④ 객체 탐지(Object Detection)

097

그리드 컴퓨팅(Grid computing)은 분산 병렬 컴퓨팅의 한 분야로, 원거리 통신망(WAN, Wide Area Network)으로 연결된 서로 다른 기종의 (heterogeneous) 컴퓨터를 하나로 묶어 가상의 대용량 고성능 컴퓨터(Super virtual computer)를 구성하여 고도의 연산 작업(Computation intensive jobs) 혹은 대용량 처리(Data intensive jobs)를 수행하는 것을 말한다. 기능상 그 종류와 가장 관련이 없는 것은 무엇인가?

① 컴퓨팅 그리드

② 유틸리티 그리드

③ 액세스 그리드

④ 장비 그리드

098

다음 [보기]에 해당되는 내용은 무엇인가? 가장 알맞은 답을 선택하시오.

> **보 기**
>
> 애플리케이션을 신속하게 구축, 테스트 및 배포할 수 있는 소프트웨어 플랫폼이다. 이것은 소프트웨어를 컨테이너라는 표준화된 유닛으로 패키징하며 이 컨테이너에는 라이브러리, 시스템 도구, 코드, 런타임 등 소프트웨어를 실행하는 데 필요한 모든 것이 포함되어 있다. 환경에 구애받지 않고 애플리케이션을 신속하게 배포 및 확장할 수 있으며 코드가 문제없이 실행될 것임을 확신할 수 있다.

① MSA

② Command

③ Docker

④ Hypervisor

099

스레드들이 동시에 실행되어, 락(Lock)의 해제와 획득을 반복적으로 하면서 정상적으로 동작하는 것처럼 보이지만 사실상 아무것도 못하고 무한 동작 중인 상황을 무엇이라고 하는가? 이는 한 프로세스가 이미 자원을 점유한 상태에서 다른 프로세스가 그 자원을 사용하기 위해 무한정 대기 상태에 빠지는 것을 의미한다. 선택지에서 가장 알맞은 것을 고르시오.

① 경쟁 상태(Race Condition)

② 라이브락(LiveLock)

③ 교착 상태(DeadLock)

④ 기아 상태(Starvation)

100

ICT가 모든 산업으로 스며들면서 산업 생태계를 근본적으로 변화시키는 4차 산업혁명의 실체적 과정으로 제조·서비스 등 민간 부문뿐만 아니라 행정·국방 등 공공 부문에 이르는 국가 인프라 시스템 개조 및 지능정보사회 실천 전략이다. 이것은 무엇을 의미하는 것인가?

① Industry 4.0

② IDX

③ Digitalization

④ Digital Enterprise

제 2 장

네트워크 보안

문제편

유·무선 네트워크 관련 기술은 근래에 급격하게 발전하는 분야 중 하나이며, OSI 7 Layer부터 5G 네트워크까지 아우르는 다양하고 넓은 영역이다. 최근 10 여 년 사이에 네트워크 인프라는 클라우드, 가상화, 소프트웨어 기술이 접목되면서 하드웨어에서 소프트웨어 중심의 관리 영역으로 빠르게 발전하고 있다. 이는 기업 정보 시스템의 유연성을 증대시키고 인프라 운영 효율성과 가용성을 극대화시키고 있다. 하지만 기업의 네트워크 보안 수준은 기술 발전의 속도를 따라가지 못하고 있는 것이 현실이다. 네트워크 영역의 새로운 보안 취약점과 해킹 기법들이 계속 나타나고 있으며 이를 적절히 대응하지 못하면 기업의 자산과 고객정보 유출이 발생할 수 있고 기업의 지속가능 경영에 걸림돌이 될 것이다. 제2장 네트워크 보안 영역의 중요한 학습 요점은 다음과 같다.

- OSI 7 Layer, TCP/IP, 방화벽과 같은 전통적인 네트워크 이론 이해

- 사물 인터넷, 5G 이동통신 등의 최신 네트워크 기술 이해

- 소프트웨어 중심으로 발전하는 네트워크 기술 트렌드 이해

- OWASP TOP 10을 비롯한 다양한 보안 취약점과 대응방법 이해

제 2 장 | 네트워크 보안

해설편 47p

001
난이도 ★★☆☆☆

동일한 라우팅 정책으로 하나의 관리자에 의하여 운영되는 네트워크 즉, 한 회사나 단체에서 관리하는 라우터 집단을 자율 시스템이라 하며 각각의 자율 시스템을 식별하기 위한 인터넷상의 고유한 숫자를 무엇이라고 하는가?

① 도메인　　　　　② AS 번호
③ 인터넷 거버넌스　④ IPv6

002
난이도 ★★★☆☆

다음 중 TKIP 프로토콜의 특징으로 가장 관련이 없는 것은 무엇인가?

① 암호화 강도를 높이는 패킷별 키 혼합 기능
② WEP의 일반 텍스트 전송과 달리 해싱을 포함하는 초기화 벡터 시퀀싱 메커니즘
③ Advanced Encryption Standard(AES) 알고리즘 사용
④ 패킷을 보호하기 위한 암호화 메시지 무결성 검사

003
난이도 ★★★☆☆

RIPE 데이터베이스에는 RIPE NCC 서비스 지역의 네트워크 등록 정보 및 관련 연락처가 포함된다. RIPE 데이터베이스 및 그 내용의 용도로써 가장 관련이 없는 것은 무엇인가?

① 네트워크 운영 및 토폴로지에 대한 정기적 감사 수행
② 네트워크 운영자 간의 조정 촉진
③ 네트워크 사업자별 라우팅 정책 게시(RIPE IRR)
④ 역방향 도메인 이름 시스템(rDNS) 및 ENUM 위임 제공

004
난이도 ★★☆☆☆

다음 중 소프트웨어 정의 네트워킹과 기존 네트워킹의 차이로 가장 해당하지 않는 것은 무엇인가? 선택지에서 가장 관련이 없는 것을 고르시오.

① 소프트웨어 정의 네트워킹은 향상된 속도와 유연성으로 제어 기능을 향상시키며 네트워크 관리자는 네트워킹 장비를 선택할 때 보다 유연하게 선택할 수 있도록 해준다.
② 소프트웨어 정의 네트워킹은 전체 네트워크에 대한 가시성을 제공하여 보안 위협의 더 전체적인 관점을 제공한다.
③ 맞춤형 네트워크 인프라로 네트워크 관리자는 네트워크를 통한 데이터 흐름을 최적화하고 더 많은 가용성이 필요한 응용 프로그램의 우선순위를 지정할 수 있다.
④ 소프트웨어 정의 네트워킹은 중앙 집중식 컨트롤러를 사용하고 있으며 손상될 경우 컨트롤러만 즉시 격리하여 나머지 네트워크를 감염시킬 수 없도록 해야 한다.

005

난이도 ★★★☆☆

TCP(Transmission Control Protocol) 확장 버전 프로토콜로, 연결이 다중 경로를 사용하여 처리량을 최대화하고 중복성을 높일 수 있도록 하는 것을 목표로 한다. 이와 가장 관련 있는 것은 무엇인가?

① RSVP(Resource ReSerVation Protocol)

② DCCP(Datagram Congestion Control Protocol)

③ SCTP(Stream Control Transmission Protocol)

④ MPTCP(Multipath TCP)

006

난이도 ★★☆☆☆

OSI 7 계층은 1계층의 Physical Layer부터 7계층의 Application Layer로 구성되며 네트워크에서 두 노드 간에 데이터를 전송하는 기준이 된다. (가) 계층은 노드 간에 직접 연결된 환경에서 Frame 단위로 데이터를 전송하면서 노드 간에 식별 가능한 주소를 MAC으로 사용한다. (가) 계층의 대표적인 프로토콜에는 ATM, Ethernet이 있다. 그리고 (나) 계층은 노드 간에 규격 및 형식을 맞출 수 있도록 ASCII로 변환하는 과정과 압축 해제, 복호화 등을 수행하며 SSL, TLS 등의 프로토콜이 존재한다. (가)와 (나)에 들어갈 말로 적절한 것을 고르시오.

① 가: Datalink, 나: Presentation

② 가: Network, 나: Presentation

③ 가: Datalink, 나: Session

④ 가: Network, 나: Session

007

난이도 ★★★☆☆

TCP 연결 시 3 Way Handshake 과정을 이용해서 송신 노드와 서버 간에 연결이 수립된다. 송신 노드가 처음 서버로 연결을 보낼 때 SYN(=1001) 값을 전송하면 서버는 ACK(가) 값과 새로운 SYN(=2002) 값으로 응답한다. 이에 대해 송신 노드는 ACK(나)로 응답함으로써 연결이 수립된다. (가)와 (나)에 들어갈 숫자는 무엇인가?

① 가: 1001, 나: 2002

② 가: 1002, 나: 2003

③ 가: 1001, 나: 2003

④ 가: 1002, 나: 2002

008

난이도 ★★★☆☆

다음 [보기]와 관련된 내용은 무엇인가? 가장 관련성이 있는 것을 고르시오.

> **보기**
>
> 동일한 프로토콜을 사용하지만 장기간에 걸쳐 상태를 저장할 필요가 없는 NTP(Network Time Protocol)의 덜 복잡한 구현이 일부 임베디드 시스템 및 전체 NTP 기능이 필요하지 않은 애플리케이션에서 사용된다.

① SNTP

② NTPsec

③ chrony

④ OpenNTPD

009

난이도 ★★☆☆☆

다음 S/MIME 메시지 구성으로 가장 관련이 없는 것은 무엇인가? 가장 해당하지 않는 것을 찾으시오.

① 콘텐트 보관 데이터(Content archiving data)

② 봉인 데이터(Enveloped data)

③ 서명 데이터(Signed data)

④ 서명 봉인 데이터(Signed and enveloped data)

010

난이도 ★★☆☆☆

사물 인터넷 환경에서 수많은 디바이스에 유일한 네트워크 주소를 부여하고 네트워크 데이터 전송을 통해 서비스를 구현하기 위해 IPv6 기술이 활용되고 있다. 기존의 IPv4에서 IPv6로 발전하면서 헤더 구조에 많은 변화가 생겼는데, 다음 중 IPv4에는 없지만 IPv6에만 있는 헤더 필드는 무엇인가?

① Header Checksum　② TTL

③ Flow Label　④ Fragment Offset

011

난이도 ★★★☆☆

TCP/UDP를 통해 구현되는 프로토콜은 포트(Port)를 이용해서 서비스를 제공한다. 0번부터 65535번까지가 있는데, 보통 0~1023번까지를 잘 알려진 Well-Known Port라고 한다. 다음 중 프로토콜과 Well-Known Port 간에 연결이 잘못된 것은 무엇인가?

보기	
가: HTTP - 80	라: SMTP - 25
나: HTTPS - 445	마: DNS - 153
다: NTP - 124	바: POP3 - 110

① 가, 마, 바　　　② 나, 다

③ 나, 다, 바　　　④ 나, 라, 마, 바

012

난이도 ★★★★☆

OAuth의 권한 획득 방식에는 네 종류가 있다. 다음 중 가장 해당하지 않는 것은 무엇인가?

① Authorization Code Grant(권한 부여 승인 코드 방식)

② Explicit Grant(명시적 승인 방식)

③ Resource Owner Password Credentials Grant(자원 소유자 자격증명 승인 방식)

④ Client Credentials Grant(클라이언트 자격증명 승인 방식)

013

난이도 ★☆☆☆☆

다음 [보기]는 무엇을 설명한 것인가? 가장 알맞은 답을 선택하시오.

보기
인터넷 사용자가 비밀번호를 제공하지 않고 다른 웹 사이트 자신의 정보에 대해 웹 사이트나 애플리케이션의 접근 권한을 부여할 수 있는 공통적인 수단으로서 사용되는, 접근 위임을 위한 개방형 표준이다. 이 메커니즘은 여러 기업이 사용하는데 아마존, 구글, 페이스북, 마이크로소프트, 트위터 등이 사용 중이다. 사용자가 타사 애플리케이션이나 웹 사이트의 계정에 관한 정보를 공유할 수 있게 허용한다. 특히 모바일 사용에 매우 적합하다.

① JSON　　　② LDAP

③ SAML　　　④ OAuth

014

난이도 ★★☆☆☆

침입 탐지 시스템 솔루션은 일부 샌드박스 기술을 이용해서 악성 코드를 탐지하는 기능을 제공한다. 샌드박스 기술 설명으로 다음 중 잘못된 것은 무엇인가?

① 샌드박스 기술은 가상화(Virtual Machine) 환경 기반으로 동작한다.

② 제로데이 공격과 같은 새로운 악성 코드는 샌드박스로 대처하기 어렵다.

③ 악성 코드는 샌드박스를 회피하기 위해 랜덤 지연 시간을 적용하기도 한다.

④ 일반적으로 시그니처 기반 IDS보다 샌드박스 기반 IDS가 더 느린 편이다.

015

난이도 ★★★★☆

서비스 거부 공격(DoS: Denial of Service) 기법 중 TCP의 연결 수립 절차의 허점을 이용한 SYN Flooding에 대한 설명이다. TCP SYN Flooding 공격이 진행되는 시점에 Web Server Console 에서 netstat -an 명령어로 연결 상태를 살펴보면 (가)의 상태가 급격하게 증가하는 것을 확인할 수 있다. (가)에 들어갈 말은 무엇인가?

① ESTABLISHED   ② SYN_SENT

③ FIN_WAIT2   ④ SYN_RECV

016

난이도 ★★★☆☆

다음 [보기]는 무엇에 대한 정의인가? 가장 알맞은 답을 선택하시오.

> **보 기**
>
> X.509 인증서에서 인증 기관의 루트 인증서이다. 루트 인증서에서 최종 인증서까지의 인증서로 트러스트 체인이 설정된다. 하드웨어 또는 소프트웨어에 직접 내장되어 있거나 다른 신뢰할 수 있는 엔티티(예: 공개 키 인증서)가 보증하기보다는 대역 외 수단을 통해 안전하게 프로비저닝되기 때문에 신뢰할 수 있는 공개 또는 대칭 키이다.

① Trust Anchor

② Hybrid Root CA(Certification Authority)

③ Intermediate CA(Certification Authority)

④ JCOP API

017

난이도 ★★☆☆☆

다음 중 VPN의 주요 기술 요소로 관련 없는 것은 무엇인가? 가장 해당하지 않는 것을 고르시오.

① SSL   ② IPsec

③ L2F   ④ ISAKMP

018

난이도 ★★☆☆☆

IPSec(IP Security)은 네트워크 계층(IP 계층)에서 IP 패킷 단위로 인증 암호화 키 관리 프로토콜이다. 다음 중 IPSec에서 제공하는 주요한 보안 서비스로 가장 관련이 없는 것은 무엇인가?

① 재생 공격 방지(Replay Attack Protection)

② 부인 방지(Non-Repudiation)

③ 데이터 원천(근원지) 인증(Data Origin Authentication)

④ 기밀성(Confidentiality)

019

난이도 ★★★★☆

샤논(Shannon)은 정보공학, 암호학, 네트워크, 통신 등 다양한 분야에 커다란 업적을 남긴 수학자이다. 샤논의 제3법칙에 의하면 네트워크 채널의 용량(C)은 가용 대역폭(W), 수신 신호 전력(S), 잡음 전력(N)에 의해 공식으로 표현할 수 있다. 다음 중, 이 공식에 해당하는 선택지를 고르시오.

① $C = W \log_2(1-S/N)$ ② $C = W \log_2(1+S/N)$

③ $C = W \log_2(1+N/S)$ ④ $C = W \log_2(1-N/S)$

020

난이도 ★★★☆☆

인터넷 환경에서 웹 브라우저만으로 별도의 프로그램 설치 없이 서버와 클라이언트 사이에 신뢰할 수 있는 통신을 지원하는 프로토콜은 SSL(Secure Socket Layer)이다. [보기]는 클라이언트 PC의 웹 브라우저와 서버 간에 SSL 연결이 맺어지는 Handshaking 과정이다. 과정을 순서대로 나열한 것은 무엇인가?

가. Server가 Client에게 인증서를 요청하고 그 결과를 받음

나. Session Key를 Server의 공개 키로 암호화해서 전송

다. Client가 비밀 키(대칭키) 유형의 Session Key를 생성

라. Client Hello(클라이언트의 지원 가능한 알고리즘 전송)

마. Server는 Client에게 연결이 완료되었음을 회신

바. Server Hello(서버의 지원 가능한 알고리즘 회신)

사. 상호 간에 합의된 암호화 알고리즘이 결정되었음을 전송

① 라 → 가 → 다 → 나 → 바 → 사 → 마
② 바 → 라 → 가 → 다 → 나 → 사 → 마
③ 라 → 바 → 다 → 가 → 사 → 나 → 마
④ 라 → 바 → 가 → 다 → 나 → 사 → 마

021

난이도 ★★☆☆☆

오픈 API에서 SOAP과 RESTful 차이점에 대해서 설명한 내용으로 가장 해당하지 않는 것은?

① RESTful은 웹의 장점을 활용하기 위한 네트워크 기반의 아키텍처로, 웹 서비스 제공자나 소비자에게 매우 간편한 방법으로 데이터를 제공한다.

② SOAP 개발은 잘 완성된 표준에 따라 오픈 API 설계와 보안, 에러 처리 등 다양한 기능을 제공한다.

③ SOAP은 방화벽의 우회나 프로그래밍 언어 및 디바이스 운영 플랫폼에 독립적이나 RESTful은 그렇지가 않다.

④ RESTful은 표준의 부재로 오픈 API 설계에 많은 어려움이 따르지만, 구현의 용이성과 빠른 동작이라는 장점이 있다.

022

난이도 ★★★★☆

A 기업의 시스템 환경에 방화벽 가용성을 높이기 위해서 기존에 한 대에서 두 대로 장비를 증가시켰다. 이에 따라 방화벽의 앞 단과 뒷 단에 L4 Switch 장비를 설치하고 FWLB(FireWall Load Balancing)을 구현했다. 인프라 담당자는 L4의 LB 정책을 선택하고자 하는데, L4와 방화벽 사이에 연결된 세션이 실시간으로 가장 적은 쪽으로 연결되기를 원한다. 이런 경우에는 어떤 로드 밸런싱 알고리즘을 선택해야 하는가?

① Hash
② Round-robin
③ Min-Max
④ Least Connection

023

난이도 ★★☆☆☆

침입 탐지 시스템(Intrusion Detection System, IDS)은 업무망에 유입되는 데이터를 검사하고 공격 여부를 판단하여 악성 코드를 사전에 차단하는 보안 솔루션이다. 침입 탐지 시스템은 서명 기반 탐지 모델과 휴리스틱 탐지 모델로 분류할 수 있다. 다음 중 두 가지 탐지 모델에 대한 설명으로 잘못된 것은 무엇인가?

① 서명 기반 탐지 모델은 알려진 공격 패턴의 지식 데이터베이스를 이용해서 탐지하는 모델이며 패턴 기반 탐지 모델이라고도 불린다.

② 서명 기반 탐지 모델은 False Positive 비율이 휴리스틱 탐지 모델보다 높은 편이다.

③ Zero-day Attack을 대응할 때 서명 기반 탐지 모델보다 휴리스틱 탐지 모델이 더 적합하게 사용된다.

④ 휴리스틱 탐지 모델은 학습 기반 또는 비정상 탐지 모델이라고 불리며 오탐률이 서명 기반 탐지 모델보다 높다.

024

난이도 ★★★☆☆

다음 [보기]의 내용은 무엇을 설명한 것인가? 가장 알맞은 답을 선택지에서 고르시오.

> **보기**
>
> 공개된 웹 애플리케이션과 API를 보호하는 것을 핵심 기능으로 하며, 웹 애플리케이션 앞에서 알려진 또는 알려지지 않은 위협을 선제적으로 차단한다. TLS 암호 트래픽을 해독해 분석한 후 재암호화하며 여러 클라우드와 사내 호스팅되는 애플리케이션까지 보호해야 한다. 더불어 AI·머신러닝을 적용해 지능형 봇을 감지·차단하고 있으며 알려지지 않은 신종 위협에도 대응할 수 있는 역량을 강화하고 있다. 가트너는 주요 기능으로 웹 방화벽(WAF), DDos 방어, 봇 관리, API 보호 등을 들었으며, 주로 클라우드를 통해 서비스된다고 설명했다.

① NGIPS   ② WAAP   ③ CDN   ④ WAF

025

난이도 ★★☆☆☆

VPN용 보안 프로토콜 중에서 선택지에서 가장 연관성이 없는 것은 무엇인가?

① IPsec   ② VTP   ③ PPTP   ④ ATMP

026

난이도 ★★★★☆

65,535개의 포트 번호가 있지만 모든 포트 번호가 매일 사용되는 것은 아니다. 각각의 포트는 특정 목적으로 할당된다. 이와 관련하여 포트 번호와 관련 네트워크 프로토콜을 잘못 짝지은 것은 무엇인가?

① 포트 179: BGP(Border Gateway Protocol)

② 포트 3389: ISAKMP(Internet Security Association and Key Management Protocol)

③ 포트 25: SMTP(Simple Mail Transfer Protocol)

④ 포트 22: Secure Shell

027

난이도 ★★★☆☆

[보기]의 프로토콜과 관련된 무선 보안 기술은 무엇인가? 가장 알맞은 답을 선택하시오.

> **보기**
>
> 인터-액세스 포인트 프로토콜(Inter-Access Point Protocol) 또는 IEEE 802.11f는 멀티벤더 시스템 간의 무선 액세스 포인트(WAP) 통신을 제공하는 IEEE 802.11의 선택적 확장에 대해 기술하는 권고안이다. 802.11은 무선 네트워크 전송 방식을 관할하는 IEEE 표준의 집합이다. 각각의 방식은 오늘날 가정, 사무실, 상업 시설 등에서 무선 연결을 제공하기 위해 802.11a, 802.11b, 802.11g, 802.11n 버전에서 널리 사용된다. 하지만 802.11F 권고안은 2003년에 발표되었으나 IEEE 802 최고 위원회(Executive Committee)는 2006년 2월 3일에 해당 표준의 퇴출을 승인했다.

① 이동 보안   ② RSN 보안

③ WPA 보안   ④ IEEE 802.1x 보안

028

난이도 ★★☆☆☆

NAC 솔루션은 기업 네트워크의 사용자의 디바이스에 정책을 적용하여 네트워크 가시성과 액세스 관리를 지원한다. 다음 중 NAC 솔루션 기능으로 가장 관련이 없는 것은 무엇인가?

① 사용자, 디바이스 파악 및 프로파일 생성

② 게스트 네트워킹 액세스 관리

③ 기존 소프트웨어 및 보안 통제 호환

④ 인시던트 대응

029

난이도 ★★★☆☆

래디아 펄먼(Radia Perlman)이 고안한 알고리즘에 기반한 OSI 2계층 프로토콜로, 브리지 랜에서 루프 발생을 방지하기 위해 사용된다. 즉, 이 프로토콜의 목적은 루프는 네트워크에 치명적이기 때문에 네트워크에 중복 경로가 있을 때 루프를 생

성하지 않도록 하는 것이다. 이 프로토콜은 무엇인가?

① STP(Spanning Tree Protocol)

② OSPF(Open Shortest Path First)

③ RARP(Reverse Address Resolution Protocol)

④ LISP(Locator/Identifier Separation Protocol)

030   난이도 ★★★☆☆

사용자는 웹 브라우저를 통해 HTTP Request를 요청하면 웹 서버에서 처리된 후 그 결과를 보내는데 그 값에는 상태 코드(HTTP Response Code)가 포함된다. HTTP 상태 코드의 대표적인 값은 정상적으로 서비스가 제공되는 200이 있다. 다음 중 요청 시간이 초과되어 정해진 시간 이내에 처리되지 않았다는 의미를 나타내는 상태 코드는 무엇인가?

① 403   ② 408   ③ 500   ④ 503

031   난이도 ★★☆☆☆

오픈 API는 일반적으로 웹 서버 하나만 있으면 서비스가 가능한 웹 서비스 형태로 배포된다. 다음 중 오픈 API 웹 서비스 방식과 거리가 먼 것은 무엇인가?

① JSON   ② RESTful

③ OSPF   ④ SOAP

032   난이도 ★★☆☆☆

송신 단말에서 수신 단말로 전송하는 과정에서 OSI 7 Layer의 계층별로 정의된 값 형태에 따라 전송된다. 이때 계층별로 다루는 단위가 다른데, [보기]에서 명시한 계층별 전송 단위가 잘못된 것은 무엇인가?

> **보기**
>
> | 가. OSI 1계층: Bit | 라. OSI 4계층: Message |
> |---|---|
> | 나. OSI 2계층: Packet | 마. OSI 7계층: Segment |
> | 다. OSI 3계층: Frame | |

① 나, 다   ② 나, 다, 라

③ 나, 다, 라, 마   ④ 가, 나, 다

033   난이도 ★★☆☆☆

포트 포워딩(port forwarding)에는 여러 가지 유형이 있으며 각 포트 포워딩은 서로 다른 용도로 사용된다. 로컬 및 원격 포트 전달은 TCP 포트 22 또는 SSH 터널링을 사용한다. 다음 중 이와 관련된 유형으로 가장 관련이 없는 것은 무엇인가?

① 정적 포트 포워딩(Dynamic port forwarding)

② 로컬 포트 포워딩(Local port forwarding)

③ 원격 포트 포워딩(Remote port forwarding)

④ 동적 포트 포워딩(Dynamic port forwarding)

034   난이도 ★★☆☆☆

무선 보안 기술로, 다음 [보기]와 관련된 내용은 무엇인가? 가장 알맞은 답을 선택하시오.

> **보기**
>
> 802.11 무선 네트워크를 통해 보안 통신을 설정하기 위한 프로토콜로써 상호 인증을 통한 접근 제어, 동적인 키 갱신과 강력한 암호 알고리즘을 사용하는 보안 방식이다. 강력한 암호 알고리즘인 CCMP/AES를 사용하고 있으며, 암호 알고리즘 처리 모듈을 위하여 하드웨어 칩셋을 지향하고 있다. 접근 제어와, 인증, 그리고 키 관리 기반으로 IEEE 802.1X 표준을 사용한다.

① 동적 WEP(Dynamic WEP)

② WPA(Wi-Fi Protected Access)

③ 이동 보안

④ RSN(Robust Secure Network)

035

난이도 ★★☆☆☆

다음 중 RPKI의 장점으로 가장 거리가 먼 것은 무엇인가?

① 적절하게 위임된 '사용 권한'이 있는 리소스 보유자만이 서명과 인터넷 번호 리소스를 연결하는 서명을 생성할 수 있다.

② 자원 보유자는 자원을 고객/사용자에게 배포할 때 자원 보유를 입증할 수 있다.

③ 리소스 사용자는 디지털 서명을 사용하여 위임된 리소스와 관련된 정보를 보호할 수 있다. 이 정보를 변경하려고 하면 서명이 무효화된다.

④ 라우팅 인증(RPKI)은 경로원점 인증서(ROA)를 이용하여 인터넷 통신 상의 정상 경로(Route) 정보 및 독립적인 네트워크를 식별하는 것으로 고유한 라우팅 정책을 구현 가능하다.

036

난이도 ★★☆☆☆

다음 [보기]에 해당되는 내용은 무엇인가? 가장 알맞은 답을 선택하시오.

보기

패킷의 과도한 버퍼링으로 인해 생기는 패킷 교환 네트워크의 높은 레이턴시의 원인이다. 이는 지터(jitter)로 불리는 패킷 지연 변화를 일으킬 수도 있으며 전반적인 네트워크 스루풋을 감소시킬 수 있다. 라우터나 스위치가 과도하게 큰 버퍼를 사용하도록 구성될 경우 매우 속도가 빠른 네트워크라 할지라도 음성 인터넷 프로토콜(VoIP), 온라인 게이밍, 심지어는 일반적인 웹 서핑 등 수많은 상호작용 환경에서 실질적인 사용이 불가능하게 될 수 있다.

① 버퍼 보틀넷(Buffer bottleneck)

② 버퍼 오버플로(Buffer overflow)

③ 버퍼 온더플로(Buffer underflow)

④ 버퍼 블로트(Buffer bloat)

037

난이도 ★★★☆☆

사물 인터넷 환경에서 수많은 디바이스에 IP 주소를 부여하는 데 활용되는 IPv6는 IPv4 프로토콜에 비해 보안과 품질 제어 기능도 향상됐다. 다음 중 IPv6의 특징으로 올바르지 않은 것은 무엇인가?

① 주소 길이가 128비트이며 약 43억의 4승에 해당하는 개수이다.

② IPv4에 비해 이동형 환경에서 지원 기능이 향상됐다.

③ 확장성을 제공하기 위해 헤더 필드가 12개로 확장됐다.

④ IPSec 별도 설치가 필요한 IPv4에 비해 확장 기능으로 기본 제공한다.

038

난이도 ★★☆☆☆

다음의 IEEE 네트워크 표준 항목 중에서 무선 네트워크 보안에 관련된 표준은 무엇인가?

① IEEE 802.3ae

② IEEE 802.11g

③ IEEE 802.15.4

④ IEEE 802.11i

039

난이도 ★★★☆☆

SAML(Security Assertion Markup Language) 스펙은 연합을 확립하고 싱글 사인온을 초기화 및 관리하기 위한 디스크립터를 포함한다. 다음 중 디스크립터와 관련이 없는 것은 무엇인가?

① 세션 정보(Session Information)

② 권한 정보(Assertion)

③ 바인딩(Binding)

④ 프로파일(Profile)

040

난이도 ★★☆☆☆

다음 중 포트 포워딩(port forwarding)을 사용하려는 이유와 가장 관련이 없는 경우는 무엇인가?

① 가정용 컴퓨터에서 공개적으로 액세스할 수 있는 웹 사이트를 실행한다.

② 컴퓨터에 원격으로 액세스하기 위한 원격 데스크톱 프로토콜을 실행한다.

③ 접속에 허가가 필요하거나 특정 소프트웨어로만 접속할 수 있는 오버레이 네트워크(Overlay network)에 우회 없이 접근 가능하다.

④ 토렌트 응용 프로그램을 사용하여 파일을 빠르게 다운로드한다.

041

난이도 ★★★★☆

WebSphere® Application Server에 대한 웹 인증 서비스로 SPNEGO(Simple and Protected GSS-API Negotiation Mechanism)를 사용하여 WebSphere Application Server에서 보안된 자원에 대한 HTTP 요청을 안전하게 조정 및 인증할 수 있다. 다음 중 SPNEGO 웹 인증의 이점으로 가장 관련이 없는 것은 무엇인가?

① 웹 브라우저 또는 Microsoft .NET 클라이언트로부터의 보안 신임에 대한 안전한 상호 인증 전송이 설정된다.

② 많은 ID와 비밀번호를 관리하는 비용이 줄어든다.

③ 클라이언트는 만료될 때까지 반복 사용을 위해 티켓을 캐시하여 싱글 사인온 환경을 제공할 수 있다.

④ Kerberos 인증 지원을 통해 SPNEGO 웹 인증에서는 Kerberos 솔루션에 대한 첨단 SPNEGO를 제공하고 클라이언트에서 Kerberos 신임 정보를 보존할 수 있다.

042

난이도 ★★☆☆☆

다음 중 윈도우에서 사용하고 있는 포트를 죽이고자(port kill) 한다. 이와 관련해서 해당되지 않는 명령어는 무엇인가? 포트를 죽일 때 해당하지 않는 명령어는 무엇인가?

① CMD

② netstat -a -o

③ taskkill /f /pid 번호

④ taskkill /f /port 번호

043

난이도 ★★☆☆☆

다음 중 WEP(Wired Equivalent Privacy)에서 특히 RC4와 관련된 보안 취약점으로 관련성이 있는 것은 무엇인가? 선택지에서 가장 올바른 것을 고르시오.

① 분산 서비스 공격　　② TearDrop 공격

③ 평문 공격　　　　　④ LAND 공격

044

난이도 ★☆☆☆☆

다음 [보기]는 무엇을 정의하고 있는가? 선택지 중 가장 적절한 것을 고르시오.

> **보기**
>
> 단일 송신자로부터의 인터넷상 트래픽인 데이터그램을 인터넷상의 경로가 되는 토폴로지의 잠재적인 수신자 그룹 안에서 가장 가까운 노드로 연결시키는 네트워크 어드레싱 및 라우팅 방식으로, 여러 개의 노드에 전송될 수 있고 이 노드 모두 동일한 목적 주소로 식별된다.

① 유니캐스트　　　　② 브로드캐스트

③ 애니캐스트　　　　④ 지오캐스트

045

난이도 ★★★☆☆

네트워크에 전달되는 IP 패킷은 라우터를 이동하면서 목적지에 도착하기 위해 계속 움직인다. 그러나 일부 패킷은 잘못된 라우팅을 통해 루프를 반복할 수 있으며 네트워크 장애나 단절로 인해 목적지에 도달할 수 없기도 한다. Internet Protocol Header의 8비트 정보로 저장되는 (가) 정보는 패킷이 네트워크에 얼마나 오래 생존할 수 있는 지를 결정하는 값이다. 일반적으로 라우터는 이 값을 1씩 감소시킨다. (가)에 들어갈 단어는 무엇인가?

① Time to Live
② Hopping Live
③ Routing Count
④ Time to Route

046

난이도 ★★☆☆☆

다음 중 Wi-Fi 6E가 필요한 이유로 적절하지 않은 것은 무엇인가?

① 6GHz 대역에서 더 많은 용량을 제공하여 연결 및 정체 문제를 해결한다.
② 최대 160MHz까지 채널을 넓혀 고화질 비디오 및 가상 현실에 이상적이다.
③ 6E 지원 장치만 대역을 사용할 수 있기 때문에 전자레인지 등의 간섭이 없다.
④ 인밴드 전 이중 멀티플렉싱(In-Band Full-Duplex Multiplexing; IBFD Multiplexing)을 통해 송수신 속도 간의 비대칭 문제점이 개선되었다.

047

난이도 ★★☆☆☆

다음 [보기]에 해당되는 내용은 무엇인가? 가장 알맞은 답을 선택하시오.

> **보 기**
>
> 네트워크 트래픽을 복제하고 복사본을 데이터 저장소로 보내는 방법을 제공한다. 네트워크 엔지니어·관리자는 네트워크상의 데이터를 분석 및 디버그하거나 오류를 진단하는 데 사용한다. 또한, 관리자가 네트워크 성능을 관찰하는 데 도움을 주고 문제가 발생했을 때 이를 알려준다.

① Port Switching
② Port Mirroring
③ Port Cloning
④ Port Transferring

048

난이도 ★★★☆☆

다수의 서버를 운용하는 환경에서 각 서버의 시간 정보를 동기화하기 위해 사용되는 프로토콜은 NTP(Network Time Protocol)이다. NTP의 구조적인 취약점을 기반으로 DoS(서비스 거부 공격)로 악용될 수 있는데, 다음 중 NTP DoS 취약점에 대한 설명으로 잘못된 것은 무엇인가?

① 요청자의 IP를 공격 대상 시스템의 IP로 변조하여 NTP 서버로 요청한다.
② NTP 요청 패킷이 비하여 NTP monlist 회신 패킷의 크기가 훨씬 큰 특징을 이용한다.
③ 이를 대응하기 위해서는 NTP의 버전을 3.1 이상으로 업데이트해야 한다.
④ DRDoS(Distributed Reflection Denial of Service) 공격 기법의 한 종류이다.

049

난이도 ★★★☆☆

SSL(Secure Sockets Layer)은 TLS라고도 하며 고객 웹 브라우저(Client)와 웹 서버 간의 개인 정보, 데이터를 안전하게 주고받기 위해 암호화하여 통신하는 프로토콜이다. 그렇다면 SSL 인증서를 사용하는 이유와 가장 관련이 없는 것은 무엇인가?

① 정보 유출(Sniffing) 방지
② 영역 간 인증(Inter-realm Authentication) 보증
③ 기업 실체성 확인
④ 위조 사이트(Phishing) 방지

050

난이도 ★★★☆☆

트랜잭션 서명(Transaction SIGnature, TSIG)에 대한 설명으로 가장 적절하지 않은 것은 무엇인가?

① TSIG를 설정하면 네임 서버나 업데이트 수행자(Updater)가 DNS 메시지의 기타 부분(Additional Section)에 TSIG 레코드를 추가한다.

② TSIG는 공유하는 비밀 값(Shared Secret)과 단방향 해시 함수를 사용하여 DNS 메시지를 인증한다.

③ 이 TSIG 레코드는 DNS 메시지를 서명하는 역할을 하고 메시지 송신자와 수신자가 공유하는 암호 키를 가지고 있으며, 그 메시지가 전송 도중 변조되지 않았음을 입증한다.

④ TSIG는 디지털 서명(Digital Signature)의 하나로, 신뢰할 수 있는 제3의 신뢰 기관(TTP)을 통해 부인 방지 기능을 실현하는 것도 또 다른 목적이다.

051

난이도 ★★☆☆☆

WPA3의 분석 결과, 알려진 취약점은 5개이며 여기에는 서비스 거부 공격, 2개의 다운그레이드 공격 및 2개의 부채널 공격 정보 유출이 포함된다. 서비스 거부 공격을 제외한 5개 중 4개는 사용자 비밀번호를 훔치는 데 사용된다. 이와 같은 취약점을 통틀어서 무엇이라고 하는가?

① Dragon Blood
② Young Blood
③ Moscow's Blood
④ Blood Diamond

052

난이도 ★☆☆☆☆

컴퓨터 네트워킹에서 잘 알려진 포트(Well-known port)는 특정한 쓰임새를 위해서 IANA에서 할당한 TCP 및 UDP 포트 번호의 일부이다.

다음 중, 이와 관련한 포트를 고르시오.

① 1023 포트
② 1024 포트
③ 49151 포트
④ 65535 포트

053

난이도 ★★☆☆☆

기업의 정보 처리 시스템으로 접근하는 요청에 대해 침입의 여부를 판단하고 차단하는 침입 탐지 시스템(Intrusion Detection System, IDS)은 네트워크 기반, 호스트 기반으로 크게 나눌 수 있다. 다음 설명 중에서 네트워크 기반 침입 탐지 시스템의 특징으로 올바르지 않은 것은 무엇인가?

① 일반적으로 호스트 기반 IDS 장비보다 더 많이 사용되는 편이다.

② DMZ의 외부에 위치하여 유입되는 네트워크 패킷을 필터링하고 DoS 공격을 차단하기도 한다.

③ 트로이 목마나 백도어 악성 코드를 탐지하고 악의적인 시스템콜을 차단한다.

④ 특정 시스템에서 해커에 의해 동작하는 공격은 탐지하기 어렵다.

054

난이도 ★★★☆☆

[보기]의 (가), (나)에 들어갈 적합한 단어는 무엇인가?

> **보기**
>
> IP(Internet Protocol)의 패킷은 네트워크에 전송될 때 하나의 패킷이 가질 수 있는 가장 큰 크기인 (가)를 초과할 수 없도록 설계되어 있다. 만약 (가)보다 큰 패킷이 전송되면 해당 패킷은 일정 크기로 분할되며 도착하는 노드에서 재결합하게 된다. 만약 (가)보다 훨씬 큰 패킷을 고의로 생성하며 다수의 클라이언트에서 서버로 동시에 반복하여 전송한다면 서버는 분할된 패킷을 재조립(재결합)하는 데 많은 자원을 소모하게 된다. 이러한 서비스 거부 공격을 (나)라고 한다.

① 가: NAT, 나: Ping of Death

② 가: MTU, 나: Ping of Death

③ 가: MTU, 나: Tear Drop

④ 가: NAT, 나: Land Attack

055

난이도 ★★☆☆☆

다음 중 데이터 손실 방지(DLP)가 트래픽을 검사하지 못하는 일반적인 사유에 해당하지 않는 것은 무엇인가?

① 고장 감내 기법(Triple Modular Redundancy)

② 원격 사용자(Remote Users)

③ 암호화(Encryption)

④ 성능 제한(Performance Limitations)

056

난이도 ★★☆☆☆

[보기]는 궁극적으로 무엇에 대해 설명한 것인가? 가장 알맞은 답을 선택하시오.

> **보기**
>
> 해커들은 APT, 봇넷 및 여러 종류의 악성 코드를 데이터센터나 기업에 직접 침투시키기 위하여 SSL 암호화의 기밀성을 점점 더 많이 악용하고 있다. 이 기능을 사용하면 SSL로 암호화된 트래픽을 보안 어플라이언스가 성능에 영향을 받지 않고 보안 검사를 수행할 수 있도록 해 준다.

① SSL Inspection ② SSL Mirroring

③ SSL Sniffing ④ SSL/TLS Protocol

057

난이도 ★★★☆☆

컴퓨팅에서 WIPS는 무선 스펙트럼에서 무단 액세스 포인트의 존재를 모니터링하고(침입 감지) 자동으로 대응할 수 있는 네트워크 장치(침입 방지)이다. 그렇다면 이와 관련된 주요 기능과 가장 관련이 없는 것은 무엇인가?

① 탐지 능력 ② 자동화된 사전 방어

③ Disable Rogue ④ AIR Capture 탐지

058

난이도 ★★★★☆

다음 중 GMPLS(Generalized Multiprotocol Label Switching)가 지원하는 4가지 유형의 전송 인터페이스와 가장 관련이 없는 것은 무엇인가?

① PSC(Packet Switch Capable)

② LSC(Lambda Switch Capable)

③ FSC(Fiber Switch Capable)

④ DSC(Dummy Switch Capable)

059

난이도 ★☆☆☆☆

보안 연결(SSL) 인증서가 있다는 것을 어떻게 알 수 있는가? 다음 중 가장 관련이 없는 것을 고르시오.

① http 대신 https URL 접두사 사용

② URL 왼쪽에 자물쇠

③ 녹색 주소 표시 줄(EV SSL 인증서 발급 시)

④ http 대신 shttp URL 접두사 사용

060

난이도 ★★★☆☆

다음 중 WPA3의 새로운 업데이트 및 기능과 가장 관련이 없는 것은 무엇인가?

① AES 사용으로 WPA3를 더욱 안전하게 하며 개인 및 기업 모드 존재

② 256비트 Galois/카운터 모드 프로토콜 암호화(GCMP-256)

③ 256비트 브로드캐스트/멀티캐스트 무결성 프로토콜(BIP-GMAC-256)

④ 동등한 192비트 암호화 강도(WPA3-EAP 엔터프라이즈 모드에서) SAE 교환

061

난이도 ★★★☆☆

다음 선택지는 RPC와 REST에 대해서 설명하고 있다. 이와 관련하여 가장 관련이 없는 것을 고르시오.

① RPC는 하이퍼미디어 종속 시나리오에서 탁월하며 REST는 IoT 애플리케이션, 특히 저전력 애플리케이션에 이상적이다.

② RPC는 절차와 명령을 쉽게 실행한다. 이에 반해 REST는 도메인 모델링 및 대량 데이터 처리에 이상적이다.

③ RPC는 API 설계에 대한 오래된 접근 방식이므로 UDP 또는 TCP를 사용한다. 이에 반해 REST는 HTTP를 사용하여 네트워크를 통해 통신한다.

④ RPC는 제어가 양 당사자 간에 번갈아 나타나는 응용 프로그램에서 탁월하다. 반면 REST는 호스트 이름, 경로, HTTP 메서드, 헤더, 요청 본문, 응답 본문 등에 연결된다.

062

난이도 ★★☆☆☆

[보기]와 관련된 프로토콜은 무엇인가? 가장 알맞은 답을 선택하시오.

> **보기**
>
> WLAN(무선 LAN)용 IEEE 802.11i 표준의 일부로 포함된 암호화 프로토콜이다. 원래 WLAN 보안 프로토콜인 악명 높은 WEP(Wired Equivalent Privacy)보다 더 안전한 암호화를 제공하도록 설계되었다. 이는 WLAN 제품의 WEP를 대체한 WPA(Wi-Fi Protected Access)에서 사용되는 암호화 방법이다. 이 알고리즘은 메시지 무결성 확인 기능을 가지고 있다. 원래 WEP 프로그래밍을 사용하지만, 시작과 끝에서 추가 코드를 '래핑(wraps)'하여 캡슐화하고 수정한다. WEP와 마찬가지로 RC4 스트림 암호화 알고리즘을 기본으로 사용한다.

① TKIP(Temporal Key Integrity Protocol)

② EAP(Extensible Authentication Protocol)

③ CCMP(Counter Mode Cipher Block Chaining Message Authentication Code Protocol)

④ PAP(Password Authentication Protocol)

063

난이도 ★★☆☆☆

[보기]는 무엇을 설명한 것인가? 가장 알맞은 답을 선택하시오.

> **보기**
>
> IP주소를 도메인 이름으로 변환하기 위해 네임 서버에 설정하는 특수 도메인이다. 이를 네임 서버에 등록해 놓으면 IP주소에 대응하는 도메인 이름(kr, com 등의 최상위 도메인을 포함한 도메인 이름)을 조회할 수 있다.

① Refactoring Domain

② Reverse Domain

③ Backward Domain

④ Backtracking Domain

064

난이도 ★★★☆☆

보안 전자 거래(SET)는 네트워크, 특히 인터넷을 통해 신용 카드 거래를 보호하기 위한 통신 프로토콜 표준이다. 다음 중 이와 관련된 암호 알고리즘으로 관련이 없는 것은 무엇인가?

① 1024비트 RSA ② 256비트 Rijndael

③ 56비트 DES ④ 160비트 SHA-1

065

난이도 ★★★★☆

네트워크 상에서 라우터와 라우터 사이를 경유하면서 목적지까지 패킷이 도착하는 과정을 라우팅이라고 한다. 라우팅 알고리즘에선 동적 라우팅(Dynamic Routing)이 사용되는데, Autonomous System의 내부에서 수행되는 IGP와 AS와 AS간에 사용되는 EGP가 있다. 다음 중 IGP와

EGP 분류 관점에서 다른 알고리즘과 다른 하나는 무엇인가?

① Border Gateway Protocol
② Open Shortest Path First
③ Routing Information Protocol
④ Enhanced Interior Gateway Routing Protocol

066
난이도 ★★★☆☆

다음 중 거리 벡터 라우팅과 링크 상태 라우팅 간의 주요 차이점을 잘못 설명한 것은 무엇인가?

① 거리 벡터 라우팅은 구현 및 관리가 간단하다. 반면, 링크 상태 라우팅은 복잡하며 훈련된 네트워크 관리자가 필요하다.
② 거리 벡터 라우팅은 최소 비용을 기준으로 최상의 경로를 계산한다. 반면, 링크 상태 라우팅은 거리(최소 홉 수)를 기반으로 최상의 경로를 계산한다.
③ 거리 벡터 라우팅에서 라우터는 이웃 관점에서 토폴로지 정보를 수신한다. 반면, 링크 상태 라우팅에서 라우터는 네트워크 토폴로지에 대한 완전한 정보를 수신한다.
④ 거리 벡터 라우팅의 수렴 시간은 느리며 일반적으로 무한 수 문제로 인해 어려움을 겪는다. 반면, 링크 상태 라우팅의 수렴 시간이 빠르며 더 안정적이다.

067
난이도 ★★★☆☆

다음 중 WPA(Wi-Fi Protected Access) 보안으로 지원하는 기능과 가장 관련이 없는 것은 무엇인가?

① 사용자 인증　　② 접근 통제
③ 안전한 핸드오프　④ 데이터 기밀성

068
난이도 ★★★☆☆

일반적인 DNS 쿼리에서 사용자가 입력한 URL은 4개의 서버를 거쳐야 IP 주소가 제공된다. 4개의 서버는 서로 협력하여 클라이언트에 올바른 IP 주소를 가져온다. 이와 관련된 4개의 서버와 가장 관련이 없는 것은 무엇인가?

① Resource center server
② Root nameserver
③ Authoritative nameserver
④ DNS recursor

069
난이도 ★★☆☆☆

웹 캐시 중독은 공격자가 웹 서버 및 캐시의 동작을 악용하여 유해한 HTTP 응답을 다른 사용자에게 제공하는 기술이다. 공격자는 중독된 웹 캐시를 사용하여 취약점을 악용하여 사용할 수 있다. 다음 중 이와 관련된 취약점과 가장 거리가 먼 것은 무엇인가?

① Cross-site scripting
② Open redirection
③ JavaScript injection
④ Man-in-the-middle attack

070
난이도 ★☆☆☆☆

이것은 OASIS에 개발된 프로토콜로 이메일, 데이터베이스 및 저장 장치를 포함하여 키 관리 시스템과 암호화 지원 애플리케이션 간의 통신을 가능하게 한다. 이 프로토콜은 무엇인가?

① KMIP(Key Management Interoperability Protocol)
② SSL(Secure Socket Layer)
③ DSS(Digital Signature Standard)
④ IPsec(Internet Protocol Security)

071

난이도 ★★★☆☆

[보기]는 공유 서비스 기술 표준 적용으로 무엇을 설명한 것인가? 가장 알맞은 답을 선택지에서 고르시오.

> **보기**
>
> 블로그 항목, 뉴스 헤드라인, 최신 부동산, 자동차 목록 등과 같이 자주 업데이트되는 작업을 표준화된 형식으로 게시하는 데 사용되는 웹 피드 형식이다. 피드(또는 '채널')에는 요약 설명, 사진, 기능 등이 포함된다. 일반적으로 신규 정보 자원을 미리 요청한 정보 구독자에게 단방향(Read Only)으로 공지하는 형태로 배포하는 XML 표준안이다.

① REST(REpresentational State Transfer)

② SOAP(Simple Object Access Protocol)

③ RSS(Really Simple Syndication)

④ Atom

072

난이도 ★★☆☆☆

[보기]는 무엇을 설명한 것인가? 가장 알맞은 답을 선택하시오.

> **보기**
>
> 컴퓨터 네트워킹에서 프로토콜 번호 132를 사용하는 전송 계층 프로토콜의 하나로서, 잘 알려진 프로토콜인 전송 제어 프로토콜(TCP), 사용자 데이터그램 프로토콜(UDP)과 비슷한 역할을 수행한다. TCP와 UDP의 동일한 서비스 기능들 가운데 일부를 제공한다. TCP처럼 연결 지향적 프로토콜이며 혼잡 제어를 통해 신뢰성 있는 순차적 메시지 전송을 보장한다.

① 스트림 제어 전송 프로토콜(SCTP)

② 데이터그램 혼잡 제어 프로토콜(DCCP)

③ 실시간 스트리밍 프로토콜(RTSP)

④ 경계 경로 프로토콜 (BGP)

073

난이도 ★☆☆☆☆

[보기]는 무엇을 설명한 것인가? 가장 알맞은 답을 선택지에서 고르시오.

> **보기**
>
> 보통 기계나 장치 간에 이루어지는 통신이나 통신 기술을 이야기한다. 기계나 장치 간에 이루어지는 통신은 무선 통신이나 유선 통신이 될 수 있는데, 특정한 통신 방식을 정해둔 것이 아니라 광범위한 의미로 사용되고 있다. 이 기술은 SCADA 및 원격 모니터링과 같은 다른 기술이 장비의 데이터를 원격으로 관리하고 제어하는 데 도움이 되는 제조 및 산업 환경에서 처음으로 채택되었다. 이후 의료, 비즈니스 및 보험과 같은 다른 부문에서도 진행되고 있다.

① IoT(Internet of Things)

② USN(Ubiquitous Sensor Network)

③ M2M(Machine-to-Machine)

④ IoE(Internet of Everything)

074

난이도 ★☆☆☆☆

5G에서 중요한 기술로, [보기]에 해당하는 내용은 무엇인가? 가장 알맞은 답을 선택하시오.

> **보기**
>
> 네트워크를 여러 개로 나누는 기술이다. 이 기술은 물리적인 하나의 네트워크를 가상화하여 분할해, 다수의 네트워크처럼 쓸 수 있게 한다. 각 네트워크는 가상화된 망 자원과 서버 내 자원을 보장받는다. 이는 동일 네트워크 하에서 각각의 서비스가 독립 네트워크로 다른 서비스의 영향을 받지 않으면서도 품질을 보장할 수 있다. 초고속, 초저지연, 초연결의 5G 서비스를 쾌적하게 누릴 수 있게 되는 것이다.

① 고 에너지 효율(Massive Machine Type Communication)

② 5G 네트워크 슬라이싱(Network Slicing)

③ Massive MIMO

④ 주파수 분할 다중화(Frequency Division Multiplex)

075

난이도 ★★☆☆☆

다음 중 SSL(Secure Socket Layer)과 SSH (Secure Shell)의 차이로 잘못 설명한 것은 무엇인가? 가장 관련이 없는 것을 선택지에서 고르시오.

① SSH는 포트 22, SSL은 포트 443이다.

② SSL은 SSL/TLS 인증서를 기반으로 하고, SSH는 네트워크 터널을 기반으로 한다.

③ SSH은 주로 웹 서버와 클라이언트(웹 브라우저) 간의 보안 연결에 사용되고, SSL은 일반적으로 원격 컴퓨터와의 보안 통신에 사용된다.

④ SSL 인증은 X.509 디지털 인증서(SSL/TLS 인증서)를 사용하여 수행하고, SSH 인증은 서버 인증, 세션 키 생성, 클라이언트 인증의 3단계 프로세스를 수행한다.

076

난이도 ★★☆☆☆

다음 중 차세대 방화벽(NGFW)의 특징으로 가장 관련이 없는 것은 무엇인가?

① 애플리케이션 제어(Application Control)

② 침입 방지 시스템(Intrusion Prevention System, IPS)

③ 심층 방어(Defense in Depth, DID)

④ 안티 바이러스(Antivirus)

077

난이도 ★☆☆☆☆

IEEE 802.1x 보안에서 EAP-MD5 인증 방식은 무선통신 이전에 사용자와 인증 서버 간 비밀번호의 공유를 통해서 이루어지나, 사용자의 패스워드가 노출되는 공격으로 인해 위험성이 존재한다. 다음 중 이와 관련된 공격으로 가장 해당하지 않는 것은 무엇인가?

① 재생 공격

② 중간자 공격

③ 가장 공격

④ 생일 공격

078

난이도 ★☆☆☆☆

다음 [보기]는 무엇을 설명한 것인가? 가장 알맞은 답을 선택하시오.

> **보기**
>
> 컴퓨터 보안 해킹의 일종이며, 변질된 도메인 네임 시스템 데이터가 DNS 리졸버(DNS resolver)의 캐시에 유입되어 네임 서버가 유효하지 않은 결과 레코드(예: IP 주소)를 반환한다. 이를 통해 공격자의 컴퓨터(또는 다른 컴퓨터)로 공격 우회가 가능하다. 즉, 손상된 DNS 데이터를 확인 장치의 캐시에 도입하는 것으로 이로 인해 네임 서버가 잘못된 IP 주소를 반환한다.

① DNS Cache Spoiling

② DNS Cache hijacking

③ DNS Cache Poisoning

④ DNS Cache Mirroring

079

난이도 ★☆☆☆☆

다음 [보기]와 관련된 내용은 무엇인가? 가장 알맞은 답을 선택하시오.

> **보기**
>
> 보안, 사물 인터넷, 에너지, 콘텐츠 기술, 긴급 관리 등의 기타 분야를 위한 표준의 개발, 컨버전스, 채택을 담당하는 민간 부분의 세계 최대 XML 비영리 기관이다.

① ISO

② W3C

③ ORACLE

④ OASIS

080
난이도 ★★☆☆☆

UDDI(Universal Description, Discovery and Integration)는 웹 서비스 관련 정보의 공개와 탐색을 위한 표준이다. 그렇다면 UDDI 레지스트리에 저장되는 정보와 가장 관련이 없는 것은 무엇인가?

① 핑크 페이지 ② 화이트 페이지
③ 엘로우 페이지 ④ 그린 페이지

081
난이도 ★★★☆☆

[보기]에 해당되는 내용은 무엇인가? 가장 알맞은 답을 선택하시오.

> **보기**
>
> 애드 혹 네트워크에서 동적 소스 라우팅(Dynamic Source Routing, DSR) 프로토콜의 문제점 해결을 위해 제안된 프로토콜이다.

① AODV ② DSDV ③ OSPF ④ EIGRP

082
난이도 ★☆☆☆☆

다음 중 속성이 다른 하나는 무엇인가? 가장 관련이 없는 것을 선택하시오.

① LDAP ② SAML
③ OAuth ④ OpenID Connect

083
난이도 ★★★☆☆

[보기]를 SAML 사용자 식별부터 권한을 부여하는 순서에 맞게 나열하시오.

> **보기**
>
> 가. ID 공급자는 사용자 이름과 암호 또는 기타 인증 요소를 입력하라는 메시지를 표시하여 사용자를 인증한다. (참고: 사용자가 이미 인증된 경우 ID 공급자는 이 단계를 건너뛴다.)
>
> 나. ID 제공자는 SAML 응답을 생성하여 사용자의 브라우저에 반환한다.
>
> 다. 웹 애플리케이션은 SAML 요청으로 응답한다.
>
> 라. 사용자는 브라우저를 열고 인증을 위해 ID 제공자를 사용하는 서비스 제공자의 웹 애플리케이션으로 이동한다.
>
> 마. 자격 증명 공급자가 SAML 요청을 구문 분석한다.
>
> 바. 확인에 성공하면 웹 애플리케이션이 사용자 액세스 권한을 부여한다.
>
> 사. 브라우저는 생성된 SAML 응답을 확인하는 서비스 제공자의 웹 애플리케이션으로 보낸다.
>
> 아. 브라우저는 SAML 요청을 ID 제공자에게 전달한다.

① 라→아→다→마→나→가→사→바
② 라→다→아→마→가→나→사→바
③ 라→사→아→가→마→나→다→바
④ 라→사→나→마→가→다→아→바

084
난이도 ★★☆☆☆

패킷 필터링 방화벽(Packet Filtering Firewall)에서 인터페이스를 통해 들어오는 패킷의 소스 IP에 대해 라우팅 테이블을 확인하여 들어온 인터페이스로 다시 나가는지 확인하는 기능은 무엇인가?

① Unicast RPF
② Ingress Filtering
③ Engress Filtering
④ Blackhole Filtering

085
난이도 ★★☆☆☆

다음 중 동적 WEP 보안으로 지원하는 기능과 가장 관련이 없는 것은 무엇인가?

① 부인 방지 ② 사용자 인증
③ 권한 검증 ④ 데이터 기밀성

086

난이도 ★★☆☆☆

인터넷 QoS(또는 IP QoS)는 서비스 사용자의 총체적 만족도를 의미하기 보다는 IP 기술에 의해 IP 패킷의 전달을 보장하려는 차원에서의 End-to-End 세션별 품질을 의미한다. 그렇다면 QoS의 주요 척도와 가장 관련이 없는 것은 무엇인가?

① 기밀성(Confidentiality)

② 지연 변이(Delay Variation)

③ 패킷 손실(Packet Loss)

④ 전송 지연(Delay)

087

난이도 ★★☆☆☆

EAI는 Enterprise Application Integration의 약자로, 전사적 응용 프로그램 통합이라고 한다. 기업, 기관, 단체 등에서 사용하는 모든 응용 프로그램을 상호 연계하여 통합하는 것을 말한다. 다음 중 EAI 구성요소와 가장 관련이 없는 것은 무엇인가?

① EAI Platform　　② EAI Socket

③ Adapter　　④ EAI Workflow

088

난이도 ★★★☆☆

이것은 PKI(Public Key Infrastructure)의 구성요소 중 하나이며 ISO/IEC 9594-8 표준이자 ITU-T 국제 표준인 인증서이다. 이 인증서 표준에는 버전, 일련번호, 알고리즘 식별자(OID), 발행자, 인증서 유효 기간, DN, 공개 키, CA 서명 값 등이 들어있다. 버전은 1부터 3까지 존재하며 버전3는 버전2에 비해 확장 구조를 제공한다. 이것은 무엇인가?

① X.500　　② X.509

③ X.510　　④ X.505

089

난이도 ★★★☆☆

ICMP를 이용하여 네트워크 상태를 점검하고 목적지 단말까지 라우팅 과정을 확인하는 도구에는 Ping, Tracert 등이 있다. Ping과 Tracert 도구를 사용할 때 네트워크의 라우팅 경로에 따라 Hop Count의 Limit을 지정하는 TTL(Time to Live) 값이 있는데, Ping에서 보이는 TTL 값으로 운영체제의 정보를 알 수 있다. 다음 중 TTL 값으로 알 수 있는 운영체제 정보로 적합한 것은 무엇인가?

① Redhat Linux=64

② Windows 10=256

③ Windows XP=256

④ HPUX=128

090

난이도 ★★★★☆

ARP(Address Resolution Protocol)는 다른 단말기를 IP 주소로 탐색할 때 실제로 그 단말기가 가진 MAC 주소를 찾아내는 프로토콜이다. ARP Header에는 16비트 크기의 OPCODE가 있으며 이 값은 ARP가 어떤 목적으로 동작하려는지를 의미한다. 다음 중 ARP OPCODE에 대한 설명으로 올바른 것은 무엇인가?

① 1=ARP Request

② 2=Reverse ARP Request

③ 3=ARP Reply

④ 4=Reverse ARP Reply

091

난이도 ★★★☆☆

SAML(Security Assertion Markup Language)은 ID 공급자와 서비스 공급자 간에 인증 및 권한 부여 데이터를 교환하기 위한 개방형 표준이다. 다음 중 SAML과 OAuth 차이점에 해당되지 않는 것은 무엇인가?

① OAuth는 부분적으로 SAML이 가진 모바일 플랫폼에 대한 결함을 보완하기 위해 개발되었고, XML이 아니라 JSON에 기초한다.

② OAuth는 공급자가 어떻게 인증 및 권한 부여 서비스를 동시에 제공할 수 있는지를 정의한다. 이와 달리 SAML은 권한 부여만 다룬다.

③ SAML은 이론적으로 개방된 인터넷에서 사용되도록 설계되었지만, 실제로는 기업 네트워크 내에서 싱글 사인온(SSO)에 가장 많이 도입되어 사용된다.

④ SAML과 OAuth는 서로를 보완하여 사용할 수 있다. 즉, SAML이 애플리케이션에 대한 액세스 권한을 부여하고 OAuth를 사용하여 보호된 리소스에 대한 액세스를 허용함으로써 두 프로토콜을 동시에 사용할 수 있다.

092

난이도 ★★★☆☆

침입 탐지 시스템은 다양한 형태와 네트워크 아키텍처 위에 구성할 수 있다. 다음 중, 침입 탐지 시스템을 DMZ 구간 내 포트 미러링(Port Mirroring) 형태로 구성할 때의 특징을 설명한 것으로 올바르지 않은 것은 무엇인가?

① 애플리케이션 서버와 데이터베이스 서버의 운영체제의 유형에 독립적이다.

② 네트워크로 유입되는 패킷에 대해 실시간으로 침입 여부를 탐지하는 데 유용하다.

③ 침입 탐지 시스템을 구축할 때 기존에 존재하던 네트워크 아키텍처의 구성에 대한 변경을 최소화할 수 있다.

④ 암호화된 네트워크 패킷에 대해서도 어느 정도 분석 및 침입 탐지가 가능하다.

093

난이도 ★★☆☆☆

일상생활에서 [보기]에 해당되는 내용을 사용하는 것은 무엇인가? 가장 알맞은 답을 선택하시오.

> **보기**
>
> 자유 공간에서 전파되는 빛을 사용하여 통신 또는 컴퓨터 네트워킹을 위한 데이터를 무선으로 전송하는 광통신 기술이다. 자유 공간은 공기, 우주 공간, 진공 또는 이와 비슷한 것을 의미하며 이것은 광섬유 케이블과 같은 고체를 사용하는 것과 대조된다. 이 기술은 높은 비용이나 기타 고려 사항으로 인해 물리적 연결이 비실용적인 경우에 유용하다.

① 광섬유(Optical Fiber)

② 저전력 블루투스(Bluetooth Low Energy, BLE)

③ 리모컨(Remote Control)

④ 고선명 멀티미디어 인터페이스(High Definition Multimedia Interface, HDMI)

094

난이도 ★★☆☆☆

금융 서비스를 제공하는 기업의 정보 처리 시스템은 내부망과 외부망을 분리하는 망 분리 기준을 강제화했다. 그러나 코로나 팬데믹 이후 재택근무와 원격 근무가 현실적으로 불가피해지면서 일시적으로 금융기관 망 분리 기준을 완화했다. 다음 중 금융 망 분리에 대한 잘못된 설명은 무엇인가?

① 원칙적으로 금융기관 내부망에서는 물리적 망 분리를 통해 외부망에 접속해야 한다.

② 코로나 기간 동안 일시적으로 완화된 망 분리 기준을 통해 재택근무 시 VDI(가상 데스크톱 인프라)로 내부망에 접속할 수 있다.

③ 현재 VDI 가상 환경을 이용한 원격 근무도 물리적 망 분리로 인정될 수 있다.

④ 금융 IDC(인터넷 데이터센터) 내부에서도 법으로 정해진 예외 기준에 허용된 경우 외부망 접근이 가능하다.

095
난이도 ★☆☆☆☆

다음 중 서비스로서의 방화벽(FWaaS)의 특징으로 가장 관련이 없는 것은 무엇인가?

① 저렴한 운영비

② 통합 보안 정책

③ 단순화된 배포 및 유지 관리

④ 유연한 배포

096
난이도 ★★☆☆☆

다음 중 제로 트러스트 네트워크 액세스(ZTNA) 대비, 가상 사설 네트워크(VPN)의 단점과 가장 관련이 없는 것은 무엇인가?

① 웹 사이트 차단 해제

② 리소스 활용도

③ 유연성 및 대응력

④ 세분화

097
난이도 ★★☆☆☆

다음 중 용도가 다른 프로토콜은 무엇인가? 가장 관련이 없는 것을 선택하시오.

① 단순 객체 액세스 프로토콜(SOAP)

② 터널링 프로토콜(L2TP)

③ 인터넷 키 교환 버전 2(IKEv2)

④ 보안 소켓 터널링 프로토콜(SSTP)

098
난이도 ★★★★☆

다음 [보기]에 해당되는 내용은 무엇인가? 가장 알맞은 답을 선택하시오.

> **보기**
>
> 인공위성을 이용해 위치를 결정할 수 있게 하는 체계이

며, 수신자가 지구에서 인공위성을 통해 수신자의 위치(경도와 위도), 주변 지도 등의 정보를 전송받고 목적지로 가는 쉬운 경로 따위를 유추할 수 있도록 도와주는 체계이다. 위성에서 발신된 전파를 수신기에서 수신하여 위성으로부터의 거리를 구하여 수신기의 위치를 결정한다.

① Skylack 　　② GNSS

③ KAGOS 　　④ SuperMAP

099
난이도 ★★★★☆

ICMP는 네트워크 운용/관리를 위한 목적으로 사용되거나 목적지 단말기의 상태를 확인하는 등 다양한 용도를 가졌다. ICMP(Internet Control Message Protocol) 헤더는 Type(8bit)과 Code(8bit)를 가지고 있다. ICMP의 메시지마다 고유한 Type 값과 Code 값을 가지는데, 다음 중 Type과 메시지가 잘못 매핑된 것은 무엇인가?

① 0: Echo Reply

② 3: Destination Unreachable

③ 9: Echo Request

④ 12: Parameter Problem

100
난이도 ★★★☆☆

네트워크에서는 송신 측과 수신 측 노드 간에 주고받는 패킷, 프레임의 흐름이 원활하게 교환되도록 흐름 제어 기능을 제공한다. 송신 노드가 전송하는 프레임이 너무 많은 양을 빠르게 전송한다면 수신 노드는 이를 버퍼에 담아두고 처리하지 못할 수 있으므로 허용 가능한 전송 단위의 크기인 (가)를 설정하게 된다. 이 크기는 네트워크의 상태와 노드의 처리 상황에 따라 흐름 제어를 통해 조정되면서 값이 달라진다. (가)에 들어갈 용어는 무엇인가?

① Flow Size   ② Window

③ Hop Count   ④ Frame Size

101   난이도 ★★☆☆☆

다음 중 가상 사설 네트워크(VPN)의 특징과 가장 거리가 먼 것은 무엇인가?

① 위치 변경

② 개인정보보호

③ SAML 2.0 기반 상호 인증

④ 웹 사이트 차단 해제

102   난이도 ★★★☆☆

TCP는 양단 간에 신뢰할 수 있는 연결을 제공하기 위한 오류 수정 기능을 지원한다. 오류 수정(Error Correction)은 전방 오류 수정과 후방 오류 수정으로 나눌 수 있는데, [보기]에서 후방 오류 수정에 해당하는 것을 모두 고르시오.

보기
가. CRC   라. Go-back N
나. Hamming Code   마. Stop and Wait
다. Selective Repeat ARQ

① 가, 나, 라   ② 가, 다, 라, 마

③ 다, 라, 마   ④ 라, 마

103   난이도 ★★★☆☆

[보기]에서 해커의 공격 기법인 스니핑에 대한 설명이 올바르지 않은 것을 모두 고르시오.

보기
가. 공격 대상 시스템의 자원/서비스를 파괴하지 않는 수동적 공격 기법이다.
나. 네트워크 라우터 장비 건너편에서 전송되는 패킷을

가로챈다.

다. 단말 간에 주고받는 데이터를 암호화하는 것이 기본적인 대응 방법이다.

라. IEEE 802.11i 기반으로 스니핑이 가장 많이 수행된다.

마. 유선 네트워크뿐만 아니라 취약한 AP의 무선 네트워크도 공격 대상이다.

① 나, 라   ② 가, 라

③ 나, 라, 마   ④ 가, 나, 다

104   난이도 ★★★☆☆

일반적으로 SOAP(Simple Object Access Protocol)은 XML 기반의 메시지를 컴퓨터 네트워크에서 교환하는 프로토콜이다. 다음 중 SOAP의 종류와 가장 관련이 없는 것은 무엇인가?

① HTTPS   ② HTTP

③ SMTP   ④ JSON

105   난이도 ★★★★☆

다음 [보기]는 무엇에 대한 정의인가? 가장 알맞은 답을 선택지에서 고르시오.

보기
HTTP 헤더를 통해 제공되는 오래된 인터넷 보안 메커니즘으로, HTTPS 웹 사이트가 잘못 발급되거나 사기성 디지털 인증서를 사용하는 공격자의 가장에 저항할 수 있도록 한다. 서버는 이를 사용하여 동일한 도메인 이름에 대한 향후 연결의 인증서 체인에 나타나야 하는 공개 키 해시 집합을 클라이언트(예: 웹 브라우저)에 전달한다(크롬 아님).

① HPKP

② Except-CT

③ HSTS

④ SSL Planning

106

난이도 ★★☆☆☆

다음 [보기] 속 빈칸에 들어갈 내용으로 알맞은 것을 고르시오.

보기

인터넷 보안 연결 및 키 관리 프로토콜(ISAKMP)은 ( ) 패킷 형태 및 ( ) 포트에서 송수신되며 헤더에서 쿠키라는 이용자 ID를 주고받음으로써 제3자에 의한 서비스 거부(DoS)를 방지하는 규약이다.

① TCP, 500
② UDP, 500
③ TCP, 300
④ UDP, 300

107

난이도 ★★★☆☆

다음 [보기]와 관련된 프로토콜은 무엇인가? 가장 알맞은 답을 선택지에서 고르시오.

보기

IEEE 802.11 표준에 대한 IEEE 802.11i 수정 표준을 구현하는 무선 LAN 제품용으로 설계된 암호화 프로토콜로, 고급 암호화 표준(AES) 표준의 CBC-MAC(CCM 모드)를 사용하는 카운터 모드를 기반으로 데이터 기밀성을 위해 설계된 향상된 데이터 암호화 캡슐화 기술이다. 이것은 안전하지 않은 구식 프로토콜인 WEP(Wired Equivalent Privacy)가 제시하는 취약점을 해결하기 위해 만들어졌다. 다양한 인증/암호화 기술 중에서 가장 보안성이 뛰어난 방식으로 알려졌다.

① WPA(Wi-Fi Protected Access)
② TKIP(Temporal Key Integrity Protocol)
③ WEP(Wired Equivalent Privacy)
④ CCMP(Cipher Block Chaining Message Authentication Code Protocol)

108

난이도 ★★★☆☆

라우팅 인증(RPKI) 체계의 구성으로 가장 관련이 없는 것은 무엇인가? 해당하지 않는 것을 선택하시오.

① RIR(Regional Internet Registry)
② GIR(Global Internet Registry)
③ LIR(Local Internet Registry)
④ NIR(National Internet Registry)

109

난이도 ★★☆☆☆

다음 중 라우팅 인증(RPKI) 시스템 구성요소로 가장 해당하지 않는 것은 무엇인가?

① RPKI 캐시(Cache) 서버
② 저장소(Repository)
③ 루트(Root) 네임 서버
④ CA(Certificate Authority) 서버

110

난이도 ★☆☆☆☆

다음 [보기]에 관련된 내용은 무엇인가? 가장 알맞은 답을 선택하시오.

보기

네트워크 리소스를 최적화하고 변화하는 비즈니스 요구, 애플리케이션 및 트래픽에 신속하게 네트워크를 채택하는 데 도움이 되는 네트워크 가상화 및 컨테이너화에 대한 접근 방식이다.

① SD-WAN
② SDN(Software-Defined Networking)
③ NV(Network Virtualization)
④ NFV(Network functions virtualization)

111

난이도 ★★★☆☆

[보기] 속 빈칸에 들어갈 단어로 적절하지 않은 것은 무엇인가?

보기

Wi-Fi 6E는 ( ), ( ), ( )와 같은 Wi-Fi 6의 효율성 기능을 적용하여 6GHz 대역으로 확장함으로써 더욱

연속적인 스펙트럼을 제공하고 간섭을 줄인다. 기업은 Wi-Fi 6E를 통해 고화질 비디오와 같은 멀티 기가비트 속도를 요구하는 새로운 사용 사례를 지원할 수 있다.

① TWT(Target Wake Time)　② OFDMA

③ WPA3　④ HSDPA

112

난이도 ★★★☆☆

[보기]에 해당하는 내용은 무엇인가? 가장 알맞은 답을 선택하시오.

> **보기**
>
> 이더넷 케이블을 통해 데이터와 전원을 안정적으로 전송하는 시스템을 의미한다. 일반적인 카테고리 5 케이블 이상의 케이블을 필요로 한다. IEEE 802.3af 및 802.3at 표준에 의해 정의된 네트워킹 기능이며 이를 사용하면 기존 데이터 연결 상에서 이더넷 케이블을 통해 네트워크 장치에 전원을 공급할 수 있게 된다.

① Access Point WiFi 6E

② Stackable Switch

③ PoE(Power over Ethernet)

④ CNA(Converged Network Adapter)

113

난이도 ★★☆☆☆

DNS 데이터 대상의 '데이터 위조-변조 공격'을 방지하기 위한 인터넷 표준 기술로, DNS 데이터의 위조-변조 가능성을 원천적으로 차단하기 위해 공개 키 암호화 방식(Public Key Cryptography)의 전자 서명 기술을 DNS 체계에 도입하여 적용하였다. 공개 키 암호화 방식의 전자 서명 메커니즘은 금융권 등에서 널리 사용하는 공인인증서가 사용하고 있는 기술이기도 하다. 이와 관련된 기술은 무엇인가?

① DNS Lookup　② DNS Filtering

③ DNSSEC　④ Zone File

114

난이도 ★★★☆☆

이것은 5G에서 중요한 핵심 기술로, 기지국과 단말기가 서로 여러 개의 안테나를 이용하여 데이터를 송수신하는 기술을 말한다. 즉, 대용량의 데이터를 고속으로 전송하기 위해 다량의 안테나를 사용하여 무선데이터 전송 속도와 링크 안정성을 비약적으로 향상시킬 수 있는 기술이며, 에너지 소비를 최소화하면서 더욱 많은 사용자를 수용할 수 있다. 이 기술은 무엇인가?

① Beam tracking

② Zero-Forcing Beamforming

③ HSDPA+

④ Massive MIMO

115

난이도 ★★☆☆☆

다음 [보기]와 관련된 내용은 무엇인가? 가장 알맞은 답을 선택하시오.

> **보기**
>
> 중앙 집중식 소프트웨어 컴포넌트가 백엔드 시스템에 대한 통합을 수행하고(및 데이터 모델, 심층 연결, 라우팅 및 요청의 변환) 새 애플리케이션에서 재사용하기 위해 서비스 인터페이스로 사용할 수 있는 통합 및 변환을 수행하는 패턴이다. 이 패턴은 일반적으로 최고의 생산성을 보장하는 특별히 디자인된 통합 런타임과 도구 세트를 사용하여 구현된다. 즉, 서비스를 컴포넌트화된 논리적 집합으로 묶는 핵심 미들웨어이며, 비즈니스 프로세스 환경에 맞게 설계 및 전개할 수 있는 아키텍처 패턴이다.

① ESB(Enterprise Service Bus)

② SOAP(Simple Object Access Protocol) API

③ ETL(Extract, Transform, Load)

④ API Gateway

116

난이도 ★★★☆☆

다음 [보기]는 무엇을 설명한 것인가? 가장 알맞은 답을 선택하시오.

보기

호스트의 도메인 이름을 호스트의 네트워크 주소로 바꾸거나 그 반대의 변환을 수행할 수 있도록 하기 위해 개발되었다. 특정 컴퓨터(또는 네트워크로 연결된 임의의 장치)의 주소를 찾기 위해 사람이 이해하기 쉬운 도메인 이름을 숫자로 된 식별 번호(IP 주소)로 변환한다.

① DNS ② SRV ③ MX ④ PTR

117

난이도 ★★☆☆☆

일반적으로 무선공유기에서 제공하는 보안기술에서 가장 강력한 보안기능을 제공하는 것은 무엇인가?

① WEP ② WPA
③ WPA2 ④ IEEE 802.1x

118

난이도 ★★★★★

다음 [보기]에 해당하는 프로젝트의 이름은 무엇인가?

보기

구글이 소유한 세 번째 민간 국제 케이블이자 구글이 투자한 14번째 해저 케이블이다. SDM(Space-Division Multiplexing) 기술을 기반으로 하는 최첨단 인프라로 12개의 광섬유 쌍과 144Tbps, 이 지역에 서비스하기 위해 구축된 마지막 케이블보다 약 20배 더 많은 네트워크 용량이며 SDM 기술은 구글의 두 번째 개인 해저 케이블인 Dunant에 처음 배포되었다. 또한, 기존의 파장 수준 스위칭 방식이 아닌 광섬유 쌍 수준에서 광 스위칭을 통합한 최초의 해저 케이블이 될 예정이다.

① 에퀴아노(Equiano) 프로젝트
② 퀴리(Curie) 프로젝트

③ 애프리콧(Apricot) 프로젝트
④ 퍼미나(Firmina) 프로젝트

119

난이도 ★★☆☆☆

다음 중 무선 랜의 보안 기능과 가장 관련이 없는 것은 무엇인가?

① 데이터 무결성(Integrity)
② 데이터 책임 추적성(Accountability)
③ 부인 방지(Non-repudiation)
④ 접근 통제(Access Control)

120

난이도 ★★☆☆☆

IPSec 운용 모드에는 Tunnel 모드와 Transport 모드가 있다. 다음 중 상대적으로 다른 하나는 무엇인가? 선택지에서 가장 관련이 없는 것을 고르시오.

① 주로 상위 계층 프로토콜을 보호하기 위해 사용
② 원래의 IP 헤더는 대부분 그대로 이용하고 나머지 데이터 부분만 보호하는 방식
③ 호스트-호스트(종단 대 종단) 간에 주로 사용
④ IP 패킷 전체를 보호하고 그 위에 새로운 IP 헤더를 추가하는 방식

제 3 장

정보 보안

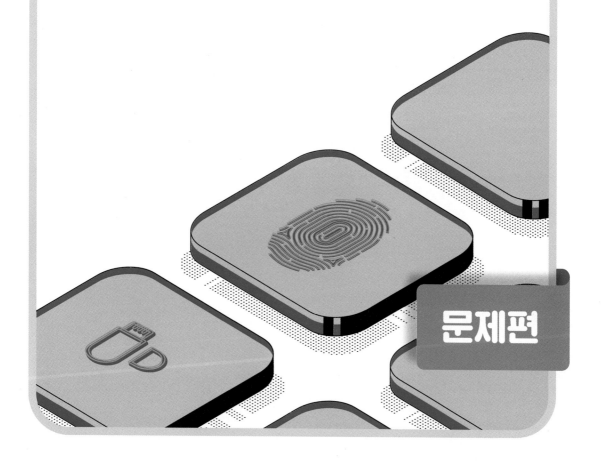

문제편

정보(Information)는 기업 및 조직, 단체, 국가의 핵심 자산이며, 정보 보안 시스템 구축과 전문 역량 강화는 필수 불가결한 항목이라고 할 수 있다. 기업이 다루는 자산과 고객 정보의 양은 날이 갈수록 증가하는 반면에 정보 시스템 인프라와 정보 보안 수준은 그에 따라가지 못할 때가 많은 것이 사실이다. 악의적인 공격자에 의해 정보 시스템이 파괴되거나 내부 직원에 의해 정보가 유출되는 경우, 기업의 비즈니스 연속성에 단절을 야기하고 고객의 만족도를 저하시키는 결과를 초래한다. 기업은 자산과 고객정보를 보호를 위해 암호화 및 인증, 접근 제어 등 다양한 기술을 활용해서 무결성, 기밀성, 가용성을 제공해야 한다. 또한 개인정보보호법 등 주요 컴플라이언스 이슈에 대한 대응도 긴밀하게 처리해야 하므로 개인정보에 대한 이해도 필요하다. 정보 보안 영역은 제5장 법규 및 제도와 함께 연계하여 학습하는 것을 추천하며, 여기서 다루는 주요 학습 요점은 다음과 같다.

- 대칭 키, 공개 키, 해시, 전자서명 등 암호학 관련 기술 이해

- 접근 제어 모델의 특징 및 정보보호 평가 인증제도 이해

- 웜, 바이러스, 트로이목마, 랜섬웨어 등의 공격기법 이해

- 다양한 공격기법에 대한 정보 보안 대응 방법 이해

- 개인정보보호 침해 이슈 및 보안 기술 이해

해설편 99p

001
난이도 ★★★☆☆

이것은 암호화 해싱 알고리즘으로, 암호 해싱 (Secure Password Hashing)에서 가장 권장된다. 룩셈부르크 대학의 Alex Biryukov, Daniel Dinu 및 Dmitry Khovratovich가 디자인했다. 현대 ASIC 내성 및 GPU 내성 보안 키 파생 기능이다. CPU 및 RAM 사용을 위한 비슷한 구성 매개변수의 경우보다 암호 크래킹 저항이 더 우수하다. 올바르게 구성된 경우 업계에서 가장 잘 사용할 수 있는 매우 안전한 KDF 기능으로 간주되므로 지갑, 문서, 파일 또는 앱 암호를 암호화할 때와 같이 키 파생 알고리즘에 대한 범용 암호로 사용할 수 있다. 이것은 무엇인가?

① PBKDF2　　　　② Argon2
③ BCrypt　　　　④ SCrypt

002
난이도 ★★★☆☆

[보기]에서 설명하는 블록체인의 공격 기법은 무엇인가? 선택지 중 알맞은 것을 고르시오.

보기

블록체인 노드는 P2P 통신 프로토콜을 통해 이웃 피어에 연결하여 트랜잭션을 처리하고 자체 블록체인 원장을 유지한다. 주어진 시간에 풀 노드는 일반적으로 네트워크에 따라 8개(비트코인)에서 13개(이더리움) 인접 노드와 통신한다. 이 공격은 인접 피어에 대한 액세스를 차단하여 피해자 노드를 격리한 다음 잘못된 트랜잭션 정보로 피해자 노드를 속이려고 한다.

① Eclipse Attack

② Sybil Attack

③ Border Gateway Protocol(BGP) Hijacking or Routing Attack

④ Cryptojacking Attack

003
난이도 ★★☆☆☆

[보기]는 무엇에 대한 정의인가? 선택지에서 가장 알맞은 답을 고르시오.

보기

프로그램의 요구 사항 구현에는 기여하지 않지만, 본래 호환성이 없는 부분끼리 결합하기 위해 작동하는 코드, 즉 문제 해결이 가능하고 다른 소프트웨어의 컴포넌트와 연결이 가능해야 하며, 코드를 작성하되 그 코드가 컴포넌트에 결정적인 행동에 영향을 미치지는 않게 해도 올바르게 작동해야 한다. 요약하면 함수명, 반환값, 그리고 필요하다면 쓰는 약간의 변수 외에 모든 것을 컴포넌트가 처리할 수 있어야 한다.

① Lua　　　　② Scripting Language
③ Ruby　　　　④ Glue Code

004
난이도 ★★★☆☆

NVD는 SCAP(Security Content Automation Protocol)를 사용하여 표시되는 표준 기반 취약성 관리 데이터의 미국 정부 저장소이다. 이와 관련하여 선택지 중 가장 거리가 먼 것은 무엇인가?

① 프로세스 방법론(Process Methodology)
② 보안 체크리스트 참조 데이터베이스(Databases of Security Checklists)
③ 잘못된 구성(Misconfigurations)
④ 보안 관련 소프트웨어 결함(Security Related Software Flaws)

005
난이도 ★★☆☆☆

디지털 서명(Digital Signature)은 네트워크에서 송신자의 신원을 증명하는 방법으로, 송신자가 자신의 비밀 키로 암호화한 메시지를 수신자가 송신자의 공용 키로 해독하는 과정이다. 다음 중 디지털 서명의 요구 사항과 가장 관련이 없는 것은 무엇인가?

① 분쟁 해결(Judge)
② 구별 불능(Indistinguishable)
③ 위조 불가(Unforgeable)
④ 재사용 불가(Not Reusable)

006
난이도 ★☆☆☆☆

다음 중 봇넷(Botnet)을 사용하여 공격할 수 있는 일반적인 방법에 해당되지 않는 것은 무엇인가?

① 무차별 대입 공격(Bruteforce Attack)
② 분산 서비스 공격(DDoS)
③ 스웜 공격(Swarm Attack)
④ 피싱 사기(Phishing)

007
난이도 ★★☆☆☆

위협 행위자가 웹 서버를 손상시키고 추가 공격을 시작할 수 있도록 하는 악성 스크립트이다. 위협 행위자는 먼저 시스템이나 네트워크에 침투한 다음 이를 설치한다. 이후 시점부터는 대상 웹 응용

프로그램 및 연결된 시스템의 영구적인 백도어로 사용한다.

① 루트킷(Rootkit)
② 웹 셸(Web Shell)
③ 부트킷(Bootkit)
④ 트로이 목마(Trojan Horse)

008
난이도 ★★★☆☆

OSSTMM 각 섹션에서 기록된 모든 항목에는 값이 할당된다. 이 값을 계산하여 섹션의 위험 평가 값(RAV)을 결정하는데, RAV는 테스터에 관계없이 일관되고 반복 가능한 방식으로 보안을 측정하는 데 사용된다. RAV의 기본 기능은 테스트 결과를 분석하여 3가지 요소를 기반으로 실제 보안 가치를 계산하는 것이다. 이와 관련하여 다음 중 가장 관련이 없는 것은 무엇인가?

① 운영 보안(Operational Security)
② 손실 통제(Loss Controls)
③ 관리 보안(Management Security)
④ 제한(Limitations)

009
난이도 ★☆☆☆☆

이것은 비대칭 키(공개 키) 암호화 알고리즘의 하나이며, 대한민국 KISA에서 개발한 전자 서명 알고리즘이다. 이 알고리즘은 1998년 TTA에서 국내 표준으로 제정되기도 했다. 이 비대칭 키 암호화 알고리즘은 ElGamal 방식을 변형한 것으로, 이산 대수의 수학적 어려움을 기반으로 한다. 이것은 무엇인가?

① ECC
② SEED
③ KCDSA
④ MD5

010

난이도 ★★☆☆☆

[보기]의 내용은 무엇의 정의를 설명한 것인가? 가장 알맞은 답을 선택하시오.

> **보기**
>
> 컴퓨터 메모리 기반 아티팩트(예: RAM)로만 존재하는 컴퓨터 관련 악성 소프트웨어의 변종으로 활동의 어떤 부분도 컴퓨터의 하드 드라이브에 기록하지 않는다. 즉, 파일 기반 화이트리스트, 서명 감지, 하드웨어 검증, 패턴 분석, 타임 스탬프 등을 통합하는 기존 안티 컴퓨터 포렌식 전략에 매우 강하다. 디지털 포렌식 수사관이 불법 활동을 식별하는 데 사용할 수 있는 증거를 거의 남기지 않는다.

① Fileless Malware

② Apple Worm

③ Leech Malware

④ Youngblood Malware

011

난이도 ★★☆☆☆

DES(Data Encryption Algorithm) 암호화는 과거 비밀 키 암호화의 표준으로 사용되었지만 안전성에 이슈로 인해 3DES로 교체된 후에 현재는 사용되지 않는다. 2000년경 미국 NIST에서 3DES를 대체할 안전성이 높은 비밀 키 암호화 알고리즘 (가)를 선정했다. (가) 암호화는 128비트 길이의 블록과 세 가지 길이의 키(128, 192, 256비트)를 갖추도록 요구되었으며 최종적으로 Rijndael 알고리즘이 (가) 암호화로 선정됐다. (가)에 들어갈 용어는 무엇인가?

① ARIA

② AES

③ ECC

④ SEED

012

난이도 ★★★☆☆

개인정보보호법에 따르면 정보 처리 시스템에서 다루는 고객의 주민 등록 번호 등 주요 개인정보에 암호화를 적용해야 한다. 데이터베이스 암호화는 API 방식과 Plug-In 방식으로 크게 나눌 수 있다. [보기] 중 API 방식 암호화의 특징에 해당되는 것을 모두 고르시오.

> **보기**
>
> 가. 데이터베이스 테이블에는 암호화가 적용된 값으로 저장된다.
>
> 나. 운영 중인 애플리케이션에 적용할 경우 프로그램 소스 코드의 변경이 필요하므로 공수 산정을 고려해야 한다.
>
> 다. API 방식은 Plug-in 방식에 비하여 데이터베이스 자원과 성능에 영향을 받게 된다.
>
> 라. DBMS 솔루션의 변경에 영향을 많이 받기 때문에 투명성 제고가 필요하다.
>
> 마. 애플리케이션 사용량 증가에 따른 암호화 솔루션 성능 영향도를 PoC로 검증해야 한다.

① 가, 나, 라

② 나, 다, 마

③ 가, 나, 마

④ 가, 나, 라, 마

013

난이도 ★★☆☆☆

사회 공학기법의 하나로 신규 투자자의 투자금으로 기존 투자자의 수익을 메우는 수법의 사기를 의미하는 것은 무엇인가?

① 베이팅

② 스피어피싱

③ 화이트 베어

④ 폰지 사기

014 난이도 ★★☆☆☆

악성 공격자들은 정체를 숨긴 채 기존 멀웨어 탐지를 회피하는 악성 코드를 개발하고 있다. 특히 새로운 종류의 멀웨어는 선택지와 같은 정보를 통해 분석 환경을 감지하고 우회를 시도한다. 이때 악성 공격자들이 활용하는 정보와 가장 거리가 먼 것은 무엇인가?

① 도구 사용(Instrumentation)

② 환경 상세 정보 및 시스템 구성 파악

③ 사용자 활동

④ 제로데이 취약점 분석

015 난이도 ★★★★☆

[보기]는 무엇에 대한 공격 방법인가? 가장 알맞은 답을 고르시오.

> **보기**
>
> 암호학적 해시 함수의 공격 방식으로, 해시 함수의 출력값이 같은 새로운 입력값을 찾는 해시 충돌 공격 방법이다.
> - 제1공격: 해시값이 주어져 있을 때 그 해시값을 출력하는 입력값을 찾는다.
> - 제2공격: 입력값이 주어져 있을 때 그 입력과 같은 해시값을 출력하는 다른 입력값을 찾는다.

① Birthday Attack

② Collision Attack

③ Length Extension Attack

④ Preimage Attack

016 난이도 ★★★☆☆

다음 중 블록체인에서 51% 공격의 완화 방법으로 가장 적절한 것은 무엇인가?

① 연결된 피어의 수를 늘리고 노드 선택을 무작위화하면, 공격자가 적어도 같거나 더 많은 수의 악성 노드로 확장해야 하므로 악용 가능성을 줄일 수 있다.

② 참여 노드가 해시 파워에 지출하도록 요구하고 노드 당 상당히 많은 수의 토큰을 스테이킹하도록 요구하는 것과 같이 악의적인 행위자가 달성할 수 없는 상당한 양의 리소스를 소비하도록 요구하는 것이다.

③ 계약 소유권을 유지하기 위해 스마트 계약이 올바르게 초기화되었는지 확인한다.

④ 네트워크의 해시 비율이 최대화되고 지리적 및 비중앙 집중적으로 분산되어 단일 개체 또는 개체가 네트워크 해시를 공모하여 제어할 수 없도록 모니터링하고 확인한다.

017 난이도 ★★☆☆☆

[보기]는 Evil Twin Attack 과정이다. 순서를 올바르게 나열하시오.

> **보기**
>
> 가. 가짜 종속 포털 설정(Setting up a fake captive portal)
> 나. Wi-Fi 액세스 포인트 설정(Setting up a Wi-Fi access point)
> 다. 올바른 위치 찾기(Looking for the right location)
> 라. 피해자 데이터 도용(Stealing victims' data)
> 마. 희생자가 사악한 쌍둥이 Wi-Fi에 연결하도록 독려하기(Encouraging victims to connect to the evil twin Wi-Fi)

① 다 → 나 → 마 → 가 → 라

② 다 → 마 → 가 → 나 → 라

③ 가 → 다 → 나 → 라 → 마

④ 가 → 나 → 다 → 마 → 라

018   난이도 ★★☆☆☆

다음 중 워터링 홀(Watering Hole) 공격 기법의 요소와 가장 거리가 먼 것은 무엇인가?

① 딥웹(Deepweb) 스캐닝
② 웹 서버 취약점
③ 어도비 플래시 플레이어 취약점
④ 인터넷 브라우저 취약점

019   난이도 ★★★★☆

보안 전문가인 David J. Bianco는 2013년 위협 사냥 및 사고 대응을 연구하면서 IOC의 적용 가능성을 개선하기 위해 이 개념을 고안하였다. 이는 위협 행위자에 대한 영향과 보안 분석가의 노력에 따라 오름차순으로 정렬된 6가지 유형의 공격 지표를 각각 나타낸다. 각 수준은 공격자의 활동을 탐지하기 위해 사용할 수 있는 다양한 유형의 IOC를 보여준다. 이는 무엇에 대한 설명인가? 가장 올바른 것을 선택하시오.

① The Cave of joy
② The Salt of Arabia
③ The Flash of light
④ The Pyramid of Pain

020   난이도 ★★☆☆☆

[보기]가 설명하는 것은 무엇인가? 선택지 중 알맞은 것을 고르시오.

> **보기**
>
> Slow 계열의 DDoS 공격으로, Content-Length를 큰 값으로 입력하고 장시간에 걸쳐서 분할 전송하면 서버는 POST 데이터가 모두 수신되지 않았다고 판단하여 연결을 장시간 유지시켜서 DoS 상태를 유발한다.

① LDAP 삽입
② Rudy Attack
③ Teardrop Attack
④ Snort Rule Attack

021   난이도 ★★☆☆☆

[보기]에서 설명하는 공격은 무엇인가? 선택지에서 올바른 것을 고르시오.

> **보기**
>
> 출발지(Source) IP와 목적지(Destination) IP가 같은 패킷을 만들어 보냄으로써 수신자가 자신에게 응답을 보내게 하여 시스템의 가용성을 침해하는 공격으로 대응 방법으로는 방화벽에서 출발지와 목적지 IP가 같으면 해당 패킷을 차단한다.

① Ping of Death Attack
② Land Attack
③ Smurf Attack
④ TCP SYN Flooding Attack

022   난이도 ★★★☆☆

다음 [보기]는 무엇을 설명한 것인가? 선택지에서 올바른 것을 고르시오.

> **보기**
>
> 취약점 데이터베이스인 CVE(Common Vulnerabilities and Exposures)를 감독하는 비영리 단체로, 사이버 공격 전술 및 기술에 대한 정보를 기반으로 하는 보안 프레임워크를 제공한다. 실제 사이버 공격의 다양한 단계에서 사용한 악성 행동에 대한 문서화된 정보 모음으로 이러한 그룹의 관찰된 전술(그들이 달성하려는 기술적 목표), 기술(사용 방법) 및 절차(기술의 특정 구현)에 대한 자세한 설명이 포함된다.

① MITRE ATT&CK
② CROWDSTRIKE
③ Lockheed Martin Cyber Kill Chain
④ Cyber Storm

023
난이도 ★★☆☆☆

봇넷(Botnet)에 감염되면 좀비 컴퓨터는 다음과 같은 관리자 수준에서 작업을 수행할 수 있다. 이와 관련하여 가장 관련이 없는 것은 무엇인가?

① 모든 애플리케이션 설치 및 실행
② 시스템 데이터 읽기 및 쓰기
③ 사용자 활동 모니터링
④ 파일 사용 불가능 상태로 암호화

024
난이도 ★★★☆☆

OSSTMM은 침투 테스트 방법론뿐만 아니라, 기업 보안 전략과 품질 향상에 집중되어 있으며 침투 시험, 윤리적 해킹, 보안 평가, 취약점 등 거의 모든 감사 유형에 적용될 수 있다. OSSTMM 방법론은 각 분야에 대한 테스트 모듈 형태로 구성되어 있으며, 기술적인 관점의 방법론은 4가지 핵심 그룹으로 나뉜다. 이와 관련하여 감사인이 각 기능 자산을 평가하고 분석할 수 있는 방향을 결정하는 것으로 가장 관련성이 있는 것은 무엇인가?

① Index
② Scope
③ Channel
④ Vector

025
난이도 ★★★☆☆

이것은 SMTP(Simple Mail Transfer Protocol)와 DNS(Domain Name Server) 등 많은 서비스에서 데이터의 무결성을 제공하기 위해 사용되는 암호화 알고리즘이다. 기존에 사용되던 암호화 알고리즘을 개선하기 위해 제시되었고 평문 데이터를 128비트 길이의 고정 메시지로 압축하는 해시 알고리즘이다. 이 암호화 알고리즘은 RFC 1321 표준으로 제정되었으며 많은 서비스에 사용되어 왔지만 현재는 안전성에 약점이 발견되어 다른 알고리즘으로 대체하는 것이 필요하다. 이 알고리즘은 무엇인가?

① SHA-1　　　② MD5
③ MD4　　　④ ECC

026
난이도 ★★★☆☆

다음 중 시큐리티 테스트 방법론(Security testing methodologies)에 해당하지 않는 것은 무엇인가?

① Web Penetration Testing & Security Response Methodologies(WPT & SRM)
② Open Source Security Testing Methodology Manual(OSSTMM)
③ Open Web Application Security Project(OWASP) Top Ten
④ Web Application Security Consortium Threat Classification(WASC-TC)

027
난이도 ★☆☆☆☆

기업에서는 보안 장비를 투자하여 악성 코드가 들어올 수 있는 네트워크 경로에 방어 장비를 설치하고 모니터링을 강화하고 있지만, 랜섬웨어에 감염되어 피해를 입는 사례는 줄지 않고 있다. 다음 중, 랜섬웨어에 감염되는 대표적인 3가지 사례와 거리가 먼 것은 무엇인가?

① 위장 악성 코드
② 스피어피싱
③ 익스플로잇 공격
④ Drive by download

028

난이도 ★★☆☆☆

데이터베이스는 개념 모델링, 논리 모델링, 물리 모델링 단계를 거치면서 요구 사항이 실질적인 데이터베이스, 테이블 스페이스, 테이블, 개체로 구체화된다. 논리 모델링 단계에서 가장 중요한 작업인 정규화(Normalization)는 일반적으로 제3정규화 수준까지 진행하는 것이 일반적이다. 다음 중, 정규화가 제공하는 이점은 무엇인가?

① 중복된 데이터를 최소화할 수 있다.
② 데이터베이스의 동시성 유지에 도움을 준다.
③ 테이블 조회 시 읽기 성능을 향상시킬 수 있다.
④ SQL 작성 시 더 쉽고 짧게 개발할 수 있다.

029

난이도 ★★★☆☆

[보기]에서 일반적으로 암호화 알고리즘의 안전성 즉, 악의적인 공격으로부터 평문을 복호화 하지 못하도록 하는 정도를 결정하는 요소는 무엇인가?

보기

가. 평문의 길이	라. 알고리즘의 구조
나. 키의 길이	마. 라운드 횟수
다. 블록의 길이	바. 평문의 복잡도

① 가, 다, 바   ② 나, 다, 라, 마
③ 나, 라, 마   ④ 가, 마, 바

030

난이도 ★★★☆☆

[보기]의 내용은 무엇인가? 가장 알맞은 답을 선택하시오.

보기

시스템 사용자를 추적하는 내부 위협, 표적 공격 및 금융 사기 탐지에 대한 사이버 보안 프로세스이다. 인간 행동 패턴을 살펴본 다음 이를 분석하여 잠재적 위협을 나타내는 이상 징후를 탐지한다. Apache Hadoop과 같

은 빅 데이터 플랫폼은 내부 위협 및 지능형 지속적 위협을 탐지하기 위해 페타바이트 규모의 데이터를 분석하여 기능을 높이고 있다.

① UBA   ② SIEM
③ IDS/IPS   ④ RAF

031

난이도 ★★☆☆☆

보안 관점에서 신뢰할 수 없는 공개된 네트워크인 인터넷에서 두 노드 간에 데이터를 전송하기 위해서 '전자 봉투' 기술이 사용된다. 전자 봉투를 사용하면 A 노드에서 B 노드로 데이터를 전송할 때 기밀성을 보장할 수 있게 된다. 다음 중, 전자 봉투 기술에 대한 설명으로 올바른 것은 무엇인가?

① 전자 봉투를 사용하면 송신자의 부인 방지와 인증 기능을 제공할 수 있다.
② 송신자 A는 평문을 수신자 B의 공개 키로 암호화해서 전송한다.
③ 송신자 A는 평문에 사용한 암호 키 K를 수신자 B의 공개 키로 암호화해서 평문에 대한 암호문과 함께 전송한다.
④ 전자 봉투를 사용하면 수신자의 수신 부인 기능과 메시지 무결성 기능을 제공할 수 있다.

032

난이도 ★★☆☆☆

다음 중 여러 사회 공학기법(Social Engineering Attack) 공격과 그 대응 방법이 잘못 연결된 것은 무엇인가?

① 공격: 피자 배달부가 일반 직원과 함께 같이 뒤따라서 사무실로 들어가려고 한다.
대응 방법: 게이트 출입 전, 피자를 주문한 사람에게 전화를 걸어 문을 열어줄 것을 부탁하라고 한다.

② 공격: 먼저 연락한 사람이 개인정보를 요구하며 계속적으로 의심스러운 대화 요청을 시도한다.

대응 방법: 대화가 의심스럽다면 전화를 먼저 끊고 이후 공개된 공식 전화번호로 전화를 다시 걸어 확인해 본다.

③ 공격: 구매 대금으로 많은 돈을 송금해야 하는데, 기존에 송금했던 계좌번호와 회사가 일치하지 않는다.

대응 방법: 일정 금액 이상 송금이 필요한 경우, 금액별로 관계된 관리자 및 임원의 결재를 공식적으로 받도록 한다.

④ 공격: GLBA 적용을 받는 금융업체이며, 불법적으로 송수신 간 고객의 정보를 탈취하여 유출시켰다.

대응 방법: 세이프가드 규정을 통해 불법 당사자는 벌금을 책임져야 하며, 이후 고객의 정보를 유출시키지 못하도록 모든 문서는 EUTL 리스트에 AATL 인증서를 활용하여 전자 서명을 사용한다.

033 난이도 ★★★☆☆

FIPS 140-2에는 4가지 보안 레벨이 정의되어 있다. 다음 [보기]는 어떤 레벨을 지칭하는 것인가?

> **보기**
>
> 분해나 변용하기 어렵도록 물리적 부당 변경 방지 기술을 추가하여 해킹을 극도로 어렵게 만들어야 한다. 부당 변경이 감지되면 해당 장치는 중대한 보안 변수를 삭제할 수 있어야 한다. 또한, 이 레벨은 강력한 암호화 보호 및 키 관리, ID 기반 인증 및 중대한 보안 변수가 입출력되는 인터페이스 간의 물리적/논리적 분리를 요구한다.

① 레벨 1
② 레벨 2
③ 레벨 3
④ 레벨 4

034 난이도 ★★☆☆☆

[보기]와 같은 일반적인 IoT 공격으로 발생 및 초래할 수 있는 결과로서 가장 관련이 없는 것은 무엇인가? 선택지에서 가장 해당하지 않는 것을 고르시오.

> **보기**
>
> **일반적인 IoT 공격**
>
> 가. 센서와 같은 하드웨어에 대한 공격(Striking against hardware such as sensors)
>
> 나. IoT 장치 스푸핑(Spoofing IoT devices)
>
> 다. 네트워크 또는 서버 스푸핑(Spoofing networks or servers)
>
> 라. 취약성 악용(Exploiting vulnerabilities)

① 암호화 공격(Encryption Attacks)
② 싱크홀(Sinkholes)
③ Living off the Land attack(LotL) 공격
④ 중간자 공격(Man-in-the-middle attacks)

035 난이도 ★☆☆☆☆

공격자들이 log4j 취약점을 악용할 때 몇 가지 사전 준비가 필요하다. 이러한 공격 자원은 공격자가 직접 서버를 구매하여 구축하거나 정상적인 서비스를 운영 중인 서버를 해킹하여 사용하기도 한다. 이와 관련되어서 준비해야 할 서버로 다음 중 가장 관련이 없는 것은 무엇인가?

① 쿼리 송신 서버
② 메시지 서버
③ 악성 코드 유포 서버
④ 쿼리 수신 서버

036

난이도 ★★☆☆☆

정보 및 사이버 보안 영역에서 조직에 대한 가장 심각한 위협은 종종 직원에게서 비롯되는 내부 위협이다. 다음 중 모든 내부 위협을 완화시키는 방법에 가장 해당되지 않는 것은 무엇인가?

① 정책 및 절차(Policies and procedures)

② 고용 관행(Hiring practices)

③ 자동화(Automation)

④ 외부 감사(External audit)

037

난이도 ★☆☆☆☆

[보기]의 내용은 무엇을 설명한 것인가? 선택지에서 올바른 것을 고르시오.

> **보기**
>
> 인터넷에 연결되어 있으면서 위협과 피해를 입은 여러 컴퓨터의 집합을 가리킨다. 사이버 범죄자가 트로이 목마 또는 악성 소프트웨어를 이용해 빼앗은 다수의 좀비 컴퓨터로 구성되는 네트워크라고 볼 수 있다.

① 웜봇(Worm Bot)

② 개미봇(Ant Bot)

③ 웹 크롤러(Web Crawler)

④ 봇넷(Botnet)

038

난이도 ★★☆☆☆

[보기]에 해당하는 멀웨어는 무엇인가? 선택지 중 올바른 것을 고르시오.

> **보기**
>
> 이것은 납치된 대상에 대한 몸값을 의미하는 '랜섬'과·소프트웨어'의 합성어인 랜섬웨어의 한 종류로, 사용자 PC 내 주요 파일을 무단으로 암호화해 쓰지 못하게 만든 후 이를 인질 삼아 돈을 주면 암호 해제 키를 주겠다고 협박하는 공격 방식을 말한다. 메일에 첨부되어 있는 파일을 실행하면 파일 내부에 암호화하여 가지고 있던

DLL 파일을 복호화한 후 메모리에 로드하여 사용한다. 모든 악성 행위는 복호화 모듈에서 실행되기 때문에 실행 전 암호화 상태에서는 악성 행위를 확인하기 어렵다. 감염된 시스템의 운영체제 버전을 확인하여 Windows Vista 이상일 경우 악성 코드 프로세스의integrity level이 Low integrity 이하인지 확인한다. 만약 그 이하라면 시스템 권한으로 프로세스를 재실행한다

① 크립토락커(CryptoLocker)

② 워너크라이(WannaCry)

③ 갠드크랩(GandCrab)

④ 런선웨어(Rensenware)

039

난이도 ★☆☆☆☆

다음 중 논리 폭탄의 예방법으로 가장 관련이 없는 것은 무엇인가?

① 네트워크 망을 분리하고 웹 사이트 링크의 주소가 IP 주소인지 도메인인지 확인한다.

② 모든 사용자가 자동 보호 및 이메일 차단과 같은 보안 기능을 활성화하도록 요구한다.

③ 압축 파일 및 하위 디렉터리를 포함한 모든 파일을 주기적으로 검사한다.

④ 사용자에게 안전 정책 및 모범 사례를 교육한다.

040

난이도 ★★★☆☆

이것은 침투 테스트 유형으로, 해당 테스트에서 침투 테스터는 모든 정보를 알고 있지만 검사 대상은 검사가 실시된다는 사실을 모른다. 선택지에서 이에 해당하는 것을 고르시오.

① Reversal Test

② Blind Test

③ Grey Box Test

④ White Box Test

041

난이도 ★★☆☆☆

지난 몇 년간 기업의 의사 결정권자와 CIO, CSO의 가장 큰 우려사항은 랜섬웨어에 대한 위협과 그 피해 복구 방안이다. 랜섬웨어는 적은 공격 비용으로 높은 금전적 피해를 입히는 공격 기법으로 나날이 기술이 발전하고 있다. 다음 중 랜섬웨어의 특징에 대한 설명으로 적절하지 않은 것은 무엇인가?

① 자동화된 도구가 증가하여 랜섬웨어의 진입 장벽이 낮아지고 있다.
② 다크웹(Darkweb) 시장에 판매되는 도구의 종류가 많아지고 가격은 저렴해지고 있다.
③ Ransomware as a Service(RaaS)의 개념이 등장하여 서비스 형태로 진화하고 있다.
④ 불안정하고 폐기될 가능성이 있는 가상화폐보다 제3세계 현물 거래를 선호한다.

042

난이도 ★★★☆☆

해시 알고리즘은 일방향 암호화로 사용되며 비밀번호 저장, 무결성 보장, 데이터베이스 등에 포괄적이며 다양하게 활용되고 있다. 해시 알고리즘은 몇 가지 특수한 특징을 가지고 있으며 이 특징을 만족해야 한다. 해시 함수 H가 있을 때, H(평문A)와 H(평문B)의 결괏값이 같도록 하는 임의의 다른 두 개의 값 평문A, 평문B를 찾는 것이 불가능하다는 특징은 무엇인가?

① 역상저항성   ② 충돌회피성
③ 충돌저항성   ④ 일방향성

043

난이도 ★★★☆☆

다음 중 OWASP 2017년도에 비해 2021, 2022년도에 새롭게 추가된 3개의 보안 위협과 관련이 없는 것은 무엇인가?

① 교차 사이트 스크립팅(Cross-Site Scripting, XSS)
② 소프트웨어 및 데이터 무결성 오류(Software and Data Integrity Failures)
③ 안전하지 않은 설계(Insecure Design)
④ 서버 측 요청 위조(Server-Side Request Forgery, SSRF)

044

난이도 ★★☆☆☆

유럽의 일반정보보호규정인 GDPR에서는 개인정보의 주체가 동의를 철회한 경우, 또는 철회하지 않더라도 동의한 기간이 만료되었다면 개인정보를 삭제하도록 규정했다. GDPR에서 정의하는 개인정보는 정보 주체에 대한 모든 정보를 의미하므로 상당히 포괄적이다. 이렇게 정보 주체가 자신의 개인정보 제공 동의를 철회하고 삭제를 요구할 수 있는 권리를 (가)(이)라고 한다. (가)는 (은) 미국의 표현의 자유와 상충되는 권리로 법적으로 이슈가 존재하는 등 국제적으로 논란과 협의가 여전히 진행 중이다. (가)에 들어갈 용어는 무엇인가?

① 제3자 개인정보 제공 거부 권리
② 잊혀질 권리
③ 개인정보 제공 거부권
④ 제한적 정보제공 동의권

045

난이도 ★★★☆☆

다음 중 록히드마틴의 사이버킬 체인에서 설치(Installation) 단계에 대한 대응 방법으로 가장 관련이 없는 것은 무엇인가?

① 직원을 위한 사용자 인식 교육 및 이메일 테스트를 수행한다.
② 비정상적인 파일 생성을 발견하기 위한 엔드포

인트 프로세스를 감사한다.

③ 멀웨어에 관리자 권한이 필요한지 아니면 사용
자만 필요한지 이해한다.

④ 비정상적인 파일 생성을 발견하기 위한 엔드포
인트 프로세스를 감사한다.

046

난이도 ★★☆☆☆

스팸 문자, 스미싱, 피싱, 보이스피싱 등의 사기가
빈번하게 발생하고 있으며 수단과 방법을 가리지
않고 교묘함의 수준이 향상되고 있다. 최근 해외에
서 결제한 내역이 실제와 비슷한 형태로 SMS로
전송되는 피싱 공격이 성행하고 있다. 다음 [보기]
는 보이스피싱 공격자가 보낸 문자의 한 사례이며,
선택지 중 이와 같은 문자를 받은 일반인이 주의해
야 할 사항이 아닌 것은 무엇인가?

> **보기**
>
> \----------------------------------
>
> 해외결제안내
>
> [AAA쇼핑]해외배송
>
> 970,000원결제완료
>
> 구매상품 아닐 시 즉시문의
>
> 070-0000-0000
>
> \----------------------------------
>
> 방금 수신한 문자메시지는
>
> 해외에서 발송되었습니다
>
> \----------------------------------

① SMS의 링크를 클릭하지 말고 전화번호를 직
접 입력해서 전화한다.

② iOS와 안드로이드 공식 애플리케이션 마켓에
서 앱을 다운로드한다.

③ 의심스러운 상황에서는 신뢰할 수 있는 백신으
로 검사한다.

④ 애플리케이션 목록 중 본인이 설치하지 않은
앱은 수동으로 삭제한다.

047

난이도 ★★☆☆☆

[보기]가 설명하는 공격은 무엇인가? 가장 알맞은
답을 선택하시오.

> **보기**
>
> Wi-Fi 네트워크를 통한 공격의 일종으로, Wi-Fi가 켜진
> 장비를 공격자들의 안테나로 활용하는 수법을 의미한
> 다. 이 공격은 Wi-Fi의 설계나 구축에서 나타난 오류를
> 악용함으로써 구현되는 공격이다. 여기서 언급되는 오
> 류들은 주로 패킷 응집(packet aggregation)과 프레임 단
> 편화(frame fragmentation)와 관련이 있는 것들이다. 악
> 용에 성공할 경우, 공격자는 암호화된 프레임을 중간에
> 가로채고 이를 악용해 데이터를 빼내거나 장비를 완전
> 히 장악할 수 있게 된다. 1997년에 등장한 최초의 버전
> 부터 최신인 WPA3 버전까지 모든 버전에서 가능한 공
> 격이다.

① 프래그어택(FragAttacks)

② 아만들라(Amandla)

③ 멜트다운(Meltdown)

④ 스펙터(Spectre)

048

난이도 ★☆☆☆☆

선택지는 사회 공학기법(Social Engineering At-
tack) 공격의 종류이다. 다음 중 다른 하나는 무엇
인가?

① 워터링 홀 공격　　② 스피어 피싱

③ 파밍　　　　　　④ 프리텍스팅

049

난이도 ★★★★☆

eIDAS는 유럽 단일 시장에 적용되는 전자 식별
및 신뢰할 수 있는 전자상거래 서비스에 관한 새
로운 규정으로, 사람과 기업(특히 중소기업), 공공
기관이 유럽연합 회원국에서 안전하게 서비스에
액세스해 온라인으로 거래를 실행하는 것에 관한

법적 토대를 제공하고 있다. eIDAS에는 총 세 가지 유형의 전자 서명이 규정되는데, 이와 가장 관련이 없는 것은 무엇인가?

① DES(Dynamic Electronic Signature)

② QES(Qualified Electronic Signature)

③ AES(Advanced Electronic Signature)

④ SES(Standard Electronic Signature)

050
난이도 ★★★★★

블록체인에서 다음 [보기]는 무엇에 대한 공격을 설명한 것인가? 가장 알맞은 답을 고르시오.

> **보기**
>
> 두 트랜잭션은 사용자 트랜잭션 전후에 있으므로 사용자에게는 손실이 발생하고 공격자에게는 이득이 발생한다. 이 공격은 일반적으로 분산 거래소(DEX)에서 발생하며 가격 조작으로 이어진다. 채굴자와 트랜잭션 풀을 감시하는 트레이더 둘 다 공격을 수행할 수 있다. 일반적인 이더리움의 노드는 트랜잭션 풀에서 수수료를 기준으로 내림차순 정렬하여 블록에 포함시키기 때문에 수수료를 더 높게 혹은 더 낮게 제시함으로써 이 공격이 가능하다.

① Flash loan attacks   ② Rug pulls

③ Clogging   ④ Sandwich attacks

051
난이도 ★★☆☆☆

일반적인 IoT 공격으로 가장 관련이 없는 것은 무엇인가? 선택지에서 가장 관련이 없는 것을 고르시오.

① 스푸핑과 위장(인증 공격)

② 워터링 홀 공격

③ 운영체제 및 애플리케이션 무결성 공격

④ 프로토콜 공격

052
난이도 ★★☆☆☆

DRDoS(Distributed Reflection Denial of Service) 공격은 단순 DDoS 공격에서 더 발전된 공격 형태이며, 봇넷 기기들이 직접 공격을 수행하는 것이 아닌 증폭 공격에 활용되는 서비스를 제공하는 서버 및 서버 역할을 할 수 있는 단말 장비(네트워크 장비, 공유기 등)까지 공격기기로 이용한다는 특징이 있다. 다음 중 이와 같은 공격 방법과 가장 거리가 먼 것은 무엇인가?

① Slowloris Attack

② NTP Reflection Attack

③ WS-Discovery Reflection Attack

④ ARMS Reflection Attack

053
난이도 ★☆☆☆☆

다음 중 현대 암호학의 주요 원리인 혼돈(Confusion)에 대한 설명으로 올바르지 않은 것은 무엇인가?

① 블록 암호화 알고리즘에서 SPN 구조의 S-BOX로 구현된다.

② 혼돈의 특징을 구현하기 위해서 Substitution(대치)를 이용한다.

③ 대칭 키 암호화 AES 알고리즘에서도 이 성질을 이용한다.

④ 혼돈은 암호문과 평문 메시지와의 연관성을 숨기기 위한 특징이다.

054
난이도 ★★☆☆☆

최근 네이버, 카카오 등의 서비스의 공식 이메일 계정에서 전송하는 알림 서비스와 동일한 내용으로 이메일을 보내는 피싱 공격이 빈번해지고 있다. 기업 내부망에서 네이버와 카카오 피싱 메일을 통해 개인정보뿐만 아니라 백도어까지 설치되는 APT 공격의 사전 활동으로 활용되기도 한다. 다음 중 기업과 임직원이 이메일 피싱에 대비하기 위한 활동으로 올바르지 않은 것은 무엇인가?

① 외부 메일 자동 분류 기능을 이용해서 별도의 메일함으로 저장되도록 하고 실수를 줄이도록 한다.

② 메일의 본문을 확인하고 이상한 점이 존재할 경우 첨부 파일은 실행하거나 열람하지 않는다.

③ 기업에서는 임직원의 보안 의식을 깨우치기 위한 온라인 내부 교육을 주기적으로 실시한다.

④ 방화벽, IDS, NAC 등의 보안 솔루션을 이용하여 기업 내부망에서는 일반 메일 서비스를 사용할 수 없도록 막는다.

055
난이도 ★★☆☆☆

다음 중 웹 셸(Web Shell)의 공격 방법으로 가장 관련이 없는 것은 무엇인가? 선택지에서 가장 해당하지 않는 것을 선택하시오.

① 익스프레스 엔진
② 지속적인 원격 액세스
③ 권한 상승
④ 봇 헤딩

056
난이도 ★★★☆☆

[보기]의 내용은 무엇을 설명한 것인가? 가장 알맞은 내용을 선택지에서 고르시오.

> **보기**
>
> 이것은 전송되는 데이터를 의미한다. 데이터를 전송할 때 헤더와 메타데이터, 에러 체크 비트 등과 같은 다양한 요소를 함께 보내어 데이터 전송의 효율과 안정성을 높이게 된다. 이때, 이것은 보내고자 하는 데이터 자체를 의미하는 것이다. 컴퓨터 보안에서는 멀웨어의 일부

를 뜻하며, 웜, 바이러스, 트로이목마 같은 해로운 소프트웨어를 분석할 때는 그 소프트웨어가 주는 피해를 의미한다. 예를 들어 데이터 훼손, 스팸 메일, 개인정보를 알아내기 위해 다수에게 보내는 이메일 등이 있다.

① 페이로드
② 프로토콜 오버헤드
③ 가용성 패킷
④ 논리 데이터그램

057
난이도 ★★★★☆

다음 중 미국 국토안보부(Department of Homeland Security, DHS) 제품으로 사이버 보안 평가 도구와 가장 관련성이 있는 것은 무엇인가?

① CSET
② ACET
③ CRR
④ SAST

058
난이도 ★★★☆☆

블록체인에서 원격 관리자 취약점(Remote Manager Exploit)의 대응 방법으로 가장 관련이 없는 것은 무엇인가?

① 네트워크를 통한 내부 확산 공격(Lateral movements)을 최소화하기 위해 표준 사용자로만 실행되도록 마이닝 노드를 설정한다.

② 타사 감사자(third-party auditors)가 처리하는 공식 코드 검토를 수행한다.

③ 업무상 정당한 경우가 아니면 원격 관리자에서 포트 포워딩을 비활성화하여 원격 관리자를 사용하지 않도록 한다.

④ 마이닝 디렉터리가 아닌 마이닝 실행 파일에 대해서만 검색 제외를 설정한다.

059

[보기]는 블록체인에서 무엇을 설명한 것인가? 가장 알맞은 답을 선택지에서 고르시오.

> **보기**
>
> 이것은 블록체인에서 두 개 이상의 거래소에서 생기는 시세 차이를 이용해서 수익을 올리는 것을 말한다. 통상 싼 값에 형성된 거래소에서 자산을 매수하고 비싼 값에 형성된 거래소에서 매도하는 형태로 진행된다. 이 거래는 거래소에 유동성을 제공해 주는 요소 중 하나로 중요한 역할을 한다.

① Front-Running Attack
② Fixed Spread Liquidations
③ Arbitrage Attack
④ Clogging Attack

060

난이도 ★★☆☆☆

일반적으로 IoT는 수많은 공격의 취약성을 가지고 있다. 이와 관련된 공격은 결국 궁극적으로 어떤 문제에서 기인된 것인가? 선택지에서 가장 알맞은 답을 고르시오.

① 다양한 IoT 기기들의 버전 및 모니터링 부재
② 운영 담당자의 최신 기술 지식 역량 부족
③ 표준과 가이드와 같은 보편적 표준의 부족
④ 경영진의 단기 성과 요구

061

난이도 ★★☆☆☆

다음 [보기]에 해당되는 내용을 선택지에서 올바르게 고르시오.

> **보기**
>
> 데이터에 대한 무단 액세스를 허용하기 위해 일반적인 보안 제약을 우회하는 소프트웨어를 사용한다. 예를 들어, 이러한 프로그램은 일반 파일 I/O 루틴을 거치지 않고 디스크 드라이버에 직접 명령을 실행하여 보안 제

한을 우회할 뿐만 아니라 감사 추적도 남기지 않을 수 있다.

① 매직 보안 키(Magic Security Key)
② 루트 킷(Rootkit)
③ 슈퍼 재핑(Super Zapping)
④ 원격 접근(Remote Access)

062

난이도 ★★☆☆☆

이것은 침투 테스트 유형으로 침투 테스터가 모든 결괏값을 볼 수 있는 것이 핵심이다. 검사 대상 역시 테스트 수행 전에 통보받는다. 해킹이 가능한 취약점을 확인할 수 있으며, 가장 이상적인 결과를 제출할 수 있는 이것은 무엇인가?

① Tandem Test
② Grey Box Test
③ Double Grey Box Test
④ Blind Test

063

난이도 ★☆☆☆☆

웜 바이러스가 가진 특징과 상세 설명으로 옳지 않은 것은 무엇인가?

① 네트워크를 통해 최대한 빨리 많은 단말기로 전파된다.
② 대표적인 웜 바이러스로는 모리스웜, 코드레드, 님다 등이 있다.
③ 시스템 내부의 감염 대상이 없어도 스스로 실행된다.
④ 네트워크 가용성을 저하시키지만 시스템 기능은 손상시키지 않는다.

064

난이도 ★★★☆☆

다수의 단말기에 배포된 봇넷을 이용해 동시에 타깃 시스템을 공격하여 자원을 소모시키고 서비스 가용성을 저하시키는 공격을 서비스 거부 공격(Denial of Service, DoS)라고 한다. 다음 중 서비스 거부 공격의 유형이 아닌 것은 무엇인가?

① Tear Drop

② LAND Attack

③ POODLE

④ Smurfing

065

난이도 ★★★★☆

[보기]의 내용은 무엇을 설명하는가? 가장 알맞은 답을 선택하시오.

> **보기**
>
> 이것은 창의성, 분석적인 사고, 소셜 네트워크를 이용하여 제품을 팔고, 노출시키는 마케팅 방법으로 스타트업 회사들에 의해 개발되었다. 고객의 반응에 따라 제품 및 서비스를 수정해 제품과 시장의 궁합(Product-Market Fit)을 높이는 것을 의미한다. 여기서 말하는 고객의 반응은 정량 데이터와 정성 데이터로 산출된다. 간단히 정의하자면, 제품과 서비스를 성장시키기 위해 온라인 행동 데이터를 분석하며 이를 바탕으로 사용자 경험을 최적화하는 것이다. 원래는 스타트업에서 자주 쓰이던 용어였지만 현재 마케팅 업계 전반에서 회사 매출 증대를 위한 하나의 방법으로 고려하고 이를 도입하는 추세이다. 이는 고객의 웹 사이트 방문 기록, 머무른 시간, 회원 가입으로 전환되는 비율 등 다양한 데이터를 기반으로 더 나은 서비스와 제품을 제공하기 위해 시도된다.

① 그로스 해킹(Growth Hacking)

② 시빅 해킹(Civic Hacking)

③ 스마트 해킹(Smart Hacking)

④ 사이버 헤킹(Cyber Hacking)

066

난이도 ★☆☆☆☆

랜섬웨어(Ransomware)로부터 데이터와 네트워크를 보호하려면 어떻게 하는 것이 가장 좋은가? 다음 중 가장 적절하지 않은 방안을 고르시오.

① 컴퓨터 백업(Back up your computer)

② 별도 백업 저장(Store your backups separately)

③ 안티 바이러스 설치(Antivirus installation)

④ 직원 교육(Train your organization)

067

난이도 ★★★☆☆

크립토재킹 공격(Cryptojacking Attack)은 멀웨어를 활용하여 사용자 장치에 PoW 마이닝 코드를 설치하여 CPU 또는 GPU와 같은 장치의 컴퓨팅 리소스를 훔쳐 멀웨어 소유자의 암호화폐를 채굴하는 공격이다. 이 공격은 어느 레벨에서 수행하는 공격인가?

① Smart-Contract Level

② Node Level

③ Infrastructure/Network Level

④ User Level

068

난이도 ★★★☆☆

5G 인증 및 키 동의(5G-AKA)라고 하는 5G의 새로운 인증 절차는 어떤 위험을 완화시킬 수 있는가? 다음 선택지에서 가장 관련이 없는 것을 고르시오.

① 악성 네트워크 연결

② API(응용 프로그래밍 인터페이스) 악용 위협

③ 악성 사용자 장비에 의한 네트워크 연결

④ 네트워크에서 사용자 장비 로밍 가장

069
난이도 ★★☆☆☆

다음 중 Log4j 취약점 조치 방안으로 가장 관련이 없는 것은 무엇인가? 다음 선택지에서 고르시오.

① Log4j 업데이트가 어려운 경우 임시 조치 방안으로 JndiLookup 클래스만 제거한다.

② Log4j를 최신 버전으로 업데이트한다.

③ 공격 IP 차단(웹 방화벽 및 IPS 차단 정책) 및 공격 유형 탐지 패턴 적용을 통해 보안 관제 강화를 실시한다.

④ 취약점에 악용되는 쿼리 수신 서비스는 LDAP과 RMI가 대표적이며 해당 서비스에 특수 권한을 부여한다.

070
난이도 ★★☆☆☆

디지털 서명은 온라인 상호 작용의 투명성을 높이고 고객, 비즈니스 파트너 및 공급업체 간의 신뢰를 구축한다. 그렇다면 디지털 서명과 관련된 내용으로 가장 관련이 없는 것은 무엇인가? 선택지에서 가장 해당하지 않는 것을 고르시오.

① 블록 암호 알고리즘(Block cipher algorithm)

② 디지털 인증서(Digital certificates)

③ PGP(Pretty Good Privacy)/OpenPGP

④ 공개 키 인프라(Public key infrastructure, PKI)

071
난이도 ★★☆☆☆

다음 중 전자 서명(Digital Signatures) 알고리즘으로 가장 관련이 없는 것은 무엇인가?

① DSA(Digital Signature Algorithm)

② RSA(Rivest Shamiv Adelman)

③ DES(Data Encryption Standard)

④ KCDSA(Korean Certificate-based Digital Signature Algorithm)

072
난이도 ★★★☆☆

[보기]에서 설명하는 공격은 무엇인가? 가장 알맞은 답을 선택하시오.

> **보기**
>
> 공격자가 자격 증명을 훔쳐 액세스 권한을 얻고, 조직의 보안 조치를 우회하고, 중요한 데이터를 훔칠 때 발생한다.

① 자격 증명 기반 공격(Credential-Based Attack)

② 피싱 공격(Phishing Attack)

③ 웨일링 공격(Whaling Attack)

④ 신원 기반 공격(Identity-Based Attack)

073
난이도 ★★★☆☆

[보기]가 설명하는 것은 무엇인가? 가장 알맞은 답을 선택지에서 고르시오.

> **보기**
>
> 이것은 숨겨진 취약점에 대한 가시성을 높여 애플리케이션 계층에 대한 런타임 공격을 효과적으로 대응할 수 있도록 하는 일종의 애플리케이션이다. 기본적으로 애플리케이션 또는 런타임 환경과 통합되며, 애플리케이션에 대한 호출을 가로채어 취약점을 확인하는 일종의 보안 소프트웨어 유형이다. 이 소프트웨어는 위협이 앱에 영향을 미칠 때까지 기다리지 않는다. 대신 앱으로 인입되는 트래픽 내에서 악성 코드를 사전에 찾아내어 앱 내에 악의적인 동작이 수행되는 것을 방지한다.

① RASP(Runtime Application Self-Protection)

② HIDS(Host-based Intrusion Detection System)

③ SIEM(Security Information Event Management)

④ SFAP(Security-Focused Application Program)

074

난이도 ★★☆☆☆

2004년 대한민국의 KISA에서 국가정보원과 함께 개발한 비밀 키(대칭 키) 암호화 알고리즘으로 AES 암호화 알고리즘의 규격을 따르는 이것은 2004년 국내 표준, 2010년 국제 표준이 되었다. SPN 구조를 기반으로 하며 키의 길이는 128, 192, 256bit이고 이에 따른 각각의 라운드 횟수는 12, 14, 16회이다. 이 암호화 알고리즘은 무엇인가?

① DSA
② ECC
③ SEED
④ ARIA

075

난이도 ★★☆☆☆

Log4j 보안 취약점으로 발생할 수 있는 기업의 피해로 가장 관련이 없는 것은 무엇인가?

① 기업의 로컬 전산망을 마비시킬 수 있다.
② 대상 컴퓨터의 모든 권한을 취득 가능하다.
③ 비밀번호 없이 서버를 이용해서 내부망에 접근 가능하다.
④ 기업의 중요한 데이터를 삭제 가능하다.

076

난이도 ★★★☆☆

다음 [보기]에 해당되는 내용은 무엇인가? 가장 알맞은 답을 선택하시오.

> **보기**
>
> 운영 중인 블로그에 해킹 프로그램을 사용하여 조회수, 공감, 댓글 등을 증가시키면 처음에는 블로그 지수가 올라가다가, 나중에 포털 사이트에 포착되어 순식간에 저품질 블로그가 되는 경우가 있다. 이를 역으로 이용하여 경쟁사의 블로그를 일부러 저품질로 만들 수 있는데, 이것은 일종의 이러한 공격의 행위를 의미한다.

① Abuse of Functionality
② Cyber Violence
③ Cyber Blame
④ Anarchy Criticism

077

난이도 ★☆☆☆☆

논리 폭탄은 특정 날짜나 시간 등 조건이 충족되었을 때 악의적인 기능이 유발할 수 있게 만든 코드의 일부분으로, 소프트웨어 시스템에 의도적으로 삽입된 것이다. 다음 중 논리 폭탄의 예와 가장 관련이 없는 것은 무엇인가?

① 일정한 시간이 되면 컴퓨터가 이자를 계산하는 방식이나 이율을 바꾸어 계산하여 남는 금액을 악의적인 행위자의 예금 계좌로 송금하게 하는 경우

② 눈치 채지 못할 정도의 소액을 많은 사람에게서 갈취하는 것을 의미하며 1인당 피해 금액이 적어, 피해자가 피해를 눈치채기 어렵다는 점을 노려 휴면 계좌에 남은 소액을 노리거나 금융 거래 시 발생하는 이자 끝자리를 반올림하는 경우

③ 특정 조건이 발생할 경우 컴퓨터의 운영에 필요한 기본 파일을 삭제하여 컴퓨터의 작동을 중단하도록 하는 경우

④ 특정 기관의 통상적 컴퓨터 프로그램에 중대한 과오를 발생시키는 루틴이나 부호를 무단으로 삽입, 데이터를 파괴하거나 변조해 예상치 못한 큰 장애를 발생시키거나 부정 행위를 실행시키는 경우

078
난이도 ★★☆☆☆

[보기]는 금융전산(보이스피싱) 국민행동요령이다. 보이스피싱 피해 구제 절차를 올바른 순서로 나열하시오.

보 기
가. 지급정지
나. 지급정지 및 피해구제 요청
다. 전자금융거래 제한
라. 전자금융거래 제한 종료
마. 채권소멸절차
바. 피해금 환급
사. 지급정지 통보
아. 채권소멸절차 개시 요청

① 다 → 가 → 나 → 사 → 아 → 마 → 바 → 라
② 사 → 가 → 나 → 아 → 마 → 다 → 바 → 라
③ 나 → 가 → 다 → 사 → 아 → 마 → 바 → 라
④ 나 → 가 → 사 → 아 → 다 → 마 → 바 → 라

079
난이도 ★★★☆☆

여러 서비스 거부(DoS) 공격이 블록체인 네트워크에 수행될 수 있다. 이러한 유형의 공격은 블록을 처리하거나 스마트 계약을 실행하거나 사용자가 블록체인과 상호 작용할 수 있도록 하는 블록체인의 능력에 영향을 미친다. 그러나 블록체인의 탈중앙화 특성으로 인해 DDoS(분산 서비스 거부)는 네트워크 활동을 일정 수준까지만 감소시킬 수 있다. 현재 네트워크의 실행 속도에 따라 DDoS 공격의 영향도 제한될 수 있다. 다음 중 DDoS 공격의 완화 방법으로 가장 관련이 없는 것은 무엇인가?

① 대규모 블록 생성자 풀(스테이커)을 사용한다.
② 노드에 대한 기존 DDoS 보호를 구현한다.
③ 암호화 및 인증은 공격자가 노드 간에 발생

하는 통신을 모니터링하고 변경할 수 없도록 한다.
④ PoS 블록 생성자를 무작위로 선택한다.

080
난이도 ★★★☆☆

[보기] 속 블록체인의 공격 방법은 무엇인가? 선택지 중 올바른 것을 고르시오.

보 기
특정 노드를 노리는 이클립스 공격과 달리 이 공격은 전체 블록체인 네트워크에 집중한다. 공격은 트랜잭션에 참여하고 조작하는 여러 가짜 ID(블록체인의 노드 포함)를 형성하여 P2P 네트워크를 손상시키는 것을 목표로 한다. 대규모 공격은 51% 공격을 촉진하거나 잠재적으로 공격자가 블록체인 네트워크에서 정직한 노드를 대체할 수 있게 한다. 이러한 공격 결과는 궁극적으로 노드가 블록 전송 또는 수신을 거부하여 네트워크 운영을 방해할 수 있다. 그러나 여러 유형의 합의 방법은 관련된 컴퓨팅 처리 능력을 감안할 때 그러한 공격을 비실용적으로 만들 수 있다.

① Canary Attack
② Sybil Attack
③ Border Gateway Protocol(BGP) Hijacking or Routing Attack
④ Cryptojacking Attack

081
난이도 ★★☆☆☆

공개되고 신뢰할 수 없는 네트워크인 인터넷에서 송신자의 인증과 부인 방지를 제공하기 위해 전자서명 기술이 사용된다. 송신자는 메시지에 해시 알고리즘을 적용하여 메시지 다이제스트를 생성하고 이를 (가)로 암호화한다. 이 암호문과 메시지를 보내면 수신자는 암호문을 (나)로 복호화한 후 메시지의 해시값과 비교하여 동일여부를 판단한다. 여기서 (가)와 (나)에 들어갈 적절한 답은 무엇인가?

① 가: 송신자의 공개 키, 나: 송신자의 개인 키

② 가: 송신자의 개인 키, 나: 송신자의 공개 키

③ 가: 수신자의 공개 키, 나: 수신자의 개인 키

④ 가: 송신자의 비밀 키, 나: 수신자의 비밀 키

① Lamer

② Hacktivist

③ Script Kiddie

④ Newbie

082
난이도 ★★☆☆☆

랜섬웨어(Ransomware)는 어떻게 감염되는가? 다음 중 가장 알맞은 답을 선택하시오.

① Log4J 공격

② 사이드 채널 공격

③ 스푸핑 공격

④ 드라이브 바이 다운로드

085
난이도 ★★★☆☆

[보기]에 해당되는 내용은 무엇인가? 가장 관련성이 있는 것을 선택하시오.

> **보기**
>
> 원본에서 시각적 데이터를 프로그래밍 방식으로 수집하는 것과 관련이 있다. 이는 컴퓨터 디스플레이 터미널 화면에서 텍스트 데이터를 읽는 관행을 말한다. 이것은 일반적으로 보조 포트를 통해 단말기의 메모리를 읽거나 한 컴퓨터 시스템의 터미널 출력 포트를 다른 컴퓨터 시스템의 입력 포트에 연결하여 수행한다.

083
난이도 ★★☆☆☆

브로드캐스트 및 멀티캐스트의 작동 특성으로부터 공격자가 명시적으로 이점을 얻을 수 있는 공격 변형으로 가장 관련이 없는 것은 무엇인가?

① Fraggle Attack

② Perpetual Echo

③ Chernobyl Packet

④ Smurf Attack

① 스크린 템퍼링(Screen Tempering)

② 스크린 덤프(Screen Dump)

③ 스크린 스크래핑(Screen Scraping)

④ 스크린 캡처(Screen Capture)

086
난이도 ★★☆☆☆

다음 중 웹 셸(Web Shell)의 위협으로부터 조직을 보호하는 방법으로 가장 해당하지 않는 것을 선택하시오.

084
난이도 ★☆☆☆☆

해커의 수준에 따른 분류에서 다음 [보기]는 무엇을 설명한 것인가? 가장 알맞은 답을 선택하시오.

> **보기**
>
> 해커가 되고 싶으나, 경험도 없고 컴퓨터 관련 지식도 많지 않은 해커이며 네트워크나 운영체제에 대한 지식도 없다. 와레즈 사이트에서 트로이 목마 프로그램이나 DoS공격 도구 등을 내려받아 이용하면서 실력 있는 해커가 된 것 마냥 착각한다. 컴퓨터에 지식이 없는데, 단순히 해커를 동경하는 사람을 의미한다.

① 네트워크 세분화

② 개발 표준 가이드 준수

③ 침입 방지 및 웹 응용 프로그램 방화벽

④ 엔드포인트 감지 및 응답(EDR)

087

난이도 ★★☆☆☆

이것은 침투 테스트 유형 중 하나로, 해당 테스트는 침투 테스터도 정보를 알지 못하지만 검사 대상자도 역시 모의 침투 테스트를 진행한다는 사실을 알지 못하기 때문에 실제 환경에 매우 근접한 테스트이다. 다만, 짧은 시간 안에 결과를 도출하기가 어려우며 프로젝트 기간이 길어질 수 있기 때문에 비용 대비 성과를 충분히 고려하여서 선택하여야 한다. 이것은 무엇인가?

① Blind Test
② Grey Box Test
③ Tandem Test
④ Double Blind Test

088

난이도 ★★☆☆☆

디지털 자산의 가치는 점차 상승하는 반면, 인터넷 환경에서 무단으로 복제되어 저작권자의 금전적인 피해가 유발되는 경우가 점차 증가하고 있다. 따라서 디지털 자산에 대한 정보보호 기법이 중요해지고 있다. 디지털 콘텐츠에 저작권자만이 판단하고 이해할 수 있는 눈에 보이지 않고 들리지도 않는 디지털 표식을 첨부할 수 있는데, 이 표식은 무단으로 복제하는 사용자들에게는 보이지 않으며 해커들의 모자이크, 잘라내기 등의 공격에도 버터내도록 설계된다. 이러한 보안 기법은 무엇이라고 하는가?

① 내성 워터마킹
② 풋프린팅
③ 디지털 마킹
④ 디지털 저작권 관리

089

난이도 ★★★☆☆

다음 중 피싱 공격(Phishing Attack)의 일환으로 발생할 수 있는 기업차원의 잠재적 손실 형태와 가장 관련이 없는 것은 무엇인가? 가장 해당하지 않는 것을 선택지에서 고르시오.

① 생산성(Productivity) 감소
② 자본 자산 대체 비용(Capital assets Replacement Cost) 발생
③ 벌금 및 판결(Fines and Judgments) 부과
④ 평판(Reputation) 저하

090

난이도 ★★☆☆☆

[보기]의 공격은 무엇인가? 가장 알맞은 답을 선택하시오.

> **보기**
>
> 네트워크 ID와 같은 가짜 ID를 사용하여 합법적인 액세스 식별을 통해 개인 컴퓨터 정보에 대한 무단 액세스를 얻는 공격이다. 인증 프로세스가 완전히 보호되지 않으면 이 공격에 매우 취약해질 수 있다. 위협 행위자는 피싱 및 기타 수단을 통해 사용자 이름과 비밀번호 조합을 훔치거나 보안 취약점이나 취약점을 악용하거나 인증 프로세스를 우회하여 공격을 수행한다.

① 재생 공격
② 중간자 공격
③ 워터링 홀 공격
④ 가장 무도회 공격

091

난이도 ★★☆☆☆

책임 추적성(Accountability)의 정의는 누가, 언제, 어떠한 행동을 하였는지 기록하여 필요 시 그 행위자를 추적할 수 있게 하여 정보보호 규칙을 위반한 개인을 추적할 수 있고, 각 개인은 자신의 행위에 대해서 책임을 진다는 것이다. 다음 중 이

를 달성하는 방법으로 가장 해당하지 않는 것은
무엇인가?

① 독립적인 감사

② 강한 식별과 인증, 그리고 책임 보안 의식

③ 정확하고 일관적인 감사 로그 증적

④ 정책 위반자 법적 조치

092
난이도 ★★★☆☆

다음 중 전자정부 서비스 웹 취약점 표준 점검 항목 21개와 가장 관련이 없는 것은 무엇인가?

① 파일 다운로드 취약점

② 크로스사이트 리퀘스트 변조

③ 자동화 공격

④ 쿠키 변조

093
난이도 ★★☆☆☆

비대칭 키(공개 키) 암호화 알고리즘 중에서 가장 많이 사용되는 것은 RSA 알고리즘이다. 이 RSA 암호화 알고리즘은 낮은 하드웨어 자원을 가진 디바이스와 IoT 장비에서는 사용하기에 적절하지 않다는 단점이 있었다. 이에 대한 해결책으로 1985년경 타원 곡선에서 이산 대수의 수학적 어려움에 기반하여 만들어진 RSA에 비해 자원 요구 조건이 낮은 알고리즘이 만들어졌다. 이 암호화 알고리즘은 무엇인가?

① SEED

② ARIA

③ ECC

④ SHA-256

094
난이도 ★★☆☆☆

일정 규모 이상의 기업에서는 최고 정보 보안 책임자인 CISO를 두고 있다. CISO는 기업의 모든 정보 보안 정책을 수립하고 실무자들이 이행할 수 있도록 책임지는 역할을 하며 그 중요성은 나날이 증가하고 있다. 최근 기업의 자산을 노리는 가장 위협적인 공격인 랜섬웨어가 무시할 수 없을 수준으로 증가하면서 바로 이 직책이 주목받고 있다. 랜섬웨어의 공격 대상이 되는 기업 자산, 자원, 데이터, 자료를 식별하고 우선순위를 결정하며 CISO와 함께 보호 수준을 결정하는 역할을 하는 최고 책임자는 무엇인가?

① Chief Asset Officer

② Chief Security Officer

③ Chief Information System Officer

④ Chief Data Officer

095
난이도 ★★★★☆

[보기]의 내용은 무엇을 설명한 것인가? 가장 알맞은 답을 선택하시오.

> **보기**
>
> 시민들이 새로운 도구와 접근 방법을 사용하여 신속하고 창의적으로 협업함으로써 그들의 도시 또는 정부 시스템을 개선시켜 나가는 사회운동이다. 사회 참여의 한 형태로, 코딩과 데이터 공개, 비주얼라이제이션 등을 사용하여 정부 데이터를 공공에게 게시하고 도시의 삶을 좀 더 편리하고 가치 있게 만들어 주는 것을 목표로 한다. 이는 개발자가 주축이 되는 활동으로 사회운동에 오픈 소스 운동을 접목시켜 집단 지성을 활용, 사회 문제를 해결하고자 하며 한 번 개발한 솔루션은 인터넷 상에 공개하여 다른 지역에서도 사용 가능하도록 한다.

① 그로스 해킹(Growth hacking)

② 시빅 해킹(Civic Hacking)

③ 스마트 해킹(Smart Hacking)

④ 사이버 해킹(Cyber Hacking)

096

난이도 ★★★☆☆

대칭 키(비밀 키) 암호화 방식은 블록 암호화 알고리즘과 스트림 암호화 알고리즘으로 분류할 수 있다. 또한, 블록 암호화 알고리즘은 몇 가지 방식으로 나눌 수 있다. 평문의 문자를 다른 문자로 대체시키는 기법과 평문의 문자 순서를 변경하는 기법을 번갈아 가면서 반복하는 구조의 블록 암호화 알고리즘은 무슨 구조라고 하는가?

① Cipher Feedback Mode

② Electronic Code Block

③ Feistel

④ SPN

097

난이도 ★☆☆☆☆

최근 사이버 공격과 신원 도용이 증가하면서 스파이웨어, 악성웨어, 랜섬웨어, 피싱 등 외부에서 공격하는 사례가 늘어나고 있다. 다음 중 이러한 공격에 대한 대응 방법 중에서 가장 관련이 없는 것은 무엇인가?

① 안티 악성 코드 소프트웨어를 설치한다.

② 오프라인 백업을 한다.

③ 다크 웹을 통해 정보를 누설하지 않고 익명으로 통신한다.

④ 즉시 보안 업데이트를 설치한다.

098

난이도 ★★☆☆☆

은행에 등록된 금융인증서 또는 공동(공인)인증서가 없어 코로나로 인해 이번에 비대면 실명확인 인증을 하기로 하였다. 다음 중 그 조건에 해당되지 않는 것은 무엇인가?

① 대한민국 국적의 만19세 이상 개인 고객

② 최근 계좌이체를 수행한 외국인

③ '주민등록증' 또는 '운전면허증'이 준비되어 있는 경우

④ 본인 명의 휴대폰 보유 고객

099

난이도 ★★★☆☆

다음 중 다음 [보기]에 해당하는 내용은 무엇인가?

> **보기**
>
> 피해자 몰래 값비싼 유료 서비스에 피해자를 가입시켜 돈을 갉아먹는 모바일 멀웨어들이 구글 플레이 스토어의 보안망을 뚫고 계속해서 등록되는 중이다.

① 플리스웨어(Fleeceware)

② 스파이웨어(Spyware)

③ 랜섬웨어(Ransomware)

④ 내그웨어(Nag-Ware)

100

난이도 ★★☆☆☆

[보기] 속 빈칸에 들어갈 말로 적절한 것을 선택지에서 고르시오.

> **보기**
>
> Log4j는 로깅 기능을 제공하는 Apache 재단의 무료 오픈 소스 프로그램으로, 자바 기반의 모든 애플리케이션에서 사용 가능하다. 따라서 일반적인 웹 사이트, 쇼핑몰, 그룹웨어 등 다양한 자바 기반의 서비스에서 로그 기록을 위해 사용될 수 있다. Log4Shell 취약점은 Log4j에서 구성, 로그 메시지 및 매개 변수에 사용되는 (   )에서 발생하는 취약점으로, 공격자는 Lookup 기능을 악용하여 LDAP 서버에 로드된 임의의 코드를 실행할 수 있다.

① JDBC

② JNDI

③ DBCP

④ ODBC

101

난이도 ★★☆☆☆

DDoS(Distributed Denial of Service) 공격이란 다수의 서버, PC 등을 이용해 비정상적인 트래픽을 유발시켜서 대상 시스템을 마비시키는 공격 행위를 말한다. 다음 선택지 중, 일반적인 DDoS 공격에 해당되지 않는 것은 무엇인가?

① 캐시 메모리 공격

② 대역폭 공격

③ 자원 소진 공격

④ 웹/DB 부하 공격

102

난이도 ★★★★☆

Pyramid of Pain은 총 6가지 유형의 공격 지표를 나타낸다. 이와 관련된 내용으로 가장 거리가 먼 것은 무엇인가?

① 해시값

② IP 주소

③ 도메인 이름

④ 공격 시간대

103

난이도 ★☆☆☆☆

다음 중 워터링 홀(Watering Hole) 공격 방법 중 인터넷 브라우저 취약점을 이용한 공격에 대한 대응 방법과 거리가 먼 것은 무엇인가?

① 최신 버전의 인터넷 브라우저를 사용한다.

② 운영체제의 자동 업데이트 기능을 활성화한다.

③ 브라우저 내 사용자가 입력한 값에 대한 필터링 작업을 수행한다.

④ 수상한 이메일에 포함된 링크를 함부로 클릭하지 않는다.

104

난이도 ★★★☆☆

심층 패킷 검사(DPI)는 네트워크 트래픽을 조정하기 위해 쓰이는 기술이다. 네트워크 사업자가 정한 우선순위에 기초하여, 더 중요한 트래픽이 진행되는 동안 특정 데이터 패킷이 그 목적지로 계속 갈 수 있는지, 혹은 막히거나 지연되어야 하는지를 결정한다. 다음 중 DPI를 구성하는 중요 기술 중 가장 관련이 없는 것은 무엇인가?

① 패턴 역추적   ② 패킷 재조합

③ 패턴 매칭   ④ 하드웨어 성능

105

난이도 ★★★☆☆

다음 중 Bidding Down Attacks의 위험성 완화 방법으로 가장 관련이 없는 것은 무엇인가?

① 보안 강화 네트워크 기능(NFs)

② 네트워크 인증(Network authorizations)

③ 향상된 가입자 개인정보보호(Enhanced subscriber privacy)

④ 가입 인증(Subscription authentication)

106

난이도 ★★☆☆☆

Kerberos는 네트워크 인증 프로토콜로, 비밀 키 암호화를 사용하여 클라이언트/서버 응용 프로그램에 대한 강력한 인증을 제공하도록 설계되었다. 다음 중 그 인증 메커니즘과 가장 관련이 없는 것은 무엇인가?

① Authentication Service(AS) 교환

② Web of Trust 요청

③ Ticket Granting Service(TGS) 교환

④ Client/Server(CS) 교환

107

난이도 ★★★★☆

다음 중 블록체인에서 Border Gateway Protocol(BGP) Hijacking 또는 Routing Attack의 대응 방안으로 가장 관련이 없는 것은 무엇인가?

① 싱글홈 노드(Singlehomed Nodes)
② RPKI 시스템 활용(Resource Public Key Infrastructure)
③ 네트워크 통계 모니터링(Network Statistics Monitoring)
④ 암호화된 인증 통신(Encrypted Authenticated Communications)

109

난이도 ★★★☆☆

[보기]는 무엇을 정의하고 있는가? 가장 알맞은 답을 고르시오.

> **보기**
>
> 4G와 5G 모두 사진, 웹 트래픽 및 문자 메시지의 형태로 데이터를 전송하는 사용자 평면을 암호화하여 사용자의 개인정보를 보호할 수 있는 기능이 있지만 공격자는 사용자 평면 무결성의 부족을 악용하여 트래픽을 악의적으로 리디렉션할 수 있다.

① Risk of Exploitation of User Plane
② Data Compromise Risk
③ Bidding Down Attack
④ Risk of Increased Attacks

108

난이도 ★★☆☆☆

컴퓨터학과 암호학에서 해시 트리(Hash Tree)는 모든 비-리프(Non-leaf) 노드의 이름이 자식 노드 이름들의 해시로 구성된 트리 구조를 가리킨다. 발명자 '랄프 머클'의 이름을 따서, 머클 트리(Merkle Tree)라고도 부른다. 이 트리는 주로 어디에서 많이 사용하며 각광을 받고 있는가?

① 분산 시스템
② 임베디드 시스템
③ 클라우드 시스템
④ 감사 시스템

110

난이도 ★★☆☆☆

암호 모듈 도입 기준으로 검증필 암호 모듈을 필수로 요구하는 제품의 종류와 상대적으로 가장 관련이 없는 것은 무엇인가? 다음 중 가장 해당하지 않는 것을 찾으시오.

① ERP 시스템 인증
② 통합 인증(SSO)
③ 소프트웨어 기반 보안 USB
④ 하드웨어 구간 보안 토큰

제 4 장

운영 보안

문제편

기업은 서비스를 제공하고 자산을 운영하며 제품을 판매하기 위해 필수적으로 정보 시스템을 구축하고 운영해야 한다. 이에 따라, 기업 정보 시스템의 역할은 점차 커지고 운영 비용도 증가하고 있다. 정보 시스템은 기업의 비즈니스 가치를 향상시키고 고객의 만족을 증대시키며 궁극적으로 기업의 영속적인 경영을 지원한다. 정보 시스템을 운영하기 위해서는 기술적인 관점뿐만 아니라 기업 자산을 보호하기 위한 IT 거버넌스 및 정보 보안 프로세스를 통한 무결성, 기밀성, 가용성의 확보가 중요하다. 정보 보안을 포괄하는 IT 거버넌스는 정보 시스템과 조직, 인력, 프로세스에 대한 기준과 지침, 기술, 절차 등을 제시해야 한다. 또한, 정보 보안 및 IT 거버넌스를 계획하고 적용하며 실무에 운영하기 위한 전문 역량을 갖춘 전문가도 필요한 실정이다. 최근 정보 시스템에 클라우드, 블록체인 등 많은 최신기술이 접목되고 있고, Zero-day Attack 등의 해킹 기법들이 증가하면서 시스템 운영에 대한 보안 취약점 및 대응에 대한 이슈가 제기되고 있다. 그러므로 기업의 정보 시스템 운영 시 거버넌스 수립부터 정보 보안 기술의 이해까지 폭 넓은 지식과 역량을 갖춘 전문가가 필요하다. 제4장 운영 보안에서 다루는 학습 요점은 다음과 같다.

- 정보 보안 거버넌스 및 운영 프로세스, 절차, 기술 이해

- 업무 연속성 및 재난복구에 대한 통제, 절차, 기술 이해

- 소프트웨어 개발 방법론과 보안, 평가, 시험에 대한 이해

- 정보 시스템 운영에 필요한 관리적, 기술적 물리적 보안 이해

- 정보 시스템 가용성 향상을 위한 수직적·수평적 기술 이해

001

난이도 ★★★☆☆

다음 [보기]는 무엇에 대한 설명인가?

> **보기**
>
> 데이터의 생명 주기를 밝혀내며, 처음부터 끝까지 완전한 데이터 흐름을 보여주는 것을 목표로 한다. 이는 데이터 원본에서 소비로 이동하는 데이터를 이해, 기록 및 시각화하는 프로세스이다. 여기에는 데이터가 어떻게 변환되었는지 변경된 내용 및 이유와 같은 과정에서 데이터가 수행된 모든 변환이 포함된다. 즉, 데이터 원본에 어떤 일이 발생하는지 시간이 지남에 따라 이동하는 위치가 포함된다. 여기에는 가시성을 제공하는 동시에 데이터 분석 프로세스의 근본 원인으로 오류를 추적하는 기능을 크게 단순화한다.

① Data Tagging
② Data Lineage
③ Data Lake
④ Data Warehouse

002

난이도 ★★☆☆☆

전자금융거래법에서 금융회사 또는 전자금융업자는 각 호의 업무에 대하여 직무를 분리·운영해야 한다고 가이드하고 있다. 이와 관련된 내용으로 선택지에서 가장 관련이 없는 것은 무엇인가?

① 신용정보관리보호인(CIAP)와 최고정보책임자(CIO)
② 시스템보안관리자와 시스템 프로그래머
③ 정보 기술부문인력과 정보보호인력
④ 업무운영자와 내부감사자

003

난이도 ★★★☆☆

다음 중 ISACA에서 가이드하고 있는 공급업체 지원 종료(Vendor Support Ends)에 대한 위험을 완화하기 위한 통제의 순서로 올바르게 나열한 것은 무엇인가?

> **보기**
>
> 가. 비즈니스 영향을 평가(Assess business impact)
> 나. 비즈니스 복원력을 유지(Maintain business resilience)
> 다. 공급업체 위험 관리(Manage vendor risk)
> 라. 서비스 계약 및 계약서를 검토(Review service agreements and contracts)
> 마. 중요한 자산을 관리(Manage critical assets)
> 바. 현재 가용성, 성능 및 용량을 평가하고 기준선 설정(Assess current availability, performance and capacity, and create a baseline)
> 사. 목표 투자를 설정(Establish the target investment mix)
> 아. 공급업체 관계 및 계약서를 식별하고 평가(Identify and evaluate vendor relationships and contracts)

① 사 → 아 → 라 → 다 → 마 → 바 → 가 → 나
② 사 → 라 → 아 → 다 → 바 → 마 → 가 → 나
③ 가 → 사 → 라 → 아 → 마 → 다 → 바 → 나
④ 가 → 사 → 아 → 라 → 마 → 바 → 다 → 나

004

난이도 ★★☆☆☆

프로젝트 작업 기술서(SOW)에 포함되지 않는 사항은 무엇인가? 다음 중 가장 관련이 없는 것을 선택하시오.

① 조직의 전략적 계획

② 제품 범위 명세서

③ 고객의 비즈니스 요구

④ 역할 정의와 담당 책임

005

난이도 ★★★☆☆

Cybersecurity levels(Security Assurance Level, SAL) 중에서 다음 [보기]의 내용은 무슨 레벨을 설명한 것인가?

> **보기**
>
> 중간 수준의 리소스, 시스템 고유의 기술 및 중간 수준의 동기를 갖춘 정교한 수단을 사용하여 의도적인 위반으로부터 보호

① SAL 1   ② SAL 2

③ SAL 3   ④ SAL 4

006

난이도 ★★★★★

정보 시스템 운영 시 발주사와 서비스 제공사는 SLA 계약을 통해 서비스 수준의 목표를 설정하고 이를 준수하기 위해 노력한다. SLA 지표 중 가장 대표적인 값은 다운타임(Downtime)과 가용성(Availability)이다. 최근 30일간 1회 장애가 발생했으며 MTTR(Mean Time To Recovery)은 3,200이고 MTTF(Mean Time To Failure)는 40,000일 때, MTBF(Mean Time Between Failure)과 가용성(Availability)값은 얼마인가? (가용성 값은 소수점 이하 둘째 자리에서 반올림)

① MTBF 43,200, Availability 92.6

② MTBF 36,800, Availability 95.5

③ MTBF 43,200, Availability 92.4

④ MTBF 40,000, Availability 99.5

007

난이도 ★☆☆☆☆

다음 중 정규화(Normalization)의 원칙으로 가장 관련이 없는 것은 무엇인가?

① 무손실 조인 분해

② 성능 최적화의 원칙

③ 함수적 종속 보전

④ 데이터의 중복성 감소

008

난이도 ★★☆☆☆

IT 아웃소싱의 절차로 [보기]의 내용을 올바르게 나열한 것은 무엇인가?

> **보기**
>
> 가. 검수 및 인수
>
> 나. 진도, 품질, 위험 관리
>
> 다. 대상 업체 선정
>
> 라. 계획 수립
>
> 마. 착수 정의
>
> 바. 요구 사항 정의
>
> 사. 비즈니스 프로세스 분석

① 라 → 사 → 다 → 마 → 바 → 나 → 가

② 사 → 라 → 다 → 마 → 바 → 나 → 가

③ 다 → 라 → 사 → 마 → 바 → 가 → 나

④ 사 → 다 → 라 → 마 → 바 → 가 → 나

009

난이도 ★★★☆☆

[보기]의 내용은 무엇을 설명한 것인가? 가장 알맞은 답을 선택지에서 고르시오.

> **보기**
>
> 현 시점에서 더 오래 소요될 수 있는 더 나은 접근 방식을 사용하는 대신 쉬운(제한된) 솔루션을 채택함으로써 발생되는 향후 추가적인 재작업의 비용을 반영하는 소프트웨어 개발의 한 관점이다. 즉, 개발 팀이 나중에 리팩터링해야 하는 일부 기능 또는 프로젝트를 신속하게 제공하기 위해 조치를 취할 때 향후 어떠한 결과가 발생하는지 설명한다. 완벽한 코드보다 빠른 전달을 우선시한 결과이다.

① Technical Debt
② Technical Asset
③ Technical Capital
④ Technical Risk

010

난이도 ★★☆☆☆

다음 중 일반적으로 기업의 사이버 보안팀이 수행해야 할 업무로 가장 관련이 없는 것은 무엇인가?

① 위험 평가 및 관리
② 보안 운영 및 관리
③ 정책 및 규정 준수
④ 전문적인 사이버 교육

011

난이도 ★★★★☆

하드웨어 인프라, 개발 플랫폼, 소프트웨어를 서비스로 제공받는 IaaS, PaaS, SaaS 플랫폼이 확산되면서 금전적이며 기술적인 효과가 높게 평가되고 있다. 다른 분야에 비해 보수적이었던 정보 보안 솔루션도 서비스로 제공받을 수 있는 SECaaS(Security as a Service)가 확산되고 있다. 다음 중 SECaaS의 특징이 아닌 것은 무엇인가?

① PAYG(Pay As You Go)를 통한 예측 가능한 비용 계획
② OPex to CAPex로의 전환에 따른 운영 효율성
③ 정보 보안 개발/운영 담당 인력의 업무 전환 및 인건비 절감
④ SLA(Service Level Agreement)를 활용한 아웃소싱 서비스 품질 보증

012

난이도 ★★☆☆☆

[보기]에 해당하는 테스트의 종류는 무엇인가? 가장 알맞은 답을 선택하시오.

> **보기**
>
> 하나의 특정 모듈에 집중적으로 테스트하는 소프트웨어 테스트 기술이다. 일반적으로 시스템 모듈에서 결함을 찾을 때 실행하며 품질보증팀에서 수행한다. 테스터는 동일한 테스트 케이스를 반복적으로 수동으로 적용하기 때문에 일명 고문 테스트, 내결함성 테스트 또는 좌절 테스트라고도 한다.

① Monster Test
② Godzilla Test
③ Gorilla Test
④ Monkey Test

013

난이도 ★★☆☆☆

오픈 소스는 공짜 소프트웨어가 아니고 저작권이 있으므로 라이선스 의무 조항을 준수해야 한다. 모든 오픈 소스가 소스 코드를 공개하는 것은 아니므로, 반환 의무(Reciprocal)가 엄격한 라이선스 사용에 유의해야 한다. 다음 중 이에 해당하지 않는 라이선스는 무엇인가?

① BSD
② AGPL
③ EPL
④ MPL

014

난이도 ★☆☆☆☆

다음 중 일반적인 사용자 승인 테스트(UAT) 수행의 특성에 앞서 가장 관련이 없는 것은 무엇인가?

① UAT 전략은 설계 단계에서 설명한다.
② UAT는 인터넷에서 무료 베타 평가판을 사용하거나 실제 소프트웨어 사용자로 구성된 사내 테스트팀을 통해 소프트웨어를 제공하여 구현할 수 있다.
③ UAT 사용자는 공개보다 알려진 비공개 그룹으로 지정하게 되면 각각 매우 상세한 테스트 단계를 수행할 수 있으므로 소프트웨어의 품질을 보다 상향시킬 수 있다.
④ UAT는 새로 개발된 소프트웨어가 출시되기 전 수행해야 하는 최종적이고 중요한 소프트웨어 프로젝트 절차 중 하나이다.

015

난이도 ★★☆☆☆

다음 중 임의 액세스 제어(DAC)의 장점과 관련이 없는 것은 무엇인가?

① 비용 절감
② 최소한의 관리 의무
③ 간단한 역할 관리
④ 최적의 성능

016

난이도 ★★☆☆☆

컴플라이언스(Compliance)는 통상 (/   /   )와(과) 같은 의미이고, 컴플라이언스 프로그램(Compliance Program)이란 '사업 추진 과정에서 기업이 자발적으로 관련 법규를 준수하도록 하기 위한 일련의 시스템'이다. 다음 중 문제 속 빈칸에 들어갈 용어로 적절하지 않은 것은 무엇인가?

① 법규 준수
② 준법 감시
③ 외부 통제
④ 내부 통제

017

난이도 ★★★★☆

디스크 수준에서 데이터의 손상을 방지하고 복구를 용이하게 할 수 있는 가용성 시스템으로 RAID(Redundant Array of Inexpensive Disk)를 들 수 있다. RAID는 N개의 디스크를 어떻게 구성하고 데이터를 분산시키는지에 따라서 번호로 유형을 분류한다. RAID의 유형에 따라서 디스크에 데이터가 저장되기도 하고, 중복 값이 저장되거나 복구용 비트가 저장되기도 한다. 만약 5개의 디스크에 RAID-0를 구성한다면 디스크의 약 (가)%에 데이터 비트가 저장되고 RAID-5를 구성한다면 디스크의 약 (나)%에 데이터 비트가 저장된다. (가)와 (나)에 들어갈 적합한 숫자는 무엇인가?

① 가: 100, 나: 80
② 가: 80, 나: 100
③ 가: 100, 나: 100
④ 가: 100, 나: 75

018

난이도 ★★★☆☆

스프링은 자바 기반의 웹 애플리케이션을 만들 수 있는 프레임워크이다. 스프링(Spring)을 더 쉽게 이용하기 위한 도구이며, 매우 간단하게 프로젝트를 설정할 수 있게 하여 개발자가 스프링 개발을 더 쉽게 만들어주는 역할을 하는 것은 무엇인가?

① Spring Boot
② Spring Container
③ Spring Bean
④ Spring Starter

019

난이도 ★★☆☆☆

오픈 소스 소프트웨어 라이선스는 개발자와 이용자 간 사용 방법 및 조건의 범위를 명시한 계약을 의미하는데, 공통 준수 사항과 특별 준수 사항이 있다. 다음 중 특별 준수 사항과 가장 관련이 없는 것은 무엇인가?

① 사용 여부 고지

② 소스 코드 공개

③ 라이선스 충돌 제거

④ 특허권 실행 포기

020
난이도 ★★☆☆☆

데이터베이스 테이블은 논리적 모델링 단계에서 제3정규화 이상 수준으로 정규화하는 것이 일반적이다. 하지만 운영 환경에서는 성능, 운영 효율성, 개발 편의성 등의 이유로 반정규화를 하게 된다. 다음 중 수직 파티셔닝에 대한 설명으로 올바르지 않은 것은 무엇인가?

① TEXT, BLOB 등 사이즈가 큰 필드를 별도의 테이블로 분리하는 경우도 수직 파티셔닝에 해당된다.

② 해시(Hash), 기간(Range) 파티셔닝 기법이 주로 사용된다.

③ 데이터베이스 일관성이 저하될 수 있으므로 개발 및 운영 시 보다 세심한 관리가 필요하다.

④ 수직 파티셔닝을 적용하면 기존에 SQL이 포함된 프로그램을 수정해야 한다.

021
난이도 ★★☆☆☆

A 기업은 MES, SCM, ERP 등 기업용 시스템을 운영하면서 다수의 관계사 및 자회사에 서비스를 제공한다. MES 솔루션이 10년이 경과하여 포스트 시스템으로 개편하는 프로젝트를 진행했고 최근 오픈에 성공했다. 이 시스템은 대부분 외부 솔루션을 이용했으며 가장 큰 강점으로는 안정적이고 주기적인 제품 업데이트 기능이 꼽혔다. 이를 위한 솔루션 업데이트 서버가 존재하는데 외부 공격자가 이 업데이트 서버와 연결된 서드파티 서버를 해킹하여 악성 코드가 포함된 업데이트 파일을

패치되도록 했다. 이와 같은 공격 기법을 무엇이라고 하는가?

① Supply Chain Attack

② Software Lifecycle Forgery

③ Cloud based Chain Attack

④ Drive by Outbound Attack

022
난이도 ★☆☆☆☆

[보기] 속 빈칸에 들어갈 내용은 무엇인가? 가장 알맞은 답을 선택하시오.

> **보기**
>
> (　　　) 프로세스는 고객과 고객의 요구 사항을 심층적으로 파악한 다음, 해결할 문제를 취합하고, 디자인 콘셉트를 구상하고, 실제 사용자의 피드백을 받으면서 프로토타입을 만들고, 반복적으로 테스트하는 것이다.
>
> "Bottom Up + Top Down = ?"

① Design Thinking

② Design Exploration

③ Designing for People

④ Design Creation

032
난이도 ★★☆☆☆

버전 관리 기법 중 하나로, [보기]에 해당하는 내용은 무엇인가?

> **보기**
>
> 1. 기존 버전과 호환되지 않게 API가 바뀌면 "주(主) 버전"을 올리고,
> 2. 기존 버전과 호환되면서 새로운 기능을 추가할 때는 "부(部) 버전"을 올리고,
> 3. 기존 버전과 호환되면서 버그를 수정한 것이라면 "수(修) 버전"을 올린다.
>
> 주.부.수 형식에 정식 배포 전 버전이나 빌드 메타데이터를 위한 라벨을 덧붙이는 방법도 있다.

① Semantic Version

② Internal Version Numbers

③ Pre-release Versions

④ Release Train

024

난이도 ★★☆☆☆

회사에 VPN보다 새로운 ZTNA 도입을 고려하고 있다. 경영진의 요청에 따라 즉각적인 비즈니스 요구에 따라 보안 정책 및 사용자 권한을 쉽게 추가하거나 제거하도록 하고 싶다. 그렇다면 ZTNA에 맞는 어떠한 접근 통제 모델을 고려하는 것이 적절한가?

① MAC(Mandatory Access Control)

② DAC(Discretionary Access Control)

③ ABAC(Attribute Based Access Control)

④ LBAC(Lattice Based Access)

025

난이도 ★☆☆☆☆

다음 중 프로젝트 착수 시점에 수행되어야 할 사항과 가장 거리가 먼 것은 무엇인가?

① 대면 회의

② 교훈(Lessons Learned)

③ 착수 회의

④ 착수 워크샵

026

난이도 ★★★☆☆

[보기] 속 빈칸에 들어갈 내용으로 알맞은 것은 무엇인가?

> **보기**
>
> (   )이란 사이버 위협 대응을 위해 센터의 전문 인력이 수동으로 수행하는 보안 관제 프로세스를 자동으로

수행하기 위한 업무 절차서다. 이것은 활용 사례, 순서도, 자동화, 과제 등으로 간단히 말하면 업무에 대한 프로세스 정리서라고 할 수 있다. 특정 사건이 발생했을 때를 가정하고 이에 대한 행동 수칙이나 수행 과제, 프로세스를 사전에 정리한 대응 가이드를 의미한다.

① 대시보드

② 플레이북

③ 침해 대응

④ 레포팅

027

난이도 ★★☆☆☆

다음 중 일반적인 소프트웨어 디자인 패턴(Software Design Pattern)과 관련이 없는 것은 무엇인가? 가장 해당하지 않는 것을 선택지에서 고르시오.

① MVP(Model-View-Presenter)

② MVI(Model-View-Intent)

③ MVSM(Model-View-Structure-Model)

④ VIPER(View-Interactor-Presenter-Entity-Router)

028

난이도 ★★★☆☆

결함 트리(Fault Tree)와 공격 트리(Attack Tree)의 주요한 차이점은 임의의 한 개 입력 방식과 횡단 방식에 있다. 다음 중, 두 트리의 특징으로 관련이 없는 것은 무엇인가?

① 각각의 결함 트리는 별개이며 완전히 독립적이다. (결함은 트리의 다른 노드 리프와 서로 독립적으로 무작위로 발생한다.)

② SecureTree 툴에서 공격 트리를 생성할 수 있으며, 위험 관리 대부분의 규제와 관련된 부분은 공격 트리 분석을 기반으로 한다.

③ 결함 트리는 지능형 엔티티의 재량에 따라 트리의 리프(Leaf)가 자유롭게 입력되는 지능적으로 계획된 공격을 기반으로 하지 않는다.

④ 결함 트리는 종속, 중간 노드를 통해 각 리프에서 확률(고장/장애율)을 기준으로 이동한다.

① 구성 감사 결과

② 경영진과 이사회의 의사 결정 인터뷰 정보

③ 구성 관리 직원의 근무 시간에 대한 세부 정보

④ 증가 및 용량 정보를 포함하여 등록된 CI(구성 항목) 수에 대한 정보

029
난이도 ★★★☆☆

[보기]와 관련된 내용은 무엇을 설명한 것인가? 가장 알맞은 답을 선택하시오.

> **보기**
>
> - 기술 보안 운영의 자동화 및 표준화를 가능하게 하는 미국 정부의 다중 기관 이니셔티브*를 나타내며 표준 기반의 보안 검사 및 수정 자동화와 기술 규정 준수 활동의 자동화를 목표로 한다.
> - 이 프로그램은 기본적으로 취약성 데이터의 표준 기반 통신 활성화, 다양한 IT 제품에 대한 구성 기준 사용자 정의 및 관리, 정보 시스템 평가 및 규정 준수 상태 보고, 표준 메트릭을 사용하여 잠재적 취약성 영향에 가중치 및 집계, 식별된 취약성 수정을 포함하는 것을 목표로 한다.
>
>   * 이니셔티브(Initiative)는 문제를 해결하기 위한 중요한 활동을 의미한다.

① IRS   ② ISE

③ ISAP   ④ XCCDF

030
난이도 ★★★☆☆

ITIL 프로세스에 따르면 구성 관리(Configuration Management, CM)는 정기적인 관리 보고서를 포함하여 지속적인 서비스 개선을 사용하여 프로세스의 효율성과 효과성을 지속적으로 평가해야 한다고 하였다. 그렇다면 상대적으로 정기적 보고서에 사용될 내용으로 가장 거리가 먼 것은 무엇인가?

031
난이도 ★★★☆☆

SAL(Security Assurance Level) 유형 중 관련이 없는 것은 무엇인가? 다음 중 가장 관련이 없는 것을 고르시오.

① 대상 SAL(Target SAL)

② 기술 SAL(Technology SAL)

③ 달성 SAL(Achieved SAL)

④ 기능 SAL(Capability SAL)

032
난이도 ★★★☆☆

[보기]와 관련된 내용으로 올바르게 설명한 것은 무엇인가? 선택지에서 가장 관련이 있는 것을 고르시오.

> **보기**
>
> FISMA(Federal Information Security Management Act, 2002) 준수를 포함하여 조직에 배포된 시스템의 자동화된 취약성 관리, 측정 및 정책 준수 평가를 가능하게 하기 위해 특정 표준을 사용하는 방법이다. 즉, 시스템의 취약점 점검이나 보안 수준 측정, 정책 준수 여부 등을 자동으로 검사하기 위한 표준이다.

① SACM(Security Automation and Continuous Monitoring)

② SCAP(Security Content Automation Protocol)

③ SWID(SoftWare IDentification tags)

④ FIPS(Federal Information Processing Standards)

033

난이도 ★★★★☆

이것은 모든 꼭짓점을 함께 연결하는 연결된 가장자리 가중치 무방향 그래프의 가장자리 부분 집합으로, 사이클 없이 가능한 최소 총 가장자리 가중치를 사용한다. 즉, Edge weight의 합이 가능한 한 작은 트리이다. 이것은 무엇인가?

① CST(Common Spanning Tree)

② PVST(Per Vlan Spanning Tree)

③ RST(Rapid Spanning Tree)

④ MST(Minimum Spanning Tree)

034

난이도 ★★☆☆☆

테스트 기법 중에서 다음 [보기]와 관련된 성능 테스트는 무엇인가? 가장 알맞은 답을 선택하시오.

> **보기**
>
> 시뮬레이션된 최종 사용자가 갑자기 크게 증가할 때 시스템의 성능을 평가한다. 이는 시스템이 단기간에 걸쳐 급격하고 급격한 워크로드 증가를 반복적으로 처리할 수 있는지 판단하는 데 도움이 된다. 스트레스 테스트와 유사하게 IT 팀은 일반적으로 시스템이 정상 트래픽 볼륨보다 높을 가능성이 있는 대규모 이벤트 전에 이 테스트를 수행한다.

① Soak Test

② Spike Test

③ Scalability Test

④ Capacity Test

035

난이도 ★★☆☆☆

좋은 관계형 데이터베이스를 설계하는 목적 중 하나는 정보의 이상 현상(Anomaly)이 생기지 않도록 고려해서 설계하는 것이다. 다음 중 이상 현상 증상과 관련이 없는 것은 무엇인가? 선택지에서 가장 알맞은 것을 고르시오.

① Insertion Anomaly

② Deletion Anomaly

③ Update Anomaly

④ Rollback Anomaly

036

난이도 ★★☆☆☆

XML 데이터베이스는 비정형 구조의 가변 길이 XML 문서를 저장, 검색, 관리하는 데이터베이스이다. 그렇다면 XML의 특징과 관련이 없는 것은 무엇인가?

① XML은 데이터를 보여주지 않고, 데이터를 전달하고 저장하는 것만을 목적으로 한다.

② XML은 텍스트 데이터 형식의 언어로, 모든 XML 문서는 안시(ANSI) 코드 문자로만 이루어진다.

③ XML은 새로운 태그를 만들어 추가해도 계속해서 동작하므로 확장성이 좋다.

④ XML은 다른 목적의 마크업 언어를 만드는 데 사용되는 다목적 마크업 언어이다

037

난이도 ★☆☆☆☆

다음 중 데이터 모델링의 목적으로 가장 관련이 없는 것은 무엇인가?

① 개체와 개체를 처리하는 프로세스 간의 관계 도출

② 개체의 현재 위치 및 개체 간 관계 파악

③ 소프트웨어 구축 시 검증 대상 정의

④ 각 데이터 개체의 구성 및 속성 파악

038
난이도 ★☆☆☆☆

BIA 분석 절차로 RTO(Recovery Time Objective)와 RPO(Recovery Point Objective) 산정을 위해 고려되어야 할 사항으로, 다음 중 상대적으로 가장 거리가 먼 것은 무엇인가?

① 이사회와 경영진의 의사 결정 사항
② 복구 시 필요한 인적 자원 및 물적 자원
③ 업무 전후 간의 의존도 분석
④ 재무적, 운영적인 위험 요인 분석

039
난이도 ★☆☆☆☆

부적절한 인력의 채용 및 유지(Inability to Recruit or Retain IT Staff)로 인해 발생할 수 있는 영향과 가장 거리가 먼 것은 무엇인가?

① 불분명한 법규제의 틀과 컴플라이언스의 과제에 의한 그레이 존(Gray Zone)이 발생한다.
② 불량한 고객 서비스는 기업 평판에 가장 큰 영향을 미친다.
③ 유능한 IT 직원이 부족하면 생산성과 품질에 영향을 미치고 이는 기업의 경쟁 우위에도 영향을 미친다.
④ 조직에서 IT 직원을 채용 및 유지하지 못하면 조직의 전반적인 생산성이 저하된다.

040
난이도 ★★☆☆☆

다음 중 로 코드(Low-code) 애플리케이션 개발의 장점으로 해당되지 않는 것을 선택하시오.

① 대규모 프로젝트에 적합
② 기존 코딩보다 저렴하고 빠른 앱 개발
③ 섀도 IT 감소
④ 레거시 시스템의 통합 및 확장

041
난이도 ★☆☆☆☆

데이터센터와 같이 보안 등급이 높은 시설에 필요한 물리적 보안은 사용자에 대한 인증 기능을 제공해야 한다. 인증은 소유 기반, 지식 기반, 생체 기반으로 분류할 수 있는데, [보기]에서 인증 기능과 분류가 적절하게 매칭된 것은 무엇인지 모두 고르시오.

보 기
가. 아이디와 비밀번호: 지식 기반
나. 홍채 인증: 생체 기반
다. 키보드 다이나믹스: 소유 기반
라. 스마트 카드: 소유 기반
마. 서명: 생체 기반

① 가, 나, 라, 마
② 가, 나, 다
③ 나, 다, 라
④ 가, 다, 라, 마

042
난이도 ★☆☆☆☆

재택근무가 활성화되면서 스마트한 근무 환경이 중요하게 여겨지고 있다. 이에 따라 업무 공간의 물리적인 한계가 사라지고 업무망에 접속하는 장치도 제한이 풀리고 있다. VDI, RBS 등의 기술로 언제든지 자신의 장비로 업무를 할 수 있게 되었다. 또한, 오프라인 사무실에서도 회사의 자산이 아닌 사용자 본인의 장치로 업무를 할 수 있도록 보안 기준을 낮추고 있다. 직원들의 컴퓨팅 장비를 사용하여 업무를 할 수 있도록 허용하는 기업의 정책이자 기준은 무엇인가?

① Smart Security
② Bring Your Own Device
③ Thin Client Policy
④ Virtual Device System

043

[보기]에 해당되는 내용은 무엇인가? 가장 알맞은 답을 선택하시오.

> **보기**
>
> 데이터의 보안, 개인정보보호, 정확성, 가용성, 사용성을 보장하기 위해 수행하는 모든 작업을 의미한다. 여기에는 사람이 취해야 하는 조치, 따라야 하는 프로세스, 데이터의 전체 생명 주기 동안 이를 지원하는 기술이 포함된다.

① 데이터 거버넌스

② 비즈니스 거버넌스

③ 클라우드 거버넌스

④ IT 거버넌스

044

다음 [보기]는 무엇을 설명한 것인가? 가장 알맞은 답을 선택지에서 고르시오.

> **보기**
>
> 이것은 합성어로 다양한 기술을 활용해 금융 관련 규제를 관리, 준수하는 서비스, 기술이라고 할 수 있다. 현재는 단순히 금융 규제에 대한 준수와 모니터링을 넘어 빅데이터, AI, 블록체인 등을 활용해 위험을 적극적으로 예측하고 대응할 수 있는 방향으로 발전하고 있다.

① SubTech

② FinTech

③ CompTech

④ RegTech

045

[보기]에 해당되는 패턴은 무엇인가? 선택지에서 가장 올바른 것을 고르시오.

> **보기**
>
> 이것은 소프트웨어 공학 디자인 패턴 중의 하나로, 객체 지향 프로그래밍 분야에서 자주 쓰인다. 이는 클래스 라이브러리 같은 어떤 소프트웨어의 다른 커다란 코드 부분에 대한 간략화된 인터페이스를 제공하는 객체이다. 어떠한 서브시스템의 일련의 인터페이스에 대한 통합된 인터페이스를 제공한다. 즉, 많은 서브시스템(내부 구조)를 거대한 클래스(외벽)로 만들어 감싸서 편리한 인터페이스를 제공해 준다.

① 어댑터 패턴(Adapter Pattern)

② 퍼사드 패턴(Facade Pattern)

③ 싱글턴 패턴(Singleton Pattern)

④ 인터프리터 패턴(Interpreter Pattern)

046

소프트웨어 프로그램의 소스 코드에는 기능 결함과 심각한 장애를 유발할 수 있는 잠재적인 문제가 존재할 수 있다. 이러한 잠재적인 문제를 사전에 제거하는 활동이 정적 점검 및 동료 검토, 동적 점검 등이다. 소스 코드에 존재하는 가독성을 떨어뜨리고 로직이 중복되거나 코드의 품질을 저하시키는 데 영향을 주는 코드가 있을 수 있다. 예를 들어 메서드의 파라미터가 과도하게 많거나 클래스의 기능 규모가 너무 크거나 코드가 중복되어 있을 수 있다. 이러한 코드를 무엇이라고 하는가?

① Code Smell

② Code Error

③ Refactoring Code

④ Exploit Code

047

난이도 ★☆☆☆☆

[보기]는 무엇을 설명한 것인가? 가장 알맞은 답을 선택하시오.

> **보기**
>
> 이것은 데이터베이스 관리자의 도구로, 데이터베이스에 저장되어 있는 모든 데이터 개체들에 대한 정의나 명세에 대한 정보가 수록되어 있는 시스템 테이블이다. 이를 데이터 사전(Data Dictionary)이라고 부르며 DDL의 결과로 구성되는 기본 릴레이션, 인덱스, 뷰, 사용자, 접근 권한 등의 데이터베이스 구조 및 통계 정보가 여기에 저장된다.

① 메타 데이터(Meta Data)

② 통계 정보(Statistics Table)

③ 시스템 카탈로그(System Catalog)

④ 프로시져(Procedure)

048

난이도 ★★☆☆☆

다음 중 성능 테스트 도구(Performance Testing Tool)와 가장 관련이 없는 것은 무엇인가?

① JMeter

② Wireshark

③ LoadRunner

④ NeoLoad

049

난이도 ★☆☆☆☆

정규화(Normalization)의 과정으로 다음 [보기]에 해당되는 내용은 무엇인가?

> **보기**
>
> 모든 결정자가 후보 키 집합에 속해야 한다는 뜻은, 후보 키 집합에 없는 칼럼이 결정자가 되어서는 안 된다는 뜻이다. 해당 정규화 룰은 제3정규형이어야 하며, 그리고 A→B의 모든 종속성에 대해 A는 슈퍼 키여야 한다.

① 제1정규형(1NF)

② 제2정규형(2NF)

③ 제3정규형(3NF)

④ BCNF(Boyce-Codd Normal Form)

050

난이도 ★★☆☆☆

이것은 특정 목적의 데이터를 활용하기 쉽도록 공개한 개발자 인터페이스로, 대한민국 정부에서는 공공 데이터 포털을 통해 도로명 주소 조회 서비스, 동네 예보 정보 조회 서비스 등 현재 운영 및 제공하고 있다. 이것은 무엇인가?

① OpenGL

② Open API

③ Java API

④ Windows API

051

난이도 ★★★☆☆

[보기]는 무엇에 대한 정의를 설명한 것인가? 가장 알맞은 내용을 선택지에서 고르시오.

> **보기**
>
> 기업이 린(Lean) 및 민첩한 관행을 확장하도록 안내하기 위한 조직 및 워크플로 패턴 집합이다. 대규모 스크럼(LeSS), 훈련된 민첩한 전달(DAD) 및 Nexus와 함께 단일 팀을 넘어 확장할 때 발생하는 문제를 해결하려는 프레임워크 중의 하나이다. 이것은 다수의 애자일 팀에서 조정, 협업 및 전달을 촉진한다. 민첩한 소프트웨어 개발, 린 제품 개발 및 시스템 사고의 세 가지 주요 지식 기관을 활용하여 실무자에 의해 그리고 실무자를 위해 개발되었다. 미국 기업의 80%가 선택하고 있다는 Enterprise Agile의 선두주자이다.

① PMI-ACP

② Scrum

③ Spotify

④ SAFe

052

난이도 ★★★☆☆

비용 편익 분석(Cost Benefit Analysis, CBA)은 프로젝트의 비용과 이점을 비교한 다음 프로젝트를 진행할지 여부를 결정한다. 프로젝트의 비용과 혜택은 돈의 시간 가치를 조정한 후 금전적인 용어로 측정되므로 비용과 이익에 대한 가이드를 제시한다. 그렇다면 CBA에서는 총 6가지 단계가 존재를 하는데, 올바른 순서로 나열된 것은 무엇인가?

> **보기**
>
> 가. 순 현재 값을 계산한다. (Calculate net present values)
>
> 나. 현재 가치를 얻기 위해 비용 및 혜택을 할인한다. (Discount costs and benefits to obtain present values)
>
> 다. 비용과 혜택으로 수익을 창출한다. (Monetize costs and benefits)
>
> 라. 예상 비용 및 수익에 대한 타임라인을 기획한다. (Drawing a timeline for expected costs and revenue)
>
> 마. 비용과 혜택을 확인하고 분류한다.(Identity and classify costs and benefits)
>
> 바. 분석의 프레임워크를 정의한다. (Define the framework for the analysis)

① 라 → 나 → 다 → 마 → 가 → 바

② 바 → 가 → 마 → 다 → 나 → 라

③ 가 → 나 → 다 → 라 → 마 → 바

④ 바 → 마 → 라 → 다 → 나 → 가

053

난이도 ★★★☆☆

[보기] 속 빈칸에 해당되는 내용을 선택지에서 고르시오.

> **보기**
>
> 인공 지능을 적용한 백신은 악성 코드의 위협 모델을 기반으로 다양한 이상 행위와 블랙 IP 리스트, IoC(Indicator Of Compromise), C&C IP 리스트와 같은 인텔리전스 정보를 활용하여 악성 코드에 대한 비정상 여부 판별을 수행한다. 최근 지능화된 신종 악성 코드가 매년 급증하고 있고 해킹 기술이 발전함에 따라 이를 실

시간 탐지 및 분석을 통해 대응하는 (   )이 급부상하고 있다.

① EDR   ② MDM

③ DLP   ④ EDM

054

난이도 ★☆☆☆☆

MVC(Model-View-Controller) 패턴에서 텍스트, 체크박스 항목 등과 같은 사용자 인터페이스 요소를 나타내는 것과 가장 관련성이 있는 것은 무엇인가?

① Model   ② View

③ Controller   ④ Presenter

055

난이도 ★★☆☆☆

조직에서 정책 및 규정을 준수하기 위해서 팀을 만들려고 한다. 이와 관련해서 가장 관련이 없는 역할은 무엇인가?

① Security Engineer

② Security Auditor

③ Data Privacy Officer

④ Business Continuity Manager

056

난이도 ★★☆☆☆

소프트웨어 및 인도물을 고객에게 납품하기 전 기능 테스트와 비기능 테스트를 수행한다. 정적 테스트 및 동적 테스트 그리고 성능 및 보안 점검까지 수행하는 것이 일반적인데, 테스트를 위한 다양한 원칙들이 존재한다. 이것은 테스트 케이스와 테스트 시나리오의 중요성을 강조하는 원칙이며, 동일한 테스트를 반복하여 수행하면 결함이 더 이상 발견되기 어렵다는 원칙이다. 이것은 무엇인가?

① 회귀 테스트 원칙

② 살충제 패러독스

③ 오류 부재의 궤변

④ 연계 진행의 원칙

057

난이도 ★★☆☆☆

다음 [보기]에 해당되는 테스트의 종류는 무엇인가? 선택지에서 올바르게 고르시오.

> **보기**
>
> 테스트의 목적은 새 시스템이나 수정된 시스템이 기존 시스템에 부정적인 영향을 미치지 않고 대상 환경에서 작동할 수 있는지 확인하는 것이다.

① Context Driven Test

② Regression Test

③ Negative Test

④ Sociability Test

058

난이도 ★★★☆☆

[보기] 속 빈칸에 들어갈 말은 무엇인가? 가장 알맞은 답을 선택하시오.

> **보기**
>
> 하나의 사용자, 하나의 ID 및 하나의 인프라에 대한 엔터프라이즈 관리를 용이하게 하는 전략적 솔루션 구현을 의미한다. (   )는/은 사용자를 온보딩하고, 각 사용자가 네트워크의 여러 장치와 서비스를 통해 원활하게 작업을 수행할 수 있도록 하는 프로세스를 구현하고, 마지막으로 사용자를 신속하게 오프보딩하는 전략적 및 전술적 접근 방식을 말한다.

① Infomix

② Workday

③ UML

④ Digital Identification

059

난이도 ★★★☆☆

정보 처리 시스템의 중요성은 나날이 높아지는 반면, 내부 임직원에 의한 자료 유출과 외부 침입자의 공격은 더욱 거세지고 있다. 이에 따라 정보 보안 측면에서 조직 내부와 외부의 모든 주체와 객체에 대해 어떤 신뢰도 하지 않는 제로 트러스트 정책이 적용되고 있다. 제로 트러스트 정책을 기준으로 할 때 방화벽의 필터링 정책은 (가)를/을 구현하는 (나) 방식을 사용하게 된다. (나) 방식은 사용자에게는 불편함을 줄 수 있으나 보안 관점에서는 위험을 낮추는 효과가 있다. (가)와 (나)에 들어갈 적절한 용어는 무엇인가?

① 가: All Deny, 나: Black-List

② 가: All Allow, 나: Black-List

③ 가: All Deny, 나: White-List

④ 가: Some Deny, 나: White-List

060

난이도 ★★★☆☆

다음 [보기]는 무엇을 설명한 것인가? 가장 알맞은 답을 선택지에서 고르시오.

> **보기**
>
> NIST에서는 다음과 같이 정의하고 있다.
>
> 시스템, 운영 정책, 사용자 클래스, 시스템과 사용자 간의 상호 작용 및 운영 임무에 대한 시스템의 기여도에 대한 보안 중심 설명이다.
>
> 참고 1: 동작의 보안 개념은 배포된 시스템과 연관된 다른 생명 주기 개념에 대한 보안을 다룰 수 있다. 여기에는 예를 들어 유지, 물류, 유지 보수 및 교육에 대한 개념이 포함된다.
>
> 참고 2: 작업의 보안 개념은 보안 기능을 위한 개념과 동일하지 않다. 보안 기능에 대한 개념은 시스템의 설계 철학을 다루며 신뢰할 수 있는 보안 방식으로 사용할 수 있는 시스템을 달성하기 위한 것이다. 운영의 보안 개념은 보안 기능을 위한 개념과 일치해야 한다.

① SRS(Software Requirements Specification)

② CONOPS

③ ISO/IEC 15288

④ BPM(Business Process Management)

① 하이브리드 백업(Hybrid Backup)

② 자동화 백업(Continuous Data Protection, CDP)

③ 차등 백업(Differential Backup)

④ 합성 백업(Synthetic Backup)

061
난이도 ★★☆☆☆

업무용 컴퓨터 암호화 방식에 대한 설명으로 가장 관련이 없는 것은 무엇인가? 다음 선택지에서 가장 관련이 없는 것을 고르시오.

① 디스크 암호화 방식: 업무용 컴퓨터에서 OS에서 발생하는 물리적인 입출력(I/O)을 이용한 암·복호화 방식으로 DBMS의 데이터 파일을 암호화할 수 있다.

② DRM(Digital Right Management): DRM으로 암호화된 문서는 DRM 클라이언트가 없는 PC에서는 열람이 불가능하며 열람 중에도 파일이 복호화 되지 않고 암호화 상태를 유지한다.

③ 문서 도구 자체 암호화: 업무용 컴퓨터에서 주로 사용하는 문서 도구(예: 한글, MS 워드 등)에서는 자체 암호화 기능을 통하여 개인정보 파일을 암호화할 수 있다.

④ 암호 유틸리티를 이용한 암호화: 업무용 컴퓨터에서는 해당 컴퓨터의 OS에서 제공하는 파일 암호 유틸리티 또는 파일 암호 전용 유틸리티를 이용하여 개인정보 파일 또는 디렉터리를 암호화할 수 있다.

062
난이도 ★☆☆☆☆

[보기]가 설명하는 백업의 종류는 무엇인가? 가장 알맞은 것을 고르시오.

> **보기**
>
> 기존의 전체 백업본과 여러 개의 증분 백업본을 하나로 통합하는 백업으로, 데이터 복구 성능을 향상시키고 네트워크 대역폭의 사용량을 최소화하는 방식

063
난이도 ★★☆☆☆

다음 중 ISACA에서 가이드하고 있는 부적절한 인력의 채용 및 유지(Inability to Recruit or Retain IT Staff)로 인한 위험을 완화하기 위한 통제의 순서를 올바르게 나열한 것은 무엇인가?

> **보기**
>
> 가. 적절하고 충분한 인력을 확보하고 유지(Acquire and maintain adequate and appropriate staffing)
>
> 나. 자원 관리를 평가(Evaluate resource management)
>
> 다. IT 및 비즈니스 인적 자원의 사용을 계획하고 추적 (Plan and track the usage of IT and business human resources)

① 다 → 나 → 가

② 다 → 가 → 나

③ 나 → 가 → 다

④ 가 → 나 → 다

064
난이도 ★★★☆☆

OVAL은 시스템 상태에 대한 논리적 주장을 하기 위한 선언적 언어이다. SCAP 표준의 주요 구성요소로, 보안 취약성 또는 원하는 시스템 구성을 설명하는 데 사용된다. 다음 중 OVAL의 구성요소로 가장 관련이 없는 것은 무엇인가?

① OVAL Definitions

② OVAL System Characteristics

③ OVAL Testing

④ OVAL Results

065

난이도 ★★☆☆☆

속성 기반 액세스 제어(ABAC)는 역할이나 사용자 대신 속성을 평가한다. 다음 중 이와 관련되지 않는 것은 무엇인가?

① 액세스 시간　② 데이터 위치
③ 액티브 디렉터리　④ 보안 허가

066

난이도 ★☆☆☆☆

다음 중 역할 기반 접근 제어(RBAC)의 특징과 거리가 먼 것은 무엇인가?

① 가장 널리 채택되는 제어 방법 중의 하나이며, 일부의 경우 RBAC를 사용하여 개인을 그룹화하고 특정 역할에 대한 권한을 할당할 수 있다.
② RBAC를 사용하기로 결정한 경우 역할을 그룹에 추가하거나 사용자에게 직접 추가할 수도 있다.
③ 실제로 일단 설정하면 권한을 변경하지 않고 모든 그룹을 확장할 수 있으며 최대 권한 원칙을 활용하여 관리 비용을 절감한다.
④ MAC보다 더 나은 운영 효율성을 제공하며, 무엇보다 기업이 규정 준수를 더 쉽게 충족할 수 있도록 한다.

067

난이도 ★★★☆☆

UML에서 사용자 관리(User Management)에 해당되지 않는 것은 무엇인가?

① 액세스 권한(Access Privileges)
② 사용자 증적(User Audit Log)
③ 사용자 책임(User Responsibilities)
④ 액세스 권한(Access Privileges)

068

난이도 ★★☆☆☆

소프트웨어 형상 관리(Software Configuration Management) 활동 중에서 소프트웨어 기준선의 무결성 평가를 수행하는 활동은 무엇인가? 가장 관련성이 있는 것을 선택하시오.

① 형상 식별　② 형상 통제
③ 형상 감사　④ 형상 기록

069

난이도 ★★★☆☆

OLTP 데이터베이스에서 SQL 질의문의 조회 시간과 성능을 좌우하는 요인 중에 버퍼 캐시 히트율(Buffer Cache Hit Ratio, BCHR) 값이 있다. 데이터베이스 관리자와 아키텍트는 BCHR을 높이기 위한 노력을 기울이게 된다. 논리적 I/O(Input & Output)을 L이라 정의하고 물리적인 I/O를 P라고 정의한다면 다음 중 BHCR을 계산하는 공식으로 알맞은 것은 무엇인가?

① $(1-(L/P))\times100$
② $((L-P)/L)\times100$
③ $((L-P)/P)\times100$
④ $((P/L)-1)\times100$

070

난이도 ★★☆☆☆

다음 [보기]와 관련된 내용은 무엇인가? 가장 알맞은 답을 선택하시오.

> **보기**
>
> 모든 변형에 대해 동일한 테스트 케이스를 실행하고 결과를 비교하여 테스트 항목의 두 개 이상의 변형 또는 동일한 테스트 항목의 시뮬레이션 모델을 비교하는 테스트이다. 이는 소프트웨어 제품의 두 가지 구현 버전을 놓고 일회성 테스트 집합을 시행한 후 그 결과들을 비교하여 오류를 도출한다.

① 백투백(Back-to-Back) 테스트

② 형상(Configuration) 테스트

③ 적합성(Conformance) 테스트

④ 사용 용이성(Usability) 테스트

071 난이도 ★☆☆☆☆

이것은 서비스 수준 협약서(Service Level Agreement, SLA)의 주요 구성요소이다. 다음 성과 지표 중 신뢰성과 가장 관련이 없는 것을 선택하시오.

① MTTF(Mean Time To Failure)

② MTBF(Mean Time Between Failure)

③ MTTI(Mean Time To Identification)

④ MTBSI(Mean Time Between Service Incident)

072 난이도 ★★☆☆☆

다음 [보기]에 해당되는 정의는 무엇인가? 가장 알맞은 답을 선택지에서 고르시오.

> **보기**
>
> 개발팀이 코드 베이스를 정리하거나 소프트웨어의 내부 구조를 변경하여 개선하는 프로세스이다. 이는 사용자의 입장에서 눈에 띄는 영향을 미치지 않도록 의도되었지만 개발팀이 계속해서 코드를 작업하고 향후 새로운 기능을 추가하는 것을 더 쉽게 만들 수 있다.

① Code Cleaning

② Code Refactoring

③ Automatic Signing

④ Code Inspection

073 난이도 ★☆☆☆☆

다음 [보기]에 해당되는 내용은 무엇인가? 가장 알맞은 답을 선택하시오.

> **보기**
>
> 컴퓨터 프로그램의 소스 코드가 복잡하게 얽힌 모습을 비유한 표현이다. 이는 정상적으로 작동하지만, 사람이 코드를 읽으면서 그 코드의 작동 방식을 파악하기는 어렵다. 보통 GOTO 문을 지나치게 많이 사용하거나 프로그램을 구조적으로 만들지 않는 경우에 만들어지기가 쉽다.

① 스파게티 코드(Spaghetti Code)

② 라비올리 코드(Ravioli Code)

③ 라자냐 코드(Lasagna Code)

④ 피자 코드(Pizza Code)

074 난이도 ★★★★☆

비즈니스 로직 설계와 프로그램 구현 시 복잡도가 증가할 경우 데이터의 크기에 따른 동작 시간의 증가 정도를 고려해야 한다. 이를 시간 복잡도라고 표현하며, 알고리즘의 성능을 평가하는 지표로도 사용된다. 가장 대표적인 표기법은 Big O 표기법인데, 다음 중 입력 데이터의 크기가 증가할 수록 소요 시간이 증가하는 정도가 가장 적은 것은 무엇인가?

① $O(\log n)$

② $O(n)$

③ $O(n^2)$

④ $O(2^n)$

075 난이도 ★★☆☆☆

다음 [보기]에 해당되는 내용은 무엇인가? 가장 알맞은 답을 선택하시오.

벤더가 클라우드 서비스 수준의 온디맨드 확장성, 편의성 및 민첩성을 갖춘 전용 물리적 IT 인프라 또는 베어메탈을 고객의 데이터센터에 구축하는 서비스 모델이다. 이는 아웃소싱된 코로케이션 데이터센터와 달리 호스팅된 풀스택 온디맨드 솔루션을 제공한다. 하드웨어, 소프트웨어, 구축, 지원, 최적화 및 생명 주기 관리 서비스의 조달이 하나의 계약에 따라 단일 공급업체에 의해 처리되는 솔루션을 제공한다.

① FaaS(Function as-a-Service)

② SaaS(Storage as-a-Service)

③ BMaaS(Bare-Metal as-a-Service)

④ PaaS(Pure as-a-Service)

076
난이도 ★☆☆☆☆

기업이나 조직이 보유한 물리적인 장비, 소프트웨어, 정보, 데이터 등의 모든 항목들에 대하여 손실을 초래하거나 부정적인 영향을 유발할 수 있는 잠재적인 사건이나 행동 그리고 그 행동을 하는 사용자를 의미하는 단어는 무엇인가?

① Asset

② Exploit

③ Vulnerability

④ Threat

077
난이도 ★★☆☆☆

RFID는 전파를 이용해서 접촉 없이도 멀리서 정보를 읽을 수 있기 때문에 접촉식 스마트 카드보다 보안성이 좋지 않다. 다음 중 RFID 보안 취약성으로 가장 관련이 없는 것은 무엇인가?

① 국제적 규격은 정해져는 있지만 국가마다 주파수가 달라서 호환이 되지 않으며, 합법적인 서비스를 방해한다거나 태그 재사용의 문제점으로 인해 보안이나 프라이버시 위협을 원천적으로 방어할 수 없다.

② 무선 수신기를 가지고 있는 제3자에 의한 부당한 정보 획득이나 도청 등으로 개인정보의 노출 위험이 있다.

③ 태그 정보 및 센서 노드의 위변조, 위장 리더, DoS 공격, 네트워크에서 개인 추적 정보 유출 등의 위협에 노출될 수 있다.

④ 전파 교란으로 RFID 인식이 방해될 수 있다.

078
난이도 ★★☆☆☆

다음 중 일반적으로 테스트를 수행하고 난 후 테스트의 실행 값에 대한 정의로 가장 해당하지 않는 것은 무엇인가?

① Blocked

② Deferred

③ Passed

④ Not completed

079
난이도 ★★☆☆☆

다음 [보기]와 관련된 테스팅의 종류는 무엇인가? 가장 알맞은 답을 선택하시오.

소프트웨어 시스템의 모든 기본 구성요소를 검사하여 제대로 작동하는지 확인하는 테스트 기술이다. 일반적으로 이 테스트는 소프트웨어 빌드 직후 보통 테스트팀에서 수행한다. 안전성을 검토하는 것을 목표로 하며 처음부터 끝까지 수행을 하여 시스템의 중요한 기능을 확인한다.

① 합리성 테스트(Sanity Testing)

② 회귀 테스트(Regression Testing)

③ 글래스 박스 테스트(Glass box Testing)

④ 스모크 테스트(Smoke Testing)

080
난이도 ★★★☆☆

사용자 생명 주기 관리(UML)의 5가지 프로세스와 관련이 없는 것은 무엇인가?

① 사용자 온보딩(User Onboarding)
② 사용자 관리(User Management)
③ 사용자 인사이트 관리(User Insight Management)
④ 효율적인 프로비저닝 해제(Efficient Deprovisioning)

081
난이도 ★★★★☆

다음 중, IAM(Identity Access Management)과 PAM(Privileged Access Management)의 차이에 가장 해당하지 않는 내용은 무엇인가?

① PAM 솔루션은 일반적으로 조직의 모든 구성원이 액세스가 가능하다. 하지만 액세스를 식별하고 승인하기 위해 취하는 조치는 IAM과 PAM 두 시스템 간 방식이 서로 상이하다.
② IAM과 PAM 두 서비스 모두 사이버 보안 및 액세스 제어와 관련성이 있다.
③ IAM과 PAM은 서로 다른 대상에게 서비스를 제공한다.
④ IAM은 각 사용자를 식별하고 다양한 애플리케이션 및 서비스에 대한 액세스를 허용하지만, PAM은 관리 권한이 있는 시스템으로 제한되는 매우 민감한 시스템에 대한 액세스 및 사용자 작업을 관리한다.

082
난이도 ★★★☆☆

[보기]를 읽고 DDoS 대응 방법을 올바르게 나열하시오.

보기	
가. 방어 서비스 적용	라. 서비스 모니터링
나. 공격 정보 파악	마. 공격 인지
다. 사전 준비	바. 사후 조치

① 다 → 마 → 나 → 가 → 바 → 라
② 다 → 나 → 마 → 가 → 라 → 바
③ 다 → 나 → 마 → 가 → 바 → 라
④ 다 → 마 → 나 → 가 → 라 → 바

083
난이도 ★★☆☆☆

재해 복구 시스템을 구축하기 전 반드시 재해 복구 계획(Disaster Recovery Plan, DRP)을 수립해야 한다. DRP의 활동 중에서 재해 복구 목표 RPO(Recovery Point Objective)를 정의하는데, 다음 중 RPO에 대한 설명으로 잘못된 것은 무엇인가?

① 재해 발생 후에 복구되기 전까지 다운타임 기간 동안 본래 정상적으로 수행되었어야 할 업무의 지점의 정도를 의미하는 목표 값이다.
② RPO의 목표를 높은 수준으로 수립할 수록 재해 복구 시스템 구축 및 운영에 필요한 경제적 비용이 증가한다.
③ 온라인 사이트에서 복구 사이트로 보내는 동기식 데이터 전송 기법은 RPO 목표 수준을 높게 유지할 수 있도록 지원한다.
④ RPO와 RTO(Recovery Time Objective)는 상호 간에 연관 관계가 있으며 DRS 기술에 따라 목표 달성 여부가 결정된다.

084

난이도 ★★☆☆☆

보안의 특성은 기밀성, 무결성, 가용성으로 크게 나눌 수도 있다. [보기]를 읽고 가용성을 제공·보장하기 위한 기술이나 기법에 해당하는 것을 모두 고르시오.

보기

가. 전자 서명

나. L4 Switch Load Balancing

다. Anti DDoS Solution

라. IEEE 802.11i

마. CDMA/CA

바. SHA 256

① 나, 라, 마
② 가, 나, 라, 바
③ 나, 다, 마
④ 나, 다

085

난이도 ★★☆☆☆

다음 [보기]에 해당되는 내용은 무엇인가? 가장 알맞은 답을 선택하시오.

보기

여러 소스에서 데이터를 수집하고 이를 표준화하고 분석을 위한 데이터 웨어하우스와 저장을 위한 데이터베이스 또는 기타 유형의 데이터 소스에 적재하는 데이터 통합 프로세스이다. 서로 다른 언어로 여러 시스템에 흩어져 있는 데이터를 통합 형식 및 스타일로 변환하여 보다 쉽게 분석할 수 있다.

① ETL
② EAI
③ Hadoop
④ ESB

086

난이도 ★☆☆☆☆

다음 중 강제적 접근 통제(MAC)의 특징이 아닌 것은 무엇인가?

① 사용자는 보안 레이블이 부여된 데이터에만 액세스할 수 있으며 역할과 권한이 설정되면 재사용이 가능하다.

② 모든 액세스 제어 설정 및 구성은 관리자만 액세스할 수 있다.

③ 지정된 시스템 관리자가 MAC 거버넌스를 정의하며 여기에는 각 사용자에게 필요한 특정 역할과 권한이 포함된다.

④ 단일 장애점(Single Point of Failure, SPOF)이 적으며, 모든 변경 사항이 세분화된 수준에서 발생해야 하므로 가장 융통성 없는 방법이기도 하다.

087

난이도 ★★☆☆☆

범죄자들은 제 나름대로 항상 정당한 이유가 있다. 이것은 조작에 취약한 사람들에게 적용되는 용어로, 일반적으로 사람들은 특정한 이유로 일방적으로 기업에 피해를 입히고 악의적인 내부자가 되는 것을 선택한다. 이와 관련된 내용으로 가장 관련이 없는 것은 무엇인가?

① Money
② Ideology
③ Narcisse
④ Ego

088

난이도 ★★☆☆☆

애자일(Agile)은 IT 감사 업무가 보다 성공적으로 진행되도록 보장한다. 이와 관련하여 가장 관련이 없는 것은 무엇인가?

① 빈번한 감사 계획 업데이트(Frequent audit plan updates)

② 실시간 보증(Real-time assurance)

③ 예측 가능한 소요 비용(Predictable cost)

④ 간소화된 감사 업무(Streamlined audit engagements)

089

난이도 ★★★☆☆

부적절한 변경 관리(Inadequate Change Management)로 말미암아 서비스 제공 실패, 사용자 요구 충족 불가능, 재작업으로 인한 비용이 증가한다. [보기]를 읽고, ISACA 협회에서 가이드하고 있는 부적절한 변경 관리에 대한 위험을 완화하기 위한 통제의 순서를 올바르게 나열하시오.

보기

가. 문제를 조사하고 진단(Investigate and diagnose problems)

나. 원하는 비전을 전달(Communicate desired vision)

다. 효과적인 자원 관리(Effective resource management)

라. 사고를 조사, 진단 및 할당(Investigate, diagnose and allocate incidents)

마. 변경 요청을 평가하고 우선순위를 지정하고 승인(Evaluate, prioritize and authorize change requests)

바. 서비스 요청을 확인, 승인 및 이행(Verify, approve and fulfill service requests)

① 나 → 다 → 가 → 마 → 바 → 라
② 다 → 나 → 마 → 바 → 사 → 가
③ 다 → 마 → 나 → 바 → 라 → 가
④ 나 → 가 → 다 → 바 → 라 → 마

090

난이도 ★☆☆☆☆

제3자 공급업체(Third-Party Suppliers)에 대한 위험으로 가장 관련이 없는 것은 무엇인가?

① 예산 초과
② 품질 문제
③ 협상 문제
④ 기능 누락

091

난이도 ★★☆☆☆

애자일(Agile) 개발 방법론의 종류에는 XP(Extreme Programming)와 SCRUM이 제일 많이 사용된다. 그리고 두 방법은 어떤 짧은 주기의 개발 기간과 개발 내용을 반복적으로 수행하는 측면에서는 동일하다. 다음 중 XP의 특징으로 가장 관련이 없는 것은 무엇인가?

① 개발 계획이 프로젝트 진행 동안 계속 변화된다.
② 짧은 개발 주기 반복
③ 리팩터링을 통한 변경 사항 수용
④ 개발 프로세스를 위한 프레임워크

092

난이도 ★☆☆☆☆

XP에서 프로젝트의 규모를 파악하고 프로젝트의 범위를 추정하기 위해 사용하는 것은 무엇인가? 가장 알맞은 답을 선택하시오.

① 스토리 카드(Story Card)
② 리팩터링(Refactoring)
③ 메타포어(Metaphore)
④ 페어 프로그래밍(Pair Programming)

093

난이도 ★★☆☆☆

소프트웨어의 결함을 예방하고 기능 완성도를 높이기 위해서는 적절한 테스트 기법 적용이 중요하다. 하지만 수많은 테스트 케이스를 모두 수행할 수 없으므로 적절한 수준의 입력값 케이스를 선정해야 한다. 각 입력 항목의 경우의 수를 나열하고 가장 많은 경우의 수를 가진 항목 A를 기준으로 모든 값을 순환하여 각 세트를 테스트 케이스로 만드는 기법이 있다. 이 기법을 사용하면 아무리 많은 입력값 조합이 있더라도 항목 A의 개수만큼만 테스트할 수 있는 장점이 있다. 이 기법은 무엇인가?

① Pairwise Testing

② Root Cause Testing

③ Classification Tree Testing

④ Logical Decision Testing

094

난이도 ★★☆☆☆

다음 [보기]는 무엇을 설명한 것인가? 가장 알맞은 내용을 선택지에서 고르시오.

> **보기**
>
> 이것은 SGML 계열의 마크업 언어에서 문서 형식을 정의하는 것이다. SGML을 비롯해 HTML, XHTML, XML 등에서 쓰인다. 특히 XML 스키마와 같이 사용되는 이것은 크게 다음과 같은 문서들을 일정한 규칙을 정하여 통합하고, 다양한 문서 간의 표준을 제시하기 위해 쓰인다.
>
> - 같은 뜻을 포함하지만 태그의 명칭이 다를 수 있다.
> - 같은 태그의 명칭을 사용하고 있지만 다른 뜻을 나타낼 수 있다.
> - 태그가 있는지 확실하지 않다.
> - 태그의 순서가 확실하지 않다.
> - 속성의 사용 규격이 확실하지 않다.
> - 태그 내 데이터 값에 대한 기준이 정해져 있지 않다.

① DCD(Document Content Description)

② SOX(Schema for Object-oriented XML)

③ DDML(Document Definition Markup Language)

④ DTD(Document Type Definition)

095

난이도 ★★☆☆☆

다음 중 성능 테스트 유형으로 가장 관련이 없는 것은 무엇인가? 가장 해당하지 않는 것을 선택하시오.

① Soak Testing

② Scalability Testing

③ Capacity Testing

④ Impact Testing

096

난이도 ★★☆☆☆

다음 [보기]에 해당되는 내용은 무엇인가? 가장 알맞은 답을 선택지에서 고르시오.

> **보기**
>
> 자바에서 .class 파일을 읽어서 변경하면 기존의 클래스에 코드를 삽입하지 않고 변경할 수 있게 된다. 이러한 기술은 다음과 같은 장점이 존재한다.
>
> 1. 원본을 수정하지 않으므로 유연한 코딩이 가능하다.
> 2. 원본이 오픈 소스인지, 상관없이 코드를 삽입할 수 있다.
> 3. 내가 원하는 .class에 일괄 삽입이 가능하다.

① SQL 삽입(SQL Injection)

② 바이트 코드 삽입(Byte Code Injection, BCI)

③ 컴파일러 코드 삽입(Compiler Code Injection)

④ 자바빈 영역 재할당(Javabean area Reallocation)

097

난이도 ★★☆☆☆

소프트웨어 유지 보수는 SDLC의 마지막 단계로, 소프트웨어의 생명을 연장하는 작업이다. 다음 중 목적에 따른 4가지 유지 보수 유형으로 가장 관련이 없는 것은 무엇인가?

① 계획형 소프트웨어 유지 보수

② 수정적 소프트웨어 유지 보수

③ 완전형 소프트웨어 유지 보수

④ 예방적 소프트웨어 유지 보수

098

난이도 ★★★☆☆

다음 [보기]는 소프트웨어 디자인 패턴에서 무엇을 설명한 것인가? 가장 알맞은 답을 선택하시오.

> **보기**
>
> 파티셔닝 디자인 패턴이며 동일한 유형의 개체의 단일 인스턴스와 동일한 방식으로 처리되는 개체 그룹을 설명한다. 이것의 목적은 개체를 트리 구조로 구성하여 부분-전체 계층 구조를 나타내는 것이며, 트리 구조를 가지고 트리 구조의 각 노드에 작업을 수행하도록 요청할 수 있다. 즉, 객체들의 관계를 트리 구조로 구성하여 부분-전체 계층을 표현하는 패턴으로, 사용자가 단일 객체와 복합 객체 모두 동일하게 다루도록 한다.

① 브리지 패턴(Bridge pattern)

② 데코레이터 패턴(Decorator pattern)

③ 컴포지트 패턴(Composite pattern)

④ 플라이웨이트 패턴(Flyweight pattern)

099

난이도 ★★★☆☆

소프트웨어 시스템의 분석 및 설계나 문서화할 때 사용되는 기법으로, 시스템 실행 과정인 입력·처리·출력의 기능을 나타내며 일반적으로 가시적 도표(Visual Table of Contents), 총체적 도표(Overview Diagram), 세부적 도표(Detail Diagram) 세트로 구성되어 있다. 이것은 무엇인가?

① SIPOC(Supplier, Input, Process, Output, Customer)

② SREM(Software Requirements Engineering Methodology)

③ CASE(Computer Aided Software Engineering)

④ HIPO(Hierarchy plus Input-Process-Output)

100

난이도 ★★★☆☆

다음 [보기]에 해당되는 내용은 무엇인가? 가장 알맞은 답을 선택하시오.

> **보기**
>
> 최종 승인된 모든 소프트웨어 구성요소의 버전이 저장 및 보호되는 물리적인 라이브러리 또는 저장소를 의미하며 소프트웨어의 마스터 버전을 가지고 있다.

① Demand Manager

② CMDB(Configuration Management DataBase)

③ SCR(Software Configuration Repository)

④ DSL(Definitive Software Library)

101

난이도 ★★☆☆☆

다음 [보기]에 해당되는 내용은 무엇인가? 가장 알맞은 답을 선택하시오.

> **보기**
>
> 조직에서 최대 가치 창출, 일반적으로 주주 가치 극대화를 가능하게 하고 지원하는 경영 철학 및 접근 방식이다. 이는 가치를 생성, 관리 및 측정하는 프로세스를 포함한다. 가치 생성 프로세스는 경쟁하는 시장이나 산업의 매력과 다른 플레이어에 대한 경쟁적 위치에 대한 이해가 필요하다. 이러한 이해가 확립되고 현금 흐름 및 수익성을 위한 핵심 가치 사슬 동인과 연결되면 미래 수익을 극대화하기 위해 경쟁 전략을 수립하거나 수정할 수 있게 된다.

① BSC(Balanced Score Card)

② ITMS(Information Technology Management Strategy)

③ SEM(Strategic Enterprise Management)

④ VBM(Value Based Management)

102

난이도 ★★☆☆☆

위험 분석 및 평가 방법은 정보나 정보 처리 기기에 대한 위협의 종류, 위협의 영향, 위협 발생 가능성 등을 평가하는 과정으로 총 4가지가 일반적이다. 다음 중 가장 관련이 없는 것은 무엇인가?

① 베이스라인 접근법(Baseline approach)

② 의사형 분석 접근법(Pseudo-type analysis approach)

③ 상세 위험 분석(Detailed risk analysis)

④ 복합 접근법(Combined approach)

103

난이도 ★★☆☆☆

다음 중 스프링부트(Spring Boot)의 장점과 거리가 먼 것은 무엇인가? 관련이 없는 것을 선택하시오.

① 설정 변경의 단순함

② 라이브러리 관리의 자동화

③ 독립적으로 실행 가능한 JAR

④ 내장 Tomcat

104

난이도 ★★★☆☆

다음 [보기]에 해당되는 내용은 무엇인가? 가장 알맞은 답을 선택하시오.

> **보기**
>
> 생명 주기의 모든 단계에서 소프트웨어 자산(온프레미스 또는 클라우드에 있는 자산)을 효과적으로 관리, 제어 및 보호하는 데 필요한 모든 기능이다. 이는 생명 주기의 각 단계에서 엔터프라이즈 소프트웨어에 대한 투자를 계획, 제어 및 보호하는 데 필요한 모든 프로세스와 인프라가 포함된다.

① SAM(Software Asset Management)

② ILM(Information Lifecycle Management)

③ ITSM(Information Technology Service Management)

④ APM(Application Performance Management)

105

난이도 ★☆☆☆☆

다음 [보기]에 해당되는 내용은 무엇인가? 가장 알맞은 답을 선택하시오.

> **보기**
>
> 제품 설계, 생산 계획, 공정 관리 및 제조업에 필요한 다양한 비즈니스 관련 기능을 수행하기 위해 컴퓨터 시스템과 관련 기술을 통해 정보화, 자동화, 통합화하는 활동

① CIM(Computer Integrated Manufacturing)

② MES(Manufacturing Execution System)

③ CEM(Customer Experience Management)

④ EIP(Enterprise Information Portal)

106

난이도 ★★☆☆☆

[보기] 속 빈칸에 들어갈 내용은 무엇인가? 가장 알맞은 답을 선택하시오.

> **보기**
>
> 선정한 하드웨어 소프트웨어 데이터가 보안 요구 사항을 포함하여 모든 기대 수준을 충족하는지 확인하기 위해 (   ) 작업을 수행하는 것이 필요하다. (   )의 산출물은 잘 돌아가는 초기 시제품과 관련 문서 테스트 진행 순서 기록과 결과를 포함한다.

① RFQ(Request For Quotation)

② PoC(Proof of Concept)

③ Simulation

④ Prototyping

107

난이도 ★★☆☆☆

[보기] 속 빈칸에 들어갈 내용은 무엇인가? 가장 알맞은 답을 선택하시오.

> **보기**
>
> IT 및 보안 조직은 (   ) 솔루션을 사용하여 사용자 ID를 관리하고 엔터프라이즈 리소스에 대한 액세스를 제어한다. (   ) 솔루션은 적절한 개인이 적절한 이유로 적절한 시간에 적절한 IT 리소스에 액세스할 수 있도록 한다. 이는 심층 방어 보안 전략의 기본 구성요소이며 사이버 공격 및 데이터 손실로부터 IT 시스템을 보호하는 데 중요하다.

① User Access List　② PAM

③ IAM　　　　　　　④ User Profile

108

난이도 ★★★☆☆

[보기]를 읽고 KRI를 수행하는 올바른 순서를 나열하시오.

> **보기**
>
> 가. Create indicators/controls
>
> 나. Identify risks
>
> 다. Remediate
>
> 라. Monitor and flag issues
>
> 마. Assign tasks
>
> 바. Define objectives

① 나 → 가 → 다 → 마 → 바 → 라

② 바 → 나 → 가 → 마 → 다 → 라

③ 나 → 가 → 라 → 바 → 마 → 다

④ 바 → 나 → 가 → 라 → 마 → 다

109

난이도 ★★☆☆☆

다음 중, ISCM을 구현하기 위한 5가지 기본 프로세스와 가장 관련이 없는 것은 무엇인가?

① ISCM 전략 정의(Define an ISCM strategy)

② 결과 응답(Respond to findings)

③ ISCM 프로그램 구현(Implement an ISCM program)

④ ISCM PoC 수행(Proof of Concept)

110

난이도 ★★☆☆☆

다음 중, 공급업체 지원 종료(Vendor Support Ends)로 발생한 잠재적 손실인 영향도(Impact)와 가장 관련이 없는 것은 무엇인가?

① 벌금 및 판결(Fines and Judgements): 연장된 정전 기간이 있고 장애가 발생한 시스템이 중요한 비즈니스 및 규제 프로세스를 지원하지 않더라도 기업 데이터에 개인 데이터가 포함된 경우 규제 벌금이 부과될 수 있다.

② 대응 비용(Cost of Response): 비즈니스 프로세스 중단의 원인을 식별하고 검증하기 위해 근본 원인 조사를 완료해야 한다. 하드웨어 교체를 기다리는 동안 대체 비즈니스 프로세스를 개발해야 한다.

③ 교체 비용(Replacement Cost): 교체 시스템을 식별하고 조달한 다음 구현하기 전에 이를 테스트해야 한다.

④ 평판(Reputation): 특정 비즈니스 프로세스의 중단은 광범위한 비즈니스 활동, 비즈니스 및 고객 프로세스를 방해하여 결과적으로 부정적인 평판에 영향을 미칠 수 있다.

111

난이도 ★☆☆☆☆

소프트웨어 식별 태그(SWID Tags)는 궁극적으로 소프트웨어의 무엇을 관리하기 위한 목적인가? 선택지에서 가장 알맞은 것을 고르시오.

① 자산 관리　　　② 변화 관리

③ 이슈 관리　　　④ 배포 관리

112

난이도 ★★★☆☆

다음 중 SCAP의 구성요소로 가장 관련이 없는 것은 무엇인가?

① XCCDF
② OVAL
③ PDU
④ CVE

113

난이도 ★★★☆☆

보안 자동화 및 지속적인 모니터링(Security Automation and Continuous Monitoring, SACM)은 효과적인 자산 제어 및 효율적인 정보 전달을 제공하는 생명 주기 프로세스이다. 다음 중 ITIL에서 가이드하고 있는 SACM의 목적과 가장 거리가 먼 것은 무엇인가?

① 버전, 기준선, 구성 구성요소, 해당 속성 및 관계를 포함하여 서비스 자산 및 구성 항목을 식별, 제어, 기록, 보고, 감사 및 확인한다.

② 정확하고 완전한 CMS(구성 관리 시스템)를 구축 및 유지 관리하여 서비스 및 IT 인프라를 제어하는 데 필요한 자산의 식별과 위협성을 도출하여 잠재적인 잔여 위험을 도출한다.

③ 승인된 구성요소만 사용하고 승인된 변경만 수행하도록 하여 서비스 생명 주기 전반에 걸쳐 서비스 자산 및 구성 항목(해당되는 경우 고객의 항목)의 무결성을 설명, 관리 및 보호한다.

④ 서비스 생명 주기 동안 서비스 자산 및 구성 항목(해당되는 경우 고객의 항목)의 무결성을 보호한다.

114

난이도 ★★☆☆☆

다음 중 외래 키(Foreign key)가 가지고 있는 근본적이고 일반적인 문제에 가장 해당 되는 것은 무엇인가?

① 기밀성
② 무결성
③ 가용성
④ 책임 추적성

115

난이도 ★★☆☆☆

소프트웨어의 유지 보수를 용이하게 하며 기능 변경의 예측할 수 없는 영향을 최소화하기 위해서는 응집도와 결합도를 고려해야 한다. 소프트웨어의 설계 단계에서부터 모듈화, 추상화, 분할을 통해 응집도와 결합도를 고려하여 설계하며 이를 기반으로 구현해야 한다. 다음 중 응집도와 결합도에 대한 설명으로 잘못된 것은 무엇인가?

① CBD(Component Based Development) 방법론에서는 모듈화를 중점적으로 고려한다.

② 일반적으로 응집도와 결합도가 높은 것이 유지 보수성이 높은 편이다.

③ 응집도/결합도를 고려하여 설계된 S/W는 오류의 파급범위를 경감시킬 수 있다.

④ 프로그램의 재 사용률을 향상시키고 유지 보수 비용을 절감할 수 있다.

116

난이도 ★★☆☆☆

프로젝트의 설계 개발 단계에서 소스 코드의 보안 취약점, 성능 이슈, 결함을 사전에 예방하고 프로그램의 품질을 향상시키기 위해서는 동료 검토 활동이 필요하다. 동료 검토 활동은 다양한 형태로 존재한다. 공식적인 회의가 아닌 개발자 중심으로 상시 수행되는 동료 검토의 활동이며 PMO에 보고하는 산출물보다는 실질적인 검토 활동을 중시한다. 그리고 소스 코드의 결함을 사전에 찾아내고 지식 전달의 수단으로도 사용되는 이 활동은 무엇인가?

① Pair Programming
② Change Review Board

③ Software Inspection

④ Walkthrough

117
난이도 ★★☆☆☆

[보기]의 내용은 무엇을 설명하고 있는가? 선택지에서 고르시오.

> **보기**
>
> 사용자 지위, 역할 등에 관한 속성(Attribute)을 정의하고 관리하기 위한 권한 인증 체계이다. 인증에 대한 공개 키 인프라(PKI)를 인증하는 것으로 공개 키를 보유하기 위한 PKC(공개 키 인증서) 대신 속성 형식으로 사용자 권한을 보유하기 위해 속성 인증서(AC)를 사용한다. 결론적으로 전자 서명 기반 PKI는 인증서 소유자 신원 확인만 가능하므로 이에 대한 관리가 필요하다.

① ACRL(Attribute Certificate Revocation List)

② PMI(Privilege Management Infrastructure)

③ DOI(Digital Object Identifier)

④ CIAM(Customer Identity Access Management)

118
난이도 ★★☆☆☆

[보기]는 무엇을 설명한 것인가? 가장 알맞은 답을 선택하시오.

> **보기**
>
> 사용자의 생활 환경 안에서 자연스럽게 사용자의 요구 사항을 인지하여 필요한 서비스를 제공함으로써 현재 스크린 기반의 사용자 인터페이스를 최소화하려는 기술이다. 스마트한 기계들의 상황인지를 통한 판단, 사용자의 음성 인식, 사용자의 자연스러운 제스쳐 인식 등을 통하여 구현할 수 있다.

① Zero UI

② Next Generation CX

③ Red Wine UI

④ Hybrid UX

119
난이도 ★☆☆☆☆

DRM 기술은 여러 가지 다양한 기능이 존재한다. 다음 중 DRM 기술의 기능에 가장 해당하지 않는 것은 무엇인가?

① 출력자 및 유출자 추적 기술

② 크래킹 방지 기술

③ 암호화 처리 기술

④ 사용자 부인 방지 기술

120
난이도 ★☆☆☆☆

[보기]에 해당되는 내용은 무엇인가? 가장 알맞은 답을 선택지에서 고르시오.

> **보기**
>
> 특정 웹 사이트에 대한 접근을 허용하거나 광고로 서비스를 보조하거나 특정 웹 사이트를 데이터 허용량에서 면제하는 것과 같은 특정 조건에서 재정적 비용 없이 인터넷 액세스를 제공하는 관행이다.

① Walled Garden

② Zero Rating

③ Zero Gatekeepers

④ Google Zero

121
난이도 ★★★☆☆

클라우드 컴퓨팅 기반의 스토리지 서비스를 이용하는 경우 데이터의 중요성과 접근 빈도, 유형에 따라서 저장하는 공간의 유형이 달라진다. 그 중에서 아카이브 장치에 저장된 데이터에 대한 설명으로 올바르지 않은 것은 무엇인가?

① 장기간 보관해야 하는 자료나 백업 데이터를 저장한다.

② 일반적인 OLTP, OLAP 시스템으로는 접근이 용이하지 않다.

③ Hot, Cool 장비와 비교하면 저장 비용은 저렴하고 조회 비용은 높다.

④ 아카이브 자료는 대부분 온라인 상태로 존재한다.

122

난이도 ★★☆☆☆

다음 중 ICT(Information & Communication Technology)와 ICS(Industrial Control System)과의 차이를 설명한 것으로 가장 해당되지 않는 것은 무엇인가? 선택지에서 고르시오.

① ICT는 재부팅이 허용되나 ICS는 재부팅이 불허되며 높은 가용성이 요구된다.

② ICT와 ICS 둘 다 인명의 안전성이 중요하며 규정의 불이행, 인명 및 장비 혹은 생산 능력의 손실이 최대 위험 요소이다.

③ ICT는 일반적인 운영체제를 사용하며 갱신은 자동화된 도구를 이용해 쉽게 가능하나, ICS는 특화된 운영체제를 사용하며 소프트웨어 변경은 세심한 주의가 필요하다.

④ ICT는 보안 솔루션과 같은 제3자 애플리케이션 추가를 지원하는 충분한 자원을 이용 가능하나 ICS는 프로세스에 최적화된 설계로 보안 기능 추가를 위한 메모리 용량 및 컴퓨팅 지원에 대한 제한이 존재한다.

123

난이도 ★★☆☆☆

기업의 외부 환경이 빠르게 변화하고 기술적인 트렌드가 발전하며 고객의 요구 사항이 끊임없이 요청되는 시대적 상황때문에 데브옵스(DevOps)는 필수적인 정보 시스템 운영 전략이 되었다. 데브옵스는 개발 조직과 운영 조직인 정책, 기준, 문서, 인력, 기술 등 모든 관점에서 유기적으로 결합되는 경영 방침이자 운영 방식이다. 이 데브옵스를 전략적으로 적용할 때 개발 조직과 운영 조직 간에 정

보 보안 관점에서 차이가 발생하는데, 이에 대한 설명으로 가장 거리가 먼 것은 무엇인가?

① 개발 조직은 소수의 인원이 여러 개의 직무/역할을 겸임하는 경향이 더 크다.

② 운영 조직은 배포 및 릴리즈의 절차가 까다롭고 상위 권한자의 승인을 요구하는 기준이 있다.

③ 개발 조직은 비기능 요구 사항인 보안성 검토에 비해 기능 요구 사항 적합성을 우선시하는 경향이 있다.

④ 운영 조직은 자동화 도구에 의한 검사/검토보다는 전문가에 의한 리뷰에 의존하는 편이다.

124

난이도 ★★☆☆☆

당신은 고등학교 컴퓨터 선생님으로서 수업 과정에 학생들에게 제공할 목적으로 어쩔 수 없이 소프트웨어를 복제 또는 배포하고자 한다. 이와 관련해서 당신은 여러 가지 저작권 법을 살펴보고 있는 상황이다. 이와 관련하여 다음 중 가장 관련이 없는 것은 무엇인가?

① 특허권
② 상표
③ 컴퓨터프로그램보호법
④ 저작권

125

난이도 ★☆☆☆☆

SBOM(Software Bill of Materials)은 소프트웨어의 구성 컴포넌트에 관한 메타 정보, 제조업 BOM으로부터 파생한 용어이지만 활용 목적에서 식품 원재료표와 유사하다. 다음 중 그 표준으로 가장 관련이 없는 것은 무엇인가?

① SPDX   ② SWID
③ CycloneDX   ④ DragonBall

126
난이도 ★★☆☆☆

사물 인터넷이 활성화되고 하드웨어와 소프트웨어가 융합되면서 자동화 기술이 적용되는 환경은 결함과 장애에 의한 영향도가 더 커질 수 있게 된다. 따라서 소프트웨어 설계 및 개발 시 안전성 분석 기법을 통해 장애를 사전에 대비하고 유사 시 빠르게 조치할 수 있어야 한다. 다음 중, 소프트웨어 안전성 분석 기법 중 장애/결함/이벤트에 대한 원인을 연역적으로 분석하고 AND, OR가 포함된 나무(Tree) 구조로 도식화하여 가독성이 높은 기법은 무엇인가?

① FTA
② FEMA
③ HAZOP
④ PHA

127
난이도 ★☆☆☆☆

기업의 정보 시스템은 예상치 못한 장애나 재해로부터 서비스를 빠르게 복구하고 자산을 보고하기 위해 백업 시스템을 구축해야 한다. 재해 복구 시스템에 데이터를 주기적으로 백업 받게 되는데, 일정 기간 경과된 백업본은 자기 테이프로 저장하여 외부의 전용 공간에 보관하게 된다. 이렇게 보관된 자기 테이프는 장애나 재해 발생 시 가장 안전한 복구 데이터로 보관될 수 있다. 이러한 백업을 무엇이라고 하는가?

① 소산 백업
② 증분 백업
③ 오프라인 백업
④ 차별/누적 증분 백업

128
난이도 ★★☆☆☆

소프트웨어 메트릭(Software Matric)은 일반적으로 크게 3가지 범주(3P)로 분류가 가능하다. 다음 중 가장 해당되지 않는 것은 무엇인가?

① 제품 메트릭(Product Metrics)
② 인력 메트릭(People Metrics)
③ 프로세스 메트릭(Process Metrics)
④ 프로젝트 메트릭(Project Metrics)

129
난이도 ★★☆☆☆

다음 [보기]에 해당되는 내용은 무엇인가? 가장 알맞은 답을 선택하시오.

> **보 기**
>
> 소프트웨어 시스템 또는 프로세스가 일부 속성을 소유하는 정도를 측정하는 표준이다. 정량적 측정은 모든 과학에서 필수적이기 때문에 컴퓨터 과학 실무자와 이론가는 소프트웨어 개발에 비슷한 접근 방식을 가져오기 위해 지속적으로 노력하고 있다. 목표는 일정 및 예산 계획, 비용 추정, 품질 보증, 테스트, 소프트웨어 디버깅, 소프트웨어 성능 최적화 및 최적의 인력 작업 할당에서 수많은 유용한 응용 프로그램을 가질 수 있는 객관적이고 재현 가능하며 수량화 가능한 측정값을 얻는 것이다.

① Software PoC(Proof Of Concept)
② Software Maturity Inspection
③ Code-Inspection
④ Software Metrics

130
난이도 ★☆☆☆☆

기업은 점차 발전하는 정보 통신 기술과 다양한 도구를 이용한 해커의 공격뿐만 아니라 내부 임직원에 의한 유출까지 정보 보안 위험을 대응해야 한다. 모든 위험을 완벽하게 해결할 수는 없지만 위

험에 대한 해결 및 대응 계획을 수립해야 한다. A
사는 분산 서비스 거부 공격에 의한 서비스 장애
시 발생하는 손실 비용에 대해 전문 보험에 가입
하였다. 이와 같은 방법은 어떤 위험 대응 방법으
로 볼 수 있는가?

① 위험 회피   ② 위험 전가

③ 위험 완화   ④ 위험 수용

131 난이도 ★★☆☆☆

운영 시스템에서는 다양한 시스템 로그가 생성된
다. 상용 솔루션과 애플리케이션의 로그 레벨은 주
로 Critical, Error, Warning, Info, All, N/A 등으
로 관리된다. 다음 중 로그 관리에 대한 설명으로
올바르지 않은 것은 무엇인가?

① ESM(Enterprise Security Management) 솔루션
과 연계하여 로그를 통합 관리할 수 있다.

② 운영 시스템의 로그 관리 수준은 Critical
Level로 설정하는 것이 바람직하다.

③ 하나의 로그 파일로 저장할 경우 파일 크기가
증가할 수 있으므로 날짜 별 분할 관리가 바람
직하다.

④ 학습 기반 탐지 시스템에서는 시스템 로그의
비정상 패턴을 인식하여 공격을 차단하기도
한다.

132 난이도 ★★☆☆☆

[보기]를 읽고 데이터베이스 설계 절차를 올바르
게 나열하시오.

보 기	
가. 논리적 설계	라. 요구 사항 분석
나. 구현	마. 개념적 설계
다. 물리적 설계	

① 라 → 마 → 다 → 가 → 나

② 라 → 가 → 다 → 마 → 나

③ 라 → 마 → 가 → 다 → 나

④ 라 → 가 → 마 → 다 → 나

133 난이도 ★★★☆☆

[보기]를 읽고 머신러닝을 활용하기 위한 데이터
전처리 단계를 올바르게 나열하시오.

보 기
가. 데이터 정제(Data Cleaning)
나. 데이터 통합(Data Integration)
다. 데이터 축소(Data Reduction)
라. 데이터 수집(Data Collection)
마. 데이터 변환(Data Transformation)

① 라 → 가 → 나 → 다 → 마

② 라 → 나 → 마 → 가 → 다

③ 라 → 가 → 마 → 다 → 나

④ 라 → 다 → 가 → 나 → 마

134 난이도 ★★☆☆☆

소프트웨어의 결함을 줄이는 가장 좋은 방법은 테
스트를 더 완벽하게 하는 것이다. 테스트 대상 화
면, 프로그램의 입력값이 숫자와 범위로 명확하게
주어진다면 균등값/경곗값 테스트를 사용할 수 있
지만 논리적인 입력인 경우 적용하기 어렵다. 이럴
때 입력 조건들의 조합을 True/False 또는 Y/N으
로 입력하고 결과의 패턴으로 테스트하는 기법을
쓸 수 있다. 이러한 테스트 기법은 무엇인가?

① Pair-wise Testing

② Decision Table Testing

③ Branch-Condition Testing

④ Classification Tree Method

135　난이도 ★★☆☆☆

다음 중 SIEM의 기능에 해당되지 않는 것은 무엇인가?

① 내부자 위협 식별

② 고급 위협 감지

③ SOC 활동 측정

④ 컴플라이언스 관리

136　난이도 ★★☆☆☆

정보 처리 시스템 소프트웨어와 그 조직에 대해 인력, 업무, 프로세스, 활동에 대한 성숙도를 진단하는 국제 표준에는 CMMI가 가장 대표적이다. CMMI의 Process Area 중에서 소프트웨어의 완성도를 높이고 결함을 줄이며 고객 요구 사항의 적합성을 향상시키기 위한 Verification & Validation 프로세스가 있다. 다음 중 Validation 프로세스의 상세 활동에 속하는 것은 무엇인가?

① Peer Review

② Design Specification Inspection

③ Acceptance Test

④ Walk Through

137　난이도 ★★★☆☆

[보기]를 읽고 위험 적응형 액세스 제어(RAdAC) 모델의 적용 순서를 올바르게 나열하시오.

> **보기**
>
> 가. Post Decision Processing(의사 결정 후처리)
>
> 나. Determine Security Risk(보안 위험 결정)
>
> 다. Comparison of Security Risk Against Policy(정책 대비 보안 위험도 비교)
>
> 라. Assess Operational Need(운영상의 필요성 평가)
>
> 마. Policy for verifying Operational Need(운영상의 필요성 확인을 위한 정책)

> 바. Policy for Operational Need Overriding Security Risk(보안 위험을 우선시하는 운영상의 필요성에 대한 정책)
>
> 사. Comparison of Operational Need Against Policy(운영상의 필요성과 정책의 비교)

① 나 → 다 → 바 → 마 → 사 → 라 → 가

② 가 → 나 → 다 → 라 → 마 → 바 → 사

③ 나 → 다 → 마 → 바 → 라 → 사 → 가

④ 가 → 나 → 다 → 마 → 바 → 라 → 사

138　난이도 ★★☆☆☆

[보기]의 내용은 르윈의 조직 변화 3단계 모델(Lewin's Three-step Model) 중에서 무엇에 해당하는가? 가장 알맞은 답을 고르시오.

> **보기**
>
> 원하는 상태에 도달하는 데 필요한 작업들을 하는 것이다. 이 단계는 보통 약간의 혼란을 야기한다. 기존의 관습은 바뀌고, 새로운 형태의 업무, 새롭게 제정된 규정과 조직원들은 타협해야 한다.

① 햇살(SunShine)

② 해빙(Unfreeze)

③ 변화(Change)

④ 재결빙(Refreeze)

139　난이도 ★☆☆☆☆

다음 중 데이터베이스 비정규화(Denormalization)의 가장 큰 위험은 무엇인가?

① 데이터 무결성 손실

② 성능 저하

③ 감사 증적의 어려움 존재

④ 잘못된 메타데이터

140

난이도 ★★☆☆☆

다음 중 규칙 기반 액세스 제어(RuBAC) 특징과 관련이 없는 것은 무엇인가?

① RuBAC를 사용하면 파일, 장치 또는 데이터베이스와 같은 리소스 또는 데이터에 대한 액세스를 관리할 수 있다.

② 이러한 유형의 액세스 제어에서는 액세스 및 권한이 규칙보다 우선시되며, 사용자나 그룹에 영향을 주지 않고 무언가를 변경할 수 있다.

③ 기밀 리소스에 대한 액세스를 제어하는 데 유용하며 또한, 전체 비즈니스에서 변경할 때 유연성을 제공한다.

④ 비즈니스 리소스의 사용 및 액세스를 결정하는 규칙을 만들고 제어해야 하며, 지속적인 유지 관리와 모니터링이 필요하다.

141

난이도 ★★☆☆☆

다음 중 접근 통제 정책(Access Control Policy)에서 트로이 목마, 아이디 도용에 취약한 통제는 무엇인가?

① MAC(Mandatory Access Control)

② DAC(Discretionary Access Control)

③ RBAC(Role-based Access Control)

④ ABAC(Attribute-based Access Control)

142

난이도 ★★☆☆☆

[보기]에 해당되는 내용은 무엇인가? 가장 알맞은 답을 선택하시오.

> **보기**
>
> 여분의 하드웨어를 안전하게 보관하는 장소를 별도로 지정하여 운영 환경 내의 시스템과 동일 한 수준의 구성요소들을 별도로 저장한다. 이 구성요소들의 상세 내용에 대해서 구성관리 데이터베이스에 기록한다. 이들은

추가적인 시스템이 요구되거나 주요 장애로부터의 복구 시에 통제된 절차에 의해 사용되어야 한다.

① DHS(Definitive Hardware Store)

② CMDB(Configuration Management DataBase)

③ SCR(Software Configuration Repository)

④ DSL(Definitive Software Library)

143

난이도 ★★☆☆☆

전자금융거래법에서 '금융회사 또는 전자금융업자는 안전하고 체계적인 일괄 작업(Batch)의 수행을 위하여 다음 각 호의 사항을 준수하여야 한다.' 라고 안내한다. 이와 관련하여 다음 중 가장 관련이 없는 것은 무엇인가?

① 일괄 작업은 작업 요청서에 의한 책임자의 승인을 받은 후 수행할 것

② 일괄 작업 수행 과정에서 오류가 발생하였을 경우 디버깅을 수행하여 수행 절차를 재확인할 것

③ 일괄 작업 수행 과정에서 오류가 발생하였을 경우 반드시 책임자의 확인을 받을 것

④ 책임자는 일괄 작업 수행자의 주요 업무 관련 행위를 모니터링할 것

144

난이도 ★★★☆☆

SAL(Security Assurance Level)은 7가지 기본 요구 사항(FR)을 기반으로 한다. 이와 관련하여 다음 중 가장 관련이 없는 것은 무엇인가?

① 액세스 제어(Access Control, AC)

② 이벤트에 대한 적시 응답(Timely Response to an Event, TRE)

③ 데이터 기밀성(Data Confidentiality, DC)

④ 감사 증적(Audit Trail, AT)

임의 접근 제어(DAC)에서 다음 [보기]에 해당되는 내용을 올바르게 나열한 것은 무엇인가?

보기

접근 제어 행렬(Access Control Matrix): 접근 행렬의 한쪽 차원은 자원에 접근을 시도하는 확인된 주체(사용자, 터미널, 네트워크 장비, 호스트 등)로 구성된다. 주체(사용자)는 행에 표시하며 객체(자원)는 열에 표시한다.

	인사 데이터	회계 프로그램	구매 데이터	급여 데이터	원가 데이터
아이유	rx	rx	r	---	---
유인나	rx	rx	r	rw	rw
전지현	rwx	rwx	r	rw	rw
신세경	rx	rx	rw	rw	rw

① 권한 목록은 '열'로 분리하고 접근 가능 목록은 '행'으로 분리한다.

② 접근 가능 목록은 '열'로 분리하고 접근 제어 목록은 '행'으로 분리한다.

③ 접근 가능 목록은 '행'으로 분리하고 접근 제어 목록은 '열'로 분리한다.

④ 권한 목록은 '행'으로 분리하고 접근 제어 목록은 '열'로 분리한다.

[보기]는 무엇을 설명한 것인가? 가장 알맞은 답을 선택지에서 고르시오.

보기

일반적인 해싱에서는 버킷 크기가 고정이 되어 다음과 같은 문제가 발생한다.

현재의 데이터베이스 파일 크기에 알맞은 해싱 함수를 선택하면 데이터베이스 확장 시 성능이 낮아진다. 이후, 데이터베이스에서 사용하게 될 만한 파일 크기를 산출하여 해싱 함수를 선택하면 초기에 디스크 낭비가 심해진다. 이러한 문제를 해결하기 위해 사용되었다.

데이터에 증감에 따라 버킷을 쪼개거나 합치고 버킷을 포인터로 가리키는 인덱스 테이블을 생성 및 유지해야 한다. 다중 레벨 인덱스를 관리하며 로직이 복잡하고, 데이터가 증가해도 검색의 성능이 유지되며 메모리의 낭비가 적다. 또한, 버킷의 수를 유동적으로 관리하며 해싱된 키를 인덱스로 사용하는 이진 트리를 변환하여서 사용한다.

① 동적 해싱(Dynamic Hashing)

② 체이닝(Chaining)

③ 폴딩(Folding)

④ 해시 클러스터(Hash Cluster)

제 5 장

법규 및 제도

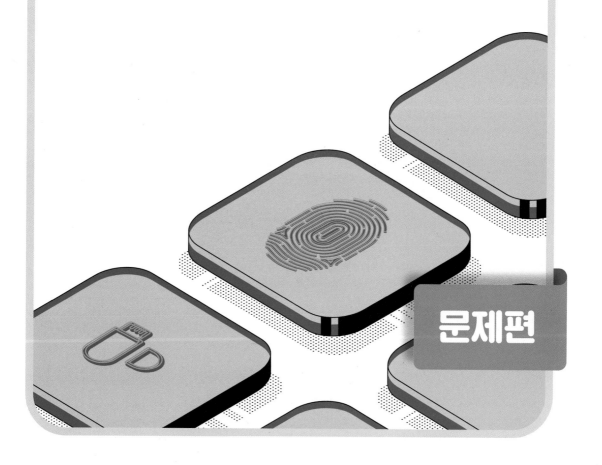

문제편

기업이 비즈니스를 영위하고 자산을 유지하며 정보 시스템을 운영하기 위해서는 각종 감독기관 및 국가의 법규·규제·제도의 영향에서 벗어날 수 없다. 정보 보안과 관련된 법규와 제도는 날이 갈수록 점차 확대되고 강화되는 추세이므로 정보 보안 담당자라면 이를 인지하고 대응할 수 있어야 한다. 정보 보안 법규 및 제도는 국내의 전자정부법과 정보통신망법부터 국제표준인 ISO 27001까지 다양한 범위를 인지하고 해당 제도의 목적을 이해하고 있어야 한다. 또한, 모든 제도는 기업 환경의 변화에 따라 조항이 변경되거나 제도 간의 통합이 진행되므로 이에 대한 이해도 필요하다. 최근에는 개인정보보호에 대한 이슈가 증가함에 따라 ISMS, PIMS 제도의 통합과 개인정보보호법의 개정도 이루어졌으며 관련된 자격제도도 신설되는 추세이다. 제5장에서는 정보 보안 법규 및 제도와 더불어 IS 감사 수행 시 목적, 대상, 역할, 기법, 책임 등을 추가하여 감사자의 입장에서 숙지해야 할 항목들을 이해할 수 있도록 하였다.

- ISO Series, ISMS, SOX 등 국제 보안/감사 법규 및 규제 이해

- 정보통신망법, 전자정부법 등 국내의 관련 법규 및 규제 이해

- 부정 방지 감사 및 일반적인 보안감사의 목적/절차/역할 이해

- 보안 법규 및 제도의 국내외 변화 트렌드와 대응 방안 이해

🔑 해설편 199p

001

난이도 ★★★☆☆

[보기]는 무엇에 대한 정의인가? 가장 알맞은 답을 선택지에서 고르시오.

> **보기**
>
> 가트너에 따르면 이것은 보안팀이 지속적인 사이버 보안 자산 가시성 및 취약성 문제를 해결할 수 있도록 지원하는 새로운 기술이다. 이 기술을 사용하면 보안 및 IT 팀이 기존의 모든 포인트 솔루션과 데이터를 전체 사이버 자산 세계에 대한 단일 통합 보기로 모니터링할 수 있다. 즉, API 통합을 통해 기존 데이터 소스에 연결함으로써 이 도구는 전체 디지털 자산에 대한 중앙 집중식 보기를 제공한다.

① DRPS(Digital Risk Protection Services)
② CAASM(Cyber Asset Attack Surface Management)
③ EASM(External Attack Surface Management)
④ AASM(Application or API Attack Surface Management)

002

난이도 ★★★☆☆

CIP(Critical Infrastructure Protection)는 지역 또는 국가의 중요한 인프라와 관련된 심각한 사고에 대한 준비 및 대응과 관련된 개념이다. DoD CIP는 생명 주기가 여섯 단계로 구성되어 있다. 이와 관련하여 [보기]는 무슨 단계를 정의한 내용인가?

> **보기**
>
> 중단을 일으키거나 국방 인프라, NDI 또는 중요 자산을 손상시킬 수 있는 알려진 사이버 및 물리적 취약성을 수정하기 위해 이벤트가 발생하기 전에 취한 사전 예방 조치 및 조치가 포함된다. 예를 들어, 교육 및 인식, 운영 프로세스 또는 절차 변경 또는 시스템 구성 및 구성요소 변경이 포함될 수 있다.

① Mitigation
② Remediation
③ Incident Response
④ Reconstitution

003

난이도 ★★☆☆☆

GDPR은 개인 데이터 처리와 관련된 주요 원칙을 설명하고 있다. 요구 사항 분류에서 가장 높은 수준으로 생각할 수 있다. 법안의 규모에 대한 충격을 완화하기 위해 기업의 현재 관행과 분류하여 상호 연관시킬 수 있다. 다음 중 GDPR의 주요 원칙과 관련이 없는 것은 무엇인가?

① 목적 제한(Purpose limitation): 개인 데이터는 명시적이고 적법한 목적을 위해 수집되어야 하며 해당 목적과 양립할 수 없는 방식으로 추가 처리되지 않아야 한다.

② 유연성(Flexibility): 개인 데이터 처리는 유연해야 하며 어떠한 관습이나 제도에도 얽매이지 않고 처리되어야 한다.

③ 데이터 최소화(Data minimization): 개인 데이터

는 적절하고 관련성이 있으며 처리 목적과 관련하여 필요한 것으로 제한되어야 한다.

④ 저장 제한(Storage limitation): 개인정보는 처리 목적에 필요 이상으로 데이터 주체를 식별할 수 있는 형태로 보관하여야 한다.

004　　　　　　　난이도 ★★☆☆☆

북미 최대의 정보보호 프라이버시 비영리 단체로, 전 세계적으로 프라이버시 보호 전문가를 정의, 지원, 개선한다는 사명을 가지고 2000년에 설립되었다. 프라이버시 전문가들이 실무 추세 등을 공유하고, 프라이버시 관련 문제를 발전시키고, 프라이버시 분야에 대한 교육과 지침을 제공할 수 있는 포럼을 제공하는 것을 목적으로 한다. 인증된 정보 프라이버시 전문가(Certified Information Privacy Professional, CIPP) 과정을 운영하고 관련 자격증을 발급하고 있다. 이 단체는 무엇인가?

① ISACA　　　　　② IAPP
③ TTDSG　　　　　④ (ISC)2

005　　　　　　　난이도 ★☆☆☆☆

정보 시스템 개발 시 필요한 공통적인 기능과 아키텍처를 사전이 미리 구성한 것을 프레임워크라고 한다. 전자정부 공공사업에 적용되는 전자정부 표준 프레임워크는 SW 표준화 및 품질 향상을 지향하며 공정 경쟁을 위한 장치이다. 다음 중 전자정부 표준 프레임워크 공통 컴포넌트의 '공통기술 서비스'에 해당되지 않는 항목은 무엇인가?

① 사용자 지원
② 형상 관리 도구
③ 보안
④ 디지털 자산 관리

006　　　　　　　난이도 ★★★☆☆

다음 SOC 보고서 유형 중에서 누구나 사용하거나 읽을 수 있는 유형은 무엇인가?

① SOC 1 보고서
② SOC 2 Type 1 보고서
③ SOC 2 Type 2 보고서
④ SOC 3 보고서

007　　　　　　　난이도 ★★☆☆☆

ISO 12207 국제 표준은 소프트웨어의 획득부터 운영까지 전체 프로세스에 대한 표준이다. 소프트웨어 발주 프로세스부터 개발 생명 주기(SDLC) 및 운영 업무까지 포괄하는 범용적이며 포괄적인 프로세스를 제시한다. ISO 12207은 계약, 공학, 운영, 품질 경영 등 다양한 관점으로 프로세스를 바라보는데, 다음 중 이에 해당하지 않는 것은 무엇인가?

① 유지 보수 프로세스
② 확인과 검증 프로세스
③ 감사 프로세스
④ 보안 점검 프로세스

008　　　　　　　난이도 ★★★☆☆

[보기]에 해당되는 내용은 무엇인가? 가장 알맞은 답을 선택하시오.

> **보기**
>
> 이것은 미국 NASA에서 우주 산업의 기술 투자 위험도 관리 목적으로 1989년 처음 도입한 이래로, 핵심 요소 기술의 성숙도에 대한 객관적이고 일관성 있는 지표로 널리 활용되고 있다. 이것은 이제 미국에서뿐만 아니라 유럽, 아시아 등 세계 여러 나라에서 사용하고 있으며, 그 체계는 사용하는 나라 및 기관마다 조금씩 차이가 있다. SW 분야의 '이것' 단계는 보통 1~2단계가 기초 연

구 단계, 3~6단계가 실험 및 시작품 단계, 7~9단계가 실용화 및 사업화 단계이다.

① TLC(Technology Life Cycle)

② TA(Technology Assessment)

③ TRL(Technology Readiness Level)

④ CMMI(Capability Maturity Model Integration)

009
난이도 ★★☆☆☆

개인정보보호법은 개인정보의 처리 및 보호에 관한 사항을 정함으로써 개인의 자유와 권리를 보호하고, 나아가 개인의 존엄과 가치를 구현함을 목적으로 한다. 개인정보보호법 제2조에서는 개인정보보호법에서 사용되는 용어를 정의하고 있다. (가)는 처리되는 정보에 의하여 알아볼 수 있는 사람을 의미하고, (나)는/은 개인정보를 쉽게 검색할 수 있도록 일정한 규칙에 따라 체계적으로 배열하거나 구성한 개인정보의 집합물을 말한다. (가), (나)에 들어갈 적합한 용어는 무엇인가?

① 가: 개인정보 사용자, 나: 개인정보

② 가: 정보 주체, 나: 개인정보 파일

③ 가: 사용자, 나: 개인정보 파일

④ 가: 정보 처리자, 나: 개인정보

010
난이도 ★★★☆☆

[보기]에 해당되는 내용은 무엇인가? 가장 알맞은 답을 선택하시오.

> **보기**
>
> ISO에서 발행한 국제 표준으로, 데이터 품질 및 엔터프라이즈 마스터 데이터에 기능을 설명하고 비즈니스 파트너 간의 마스터 데이터 표준 교환에 대한 요구 사항을 정의한다. 마스터 데이터는 일반적으로 제품, 서비스 및 자재, 구성요소, 고객 및 거래 상대방에 대한 중요한 비즈니스 정보와 특정 불변의 거래 및 운영 기록을 관리

하는 데 사용된다. 이 표준을 적용하면 조달 비용을 크게 줄이고 재고 합리화를 촉진하며 공급망 관리에서 더 큰 효율성과 비용 절감을 제공할 수 있음이 이미 입증되었다.

① ISO 8000

② ISO 9000

③ ISO 14000

④ ISO 15552

011
난이도 ★★★★☆

[보기]에 해당되는 내용은 무엇인가? 가장 알맞은 답을 선택하시오.

> **보기**
>
> 기관 투자자가 주인의 재산을 관리하는 집사처럼 고객을 대신해서 적극적으로 기업의 의사 결정에 참여해서 기업의 이익을 극대화하도록 주주로서의 역할을 수행하도록 하는 자율 지침이다. 2010년에 재무 보고 위원회(FRC)에서 처음 발표했다.

① Financial Accounting Standards Board

② European Securities and Markets Authority

③ UK Corporate Governance Code

④ Stewardship Code

012
난이도 ★★☆☆☆

공정거래위원회 고시에 따른 '디지털 증거의 수집·분석 및 관리 등에 관한 규칙' 제3조에 따르면 디지털 포렌식은 반드시 자격 요건이 합당한 디지털 조사 분석관에 의해 수행되어야 한다. 제6조에서는 디지털 조사 분석관의 상세한 자격 요건을 정의하고 있는데, 다음 중 이에 적합하지 않는 것은 무엇인가?

① 디지털 포렌식 관련 전문 자격증을 보유한 자

② 공정거래위원회가 실시하는 디지털 포렌식 기초 교육 과정을 수료한 자

③ 디지털 포렌식 관련 분야에서 1년 이상 실무 경험이 있는 자

④ 디지털 포렌식, 컴퓨터공학, 전자공학, 정보보호공학 등 관련 분야 학사학위 이상을 소지한 자

013 　난이도 ★★☆☆☆

다음 중 ISO 27001에서 정책(Policy)을 정의한 내용과 관련이 없는 것은 무엇인가?

① 조직의 목적에 적합해야 한다.

② 정보보호 목적을 포함하거나 정보보호 목적을 위한 프레임워크를 제공해야 한다.

③ 문서 정보로 이용할 수 있어야 한다.

④ 관리 및 운영 업무 프로세스와 그 안에 내재된 통제를 문서화한다.

014 　난이도 ★★☆☆☆

가맹국 간 저작권을 보호하는 조약이며 자국민의 저작권을 타국에서도 보호하자는 취지로 만들어졌다. 그렇기 때문에 가맹국의 국민이라면 모든 가맹국에서 그 사람의 저작권을 내국인과 동일한 수준으로 보호해준다. 역으로 말하면, 이 협약에 가입되어 있지 않은 경우 무슨 수를 쓰더라도 저작권의 보호를 받지 못하게 된다. 이 조약은 무엇인가?

① 로마 협약(Rome Convention)

② 베른 협약(Berne Convention)

③ 세계 저작권 협약(Universal Copyright Convention)

④ 브뤼셀 협약(Brussels Convention)

015 　난이도 ★★★☆☆

다음 중 HIPAA와 HITECH에 관련된 내용이 아닌 것은 무엇인가?

① HIPAA와 HITECH는 모두 환자와 개인의 PHI를 보호하기 위해 노력한다.

② HITECH의 제정이 HIPAA보다 늦게 이루어짐에 따라 배운 교훈은 업데이트를 하고 이에 따라 규정이 조정되었다.

③ HIPAA 법안은 HITECH 암호화 규정 준수 요건 목록을 확장하여 사업체의 직원, 공급업체, 관련 단체가 가진 데이터를 포함하여 개인 건강 기록의 데이터 유출을 공개하도록 요구한다.

④ HITECH는 환자가 정보를 처리, 전송 또는 저장하는 주체가 유지 관리하는 액세스 보고서를 통해 모든 PHI 공개에 액세스할 수 있도록 요구한다.

016 　난이도 ★★★★☆

다음 중 NYDFS 사이버 보안 규정 준수 4단계 중 1단계 요구 사항과 가장 관련이 없는 것은 무엇인가?

① 사이버 보안 프로그램 개발

② 감사 추적 방향 설정

③ 사이버 보안 정책 개발

④ 사고 대응 계획 수립

017 　난이도 ★★☆☆☆

개인정보를 처리하는 경우 7가지 원칙을 모두 준수하여야 한다. 다음 중 가장 해당되지 않는 것은 무엇인가?

① 보유 기간 제한의 원칙

② 책임성의 원칙

③ 범죄, 은닉 제한의 원칙

④ 합법성·공정성·투명성 원칙

018　난이도 ★★★★☆

신제품(NEP) 인증을 획득하게 되면 여러 가지 혜택이 주어진다. 다음 중 가장 관련이 없는 것은 무엇인가?

① 국가 및 공공기관 구매 지원

② 금융지원, 정부 R&D사업 신청 시 우대

③ 국가 및 지방자치단체 수의 계약 대상 포함

④ 신기술실용화 정부 포상

019　난이도 ★★☆☆☆

다음 중 정보보호 최고책임자(CISO)가 수행하는 정보보호 업무에 가장 해당되지 않는 것은 무엇인가?

① 정보보호 계획의 수립·시행 및 개선

② 정보보호 실태와 관행의 정기적인 감사 및 개선

③ 정보보호 교육과 모의 훈련 계획의 수립 및 시행

④ 정보보호 위기에 대한 상황 평가, 대응 도출 및 실행

020　난이도 ★★☆☆☆

[보기]의 내용은 무엇인가? 가장 알맞은 답을 선택하시오.

> **보기**
>
> 전자 정부 서비스 및 프로세스의 관리를 개선하기 위해 도입된 2002년 전자정부법의 일부이며 2002년에 통과된 미국 연방법으로, 연방 기관이 정보 보안 및 보호 프로그램을 개발, 문서화 및 구현해야 한다. 연방 데이터

보안 표준 및 지침에 대한 가장 중요한 규정 중 하나이다. 정보 보안에 대한 연방 지출을 관리하면서 연방 정보 및 데이터에 대한 보안 위험을 줄이기 위해 도입되었다. 이러한 목표를 달성하기 위해 이 법률은 연방 기관이 충족해야 하는 일련의 지침과 보안 표준을 수립했다.

① PA-DSS　　② SMEs

③ DPA　　④ FISMA

021　난이도 ★★★☆☆

[보기]의 내용은 무엇인가? 가장 알맞은 답을 선택하시오.

> **보기**
>
> ISO에서 발행한 국제 표준으로 비즈니스 영향 분석(Business Impact Analysis, BIA) 프로세스를 구축, 실행, 유지하기 위한 상세한 지침을 제공하는 기술 규격이다.

① ISO 22301　　② ISO 22317

③ ISO 27001　　④ ISO 27701

022　난이도 ★★☆☆☆

[보기]에 해당되는 내용은 무엇인가? 가장 알맞은 답을 선택하시오.

> **보기**
>
> 이것은 사고 삼각형(Accident Triangle), 버드의 삼각형(Bird's Triangle)이라고 불리는 산업 사고 예방 이론이다. 심각한 사고, 사소한 사고, 니어 미스(Near Miss) 간의 관계를 보여주며 사소한 사고의 수가 감소할 경우 심각한 사고의 수도 그와 일치하여 감소한다는 것을 정의한다. 이는 1건의 주된 재해 사고가 발생하기까지 29개의 사소한 재해 사고가 발생하고, 재해가 도출되지 않은 300개의 사고가 발생한다는 법칙이다.

① 최소 양분의 법칙　　② 로카르드의 법칙

③ 하인리히의 법칙　　④ 깨진 유리창의 법칙

023

난이도 ★★★☆☆

다음 중 동기화와 관련하여 잘못 짝지어진 것은 무엇인가? 가장 관련이 없는 것을 고르시오.

① 생산자-소비자 문제(Producer-consumer problem): 여러 개의 프로세스 동기화 설명

② 독자-저자 문제(Readers-writers problem): 여러 개의 캐시를 순서대로 배치하는 설명

③ 잠자는 이발사 문제(Sleeping barber problem): 운영체제의 프로세스 간 통신과 그들의 동기화 설명

④ 식사하는 철학자들 문제(Dining Philosopher Problem): 동시성과 교착 상태를 설명

024

난이도 ★★★★★

[보기]는 무엇을 설명한 내용인가? 선택지에서 가장 알맞은 것을 고르시오.

> **보기**
>
> 국제 최고 감사 기관을 의미하며, 유엔 회원국의 최고 감사 기관의 전 세계 계열사이다. 국제 최고 감사 기관은 최고 감사 기관(SAI)에 전문적인 표준 및 기타 선언의 제도화된 프레임워크를 제공한다. SAI는 법률 또는 국가의 기타 공식 조치에 따라 관할권의 유무에 관계없이 독립적인 방식으로 해당 주의 최고 공공 감사 기능을 수행하는 국가의 공공 기관이다. SAI의 주요 임무는 공적 자금이 기존 규칙 및 규정에 따라 경제적이고 효율적으로 사용되는지 여부를 조사하는 것이다. 전문 표준은 전 세계적으로 공공 부문 감사를 개선하고 SAI의 전문 역량, 지위 및 영향력을 향상시키는 역할을 수행한다.

① ISSAI   ② INTOSAI

③ AISCCUF   ④ IFPP

025

난이도 ★★★★☆

[보기]는 무엇을 설명한 내용인가? 선택지에서 가장 알맞은 것을 고르시오.

> **보기**
>
> 영국 정부 기관 CCTA(Central Communication and Telecommunication Agency)가 개발한 위험 분석 방법으로, 현재 OGC(Office of Government Commerce)로 이름이 바뀌었다. 이 위험 분석 관리 방법은 정부 부서에 정보 시스템 보안 검토 방법을 제공하기 위해 1985년 영국 정부의 중앙 컴퓨터 통신국(OGC)에서 개발한 정성적 위험 분석 및 관리 도구이다. 조직별 위험 분석의 정량화 가능한 결과 및 대응책을 기반으로 관리 수준에서 조치의 필요성을 입증하거나 BS7799 준수를 입증함으로써 정보 시스템 및 네트워크에 대한 보안 또는 비상 관련 투자를 정당화하는 모든 종류의 조직에 사용할 수 있다.

① BDSS   ② CRAMM

③ RiskWatch   ④ INORSEC-92

026

난이도 ★★☆☆☆

[보기]는 무엇을 설명한 내용인가? 선택지에서 가장 알맞은 것을 고르시오.

> **보기**
>
> 통신망 사용자에 대한 효용성을 나타내는 망의 가치는 대체로 사용자 수의 제곱에 비례한다는 법칙이다. 예를 들어, 네트워크에 10개의 노드가 있는 경우 고유 값은 100(10×10)이다. 최종 노드는 컴퓨터, 서버 및/또는 연결 사용자가 될 수 있다.

① 메칼프의 법칙(Metcalfe's law)

② 파레토 법칙(Pareto principle)

③ 암달의 법칙(Amdahl's law)

④ 무어의 법칙(Moore's law)

027

난이도 ★★★☆☆

다음 중 SOC 2의 가용성과 관련하여 가장 거리가 먼 것은 무엇인가?

① 가용성 목표는 그 자체로 허용 가능한 최소 성능 수준을 설정하지 않는다.

② 시스템이 존재하는 목적이나 목적을 달성하는지, 그리고 오류, 지연, 누락, 무단 또는 부주의한 조작 없이 시스템이 의도한 기능을 손상되지 않은 방식으로 수행하는지 여부를 결정한다.

③ 시스템에 작동, 모니터링 및 유지 관리에 대한 접근성을 지원하는 제어가 포함되어 있는지 여부를 다룬다.

④ 시스템 기능(시스템이 수행하는 특정 기능)이나 사용성(특정 작업이나 문제의 수행에 시스템 기능을 적용하는 사용자의 능력)은 다루지 않는다.

028

난이도 ★★☆☆☆

[보기] 속 빈칸에 해당되는 내용은 무엇인가? 가장 알맞은 답을 선택하시오.

> **보기**
>
> (　　)은/는 기업의 경쟁 우위 원천을 체계적으로 정확하게 파악하기 위한 경영 분석 도구로, 기업을 활동 기반 관점에서 바라본다. 모든 조직에서 수행되는 활동은 본원 활동(primary activity)과 지원 활동(support activity)으로 나뉘어질 수 있다.

① 가치 사슬(Value Chain)

② 6시그마(σ, Six Sigma)

③ 균형 성과표(Balanced Score Card)

④ 정보 생명 주기 관리(Information Lifecycle Management, ILM)

029

난이도 ★★☆☆☆

[보기] 속 (가), (나)에 들어갈 내용은 무엇인가? 가장 알맞은 답을 선택하시오.

> **보기**
>
> (　가　)는 공개된 회사 정보에 대해서 금융정보를 보호하며, 잘못된 정보가 보고되어서 투자자들이 피해를 입지 않도록 보호하기 위함이며 (　나　)는 금융 회사들이

가지고 있는 고객들의 정보를 보호하기 위해서 준수해야 할 사항들이라고 보면 된다.

① 가: SOX, 나: HIPAA

② 가: GLBA, 나: SOX

③ 가: SOX, 나: GLBA

④ 가: GLBA, 나: PCI-DSS

030

난이도 ★★★★☆

다음 중 NYDFS(NY Department of Financial Services)의 제3자 보안 요구 사항과 가장 관련이 없는 것은 무엇인가?

① 제3자 서비스 제공자의 위험 평가

② 해당 금융 기관과 비즈니스를 수행하기 위해 충족되어야 하는 제3자 서비스 제공자의 보안 요구 사항

③ 제3자 서비스 제공자의 재무감사 평가 의견

④ 제3자 정책 및 통제에 대한 주기적 평가

031

난이도 ★★☆☆☆

다음 중 개인정보 정의와 적용 대상 범위에 대해서 잘못 설명한 것은 무엇인가?

① 차량 내비게이션 GPS 위치 정보는 개인정보의 정의에 포함되지 않는다.

② 개인정보의 가명 처리(pseudonymisation) 개념을 명문화함으로써 분리 보관 및 특별 조치 등을 통하여 개인정보를 활용할 수 있도록 하였다.

③ 민감한 성격의 개인정보를 '특수한 범주의 개인정보'(이하 '민감 정보')라고 정의하면서, 유전 정보와 생체 인식 정보를 명시적으로 규정하였다.

④ 자연인이 사용하는 장치, 애플리케이션, 도

구와 프로토콜을 통해 제공되는 개인 식별이 가능한 경우의 IP 주소, 쿠키(cookie) ID, RFID(무선 인식) 태그 등을 개인정보(온라인 식별자)에 포함한다.

032 난이도 ★★★★☆

[보기]는 무엇에 대한 정의를 설명한 것인가? 가장 알맞은 답을 선택지에서 고르시오.

> **보기**
>
> 유럽 단일 시장에서 전자 거래를 위한 전자 식별 및 신뢰 서비스에 대한 EU 규정이다. 2014년 7월 23일의 EU 규정 910/2014에서 전자 식별에 관한 것으로, 1999/93/EC를 1999년 12월 13일부터 폐지했다. 2014년 9월 17일에 발효되었으며 제52조에 열거된 특정 조항을 제외하고 2016년 7월 1일부터 적용된다. EU 회원국에서 공공 디지털 서비스를 제공하는 모든 조직은 2018년 9월 29일부터 모든 EU 회원국의 전자 신분증을 인식해야 한다.

① ESSIF   ② eIDAS

③ EBSI   ④ eSignatures

033 난이도 ★★☆☆☆

유럽 개인정보보호법(General Data Protection Regulation, GDPR)이 2018년 5월부터 시행되고 있다. 이와 관련하여 가장 관련이 없는 것은 무엇인가?

① 유럽에서 사업을 하거나 유럽 시민을 고용하는 등 유럽 시민의 개인정보를 사용하고자 하는 기업/기관은 반드시 GDPR에 대응해야만 한다.

② 개인정보 처리 원칙, 동의 요건, 국외 이전 등 심각한 위반 시, 전 세계 연간 매출액의 4% 또는 2천만 유로 중 높은 금액이, 그 외의 일반적인 위반 경우에는 전 세계 연간 매출액의 2%

또는 2천만 유로 중 높은 금액이 과징금으로 부과될 수 있다.

③ 정보 보안 전략과 GDPR 준수를 감독한 데이터 보호 담당자(Data Protection Officer, DPO)를 정보 통제자와 정보 처리자가 지명해야 한다.

④ GDPR에서는 정보 침해 시 기업들이 120시간 이내에 신고할 것을 의무화하고 있다.

034 난이도 ★★★★☆

[보기]의 내용은 무엇을 설명한 것인가? 가장 알맞은 답을 선택하시오.

> **보기**
>
> 미국 연방 정부에서 개발한 공식 표준 세트이다. 이는 비군사 정부 기관, 정부 계약자 및 해당 기관과 협력하는 공급업체의 컴퓨터 시스템 사용에 적용된다. 이러한 표준은 컴퓨터 보안 및 상호 운용성 보장과 같은 다양한 목적에 대한 요구 사항을 설정하기 위해 발행되며 적절한 산업 표준이 아직 없는 경우를 위한 것이다. 즉, 비군사적 미국 정부 기관 및 정부 계약자가 컴퓨터 시스템에서 사용하기 위해 국립 표준 기술 연구소에서 개발한 공개적으로 발표된 표준이다.

① FIPS   ② FISMA

③ SSAE16 SOC   ④ ISAP

035 난이도 ★★★☆☆

[보기]를 읽고 가장 알맞은 답을 고르시오.

> **보기**
>
> 사이버 보안 측정 방법에는 EAL(Evaluation Assurance Level)과 비슷한 SAL(Security Assurance Level) 측정 방식이 있다. 그렇다면 EAL5는 SAL 무슨 레벨과 같은 것인가?

① SAL 1   ② SAL 2

③ SAL 3   ④ SAL 4

036

난이도 ★★★☆☆

[보기]의 내용은 무엇을 설명한 것인가? 가장 알맞은 답을 선택하시오.

> **보기**
>
> 자동차 기능 안전성 국제 표준은 자동차에 탑재되는 E/E(Electrical and/or Electronic) 시스템의 오류로 인한 사고 방지를 위해 ISO에서 제정한 자동차 기능 안전 국제 규격이다. 이는 프로세스 모델과 함께 요구되는 활동, 유무형의 증거물, 그리고 개발과 생산에 사용되는 방식을 정의한다.

① ISO 22301　　② ISO 26262

③ ISO 27001　　④ ISO 27701

037

난이도 ★★☆☆☆

[보기]의 내용은 무엇을 설명한 것인가? 가장 알맞은 답을 선택하시오.

> **보기**
>
> IT 투자에서 비즈니스 가치를 창출하는 데 사용할 수 있는 거버넌스 프레임워크이다. 이는 일련의 지침 원칙과 다수의 프로세스 및 모범 사례로 구성되어 있으며, 이는 기업 수준에서 경영진과 이사회를 지원하기 위한 일련의 주요 관리 관행으로 정의된다. 여기에는 세 가지 특정 영역에 대한 프로세스 및 주요 관리 사례가 포함되며 IT 서비스, 자산, 기타 리소스 및 IT 포트폴리오 관리를 위한 원칙 및 프로세스를 포함하는 새로운 투자가 포함된다.

① COBIT

② Val IT

③ COSO

④ VMM(Value Measuring Methodology)

038

난이도 ★★☆☆☆

다른 사람의 저작물을 이용하기 위해서는 통상적으로 저작권자의 허락을 얻어야 하지만, 권리자를 알 수 없거나 권리자의 소재를 파악할 수 없는 경우 등 일정한 경우에는 법으로써 그 이용을 허락하는 제도가 있다. 이를 '법정 허락 제도'라고 한다. 다음 중, 저작권법에서 정의한 법정 허락이 인정이 되는 경우가 아닌 것은 무엇인가?

① 공표된 저작물의 저작재산권자가 해외에 거주하고 있는 외국인이고, 그 저작물을 이용할 때

② 공표된 저작물의 저작재산권자나 그의 거소를 알 수 없어 이용 허락을 받을 수 없는 경우의 저작물의 이용

③ 공표된 저작물을 공익상 필요에 의하여 방송하고자 협의하였으나 협의가 성립되지 않는 경우의 저작물의 방송

④ 판매용 음반이 우리나라에서 처음으로 판매되어 3년이 경과하고, 그 음반에 녹음된 저작물을 녹음하여 다른 음반을 제작하고자 협의하였으나 성립되지 아니한 경우

039

난이도 ★★★★☆

[보기]의 내용은 무엇을 설명하고 있는가? 가장 알맞은 것을 선택하시오.

> **보기**
>
> 5개의 은행 규제 기관으로 구성된 공식 미국 정부 기관 간 기구로, 금융 기관 감독의 획일성을 촉진하기 위해 균일한 원칙, 표준 및 보고서 형식을 규정할 권한이 있다. 또한, 미국의 부동산 평가를 감독한다. FRB(연방준비제도이사회), FDIC(연방예금보험공사), NCUA(전국신용협동조합청), OCC(통화 감사실), 소비자 금융 기관 보호국(CFPB) 등 5개 은행 규제 기관이 포함된다.

① FFIEC(Federal Financial Institutions Examination Council)

② CIS(Center for Internet Security)

③ EGRPRA(Economic Growth and Regulatory Paperwork Reduction Act)

④ SIFI(Systemically Important Financial Institution)

040

난이도 ★★★★☆

[보기]에 해당되는 내용은 무엇인가? 가장 알맞은 답을 선택하시오.

보기

국내에서 최초로 개발된 기술 또는 이에 준하는 대체 기술로서, 기존의 기술을 혁신적으로 개선 개량한 신기술이 적용된 제품으로 사용자에게 판매되기 시작한 후 3년을 경과하지 않은 신 개발 제품이다. 즉, 국내에서 최초로 개발된 신기술 또는 기존 기술을 혁신적으로 개선한 기술이 적용된 신제품을 평가하여 정부가 인증함으로써 판로 확대 지원 및 기술 개발을 촉진하기 위함이다.

① NET 인증   ② NEP 인증

③ CC 인증   ④ 녹색 인증

041

난이도 ★★☆☆☆

전자금융감독기준 제30조 '일괄 작업에 대한 통제' 조항은 안정적이고 체계적인 일괄 작업(Batch)에 대한 상세한 기준을 정의하고 있다. 다음 중 이 조항의 일괄 작업 기준에 대한 설명으로 올바르지 않은 것은 무엇인가?

① 일괄 작업은 가능한 자동화하여 오류를 최소화한다.

② 작업 수행자는 작업 요청서를 작성한 후 승인받고 일괄 작업을 수행한다.

③ 일괄 작업을 수행하는 도중에 오류가 발생할 경우 반드시 책임자의 확인을 받는다.

④ 주요 원장 데이터베이스를 사용하는 일괄 작업에 대해 작업의 내용을 기록하고 관리한다.

042

난이도 ★★★☆☆

다음 중 전 세계 개인정보보호법과 관련이 없는 것은 무엇인가?

① CCPA(California Consumer Privacy Act)

② POPIA(Protection of Personal Information Act)

③ LGPD(Lei Geral de Proteção de Dados Pessoais)

④ AUPIA(Asia Union Privacy Information Act).

043

난이도 ★★☆☆☆

다음 중 사베인스-옥슬리법(Sarbanes-Oxley Act, SOX)과 가장 관련이 없는 것을 선택하시오.

① 회사 가치의 허위 진술을 허용하는 회계 허점을 제한한다.

② 재무 보고에 대한 내부 통제를 수립하고 준수함으로써 더 높은 수준의 거버넌스를 보장한다.

③ 공기업과 협력하고 감사하는 최고 경영진, 임원, 이사회 및 공공 회계 회사에 대한 책임을 강화한다.

④ 일반적으로 상장 기업은 SOX를 준수하는 것이 원칙이지만 비상장 기업은 규제를 받지 않아 해당 사항이 없다.

044

난이도 ★★☆☆☆

소프트웨어의 품질과 안정성을 향상시키기 위한 테스트 분야의 국제 표준인 ISO 29119와 사실상(데 팩토) 표준인 ISTQB에서는 테스트 기법을 구조 기반 테스팅과 명세 기반 테스팅으로 분류하고 있다. 다음의 보기 중에서 구조 기반 테스팅 기법에 속하는 것은 무엇인가?

① Classification Tree Method

② Syntax Testing

③ Pair-wise Testing

④ Branch Condition Testing

045

난이도 ★★★★☆

NYDFS(NY Department of Financial Services) 주요 사이버 보안 규정 요구 사항과 가장 관련이 없는 것은 무엇인가?

① 경영진 포함 이사회에게 위협 사항에 대해 주기적으로 보고한다.
② 내부 및 외부의 모든 사이버 보안 위협을 식별한다.
③ 규제 보고에 대한 다양한 요구 사항을 충족한다.
④ 탐지된 모든 사이버 보안 이벤트에 대응한다.

046

난이도 ★★☆☆☆

정보보호 제품 평가·인증 관련하여 평가 기관은 평가 원칙을 준수하여 산출물을 검토하여 평가 수행해야 한다. 만약 그렇다면 평가 원칙에 해당되지 않는 사항은 무엇인가?

① 기밀성: 평가 기간 동안 평가반을 제외하고 평가 관련 사항에 대해서 누설하지 않아야 한다.
② 객관성: 주관적인 견해를 배제하고 정확한 해석을 기반으로 객관적인 평가를 수행해야 한다.
③ 공정성: 정보보호 제품 및 신청 기관에 대한 편견과 선입견을 배제하고 공정한 평가를 수행해야 한다.
④ 반복성: 평가된 정보보호 제품 등을 동일한 평가자가 다시 평가하여도 동일한 결과가 산출되어야 한다.

047

난이도 ★★☆☆☆

GDPR가 예외 처리되는 경우가 있다. 다음 중 예외 처리되는 경우가 아닌 것은 무엇인가?

① EU 법률의 범위를 벗어나는 활동
② EU 내에 있는 정보 주체에 대하여 EU 내에서의 행동을 모니터링하는 활동
③ 자연인이 순수하게 수행하는 개인 또는 가사 활동
④ 개별 회원국에서 수행하는 EU의 공동 외교 안보 정책과 관련된 활동

048

난이도 ★★★☆☆

[보기] 속 빈칸에 들어갈 IT 컴플라이언스는 무엇인가?

> **보기**
>
> 이 (   )법은 독일 연방 정보 보안 사무소의 소임을 정의한다. '국가, 경제 및 대중을 위한 예방, 탐지 및 대응을 통해' 사이버 보안을 유지한다는 자체 정의된 목표를 추구한다. 확립된 최소 표준, 모범 사례 모델 및 필수 규정을 정의함으로써 크고 작은 조직의 안전한 디지털화를 위한 지침을 제공한다. '정보 기술 시스템, 구성요소 또는 프로세스의 가용성, 무결성, 신뢰성 및 기밀성'을 유지하기 위한 적절한 보안 기술의 구현을 규정하는 중요 인프라에 대한 요구 사항이 포함되어 있다.

① General Data Protection Regulation(GDPR)
② IT Security Act(IT-SiG)
③ BSI Act - BSIG
④ ISO 27001 & ISO 27001 on the basis of IT-Grundschutz(IT baseline protection)

049

난이도 ★★☆☆☆

IT 컴플라이언스는 크게 3가지 범주로 구분된다. 다음 중 이 범주에 가장 해당하지 않는 것은 무엇인가?

① 정보 관리
② 보안
③ 개인정보보호
④ 프레임워크

050

난이도 ★★☆☆☆

다음 중 문제 해결 분석 방법론인 4C 구성요소에 해당하지 않는 것은 무엇인가?

① Circumstance
② Customer
③ Competitor
④ Cost

051

난이도 ★★★★★

다음 중 SAP ILM의 4가지 주요 기능으로 가장 관련이 없는 것은 무엇인가?

① Legal Case Management
② Lifecycle Management
③ Secure Audit Trail Data
④ Secure Data Storage

052

난이도 ★★★☆☆

다음 중 미국 국가 기반 시설 보호 위원회로, 국가 기반 시설들에 대한 취약성 및 위협을 평가하는 곳은 무엇인가?

① PCCIP(President's Commission on Critical Infrastructure Protection)
② CIP(Critical Infrastructure Protection)
③ DHS(Department of Homeland Security)
④ CIKR(Critical Infrastructure and Key Resources)

053

난이도 ★★☆☆☆

인증 관리 센터와 인증 기관은 행정 전자 서명 검증 키를 이용하여 인증 업무를 수행해야 한다. 전자정부법 시행령 제30조에는 인증 기관의 인증서에 포함해야 하는 사항을 명시하였다. 다음 중 해당 조항에서 명시한 포함해야 하는 인증서 사항이

아닌 것은 무엇인가?

① 인증서의 폐지 일자
② 가입 기관 등의 행정 전자 서명 검증 키
③ 인증서의 일련번호
④ 소관 인증 기관의 명칭

054

난이도 ★★★☆☆

[보기]를 읽고 (가)와 (나)에 들어갈 말로 적절한 것을 고르시오.

> **보기**
>
> SOC 1과 유사하게 SOC 2는 Type 1 및 Type 2 보고서를 제공한다. Type 1 보고서는 (가)에 대해서 테스트 검증을 수행하고, Type 2 보고서는 (나)에 대해서 통제의 효과를 조사한다.

① 가: 시점, 나: 기간
② 가: 제도, 나: 시점
③ 가: 기간, 나: 시점
④ 가: 제도, 나: 기간

055

난이도 ★★★☆☆

소프트웨어의 규모를 계획 및 측정하고 이를 통해 적절한 비용 산정의 도구로 사용하기 위한 방법은 다양하다. 비용산정 도구 중에서 사용자의 관점에서 소프트웨어의 양과 질을 모두 고려한 측정 방식인 기능 점수(Function Point)가 가장 많이 사용된다. 이는 LoC(Line of Code) 방식에 비해서 사용자 중심으로 파악할 수 있고 기능 복잡도와 품질 요인을 고려할 수 있는 장점이 있다. 다음 중 기능 점수(Function Point)의 국제 표준은 무엇인가?

① ISO 14113
② ISO 25001
③ ISO 14443
④ ISO 14143

056

난이도 ★★☆☆☆

이것은 소프트웨어 설계자와 개발자 등 이해관계자들이 반드시 알아야 할 소프트웨어 엔지니어링의 주요 10대 영역을 정의한 것으로, ISO 24773으로 명시된 표준이다. 이 표준의 영역에는 SW 요구 사항, 설계, 개발, 테스트, 유지 보수, 형상 관리, 관리, 프로세스, 방법론, 도구, 품질이 포함되어 있어서 개발자 및 이해관계자들의 공통된 의사소통 방안으로 활용된다. 이 표준은 무엇인가?

① Software Engineering Standard Of Knowledge

② Standard Body Of Software Engineering

③ Software Knowledge Repository

④ Software Engineering Body Of Knowledge

057

난이도 ★★☆☆☆

소프트웨어의 기능 및 비기능 요구 사항에 대한 적합성은 인도물을 고객에게 제공하기 위해 가장 중요한 목표이다. 보안 취약점 및 가용성도 이에 해당되는 항목 중 하나이다. 소프트웨어의 내부 및 외부 품질 특성을 정의하고 사용자부터 개발자, 평가자까지 공통적으로 공유할 수 있는 지표는 ISO/IEC 9126에 정의되어 있다. ISO/IEC 9126의 품질 특성 중에서 소프트웨어 안정성, 컴플라이언스 준수성, 테스트 용이성 등에 대해 정의하는 특성은 무엇인가?

① Reliability ② Efficiency

③ Maintainability ④ Portability

058

난이도 ★★☆☆☆

위치 정보의 보호 및 이용 등에 관한 법률(약칭: 위치정보법)의 제16조에 따르면, 위치 정보(LBS) 사업자는 관리적 및 기술적 정보보호 조치를 취해야 한다. 동법 시행령(약칭: 위치정보법 시행령)의 제20조에 상세한 관리적 보호 조치와 기술적 보호 조치를 명시하고 있다. 다음 중 본 조항에서 명시한 위치 정보 사업자가 수행해야 할 의무적 기술적 보호 조치에 해당되지 않는 것은 무엇인가?

① 위치 정보 및 위치 정보 시스템의 접근 권한을 확인할 수 있는 식별 및 인증 실시

② 위치 정보 시스템의 침해 사고 방지를 위한 보안 프로그램 설치 및 운영

③ 위치 정보 시스템에 대한 접근 사실의 전자적 자동 기록·보존 장치의 운영

④ 위치 정보 시스템에서 저장하는 고객 민감 정보의 수집 및 폐기 지침 준수

059

난이도 ★☆☆☆☆

OECD에서는 개인정보보호를 위한 8가지의 Privacy 원칙을 제정했다. 다음 중 OECD Privacy 원칙 8가지에 해당되지 않는 것은 무엇인가?

① 정보 정확성의 원칙

② 잊혀질 권리의 원칙

③ 이용 제한의 원칙

④ 정보 주체 참여의 원칙

060

난이도 ★★★☆☆

다음 중에서 SSDLC(Secure Software Development Life Cycles)의 종류와 가장 거리가 먼 것은 무엇인가?

① SSDF(Secure Software Development Framework)

② SSCA(Secure Software Composition Analysis)

③ MS SDL(MS Security Development Lifecycle)

④ CLASP(Comprehensive, Lightweight Application Security Process)

061

[보기]는 라이선스와 관련된 '이것'을 설명하고 있다. 이것은 무엇인지 선택지에서 고르시오.

> **보기**
>
> 저작자가 자신의 권리를 지키면서도 저작물을 자유롭게 공유할 수 있도록 나오게 된 수단이다. 즉, 저작자가 자신의 저작물을 다른 이들이 자유롭게 쓸 수 있도록 미리 허락하는 라이선스로, 자신의 저작물을 이용할 때 어떤 이용 허락 조건들을 따라야 할지 선택하여 표시하게 된다. 라이선스가 적용된 저작물을 이용하려는 사람은 저작자에게 별도로 허락을 받지 않아도, 저작자가 표시한 이용허락 조건에 따라 자유롭게 저작물을 이용할 수 있다. 이용 허락 조건은 4 개가 있으며, 이 이용 허락 조건들을 조합한 6 종류의 라이선스가 존재한다.

① ISC 라이선스　　② Sleepycat 라이선스
③ REUSE 라이선스　④ CC 라이선스

062

난이도 ★★★☆☆

[보기]에 해당되는 내용은 무엇인가? 가장 알맞은 답을 선택하시오.

> **보기**
>
> 은행 규제, 감독 기준 개발 및 국제 협력 증대를 위해 G10 중앙은행 총재회의 결의로 1974년 설립된 국제기구로, 이후 회원국이 확대되어 현재는 27개국이 회원국으로 활동하고 있다. 각국 중앙은행과 감독 기구가 회원 기관으로 활동하고 있으며 우리나라는 한국은행과 더불어 금융위원회의 위임을 받은 금융감독원이 회원으로 활동하고 있다.

① 금융안정위원회(FSB)
② 바젤 은행감독위원회(BCBS)
③ 국제통화기금(International Monetary Fund, IMF)
④ 국제결제은행(Bank for International Settlements, BIS)

063

난이도 ★★☆☆☆

다음 중 ISO/IEC 25010 품질 모델에서 제안하고 있는 소프트웨어 품질의 특성 8가지와 가장 관련이 없는 것은 무엇인가?

① 가용성　　　　② 신뢰성
③ 유지 보수성　④ 보안성

064

난이도 ★★★☆☆

미국 연방 정보 보안 관리법(FISMA)은 프로그램 담당자와 각 기관의 장이 비용 효율적이고 시기적절하며 효율적인 방식으로 위험을 지정된 허용 수준 이하로 유지하기 위해 정보 보안 프로그램에 대한 연례 검토를 수행하도록 요구하고 있다. 이 법률의 준수를 위한 단계와 가장 해당하지 않는 것을 선택하시오.

① 최소 기준선 컨트롤을 선택한다. (Select minimum baseline controls)
② 지속적인 비즈니스 요구 사항을 개선하도록 하며 경영 목표와 일치시킨다. (Continue to improve business requirements and align with business objectives)
③ 위험 평가 절차를 사용하여 통제를 개선한다. (Refine controls using a risk assessment procedure)
④ 지속적으로 보안 제어를 모니터링한다. (Monitor the security controls on a continuous basis)

065

난이도 ★★★★☆

CMMC 2.0의 레벨 3은 특히 민감한 정보를 보호하는 데 중점을 두고 있다. 이는 궁극적으로 무슨 공격의 방어를 위해 만들어졌는가?

① 프래그 어택 공격(FragAttacks, Fragmentation and Aggregation Attack)

② 사회 공학 공격(Social Engineering Attack)

③ 지능형 지속 위협(Advanced Persistent Threats, APT)

④ 분산 서비스 거부 공격(Distributed DoS Attack, DDoS)

066
난이도 ★★★★☆

다음 중 CMMC 프레임워크의 17개 도메인에 가장 해당하지 않는 것은 무엇인가? (CMMC Ver. 1.0)

① 인사 보안(Personnel Security)

② 식별 및 인증(Identification and Authentication)

③ 거버넌스 및 프레임워크(Governance and Frameworks)

④ 위험 평가(Risk Assessment)

067
난이도 ★★★☆☆

이것은 기업의 합리적인 의사 결정을 방해하는 한 장애 요소이다. [보기]를 읽고 빈칸에 들어갈 '이것'이 무엇인지 알맞은 답을 고르시오.

> **보기**
>
> 사람들은 정보가 주어지는 방식에 따라 정보를 다르게 받아들이기도 한다. 예를 들어, 누군가 "반 밖에 남지 않았어."라고 말하면서 절반의 물이 담긴 컵을 건네 준다면, 컵을 받은 사람은 그 말에 따라 물이 반 밖에 남지 않았다고 생각하기 마련이다. 동일한 내용이라도 말하는 사람의 관점이나 틀(frame)에 따라 듣는 사람의 선택이 달라지는 현상을 (   )(이)라고 한다. 이 이론은 2002년 노벨경제학상을 수상한 대니얼 카너먼이 처음으로 제창하여 유명해졌다.

① 프레이밍 효과(Framing Effect)

② 제한된 합리성(Bounded Rationality)

③ 닻 내림 효과(Anchoring Effect)

④ 소유 효과(Endowment Effects)

068
난이도 ★★★★☆

다음 중 NYDFS(NY Department of Financial Services) 사이버 보안 규정의 적용을 받는 대상과 가장 관련이 없는 것은 무엇인가?

① 국영 은행

② 보험 회사

③ 서비스 제공자

④ 직원이 10명미만 소규모 조직

069
난이도 ★★★☆☆

다음 중 GDPR을 위반하여 과징금을 부여할 경우 올바른 사항은 무엇인가?

① 개인정보 위반한 건에 대해 '일괄적으로 소급'하여 제재 규정을 적용하도록 한다.

② '사업체 집단' 매출을 바탕으로 과징금(fines imposed by reference to the revenues of an undertaking)을 부과한다.

③ GDPR 규정의 일반적 위반의 경우 직전 회계연도의 전 세계 매출액 3% 또는 2천만 유로 중 더 큰 금액을 상한으로 하여 부과한다.

④ GDPR 규정의 심각한 위반의 경우 직전 회계연도의 전 세계 매출액 5% 또는 4천 만 유로 중 더 큰 금액을 상한으로 하여 부과한다.

070
난이도 ★★★☆☆

마이크로소프트는 SDL Principles and Process로 SD3+C와 PD3+C을 제시하고 있다. 다음 중 이와 가장 관련이 없는 것은 무엇인가?

① Design

② Default

③ Development

④ Deployment

071

난이도 ★★★★☆

[보기]를 읽고 가장 관련 있는 선택지를 고르시오.

보 기

이동통신 관련 단체들 간의 공동 연구 프로젝트로 국제 전기통신연합(ITU)의 IMT-2000 프로젝트의 범위 내에서 전 세계적으로 적용 가능한 3세대 이동통신 시스템 규격의 작성을 목적으로 하고 있다. 이 규격은 진보된 GSM 규격에 기반을 두고 있으며, 무선(Radio)과 코어 네트워크(Core network), 서비스 구조(Service architecture)를 모두 표준화 범위에 포함시키고 있다. 1998년 12월에 개설되었으며 이 프로젝트에는 유럽전기통신표준협회(ETSI), 일본전파산업협회(ARIB), 일본통신기술협회(TTC), 중국통신표준협회(CCSA), 미국통신사업자연합(ATIS)과 한국정보통신기술협회(TTA)가 참여하고 있다.

① TISPAN(Telecoms & Internet converged Services & Protocols for Advanced Networks)
② UMTS(Universal Mobile Telecommunication System)
③ 3GPP(Third Generation Partnership Project)
④ OMA(Open Mobile Alliance)

072

난이도 ★★☆☆☆

전자정부법 제45조부터 48조까지의 조항에 따라 행정 기관과 공공 기관은 정보 기술 아키텍처를 도입하고 운용할 경우 '정보 기술 아키텍처 도입 운영 지침'에 따라야 한다. 해당 지침의 제2조에서는 정보 기술 아키텍처에 대한 용어를 정의했는데 다음 중 잘못된 설명은 무엇인가?

① '정보 기술 아키텍처 프레임워크'란 정보 기술 아키텍처 수립, 관리 및 활용에 필요한 핵심 요소들을 정의하고 구조화한 것으로서 정보 기술 아키텍처 활동을 위한 기본 체계를 말한다.
② '참조 모형'이란 정보 기술 아키텍처를 구축하는 데 필요한 정보 및 정보 간의 관계를 표현한 모델을 말한다.

③ '현행 아키텍처'란 업무, 응용, 데이터, 기술, 보안 등에 대한 현재의 정보 기술 아키텍처 정보를 표현한 것을 말한다.
④ '정보 기술 아키텍처 관리 시스템'이란 개별 기관의 정보 기술 아키텍처 정보를 등록하여 사용자가 관리 및 활용할 수 있는 시스템을 말한다.

073

난이도 ★★☆☆☆

국내에서 실시되는 암호 모듈 검증 제도를 말한다. 암호 모듈 검증 제도는 전자정부법 제56조, 전자정부법 시행령 제69조와 암호 모듈 시험 및 검증 지침(행자부 고시 제2004-45호)에 의거하여 실시된다. 이와 관련된 검증 제도는 무엇인가?

① CCCS
② NVLAP
③ KCMVP
④ CMVP

074

난이도 ★★★☆☆

[보기]의 내용은 어떤 법칙을 설명한 것인가? 가장 알맞은 답을 선택하시오.

보 기

A man with a watch knows what time it is. A man with two watches is never sure.

(시계를 가진 사람은 현재 시간을 알고 있다. 하지만 두 개의 시계를 가진 사람은 절대, 시간을 확신하지 못한다.)

① Shannon Theorem
② Segal's law
③ Centipede's Dilemma
④ Lanchester's law

075

난이도 ★★☆☆☆

전자금융감독규정 제11조에서는 금융회사 또는 전자금융업자의 전산실에 대한 물리적, 기술적 보안 준수 사항을 정의하고 있다. 다음 중 해당 조항에서 명시한 준수 사항과 적합하지 않은 것은 무엇인가?

① 케이블이 안전하게 유지되도록 전용 통로관 설치 등 적절한 보호 조치를 강구할 것
② 출입문은 이중 안전장치로 보호하며 외벽이 유리인 경우 유리 창문을 통하여 접근할 수 없도록 조치할 것
③ 전산 자료 보관실, 전산 센터 및 재해 복구 센터는 보호 구역으로 설정할 것
④ 무선통신망은 금융위원회 고시된 예외 기준에 해당될 경우에만 설치할 것

076

난이도 ★★★☆☆

정보보호는 단순히 한두 명의 담당자가 시스템을 운영하여 해결되는 것이 아니라 조직 전체의 업무, 절차, 산출물, 기술, 역량, 문화의 관점에서 전사적인 거버넌스로 구축되어야 한다. 이와 같은 정보보호 거버넌스를 제시하는 국제 표준으로서 ISO 27001을 의사 결정권자의 요구 사항에 의해 지속적으로 수행 및 감사/모니터하고 조직과 꾸준히 소통하도록 하는 표준은 무엇인가?

① ISO 9001
② ISO 27014
③ ISO 25001
④ PIPL+P

077

난이도 ★★☆☆☆

ISO 22301에서 사용하는 주요 표준 용어와 이에 대한 해설의 연결이 잘못된 것은 무엇인가? 가장 관련이 없는 것을 선택하시오.

① MAO: 허용할 수 없는 손상을 일으키지 않고 활동이 중단될 수 있는 최소 시간
② BCMS: 비즈니스 연속성을 계획, 구현, 유지 관리하고 지속적으로 개선할 수 있도록 하는 전체 관리 시스템
③ RPO: 최대 데이터 손실, 즉 복원해야 하는 활동에서 사용하는 최소 데이터 양
④ MBCO: 조직이 비즈니스 운영을 재개한 후 정의된 목표를 달성하기 위해 생산해야 하는 최소 수준의 서비스 또는 제품

078

난이도 ★★★★★

[보기]는 무엇을 설명한 것인가? 가장 알맞은 답을 선택하시오.

> **보기**
>
> 투자자를 보호하고 유익하고 정확하며 독립적인 감사 보고서를 준비하는 데 있어 공익을 증진하기 위해 의회가 공기업 감사를 감독하기 위해 설립한 비영리 법인이다. 연방 증권법에 따라 제출된 준수 보고서를 포함하여 브로커 및 딜러의 감사를 감독한다.

① PCAOB(Public Company Accounting Oversight Board)
② NFRA(National Financial Reporting Authority)
③ HFCAA(Holding Foreign Companies Accountable Act)
④ SEC(U.S. Securities and Exchange Commission)

079

난이도 ★☆☆☆☆

GDPR은 기업의 GDPR 준수 입증을 위해 인증 메커니즘(Certification mechanism)의 이용을 권장하고 있다. 인증서는 감독 기구나 지정된 인증 기관이 발행하는데, 그렇다면 인증의 최대 유효 기간은 얼마인가?

① 1년
② 2년
③ 3년
④ 4년

080

난이도 ★★☆☆☆

[보기]는 무엇을 설명한 것인가? 가장 알맞은 답을 선택지에서 고르시오.

> **보기**
>
> 미국 국방부(DoD) 정보 시스템(국방 정보 인프라 또는 DII)의 보안을 유지하는 데 사용되는 프로세스, 활동 및 관리 구조이다. 주로 전략적, 전술적 및 독립형 정보 시스템 및 네트워크의 보안을 평가, 인증 및 보장하기위한 표준화 된 프로세스를 형성하기 위해 만들어졌다. 국방 정보 인프라(DII) 내에서 보안을 확인, 검증, 구현 및 유지하기 위해 구조화되고 표준화된 일련의 방법과 활동을 활용한다. 이 표준은 모든 연방 정부 기관이 아니라 국방부 내에서만 적용된다.

① DISA(Defense Information Systems Agency)
② RMF(Risk Management Framework)
③ DITSCAP(DoD Information Assurance Certification and Accreditation Process)
④ NIACAP(National Information Assurance Certification and Accreditation Process)

081

난이도 ★★☆☆☆

전자금융거래법에서 "금융 회사 또는 전자 금융업자는 정보 처리 시스템 및 정보 통신망을 해킹 등 전자적 침해 행위로부터 방지하기 위하여 다음 각 호의 대책을 수립·운용하여야 한다."라고 가이드하고 있다. 이와 관련하여 가장 관련이 없는 것은 무엇인가?

① 해킹 등 전자적 침해 행위로 인한 사고를 방지하기 위한 정보보호 시스템 설치 및 운영
② 해킹 등 전자적 침해 행위에 대비한 시스템 프로그램 등의 긴급하고 중요한 보정(patch) 사항에 대하여 즉시 보정 작업 실시
③ 외부 통신망에서의 파일 배포 기능은 통합 및 최소화하여 운영하고, 이를 배포할 경우에는 암호화를 수행하여 내부로 전송할 것

④ 전산실 내에 위치한 정보 처리 시스템과 해당 정보 처리 시스템의 운영, 개발, 보안 목적으로 직접 접속하는 단말기에 대해서는 인터넷 등 외부 통신망으로부터 물리적으로 분리할 것

082

난이도 ★★★☆☆

다음 중 SOC 유형을 선택할 때, 가장 해당되지 않는 것은 무엇인가? 선택지에서 가장 관련이 없는 것을 고르시오.

① 고객이 감사를 수행할 권리를 요구하는 경우에는 조직은 SOC 1을 추구해야 한다.
② 감사 회사와 협력하여 조직에 적합한 SOC 유형을 선택하며, 이 중에서 하나의 유형만 결정할 수 있다.
③ 규정 준수가 요구 사항의 일부분일 경우에는 조직은 SOC 1을 추구해야 한다.
④ 서비스가 고객의 재무 보고에 영향을 미치는 경우 조직은 SOC 1을 추구해야 한다.

083

난이도 ★★☆☆☆

다음 중 ISMS-P 인증 심사 종류로 가장 관련이 없는 것은 무엇인가? 가장 해당하지 않는 것을 고르시오.

① 최초 심사
② 자격 심사
③ 사후 심사
④ 갱신 심사

084

난이도 ★☆☆☆☆

ISO 31000은 모든 비즈니스 활동에서 발생하는 모든 종류의 위험을 관리하기 위한 가이드라인을 제공하는 국제 표준이다. 이 표준에서 제공하고 있는 가이드라인과 가장 관련이 없는 것은 무엇인가?

① People   ② Principle

③ Framework   ④ Process

085

난이도 ★★★☆☆

비즈니스 관계에서 불법적인 의도와 잠재적 위험을 평가하는 프로세스로, 은행 규제 및 자금 세탁 방지 규정(Anti-Money Laundering, AML)을 준수하기 위해 사용된다. 이 인증 프로그램은 회사가 합법적으로 사업체를 운영해 비즈니스를 운영할 수 있게 해주고, 금융 범죄로 인해 피해를 입을 수 있는 개인을 보호할 수 있다. 이 인증 프로그램은 무엇인가?

① Identity Verification

② Identity Laundry

③ Know Yourself

④ Know Your Customer

086

난이도 ★★☆☆☆

[보기]에 해당되는 내용은 무엇인가? 가장 알맞은 답을 선택하시오.

> **보기**
>
> 공공 정보의 적극적인 공유를 촉진하고 더 나은 협업을 위해 정부 부처 간에 존재하는 장벽을 제거하기 위한 정부 운영의 새로운 패러다임이다. 궁극적인 목표는 국가 행정의 원동력을 확보함과 동시에 개별 시민에게 맞춤형 서비스를 제공하여 더 많은 일자리를 창출하고 창조 경제를 지원하는 것이다.

① Government 3.0   ② MooC

③ e-Democracy   ④ Open Government

087

난이도 ★★☆☆☆

다음 중 CMMC 1.0과 CMMC 2.0 간의 차이를 잘못 설명한 것은 무엇인가?

① 레벨: CMMC 1.0에는 기본에서 고급까지 5개의 프로그레시브 레벨이 포함되어 있다. CMMC 2.0에는 3가지 프로그레시브 레벨이 포함되어 있다.

② 부가 사항: CMMC 2.0 레벨에 대한 DIB 회사 리더십의 연례 확인으로 3년마다 자체 평가를 수행한다.

③ 각 레벨의 요구 사항: CMMC 1.0 요구 사항에는 각 수준의 사이버 보안 표준 및 성숙도 프로세스가 포함된다. CMMC 2.0 모든 성숙 프로세스 및 모든 CMMC 고유의 보안 관행을 제거한다.

④ 부가 사항: CMMC 2.0 독립적인 평가가 필요한 우선순위 인수, 연간 자체 평가가 필요한 비우선 인수, 연간 회사 확인을 식별하기 위해 CMMC 레벨 3 요구 사항을 분기한다.

088

난이도 ★★☆☆☆

컴플라이언스(Compliance)는 조직이 준수해야 할 일부 주요 규정, 표준 및 법률이다. [보기] 속 빈칸에 들어갈 내용은 무엇인가? 가장 알맞은 답을 선택하시오.

> **보기**
>
> 작업 환경에 적용되는 표준 및 요구 사항을 결정한 다음 고용주가 해당 표준 및 요구 사항을 준수하도록 한다. 작업장 연구와 기술 전문가, 고용주, 노동 조합 및 기타 이해관계자의 의견을 기반으로 이러한 표준 및 요구 사항을 설정한다. 고용주가 표준 및 요구 사항을 준수할 수 있도록 ( )는(은) 고용주와 직원을 교육하기 위한 교육 및 도구를 제공한다. ( )는(은) 고용주와 근로자가 위험을 줄이고 고용주의 작업장 및 근로자의 작업에 특정한 안전 조치를 보장하기 위해 사용해야 하는 절차, 장비 및 교육을 설명해야 한다.

① OSHA   ② FISMA

③ GDPR   ④ HIPAA

089

[보기] 속 빈칸에 들어갈 내용은 무엇인가? 가장 알맞은 답을 선택하시오.

> **보기**
>
> 국방 관련 문서의 수출을 통제하며, 이 규정에서는 미국인이 아닌 사람이 (   ) 환경에 저장된 문서에 물리적 또는 논리적으로 액세스를 할 수 없다고 명시하고 있다. 미국 군용 물자 목록(USML)에서 다루는 품목에는 특별 승인 또는 예외 조항이 있지 않은 한, 미국인하고만 공유할 수 있는 장비, 부품, 자재, 소프트웨어, 기술 정보가 포함된다. 미국인이란 미국 그린카드(영주권) 소지자 또는 미국 시민권자인 개인을 말한다.

① 미국 국제무기거래규정(ITAR)
② 해외자산통제국(OFAC)
③ 국방교역통제국(DDTC)
④ 무기수출통제법(AECA)

090

CCRA(Common Criteria Recognition Arrangement) 협정에 의한 국제용 인증서의 유효 기간은 몇 년인가?

① 3년   ② 5년   ③ 10년   ④ 30년

091

GDPR 삭제권(Right to erasure)에서 컨트롤러는 다음 중 하나에 해당할 경우 부당한 지체 없이 (without undue delay) 개인정보를 삭제할 의무를 부담한다. 이에 해당되지 않는 것은 무엇인가?

① 정보 처리자에 적용되는 유럽연합 내지 회원국 법률에 따른 법적 의무 준수를 위하여 삭제되어야 하는 경우
② 개인정보가 수집 목적 또는 다른 방식으로 처리되는 목적에 더이상 필요하지 않은 경우

③ 개인정보가 불법적으로 처리된 경우(GDPR 위반 등)
④ 개인정보 당사자가 사망하거나 실종되었을 경우

092

선택지는 개인정보보호에서 GDPR과 CCPA 법률을 비교한 내용이다. 그 내용이 틀린 것을 고르시오.

① 대부분의 경우 GDPR은 CCPA보다 범위가 훨씬 더 넓다. 하지만 GDPR을 준수한다고 해서 반드시 CCPA를 준수하는 것은 아니다.
② CCPA는 미국 외부로의 데이터 전송을 제한하지 않는다. GDPR은 데이터 전송 방법에 대한 엄격한 규칙이 있으며 일반적으로 EEA 외부에서는 전송이 불가능하다.
③ CCPA는 개인에 대한 민감한 개인정보에 대한 특정 제한 사항이 없다는 점에서 GDPR과 다르지만 개인 데이터가 개인을 차별하는 데 사용되는 것을 방지하는 조항이 포함되어 있다.
④ CCPA가 데이터 주체에게 회사가 마케팅 목적으로 개인 데이터를 사용하는 것을 방지할 수 있는 권한을 부여하는 반면 GDPR 옵트아웃(opt-out) 권한은 개인 데이터 판매와 더 관련성이 있다.

093

[보기]는 무엇을 설명한 것인가? 가장 알맞은 답을 선택지에서 고르시오.

> **보기**
>
> 소프트웨어 보안 이니셔티브(애플리케이션 또는 제품 보안 프로그램이라고도 함)의 분석을 통해 개발된 데이터 기반 모델의 한 종류이다. 2021년 9월에 발표된 이 모델은 소프트웨어 보안을 위한 상세한 측정 스틱의 최신 진화를 나타내고 있다. 총 9개 산업 분야의 128개 조직을 분석

하여 다음과 같이 제시하고 있다.

- 오늘날 사용되는 다섯 가지 소프트웨어 보안 활동
- 오픈 소스, 클라우드 및 컨테이너 보안 노력의 주목할 만한 성장
- 공급망, 랜섬웨어 및 기타 새로운 트렌드
- 조직이 애플리케이션 보안 프로그램을 발전시키기 위해 채택해야 하는 주요 조치

① DWCMM(The Data Warehouse Capability Maturity Model)
② SWEBOK(Software Engineering Body of Knowledge)
③ CamÈlia Maturity Model
④ BSIMM(Building Security in Maturity Model)

094
난이도 ★★★★☆

BSIMM12는 모두 매우 성공적인 소프트웨어 보안 이니셔티브에서 흔히 볼 수 있다. 조직에서 자체 소프트웨어 보안 이니셔티브를 수행하는 경우 10가지 활동의 구현을 고려해야 한다. 이중 가장 관련이 없는 것은 무엇인가?

① 소프트웨어 방법론을 활용한 프로세스 정착 (Process settlement using software methodology)
② 보안 기능 검토 수행(Perform security feature review)
③ 자동화된 도구 사용(Use automated tools)
④ 생명 주기 계측 구현 및 거버넌스 정의에 사용 (Implement lifecycle instrumentation and use to define governance)

095
난이도 ★★☆☆☆

[보기] 속 내용은 무슨 법칙인가? 가장 알맞은 답을 선택하시오.

> **보기**
>
> 부품 제조 비용이 최소가 되는 복잡함은 해마다 대략 2배의 비율로 증가해 왔다. 단기적으로는 이 증가율이 올라가지 않아도 현상을 유지하는 것은 확실하다. 적어도 앞으로 10년 동안 거의 일정한 비율을 유지할 수 없다고 믿을 이유는 없으나 보다 장기적으로는 증가율은 조금 불확실하다. 이 말은 1975년까지는 최소 비용으로 얻을 수 있는 집적 회로의 부품 수는 65,000개에 이를 것이다. 나는 그 만큼의 대규모 회로를 1개의 회로판 위에 구축할 수 있을 거라고 믿는다. 반도체 집적 회로의 성능이 24개월마다 2배로 증가한다는 법칙으로 경험적인 관찰에 바탕을 두고 있다.

① 무어의 법칙(Moore's Law)
② 황의 법칙(Hwang's Law)
③ 길더의 법칙(Guilder's Law)
④ 카오의 법칙(Kao's Law)

096
난이도 ★★☆☆☆

개인정보보호법 시행령 제19조에서는 고유 식별 정보의 범위에 대해 구체적으로 명시하고 있다. 대통령령으로 정하는 정보에 해당하는 경우에 고유 식별 정보에 해당되는데, 다음 중 이에 해당되지 않는 것은 무엇인가?

① 국민건강진흥법 제1조의 제2항에 따른 의료 보장 번호
② 여권법 제7조 제1항 제1호에 따른 여권 번호
③ 출입국관리법 제31조 제5항에 따른 외국인 등록 번호
④ 도로교통법 제80조에 따른 운전면허의 면허 번호

097
난이도 ★★★☆☆

인공 지능, 딥러닝, 빅 데이터, GPGPU, 이미지 처리 등의 기술이 발전하고 자율 주행 자동차의 상용화가 앞당겨지면서 자동차에 전기/전자 장치의 탑재가 증가하고 있다. 전통적으로 하드웨어 기계 장치 위주의 자동차가 전기/전자 장치 비중이 증가하면서 기능 안전에 대한 국제 표준이 필요해졌다. 기존의 ISO 61508을 자동차 분야에 최적화하여 적용한 이 표준은 무엇인가?

① ISO 14001
② ISO 26262
③ ISO 25001
④ ISO 61801

098
난이도 ★★☆☆☆

사물 인터넷 환경이 발전하면서 IoT 제품에 대한 정보보호 인증 기준이 필요하게 되었다. 이에 따라 KISA가 인증하고 TTA에서 시험을 대행하는 IoT 보안 인증 제도(Certification IoT of Cybersecurity, CIC)가 시행 중이다. CIC 제도는 총 7가지의 인증 영역으로 분류되는데, 다음 중 이에 해당되지 않는 것은 무엇인가?

① 식별 및 인증
② 암호
③ 조직 및 정책
④ 업데이트 및 기술 지원

099
난이도 ★★★☆☆

[보기]에 해당되는 내용은 무엇인가? 가장 알맞은 답을 선택하시오.

> **보 기**
>
> ISO에서 발행한 국제 표준으로, 조직에서 비즈니스 연속성을 관리하는 방법을 설명한다. 이 표준은 최고의 비즈니스 연속성 전문가가 작성했으며 조직에서 비즈니스 연속성을 관리하기 위한 최상의 프레임워크를 제공한다.

① ISO 2000
② ISO 22301
③ ISO 27001
④ ISO 31000

100
난이도 ★★☆☆☆

ISO 22301에서는 총 17가지의 주요 단계로 구성되며 총 51개의 작업으로 가이드를 하고 있다. 그러한 경우 총 17개의 단계와 가장 관련이 없는 것은 무엇인가?

① 위험성 평가 및 치료(Risk assessment and treatment)
② 비즈니스 연속성 계획(Business continuity plan)
③ 재난 복구 계획(Disaster recovery plan)
④ 내부 감사(Internal audit)

101
난이도 ★★★☆☆

일반 평가 기준(Common Criteria, CC)은 정보 시스템과 제품, 사이트, 소프트웨어 등에 대한 보안 평가를 위한 국제적 인증 기준이다. CC 인증은 CCRA를 통해 국가 간에 인증되는 국제 상호인증 제도이지만, 국내에서만 적용되는 국내 CC 인증도 존재한다. 다음 중 국제 CC 인증과 국내 CC 인증의 유효 기간으로 맞는 답은 무엇인가?

① 국제 CC 인증: 3년, 국내 CC 인증: 3년
② 국제 CC 인증: 4년, 국내 CC 인증: 3년
③ 국제 CC 인증: 10년, 국내 CC 인증: 5년
④ 국제 CC 인증: 5년, 국내 CC 인증: 3년

102
난이도 ★★☆☆☆

OSI(Open Source Initiative)에서 제시하고 있는 10가지 조건으로 공개 소프트웨어의 정의를 대신하고 있다. 그렇다면 이와 관련하여 선택지에서 그 정의와 가장 관련이 없는 것은 무엇인가?

① 라이선스의 배포(Distribution of License)

② 듀얼 라이선스(Dual License)

③ 소스 코드 수정 제한(Integrity of The Author's Source Code)

④ 2차적 저작물(Derived Works)

103   난이도 ★★★☆☆

IT 거버넌스 국제 표준(ISO/IEC 38500)은 이사진이 조직의 IT 활용을 평가하고(Evaluate), 지휘하고(Direct), 모니터링(Monitoring)하는 데 활용할 수 있는 원칙의 프레임워크를 제공하여 구현하게 하기 위한 지침의 표준이다. 다음 중 IT 거버넌스를 구현하는 6가지 원칙과 가장 관련이 없는 것은 무엇인가?

① 책임(Responsibility)   ② 지원(Assist)

③ 성과(Performance)   ④ 전략(Strategy)

104   난이도 ★★☆☆☆

정보보호 최고책임자(CISO) 지정·신고 의무 위반에 대해서는 최고 얼마까지 과태료가 부과가 되는가?

① 1천만 원 이하의 과태료 부과

② 2천만 원 이하의 과태료 부과

③ 3천만 원 이하의 과태료 부과

④ 5천만 원 이하의 과태료 부과

105   난이도 ★★☆☆☆

GDPR과 LGPD는 결과적으로 공통된 초점을 공유하는데, 매우 유사하다. 다음 중 이와 가장 관련이 없는 것은 무엇인가?

① 책임성 및 보안   ② 목적 제한

③ 데이터 침해 보고   ④ 데이터 최소화

106   난이도 ★★★★☆

[보기] 속 빈칸에 들어갈 정책은 무엇인가? 가장 알맞은 답을 선택하시오.

> **보기**
>
> 국방부(DoD)는 최근 DIB(Defense Industrial Base) 내에서 제품과 서비스를 제공하는 계약자가 (　　)를(을) 준수해야 한다고 발표했다. 이 정책은 2020년 1월 30일에 출시되었으며 '다중 사이버 보안 표준, 프레임워크 및 기타 참조의 성숙 프로세스 및 사이버 보안 모범 사례와 DIB 및 DoD 이해관계자의 의견'으로 구성된다.

① CMMC(Cybersecurity Maturity Model Certification)

② CMMI(Capability Maturity Model Integration)

③ SPICE

④ ISO25000

107   난이도 ★★☆☆☆

국내의 ISP, IDC 및 주요 기관은 개인정보보호법, 정보통신망 이용촉진 및 정보보호에 대한 법률 등 법령에 따라 ISMS-P 인증을 취득해야 한다. ISP, IDC 이외에 의무 대상자는 정보통신망법 제47조 2항에 명시된 병원, 학교 및 기업이 해당된다. 이 의무 대상자는 취득해야 하는 ISMS-P 인증을 대비하기 위해 '보호 대책 요구 사항', '개인정보 처리 단계별 요구 사항'의 분야를 준비해야 한다. 다음 중 ISMS-P 인증의 보호 대책 요구 사항 분야에 속하지 않는 것은 무엇인가?

① 정보 주체 권리 보호   ② 인증 및 권한 관리

③ 정책, 조직, 자산 관리   ④ 사고 예방 및 대응

108

난이도 ★★☆☆☆

개인정보보호법 시행령 제48조의 2, (개인정보의 안전성 확보 조치에 관한 특례) 조항에 따르면 개인정보가 안전하게 저장 및 전송될 수 있도록 암호화에 대한 조치 사항을 명시하고 있다. 특히 비밀번호의 경우 (가) 암호화를 적용하여 안전하게 저장하도록 하고 있다. 정보 처리 시스템 담당자와 정보 보안 조직에서 비밀번호 데이터에 (가) 암호화를 적용할 때 사용할 수 있는 암호화 알고리즘은 (나)를(을) 들 수 있다. (가)와 (나)에 들어갈 적합한 단어는 무엇인가?

① 가: 일방향, 나: HEIGHT

② 가: 비밀 키, 나: DES3

③ 가: 세션 키, 나: SHA-512

④ 가: 일방향, 나: SHA-2

109

난이도 ★★★★☆

다음 중 SaaS를 위한 사베인스-옥슬리법(Sarbanes-Oxley Act, SOX)으로 가장 관련이 없는 것은 무엇인가?

① SOX 섹션 302: 이를 위해 IT는 SOX 관련 내부 통제에 대한 실시간 보고를 제공해야 한다. 이를 위해서는 증거 수집, 테스트, 위반 보고 및 수정 노력과 같은 작업을 자동화해야 한다.

② SOX 섹션 404: 모든 사업체는 정확하고 투명한 재무 보고를 위해 내부 통제를 가져야 한다. 외부 감사인은 매년 이를 검토하고 회사가 내부 통제를 얼마나 잘 문서화, 테스트 및 유지 관리하는지 평가해야 한다.

③ SOX 섹션 409: 데이터 유출, 인수 합병, 파산과 같이 비즈니스에 중대한 재정적 영향을 미치는 사건은 적시에 공개되어야 한다.

④ SOX 섹션 802: 공개 회사는 금융 거래와 관련된 민감한 데이터를 최소 1년 동안 보관해야

한다. 따라서 IT는 내부 자동화된 백업 프로세스와 함께 이를 저장하고 시스템이 작동하는지 확인해야 한다. IT 전문가는 또한, 기술 업그레이드 중에도 항상 데이터의 가용성을 유지할 수 있는 조직적 제어 권한이 있어야 한다.

110

난이도 ★★☆☆☆

전자금융감독규정 제13조에 따르면 금융회사 또는 전자금융업자는 전산 자료의 유출과 파괴를 방지하기 위한 보호 대책을 수립하고 운용해야 한다. 다음 중에서 해당 규정 조항에서 명시한 보호 대책으로 올바른 것은 무엇인가?

① 외부 사용자에게 사용자 계정을 부여할 경우 최소한의 작업 권한만 할당하고 적절한 통제 장치를 갖춘다.

② 사용자의 전출, 퇴직 등 인사 조치가 있을 때에는 해당 사용자의 계정 등 개인정보를 60일까지 보존한다.

③ 정보 처리 시스템의 가동 기록은 90일 이상 보존한다.

④ 정보 처리 시스템 접속 시 7회 이내의 범위에서 미리 정한 횟수 이상 접속 오류가 발생하는 경우 정보 처리 시스템 사용을 제한한다.

111

난이도 ★★☆☆☆

IAM을 도입하면서 더욱 효율적인 규정을 준수하는 데 도움을 주고 있다. 다음 중 이와 가장 관련이 없는 것은 무엇인가?

① Turnbull Report

② HIPAA(Health Insurance Portability and Accountability Act)

③ SOX(Sarbanes-Oxley Act)

④ GDPR(General Data Protection Regulation)

112

난이도 ★★★☆☆

GDPR 프로파일링을 포함한 자동화된 의사 결정(Automated individual decision-making, including profiling)에서 프로파일링과 가장 관련이 없는 것은 무엇인가?

① 법적 효력이나 법적 효과와 비슷한 중대한 효과를 가질 것

② 개인정보에 대하여 수행될 것

③ 자동화된 형태의 정보 처리일 것

④ 자연인에 대한 개인적 측면들의 평가일 것

113

난이도 ★★☆☆☆

정보보호 제품 평가·인증 수행 규정과 관련하여 [보기] 속 (가), (나), (다)에 들어갈 말로 알맞은 것을 고르시오.

보 기

(가)이라 함은 특정 유형의 정보보호 제품에 대해 필요한 보안 요구 사항을 구현 독립적으로 서술한 문서를 말한다.

(나)이라 함은 평가에 착수한 후 인증서를 교부 받기 전까지의 정보보호 제품 등을 말한다.

(다)이라 함은 정보의 수집·가공·저장·검색·송신·수신 중에 정보의 훼손·변조·유출 등을 방지하기 위한 관리적·기술적 수단을 총칭한다.

① 가: 보호 프로파일, 나: 정보보호 제품, 다: 평가 대상 제품(TOE)

② 가: 보호 프로파일, 나: 평가 대상 제품(TOE), 다: 정보보호 제품

③ 가: 평가 대상 제품(TOE), 나: 보호 프로파일, 다: 정보보호 제품

④ 가: 평가 대상 제품(TOE), 나: 정보보호 제품, 다: 보호 프로파일

114

난이도 ★☆☆☆☆

[보기]에 해당되는 내용은 무엇인가? 가장 알맞은 답을 선택지에서 고르시오.

보 기

조직의 SW 테스트 프로세스 성숙도를 점검하고 개선 방향을 가이드하는 모델로, 국제적으로 유일하게 인정받고 있는 SW 테스트 분야의 공식 심사 모델이다.

① ISTQB(International Software Testing Qualifications Board)

② TMMI(Test Maturity Model Integration)

③ CMMI(Capability Maturity Model Integration)

④ CMMC(Cybersecurity Maturity Model Certification)

115

난이도 ★★☆☆☆

7S는 문화를 포함하여 기업의 전체 모습을 이해하기 위한 분석 기법 중 하나이다. 다음 중 7S와 가장 관련이 없는 것은 무엇인가?

① 간격(Space)

② 공유 가치(Shared Value)

③ 전략(Strategy)

④ 스킬(Skill)

116

난이도 ★★★☆☆

SOC 2 TSC(신뢰 서비스 기준)은 조직이 조직 및 IT 인프라 전반에 걸쳐 구현해야 하는 일련의 기준 및 관련 통제이다. 이와 관련하여 다음 중, 통제 기준의 5가지 범주와 가장 해당하지 않는 것은 무엇인가?

① Accountability　　② Confidentiality

③ Processing Integrity　　④ Availability

117
난이도 ★★★☆☆

정보보호 최고책임자(CISO)는 업무 겸직이 가능하다. 다음 중 겸직이 불가능한 업무는 무엇인가?

① 정보보호 공시에 관한 업무

② 정보보호 최고책임자의 업무

③ 개인정보보호 책임자의 업무

④ 내부 감사팀장의 업무

118
난이도 ★★★☆☆

[보기]가 설명하는 인증제도는 무엇인가?

> **보기**
>
> 서비스 및 서비스 조직에 대한 신뢰도를 높이기 위해 고안된 인증으로, 국제적으로도 매우 엄격하고 공신력 있는 인증으로 평가되고 있다. 조직이 안전한 서비스 제공 및 운영을 위한 적절한 내부 통제 절차를 가지고 있어야 함은 물론이고, 실제로 이것들이 업무에 반영되었는지 혹은 위반 사항이 없었는지 등까지 검증되어야만 발급을 받을 수 있다. 이 인증을 받았다는 것은 글로벌 수준의 내부 통제가 구현 운영되고 있다는 것을 의미하며 그 결과는 상세한 내용을 담아 감사보고서 형태로 발급된다. 보고서는 공인 회계사(CPA)여야 하는 독립적인 제3자가 관리한다.

① SOC(Service Organization Control) 인증

② CMMI(Capability Maturity Model Integration) 인증

③ ISTQB(International Software Testing Qualifications Board) 인증

④ IIA(The Institute of Internal Auditors) 인증

119
난이도 ★★☆☆☆

다음 중 전자정부 표준 프레임워크(eGovFrame)의 환경으로 가장 적절치 못한 것은 무엇인가?

① 개발 환경

② 실행 환경

③ 관리 환경

④ 감사 환경

120
난이도 ★★☆☆☆

다음 중 균형성과표(BSC)의 4가지 관점에 가장 해당하지 않는 것은 무엇인가?

① 법규 제도적 관점

② 고객 관점

③ 재무적 관점

④ 내부 프로세스 관점

121
난이도 ★★☆☆☆

[보기]에 해당되는 내용은 무엇인가? 가장 알맞은 답을 선택하시오.

> **보기**
>
> ISO 15504, ISO 12207을 바탕으로 유럽 완성차 업계가 제정한 자동차 소프트웨어 개발 표준이다. 주로 자동차를 개발할 때 하드웨어, 소프트웨어, 기구, 유압, 화학적 반응 등의 여러 솔루션이 존재하는데, 그중 소프트웨어 부문에 대해서 프로세스를 개선시키기 위한 역량을 결정해둔 모델이다.

① ASPICE

② ASIL

③ ISO 26262

④ RAMS

122
난이도 ★★☆☆☆

다음 중 정보보호 제품 평가·인증(CC 평가·인증) 절차로 올바르게 나열된 것은 무엇인가?

① 평가 신청 → 평가 → 인증 → 평가 계약 → 인증 제품 관리

② 인증 제품 관리 → 평가 신청 → 인증 → 평가 → 평가 계약

③ 인증 제품 관리 → 평가 신청 → 평가 → 인증 → 평가 계약

④ 평가 신청 → 평가 계약 → 평가 → 인증 → 인증 제품 관리

123 난이도 ★★☆☆☆

록히드 마틴의 사이버 킬 체인은 총 7단계로 나뉘어진다. 이 순서에 맞게 [보기]의 내용을 올바르게 나열하시오.

보기

가. Delivery (Launch The Operation)

나. Installation (Establish Beachhead At The Victim)

다. Weaponization (Prepare The Operation)

라. Command & Control (Remotely Control The Implants)

마. Reconnaissance (Identify The Targets)

바. Actions On Objectives (Achieve The Mission's Goal)

사. Exploitation (Gain Access To Victim)

① 마 → 다 → 가 → 사 → 나 → 라 → 바

② 마 → 가 → 다 → 사 → 라 → 나 → 바

③ 마 → 다 → 가 → 나 → 사 → 라 → 바

④ 마 → 가 → 다 → 라 → 사 → 나 → 바

124 난이도 ★★☆☆☆

우리나라 행정안전부에서 제시한 12가지 클라우드 활용 모델과 가장 관련이 없는 것은 무엇인가?

① 민간 위탁형

② 민간 주도형

③ 민간 구축형

④ 민간 운영형

125 난이도 ★★★★☆

참여 수행 단계에서 감사인은 내부 통제를 검토한다. 이는 보증 활동 영역을 정의하고 사이버 위험을 관리하기 위해 내부 통제를 테스트하는 것이다. 딜로이트에서는 AHIA(Association of Healthcare Internal Auditors) 12개 영역을 제안하고 있다. 다음 중 이와 관련된 구성 영역이 아닌 것은 무엇인가?

① Privacy data

② Cloud security

③ Enterprise resilience

④ Infrastructure security

126 난이도 ★★★★☆

웹과 링크드 데이터의 창시자 팀 버너스-리는 별점을 이용한 오픈 데이터의 다섯 단계 배포 계획을 제안하였다. [보기]를 읽고 별 1개부터 별 5개까지 올바른 순서대로 별점을 나열하시오.

보기

OF: Open Format(개방형 데이터 형태)

OL: On-Line(온라인 상에서 활용 가능한 상태)

RE: machine Readable(기계가 읽을 수 있는 상태)

URI: URI로 개체를 식별함

LD: Linked Data

① ☆: OL, ☆☆: RE, ☆☆☆: OF, ☆☆☆☆: URI, ☆☆☆☆☆: LD

② ☆: LD, ☆☆: URI, ☆☆☆: OF, ☆☆☆☆: RE, ☆☆☆☆☆: OL

③ ☆: OL, ☆☆: RE, ☆☆☆: URI, ☆☆☆☆: OF, ☆☆☆☆☆: LD

④ ☆: RF, ☆☆: OL, ☆☆☆: OF, ☆☆☆☆: RE, ☆☆☆☆☆: URI

127

난이도 ★★☆☆☆

원칙적으로 신고 의무 제외 대상자를 제외하고 정보보호 필요성이 큰 '중기업' 이상의 정보통신 서비스 제공자는 정보보호 최고책임자(Chief Information Security Officer, CISO)를 지정하고 과학기술정보통신부장관(중앙전파관리소장에게 위임)에게 신고하여야 한다. 다음 중 신고 의무 제외 대상자가 거리가 먼 것은 무엇인가?

① 자본금이 1억 원 이하인 정보통신 서비스 제공자

② 자산 총액이 5천억 원 이상인 법인이 주식 등의 100분의 30 이상을 직접적 또는 간접적으로 소유한 경우로서 최다 출자자인 기업

③ 전기통신 사업자, 정보보호 관리 체계 인증을 받아야 하는 자, 개인정보 처리자, 통신 판매 업자 중 어느 하나에 해당하지 않는 자

④ 전기통신 사업자 중 소기업과 단순 안내·홍보 위주의 홈페이지만 운영하고 있던 중기업 규모의 제조 기업 등은 신고 의무에서 제외

128

난이도 ★★★☆☆

정보보호 제품 평가·인증 수행 규정과 관련하여 [보기] 속 (가), (나), (다)에 들어갈 말로 알맞은 것을 고르시오.

> **보기**
>
> (가)이라 함은 OO업무를 수행하며 평·인증 체계를 지속으로 감독하고 운영할 책임이 있는 기관을 말한다.
> (나)이라 함은 정보보호 제품 평가·인증에 관한 정책과 관련 규정을 수립·시행하는 기관을 말한다.
> (다)이라 함은 '국가정보화기본법'에 의해 지정 받은 기관 또는 OO기관으로부터 OO기관으로 승인 받은 공인 시험 기관을 말한다.

① 가: 정책 기관, 나: 인증 기관, 다: 평가 기관

② 가: 정책 기관, 나: 평가 기관, 다: 인증 기관

③ 가: 인증 기관, 나: 정책 기관, 다: 평가 기관

④ 가: 인증 기관, 나: 평가 기관, 다: 정책 기관

129

난이도 ★★★☆☆

국내 CC 인증에서 EAL2는 문서 8종, EAL3는 문서 10종, EAL4는 문서 12종을 평가신청을 위해 제출해야 한다. 그렇다면 EAL2에서 제출하지 않아도 되는 문서 산출물은 무엇인가?

① 보안 목표 명세서

② 개발 보안 문서

③ TOE 설계서

④ 취약성 분석서

제 6 장

물리 보안

문제편

물리 보안이란 물리적으로 정보, 인명, 자산, 시설을 보호하는 방법 및 기술을 의미한다. 물리 보안 영역은 다른 모든 보안의 기초가 되는 분야이며, 물리 보안이 취약할 경우 해당 시설에 대한 보안수준을 담보할 수 없다. 물리 보안은 보안 영역 중 가장 오래전부터 사용되어 왔던 기술이지만 최근 드론, 사물 인터넷, 인공지능, 빅 데이터 등의 기술을 접목하면서 더욱 영역이 빠르게 넓어지고 있다. 예전에 물리 보안에서 다루지 않았던 영역과 대응할 수 없었던 공격 기법까지 대응할 수 있게 된 것이 현재의 물리 보안이다. 프리도니아 리서치에 따르면 국내 물리 보안 시장 규모는 2017년 5조 5000억 원, 2022년 7조 9000억 원으로 연 평균 8% 이상 성장할 것으로 전망된다. 따라서 물리 보안은 정보 보안 전문가라면 필수적으로 숙지해야 할 영역이며, 제6장에서 학습할 요점은 다음과 같다.

- 인가가 및 비인가자에 대한 시설 관리 방법의 이해

- 재해/재난으로부터 시설을 보호하는 방법의 이해

- 정보 시스템에 대한 물리적 보안 공격 및 대응 방법의 이해

- 인공지능과 드론 등 최신기술이 접목된 물리 보안 기술의 이해

제 6 장 물리 보안

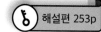 해설편 253p

001

난이도 ★☆☆☆☆

다음 중 내화 자성 매체 용기의 보호 수준을 평가할 때 가장 중요한 요소로 고려해야 하는 것은?

① 용기 내부의 최고 온도 및 습도 등급
② 보관 장소의 최고 온도 및 습도 등급
③ 물, 할론 및 이산화탄소에 대한 용기의 내성
④ 보관 장소에 맞는 용기 위치 및 주기적인 보호 수준 평가

002

난이도 ★★☆☆☆

우리나라 비상 대비 훈련으로 다음 [보기] 속 빈칸에 들어갈 훈련은 무엇인가?

> **보 기**
>
> 2018년 남북·북미 정상회담 등 안보 환경 변화에 따라 기존에 UFG 연습 일환으로 실시하던 OO 연습과 한국군 단독 연습인 OO연습을 연계하여 (   )으로 통합 ('18.7.10. 제30차 국무회의에서 결정)하여 2019년부터 실시하는 연습이다. 전쟁이 일어난 상황뿐만 아니라 범국가적인 대규모 복합재난으로부터 국가와 국민들의 피해를 최소화하기 위한 연습으로 매년 5월에 실시한다.

① 을지태극연습
② 호국훈련
③ 연합훈련
④ 충무훈련

003

난이도 ★☆☆☆☆

[보기]의 내용은 무엇인가? 가장 알맞은 답을 선택하시오.

> **보 기**
>
> 이상 상태의 발생을 방지, 이상 상태 발생 시 확대 억제, 사고로 진전 시 그 영향 최소화 및 주변 주민 보호를 위해 사고의 진전 단계마다 적절한 방어 체계를 갖추는 것

① 심층 방어(Defense in Depth)
② 다단계 방호(Multiple Levels of Protection)
③ 다중 방벽(Multiple Barriers)
④ 보안 레이어(Security Layer)

004

난이도 ★★☆☆☆

다음 중 일반적인 제연 방법으로 가장 거리가 먼 것은 무엇인가? 가장 해당되지 않는 것을 선택하시오.

① 방연막
② 강제 배연
③ 급기가압
④ 무창 층 활용

005

난이도 ★☆☆☆☆

다음 중 건축물 붕괴 징조에 가장 해당되지 않는 것은 무엇인가?

① 동물이 평소와 다른 비정상적인 행동을 수행할 때
② 계속되는 지반 침하와 석축·옹벽에 균열이나 배부름 현상이 나타날 때
③ 펀칭(뚫림 전단)이라고 불리는 현상이 발생할 때
④ 기둥 주변에 거미줄형 균열이나 바닥 면의 급격한 처짐 현상이 발생할 때

006

난이도 ★★☆☆☆

다음 중, 산업안전보건법의 '제598조 혈액 매개 감염 노출 위험 작업 시 혈액 노출 조사'와 관련하여 가장 연관 없는 것은 무엇인가?

① 사업주는 혈액 노출과 관련된 사고가 발생한 경우에 즉시 각 호의 사항을 조사하고 이를 기록하여 보존하여야 한다.

② 사업주는 사고 조사 결과에 따라 혈액에 노출된 근로자의 면역 상태를 파악하여 조치를 하고, 혈액 매개 감염의 우려가 있는 근로자는 기준대로 별도 조치하여야 한다.

③ 사업주는 조사 결과와 조치 내용을 해당 근로자에게 즉시 알리면 심리적 불안이 예상되므로 가급적 지인에게 천천히 알려야 한다.

④ 조사 결과와 조치 내용을 감염병 예방을 위한 조치 외에 해당 근로자에게 불이익을 주거나 다른 목적으로 이용해서는 안 된다.

007

난이도 ★★★☆☆

산업안전보건법에서 사업주는 근로자가 상시 작업하는 장소의 작업면 조도(照度)를 다음 각 호의 기준에 맞도록 해야 한다. 이에 따라, 다음 중 보통 작업에서는 얼마 이상의 럭스가 필요한가?

① 750 럭스 이상

② 300 럭스 이상

③ 150 럭스 이상

④ 75 럭스 이상

008

난이도 ★★☆☆☆

다음 중 우리나라 재난 안전 제품 인증과 가장 관련이 없는 것은 무엇인가?

① CE 인증

② 신제품(New Excellent Product, NEP) 인증

③ GR(Good Recycled Product) 인증

④ Q 마크(Quality Mark) 인증

009

난이도 ★★☆☆☆

산업안전보건법에서 정전기에 의한 화재 또는 폭발 등의 위험이 발생할 우려가 있는 경우에는 해당 설비에 대하여 접지를 하거나, 도전성 재료를 사용하거나 가습 및 점화원이 될 우려가 없는 제전(除電) 장치를 사용하는 등 조치를 수행하여야 한다. 이와 관련하여 다음 중 가장 해당하지 않는 것은 무엇인가?

① 탱크로리·탱크차 및 드럼 등 위험물 저장 설비

② 갱도 발파에 장전된 화약류를 점화시키는 경우에 사용하는 발파기

③ 인화성 고체를 저장하거나 취급하는 설비

④ 고압 가스를 이송하거나 저장·취급하는 설비

010

난이도 ★★☆☆☆

피난구 유도등은 다음 장소에 설치하여야 한다. 설치해야 할 장소에 해당되지 않는 것을 고르시오.

① 옥내로부터 직접 지상으로 통하는 출입구 및 그 부속실의 출입구

② 계단참이 없는 돌음 계단 및 직통 계단에 해당하지 않는 일반 계단의 출입구

③ 직통 계단의 계단실 및 그 부속실의 출입구

④ 안전 구획된 거실로 통하는 출입구

011

난이도 ★★☆☆☆

다음 중, 위험 물질의 종류(제16조·제17조 및 제225조 관련)에서 부식성 물질과 가장 관련이 없는 것은 무엇인가?

① 농도가 60퍼센트 이상인 인산, 아세트산, 불산, 그 밖에 이와 같은 정도 이상의 부식성을 가지는 물질

② 농도가 20퍼센트 이상인 염산, 황산, 질산, 그 밖에 이와 같은 정도 이상의 부식성을 가지는 물질

③ 농도가 50퍼센트 이상인 리튬, 칼륨, 황, 그 밖에 이와 같은 정도 이상의 부식성을 가지는 염기류

④ 농도가 40퍼센트 이상인 수산화나트륨, 수산화칼륨, 그 밖에 이와 같은 정도 이상의 부식성을 가지는 염기류

012 난이도 ★☆☆☆☆

피사체를 찍기 위해 카메라를 피사체 방향으로 위치했을 때 발생하는 촬영 각도를 앵글이라고 한다. 그렇다면 [보기]와 같은 앵글 방식은 무엇인가?

> **보기**
>
> 거의 수직 각도로 아래를 내려다보고 촬영하는 사진을 의미한다. 입체감이 줄어들며 피사체에 대한 새로운 모습을 볼 수 있는 구도이다. 주로 항공 사진이 이러한 사진 앵글에 속하며, 패턴을 촬영할 때도 이용된다.

① Eye Level Angle

② High Angle

③ Bird's Eye View Angle

④ Over the Shoulder Angle

013 난이도 ★★☆☆☆

전압을 구분하는 기준은 전기설비기술기준 제3조 제2항에 근거한 것으로, 크게 3가지로 나뉜다. 다음 중 가장 올바르게 설명한 것은 무엇인가?

① 저압: 직류는 300V 이하, 교류는 500V 이하인 것

② 저고압: 직류는 500V를, 교류는 550V를 초과하고, 3kV 이하인 것

③ 고압: 직류는 750V를, 교류는 600V를 초과하고, 7kV 이하인 것

④ 특고압: 10kV를 초과하는 것

014 난이도 ★☆☆☆☆

유도등이란 화재 시에 피난을 유도하기 위한 등으로, 정상 상태에서는 상용 전원에 따라 켜지고 상용 전원이 정전되는 경우에는 비상 전원으로 자동 전환되어 켜지는 등을 말한다. 그렇다면 표시면의 색상은 무엇으로 가이드하고 있는가?

① 적색

② 녹색

③ 노랑색

④ 흰색

015 난이도 ★★☆☆☆

소방 시설은 지진에 대해서 각 설비에 미치는 영향이 최소화될 수 있도록 해야 한다. 그렇다면 궁극적으로 지진력에 대해서 어떻게 저항하도록 설계를 구성하라는 의미인가?

① 내진 설계

② 면진 설계

③ 제진 설계

④ 차진 설계

016 난이도 ★★☆☆☆

다음 중 재난안전통신망의 활용 예시와 가장 거리가 먼 것은 무엇인가?

① AI 기반의 범죄 예측

② 재난안전통신망 단말기

③ 웨어러블

④ IoT 센서

017
난이도 ★★☆☆☆

다음 중 영상 정보 처리 기기 설치에 대한 안내판에 기재하여야 할 사항과 거리가 먼 것은 무엇인가?

① 설치 목적 및 장소
② 촬영 범위 및 시간
③ 개인정보 동의 협약 조건
④ 수탁 관리자의 명칭 및 연락처

018
난이도 ★★☆☆☆

'불연재료'란 불에 타지 않는 성질을 가진 재료로, 국토교통부령으로 정하는 기준에 적합한 재료를 말한다. 그렇다면 '건축물 내부마감재료의 난연성능 및 화재 확산 방지구조 기준' 제2조에 의한 정의된 불연재료 기준에 대해서 바르게 설명한 것은 무엇인가?

① 가열 시험 개시 후 10분간 가열로 내의 최고 온도가 최종 평형온도를 10K 초과 상승하지 않아야 한다.
② 가열 시험 개시 후 20분간 가열로 내의 최고 온도가 최종 평형온도를 10K 초과 상승하지 않아야 한다.
③ 가열 시험 개시 후 10분간 가열로 내의 최고 온도가 최종 평형온도를 20K 초과 상승하지 않아야 한다.
④ 가열 시험 개시 후 20분간 가열로 내의 최고 온도가 최종 평형온도를 20K 초과 상승하지 않아야 한다.

019
난이도 ★★☆☆☆

제연 설비는 화재 시 연기가 피난 경로인 복도, 계단, 거실 등에 침입하는 것을 방지하고 거주자를 유해한 연기로부터 보호하여 안전하게 피난시키

는 동시에 소화 활동을 유리하게 할 수 있도록 돕는데 그 목적이 있다. 제연의 원리는 발생된 연기를 ( ), ( ), ( ) 등의 조합으로 실시한다. 빈칸에 들어갈 요소로 적절하지 않은 것을 고르시오.

① 희석(dilution)
② 배출(exhaust)
③ 차단(confinement)
④ 정화(purification)

020
난이도 ★★★☆☆

공동 예상 제연 구역 안에 설치된 예상 제연 구역이 각각 제연 경계로 구획된 경우에 배출량은 각 예상 제연 구역의 배출량 중 최대의 것으로 해야 한다. 그렇다면 공동 제연 예상 구역이 거실일 때에는 그 바닥 면적이 1,000㎡ 이하이며, 직경 ( )의 원 안에 들어 가야 하고, 공동 제연 예상 구역이 통로일 때에는 보행 중심선의 길이를 ( ) 이하로 하여야 한다. 빈칸에 들어갈 수치로 가장 알맞은 것을 고르시오.

① 30m   ② 40m
③ 50m   ④ 60m

021
난이도 ★★☆☆☆

다음 중 재난안전통신망의 구성요소로 가장 관련이 없는 것은 무엇인가?

① 기지국: 4가지 솔루션으로 전국 서비스
② 단말 및 지령 장치: 재난 업무 최적의 장비
③ 공조: 국제 재난안전산업계와 공조하여 재난 지원
④ 운영 센터: 365일 24시간 모니터링

022

난이도 ★★★☆☆

다음 중 HFC-125의 특징으로 가장 관련이 없는 것은 무엇인가?

① 소화약제 소요량이 적어 경제적이다.
② UL인증 설계와 제품의 사용으로 신뢰성이 높다.
③ 화재 시 발생하는 불화 수소의 양이 적어 안전하다.
④ 나트륨, 마그네슘, 티타늄, 지르코늄, 우라늄 그리고 프로티늄 등의 반응 물질에서도 사용이 가능하다.

023

난이도 ★★★☆☆

이것은 조리개, 셔터 스피드와 함께 카메라에 들어오는 빛(노출)을 제어하는 구성요소로, 쉽게 말해 '이미지 센서가 가지는 빛에 대한 민감도 설정'이라 할 수 있다. '이것'은 무엇인가?

① ISO 감도
② 미러리스
③ 콘트라스트
④ 화이트밸런스

024

난이도 ★★☆☆☆

다음 중 재난안전통신망의 주요 기능과 특징으로 가장 관련이 없는 것을 선택하시오.

① 상호 운용성 지원을 위한 PS-LTE와 민간 사업자 간의 공중망 간 로밍 서비스를 활용한다.
② 통화 폭주 및 보안 침해 등 극한 상황에서도 통신 기능을 유지해야 한다.
③ 일사불란한 현장 대응 및 골든 타임을 확보하기 위해서 다중화된 통신 체계를 구성해야 한다.
④ 3GPP의 인증과 보안에 관련된 공통적인 기술 표준들이 PS-LTE 대부분에서 동일하게 사용된다.

025

난이도 ★★★☆☆

다음 중, 위험 물질의 종류(제16조·제17조 및 제225조 관련)에서 폭발성 물질 및 유기과산화물과 가장 관련이 없는 것은 무엇인가?

① 질산에스테르류
② 니트로 화합물
③ 프로판
④ 하이드라진 유도체

026

난이도 ★★☆☆☆

'건축법시행령' 제64조(방화문의 구조) 방화문은 갑종 방화문 및 을종 방화문으로 구분하되, 그 기준은 국토교통부령으로 정하고 있다. 그렇다면 갑종 방화문은 비차열(非遮熱)일 때 얼마까지 견딜 수 있어야 하는가?

① 10분
② 30분
③ 45분
④ 60분

027

난이도 ★☆☆☆☆

[보기]는 무엇에 대한 정의를 설명한 것인가? 가장 알맞은 답을 선택하시오.

> **보기**
>
> 소방 설비 중 피난을 원활하게 하는 것으로, 화재에 의하여 발생하는 연기가 피난을 방해하지 않도록 방호 구역 내에 가두어 그 연기를 제어·배출하거나, 피난 통로로 연기의 침입을 방지 시켜 연기로부터 피난을 안전하게 할 수 있도록 하는 설비이다.

① 제연 설비
② 연소 방지 설비
③ 연결 송수관 설비
④ 비상 콘센트 설비

028

난이도 ★★★☆☆

피난구 유도등은 피난구의 바닥으로부터 얼마만큼 위의 높이로 설치하는 것이 바람직한가? 가장 알맞은 답을 고르시오.

① 0.5m　　② 1m　　③ 1.5m　　④ 2m

029

난이도 ★☆☆☆☆

다음 중 화학물질 사고 발생시, 국민 행동 요령으로 대응 방법과 관계가 없는 것은 무엇인가?

① 독성 물질(불화 수소, 암모니아)은 바닥에 깔리기 때문에 높은 곳으로 대피한다.
② 아무 증상이 나타나지 않아도, 온 몸을 깨끗이 씻고, 노출된 옷과 신발은 밀봉하여 버린다.
③ 창문과 문을 젖은 수건이나 테이프로 막고, 외부 공기와 통하는 에어컨·히터·환풍기를 끈다
④ 대피 시 바람을 안고 이동한다. 만약 대피하려고 하는 방향에서 가스가 날아오는 경우에는 바람이 불어오는 방향의 직각 방향으로 대피하도록 한다.

030

난이도 ★★☆☆☆

다음 중 소화활동설비의 구성요소로서 가장 관련이 없는 것은 무엇인가?

① 제연 설비
② 상수도 소화용수 설비
③ 연결 송수관 설비
④ 비상 콘센트 설비

031

난이도 ★★★☆☆

다음 중 한국산업안전보건공단에서 제시하고 있는 가스 감지기에서 감도를 저하시키는 물질로 가장 관련이 없는 것은 무엇인가?

① 실리콘
② 유기 화학물
③ 염소 화합물
④ 할로겐화된 탄화수소

032

난이도 ★★☆☆☆

이산화탄소는 산소 농도를 낮추어 주는 질식 효과와 방호 구역의 온도를 낮추어 주는 냉각 효과를 소화 원리로 화재를 진압한다. 그렇다면 일반적으로 진화는 산소 농도 몇 % 이하에서 실시되는가?

① 5%　　② 10%　　③ 15%　　④ 30%

033

난이도 ★★★☆☆

[보기]의 내용은 어떤 소화약제를 설명한 것인가? 가장 알맞은 답을 고르시오.

> **보기**
>
> 이 소화약제는 다른 할로겐 화합물 소화약제와 화염과 접촉 시 분해 부산물을 발생시키며 이 중 주된 부산물은 불화 수소(Fluorine Halides)이다. 이러한 부산물의 생성을 감소시키기 위하여 이 소화 설비는 소화 농도에 안전율을 감안한 설계 농도의 소화약제가 10초 이내에 방출되도록 설계 된다. 또한, 소량의 첨가제(0.15%)는 이러한 분해 부산물의 생성을 감소시키어 보다 인체에 안전한 소화 작용이 이루어지도록 도와주는 역할을 수행한다.

① HFC-23
② HFC-125
③ Carbon Dioxide
④ INERGEN

034

난이도 ★★☆☆☆

위험 물질의 종류(제16조·제17조 및 제225조 관련)에서 인화성 액체와 가장 관련이 없는 것은 무엇인가?

① 질산 에스테르류 및 섭씨 23도 이상 섭씨 70도 이하인 물질
② 등유 및 인화점이 섭씨 23도 이상 섭씨 60도 이하인 물질
③ 에틸알코올 및 인화점이 섭씨 23도 미만이고 초기 끓는점이 섭씨 35도를 초과하는 물질

④ 가솔린 및 인화점이 섭씨 23도 미만이고 초기 끓는점이 섭씨 35도 이하인 물질

035

난이도 ★★☆☆☆

산업안전보건법에서 용접·용단 작업을 하는 경우에는 화재 감시자를 지정하여 용접·용단 작업 장소에 배치하여야 한다. 다음 중 이와 관련되지 아니한 것은 무엇인가?

① 작업 반경 11미터 이내에 건물 구조 자체나 내부(개구부 등으로 개방된 부분을 포함한다)에 가연성 물질이 있는 장소

② 작업 반경 11미터 이내의 바닥 하부에 가연성 물질이 11미터 이상 떨어져 있지만 불꽃에 의해 쉽게 발화될 우려가 있는 장소

③ 작업 반경 11미터 이내의 바닥 하부에 가연성 물질이 11미터 이상 떨어져 있지만 소화 설비 또는 소화기가 갖추어진 장소

④ 작업 반경 11미터 이내의 바닥 하부에 가연성 물질이 11미터 이상 떨어져 있지만 불꽃에 의해 쉽게 발화될 우려가 있는 장소

036

난이도 ★☆☆☆☆

사회재난행동요령으로 산불이 발생하였을 때 대응 행동으로 다음 중 가장 올바른 것은 무엇인가?

① 산불 규모가 커지면 산불 발생 지역에서 멀리 떨어진 안전한 곳으로 불길을 등지고 바람이 불어오는 반대 방향으로 빨리 대피한다.

② 초기의 작은 산불을 외투, 나뭇가지 등을 이용해 두드리거나 덮어서 불을 끈다.

③ 대피할 여유가 없을 때는 낙엽이나 나뭇가지 등이 없는 곳에 자기 몸만한 구덩이를 파고 불길이 지나갈 때까지 엎드려 있는다.

④ 산불 예방은 산불조심기간(봄철: 2.1~5.15, 가을

철: 11.1~12.15)에만 성냥, 라이터 등 화기물을 가져가지 않도록 한다.

037

난이도 ★☆☆☆☆

[보기]의 내용은 무엇을 의미하는가? 가장 알맞은 답을 선택하시오.

> **보기**
>
> 보행자용 도로나 특정 장소에 자동차의 진입을 막고 보행자와 환경 등을 보호하기 위해 설치되는 장애물이다. 우리나라에서는 '자동차 진입 억제용 말뚝'이라고도 한다. 이는 차량의 진입을 막기 위해 보통 콘크리트나 금속 같은 단단한 재질로 되어있다. 주로 설치되는 장소로는 보행 전용 도로, 횡단보도, 소화전, 건물 보행자 진입로, 전력 개폐기, 그리고 기타 주요 시설 등이 있다.

① 볼라드(Bollard) ② 영롱담(玲瓏墻)

③ 궁벽토장(宮壁土墻) ④ 펜스(Fence)

038

난이도 ★★★☆☆

[보기]는 무엇에 대한 정의를 설명한 것인가? 가장 알맞은 답을 고르시오.

> **보기**
>
> 전자기 유도 현상을 이용하여 교류의 전압이나 전류의 값을 변화시키는 장치로 철심의 양쪽에 각각 코일을 감은 후, 한쪽에는 전원을 연결한다. 전원을 연결한 코일에 전류가 흐르면 코일과 철심에 자기장이 형성되며 전원에서 공급되는 전류가 시간에 따라 변하게 되면 이에 따라 자기장의 크기가 변하게 된다. 그리고 철심을 통해 자기장이 전달되어 반대편 코일을 통과하는 자기장의 세기도 시간에 따라 변하므로 반대편 코일에는 전자기 유도로 유도기 전력이 생기고 유도 전류가 흘러 반대편 코일에도 교류 전류가 유도되는 장치이다.

① 변압기(Transformer)

② 전동 발전기(Motor Generator)

③ 회전 변류기(Rotary Converter)

④ 정류기(Rectifier)

039

난이도 ★★☆☆☆

공동구는 도시계획시설 중 하나로, 일반적으로는 여러 가지 지하 매설물을 공동으로 매설하기 위하여 도로의 지하에 설치하는 시설물을 말한다. 하나의 관에 지하 매설물을 공동으로 두는 방식인데, 이 매설 대상에는 전화 시설·전기 시설·가스 시설·수도 시설 등이 있다. 다음 중 이와 관련된 내용으로 관련이 없는 것은 무엇인가?

① 대피 시에는 연기·가스에 의한 질식이나 호흡기관의 장애를 초래할 위험이 있으므로 빠르게 엘리베이터를 이용하여 지역재난안전대책본부의 통제에 따라 지정된 대피 장소로 이동하여야 한다.

② 공동구는 '국토의 계획 및 이용에 관한 법률'에 의한 기반 시설 중 유통·공급 시설의 하나이며, 반드시 도시·군 관리 계획으로 결정하여 설치하여야 한다.

③ 공동구 재난 발생 우려시, 컴퓨터 등 정밀기기를 사용하는 곳에서는 무정전전원공급장치(UPS)를 사전에 설치하면 피해를 예방할 수 있다.

④ 개발 규모 200만㎡를 초과하는 도시 개발 구역, 택지 개발 예정 지구, 경제 자유 구역, 정비 구역, 공공 주택 지구, 도청 이전 신도시를 개발하는 사업 시행자는 공동구를 설치하여야 한다.

040

난이도 ★★★☆☆

다음 중, VOC가 이슈인 이유와 가장 관련이 없는 것은 무엇인가? 선택지에서 가장 관련이 없는 것을 고르시오

① 대기 중 질소 산화물과 공존할 시, 햇빛의 작용으로 광화학 반응을 일으켜, 오존 등 광화학 산화성 물질을 생성하여 광화학 스모그를 유발시킨다.

② 입자를 흡입, 폐포에 침착된 입자는 배출되지 않기 때문에 폐에 문제를 일으킬 가능성이 있다.

③ 오존 등 생성된 광화학 산화성 물질은 지구 온난화의 원인이기도 하다.

④ VOC 자체가 발암성을 띠고 있는 독성 화학 물질이며, 광화학 산화물의 전구물질이다.

041

난이도 ★★★☆☆

[보기]의 내용은 어떤 소화약제를 설명한 것인가? 가장 알맞은 답을 고르시오.

> **보기**
>
> 이 소화약제는 무색, 무취의 액화 가스로, 젖지 않는 물로 알려져 있다. 차세대 하론 대체 청정 소화약제로 알려져 있으며, 화재 공간에 방사될 경우 불이나 여기와의 접촉과 함께 바로 증발되기 때문에 화재열을 저하시키고, 사물에는 잔유 물질이 남지 않아 고가 장비나 전산실, 데이터 저장소 등의 손실을 최소화할 수 있다. 또한, 설계 허용 범위가 넓어 다양한 농도에서의 설계가 가능하며, APS(Additional Pressurized System) 방식으로 방출 거리 연장이 가능하다. 대기 중에서의 생존일수가 타액제에 비해 적으며, 우수한 소화 능력과 더불어 인체에 무해하고 환경의 영향이 거의 없는 친환경적인 소화약제이다.

① FM200 ② NOVEC 1230
③ Carbon Dioxide ④ INERGEN

042

난이도 ★☆☆☆☆

다음 중 억류 및 납치를 당했을 때 대응 방법으로 가장 관련이 없는 것은 무엇인가?

① 만일 인질로 억류되었거나 납치 감금을 당했다면 저항하지 말고 순순히 하라는 대로 응하고 급작스러운 행동을 피해야 한다.

② 탈출 성공 가능성이 아슬아슬하다고 판단될 때는 어떠한 상황이 발생하더라도 기회를 엿보

아야 하며 탈출로 등 자신이 유리하게 활용할 수 있는 여건을 파악해야 한다.

③ 건강 유지를 위해 계속 운동하고, 주는 것은 모두 먹고, 몸이 아플 때는 약을 요구하도록 한다.

④ 구출 작전이 전개될 때는 즉시 엎드려야 하며, 자제력을 잃지 않도록 하며 갑작스러운 태도 변화를 보여서도 안 된다.

043
난이도 ★☆☆☆☆

소화 방제 중에서 대규모 화재 및 옥외에서 가장 효과적인 것은 무엇인가? 다음 중 가장 알맞은 것을 고르시오.

① 폼 소화기   ② Halon
③ CO2   ④ 스프링클러

044
난이도 ★★☆☆☆

일반적으로 말하는 '소음 작업'은 1일 8시간 작업을 기준으로 얼마 이상의 소음이 발생하는 작업을 의미하는가? 가장 알맞은 답을 선택지에서 고르시오.

① 50데시벨   ② 85데시벨
③ 100데시벨   ④ 135데시벨

045
난이도 ★★☆☆☆

산업안전보건법에서 '유기 화합물'이란 상온·상압에서 휘발성이 있는 액체로서 다른 물질을 녹이는 성질이 있는 유기용제를 포함한 탄화수소계 화합물을 말한다. 다음 중 유기 화합물 취급 특별 장소와 관련이 없는 장소는 무엇인가?

① 급기가압 내부
② 덕트 내부
③ 차량 내부
④ 탱크 내부(반응기 등 화학 설비 포함)

046
난이도 ★★★☆☆

국토교통부는 항공 보안에 관한 5년 간의 정책을 담은 '제3차 항공 보안 기본 계획(2022~2026)'을 수립 및 확정하였다. 이를 통해, 항공기 이용객의 안전은 물론 편의성을 향상시키기 위하여 다양한 항공 보안 정책을 추진하고, 스마트 검색 기술과 첨단 장비를 개발·상용화하는 보안 환경도 지속적으로 구축해 나갈 계획이다.

최근 공항 주변에서 드론이나 연을 날리는 사례들이 종종 발생하는데, 항공 승객의 안전에 상당한 영향을 줄 우려가 있으므로 공항 반경 몇 km 이내에서는 드론이나 연을 날리지 않도록 주의해 주기를 당부하고 있다. '제3차 항공 보안 기본 계획'에 따른 거리상 유효 거리는 얼마 이상인가?

① 10km 이내   ② 15km 이내
③ 20km 이내   ④ 25km 이내

047
난이도 ★★★☆☆

[보기]는 무엇에 대한 설명인가? 가장 알맞은 답을 선택하시오.

> **보기**
>
> 지진과 같은 동적 하중이 유체를 보관하고 있는 수조와 같은 구조물에 작용하면 내부 유체 수면이 출렁거리면서 물이 담겨있는 용기의 경계(수조, 벽체, 덮개 등)에 동수압을 발생시키는 현상을 말한다. 소화수조에 이러한 동수압이 크게 작용하는 경우에는 수조의 벽체가 파손되거나 수조 자체의 이동이 발생할 수 있어 내부 소방용수가 유실될 수 있다

① 슬로싱 현상   ② 프리크웨이브 현상
③ 공진 현상   ④ 나비 효과

048

난이도 ★★☆☆☆

보행 안전 및 편의 증진에 관한 법률 시행 규칙에는 자동차 진입 억제용 말뚝(볼라드)의 설치 기준이 명시되어 있다. 다음 중 볼라드를 설치할 때 주의사항과 관련이 없는 것은 무엇인가?

① 돌격 방지를 위해 자동차의 충격에 견딜 수 있는 구조여야 하고, 어두운 색을 사용하여 눈에 잘 띄지 않아야 한다.

② 자동차 진입 억제용 말뚝의 간격은 1.5미터 내외로 하여야 한다.

③ 자동차 진입 억제용 말뚝은 보행자가 안전하고 편리하게 통행하는 데 방해가 되지 않는 범위에서 설치하여야 한다.

④ 자동차 진입 억제용 말뚝의 0.3미터 앞쪽에는 시각 장애인이 충돌할 우려가 있는 구조물이 있음을 알 수 있도록 점형 블록을 설치하여야 한다.

049

난이도 ★☆☆☆☆

[보기]는 무엇을 설명한 것인가? 선택지에서 올바르게 고르시오

> **보기**
>
> 물 또는 그 밖의 소화약제를 사용하여 소화하는 기계·기구 또는 설비를 말하며, 소화 기구(소화기, 자동 확산 소화기, 간이 소화용구), 자동 소화 장치(주거용, 상업용, 캐비닛형, 가스, 분말, 고체 에어로졸 자동 소화 장치), 옥내 소화전 설비, 스프링클러 설비 등(스프링클러, 간이, 화재 조기 진압용), 물 분무 등 소화설비(물 분무 소화 설비, 미분무 소화 설비, 포소화 설비, 이산화탄소 소화 설비, 할론 소화 설비, 할로겐 화합물 및 불활성 기체 소화 설비, 분말 소화설비 및 강화액 소화 설비, 고체 에어로졸 소화 설비), 옥외 소화전 설비로 분류한다.

① 소화 설비   ② 경보 설비

③ 소화 용수 설비   ④ 소화 활동 설비

050

난이도 ★★★☆☆

[보기]의 내용은 어떤 소화약제를 설명한 것인가? 가장 알맞은 답을 고르시오

> **보기**
>
> 52% 질소, 40% 아르곤 및 8% CO2의 혼합물로, 화재가 발생한 경우 방출되면 실내에 존재하는 공기와 혼합되어 질소 67.3%, 산소 12.5%, 아르곤 17% 및 이산화탄소 3.2%로 구성된 혼합물을 생성한다. 대상 방 호구역으로는 컴퓨터실, 통신실, 전기실, 기계실, 중앙 감시실, 전자 교환기실, 컨트롤 센터 등과 같이 전자 기기와 사람이 항상 상주하는 곳과 미술관, 박물관, 귀중품 보관소, 데이터 보관소, 서고 등이다. 또한, 반도체 제조 라인(청정실) 등과 같은 고부가 가치 제조 시설 등의 소화 시스템으로도 최적의 소화 설비이다.

① FM200

② NOVEC 1230

③ Carbon Dioxide

④ INERGEN

051

난이도 ★★★☆☆

'화재예방, 소방시설 설치·유지 및 안전관리에 관한 법률' 제9조 2(소방시설의 내진설계기준)에 의거 특정 소방 대상물에 대통령령으로 정하는 소방시설을 설치하려는 자는 지진이 발생할 경우 소방시설이 정상적으로 작동될 수 있도록 국민안전처장관이 정하는 내진 설계 기준에 맞게 소방시설을 설치하여야 한다. 그렇다면 이 기준의 적용 대상이 되는 건축물과 가장 관련이 없는 것은 무엇인가?

① 층수가 3층 이상인 건축물

② 연면적 500㎡ 이상인 축사 창고

③ 국토교통부령으로 정하는 지진 구역 안의 건축물

④ 국가적 문화 유산으로 보존할 가치가 있는 건축물

052

난이도 ★★★☆☆

산업안전보건법에 의거하여, 베릴륨의 제조·사용 작업에 근로자를 종사하도록 하는 경우에 작업수칙을 해당 작업 근로자에게 알려야 한다. 다음 중 이와 가장 관련이 없는 것은 무엇인가?

① 이상 사태가 발생한 경우의 응급 조치
② 베릴륨을 담은 용기의 운반
③ 베릴륨 취급 감독관의 관리 시간
④ 보호구의 사용·점검·보관 및 청소

053

난이도 ★★★☆☆

다음 중 공동 예상 제연 구역의 특징으로 가장 관련이 없는 것은 무엇인가? 가장 해당하지 않는 것을 선택지에서 고르시오.

① 거실과 통로는 상호 제연을 하도록 규정한 바와 같이 거실과 통로는 묶어서 공동 예상 제연 구역으로 할 수 있다.
② 예상 제연 구역과 제연 댐퍼의 수량을 대폭 줄일 수 있다.
③ 벽으로 구획된 경우 배출량이 증가한다.
④ 단독 제연 시 화재가 발생한 제연 구역에서만 배기가 되나 공동 제연은 화재가 발생하지 않은 장소인 경우에도 같은 공동 제연 구역인 경우 동시에 배기가 이루어진다.

054

난이도 ★☆☆☆☆

[보기]의 설명은 무엇에 대한 정의인가? 가장 알맞은 답을 선택하시오.

> **보 기**
>
> 고층 건물에서 계단은 일반적으로 화재 발생 시 유일한 탈출 수단을 나타낸다. 출구 계단에는 연기가 없어야 하고 탑승자의 탈출 속도를 향상시키는 디자인 기능을 통합해야 한다. 대부분의 건축법은 고층 건물의 화재 계단통에 연기를 차단하도록 압력을 가하도록 규정하고 있

다. 연기 차단벽에 의하여 구획된 보호 공간을 화재실로부터 연기의 유입을 막는 기능이며 미국의 NFPA에서 제시하는 차압은 스프링클러 설비가 거실에 설치된 건물에서의 압력차는 거실의 경우 12.5Pa이다.

① 급기가압(Pressurization)
② 강제 배연(Smoke Forced Venting)
③ 스모크 타워(Smoke Tower)
④ 방연막(Smoke Barrier)

055

난이도 ★★☆☆☆

다음 중 비상 콘센트 설비의 주요 구성과 가장 관련이 없는 것은 무엇인가?

① 배전반
② 분전반
③ 위치표시등
④ 유도등

056

난이도 ★☆☆☆☆

산업안전보건법에 의거하여, 제225조 위험 물질 등의 제조 작업 및 취급 시 폭발·화재 및 누출을 방지하기 위한 적절한 방호 조치를 하지 아니하고 '다음과 같은 작업'을 수행하였을 경우에는 문제가 된다. 이와 관련하여 '다음과 같은 작업'에 해당하지 않는 것은 무엇인가?

① 질화면, 알킬알루미늄 등 자연 발화의 위험이 있는 물질을 쌓아 두는 경우 위험한 온도로 상승하지 않도록 조치하는 행위
② 폭발성 물질, 유기과산화물을 화기나 그 밖에 점화원이 될 우려가 있는 것에 접근시키거나 가열하거나 마찰시키거나 충격을 가하는 행위
③ 인화성 액체를 화기나 그 밖에 점화원이 될 우려가 있는 것에 접근시키거나 주입 또는 가열하거나 증발시키는 행위
④ 부식성 물질 또는 급성 독성물질을 누출시키는 등으로 인체에 접촉시키는 행위

057

난이도 ★★☆☆☆

다음 중 이너젠(INERGEN)의 특징으로 가장 관련이 없는 것은 무엇인가?

① 소화 시 운무 현상이 없어 대피가 용이하다.
② 초기 설비비가 가장 고가이다.
③ 소화 가스실 면적이 작아야 한다.
④ 가장 친환경적인 소화약제다.

058

난이도 ★★☆☆☆

근린생활시설 등에 제연 설비 설치를 적용하는 경우는 지하층이나 무창 층의 바닥 면적이 1,000㎡ 이상인 층에 설치하는 것이다. 여기서 무창 층이란 지상층 중 다음 요건을 모두 갖춘 개구부(건축물에서 채광·환기·통풍 또는 출입 등을 위하여 만든 창·출입구, 그 밖에 이와 비슷한 것을 말한다) 면적의 합계가 해당 층 바닥 면적의 1/30 이하가 되는 층을 말한다. 그렇다면 여기서 말하는 무창 층의 제반 요건과 가장 관련이 없는 것은 무엇인가?

① 크기는 지름 50cm 이상의 원이 내접할 수 있는 크기일 것
② 도로 또는 차량이 진입할 수 있는 빈터를 향할 것
③ 해당 층 바닥면으로부터 개구부 밑부분까지의 높이가 1.2m 이내일 것
④ 도난을 방지하기 위하여 창살이나 그 밖의 장애물이 설치될 것

059

난이도 ★★★☆☆

축광식 피난 유도선은 유효한 휘도로 발광하여 피난 방향을 안내할 수 있도록 최소 얼마 동안 이상의 유효 발광 시간을 가져야 하는가?

① 30분 ② 60분 ③ 90분 ④ 120분

060

난이도 ★★☆☆☆

[보기]의 내용은 무엇을 설명한 것인가? 가장 알맞은 답을 선택지에서 고르시오.

> **보 기**
>
> 전류 이상을 감지하여 선로가 열에 의해 타서 손상되기 전, 선로를 차단하여 주는 배선 보호용 기기이다. 이 기기를 사용하면 전기 사고를 방지할 수 있다. 또한, 부품이 용기 안에 있어 외부와 접촉될 가능성이 낮고 퓨즈를 사용하지 않아 더욱 안전하다.

① 배선용 차단기(MCCB)
② 누전 차단기(ELCB)
③ 기중 차단기(ACB)
④ 두꺼비집

061

난이도 ★★★☆☆

다음 중 유도등의 형식 승인 및 제품 검사의 기술 기준 중 통로 유도등의 조도 측정 기준과 관련이 없는 것은 무엇인가?

① 복도 통로용: 바닥면으로부터 높이 1m로 0.5m 떨어진 위치에서 1lx 이상
② 거실 통로용: 바닥면으로부터 높이 2m로 0.5m 떨어진 위치에서 1lx 이상
③ 바닥 매립용: 유도등의 바로 윗부분 1m 높이에서 1lx 이상
④ 계단 통로용: 바닥면으로부터 높이 2.5m로 수평 거리 10m에서 2lx 이상

062

난이도 ★★☆☆☆

비상 콘센트 설비는 유효하게 최소 몇 분 이상 작동시킬 수 있는 용량으로 하는 것이 중요한가? (소화 설비 등의 유효 수량에 대한 적용 시간과 동일하게 정전 시 자체에서 비상전원을 사용하여 소방 시설을 가동할 경우)

① 10분 　　　　② 20분

③ 30분 　　　　④ 60분

063
난이도 ★★★★☆

다음 중 항공 보안 관리 체계(Security Management System, SeMS) 관리 대상으로 가장 관련이 없는 것은 무엇인가?

① 위탁 수화물 검색 업무

② 화물 검색 업무

③ 접근 통제 업무

④ FTZ 운영 업무

064
난이도 ★★★☆☆

광원 점등 방식의 피난 유도선을 설치해야 하는 다중 이용 업소와 관련이 없는 것은 무엇인가? 다음 선택지에서 관련이 없는 것을 선택하시오.

① 산후조리업 　　② 고시원업

③ 종교시설업 　　④ 영화상영관

065
난이도 ★★☆☆☆

물리적 및 환경적 통제를 올바르게 하는 것은 기업의 위험을 줄이고 중요한 자산을 보호하기 위해 반드시 필요한 사항이다. 다음 중, 적절한 통제 및 거버넌스 체제가 올바르게 마련되어 있는지 판단하기 위한 조건으로 가장 관련이 없는 것은 무엇인가?

① 공인된 외부 기관 평가 의뢰

② 조직의 비즈니스 목표 이해

③ 현실적인 지표 및 테스트

④ 적절한 문서화 및 현실적인 시나리오 수립

066
난이도 ★★☆☆☆

국가 법령 기준에 따르면 이산화탄소 소화약제의 저장 용기는 다음 기준에 따라 적합한 장소에 설치하여야 한다. 이와 가장 관련이 없는 것은 무엇인가?

① 용기 간의 간격은 점검에 지장이 없도록 3㎝ 이상의 간격을 유지할 것

② 온도가 40℃ 이하이고 온도 변화가 적은 곳에 설치할 것

③ 직사광선 및 빗물이 침투할 우려가 없는 곳에 설치할 것

④ 이산화탄소 소화약제 저장 용기의 개방 밸브는 전기식·가스 압력식 또는 기계식에 따라 자동으로 개방되고 수동으로도 개방되는 것으로서 주기적 모니터링을 위해 사람과 가까이 있을 것

067
난이도 ★★☆☆☆

CO_2 소화약제의 물성이 몇 %(퍼센테이지)이면, 시력 장애 및 몸이 떨리며 1분 이내에 의식을 잃으며 그대로 방치하면 사망하는 증상이 발생하는가?

① 4% 　　② 8% 　　③ 10% 　　④ 20%

068
난이도 ★★☆☆☆

다음 중 나노 입자의 위험성(Hazard of Nanoparticles)에 대한 노출 예방 대책으로 가장 관련이 없는 것은 무엇인가?

① 나노 입자 측정

② 엔지니어링 제어 방법

③ 호흡 보호구

④ 교육 및 훈련

069

건축물에 대한 내화 구조는 화재에 견딜 수 있는 성능을 가진 구조로서 국토교통부령으로 정하는 기준에 적합한 구조를 말한다. 그렇다면 주요 구조부를 내화 구조로 하여야 하는 건축물(건축법 제50조, 건축법시행령 제56조)과 관련이 없는 것은 무엇인가?

① 제2종 근린생활시설 중 공연장, 종교집회장, 문화 및 집회시설, 종교시설, 위락시설 중 주점영업 및 장례식장의 용도로 쓰는 건축물로서 관람실 또는 집회실의 바닥면적의 합계가 200제곱미터 이상인 건축물

② 공장의 용도로 쓰는 건축물로서 그 용도로 쓰는 바닥 면적의 합계가 2천 제곱미터 이상인 건축물

③ 화재 및 폭발과 밀접한 관계가 있는 건축물로서 주유소, 정유시설, 가스시설 등 그 용도로 쓰는 바닥 면적의 합계가 1천 제곱미터 이하인 건축물

④ 건축물의 2층이 단독주택 중 다중주택 및 다가구주택, 공동주택, 제1종 근린생활시설, 제2종 근린생활시설 중 고시원, 의료시설, 노유자시설 중 아동 관련 시설 및 노인복지시설, 수련시설 중 유스호스텔, 업무시설 중 오피스텔, 숙박 시설 또는 장례식장의 용도로 쓰는 건축물로서 그 용도로 쓰는 바닥면적의 합계가 400제곱미터 이상인 건축물

070

[보기]는 무엇에 대한 설명인가? 선택지에서 가장 알맞은 답을 고르시오.

> **보기**
>
> 외부의 찬 공기가 빌딩 하부로 유입되고 동시에 위로 올라간 빌딩 내부의 따뜻한 공기가 빌딩 상부에서 배출되는 현상으로 겨울철에 끊임없이 일어나게 되는 현상이다.

① 연돌 효과
② 부뚜막 효과
③ 온돌 효과
④ 와류 효과

071

다음 중 미세 물분무 시스템의 소화 원리와 가장 관련이 없는 것은 무엇인가? 선택지에서 가장 해당하지 않는 것을 고르시오.

① 질식 효과
② 팽창 효과
③ 냉각 효과
④ 방사열 효과

072

[보기] 속 훈련은 우리나라 비상 대비 훈련 중 무엇인가? 가장 적절한 것을 고르시오.

> **보기**
>
> 비상(전쟁) 대비 종합 훈련으로, 민(국민)·관(공무원)·군(군인)이 합동으로 실시하는 실제 훈련을 말한다. 비상 대비 계획의 각종 제원 산출, 시행 간 문제점을 도출하기 위하여 매년 4개 시·도에서 실시하고 있다.

① 민방위 훈련
② 화랑 훈련
③ 쌍용 훈련
④ 충무 훈련

073

드론의 위치, 기체 등록 정보, 조종자 정보, 공역 통제 사항 등이 포함된 드론에 특화된 국가항공정보 클라우드 시스템은 무엇을 의미하는가? 가장 알맞은 답을 선택하시오.

① UAM(Urban Air Mobility)
② USS(UTM Service Supplier)
③ FIMS(Flight Information Management System)
④ UTM(Unmanned Traffic Management)

074

난이도 ★★★☆☆

지능형 교통 분석은 딥러닝 알고리즘을 기반으로 교통 데이터를 생성 및 분석하는 체계적이고 효율적인 교통 시스템을 의미한다. 다음 중 지능형 교통 체계(ITS)와 가장 관련이 없는 것은 무엇인가?

① SRMS(Smart Cross-Road Management System)
② ATMS(Advanced Traffic Management System)
③ CVO(Commercial Vehicle Operation)
④ AVHS(Advanced Vehicle and Highway System)

075

난이도 ★★★☆☆

렌즈로 들어오는 여러 방향의 빛 중 하나의 방향의 빛만 투과시켜, 유리나 수면 등에 나타나는 1차 반사광을 제거하며 풍경 사진에서 채도와 대비가 높은 결과물을 만든다. 이와 같은 렌즈 필터는 무엇을 말하는가?

① UV 필터
② CPL 필터
③ ND 필터
④ SLR 필터

076

난이도 ★★★☆☆

다음 중 NOVEC-1230의 특징으로 가장 관련이 없는 것은 무엇인가?

① 다양한 적용성을 가지고 있다. (전역 방출, 국소 방출, 소화기)
② 고압 가스 저장능력 산정 대상에서 제외된다.
③ 모든 대상물에 적용이 가능하다.
④ 타 청정 소화약제에 비해 저가이다.

077

난이도 ★☆☆☆☆

국가법령에 따르면 이산화탄소 소화 설비의 분사 헤드는 '다음 장소'에는 설치하여서는 아니 된다고 가이드하고 있다. '다음 장소'에 해당되지 않는 곳은 어디인가?

① 사람의 수용 인원이 많고 2분 이내에 사람이 대피할 수 있는 장소
② 방재실·제어실 등 사람이 상시 근무하는 장소
③ 금속수소 화합물(SiH_4 등)을 저장한 장소
④ 전시장 등의 관람을 위하여 다수인이 출입·통행하는 통로 및 전시실 등

078

난이도 ★☆☆☆☆

다음 중 계단에서 급기가압(Stairwell Pressurization)을 사용하였을 때의 특징과 거리가 먼 것은 무엇인가?

① 연기가 계단통, 대피 장소, 승강로 또는 이와 비슷한 장소로 이동하는 것을 방지한다.
② 방화 구획을 구성하는 벽체에 설치하는 개구부의 출입문으로, 화재의 확산을 방지하는 성능을 가진다.
③ 대피에 필요한 시간 동안 피난처 및 대피 수단에서 안정적인 환경을 유지한다.
④ 소방대원을 위한 건물의 가시성을 개선하여 화재 및 구조 작업을 용이하게 한다.

079

난이도 ★★☆☆☆

소화시설 급수 장비가 지진 하중에 의해 과도한 변위가 발생하지 않도록 제한해 주는 장치는 무엇인가? 가장 알맞은 답을 고르시오.

① 내진 스토퍼
② 지진 분리 이음
③ 지진 분리 장치
④ 유수 검지 장치

080

난이도 ★★☆☆☆

무창 층 내 설치해야 할 소방 시설의 종류로서 가장 관련이 없는 것은 무엇인가?

① 무창 층 바닥 면적 600㎡ 이상인 모든 층: 옥내 소화전 설비

② 무창 층 바닥 면적 1,000㎡ 이상: 다중이용업소 간이 스프링클러 설비

③ 무창 층 바닥 면적 450㎡ 이상: 비상 조명등

④ 무창 층이 있는 근린생활시설, 판매시설, 운수시설, 의료시설, 노유자시설, 업무시설, 숙박시설, 위락시설, 공장, 창고시설, 항공기 및 자동차 관련 시설, 교정 및 군사시설: 옥내 소화전 설비

081

난이도 ★★☆☆☆

거실 통로 유도등은 일정 기준에 따라 설치해야 한다. 이 기준과 가장 거리가 먼 것은 무엇인가?

① 거실의 통로에 설치할 것. 다만, 거실의 통로가 벽체 등으로 구획된 경우에는 복도 통로 유도등을 설치하여야 한다.

② 구부러진 모퉁이 및 보행 거리 30m마다 설치하여야 한다.

③ 거실의 통로가 벽체 등으로 구획된 경우에 한하여 1m 이하의 높이에 복도 통로 유도등의 설치가 가능하나, 구획된 벽체가 아닌 거실 통로상의 기둥에 유도등을 설치하는 경우에는 1.5m 이하의 위치에 거실통로 유도등을 설치하여야 한다.

④ 바닥으로부터 높이 1.5m 이상의 위치에 설치할 것. 다만, 거실 통로에 기둥이 설치된 경우에는 기둥 부분의 바닥으로부터 높이 1.5m 이하의 위치에 설치할 수 있다.

082

난이도 ★★☆☆☆

통로 유도등이란 피난 통로를 안내하기 위한 유도등을 의미한다. 다음 중 이와 관련되지 않은 것은 무엇인가?

① 복도 통로 유도등이란 피난 통로가 되는 복도에 설치하는 통로 유도등으로서 피난구의 방향을 명시하는 것을 말한다.

② 거실 통로 유도등이란 거주, 집무, 작업, 집회, 오락 그 밖에 이와 비슷한 목적을 위하여 계속적으로 사용하는 거실, 주차장 등 개방된 통로에 설치하는 유도등으로 피난의 방향을 명시하는 것을 말한다.

③ 통로 유도등 표시면의 색상은 백색 바탕에 적색 문자로 표시하여 피난구의 방향을 지시한다.

④ 계단 통로 유도등이란 피난 통로가 되는 계단이나 경사로에 설치하는 통로 유도등으로 바닥면 및 디딤 바닥면을 비추는 것을 말한다.

083

난이도 ★★★☆☆

전기 저장 장치의 전기 저장 방식에 가장 해당되지 않는 것은 무엇인가?

① 니켈 수소 배터리(Ni-MH)

② 나트륨황 전지(NaS)

③ 압축 공기 저장 시스템(CAFS)

④ 리튬 이온 전지(LIB)

084

난이도 ★★☆☆☆

다음 중, 산업안전보건법에서 특별 관리 물질 취급 시 기술되어야 하는 사항으로 정해진 것과 가장 거리가 먼 것은 무엇인가?

① 근로자의 이름

② 작업 내용

③ 작업 시 착용한 보호구

④ 근로자의 의료 사실

085
난이도 ★★★★☆

다음 중 배선용 차단기(MCCB)의 트립 방식으로 가장 관련이 없는 것은 무엇인가? 선택지에서 가장 해당하지 않는 것을 고르시오.

① 완전 전자식   ② 전자식

③ 열동 전자식   ④ 수동 개폐식

086
난이도 ★★☆☆☆

비상 전원을 실내에 설치할 때, 반드시 고려되어야 할 사항은 무엇이 있는가? 다음 선택지에서 가장 올바른 것을 고르시오.

① 발전실의 경우 발전을 하기 위한 수배전반이나 발전용 연료 및 부대 설비를 설치할 수는 없다.

② 고전압이 발생하면 안 되므로 전압 조절기를 설치해야 한다.

③ 주기적으로 담당자가 순환하면서 모니터링을 해야 한다.

④ 실내에 비상 조명등을 설치해야 한다

087
난이도 ★★☆☆☆

비상 콘센트는 '화재예방, 소방시설 설치유지 및 안전관리에 관한 법률 시행령'에 의거하여 몇 층 이상의 건물에, 어디에 설치하도록 규정하고 있는가?

① 10층 이상 건물에서 5층 이상의 층에 설치

② 11층 이상 건물에서 11층 이상의 층에 설치

③ 12층 이상 건물에서 5층 이상의 층에 설치

④ 13층 이상 건물에서 11층 이상의 층에 설치

088
난이도 ★☆☆☆☆

다음 중 피난 구조 설비의 주요 구성요소로서 가장 관련이 없는 것은 무엇인가?

① 피난 기구   ② 자동 개폐 설비

③ 인명 구조 기구   ④ 유도등

089
난이도 ★☆☆☆☆

다음 중 대통령령으로 정한 소방 시설의 종류와 가장 관련이 없는 것은 무엇인가?

① 소화 설비   ② 소화 용수 설비

③ 경보 설비   ④ 모니터링 설비

090
난이도 ★★★☆☆

[보기]는 무엇에 대한 정의를 설명한 것인가? 가장 알맞은 답을 선택하시오.

> **보기**
>
> 카메라에서 렌즈로 들어오는 빛을 셔터가 열려 있는 시간만큼 필름이나 건판에 비추는 것을 말한다. 사진의 밝기를 결정하는 아주 중요한 요소이다.

① 망각   ② 화각   ③ 광각   ④ 노출

091
난이도 ★★☆☆☆

[보기]는 무엇을 설명한 것인가? 가장 알맞은 내용을 선택지에서 고르시오.

> **보기**
>
> 디지털 카메라에서 빛을 전기적 신호로 바꿔주는 광센서(Optical sensor) 반도체(Semiconductor)로, 일반 카메라로 말하자면 필름을 감광(感光)시키는 기능에 해당되며 주로 화상 카메라보다는 디지털 카메라에서 많이 사용하는 핵심 부품이다.

① APS   ② CIS   ③ CMOS   ④ CCD

092

다음 중 사진의 노출(exposure)을 구성하는 세 가지 요소로 가장 관련이 없는 것은 무엇인가?

① 조리개(Aperture)

② 셔터 스피드(Shutter Speed)

③ 측광 센서

④ ISO 속도

093

난이도 ★★★☆☆

유사시 축전지는 평상시에는 필요한 전기 에너지를 충전하고 필요할 때 충전된 전기 에너지를 방전하는 것을 말한다. 그렇다면 이와 가장 관련이 없는 것은 무엇인가?

① 알루미늄 이온 전지

② 연 축전지(Acid Battery)

③ 알카라인 축전지(Alkaline Battery)

④ 완전 무보수 밀폐형 연 축전지

094

난이도 ★★☆☆☆

다음 중 CCTV 설치 안내판 미설치 장소를 고르시오.

① 산불 감시   ② 주차장 감시

③ 건물 주 출입구   ④ 공항 주변

095

난이도 ★★★☆☆

다음 중 CCTV 설치 시 준수 사항으로 가장 거리가 먼 것은 무엇인가? 가장 관련이 없는 것을 고르시오.

① 녹음 및 임의 조작 금지

② CCTV 운영 관리 방침 수립·비공개

③ CCTV 안내판을 알아보기 쉬운 장소에 부착

④ CCTV 영상 정보의 무단 유출·공개 금지

096

난이도 ★☆☆☆☆

당신은 해외 지사에 방문하기 위해 휴대용 랩톱 컴퓨터를 비행기에 탑승할 때 휴대하지 않고 같이 가는 위탁 수화물로 부치게 되었다. 이와 관련하여 가장 우려되는 점은 무엇인가?

① 컴퓨터 도난   ② 컴퓨터 정전기

③ 컴퓨터 파손   ④ 컴퓨터 개봉

097

난이도 ★★★★☆

현재 스마트 블루투스 프론트 도어 잠금은 일반적으로 기능에 따라 4가지 패스워드 기능이 존재하고 있다. 이와 관련하여 가장 관련이 없는 것은 무엇인가?

① One-time Password

② Time Password

③ Loop Password

④ Imprison Password

098

난이도 ★★★☆☆

다음 중 경비견의 특징으로 가장 관련성이 높은 것은 무엇인가?

① 방어에 심리적 요소를 추가하고 침입자는 보안에 잡히거나 체포되는 것을 두려워한다.

② 특수 폭발물, 약물 또는 시설에 있어서는 안 되는 기타 밀수품을 감지할 수 있다.

③ 보안 상황을 식별하고 분석할 수 있다.

④ 직원이나 손님이 보안에 의해 부상을 입은 경우 책임을 질 수 있다.

099

난이도 ★★★★☆

[보기]는 무엇에 대한 정의인가? 가장 알맞은 답을 선택지에서 고르시오.

> **보기**
>
> 물질안전보건자료 또는 물질안전자료대장은 전 세계에서 시판되고 있는 화학 물질의 등록번호, 유해성, 특성 등을 설명한 명세서로, 화학 물질을 안전하게 사용하고 이로 인한 재해를 예방하는 것을 목적으로 한다. 현재 대한민국에서는 특정 화학 물질을 사용하는 작업장에서는 해당 물질의 물질안전보건자료를 비치해 놓도록 하고 있다. 산업안전보건법 제110조 및 111조에 의거 유통되는 화학물질 및 화학물질을 함유한 제제의 물질안전보건자료는 해당 물질을 양도하거나 제공(제조·수입·판매자(도·소매업자))하는 자로부터 제공받아야 한다.

① OSHA
② MSDS
③ FTA
④ CHEM-i

100

난이도 ★★★☆☆

조명(Lighting)은 침입자에게 심리적 위축을 제공하며 침입을 저지시키거나, 침입자를 포기하게 만든다. 가장 일반적인 물리적 통제 수단이라고도 할 수 있다. 그렇다면 조명이 출입문 또는 외부 접촉점 같은 부분을 비출 때 고려되어야 할 사항은 무엇인가?

① Glare Protection
② Overillumination
③ Afterimage
④ Specular reflection

101

난이도 ★☆☆☆☆

스프링클러는 화재가 발생했을 때 열을 감지해 자동으로 물을 뿌리는 장치이다. 다음 중 스프링클러와 가장 관련이 없는 것은 무엇인가?

① 하이브리드(Hybrid valve)
② 건식(Dry valve)
③ 습식(Alarm valve)
④ 준비 작동식(Pre-action valve)

102

난이도 ★★☆☆☆

[보기]의 내용은 무엇을 설명한 것인가? 가장 알맞은 답을 선택지에서 고르시오.

> **보기**
>
> 경찰, 소방, 해경 등 재난 관련 기관들이 재난 대응 업무에 활용하기 위해 전용으로 사용하는 전국 단일의 무선통신망이다. 광대역 무선통신기술(LTE) 기반으로, 산불·지진·선박 침몰과 같은 대형 재난 발생시 재난 관련 기관들의 신속한 의사소통과 효과적인 현장 대응을 할 수 있다.

① CEPTED
② PS-LTE
③ LTE-R
④ McPTT

103

난이도 ★☆☆☆☆

[보기]에 해당되는 내용은 무엇인가? 가장 알맞은 답을 선택하시오.

> **보기**
>
> 인명 구조 활동이 어려운 고층 빌딩에서 사람들을 안전하게 구조할 수 있는 드론 콘셉트이다. 안전 그물망을 펼칠 수 있어 떨어지는 사람을 받아낼 수 있다. 이 드론은 4개의 프로펠러로 움직이는 단일 무인 항공기(UAV)이다. 소방차 보다 빠르게 화재 현장에 도착할 수 있으며, 즉시 인명 구조 활동을 수행할 수 있게 디자인되었다. 사람의 무게를 온전하게 지탱할 수 있어 고고도 구조 활동에 특화되었다.

① Botnet Drone
② Anti-Drone
③ Net-Drone
④ Drone Catcher

104
난이도 ★★☆☆☆

다음 중 준불연 재료에 해당되지 않는 것은 무엇인가? 가장 관련이 없는 것을 고르시오

① 석고 보드
② 난연 합판
③ 펄프시멘트판
④ 미네랄텍스

105
난이도 ★☆☆☆☆

정부가 '재난안전제품 인증제도 운영규정'에 의거하여 재난안전 제품 인증 대상으로 하는 제품과 관련이 없는 것은 무엇인가?

① 예측 진단
② 감지
③ 구조
④ 적발

106
난이도 ★★★★☆

이 조직은 화재, 전기 및 관련 위험으로 인한 사망, 부상, 재산 및 경제적 손실을 제거하는 데 전념하는 국제 비영리 조직이다. 2018년 현재 250개의 기술 위원회를 통해 50,000명의 회원과 9,000명의 자원 봉사자가 조직과 협력하고 있다. 이 조직은 무엇인가?

① NFPA　　　　② NYPD
③ KFPA　　　　④ FISK

107
난이도 ★★☆☆☆

범죄 예방 환경 설계(CPTED) 모델로, 다음 중 상대적으로 가장 관련이 없는 것은 무엇인가?

① 최소 진입점의 수
② 공급 업체 및 배송 업체를 위한 후방 진입로 활용
③ 주 진입점을 산의 벼랑 쪽으로 향하도록 설계
④ 건물 앞(뒷면이나 측면이 아님)에 주차장을 제공

108
난이도 ★★★★☆

다음 중 CCTV 설치·운영 관련 개인정보보호법 벌칙 조항으로 가장 해당되지 않는 것은 무엇인가?

① 적법한 설치 운영(법 제25조 제1항): 법령상 허용, 범죄 예방 및 수사, 시설 안전 및 화재 예방, 교통 단속, 교통 정보 수집·분석 및 제공 - 과태료 3천만 원 이하
② 사생활 침해 장소 설치 금지(법 제25조 제2항): 목욕실, 화장실 등 - 과태료 1억 원 이하
③ 개인영상정보 목적 외 이용 및 제공 제한(법 제18조): 정보 주체 동의 및 필요 최소한의 정보 제공 - 징역 5년 또는 벌금 5천만 원 이하
④ 녹음 기능 및 설치 목적 외 임의 조작 금지(법 제25조 제5항) - 징역 3년 또는 벌금 3천만 원 이하

109
난이도 ★★☆☆☆

다음 중 전기 위협에 대한 대응 방법으로 가장 관련이 없는 것은 무엇인가? 가장 해당하지 않는 것을 고르시오.

① 무정전 전원 장치(UPS)
② 차폐 전선(Shield Lines)
③ 광 케이블(Optical Cable)
④ 두꺼비집(Covered Knife Switch)

제 7 장

시나리오 문제

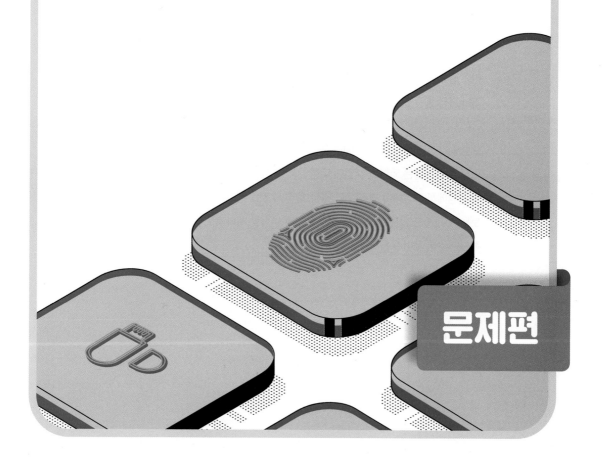

문제편

정보 보안 및 감사와 관련된 국제 자격증에서는 예전부터 시나리오 기반의 문제가 출제되고 있으며, 이러한 시나리오 문제는 자격증 합격의 당락을 좌우하는 문제로 여겨지고 있다. 시나리오 기반의 문제는 출제 영역이 점차 넓어지고 있는 추세이며 한국 수험생들은 일반적으로 시나리오 문제에 적응하기 어려워한다. 이렇게 시나리오 기반의 문제가 중요하지만 어려운 이유를 분석하면 네 가지 원인을 찾을 수 있다.

첫째, 시나리오 문제는 지문이 상당이 길기 때문에 출제자가 원하는 의도를 짧은 시간 안에 파악해야 한다. 그리고 하나의 지문에 보통 관련된 문제가 3~5개가 출제되므로 지문의 이해와 선행 문제 풀이에 실패하면 다른 문제까지 틀리는 경우가 많다. 둘째, 4지 선다형 문제는 기출 문제와 해설서를 반복하여 보면서 익숙해지면 답을 선택하기 쉽지만 시나리오 기반의 문제는 상대적으로 문제풀이가 어렵다는 점이다. 문제은행 반복 및 단순 암기만으로 문제를 풀이하기 어렵기 때문에 상황별로 시나리오를 이해하고 풀어야 한다. 셋째, 오랫동안 익숙했던 단답식 문제에 길들여졌기 때문에 답이 정확하게 정해지지 않고 논리적인 풀이가 필요한 시나리오 기반 문제를 어렵게 생각한다. 비슷한 답 중에서 가장 맞거나 가장 틀린 답을 선택하는 방법에 익숙해질 필요도 있다. 넷째, CISA, CISSP, CIA와 같은 국제 자격증은 로컬(한국)의 정서보다 글로벌 정서에 맞는 해석이 필요한 시나리오 문제가 많다. 예를 들어, '보안 담당자의 입장에서 또는 감사자의 입장에서'와 같은 역할과 책임에 대한 문제는 자신의 입장에서 풀기 보다 글로벌 관점에서 해석해야 할 경우가 많다. 결론적으로, 시나리오 문제는 많이 풀어 보는 것이 좋으며 제7장에서 수험생들에게 부족할 시나리오 문제를 다수 출제했으므로 이 책이 도움되기를 희망한다.

제 7 장 | 시나리오 문제

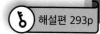 해설편 293p

 시나리오 문제: 1 ~ 3번

당신은 신임 IT 감사자로 금번에 합병하고자 하는 지방의 유력한 우수업체를 찾아 IT 환경의 실태를 조사하였다. 본사의 내적 성장 한계를 극복하고 신규 사업 참여에 소요되는 기간과 투자 비용의 절감, 경영상의 노하우, 숙련된 전문 인력 및 기업의 대외적 신용 확보, 동종 업계 시장 점유율 확대를 위해 M&A는 현재 전 세계적으로 불황을 타개할 경영진에서 반드시 추진하여 목표를 달성하려는 의지가 강하다. 감사자인 당신은 사전조사를 통하여 담당자 인터뷰를 수행한 결과 기업 내 허용하지 않은 IT 디바이스, S/W를 사용하여 IT 자산 관리에서 파악되지 않는 미인증 자산이 많다는 것을 파악하였다. 이는 2가지 측면에서 발생되고 있으며 첫째, 클라우드 컴퓨팅과 모바일 디바이스의 폭발적 증가로 개인 소유 스마트폰, 태블릿을 이용하여 업무를 보고 있으며 이를 통제하기에는 적은 인력의 보안 담당자들의 업무부담 가중으로 인해 거의 손을 놓고 있으며 방치 수준이었다. 둘째, 변화된 시장에 빠르게 대응하기 위해 개인이 생산성 높은 신기술을 직접 구매하여 사용하고 있으며 이는 적은 IT 예산의 확보로 인해 발생된 문제였다.

001

난이도 ★★☆☆☆

이러한 상황으로 볼 때 감사자의 입장에서 제일 먼저 고려해 보아야 될 상황은 무엇인가?

① 사용자들의 보안 인식 교육이 제대로 되고 있는지 파악한다.
② 담당자들의 업무가 가중되어 나타난 상황으로 통제 자가 평가(CSA)를 시도하도록 안내한다.
③ 현황 파악을 위해 거버넌스 재수립에 대해서 조언을 해주도록 한다.
④ 예산이 가장 큰 문제이므로 경영진에게 IT 예산 증액에 대해서 보고한다.

002

난이도 ★★☆☆☆

기업 내 허용하지 않은 IT 디바이스, S/W를 사용하여 IT 자산 관리에서 파악되지 않는 미인증 IT 환경을 무엇이라고 하는가?

① 고스트 IT(Ghost IT)
② 섀도 IT(Shadow IT)
③ Self-Driving IT
④ 자기 복제 IT(Self-clone IT)

각각의 측면에서 바라볼 때 위협 요소와 이에 알맞게 대응하는 방법이 올바르지 않게 나열된 것은 무엇인가?

① 데이터 보안 측면
- 위협 요소: 외부 클라우드 활용으로 민감한 데이터 유출
- 대응 방안: 업무/인터넷망 분리 및 솔루션 기반 데이터 유출 차단

② 비즈니스 연속성 측면
- 위협 요소: 민감한 데이터를 서비스 제공업체에 의존 시 데이터 유실로 연속성 확보 이슈
- 대응 방안: 데이터 관점의 BCP 계획을 수립하고 지속적인 서비스 제공업체 모니터링 수행

③ 규제 준수 측면
- 위협 요소: 민감 정보를 클라우드에 저장하여 개인정보보호법 이슈 발생
- 대응 방안: 민감한 데이터는 분리하고 정기적 교육수행 및 유출 시 페널티 부여

④ 경제적 측면
- 위협 요소: 기보유 SW 재구매하여 대량 구매 협상 기회 감소 및 예산 증액 어려움 존재
- 대응 방안: 수요 조사를 통한 일괄 구매, 범용 감사 소프트웨어(GAS)를 활용한 원가 절감

🎬 **시나리오 문제: 4~5번**

솔루션 개발, 시스템 통합(SI), 정보 시스템 운영(ITO)을 전문으로 하는 A 기업은 자사 데이터센터를 운영하고 있다. 최근 경영 전반의 비용 절감 방침에 따라서 운영 인력을 감축하고 비용 효율화를 위한 방안을 적용하고 있다. 이에 따라 최근 기술적인 발전과 함께 추세가 되어가고 있는 무인 데이터센터의 방향으로 나아가면서 보안 게이트를 무인화로 전환했다. 기존에 보안 게이트마다 24시간 상주하던 경비원과 보안 담당자를 없애고 물리적 보안 기술을 업그레이드하게 됐다.

A 기업의 데이터센터를 무인화 센터로 운영하면서 보안 게이트에 24시간 상주하던 보안 요원을 고용하지 않게 되었다. 이로 인해서 발생할 수 있는 우려 사항과 보안 위협으로 적절하지 않은 것은 무엇인가?

① 테일 게이팅을 통한 센터 출입
② 업무망 내 비인가 저장 장치 사용
③ 사전 공모된 피기배킹
④ 허용되지 않은 문서 반출

005

A 기업에서는 보안 요원을 없애는 대신 보안 기술을 향상시켜서 물리적 보안 위협을 경감시키고자 한다. 최근 정확도가 향상되어 상용 솔루션으로 출시되고 있는 인공 지능 기반 이미지 및 영상 인식 기술을 적용하고자 할 때, 올바르지 않은 설명은 무엇인가?

① 영상 인식 기술이 적용된 Smart CCTV 적용을 고려한다.

② 보안 게이트 시설에 안면 인식 기술을 추가한다.

③ 음성을 이용한 사용자 인증 기술을 추가한다.

④ 스마트카드 인증에 추가로 홍채 인식을 적용한다.

 시나리오 문제: 6번

006

난이도 ★★★★☆

[보기]의 주어진 상황에서 업무 재설계(BPR) 분석 방법의 하나인 활동 기준 원가(Activity Based Costing, ABC)의 계산을 수행하시오.

보기

활동	배부 기준	전환 원가 배부율
가공 작업	기계 가공 작업	기계 작업 시간당 $100
페인트 작업	부품 수	부품 한개당 $30
품질 검사	완성품 단위	완성품 1단위당 $50

당기에 완성된 제품은 총 100단위이고 제품 단위당 직접 재료 원가는 $100이다. 제품 1단위를 생산하기 위해서는 3시간의 기계 가공 시간과 5개의 부품이 소요된다. 당기에 생산된 제품 100단위의 총 제조 원가는 얼마인가?

① $10,000

② $30,000

③ $60,000

④ $120,000

당신은 영화 관련 협력 업체 CIO로 금번 감사 결과에 상당히 만족하였다. 그 감사팀은 본사에서 특별히 파견된 우수한 인재들로써 당신 회사에서 발생하고 있는 여러 가지 문제점들을 심도 있고 넓게 조사하여 궁극적인 문제를 컨설팅해 주었다. 특히나 제대로 된 샘플링 기법을 활용하여 범용 감사 시스템을 활용한 것이 회사의 IT 인력들에게 좋은 본보기가 됨과 동시에 상당한 인력 유출의 어려움을 해소하는 분위기가 되었다. 이에 당신은 재무팀에게 이야기하여 당신 회사의 영화 바우처 기념품의 일부를 밤낮으로 수고한 감사팀 및 감사팀 가족에게 일괄적으로 포상으로 제공하였다. 그런데 아직 전산 시스템이 회복되지 않아 일부 바우처 티켓이 중복으로 배포된 것 같다고 전산팀장이 당신에게 한창 뒤에 보고했다. 만약 중복된 바우처 티켓이 사외에 무단으로 배포될 경우, 회사 이미지가 실추될 수 있어서 조금 걱정이 앞선다. 그래서 당신은 다시 바우처 티켓을 출력해 보라고 지시를 내렸다.

007
난이도 ★★★☆☆

당신은 무비 바우처 티켓의 키 순서의 중복 유무를 파악하고자 한다. 다음 중 어떠한 방법이 가장 최선인가?

① Sequence check

② Range check

③ Reasonableness check

④ 감사인에게 선물을 제공하는 것 자체가 부당 행위이므로 전부 회수조치한다.

당신은 감사인으로 합병을 추진 중인 몇 개의 우선적인 식료품 유통 회사에 대해서 정보를 조사하면서 몇 가지 사항을 알게 되었다. 이 회사들은 전부 매출은 많지만, 몇 가지 항목이 이슈가 되어 상위 본사에 보고하고자 한다.

008
난이도 ★★★★☆

다음 중 감사인의 관점에서 가장 이슈가 되는 사항은 무엇이라고 생각이 드는가?

① 액면가보다 지나치게 낮은 주식 평가 금액

② 매출 금액보다 재고 자산과 매출 채권이 과도하게 많음

③ 요 근래 몇 번의 전환 사채 공지

④ 영업 이익의 지속적인 적자

당신은 신 외감법 준비로 열심히 회계사 자격증 공부를 준비 중이었다. 어느 날 인터넷 커뮤니티 '맥가이버' 카페에서 호텔 숙식권과 아침 뷔페 쿠폰 판매 글을 보고 관심을 가지게 되었다. 그 쿠폰은 회계사 카페에 모 회원이 올린 것으로, 이름 있는 제주도 호텔에서 내년까지 기한이 있는 특별 행사 경품으로 제공한 쿠폰이었다. 채팅으로 판매자에게 대화를 거니, 대학생이라 돈이 급하게 필요하기도 하고, 공부에 전념하고자 전혀 갈 수가 없어 어쩔 수 없이 울며 겨자 먹기로 저렴하게 올렸다고 하였다. 함께 공부하는 처지에 마음이 이해가 되었고 가격 메리트도 충분하다고 생각하여 쿠폰을 구매하기로 마음먹었다. 더구나 지속된 야근으로 인해 몸과 마음이 지쳐 있던 상태였으므로 이번 휴가 때 가족들에게 큰 보상을 해야겠다고 생각했다.

당신은 판매자에게 구매 방법을 문의했고, 판매자는 맥가이버 안전 거래를 제안했다. 맥가이버 안전 거래는 믿을 수 있다는 생각이 들어, 사기는 아닐 것이라고 믿었다. 특히 판매자의 프로필을 보니, 다수의 재무 회계 관련 자격증을 확인할 수 있어서 더욱 신뢰가 갔다. 판매자는 맥가이버 안전 거래 수수료는 구매자가 부담하고 택배비는 판매자가 부담하는 것이 어떻겠냐고 제안했다. 당신은 제안을 수락하며, 구매 의사를 밝혔다. 판매자는 맥가이버 안전 거래 링크를 보냈다. 당신은 아무 생각 없이 링크로 접속했고, 맥가이버 로그인 창이 나와 평소대로 로그인했다. 그리고 당신의 계좌 및 개인정보를 입력하였다. 순간, 입력할 것이 과하게 많다는 생각을 했으나 맥가이버 포털에서 보다 세심하게 관리한다고 생각했다. 다 입력한 후, '안전 거래 성사 확인' 버튼을 눌렀다. 또한, 안전 거래 창에 적힌 계좌에 바로 송금했다. 그 순간 판매자에게 메시지가 왔다. 아직 입금되지 않았으니, 입금을 서두르라는 재촉 메시지였다. 당신은 계좌 이체 입금 확인증을 답장으로 보냈다. 그럼에도, 판매자는 아직 입금을 받지 못했다고 주장했다.

이상한 느낌이 들었고 맥가이버 포털의 조회창에 '안전 거래 사기'를 검색했다. 그 순간 수많은 사기 사건으로 여러 피해자가 글을 올린 것을 확인할 수 있게 되었다. 안전 거래창은 동일하게 만들어져 있어서 전혀 의심하지 못했다.

OO9

시나리오와 같은 사기 유형은 무엇인가? 판매자는 어떠한 방법으로 구매자에게 사기를 수행하였는가? 선택지에서 가장 알맞은 답을 고르시오.

① 피싱(Phishing)

② 파밍(Pharming)

③ 비싱(Vishing)

④ 스미싱(Smishing)

010

당신은 정신을 차리고 바로 경찰서에 가서 사기 신고를 하였다. 이후 당신이 제일 먼저 수행해야 하는 행동은 무엇인가?

① 포털 사이트에 로그인된 기기를 전부 로그아웃하고, 즉시 비밀번호 변경을 수행한다.

② 경찰에 사기 신고를 수행한 토대로 피해자 모임을 찾아 가입하도록 한다.

③ 경찰서에 간 내용을 바탕으로 증거를 모아, 은행에 가서 계좌 지급 정지를 신청한다.

④ 여행을 기대한 가족에게 이실직고하고 용서를 빌면서 후일을 기약한다.

 시나리오 문제: 11번

> 프로젝트 관리자는 위험 관리 활동의 일환으로, 발생 가능한 시스템 가용성 위험에 대한 위험 분석을 진행했다. 원장 데이터베이스에 장애가 발생하는 결함 A의 확률은 0.5%이며 영향력은 5000, 대외계 인터페이스 장애가 발생하는 결함 B의 확률은 1%이며 영향력은 1500이다. 또한, 홈페이지 가용성이 저하되는 DDoS 공격 가능성은 2%이며 영향력은 4000이다.

011

위험 분석 결과 전체 위험 노출도(Risk Exposure)는 얼마인가?

① 100

② 120

③ 200

④ 220

 시나리오 문제: 12~13번

> 당신의 회사는 비트코인 매매 수익으로 많은 돈을 벌게 되었지만, 한편으로는 내부자 횡령이 발생하여 업계에서 심한 타격을 받게 되었다. 금번 이사회 정기 회의에서 횡령과 관계된 감사 결과 보고에 대해 심각성을 느끼고 사용자 및 주체 행동 분석(User Entity Behavior Analytics, UEBA)을 도입하여 보다 효율적이고 효과적인 내부 통제를 강화하라는 지시를 내렸다. 특히 업계에서는 계속적인 데이터 유출과 내부자 위협이 지속적으로 증가함에 따라 금번 UEBA 분석 결과에 대해 경영진은 투자대비 효과성에 대해 상당한 기대를 가지고 있음을 비즈니스 리스크 매니저(BRM)와 재무 적절성 도입 리스크 관리를 통해서 알게 되었다.

가트너는 2016년 모든 정보 보안 전략에 채택해야 할 최상의 10가지 기술 중 하나로 UEBA를 포함하면서 다음과 같이 설명하였다.

"UEBA는 사용자 행동뿐만 아니라 엔드포인트, 네트워크, 애플리케이션과 같은 다른 독립체에 대해서도 사용자 중심의 분석을 제공한다. 다양한 독립체 간 분석의 상관관계를 통해 분석 결과의 정확성을 높이고 위협을 더 효과적으로 탐지할 수 있다."

하지만 PI 컨설팅 결과 이러한 기술을 통해 실제 혜택을 얻은 기업은 몇몇의 초기 도입 기업과 일부 거대 기업으로 제한되어 있다는 것을 알게 되었다. 전통적인 UEBA 솔루션에는 더 광범위한 도입을 가로막는 여러 가지 단점이 있기 때문이다.

012

난이도 ★★☆☆☆

전통적인 UEBA 솔루션에는 광범위한 도입을 가로막는 여러 가지 단점이 존재한다. 다음 중 가장 관련이 없는 것은 무엇인가?

① UEBA 인프라 배포의 복잡함
② 전략 수정으로 단기 실행 과제인 전술 변경 필요
③ 많은 구성과 튜닝 필요
④ 사용자 행동 경보는 별도의 콘솔에 제공됨

013

난이도 ★★★☆☆

앞 문제와 같이 UEBA는 도입 시 여러 가지 단점이 존재하여 PI 컨설팅 해결 방법으로 UEBA를 기존 보안 및 감사 솔루션에 내장하여 각자의 환경에서 가장 중요한 사용자 케이스에 집중하는 것으로 결정되었다. 임베디드 사용자 행동 분석은 여러 장점이 있는데, 다음 중 장점에 해당되지 않는 것을 고르시오.

① 분석은 감사 데이터를 처리하도록 사전 구성된다.
② GDPR, SOX, PCI-DSS, HIPAA, FISMA, GLBA를 포함하여 보안 모범 사례 및 규정 준수 사항에 관한 종합적인 보고서를 생성 가능하다.
③ 애플리케이션 구성 변경 없이, 또한 바쁜 IT 관리자의 도움 없이도 감사관이 검색 및 보고서를 실행할 수 있도록 IBAC 신원 기반 모델 액세스 권한을 구성한다.
④ AD 및 마이크로소프트 플랫폼 전반에 걸쳐 시간 순으로 변경 이벤트를 확인, 하이라이트, 필터링하고 다른 보안 이벤트와의 관계를 탐색하여 포렌식 분석 및 보안 사고 대응 수준을 높인다.

A 기업에서는 기존에 운영 중이던 다이렉트 보험 B 시스템에 대하여 새롭게 모바일 서비스를 오픈하기 위해 통합테스트 단계를 진행 중이다. 이 프로젝트를 개발하는 C사는 비기능 테스트의 일환으로 품질계 시스템에 1차 부하 테스트를 진행했으나, 데이터 부족으로 성능 측정에 실패했다. 1차 부하 테스트의 실패 원인은 품질계 시스템에 유의미한 수준의 데이터가 존재하지 않아서 데이터베이스의 성능 측정이 불가능했던 것이다. 이에 따라 사전 운영 시스템으로 운영계의 고객 및 처리 데이터를 이관하여 테스트를 진행하고 부하 테스트 결과를 분석 중이다. 결과 분석 후 3차 성능 테스트를 위해 사전 운영 시스템은 그대로 상태를 유지하고 있다.

014
난이도 ★★★☆☆

시나리오에서 C사가 진행한 성능 부하 테스트는 총 2회에 걸쳐 진행되었다. 두 번의 테스트를 진행하는 과정을 A 기업 통합 보안팀에서 모니터링했는데 지적 사항이 도출되었다. 다음 중 지적 사항으로 가장 적절한 것은 무엇인가?

① 통합 테스트 단계에서 운영계 정보를 이용해서 부하 테스트를 진행할 경우 고객 정보가 유출될 가능성이 존재한다.
② 운영계 데이터를 부하 테스트에 사용할 때에는 사용자 정보를 반드시 변형해야 하고 사용 직후 삭제해야 한다.
③ 기업 내 정보 시스템 중 사전 운영계 시스템에는 외부 인력인 C사의 개발자들이 접근할 수 없다.
④ 운영계 데이터를 사용할 경우 정보의 최종 책임자인 A 기업의 정보 전략 및 비즈니스 오너가 직접 수행해야 한다.

015
난이도 ★★★☆☆

첫 번째 부하 테스트는 유의미한 데이터의 부재로 실패했으나 두 번째 부하 테스트는 운영계 데이터를 사용하여 부하 테스트에 성공했다. 하지만 목표 성능 TPS에 한참 미치지 못하는 결과가 도출되었으며 특히 데이터베이스 CPU를 100% 사용했다. C사의 프로젝트 DBA와 아키텍트가 투입되어 B 시스템 Oracle Database의 Snapshot 설정을 활성화한 후 (　가　) 기능을 이용하여 Worst Elapsed Time SQL 목록을 추출했다. (가)에 들어갈 적절한 도구는 무엇인가?

① Automatic Workload Repository
② Undo/Redo Report
③ Snapshot Manager
④ Application Performance Manager

016

C사의 DBA와 아키텍트가 부하 테스트 결과에서 나온 데이터베이스 비정상 상황을 분석했다. 그 결과 한 애플리케이션에서 Range Index Scan으로 조회하는 SQL이 해당 테이블 100만 건 전체를 조회하는 것이 문제로 도출됐다. 비즈니스 요구 사항 때문에 전체 조회를 포기할 수 없을 때, 할 수 있는 가장 적절한 조치는 다음 중 무엇인가?

① Index Skip Scan 방식으로 변경한다.

② Full Table Scan 방식으로 변경한다.

③ 조회 대상 테이블을 Hash Partition 구성으로 변경한다.

④ 자바 서블릿의 조회기간 유효성 검증 로직을 추가한다.

 시나리오 문제: 17번

> 당신의 회사는 버그 바운티로 기업의 서비스 및 제품을 해킹해 주고 취약점 방어를 위해 컨설팅을 수행한다. 좋은 의도로 시작된 일이지만, 요즘 영화에서 본래의 의도와는 다르게 버그 바운티 주인공을 나쁘게 평가하여 상영하는 바람에 회사 이미지에 상당한 타격을 받게 되었다. 작은 해프닝으론 처음에는 대수롭지 않게 생각하고 무시했지만, 정계에서 뒤를 봐준다는 소문이 꼬리를 꼬리를 물면서 소문은 걷잡을 수 없게 커지게 되었으며 시민들의 분노는 커져만 갔다. 결국 회사의 매출과 함께 주가가 하락하게 되었다. 이에 대표이사가 소문과는 무관하다는 회사의 입장을 언론에 표명하였지만, 이미 직원들의 사기는 매우 떨어졌다.

017

시나리오의 내용처럼 사람들의 생각이 점차 확증 편향되는 현상을 무엇이라고 하는가?

① 코뿔소의 질주(Rhinoceros Rush)

② 휴리스틱 편향(Heuristics Bias)

③ 가용성 폭포(Availability Cascade)

④ 블랙 스완(Black Swan)

BYOD 솔루션은 직원 생산성과 사기를 향상시킬 수 있다. 하지만 IT 부서에서 해결하지 못한 채 조직의 네트워크에 대한 개인 장치 액세스는 심각한 보안 문제를 야기할 수 있다.

018
난이도 ★★☆☆☆

시나리오와 같은 상황에서 IS 감사자의 입장일 때, BYOD 정책의 중요한 요소와 가장 해당하지 않는 것은 무엇인가?

① 반입 및 반출 규정
② 승인된 기기의 유형
③ 보안 및 데이터 소유권 정책
④ 개인 장치에 부여된 IT 지원 수준

A 기업은 최근 빈번히 발생하는 내부 임직원들의 보안 사고를 줄이기 위한 방안을 고민했고 임직원 보안 의식 제고를 위한 오프라인 교육을 진행했다. OO대학교 정보 보안대학원 교수를 초빙하여 강의를 준비했고, 최근에 실제 발생했던 임직원 보안 사고 사례를 포함시켰다. A 기업의 B씨는 스마트폰 보안 스티커를 붙이지 않은 채 출근하여 반출이 금지된 자료를 촬영하는 모습이 CCTV에 찍혔다. 그리고 이 자료를 그대로 보안 교육에 활용했다. 함께 일하던 실제로 아는 동료의 보안 사고 사례 때문에 교육효과는 더 높았으며 앞으로 교육을 전사적으로 확대할 계획이다.

019
난이도 ★★★☆☆

시나리오 내용을 정보 보안 관점으로 봤을 때 문제가 있을 만한 사항은 무엇인가?

① 보안 교육을 전사적으로 확대할 경우 보안사고 사례를 통해 오히려 보안위협을 증대시키는 역효과를 낳을 수도 있다.
② 임직원 정보 보안 인식 제고 교육은 온라인으로 진행하여도 무방하며 오프라인 교육은 효과가 절감된다.
③ 기업의 임직원 정보 보안 교육에 사용되는 민감한 자료를 취급할 때 외부 강사를 초빙하는 것은 문제의 소지가 있다.
④ CCTV에 촬영된 영상은 교육 자료일지라도 그대로 사용하면 안 되며 얼굴을 블록, 모자이크 처리해야 한다.

애자일 프로젝트 팀에서 최종 목표를 위해 더 나은 제품을 빌드하는 데 도움이 되는 일일, 주별 또는 월별 작업을 개발자에게 할당하고자 한다. 애자일 프로젝트에서 팀은 제품 생성에 시간을 할애하고 프로젝트가 진행됨에 따라 조정 작업을 진행하고 있다. 애자일 방법론의 유연성 때문에 이 작업은 고정되어 있지 않으며 모든 작업을 완료할 것으로 예상되지도 않는다. 애자일 팀은 필요에 따라 작업의 우선순위를 다시 지정하기 위해 정기적으로 개선 작업을 수행하고 있다. 즉, 각 스프린트마다 항목을 개선하는 개선 회의를 지속적으로 수행하고 있으며, 이 개선 핵심 활동의 목적은 (1) 큰 항목을 (   )하고, (2) 더 이상 '무엇'에 대한 질문이 나오지 않을 때까지 구현이 임박한 항목을 (   )하고, (3) 규모, '가치', 위험 등을 (   )하는 것이다. 요약하자면 (가)의 활동을 수행하는 것이다.

020

난이도 ★★★☆☆

시나리오에서 이야기하는 내용은 구체적으로 무엇을 정의한 내용인가? 가장 알맞은 답을 선택하시오.

① 프로젝트 마일스톤(Project Milestone)
② 제품 백로그(Product Backlog)
③ 프로젝트 할 일 체크리스트(Project To-Do Checklist)
④ 업무 분류 체계(Work Breakdown Structure, WBS)

021

난이도 ★★★☆☆

시나리오에서 빈칸에 들어갈 항목들은 무엇인가? 적절한 것을 고르시오.

① 이해(understanding), 추정(estimate), 평가(evaluation)
② 분할(split), 평가(evaluation), 추정(estimate)
③ 정의(definition), 탐색(search), 선택(selection)
④ 분할(split), 명확(clarify), 추정(estimate)

022

난이도 ★★★☆☆

시나리오에서 구체적으로 정의한 내용에 대한 요소와 가장 관련이 없는 것은 무엇인가?

① 기능
② 버그 수정
③ 위험 분류
④ 지식 습득

금번 휴머니티 클리오 제약사에서는 획기적인 대머리 치료약을 개발했다. 이번 치료약은 임상을 전부 통과하고 시판을 앞둔 상황이다. 이 약은 발모에 획기적인 초안을 마련하는 계기가 되어 발매 전부터 전 세계 시장에서의 관심은 매우 뜨거운 상황이다. 그런데 최근 인사 처우에 불만을 가진 악성 내부자가 시판 전, 몰래 야간에 공장에 들어가서 탱크에 든 치료약에 이상한 약품을 첨가하였다고 본사 감사팀에 자수하였다. 현재 감사팀에서는 내부자를 조사하여 이상한 약품이 무엇인지 파악을 완료했으며, 자사 수석 연구원은 연구 결과를 토대로 다행히도 치료약 성능에는 전혀 영향을 미치지 않거나 또는 영향이 있더라도 미미한 수준이라고 경영진에게 보고한 상황이다.

현재 탱크에 있는 치료제 배양액을 전부 폐기하기에는 양이 너무 많아 자칫하면 회사에 위기를 가져올 수도 있으며, 함께 제약사를 믿고 투자한 많은 제3자 투자자들도 이러한 사실에 대해 전혀 동의하지 않는 상황이다. 이에 이사회에서는 출시일을 조금 늦추더라도 배양액 전량 폐기하기보다는 다른 방법을 선택하여 진행하는 것으로 결정했다.

023

난이도 ★★★☆☆

시나리오 내용을 감안할 때 어떠한 방법이 가장 좋은 대안인가? 가장 알맞은 답을 선택하시오.

① 랜덤 샘플링(Random Sampling)을 하여 이상이 없는지 확인해야 한다.
② 샘플링 후 다시 샘플링을 수행하는 2단계 샘플링(Two-stage Sampling)을 하여 표본 적중률을 높여야 한다.
③ 시간이 들더라도 전수 검사(Total Inspection)를 수행하여 안전을 우선시해야 한다.
④ 취락 샘플링(Cluster Sampling)을 수행하여 편중을 제거하도록 하여야 한다.

생명보험사 A 기업은 전국에 영업지점을 운영하면서 공격적인 오프라인 영업부터 온라인 다이렉트 상품까지 취급하고 있다. 최근 고객의 강력한 클레임이 있었는데, 타 보험사에서 자신의 가입된 보험 정보를 알고 있다는 것이었다. 최종적으로 밝혀진 바에 의하면 A 기업의 내부자가 고객의 개인정보를 지속적으로 빼돌려서 경쟁사에게 판매한 것으로 드러났다. 내부 감사를 통해 본사 정보운영팀 B 팀장이 유출자로 밝혀졌으며 매일 조금씩 고객 정보를 손으로 적어서 빼돌렸다고 실토했다. 다음은 지난 5년간 유출된 고객정보이다.

가. 고객의 이름, 전화번호, 주소, 성별, 나이대

나. 가입한 상품명과 상품의 유형, 주요 보장 항목

다. 주요 특약 항목과 보장사항

라. 고객의 보험 가입 일자 및 만기 일자

024

난이도 ★★☆☆☆

A 기업 본사의 정보운영팀 B 팀장은 지난 5년간 매일 한 건에서 두세 건씩 고객 정보를 직접 손으로 적어서 외부로 빼돌렸다. 이와 같이 오랜 시간 동안 눈에 띄지 않을 정도의 데이터를 지속적으로 유출하거나 금전적인 횡령을 하는 행위를 무엇이라고 하는가?

① APT 공격

② 살라미 공격

③ 스핀오프 공격

④ 백오피스 게이트웨이 공격

025

난이도 ★★★☆☆

A 기업의 B 팀장이 본사 정보운영팀에서 지난 5년간 고객정보를 빼돌린 사건으로 인해 정보보호 대응 방안을 마련해야 한다. 다음 중 가장 적절한 기술적 정보 보안 조치사항은 무엇인가?

① 디지털 저작권 관리(DRM) 솔루션

② 디지털 워터마크 + 출력물 보안 솔루션

③ 데이터 조회 이력 관리 + 이상 탐지 분석 솔루션

④ 데이터베이스 접근 통제 + 작업 결제 시스템

026

난이도 ★☆☆☆☆

B 팀장의 고객 정보 유출은 기술적 보안 솔루션으로 100% 완벽하게 예방할 수 없다는 것이 정보보호 담당자의 의견이다. 따라서 기술적 보안 이외에 관리적 보안 수단도 고려하기로 했다. 다음 중 B 팀장과 같은 사례에 대해 적용이 필요한 관리적 보안 방법은 무엇인가?

① 업무 순환

② 최소 권한의 법칙

③ 강제 휴가

④ 정기적인 전산 감사

구매 ID	구매 상품
1	사탕, 우유, 아이스크림, 빵
2	햄버거, 우유, 주스, 커피
3	사탕, 커피, 아이스크림
4	빵, 커피, 주스, 우유, 사탕
5	아이스크림, 빵, 우유
6	사탕, 아이스크림, 우유, 커피

027

난이도 ★★★★☆

시나리오의 표는 고객들의 구매 상품 리스트를 의미한다. 데이터 마이닝에서 연관 규칙(association rule) '사탕 → 아이스크림'에 대한 지지도(Support), 신뢰도(Confidence), 향상도(Lift Improvement)는 각각 얼마인가? 올바르게 계산하여 선택지에서 고르시오.

① 지지도 35%, 신뢰도 50%, 향상도 75%

② 지지도 35%, 신뢰도 75%, 향상도 100%

③ 지지도 50%, 신뢰도 75%, 향상도 125%

④ 지지도 50%, 신뢰도 75%, 향상도 150%

028

난이도 ★★★★☆

향상도(Lift Improvement)를 구한 값으로 상관관계를 다음 선택지에서 올바르게 고르시오.

① >1이므로 양의 상관관계이다.

② =1이므로 독립적인 관계이다.

③ <1이므로 음의 상관관계이다.

④ 위와 같은 공식으로는 상관관계를 파악할 수 없다.

공기업 A사는 규모 50여억 원의 지리 정보 시스템 프로젝트를 진행 중이며 B사가 수주하여 개발을 진행 중이다. 3단계 정보 시스템 감리 대상 프로젝트이며, 1개월 후 종료 감리가 예정되어 있다. A사는 B사에게 종료 감리 수행 전 자체적인 진단을 요청했으며 진단팀에는 A사 보안 담당자도 포함되었다. 프로젝트 자체 감리 결과 보고서 지적 사항 중에서 보안성 검토 및 시험 활동이 비기능 요구 사항과 일치하지 않으며 보안성 검토 결과 보고서가 누락되었다는 사항이 존재하였다. 이에 따라, A사의 정보 보안 담당자는 B사의 PM과 PL에게 종료 감리 지적 사항에 대해 빠른 대응을 요구한 상황이다. 지적 사항에 대한 조치는 종료 감리 이전에 빠르게 적용을 완료하고 그 결과를 발주사에게 보고해야 한다.

029

난이도 ★★★☆☆

보안성 시험 관련 지적 사항에 대한 상세 내용에 따르면 모의 해킹, 부하 테스트, Fail-over 사용성 시험은 적합으로 나왔으나 소스 코드 정적 점검에 대한 항목이 문제가 되고 있다. 이를 위해 프로젝트 팀에서 조치할 수 있는 사항으로 가장 적합한 활동은 무엇인가?

① 서브시스템의 개발자와 PL 단위 데일리 코드 리뷰를 수행한다.

② 소스 코드 커버리지 산출 도구를 사용하여 점검한다.

③ 우선순위가 높은 프로그램부터 순차적으로 소스 코드 보안 취약점 스캔 도구를 수행한다.

④ 핵심 모듈 프로그램에 대해 고급 개발자의 Pair Programming을 수행한다.

030

난이도 ★★★★☆

본 프로젝트의 수주사인 B사는 지리 정보 시스템 프로젝트뿐만 아니라 공기업 A사의 다른 중소형 프로젝트도 함께 수행 중이다. A사의 정보 보안 및 정보 전략에서는 비슷한 보안성 정적 점검 문제가 다른 프로젝트에도 존재하는지 점검한 후 분석/설계 단계에서부터 적용하기를 요청했다. 특히 자동화 도구를 사용하여 개발 공수에 영향을 최소화하는 것이 중요하다고 했는데, 이런 상황에서 적용하기에 가장 적합한 방식은 무엇인가?

① Fortify 도구를 빌드 & 배포 플랫폼에 연계하여 소스 코드 보안 취약점 점검을 적용한다.

② Front-end 개발자의 PC 웹 브라우저에 Proxy Tool Plug-in을 설치하고 가이드라인을 배포한다.

③ B사 PMO의 지원을 받아 보안 전문가의 모의 해킹 활동을 프로젝트 단계별로 수행한다.

④ 프로젝트 상주 감리의 검토를 요청하고 산출물을 사전에 보완하도록 한다.

물류 IT서비스를 운영하고 관련 소프트웨어를 개발하는 A사는 최근 가상 현실 관련 스타트업 개발사를 인수하기로 결정했다. A사는 20년의 업력을 가진 임직원 3,000여명 규모의 기업으로, CMMI, ISO 9001, ISMS-P, ISO 27001 인증을 받은 조직이다. A사는 최근 ISMS-P 인증을 준비하면서 조직과 시스템의 많은 항목을 개선하면서 보안 수준을 향상시킬 수 있었다. 하지만 인수 대상 스타트업 B 개발사는 조직, 시스템, 프로세스 등 모든 측면에서 A사에 비해 체계적이지 않으므로 인수 합병을 준비하면서 진단을 진행했다. 조직 전반적인 진단이 실시되었으며 그 중에서 보안 분야에 대한 지적 사항의 일부를 다음과 같이 정리했다.

가. 정보 자산의 식별 및 체계적인 목록화, 현행화 활동이 수행되지 않음

나. 발생 가능한 정보 보안 위험을 정의/평가하고 보호 대책을 수립하지 않음

다. 인력이 부족하여 개발자, 운영자, 보안 담당자, 자산 관리자 등 한 명이 여러 역할을 겸하고 있음

라. 개발자 도구를 이용해 누구나 운영 데이터베이스에 접근할 수 있으며 접속 기록을 관리하지 않음

마. 데이터베이스의 데이터 질의에 대해 통제 및 승인, 보고 기능이 수행되지 않음

031

난이도 ★★★☆☆

ISMS-P 인증 기준은 '관리 체계 수립 및 운영', '보호 대책 요구 사항', '개인정보 처리 단계별 요구 사항'으로 구분하여 총 102개의 기준으로 구성된다. 스타트업 B사의 보안 지적 사항 중 시나리오 속 '가', '나'의 경우 어떤 인증 기준에 대해 적합하지 않은 것으로 볼 수 있는가?

① 1.1 관리체계 기반 마련
② 1.2 위험 관리
③ 1.3 관리체계 운영
④ 2.1 정책, 조직, 자산관리

032

난이도 ★★★☆☆

진단 결과를 기반으로 스타트업 B사에 대한 잠재적인 위험을 정의 및 식별하고 해당 위험에 대해 체계적이며 정량적으로 분석하는 활동을 계획했다. A사는 정성적 위험 분석 기법보다 상대적으로 체계적인 정량적 위험 분석 기법을 도입하기 원하고 있다. 다음 중 정량적 위험 분석 및 평가 기법에 해당하지 않는 것은 무엇인가?

① 몬테카를로 시뮬레이션 기법
② 연간 예상 손실액(ALE) 기반 계산법
③ 발생 빈도×위험도 기준 우선순위 정렬법
④ 의사결정 나무 기법

스타트업 B사의 보안 지적 사항 중 '다', '라', '마'의 경우 각각 어떤 정보 보안 요구 사항 및 특성에 대한 지적 사항으로 볼 수 있는가? '다', '라', '마'에 대해 순서대로 가장 알맞은 항목은 무엇인가?

① 다: 직무 분리, 라: DB 접근 통제, 마: 작업 결재
② 다: 최소 권한의 원칙, 라: DB 암호화, 마: 로그 관리
③ 다: 직무 분리, 라: DB 접근 통제, 마: 인증
④ 다: 최소 권한의 원칙, 라: DB 접근 통제, 마: 내부 감사

 시나리오 문제: 34번

지방에 있는 영업부서에 문제가 있다는 내부 고발자의 제보에 따라 실사를 나가게 되었다. 실사를 나가보니, 담당 책임자의 근무 태만으로 업무 파악이 안 되어서 매월 은행계정 조정 업무를 수행하지 않는 것을 파악하였다. 즉, 본사 시스템이 존재하지만 연로한 담당 책임자가 컴퓨터를 다룰 줄 몰라 수작업으로 진행하고 있어 내부 통제가 전혀 가동되지 않고 있음을 인터뷰 수행 및 시스템 조사 결과 알게 되었다. 이러한 상황에서 계정 잔액이나 거래에 중요한 왜곡이 발생한 것으로 파악했으며, 일부 항목에서는 미수금이 $300,000가 발생되었음을 알게 되었다. 이 미수금은 거래 업체에서 아직까지 받지 못한 것으로 파악되며, 거래 업체에 연락을 해보니 3달 안으로 집행해 주겠다는 공식 메일을 수령하였다. 또한, 매월 은행계정 조정 업무를 수행하지 않아 회수되어야 할 $80,000 중에서 $30,000가 시스템에서 잘못 기표되는 바람에 직원에 의해 이미 유용되어 사용된 것을 파악하였다(그 직원은 향후 본사의 내부 방침에 따라 징계할 예정이다). 이는 시스템에서 누락된 것으로, 내부 통제 시스템에서 의해 전혀 방지되지 못하고 있었다. 본사와 지사 간에 네트워크가 아직 연결되지 않아, 본사에서 모든 지사의 현황을 파악하는 것에 한계가 있기 때문이다. 현재까지 감사 위원회에서 올해 수립한 허용되는 목표 감사 위험은 전체 매출액의 30% 수준으로 계획되어 잡고 있다. 본사에서 집계된 전년도 매출액은 대략적으로 $10,000,000 정도이다.

이러한 상황으로 비추어볼 때 감사인의 목표 적발 위험은 얼마가 될 것인지 계산하시오.

시나리오를 참조하여 목표 적발 위험을 계산하시오.

① 목표 적발 위험은 0 ~ 10% 이내이다.
② 목표 적발 위험은 10 ~ 20% 이내이다.
③ 목표 적발 위험은 20 ~ 30% 이내이다.
④ 목표 적발 위험은 30 ~ 50% 이내이다.

B2C 인터넷 서비스를 제공하는 A 기업은 24x7 무중단 비즈니스를 인터넷과 모바일로 서비스하고 있다. 올해 정보 시스템 예산을 확보하여 외부의 공격을 탐지하고 차단하며 대응할 수 있는 정보 보안 체계를 대폭 확충하고 보안 수준을 향상시켰다. 올해 초 경쟁사 B 기업의 모바일 서비스가 분산 서비스 거부 공격으로 인해 장애가 발생하면서 보안에 각별히 유의하고 있는 상황이다. 그러나 지난주 A 기업의 인터넷 및 모바일 전체 서비스에 대해 비슷한 DDoS 공격이 유입되면서 다양한 채널을 통해 서비스 장애가 감지되었다.

- IDC 관제 센터 내 실시간 모니터링 시스템의 알람
- 사이트 내 Q&A 게시글을 통한 문의 사항 유입
- 대표 콜센터의 '홈페이지 느림' 문의 전화 증가
- IT서비스 운영팀 개발 담당자의 APM 통지 메일 수신
- DMZ 내 침입 탐지 시스템의 비정상 패턴 탐지 메일 수신

035

난이도 ★★★☆☆

시나리오에서 A 기업 서비스에 대해 분산 서비스 거부 공격이 감행됐으며 이를 다양한 채널로 감지하게 되었다. 이와 같은 상황에서 A 기업이 서비스 장애를 감지하게 된 채널/방식이 아닌 것은 무엇인가?

① VOC(Voice of Customer)

② SR(Service Request)

③ CR(Change Request)

④ Monitoring Alert & Alarm

036

난이도 ★★★☆☆

인터넷 및 모바일 서비스에 분산 서비스 거부 공격이 유입되어 1차적으로 분석한 결과 HTTP Query String을 이용한 서비스 거부 공격이 가장 비중이 컸다. 이 상황에서 우선적으로 조치해야 할 사항으로 다음 중 가장 적합하지 않은 것은 무엇인가?

① 데이터베이스 읽기 전용 노드의 병렬적 확장

② 웹 서버와 웹 애플리케이션의 클라우드 프로세서 자원 확장

③ 방화벽/침입 탐지 시스템을 이용한 유입 IP 대역 차단

④ 클라우드 서비스 이용 시 시스템 자원의 일시적 확장 요청

당신은 특채로 채용된 IS 감사자이다. A 주식회사는 모델 에이전시 전문 업체로 해외에 많은 지사를 두고 있다. 몇 년간 한국의 여러 엔터테인먼트 사업이 성공적으로 진행되었고 마무리됨에 따라 해외에서 많은 러브 콜 요청이 있었다. 이에 한국보다는 해외에서 활약하고 있다. 급격하게 해외 진출을 서두르다 보니 정보 시스템의 수요가 많이 따라가지 못하는 상황이 발생하고 있다.

특히 유럽에서 한국 엔터테인먼트 사업의 인기가 절정인지라, 당신은 지금 A 유럽 해외지사 폴란드에 파견되었다. 그런데 러시아와 인접국에서 전쟁이 발발하여 전기와 수도 공급이 원활하지 않은 상황이고 물가는 서서히 폭등하기 시작했다. 무엇보다 밀려드는 피난민 행렬에 도시는 매우 혼잡한 상황이다. 언제 어떻게 치안이 무너질지 알 수 없는 상황이 발생되고 있다. 현재 상황을 본사에 보고했고, 겨울이 오면 전쟁도 서서히 마무리가 될 것이고 현재 폴란드는 전쟁 반발 국가가 아닌 인접 국가이기 때문에 조금 더 상황을 지켜보자는 이사회의 지시가 내려졌다. 지금 폴란드 지사에서 철수하게 되면 또 다른 한국 경쟁 업체인 헝가리의 B 주식회사에게 완전히 밀릴 수 있는 상황이므로 필요한 지원을 해줄 테니 조금 더 이해하고 기다려 달라는 요청이다. 또한, 경영진에서는 인접 국가에서 전쟁이 발생한 것이 주가에 상당한 영향력을 주고 있다며, 여기서 철수하면 회사에 많은 악영향을 끼치게 되고 VIP 투자자들의 손실이 매우 크게 되므로 계속적으로 상황을 주시해 달라고 요청이 왔다. 이러한 상황에서 어떤 일이 발생할지 아무도 예측이 어려우므로 감사자인 당신은 현재 폴란드 지사의 정보 시스템의 현황을 다시 한번 상세하게 파악하고 있다.

037

난이도 ★★☆☆☆

시나리오로 볼 때 인접 국가의 전쟁 발발은 무슨 위험과 연관성이 있는 것인가?

① 감사 위험
② 고유 위험
③ 적발 위험
④ 통제 위험

038

난이도 ★★☆☆☆

시나리오로 볼 때 경영진과 이사회의 지시 사항은 전략적으로 어떠한 위험 대응 방법을 사용하는가?

① 위험 회피(Risk Avoidance)
② 위험 절감(Risk Reduction)
③ 위험 전이(Risk Transference)
④ 위험 수락(Risk Acceptance)

039

시나리오에서 인프라(TA)를 담당하고 있던 루마니아 업무 리더가 전쟁이 발생하여 가족이 있는 루마니아로 돌아가야 한다고 한다. 당신은 다른 대체 직원을 찾아보았지만, 수행할 인력을 찾지 못하는 상황이다. 따라서 지사의 의사 결정자인 당신은 루마니아 직원의 요청을 묵살하고 있다. 단, 조건은 적당한 인력을 구할 때까지 이며 본사와 연락하여 인센티브를 더 올려 주기로 하였다. 그렇다면 현재 당신이 수행하고 있는 위험 대응 방법은 무엇인가?

① 위험 회피(Risk Avoidance)

② 위험 절감(Risk Reduction)

③ 위험 전이(Risk Transference)

④ 위험 수락(Risk Acceptance)

040

난이도 ★★☆☆☆

정보 시스템 현황 파악 보고에 따르면 현재 긴급으로 처리할 업무는 없으며 대략적으로 재난이 닥치더라도 업무 재개가 일주일 이내에 이루어지기를 바란다고 한다. 또한, 해당 탑-시크리트 모델과 고객의 민감한 정보는 전쟁 반발 전에 이미 다른 지사로 백업해 놓았다고 한다. 따라서 폴란드 지사에 남아 있는 데이터는 민감(Sensitive) 등급으로써, 용인될 수 있는 데이터 유실량은 일주일 이내에 복구하면 된다고 한다. 그렇다면 감사자인 당신은 가성비와 효과성을 산정하였을 때 어떻게 할 예정인가? 다음 선택지에서 고르시오.

① Mirror Site   ② Hot Site

③ Warm Site   ④ Cold Site

041

난이도 ★★☆☆☆

데이터를 복구하기 위한 대응 전략으로 인터넷 데이터센터(Internet Data Center, IDC)를 대체 사이트로 선정하려고 한다. 동료는 여러 군데의 후보지를 찾아서 당신에게 알려주었다. 당신은 다음 선택지에서 대체 사이트를 어디로 할 것인지 충분히 고려하여 결정해야 한다. 그리고 이사회와 경영진에게 가장 적합한 사이트를 우선순위를 선정하여 보고하려고 한다. 다음 선택지에서 다른 선택지와 비교할 때 우선순위가 가장 떨어지는 항목을 고르시오.

① High Flexibility(고유연성)

② Security Optimization(보안 최적화)

③ High Density(고밀도)

④ Management Optimization(관리 최적화)

220   정보보안 1000제 … 문제편

A 기업은 보안 등급이 매우 높은 연구 시설이다. A 기업에 근무하는 직원은 스마트폰에 반드시 MDM(Mobile Device Management) 애플리케이션을 설치해야 한다. MDM 애플리케이션은 설치된 디바이스를 강력하게 통제하는 보안 솔루션이며, 이 건물에 출근할 때 MDM 설치 여부를 보안 직원에게 확인받아야 한다. 또한, 보안 게이트를 빠져나갈 때 무작위로 불시점검을 진행하여 설치 여부를 2차로 확인한다. 또한, 모바일 사원증까지 적용하여 스마트폰 하나로 통합 관리를 할 수 있게 되었다.

042

난이도 ★★☆☆☆

다음 중 사용자의 스마트폰에 설치되어 있는 MDM 보안 솔루션이 대응하거나 조치할 수 있는 보안 위협 또는 취약점으로 적절하지 않은 것은 무엇인가?

① 비인가 핫스팟 생성 및 접속 통제　　② 사진 및 영상 촬영 차단
③ 블루투스 디바이스 연결 및 자료 전송 통제　　④ 건물 내 음성 및 영상 통화 녹음

043

난이도 ★★☆☆☆

A 기업의 연구원 B 씨는 모바일 사원증과 MDM을 오랫동안 살펴보면서 NFC 네트워크로 동작하며 일부 허점이 있다는 것을 알아챘다. 모바일 데이터, Wi-Fi, 블루투스 등 통신망을 모두 비활성화한 비행기 모드에 비슷한 상태로 모바일 사원증을 찍고 보안 게이트를 통과한 것이다. 모바일 사원증으로 출입했으나 스마트폰의 MDM은 활성화되지 않은 상태이므로 무단으로 주요 자료를 사진과 영상으로 촬영하고 이를 외부로 발송한 후 MDM에 접속했다. 이러한 문제를 해결할 수 있는 방법으로 가장 적절한 것은 무엇인가?

① MDM이 설치된 스마트폰은 모바일 데이터를 비활성화할 수 없도록 통제하고 비행기 모드도 차단한다.
② 스마트폰 MDM 클라이언트 모듈이 서버의 요청에 응답한 이후에 보안 게이트 출입을 허용하도록 한다.
③ 무선 데이터에 대해 스니핑을 수행하고 비인가 자료에 전송 시 이를 추적한다.
④ 건물 전체에 WiFi 핫스팟 생성을 차단하는 보안 장비를 구축한다.

044

난이도 ★★☆☆☆

NFC(Near Field Communication) 네트워크 기술은 근거리 통신 표준이며 스마트 카드, 모바일 사원증, 교통 카드 등 다양한 분야에 활용된다. NFC 표준과 관련된 설명으로 가장 올바른 것은 무엇인가?

① 13.56MHz 주파수 대역　　② ISO/IEC 15543 표준
③ IEEE 802.15.4 표준　　④ 424Mbit/s 통신 속도

당신은 프로젝트 관리자로 A 법률사무소 정보 시스템 구축 프로젝트에 투입되었다. 이 프로젝트는 처음 제안 단계 때부터 타당성 검토 시 고객의 요구 사항이 명확하지 않아 파악하기 힘들었지만, 그보다 프로젝트를 시작함에 있어 고객사의 키 맨(Key-man)들이 프로젝트에 투입되었어야 했음에도 불구하고 투입되지 않았다. 가장 큰 문제는 그나마 투입되었던 인력들도 각종 크나큰 소송 건으로 대처하느라 바빠서 자리를 비우기가 일쑤였다. 이에 고객사에서는 올바른 요구 사항이 잘 취합되지 않는 문제와, 당신이 법률사무소의 일에 익숙하지 않아 정보 시스템에 요구 사항을 녹이는 일이 쉽지 않은 상황이다. 그래서 당신은 다른 많은 이해관계자와 인터뷰를 시행하고, 타 법률사무소 프로젝트 구축 경험이 많은 기능 관리자에게 자문을 받아 프로젝트를 수행하고 있다. 하지만 법률사무소의 특성상 기존 전산 시스템의 인프라가 잘 구축되어 있지 않고 가동 시간 대비 고장 시간 및 수리 시간이 상당히 많은 상황이었다. 이에 당신은 여러 가지 지표를 분석하여 프로젝트 스폰서에게 보고서를 준비하려고 한다.

상태	가동 1	고장 1	가동 2	고장 2	가동 3	고장 3
시간(분)	20	5	15	3	30	8

045
난이도 ★★★☆☆

시나리오의 측정 지표로 정확한 평균 고장 시간(Mean Time To Failure, MTTF)을 구하시오(소수점 이하는 삭제).

① 17
② 19
③ 21
④ 23

046
난이도 ★★★☆☆

시나리오의 측정 지표로 정확한 평균 수리 시간(Mean Time To Repair, MTTR)을 구하시오(소수점 이하는 삭제).

① 3
② 4
③ 5
④ 6

047
난이도 ★★★☆☆

시나리오의 측정 지표로 정확한 평균 고장 간격(Mean Time Between Failure, MTBF)을 구하시오.

① 15
② 27
③ 33
④ 46

048

시나리오의 측정 지표로 정확한 가용도(Availability)를 구하시오.

① 50% ② 60%

③ 70% ④ 80%

049

난이도 ★★★☆☆

시나리오의 지표를 토대로 한 공식 보고서 제출 후, 스폰서는 당신에게 상당히 만족스러운 평가를 하였다. 이에 당신에게 다른 사이트에 대해서 서비스 정지로 인한 비용을 측정해달라고 부가적으로 부탁하였다. 그 사이트를 알아보니 온라인 쇼핑몰 주문 업체였고 하루 수입이 대략적으로 1억 원정도 되었다. 이 사이트는 오후 12시부터 6시간 동안 정전되었고 긴급으로 복구했지만, 어쩔 수 없이 3시간 동안은 서비스가 불가능하였다. 회사의 일일 거래량이, 정지된 시간에 대략적으로 평균 60%가 이루어진다면 서비스 정지로 인해 발생한 이 사이트의 손해액은 어느 정도로 측정되는 것인가?

① 1천만 원 ② 3천만 원

③ 5천만 원 ④ 7천만 원

050

난이도 ★★★☆☆

앞 문제의 온라인 쇼핑몰의 상황을 보았을 때, 해당 문제는 결국 무엇을 묻는 문제인가? 가장 알맞은 답을 고르시오.

① MTTF

② MTTR

③ MTBF

④ Availability

051

난이도 ★★★☆☆

여러 가지 측정 지표와 설명이 올바르게 나열되지 않은 것을 고르시오.

① MTTR: 제품의 보전성

② MTBF: 제품의 신뢰성

③ MTTF: 제품의 수명

④ MTBSI: 제품의 가용성

당신은 경험이 많은 IS 감사자로, 긴급하게 이사회 승인으로 A의 팬 사인회 프로젝트에 고문 역할로 투입되었다. 프로젝트 관리자(PM)는 전의 프로젝트에서 업무 리더를 수행하다가 인정받아 이번에 프로젝트 관리자로 임명되었다. 하지만 아직 프로젝트 경험이 많지 않아 어쩔 수 없이 당신에게 기대하는 바가 크다. PM과 인터뷰를 수행해 보니, 현재 프로젝트가 WBS상 상당히 많이 진척이 되었음을 알 수 있었지만 정확한 판단이 어렵다고 답했다. 사유를 들어보니 사인회 물품이 생산 차질이 생겨 일정 변동이 생길 것 같으며 그로 인해 정확한 비용 변동과 함께 계획된 완료 일자에 대해 얼마나 부가적으로 영향을 미치는지 파악하고 싶다고 한다. 프로젝트는 총 8개월이 소요될 예정이며 현재 4월말 시점에 프로젝트 관리 기록에 다음과 같이 관찰된 누적 지표가 표시되었다.

▶ 누적 지표
- 실제 비용(AC): 130
- 획득 가치(EV): 80
- 계획 가치(PV): 100
- 완료 시 예산(BAC): 200

052

난이도 ★★★☆☆

시나리오를 토대로 EAC(Estimate to Complete)를 계산하시오(소수점 이하는 삭제).

① 125
② 265
③ 332
④ 371

053

난이도 ★★★☆☆

계산된 EAC를 토대로 현재 프로젝트 상황은 어떠한 상황인가? 가장 알맞은 답을 선택하시오.

① 전체적으로 100 이상이 초과된 상황이며, 완료 시 예산에 비해서는 50% 이상으로 적정한 수준이다.
② 전체적으로 200 이하의 초과된 상황이며, 완료 시 예산에 비해서는 50% 미만으로 미약한 수준이다.
③ 전체적으로 100 이상이 초과된 상황이며, 완료 시 예산에 비해서는 80% 이상으로 상당한 초과 수준이다.
④ 전체적으로 200 이하의 초과된 상황이며, 완료 시 예산에 비해서는 80% 이상으로 상당한 초과 수준이다.

054

난이도 ★★★☆☆

프로젝트가 현재 비용 차이 및 비용 성과 지수로 계속 수행하여 진행된다고 가정할 경우 완료 시 추정은 어떻게 계산되는가? 가장 알맞은 답을 선택하시오(소수점 이하는 삭제).

① 256

② 311

③ 322

④ 365

055

난이도 ★★★☆☆

현재 계산된 EAC를 토대로 앞으로의 프로젝트 상황은 어떠한 상황인가? 가장 알맞은 답을 선택하시오.

① 프로젝트 예산 초과가 100 이하 발생한다.

② 프로젝트 예산 초과가 150 이하 발생한다.

③ 프로젝트 예산 초과가 200 이상 발생한다.

④ 현재 계산식으로는 앞으로의 프로젝트 예상 예산치는 알 수가 없어 부가적인 정보가 필요하다.

 시나리오 문제: 56~57번

당신은 TA(Technical Architect)이자 PMO(Project Management Office)의 담당자로서 다수의 시스템 개발 프로젝트에 기술적으로 지원하고 있다. 최근에 오픈한 대외계 시스템에서 응답 시간 지연 및 성능 저하 문제가 심각하게 발생하여 이슈 관리를 진행 중이다. 이슈 관리의 결과의 일환으로 전체 프로젝트에 적용할 개발자를 위한 Database SQL 개발 가이드를 배포할 예정이다. 다음은 개발 가이드의 일부이다.

가. Nested Loop Join 사용 시 Driver Table의 검색 조건 필드는 인덱스가 설정되어야 한다.

나. SELECT 구문에는 전체 선택 (*)이 아닌 특정 칼럼을 직접 지정한다.

다. FTS(Full Table Scan) 방식은 제거하고 Index Scan으로 변환한다.

라. 조인해야 하는 테이블이 7개 이상이라면 최적화를 고려한다.

마. BLOB(Binary Large Object) 칼럼은 꼭 필요할 때, 조회한다.

056

난이도 ★★★★☆

Database SQL 개발 가이드의 일부 항목을 발췌한 시나리오의 사례를 참고했을 때, 실제 개발 시 적용하면 문제가 될 수 있는 항목은 무엇인가?

① 가

② 다

③ 라

④ 마

운영 중인 서비스에서 A 업무에 필요한 증적을 위해 이미지 첨부를 추가해 달라는 요건이 발생했다. A 업무의 원장 테이블에 바이너리 칼럼을 추가하고 배치 프로그램으로 이미지 리파지토리에서 추출하여 테이블에 추가했다. 이 작업이 완료된 후 특정 화면의 응답 속도가 지연되고 데이터베이스 자원 사용량이 증가했는데, 그 원인은 프로그램에서 SELECT * FROM 구문을 사용했기 때문이다. 이에 대한 개선 사항으로 올바르지 않은 것은 무엇인가?

① 프로그램의 SELECT * FROM 구문을 SELECT 칼럼명 FROM로 변경한다.
② 반정규화를 수행하여 원장 테이블에서 증적 파일 테이블을 분리한다.
③ Data Deduplication 솔루션을 적용해서 바이너리 용량을 줄인다.
④ 증적 파일 조회용 함수를 별도 개발하여 필요한 곳에서만 호출한다.

시나리오 문제: 58번

시스템 통합 전문 기업 A사는 SCM 프로젝트를 수주하여 개발 중이며 현재 인수 테스트 단계를 앞두고 있는 상황이다. 발주사는 프로젝트의 완성도 검증과 안정적인 시스템 오픈을 위한 일환으로 설계 및 개발 전반에 대해 보안성 점검 활동의 적정성을 검토하고 그 결과를 확인했다. 다음은 SCM 프로젝트의 소프트웨어 개발 생명 주기 보안성 점검 활동 및 적정성 수준 검토 결과이다. 이 항목을 참고하여 다음 물음에 답하시오.

가. 적합: 소스 코드 인스펙션 기준 항목 중 보안 취약점 필수 포함

나. 미흡: 배포 및 릴리즈 절차와 연계한 자동화된 보안성 검토 구현

다. 적합: 주요 프로그램에 대한 주기적인 코드 리뷰 진행

라. 적합: 코드 리뷰 진행 시 개발자, 선임 개발자, 보안 담당자 참여

마. 부적합: 운영 애플리케이션 서버 내 소스 코드 저장 금지

A사 SCM 프로젝트에 대해 보안성 점검 활동의 적정성을 검토한 결과를 보았을 때 발주사는 프로젝트의 (가) 활동을 중점적으로 검토한 것으로 판단된다. (가)은 프로그램의 구조와 소스 코드를 기반으로 검토하는 활동으로 개발자와 개발 리더의 참여가 필수적인 활동이다. 프로젝트의 보안 수준 향상을 위해서는 (가)뿐만 아니라 애플리케이션과 프로그램을 수행해보는 (나) 활동의 적정성도 검토할 필요가 있다. (가)와 (나)에 들어갈 용어는 무엇인가?

① 가: 모의 해킹, 나: 소스 코드 테스트
② 가: 블랙박스 점검, 나: 화이트박스 점검
③ 가: 구조 기반 점검, 나: 논리 기반 점검
④ 가: 정적 보안성 점검, 나: 동적 보안성 점검

당신은 업계에서 유명한 감사자로, 이번에 A 엔터테인먼트 회사에 컨설팅을 수행하러 나가게 되었다. 감사자 중 한 명이 ERP 운영 서버 시스템에 대해서 샘플링 감사를 수행하던 중에 외상 매입금에 대해서 뭔가 이상하다는 느낌이 들어, 구매자재(MM) 모듈의 인보이스(송장) 테이블 및 벤더 테이블을 심도 있게 조사하게 되었다고 한다. 그랬더니 소모품(Consumable material) 제공업자가 들어있는 보조 벤더 마스터 테이블뿐만 아니라 외상 매입금 테이블까지 데이터를 입력/수정/삭제할 수 있는 유지 보수 권한을 가지고 있다는 것을 확인하게 되었다. 이에 과거 담당자 인터뷰를 수행하여 원인을 파악해 보니, 이유를 자세하게 알 수 있었다. 이유는 기존에 ERP 시스템 구축을 담당하였던 사람이 운영에서 잦은 결함의 발생으로 인해 편의상 수정하기 쉽게 하기 위해 그러한 권한을 가지고 있었고, 이후 퇴사하면서 부사수에게 업무를 인수 인계하면서 권한을 그대로 이양하게 되었다고 한다. 이는 예전 구축 프로젝트에서는 예산과 ERP 시장에 전문 인력이 별로 없어 설계/개발 인력이 충분치 않았고, 업무 분리(SoD)를 하지는 않았지만 다른 보완 통제가 존재하여 크게 문제가 되지 않았다고 한다. 어찌되었던 감사 보고서를 경영진에게 제출하면서 경영진은 이 부분에 대해서 보고를 받게 되었으며 전적으로 통제의 허점이라는 것을 알게 되었다. 이후 전산팀장을 불러서 통제를 강화하라는 지시를 내렸고 팀장은 이에 적극적으로 동의하였다.

059

시나리오를 기반으로 감사자의 입장에서 추후 경영진이 어떻게 시정 조치 완료 결과를 받을 것이라고 기대하겠는가?

① 인보이스 테이블과 보조 벤더 테이블을 비교하여 승인되지 않는 레코드가 존재하는지 전수 검사를 수행한다.

② 직무 분리가 적절히 준수된다는 것을 확인하기 위해 유지 보수 담당자를 다른 부서로 전배시켰다.

③ 인보이스 시스템 송장을 권한 없이 입력하지 못하도록 재무 관리자의 결재 상신 프로세스를 추가하였다.

④ 제3의 담당자가 두 가지 테이블을 수정하지 못하도록 유지 보수 담당자의 권한을 전부 수정하였다.

당신의 회사는 이번에 효율적인 인력의 전환 배치를 위해 최고 경영진의 강력한 의지와 지원으로 업무 프로세스를 재설계(BPR)하라는 지시를 받았다. 감사팀과 인사팀은 이번 계기로 회사 내 다양한 사람들과의 인터뷰 및 설문지를 통해 조사를 수행하였으며 해당 조사 결과는 다음과 같았다.

첫째, 임금 피크인 세대와 이번에 새롭게 입사한 Z세대와의 새로운 정보 시스템 운영 능력의 차이로 세대 간의 커뮤니케이션 갈등이 있었다. 둘째, 공장 생산팀과 본사 관리팀 사람들 사이에 연봉 인상 문제와 함께 직원들의 처우 개선 문제로 갈등이 존재하고 있었다. 마지막으로 남자와 여자 간의 젠더 갈등 문제는 조사한 결과 생각보다 조금 심각한 수준이었다. 여직원들은 회사가 생산 공장이다 보니 남성 연대 위주로 운영이 되고 있다고 생각하며, 유리 천장 승격부터 연봉 인상까지 많은 불만이 존재하고 있었다. 더구나 고위 관리직군에서 일부 성인지 및 성추행 문제도 존재하고 있음을 파악하였다. 인사팀에서는 여러 가지 방안을 고민한 결과, 효율적인 인력을 적재적소에 배치하도록 하여 업무의 효과성에 초점을 맞추도록 다양한 교육 프로그램 및 행사 그리고 상벌 제도를 준비 중에 있다.

하지만, 이번에 해외에서 큰 프로젝트를 수주함에 있어 상당수 많은 우수한 인력들을 전부 프로젝트에 투입했고 기존의 방안 전파력이 저조하게 진행되고 있었다. 프로젝트에 투입된 인력들은 회사에 매출에 기여한다는 생각으로 상당히 고무된 느낌이 강하게 작용하나, 이에 반해 프로젝트에 투입되지 않는 인력들은 상실감과 박탈감을 느끼고 있었다. 본사의 분위기는 극과 극으로 나뉘게 되었으며 경영진과 이사회에서는 다시한번 인사팀의 기능 부서장을 중심으로 TF를 새롭게 구성하여 관리팀과 함께 이 문제를 타개해 보라고 지시를 내린 상황이다. 그래서 업무 프로세스 재설계(BPR)팀은 핵심 성공 요소(CSF)를 도출하여 단기간에 인사의 갈등을 해소함과 동시에, 효과적이고 효율적인 내부 통제를 설정하도록 하고, 장기적으로는 상하 간의 예의를 기반으로 혁신적 기업 문화의 형성, 경영시스템의 효과성과 효율성, 유연성의 증가로 이어져서 기업의 경쟁력 제고에 도움이 되도록 목표를 추진 중에 있다.

060

난이도 ★★★☆☆

시나리오에서 핵심 성공 요소(CSF) 도출은 상당히 중요하다. 이러한 상황에서 감사자인 당신은 핵심 성공 요소를 어떻게 가장 효율적으로 도출할지 다음 선택지에서 고르시오.

① MIT 정보 시스템 연구 센터(Certified Insurance Service Representative, CISR)의 가이드를 토대로 근본 원인 분석(Root Cause Analysis)을 실시한다.

② SWOT와 균형 성과표를 작성하여 절충되는 부분을 핵심 성공요소로 정의를 하고 BPR팀에게 자문을 제공한다.

③ 내부 통제 자체 평가(CSA)를 효율적으로 수행하여 핵심 성공 요소(CSF)를 도출하는 데 기여한다.

④ 핵심 성과 지표(Key Performance Index, KPI)를 인사팀과 협의하여 경영진에게 보고를 수행한다.

당신은 A 정밀회사 본사에서 파견된 특별 감사자이다. 이번 특별 감사를 실시하게 된 이유는 외부 고발자가 회사 시스템에 무엇인가 문제가 있는 것 같다고 제보했기 때문이다. 외부 고발자는 자세한 이야기를 꺼려했지만 구매 시스템에 허점이 있는 것 같다고 언질을 줬다. 특별 감사를 실시한 결과 다음과 같은 사항을 파악하게 되었다. (참고로 구매 시스템은 영세한 정밀회사 특성상 대부분 수작업으로 진행되고 있었으며, 전산 시스템도 SAP ERP가 아닌 일반 중소기업 ERP를 사용하고 있었다. 이에 시스템의 재고 관리도 완벽하지 않음을 확인했다.)

첫째, 벤더에게 수표를 이중으로 지급하고 있었다. 이는 벤더 마스터에 동일한 해외 업체가 이중 등록되어 있음을 파악하였으며 프로그램 개발 실수로 인보이스(송장)가 동시에 이중 발송되고 있음을 시스템상에서 확인하였다. 둘째, 검수 부서에서는 재고를 확인하고 기록하기 위하여 구매 주문서(Purchase Order, PO)를 받고 있었다. 구매 주문서는 벤더의 이름과 주문된 양만 적혀 있었다. 감사자인 당신은 바로 구매팀장 및 구매 담당자와 인터뷰를 실시하였고 이 부분에 대해서 컨설팅을 수행하여 가이드를 제시하였다. 또한, 전산 시스템 프로세스에 문제가 있음을 경영진에게 보고를 수행하였으며 이에 대해 조속히 프로세스 시정 조치 요청을 하게 되었다.

061

난이도 ★★★★☆

시나리오상 첫 번째 문제는 전산 담당자가 해외 출장을 간 상황이라 바로 시스템을 수정하기에는 시간이 걸린다고 하였다. 이에 벤더에게 이중 지급을 예방할 수 있는 예방 및 보완 통제는 무엇인가? 다음 선택지에서 가장 적당한 것을 고르시오.

① 인보이스 계정에서 비용 지출을 검토하고 이후 타당하다면 수표 담당 직원이 벤더에게 직접 발송하도록 요청한다.
② 수표 지급을 담당하는 직원과 이중 지급이 연관성이 있으므로 타 부서로 전배를 요청한다.
③ 수표가 발행이 되면 입증 자료를 검토하고 입증 서류가 타당하다면 무효화를 시키는 프로세스를 도입한다.
④ 구매 요청서(Purchase Requisition, PR)부터 문제가 발생하였다고 보기 때문에 구매 요청서를 제3의 담당자가 검토하여 진행할 수 있도록 부가 프로세스를 도입한다.

062

난이도 ★★★★☆

시나리오상 두 번째 문제는 검수 부서에서 재고를 확인하고 기록하기 위하여 구매 주문서(PO)를 받고 있으며 구매 주문서에는 벤더의 이름과 주문된 양만 적혀 있었다. 이로 인해서 발생할 수 있는 이슈는 무엇인가? 가장 관련성이 있는 것을 선택하시오.

① 벤더에게 똑같은 수량으로 이중 지급
② 일부분만 배달된 배송 물품에 대해서 초과 지급
③ 벤더의 납기 지연 발생
④ 창고 재고 전수 실사 기록 지연

최근 대형 프로젝트가 종료되고, 시스템이 오픈한 후 일정 시간 안정화를 거쳐 서비스가 정상적으로 제공되고 있다. 시스템 구축 프로젝트 및 ITO 운영 사업의 발주사는 오픈 시점에 맞춰 전산 감사를 수행했다. 전산 감사의 초점은 프로젝트의 인력의 이동이 대거 발생하는 과정에 주목했다. 시스템 구축 프로젝트 기간 동안 설계자, 개발자 등의 인력들이 투입되고 최종적으로 해제되는 절차 중에 일부는 다음과 같았다.

가. 프로젝트 투입 시 보안 서약서를 작성 및 서명하고 원본을 제출한다.

나. 개발자들은 자신의 노트북 자산을 사용할 수 있으며 투입과 해제 시 포맷을 진행한다.

다. 보안 서약서 및 이력서 등 개인정보는 프로젝트 해제 시 파기한다.

라. 프로젝트 안정화 및 장애 대응을 위해 해제 후 30일간 계정을 유지한다.

마. ITO 인력의 빈번한 교체를 효과적으로 운용하기 위해 ITO 전용 계정 10개를 공유한다.

063
난이도 ★★★☆☆

시나리오에서 설명한 개발 및 운영 프로젝트에 대한 인력 및 계정 절차 중에서 ISMS-P, ISO 27001, PIMS 등의 정보 보안 관점에서 보았을 때 문제가 될 항목은 무엇인가?

① 보안 서약서는 사본으로 제출하고 원본은 투입 인력에게 제공해야 한다.

② 투입 인력의 보안 서약서는 일정 기간 보유한 후에 파기해야 한다.

③ 개발자들은 발주사에서 제공하는 개발 장비만을 사용해야 한다.

④ 프로젝트에서 해제된 인력에 대한 계정과 권한은 즉시 삭제 조치해야 한다.

자바 개발자인 A씨는 새로운 업무를 담당하게 되어 5년 전에 활동했던 개발자 커뮤니티 B 사이트의 정보가 필요해졌다. B사이트에 로그인하려고 했으나 암호가 틀려서 로그인할 수 없었다. 계정 정보가 기억나지 않는 A씨는 비밀번호 찾기를 진행했고 이름과 이메일을 입력해서 비밀번호를 요청했다. 자신의 이메일로 잊고 있던 비밀번호를 받아서 그 정보로 로그인할 수 있었고 과거에 저장했던 커뮤니티 자료를 유용하게 활용했다.

064
난이도 ★★☆☆☆

시나리오에서 개발자 A씨가 커뮤니티 B 사이트에 로그인하는 과정에서 해당 사이트에서 우려되는 보안 취약점이나 해킹 이슈가 아닌 것은 무엇인가?

① Brute-Force Attack을 이용한 로그인 공격

② 내부자에 의한 비밀번호 정보 외부 유출

③ 개인정보보호법 위반 우려

④ 스크립트 삽입 공격을 통한 시스템 장애 유발

A 시스템은 리눅스 운영체제, 오라클 데이터베이스, 웹 로직 애플리케이션 서버, 아파치 웹 서버의 구조로 구축되어 있다. 데이터베이스 관리자는 보안 담당자와 함께 오라클에 관리자 권한을 가진 SA 계정을 보호하고 사용자와 개발자에게 최소 권한을 부여하도록 체계를 수립했다. 오라클에 계층별 역할을 생성한 후 데이터베이스, 테이블스페이스, 테이블 그리고 DML, DDL, DCL 쿼리문에 대한 권한을 상세하게 부여했다. 최근 리눅스 운영체제와 오라클 데이터베이스 패치를 진행했다. 그 이후 일부 사용자들에게 애플리케이션 권한 오류가 발생하여 서비스 데스크를 통해 오류가 접수되고 있다. 운영팀에서 일시적으로 권한을 재설정하면서 대체하는 중이며 접수되는 오류의 빈도가 증가하는 추세에 따라 해결이 필요한 시점이다.

065

난이도 ★★★☆☆

시나리오에서 A 시스템의 데이터베이스 시스템에 적용된 접근 통제(접근 제어) 모델은 무엇인가?

① ACL
② MAC
③ RBAC
④ DAC

066

난이도 ★★★☆☆

A 시스템의 사용자들 중에 일부가 애플리케이션 권한 오류가 발생하고 있으며 이를 서비스 데스크 접수한 후, 운영팀에서 임시 조치를 진행하고 있다. 서비스 데스크는 권한을 재설정할 수 없고 운영 담당자가 처리하도록 되어 있으므로 (가)를 통해 처리하고 있다. 프로그램 변경을 유발하지 않으므로 변경 관리 프로세스를 진행하지 않고 빠른 당일 조치를 목표로 하고 있다. 하지만 오류가 지속적으로 증가함에 따라 (나)를 통해 근본 원인을 분석하고 해결책을 도출하는 절차가 필요해졌다. (가)와 (나)에 들어갈 용어는 무엇인가?

① 가: 인시던트 관리, 나: 문제 관리
② 가: 인시던트 관리, 나: 이슈 관리
③ 가: 형상 관리, 나: 인시던트 관리
④ 가: 문제 관리, 나: 이슈 관리

당신의 회사는 신규 벤처 업체로 시장에 납품하는 제품의 품질은 우수하나 자본과 함께 투자금이 매우 저조한 상황이다. 특히 요즘같이 팬데믹으로 인한 불경기에는 시장에 자금이 고갈되면서 투자와 대출을 받기도 쉽지 않은 상황이다. 이에 향후 장기적으로 미래를 보고 투자를 받아 진행했으나 기업 거버넌스에 맞는 IT 시스템을 구축하는 것이 여간 힘든 게 아니다. 이에 한 가지 편법으로 조직에서 다른 서버에서 제공하는 가용 리소스를 활용하여 ERP와 같은 비즈니스 응용 프로그램을 같이 실행하고 있다. 비즈니스 연속성 입장에서는 상당한 위험이 존재하나, 현재로서는 다른 2차 대안이 없는 실정이다. 기존 가용 리소스에 문제가 발생할 경우 일부 서버를 만족스럽게 복구하기가 어려울 수 있으며 이는 다른 곳에 추가적으로 2차 영향이 있을 수 있기 때문이다. 이 상황에서 어떻게 측정을 하고 허용 가능한 최소 복구 수준을 정의하여 이사진과 경영진에게 보고할 수 있는가?

067

난이도 ★★★☆☆

시나리오 상황으로 볼 때 사용해야 할 측정 지표는 무엇인가? 가장 알맞은 답을 선택하시오.

① RTO: Recovery Time Objectives

② RPO: Recovery Point Objective

③ RCO: Recovery Consistency Objective

④ RSO: Recovery Scope Objective

068

난이도 ★★★★☆

시나리오 상황에서 주어진 메트릭을 보았을 때 기준과 같으며 분석도 되었다. [보기]에 따라 RCO를 올바르게 계산하고 선택지에서 값을 고르시오.

보기
[메트릭]
1. 총 개체 수(total number of entities): 10개
2. 일치하지 않는 개체 수(number of inconsistent entities): 2개
3. 재해 복구 시간 목표(recovery time objectives): 180초
4. 재해 복구 시점 목표(recovery point objective): 현재 시각 12시, 마지막 복구 지점 시각 11시 55분

① 20%   ② 40%   ③ 60%   ④ 80%

069

난이도 ★★★☆☆

시나리오 상황에서 ERP 시스템의 내성은 일반적으로 전체 수준 대비 50%까지 견딜 수 있다고 한다. 계산된 RCO 값으로 결과에 대해서 경영진이나 이사회에게 어떻게 보고를 수행할 것인가?

① ERP 시스템을 사용하는 데 있어 가용한 리소스가 충분한 내성을 가지고 있다고 판단한다.

② 현재 바로 시스템 용량 증설을 IT 운영 부서와 협의 후 경영진에게 보고하여야 한다.

③ ERP 시스템은 금융 시스템처럼 일반적으로 매우 높은 RCO를 요구하므로 총 개체 수를 줄이도록 요청해야 한다.

④ 현재 위의 시나리오의 메트릭을 가지고서는 판단이 전혀 어려운 상황이다.

당신의 회사는 신규 벤처 회사로, 이번에 전산팀장을 새롭게 채용하였다. 인터뷰 결과, 전산팀장은 경험은 적지만 해외파 출신에 회사에 대한 충성심과 열정은 누구보다 가득하였다. 하지만 아직 젊은 패기에 비해 관리 업무에 대해서는 교육해야 할 점이 많다고 느꼈다. 경영진과 이사회에서는 새롭게 시작하는 프로젝트에 대해 신임 전산팀장에게 바라는 기대치가 아주 높다. 전산팀장은 개발자나 설계자로서 업무 노하우는 채용 때부터 익히 들어서 잘 알고는 있지만, 관리 업무에 대해서는 경영진을 만족시킬 수준인지는 파악하기가 쉽지 않았다. 이에 감사자인 당신은 신임 전산팀장과 같이 협업하여 일을 추진하기로 하였고 고문으로써 아낌없는 지원을 해주기로 약속하였다.

070

난이도 ★★★☆☆

프로젝트 비용을 산정하는 데 있어 가급적 전문가의 주관적인 편견을 보완하기 위해 많은 전문가의 의견을 종합하여 산정하고자 한다. 가장 좋은 방법은 무엇이라고 가이드할 것인가?

① 전문가 판단(Expert judgment)
② 비용 유추(Analogy costing)
③ 델파이 기법(Delphi)
④ 파킨슨의 법칙(Parkinson's Law)

071

난이도 ★★★★☆

당신은 전산팀장에게 하향식 방향도 좋지만 실제적으로 프로젝트의 세부적인 작업 단위별로 비용을 산정한 후에 전체 비용을 산정해보자고 조언했다. 이에 LOC 기법을 활용하여 측정을 해보기로 하였다. [보기]를 읽고 적절한 답을 고르시오.

> **보기**
>
> 예측된 총 라인 수가 50,000라인, 개발에 참여할 프로그래머가 10명, 프래그래머들의 평균 생산성이 월간 1,000라인일 때 개발에 소요되는 기간은 얼마인가?

① 5개월
② 10개월
③ 15개월
④ 20개월

072

난이도 ★★★★☆

경영진은 지금 하는 프로젝트와 다르게 기존 수행하고 있는 다른 프로젝트를 산출해보라고 지시를 내렸다. 이에 프로젝트 전체 기간과 구현 단계 소요 비용을 산출하고자 한다. 당신은 신임 팀장에게 COCOMO 방식을 제안하였다. [보기]를 읽고 올바르게 산출한 답을 고르시오.

보기

새로운 프로젝트를 수행하기 위하여 COCOMO 모델을 적용하여 인터뷰를 수행한 결과, 노력(Man Month, MM) 값이 1,000이고, 프로젝트 전체 기간 중에 개발자 20명이 고정 투입이 되었다. 이에 프로젝트 전체 기간과 구현 단계의 비용이 올바르게 나열된 것은 무엇인가?

조건: 개발자 연봉의 평균은 6,000만원, 구현 단계는 총 노력의 50%를 차지하며 기타 비용은 제외한다.

① 30개월, 25억

② 30개월, 50억

③ 50개월, 25억

④ 50개월, 50억

073
난이도 ★★★☆☆

소프트웨어 개발 비용 산정 기법 중에서 수학적 산정 기법은 상향식 비용 산정 기법으로 개발 비용 산정의 자동화를 목표로 한다. 그렇다면 이와 관련되지 않는 산정 기법은 무엇인가? 가장 해당하지 않는 것을 선택하시오.

① Putnam

② Function Point

③ COCOMO

④ LOC

074
난이도 ★★★☆☆

비용 산정 도구로 Rayleigh-Norden 곡선과 Putnam 예측 모델을 기초로 하여 개발된 자동화 추정 도구는 무엇인가?

① ESTIMACS

② SLIM

③ PERT

④ CPM

 시나리오 문제: 75~76번

당신은 A 기업의 정보 보안 담당자로, 보안 이슈가 발생할 경우 원인 파악 및 문제 해결을 책임지고 있다. A 기업은 개발자 중심 회사로서 코로나 이후 재택근무를 대폭 확대했다. 최근 외부 개발자 커뮤니티의 제보자를 통해 A 기업의 소스 코드와 설계서가 사진으로 찍힌 채 공유되고 있다는 사실을 알게 되었다. 이후 보안 감사를 통해 자료 유출의 원인을 발견했으며 그 결과는 다음과 같다.

가. 최근 이직을 위해 퇴사한 개발자는 재택근무 상태

나. 퇴사 직후 VDI 접속을 시도하고 OTP 접속 가능함

다. VDI 업무망에서 사내 시스템에 로그인

라. 주요 소스 코드와 설계서를 조회하여 스마트폰 촬영

마. 개발자 커뮤니티에서 자료를 일부 업로드하여 유출됨

075

난이도 ★★★☆☆

시나리오 사례에서 동일한 자료 유출 사고가 재발하지 않기 위해 빠른 조치가 필요하다. 정보 보안 담당자로서 가장 시급하게 조치해야 할 사항은 무엇인가?

① 출력물 보안 솔루션 적용

② NAC(Network Access Control) 적용

③ 퇴직자에 대한 계정 및 권한 즉시 회수 처리

④ VDI 환경 내 외부망 접속 불가 처리

076

난이도 ★★★☆☆

A 기업은 이번 보안 사건을 계기로 VDI 환경 내의 보안 수준을 향상시키기 위한 개선 작업을 시작했다. 개발자를 위한 환경이라는 제약 때문에 깃허브, 소스포지, 구글 등 외부망 연결을 차단할 수는 없는 상황이다. 그 대신 문서가 외부로 유출되더라도 사용할 수 없도록 암호화를 이용한 (　가　)를 적용하고, 유포된 경우 추적 및 유포자 확인이 가능한 마크를 삽입하는 (　나　) 기술을 적용하기로 했다. (가)와 (나)에 들어갈 용어는 무엇인가?

① 가: DLP, 나: DRM

② 가: DRM, 나: 디지털 핑거프린팅

③ 가: PKI, 나: 디지털 핑거프린팅

④ 가: DRM, 나: SEM

 시나리오 문제: 77~79번

당신의 회사는 해산물을 양식 및 가공하는 회사로 전국적으로 유통 판매량이 상당히 높다. 특히 이번에 삭힌 홍어(skate ray)가 혈중 나쁜 콜레스테롤을 줄여주는 역할을 하여 동맥경화와 고혈압 등의 심혈관계 질병을 방지한다는 새로운 논문 결과가 나옴에 따라 전 세계 슈퍼푸드로 선정되었고 이에 전 세계적으로 수출 물량이 기하급수적으로 높아지고 있다. 넘쳐나는 수요를 감당하지 못해 이사회와 경영진은 생산, 물류, IT 투자를 과감하게 수행하기로 결정했고 이에 효과적이고 효율적인 ERP 시스템을 도입하기로 결정하였다. 프로젝트 사무실은 지역 특성상 목포 근처의 바닷가로 결정했으며, 서울에서 우수하고 유능한 컨설턴트가 내려와서 수행하기로 계약하였다.

감사자의 입장에서, 당신은 본사에서 그 내용을 듣고 한 달 후에 목포 프로젝트 사무실을 급히 방문하여 PM과 인터뷰를 수행하였다. 프로젝트 관리자는 다른 것은 문제가 되지 않지만 사무실이 바닷가 근처여서 상대적으로 습도가 높아 모든 전산 장비 및 프로젝트 사무실에 상당한 나쁜 영향을 끼치고 있다고 하였다. 특히 목포 옆의 섬(안좌도, 비금도 등)이 대부분 염전이 있는 곳이고, 상대적으로 소금기가 많은 해풍으로 인해 프로젝트 사무실이 있기에는 적당하지 않다고 하였다. 이에 당신은 프로젝트 사무실 근처 바닷가를 1시간 정도 산책을 하였으며 입과 코에 소금이 묻어나기에 더 정밀하고 정확한 측정 결과가 필요하다고 판단했다. 이에 상대 습도(Relative Humidity)를 먼저 측정해 보기로 하였다.

측정 결과는 다음과 같았다. (온도 38도)

● 현재 수증기량: 32.5

● 포화 수증기량: 46.1

077

현재 주어진 측정값으로 대략적인 상대 습도(Relative Humidity)를 구하시오.

① 40%

② 50%

③ 60%

④ 70%

078

현재 계산된 상대 습도 측정값으로 프로젝트 사무실은 어떠하다고 볼 수 있는가? 가장 알맞은 답을 고르시오.

① 상대 습도 40% 미만이며 정전기가 증가하므로 정전기 발생하지 않도록 대응해야 한다.

② 상대 습도 40%~60%이며 프로젝트를 수행함에 있어서 적절한 습도를 가지고 있다.

③ 상대 습도 60%이며 액화나 응결, 서서히 부식 현상이 발생할 우려성이 존재한다.

④ 상대 습도 70% 이상이며 프로젝트를 수행하기 매우 적절하지 않는 상황이다. 빠른 대책 방안을 마련해야 한다.

079

상대적으로 습도가 매우 높아 경영진에게 보고를 하였으나 작업장에서 근무하는 담당자와 의사소통이 필요하다고 하여 결론적으로 프로젝트 사무실 이전 문제는 결정되지 않았다. 이에 경영진은 당신에게 다른 대응 방안을 고려해 보라고 지시를 내린 상황이며, 당신은 다음 선택지 중에서 가장 좋은 방법을 선정하고자 한다. 어떤 방법이 최선인가?

① 난방 가열: 건물 내부의 표면 온도를 높이면 궁극적으로는 구조체의 온도가 높아지게 된다. 단열을 통해 구조체를 통한 열손실 방지와 보온 역할을 한다.

② 습기 제거(제습): 실내 상태의 습도를 낮추어서 노점 온도를 표면 온도보다 낮게 만드는 방법으로 실내의 습한 공기를 제거하여 실내의 결로를 방지한다. 제습기를 통해 제거하는 방법도 고려해야 한다.

③ 항온항습기: 항온항습기를 사용하여 주기적으로 습도 관리를 수행하도록 한다. 또한, SMS와 같은 시스템 관리 도구와 연계하여 온·습도를 관리하도록 한다.

④ 외부 환기: 습한 공기를 제거하여 실내의 결로를 방지한다. 즉, 프로젝트 사무실에 유입되는 공기에서 습도만 제거하여 내부 환기를 시키는 방법을 고려하고 있다.

사외망으로 통하는 네트워크 끝 단에서 내부 정보 유출을 통제하고자 한다. 주로, 메신저, 웹하드, 웹 메일, 클라우드 서비스를 통한 기밀 정보, 개인정보 유출을 차단하고자 한다.

080

난이도 ★★★☆☆

당신은 IS 감사자로 금번에 본사의 데이터손실방지(DLP)를 새롭게 도입하려 한다. 본사의 전산실에서는 전략적으로 어떠한 DLP를 써야 할지 당신에게 자문을 요청하고 있다. 현재 오프 프레미스는 사용하지 않고 있으며, 실태 파악 결과, 시나리오 속 내용에 대한 기술이 필요하다. 당신은 어떠한 기술을 추천하고자 하는가? 참고로, 경영진의 의사를 파악한 결과, 향후 원가를 고려하여 가장 전략적으로 적절한 솔루션을 얻기를 원한다.

① DLP for the Endpoint
② DLP at Rest or for Storage
③ DLP for Network
④ DLP for Cloud

A는 극동 지역에 콘도를 소유하고 있으며 이탈리아에서 새 아파트를 구입하는 것을 고려하고 있지만, 친구 B는 현재 콘도를 현대화하는 데 돈을 쓰고 싶어한다. A는 이전에 콘도 현대화를 고려했지만 A의 도시에서 현대 가구를 구입하거나 수입하는 것이 극동 지역에서 문제가 되었다. 새 가구 및 부속품을 사용하는 경우 콘도의 리모델링 비용은 $45,000이지만, 가구를 현지에서 구할 수 없고 수입해야 하는 경우 $65,000가 될 가능성이 50%이다.

A는 이탈리아 나폴리에서 오래된 타운하우스를 찾았지만 거주하기 위해 건물을 수리하는 데 많은 작업이 필요하다. 가격은 $105,000 정도로 예상되었다. 그는 지역 건축업자를 찾았고 최고로 저렴하게 수리한다면 $55,000, 최악의 경우 $75,000를 제시했다. 건축업자는 최고로 저렴하게 수리할 확률이 60%라고 조언한다. A는 콘도 판매로 $160,000를 받을 것으로 예상하고 있으며 이제 B와 가능한 결과에 대해서 논의해야 한다.

081

난이도 ★★★★☆

의사 결정 트리를 그리고, Net Path Value(예상 금전적 가치)를 계산해 보자.

① 결론은 현재 조건으로는 이탈리아로 이전하는 것이 불가능하다.
② 결론은 현재 조건으로는 콘도 리모델링은 고려사항이 될 수 없다.
③ 결론은 이탈리아로 이전에 대한 위험 비용이 콘도 리모델링 수리 비용보다 더 낮다.
④ 결론은 콘도 리모델링 수리에 대한 위험 비용이 이탈리아 이전 비용보다 더 낮다.

당신은 유능한 감사팀의 일원으로 그 동안 많은 응용 애플리케이션 구축 프로젝트에 대해 전산 감사를 수행하여 왔다. 당신의 회사는 반도체 공정에 스핀스크러버를 납품하는 업체로, 전 세계 현재 반도체 공급 부족 수요와 맞물려 고객사에서 많은 수주 요청이 들어온 상황이다. 스핀스크러버는 웨이퍼 표면에 달라붙는 초미세 먼지를 브러싱·초음파·고압 세정 등으로 세정 건조하는 설비이다. 회사는 이 특수 설비에 대해 전 세계 어디에서도 가질 수 없는 많은 특허권과 영업 비밀을 지니고 있다. 이에 넘쳐나는 생산 수요를 지키고자 공장 전체를 풀로 가동하고 있으며 경영진과 이사회는 이번 기회에 앞으로 몇 년 안에 코스닥 상장까지도 고려하고 있는 상황이다.

그래서 이번에 당신은 본사에서 SAP ERP 구축 프로젝트를 수행하게 되었으며 이사회와 경영진은 당신에게 많은 기대를 가지고 있다. SAP ERP는 독일 솔루션으로 1972년 IBM 출신 엔지니어 5명이 세운 소프트웨어 기업. 독일 발도르프에 본사를 두고 전 세계에서 105,000명의 직원이 근무하는 다국적 기업으로 성장하였다. 우리나라는 1995년 삼성에서 처음 SAP 3.0 버전으로 도입하였으며 현재 많은 대기업들이 대부분 사용하고 있다. 하지만 당신을 포함하여 감사팀은 그 동안 Non-SAP ERP는 감사 경험이 있지만, SAP ERP 솔루션에 대해서는 감사 경험이 없어 현재 어떻게 준비해야 할지 모르는 상황이다. 이와 관련하여 다수의 외부 회계사와 각 모듈의 SAP 컨설턴트의 도움을 받아 준비하고 있는 상황이다.

082

난이도 ★★★★★

SAP에는 여러 클라이언트가 존재하고 있다. 당신은 감사를 위해 독립적인 클라이언트를 활용하여 준비하고자 한다. 이때, 시스템 관리자만 사용하는 감사용 클라이언트를 활용하고자 한다. 이와 관련되지 않는 클라이언트는 무엇인가?

① 000 클라이언트 ② 001 클라이언트
③ 066 클라이언트 ④ 100 클라이언트

083

난이도 ★★★★★

회계사와 컨설턴트에게 자문을 구했더니, 과거 SAP 버전에서는 감사 로그를 세팅하고 보기 위해서 트랜잭션 SM18, SM19, SM20을 사용했다고 한다. 하지만 이번 SAP Netweaver 상위 버전에서는 새로운 트랜잭션으로 바뀌었다고 한다. 다음 중 새로 바뀐 감사용 트랜잭션과 가장 관련이 없는 것은 무엇인가?

① 트랜잭션 RSAU_CONFIG
② 트랜잭션 RSAU_ADMIN
③ 트랜잭션 RSAU_SET_AUTHO
④ 트랜잭션 RSAU_READ_ARC

084

SAP 감사 로그에서는 3가지 검사 대상(Event Class)이 존재한다. 이와 관련하여 가장 관련이 없는 것은 무엇인가?

① Confidential
② Critical
③ Severe
④ Uncritical

085

SAP에서 감사 로그를 켜려면 어떠한 트랜잭션을 사용하여야 하는가? 다음 중 가장 알맞은 답을 선택지에서 고르시오.

① 트랜잭션 RSAU_READ_LOG
② 트랜잭션 RSAU_READ_ARC
③ 트랜잭션 RSAU_ADMIN
④ 트랜잭션 RSAU_CONFIG

086

당신은 감사 로그를 세팅하여 살펴보고 있다. 이벤트 클래스(Event Class) 중에서 어떠한 항목을 메인으로 주의 깊게 살펴보아야 하는가? 다음 중 주의 깊게 살펴볼 항목과 관련이 없는 것은 무엇인가?

① 디버그 및 바꾸기 작업(Debug & replace actions)
② 사용자 생성(User creation)
③ 감사 로그 구성 자체의 변경 사항(Changes to audit log configuration itself)
④ 감사 로그 아카이빙(Archive to audit log)

087

당신은 주요한 항목 외 부가적으로 도움이 되는 항목도 검사하고자 한다. 이와 관련하여 가장 관련이 없는 것은 무엇인가?

① 로그온 실패
② 불법적 임포트 실행
③ 불법적으로 트랜잭션 시작
④ 사용자 암호 변경

088

감사팀의 신입 감사자가 감사 로그(Audit log)를 세팅한 것을 당신이 보고 올바르게 파악하고자 한다. 이때, 당신은 트랜잭션 어디를 참조하면 되는 것인가?

① 트랜잭션 RSAU_READ_LOG
② 트랜잭션 RSAU_CONFIG_LOG
③ 트랜잭션 RSAU_ADMIN
④ 트랜잭션 RSAU_CONFIG_SHOW

089

본사가 아닌 해외 남미 지사의 운영 시스템을 살펴보니 기존에 설치하였던 SAP 4.6C 버전이 존재하고 있었다. 기본적으로 시스템을 업그레이드하여도 감사 로깅은 업그레이드가 되지 않는다고 회계사와 재무 컨설턴트가 이야기한다. 이에 당신은 어떠한 방법으로 감사 로그를 업데이트 수행할 것인가?

① 트랜잭션 RSAU_READ_LOG_DIFF를 사용한다.
② 전에 감사를 수행하였던 담당자에게 연락하여 감사 로그에 대한 정보를 파악한다.
③ 전에 수행하였던 감사보고서를 토대로 SAP 컨설턴트에게 자문을 구한다.
④ 트랜잭션 RSAU_ADMIN를 사용하여 전에 수행하였던 감사 로깅 히스토리를 찾아본다.

090

감사 로그 세팅 설정을 보니 신임 감사자가 환경을 잘못 설정한 것을 파악하였다. 이에 기존 세팅했던 감사 로깅 환경을 지우고 다시 설정해야 한다. 경험이 많은 당신이 이 일을 수행해야 하는데, 어떻게 감사 로그를 다시 세팅할 것인가?

① SAP ERP 시스템을 BC에게 요청하여 재시작을 수행한 후 감사 로깅 환경 세팅을 다시 구성한다.
② RSAUPURG 프로그램을 실행 및 예약할 수 있다.
③ 다른 시스템(개발이나 품질 서버)에서 감사 환경 설정 파일을 운영 서버로 트랜잭션 임포트(STMS)한다.
④ 기존 감사용 클라이언트에서 다른 클라이언트로 변경하여 세팅한 후 기존 감사용 클라이언트를 삭제한다.

091

감사팀장(CAE)은 당신에게 향후를 위해서라도 감사 로그를 장기 저장하도록 지시하였다. 이에 당신은 BC에게 요청하여 아카이브를 어떻게 수행할 것인지 회의를 소집했다. 이와 관련하여 가장 좋은 방법은 무엇인가?

① 트랜잭션 RSAU_READ_ARC를 수행하여 아카이브를 고려한다.

② 감사 로깅 데이터를 보관하고자 보관 개체 BC_SAL에 대한 설정을 활성화한다.

③ SAP 에서는 감사 로그를 따로 보관할 수 없으므로 SAP 내 임시의 샌드박스(SandBox)에 저장한다.

④ 외부 외장 디스크를 이용하여 감사 로그에 관련된 데이터를 전부 익스포트(Export)한다.

092

기존 감사 로그에서 향상된 기능과 새로운 트랜잭션 코드로 SAP는 다음과 같이 새로운 기능도 제공한다. 이와 관련하여 감사 로그를 분석하기 위한 순서로 올바르게 나열한 것은 무엇인가?

> **보기**
>
> 가. 파일 무결성을 확인하도록 한다.
>
> 나. 로그 데이터를 평가한다.
>
> 다. 필터 수를 10개에서 90개로 늘린다.
>
> 라. 권한 부여 개체 S_SAL과 함께 향상된 권한 부여 개념을 사용한다.
>
> 마. 트랜잭션 SU01의 로그온 데이터 탭에서 사용자 속성 사용자 그룹 권한 부여 확인을 사용하여 사용자 그룹별로 필터링한다.
>
> 바. 감사 로그를 전체 또는 부분적으로 데이터베이스에 저장한다.

① 다 → 마 → 라 → 바 → 가 → 나

② 바 → 마 → 다 → 가 → 라 → 나

③ 마 → 라 → 다 → 가 → 나 → 바

④ 바 → 나 → 가 → 마 → 다 → 라

🎬 **시나리오 문제: 93번**

A 회사는 B 음반을 판매하고 있다. A 회사의 고객 계약은 종종 비표준 계약이 포함되며, 계약 조건은 영업사원에 의해 협의됨에 따라 가끔씩 수익 인식 시기에 영향을 미치고 있다. 재무부서의 직원은 적절한 수익 인식을 위해 모든 비표준 계약 내용을 검토하고 있다. 재무직원의 비표준 계약 내용 검토 절차는 전 회계 기간에 걸쳐 지속적으로 실시되고 있으며, 어떠한 오류도 허용되지 않도록 설계되어 있다. 상기 통제 활동을 통해 처리되는 거래 별 금액 크기는 전반적으로 일정하며, 재무제표의 잠재적 왜곡 표시 발생 가능성을 줄일 수 있거나, 잠재적 규모를 미미한 수준으로 줄일 수 있는 보완통제는 없다.

시나리오 내용을 바탕으로, [보기]의 주어진 값으로 조정된 노출액(Adjusted exposure) 계산 결과를 도출하고, 올바른 판단 결과를 선택지에서 고르시오.

보기

1. 이와 관련하여 A 회사의 재무 상태 정보는 다음과 같다.

순 매출액: 100,000,000원   중요성 금액: 5,000,000원   영업 이익: 2,000,000원   법인세: 100,000원
미미한 수준 기준 금액: 6,000,000원   상기 비표준 계약으로 발생한 수익 인식액(Gross Exposure): 10,000,000원

2. 테스트 결과

음반 판매 비표준 계약건 중 20개의 샘플을 선정하여 감사원이 적절히 검토하였는지 확인한 결과 2건의 비표준 계약을 검토하지 않은 것으로 확인되었다.

Statistical Sampling Results Evaluation Table for Tests of Controls-Upper Limits at 10 Percent Risk of Overreliance

Sample Size	Actual Number of Deviations Found										
	0	1	2	3	4	5	6	7	8	9	10
20	10.9	18.1	24.5	30.5	36.1	41.5	46.8	51.9	56.8	61.6	66.2
25	8.8	14.7	20.0	24.9	29.5	34.0	38.4	42.6	46.8	50.8	54.8
30	7.4	12.4	16.8	21.0	24.9	28.8	32.5	36.2	39.7	43.2	46.7
35	6.4	10.7	14.5	18.2	21.6	24.9	28.2	31.4	34.5	37.6	40.6
40	5.6	9.4	12.8	16.0	19.0	22.0	24.9	27.7	30.5	33.2	35.9
45	5.0	8.4	11.4	14.3	17.0	19.7	22.3	24.8	27.3	29.8	32.2
50	4.6	7.6	10.3	12.9	15.4	17.8	20.2	22.5	24.7	27.0	29.2
55	4.2	6.9	9.4	11.8	14.1	16.3	18.4	20.5	22.6	24.6	26.7
60	3.8	6.4	8.7	10.8	12.9	15.0	16.9	18.9	20.8	22.7	24.6
65	3.5	5.9	8.0	10.0	12.0	13.9	15.7	17.5	19.3	21.0	22.8
70	3.3	5.5	7.5	9.3	11.1	12.9	14.6	16.3	18.0	19.6	21.2
75	3.1	5.1	7.0	8.7	10.4	12.1	13.7	15.2	16.8	18.3	19.8
80	2.9	4.8	6.6	8.2	9.8	11.3	12.8	14.3	15.8	17.2	18.7
90	2.6	4.3	5.9	7.3	8.7	10.1	11.5	12.8	14.1	15.4	16.7
100	2.3	3.9	5.3	6.6	7.9	9.1	10.3	11.5	12.7	13.9	15.0
125	1.9	3.1	4.3	5.3	6.3	7.3	8.3	9.3	10.2	11.2	12.1
150	1.6	2.6	3.6	4.4	5.3	6.1	7.0	7.8	8.6	9.4	10.1
200	1.2	2.0	2.7	3.4	4.0	4.6	5.3	5.9	6.5	7.1	7.6
300	0.8	1.3	1.8	2.3	2.7	3.1	3.5	3.9	4.3	4.7	5.1
400	0.6	1.0	1.4	1.7	2.0	2.4	2.7	3.0	3.3	3.6	3.9
500	0.5	0.8	1.1	1.4	1.6	1.9	2.1	2.4	2.6	2.9	3.1

Note: This table presents upper limits (body of table) as percentages. This table assumes a large population.

---

① 운영상의 미비점으로 인한 재무제표의 잠재적 왜곡 표시 규모는 단순한 미비점으로 판단된다.

② 운영상의 미비점으로 인한 재무제표의 잠재적 왜곡 표시 규모는 유의한 미비점으로 판단된다.

③ 운영상의 미비점으로 인한 재무제표의 잠재적 왜곡 표시 규모는 중요한 취약점으로 판단된다.

④ 운영상의 미비점으로 인한 재무제표의 잠재적 왜곡 표시 규모는 시나리오 자료가 부족하여 판단이 어려운 상황이다.

제 8 장

신기술 트렌드

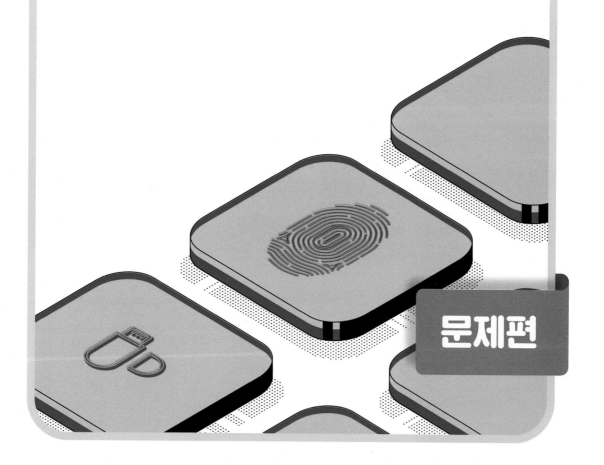

문제편

지금은 제4차 산업혁명을 기반으로 다양한 최신기술을 이용한 디지털 트랜스포메이션이 빠르게 적용되고 있는 시점이다. 세계 경제포럼 WEF의 클라우드 슈바프 회장이 제시한 제4차 산업혁명의 10대 선도기술은 무인 운송수단, 3D 프린팅, 첨단 로봇 공학, 신소재, IoT 원격 모니터링 기술, 블록체인 및 비트코인, 공유 경제 및 온디맨드 경제, 유전공학, 합성 생물학, 바이오 프린팅이다. 뿐만 아니라, 최근 인공 지능 기술은 실험적 단계를 넘어 기업 비즈니스와 사회 전반에 혁신적인 서비스로 출시되고 있다. 이렇게 기하급수적으로 증가하는 최신 기술의 홍수속에서 기업에서 요구하는 정보 시스템 및 정보 보안 전문가는 턱없이 부족한 것이 현실이다. 기업의 자산과 고객의 정보를 안정적으로 보호하는 역할을 가진 정보 보안 담당자는 최신기술을 이용해 보안 수준을 강화하는 방법을 이해해야 하고 새롭게 등장하는 공격 기법에 대한 대응방안을 강구해야 한다. 이를 위해, 본 도서는 신기술 트렌드에 대해 예상 문제를 지속적으로 늘려가면서 출제하고 있다. 제8장 신기술 트렌드에서 다루는 학습 요점은 다음과 같다.

- 클라우드 기술의 이해
- 사물 인터넷 기술의 이해
- 블록체인 기술의 이해
- 빅데이터 및 데이터 분석 기술의 이해
- 머신러닝, 인공 지능, 딥러닝 기술의 이해
- 클라우드, 가상화, 소프트웨어 기반 기술의 이해
- 기타 정보 시스템 최신 트렌드 이슈의 이해

해설편 319p

001

난이도 ★★★☆☆

[보기]는 무엇을 설명하고 있는가? 적절한 답을 고르시오.

보기

사용자가 완전 관리형 블록체인 네트워크를 간단하게 배포하고 기본 제공 거버넌스 및 코드 없는 컨소시엄 관리를 통해 대규모로 관리할 수 있다. 모듈식 제어는 손쉬운 회원 온보딩, 코드 없는 권한 부여 및 간소화된 정책 시행을 제공한다. 또한, 사용자는 개발자 도구, 데이터 소스 및 이미 사용 중인 애플리케이션과 통합되는 개방적이고 유연한 플랫폼에서 자신 있게 블록체인 애플리케이션을 구축할 수 있다.

① Hyperledger

② Microsoft® Azure

③ Ethereum

④ Amazon

002

난이도 ★★☆☆☆

다음 중 블록체인 기술의 핵심 이점과 가장 거리가 먼 것은 무엇인가?

① 무결성(Integrity)

② 불변성(Immutable)

③ 익명성(Anonymous)

④ 투명성(Transparent)

003

난이도 ★★★★☆

[보기]에서 설명하는 것은 무엇인가? 가장 알맞은 답을 고르시오.

보기

북미의 여섯 개의 지역 단체로 구성된 전기 신뢰성 조직 엔터프라이즈의 비전은 매우 신뢰할 수 있고 안전한 북미 벌크 전력 시스템이다. 임무는 그리드의 신뢰성과 보안에 대한 위험의 효과적이고 효율적인 감소를 보장하는 것이다. 중요한 발전 및 배전 시스템을 보호하기 위한 중요 인프라 보호(CIP)의 기준을 의무화한다. CIP 표준은 중요한 자산, 경계 보호, 물리적 보안, 사고 보고 및 응답, 보안 관리, 시스템 복구의 식별을 제시하고 있다.

① NERC

② USPS

③ NIST

④ SAE

004

난이도 ★★★☆☆

다음 중 일반적인 Machine Learning(ML) Algorithm Classes에 해당되지 않는 것은 무엇인가?

① Regression/Dynamicsupervised

② Classification/supervised

③ Clustering/unsupervised

④ Stacking/semiunsupervised

005

난이도 ★★★☆☆

5G 핵심 네트워크(Core Network)에는 여러 위협이 존재한다. 다음 중, 해당되는 위협이 아닌 것을 고르시오.

① 3GPP 인증 우회 경로 설정(Setting the authentication bypass path 3GPP)

② 타사 호스팅 네트워크 기능 남용(Abuse of third party-hosted network function)

③ 원격 액세스 남용(Abuse of remote access)

④ 인증 트래픽 스파이크(Authentication traffic spike)

006

난이도 ★★☆☆☆

QR 코드는 바코드에 비해 많은 데이터를 담을 수 있으며 편리하고 코드 손상에 대한 대응도 좋은 기술이다. 따라서 교육, 마케팅, 게임, 물류 등 다양한 분야에 적극적으로 활용되고 있는 편리한 기술이다. 그러나 스마트폰으로 QR 코드에 접근할 때 악성 코드가 포함된 앱 설치를 유도하거나 불법 사이트로 이동시키는 등의 공격 기법이 성행하고 있다. 이런 공격 기법은 무엇인가?

① Quick Response Hijacking

② Qshing

③ QRCode Exploit

④ CR Scripting

007

난이도 ★★★☆☆

인공 지능 서비스와 솔루션의 기반에는 딥러닝 알고리즘과 사전에 학습된 데이터에 의한 학습모델이 자리잡고 있다. CNN, RNN 등의 딥러닝 알고리즘은 대부분 레이블을 이용한 지도 학습을 사용하는데, 대용량의 데이터를 입력하여 학습하는 과

정에 고의로 조작된 데이터를 입력하여 편향된 결과를 도출하는 인공 지능 서비스에 대한 공격 기법은 무엇인가?

① White-box Attack

② Inversion Attack

③ Labeling Attack

④ Poisoning Attack

008

난이도 ★★☆☆☆

일반적으로 사용되는 산업 제어 시스템 유형 중 하나인 감독 제어 및 데이터 수집(SCADA)은 거의 모든 유형의 산업 프로세스를 관리하는 데 사용할 수 있다. 다음 중 그 구성요소로 올바르지 않은 것은 무엇인가?

① 센서 및 액추에이터(Sensors and actuators)

② 네트워크 기능 가상화(Network Functions Virtualization, NFV)

③ SCADA 필드 컨트롤러(SCADA field controllers)

④ HMI 소프트웨어(HMI software)

009

난이도 ★★☆☆☆

블록체인의 합의 알고리즘은 다수의 참여자들이 통일된 의사결정을 하기 위해 사용하는 알고리즘을 말한다. 다음 중 퍼블릭 블록체인 네트워크에서의 증명 방법과 가장 관련이 없는 것을 선택하시오.

① 작업 증명(Proof of Work)

② 지분 증명(Proof of Stake)

③ 위임 지분 증명(Delegated Proof of Stake)

④ 프랙티컬 비잔틴 장애 허용(Practical Byzantine Fault Tolerance)

010

난이도 ★★★☆☆

[보기]의 내용은 무엇을 설명한 것인가? 가장 알맞은 답을 선택하시오.

> **보기**
>
> 산업 장비를 확인하고 분석 및 행동할 수 있는 능력을 제공하여 제품 품질을 향상시키고 비용을 절감하며 운영을 최적화할 수 있다. 즉, 기계에 인간이 가지고 있는 시각과 판단 기능을 부여한 것으로, 사람이 인지하고 판단하는 기능을 하드웨어와 소프트웨어의 시스템이 대신 처리하는 기술이다.

① 머신 비전
② 딥러닝 기반 결함 분석
③ 공정 상태 모바일 알림
④ 6G 기반 실시간 모니터링

011

난이도 ★★★☆☆

[보기]의 내용은 무엇을 정의한 것인가? 가장 알맞은 답을 선택하시오.

> **보기**
>
> 공유 공간 내에서 또는 인간과 로봇이 가까이 있는 곳에서 인간 로봇의 직접적인 상호 작용을 위한 로봇이다. 로봇은 공공장소의 정보 로봇(서비스 로봇의 예), 건물 내에서 자재를 운반하는 물류 로봇, 사람이 무거운 부품을 옮기거나 기계 공급 또는 조립을 돕는 것과 같은 비인간적 작업을 자동화하는 산업용 로봇에 이르기까지 다양한 용도로 사용할 수 있다.

① Cobot
② Android
③ Gundam
④ Humanoid

012

난이도 ★★★☆☆

인공 지능 서비스와 솔루션의 기반에는 딥러닝 알고리즘과 사전에 학습된 데이터에 의한 학습모델이 자리잡고 있다. CNN, RNN 등의 딥러닝 알고리즘은 대부분 레이블을 이용한 지도 학습을 사용하는데, 다음 중 대용량의 데이터를 입력하여 학습하는 과정에 고의로 조작된 데이터를 입력하여 편향된 결과를 도출하는 인공 지능 서비스에 대한 공격 기법은 무엇인가?

① White-box Attack
② Inversion Attack
③ Labeling Attack
④ Poisoning Attack

013

난이도 ★★☆☆☆

[보기]에 해당되는 신기술은 무엇인가? 가장 알맞은 답을 선택하시오.

> **보기**
>
> 폭발적으로 증가한 데이터를 지연 없이 처리하기 위해서는 데이터를 분산해서 전달하는 기술이 필수적이다. 이에 지리적으로 먼 거리에 떨어져 있는 사용자에게 지연 없이 콘텐츠를 분산해 전달할 수 있는 서비스가 등장하였다. 이 서비스는 서버와 사용자 사이의 물리적인 거리를 줄여 콘텐츠 로딩에 소요되는 시간을 최소화한다. 각 지역에 캐시 서버(Points of presence, PoP)를 분산 배치해 근접한 사용자의 요청에 원본 서버가 아닌 캐시 서버가 콘텐츠를 전달한다. 예를 들어 미국에 있는 사용자가 한국에 호스팅된 웹 사이트에 접근하는 경우 미국에 위치한 PoP 서버에서 웹 사이트 콘텐츠를 사용자에게 전송하는 방식이다.

① 캐시 서버(Cache Server)
② DRM(Digital Right Management)
③ CNN(Content Neural Network)
④ CDN(Content Delivery Network)

014

암호화폐 거래소는 치밀하고 악의적인 외부 공격자들에게 주요 타깃이 되고 있다. 다음 중 거래소를 보호하기 위한 대응 방법과 거리가 가장 먼 것은 무엇인가?

① 물리적 방어 조치를 취하도록 한다.
② 침입한다고 해도 암호화폐를 가져갈 수 없도록 만들어야 한다.
③ 탈취에 성공했다 하더라도 사용할 수 없게 만들어야 한다.
④ 존재하지 않는 코인 거래로 인한 횡령 및 사기를 방지하기 위해 사회 보안 인식 교육을 수행해야 한다.

015

제로 트러스트 네트워크 액세스(ZTNA)는 전체 위험을 크게 줄일 수는 있지만 모든 위험을 완벽하게 제거할 수는 없다. 다음 중 ZTNA와 가장 관련이 없는 것은 무엇인가?

① 트러스트 브로커의 위치는 사용자에게 지연 문제를 생성하여 사용자 경험에 부정적인 영향을 미칠 수 있다.
② 트러스트 브로커는 모든 종류의 실패에 대한 단일 지점이 될 수 있다. ZTNA 서비스를 통과하는 완전히 격리된 응용 프로그램은 서비스가 중단되면 작동을 중지한다.
③ 공격자는 트러스트 브로커 시스템을 손상시키려고 시도할 수 있으며, 손상된 트러스트 브로커는 즉시 중복된 트러스트 브로커로 장애 조치해야 한다. 할 수 없다면 페일 오픈(Fail Open)이 되어야 한다.
④ 손상된 사용자 자격 증명으로 인해 로컬 장치의 공격자가 장치에서 정보를 관찰하고 유출할 수 있다.

016

많은 CASB 보안 기능은 엔터프라이즈/웹 애플리케이션 방화벽 및 보안 웹 게이트웨이와 같은 다른 보안 제어에서 제공하는 기능과 비교하여 고유하며 '다음'을 포함할 수 있다. 선택지 중 '다음'에 포함되지 않는 것은 무엇인가?

① 상황별 접근 제어(Contextual Access Control)
② 멀웨어 감지(Malware Detection)
③ 변화 관리 제어(Change Management Control)
④ 위협 방지, 종종 사용자 및 엔티티 행동 분석 (Threat Prevention, often user and entity behavior analytics, UEBA)

017

다음 중 엘라스틱 서치(Elastic search)의 활용 방법과 가장 거리가 먼 것은 무엇인가?

① 로깅과 로그 분석
② 위치 기반 정보 데이터 분석 및 시각화
③ 비즈니스 분석
④ 실시간 허리케인, 산불이나 기타 환경 재해 방지

018

[보기]의 내용은 무엇인가? 가장 알맞은 답을 선택하시오.

> **보기**
>
> NicheStack은 산업용 제어 장치(ICS)의 임베디드 운영체제에 사용되는 독점 인터넷 프로토콜 버전 4(IPv4) 네트워크 계층이다. HVAC(난방, 환기 및 공조) 시스템과 같은 대규모 산업 시스템의 일부인 장치를 제어하기 위해 인터넷을 통한 통신이 가능하다. 이것은 특히 NicheStack 네트워크 계층을 사용하는 장치에 영향을 미치는 일련의 취약점이다. 이러한 최신 취약점으로 말미암아 현재 이러한 장치를 사용하는 모든 산업 시스템이 공격에 취약하다.

① OT Dummy: Hook

② INFRA: Cyber-Hole

③ INFRA: HALT

④ OT Back: Hole

019
난이도 ★★★☆☆

다음 중 암호화폐 및 기타 암호화 자산(Crypto-currencies)의 일반적인 취약점과 가장 관련이 없는 것은 무엇인가?

① 추측 계산 공격(Guess calculation attack)

② 부채널 공격(Side-channel attacks)

③ 양자 컴퓨팅(Quantum computing)

④ 무단 작업(Unauthorized operations)

020
난이도 ★★★☆☆

가트너는 하이브리드/멀티 클라우드 데이터센터에서의 워크로드 보호를 위해 CWPP(Cloud Workload Protection Platforms) 중요한 기능을 8개 레이어로 설명한다. 다음 중 이에 해당하지 않는 것은 무엇인가?

① 네트워크 기반 침입 탐지 시스템(Network-Based IPS With Vulnerability Shielding)

② 보안 강화 및 설정/취약점 관리(Hardening, Configuration and Vulnerability Management)

③ 취약점 예방 및 메모리 보호(Exploit Prevention/Memory Protection)

④ 시스템 무결성 보장(System Integrity Assurance)

021
난이도 ★★★★☆

다음 중 CRISP-DM의 특징과 가장 거리가 먼 것은 무엇인가?

① 비즈니스 이해에 대한 초기 진행에 있어 기술 작업을 비즈니스 요구와 일치시키기에 데이터 과학자가 비즈니스 목표를 제대로 이해하지 못한 채 문제에 뛰어드는 것을 방지하는 데 도움이 된다.

② 사람들은 CRISP-DM이 빅 데이터보다 앞선 프로세스로, "4V로 인해 빅 데이터 프로젝트에 매우 적합하다."라고 주장한다.

③ Kanban과 마찬가지로 CRISP-DM은 많은 교육, 조직 역할 변경 또는 논쟁 없이 구현할 수 있다.

④ 거의 모든 작업에는 문서화 단계가 있다. 자신의 작업을 문서화하는 것이 성숙한 프로세스의 핵심이지만 CRISP-DM의 문서화 요구 사항은 팀이 실제로 납기 제공하는 것을 불필요하게 늦출 수 있다.

022
난이도 ★★☆☆☆

[보기]에 해당되는 내용은 무엇인가? 가장 알맞은 답을 선택하시오.

> **보기**
>
> 중개, 거래소 또는 은행과 같은 중앙 금융 중개자에 의존하지 않고, 대신 블록체인에서 스마트 계약을 활용하는 블록체인 기반의 금융 형태이다. 이것을 통해 사람들은 다른 사람에게 자금을 빌리고, 파생 상품을 사용하여 자산의 가격 변동을 예측할 수 있다. 또한, 암호화폐를 거래하고, 위험에 대비하며, 저축과 같은 계정에서 이자를 얻을 수 있다.

① De-Fi

② C-Fi

③ Orion-Fi

④ Hash-Fi

023

난이도 ★★☆☆☆

스마트카드, 스마트폰, 데스크톱 CPU 등 연산 모듈이 탑재된 프로세서에서는 전력을 소비하면서 연산을 수행한다. 일반적인 상황과 암복호화 연산 시의 전력 소비량은 차이가 날 수밖에 없다. 이런 전력/전류량의 변화에 따라 발생하는 신호를 분석하여 해당 디바이스의 숨겨진 정보를 얻어내는 공격 기법을 무엇이라고 하는가?

① Dynamic Encryption Analysis

② Side Channel Attack

③ Electric Throttling Attack

④ Power-bleed

024

난이도 ★★★☆☆

다음 중 가트너에서 제안한 CNAPP의 기본 요소가 아닌 것은 무엇인가?

① 클라우드 보안 상태 관리(CSPM)

② 클라우드 서비스 네트워크 보안(CSNS)

③ 클라우드 워크로드 보호 플랫폼(CWPP)

④ 클라우드 액세스 보안 브로커(CASB)

025

난이도 ★★☆☆☆

블록체인은 네트워크 참여자가 공유한 정보 및 가치를 제3의 신뢰 기관 없이 분산형 네트워크를 통해 기록·검증·보관·실행하는 자율·신뢰 인프라, 시스템, 서비스 기술이다. 다음 중 블록체인 기술의 4가지 특성이 아닌 것은 무엇인가?

① 탈중앙성

② 책임 추적성

③ 투명성

④ 불변성

026

난이도 ★★★☆☆

[보기]는 무엇을 설명한 것인가? 가장 알맞은 답을 선택하시오.

> **보기**
>
> 자율 컨트롤러들이 시스템에 분산되어 있는 수많은 제어 루프가 있는 공정이나 공장을 위해 컴퓨터가 구비된 제어 시스템이며 중앙 조작자의 감시 제어가 없다. 이는 중앙집권적 컨트롤러를 사용하는 시스템(별도의 컨트롤러가 중앙 통제실이나 중앙 컴퓨터 안에 위치되어 있는)과는 대조된다. 원격 감시와 더불어 처리 공장 주변에 통제 기능을 분산시켜서 신뢰성을 제고하고 설치 비용을 줄여준다.

① 분산 제어 시스템(DCS)

② 프로그래밍 가능한 논리 컨트롤러(PLC)

③ 산업 자동화 및 제어 시스템(IACS)

④ 감독 제어 및 데이터 수집(SCADA)

027

난이도 ★★☆☆☆

SCMS는 커넥티드 차량 애플리케이션이 차량에 설치되어 있는지(OBE) 아니면 RSU(Roadside Unit)에 설치되어 있는지에 따라 여러 인증서 유형을 사용한다. 다음 중 이와 관련된 인증으로 가장 관련이 없는 것은 무엇인가?

① OBE 등록 인증서(OBE Enrollment Certificate)

③ 가명 인증서(Pseudonym Certificate)

③ 애플리케이션 인증서(Application Certificate)

④ 신뢰 앵커 인증서(Trust anchor Certificate)

028

난이도 ★★★☆☆

블록체인 상호 운용성(Blockchain interoperability)은 중개자 없이 다양한 시스템 또는 네트워크에서 정보를 교환, 액세스 및 사용할 수 있는 기능이다. 블록체인 상호 운용성은 자산의 상태를 변경하지 않고 둘 이상의 네트워크 또는 시스템 간에 자산을 전송할 수 있다. 그렇다면 블록체인 상호 운용성 플랫폼 유형과 가장 관련이 없는 것은 무엇인가?

① 개인/자체 호스팅(Private/self-hosted)

② 관리형 블록체인 서비스 공급자(Managed Blockchain Service Providers)

③ 하이브리드/멀티클라우드 블록체인(Hybrid/multicloud Blockchain)

④ 다중/동적 구성 블록체인(Multi/Dynamic Configuration Blockchain)

029
난이도 ★☆☆☆☆

다음 중 블록체인의 종류와 가장 관련이 없는 것은 무엇인가?

① Public　　　　③ Private

③ Protected　　④ Hybrid

030
난이도 ★★★☆☆

[보기]는 블록체인 구조의 애플리케이션의 영역(Application Layer) 중에서 무엇을 설명한 것인가? 가장 알맞을 답을 선택하시오.

> **보기**
>
> 블록체인에서 안전한 미들웨어로, 블록체인과 데이터 제공자, 웹 API, 기업 백 엔드, 클라우드 제공자, IoT 기기, 전자 서명, 결제 시스템, 다른 블록체인 등과 같은 오프체인 시스템 간 커뮤니케이션을 돕는 역할을 한다.

① APIs & Integration

② Oracles

③ Decentralized Applications

④ Wallets

031
난이도 ★★★★☆

[보기]는 무엇에 대한 정의인가? 선택지 중 가장 알맞은 것을 고르시오.

> **보기**
>
> 차량 내에서 호스트 컴퓨터 없이 마이크로 컨트롤러나 장치들이 서로 통신하기 위해 설계된 표준 통신 규격이다. 이 통신은 메시지 기반 프로토콜이며 최근에는 차량뿐만 아니라 산업용 자동화 기기나 의료용 장비에서도 종종 사용되고 있다. 이 통신은 각 제어기 간의 통신을 위해 주로 사용되는 non-host 버스 방식의 메시지 기반 네트워크 프로토콜이다. 1983년 최초로 보쉬 사에 의해 개발되었고, 1986년 공식적으로 소개된 이래, 현재 생산되는 대부분의 자동차에서 사용되고 있으며, 기타 다양한 분야에서도 적용되고 있다. 로버트 보쉬 사에서 1983년부터 개발에 착수해 1986년 미국 미시간주 디트로이트에서 열린 SAE(Society of Automotive Engineer)에서 공식적으로 발표되었다. 최초의 컨트롤러 칩은 인텔과 필립스에 의해 생산되었으며 1987년 시장에 출시되었다. 이 통신은 OBD-II라고 불리는 차량 진단용 통신 표준의 5대 프로토콜 중 하나로 포함되어 있다. OBD-II 표준은 1996년 이후로 미국에서 판매되는 모든 승용차와 소형 트럭에 필수 사항으로 적용되었으며 EU에서는 2001년 이후 판매되는 가솔린 차량에 대해, 2004년 이후 판매되는 모든 디젤 차량에 대해 EOBD 표준을 적용하여야 한다.

① CAN　　　　② SPI

③ UART　　　④ I2C

032
난이도 ★★★☆☆

IoT 스택 계층에서 동작하는 프로토콜로, [보기]는 무엇을 설명한 것인가? 가장 알맞은 답을 선택지에서 고르시오.

> **보기**
>
> RF(Radio Frequency)를 사용한 양방향 단체 네트워크 통신 기술로 900MHz 대역 주파수를 사용하기 때문에 타 무선 통신 제품(2.4GHz를 사용하는 와이파이나 블루투스)과는 전파적 충돌이나 간섭이 없다. 전송 속도는 100Kbps이며, 타 무선 제품과는 달리 물체 투과율이 매우 높다.

또한, 232개의 노드를 소화할 수 있다. 이는, 가정 등에서 사용되는 메시 네트워크가 가능한 모든 디바이스와 연결이 가능하게 만들어 준다.

① Z-Wave   ② Zigbee

③ NFC   ④ Sigfox

033
난이도 ★★★☆☆

[보기]는 가상 현실에 관련된 정의이다. 정확하게 어떤 개념을 정의하고 있는지 선택지에서 고르시오.

보 기

컴퓨터 기술로 인한 현실-가상 세계의 결합과 인간-기계의 상호 작용을 말한다. 현실과 가상 간의 상호 작용을 강화해 현실 공간에 배치된 가상의 물체를 손으로 만질 수 있다. 코로나19와 같은 상황 하에 글로벌 원격 회의를 할 때 각 국가나 회사 출근 여부에 상관없이 하나의 디지털 공간에 자료를 띄워서 공유할 수 있다. 따라서 이 현실은 위험에 빠질 수 있는 상황이나 재료의 낭비 없이 교육이나 훈련을 시뮬레이션으로 할 수 있는 의료, 제조 및 군사 산업 등에서 특히 활용 수준이 높다.

① 증강 현실(Augmented Reality, AR)

② 가상 현실(Virtual Reality, VR)

③ 확장 현실(eXtended Reality, XR)

④ 혼합 현실(Mixed Reality, MR)

034
난이도 ★★☆☆☆

내부 통제의 목적은 기업의 전략에 명시적으로 연관된 목표와 같다. 그렇다면 통제 목적과 가장 관련이 없는 것은 무엇인가?

① 운영의 효과성과 효율성

② 기업 거버넌스와 전략적 연계

③ 적용되는 법률과 규제들의 문서

④ 자산 보호

035
난이도 ★☆☆☆☆

[보기]에 해당되는 내용은 무엇인가? 가장 알맞은 답을 선택하시오.

보 기

소프트웨어 봇 또는 인공 지능(AI) 워커(worker)의 개념에 기반을 둔, 최근에 만들어진 비즈니스 프로세스 자동화 기술 형태이다. 전통적인 워크플로 자동화 도구에서 프로그래머는 내부 API 또는 전용 스크립트 언어를 사용하여 백엔드 시스템에 대한 태스크와 인터페이스를 자동화하기 위한 일련의 동작을 생성한다. 이와 대조적으로 이 시스템은 사용자가 애플리케이션의 그래픽 사용자 인터페이스(GUI)의 태스크를 수행하는 것을 관찰함으로써 동작 목록을 만든 다음 GUI에 직접 해당 작업을 반복함으로써 자동화를 수행한다. 이로써 제품 자동화 이용에 대한 장벽을 낮출 수 있다. 도구들은 그래픽 사용자 인터페이스 테스트 도구와 기술적으로 상당한 유사점이 있다. 해당 도구들 또한, GUI를 사용하여 상호 작용을 자동화하고 사용자가 수행한 일련의 동작을 반복함으로써 이를 수행한다.

① DHL(Dynamic High Linking)

② BHA(Bright Home Automation)

③ PA(Power Automation)

④ RPA(Robotic Process Automation)

036
난이도 ★★★☆☆

[보기]에 해당되는 내용은 무엇인가? 가장 알맞은 답을 선택하시오.

보 기

변경된 데이터를 사용하여 동작을 취할 수 있도록 데이터를 결정하고 추적하기 위해 사용되는 여러 소프트웨어 디자인 패턴들의 모임이다. 기업 데이터 소스에 이루어지는 변경 사항의 식별, 포착, 전송에 기반한 데이터 통합의 접근을 말한다. 이는 데이터 웨어하우스 환경에서 주로 발생하는데, 그 이유는 시간에 걸쳐 데이터 상태를 포착하고 보존하는 일이 데이터 웨어하우스의 핵심 기능 가운데 하나이기 때문이다. 또한, 모든 데이터베이스, 데이터 저장소 시스템에서 활용이 가능하다.

① CDC(Change Data Capture)

② GFS(Google File System)

③ ODS(Operational Data Store)

④ CNC(Computerized Numerical Control)

037
난이도 ★★★☆☆

[보기]에 해당하는 접근 제어 모델은 무엇인가? 가장 알맞은 답을 선택하시오.

보기

조직 전체의 역할을 감사 및 변경하지 않고도 새로운 규정이나 새로운 기업 정책에 따라 자격을 신속하게 변경할 수 있다. 이를 통해 자산이 손상되지 않고 규정을 준수할 수 있다.

① MAC(Mandatory Access Control)

② PBAC(Policy Based Access Control)

③ RAdAC(Risk-Adaptive Access Control)

④ ZBAC(authoriZation Based Access Control)

038
난이도 ★★☆☆☆

클라우드 액세스 보안 브로커(Cloud Access Security Broker, CASB)의 역할은 엔터프라이즈 보안 요구 사항을 충족하기 위해 클라우드의 데이터 및 위협에 대한 가시성과 제어를 제공하는 것이다. 이는 3단계 프로세스를 통해 수행된다. 다음 중 프로세스와 관련 없는 것은 무엇인가?

① 검색(Discovery) ② 분류(Classification)

③ 교정(Remediation) ④ 검역(Quarantine)

039
난이도 ★★★☆☆

다음 중 보안 측면에서 CDN(콘텐츠 전송 네트워크)을 사용하였을 때, 다른 서비스와 비교하여 이점은 무엇인가?

① 최신 멀웨어 탐지 기술

② DDoS(Distributed Denial-of-Service) 공격 차단

③ ARP 스푸핑 기반의 도청 및 정보 유출 차단

④ TCP/UDP 프로토콜의 포트 스캔 차단

040
난이도 ★★☆☆☆

다음 중 일반적으로 사용되는 암호화폐 해킹 수법과 거리가 먼 것은 무엇인가?

① 개인 키를 탈취해 코인 출금

② 개인정보를 탈취해 피싱

③ 플래시론 공격

④ 사이트 파밍 공격

041
난이도 ★★★☆☆

보안 자격 증명 관리 시스템(SCMS)에서 제공하는 장점으로 가장 관련이 없는 것은 무엇인가?

① 가용성 보장 ② 신뢰성 보장

③ 무결성 보장 ④ 개인정보보호

042
난이도 ★★★☆☆

[보기] 속 내용은 무엇을 정의하고 있는가? 가장 올바른 것을 고르시오.

보기

암호화폐 거래 내역을 뒤섞어 버림으로써 어디에서 코인을 받고 누구에게 코인을 보내는지에 대한 정보를 알 수 없도록 숨기는 기술을 말한다. 즉, 암호화폐를 전송할 때 송금할 지갑으로 바로 보내지 않고, 여러 개의 지갑으로 쪼갰다가 합쳐서 보내는 방식을 의미한다. 암호화폐 전송 내역은 블록체인 상에서 모두 확인할 수 있지만, 자금을 수천 개의 지갑으로 쪼개면서 전송하면 확인이 힘들다. 쪼개고 합치는 과정에서 다른 지갑의 자금과 섞일 수 있기 때문에 자금의 원천을 추적하는 것도 어렵다.

① Cryptocurrency covert channel

② Cryptocurrency laundering

③ Cryptocurrency shake up

④ Cryptocurrency tumbler

043

난이도 ★★☆☆☆

다음 중 대체 불가능 토큰(Non-fungible token, NFT)의 특징에 해당되지 않는 것은 무엇인가?

① 거래의 자유로움

② 희소성

③ 법정 화폐의 가치 고정

④ 생산의 용이성

044

난이도 ★★★☆☆

다음 중 XDR과 SOAR 차이점에 대해서 올바르게 설명한 것은 무엇인가?

① SOAR 솔루션은 파트너 통합 및 플레이북을 구현 및 유지 관리하기 위해 고도로 성숙된 SOC가 필요하다.

② XDR 솔루션은 SOAR에 비해 복잡하고 비용이 많이 들며, XDR 플랫폼에서 연결된 보안 도구에 이르기까지 실행 가능성을 제공하는 간단하고 직관적인 제로 코드 솔루션이다.

③ XDR 솔루션은 보안 운영팀에서 API 연결 보안 솔루션 에코 시스템 전반에 걸쳐 작업을 자동화하는 다단계 플레이북을 구성하고 실행한다.

④ SOAR 솔루션은 마켓플레이스를 통한 생태계 통합을 가능하게 하고 제3자 보안 제어에 대해 간략 자동화하는 메커니즘을 제공한다.

045

난이도 ★★★☆☆

다음 중 관리형 탐지 및 대응(MDR)의 확장된 솔루션으로 가장 관련이 없는 것은 무엇인가?

① MEDR(Managed endpoint detection and response)

② MHDR(Managed Human detection and response)

③ MXDR(Managed extended detection and response)

④ MNDR(Managed network detection and response)

046

난이도 ★★★★☆

다음 중 엘라스틱 서치(Elastic search)에서 관계형 데이터 모델링을 하려고 한다. 다음 중 가장 관련이 없는 것은 무엇인가?

① Parent-Child 모델링

② Normalization 모델링

③ Nested 모델링

④ Application Side Join 모델링

047

난이도 ★★☆☆☆

[보기] 속 빈칸에 들어갈 내용은 무엇인가? 가장 알맞은 답을 선택하시오.

> **보기**
>
> 웹 서핑 PC를 감염으로부터 보호하고 회사 정책을 시행한다. (　　)는 사용자가 시작한 웹/인터넷 트래픽에서 원치 않는 소프트웨어/멀웨어를 필터링하고 기업 및 규정 정책 준수를 시행하도록 하는 솔루션이다. 이러한 게이트웨이에는 최소한 URL 필터링, 악성 코드 탐지 및 필터링, 인스턴트 메시징(IM) 및 Skype와 같은 인기 있는 웹 기반 응용 프로그램에 대한 응용 프로그램 제어가 포함되어야 한다. 기본 또는 통합 데이터 유출 방지 기능도 점점 더 많이 포함된다.

① 보안 웹 게이트웨이(Secure Web Gateway, SWG)

② 프록시 게이트웨이(PROXY Gateway)

③ 응용 프로그램 게이트웨이(Application Program Gateway)

④ 차세대 게이트웨이(Next-Generation Gateway)

048

난이도 ★★★☆☆

다음 중 NGFW(Next Generation Firewalls)에 비해 FWaaS(FireWall as a service)가 가지는 장점으로 볼 수 없는 것은 무엇인가?

① 머신러닝 기반 취약점 분석(Machine Learning Based Vulnerability Analysis)

② 프록시 기반 아키텍처(Proxy-based architecture)

③ DNS 보안 및 제어(DNS security and control)

④ 가시성 및 단순화된 관리(Visibility and simplified management)

049

난이도 ★★☆☆☆

국토교통부는 자율 주행 기술 단계를 레벨 몇 단계부터 자율 주행차로 정의하여 분류하는가?

① 레벨 1　　　② 레벨 2

③ 레벨 3　　　④ 레벨 4

050

난이도 ★★★★☆

다음 [보기]는 무엇에 대한 설명인가? 가장 알맞은 답을 선택지에서 고르시오.

> **보기**
>
> 자동차 보안 기업 아우토크립트는 차량 대사물(V2X) 보안·인증 관리 시스템을 출시했다고 하였다. 이는 북미, 유럽, 한국, 중국 등 4대 표준을 모두 충족하는 국제형 보안·인증 기술을 기반으로 한다. 인증서 발급부터 폐

지까지 전 과정을 안전하게 관리하는 인증서 폐지 목록(CRL) 기능과 교통 환경에서 발생 가능한 모든 상황에 대한 안전성 검증을 마친 이상 행위 탐지(MBD) 기능을 제공한다.

① IEEE 1609.2　　② ITS

③ SCMS　　　　④ CAMP

051

난이도 ★★★☆☆

IoT 통신 스택의 상단에는 두 개의 엔드포인트 사이에서 일반적으로 클라이언트와 서버 또는 클라이언트 간에 포맷을 적용한 메시지 데이터의 교환을 지원하는 프로토콜이 있다. 다음 중, 이와 관련 없는 프로토콜은 무엇인가?

① AMQP(Advanced Message Queueing Protocol)

② CoAP(Constrained Application Protocol)

③ RSAP(Remote Storage Application Protocol)

④ DDS(Data Distribution Service)

052

난이도 ★★★☆☆

다음 중 ML, DL 및 AI에 대한 설명으로 가장 관련이 없는 것은 무엇인가?

① 머신러닝(ML) 및 딥러닝(DL) 알고리즘과 구현이 발전함에 따라 인공 지능(AI)은 전반적으로 향상될 것이다.

② 딥러닝(DL)은 신경망을 사용하여 인간의 두뇌를 에뮬레이터 한다. 신경망은 본질적으로 딥러닝(DL) 알고리즘의 계층이다.

③ 머신러닝(ML) 알고리즘은 이전 입력 및 결과에서 패턴을 학습하고 그에 따라 작업을 조정한다.

④ 딥러닝(DL)은 데이터를 처리하고 의사결정에 사용할 패턴을 생성하는 ML의 하위 집합이다.

053

COBIT 5를 IoT 거버넌스에 적용하려고 할 때, 고려해야 할 요소로 가장 관련이 없는 것은 무엇인가?

① 기술 수준에서 IT 위험 평가를 수행 및 검토하고 비즈니스에 미치는 영향을 평가한다.

② 내부 및 외부감사로부터 독립적인 보증을 받고 이에 따라 조치를 취한다.

③ 통제를 적용 및 수정한다. 대부분의 그것은 개인정보보호, 보안 및 안전 통제가 될 것이다.

④ 기업의 거버넌스와 IoT 거버넌스의 연계성을 확인하고 그에 따른 일치성을 검증한다.

054

난이도 ★★★★☆

[보기]의 내용은 무엇을 설명한 것인가? 가장 알맞은 답을 선택하시오.

> **보기**
>
> 투명성이 높은 시장 환경에서 기업 이익만을 극대화하는 알고리즘 기반 담합 기법이다.

① Digital Mafia

② Digital Vampire

③ Digital Cartel

④ Digital Blackmamba

055

난이도 ★★★☆☆

[보기]는 무엇을 설명한 내용인가? 가장 알맞은 답을 선택하시오.

> **보기**
>
> 전력 생산을 강화시키고 전기 시장의 전력 교역을 위해 이기종 분산 에너지 자원(Distributed Energy Resources, DER)의 양을 종합적으로 관리하는 클라우드 기반의 발전소이다. 미국, 유럽, 오스트레일리아에 존재한다.

① 카이트젠(KiteGen)

② 가상 발전소(Virtual Power Plant)

③ MHD 발전(MHD Generator)

④ 마이크로그리드(MicroGrid)

056

난이도 ★★★☆☆

'이것'은 컴퓨터로 만들어진 가상 현실(VR)이나 컴퓨터로 만든 이미지를 현실 세계와 일부 결합시킨 증강 현실(AR)과 달리 네트워크로 연결된 사용자들이 상호 소통과 공유, 협업이 가능하도록 해 현실-가상-원격 세계가 구분없이 연결된 일체화된 기술이다. 다음 중 '이것'으로 가장 알맞은 것을 고르시오.

① SR(Substitutional Reality)

② XR(eXtended Reality)

③ MR(Mixed Reality)

④ CR(Coexistent Reality)

057

난이도 ★★☆☆☆

클라우드 컴퓨팅은 기존의 전통적인 아키텍처에 비하여 다양한 특장점을 가지고 있다. 다음 중 클라우드 컴퓨팅의 특장점이라고 볼 수 없는 것은 무엇인가?

① Flexibility

② Resource Provisioning

③ Pay as you go

④ Scaling Up

058

난이도 ★★★★★

적층 가공(Additive Manufacturing, AM)이라고 알려진 3D 프린팅은 전통적인 제조 방식과는 정확히 반대의 의미로 사용된다. 마치 조각가가 찰흙을 잘라내듯이 재료를 가공하거나 '깎아서' 물건을 만드는 대신, 3D 프린팅은 재료를 한 층 한층 쌓아 제작한다. 다음 중 3D 프린팅 제작방식으로 가장 관련이 없는 것은 무엇인가?

① Hybrid 방식

② Polyjet 방식

③ SLA 방식

④ SLS 방식

059

세계경제포럼은 제조업의 스마트화를 가속화하기 위해 글로벌 컨설팅 기업 맥킨지와 함께 우수한 등대 공장(Lighthouse Factory)을 전 세계 각국에서 선정하여 발표하였다. 다음 중 등대 공장의 특징이 아닌 것은 무엇인가?

① 연결성(Connectivity)

② 확장성(Scalability)

③ 지능화(Intelligence)

④ 유연한 자동화(Flexible Automation)

060
난이도 ★★★☆☆

MLOps는 'Machine Learning Model Operationalization Management'의 약어로, ML 모델 운영 관리 기술을 의미한다. ML의 구성요소로 가장 관련이 없는 것은 무엇인가?

① DataOps

② ModelOps

③ DevOps

④ DevSecOps

061
난이도 ★★☆☆☆

사물 인터넷 기반의 소형 장비들이 확산되면서 일반 실생활부터 기업용 인프라까지 그 사용처가 증가하고 있다. 가정 내 인공 지능 스피커와 웹캠은 Wi-Fi와 블루투스 연결을 통해 언제 어디서나 스마트폰으로 원격 통제 및 데이터 전송이 가능하다. 기업용 사물 인터넷 장비도 원격 제어와 로그 수집을 지원한다. 이러한 장비들이 워 드라이빙과 사전 공격의 조합에 의해 무작위로 접근이 허용되는 경우가 많이 발생한다. 다음 중 이런 상황을 유발하는 가장 큰 보안 취약점은 무엇인가?

① Secure Wi-Fi 보안 설정 비활성화

② 운영체제 및 플랫폼 보안 패치 자동 업데이트 미수행

③ 원격 접속 시 사용자 스마트폰에 의한 웜 바이러스 전파

④ 공장 초기 비밀번호에 대한 변경 미수행

062
난이도 ★★☆☆☆

인간 증강(Human augmentation)은 인간의 감지, 행동 및/또는 인지 능력을 향상시키기 위한 방법, 기술 및 응용 프로그램을 다루는 분야이다. 이는 감지 및 작동 기술, 정보의 융합 및 분열, 인공 지능(AI) 방식을 통해 달성된다. 다음 중 인간 증강 분야에서 앞으로 도전해야 할 과제로 가장 거리가 먼 것은 무엇인가?

① 윤리적 문제(Ethical Concerns)

② 데이터 프라이버시(Data Privacy)

③ 페일오버(Failover)

④ 신뢰성(Reliability)

제8장 신기술 트렌드　　**257**

063

난이도 ★★★★★

[보기]는 머신러닝 앙상블(Ensemble Learning)의 기법 중 무엇과 연관성이 있는가?

보기

이미지 인식 앱 및 검색 엔진 내에서 많이 사용하며 예측력이 약한 모형들을 결합하여 강한 예측 모형을 만드는 방법이다. 이는 훈련 오차를 빠르게 쉽게 줄일 수 있다. 모델 간 팀워크로 이루어지며 처음 모델이 예측을 하면 그 예측 결과에 따라 데이터에 가중치가 부여되고, 부여된 가중치가 다음 모델에 영향을 준다. 잘못 분류된 데이터에 집중하여 새로운 분류 규칙을 만드는 단계를 반복한다.

① Bagging
② Boosting
③ Random Forest
④ Stacking

064

난이도 ★★★☆☆

일반적으로 기존 금융서비스와 De-Fi를 비교하였을 때 서비스를 제공하는 방법은 서로 상이하다. 이와 관련하여 다음 선택지 중 가장 성격이 다른 하나는 무엇인가?

① 서비스 규칙 생성
② 금융 상품 개발
③ 이용자 가입
④ 규칙 이행

065

난이도 ★★☆☆☆

다음 중 우리나라 자율 주행 자동차의 제도와 관련하여 잘못 알려진 내용은 무엇인가?

① 국내 레벨 3 자율 주행차 안전 기준('19.12) 및 보험 제도('20.4)를 이미 완비하여 현재 일반 국민을 대상으로 한 레벨 3 자율 주행차 출시 및 운행이 가능하다.

② 우리나라에서도 미국과 같이 임시 운행 허가를 받은 자율 주행차는 전국 모든 도로에서 운행 가능하다.

③ 레벨 3 자율 주행 최고 속도를 60km/h로 제한한 국내 법규에 맞추기 위해 60km/h까지 자율 주행 시스템이 작동한 후 60km/h 이상의 속도에서는 레벨 2 수준인 고속도로 주행 보조로 전환되는 시스템으로 개발하고 있다.

④ 우리나라 자율 주행차 안전 기준에서는 자율 주행 기능의 횡가속도를 제한하고 있지 않다.

066

난이도 ★★★☆☆

국토교통부에서 2022년 5월 29일에 제시한 자율 주행차 안전 기준 개정과 관련이 없는 것은 무엇인가?

① 비상 운행 조건 명확화
② 사고 시 자율 주행 대처 기준 개선
③ 자율 주행 해제 시 영상 장치(영화, 게임 등)의 자동 종료 규정
④ 자율 주행 해제 방식 명확·구체화

067

난이도 ★★★☆☆

[보기]에 해당되는 내용은 무엇인가?

보기

블록체인 기술로 고유한 인식값을 부여한 이미지, 동영상 등의 디지털 콘텐츠를 의미한다. 디지털 세상의 '진품증명서' 혹은 '등기 권리증'이라고도 할 수 있다. 이는 그만큼 유일성과 고유성이라는 가치를 지니고 있다. 그림·영상 등의 디지털 파일을 가리키는 주소를 토큰 안에 담음으로써 그 고유한 원본성 및 소유권을 나타내는 용도로 사용된다.

① NFT(Non-fungible Token)

② Utility Token

③ Security Token

④ Smart Token

068

난이도 ★★★☆☆

XDR은 EDR보다 더 빠르고 심층적이며 효과적인 위협 탐지 및 대응을 가능하게 하여 더 넓은 범위의 소스에서 데이터를 수집하고 대조한다. 이러한 포괄적인 가시성은 여러 이점을 제공한다. 다음 중 이점에 해당하지 않는 것은 무엇인가?

① AI 및 자동화 덕분에 XDR은 보안 분석가의 수동 작업 부담을 줄이는 데 도움이 된다.

② 데이터 소스 간의 상관관계를 통해 MTTD(평균 탐지 시간)를 줄인다.

③ 분류를 가속화하고 조사 및 범위를 지정하는 시간을 줄여 MTTI(평균 조사 시간)를 줄인다.

④ 간단하고 빠르며 관련성 높은 자동화를 가능하게 하여 MTTF(평균 고장 시간)를 줄인다.

069

난이도 ★★★☆☆

심층 방어 전략(Defense in Depth Strategies)을 필요로 하는 산업 제어 시스템(ICS)에 대해 고려해야 할 공격 경로와 가장 관련이 없는 것은 무엇인가?

① 통신 하이재킹 및 중간자 공격

② 사이드 체인 내 비정상 트랜잭션

③ 공통 프로토콜의 취약점

④ 스푸핑 공격

070

난이도 ★★★★★

[보기]는 인공 지능을 활용한 대표적인 보안 위협을 설명한 것이다. 선택지 중 가장 알맞은 답을 고르시오.

> **보기**
>
> ⑴ 컴퓨터가 인지하지 못하는 이미지를 담은 스티커로, 단순히 출력해서 사물 옆에만 놓아두면 이미지를 인식하는 인공 지능 알고리즘이 오작동이 발생하도록 한다.
>
> ⑵ 자율 주행차에 적용한 인공 지능에 문제 발생 시 생명과 직결되는 사고가 발생할 가능성이 크다.

① 모방 및 흉내

② 적대적 공격(Adversarial Patch)

③ 인공 지능 시스템의 블랙박스 모델 추출

④ 사회 공학적(Social Engineering) 공격 자동화

071

난이도 ★★★★☆

블록체인에서 트랜잭션(Transactions)은 블록체인 네트워크의 설계에 따라 일반적으로 허용되는 두 가지 트랜잭션 모델 중 하나를 따르고 있다. 이와 관련하여 [보기]는 무엇을 정의한 것인가?

> **보기**
>
> 미사용 트랜잭션 출력값을 말한다. 미지출 거래 출력이라고도 한다. 비트코인은 이더리움의 '계좌 잔고 모델(Account Balance Model)'과 달리 계정이나 잔고가 없고, 블록체인에 기록된 '소비되지 않은 출력값'을 통해 거래의 유효성을 검사하여 코인의 존재 여부를 확인한다.

① UTXO model

② Account/balance model

③ hub-and-spoke model

④ Initial coin offering(ICO) model

072
난이도 ★★★☆☆

[보기]는 블록체인에서 무엇에 대한 합의 방법론을 설명한 것인가? 선택지에서 가장 알맞은 답을 고르시오.

보기

Intel SGX(Software Guard Extensions)를 사용하여 다음 블록 게시자를 무작위로 결정하기 위해 허가된 블록체인 네트워크에서 자주 사용되는 합의 메커니즘 알고리즘이다. SGX를 사용하면 애플리케이션이 보호된 환경에서 신뢰할 수 있는 코드를 실행하여 선택이 공정하도록 할 수 있다.

① 실용적인 비잔틴 내결함성(Practical Byzantine Fault Tolerance, PBFT)

② 작업 증명(Proof of work, PoW)

③ 경과 시간 증명(Proof of Elapsed Time, PoET)

④ 지분 증명(Proof of stake, PoS)

073
난이도 ★★☆☆☆

다음 중 일반적인 블록체인 아키텍처 구조상 나머지 선택지와 다른 영역은 무엇인가?

① Smart Contacts

② P2P Communication

③ Virtual Machine

④ Transactions

074
난이도 ★★★☆☆

공개/개인 키 암호화는 블록체인의 소유권 및 거래를 관리하고 확인하는 데 사용된다. 이와 관련된 내용으로 가장 관련이 없는 것은 무엇인가?

① 거래가 비트코인 네트워크로 브로드캐스트되면 네트워크는 이 코인의 새 소유자가 새 공개 키의 소유자, 즉 수신자라는 것을 인식한다.

② 대부분의 암호화폐는 지갑을 사용하여 사용자가 소유권을 추적하고 암호화폐를 보내거나 받을 수 있는 공개 및 개인 키 쌍을 저장한다.

③ 지갑은 하드웨어 장치, 프로그램 또는 서비스일 수 있다. 암호화폐는 물리적 형태로 존재하지 않기 때문에 암호화폐 자체는 지갑에 상주하지 않는다.

④ 각 비트코인은 현재 소유자의 개인 키와 연결되어 있다. 누군가 비트코인을 보내면 새 소유자의 개인 키를 특정 양의 비트코인에 연결하는 트랜잭션이 생성되고 보낸 사람의 공개 키로 서명(공유되지 않음)된다.

075
난이도 ★★★★☆

5G Radio Access Network(RAN)은 민감한 데이터가 암호화되지 않은 상태로 RU/DU를 통해 전송되거나 RU/DU가 암호 해독에 사용되는 키를 소유하는 경우 물리적 공격에 취약한 상태로 남을 위험이 있다. 다음 중, 이러한 결과로 발생할 수 있는 공격자의 위험과 관련이 없는 것은 무엇인가?

① 네트워크 중단(Network disruptions)

② 입찰 다운 공격(Bidding down attacks)

③ 인터페이스 플러딩을 통한 플러딩 공격 위협(Flooding attack threat via interface flooding)

④ 가짜 액세스 네트워크 노드 위험(Fake access network node threat)

076
난이도 ★★★★☆

다음 중 5G 솔루션의 핵심 기술이 아닌 것은 무엇인가?

① NRF(Network Repository Function)

② SEPP(Security Edge Protection Proxy)

③ NSSF(Network Slicing Selection Function)

④ 3GPP(3rd Generation Partnership Project)

077
난이도 ★★★☆☆

다음 중 순수한 5G 기술의 장점에 해당되지 않는 것은 무엇인가?

① 큰 용량으로 더 빠른 네트워크 제공
② 많은 정적 및 모바일 지원(사물 인터넷 기기)
③ 네트워크 에너지 사용량 감소
④ 멀티미디어 및 인터넷 프로토콜 전화 통신 비용 절감

078
난이도 ★★★★☆

5G 보안 아키텍처는 6개의 보안 도메인으로 구성되어 있다. 이와 관련하여 가장 관련이 없는 것은 무엇인가?

① 네트워크 액세스 보안
② 네트워크 프로토콜 보안
③ 사용자 도메인 보안
④ SBA 도메인 보안

079
난이도 ★★★★☆

다음 중 사설 5G/LTE 네트워크에 대한 주요 잠재적인 사이버 위협으로 가장 관련이 없는 것은 무엇인가?

① 모바일 네트워크 매핑(Mobile Network Mapping, MNmap)
② 자물쇠 키핑 공격(Lock-keeping Attack)
③ 입찰 중단 공격(Bidding Down Attack)
④ 배터리 드레인(Battery Drain)

080
난이도 ★★☆☆☆

다음 중 관리형 탐지 및 대응(MDR)의 서비스와 가장 관련이 없는 것은 무엇인가?

① 가용성 분석
② 위협 사냥(탐지)
③ 위협 인텔리전스
④ 자동 및 수동 응답

081
난이도 ★★★☆☆

다음 중 XDR과 SIEM과의 차이를 가장 올바르게 설명한 것은 무엇인가?

① XDR 플랫폼 도구는 SIEM에 비해 구현하는 데 많은 미세 조정과 노력이 필요하다.
② XDR과 SIEM은 같은 플랫폼의 개념이지만 SIEM에서는 UEBA 같은 휴리스틱/행동 위협 탐지가 가능하다.
③ XDR 플랫폼은 표적 공격에 대한 효과적인 탐지 및 대응을 위해 SIEM 도구의 문제를 해결하는 것을 목표로 한다.
④ XDR 플랫폼 도구가 SIEM에 비해 경제적으로 구현이 가능하다.

082
난이도 ★★★☆☆

다음 중 보안 서비스 에지(Security Service Edge, SSE)의 3가지 핵심 사항과 가장 거리가 먼 것은 무엇인가?

① 제로 트러스트 네트워크 액세스(ZTNA)를 통해 비공개 앱에 대한 원격 액세스 보안
② 웹 방화벽(WAF)을 통한 웹 애플리케이션이나 서비스를 외부 공격으로부터 보호
③ 보안 웹 게이트웨이(SWG)를 통해 인터넷 및 웹에 안전하게 액세스
④ 클라우드 액세스 보안 브로커(CASB)를 통해 SaaS 및 클라우드 앱에 안전하게 액세스

083

난이도 ★★☆☆☆

다음 중 클라우드 보안 브로커(CASB)의 주요 기능과 가장 관련이 없는 것은 무엇인가?

① 가시성
② 책임성
③ 데이터 보호
④ 규제 준수

084

난이도 ★★★☆☆

다음 중 엘라스틱 스택(Elastic Stack)의 구성요소로 가장 관련이 없는 것은 무엇인가?

① 키바나(Kibana)
② 하모니(Harmony)
③ 로그스태시(Logstash)
④ 비츠(Beats)

085

난이도 ★★★☆☆

[보기]는 무슨 내용을 정의한 것인가? 가장 알맞은 답을 선택하시오.

> **보기**
>
> 모든 사물이 서로 연결되어 정보를 교환하는 사물 인터넷(Internet of Things)에서 컴퓨팅을 이용한 사이버 세계와 물리 세계가 발전된 IT 기술을 통해 유기적으로 융합되어 사물들이 서로 소통하며 자동적, 지능적으로 제어되어지는 시스템이다. 기존 임베디드 시스템의 미래 지향적이고 발전적인 개념으로써 기존의 전통적인 산업에 ICT 기술이 결합되어 기존 산업과 서비스에 새로운 부가 가치를 부여하고자 융복합 산업을 구현하기 위한 핵심 기술이다.

① 적층 제조(Additive Manufacturing)
② 스마트 제조(Smart Manufacturing)
③ 사이버 물리 시스템(Cyber-Physical Systems)
④ 사이버 보안(Cyber Security)

086

난이도 ★★★☆☆

제조분야 4차 산업혁명 추진과 관련하여 정부는 2015년, 8대 스마트 제조 기술을 발표하였다. 다음 중 이와 관련되지 않는 것은 무엇인가?

① 인공 지능(Artificial Intelligence, AI)
② 사이버 물리 시스템(Cyber-Physical System, CPS)
③ 홀로그램(Hologram)
④ 빅 데이터(Big Data)

087

난이도 ★★★☆☆

다음 중 ModelOps을 도입하면 해결할 수 있는 기능에 가장 해당되지 않는 것은 무엇인가?

① 규정 준수(Regulatory Compliance)
② 머신러닝 운용(Focused on Machine Learning Models)
③ 복잡한 기술(Complex Technology)
④ 사일로 환경(Silos Environment)

088

난이도 ★★★☆☆

정보 시스템과 서비스가 과거에는 메인 프레임 시스템 중심으로 서버에서 모든 것이 처리되었다면, 현재는 모바일 환경에 맞춰서 클라이언트 환경이 중요해지고 있다. 이에 따라 정보 보안 취약점도 서버에서 클라이언트로 많이 이동하고 있는 추세이다. 물류 서비스에서 사용되던 용어로서 IDC의 서버팜 영역을 (가), 클라이언트 영역을 (나)라고 부른다. 다음 중 (가)와 (나)에 들어갈 용어로 적절한 것을 고르시오.

① 가: First Mile, 나: Last Mile
② 가: Server Farm, 나: Client Farm
③ 가: Business Zone, 나: Mobile Zone
④ 가: Server Item, 나: Edge Item

089

난이도 ★★★☆☆

다음 중, 나노 기술(Nano Technology, NT) 특징에서 장점과 단점 둘 다 가지고 있는 것은 무엇인가?

① 높은 기술 집약도

② 높은 경제적 파급성

③ 융합 산업을 선도할 핵심 기술

④ 환경 및 자연 친화성

090

난이도 ★★☆☆☆

[보기]에서 설명하는 '이 기술'은 무엇인가? 선택지 중 가장 적절한 것을 고르시오.

> **보기**
>
> 이 기술은 사람들의 마음을 읽고 생각을 말로 바꾸는 것으로 알려져 있으며, 언젠가 의사가 말을 할 수 없는 환자와 의사소통하는 데 도움이 될 수 있는 도구가 될 수 있다.

① Mind Controlling

② Brain Decoding

③ Summit Sympathy

④ Brave Your Heart

091

난이도 ★★★★☆

사물 인터넷 환경이 발전하고 홈 네트워크 서비스가 증가하면서 저전력, 저속, 저비용의 근거리 네트워크 기술이 중요해졌다. 사물 인터넷과 센서 네트워크에서 주로 사용되는 WPAN(Wireless Personal Network)기술이며 IEEE 802.15.4 표준으로 제정된 이 기술은 무엇인가?

① LoRA

② ZigBee

③ FastWiFi

④ Bluetooth 5.0

092

난이도 ★★★☆☆

[보기]에서 정의하는 내용은 무엇인가?

> **보기**
>
> 쿠버네티스 오브젝트는 클러스터의 상태를 나타내며, 사용자가 바라는 워크로드 상태를 쿠버네티스에 알리는 역할을 한다. 이 파일을 사용해 포드, 오브젝트, 배포와 같은 쿠버네티스 리소스를 생성할 수 있다.

① XML

② JSON

③ YAML

④ RESTful

093

난이도 ★★★★☆

인공 지능은 효율적이고 편리하지만 많은 장점과 단점이 존재하기 때문에 잘못 사용하면 오히려 부작용이 나타날 수 있다. [보기]를 읽고 (가)와 (나)에 들어갈 용어로 적절한 것을 선택지에서 고르시오.

> **보기**
>
> (가)는 부족한 데이터로 인해 부정확한 값이 도출되는 오류를 말하며, (나)는 너무 많은 데이터를 고려할 경우 즉, 사소한 값의 변화에 민감하게 반응하여 오히려 나쁜 결괏값을 보여주는 것을 말한다. 이와 같이 인공 지능은 시간, 신속성, 효율적인 인력운용 등이 높아 여러 방면에서 활용 가능한 기술이지만 데이터의 양(Quantity)과 질(Quality)에 따라 생각지도 않은 잘못된 결과가 도출될 수도 있다는 것을 간과해서는 안 된다.

① 가: 성향적(Variance) 오류, 나: 파동적(Fluctuation) 오류

② 가: 성향적(Variance) 오류, 나: 과적합(Overfitting) 오류

③ 가: 발산적(Divergence) 오류, 나: 파동적(Fluctuation) 오류

④ 가: 기울기 소실(Gradient Vanishing) 오류, 나: 과적합(Overfitting) 오류

094

난이도 ★★★☆☆

다음 중 인공 지능이 활용되는 보안 분야와 가장 거리가 먼 것은 무엇인가?

① 보안 감사 수행

② 위협 탐지 분석

③ 이상 탐지

④ 보안 관제·관리

095

난이도 ★★★☆☆

인공 지능 모델에 대한 적대적 공격은 학습에서 사용에 이르기까지 공격자가 간섭하는 프로세스에 따라 회피(Evasion), 오염(Poisoning), 그리고 유추(Inference)의 크게 세 가지 유형으로 나눌 수 있다. 그렇다면 모델 도치(Model Inversion) 공격은 어느 유형에 속하는가?

① 회피(Evasion)

② 오염(Poisoning)

③ 유추(Inference)

④ 전부 해당

096

난이도 ★★★★☆

[보기]의 내용은 무엇인가? 가장 알맞은 답을 선택하시오.

> **보 기**
>
> 하나의 최적의 예측 모델을 생성하기 위해 여러 기본 모델을 결합하는 머신러닝 기술이다. 즉, 둘 이상의 모델의 두드러진 특성을 융합하여 예측에서 합의에 도달하는 방법이다. 여러 모델의 결정을 결합하여 전반적인 성능을 향상시킨다.

① Ensemble ② SOM

③ SVM ④ CART

097

난이도 ★★★☆☆

[보기]의 내용은 무엇인가? 가장 알맞은 답을 선택하시오.

> **보 기**
>
> 원시 데이터를 이해할 수 있는 형식으로 변환하는 프로세스이다. 시스템은 원시 데이터로 작업할 수 없기 때문에 데이터 마이닝에서 가장 중요한 단계이다. 머신러닝이나 데이터 마이닝 알고리즘을 적용하기 전에 데이터의 품질을 먼저 확인해야 한다.

① Data Preprocessing

② Data Spinning

③ Data Convergence

④ Data Purification

098

난이도 ★★★★☆

5G 보안 기술 중, 핵심 네트워크 위협을 완화시키는 방법에서 사업자 간 보안은 SEPP라는 엔티티를 도입하고 있다. 다음 중 SEPP의 기능으로 볼 수 없는 것은 무엇인가?

① 인터페이스를 사용하여 서로 통신하는 서로 다른 PLMN에 속하는 두 네트워크 기능 간의 애플리케이션 계층 제어 평면 메시지를 보호한다.

② 로밍 네트워크에서 SEPP와 상호 인증 수행한다.

③ 5G Core의 중요 NF(Network Function)으로 3GPP, Non-3GPP Access에 대한 기본적인 인증 기능을 제공한다.

④ 내부 토폴로지 정보를 외부에서 볼 수 없도록 제한하여 토폴로지 숨기기를 수행한다.

099

난이도 ★★★★☆

다음 중 5G 보안 기술에서 핵심 네트워크 위협을 완화시키는 방법으로 가장 관련이 없는 것은 무엇인가?

① The authentication server function(AUSF)

② The trust model security function(TMSF)

③ The security anchor function(SEAF)

④ The authentication credential repository and processing function(ARPF)

100

난이도 ★★★☆☆

인공 지능 기술은 이미 상용화되어 수많은 서비스와 애플리케이션으로 일상생활을 혁신하고 있다. 인공 지능 기술은 나날이 발전하고 있는데 언젠가 인간의 통제를 벗어나 AI 임계점을 넘어 강(Strong)인공 지능이 될 것을 연구자들은 우려하고 있다. 이런 상황이 되었을 때를 대비하여 인공 지능 소프트웨어를 종료, 재설정, 초기화, 삭제할 수 있는 원격 제어 및 통제 기능을 대비하고 있는데, 이것은 무엇인가?

① Artificial Intelligence Backdoor

② Exploit for Strong AI

③ Artificial Intelligence Kill Switch

④ Artificial Intelligence Protection System

101

난이도 ★★☆☆☆

[보기]의 내용은 무엇을 설명한 것인가? 가장 알맞은 답을 선택하시오.

> **보기**
>
> 생물의 구조와 기능을 연구해 경제적 효율성이 뛰어나면서도 자연 친화적인 물질을 창조하려는 과학 기술로, 자연 생태계의 기본 구조, 원리 및 메커니즘에서 영감을 얻어 공학적으로 응용하는 혁신적인 융합 기술을 의미한다.

① 녹색 에너지(Green Energy)

② 청색 기술(Blue Technology)

③ 하얀 종이(White Paper)

④ 자연 우산(Nature Umbrella)

102

난이도 ★★★☆☆

[보기]의 내용은 무엇을 설명한 것인가? 가장 알맞은 답을 선택하시오.

> **보기**
>
> 웹에 존재하는 수많은 웹 페이지에 메타데이터(Metadata)를 부여하여 기존의 잡다한 데이터 집합이었던 웹 페이지를 '의미'와 '관련성'을 가지는 거대한 데이터베이스로 구축하고자 하는 발상이다. 데이터를 소스에서 다른 소스로 연결하고 컴퓨터에서 이해할 수 있도록 하여 컴퓨터가 우리를 대신하여 점점 더 정교한 작업을 수행할 수 있도록 한다.

① 자원 기술 프레임워크(Resource Description Framework)

② 검색 엔진 최적화(SEO: Search Engine Optimization)

③ 월드 와이드 웹(World Wide Web)

④ 시맨틱 웹(Semantic Web)

103

난이도 ★★★☆☆

[보기]의 내용은 무엇인가? 가장 알맞은 답을 선택하시오.

> **보기**
>
> 센서 및 사물 인터넷(IoT) 장치의 데이터를 분석한다. 이는 패턴을 결정하고, 이상을 발견하고, 문제를 예측하고, 유지 관리 간격을 설정하고, 프로세스를 최적화하고, 일정을 개발하고, 연결이 끊긴 이벤트를 해결한다.

① 사물 비즈니스 정보(Business Intelligence of Things, BIoT)

② 사물 머신러닝(Machine Learning of Things, MLoT)

③ 사물 인공 지능(Artificial Intelligence of Things, AIoT)

④ 사물 분석(Analytics of Things, AoT)

① 분산화(Distribution)

② 암호화(Encryption)

③ 일시성(Temporary)

④ 토큰화(Tokenization)

104 난이도 ★★★☆☆

다음 중 가상 현실(VR) 기술 진화의 종류로 가장 관련이 없는 것은 무엇인가?

① MR(Mixed Reality, 혼합 현실)

② XR(eXtended Reality, 확장 현실)

③ SR(Substitutional Reality, 대체 현실)

④ ZR

107 난이도 ★★★☆☆

[보기]의 내용은 무엇인가? 가장 알맞은 답을 선택하시오.

> **보기**
>
> 머신러닝, 지식 그래프, 규칙, 최적화 및 언어를 포함한 광범위한 AI 및 의사결정 모델의 거버넌스 및 생명 주기 관리에 중점을 두고 있으며, AI 모델의 재조정, 재학습 또는 재구축을 지원하여 AI 기반 시스템 내에서 모델의 개발, 운영 및 유지 관리 사이에 중단 없는 프로세스를 제공한다.

① DataOps   ② ModelOps

③ DevOps   ④ DevSecOps

105 난이도 ★★★☆☆

RPA(Robotic Process Automation)는 사람이 수행하던 규칙적이고 반복적인 업무 프로세스를 소프트웨어가 대신해준다. 따라서 비용과 시간을 큰 폭으로 줄일 수 있어 최근 많은 기업의 주목을 받고 있는 기술이다. 다음 중 RPA 장점과 거리가 가장 먼 것은 무엇인가?

① 안정성   ② 정확성

③ 경제성   ④ 확장성

108 난이도 ★★☆☆☆

다음 중 블록체인에서 월렛(Wallet)의 종류에 따른 특징의 설명이 잘못된 것은 무엇인가?

① 핫 월렛은 해킹 및 보안에 취약하다.

② 콜드 월렛은 보관 및 사용성이 어렵다.

③ 콜드 월렛은 비밀 키를 분실하면 보유 코인을 영원히 찾을 수 없는 단점이 존재한다.

④ 블록체인에서 그 종류에 따라 크게 핫 월렛, 웜 월렛, 콜드 월렛으로 나누어진다.

106 난이도 ★★★☆☆

가트너는 2019년에 블록체인 솔루션의 단계적 발전과 기업이 도출할 수 있는 기대치와의 일치성을 검토하기 위해 블록체인 스펙트럼(Blockchain Spectrum)을 발표하며, 5가지 요소 기술로 블록체인을 정의하였다. 다음 중 이와 가장 관련이 없는 것은 무엇인가?

109 난이도 ★★★★☆

데이터 마이닝 기법에서 의사결정 나무 모형(Decision Tree)은 나무 구조로 나타내어 전체 자료를 몇 개의 소집단으로 분류하여 예측을 수행하는 분석 방법이다. 너무 큰 나무 모형은 자료를 과적합하고, 너무 작은 나무 모형은 과소적합할 위험이 있어 마디에 속한 자료가 일정 수 이하일 경우 분할을 정지하는 작업을 하는데, 이를 무엇이라고 하는가?

① 의사결정 나무 형성

② 가지치기

③ 타당성 평가

④ 해석 및 예측

110
난이도 ★★★★☆

[보기]의 내용은 무엇인가? 가장 알맞은 답을 선택하시오.

> **보기**
>
> 발견된 패턴을 최종적으로 분석하고 유용한 출력을 제공하기 위해 숨겨진 패턴을 검색할 때 다양한 데이터 마이닝 기술을 적용하기 전에 데이터 처리를 위해 정의된 단계 세트를 포함한다. 목적은 패턴, 모델 및 조직이 더 나은 결정을 내리기 위해 수집한 정보에 대한 심층 분석을 해석하는 것이다. 데이터 마이닝 자체는 관리되는 영역에 대한 광범위한 연구가 필요하지 않지만 이 기술은 관찰 가능한 데이터에 대한 신중한 평가가 필요하다. 여기에는 행동, 요구 사항, 관습, 사용자 쿼리, 사용자 검색 등이 포함된다. 주요 응용 분야에는 마케팅, 사기 탐지, 통신 및 제조가 포함된다.

① KDD(Knowledge Discovery in Database)

② 데이터 웨어하우스(Data Warehouse)

③ 군집 분석(k-Means Clustering)

④ 연관 규칙 분석(Association Rule Analysis)

111
난이도 ★★★★☆

CRISP-DM 프로세스는 6단계로 구성되어 있으며, 폭포수 모형처럼 단반향으로 구성되어 있지 않고 단계 간 피드백을 통해 완성도를 높이는 방식이

다. 이와 관련하여 [보기]의 프로세스는 무엇에 해당되는가?

> **보기**
>
> 수행 업무: 초기 데이터 수집, 데이터 기술 분석, 데이터 탐색, 데이터 품질 확인

① Business Understanding(비즈니스 이해)

② Data Understanding(데이터 이해)

③ Data Preparation(데이터 준비)

④ Modeling(모델링)

112
난이도 ★★★★☆

머신러닝에서 변수 선택 방법은 최적의 회귀분석(Regression Analysis) 선택에 도움을 주는 방법론이다. 다음 중 방법론에 해당되지 않는 것은 무엇인가?

① 전진 선택법(Forward Selection)

② 후진 제거법(Backward Elimination)

③ 단계 선택법(Stepwise Method)

④ 조합 선택법(Combination Selection)

113
난이도 ★★★☆☆

[보기] 속 빈칸에 들어갈 내용은 무엇인가? 가장 알맞은 답을 선택하시오.

> **보기**
>
> (   )을(를) 통해 기업은 SaaS(Software-as-a-Service) 애플리케이션을 중앙에서 관리하고 운영할 수 있으며, 애플리케이션의 사용, 관리 및 보안 정보를 단일 대시보드로 집계한다. IT 운영 관리자는 Microsoft Office 365, Google G Suite 및 기타 자주 사용하는 SaaS 애플리케이션의 일상적인 운영을 관리할 수 있다. IT 관리자는 애플리케이션 정책을 관리하고, 수정 조치를 취하고, 애플리케이션 사용을 추적하고, IT 관리 작업을 자동화할 수 있다. 참고로 DLP(데이터 손실 방지) 및 위협 보호 기능을 제공하지는 않는다.

① SWE

② CASB

③ SMP

④ ULM

114

난이도 ★★★☆☆

다음 중 사물 인터넷(IoT) 구성요소에 해당되지 않는 것은 무엇인가?

① 장치(Devices)

② 필드 게이트웨이(Field Gateway)

③ 클라우드 게이트웨이(Cloud Gateway)

④ 애플리케이션 게이트웨이(Application Gateway)

115

난이도 ★★★☆☆

[보기]에 해당되는 내용은 무엇인가? 가장 알맞은 답을 선택하시오.

> **보 기**
>
> 사용자가 접할 수 있는 모든 멀웨어로부터 컴퓨터를 보호하기 위해 샌드박스 또는 가상 머신과 같은 격리된 환경 내에서 웹 검색 활동을 포함하는 기술이다. 이 격리는 컴퓨터에서 로컬로 발생하거나 서버에서 원격으로 발생할 수 있다. 이 기술은 멀웨어가 최종 사용자의 장치에 액세스할 수 있는 기회를 제거하여 일상적인 검색을 위한 멀웨어 보호 기능을 제공한다.

① RBI(Remote Browser Isolation)

② CASB(Cloud Access Security Broker)

③ SWG(Security Web Gateway)

④ FwaaS(Firewall as a Service)

116

난이도 ★★★☆☆

다음 중 사물 인터넷(IoT) 보안 아키텍처를 설계할 때 염두에 두어야 할 주요 신뢰 영역(Trust Zones) 및 경계(Boundaries)와 가장 관련이 없는 것은 무엇인가?

① 장치 영역(Device Zone)

② 내부 사용자 영역(Internal User Zone)

③ 게이트웨이 및 서비스 영역(Gateway and Services Zone)

④ 원격 사용자 영역(Remote User Zone)

117

난이도 ★★★☆☆

[보기]에 해당되는 내용은 무엇인가? 가장 알맞은 답을 선택하시오.

> **보 기**
>
> SaaS(Software-as-a-Service) 애플리케이션의 보안 위험을 모니터링하기 위한 일종의 자동화된 보안 도구이다. 이는 잘못된 구성, 불필요한 사용자 계정, 과도한 사용자 권한, 규정 준수 위험 및 기타 클라우드 보안 문제를 식별한다. CASB(Cloud Access Security Brokers)와 긴밀하게 결합되어 SaaS 애플리케이션에 대한 인라인 및 API 보호를 모두 제공한다.

① SSPM

② DLP

③ CCPA

④ SASE

118

난이도 ★★★☆☆

다음 중 엘라스틱 스택(Elastic Stack)의 보안 솔루션 요소와 가장 관련이 없는 것은 무엇인가?

① 내부자 보안 위협 분석

② 보안 관제 센터(SOC)의 핵심 솔루션인 SIEM

③ 수집 후 분석이 아닌, 실시간 보안 데이터 탐지 및 분석과 대응

④ EDR을 활용한 원격근무 섀도 IT(사이버 팬데믹)의 실시간 해킹 대응

119

난이도 ★★★☆☆

다음 중 SASE(Secure Access Service Edge)의 도입 시의 장점이 아닌 것은 무엇인가?

① 규제의 편의성

② 비용 절감

③ 민첩성 및 효율성

④ 보안 접근과 통제

120

난이도 ★★★☆☆

클라우드 기반 IIoT 운영 모델을 사용하면 OT 네트워크의 게이트웨이에 대한 성공적인 공격 및 손상이 전체 OT 인프라를 공격에 노출시킬 수 있기 때문에 심각한 보안 문제도 야기된다. 따라서 3가지 유형의 사이트/네트워크에 적절한 가드레일을 추가하는 것이 필수적이다. 다음 중 추가 가드레일에 해당되지 않는 것은 무엇인가?

① 엔터프라이즈 IT 사이트

② 물리적 OT 장치(예: 액추에이터 및 센서)와 프로그래밍 가능한 컨트롤러로 구성된 OT 네트워크 사이트

③ 관리, 저장, 오케스트레이션, 모니터링 및 제어를 위한 조직의 OT 및 IT 플랫폼 서비스를 호스팅하는 클라우드

④ 안티 해킹을 위한 물리 프로세스 디바이스

121

난이도 ★★★☆☆

다음 중, 〈AI 악용 보고서(The Malicious Use of Artificial Intelligence)〉에서 제시한 인공 지능이 보안에 영향을 미치는 속성에 해당되지 않는 것은 무엇인가?

① 익명성

② 보급성

③ 취약성

④ 가용성

122

난이도 ★★★☆☆

인공 지능의 오염(Poisoning) 공격 중의 하나로, 입력 이미지에 몇 개의 특정 픽셀로만 이루어진 일종의 '트리거(Trigger)'를 주입하면 오작동을 발생시키도록 하는 공격을 무엇이라고 하는가?

① 스웜 공격(Swarm Attack)

② 스피어 피싱 공격(Spear Phishing Attack)

③ 백도어 공격(Backdoor Attack)

④ 인베이전 공격(Invasion Attack)

123

난이도 ★★☆☆☆

[보기]는 무엇에 대한 정의인가? 가장 알맞은 답을 선택지에서 고르시오.

> **보기**
>
> 소프트웨어나 디지털 기기를 질환 관리 또는 치료에 이용하는 것으로, 진료 현장에서 일반적으로 쓰이는 전통적인 약물이 아닌 스마트폰 애플리케이션(이하 앱)이나 웹, 게임, 가상 현실(VR), 인공 지능 등을 질환 치료에 활용한다는 의미다. Digital Therapeutics Alliance(DTA)에 따르면 질병 치료, 질병 관리, 건강 기능 개선으로 나누어진다.

① 디지털 치료제(Digital Therapeutics)

② 전자 약(Electronic Drug)

③ 디지털 헬스케어(Digital Healthcare)

④ e-Medicine

124 난이도 ★★★☆☆

AI 기술 스택은 AI 서비스 개발을 위해 필요한 요소 기술 계층의 집합으로 여러 나라에서 다양하게 제시되고 있다. 이와 관련하여 다음 중 해당되지 않는 것을 선택하시오.

① Modern AI Stack
② 맥킨지 AI Stack
③ NIST AI Stack
④ AI Knowledge Map

125 난이도 ★★☆☆☆

다음 중 디지털 트윈 플랫폼이 갖추어야 할 기본적인 기능에 해당되지 않는 것은 무엇인가?

① 디지털 트윈 생명 주기 관리
② 오픈 API
③ 기업 거버넌스와 연계
④ 단일한 정보 소스(Single Source of Truth)

126 난이도 ★★★☆☆

머신러닝에서 유사성(Similarity Measure)은 두 개체가 얼마나 비슷한지를 측정한다. 데이터 마이닝 컨텍스트에서 유사성 측정은 개체의 기능을 나타내는 차원이 있는 거리이다. 거리가 가까우면 두 물체가 매우 유사하며, 거리가 먼 경우에는 낮은 유사도가 관찰된다. 만약 그렇다면 유사도를 계산하는 방법과 가장 관련이 없는 것은 무엇인가?

① 유클리드 거리(Euclidean distance)
② 페르시안 양탄자(Persian carpet)
③ 맨해튼 거리(Manhattan distance)
④ 자카드 유사도(Jaccard similarity)

127 난이도 ★★★★☆

매킨지와 세계경제포럼(WEF)에서는 2018년 미래 제조업을 선도하는 전 세계 16곳의 공장을 선정했고, 2019년에는 국내 기업인 포스코, 2021년에는 LS일렉트릭, 2022년에는 LG전자가 추가로 선정됐다. 선정된 기업의 공장들은 IoT, 클라우드 컴퓨팅, 빅 데이터 및 AI와 같은 4차 산업 혁명 기술을 적용하여 재무 및 운영에 영향을 미치는 리더십을 보여주는 다양한 산업을 나타내고 있다. 다음 중 이 공장의 정확한 명칭을 고르시오.

① 생각하는 공장(Brilliant Factory)
② 인텔리전트 공장(Intelligent Factory)
③ 등대 공장(Lighthouse Factory)
④ 차세대 공장(Next-Generation Factory)

128 난이도 ★★★☆☆

가트너는 클라우드 보안 요구를 수행하는 솔루션으로 "클라우드 네이티브 애플리케이션의 최적의 보안을 위해 개발 단계에서 시작해 런타임 보호로 확장되는 통합 보안 접근이 필요하다. 보안 리더는 보안을 위한 통합 생명 주기 접근 방식을 제공하는 플랫폼 도입을 고려해야 한다."라고 하였다. 이와 관련하여 가장 알맞은 답을 선택하시오.

① KSPM(Kubernetes Security Posture Management)
② CNAPP(Cloud-Native Application Protection Platform)
③ CPP(Cloud Protection Platform)
④ EPP(Endpoint Protection Platform)

129

난이도 ★★★☆☆

인공 지능을 활용한 대표적인 보안 위협으로, [보기] 속 빈칸에 들어갈 공격 방법을 선택지에서 고르시오.

> **보기**
>
> 각종 취약점 및 액세스 포인트, 장치를 공격하는 (   )은 해커의 명령만 받는 봇넷과 달리 자가 학습하고, 서로 정보를 교환하면서 다수의 피해자를 공격하고 대응을 완화시킨다.

① 스피어 피싱(Spear phishing)
② 정교하고 자동화된 스웜(Swarm) 공격
③ 모방 및 흉내 공격
④ 인공 지능 시스템의 블랙박스 모델 추출

130

난이도 ★★★☆☆

미국 CSA(Cloud Security Alliance)에서는 클라우드 보안 위협으로 총 12가지를 제시하였다. 이와 관련하여 관련이 없는 것은 무엇인가?

① 경영진 및 이사회의 관심 부족
② 악의적인 내부 관계자
③ 계정 및 서비스 하이재킹
④ 불충분한 실사

131

난이도 ★★★☆☆

[보기] 속 빈칸에 들어갈 내용은 무엇인가? 가장 알맞은 답을 선택하시오.

> **보기**
>
> SASE 프레임워크에서 네트워크 및 보안 서비스는 통합된 클라우드 제공 접근 방식을 통해 소비되어야 한다. SASE 솔루션의 네트워킹 및 보안 측면은 비용과 복잡성을 줄이는 동시에 사용자-클라우드 앱 경험을 개선하는 데 중점을 둔다. SASE 플랫폼을 두 조각으로 나누어 볼 수 있다. SSE 슬라이스는 SWG, CASB 및 ZTNA를 포

함한 모든 보안 서비스를 통합하는 데 중점을 둔다. 다른 하나인 (   )는 소프트웨어 정의 광역 네트워킹(SD-WAN), WAN 최적화, 서비스 품질(QoS) 및 클라우드 앱으로의 라우팅을 개선하는 기타 수단을 포함한 네트워킹 서비스에 초점을 맞춘다.

① WAN Edge Slice
② WAN Accelerator
③ WAN Port
④ SDP(Software Defined Perimeter)

132

난이도 ★☆☆☆☆

블록체인에서 사용자 지갑(User Wallet)은 블록체인의 기본 인터페이스 역할을 한다. 선택지중, 지갑의 유형으로 가장 다른 유형은 무엇인가?

① 브라우저 지갑(Browser wallets)
② 데스크톱 지갑(Desktop wallets)
③ 모바일 지갑(Mobile wallets)
④ 클래식 종이 지갑(Classic paper wallets)

133

난이도 ★★★☆☆

[보기]의 클라우드 보안 문제와 이에 대한 해결책으로 해당되지 않는 것을 선택지에서 고르시오.

> **보기**
>
> ① 하이퍼바이저 감염
> ② VM 내부 공격 용이성
> ③ 공격자 익명성
> ④ VM의 이동성에 따른 보안 문제

① 보안 사항을 고려한 프로그램 설계
② 클라우드 보안 표준 준수 및 내부자들에 대한 교육
③ 암호화를 통한 전송 데이터의 보호
④ 접근 권한에 대한 해시 검사

134

[보기]를 읽고 블록체인 거래 과정을 올바르게 나열하시오.

> **보기**
>
> 가. 생성된 블록, 네트워크상 모든 참여자에게 전송
>
> 나. A가 B에게 송금 시도
>
> 다. 검증 완료된 블록만 '체인'에 등록
>
> 라. 거래 관련된 정보는 '블록' 형태로 온라인상에서 생성
>
> 마. 참여자들은 거래 정보 유효성 상호 검증
>
> 바. B에게 송금 완료

① 나 → 다 → 가 → 라 → 마 → 바
② 나 → 라 → 가 → 마 → 다 → 바
③ 나 → 가 → 라 → 마 → 다 → 바
④ 나 → 마 → 라 → 가 → 다 → 바

135

[보기]의 내용은 무엇을 설명하는가? 가장 알맞은 답을 선택하시오.

> **보기**
>
> 전 세계에서 가장 많이 사용되는 데이터 마이닝 표준 방법론으로 1996년 유럽 연합의 ESPRIT에서 있었던 프로젝트에서 시작되었으며, 주요한 5개의 업체가 주도하였다. 계층적 프로세스 모델로서 4개 레벨로 구성되며 생명 주기는 총 6단계로 구성되어 있는데 각 단계들은 순차적으로 진행되는 것이 아니라, 필요에 따라 단계 간의 반복 수행을 통해 분석의 품질을 향상시킨다.

① Prototype Model
② KDD(Knowledge Discovery in Database)
③ CRISP-DM(Cross Industry Standard Process for data Mining)
④ Spiral Model

136

퍼듀(Purdue) 모델을 기반으로 구축된 기존 OT 네트워크는 6단계로 구성된다. 그렇다면 DMZ는 어느 레벨에 존재하여 잠재적인 OT 네트워크를 보호하는가? 가장 관련성이 있는 레벨을 선택하시오.

① 레벨 0~1
② 레벨 1~2
③ 레벨 3~4
④ 레벨 5~6

137

국토교통부는 '자율 주행 주차 로봇'과 관련하여 2022년 5월 26일에 개정안을 발표하였다. 다음 중 이 개정안과 관련되지 않는 것은 무엇인가?

① 자율 주행 주차 로봇은 QR 코드 인식 기반과 저전력 블루투스(Bluetooth Low Energy, BLE) 활용이 핵심 기술이다.

② 기계식 주차 장치 종류에 지능형 주차 장치(주차 로봇에 의하여 자동차를 이동·주차하도록 설계한 주차 장치)를 신설하여 현재 여러 나라에서 운영 중이다. 프랑스 샤를 드골 공항과 리옹 공항에서는 주차 로봇 '스탠'을, 독일의 뒤셀도르프 국제공항은 주차로봇 '레이'를 활용하며, 중국 베이징 서우두 공항에서는 주차 로봇 '게타'를 사용한다.

③ 주차장 내부 출입 통제로 발생 가능한 인적·물적 사고도 예방할 수 있을 것으로 보인다. 주차장 내 조명 에너지와 공회전 감소를 통해 환기 비용을 감소시켜 친환경 주차장 조성에도 도움을 줄 것으로 기대된다.

④ 주차장 내에서 목표 지점까지 최적 경로를 탐색하기 위해 전역 경로 계획 방법으로 다익스트라 알고리즘을 사용하고 이에 RRT(Rapidly-exploring Random Tree) 알고리즘을 결합하여 경로 내의 장애물 회피와 빠르게 실시간 지역 경로 탐색이 가능하도록 하는 것이 자율 주행 주차 로봇의 핵심기술이다.

138

제로 트러스트 네트워크 액세스(ZTNA)에 대한 설명으로 가장 관련이 없는 것은 무엇인가?

① ZTNA는 네트워크 액세스에서 애플리케이션 액세스를 제공하는 행위를 완전히 분리한다. 이러한 격리는 손상된 장치에 의한 감염과 같은 네트워크에 대한 위험을 줄이고 인증된 승인된 사용자에게만 특정 애플리케이션에 대한 액세스 권한을 부여한다.

② ZTNA의 기본 앱 세분화는 사용자가 승인되면 1대1로 애플리케이션 액세스 권한이 부여되도록 한다. 승인된 사용자는 네트워크에 대한 전체 액세스가 아닌 특정 애플리케이션에만 액세스할 수 있도록 한다. 세분화는 과도하게 허용된 액세스는 물론 멀웨어 및 기타 위협의 측면 이동 위험을 방지한다.

③ ZTNA는 네트워크 전반에 걸친 액세스를 제공하도록 설계된 반면, VPN은 특정 리소스에 대한 액세스 권한을 부여하고 자주 재인증을 요구한다.

④ ZTNA는 전통적인 네트워크 보안 접근 방식이 아닌 사용자-응용 프로그램 접근 방식을 취한다. 네트워크는 덜 강조되고 인터넷은 MPLS 대신 종단 간 암호화 TLS 마이크로 터널을 활용하여 새로운 기업 네트워크가 된다.

[보기]를 읽고 ISACA에서 가이드하는 신기술의 가치를 제대로 인식하지 못함(Failure to Appreciate Value of Emerging Technologies)으로 인해 발생한 위험을 완화하기 위한 통제의 순서를 올바르게 나열하시오.

보기

① 신기술에 의한 변화에 대한 정보통신기술 전략 및 방향을 전달(Communicate the I&T strategy and direction about changes by new technology)

② 새로운 기술과 혁신적인 아이디어의 잠재력을 평가(Assess the potential of emerging technologies and innovative ideas)

③ 기업의 맥락과 방향을 이해(Understand enterprise context and direction)

④ 신기술 제품 및 서비스별 가치 최적화를 평가(Evaluate value optimization by new technology product and services)

⑤ 전략계획 및 로드맵을 정의(Define the strategic plan and road map)

⑥ 신기술 활용의 혁신에 유리한 환경을 조성(Create an environment conducive to innovation in use of new technology)

⑦ 새로운 기술을 예상대로 사용하여 기회와 솔루션을 선택(Select opportunities and solution by use of new technology as envisaged)

⑧ 채택된 신기술의 맥락에서 대상 디지털 기능을 정의(Define target digital capabilities in context of adopted new technology)

⑨ 신기술의 가치를 최적화하기 위한 엔터프라이즈 아키텍처 비전을 개발(Develop the enterprise architecture vision to optimize value of new technology)

---

① ③ → ④ → ② → ① → ⑨ → ⑥ → ⑧ → ⑦ → ⑤

② ④ → ③ → ② → ① → ⑨ → ⑤ → ⑥ → ⑦ → ⑧

③ ③ → ④ → ② → ① → ⑤ → ⑥ → ⑨ → ⑦ → ⑧

④ ④ → ③ → ⑧ → ⑤ → ① → ⑨ → ⑦ → ⑥ → ②

제 9 장

IS 감사

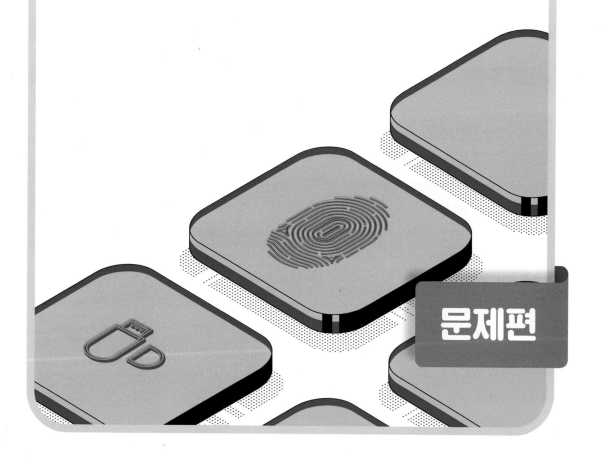

문제편

오늘날 복잡한 비즈니스와 빠르게 변화하는 기술환경에 놓여있는 많은 기업과 단체들은 정보기술 및 비즈니스를 확실하게 보호하고 통제하기를 원하고 있다. 또한 강력한 내부통제 기능과 투명한 조직 및 시스템을 요구하는 정부의 규제 감독이 전 세계적으로 증가하고 있다. 우리나라의 경우, 2017년 외부감사에 관한 법률 개정과 2018년 내부회계 관리제도 감사기준 제정에 따라 감사대상 기업이 확대되고 있다.

- 2019년부터 자산 2조 원 이상의 기업
- 2020년부터 자산 5천억 원 이상의 기업
- 2022년부터 자산 1천억 원 이상의 기업
- 2023년부터 자산 1천억 원 미만 기업

이와 같이, 내부통제 감사(IS 감사 포함)의 외부감사의 의무대상이 확대되면서 부실 감사에 대비한 관계 당국의 감리가 강화되고 있다. 이에 대형 회계법인들은 많은 수의 우수한 감사/감리 인력을 구하고 있으며, 이러한 인력에게 요구되는 자격은 CISA, CISSP, CIA, CPA 등이다. 따라서 향후 세 가지 방향에서 관련된 전문가가 필요할 것으로 예측되며, 해당 수요는 해가 갈수록 크게 증가하리라 예상된다.

- (1) 감사를 수행할 전문가에 대한 수요
- (2) 컨설팅을 수행할 전문가에 대한 수요
- (3) 피감법인에서 감사를 대비하기 위한 전문가에 대한 수요

감사(監査)란 '감사대상이 되는 조직 또는 조직구성원의 업무나 행위가 일정한 기준에 부합되는지를 증거자료에 입각하여 조사·점검·확인·분석·검증하고 그 결과에 따라 시정·개선요구 또는 권고 등을 하는 체계적 과정'을 의미한다. 감사는 사전적 의미로 '감독(監督)하고 검사(檢査)'한다는 뜻이고 감리는 '감독(監督)하고 관리(管理)'한다는 뜻으로 정보 시스템에서 감사와 감리는 매우 중요한 과정 및 절차이다.

미국 국방성(DoD)에서는 정보 보증(Information Assurance) 담당자에게 DoD에서 승인한 상용 인증 자격증을 획득할 것을 요구하고 있는 등, 많은 수의 조직에서 직원들에게 자격증을 취득할 것을 요구하고 있다. CISA, CISSP은 DoD에서 승인한 자격증이며 기술실무에 기반을 둔 전 세계에서 인정받는 자격증이므로 세계 시장에서 확실한 성공을 거둘려면 반드시 취득해야만 한다.

해설편 385p

001
난이도 ★★★☆☆

다음 중 ITAF에서 가이드하고 있는 감사 업무 프로젝트 계획에 포함되는 것과 가장 거리가 먼 것은 무엇인가?

① 위험 평가 문서
② 작업의 높은 수준의 목표와 범위
③ 외부감사인과의 회의를 통해 업무의 중복을 최소화하기 위한 업무 조정
④ 취득한 정보 및 감사 증거로의 사용을 확인 또는 검증하는 절차

002
난이도 ★★★★★

감사자의 입장에서 다음 중 SAP의 ROLE과 PROFILE 설정에서 특별히 위험성이 존재하지 않고 고려되어야 할 사항으로 보이지 않는 것은 무엇인가?

① 운영 환경에서 일반 사용자에게 S_A.DEVE-LOP 프로파일 권한이 설정되어 있다.
② Basis 담당자(BC)가 SAP_ALL 권한 대신 S_A.SYSTEM 권한을 부여하였다.
③ SAP_ALL 권한을 항상 잠겨 있는 슈퍼 유저나 소방관 담당자에게 부여하였다. 운영상의 비상 시에만 해당 기관의 승인을 받아 제한된 기간 동안 잠금 해제된다.
④ 개발자에게 마스터 테이블 콘텐츠 수정 권한+S_A.DEVELOP 권한+운영 이관 권한(STMS)을 부여하였다.

003
난이도 ★★★☆☆

다음 중 애자일 감사 방법과 가장 거리가 먼 것은 무엇인가?

① IT 감사 및 보증 실무자는 감사 및 보증 업무를 지원하는 다른 사람들과 함께 필요한 작업을 수행할 수 있는 전문적인 능력을 보유해야 한다.
② 협업적이고 빈번한 커뮤니케이션 프로세스는 감사 고객이 감수하는 모든 위험을 경영진에게 완전히 공개하도록 한다.
③ 감사 기능은 전문적인 회의론과 감사 업무 전반에 걸쳐 최종 결정을 내릴 수 있는 능력을 유지한다.
④ 협업 접근 방식(조직 독립성으로 촉진됨)을 통해 감사는 주제 전문 지식을 활용하여 감사 결과에 대한 신속한 합의를 허용하고 수정 일정을 최소화할 수 있다.

004
난이도 ★★☆☆☆

다음 중 공급 업체 감사 계획을 수립할 때, 감사 범위(Audit Scope)에 대한 설명으로 가장 관련이 없는 것은 무엇인가?

① 감사 범위에는 공급 업체 감사 프로그램과 감사 목표가 반드시 일치할 필요성은 없다.
② 감사 범위에는 조직의 물리적 위치가 포함되어야 한다.
③ 감사 범위에는 조직의 프로세스가 포함되어야 한다.
④ 감사 범위에는 조직의 활동이 포함되어야 한다.

005

난이도 ★★☆☆☆

감사 증거(Audit Evidence)는 감사 절차를 통해서 수집된다. 이러한 절차는 위험 평가 절차와 추가 감사 절차의 두 가지 주요 범주로 분류되며, 추가 감사 절차는 통제 테스트 및 실질적인 절차를 포함한다. 일반적으로 감사 증거를 수집하는 절차에는 7가지 유형이 있는데, 이와 관련하여 가장 관련이 없는 것은 무엇인가?

① 내부 고발(Whistleblower)

② 관찰(Observation)

③ 재계산(Recalculation)

④ 분석 절차(Analytical Procedures)

006

난이도 ★★☆☆☆

컴퓨터 지원 감사 도구(CAAT's) 중 다음 [보기] 사항은 무엇을 설명한 것인가?

> **보기**
>
> 대용량 데이터에 숨겨진 지식을 추출하는 프로세스이다. 컴퓨터 이용 용이성, 네트워크 기술로 인해 데이터 추출은 아주 대량의 자료에서도 신속하게 수행될 수 있다. 하지만 추출된 데이터가 감사 수행에서 요구되는 자료인가를 보장할 수 있는가 하는 문제점이 있다. 주로 보험 사기 같은 것을 찾는 데 많이 사용한다.

① 병행 시뮬레이션(Parallel Simulation) 감사

② 테스트 데이터를 통한 감사

③ 데이터 마이닝과 추출(Data Mining & Extraction)

④ 범용 감사 소프트웨어(Generalized Audit Software, GAS)

007

난이도 ★★★☆☆

공급 업체 감사 계획을 수립할 때 감사 목적은 상당히 중요하다. 감사 목적은 공급자 계약에 대한 적합성의 정도를 결정하거나 조직의 요구 사항을 충족하는 공급자의 능력을 평가하는 것일 수 있다. 감사는 보다 구체적인 목적을 위해 수행될 수도 있다. 이때, 구체적인 목적에 해당되지 않는 것은 무엇인가?

① 정보 보안 사고 및 문제가 제대로 관리되고 있는지 확인하기 위해

② RFX 수행 후 업체를 선정하는 데 있어 제대로 선정되는지 확인하기 위해

③ 공급 업체 서비스 또는 비즈니스 상태의 변경이 서비스 제공에 영향을 미치는지 확인하기 위해

④ 공급 업체의 비즈니스 연속성 기능을 평가하기 위해

008

난이도 ★★☆☆☆

BCP와 DRP는 많은 점에서 유사하다. 다음 중 BCP와 DRP의 공통점과 가장 거리가 먼 것은 무엇인가?

① 어떤 조직에서든 대외비로 관리한다.

② 목적은 조직의 가용성 확보이다.

③ 일부 교정적 기능이 있으나 둘 다 예방 통제로 분류된다.

④ 대상은 통제를 가하고도 남아 있는 잔여 위험이다.

009

난이도 ★★★☆☆

[보기]를 읽고 재해 복구 테스트의 진행 순서를 올바르게 나열하시오.

> **보기**
>
> ① 모의 재해 시나리오를 이용한 테이블톱 워크스루
> ② 계획에 대한 테이블톱 워크스루
> ③ 인프라스트럭처, 중요 애플리케이션 및 최종 사용자 참여 테스트

④ 시스템에 익숙하지 않는 직원과 전체 복원 및 복구 테스트

⑤ 불시 테스트

⑥ 인프라스트럭처 및 중요 애플리케이션 복구 테스트

⑦ 복구 계획의 인프라스트럭처와 커뮤니케이션 구성 요소 테스트

① ② → ① → ⑦ → ⑥ → ③ → ④ → ⑤

② ① → ② → ⑤ → ③ → ④ → ⑦ → ⑥

③ ② → ① → ③ → ⑥ → ⑦ → ④ → ⑤

④ ② → ① → ⑦ → ④ → ③ → ⑥ → ⑤

010　　　　　　　　　　난이도 ★☆☆☆☆

복구 대안으로 대체 처리 시설을 외부 서비스를 이용할 때는 명확하게 서술된 계약서를 가지고 있어야 한다. 다음 중 계약 조항에 포함될 내용이 아닌 것은 무엇인가?

① 가용성　　② 감사　　③ 신뢰성　　④ 기밀성

011　　　　　　　　　　난이도 ★★☆☆☆

비즈니스 연속성 계획의 테스트 유형 중의 하나로, 보통 준비도 테스트(Preparedness test) 전에 수행하는 것은 무엇인가? 다음 중 가장 알맞은 답을 고르시오.

① 문서 테스트(Paper Test)

② 도상 훈련 테스트(Desk-based Evaluation)

③ 워크스루 테스트(Walk-Through Test)

④ 전체 운영 테스트(Full Operational Test)

012　　　　　　　　　　난이도 ★★★☆☆

감사 로그(Audit Log)는 정보(IT) 기술 시스템에서 이벤트를 기록하는 것으로 감사를 위한 증적

대상이다. 이와 관련해서 법과 규정에는 감사 로그와 관련된 특정 권한이 있다. 다음 중 해당되는 법과 규정이 아닌 것은 무엇인가?

① HIPAA

② Turnbull Report

③ GLBA(Gramm-Leach Bliley Act)

④ Sarbanes Oxley Act

013　　　　　　　　　　난이도 ★☆☆☆☆

비즈니스 연속성 계획의 수립 과정에 참여해야 하는 3개의 핵심 부서로 가장 관련이 없는 것은 무엇인가? 다음 선택지에서 고르시오.

① 서비스 지원 부서　　② 법무 검토 지원 부서

③ 비즈니스 운영 부서　　④ 정보 처리 지원 부서

014　　　　　　　　　　난이도 ★☆☆☆☆

비즈니스 프로세스들과 해당 IT 서비스 및 애플리케이션의 중요성과 긴급성은 여러 항목으로 정의될 수 있다. 이와 관련해서 다음 중 '여러 항목'에 속하지 않는 것을 고르시오.

① 비즈니스 영향 분석(BIA)

② 비즈니스 연속성 계획(BCP)

③ 복구 목표 시간(RTO)

④ 복구 목표 시점(RPO)

015　　　　　　　　　　난이도 ★★☆☆☆

재해는 중요한 지식 자원의 사용 불능으로 인해 발생하는 중단 사태이다. 감사자의 입장에서 예상되는 중단 상황의 첫 번째 징후를 인식할 수 있는 조기 경보 시스템의 역할을 할 수 있는 것은 무엇인지 고르시오.

① 내부 고발자 고발

② 구호팀(Salvage team) 선언

③ 헬프 데스크의 접수

④ 성능 관리 모니터 툴

016
난이도 ★★☆☆☆

다음 중 비즈니스 연속성(BC)과 재해 복구(DR)의 차이를 잘못 설명한 것을 고르시오.

① BC는 일반적으로 조직에 중점을 두는 반면 DR은 기술 인프라에 중점을 둔다.

② BC는 보다 사전 예방적이지만, DR은 보다 사후 대응적이다.

③ BC 및 DR은 사이버 공격에서 인적 오류, 자연재해에 이르기까지 다양한 계획되지 않은 사건을 고려해야 한다.

④ 반드시 BC와 DR은 다른 팀으로 구성해야 서로 간의 보완점을 찾을 수 있다.

017
난이도 ★★★☆☆

디스크 기반 백업 시스템의 종류로, [보기]에 해당되는 내용은 무엇을 설명한 것인가?

> **보기**
>
> 특정 기간 동안 서버 파일 시스템을 빠르게 백업하는 기능이다. 파일 시스템에서 일반적으로 데이터 손실 또는 손상이 발생한 경우 전체 서버를 복원하는 데 사용된다. 이는 일부 시나리오에서 매우 유용하게 사용할 수 있으며 서버 백업(Server Backup)과 결합할 때 확실히 이상적인 방법이 된다.

① 가상 테이프 라이브러리(Virtual Tape Libraries, VTLs)

② 호스트 기반 복제(Host-based Replication)

③ 디스크 어레이 기반 복제(Disk Array Based Replication)

④ 스냅숏(Snapshots)

018
난이도 ★★★☆☆

[보기]를 읽고 비즈니스 영향 분석을 수행할 때의 순서를 올바르게 나열하시오.

> **보기**
>
> ① BIA 계획 준비
>
> ② BIA를 수행할 수 있는 훈련된 사람들의 팀 구성
>
> ③ 미션 크리티컬 프로세스의 복구 및 복원을 위한 전략을 정의하는 데 도움이 되도록 BIA 결과를 RA 결과와 조정
>
> ④ 수집된 정보 및 인터뷰 데이터 평가
>
> ⑤ 이 결과를 사용하여 BCP를 개발
>
> ⑥ 설문지, 인터뷰 및 문서에서 분석과 관련된 정보 수집
>
> ⑦ 결과를 고위 경영진에게 발표
>
> ⑧ 고위 경영진의 BIA 승인 확보
>
> ⑨ 결과를 문서화하기 위한 보고서 준비
>
> ⑩ 미션 크리티컬 비즈니스 프로세스, 해당 프로세스가 의존하는 기술, 해당 프로세스를 수행할 수 없는 경우의 영향, 복구 시간 목표(RTO) 및 복구 시점 목표(RPO)와 같은 특정 성능 메트릭을 식별하기 위한 분석 수행

① ⑧ → ① → ② → ⑥ → ⑩ → ④ → ⑨ → ③ → ⑦ → ⑤

② ② → ① → ⑥ → ④ → ⑩ → ③ → ⑨ → ⑦ → ⑧ → ⑤

③ ① → ② → ⑥ → ⑩ → ④ → ⑩ → ⑨ → ⑦ → ③ → ⑤

④ ⑧ → ② → ① → ⑥ → ④ → ⑩ → ⑨ → ⑦ → ③ → ⑤

019
난이도 ★★☆☆☆

무선 주파수 식별 장치(RFID)는 전파를 이용하여 일정거리 내의 태그 부착 물체를 식별한다. 이와 관련하여, 작동하는 태그를 개인적으로 소유하는 것은 어떠한 위험에 가장 가까운가? 선택지에서 알맞은 것을 선택하시오.

① 비즈니스 프로세스 위험

② 프라이버시 위험

③ 비즈니스 인텔리전스 위험

④ 외적 영향 위험

시스템에서 사용하는 항목을 확인하고 정의하며 기준선을 관리해야 한다. 그래서 (   ), (   ), (   )의 기준으로 사용해야 한다.

① 변경 관리   ② 이슈 관리

③ 배포 관리   ④ 위험 관리

020
난이도 ★★☆☆☆

테스트 단계가 성공적으로 수행되면 적용 단계가 시작되고, 회사의 변화 통제 절차에 따라 시스템을 설치해야 한다. 이후 정보 시스템 감사자는 여러 가지 사항을 고려하고 다음 단계를 수행해야 한다. 이와 관련하여 다음 중 가장 먼저 확인해야 하는 것은 무엇인가?

① 시스템 문서가 완전한지를 검토한다.

② 스케줄링에 사용한 프로시저를 검토한다.

③ 적절한 서명 절차가 이루어졌는지 확인한다.

④ 데이터가 모두 올바르고 완전하게 전환되었는지 확인한다.

023
난이도 ★★☆☆☆

데이터 전환 프로세스에서 감사인은 여러 사항에 유의해야 한다. 이때, 유의해야 할 사항이 아닌 것은 무엇인가?

① 새로 만든 시스템의 기준선 확인

② 전환에 사용하는 도구나 기법이 적절한지 점검

③ 전환하는 데이터의 저장소와 안전

④ 사용 부서 관리자의 승인 확보

024
난이도 ★★★☆☆

프로젝트에서 EVM에 대한 성과측정을 하고자 한다. [보기]를 읽고 예측(Forecasting)을 위한 EAC(Estimate at Completion)로 계산식이 잘못된 것을 선택하시오.

> **보기**
>
> AC = Actual Cost
>
> ETC = Estimate to Complete
>
> BAC = Budget at Completion
>
> EV = Earned Value
>
> CPI = Cost Performance Index
>
> SPI = Schedule performance Index

① $EAC = AC + ETC$

② $EAC = AC + (BAC - EV)$

③ $EAC = BAC / CPI$

④ $EAC = AC + ((BAC \times CPI) / (EV \times SPI))$

021
난이도 ★☆☆☆☆

다음 중 기본적인 고-라이브(Cut-over) 기법에 해당하지 않는 것은 무엇인가? 가장 관련이 없는 것을 선택하시오.

① Phased Cutover   ② Pilot System

③ Immediate Cutover   ④ Hybrid Cutover

022
난이도 ★★☆☆☆

ISACA에서 가이드하는 내용으로, 다음 [보기]의 빈칸에 들어갈 내용이 아닌 것을 선택지에서 고르시오.

> **보기**
>
> 구성 관리는 시스템의 하드웨어와 요구 사항 분석부터 유지 보수에 이르기까지 소프트웨어 생명 주기에 따라

025
난이도 ★★☆☆☆

다음 중 BCP 테스트의 세 가지 주요 유형 중에서 실제 리소스를 사용하여 시스템 충돌을 시뮬레이션하고 계획의 효율성을 검증하는 테스트는 무엇인가?

① 워크스루 테스트(Walk-Through Test)

② 전체 운영 테스트(Full Operational Test)

③ 준비도 테스트(Preparedness Test)

④ 문서 테스트(Paper Test)

026
난이도 ★★★☆☆

감사 과정에서의 증거(Evidence)는 필수 사항이다. 다음 중 감사 과정에서 증거에 대해 반드시 근거가 있어야 할 사항이 아닌 것은 무엇인가?

① 지적 사항   ② 권고 사항

③ 결론 사항   ④ 보류 사항

027
난이도 ★★★★★

당신은 IS 감사자로, 특히 SAP NetWeaver ILM에서 특별 감사를 수행하고자 한다. 이와 관련하여 올바른 감사 순서를 나열한 것은 무엇인가? 다음 [보기]를 올바른 순서로 나열하시오.

> **보기**
> ① 감사 영역 만들기, 복사 또는 병합
> ② 함수 호출
> ③ 감사 영역 삭제
> ④ 감사 영역에 대한 ILM 오브젝트 할당 편집

① ① → ② → ③ → ④

② ② → ① → ④ → ③

③ ③ → ② → ① → ④

④ ② → ③ → ① → ④

028
난이도 ★★★★☆

세계최고감사기구(INTOSAI)에서는 효과적으로 임무를 수행하는 데 필요한 감사 기법과 경험을 확보하고 있어야 한다고 정의하고 있다. 다음 중 이와 관련된 감사 기법이 아닌 것은 무엇인가?

① 체계 분석 기법(Systems-Based Techniques)

② 분석적 검토 방법(Analytical Review Methods)

③ 정보 기관 감사 기법(Intelligence Agency Audit Techniques)

④ 통계표본 추출 방법(Statistical Sampling)

029
난이도 ★★☆☆☆

다음 중 업무 재설계(BPR)의 적용을 위한 기법과 가장 관련이 없는 것은 무엇인가?

① Regeneration   ② Reverse engineering

③ Restructuring   ④ Reengineering

030
난이도 ★★☆☆☆

다음 중 침투 테스트와 같은 보안 테스트를 수행하는 단계는 어디인가? 다음 중 가장 적절한것을 고르시오.

① 설계 단계   ② 개발 단계

③ 최종 테스트와 적용   ④ 적용 후 리뷰

031
난이도 ★★☆☆☆

BPR에서 가장 중요한 것으로 정보 시스템 감사자가 반드시 고려해야 할 사항은 다음 중 무엇인가?

① BPR 팀원은 변화 요소에 민감해야 하며, 변화 과정을 촉진할 수 있는 적절한 해결책을 제시할 수 있어야 한다.

② 핵심 예방 통제 장치가 리엔지니어링 과정에서 제거될 위험성이 존재한다.

③ BPR은 비즈니스를 효율적으로 수행을 하면서 반드시 비용이 절감하는 방법으로 전략을 구성해야 한다.

④ 프로세스에서 산출된 결과물은 영업 목표와 회사 표준을 준수해야 한다.

032
난이도 ★★☆☆☆

다음 중 전환 계획(Cut-over Plan)의 유의점이 아닌 것은 무엇인가?

① 해당 단계를 어떻게 검증할 것이며 문제가 발생하면 원래 상태로 복귀할 절차를 준비해야 한다.

② 프로젝트 후원자가 승인한 전환 계획을 확실히 준수하는 것은 프로젝트 관리자의 책임이다.

③ 롤 아웃에 필요한 하드웨어/소프트웨어 및 기타 자재 리소스 및 인력의 가용성 계획을 준비해야 한다.

④ 성공/완료를 측정하는 데 도움이 되는 핵심 성공 기준 설정과 함께 예상 비용과 수익 ROI 분석 결과를 평가한다.

033
난이도 ★★★★☆

당신은 본 IS 감사를 수행하기 전, 인터뷰 수행자들을 대상으로 사전 조사(Preliminary Survey)를 실시하고자 한다. 인터뷰 수행 방법 중 설문지를 활용하기로 결정했으며, 이에 심리 검사 응답 척도 중 하나인 리커드 척도를 활용하여 응답자의 일반 사항을 수집하기로 하였다. 다음 중 리커드 척도(Likert Scale)의 장점이 아닌 것은 무엇인가?

① 높은 신뢰도와 타당성 확보 가능

② 척도 구성이 쉬우며 시간과 비용이 절감됨

③ 재생 계수를 활용하기에 인위적 조작 어려움

④ 평가자의 주관적 개입 배제 가능

034
난이도 ★★☆☆☆

국가용 데이터베이스 암호화 보호 프로파일(Protection Profile, PP)에서 제시하고 있는 보안 요구 사항 중 반드시 레코드에 포함되어야 할 감사 증적 데이터가 아닌 것은 무엇인가?

① 사건 발생 일시

② 사건 유형

③ 감사 저장 실패가 예상되는 경우에 취해야 할 대응 행동

④ 작업 내역 및 결과(성공/실패)

035
난이도 ★★☆☆☆

[보기]에 해당되는 내용은 무엇인가? 가장 알맞은 답을 고르시오.

> **보기**
>
> 입력 데이터를 발생률과 일치시키는 데이터 유효성 검사 편집 컨트롤

① Duplicate Check

② Check Digit

③ Reasonableness Check

④ Range Check

036
난이도 ★★☆☆☆

여러 체크 방법 중에서 데이터 유효성 검사 편집 및 제어를 위한 체크 방법이 아닌 것은 무엇인가?

① Logical Relationship Check

② Availability Check

③ Existence Check

④ Limit Check

037

난이도 ★☆☆☆☆

[보기]를 읽고, (가)~(라)에 들어갈 용어로 적절한 것을 고르시오.

> **보기**
>
> (가)의 결과로 알맞은 내부 통제가 있음이 밝혀지면 (나)를 최소화할 수 있는 근거가 된다. 반대로 (다)가 계정의 완전성, 정확성, 유효성에 대한 의심이 발생할 수 있는 통제의 약점이 드러나면 (라)는 그러한 의심을 완화할 수 있다.

① 가: 실증 테스트, 나: 준거성 테스트, 다: 준거성 테스트, 라: 실증 테스트

② 가: 준거성 테스트, 나: 실증 테스트, 다: 준거성 테스트, 라: 실증 테스트

③ 가: 실증 테스트, 나: 준거성 테스트, 다: 실증 테스트, 라: 준거성 테스트

④ 가: 준거성 테스트, 나: 실증 테스트, 다: 실증 테스트, 라: 준거성 테스트

038

난이도 ★☆☆☆☆

다음 중 데이터베이스 비정규화(Denormalization)의 특징과 가장 관련이 없는 것은 무엇인가?

① 처리 사이즈의 증가

② 데이터의 불일치 가능성 존재

③ 테이블 및 삽입 업데이트 비용 증가 발생

④ 효과적인 검색 알고리즘의 생성

039

난이도 ★★☆☆☆

비즈니스 프로세스 리엔지니어링(BPR)과 수행하는 회사를 점검하는 감사인은 여러 사항을 검토해야 한다. 이때 검토할 사항이 아닌 것은 무엇인가?

① 비즈니스 프로세스 리엔지니어링과 프로세스 변경 프로젝트가 완료된 다음에 교훈 사항을 문서화했는지 검토

② 변화 과정이 회사의 직원에게 미치는 부정적인 영향을 최소화하기 위해 BPR팀이 노력을 다 하였는지 검토

③ 회사의 변화 노력이 회사 전체의 문화와 전략 계획과 일관성을 유지하도록 하였는지 검토

④ 업무 재설계를 위한 기법(역공학, 리스트럭처링, 리엔지니어링)들이 제대로 준수되어 진행이 되도록 통제

040

난이도 ★★☆☆☆

다음 중 CISA에서 가이드하고 있는 침투 테스트와 보안 테스트는 어느 단계에서 수행하는 것이 가장 적절한가?

① 개발 단계

② 단위 테스트 단계

③ 통합 테스트 단계

④ 사용자 승인 테스트 단계

041

난이도 ★☆☆☆☆

다음 중 디버깅의 3가지 도구(3 Debugging tool)에 해당되지 않는 것은 무엇인가?

① 통합 개발 환경(IDE)　② 로직 경로 모니터

③ 메모리 덤프　④ 출력 분석기

042

난이도 ★★☆☆☆

다음 중, 다른 감사 활동과 가장 거리가 먼 선택 사항을 고르시오.

① 이전 감사 조서를 검토한다.

② 감사인을 감사에 배정한다.

③ 기업의 지배 구조 및 업무 관행을 이해한다.

④ 총 위험량 산출 방식을 결정한다.

043

난이도 ★☆☆☆☆

다음 중 현금 자동 입출금기(ATM)의 사용에서 감사인의 역할과 가장 관련이 없는 것은 무엇인가?

① 현금 자동 입출금기를 관리하는 경비원의 근무 시간 및 동선 이동 파악

② 암호화 키 변경 관리 절차 검토

③ 현금 자동 입출금기의 개방 및 예금을 개수하는 데 직무 분리의 검토

④ 감사 증적을 제공하기 위한 예외 보고서의 검토

044

난이도 ★★☆☆☆

다음 중 전치 및 전사 오류 검출에 효과적인 체크 방법은 무엇인가?

① Key Verification

② Validity Check

③ Sequence Check

④ Check Digit

045

난이도 ★★☆☆☆

처리 제어는 축적된 데이터의 완전성과 정확성을 보장하기 위하여 승인된 처리 또는 수정 루틴의 결과로 변경될 때까지 파일/데이터베이스의 데이터가 완전하고 정확한 상태를 유지하도록 한다. 다음 중 처리 제어와 관련이 없는 것은 무엇인가?

① 계산된 금액에 대한 한도 확인(Limit checks on calculated amounts)

② 정확성, 완전성, 적시성 보고서(Accuracy, completeness and timeliness report)

③ 실행별 합계(Run-to-run totals)

④ 예외 보고서(Exception reports)

046

난이도 ★★★☆☆

사이버 위험 관리 프로세스의 위험 모니터링 기술에는 각 위험에 대한 위험 선호도를 설정하고 위험을 모니터링하고, 위험을 종합적으로 보고하여 조직 전체에 명확한 가시성을 제공하기 위해 위험 수준에 대해 보고하는 기능이 포함되어야 한다. 다음 중 보고와 가장 관련이 없는 것은 무엇인가?

① 사건과 위협에 대한 주요 정보를 익명으로 공유한다.

② 업계 모범 사례를 기반으로 한다.

③ GRC에 적합한 기술 스택을 선택하여 사이버 위험 프로세스를 반 자동화한다.

④ ROI 추적을 위한 투자 대 영향을 수치 제공한다.

047

난이도 ★★☆☆☆

[보기]를 읽고 비즈니스 위험 평가 프로세스를 올바른 순서로 나열하시오.

> **보기**
> ① 위험 결정(Determine risk)
> ② 위험 처리(Treat the risk)
> ③ 비즈니스 영향 결정(Determine business impact)
> ④ 위협 평가(Assess threat)
> ⑤ 프로필 만들기(Create a profile)
> ⑥ 취약점 평가(Assess vulnerabilities)

① ⑤ → ③ → ④ → ⑥ → ① → ②

② ⑤ → ④ → ③ → ⑥ → ① → ②

③ ⑤ → ③ → ⑥ → ④ → ① → ②

④ ⑤ → ④ → ⑥ → ③ → ① → ②

048

난이도 ★★☆☆☆

다음 중 일반적인 데이터베이스 특징에 해당되지 않는 것은 무엇인가?

① 통합된 데이터(Integrated Data)
② 공용 데이터(Shared Data)
③ 분산 데이터(Distributed Data)
④ 운영 데이터(Operational Data)

049

난이도 ★★☆☆☆

[보기]에 해당되는 체크 방식은 무엇인가? 가장 알맞은 답을 선택하시오.

> **보기**
>
> 특정 조건이 참인 경우 하나 이상의 추가 조건 또는 데이터 입력 관계가 참이어야 하고, 그러한 경우 입력이 유효한 것으로 간주한다.

① Logical relationship Check
② Completeness Check
③ Reasonableness Check
④ Validity Check

050

난이도 ★★☆☆☆

[보기]와 같은 체크 방법은 무엇을 의미하는 것인가? 알맞은 것을 선택하시오.

> **보기**
>
> 이 통제 방법은 전치 및 전사 오류를 감지하는 데 효과적이며 수학적으로 계산된 숫자 값이 데이터에 추가되어 원본 데이터가 변경되지 않았거나 올바르지 않지만 유효한 값으로 대체되었는지 확인한다.

① Check Digit
② Key Verification
③ Completeness Check
④ Validity Check

051

난이도 ★★☆☆☆

내부감사인과 외부감사인은 주기적으로 모여서 서로 상호 의견 교환을 해야 한다. 이와 관련해서 다음 중 가장 관련이 없는 것은 무엇인가?

① 감사 보고서와 경영진에 대한 권고 사항의 교환
② 감사 기법, 방법, 용어에 대한 공통의 이해
③ 불법 행위 공유 및 이사회 보고 내용 협의
④ 상호 각자의 감사 프로그램 및 감사 조서에의 접근

052

난이도 ★★☆☆☆

외부감사법에서 감사위원회에서는 내부 통제 시스템의 적정성을 평가하고 개선점을 모색하는 것을 의무로 정하고 있다. 이와 관련하여 다음 중 가장 관련이 없는 것은 무엇인가?

① 해당 회사의 내부회계관리제도가 신뢰성 있는 회계 정보의 작성 및 공시에 실질적으로 기여하는지를 평가한 결과 및 시정 의견
② 내부회계관리제도 운영실태보고서에 거짓으로 기재되거나 표시된 사항이 있거나, 기재하거나 표시하여야 할 사항을 빠뜨리고 있는지를 점검한 결과 및 조치 내용
③ 내부회계관리제도 운영실태보고서의 시정 계획이 회사의 내부회계관리제도 개선에 실질적으로 기여할 수 있는지를 검토한 결과 및 대안
④ 기업지배구조 공시제도(예를 들어, 사업보고서, 기업지배구조 보고서)와 관련하여 감사위원회 통제 수행 활동을 외부 전문 기관에 정기적으로 평가를 받고 결과 내용을 이사회에게 보고

053

난이도 ★★☆☆☆

다음 중 감사 종료 단계에서 감사위원회가 수행할 내용이 아닌 것은 무엇인가?

① 감사인의 권고 사항과 이에 대한 경영진의 입장에 대한 평가를 수행해야 한다.

② 양적 요소와 질적 요소를 모두 고려하여 감사인과의 계약 조건 적정성을 검토하고 문서화를 해야 한다.

③ 각종 평가 및 추정과 관련된 가정과 관련 기초자료의 적정성에 대해 외부감사인에게 보고받고, 그 적절성을 검토해야 한다.

④ 감사인의 업무 수행을 평가하여 차기 연도의 감사 계획 수립과 감사인 선임 시 이를 반영한다.

054
난이도 ★★★★☆

상법에서는 대규모 상장기업이면 감사위원회를 설치할 것을 권고하고 있다. 그렇다면 모범규정상 자산 총액 얼마 이상이면 감사위원회 설치를 권고하고 있는가?

① 1천억 원 이상

② 5천억 원 이상

③ 1조 원 이상

④ 2조 원 이상

055
난이도 ★★★☆☆

감사위원회와 외부감사인의 소통은 매우 중요하다. 모범 규정은 감사위원회가 외부감사인과 수시로 의논하고, 최소한 분기에 1회 이상 경영진의 참석 없이 외부감사인과 만나서 외부감사와 관련된 주요 사항에 대해 논의하도록 하고 있다. 다음 중, 감사위원회가 외부감사인과 논의할 사항으로 가장 적절하지 못한 것은 무엇인가?

① 재무제표나 공시 자료에 대해 수정을 권고했으나 받아들여지지 않은 사항과 그 내용

② 내부감사인과 외부감사인의 이견 충돌 영역과 함께 내부감사인 조서의 외부 공개 내용

③ 이익이나 재무 비율의 질(Quality)

④ 가장 많은 시간이 소요되고, 예산을 초과하는 비용이 들며, 경영진과의 의견 불일치를 유발하는 감사 영역

056
난이도 ★★★☆☆

다음 중 EHS 환경 관리 감사에 대한 일환으로 대기 오염에 대해 감사인이 고려해야 할 사항으로 상대적으로 선택지에서 가장 거리가 먼 것은 무엇인가?

① 대기질 기준의 존재 및 준수

② 대기질 지수(AQI)에 따른 호흡기 관련 환자 수

③ 대기 오염을 통제하기 위한 기반 시설의 적절성

④ 대기 질 기준 위반에 대한 처벌

057
난이도 ★★★☆☆

다음 중 공해 방지 감사(Pollution Prevention Audit)에 대한 자원적인 측면에서 공해 방지 서열화를 유용하게 나열한 것은 무엇인가?

보 기	
(1) 방치	(5) 처리
(2) 재활용	(6) 매립
(3) 재생	(7) 자원 절감
(4) 에너지 활용	

① 재활용 → 자원 절감 → 에너지 활용 → 재생 → 처리 → 매립 → 방치

② 재활용 → 자원 절감 → 재생 → 에너지 활용 → 처리 → 매립 → 방치

③ 재활용 → 자원 절감 → 재생 → 처리 → 에너지 활용 → 매립 → 방치

④ 재활용 → 자원 절감 → 재생 → 에너지 활용 → 매립 → 처리 → 방치

058

난이도 ★★★☆☆

[보기]를 읽고 (가)와 (나)에 들어갈 말로 적절한 것을 고르시오.

> **보기**
>
> ⑴ 목표 적발 위험을 낮지 않게 설정 시 (가) 입증 절차 수행 가능하다.
> ⑵ 목표 적발 위험을 낮게 설정 시 (나) 입증 절차 수행 가능하다.

① 가: 축소된, 나: 확대된
② 가: 축소된, 나: 축소된
③ 가: 확대된, 나: 축소된
④ 가: 확대된, 나: 확대된

059

난이도 ★★☆☆☆

다음 중 감사 업무 수행일정표에 포함될 내용으로 가장 거리가 먼 것은 무엇인가?

① 필요 예산
② 수행 활동
③ 수행 시기
④ 예상 소요 시간

060

난이도 ★★★☆☆

ISACA에 따르면 COBIT 2019에서 추구하는 목표와 가장 관련이 없는 것은 무엇인가?

① 중점 분야 및 설계 요소에 의해 거버넌스 시스템을 비즈니스 요구에 맞춰 좀 더 정확하게 생성
② IT 성과 및 CMMI와의 정렬을 측정하는 향상된 툴
③ 거버넌스와 관리를 분리하고 통합적 프레임워크로 총체적인 접근 방법을 고려
④ 글로벌 표준, 프레임워크 및 모범 사례와의 정렬을 강화해 프레임워크의 적합성을 확장

061

난이도 ★★★☆☆

당신은 COSO와 ISO 31000 ERM 프레임워크를 도입하기 위해 비교했다. 다음 중 비교한 내용과 가장 관련이 없는 것은 무엇인가?

① ISO 31000과 COSO는 모두 조직의 의사결정 프로세스에 위험 관리를 포함시키는 것의 중요성을 강조하여 기업 경영진과 비즈니스 관리자가 비즈니스 결정을 내릴 때 위험과 위험이 조직 목표와 어떻게 관련되는지 이해할 수 있도록 한다.
② ISO 31000과 COSO는 모두 위험을 평가, 관리 및 모니터링하는 데 사용되는 기술과 방법에 중점을 둔다.
③ COSO 프레임워크는 조직의 현재 ERM 관행을 평가하기 위한 기준을 제공하는 위험 관리 활동의 일반적인 기업 거버넌스와 감사에 더 집중한다. 이에 반해 ISO 31000은 위험 관리와 전략적 계획 및 의사결정에서의 역할에 중점을 두고 ERM의 특성과 구현 방법에 대한 지침을 제공한다.
④ ISO 31000 프레임워크에는 조직의 위험 선호도 개념이 포함되어 있으며, 이는 위험 허용 범위 및 용량과 관련된 개념과 함께 자세히 설명한다. COSO는 위험 기준을 사용하여 조직이 기꺼이 감수할 위험의 양과 유형을 설명한다.

062

난이도 ★★★☆☆

내부감사자는 여러 원칙(Principle)을 적용하고 준수해야 한다. 이때 준수해야 할 원칙이 아닌것은 무엇인가?

① 성실한 책임감(Integrity)
② 통제 보증(Control Assurance)
③ 보안 의식(Confidentiality)
④ 객관성(Objectivity)

063

난이도 ★☆☆☆☆

조직의 윤리 강령(Code of Ethics)의 목적이 아닌 것은 무엇인가?

① 윤리에 대한 객관적 기준 제공
② 조직내 내부 고발자 보호
③ 조직의 목적과 신념 전달
④ 조직 내의 윤리적 문화 증진

064

난이도 ★★★☆☆

다음 중 클라우드 거버넌스 프레임워크 6가지에 해당하지 않는 것은 무엇인가?

① 재무 관리
② 보안 및 규정 준수 관리
③ 프로세스 관리
④ 자산 및 구성 관리

065

난이도 ★★☆☆☆

다음 중 IT 거버넌스의 구조와 원리 중 지휘와 통제, 책임감, 책임 추적성에서 가장 중요한 것은 무엇인가?

① 지휘와 통제
② 책임감
③ 책임 추적성
④ 전부 다 중요하다.

066

난이도 ★★☆☆☆

프로젝트 결과에 대한 정확한 정보를 제공하고, 다른 프로젝트를 지원하고 프로젝트 자원을 체계적으로 보내기 위해서는 프로젝트를 공식적으로 완료해야 한다. 이러한 적용 이후, 검토 단계에서 검토인이 아닌 사람은 누구인가?

① 프로젝트 개발팀
② 사용자 그룹
③ 프로젝트와 독립적인 그룹
④ 감사자

067

난이도 ★★★☆☆

A 기업은 SI 및 ITO 전문 기업으로서 수많은 대기업 및 중견기업들의 정보 시스템에 대해 구축과 운영을 담당하고 있다. A 기업은 최근 정보 시스템 및 운영 수준에 감사를 진행하면서 서비스 운영에 대한 지적 사항이 도출되었다. 아웃소싱 KPI 중에 SR 당일처리율과 변경 적기처리율을 달성하기 위해 비정상적인 절차를 진행한 것이다. 운영팀 내부적으로 공유된 지침에 따라, 고객의 서비스 요청(Service Request, SR)이 접수되면 당일에 우선 완료 처리한 후에 고객과 메신저와 이메일로 논의하면서 프로그램 변경 처리와 오류 조치를 수행했다. 실제 SR 완료일과 시스템 상의 완료일이 상이한 것이다. 이와 같은 지적 사항을 미연에 방지할 수 있는 방법으로 가장 올바른 것은 무엇인가?

① ITSM 서비스 요청 및 변경 처리 절차에 대한 운영팀 교육을 정기적으로 수행한다.
② 서비스 변경을 요청하는 고객을 대상으로 SR의 완료 시 인수 테스트를 통해 실질 완료 여부를 확인하도록 한다.
③ 변경 절차 진행 시 ITSM에 등록된 변경 대상 프로그램 형상을 SR과 연계하여 형상 편집/이관 여부를 통제한다.
④ 운영 서비스 발주사와 A 기업 간 SLA상의 SR 당일 처리율 KPI 항목을 현실적으로 변경한다.

068

난이도 ★☆☆☆☆

다음 중 내부 통제 자가 평가(CSA)의 단점이 아닌 것은 무엇인가?

① 감사 기능의 대체로 오해할 수 있다.
② 촉진자로 투입된 경영진의 통제 모니터링으로 업무가 가중된다.
③ 개선안에 대한 실행의 실패는 직원의 사기를 저해할 수 있다.

④ 결여된 동기 부여는 약한 통제를 탐지하는 데 효과성이 제한적일 수 있다.

069
난이도 ★★☆☆☆

ISACA에서 가이드하고 있는 감사 보고 목적에는 6가지가 존재한다. 다음 중 가장 관련이 없는 것은 무엇인가?

① 이사회의 IT 거버넌스 요구 사항에 대한 경영진의 합리적인 의사결정을 제공
② 감사 수행의 공식적 종료로 기여
③ 보증서를 제공하고, 필요하다면 교정 활동이나 관련된 권고가 필요한 분야 식별
④ 감사 발견 사항이 있을 경우 감사 후속 감사를 위한 근거로 기여

070
난이도 ★★★★☆

재무제표(Financial Statements)는 대차대조표, 손익계산서, 자본변동표, 이익잉여금처분계산서 또는 결손금처리계산서, 현금흐름표 및 주석으로 구성되며, 주석은 명세표와 설명 자료의 형태로도 작성된다. 이에 재무제표에 의한 경영자주장(Financial Statements Aassertions)과 가장 관련이 없는 것은 무엇인가?

① 실재성(Existence): 자산이나 부채는 대차대조표일 등 주어진 특정 일자 현재 존재하고 있다.
② 조정(Reconciliation): 은행이 보내온 계정 잔액과 기업의 실제 잔액을 비교, 분석하여 오류를 밝혀내어 적절하게 수정되었다.
③ 측정(Measurement): 거래나 사건은 올바른 금액으로 기록되었으며, 수익이나 비용은 적절한 기간에 배분되었다.
④ 완전성(Completeness): 재무제표에 기록되지 않은 자산, 부채, 거래나 사건 또는 공시되지 않은 사항은 존재하지 아니한다.

071
난이도 ★★☆☆☆

ISACA에서 가이드하고 있는 IS 감사의 공식적인 최종 산출물은 무엇인가?

① 시정 조치 결과서   ② 감사보고서
③ 감사 조서   ④ 감사 프로그램

072
난이도 ★★☆☆☆

경영진은 내부회계관리제도에 대한 설계 및 운영에 대한 책임을 지며, 내부회계관리제도를 원활히 운영하는 데 필요한 제반 조치를 강구한다. 그렇다면 이와 관련해서 가장 관련이 없는 것은 무엇인가?

① 이사회가 승인한 내부회계관리규정의 시행
② 회사의 내부회계관리규정과 정책의 적정성에 대한 검토 및 승인
③ 내부회계관리제도의 효과성에 대한 평가
④ 적절한 내부회계관리제도의 설계 및 운영

073
난이도 ★★★☆☆

ITGI(Information Technology Governance Institute)에서는 "기업 거버넌스란 전략적 방향 제시를 목적으로 이사진과 최고 경영층이 기업의 목표 달성과 적절한 위험 관리가 이루어지도록 하고, 책임성 있는 자원 관리를 검증하기 위한 일련의 수행 방법 및 책임을 의미한다."로 기업 거버넌스를 정의하였다. 다음 중 이 정의와 관련이 없는 것은 무엇인가?

① IT 목표를 비즈니스 목표와 일치시키기
② 비즈니스 IT 투자 최적화
③ 이해관계자 식별 및 관계 정의
④ IT 성과 측정

074
난이도 ★☆☆☆☆

다음 중 내부회계관리제도의 구성요소가 아닌 것은 무엇인가?

① 고위험 영역 파악   ② 통제 환경

③ 정보 및 의사소통   ④ 모니터링

075
난이도 ★★☆☆☆

정보 기술 일반 통제에는 전산화 계획의 수립, 재난 복구 계획 등 다양한 영역이 존재하며, 회사의 전산 시스템에의 의존 정도, 회사의 규모나 업종 등에 따라 달라질 수 있으나 전사적 내부회계관리제도 목적상으로는 일반적으로 다른 영역이 더 추가되어야 한다. 이때, 추가될 수 있는 영역이 아닌 것은 무엇인가?

① 프로그램 개발(Program Development)

② 프로그램 변경(Program Changes)

③ 권한 부여의 적정성(Adequacy of authorization)

④ 프로그램과 데이터에 대한 접근 보안(Access to Program and Data)

076
난이도 ★★★☆☆

정보 보안 거버넌스 프레임워크 구성요소로 가장 관련이 없는 것은 무엇인가?

① 정책을 준수하는 것을 보장하고 효과에 대한 피드백을 제공하기 위해 제도화된 모니터링 프로세스

② 지속적으로 증가하는 관계 법령, 규정, 계약 및 정책 준수에 따른 책임 정의

③ 전략, 통제 및 규제의 각 측면을 다루는 보안 정책 관리

④ 이해 충돌이 없는 효과적인 보안 조직 구조

077
난이도 ★★☆☆☆

다음 중 컴퓨터 지원 감사 기법(CAAT)에 대한 설명으로 가장 관련이 없는 것은 무엇인가?

① CAAT를 사용해서 운영 데이터에 접근이 필요할 때 감사자는 읽기 전용으로 신청해야 한다.

② CAAT 도구를 사용하려면 올바른 데이터를 선택하는 것이 필수적이며 이에 따라 반드시 해당 전문가가 필요하다.

③ CAAT 문서는 감사 프로그램에 참조되어야 하고, 제공되는 감사 절차와 목적을 명확하게 파악해야 한다.

④ 감사자가 수행하는 모든 데이터 조작은 증거의 적시성을 위해 통제된 환경에서 운영 데이터의 원본을 사용하여야 한다.

078
난이도 ★★☆☆☆

[보기] 속 표본추출은 무엇을 설명한 것인가? 가장 알맞은 답을 선택하시오.

> **보기**
>
> 백분율 오류가 모집단의 지정된 백분율을 초과하지 않는지 여부를 결정하기 위해 샘플을 사용하는 것을 포함한다. 샘플에 오류가 포함되어 있지 않으면 실제 오류율은 허용되지 않는 최소 비율보다 낮은 것으로 간주된다. 표본추출 계산에 사용되는 주요 변수에는 신뢰 수준, 허용할 수 없는 최소 오류율 및 모집단 크기가 포함된다.

① Stop-or-Go Sampling

② Difference Estimation

③ Discovery Sampling

④ Variable Sampling

079

표본추출은 문서 증거의 흔적이 있거나 감사인이 시간을 내어 진행 중인 프로세스를 관찰할 수 있는 경우 매우 효율적이고 실용적이다. Apostolou & Alleman는 고정 크기를 위한 7단계 전략을 제안하였다. [보기]를 읽고 순서를 올바르게 나열하시오.

> **보기**
> ① 표본 선정 방법 결정
> ② 표본 크기 결정
> ③ 속성 및 편차 조건 정의
> ④ 모집단 정의
> ⑤ 테스트의 목적을 결정
> ⑥ 표본 평가 및 결론 표현
> ⑦ 표본추출 계획의 절차 수행

① ⑤ → ④ → ③ → ① → ⑥ → ⑦ → ②
② ⑤ → ③ → ④ → ① → ② → ⑦ → ⑥
③ ⑤ → ⑥ → ③ → ④ → ① → ⑦ → ②
④ ⑤ → ④ → ③ → ① → ⑦ → ② → ⑥

080

경영진은 인력 운용 정책 및 교육 정책과 관련된 통제 항목으로 여러 사항을 포함하고자 한다. 이에 포함되지 않는 사항은 무엇인가?

① 회사의 정책이나 윤리강령에 어긋나는 행위에 대한 적절한 징계 또는 문제점 개선
② 신입사원의 과거 이력 검토
③ 고용, 교육, 승진, 보상 등을 포함한 인사 정책과 방침
④ 독립적인 상시 조직의 평가 결과 보고서 검토

081

정보 시스템 감사인은 경영진의 통제 관행을 고려할 때 정보 시스템 전략 계획의 중요성에 관심을 가져야 한다. 이와 관련하여 관련이 없는 것을 선택하시오.

① 감사인은 고위 경영진들이 비즈니스 전략의 수립에 어떻게 참여하는지를 검토해야 한다.
② 효율적인 정보 시스템 솔루션을 찾아내고 필요한 자원을 파악하여 이를 입수하기 위한 수행 계획을 세워야 한다.
③ 감사인은 전략 계획 프로세스 및 계획 프레임워크의 중요성에 초점을 맞추어서 진행해야 한다.
④ IT 전략 계획이 전사적인 비즈니스 전략과 연계되어야 한다.

082

'ISMS 정책개발가이드'에서는 표준, 정책, 절차, 지침으로 나눠 정의되어 있다. 이를 바탕으로 [보기] 속 내용이 무엇을 설명하는지 가장 알맞은 답을 고르시오.

> **보기**
> (1) 고위 경영진에 의해 승인을 받아야 하며, 문서로 만들어 모든 이해관계자에게 전달되어야 한다.
> (2) 조직의 민감한 정보가 노출되지 않도록 주의한다는 가정하에 외주업체에도 배포될 수 있어야 한다.
> (3) 통제 수준과 생산성 수준 간의 균형이 이루어지도록 해야 하며, 통제 비용은 이를 통해 얻어지는 기대 이익을 절대 초과해서는 안 된다.

① 표준   ② 정책   ③ 절차   ④ 지침

083

다음 중 위원회 책무로 성격이 다른 것은 무엇인가?

① IT 외주의 역할 및 가치 창출을 포함한 IT 비용의 최적화

② 기업의 IT 아키텍처를 조정하고 승인함

③ 프로젝트가 지속적으로 비즈니스 요구 사항(사업 타당성에 대한 재평가 포함)을 충족하도록 함

④ 프로젝트 계획, 예산을 승인하고 우선순위와 이정표를 정함

084
난이도 ★★☆☆☆

다음은 위원회의 특성에 대해서 설명한 것이다. 선택지 중 가장 관련이 없는, 성격이 다른 것을 선택하시오.

① IT 전략에 대해서 이사회와 경영진에 자문 제공

② IT 전략의 수행 시 최고경영진을 지원함

③ 매일 IT 서비스 제공과 IT 프로젝트를 감독함

④ 필요시 주요 자문역(IT, 감사, 법, 재무)으로 운영회를 구성

085
난이도 ★★☆☆☆

다음 중 효과적이고 성공적인 정보 보안 거버넌스를 위해 필요한 사항이 아닌 것은 무엇인가?

① 계획 달성 여부를 이사회가 판단하는 수단

② 경영진의 참여

③ 고객의 관심

④ 책임 할당

086
난이도 ★☆☆☆☆

다음 중 직무 분리와 관련이 없는 것은 무엇인가?

① 감사 증적   ② 자산 관리

③ 권한 부여   ④ 트랜잭션 기록

087
난이도 ★★☆☆☆

정보 시스템 프로젝트에서 감사인은 프로젝트 팀원으로 참여가 가능하다. 이러한 경우 감사인의 역할로써 가장 올바른 것은 무엇인가?

① 고문의 역할

② 프로젝트 관리자의 역할

③ 감사인의 역할

④ 보안 관리자의 역할

088
난이도 ★☆☆☆☆

프로젝트 수행 시 프로젝트의 산출물, 비용, 일정에 대해서 최종 책임을 지는 역할은 누구인가? 다음 중 가장 올바른 답을 고르시오.

① 프로젝트 후원자

② 프로젝트 운영 위원회

③ 프로젝트 매니저

④ 고위 경영진

089
난이도 ★★☆☆☆

[보기]의 내용은 무엇을 설명한 것인가? 가장 알맞은 답을 선택하시오.

> **보기**
>
> 프로젝트 진행 과정에서 특정할 만한 건이나 표를 말한다. 예를 들어, 프로젝트 계약, 착수, 인력 투입, 선금 수령, 중간 보고, 감리, 종료, 잔금 수령 등 프로젝트 성공을 위해 반드시 거쳐야 하는 중요한 지점을 말한다.

① 프로젝트 마일스톤(Project Milestones)

② 프로젝트 작업 명세서(Statement of work, SOW)

③ 작업 분류 체계(Work breakdown structure, WBS)

④ 프로젝트 포트폴리오(Project portfolio)

090

난이도 ★★☆☆☆

구성 관리의 목적은 구성 관리의 통제와 범위에 속하는 모든 구성요소(Configuration Items, CI)에 대해 확인, 기록 및 리포트를 하는 것이다. 구성 감사는 정기적인 감사를 기본으로 하지만, '이 시기'에도 비정기 감사 활동을 지속적으로 수행해야 한다. 다음 중 '이 시기'가 아닌 것은 무엇인가?

① 중대한 변경 또는 릴리즈의 발생 전후
② 재난 복구 이후에 IT 운영 시스템이 정상 가동되었을 때
③ 승인받지 않은 구성요소가 발견되었을 때
④ 중대한 횡령이 있다고 내부 고발자에게 제보가 되었을 때

091

난이도 ★★☆☆☆

요구 사항 개발 프로세스 단계에서 모호하여 이해되지 않는 부분을 발견하고 이를 걸러내기 위한 과정은 무슨 단계인가? 다음 중 가장 올바른 답을 고르시오.

① 요구 사항 도출(요구 사항 수집)
② 요구 사항 분석
③ 요구 사항 명세
④ 요구 사항 확인(요구 사항 검증)

092

난이도 ★★☆☆☆

당신은 감사인으로 내부 통제 설계의 효과를 측정하고자 한다. 다음 중 설계의 효과성 측면에서 고려해야 할 사항이 아닌 것은 무엇인가?

① 통제를 수행하는 데 사용된 정보의 신뢰성
② 통제되는 프로세스와 관련된 업무 분장
③ 통제가 수행된 기간(Period covered by the control)
④ IT 거버넌스와 통제와의 전략적 연계

093

난이도 ★★★☆☆

[보기]를 읽고 '가'와 '나'가 무엇을 설명하는 것인지, 가장 적절한 답을 고르시오.

> **보기**
>
> 가: 신용 한도를 초과한 주문에 대한 전산을 통한 주문 입력 통제
>
> 나: 은행 잔고와 회사 장부상 예금 잔액의 대사

① 가: 편집 통제, 나: 탐지 통제
② 가: 자동화 통제, 나: 수작업 통제
③ 가: 예방 통제, 나: 보완 통제
④ 가: 교정 통제, 나: 탐지 통제

094

난이도 ★★☆☆☆

운영 프로그램이 완성되어 가동하는 경우, [보기]의 역할을 수행할 담당자는 누구인지 가장 적절한 답을 고르시오.

> **보기**
>
> (1) 각 단계별 종료 시점에서 단계별 결과와 산출물을 점검하고 요구 사항과 일치하는지 확인한다.
>
> (2) 시스템 개발 생명 주기(SDLC)를 얼마나 준수하였는지 점검하여 차이점을 발견하면 해결 방안을 조언한다.
>
> (3) 프로젝트 관리 절차나 소프트웨어 생명 주기 내에서 특별한 프로세스를 사용할 경우 적절 여부를 중점 검토한다.

① 정보 시스템 보안 담당자
② 프로젝트 운영 위원회
③ 품질 보증(QA)
④ 프로젝트에 투입된 감사인

095

난이도 ★☆☆☆☆

프로젝트 관리 구조상에서 [보기]는 어떠한 조직 체계인가? 가장 올바른 답을 고르시오.

프로젝트 관리자가 통상적인 조직 운영 체계 안에서 참모 기능을 수행한다. 프로젝트 매니저는 조직 구성상 부서 내부에 속하면서 사업이 종료될 때까지 동료와 팀 멤버들에게 조언하는 역할을 수행한다.

① 기능 조직 ② 프로젝트 조직
③ 매트릭스 조직 ④ 하이브리드 조직

096　　난이도 ★☆☆☆☆

다음 중 프로젝트의 지속 여부를 결정하는 데 필요한 정보와 의사결정의 주체는 어디에서 찾을 수 있는가?

① 표준화된 지침(Standardized Guidelines)
② 기업 환경 요인(Enterprise Environmental Factors, EEF)
③ 조직 프로세스 자산(Organizational Process Assets, OPA)
④ 비즈니스 사례(Business Case)

097　　난이도 ★★☆☆☆

다음 중 시스템 개발 프로젝트를 하는 데 있어서 관련된 위험이 아닌 것은 무엇인가?

① 전략 위험 ② 프로젝트 위험
③ 규정 준수 위험 ④ 고유 위험

098　　난이도 ★☆☆☆☆

소프트웨어 베이스라인의 주요 목표는 취약성, 즉 프로젝트에 쉽게 영향을 미치고 제어할 수 없는 변경으로 이어지는 프로젝트의 약점을 줄이고 제어하는 것이다. 어느 단계에서 기준선 관리를 하는 것이 가장 좋은가? 다음 중 가장 적절한 답을 고르시오.

① 분석 단계 말 ② 설계 단계 초
③ 타당성 조사 단계 ④ 요구 사항 정의 단계

099　　난이도 ★★★☆☆

다음 중 ISACA IT Audit Framework(ITAF)에서 제시하는 감사 업무 수행(Audit engagement)과 관련된 내용이 아닌 것은 무엇인가?

① 계획 및 위험 평가 식별(Planning and risk assessment)
② 수행한 작업을 문서화하고 발견 사항을 식별(Documenting work performed and identifying findings)
③ 결론 도출 및 보고(Drawing conclusions and reporting)
④ 후속 과제를 위한 교훈 작성(Writing lessons learned for follow-up tasks)

100　　난이도 ★★★★☆

세계최고감사기구(INTOSAI)에서 모든 감사 의견 및 보고의 형태와 내용은 일반 원칙을 따른다. 이때 따르는 일반 원칙이 아닌 것은 무엇인가?

① 사법적 권한을 가진 최고감사기관은 재무제표에서 발견된 부정행위에 대해서 필요한 조치를 취할 수 있는 권한이 있다. 최고감사기관은 계수를 조정하거나, 회계 담당자에게 벌금을 부과하거나 특정한 경우에는 직무 정지나 해임을 시킬 수도 있다.

② 기준의 이행에서 감사 의견과 보고서는 감사에서 어떤 기준을 따랐는지를 명시해야 한다. 이를 통해서 독자들은 이 감사가 적합한 절차에 따라서 수행이 되었다는 것을 알게 된다.

③ 권고안을 마련하고 이행하는 데 있어서 감사관은 객관성과 독립성을 유지하여야 하고, 감사에서 파악된 취약점이 시정되었는지에 초점을

맞추기보다는 특정 권고안이 채택되었는가가 더욱 중요하다.

④ 보고서 서명 및 일자에서 의견 또는 보고는 반드시 서명이 되어야 한다. 일자를 제시함으로써 감사관이 그 날짜까지 거래나 사례의 영향에 대해서 고려를 하고 있었다는 인상을 독자에게 줄 수 있다(재무 감사의 경우에 있어서는 재무제표에 해당하는 기간을 지날 수도 있다).

101
난이도 ★★★☆☆

ITAF에서 제시하는 감사 기능은 완전한 조직 독립성을 가지고 활동할 수 있는 기업 내 수준으로 보고해야 한다. 다음 중 거버넌스 담당자에게 보고하여 승인을 받고자 하는 내용과 거리가 먼 것은 무엇인가?

① 감사 자원 계획 및 예산(The audit resource plan and budget)

② 지배 주주나 경영진으로부터의 영향을 제한(Limiting influence from controlling shareholders or senior management)

③ 리스크 기반 감사 계획(The risk-based audit plan)

④ 중요한 범위 또는 리소스 제한에 대한 후속 조치(Follow-up of significant scope or resource limitations)

102
난이도 ★★★★★

당신은 감사자로서 SAP 시스템에서 오브젝트 또는 프로그램 기준 권한자 조회, 권한 변경 내역을 확인하고 싶다. 그렇다면 어떻게 찾아보아야 하는가? 다음 중 가장 적절한 것을 고르시오.

① 트랜잭션 SUIM을 확인하여 원하는 결과를 확인한다.

② 트랜잭션 SM21로 디버깅 이력으로 디버깅 중 불법적으로 데이터 변경 내역을 확인한다.

③ 트랜잭션 SU53을 확인하여 마지막으로 실패한 권한 부여 검사를 조사한다.

④ 트랜잭션 USMM을 사용하여 User Classification으로 유효한 사용자를 찾아서 조회한다.

103
난이도 ★★★★★

정보 기술 일반 통제(ITGC) 감사 시, 고질적인 이슈로 제기되는 항목은 바로 시스템에 대한 접근 권한 관리이다. 특히, ITGC의 감사 범위에 속하는 시스템 중에서도 전사적자원관리(ERP)는 접근 권한 관리가 가장 중요하고 어려운 항목이다. 이를 위해 SAP는 액세스 컨트롤(SAP Access Control)을 통한 안정적인 시스템 권한 관리를 제공하며, 이는 4단계를 통해 조직에 적용할 수 있다. 4단계에 대한 설명 중 잘못된 것을 고르시오.

① 1단계: 권한 관리 대상 기준 확정 및 시스템상 기준 등록(중요한 권한 및 직무 분리)

② 2단계: 중요한 권한 및 직무 분리를 반영한 시스템 역할 생성 및 변경

③ 3단계: 권한 부여 전, 시나리오 베이스별 프로필 권한 할당(PFCG)으로 리스크 감소

④ 4단계: 예외적 권한 사용을 위한 긴급 권한 관리

104
난이도 ★★★★★

2019년도 회계감사부터 자산 2조 원 이상의 상장사는 강화된 내부회계관리제도를 적용한 외부감사를 받았다. '외부감사에 관한 법률 제8조(이하 외감법 제8조)' 강화로 외부감사자는 감사 대상 법인이 제출하는 내부회계 운영실태 보고서의 기재된 항목에 대한 사실 여부(통제 평가 프로세스 전반)와 개별 프로세스에 존재하는 통제의 적절성까

지 평가해야만 한다. 그렇다면 SAP에서 제시하는 강화된 내부회계관리제도를 위한 3가지 핵심 통제는 무엇인가? 다음 중 3가지 핵심 통제 사항이 아닌 것을 고르시오.

① 전사적 수준의 통제
② 정보 기술 일반 통제
③ 업무 프로세스 수준 통제
④ 정물 일치, 물재 일치, 경관 일치 통제

105

난이도 ★★★☆☆

애자일 감사 방법에서, 감사 목표, 범위, 타이밍, 인사 할당, 기업 전략, 비즈니스 목표 및 주요 위험은 어디에 통합하는 것을 고려해야 하는가? 다음 중 가장 알맞은 답을 고르시오.

① Audit Canvas　② Audit Backlog
③ Agile Road Map　④ Epics

106

난이도 ★★★☆☆

[보기]를 읽고 ISACA에서 가이드하고 있는 규정 변경 이행 실패(Failure to Implement Regulatory Changes)에 대한 위험을 완화하기 위한 통제의 순서를 올바르게 나열하시오.

> **보기**
>
> ① 정책 및 절차를 정의하고 전달(Define and communicate policies and procedures)
> ② 위험을 분석(Analyze risk)
> ③ 직원의 기술과 능력을 관리(Maintain the skills and competencies of personnel)
> ④ 외부 규정 준수 요구 사항을 식별(Identify external compliance requirements)
> ⑤ 시설을 관리(Manage facilities)
> ⑥ 비즈니스 영향을 평가(Assess business impact)
> ⑦ 관리 목표, 방향 및 결정을 전달(Communicate man-

agement objectives, direction and decisions made)
⑧ 기술 환경을 모니터링하고 스캔(Monitor and scan the technology environment)

① ⑥→②→⑦→⑧→①→⑤→③→④
② ⑥→②→⑦→①→⑧→③→⑤→④
③ ⑦→①→⑧→③→②→⑥→⑤→④
④ ⑦→①→③→⑤→⑧→⑥→②→④

107

난이도 ★★★☆☆

[보기]를 읽고 ISACA에서 가이드하고 있는 제3자 공급 업체(Third-Party Suppliers)에 대한 위험을 완화하기 위한 통제의 순서를 올바르게 나열하시오.

> **보기**
>
> ① 비즈니스 영향을 평가(Assess business impact)
> ② 공급 업체 관계 및 계약서를 관리(Manage vendor relationships and contracts)
> ③ 서비스 계약을 정의하고 준비(Define and prepare service agreements)
> ④ 계약직을 관리(Manage contract staff)
> ⑤ 예산을 만들고 관리(Create and maintain budgets)
> ⑥ 공급 업체 관계 및 계약서를 식별하고 평가(Identify and evaluate vendor relationships and contracts)
> ⑦ 서비스 계약 및 계약서를 검토(Review service agreements and contracts)
> ⑧ 적절하고 적당한 인력을 확보하고 관리(Acquire and maintain adequate and appropriate staffing)

① ①→⑤→⑧→④→③→⑦→⑥→②
② ⑤→⑧→④→⑦→③→⑥→②→①
③ ①→⑧→⑤→④→③→⑦→⑥→②
④ ⑤→⑧→④→③→⑦→⑥→②→①

108

난이도 ★★★☆☆

[보기]를 읽고 ISACA에서 가이드하고 있는 피싱 공격(Phishing Attack)에 대한 위험을 완화하기 위한 통제의 순서를 올바르게 나열하시오.

> **보기**
>
> ① 엔드포인트 보안을 관리(Manage endpoint security)
>
> ② 위험을 분석(Analyze risk)
>
> ③ 정책 및 절차를 정의하고 전달(Define and communicate policies and procedures)
>
> ④ 역할, 책임, 접근 권한 및 권한 수준을 관리(Manage roles, responsibilities, access privileges and levels of authority)
>
> ⑤ 비즈니스 연속성 정책, 목표 및 범위를 정의(Define the business continuity policy, objectives and scope)
>
> ⑥ 비즈니스 탄력성을 유지(Maintain business resilience)
>
> ⑦ 사용자 ID 및 논리적 액세스를 관리(Manage user identity and logical access)
>
> ⑧ 인프라를 모니터링(Monitor I&T infrastructure)

① ②→③→①→⑦→⑧→④→⑤→⑥

② ③→⑤→⑧→①→⑦→④→②→⑥

③ ②→③→①→⑧→⑦→⑤→④→⑥

④ ③→②→⑧→①→⑦→④→⑤→⑥

109

난이도 ★★★☆☆

다음 중 ISACA 협회에서 가이드하고 있는 위험 유형(Risk Types)과 가장 관련이 없는 것은 무엇인가?

① 법률 및 규정 준수(Legal and regulatory compliance)

② 서비스 품질(Service quality)

③ 감사 위험의 부적합(Insufficient audit risk)

④ 제품 및 서비스 비용(Product and service cost)

110

난이도 ★★☆☆☆

다음 중 공급 업체 감사 계획을 수립할 때 고려되어야 할 항목이 아닌 것은 무엇인가?

① Audit Scope

② Audit Criteria

③ Audit Purpose

④ Audit Sponsor

111

난이도 ★★★☆☆

[보기]는 SOC 2 감사를 수행하기 위해 팀에서 고려해야 할 준비 사항이다. 순서를 올바르게 나열하시오.

> **보기**
>
> ① 계약자 및 타사 공급 업체 계약 수집
>
> ② SOC 2 심사원 선택
>
> ③ SOC 2 평가 범위 결정
>
> ④ IT 인프라/클라우드 보안 문서 수집
>
> ⑤ 관리 보안 정책 생성
>
> ⑥ 기술 통제 설정

① ②→⑤→①→④→③→⑥

② ④→②→⑤→①→③→⑥

③ ②→⑤→④→③→①→⑥

④ ④→①→⑤→⑥→③→⑥

112

난이도 ★★★☆☆

SOC 2 감사자로써 모든 관련 보안 및 규정 준수 증거와 아티팩트를 수집해야 한다. 이와 관련하여 다음 중 가장 관련이 없는 것은 무엇인가?

① 필요한 비즈니스 제휴 계약(BAA)의 증거

② 보안 표준과 연계된 팀 성과 지표(KPI)

③ 암호 및 접근 제어 표준의 증거

④ 사용자 접근 요청 및 사용자 생성/수정 로그

113

난이도 ★★★☆☆

일반적으로 감사 증거는 총 8가지 유형으로 나누어지며, 각 유형은 감사 목적, 클라이언트 및 테스트 중인 주장에 따라 특정 목적을 달성하는 데 사용된다. 다음 중 이와 가장 관련이 없는 것은 무엇인가?

① 신체검사(Physical examination)
② 탄핵 증거(Witness impeachment)
③ 구두 증거(Oral evidence)
④ 관측 증거(Observatory evidence)

114

난이도 ★★★☆☆

컴퓨터 지원 감사 도구(CAAT's) 중 [보기]의 내용은 무엇을 설명한 것인가?

> **보기**
>
> 감사인은 다양한 분석 절차를 수행하기 위해서 피감사 부서의 데이터를 감사인 자신의 컴퓨터에 복사해서 넣는다. 이와 관련된 소프트웨어 패키지는 ACL(Audit Command Language)와 IDEA(Interactive Data Extraction and Analysis)가 있다.

① 병행 시뮬레이션(Parallel Simulation) 감사
② 테스트 데이터를 통한 감사
③ 데이터 마이닝과 추출(Data Mining & Extraction)
④ 범용 감사 소프트웨어(Generalized Audit Software, GAS)

115

난이도 ★★★☆☆

컴퓨터 지원 감사 도구(CAAT's) 중 [보기]의 내용은 무엇을 설명한 것인가?

> **보기**
>
> 감사인이 피감사 부서의 실제 시스템 내에 가상의 엔티티를 생성하는 것으로 가상의 엔티티와 관련된 모든 거

래들이 실제 시스템에서 처리되고 그 결과에 대해서 감사인은 관찰을 수행한다.

① 테스트 데이터를 통한 감사
② 범용 감사 소프트웨어(Generalized Audit Software, GAS)
③ 애플리케이션 트레이싱과 시스템 매핑(Application Tracing and System Mapping)
④ 통합 테스트 시설(Integrated Test Facility, ITF)

116

난이도 ★★★☆☆

컴퓨터 지원 감사 도구(CAAT's) 중 [보기]의 내용은 무엇을 설명한 것인가?

> **보기**
>
> 감사인은 (1) 'What if' 시나리오의 평가, (2) 그래프 작성, (3) 실제와 예산의 차이 분석, (4) 다른 분석적 절차를 위해 이것을 사용한다.

① 범용 감사 소프트웨어(Generalized Audit Software, GAS)
② 내장된 감사 모듈(Embedded Audit Module)
③ 스프레드시트 분석(Spreadsheet Analysis)
④ 병행 시뮬레이션 감사(Parallel Simulation Audit)

117

난이도 ★★☆☆☆

다음 중, 일반적으로 비즈니스 복구 계획의 개발 시 고려해야 할 대상이 아닌 것은 무엇인가?

① 재해 복구로 인한 추가 지출을 감사할 경우에 적합한 감사 절차 구현
② 사이트 간 물리적 이동에 소요되는 시간
③ 성과 측정에 대한 정책 및 절차
④ 서비스 제공자 측과 고객 측 직원 간의 작업 배정

118

난이도 ★★☆☆☆

감사인의 관점에서 복구 대책 평가 시 여러 사항이 고려되어야 한다. 이 때, 고려되어야 할 사항이 아닌 것을 고르시오.

① 서비스 제공자와 고객 간의 비용 배정
② 재해나 여타 사고의 발생 시 고객에게 부여할 우선순위를 미리 구축
③ 복구 대책의 구현이 미래의 업무와 기술 전략에 제약 사항이 될 것인지 여부
④ 서비스 제공자에 의해서 업무 연속성 관리가 실행될 정도

119

난이도 ★★☆☆☆

'이것'은 재해 복구의 테스트로 실제 사고 대응 황에 유사하다는 장점이 있지만 생산 환경 및 운영에 끔찍한 피해를 줄 수 있고 도전이 어려우며 필요한 경우 반드시 경영진의 승인 하에 진행해야 한다. '이것'은 무엇인가?

① 전체 중단 테스트(Full interruption test)
② 병렬 테스트(Parallel test)
③ 서프라이즈 테스트(Surprise test)
④ 모의 테스트(Simulation test)

120

난이도 ★★★☆☆

'이것'은 재해 복구 테스트의 한 종류로, 일반적으로 트랜잭션 데이터가 중요한 비즈니스 처리의 핵심 구성요소인 환경에서 사용된다. 특히 메인프레임 및 미드레인지 시스템에 크게 의존하는 조직은 종종 이 유형의 테스트를 사용한다. '이것'은 무엇인가?

① 구조화된 워크스루(Structured walkthrough)
② 모의 테스트(Simulation test)

③ 전체 중단 테스트(Full interruption test)
④ 병렬 테스트(Parallel test)

121

난이도 ★★★☆☆

'이것'은 재해 복구 테스트의 한 종류로, 일반적으로 테스트는 완전히 중복되고 종종 로드 밸런싱된 작업이 이미 존재하는 조직에서 일반적으로 사용된다. '이것'은 비용이 많이 들며 매우 엄격한 테스트이다. '이것'은 무엇인가?

① 전체 중단 테스트(Full interruption test)
② 병렬 테스트(Parallel test)
③ 서프라이즈 테스트(Surprise test)
④ 모의 테스트(Simulation test)

122

난이도 ★★★☆☆

다음 중 재해 복구 계획(DRP)의 궁극적인 목적이 아닌 것은 무엇인가?

① 예방(Prevention)
② 연속성(Continuity)
③ 내구성(Durability)
④ 복구(Recovery)

123

난이도 ★★☆☆☆

[보기]를 읽고 빈칸에 들어갈 말로 적절한 것을 고르시오.

> **보기**
>
> 비즈니스 연속성 계획 또는 재해 복구 계획은 (　　　)와 다른 통제가 효과적인지에 따라 영향을 받게 된다.

① 변화 관리　　　② 사고 관리
③ 이슈 관리　　　④ 구성 관리

124
난이도 ★★★☆☆

[보기]의 내용은 무엇을 설명한 것인가? 가장 알맞은 답을 선택지에서 고르시오.

> **보기**
>
> 소프트웨어 엔지니어(및 기타)가 수행하는 소프트웨어 품질 보증 활동 중의 하나이다.
>
> ⑴ 소프트웨어 표현에 대한 기능, 논리 또는 구현의 오류를 발견한다.
>
> ⑵ 검토 중인 소프트웨어가 요구 사항을 충족하는지 확인한다.
>
> ⑶ 소프트웨어가 사전 정의된 표준에 따라 표현되었는지 확인한다.
>
> ⑷ 균일한 방식으로 개발된 소프트웨어를 달성하기 위해 프로젝트를 보다 쉽게 관리할 수 있도록 한다.
>
> 검사 리스트(Check List)를 미리 작성하고, 검사 리스트에 근거하여 검토자와 함께 산출물이 정확하게 작성되어 있는지를 검증하는 방법이다.

① 검증 및 확인(Verification & Validation)

② 공식 기술 검토(Formal Technical Reviews, FTR)

③ 제품 평가(Product Evaluation)

④ 공정 평가(Process Assessment)

125
난이도 ★☆☆☆☆

다음 중 감사 조서를 피감사인에게 보여줄 수 있는 경우가 아닌 것은 무엇인가?

① 감사 절차의 수행 결과의 시정을 촉진하기 위해

② 외부인(정부 감사자, 외부감사자 등)에 의한 검토는 감사 부서의 사무실 내에서 이루어져야 함

③ 불시 감사, 부정행위 조사, 기타 특별한 검사 시 경영진의 승인이라면 공개가 가능

④ 관리자나 다른 멤버, 혹은 외부감사인들이 감사 조서에 접근하는 것은 CAE의 승인이 필요

126
난이도 ★★★★☆

감사 조서는 감사 준칙에서 최소한 (A)년 이상, 외감법에서는 (B)년간 보존하도록 규정하고 있다. 또한, 상법에서는 상업 장부를 (C)년간 보관하도록 규정하고 있다. 이와 관련하여 (A), (B), (C)에 들어갈 기간이 아닌 것은 무엇인가?

① 3년 이상   ② 5년 이상

③ 8년 이상   ④ 10년 이상

127
난이도 ★★★☆☆

복구 전략은 재해가 발생하였을 때 시스템을 복구하기 위한 최선의 방법을 찾아내고 세부적인 복구 절차를 수립하는 데 기반이 되는 지침을 제공한다. 다음 중 복구 전략의 선택에 영향을 미치는 요인이 아닌 것은 무엇인가?

① 비즈니스 프로세스와 이를 지원하는 애플리케이션 중요성

② 비용 및 보안

③ 복구에 필요한 시간

④ 위험 평가 순위

128
난이도 ★☆☆☆☆

다음 중 복구 목표 시점(RPO)과 복구 목표 시간(RTO)의 설명으로 잘못된 것은 무엇인가?

① RPO는 데이터를 백업하고 복원하는 데 사용되는 기술에 영향을 미친다.

② RPO는 중단 사태가 발생할 경우 수용 가능한 데이터 손실의 양을 정하는 데 효과적이다.

③ RTO는 재해가 발생한 후 비즈니스 운영이 재개되는 가장 빠른 시간을 가리킨다.

④ RTO는 운영 중단이 발생할 경우 수용할 수 있는 운영 시간을 기반으로 결정된다.

129

난이도 ★★☆☆☆

다음 중 재해 복구 계획(DRP)의 궁극적인 목표에 해당하지 않는 것은 무엇인가?

① 제품과 서비스를 시장에 제공하는 인력의 안전 확보
② 법과 요구 사항을 준수
③ 핵심 기능을 영위하기 위한 사전 예방
④ 운영 능력에 영향을 미칠 수 있는 사고에 대응

130

난이도 ★★☆☆☆

준거성/실증 테스팅 방법에는 확인 및 검증하는 여러 사항이 있다. 다음 중, 그 성격이 다른하나는 무엇인가?

① 차단 절차 테스트
② 재고 평가 계산의 유효성 확인
③ 로그 검토
④ 은행 잔고 확인을 위한 은행 확인받기

131

난이도 ★★★☆☆

제로 트러스트 네트워크 액세스(ZTNA) 도입에서 인프라 보안을 담당하는 보안 및 위험 관리 리더는 다음 사항을 확인 및 수행해야 한다. 이때, 해당되는 사항이 아닌 것은 무엇인가?

① ZTNA 솔루션을 선택 및 구현하기 전에 먼저 높은 수준의 제로 트러스트 전략을 수립하고 ID 및 액세스 관리 기술과 프로세스를 잘 이해하도록 해야 한다.
② VPN 교체가 ZTNA 공급 업체의 기능을 수량화하는 주요 목표인지, 그리고 VPN을 교체하기 위해 ZTNA를 구현하는 데 충분한 이점이 있는지 현재 VPN 환경을 평가해야 한다.
③ 에이전트 기반 ZTNA 선택을 보다 광범위한

SASE 아키텍처 결정의 일부로 선택하여 SSE 공급자를 통합하여 관리되는 장치에서 여러 에이전트의 복잡성과 잠재적으로 지원되지 않는 구성을 방지해야 한다.
④ 원하는 최종 사용자 액세스 사용 사례와 엔드포인트 및 조직의 애플리케이션 아키텍처를 기반으로 PoC 평가 후 ZTNA 공급 업체 선택의 우선순위를 지정하여 이사회의 승인을 받도록 해야 한다.

132

난이도 ★☆☆☆☆

데이터 손실 방지(Data Loss Prevention, DLP)는 개인정보보호/준수, 지적 재산(IP) 보호, 데이터 가시성이라는 많은 조직의 공통적인 고충인 세 가지 주요 목표를 해결하고 있다. 다음 중 가장 관련이 없는 것은 무엇인가?

① 개인정보보호/준수(Personal Information Protection/Compliance)
② 조직의 전략과 전술(Organizational strategy and tactics)
③ IP 보호(IP Protection)
④ 데이터 가시성(Data Visibility)

133

난이도 ★★★☆☆

조직은 이사회와 경영진의 기대치가 충족되었는지 확인하고자 비즈니스 연속성 프로세스의 적절성을 검토하기 위해 독립 감사자를 지정하여 검토를 수행해야 한다. 다음 중 독립적인 검토 대상과 가장 거리가 먼 것은 무엇인가?

① 중요한 비즈니스 프로세스의 식별
② 과거에 수행한 모든 테스트 결과 보유 및 평가
③ 테스트 결과 및 권장 사항 전달 평가
④ 테스트 시나리오 및 일정

134 난이도 ★★☆☆☆

BCP 테스트의 세 가지 주요 유형 중에서 각 운영 영역의 대표가 모여 계획을 검토하기만 하면 되는 테스트는 무엇인가? 다음 중 가장 적절한 것을 고르시오.

① 워크스루 테스트(Walk-Through test)

② 전체 운영 테스트(Full Operational test)

③ 문서 테스트(Paper test)

④ 준비도 테스트(Preparedness test)

135 난이도 ★☆☆☆☆

[보기]에 해당되는 비즈니스 연속성 계획의 유형으로 가장 알맞은 것을 선택지에서 고르시오.

> **보기**
>
> 정보 시스템에 대해서 초점을 맞춘 것은 아니며, 내부 임직원 및 일반 대중을 포함한 외부 이해관계자와의 커뮤니케이션을 다루고 있다.

① 주요 기반 보호 계획(Critical Infrastructure Protection Plan, CIPP)

② 위기 커뮤니케이션(Crisis Communications Plan, CCP)

③ 거주자 비상 계획(Occupant Emergency Plan, OEP)

④ 운영 연속성 계획(Continuity of Operations Plan, COOP)

136 난이도 ★★☆☆☆

다음 중 비즈니스 연속성 계획(BCP)의 구성 요소에 해당되지 않는 것은 무엇인가?

① 비즈니스 영향 분석(BIA)

② 재해 복구 계획(DRP)

③ 비즈니스 복구 계획(BRP)

④ 운영 연속성 계획(COOP)

137 난이도 ★★☆☆☆

운영 연속성 계획(COOP)의 구성요소에 가장 해당되지 않는 것은 무엇인가?

① Human capital

② Risk management

③ Continuity facilities

④ Insurance management

138 난이도 ★★★☆☆

감사인은 기업의 통제 목적을 충족하고 재무제표의 중요한 왜곡 표시를 초래할 수 있는 부정이나 오류로 인한 왜곡 표시를 효과적으로 예방하거나 발견 및 수정할 수 있는지 여부를 결정하기 위하여 통제의 설계 효과성을 테스트해야 한다. 테스트 계획에서 테스트 대상 주요 통제를 포함하고, 다음과 같은 부가적인 요소를 포함하여 수립하는 것이 바람직하다. 이때, 포함되는 요소가 아닌 것은 무엇인가?

① 테스트 범위 및 방법

② 비즈니스 영향 분석

③ 테스트 수행 시기

④ 예외 사항 처리

139 난이도 ★☆☆☆☆

비즈니스 영향 분석을 수행하기 위해 다양한 접근 방법이 존재한다. 다음 중 가장 연관성이 적은 것은 무엇인가?

① 잠재적인 도출　　② 오픈 서베이

③ 서신 질의 방법　　④ 인터뷰 실시

140
난이도 ★☆☆☆☆

다음 중 비즈니스 영향 분석(BIA)의 목적이 아닌 것은 무엇인가?

① 요구 자원 산정　② 핵심 우선순위 결정

③ 자산 의존 관계 파악　④ 중단 시간 산정

141
난이도 ★☆☆☆☆

조직에 업무 중단 상황이 발생하여 파생되는 손실의 정도를 조사하고자 한다면 근본적으로 무엇을 가장 먼저 살펴보아야 하는가? 다음 중 가장 적절한 것을 고르시오.

① 위험 평가서(RA Reports)

② 비즈니스 영향 분석(BIA)

③ 비즈니스 연속성 계획(BCP)

④ 재난 복구 계획(DRP)

142
난이도 ★★☆☆☆

'이것'은 재해 상황에서 조직이 무엇을 해야 할지를 설명한 것이다. 재해 상황에서 대응팀은 무엇을 찾아보아야 하는가? 다음 중 '이것'으로 가장 적절한 것을 고르시오.

① 헬프데스크 처리 이력

② 재난 복구 계획

③ 비즈니스 연속성 계획

④ 서비스 수준 계약

143
난이도 ★★☆☆☆

다음 중, 비즈니스 연속성 계획 전략을 수립하는데 있어서 가장 중요한 단계는 무엇인가?

① 비즈니스 영향 분석(BIA)

② 비즈니스 연속성 계획(BCP)

③ 재해 복구 계획(DRP)

④ 사고 대응 단계(ARP)

144
난이도 ★★★☆☆

비즈니스 영향 분석에서 두 가지 독립적인 비용 요소가 존재한다. [보기]를 읽고 두 가지 독립적인 비용 요소를 포함하여, (가), (나), (다)에 들어갈 말로 적절한 것을 고르시오.

> **보기**
>
> 모든 복구 비용과 중단 비용의 총합은 (가)되어야 한다. (나)은 시간이 지나면서 증가하고, (다)은 시간이 지나면서 감소한다. 총 비용 곡선은 서로 간에 교차되면서 U자형이 되기에 곡선의 밑 부분에서 비용 최소점을 찾을 수 있다.

① 가: 최소화, 나: 중단 비용, 다: 복구 비용

② 가: 최소화, 나: 복구 비용, 다: 중단 비용

③ 가: 최대화, 나: 중단 비용, 다: 복구 비용

④ 가: 최대화, 나: 복구 비용, 다: 중단 비용

145
난이도 ★★☆☆☆

ISACA에서 가이드하고 있는 내용으로, [보기] 속 빈칸에 들어갈 내용으로 적절한 것을 고르시오.

> **보기**
>
> 재난 복구 계획(DRP)의 핵심 요소(온 사이트 또는 원격지)는 적절한 데이터의 (　)이다.

① 무결성　② 가용성　③ 효율성　④ 책임성

146
난이도 ★★☆☆☆

원격지 저장소에 저장되는 문서로, [보기]의 내용은 무엇을 설명하고 있는가? 가장 알맞은 답을 선택하시오.

예외 처리, 변형적인 처리, 비상 처리 등과 같은 정상적이지 않은 절차나 지시 사항을 기록한 문서

① 비즈니스 연속성 계획

② 특수 절차

③ 운영 절차

④ 시스템과 프로그램 문서

147
난이도 ★★☆☆☆

다음 중 비즈니스 복원력 계획(Business resilience plan)의 4가지 주요 단계와 가장 관련이 없는 것은 무엇인가?

① 비즈니스 운영의 대체 또는 임시 방법을 결정한다.

② 비즈니스의 지속적인 운영에 대한 잠재적 위험, 위협 및 취약성을 식별한다.

③ 이벤트 후 조직이 어떻게 기능해야 하는지 식별한다.

④ 사고의 가능성을 예측하고 대비하는 방법을 정의한다.

148
난이도 ★☆☆☆☆

프로젝트 추진 부서와 최종 사용자 부서의 관리자, 프로젝트 매니저는 궁극적으로 어느 단계에서 테스트 심각도의 수준을 정의해야 하는가? 다음 중 가장 적절한 답을 고르시오.

① 타당성 단계   ② 요구 사항 정의 단계

③ 설계 및 개발 단계   ④ 테스트 계획 단계

149
난이도 ★★☆☆☆

구매한 시스템은 벤더가 사전에 테스트를 수행했지만 이후 문제가 없는지 확인하기 위해서 다른 담당자가 철저하게 테스트를 수행해야 한다. 다음 중 테스트를 수행할 담당자에 해당하지 않는 이는 누구인가?

① 최종 사용자

② 시스템 유지 보수 담당자

③ 정보 시스템 감사자

④ 정보 전략 그룹

150
난이도 ★★☆☆☆

[보기]를 읽고 (가), (나), (다)의 설명이 올바른지 아닌지 판단하시오.

가: 품질 보증 테스트와 사용자 인수 테스트는 성격이 다르므로 같이 섞어서 진행해도 된다.

나: 인수 테스트를 성공적으로 완료하면 프로젝트 팀은 응용 프로그램 패키지를 운영으로 이관하고 지원단계로 접어들 수 있다.

다: 품질 보증 테스트는 정보 기술 부서에서 주로 수행한다.

① 가: ×, 나: ○, 다: ×

② 가: ○, 나: ○, 다: ×

③ 가: ○, 나: ×, 다: ○

④ 가: ×, 나: ○, 다: ○

151
난이도 ★★☆☆☆

일반적으로 시스템 테스트에서 여러 가지 기능/비기능 분석 작업을 수행해야 한다. 다음 중 이와 관련한 시스템 테스트 종류에 해당되지 않는 것은 무엇인가?

① 회귀 테스트(Regression test)

② 전체 중단 테스트(Full interruption test)

③ 스트레스 테스트(Stress test)

④ 볼륨 테스트(Volume test)

152

난이도 ★★☆☆☆

정보 시스템 테스트는 테스트를 효과적으로 수행하기 위해 필요한 기획, 진단 컨설팅, 계획, 분석, 설계, 환경 구축, 실행, 완료 및 자동화를 수행하고 관리하는 일이다. 이와 관련해서 테스트는 무엇을 근거로 계획하고 적절하게 수행해야 하는가? 다음 중 가장 알맞은 것을 선택하시오.

① 시스템의 규모와 복잡성
② 고객의 요구 사항 수용도
③ 이해관계자의 지시 사항
④ 품질담당자(QA)의 요청

153

난이도 ★★☆☆☆

다음 중 시제품 개발에 대한 특징과 가장 관련이 없는 것은 무엇인가?

① 시제품 개발 방법에서는 변경 관리하기가 매우 어렵다.
② 회사 전체의 비즈니스 분야 요구 사항을 분석하고 계획을 세우는 일에는 맞지 않는 방법론이다.
③ 시제품 개발 방법의 문제점으로는 개발이 끝난 시스템에 적절한 통제 장치가 없다는 것이다.
④ 시제품 개발 방식은 폭포수 모델보다 개발 시간과 비용을 크게 절약할 수 있는 장점이 존재한다.

154

난이도 ★★★☆☆

다음 중, 의사결정 지원 시스템(DSS)과 신속 응용 프로그램(RAD) 설계와 개발에서 가장 많이 사용하는 소프트웨어 개발 방식은 무엇인가?

① 컴포넌트 지향 개발
② 객체 지향 시스템 개발
③ 점진적 개발
④ 애자일 개발

155

난이도 ★★★☆☆

입력 거래를 그룹으로 합쳐서 합계를 비교하면 배치 통제(Batch Control) 항목이 된다. 다음 중 배치 통제와 관련이 없는 것을 고르시오.

① 금액 합계
② 거래 로그 합계
③ 해시 합계
④ 총 문서 수량

156

난이도 ★★☆☆☆

다음 중, 통제 분류상으로 다른 보기와 가장 관련이 없는 것은 무엇인가?

① 자격을 갖춘 직원만을 채용
② 물리적 시설에 대한 접근 제어
③ 백업 절차
④ 암호화 소프트웨어 사용

157

난이도 ★☆☆☆☆

CASE는 소프트웨어 개발 프로세스를 지원하는 자동화 도구이다. [보기]가 설명하는 CASE는 무엇과 연관성이 있는 것인가?

> **보기**
>
> 상세 설계를 지원하는 제품으로, 화면이나 보고서 레이아웃, 입력 항목, 데이터 객체 구조와 프로세스 플로우가 포함된다.
>
> 설계 과정에서 항목과 관계가 변경되면 자동 설계에서 내용이 조금 변경되고 관련 내용도 자동으로 갱신된다.

① 상위 CASE
② 중위 CASE
③ 하위 CASE
④ 통합 CASE

158

난이도 ★★★☆☆

트랜잭션 플로우 차트에는 핵심 응용 프로그램 처리 통제에 필요한 중요한 정보가 있으며, 감사인은 이와 관련하여 응용 프로그램의 개발 내용을 상세하게 이해하기 위해 다음 문서를 검토해야 한다. 이때 검토해야 하는 문서가 아닌 것은 무엇인가?

① 기술 설계 명세서

② 요구 사항 추적표

③ 코드 인스펙션 예외 처리 결과서

④ 외부감사보고서

159

난이도 ★★☆☆☆

다음 중 애플리케이션의 통제의 목적과 가장 관련이 없는 것은 무엇인가?

① 테스트 데이터는 정확하고 완전해야 하며, 요구 사항대로 기간 내에 의도한 대로 반영되어 처리된다.

② 입력 데이터는 정확하고 완전하며 승인되었으며 정확하다.

③ 데이터는 허용 가능한 기간 내에 의도한 대로 처리된다.

④ 입력에서 저장, 처리 및 최종 출력에 이르는 데이터 프로세스를 추적하기 위해 기록이 유지된다.

160

난이도 ★★★☆☆

정보 시스템 감사자는 반드시 이 항목에 대해서 검토해야 하며, H/W, S/W 구입 절차의 마지막 단계로 반드시 수행해야 할 항목은 무엇인가?

① 법률 담당 임원 검토 필요

② PoC가 제대로 이루어졌는지 확인 필요

③ 경영진의 평가와 승인 확보

④ 모든 의사결정에 대해서 근거 문서 필요

161

난이도 ★★☆☆☆

소프트웨어 기준선이란 소프트웨어 (A) 관리가 공식적으로 시작되는 지점이다. 다음 중 (A) 안에 들어갈 내용으로 적절할 것을 고르시오.

① 구성 관리

② 변경 관리

③ 사업 관리

④ 이슈 관리

162

난이도 ★★★☆☆

'이것'은 프로그램 디버깅 툴로, 프로그램을 수행하는 동안 수행한 이벤트 순서에 대한 보고서를 제공함으로써 프로그래머가 로직 에러를 쉽게 찾도록 단서를 제공한다. 다음 중 '이것'은 무엇인가?

① 로직 경로 모니터(Logic Path Monitor)

② 무결성 검사기(Integrity Checker)

③ 출력 분석기(Output Analyzer)

④ 메모리 덤프(Memory Dump)

163

난이도 ★★☆☆☆

온라인 시스템은 승인받지 않고 시스템을 사용할 수 있다는 취약점이 존재한다. 이 경우, 무엇을 사용하면 이 위험을 줄일 수 있는 것인가? 다음 중 가장 적절한 것을 고르시오.

① 접근 통제 소프트웨어(Access Control System, ACS)

② 최소 권한(Least Privilege)

③ 망 분리(Network Segmentation)

④ 클리핑 레벨(Clipping Level)

164

난이도 ★★☆☆☆

다음 중 직무 분리(SoD)가 이루어지지 않을 때의 보완 통제와 가장 관련이 없는 것은 무엇인가?

① Reconciliation

② Independent Review

③ Document Walk-through

④ Exception Reporting

165

난이도 ★★★☆☆

[보기]를 읽고 위험 관리 기본 프로세스를 순서대로 나열하시오.

보기
① 위험 평가와 대응
② 자산에 대한 위협 및 취약성 평가
③ 자산 식별
④ 영향 평가
⑤ 위험 계산
⑥ 비즈니스 목적을 파악
⑦ 주기적 재평가
⑧ 위험 처리

① ⑥→②→④→③→⑤→①→⑧→⑦

② ⑥→⑦→②→③→④→⑤→⑧→①

③ ⑥→③→②→④→⑤→①→⑧→⑦

④ ⑥→⑦→③→④→②→⑤→⑧→①

166

난이도 ★★★☆☆

IT 포트폴리오 관리는 기업 IT(정보 기술) 부서의 투자, 프로젝트 및 활동에 대한 체계적인 관리의 응용 프로그램이다. IT 포트폴리오 관리는 투자 시나리오의 측정 및 객관적인 평가를 가능하게 하는 이전에 비공식적인 IT 노력을 정량화하는 것이다.

성숙된 IT 포트폴리오는 3가지 포트폴리오 생성을 통해 수행되는데, 이와 가장 관련이 없는 것은 무엇인가?

① Governance Portfolio

② Application Portfolio

③ Infrastructure Portfolio

④ Project Portfolio

167

난이도 ★☆☆☆☆

'이것'은 재직 중 준수 사항으로 경영진은 직원, 계약자 및 제3자 사용자가 조직의 정책 및 절차에 따라 보안을 준수하도록 해야 한다. 특정 책임은 승인된 '이것'에 문서화되어야 한다. 다음 중 '이것'에 해당하는 것은 무엇인가?

① 직무 명세서

② 직무 기술서

③ 수임 계약서

④ 연봉 서약서

168

난이도 ★★☆☆☆

정보 시스템 감사인은 시스템/소프트웨어 운영 및 기술 지원 요구 사항을 어디까지 지원받을 수 있는지를 공급 업체와 사전에 서비스 수준 계약(SLA)을 상호 이해해야 한다. 또한, 추가적 고려 사항도 고민해야 한다. 이와 관련하여 다음 중 가장 연관 없는 것은 무엇인가?

① 공급 업체의 재정적 생존 가능성

② 소프트웨어 에스크로 조항

③ 공급 업체의 시장 점유율

④ 라이선스 확장성

169

난이도 ★★★☆☆

내부회계관리제도 감사보고서일은 재무제표 감사보고서일과 어떤 관계여야 하는가? 다음 중 가장 적절한 답을 고르시오.

① 내부회계관리제도 감사보고서일은 재무제표 감사보고서일보다 먼저 선 보고가 되어야 한다.

② 내부회계관리제도 감사보고서일은 재무제표 감사보고서일보다 먼저 후 보고가 되어야 한다.

③ 내부회계관리제도 감사보고서일은 재무제표 감사보고서일과 동일하게 보고가 되어야 한다.

④ 내부회계관리제도 감사보고서일과 재무제표 감사보고서일은 서로 아무런 관계가 없으므로 보고일은 영향이 없다.

170

난이도 ★★★★☆

PCAOB(Public Company Accounting Oversight Board)는 투자자의 이익을 보호하고 유익한 정보를 준비하는 공익을 증진하기 위해, 그리고 공개 기업 및 기타 발행자의 감사를 감독하기 위해 2002년 사베인스 옥슬리법(Sarbanes-Oxley Act)에 따라 설립된 비영리 법인이다. PCAOB에는 4가지 주요임무가 존재하는데 이와 가장 관련이 없는 것은 무엇인가?

① 회계 법인 등록

② 감사인의 처우 개선 및 평균 연봉 실태 조사

③ 검사 결과 위규 사항 발견 시 조사 및 SEC나 검찰 등 관계 당국에 통보나 민사벌칙금 부과 등 제재 조치 시행

④ 감사기준, 품질 관리 기준, 독립성 기준 등을 제·개정

171

난이도 ★★★★☆

[보기]를 읽고 PCAOB 개별감사보고서 품질 관리 감리(Inspection) 절차를 올바르게 나열하시오.

보기

① 개별 감사보고서 선택

② 의견서 제공

③ 흠결 평가

④ 감리결과보고서에 흠결 사항 포함

⑤ 감리 결과 조치

⑥ 감사 조서 리뷰 및 인터뷰

① ②→①→③→④→⑥→⑤

② ②→①→③→④→⑤→⑥

③ ①→②→⑥→③→④→⑤

④ ①→⑥→②→③→④→⑤

172

난이도 ★★☆☆☆

당신은 전산실 정보전략그룹의 신입 일원으로써 KRI 지표를 정의하고자 한다. 여태까지 KPI 지표는 많이 경험했지만, KRI 지표 정의는 전략적으로 조금 다르다고 감사팀 선배가 자문했다. [보기]를 읽고 (가)와 (나)에 들어갈 용어로 적절한 것을 고르시오.

보기

(가)는 최상위 전략 및 비즈니스 목표의 맥락에서 집계 및 관리 이해를 촉진할 수 있다.

(나)는 비즈니스 엔티티 관리자가 엔티티 및 프로세스의 실제 운영 목표와 가장 관련성이 높은 지표를 선택하도록 한다.

① 가: Top-down, 나: Bottom-up

② 가: Top-down, 나: Top-down

③ 가: Bottom-up, 나: Top-down

④ 가: Bottom-up, 나: Bottom-up

173
난이도 ★★★☆☆

빅 데이터(Big Data) 분석 방법론은 총 5단계로 이루어진다. [보기]를 읽고 올바르게 순서를 나열하시오.

> **보기**
> ① 데이터 분석(Analyzing)　④ 분석 기획(Planning)
> ② 평가 및 전개(Deploying)　⑤ 데이터 준비(Preparing)
> ③ 시스템 구현(Developing)

① ④→⑤→①→③→②

② ⑤→①→④→③→②

③ ④→①→⑤→③→②

④ ⑤→④→①→③→②

174
난이도 ★★★☆☆

다음 중 금융감독원에서 제시하는 은행법 시행령 내부 통제 기준에 포함해야 할 사항이 아닌 것은 무엇인가?

① 준법감시원이 업무를 수행함에 있어서 반드시 준수하여야 하는 절차에 관한 사항

② 자산의 운용 또는 업무의 영위 과정에서 발생하는 위험의 관리에 관한 사항

③ 임직원의 내부 통제 기준 준수 여부를 확인하는 절차, 방법 및 내부 통제 기준을 위반한 임직원의 처리에 관한 사항

④ 내부 통제 기준의 제정 또는 변경 절차에 관한 사항

175
난이도 ★★★☆☆

다음 중 금융감독원에서 제시한 준법감시인(Compliance Officer)의 자격에 해당되지 않는 것은 무엇인가?

① 재경부, 금감위, 증선위, 금감원에서 5년 이상 근무 경력이 있는 자로서 퇴임, 퇴직 후 5년이 경과한 자

② 감독 당국으로부터 주의·경고의 요구 이상에 해당하는 조치를 받았으나 10년 이상 경과한 자

③ 변호사 또는 공인회계사 자격을 가진 자로서 당해 자격과 관련된 업무에 5년 이상 근무 경력이 있는 자

④ 한국은행 또는 금융감독원 검사 대상 금융 기관에서 10년 이상 근무 경력이 있는 자

176
난이도 ★★★☆☆

다음 중 SaaS 환경에서 IT 및 SaaSOps 팀이 파일 및 설정을 관리하고 모니터링을 수행하여 보호해야 할 대상과 상대적으로 거리가 먼 것은 무엇인가?

① 공개 또는 외부 공유되는 특정 파일 형식

② 파일을 공유하는 외부 사용자

③ 특정 그룹/배포 목록에 더 이상 속하지 않아야 하는 사용자

④ 파일이 공유되는 내부 도메인

177
난이도 ★★★☆☆

다음 중 감사 회사가 추적해야 하는 가장 중요한 핵심 성과 지표(KPI)와 관련이 없는 것은 무엇인가?

① 총 월 수익(Total Monthly Revenue)

② 고객 만족도 점수(Customer Satisfaction Score)

③ 동종 업계와 비교한 주가 추이(Stock Price trend compared to the Same Industry)

④ 클라이언트당 평균 수익(Average Revenue per Client, ARPC)

178
난이도 ★★★☆☆

본사 경영진이 SaaS 관리 플랫폼(SMP)의 전략적인 도입을 고려하고 있다. 감사자의 입장에서 제안해줄 수 있는 SMP의 장점으로, 다음 중 가장 거리가 먼 것은 무엇인가?

① 통제의 효율성 측정(Measure the effectiveness of control)

② 섀도 IT 발견(Uncovering shadow IT)

③ 작업 효율성(Task efficiency)

④ 향상된 중앙 집중식 보안(Improved, centralized security)

179
난이도 ★★★☆☆

SaaS에 대해서 보안 정책 준수를 입증하면서 조직의 보안과 생산성을 향상시킬 수 있는 방법으로, 운영 컨텍스트를 고려한 민감한 데이터에 대한 콘텐츠 스캔을 고려하고 있다. 이와 관련하여 우선적으로 고려해야 할 사항과 가장 거리가 먼 것은 무엇인가?

① 최소한의 권한으로 모든 계정을 유지한다.

② CASB로 운영 컨텍스트를 고려한다.

③ 액세스 변경 사항을 추적한다.

④ 정기적인 감사를 실시한다.

180
난이도 ★★☆☆☆

다음 중 감사인의 관점에서 객관성과 독립성이 손상되었다고 볼 수 없는 사례는 무엇인가?

① 계정 조정 작업의 수행(Reconciliation account)

② 업무 처리 절차를 초안 작성하는 것

③ 시스템 가동 전 절차를 검토하는 것

④ 시스템 절차에 대한 초안 작성

181
난이도 ★★★☆☆

예상 금전적 가치(EMV)는 특정 결정을 통해 예상할 수 있는 금액이다. 표준 덱에서 선택한 카드가 하트인 경우 $100를 베팅하면 $100를 얻을 확률(하트 획득)과 $100을 잃을 확률(다른 수트 획득)이 4분의 1이다. 그렇다면 EMV는 얼마인가?

① - 25$　　　② + 25$

③ - 50$　　　④ + 50$

182
난이도 ★★★☆☆

[보기]에 해당되는 예제의 내용은 무엇인가? 가장 알맞은 답을 선택하시오.

> **보기**
>
> 가: 약효가 동일한데, 동일하지 않다라고 나올 확률
> 나: 약효가 동일하지 않은데, 동일하다라고 나올 확률
> 다: $\mu0 \neq \mu1$, 두 약품의 효과가 동일하지 않다.
> 라: $\mu0 = \mu1$, 두 약품의 효과가 동일하다.

① 가: 1종 오류, 나: 2종 오류, 다: 귀무가설(H0), 라: 대립가설(H1)

② 가: 2종 오류, 나: 1종 오류, 다: 귀무가설(H0), 라: 대립가설(H1)

③ 가: 2종 오류, 나: 1종 오류, 다: 대립가설(H1), 라: 귀무가설(H0)

④ 가: 1종 오류, 나: 2종 오류, 다: 대립가설(H1), 라: 귀무가설(H0)

183
난이도 ★★☆☆☆

[보기]의 내용은 무엇을 의미하는가?

> **보기**
>
> 표본으로부터 미지의 모수를 추측하는 것

① 구간화　　　② 표준편차

③ 공분산　　　④ 추정

184

난이도 ★★☆☆☆

확률분포는 이산확률분포와 연속확률분포가 존재한다. 다음 중에서 다른 선택지와 다른 하나는 무엇인가?

① 기하분포 ② 베르누이분포

③ 정규분포 ④ 이항분포

185

난이도 ★★☆☆☆

[보기]를 읽고 (가)와 (나)에 들어갈 용어로 적절한 것을 고르시오.

> **보기**
>
> 점추정에는 오차가 존재하므로 신뢰도 문제가 발생하기 마련이다. 이를 보완하기 위해 나타난 개념이 구간추정(interval estimation)이다. 구간추정(interval estimation)은 신뢰도를 제시하면서 상한값과 하한값으로 모수를 추정하는 방법이다.
>
> - 신뢰도를 제시할 때 사용하는 척도로 (가)을 사용하는데, (가)은 추정값이 존재하는 구간에 모수가 포함될 확률을 말한다.
> - 신뢰수준(보통 95%, 99% 사용)은 $100 \times (1-\alpha)$%로 계산하는데, 여기에서 α는 조사에서 인정되는 오차의 수준을 말하며 이를 (나)이라고도 부른다.

① 가: 신뢰수준(confidence level), 나: 신뢰구간(confidence interval)

② 가: 유의수준(significant level), 나: 신뢰구간(confidence interval)

③ 가: 신뢰수준(confidence level), 나: 유의수준(significant level)

④ 가: 신뢰구간(confidence interval), 나: 유의수준(significant level)

186

난이도 ★★★★☆

상법상으로 의결권 없는 주식을 제외한 발행주식 총수의 100/n% 이상에 해당하는 주식을 가진 소수 주주는 특별 권리를 제안할 수 있다. 다음 중 다른 선택지와 다른 하나를 고르시오.

① 이사/감사 해임 청구권

② 회계장부 열람, 등사 청구권

③ 회사의 업무, 재산 상태 조사권

④ 대표 소송권

187

난이도 ★★★★☆

[보기]를 읽고 금융위원회에서 실시하는 일반적인 감리 수행 절차를 올바르게 나열하시오.

> **보기**
>
> ① 감리 착수
> ② 질문서 송부
> ③ 조치 사전통지
> ④ 감리 실시(문답 포함)
> ⑤ 처리안 결재
> ⑥ 증권선물위원회 (증선위)
> ⑦ 감리위 심의

① ⑥→①→②→③→⑤→④→⑦

② ⑥→①→③→②→⑤→④→⑦

③ ①→③→②→⑤→④→⑥→⑦

④ ①→④→②→⑤→③→⑦→⑥

188

난이도 ★★★☆☆

표본추출법(Sampling)은 크게 확률 표본추출과 비확률 표본추출로 나뉜다. 다음 중 표본추출법이 다른 한 가지를 선택하시오.

① 편의 표본추출법

② 층화 표본추출법

③ 할당 표본추출법

④ 눈덩이 표본추출법

189

난이도 ★★★☆☆

예상 금전적 가치(EMV)는 상당히 계산하기가 쉽지 않다. 다음 중, EMV를 계산하는 데 있어 많은 도움을 주는 것은 무엇인가?

① 성과 분석　　② 의사결정나무 분석

③ 로직스틱 회귀분석　　④ 군집 분석

190

난이도 ★★☆☆☆

[보기]가 설명하는 표본추출법은 무엇인가? 다음 중 가장 올바른 답을 고르시오.

> **보기**
>
> 약물중독자, 동성애자, 매춘, 도박 등과 같은 일탈적이 대상 연구나 불법 이민자 등 모집단의 구성원을 찾기 어려운 대상을 연구하는 경우

① 유의 표본추출(Purposive Sampling)

② 눈덩이 표본추출(Snowball Sampling)

③ 할당 표본추출(Quota Sampling)

④ 층화 표본추출(Stratify Sampling)

191

난이도 ★★★★☆

금융감독원에서는 2022년 6월에 회계감리절차 선진화 방안을 마련하여 제도를 개선했다. 특히, 감리의 지나친 장기화를 방지하고 금융감독원 조사 단계에서도 피조치자의 방어권이 실질적으로 보호될 수 있도록 하였다. 다음 중 피조사자 방어권 보장 강화로 가장 관련이 없는 것을 선택하시오.

① 피조사자의 문답서 열람 조기 허용

② 조치 사전통지 내용 충실화

③ 대리인의 조사 과정 기록 허용

④ 증거에 대한 변호사 판단 유보 가능

192

난이도 ★★★☆☆

다음 중 눈덩이 표본추출(Snowball Sampling)의 종류가 아닌 것은 무엇인가? 가장 해당하지 않는 것을 선택하시오.

① 선형 눈덩이 표본추출(Linear Snowball Sampling)

② 지수 비차별 눈덩이 표본추출(Exponential Non-Discriminative Snowball Sampling)

③ 지수 판별 눈덩이 표본추출(Exponential Discriminative Snowball Sampling)

④ 랜덤 포레스트 눈덩이 표본추출(Random Forest Snowball Sampling)

193

난이도 ★★★★☆

금융감독원에서는 2022년 6월에 회계감리절차 선진화 방안을 마련하여 제도를 개선했다. 감리의 지나친 장기화를 방지하고, 금융감독원 조사단계에서도 피조치자의 방어권이 실질적으로 보호될 수 있도록 하였다. 다음 중 감리 수행 효율화(조사 기간의 제도 개선) 내용으로 가장 알맞은 내용을 선택하시오.

① 감리 조사 기간을 원칙적으로 6개월로 하되, 불가피한 사유 발생 시 금감원장 승인 전제로 6개월 연장

② 감리 조사 기간을 원칙적으로 1년으로 하되, 불가피한 사유 발생 시 금감원장 승인 전제로 6개월 연장

③ 감리 조사 기간을 원칙적으로 6개월로 하되, 불가피한 사유 발생 시 금감원장 승인 전제로 1년 연장

④ 감리 조사 기간을 원칙적으로 1년으로 하되, 불가피한 사유 발생 시 금감원장 승인 전제로 1년 연장

194 난이도 ★★☆☆☆

[보기]는 어떤 표본추출을 정의한 내용인가? 가장 알맞은 답을 선택하시오.

보기

표본추출에는 모집단에서 가져온 각 샘플을 평가하여 원하는 결론에 맞는지 확인하는 작업이 포함된다. 감사인은 결론을 충분히 뒷받침하는 즉시 샘플 평가를 중단한다. 초기 평가가 결론을 뒷받침하지 않으면 테스트를 수행하는 사람이 원하는 결론을 뒷받침하는 원하는 결과에 도달하기 위해 샘플 크기를 점진적으로 늘리고 테스트를 계속한다. 이는 전체 테스트양을 최소화하기 때문에 효율적인 표본추출 기술이 될 수 있다.

① Stratified Mean per Unit
② Stop-or-go Sampling
③ Discovery Sampling
④ Difference Estimation

195 난이도 ★★☆☆☆

감사팀은 감사접근법이나 전략을 식별하고 선택하여 감사 프로그램을 개발하는 데 있어 먼저 충분한 정보를 사전에 확보해야 한다. 이와 관련하여 가장 관련이 없는 것은 무엇인가?

① 모든 규칙 준수 요건 사항을 식별한다.
② 위험 기반 감사의 최종 범위를 확인하기 위해 위험 평가를 시행한다.
③ 통제를 테스트하고 검증할 감사 도구와 방법론을 개발한다.
④ 검토하려는 부서의 정책, 기준과 가이드라인을 식별하고 확보한다.

196 난이도 ★★★☆☆

자동화된 응용 통제 테스트를 위하여 벤치마킹 전략을 사용할지 여부를 결정하기 위해 감사인은 다음의 위험 요소를 평가하여야 한다. 이와 관련하여 평가할 위험 요소가 아닌 것은 무엇인가?

① 응용 프로그램이 안정된 정도(즉, 기간마다 변경이 거의 없음)
② 응용 통제가 응용 프로그램 내에 정의된 프로그램과 일치하는 정도
③ 응용 프로그램 사용률과 서비스 수준 협약서(Service Level Agreement) 측정 지표
④ 실행 중인 프로그램의 변경 일자(Compilation dates)에 대한 보고서의 이용 가능성 및 신뢰성

197 난이도 ★★★☆☆

다음 중 감사 계획과 감사 프로그램의 차이점이 잘못 서술된 것을 고르시오.

① 감사 계획은 감사의 최우선 원칙일 뿐이다. 반대로 감사 프로그램은 일련의 검사 및 검증 단계이다.
② 감사 계획은 감사를 효과적으로 수행하기 위해 감사인이 준비한 계획 또는 설계로 정의된다.
③ 감사 계획은 상황에 따라 변경 또는 수정될 수 있을 정도로 유연해야 한다.
④ 통합 감사 프로그램은 감사원이 먼저 분석한 후 다양한 단계로 구성되어진 개별 감사 계획이 작성된다.

198 난이도 ★★☆☆☆

'이것'은 감사를 완료하는 데 있어 충분한 감사 증거를 얻기 위해 감사 직원이 따라야 할 절차와 지시이다. 다음 중 '이것'으로 가장 적절한 것을 고르시오.

① 감사 헌장
② 감사 프로그램
③ 감사 조서
④ 감사 문서

199
난이도 ★★★☆☆

다음 중 통합 감사 프로세스와 가장 관련이 없는 것은 무엇인가?

① 중요한 취약점보다 덜 심각한 모든 미비점을 식별하였다는 합리적인 확신 제공

② 감사 영역에 대한 조직이 당면한 리스크를 식별

③ 핵심 통제의 설계를 검토 및 이해

④ 통제 위험, 설계 및 취약점에 대한 결합된 보고서 또는 의견

200
난이도 ★★★☆☆

다음 중 ISACA에서 가이드하는 소프트웨어 라이선스 위반을 탐지하려는 정보 시스템 감사인의 작업으로 가장 관련이 없는 것은 무엇인가?

① 실제로 설치된 소프트웨어와 라이선스 계약을 비교한다.

② 라이선스 계약의 종류를 파악할 수 있도록 모든 소프트웨어 계약서를 제출받는다.

③ 필요한 경우 CPU 및 코어를 포함하는 서버 사양 목록을 검토한다.

④ 실제로 사용하고 있는 사용자를 대상으로 Stop-and-Go 표본추출을 수행하여 인터뷰를 수행한다.

201
난이도 ★★★☆☆

다음 중 접근 통제 소프트웨어(ACS)의 목적에 부합하지 않는 것은 무엇인가?

① 컴퓨터 자원에 접근하려는 승인받지 않은 시도를 탐지 또는 예방

② 데이터에 대한 승인받지 않은 접근

③ 범용 감사 소프트웨어 활동 로깅에 대한 분석

④ 시스템 기능 및 프로그램에 대한 승인받지 않은 사용

202
난이도 ★★☆☆☆

다음 정보 시스템 운영에서 [보기] 속 (가)와 (나)에 들어갈 용어로 적절한 것을 고르시오.

> **보기**
>
> 시스템과 데이터의 무결성을 유지하기 위해서는 (가)과 (나)을 정확하고 일관성 있게 정의하고 통제하고 모니터링 하는 것이 필요하다.

① 가: 요구 사항, 나: 고객의 승인

② 가: 운영 환경, 나: 표준과 방법론

③ 가: 운영 환경, 나: 프레임워크

④ 가: 운영 환경, 나: 부여된 권한

203
난이도 ★★★☆☆

다음 중 소프트웨어 통제 파라미터의 작업으로 가장 관련이 없는 것은 무엇인가?

① 데이터 관리

② 우선순위 설정

③ 보안 관리

④ 자원 관리

204
난이도 ★★★☆☆

최종 사용자 컴퓨팅(EUC)의 IT 부족으로 인해 보안 위험이 발생될 수 있다. 그렇다면 이와 관련하여 다음 중 가장 관련이 없는 것은 무엇인가?

① 권한

② 감사 로깅

③ 데이터 품질

④ 암호화

205
난이도 ★★☆☆☆

다음 중 비즈니스 요구 사항과 그에 따른 연계된 IT 서비스에 대한 제공이 아닌 것은 무엇인가?

① 정보 시스템 운영
② 조직의 거버넌스 정책과 전략
③ IT 서비스 및 정보 시스템 관리
④ IT 서비스를 지원하는 책임을 맡은 그룹에 대한 관리

206
난이도 ★★★☆☆

다음 중 적용 후 검토가 효과적이기 위해서 수행하는 방안이 아닌 것은 무엇인가?

① 적용 후 검토는 프로젝트 완료 시점에 바로 수행하여야 한다.
② 프로젝트 단계별로 자료를 수집하도록 한다.
③ 검토할 정보를 프로젝트 타당성 검토와 설계 단계에서 식별해야 한다.
④ 프로젝트 진행 도중 핵심 성공 요소(CSF)를 수립해야 한다.

207
난이도 ★★★☆☆

감사인은 특정 감사 업무에 대해 CAAT 도구의 사용과 전통적인 수동 기술 사용 중에서 선택할 수 있는 범위를 여러 가지 요소에 따라 고려해야 한다. 이때, 고려해야 할 사항이 아닌 것은 무엇인가?

① 지정된 CAAT 사용에 대한 감사 경험 및 전문성 수준
② 감사 의뢰인의 컴퓨터 설비 가용성
③ 데이터 표본추출양과 감사팀장(CAE)의 의지
④ 감사 시간의 가용성

208
난이도 ★★☆☆☆

여러 유형의 애플리케이션 통제가 존재한다. 이와 관련하여 다음 중 가장 관련이 없는 것은 무엇인가?

① 입력 통제(Input Controls)
② 관리 추적(Management Trails)
③ 무결성 통제(Integrity Controls)
④ 시스템 개발 생명 주기 제어(System Development Life Cycle Controls)

209
난이도 ★★★☆☆

비즈니스 처리 절차와 통제는 응용 프로그램 절차의 신뢰성을 결정한다. 수집한 데이터를 완전하고 정확하게 처리하도록 하는 것이 처리 통제이다. 다음 중 이와 가장 관련이 없는 것은 무엇인가?

① 프로그램 통제
② 예외 보고서
③ 수작업 계산
④ 거래 파일 확인

210
난이도 ★★★☆☆

다음 중 배치 잔액대사(Batch-job Reconciliation) 형식과 가장 관련이 없는 것은 무엇인가?

① 배치 등록
② 통제 계정
③ 디버깅 수행
④ 컴퓨터 일치

211
난이도 ★★☆☆☆

감사인은 통제 항목을 잘 이해하고 확인해야 하며 이에 대한 대응 방법도 잘 알고 있어야 한다. 그리고 관련된 증거를 자료로 확인하는 통제 기술을 잘 파악하고 있어야 한다. 다음 중 모든 감사인이

증거에 대한 통제 기술로 반드시 알아야 할 항목이 아닌 것은 무엇인가?

① 포렌식 기술

② 보고서

③ 로그

④ 감사 추적

212

난이도 ★★☆☆☆

통제 분류상, 다른 선택지와 그 성격이 조금 다른 것은 무엇인가?

① 운영 연속성 계획

② 오류 예방을 위한 설계 문서

③ 서비스 수준 합의서

④ 보안 정책서

213

난이도 ★★☆☆☆

통제 분류상, 다른 선택지와 그 성격이 조금 다른 것은 무엇인가?

① 프로그램된 편집 점검(Edit Check)

② 해시 합계

③ 외부감사

④ 실증 테스트

214

난이도 ★★★☆☆

다음 중 최종 사용자 인수 테스트의 목적이 아닌 것은 무엇인가?

① 확신(Confidence)

② 배포 가능성 평가

③ 경제성 평가

④ 사용자의 피드백(Feedback) 수렴

215

난이도 ★★★☆☆

[보기]를 읽고 침투 테스트를 수행하는 방법을 순서대로 나열하시오.

보기

① 도난 수행할 데이터 유형을 확인(Determine the stolen data type)

② 준비(Preparation)

③ 보고서 결과를 통합(Integrate the report results)

④ 테스트를 수행(Perform the test)

⑤ 공격 계획 설정(Construct an attack plan)

⑥ 팀 구성(Select a team)

① ② → ⑥ → ① → ④ → ⑤ → ③

② ② → ⑤ → ⑥ → ① → ④ → ③

③ ② → ⑤ → ① → ④ → ⑥ → ③

④ ② → ⑥ → ① → ⑤ → ④ → ③

216

난이도 ★★☆☆☆

요구 사항 정의는 타당성 연구단계에서 선정한 개발 시스템의 비즈니스 요구 사항을 확인하고 명세서를 만드는 일이다. 다음 중 기능 요구 사항(Functional requirements) 정의에 포함되어야 할 사항이 아닌 것은 무엇인가?

① 시스템이 무엇을 하는지, 어떤 기능을 하는지에 대한 사항

② 시스템이 반드시 수행해야 하는 기능

③ 시스템 설계, 구축, 운영과 관련하여 사전에 파악된 기술, 표준, 업무법, 제도 등의 제약 조건 사항

④ 사용자가 시스템을 통해 제공받기를 원하는 기능

217

난이도 ★★☆☆☆

변경 자문 위원회(CAB)는 요청된 변경에 대해 조언하고 변경 평가 및 우선순위 지정을 지원하여 변경 관리팀을 지원한다. 이 조직은 일반적으로 변경 관리자, 사용자 관리자 및 그룹, 기술 전문가, 가능한 제3자 및 고객(필요한 경우)을 포함하는 IT 및 비즈니스 대표로 구성된다. 여러 활동을 수행하는데, 다음 중 수행하는 활동이 아닌 것은 무엇인가?

① 예정된 변경 사항을 검토
② 긴급 변경 사항을 검토
③ 단순 변경 사항을 검토
④ 변경 프로세스를 검토

218

난이도 ★★☆☆☆

프로젝트 실행 타당성 보고(수주 전략 세션)는 6가지 단계로 구성된다. 이때, 기존의 방식대로 구축할 것인지 아니면 상용 대안으로 구매할 것인지 결정하는 단계는 어디인가? 다음 중 가장 적절한 답을 고르시오.

① 현황 분석　　② 평가
③ 검토　　　　④ 접근 방법

219

난이도 ★★☆☆☆

프로젝트에서 변경 사항이 발생하면 프로젝트 관리자에게 공식 요구 사항 변경서를 제출하도록 하는 변경 관리 절차가 필요하다. 프로젝트 매니저는 변경 요청서가 프로젝트의 활동 범위와 일정, 예산에 미치는 영향을 점검해야 한다. 그렇다면, 프로젝트 후원자를 대신하여 변경 요청서를 평가한 후 변경을 승인할지 말지를 결정하는 최종 주체는 누구인가?

① RE(Requirements engineering)
② CCB(Change Control Board)
③ CM(Configuration management)
④ CAB(Change-Advisory Board)

220

난이도 ★☆☆☆☆

다음 중 프로젝트에서 업무 분류 체계(WBS)의 구성요소로서, 필수가 아닌 것은 무엇인가?

① 업무 분류 체계 사전
② 작업 소유자
③ 핵심 경로 비용
④ 완료일

221

난이도 ★★☆☆☆

감사 문서는 감사보고서에 진술한 내용을 지지하려고 제공하는 서면 기록이다. 다음 중 감사 문서에 포함시켜야 할 기록이 아닌 것은 무엇인가?

① 감사 범위와 목적의 계획과 준비
② 감사 직무 규정
③ 감사 프로그램
④ 감사 발견 사항, 결론 및 권고 사항

222

난이도 ★★★☆☆

다음 중 COBIT 5과 COBIT 2019의 차이점을 올바르게 설명한 것은 무엇인가?

① COBIT 5는 6개의 거버넌스 원칙을 가지고 있다.
② COBIT 2019는 40개의 프로세스이다.
③ COBIT 5는 디자인 팩터가 포함되어 있다.
④ COBIT 5는 CMMI 성능 관리 체계를 기반으로 한다.

223
난이도 ★★★☆☆

다음 중 COBIT 2019의 거버넌스 시스템의 11개의 Design Factors와 관련이 없는 것은 무엇인가?

① Enterprise Strategy
② Enterprise Size
③ Enterprise Cash Flow
④ Threat Landscape

224
난이도 ★★☆☆☆

다음 중 ISACA에서 가이드하는 IS 통제 목적으로 가장 관련이 없는 것은 무엇인가?

① 정보 시스템 프로세스에 통제 활동을 구현함으로써 달성해야 할 목적
② 고위험 영역을 식별하여 COBIT 프레임워크와 연계한 IT 거버넌스 지원
③ 정책, 절차, 프랙티스, 조직 구조의 구성
④ 비즈니스 목적이 성취되어 합리적인 보증을 제고하는 설계

225
난이도 ★★★★☆

다음 중 바젤위원회(BCBS)에서 제안하고 있는 은행 내부감사 업무 내용이 아닌 것은 무엇인가?

① 해외 자금 조달을 위한 BIS 비율 조기 적정성에 대한 감사
② 감독 당국 앞 보고(Regulatory reporting)의 신뢰성과 적시성에 대한 감사
③ 관련 법규 및 윤리 기준의 준수, 경영 방침 및 절차의 이행 시스템의 검토
④ 위험 관리 절차 및 리스크 평가 기법의 운용 및 그 유효성에 대한 검토

226
난이도 ★★☆☆☆

당신의 회사는 금융 회사로, 리스크 중심의 감사 프로그램이 성공적으로 운영되기 위해서는 객관적으로 리스크를 인식·평가할 수 있는 효과적인 리스크 스코어링(Risk Scoring System) 시스템이 구축되어야 한다. 다음 중 고려해야 할 일반적인 리스크 요인(Risk Factor)이 아닌 것은 무엇인가?

① 고위험(High risk) 영역 위험 분석과 평가 방법
② 거래의 특성(거래 빈도, 거래 규모 및 유동성 등)
③ 영업 환경의 특성
④ 내부 통제, 보안 및 경영 정보 시스템

227
난이도 ★☆☆☆☆

내부 통제의 구축 및 운영의 책임은 궁극적으로 누구에게 있는가? 다음 중 가장 알맞은 답을 선택하시오.

① 이사회　　　　　② 감사팀장
③ 감사위원회　　　④ 고위 경영진

228
난이도 ★★★★☆

기피 신청을 접수한 감사 부서장은 경찰청의 범죄 수사 원칙에 따라 해당 신청을 경찰청에 각하하도록 해야 한다. 이와 관련해서 다음 중 가장 관련이 없는 것은 무엇인가?

① 수사 기일 임박, 증거 인멸 방지 등 수사의 필요성이 존재하는 경우
② 기피 신청 대상 사건이 송치된 경우
③ 동일한 사건에 대하여 이미 기피 신청이 있었던 경우
④ 기피 사유에 대한 소명이 없는 경우

229
난이도 ★★★☆☆

감사팀장(CAE)의 효과적인 업무 기술서는 무엇인가? 다음 중 가장 적절한 답을 고르시오.

① 감사 수임 용역 약정서
② 감사 헌장
③ 감사 프로그램
④ 감사보고서

230
난이도 ★★☆☆☆

다음 중, 감사의 직무 기술서(Job Descriptions)에 대한 설명으로 옳지 않은 것을 고르시오.

① 감사위원회의 전략적 방향을 알 수 있다.
② 객관적인 승진 기준을 제공한다.
③ 직원에 대한 조직의 기대치를 표현한다.
④ 객관적인 승진 기준을 제공한다.

231
난이도 ★★★☆☆

다음 중 감사팀장(CAE)의 활동 및 책임으로 볼 수 없는 것은 무엇인가? 가장 관련이 없는 것을 선택하시오.

① 내부감사와 외부감사의 업무 조정에 대해 정기적인 평가
② 내부, 외부감사에 대한 감독 책임
③ 정기적인 감사 비용, 외부 및 내부감사의 효율성 및 효과성 측정
④ 내부감사인과 외부감사인과의 의견 충돌 및 갈등 해소

232
난이도 ★★★☆☆

표본크기(Sampling Size)를 결정할 때 감사인은 표본위험, 허용오류의 크기, 기대오류의 수준 등

을 고려해야 한다. [보기]를 읽고 (가), (나), (다)에 들어갈 용어로 적절한 것을 고르시오.

> **보기**
> (1) 표본위험(허용) 증가 시 표본크기는 (가)해야 한다.
> (2) 허용오류의 크기 증가 시 표본크기는 (나)해야 한다.
> (3) 기대오류의 수준 증가 시 표본크기는 (다)해야 한다.

① 가: 증가, 나: 감소, 다: 증가
② 가: 감소, 나: 감소, 다: 증가
③ 가: 증가, 나: 증가, 다: 감소
④ 가: 증가, 나: 감소, 다: 감소

233
난이도 ★★★☆☆

다음 중 표본의 표준편차가 감소하는 경우와 가장 관련이 있는 것은 무엇인가?

① 허용 오차의 증가
② 중심 극한 정리
③ 로트(Lot) 단위의 사용
④ 계층화의 사용

234
난이도 ★★★☆☆

다음 중 내부 통제에 대한 내재된 한계성과 관련이 없는 것은 무엇인가?

① 인간적 판단 실수
② 공모
③ 경영자의 통제 무시
④ 법, 규정, 그리고 계약의 미준수

235
난이도 ★★★☆☆

통제(Controlling)란 조직의 구성원이 설정된 목표를 달성하는 데 필요한 활동들을 얼마나 효율적

이고 효과적으로 수행했는지 평가하고, 목표와 성과 간의 편차를 발견하여 원인을 규명하고 수정 행동(Corrective Action)을 하는 과정을 말한다. 그렇다면 통제의 종류로써, 시점에 따른 분류에 해당되지 않는 것은 무엇인가?

① 사전 통제(feedforward control)

② 공동 통제(joint control)

③ 피드백 통제(feedback control)

④ 다원 통제(multiple control)

236

감사팀장(CAE)은 최근에 감사인들이 정유회사에 대해 필요한 독자적인 지식 및 기술이 부족하여 아웃소싱 컨설팅 업체에 업무를 요청하려고 한다. 다음 중 외부 서비스 제공자에 대한 감사팀장(CAE)의 의무가 아닌 것은 무엇인가?

① 아웃소싱 업체가 감사인에게 전달하는 지식 이전의 경험과 수준

② 아웃소싱 업체가 수행하는 작업이 감사 기준을 준수하여 진행되는지 파악

③ 아웃소싱 업체의 능력, 독립성 및 객관성의 평가

④ 보고서 작성 시 아웃소싱 업체가 수행한 내용을 언급한 경우 아웃소싱 업체의 동의 필요

237
난이도 ★★☆☆☆

다음 중 IT 거버넌스의 범위에 해당되지 않는 것은 무엇인가?

① 위험 관리(Risk Management)

② 규제 대응(Regulatory Response)

③ 가치 제공(Value Delivery)

④ 성과 측정(Performance Report)

238
난이도 ★★★☆☆

[보기]는 무엇을 정의한 내용인가? 가장 알맞은 답을 선택하시오.

보기

개인적인 수준에서나 조직적인 수준에서 작업을 관리하기 위해 사용할 수 있는 도구 중 하나다. 작업 항목 표현을 위해 카드들을 사용하고 각 프로세스 단계를 표현하기 위해 칼럼을 사용하여 시각적으로 다양한 단계의 프로세스의 일을 시각적으로 표현한다. 카드는 왼쪽에서 오른쪽으로 움직여 진행 상황을 표현하고 작업을 수행하는 팀의 조율을 돕는다. 이는 제조 공정에서 지식 노동에 사용할 수 있으며 업무 진행에서 발생하는 혼란을 줄이고, 프로젝트에 존재하는 병목을 확인하고 관리할 수 있다.

① Calendar

② Time-Box Management

③ Kanban Board

④ Timeline Management

239
난이도 ★★★☆☆

애자일(Agile) 감사의 계획 단계에서 감사팀은 최소한 '다음 단계'를 수행해야 한다. 다음 중 수행해야 하는 '다음 단계'가 아닌 것은 무엇인가?

① 위험 역학 관계를 수행하여 감사 우선순위 및 고려 사항이 변경되지 않았는지 확인한다.

② 현재 범위에 있고 감사 프로젝트의 목표를 달성하기 위해 완료해야 하는 모든 사용자 스토리의 목록을 정의한다.

③ 감사 제품 소유자와 스크럼 마스터를 식별하고 할당한다.

④ 감사 고객 및 비즈니스 이해관계자와 협력하여 감사 캔버스 초안을 작성한다.

240

난이도 ★★★★★

당신은 감사인으로써 SAP에서 GDPR(General Data Protection Regulation)를 위해 대응하고자 한다. 이와 관련하여 다음 중 가장 좋은 방법은 무엇인가?

① SAP HCM 모듈을 활용하여 마스터 테이블과 트랜잭션 테이블의 연결 고리를 재설정한다.

② 데이터 보존 규칙을 SAP Data Archiving에 부가된 기능에 적용하여 GDPR에 대응하도록 한다.

③ SAP ILM 시스템을 도입하여 GDPR에 대응하도록 한다.

④ 이미 SAP S4/HANA 자체 내 GDPR 기능이 있으므로 충분하게 대응이 가능하다.

241

난이도 ★★★☆☆

[보기]를 읽고 비즈니스 연속성 계획의 순서를 올바르게 나열하시오.

> **보기**
> ① 예방 통제 식별
> ② 위험 평가 수행
> ③ 연속성 계획 정책 선언서 개발
> ④ 비즈니스 영향 분석
> ⑤ 비즈니스 연속성 전략 개발
> ⑥ 연속성 계획 개발
> ⑦ 모니터링, 유지 보수 그리고 현행화
> ⑧ 연속성 테스팅 및 인식교육 훈련

① ②→③→④→⑤→①→⑥→⑧→⑦
② ③→②→④→①→⑤→⑥→⑧→⑦
③ ③→④→②→①→⑥→⑤→⑧→⑦
④ ②→①→④→⑤→③→⑥→⑧→⑦

242

난이도 ★★☆☆☆

정보 시스템 감사인의 입장에서, 전통적인 시스템 개발 생명 주기 방법의 기본 설계 단계에서 가장 중요한 것은 무엇인가?

① 클래스 다이어그램
② 기능 설계서
③ 기술 설계서
④ 개체 관계도

243

난이도 ★★★☆☆

[보기]에 해당하는 비즈니스 연속성 계획의 유형으로 가장 알맞은 것을 선택지에서 고르시오.

> **보기**
> 정보 시스템의 복구 절차 및 기능을 제공하며 현재 또는 적절한 대체 위치에서의 단일 정보 시스템 복구 해결이 범위이다.

① 주요 기반 보호 계획(Critical Infrastructure Protection Plan, CIPP)
② 재해 복구 계획(Disaster Recovery Plan, DRP)
③ 사이버 사고 대응 계획(Cyber Incident Response Plan, CIRP)
④ 정보 시스템 비상 계획(Information System Contingency Plan, ISCP)

244

난이도 ★★☆☆☆

[보기]에 해당되는 내용은 무엇을 설명한 것인가? 가장 알맞은 답을 선택하시오.

> **보기**
> 지속적인 운영을 유지하거나 기업의 자산을 보호하기 위해 재해와 사고에 대처하는 기업의 능력이다.

① Business Governance

② Business Resilience

③ Business Availability

④ Business Durability

245
난이도 ★★☆☆☆

다음 중, 선정한 하드웨어 소프트웨어 데이터가 보안 요구 사항을 포함하여 모든 기대 수준을 충족하는지 확인하기 위해서 감사인이 반드시 검토해야 하는 것은 무엇인가? (특히, 감사 기능이 올바르게 구현되고 있는지, 보안 요구 사항에 맞게 기능을 구현했는지 파악하고자 한다.)

① RFP 문서

② 개념 증명(PoC) 결과 산출물

③ 프로토타입

④ 법무 검토서

246
난이도 ★★☆☆☆

사용자가 데이터를 받을 때 일정한 양식에 맞추어서 안전하고 일관된 방법으로 데이터를 전달되도록 하는 것이 출력 통제이다. 다음 중 출력 통제로 가장 관련이 없는 것은 무엇인가?

① 승인된 정책에 따라 배포되었는지 확인하기 위해 책임 있는 담당자가 산출물 배포를 지속적으로 모니터링한다.

② 데이터 처리 담당자에게 규정된 배포 절차를 알리는 공식 서면 지침이 있어야 한다.

③ 수학적으로 산출한 값을 데이터에 추가하여 원시 데이터가 변경되지 않았거나 정확하게 입력되었음을 확인해야 한다.

④ 영구적으로 미결 예외 항목이 없는지 확인하기 위해 예외 보고서 정보를 적절하게 검토하고 후속 조치한다.

247
난이도 ★★☆☆☆

입력된 모든 거래를 관리자가 권한에 따라 승인하였는지 확인하는 절차가 입력 승인이다. 다음 중 승인 방법과 가장 관련이 없는 것은 무엇인가?

① 배치 보고서나 원천 문서에 서명

② 금액 한곗값 검사

③ 원천 문서

④ 온라인 접근 제어

248
난이도 ★★★☆☆

다음 중 주요 베이스라인의 구성요소로 가장 관련이 없는 것은 무엇인가?

① 설계 기준선(데이터베이스 설계, 소프트웨어 설계, 설계 명세서 검토)

② 기능 기준선(프로젝트 수행 계획, 요구 사항 명세, 기능 정의 검토)

③ 개발 기준선(소프트웨어 개발, 단위 테스트 실시, 통합 테스트 시나리오 검토)

④ 제품 기준선(인수 테스트 실시, 시스템 운영 전환, 사용자 산출물 납품)

249
난이도 ★★★☆☆

다음 중 Key Indicator 유형과 가장 관련이 없는 것은 무엇인가?

① Key Audit Indicator(KAI)

② Key Performance Indicator(KPI)

③ Key Risk Indicator(KRI)

④ Key Control Effectiveness Indicator(KCI)

250 난이도 ★☆☆☆☆

다음 중 일반적인 IT 아웃소싱 사업 제공 서비스와 거리가 가장 먼 것을 선택하시오.

① IT 아웃소싱 및 진단
② 회사 라이선스 관리
③ SLA/SLM 체계 정립
④ 보안/리스크 관리 서비스

251 난이도 ★★☆☆☆

[보기]에 해당하는 내용은 무엇을 설명한 것인가? 가장 알맞은 답을 선택하시오.

> **보기**
>
> 보통 일반적으로 이 개발 시스템은 조금씩 발전하는 접근법을 사용하므로 평가 단계가 필요 없으며, 애플리케이션은 좀 더 구체적인 의사결정을 지원하기 위한 목적을 두고 구축되는 경향이 있다. 회사 또는 기업 주변에서 선택하는 데 도움이 되는 정보를 위한 컴퓨터화된 시스템으로, 관련된 프로세스에 시간이 필요하고 주로 정보 처리를 수용한다는 점을 감안할 때 구현을 시작하는 데 많은 시간이 걸린다.

① 의사결정 지원 시스템(DSS)
② 경영자 정보 시스템(EIS)
③ 데이터 분석(DA)
④ 비즈니스 인텔리전스(BI)

252 난이도 ★★★☆☆

저장 데이터를 승인된 거래만 처리되도록 하는 것이 파일 통제이다. 이와 관련하여 데이터 파일 통제로, 다음 중 가장 관련이 없는 것은 무엇인가?

① 마스터 파일 데이터에 대한 접근을 제한하기 위한 적절한 암호 사용
② 최소 권한(Least Privilege) 및 분산 신원 인증

(DiD)을 활용하여 접근 제어 적용
③ 독립적인 책임 담당자가 마스터 파일 데이터를 승인된 데이터로 정기적으로 확인
④ 레코드 수 및 제어 합계 사용을 포함하여 마스터 파일 업데이트에 대한 처리 제어

253 난이도 ★★★☆☆

전환 계획(Cut-over plan)은 실제 전환일보다 먼저 준비해야 한다. 다음 중 공식 적용 계획을 작성하는 단계는 무엇인가?

① 분석 단계
② 설계 단계
③ 개발 단계
④ 최종 테스트 단계

254 난이도 ★★☆☆☆

다음 중 최종 사용자 인수 테스트를 수행하는 단계는 어디인가?

① 설계 단계
② 개발 단계
③ 최종 테스트와 적용
④ 적용 후 리뷰

255 난이도 ★★★☆☆

다음 중 내부 통제 시스템(Internal Control System)의 공식 정책 및 절차로 가장 관련이 없는 것은 무엇인가?

① 기업 목표와 일치하는지 확인
② 자산이 적절하게 사용되었는지 확인
③ 자산을 안전하게 유지
④ 회계 시스템이 제대로 작동하는지 확인

제10장

모의고사

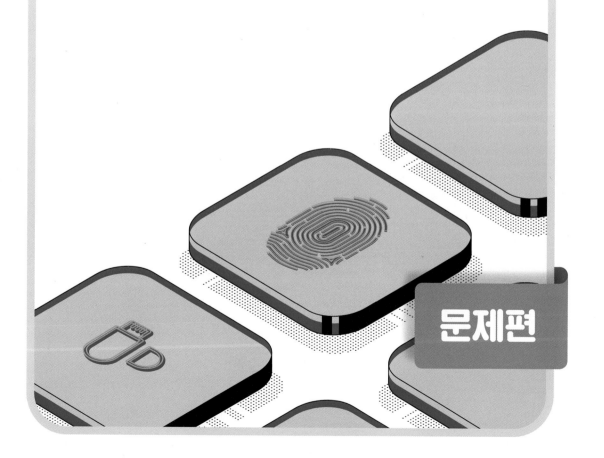

문제편

이번 개정판에서는 기존 1회로 구성됐던 모의고사를 2회 추가하여, 총 3회로 엮어냈다. 시험을 앞둔 수험생 입장에서는 1장부터 9장까지의 내용을 포괄하여 갈무리한 마무리 준비가 가장 필요할 것이다. 때문에 모의고사를 총 3회로 구성하여, 시험을 보다 단단하게 준비할 수 있도록 구성했다.

참고로 모의고사 1회는 앞서 나온 문제와 겹치지 않는 새로운 문제이므로, 자세한 해설을 더해 마지막 마무리 학습에 도움이 될 수 있도록 했다. 모의고사 2~3회는 별도의 해설이 없으며 앞서 풀어본 1장~9장의 문제를 무작위 하게 선별하여 구성했다. 따라서 더욱 깊은 학습이 필요하다면 모의고사 1회를 푼 뒤, 해설을 통해 마무리 학습을 하고 모의고사 2~3회를 풀어서 실력을 검증해 보길 바란다.

해설편 490p

제10장 | 모의고사 1회

001
난이도 ★★★☆☆

다음 중 ISACA IT Audit Framework(ITAF)에서 제시하는 증거(Evidence)와 관련된 내용으로 가장 관련이 없는 것은 무엇인가?

① IT 감사 및 보증 실무자는 합리적인 결론을 도출하기 위해 충분하고 적절한 증거를 확보해야 한다.

② IT 감사 및 보증 실무자는 실증 테스트가 가능할 경우 준거성 테스트의 특성, 시간, 범위를 결정하면서 어떠한 증거성 정보가 있거나 사용 가능한지 고려하여야 한다.

③ 전문적인 회의론을 적용하여 IT 감사 및 보증 실무자는 결론을 뒷받침하고 업무 목표를 달성하기 위해 획득한 증거의 충분성을 평가해야 한다.

④ 다른 작업 문서와 함께 IT 감사 및 보증 실무자는 공식적으로 정의되고 승인된 보존 기간과 일치하는 기간 동안 증거를 보존해야 한다.

002
난이도 ★★☆☆☆

울타리(Fence)는 예방 메커니즘으로 작용하며 매우 효과적인 물리적인 장벽이다. 그렇다면 접근자에게 쉽게 오를 수 있다는 생각을 버리게 하는 울타리의 높이는 대략 얼마 정도인가? 선택지에서 가장 알맞은 답을 고르시오.

① 3~4 피트　　② 4~5 피트
③ 5~6 피트　　④ 6~7 피트

003
난이도 ★★☆☆☆

[보기]는 무엇에 대한 정의인가? 가장 알맞은 답을 선택지에서 고르시오.

> **보기**
>
> 올바른 키를 삽입하지 않는 한 잠금장치가 열리지 않도록 플랫 웨이퍼 세트를 사용하는 잠금 유형이다. 이 유형의 잠금장치는 핀 텀블러 잠금장치와 유사하며 비슷한 원리로 작동한다.

① Warded lock
② Tumbler lock
③ Wafer tumbler
④ Lever tumbler

004
난이도 ★★★☆☆

정보보호 관련 주요 4대 법률에서 정하고 있는 정보보호 및 개인신용정보에서는 책임자들에 대해서 설명하고 있다. 이와 관련하여 다음 중 가장 관련이 없는 것은 무엇인가? (4대 법률: 개인정보보호법, 정보통신망법, 신용정보법, 전자금융거래법)

① 전자금융감독규정에 의거 총자산이 10조 원 이상이고 종업원 수가 1,000명 이상일 경우 CIO와 CISO는 겸직을 할 수 있다.

② 최고정보관리책임자(CIO)는 경영 전략을 이해하고 이를 근간으로 정보 시스템의 비전을 제시하고 정보 시스템 전략을 수립하는 역할이다.

③ 임원 기준은 이사가 아니면서 명예회장·회장·사장·부사장·전무·상무·이사 기타 회사의 업무를 집행할 권한이 있는 것으로 인정될 만한 명칭을 사용하여 회사의 업무를 집행한 자이다. (상법 제401조의2 제1항 제3호의 표현)

④ 신용정보법 신용정보관리보호인(CIAP) 지정 요건은 사내이사, 집행임원, 준법감시인 등이다.

005
난이도 ★☆☆☆☆

전자적 전송 매체를 이용하여 영리 목적의 광고성 정보를 전송하는 경우 수신자의 명시적인 사전 동의를 받아야 한다. 그렇다면 다음 중, 수신 여부 확인 시 수신자에게 알려야 할 사항이 아닌 것은 무엇인가?

① 전송자의 명칭
② 수신 동의 날짜
③ 수신에 동의한 사실
④ 전송자의 전송 매체 방법

006
난이도 ★★☆☆☆

[보기]의 공격은 무엇을 설명한 것인가? 선택지에서 가장 알맞은 답을 고르시오.

> **보기**
>
> 특정 AP와 동일한 이름을 가진 AP를 구축하여 가짜 AP에 접속한 무선 와이파이 사용자를 대상으로 계정 정보 유출 등의 악성 행위를 수행하는 공격을 말한다.

① Evil Twin Attack
② Rudy
③ Wi-Fi Phishing
④ Cyberbullying

007
난이도 ★★★☆☆

[보기]의 내용이 설명하는 소화약제는 무엇인가? 다음 중 가장 적절한 답을 고르시오.

> **보기**
>
> 이 소화약제는 NFPA 2001 "Clean Agent Fire Extinguishing System"에서 추천한 8가지 할로겐 화합물 소화약제 중에서 독성이 가장 낮은 청정소화약제로 화합물의 모든 조성 성분에 대해 미국 UL이 승인한 최초의 소화약제다. 오존층 파괴지수가 '제로(0)'인 친환경 소화약제로, 소화약제 방출 후 잔여물이 남지 않으며 화재 후 조업 중단 시간(down-time)을 최소화할 수 있다. 국내 KFI 인정과 미국 UL이 승인한 소화약제로 최적의 소화 효과를 기대할 수 있다

① FM200
② NOVEC 1230
③ CO2
④ INERGEN

008
난이도 ★★☆☆☆

다음 중, 보안 침해 공격에 대한 DNSSEC가 제공하는 보안성 범위로 가장 효과적으로 대응할 수 있는 것은 무엇인가?

① 웜 바이러스에 의한 호스트 정보 변조
② DDoS 공격
③ 피싱
④ 파밍(캐시 포이즈닝)

009
난이도 ★★☆☆☆

컴퓨터 지원 감사 도구(CAAT's) 중, [보기] 속 내용이 설명하는 것은 무엇인가?

> **보기**
>
> 감사자가 클라이언트의 시스템에 '더미(Dummy)' 데이터를 제출하여 시스템이 이를 올바르게 처리하고 잘못된 진술을 방지하거나 감지하고 수정하는지 확인하는 것이 포함된다. 이것의 목적은 시스템 내에서 응용 프로그램 제어의 작동을 테스트하는 것이다.

① 테스트 데이터(Test Data)를 통한 감사
② 범용 감사 소프트웨어(Generalized Audit Software, GAS)

③ 애플리케이션 트레이싱과 시스템 매핑(Application Tracing and System Mapping)

④ 통합 테스트 시설(Integrated Test Facility, ITF)

010
난이도 ★★☆☆☆

사회 공학기법(Social Engineering Attack/ Method)은 특별한 해킹 기술이나 물리적인 공격 기법을 사용하지 않고 인간과 인간 사이의 사회적인 연결 고리의 허점을 이용하는 기법이다. APT(Advanced Persistent Threat) 공격 초기에 탐색을 위해 활용되기도 한다. 다음 중 사회 공학기법으로 분류하기에 적합하지 않은 것은 무엇인가?

① 탭 미러링을 이용한 인터넷 스니핑

② 대면 인터뷰와 전화/이메일 설문조사

③ 커뮤니티와 소셜 네트워크 탐색

④ 어깨너머로 스마트폰 정보 살펴보기

011
난이도 ★★☆☆☆

데이터베이스의 처리 단위인 트랜잭션은 다른 트랜잭션이 침범할 수 없는 가장 최소한의 처리 단위이다. 이러한 트랜잭션은 데이터베이스에서 수많은 처리 요청에 의해서 데이터를 동시에 읽고 쓰게 되는 경우가 존재한다. 그렇다면, 트랜잭션 T1가 범위 A 데이터를 조회한 후 트랜잭션 T2가 범위 A의 데이터를 삽입했을 때 T1이 다시 조회를 수행하면 이전과 다른 추가 데이터가 보이게 되는 현상을 무엇이라고 하는가?

① Dirty Read

② Phantom Read

③ Non-Repeatable Read

④ Un-committed Read

012
난이도 ★★☆☆☆

소프트웨어의 완성도를 점검하는 다양한 테스트 기법 중에 휴리스틱 테스팅 기법이 존재한다. 탐색적 테스팅이라고 불리기도 하는 휴리스틱 테스팅에 대한 다음의 설명 중, 옳지 않은 것은 무엇인가?

① 숙련된 테스트 전문가와 비전문가 모두 수행할 수 있는 테스트 기법이다.

② 정량화되고 구체적인 테스트 목표가 없으면 테스트 완성도가 낮아질 수 있다.

③ 설계자 및 개발자로부터 상세한 테스트 시나리오를 지원받아야 한다.

④ Time box, Daily Meeting과 같은 보조적인 관리 활동을 병행하는 것이 좋다.

013
난이도 ★★☆☆☆

[보기]는 무엇을 설명한 것인가? 가장 알맞은 답을 선택하시오.

> **보 기**
>
> IIoT 기반으로 제조 현장 빅 데이터를 수집하고, 이를 데이터 애널리틱스를 통해 실시간으로 분석, 현장과 동기화된 사이버 모델을 구성, 활용하여 제조 시스템의 효율적인 설계, 운영을 수행하는 체계이며, 이를 통해 주문 변경, 공정 이상, 설비 고장 등의 상황 변경에 자율적으로 인지, 판단, 대응할 수 있다. 스마트 팩토리를 구현하기 위해 IoT(Internet of Things)와 CPS(Cyber Physical System) 기술을 활용하고 공정 Life-Cycle(설계-시운전-운영-유지 보수)에 맞는 자동화 공정에 초점 된 체계적인 통합 Platform이다.

① 사이버 물리 생산 시스템(Cyber Physical Production System, CPPS)

② 지능형 기업(Intelligent Enterprise)

③ 통합 생산 관리 시스템(Manufacturing Execution System, MES)

④ 디지털 트윈(Digital Twin)

014
난이도 ★★★☆☆

소프트웨어의 요구 사항 정합성과 프로그램 안정성을 향상시키고 결함을 낮추기 위해서는 높은 수준의 테스트 수행이 필수적이다. 소프트웨어 테스트의 품질은 테스트 설계의 수준에 따라 좌우되며 테스트 시나리오와 테스트 케이스의 품질이 중요하다. 또한, 적절한 테스트 기법을 활용하는 것도 수준을 향상시키는 데 도움을 준다. 다음 중 소프트웨어 테스트 기법 중 '뮤턴트 테스트'에 대한 설명으로 올바르지 않은 것은 무엇인가?

① 소스 코드에 고의로 변경점(뮤턴트)을 적용한 후 수행하는 기법이다.
② 테스트 대상 프로그램의 결함 여부와 기능 요구 사항 만족도 수준을 검증한다.
③ 전체 뮤턴트에 대한 발견 여부를 뮤턴트 점수로 수치화해서 관리한다.
④ 뮤턴트 테스트를 수행할 시 테스트 공수와 시간이 많이 소요될 수 있다.

015
난이도 ★★★☆☆

Open Data는 누구나 자유롭게 사용하고 재사용하고 재배포할 수 있는 데이터를 의미하며, 일정 조건을 만족시킬 수 있어야 한다. 다음 중 해당되는 조건이 아닌 것은 무엇인가?

① 가용성과 접근성(Availability and Access)
② 범용성과 관련성(Versatility and Relevance)
③ 모두의 참여(Universal Participation)
④ 재사용과 재배포(Reuse and Redistribution)

016
난이도 ★★☆☆☆

GET Flooding 공격은 다음 중 어떠한 형태의 공격 방법인가? 가장 알맞은 것을 선택하시오.

① 대역폭 공격
② 웹/DB 부하 공격
③ 자원 소진 공격
④ 랜섬 디도스 공격

017
난이도 ★★★★☆

머신러닝에서 회귀분석은 종속변수(목표)와 하나 이상의 독립변수(예측변수라고도 함) 간의 미래 사건을 예측하는 방법이다. 다음 중 다양한 회귀분석의 유형과 관련이 없는 것은 무엇인가?

① 다항 회귀(Polynomial Regression)
② 라쏘 회귀(Lasso Regression)
③ 로지스틱 회귀(Logistic Regression)
④ V 모델 회귀(V-model Regression)

018
난이도 ★★☆☆☆

다음 중 디자인 씽킹(Design Thinking)의 5가지 프로세스와 관련이 없는 것은 무엇인가?

① 문제를 정의하기(Define)
② 벤치마킹 하기(Benchmarking)
③ 프로토타입 만들기(Prototyping)
④ 아이디어 내기(Ideate)

019
난이도 ★★☆☆☆

다음 중 기존 방화벽과 차세대 방화벽의 차이점을 잘못 서술한 것은 무엇인가?

① 차세대 방화벽은 클라우드 애플리케이션을 지원하도록 설계되었다. 하지만 클라우드 애플리케이션을 사용하기 위해서는 보안 어플라이언스 스택을 배포해야 하며, 이는 많은 방화벽을 배포하고 관리하는 데 드는 비용과 복잡성이 증가했다.

② 기존 방화벽은 OSI 모델의 레이어 3 및 4에서만 작동하여 동작을 알리고 호스트와 최종 시스템 간의 네트워크 트래픽을 관리하여 완전한 데이터 전송을 보장한다.

③ 기존 방화벽은 포트 및 프로토콜을 기반으로 트래픽을 허용하거나 차단하고, 상태 기반 검사를 활용하고, 정의된 보안 정책을 기반으로 결정을 내린다.

④ 차세대 방화벽은 SSL로 암호화된 트래픽을 기본적으로 처리할 수 없다. SSL 검사를 실행하려면 NGFW가 칩 수준이 아닌 소프트웨어에서 SSL 검사를 실행하는 프록시 기능을 사용해야 한다. 이는 성능에 영향을 미치고 사용자 경험을 방해할 뿐만 아니라 지능형 멀웨어와 같은 새로운 보안 위협을 허용한다.

020
난이도 ★★☆☆☆

다음 중 임계 구역 문제를 해결하기 위해 프로세스 동기화가 지켜야 할 조건으로 다른 선택지와 종류가 다른 것은 무엇인가?

① 한정 대기(Bounded Waiting)
② 세마포어(Semaphore)
③ 상호 배제(Mutual Exclusion)
④ 진행의 융통성(Progress Flexibility)

021
난이도 ★☆☆☆☆

정전기는 세기에 따라서 컴퓨터에 매우 치명적일 수 있다. 그렇다면, 디스크의 데이터에 손상을 가한 정도의 정전기는 몇 볼트(V)인가?

① 1,000
② 1,500
③ 2,000
④ 4,000

022
난이도 ★★★★★

세계최고감사기구(INTOSAI)에서 감사 기준은 4부문으로 구성되어 있다. 다음 중 이와 가장 관련이 없는 것은 무엇인가?

① 기본 원칙(Basic Principles)
② 실시 기준(Field Standards)
③ 일반 기준(General Standards)
④ 성과 기준(performance Standards)

023
난이도 ★☆☆☆☆

다음 중 CCTV 카메라를 배치할 때 고려해야 할 사항이 아닌 것은 무엇인가?

① 적절한 높이, 조명
② 사각지대 없는 배치
③ 녹화 기능, 알람 시스템 연동
④ 자연재해 고려

024
난이도 ★★☆☆☆

다음 중 물리적 보안의 기본 장치이며, 가장 저렴하고 효과가 큰 침입 지연 장치는 무엇인가? 가장 알맞은 것을 선택지에서 고르시오.

① 자물쇠(Lock and key)
② CCTV Camera
③ 경보기(Alarm)
④ 조명(Lighting)

[보기]는 무엇에 대한 정의인가? 가장 알맞은 답을 선택지에서 고르시오.

> **보기**
>
> 비즈니스 목표를 추적 가능하게 지원하는 엔터프라이즈 및 솔루션 수준 모두에서 비즈니스 중심, 위험 및 기회 중심의 보안 아키텍처를 개발하기 위한 입증된 방법론이다. 또한, 정보 보증 아키텍처, 위험 관리 프레임워크, 보안 및 위험 관리를 IT 아키텍처 방법 및 프레임워크에 조정하고 원활하게 통합하는 데 널리 사용된다. 다음과 같은 일련의 통합 프레임워크, 모델, 방법 및 프로세스로 구성되며 독립적으로 또는 전체론적 통합 엔터프라이즈 솔루션으로 사용된다.
>
> - 비즈니스 요구 사항 엔지니어링 프레임워크(속성 프로파일링이라고 함)
> - 위험 및 기회 관리 프레임워크
> - 정책 아키텍처 프레임워크
> - 보안 서비스 지향 아키텍처 프레임워크
> - 거버넌스 프레임워크
> - 보안 도메인 프레임워크
> - 수명 보안 서비스 관리 및 성능 관리 프레임워크

① COBIT ② ITIL
③ SABSA ④ COSO

[보기]에 대한 설명은 무엇인가? 선택지에서 가장 알맞은 답을 선택하시오.

> **보기**
>
> 정보 보안 위험을 식별하고 관리하기 위한 프레임워크다. 조직이 조직의 임무에 중요한 정보 자산, 해당 자산에 대한 위협 및 해당 자산을 위협에 노출시킬 수 있는 취약성을 식별할 수 있는 포괄적인 평가 방법을 정의한다. 정보 자산, 위협 및 취약성을 종합함으로써 조직은 어떤 정보가 위험에 처해 있는지 이해하기 시작할 수 있다. 이러한 이해를 바탕으로 조직은 정보 자산의 전반적인 위험 노출을 줄이기 위해 보호 전략을 설계하고 구

현할 수 있다. 이 프레임워크는 미국 국방성을 위해 카네기 멜론 대학(CMU)에서 2001년에 개발되었다. 그 틀은 그 이후로 몇 가지 진화 단계를 거쳤지만 기본 원칙과 목표는 동일하게 유지되었다. 대부분의 다른 위험 평가 방법과 달리 OCTAVE 접근 방식은 기술이 아닌 운영 위험 및 보안 관행에 의해 주도된다. 조직에서 다음을 수행할 수 있도록 설계되었다.

- 조직의 운영 위험 허용 오차를 설명하는 정성적 위험 평가 기준을 개발한다.
- 조직의 사명에 중요한 자산을 식별한다.
- 이러한 자산에 대한 취약성 및 위협을 식별한다.
- 위협이 실현될 경우 조직에 대한 잠재적 결과를 결정하고 평가한다.
- 위험을 완화하기 위해 지속적인 개선 조치를 시작한다.

① COSO ② CRAMM
③ ITAF ④ OCTAVE

개정된 개인정보보호법에 의거하여 인종이나 민족에 관한 정보도 민감정보로 포함하고 있다. 다음 중 민감정보를 처리하기 위한 조건이 아닌 것은 무엇인가?

① 법령에서 민감정보의 처리를 요구하는 경우
② 법령에서 민감정보의 처리를 허용하는 경우
③ 법령에서 범죄경력자료에 해당하는 정보
④ 정보 주체에게 다른 개인정보의 처리에 대한 동의와 별도로 동의를 받은 경우

'전자금융거래법'의 제27조 전산원장 통제에 의거했을 때, 중요원장에 직접 접근하여 중요원장을 조회·수정·삭제·삽입하는 경우에는 작업자 및 작업 내용 등을 몇 년간 기록하여 보존해야 하는가?

① 1년 이상　　② 3년 이상

③ 5년 이상　　④ 10년 이상

029
난이도 ★★☆☆☆

다음 중 Teardrop Attack의 대응 방안으로 가장 적절한 것은 무엇인가?

① 동일한 ICMP Echo Reply 패킷이 다량으로 발생한다면 해당 패킷들을 모두 차단시킨다. 또한, 브로드캐스트 주소로 전송된 ICMP Echo Request 메시지에 대해 응답하지 않도록 설정한다.

② 보통 ICMP 패킷은 분할하지 않으므로 패킷 중 분할이 일어난 패킷을 탐지하는 방식을 사용한다.

③ 라우터나 패킷 필터링 도구를 이용하여 자신의 시스템 주소와 동일한 소스 주소를 가진 외부 패킷을 필터링한다. 소스 IP/PORT와 목적지 IP/PORT가 동일하면 차단하도록 설정한다.

④ 패킷의 재조합 과정에서 들어오는 각 패킷의 Fragment Offset의 합을 검사한다.

030
난이도 ★★★☆☆

침투 테스트에서 ML(Machine learning)의 활용은 좋은 효과를 발휘할 수 있도록 하는 사이버 보안의 또 다른 영역이다. [보기]를 읽고 침투 테스트의 순서를 올바르게 나열하시오.

> **보기**
>
> 가. 검색(Scanning)
>
> 나. 권한 상승 및 수평 이동(Privilege escalation and horizontal movement)
>
> 다. 트랙 커버(Covering tracks)
>
> 라. 정찰(Reconnaissance)
>
> 마. 접근 획득/악용(Gaining access/exploitation)

① 다 → 가 → 나 → 라 → 마

② 가 → 라 → 마 → 나 → 다

③ 가 → 라 → 나 → 다 → 마

④ 라 → 가 → 마 → 나 → 다

031
난이도 ★★☆☆☆

BGP(Border Gateway Protocol)의 보안 취약점에 대응하고자 2012년부터 인터넷 주소 자원 사용에 대한 보안 기술 표준들이 발표되기 시작했다. 다음 중 인터넷 주소 자원 IP 주소, AS 번호를 PKI 표준(RFC3779) 기반에 암호화된 인증서를 발행하고, 해당 주소의 라우팅 정보 무결성을 보장하는 것은 무엇인가? 가장 알맞은 답을 선택하시오.

① IRR(Internet Routing Registry)

② Timestamp

③ RPKI(Resource Public Key Infrastructure)

④ RIRS(Regional Internet Registries)

032
난이도 ★☆☆☆☆

다음 중 무선 랜(Wireless LAN)의 구성요소가 아닌 것은 무엇인가?

① 무선 단말기　　② 액세스 포인트

③ 인증 서버　　④ 무선 프로토콜

033
난이도 ★★★☆☆

애자일 감사의 현장 작업 단계에서 감사팀은 최소한, 수행해야 하는 단계가 있다. 다음 중 수행해야 하는 단계가 아닌 것은 무엇인가?

① 감사 캔버스의 입력을 감사 업무의 결론적인 영역으로 변환한다.

② 최종 감사 작업 산출물의 관련성과 그것이 기업의 전략적 목표를 지원하는 정도를 결정하기 위해 감사 프로젝트 소급을 수행한다.

③ 종합적으로 감사 결론에 도달하는 데 필요한 개별 사용자 스토리가 포함된 감사 백로그를 문서화한다.

④ 감사팀이 작업을 시작할 수 있도록 스프린트 계획 활동을 시작한다.

034
난이도 ★★★☆☆

DNS Cache Poisoning Attack은 DNS 서버의 캐시 정보를 조작하여 일정 시간(TTL) 동안 해당 서버에 접근하는 다수의 사용자들이 조작된 DNS 응답을 수신하도록 하여 대규모 보안 사고를 유발할 수 있도록 하는 공격을 말한다. 이와 같이 동시에 트랜잭션 ID를 공격하여 공격 확률을 높이는 방법은 다음 중 무엇인가?

① Dictionary Attack
② Birthday Attack
③ Bruteforce Attack
④ Man-in-the-middle(MitM) attack

035
난이도 ★★★☆☆

A 기업은 다수의 프로젝트를 수행 중이며 PMO 조직을 통해 지속적으로 프로젝트를 지원하고 있다. PMO는 설계 단계 진행 중인 핵심 프로젝트 B와 시스템 오픈 후 운영 단계인 C 시스템에 테스트 자동화 도구를 적용하여 지원하기로 했다. 다음 중 테스트 자동화에 대한 설명이 틀린 것은 무엇인가?

① 프로젝트 B와 C 시스템의 테스트 자동화 구축 방법론은 달라야 한다.

② 프로젝트 B의 단위 테스트와 통합 테스트는

자동화를 통해 공수를 절약할 수 있다.

③ 테스트 시나리오와 케이스는 설계자/개발자의 지원을 받는 것이 좋다.

④ 자동화 스크립트와 시나리오를 관리하는 전문 인력의 상주가 필요하다.

036
난이도 ★★☆☆☆

NoSQL 제품은 저장 구조에 따라 여러 가지 기반으로 나뉜다. 다음 중, 해당되지 않는 기반은 무엇인가?

① Key-Value 기반
② 로 코드 기반
③ 칼럼 기반
④ 그래프 기반

037
난이도 ★★☆☆☆

프로젝트 전체 생명 주기 과정 중에 인도물의 결함을 예방, 발견, 시험, 검사, 개선, 수정, 배포하는 일련의 모든 공수와 금전적인 정도를 품질 비용이라고 한다. 품질 비용(Cost of Quality, CoQ)에 대한 다음의 설명 중에서 올바르지 않은 것은 무엇인가?

① 품질비용은 예방비용, 평가비용, 내부 실패비용, 외부 실패비용으로 상세하게 분류할 수 있다.

② 비록 전체 품질 비용이 증가할지라도 실패비용을 줄이는 것이 바람직하다.

③ 고객에게 인도물이 전달(운영 이관, 오픈)된 이후의 결함 조치는 외부 실패비용으로 분류된다.

④ 예방비용과 평가비용은 가시적이지 않지만 실패비용을 경감시키는 데 도움을 준다.

038

난이도 ★★★☆☆

컴퓨터 지원 감사 도구(CAAT's) 중 [보기]의 내용은 무엇을 설명한 것인가?

보기

특정 데이터가 감사 고객이 애플리케이션이 수행된다고 주장하는 프로세스의 대상이 되는지의 여부를 판단할 수 있도록 해준다. 고객의 데이터를 감사인이 생성한 프로그램의 통제 하에 두며, 감사인은 피감부서의 애플리케이션의 기능을 배우기 위해 피감사인과 광범위한 의견 교환을 해야만 한다.

① 병행 시뮬레이션(Parallel Simulation) 감사

② 범용 감사 소프트웨어(Generalized Audit Software, GAS)

③ 애플리케이션 트레이싱과 시스템 매핑(Application Tracing and System Mapping)

④ 통합 테스트 시설(Integrated Test Facility, ITF)

039

난이도 ★★★★★

디지털 카르텔(Digital Cartel)은 여러 가지 알고리즘 담합을 사용하고 있다. 이와 관련하여 가장 관련이 없는 것은 무엇인가?

① 모니터링 알고리즘(Monitoring Algorithms)

② 자가 학습 알고리즘(Self-learning Algorithms)

③ 병행 알고리즘(Parallel Algorithms)

④ 에피데믹 알고리즘(Epidemic Algorithms)

040

난이도 ★★★☆☆

'이것'은 소프트웨어의 기능 및 비기능 품질 요구 사항을 정량적으로 정의하고 이를 계획, 관리, 시험, 평가하는 데 기준으로 사용할 수 있도록 하는 품질 표준이다. 기존에 존재하면 ISO/IEC 9126 및 14598, 12119 표준을 하나로 통합하여 프로젝

트 이해관계자들이 공동의 표준을 사용할 수 있도록 했다. 이 표준은 무엇인가?

① ISO/IEC 25000

② ISO/IEC 27001

③ PIPL

④ ISO/IEC 29119

041

난이도 ★★★☆☆

감사 종료 면담(Exit Interview)은 발견 사항 및 권고 사항을 경영진과 논의할 수 있는 기회를 제공한다. 종료 면담에서 IS 감사인이 수행해야 할 활동과 가장 관련이 없는 것은 무엇인가?

① 심각한 발견 사항에 대해서 기능 부서장과 사전에 소통을 해야 하며 기능 부서장 상신. 경영진 승인 하에 감사 발견 사항에 대한 일부 내용을 변경 또는 삭제 가능하다.

② 권고 사항은 현실적이고, 비용 효익이 있는지 보장하고, 그렇지 않다면, 피감사인 조직의 경영진과 협상을 통해 대안을 모색한다.

③ 합의된 권고 사항의 실행 시기를 결정한다.

④ 보고서에 제시한 사실들이 정확하고 중요하다는 것을 보장한다.

042

난이도 ★★☆☆☆

다음 중 품질 보증(QA)과 품질 관리(QC)의 차이로 올바르지 않은 것은 무엇인가?

① 품질 관리는 결함 발견을 위해서 소프트웨어 테스팅(Software Testing), 리뷰(Review), 검사(Inspection)를 수행한다.

② 품질 보증은 품질 관리의 하위 업무 범위이다.

③ 품질 보증은 결함을 예방하고 오류를 방지하는 데 중점을 두며 품질 관리는 부적합, 결함을 감지하고 시정 조치 활동에 중점을 둔다.

④ 품질 보증은 공정(Process)에 중점을 두고 품질 관리는 제품(Product)에 중점을 둔다.

043

기업 내 정보 시스템 자산과 고객 데이터를 위협하는 보안 취약점과 악의적인 공격은 점차 증가하고 있다. 이를 위한 정보 보안 기법과 기술도 함께 발전하고 있는데, 정보 보안의 방안은 크게 관리적 보안, 기술적 보안, 물리적 보안으로 분류할 수 있다. [보기] 제시된 예시 중에서 정보 보안 방안의 분류와 기법이 적절하게 연결된 것은 무엇인가?

> **보기**
>
> 가. 관리적 보안: Fail-over 가용성 점검 계획 수립
>
> 나. 물리적 보안: 피기배킹을 차단하기 위한 이중 게이트 구조 설치
>
> 다. 기술적 보안: 비인가 저장 장치에 대한 디가우징 처리 및 파쇄
>
> 라. 관리적 보안: 정기적인 정보 보안 감사 수행 및 개선 사항 도출
>
> 마. 기술적 보안: Two-factor 인증을 위한 스마트카드 + 지문 인식기 도입

① 가, 다, 마   ② 나, 라, 마
③ 가, 나, 라, 마   ④ 가, 나, 라

044

웹 크롤링은 일반적인 검색 엔진이 사용하기도 하지만 악의적인 해커가 공격 대상 시스템의 웹 서버 구조를 파악하기 위해 사용하기도 한다. robot.txt는 검색 엔진의 크롤링 봇에게 허용 또는 거부할 수 있는 기준을 정하도록 하는 국제 표준에 준하는 권고 방식이다. 각 웹 사이트에서는 루트 디렉터리에 robot.txt를 구현하여 크롤링을 허용하거나 부분적으로 차단할 수 있다. [보기]에서 설정한 robot.txt는 어떤 의미인가?

> **보기**
> ```
> User-agent: *
> Disallow: /
> Allow: /$
> ```

① 모든 크롤링 봇의 수집을 허용하지 않는다.

② 모든 크롤링 봇의 수집을 허용하지만 루트 페이지만 차단한다.

③ 모든 크롤링 봇의 수집을 차단하지만 루트 페이지만 허용한다.

④ 모든 크롤링 봇의 수집을 차단하지만 루트 페이지만 허용한다.

045

다음 중 내부감사 행동 규범(Rules of Conduct)과 관련이 없는 것은 무엇인가?

① 법을 준수하고, 법에 의하여 그리고 직업인으로서 공개가 요구되는 것을 밝혀야 한다.

② 그들의 업무 수행 중에 취득한 정보의 사용과 보호에 있어 신중해야 한다.

③ 그들의 직업적 판단을 저해하거나 저해시킬 것으로 간주되는 어떤 것도 수용해서는 아니 된다.

④ 자신이 필요한 지식과 기술, 그리고 경험이 없는 분야에 대해서는 필요 시 자문을 받아서라도 감사를 수행해야만 한다.

046

2013년 대한민국에서 개발된 대칭 키 블록 암호화 알고리즘인 LEA는 128비트 고정 길이 블록 사이즈를 가지고 있다. 키의 길이는 128, 192, 256비트 길이를 지원하며 라운드 횟수는 키의 길이에 맞춰 24, 28, 32회로 구현된다. 다음 중 LEA 암호화 알고리즘에서 사용되는 구조가 아닌 것은 무엇인가?

① Addition   ② Substitution
③ Rotation   ④ Exclusive-or

047

난이도 ★★☆☆☆

다음 중 SQuaRE에서 '보안'의 세부 항목과 관련이 없는 것은 무엇인가?

① Confidentiality(기밀성)

② Availability(가용성)

③ Non-repudiation(부인 방지)

④ Authenticity(인증성)

048

난이도 ★★★☆☆

도커(Docker)는 컨테이너 런타임 오픈 소스로 개발자나 시스템 관리자가 애플리케이션을 보다 빠르고 단순하게 배포하고 실행하기 위한 플랫폼이다. 도커는 OS 전체를 가상화하는 기존 가상 머신과는 달리, 호스트 OS의 커널을 그대로 사용하고 리눅스의 컨테이너를 사용하여 호스트 OS와 다른 부분만 컨테이너에 패키징하고 호스트의 리소스를 공유함으로써 기존 가상 머신보다 더욱 리소스 효율적인 가상화 환경을 제공할 수 있다. 다음 중 도커 컨테이너(Docker Container)의 특성이 아닌 것은 무엇인가?

① 표준(Standard): 도커는 컨테이너에 대한 산업 표준을 만들었으므로 어디서나 이식할 수 있다.

② 경량(Lightweight): 컨테이너는 시스템의 OS 시스템 커널을 공유하므로 애플리케이션당 OS가 필요하지 않으므로 서버 효율성을 높이고 서버 및 라이선스 비용을 절감할 수 있다.

③ 보안(Secure): 애플리케이션은 컨테이너에서 더 안전하고 도커는 업계에서 가장 강력한 기본 격리 기능을 제공한다

④ 가용성(Availability): 게스트 가상 머신이 호스트 하드웨어와 독립되어 시스템의 가용 리소스를 더 많이 활용하고 IT 모빌리티를 향상시킬 수 있다. 이를 통해 가상 머신을 여러 서버 간에 쉽게 이동이 가능하다.

049

난이도 ★★☆☆☆

다음 중 IT 거버넌스 도입의 기대 효과가 아닌 것은 무엇인가?

① 경영진의 신임

② IT 가치 관리 제고

③ 높은 투자 수익률

④ 투명성의 증가

050

난이도 ★★☆☆☆

데이터베이스는 데이터의 일관성을 보장하기 위한 다양한 기법들을 제공한다. 또한, 대용량 OLTP 데이터베이스의 경우 처리 성능을 위한 동시성도 고려해야 한다. 다음 중 데이터베이스의 일관성과 동시성에 대한 설명으로 올바르지 않은 것은 무엇인가?

① 일관성을 위한 기법 중에 잠금(Lock)이 존재한다.

② 일반적으로 일관성과 동시성은 서로 반비례하는 경향이 있다.

③ Shared Lock은 Exclusive Lock에 비해 격리 수준이 낮다.

④ Multi Version Concurrency Control은 일관성 향상을 위한 기법이다.

051

난이도 ★★★☆☆

다음 중 머신러닝에서 데이터 전처리를 하는 이유가 아닌 것은 무엇인가?

① 완전성(Completeness): 데이터가 기록 가능한지 여부를 확인한다.

② 기밀성(Confidentiality): 데이터는 오직 인가된 사람에게만 공개되어야 한다.

③ 신뢰성(Believability): 데이터는 신뢰할 수 있어야 한다.

④ 적시성(Timeliness): 데이터가 올바르게 업데이트되어야 한다.

052
난이도 ★★★★☆

다음 중 광학 문자 인식(OCR)의 특징이 아닌 것은 무엇인가?

① 시간 절약(Saved time)

② 오류 감소(Decreased errors)

③ 노력 최소화(Minimized effort)

④ 취약점 감소(Reduce vulnerabilities)

053
난이도 ★★★☆☆

데이터를 민감한 것으로 플래그 지정하기 위한 데이터 손실 방지(DLP) 에이전트 프로그램은 다양한 기술을 사용할 수 있다. 다음 중 해당하는 기술이 아닌 것을 고르시오.

① 정확한 데이터 일치(데이터베이스 핑거프린팅)(Exact data matching(database fingerprinting))

② 규칙 기반 일치 또는 정규 표현식(Rule-based matching or Regular expressions)

③ 커스텀화된 언어별 규칙 통계(Statistics by custom language's rule)

④ 머신러닝, 통계 분석 등(Machine learning, statistical analysis, etc.)

054
난이도 ★★☆☆☆

[보기] 속 빈칸에 들어갈 용어는 무엇인가? 다음 중 가장 적절한 답을 고르시오.

> **보기**
>
> (   )는 경계부터 최종 사용자까지 전체 범위에서 로그를 빅 데이터 기반으로 수집, 저장 및 분석한다. 종합적인 보안 보고 및 규제 준수 관리와 함께 신속한 공격 탐지, 차단 및 응답을 위해 보안 위협을 실시간으로 모니터링한다. 네트워크에서 공격이 발생하면 소프트웨어가 모든 IT 구성요소(게이트웨이, 서버, 방화벽 등)에 대한 인사이트를 제공한다.

① SIEM   ② EDR   ③ APS   ④ ESM

055
난이도 ★★★☆☆

[보기] 속 빈칸에 들어갈 용어는 무엇인가? 다음 중 가장 알맞은 답을 선택하시오.

> **보기**
>
> (   )은 클라우드 환경에서 사용자 자격 및 권한을 관리하는 프로세스를 자동화한다. 조직의 ID 및 액세스 관리와 클라우드 CSPM(보안 상태 관리) 인프라의 필수적인 부분이다. (   )을 사용하면 조직에서 다중 클라우드 배포 전반에 걸쳐 일관된 접근 제어 및 제로 트러스트 정책을 구현하는 문제를 보다 효과적으로 해결할 수 있다.

① SSPM(SaaS Security Posture Management)

② CIEM(Cloud Infrastructure Entitlements Management)

③ NER(Named Entity Recognition)

④ CIS(Center for Internet Security)

056
난이도 ★★★☆☆

격자 기반 접근 제어(Lattice-based access control)는 어떠한 모델과 유사(가)하며, 어떠한 모델과 반대(나)되는가? 다음 중 (가)와 (나)에 들어갈 용어로 적절한 것을 고르시오.

① 가: MAC, 나: DAC

② 가: RBAC, 나: MAC

③ 가: MAC, 나: RBAC

④ 가: DAC, 나: MAC

057
난이도 ★★★★☆

다음 중 서비스 거부 방지(Denial-of-service prevention and detection) 감지 및 실시간 경고 및 감사 추적(Real-time alerts and audit trails)의 이점을 제공하는 접근 제어 모델은 무엇인가?

① GBAC(Graph-based access control)

② CBAC(Context-based access control)

③ RSBAC(Rule-set-based access control)

④ OrBAC(Organization-based access control)

058　　　　　　　난이도 ★★★★☆

[보기]를 읽고 KRI(Key Risk Indicators)를 선택하는 순서를 올바르게 나열하시오.

> **보기**
>
> 가. Set Key Thresholds
>
> 나. Define Sources of Risk
>
> 다. Monitoring Frequency
>
> 라. Business Objective
>
> 마. Establish KRI

① 마 → 라 → 나 → 가 → 다

② 라 → 나 → 마 → 가 → 다

③ 마 → 가 → 라 → 나 → 다

④ 라 → 가 → 나 → 마 → 다

059　　　　　　　난이도 ★★★☆☆

다음 중 웹 격리 기술(Web Isolation Technology)의 장점이 아닌 것은 무엇인가?

① 악성 웹 사이트로부터 보호

② 익명 브라우징

③ 원격 저널링 자동 실행

④ 사용자 행동 분석

060　　　　　　　난이도 ★★★☆☆

[보기]는 무엇에 대한 정의인가? 다음 중 가장 알맞은 답을 고르시오.

> **보기**
>
> 암호화 기반 보안 시스템을 사용하여 민감하거나 중요한 데이터를 보호하는 데 사용할 제품의 공급자를 지정할 때 사용되는 연방 기관 표준을 제공한다. 보안 시스템 내의 암호화 모듈 보호는 모듈에 의해 보호되는 정보의 기밀성과 무결성을 유지하는 데 필수이다. 즉, 암호 모듈이 충족시켜야 하는 보안 요구 사항을 규정한다.

① Snyk security platform

② BoringCrypto

③ FIPS 140-2

④ HPKP

061　　　　　　　난이도 ★★★★☆

다음 중 세계최고감사기구(INTOSAI)에서 정의한 감사의 기본 원칙과 가장 관련이 없는 것은 무엇인가?

① 최고감사기관은 정부 감사 과정에서 발생하는 다양한 상황에 알맞게 스스로의 판단을 적용해야 한다.

② 최고감사기관은 정부 감사 과정에서 발생하는 다양한 상황에 대해서 표준을 준수하도록 가이드해야 하며, 필요시 모든 감사 활동은 최고감사기관의 감사 권한 범위를 넘지 않도록 강력한 제제를 수반해야 한다.

③ 정부 내의 적합한 정보, 통제, 평가와 보고 체계가 발전하면 책임성 검증이 촉진될 것이다. 재무보고서 및 기타 정보의 형식과 그 내용이 정확하고 충분한 것인가에 대해서는 관리자가 책임을 져야 한다.

④ 국민의 의식 수준이 높아짐에 따라 국민은 공공 자원을 관리하는 사람들이나 기관에 대해 공공 책임성(Public Accountability)을 요구하고 있다. 따라서 적절하고 효과적으로 운용되는 책임 검증 과정이 필요하다.

062
난이도 ★★☆☆☆

경계 침입 탐지 평가 시스템(PIDAS)은 담장 하부에 센서를 설치하여 침입자의 담장 접근 및 손상 행위를 탐지 경보하는 시스템이다. 다음 중 이 시스템이 가진 단점을 고르시오.

① False Rejection Rate

② False Acceptance Rate

③ False Positive Error

④ False Negative Error

063
난이도 ★★★☆☆

몇 년 전 마이크로소프트는 애자일 개발의 보안 요구 사항을 처리하기 위한 접근 방법을 개발했다. 다음 중 마이크로소프트의 방법론과 가장 관련이 없는 것은 무엇인가?

① Every Sprint

② One time

③ Black Rose

④ Bucket

064
난이도 ★★★☆☆

'전자금융거래법'에서 금융회사 또는 전자금융업자는 제23조 제4항에 따른 행동 매뉴얼 또는 같은 조의 제5항에 따른 비상 대책에 따라 비상 대응 훈련을 실시하고 그 결과를 금융위원회에 보고해야 한다. 이때, 비상 대응 훈련은 연 몇 회 실시해야 하는가?

① 연 12회

② 연 4회

③ 연 2회

④ 연 1회

065
난이도 ★☆☆☆☆

다음 중 서비스 거부 공격이 아닌 것은 무엇인가?

① Land Attack

② Smurf Attack

③ Teardrop Attack

④ Watering Hole Attack

066
난이도 ★★☆☆☆

다음 중 DB 접근 제어 방식이 아닌 것은 무엇인가?

① Spoofing 방식

② Sniffing 방식

③ Gateway Inline 방식

④ Gateway Proxy 방식

067
난이도 ★★☆☆☆

다음 중 Evil Twins Attack의 대응 방법이 아닌 것은 무엇인가?

① 자동 연결 비활성화

② 자신의 핫스팟 사용

③ Rogue Access Point 활용

④ 안전하지 않은 Wi-Fi 핫스팟 피하기

068
난이도 ★★☆☆☆

다음 중 WEP(Wired Equivalent Privacy)와 WPA(Wi-Fi Protected Access) 차이점이 잘못 서술된 것은 무엇인가?

① WEP는 유선 LAN과 동일한 보안 및 개인정보보호 기능을 갖춘 무선 근거리 통신망을 제공한다.

② 표준 64비트 WEP는 40비트 키를 사용하지만 104비트 키 크기를 사용하는 128비트 WEP도 사용할 수 있다.

③ WPA는 개방 시스템 인증(OSA) 및 공유 키 인증(SKA)의 두 가지 인증 형식을 사용한다.

④ 액세스 포인트는 WEP/WPA 혼합 모드에서 작동하여 WEP 및 WPA 클라이언트를 모두 지원할 수 있다.

069
난이도 ★★★☆☆

애자일 방법론 감사에서, 감사 기능은 여러 문제에 대해서 감사 고객을 고려하고 협력하여 감사 캔버스(Audit Canvas)를 준비해야 한다. 다음 중 이때 고려해야 할 사항에 해당하지 않는 것은 무엇인가?

① 고객의 핵심 자산과 고유 위험(Audit customer's impact assets and inherent risk)

② 고객의 비즈니스 목표 감사(Audit customer's business objectives)

③ 감사 고객 및 기업에 대한 감사 프로젝트 예상 가치(Audit project expected value to the audit customer and the enterprise)

④ 고객과 기업 전략의 일치성 감사(Audit customer's alignment with corporate strategy)

070
난이도 ★★★☆☆

다음 화면은 항공편 예약 시스템의 일부 프로그램 화면을 개발하면서 단위 테스트를 수행하기 위해 캡처한 이미지이다. 단위 테스트의 테스트 케이스를 수립하고 수행하기 위해 테스트 설계기법을 사용하고자 한다. 다음 화면을 참고했을 때 사용하기에 적절하지 않은 테스트 기법은 무엇인가?

① 균등값 테스트

② 분류 트리 테스트

③ 의사결정 테이블 테스트

④ 경곗값 테스트

071
난이도 ★★★☆☆

컴퓨터 지원 감사 도구(CAAT's) 중, [보기]가 설명하는 것은 무엇인가?

> **보기**
>
> 트랜잭션이 특정 기준을 충족할 때 알림을 생성하는 응용 프로그램에 삽입된 코드이다. 이의 목적은 감사자에게 오류가 있을 수 있거나 추가 검토할 가치가 있는 특성을 가진 트랜잭션에 대한 실시간 알림을 제공하는 것이다. 이 정보는 보다 강력한 내부 통제를 개발하고 잠재적인 사기 거래 사례를 발견하는 데 유용하다. 단점은 감사 모듈을 삽입할 수 있도록 운영 시스템 및 애플리케이션 프로그램 안에 감사 후크(Audit Hooks)를 먼저 프로그래밍해 두어야 한다.

① 테스트 데이터(Test Data)를 통한 감사

② 내장된 감사 모듈(Embedded Audit Module)

③ 애플리케이션 트레이싱과 시스템 매핑(Application Tracing and System Mapping)

④ 통합 테스트 시설(Integrated Test Facility, ITF)

072

난이도 ★★★★☆

소스 코드는 응집도와 결합도를 고려하여 적절하게 모듈화를 적용해야 한다. 하나의 함수, 클래스, 메서드, 프로그램에 과도하게 복잡한 로직이 구현되면 유지 보수성, 운용성이 저하되며 가독성도 떨어진다. 맥케이브 회전 복잡도는 소프트웨어 복잡도 측정 기준으로 가장 많이 사용되는데, 다음 로직에 대해 계산한 결과는 무엇인가?

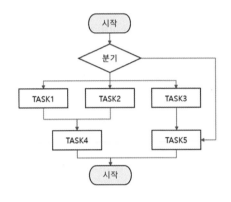

① 3   ② 4   ③ 6   ④ 7

073

난이도 ★★☆☆☆

키는 데이터베이스에서 조건에 만족하는 튜플을 찾거나 순서대로 정렬할 때 서로 구분할 수 있는 기준이 되는 속성(Attribute)를 의미한다. [보기]가 설명하는 키(Key)는 무엇인가?

> **보기**
>
> (1) 관계를 맺고 있는 릴레이션 R1, R2에서 릴레이션 R1이 참조하고 있는 릴레이션 R2의 기본키와 같은 R1 릴레이션의 속성을 의미한다.
> (2) 참조되는 릴레이션의 기본키와 대응되어 릴레이션 간에 참조 관계를 표현하는 데 중요한 도구이다.

① 외래 키(Foreign Key)

② 슈퍼 키(Super Key)

③ 후보 키(Candidate Key)

④ 대체 키(Alternate Key)

074

난이도 ★★☆☆☆

품질 통제 도구는 프로젝트 통합 테스트 단계에서 PMO의 품질 관리 도구로 자주 사용된다. '이 도구'는 모듈, 서브모듈, 프로그램에 대해 결함 데이터를 측정하고 통제하는 용도로 사용되며 제조 시설의 계측 데이터 통제로도 활용되는 도구이다. 측정 데이터를 평균치, 상한선, 하한선을 이용하여 결함/장애/이상 현상을 분석하고 공정을 개선하는 데 사용하는 '이 도구'는 무엇인가?

① Fishbone Diagram   ② Scatter Chart

③ Flow Chart   ④ Control Chart

075

난이도 ★★☆☆☆

COBIT 5.0은 조직과 IT 자산 및 프로세스, 인적 자원, 위험 관리 전체를 통합하는 IT 거버넌스 프레임워크이다. COBIT 5.0은 다양한 프로세스로 구성된다. 프로젝트(Project)와 프로그램(Program)을 관리하고 요구 사항(Requirement), 변경(Change), 자산(Asset), 형상(Configuration)을 관리하는 COBIT 5.0 프로세스 영역은 무엇인가?

① Evaluate, Direct, Monitoring

② Align, Plan, Organize

③ Build, Acquire, Implement

④ Deliver, Service, Support

076

난이도 ★★★☆☆

데이터베이스 관리자가 주체인 사용자에게 개체인 테이블에 대한 권한을 회수/취소하는 명령어는 REVOKE이다. DBA가 [보기]와 같은 권한 취소 명령어를 사용하려고 한다. 어떤 명령어가 동일한 기능을 수행하는지, 선택지에서 가장 적절한 답을 고르시오.

USR1 사용자가 테이블 TBL_LIST에 대해 가지고 있던 DELETE 권한을 삭제하면서 USR1이 다른 사용자에게 권한을 부여할 수 있는 권한도 함께 삭제한다. 또한, 기존에 USR1에게 권한을 받았던 다른 사용자의 권한도 한 번에 취소한다.

① REVOKE GRANT OPTION TO DELETE ON TBL_LIST WITH USR1 CASCADE

② REVOKE GRANT FOR DELETE ON TBL_LIST FROM USR1 CASCADE

③ REVOKE GRANT OPTION FOR DELETE ON TBL_LIST FROM USR1 CASCADE

④ REVOKE GRANT OPTION OF DELETE ON TBL_LIST TO USR1 CASCADE

077   난이도 ★★★☆☆

[보기]를 읽고 정보 시스템 보안의 가장 핵심 기능인 '인증'과 '인가'에 대한 설명 중 올바른 것을 고르시오.

가: 인증은 보안의 주체인 사용자가 실제로 본인인지에 대한 신원을 확인하는 절차이다.

나: 인증은 Authorization이라고 하며 인가와 함께 연계된 시스템 접근 제어의 주요한 수단이다.

다: 인가는 보안의 주체인 사용자에게 보안 정책에서 허가된 적절한 권한을 부여하는 절차이다.

라: 인가는 Authentication이라고 하며 BAC, MAC, RBAC와 연계가 필요하다.

마: AAA라고 하는 정보 보안 핵심기능은 인증 및 인가와 함께 관리(Administration)이 포함된다.

① 가, 나, 마   ② 가, 다

③ 나, 라, 마   ④ 가, 나, 다, 라

078   난이도 ★★★☆☆

시스템을 구축할 때 WEB, WAS, Database, Storage 등 전체적인 하드웨어의 CPU 및 메모리 자원은 가용성 목표를 달성해야 한다. 이를 위해서 분석/설계 단계에서 용량 계획을 수행하고 구현, 테스트, 이행 단계에서 비기능 테스트를 수행한다. 성능 시험, 부하 시험, 스트레스 시험, 가용성 시험 모두 이것을 위한 구체적인 시험 방법이다. 이러한 시험을 수행하고 결과를 계산할 때 사용되는 Think Time 수치는 시스템마다 다르게 적용되는데, 다음 중 Think Time 수치가 가장 적은 시스템은 무엇인가?

① 주식 트레이딩 시스템

② 기업용 인트라넷 그룹웨어

③ 인터넷 커뮤니티 서비스

④ 전자 결제 시스템

079   난이도 ★★★☆☆

넷플릭스, 왓챠, 티빙 등 국내외의 다양한 VOD 스트리밍 서비스는 날이 갈수록 사용자가 증가하고 킬러 서비스로 자리 잡고 있다. 그리고 유튜브와 틱톡 등의 영상 기반 서비스도 사용자가 점차 늘어나면서 영상 콘텐츠의 서비스 퀄리티가 중요해지고 있다. 영상 콘텐츠의 경우 사용자 단까지 전송되는 퀄리티가 중요하기 때문에 각 국가, 지역마다 복제된 에지 서버를 두게 된다. 이러한 기술을 무엇이라고 하는가?

① CDN(Cloud Driven Network)

② Edge Computing

③ SDN(Software Defined Network)

④ CDN(Content Delivery Network)

080

난이도 ★★★☆☆

데이터베이스의 DCL(Data Control Language)에는 권한을 부여하는 GRANT 명령어가 존재한다. 다음 중, DBA가 TBL_LIST 테이블에 대해 USR1 사용자에게 SELECT 권한과 다른 사용자에게 권한을 부여할 수 있는 권한까지 부여하는 GRANT 명령어는 무엇인가?

① GRANT SELECT ON TBL_LIST TO USR1 WITH GRANT OPTION
② GRANT SELECT TO TBL_LIST ON USR1 WITH GRANT OPTION
③ GRANT ALL ON TBL_LIST TO USR1 WITH GRANT OPTION
④ GRANT SELECT ON TBL_LIST FOR USR1 WITH GRANT OPTION CASCADE

081

난이도 ★★☆☆☆

이메일 정보 보안 기술로 활용되는 '이 기술'은 1991년 필 짐머만이 개발하여 오픈 소스로 공개되어 있는 기술이다. IETF 국제 표준 기술은 아니지만 다양한 암호화 알고리즘을 사용하는 등, 호환성이 높아서 활용도가 높다. '이 기술'은 공개된 인터넷 환경에서 이메일 메시지에 대한 기밀성을 제공하며 일회용 세션 키를 사용한다. 또한, 수신자의 공개 키로 세션 키를 암호화하여 키 분배를 가능하게 하는 비밀 키(대칭 키)와 공개 키(비대칭 키)를 조합하는 방식이다. '이 기술'만으로는 송신자의 인증과 부인방지를 제공하지 않지만 전자 서명과 결합하여 적용한다면 가능하다. 다음 중 '이 기술'은 무엇인가?

① Secure MIME
② Secure Socket Layer
③ Privacy Enhanced Mail
④ Pretty Good Privacy

082

난이도 ★★★☆☆

[보기] 속 빈칸에 들어갈 용어로 적절한 것을 고르시오.

> **보기**
>
> 로그(Log)는 기업에서 발생한 대표적인 (   )로, 정기적으로 점검하고 검토해서 이상 여부를 파악해야 한다.

① 정형 데이터(Structured Data)
② 비정형 데이터(Unstructured Data)
③ 하이브리드 데이터(Hybrid Data)
④ 선형 데이터(Linear Data)

083

난이도 ★★★☆☆

다음 중 DRDoS가 아닌 DDoS 공격 형태로, 대역폭 공격에 해당하는 것은 무엇인가?

① ACK Flooding
② SYN Flooding
③ ICMP Flooding
④ DNS Query Flooding

084

난이도 ★★★★☆

CMMC(Cybersecurity Maturity Model Certification) 2.0 프레임워크에서 [보기] 속 내용이 설명하는 레벨 수준은 얼마인가? 다음 중 가장 적절한 답을 고르시오.

> **보기**
>
> 이 레벨의 목표는 주로 승인된 사용자에 대한 액세스를 제한하여 해당 계약자의 정보 시스템을 보호하는 것이다. 요구 사항을 추구하는 회사는 제3자 인증을 요구하지 않는다. 대신 계약자는 FCI(Federal Contract Information)를 처리, 저장 또는 전송하는 환경 내에서 사람, 기술, 시설 및 외부 공급자를 지정해야 한다. 회사는 FAR 조항 52.204.21에 명시된 FCI에 대한 기본 보호 요구 사항을 충족한다는 사실을 1년에 한 번 자체 인증해야 한다.

① CMMC 2.0: 레벨 0(Beginner)

② CMMC 2.0: 레벨 1(Foundational)

③ CMMC 2.0: 레벨 2(Advanced)

④ CMMC 2.0: 레벨 3(Expert)

085
난이도 ★★★☆☆

다음 중, ISACA IT Audit Framework(ITAF)에서 제시하는 후속 활동 절차(Follow-up Activities)와 관련된 내용이 아닌 것은 무엇인가?

① IT 감사 및 보증 실무자는 감사보고서의 결과가 충분하고 적절한 증거로 뒷받침되는지 확인해야 한다.

② 발견과 관련된 위험이 수용되었고 기업의 위험 선호도보다 크다고 판단되는 경우 이 위험 수용에 대해 고위 경영진과 논의해야 한다.

③ 감사 발견 사항 이행의 전반적인 상태에 대한 진행 상황은 감사 위원회가 있는 경우 정기적으로 감사 위원회에 보고해야 한다.

④ IT 감사 및 보증 실무자는 감사 기능(예: 이사회 및/또는 감사 위원회)에 대한 거버넌스 및 감독을 담당하는 책임자에게 발견 사항 및 권장 사항에 대한 진행 상황을 모니터링하고 주기적으로 보고해야 한다.

086
난이도 ★☆☆☆☆

NIST에서 권장하는 조명의 최소 높이 및 촉광은 얼마인가? 다음 중 가장 적절한 답을 고르시오.

① 조명의 높이가 최소 8피트이고 최소 2피트 촉광을 제공해야 한다.

② 조명의 높이가 최소 4피트이고 최소 4피트 촉광을 제공해야 한다.

③ 조명의 높이가 최소 4피트이고 최소 2피트 촉광을 제공해야 한다.

④ 조명의 높이가 최소 8피트이고 최소 4피트 촉광을 제공해야 한다.

087
난이도 ★★★☆☆

다음 중, ISACA IT Audit Framework(ITAF)에서 제시하는 감사 헌장(Audit Charter)과 관련된 내용이 아닌 것은 무엇인가?

① 정기적인 감사 헌장 검토를 통해 감사 헌장에 반영된 감사 및 보증 기능의 책임은 기업의 사명 및 전략과 일치하도록 유지되어야 한다.

② IT 감사 및 보증 기능은 감사 헌장을 경영진/고위 경영진에게 전달해야 한다. 또한, 감사 헌장의 관련 요소는 착수 회의 및/또는 계약서를 통해 감사를 받는 그룹과 공유되어야 한다.

③ IT 감사 및 보증 기능은 이사회, 경영진, 그리고 감사팀장과 같이 감사 기능의 거버넌스 및 감독을 담당하는 사람들이 감사 헌장에 동의하고 경영진의 공식 승인을 받아야 한다.

④ IT 감사 및 보증 기능은 목적, 책임, 권한 및 책임을 나타내는 감사 헌장에 감사 기능을 적절하게 문서화해야 한다.

088
난이도 ★★☆☆☆

[보기]의 내용은 무엇을 설명하고 있는가? 다음 중 가장 적절한 답을 고르시오.

보기

컴퓨터 네트워크에서 패킷이 라우터나 방화벽과 같은 네트워크 게이트웨이를 가로지르는 동안 하나의 IP 주소와 포트 번호 결합의 통신 요청을 다른 곳으로 넘겨주는 네트워크 주소 변환(NAT)의 응용이다. 이 기법은 게이트웨이(외부망)의 반대쪽에 위치한 보호/내부망에 상주하는 호스트에 대한 서비스를 생성하기 위해 흔히 사용되며, 통신하는 목적지 IP 주소와 포트 번호를 내부 호스트에 다시 매핑함으로써 이루어진다.

① Port skyjacking

② Port Mirroring

③ Port Backwarding

④ Port Forwarding

089
난이도 ★★★☆☆

IoT 시스템은 일반적인 IT 시스템과는 다른 독특한 속성을 가지고 있다. 그렇다면 이와 관련하여, 사용자 보안 인식 교육으로 고려해야 할 주제가 아닌 것은 무엇인가?

① 데이터 네트워크의 IoT 디바이스와 관련된 물리적 위험

② IoT 자산을 관리하기 위해 승인받는 방법

③ 조직에 개인의 IoT 디바이스를 가져올 때 관련된 정책

④ IoT 디바이스에 의해 수집된 데이터와 관련된 개인정보보호 요구 사항

090
난이도 ★★★☆☆

다음 중, 라우팅 프로토콜에서 종류가 다른 것은 무엇인가? 가장 관련이 없는 것을 고르시오.

① ISIS

② IGRP

③ BGP

④ RIP

091
난이도 ★★★☆☆

ISACA의 정보 기술 감사 프레임워크(Information Technology Audit Framework)는 포괄적인 IT 감사 프레임워크이다. 이와 관련해서 가장 관련이 없는 것은 무엇인가?

① 내부 통제를 3가지 목적 달성을 위해 이사회, 경영진 및 기타 주체들이 실행하는 절차로 정의한다.

② IT 감사 및 보증 실무자의 역할과 책임, 윤리, 예상되는 직업적 행동, 필요한 지식과 기술을 다루는 표준을 설정한다.

③ IT 감사 및 보증과 관련된 용어와 개념을 정의한다.

④ IT 감사 및 보증 업무의 계획, 수행 및 보고를 위한 지침과 기술을 제공한다.

092
난이도 ★★★☆☆

다음 중 COSO의 목적이 아닌 것은 무엇인가?

① 기업 운영의 효율성 및 효과성 확보(운영 목적)

② 내부 통제 운영에 대한 주기적인 평가와 지속적인 개선(관리 목적)

③ 보고 정보의 신뢰성 확보(보고 목적)

④ 관련 법규 및 정책의 준수(법규 준수 목적)

093
난이도 ★★☆☆☆

내부 통제 구성요소로 [보기]가 설명하는 것은 무엇인가? 다음 중 가장 적절한 답을 고르시오.

> **보 기**
> 내부 통제에 영향을 미치는 조직 문화와 관련하여 경영진의 경영 철학, 이사회 및 감사(위원회) 등의 권한과 책임의 배분, 조직 체계 구성, 교육과 성과 평가와의 연계가 이루어지는 체계

① 통제 환경(Control Environment)

② 위험 평가(Risk Assessment)

③ 통제 활동(Control Activities)

④ 모니터링 활동(Monitoring)

094

다음 중 부적절한 변경 관리(Inadequate change management)에서 통제 유형이 다른 한 가지는 무엇인가?

① 문제를 조사하고 진단(Investigate and diagnose problems)

② 효과적인 자원 관리(Effective resource management)

③ 사고를 조사, 진단 및 할당(Investigate, diagnose and allocate incidents)

④ 변경 요청을 평가하고 우선순위를 지정하고 승인(Evaluate, prioritize and authorize change requests)

095

다음 중 애자일 감사 방법론(Agile methodology for IT Audit)의 장점이 아닌 것은 무엇인가?

① 거의 실시간으로 의사소통

② 고객과 긴밀하게 협업

③ 신속한 감사 결과 달성

④ 산출물 방식의 증적 효과

096

로 코드(Low Code)란 최소한의 코드를 사용해 앱을 개발하는 방법으로 반복적이고 단순한 부분은 정형화된 템플릿을 기반으로 빠르게 안정적으로 만들고, 전문 인력이 필요한 부분만 프로그래밍 지식을 갖춘 실무 담당자가 개발하는 방식을 의미한다. 다음 중, 로 코드를 도입할 때 고려해야 할 사항이 아닌 것은 무엇인가?

① 최신 기술과의 연계성

② 보안 관리에 대한 필요성

③ 납기 효율성 및 품질 효과성

④ 투자 대비 수익률(ROI)

097

다음 중 IT 아웃소싱을 수행하는 데 있어 고려해야 할 사항 중 가장 큰 위험 사항은 무엇인가?

① 예상치 못한 숨겨진 비용(Unforeseen and Hidden Costs)

② 통제력 상실(Loss of Control)

③ 개인정보 및 보안 문제(Privacy and Security Concerns)

④ 핵심 제품 아웃소싱(Outsourcing a Key Product)

098

다음 중 Cyber Asset Attack Surface Management(CAASM)의 주요 키 포인트가 아닌 것은 무엇인가?

① Cyber Asset Management

② Compliance

③ Identity and Access Governance

④ Data Leakage Detection

099

DB를 암호화할 수 있는 방식은 여러 가지이다. 다음 중 암호화 방식에 해당되지 않는 것은 무엇인가?

① 운영체제 암호화

② 그룹 서버 암호화

③ 응용 프로그램 자체 암호화

④ DB 서버 암호화

100 난이도 ★★★★☆

다음 중 데이터 마이닝에서 의사결정 나무 분석의 종류와 가장 관련이 없는 것은 무엇인가?

① CART(Classification and Regression Tree)

② ROC(Receiver Operation Characteristic)

③ CS5.0

④ CHAID(CHi-squared Automatic Interaction Detection)

101 난이도 ★★☆☆☆

다음 중 감사인의 적절한 전문적 주의(Due professional care)와 관련 없는 것은 무엇인가?

① 실무자는 감사 업무 수행과 관련된 모든 문제에 대해 마음과 외양 모두에서 적격성, 객관성 및 독립성을 유지해야 한다. 그들은 문제를 해결하고 결론에 도달하는 데 있어 정직하고 공정하며 편견이 없어야 한다.

② 적절한 전문적 관리를 위해 실무자는 합리적인 확신의 개념을 염두에 두고 모든 업무를 수행해야 한다.

③ 실무자는 전문적인 표준과 법적 및 규제 요건을 준수하면서 성실하게 감사 업무를 수행해야 한다.

④ 실무자는 끊임없이 감사에 대해서 연구해야 하며, 의사결정 전 충분한 조사를 통해 필요한 정보를 이해하고 해야 할 사항을 충분히 인지해야 한다.

[시스템 보안]

001
난이도 ★★☆☆☆

다음 중 단일 장애점(SPOF)을 예방하는 방법에 가장 해당하지 않는 것은 무엇인가?

① High Availability(HA)

② Load Balancing

③ MSA(Micro Service Architecture)

④ RAID(Redundant Array of Independent Disks)

002
난이도 ★☆☆☆☆

다음은 OTP와 보안 카드를 기능적으로 비교한 것이다. 보기 중 가장 관련이 없는 것은 무엇인가?

① 거래 편리성: OTP 발생기는 종류와 상관없이 1개를 다른 은행에서도 모두 사용 가능하기에 범용성이 좋다.

② 비밀번호: 카드에 인쇄된 30개 비밀번호는 항상 재사용할 수 있어서 편의성이 좋다.

③ 복제 가능성: OTP는 복제 불가하나 보안카드는 촬영, 복사로 복제가 가능하기에 기밀성이 낮다.

④ 사용법: OTP는 생성된 6자리 비밀번호를 전자금융 거래 시 입력하여 사용한다.

003
난이도 ★☆☆☆☆

일반적인 리눅스에서 lastlog 명령어로 조회할 수 있는 구성요소로 가장 관련이 없는 것은 무엇인가?

① 로그인 이름

② 현재 시스템 사용자의 UID, GID, groups를 출력

③ 포트

④ 마지막 로그인 날짜

004
난이도 ★★☆☆☆

FTP(File Transfer Protocol)는 명령어 처리를 위한 21번 포트와 데이터 전송을 위한 20번 포트를 사용한다. 클라이언트가 FTP 서버의 명령어 21번 포트로 FTP 접속을 요청하면 서버가 데이터 전송을 진행할 서버의 포트 번호를 클라이언트에게 알려준다. 이후 클라이언트는 서버에 오픈된 해당 포트로 데이터 전송을 연결하여 FTP 파일을 전송한다. 이러한 FTP 전송 방식을 무엇이라고 하는가?

① FTP Half Open mode

② FTP Stealth mode

③ FTP Client-Side mode

④ FTP Passive mode

005

난이도 ★★★☆☆

다음 중 기존 네트워크 보안에 비해 보안 서비스 에지(SSE)의 장점으로 가장 관련이 없는 것은 무엇인가?

① 더 나은 위험 감소(Better risk reduction)

② 포괄적인 거버넌스 체계(Comprehensive governance framework)

③ 제로 트러스트 액세스(Zero trust access)

④ 통합 이점(Consolidation advantages)

006

난이도 ★★★☆☆

다음 [보기] 중 ISACA에서 가이드하는 무단 정보 접근(Unauthorized Access of Information)에 대한 위험을 완화하기 위한 통제의 순서로 올바르게 나열한 것은 무엇인가?

> **보기**
>
> 가. 데이터 품질 전략을 정의(Manage quality standards, practices and procedures and integrate quality management into key processes and solutions)
>
> 나. 데이터 자산의 생명 주기를 관리(Manage network and connectivity security)
>
> 다. 역할과 책임을 설정(Establish roles and responsibilities)
>
> 라. 정보(데이터) 및 시스템 소유권을 정의(Communicate management objectives, direction and decisions made)
>
> 마. 자산 생명 주기를 관리(Manage vulnerabilities and monitor the infrastructure for security-related events)
>
> 바. 조직의 데이터 관리 전략과 역할 및 책임을 정의하고 전달(Define and communicate policies and procedures)

① 가 → 다 → 라 → 나 → 바 → 마

② 다 → 라 → 바 → 가 → 나 → 마

③ 가 → 라 → 다 → 나 → 마 → 바

④ 다 → 바 → 라 → 나 → 가 → 마

007

난이도 ★★★☆☆

리눅스 운영체제에서 사용자 계정의 기본 마스터 정보는 /etc/password 파일에 저장되며 읽기 전용으로 제공된다. root 권한을 가진 사용자만 읽기 권한을 제공하는 핵심 파일이다. /etc/password와 달리 사용자의 계정 비밀번호를 일방향 함수로 암호화한 결과와 비밀번호의 만료일자, 변경일자, 유예기간 등을 저장하는 시스템 파일은 무엇인가?

① /etc/usr_password

② /etc/profiles

③ /etc/password_hs

④ /etc/shadow

008

난이도 ★★★☆☆

다음 [보기] 속 빈칸에 해당하는 내용은 무엇인가? 가장 알맞은 답을 선택하시오.

> **보기**
>
> ( )은/는 문서 콘텐츠와 이미지를 보호하도록 설계되었다. 부분 및 파생 텍스트 기반 콘텐츠 일치를 수행하기 위해 지문 문서의 인덱스에 의존한다.

① IDM: Indexed Document Matching

② EDM: Exact Data Matching

③ EDM: Electronic Data Management

④ PAM: Pattern Access Matching

009

난이도 ★★☆☆☆

다음 부적절한 패치/취약점 관리(Inadequate Patch/Vulnerability Management)에서 선택지와 통제의 유형이 다른 것은 무엇인가?

① 보안 관련 이벤트에 대한 취약성을 관리하고 인프라를 모니터(Manage vulnerabilities and monitor the infrastructure for security-related events): 예방 통제

② 품질 표준, 관행 및 절차를 관리하고 품질 관리를 주요 프로세스 및 솔루션에 통합(Manage quality standards, practices and procedures and integrate quality management into key processes and solutions): 예방 통제

③ 직접적인 이해관계자 참여, 커뮤니케이션 및 보고(Direct stakeholder engagement, communication and reporting): 예방 통제

④ 네트워크 및 연결 보안을 관리(Manage network and connectivity security): 예방 통제

010 난이도 ★★★★☆

다음 [보기]에 해당되는 내용은 무엇인가? 가장 알맞은 답을 선택하시오.

보기

가상 메모리 페이지 속도 향상을 위해서 자주 참조되는 가상 메모리 주소를 실제 메모리 주소로 매핑 시 성능 개선 위해 MMU에서 사용하는 고속 캐시이다.

① TLB(Translation Lookaside Buffer)

② PCB(Process Control Block)

③ PFF(Page Fault Frequency)

④ SLC(Synthesisable Logic Circuits)

011 난이도 ★★☆☆☆

다음 중 슬랙 공간(Slack Space Area)의 종류와 가장 관련이 없는 것은 무엇인가?

① 램 슬랙(RAM Slack)

② 파일 시스템 슬랙(File System Slack)

③ 네트워크 슬랙(Network Slack)

④ 드라이브 슬랙(Drive Slack)

012 난이도 ★★☆☆☆

다음 [보기]는 무엇을 의미하고 있는가? 가장 알맞은 답을 선택하시오.

보기

원격 공격자는 이 취약점을 쉽게 악용해 IoT 기기의 제어권을 탈취할 수 있으며, 공격에 필요한 유일한 정보는 타깃 사용자의 UID이다. 공격자는 이 UID를 소셜 엔지니어링 기법을 통해 얻어낼 수 있다. 플랫폼을 사용하는 대부분의 기기는 IP 카메라와 같은 영상 모니터링 제품이며 공격자는 이 취약점을 통해 음성 및 영상 데이터를 도청할 수 있다. 이 플랫폼의 최대 고객 중 하나는 중국 기술 회사인 샤오미(Xiaomi)이며 2020년 보도 자료에서 COVID-19 팬데믹 동안 세계 10대 베이비 케어 카메라 제조업체와 협력하기 시작했다고 언급했다.

① Javelin cloud platform

② Carrot cloud platform

③ Kalay cloud platform

④ Jaguar cloud platform

[네트워크 보안]

013 난이도 ★★★☆☆

다음 중 TKIP 프로토콜의 특징으로 가장 관련이 없는 것은 무엇인가?

① 암호화 강도를 높이는 패킷별 키 혼합 기능

② WEP의 일반 텍스트 전송과 달리 해싱을 포함하는 초기화 벡터 시퀀싱 메커니즘

③ Advanced Encryption Standard(AES) 알고리즘 사용

④ 패킷을 보호하기 위한 암호화 메시지 무결성 검사

③ 서명 데이터(Signed data)

④ 서명 봉인 데이터(Signed and enveloped data)

014
난이도 ★★☆☆☆

OSI 7 계층은 1계층의 Physical Layer부터 7계층의 Application Layer로 구성되며 네트워크에서 두 노드 간에 데이터를 전송하는 기준이 된다. (가) 계층은 노드 간에 직접 연결된 환경에서 Frame 단위로 데이터를 전송하면서 노드 간에 식별 가능한 주소를 MAC로 사용한다. (가) 계층의 대표적인 프로토콜에는 ATM, Ethernet이 있다. 그리고 (나) 계층은 노드 간에 규격 및 형식을 맞출 수 있도록 ASCII로 변환하는 과정과 압축 해제, 복호화 등을 수행하며 SSL, TLS 등의 프로토콜이 존재한다. (가)와 (나)에 들어갈 말로 적절한 것을 고르시오.

① 가: Datalink, 나: Presentation

② 가: Network, 나: Presentation

③ 가: Datalink, 나: Session

④ 가: Network, 나: Session

015
난이도 ★★★☆☆

일반적으로 SOAP(Simple Object Access Protocol)은 XML 기반의 메시지를 컴퓨터 네트워크에서 교환하는 프로토콜이다. 다음 중 SOAP의 종류와 가장 관련이 없는 것은 무엇인가?

① HTTPS   ② HTTP

③ SMTP   ④ JSON

016
난이도 ★★☆☆☆

다음 S/MIME 메시지 구성으로 가장 관련이 없는 것은 무엇인가? 가장 해당하지 않는 것을 찾으시오.

① 콘텐트 보관 데이터(Content archiving data)

② 봉인 데이터(Enveloped data)

017
난이도 ★★★☆☆

다음 [보기]는 무엇에 대한 정의인가? 가장 알맞은 답을 선택하시오.

> **보기**
>
> X.509 인증서에서 인증 기관의 루트 인증서이다. 루트 인증서에서 최종 인증서까지의 인증서로 트러스트 체인이 설정된다. 하드웨어 또는 소프트웨어에 직접 내장되어 있거나 다른 신뢰할 수 있는 엔티티(예: 공개 키 인증서)가 보증하기보다는 대역 외 수단을 통해 안전하게 프로비저닝되기 때문에 신뢰할 수 있는 공개 또는 대칭 키이다.

① Trust Anchor

② Hybrid Root CA(Certification Authority)

③ Intermediate CA(Certification Authority)

④ JCOP API

018
난이도 ★★★☆☆

인터넷 환경에서 웹 브라우저만으로 별도의 프로그램 설치 없이 서버와 클라이언트 사이에 신뢰할 수 있는 통신을 지원하는 프로토콜은 SSL(Secure Socket Layer)이다. [보기]는 클라이언트 PC의 웹 브라우저와 서버 간에 SSL 연결이 맺어지는 Handshaking 과정이다. 과정을 순서대로 나열한 것은 무엇인가?

> **보기**
>
> 가. Server가 Client에게 인증서를 요청하고 그 결과를 받음
>
> 나. Session Key를 Server의 공개 키로 암호화해서 전송
>
> 다. Client가 비밀 키(대칭키) 유형의 Session Key를 생성
>
> 라. Client Hello(클라이언트의 지원 가능한 알고리즘 전송)

마. Server는 Client에게 연결이 완료되었음을 회신

바. Server Hello(서버의 지원 가능한 알고리즘 회신)

사. 상호 간에 합의된 암호화 알고리즘이 결정되었음을 전송

① 라 → 가 → 다 → 나 → 바 → 사 → 마

② 바 → 라 → 가 → 다 → 나 → 사 → 마

③ 라 → 바 → 다 → 가 → 사 → 나 → 마

④ 라 → 바 → 가 → 다 → 나 → 사 → 마

019
난이도 ★★★★☆

65,535개의 포트 번호가 있지만 모든 포트 번호가 매일 사용되는 것은 아니다. 각각의 포트는 특정 목적으로 할당된다. 이와 관련하여 포트 번호와 관련 네트워크 프로토콜을 잘못 짝지은 것은 무엇인가?

① 포트 179: BGP(Border Gateway Protocol)

② 포트 3389: ISAKMP(Internet Security Association and Key Management Protocol)

③ 포트 25: SMTP(Simple Mail Transfer Protocol)

④ 포트 22: Secure Shell

020
난이도 ★★☆☆☆

다음 중 RPKI의 장점으로 가장 거리가 먼 것은 무엇인가?

① 적절하게 위임된 '사용 권한'이 있는 리소스 보유자만이 서명과 인터넷 번호 리소스를 연결하는 서명을 생성할 수 있다.

② 자원 보유자는 자원을 고객/사용자에게 배포할 때 자원 보유를 입증할 수 있다.

③ 리소스 사용자는 디지털 서명을 사용하여 위임된 리소스와 관련된 정보를 보호할 수 있다. 이 정보를 변경하려고 하면 서명이 무효화

된다.

④ 라우팅 인증(RPKI)은 경로원점 인증서(ROA)를 이용하여 인터넷 통신 상의 정상 경로(Route) 정보 및 독립적인 네트워크를 식별하는 것으로 고유한 라우팅 정책을 구현 가능하다.

021
난이도 ★★☆☆☆

송신 단말에서 수신 단말로 전송하는 과정에서 OSI 7 Layer의 계층별로 정의된 값 형태에 따라 전송된다. 이때 계층별로 다루는 단위가 다른데, [보기]에서 명시한 계층별 전송 단위가 잘못된 것은 무엇인가?

> **보기**
>
> 가. OSI 1계층: Bit
> 나. OSI 2계층: Packet
> 다. OSI 3계층: Frame
> 라. OSI 4계층: Message
> 마. OSI 7계층: Segment

① 나, 다

② 나, 다, 라

③ 나, 다, 라, 마

④ 가, 나, 다

022
난이도 ★★☆☆☆

다음 중 Wi-Fi 6E가 필요한 이유로 적절하지 않은 것은 무엇인가?

① 6GHz 대역에서 더 많은 용량을 제공하여 연결 및 정체 문제를 해결한다.

② 최대 160MHz까지 채널을 넓혀 고화질 비디오 및 가상 현실에 이상적이다.

③ 6E 지원 장치만 대역을 사용할 수 있기 때문에 전자레인지 등의 간섭이 없다.

④ 인밴드 전 이중 멀티플렉싱(In-Band Full-Duplex Multiplexing; IBFD Multiplexing)을 통해 송수신 속도 간의 비대칭 문제점이 개선되었다.

023

난이도 ★★☆☆☆

다음 [보기]에 해당되는 내용은 무엇인가? 가장 알맞은 답을 선택하시오.

> **보기**
>
> 네트워크 트래픽을 복제하고 복사본을 데이터 저장소로 보내는 방법을 제공한다. 네트워크 엔지니어·관리자는 네트워크상의 데이터를 분석 및 디버그하거나 오류를 진단하는 데 사용한다. 또한, 관리자가 네트워크 성능을 관찰하는 데 도움을 주고 문제가 발생했을 때 이를 알려 준다.

① Port Switching　　② Port Mirroring

③ Port Cloning　　④ Port Transferring

024

난이도 ★★★☆☆

[보기]에 해당하는 내용은 무엇인가? 가장 알맞은 답을 선택하시오.

> **보기**
>
> 이더넷 케이블을 통해 데이터와 전원을 안정적으로 전송하는 시스템을 의미한다. 일반적인 카테고리 5 케이블 이상의 케이블을 필요로 한다. IEEE 802.3af 및 802.3at 표준에 의해 정의된 네트워킹 기능이며 이를 사용하면 기존 데이터 연결 상에서 이더넷 케이블을 통해 네트워크 장치에 전원을 공급할 수 있게 된다.

① Access Point WiFi 6E

② Stackable Switch

③ PoE(Power over Ethernet)

④ CNA(Converged Network Adapter)

025

난이도 ★★☆☆☆

DNS 데이터 대상의 '데이터 위조-변조 공격'을 방지하기 위한 인터넷 표준 기술로, DNS 데이터의 위조-변조 가능성을 원천적으로 차단하기 위해 공개 키 암호화 방식(Public Key Cryptogra-phy)의 전자 서명 기술을 DNS 체계에 도입하여 적용하였다. 공개 키 암호화 방식의 전자 서명 메커니즘은 금융권 등에서 널리 사용하는 공인인증서가 사용하고 있는 기술이기도 한다. 이와 관련된 기술은 무엇인가?

① DNS Lookup　　② DNS Filtering

③ DNSSEC　　④ Zone File

026

난이도 ★★★☆☆

보안 전자 거래(SET)는 네트워크, 특히 인터넷을 통해 신용카드 거래를 보호하기 위한 통신 프로토콜 표준이다. 다음 중 이와 관련된 암호 알고리즘으로 관련이 없는 것은 무엇인가?

① 1024비트 RSA　　② 256비트 Rijndael

③ 56비트 DES　　④ 160비트 SHA-1

027

난이도 ★★★☆☆

[보기]는 공유 서비스 기술 표준 적용으로 무엇을 설명한 것인가? 가장 알맞은 답을 선택지에서 고르시오.

> **보기**
>
> 블로그 항목, 뉴스 헤드라인, 최신 부동산, 자동차 목록 등과 같이 자주 업데이트되는 작업을 표준화된 형식으로 게시하는 데 사용되는 웹 피드 형식이다. 피드(또는 '채널')에는 요약 설명, 사진, 기능 등이 포함된다. 일반적으로 신규 정보 자원을 미리 요청한 정보 구독자에게 단방향(Read Only)로 공지하는 형태로 배포하는 XML 표준안이다.

① REST(REpresentational State Transfer)

② SOAP(Simple Object Access Protocol)

③ RSS(Really Simple Syndication)

④ Atom

028

난이도 ★★☆☆☆

다음 중 차세대 방화벽(NGFW)의 특징으로 가장 관련이 없는 것은 무엇인가?

① 애플리케이션 제어(Application Control)
② 침입 방지 시스템(Intrusion Prevention System, IPS)
③ 심층 방어(Defense in Depth, DID)
④ 안티 바이러스(Antivirus)

029

난이도 ★★★☆☆

SAML(Security Assertion Markup Language)은 ID 공급자와 서비스 공급자 간에 인증 및 권한 부여 데이터를 교환하기 위한 개방형 표준이다. 다음 중 SAML과 OAuth 차이점에 해당되지 않는 것은 무엇인가?

① OAuth는 부분적으로 SAML이 가진 모바일 플랫폼에 대한 결함을 보완하기 위해 개발되었고, XML이 아니라 JSON에 기초한다.
② OAuth는 공급자가 어떻게 인증 및 권한 부여 서비스를 동시에 제공할 수 있는지를 정의한다. 이와 달리 SAML은 권한 부여만 다룬다.
③ SAML은 이론적으로 개방된 인터넷에서 사용되도록 설계되었지만, 실제로는 기업 네트워크 내에서 싱글 사인온(SSO)에 가장 많이 도입되어 사용된다.
④ SAML과 OAuth는 서로를 보완하여 사용할 수 있다. 즉, SAML이 애플리케이션에 대한 액세스 권한을 부여하고 OAuth를 사용하여 보호된 리소스에 대한 액세스를 허용함으로써 두 프로토콜을 동시에 사용할 수 있다.

[정보 보안]

030

난이도 ★★★☆☆

NVD는 SCAP(Security Content Automation Protocol)를 사용하여 표시되는 표준 기반 취약성 관리 데이터의 미국 정부 저장소이다. 이와 관련하여 선택지 중 가장 거리가 먼 것은 무엇인가?

① 프로세스 방법론(Process Methodology)
② 보안 체크리스트 참조 데이터베이스(Databases of Security Checklists)
③ 잘못된 구성(Misconfigurations)
④ 보안 관련 소프트웨어 결함(Security Related Software Flaws)

031

난이도 ★★☆☆☆

디지털 서명(Digital Signature)은 네트워크에서 송신자의 신원을 증명하는 방법으로, 송신자가 자신의 비밀 키로 암호화한 메시지를 수신자가 송신자의 공용 키로 해독하는 과정이다. 다음 중 디지털 서명의 요구 사항과 가장 관련이 없는 것은 무엇인가?

① 분쟁 해결(Judge)
② 구별 불능(Indistinguishable)
③ 위조 불가(Unforgeable)
④ 재사용 불가(Not Reusable)

032

난이도 ★☆☆☆☆

이것은 비대칭 키(공개 키) 암호화 알고리즘의 하나이며, 대한민국 KISA에서 개발한 전자 서명 알고리즘이다. 이 알고리즘은 1998년 TTA에서 국내 표준으로 제정되기도 했다. 이 비대칭 키 암호화 알고리즘은 ElGamal 방식을 변형한 것으로, 이산 대수의 수학적 어려움을 기반으로 한다. 이것은 무엇인가?

① ECC
② SEED
③ KCDSA
④ MD5

033
난이도 ★★☆☆☆

DES(Data Encryption Algorithm) 암호화는 과거 비밀 키 암호화의 표준으로 사용되었지만 안전성에 이슈로 인해 3DES로 교체된 후에 현재는 사용되지 않는다. 2000년경 미국 NIST에서 3DES를 대체할 안전성이 높은 비밀 키 암호화 알고리즘 (가)를 선정했다. (가) 암호화는 128비트 길이의 블록과 세 가지 길이의 키(128, 192, 256비트)를 갖추도록 요구되었으며 최종적으로 Rijndael 알고리즘이 (가) 암호화로 선정됐다. (가)에 들어갈 용어는 무엇인가?

① ARIA
② AES
③ ECC
④ SEED

034
난이도 ★★★☆☆

개인정보보호법에 따르면 정보 처리 시스템에서 다루는 고객의 주민 등록 번호 등 주요 개인정보에 암호화를 적용해야 한다. 데이터베이스 암호화는 API 방식과 Plug-In 방식으로 크게 나눌 수 있다. [보기] 중 API 방식 암호화의 특징에 해당되는 것을 모두 고르시오.

> **보기**
>
> 가. 데이터베이스 테이블에는 암호화가 적용된 값으로 저장된다.
> 나. 운영 중인 애플리케이션에 적용할 경우 프로그램 소스 코드의 변경이 필요하므로 공수 산정을 고려해야 한다.
> 다. API 방식은 Plug-in 방식에 비하여 데이터베이스 자원과 성능에 영향을 받게 된다.

> 라. DBMS 솔루션의 변경에 영향을 많이 받기 때문에 투명성 제고가 필요하다.
> 마. 애플리케이션 사용량 증가에 따른 암호화 솔루션 성능 영향도를 PoC로 검증해야 한다.

① 가, 나, 라
② 나, 다, 마
③ 가, 나, 마
④ 가, 나, 라, 마

035
난이도 ★★☆☆☆

사회 공학기법의 하나로 신규 투자자의 투자금으로 기존 투자자의 수익을 메우는 수법의 사기를 의미하는 것은 무엇인가?

① 베이팅
② 스피어피싱
③ 화이트 베어
④ 폰지 사기

036
난이도 ★★☆☆☆

[보기]는 Evil Twin Attack 과정이다. 순서를 올바르게 나열하시오.

> **보기**
>
> 가. 가짜 종속 포털 설정(Setting up a fake captive portal)
> 나. Wi-Fi 액세스 포인트 설정(Setting up a Wi-Fi access point)
> 다. 올바른 위치 찾기(Looking for the right location)
> 라. 피해자 데이터 도용(Stealing victims' data)
> 마. 희생자가 사악한 쌍둥이 Wi-Fi에 연결하도록 독려하기(Encouraging victims to connect to the evil twin Wi-Fi)

① 다 → 나 → 마 → 가 → 라
② 다 → 마 → 가 → 나 → 라
③ 가 → 다 → 나 → 라 → 마
④ 가 → 나 → 다 → 마 → 라

037

난이도 ★★★☆☆

다음 [보기]는 무엇을 설명한 것인가? 선택지에서 올바른 것을 고르시오.

보기

취약점 데이터베이스인 CVE(Common Vulnerabilities and Exposures)를 감독하는 비영리 단체로, 사이버 공격 전술 및 기술에 대한 정보를 기반으로 하는 보안 프레임워크를 제공한다. 실제 사이버 공격의 다양한 단계에서 사용한 악성 행동에 대한 문서화된 정보 모음으로 이러한 그룹의 관찰된 전술(그들이 달성하려는 기술적 목표), 기술(사용 방법) 및 절차(기술의 특정 구현)에 대한 자세한 설명이 포함된다.

① MITRE ATT&CK

② CROWDSTRIKE

③ Lockheed Martin Cyber Kill Chain

④ Cyber Storm

038

난이도 ★★★☆☆

[보기]에서 일반적으로 암호화 알고리즘의 안전성 즉, 악의적인 공격으로부터 평문을 복호화 하지 못하도록 하는 정도를 결정하는 요소는 무엇인가?

보기

가. 평문의 길이

나. 키의 길이

다. 블록의 길이

라. 알고리즘의 구조

마. 라운드 횟수

바. 평문의 복잡도

① 가, 다, 바

② 나, 다, 라, 마

③ 나, 라, 마

④ 가, 마, 바

039

난이도 ★★☆☆☆

[보기]에 해당하는 멀웨어는 무엇인가? 선택지 중 올바른 것을 고르시오.

보기

이것은 납치된 대상에 대한 몸값을 의미하는 '랜섬'과 '소프트웨어'의 합성어인 랜섬웨어의 한 종류로, 사용자 PC 내 주요 파일을 무단으로 암호화해 쓰지 못하게 만든 후 이를 인질 삼아 돈을 주면 암호 해제 키를 주겠다고 협박하는 공격 방식을 말한다. 메일에 첨부되어 있는 파일을 실행하면 파일 내부에 암호화하여 가지고 있던 DLL 파일을 복호화한 후 메모리에 로드하여 사용한다.

모든 악성 행위는 복호화 모듈에서 실행되기 때문에 실행 전 암호화 상태에서는 악성 행위를 확인하기 어렵다. 감염된 시스템의 운영체제 버전을 확인하여 Windows Vista 이상일 경우 악성 코드 프로세스의 integrity level이 Low integrity 이하인지 확인한다. 만약 그 이하라면 시스템 권한으로 프로세스를 재실행한다

① 크립토락커(CryptoLocker)

② 워너크라이(WannaCry)

③ 갠드크랩(GandCrab)

④ 런선웨어(Rensenware)

040

난이도 ★★★☆☆

해시 알고리즘은 일방향 암호화로 사용되며 비밀번호 저장, 무결성 보장, 데이터베이스 등에 포괄적이며 다양하게 활용되고 있다. 해시 알고리즘은 몇 가지 특수한 특징을 가지고 있으며 이 특징을 만족해야 한다. 해시 함수 H가 있을 때, H(평문A)와 H(평문B)의 결괏값이 같도록 하는 임의의 다른 두 개의 값인 평문A, 평문B를 찾는 것이 불가능하다는 특징은 무엇인가?

① 역상저항성

② 충돌회피성

③ 충돌저항성

④ 일방향성

041
난이도 ★★☆☆☆

스팸 문자, 스미싱, 피싱, 보이스피싱 등의 사기가 빈번하게 발생하고 있으며 수단과 방법을 가리지 않고 교묘함의 수준이 향상되고 있다. 최근 해외에서 결제한 내역이 실제와 비슷한 형태로 SMS로 전송되는 피싱 공격이 성행하고 있다. 다음 [보기]는 보이스피싱 공격자가 보낸 문자의 한 사례이며, 선택지 중 이와 같은 문자를 받은 일반인이 주의해야 할 사항이 아닌 것은 무엇인가?

보기

해외결제안내

[AAA쇼핑]해외배송

970,000원결제완료

구매상품 아닐 시 즉시문의

070-0000-0000

방금 수신한 문자메시지는

해외에서 발송되었습니다

---

① SMS의 링크를 클릭하지 말고 전화번호를 직접 입력해서 전화한다.
② iOS와 안드로이드 공식 애플리케이션 마켓에서 앱을 다운로드한다.
③ 의심스러운 상황에서는 신뢰할 수 있는 백신으로 검사한다.
④ 애플리케이션 목록 중 본인이 설치하지 않은 앱은 수동으로 삭제한다.

042
난이도 ★★★★☆

eIDAS는 유럽 단일 시장에 적용되는 전자 식별 및 신뢰할 수 있는 전자상거래 서비스에 관한 새로운 규정으로, 사람과 기업(특히 중소기업), 공공기관이 유럽연합 회원국에서 안전하게 서비스에 액세스해 온라인으로 거래를 실행하는 것에 관한 법적 토대를 제공하고 있다. eIDAS에는 총 세 가지 유형의 전자 서명이 규정되는데, 이와 가장 관련이 없는 것은 무엇인가?

① DES(Dynamic Electronic Signature)
② QES(Qualified Electronic Signature)
③ AES(Advanced Electronic Signature)
④ SES(Standard Electronic Signature)

043
난이도 ★★★☆☆

심층 패킷 검사(DPI)는 네트워크 트래픽을 조정하기 위해 쓰이는 기술이다. 네트워크 사업자가 정한 우선순위에 기초하여, 더 중요한 트래픽이 진행되는 동안 특정 데이터 패킷이 그 목적지로 계속 갈 수 있는지, 혹은 막히거나 지연되어야 하는지를 결정한다. 다음 중 DPI를 구성하는 중요 기술 중 가장 관련이 없는 것은 무엇인가?

① 패턴 역추적
② 패킷 재조합
③ 패턴 매칭
④ 하드웨어 성능

[운영 보안]

044
난이도 ★★☆☆☆

다음 중 외래 키(Foreign key)가 가지고 있는 근본적이고 일반적인 문제에 가장 해당 되는 것은 무엇인가?

① 기밀성
② 무결성
③ 가용성
④ 책임 추적성

045

난이도 ★☆☆☆☆

소프트웨어 식별 태그(SWID Tags)는 궁극적으로 소프트웨어의 무엇을 관리하기 위한 목적인가? 선택지에서 가장 알맞은 것을 고르시오.

① 자산 관리
② 변화 관리
③ 이슈 관리
④ 배포 관리

046

난이도 ★★★☆☆

소프트웨어 시스템의 분석 및 설계나 문서화할 때 사용되는 기법으로, 시스템 실행 과정인 입력·처리·출력의 기능을 나타내며 일반적으로 가시적 도표(Visual Table of Contents), 총체적 도표(Overview Diagram), 세부적 도표(Detail Diagram) 세트로 구성되어 있다. 이것은 무엇인가?

① SIPOC(Supplier, Input, Process, Output, Customer)
② SREM(Software Requirements Engineering Methodology)
③ CASE(Computer Aided Software Engineering)
④ HIPO(Hierarchy plus Input-Process-Output)

047

난이도 ★★★☆☆

부적절한 변경 관리(Inadequate Change Management)로 말미암아 서비스 제공 실패, 사용자 요구 충족 불가능, 재작업으로 인한 비용이 증가한다. [보기]를 읽고, ISACA 협회에서 가이드하고 있는 부적절한 변경 관리에 대한 위험을 완화하기 위한 통제의 순서를 올바르게 나열하시오.

보기

가. 문제를 조사하고 진단(Investigate and diagnose problems)

나. 원하는 비전을 전달(Communicate desired vision)

다. 효과적인 자원 관리(Effective resource management)

라. 사고를 조사, 진단 및 할당(Investigate, diagnose and allocate incidents)

마. 변경 요청을 평가하고 우선순위를 지정하고 승인(Evaluate, prioritize and authorize change requests)

바. 서비스 요청을 확인, 승인 및 이행(Verify, approve and fulfill service requests)

① 나 → 다 → 가 → 마 → 바 → 라
② 다 → 나 → 마 → 바 → 사 → 가
③ 다 → 마 → 나 → 바 → 라 → 가
④ 나 → 가 → 다 → 바 → 라 → 마

048

난이도 ★☆☆☆☆

다음 중 강제적 접근 통제(MAC)의 특징이 아닌 것은 무엇인가?

① 사용자는 보안 레이블이 부여된 데이터에만 액세스할 수 있으며 역할과 권한이 설정되면 재사용이 가능하다.

② 모든 액세스 제어 설정 및 구성은 관리자만 액세스할 수 있다.

③ 지정된 시스템 관리자가 MAC 거버넌스를 정의하며 여기에는 각 사용자에게 필요한 특정 역할과 권한이 포함된다.

④ 단일 장애점(Single Point of Failure, SPOF)이 적으며, 모든 변경 사항이 세분화된 수준에서 발생해야 하므로 가장 융통성 없는 방법이기도 하다.

049
난이도 ★★★☆☆

[보기]를 읽고 DDoS 대응 방법을 올바르게 나열하시오.

보기

가. 방어 서비스 적용	라. 서비스 모니터링
나. 공격 정보 파악	마. 공격 인지
다. 사전 준비	바. 사후 조치

① 다 → 마 → 나 → 가 → 바 → 라
② 다 → 나 → 마 → 가 → 라 → 바
③ 다 → 나 → 마 → 가 → 바 → 라
④ 다 → 마 → 나 → 가 → 라 → 바

050
난이도 ★☆☆☆☆

기업이나 조직이 보유한 물리적인 장비, 소프트웨어, 정보, 데이터 등의 모든 항목들에 대하여 손실을 초래하거나 부정적인 영향을 유발할 수 있는 잠재적인 사건이나 행동 그리고 그 행동을 하는 사용자를 의미하는 단어는 무엇인가?

① Asset   ② Exploit
③ Vulnerability ④ Threat

051
난이도 ★★★★☆

비즈니스 로직 설계와 프로그램 구현 시 복잡도가 증가할 경우 데이터의 크기에 따른 동작 시간의 증가 정도를 고려해야 한다. 이를 시간 복잡도라고 표현하며, 알고리즘의 성능을 평가하는 지표로도 사용된다. 가장 대표적인 표기법은 Big O 표기법인데, 다음 중 입력 데이터의 크기가 증가할 수록 소요 시간이 증가하는 정도가 가장 적은 것은 무엇인가?

① $O(\log n)$ ② $O(n)$ ③ $O(n^2)$ ④ $O(2^n)$

052
난이도 ★★★☆☆

UML에서 사용자 관리(User Management)에 해당되지 않는 것은 무엇인가?

① 액세스 권한(Access Privileges)
② 사용자 증적(User Audit Log)
③ 사용자 책임(User Responsibilities)
④ 액세스 권한(Access Privileges)

053
난이도 ★☆☆☆☆

[보기]가 설명하는 백업의 종류는 무엇인가? 가장 알맞은 것을 고르시오.

보기

기존의 전체 백업본과 여러 개의 증분 백업본을 하나로 통합하는 백업으로, 데이터 복구 성능을 향상시키고 네트워크 대역폭의 사용량을 최소화하는 방식

① 하이브리드 백업(Hybrid Backup)
② 자동화 백업(Continuous Data Protection, CDP)
③ 차등 백업(Differential Backup)
④ 합성 백업(Synthetic Backup)

054
난이도 ★★☆☆☆

다음 [보기]에 해당되는 테스트의 종류는 무엇인가? 선택지에서 올바르게 고르시오.

보기

테스트의 목적은 새 시스템이나 수정된 시스템이 기존 시스템에 부정적인 영향을 미치지 않고 대상 환경에서 작동할 수 있는지 확인하는 것이다.

① Context Driven Test
② Regression Test
③ Negative Test
④ Sociability Test

055

난이도 ★★☆☆☆

임의 접근 제어(DAC)에서 다음 [보기]에 해당되는 내용을 올바르게 나열한 것은 무엇인가?

보 기

접근 제어 행렬(Access Control Matrix): 접근 행렬의 한쪽 차원은 자원에 접근을 시도하는 확인된 주체(사용자, 터미널, 네트워크 장비, 호스트 등)로 구성된다. 주체(사용자)는 행에 표시하며 객체(자원)는 열에 표시한다.

	인사 데이터	회계 프로그램	구매 데이터	급여 데이터	원가 데이터
아이유	rx	rx	r	---	---
유인나	rx	rx	r	rw	rw
전지현	rwx	rwx	r	rw	rw
신세경	rx	rx	rw	rw	rw

① 권한 목록은 '열'로 분리하고 접근 가능 목록은 '행'으로 분리한다.

② 접근 가능 목록은 '열'로 분리하고 접근 제어 목록은 '행'으로 분리한다.

③ 접근 가능 목록은 '행'으로 분리하고 접근 제어 목록은 '열'로 분리한다.

④ 권한 목록은 '행'으로 분리하고 접근 제어 목록은 '열'로 분리한다.

[법규 및 제도]

056

난이도 ★★☆☆☆

GDPR은 개인 데이터 처리와 관련된 주요 원칙을 설명하고 있다. 요구 사항 분류에서 가장 높은 수준으로 생각할 수 있다. 법안의 규모에 대한 충격을 완화하기 위해 기업의 현재 관행과 분류하여 상호 연관시킬 수 있다. 다음 중 GDPR의 주요 원칙과 관련이 없는 것은 무엇인가?

① 목적 제한(Purpose limitation): 개인 데이터는

명시적이고 적법한 목적을 위해 수집되어야 하며 해당 목적과 양립할 수 없는 방식으로 추가 처리되지 않아야 한다.

② 유연성(Flexibility): 개인 데이터 처리는 유연해야 하며 어떠한 관습이나 제도에도 얽매이지 않고 처리되어야 한다.

③ 데이터 최소화(Data minimization): 개인 데이터는 적절하고 관련성이 있으며 처리 목적과 관련하여 필요한 것으로 제한되어야 한다.

④ 저장 제한(Storage limitation): 개인정보는 처리 목적에 필요 이상으로 데이터 주체를 식별할 수 있는 형태로 보관하여야 한다.

057

난이도 ★★☆☆☆

ISO 12207 국제 표준은 소프트웨어의 획득부터 운영까지 전체 프로세스에 대한 표준이다. 소프트웨어 발주 프로세스부터 개발 생명 주기(SDLC) 및 운영 업무까지 포괄하는 범용적이며 포괄적인 프로세스를 제시한다. ISO 12207는 계약, 공학, 운영, 품질 경영 등 다양한 관점으로 프로세스를 바라보는데, 다음 중 이에 해당하지 않는 것은 무엇인가?

① 유지 보수 프로세스

② 확인과 검증 프로세스

③ 감사 프로세스

④ 보안 점검 프로세스

058

난이도 ★★☆☆☆

7S는 문화를 포함하여 기업의 전체 모습을 이해하기 위한 분석 기법 중 하나이다. 다음 중 7S와 가장 관련이 없는 것은 무엇인가?

① 간격(Space) ② 공유 가치(Shared Value)

③ 전략(Strategy) ④ 스킬(Skill)

059

난이도 ★★☆☆☆

[보기]의 내용은 무엇인가? 가장 알맞은 답을 선택하시오.

> **보 기**
>
> 전자 정부 서비스 및 프로세스의 관리를 개선하기 위해 도입된 2002년 전자정부법의 일부이며 2002년에 통과된 미국 연방법으로, 연방 기관이 정보 보안 및 보호 프로그램을 개발, 문서화 및 구현해야 한다. 연방 데이터 보안 표준 및 지침에 대한 중요한 규정 중 하나이다. 정보 보안에 대한 연방 지출을 관리하면서 연방 정보 및 데이터에 대한 보안 위험을 줄이기 위해 도입되었다. 이러한 목표를 달성하기 위해 이 법률은 연방 기관이 충족해야 하는 일련의 지침과 보안 표준을 수립했다.

① PA-DSS　　　　② SMEs

③ DPA　　　　　④ FISMA

060

난이도 ★★★☆☆

다음 중 동기화와 관련하여 잘못 짝지어진 것은 무엇인가? 가장 관련이 없는 것을 고르시오.

① 생산자-소비자 문제(Producer-consumer problem): 여러 개의 프로세스 동기화 설명

② 독자-저자 문제(Readers-writers problem): 여러 개의 캐시를 순서대로 배치하는 설명

③ 잠자는 이발사 문제(Sleeping barber problem): 운영체제의 프로세스 간 통신과 그들의 동기화 설명

④ 식사하는 철학자들 문제(Dining Philosopher Problem): 동시성과 교착 상태를 설명

061

난이도 ★★☆☆☆

[보기]는 무엇을 설명한 내용인가? 선택지에서 가장 알맞은 것을 고르시오.

> **보 기**
>
> 통신망 사용자에 대한 효용성을 나타내는 망의 가치는 대체로 사용자 수의 제곱에 비례한다는 법칙이다. 예를 들어, 네트워크에 10개의 노드가 있는 경우 고유 값은 100(10×10)이다. 최종 노드는 컴퓨터, 서버 및/또는 연결 사용자가 될 수 있다.

① 메칼프의 법칙(Metcalfe's law)

② 파레토 법칙(Pareto principle)

③ 암달의 법칙(Amdahl's law)

④ 무어의 법칙(Moore's law)

062

난이도 ★★★★☆

다음 중 NYDFS(NY Department of Financial Services)의 제3자 보안 요구 사항과 가장 관련이 없는 것은 무엇인가?

① 제3자 서비스 제공자의 위험 평가

② 해당 금융 기관과 비즈니스를 수행하기 위해 충족되어야 하는 제3자 서비스 제공자의 보안 요구 사항

③ 제3자 서비스 제공자의 재무감사 평가 의견

④ 제3자 정책 및 통제에 대한 주기적 평가

063

난이도 ★★☆☆☆

유럽 개인정보보호법(General Data Protection Regulation, GDPR)이 2018년 5월부터 시행되고 있다. 이와 관련하여 가장 관련이 없는 것은 무엇인가?

① 유럽에서 사업을 하거나 유럽 시민을 고용하는 등 유럽 시민의 개인정보를 사용하고자 하는 기업/기관은 반드시 GDPR에 대응해야만 한다.

② 개인정보 처리 원칙, 동의 요건, 국외 이전 등 심각한 위반 시, 전 세계 연간 매출액의 4% 또

는 2천만 유로 중 높은 금액이, 그 외의 일반적인 위반 경우에는 전 세계 연간 매출액의 2% 또는 2천만 유로 중 높은 금액이 과징금으로 부과될 수 있다.

③ 정보 보안 전략과 GDPR 준수를 감독한 데이터 보호 담당자(Data Protection Officer, DPO)를 정보 통제자와 정보 처리자가 지명해야 한다.

④ GDPR에서는 정보 침해 시 기업들이 120시간 이내에 신고할 것을 의무화하고 있다.

064
난이도 ★★★☆☆

[보기]를 읽고 가장 알맞은 답을 고르시오.

> **보기**
>
> 사이버 보안 측정 방법에는 EAL(Evaluation Assurance Level)과 비슷한 SAL(Security Assurance Level) 측정 방식이 있다. 그렇다면 EAL5는 SAL 무슨 레벨과 같은 것인가?

① SAL 1   ② SAL 2
③ SAL 3   ④ SAL 4

065
난이도 ★★★☆☆

[보기]의 내용은 무엇을 설명한 것인가? 가장 알맞은 답을 선택하시오.

> **보기**
>
> 자동차 기능 안전성 국제 표준은 자동차에 탑재되는 E/E(Electrical and/or Electronic) 시스템의 오류로 인한 사고 방지를 위해 ISO에서 제정한 자동차 기능 안전 국제 규격이다. 이는 프로세스 모델과 함께 요구되는 활동, 유무형의 증거물, 그리고 개발과 생산에 사용되는 방식을 정의한다.

① ISO 22301   ② ISO 26262
③ ISO 27001   ④ ISO 27701

066
난이도 ★★☆☆☆

[보기]의 내용은 무엇을 설명한 것인가? 가장 알맞은 답을 선택하시오.

> **보기**
>
> IT 투자에서 비즈니스 가치를 창출하는 데 사용할 수 있는 거버넌스 프레임워크이다. 이는 일련의 지침 원칙과 다수의 프로세스 및 모범 사례로 구성되어 있으며, 이는 기업 수준에서 경영진과 이사회를 지원하기 위한 일련의 주요 관리 관행으로 정의된다. 여기에는 세 가지 특정 영역에 대한 프로세스 및 주요 관리 사례가 포함되며 IT 서비스, 자산, 기타 리소스 및 IT 포트폴리오 관리를 위한 원칙 및 프로세스를 포함하는 새로운 투자가 포함된다.

① COBIT

② Val IT

③ COSO

④ VMM(Value Measuring Methodology)

067
난이도 ★★☆☆☆

위치 정보의 보호 및 이용 등에 관한 법률(약칭: 위치정보법)의 제16조에 따르면, 위치 정보(LBS) 사업자는 관리적 및 기술적 정보보호 조치를 취해야 한다. 동법 시행령(약칭: 위치정보법 시행령)의 제20조에 상세한 관리적 보호 조치와 기술적 보호 조치를 명시하고 있다. 다음 중 본 조항에서 명시한 위치 정보 사업자가 수행해야 할 의무적 기술적 보호 조치에 해당되지 않는 것은 무엇인가?

① 위치 정보 및 위치 정보 시스템의 접근 권한을 확인할 수 있는 식별 및 인증 실시

② 위치 정보 시스템의 침해 사고 방지를 위한 보안 프로그램 설치 및 운영

③ 위치 정보 시스템에 대한 접근 사실의 전자적 자동 기록·보존 장치의 운영

④ 위치 정보 시스템에서 저장하는 고객 민감 정보의 수집 및 폐기 지침 준수

068
난이도 ★★★☆☆

다음 중 GDPR을 위반하여 과징금을 부여할 경우 올바른 사항은 무엇인가?

① 개인정보 위반한 건에 대해 '일괄적으로 소급'하여 제재 규정을 적용하도록 한다.

② '사업체 집단' 매출을 바탕으로 과징금(fines imposed by reference to the revenues of an undertaking)을 부과한다.

③ GDPR 규정의 일반적 위반의 경우 직전 회계 연도의 전 세계 매출액 3% 또는 2천만 유로 중 더 큰 금액을 상한으로 하여 부과한다.

④ GDPR 규정의 심각한 위반의 경우 직전 회계 연도의 전 세계 매출액 5% 또는 4천 만 유로 중 더 큰 금액을 상한으로 하여 부과한다.

069
난이도 ★★★★★

[보기]는 무엇을 설명한 것인가? 가장 알맞은 답을 선택하시오.

> **보 기**
>
> 투자자를 보호하고 유익하고 정확하며 독립적인 감사 보고서를 준비하는 데 있어 공익을 증진하기 위해 의회가 공기업 감사를 감독하기 위해 설립한 비영리 법인이다. 연방 증권법에 따라 제출된 준수 보고서를 포함하여 브로커 및 딜러의 감사를 감독한다.

① PCAOB(Public Company Accounting Oversight Board)

② NFRA(National Financial Reporting Authority)

③ HFCAA(Holding Foreign Companies Accountable Act)

④ SEC(U.S. Securities and Exchange Commission)

070
난이도 ★★★☆☆

다음 중 SOC 유형을 선택할 때, 가장 해당되지 않는 것은 무엇인가? 선택지에서 가장 관련이 없는 것을 고르시오.

① 고객이 감사를 수행할 권리를 요구하는 경우에는 조직은 SOC 1을 추구해야 한다.

② 감사 회사와 협력하여 조직에 적합한 SOC 유형을 선택하며, 이 중에서 하나의 유형만 결정할 수 있다.

③ 규정 준수가 요구 사항의 일부분일 경우에는 조직은 SOC 1을 추구해야 한다.

④ 서비스가 고객의 재무 보고에 영향을 미치는 경우 조직은 SOC 1을 추구해야 한다.

071
난이도 ★★☆☆☆

CCRA(Common Criteria Recognition Arrangement) 협정에 의한 국제용 인증서의 유효 기간은 몇 년인가?

① 3년　　② 5년　　③ 10년　　④ 30년

072
난이도 ★★☆☆☆

개인정보보호법 시행령 제19조에서는 고유 식별 정보의 범위에 대해 구체적으로 명시하고 있다. 대통령령으로 정하는 정보에 해당하는 경우에 고유 식별 정보에 해당되는데, 다음 중 이에 해당되지 않는 것은 무엇인가?

① 국민건강진흥법 제1조의 제2항에 따른 의료 보장 번호

② 여권법 제7조 제1항 제1호에 따른 여권 번호

③ 출입국관리법 제31조 제5항에 따른 외국인 등록 번호

④ 도로교통법 제80조에 따른 운전면허의 면허 번호

073
난이도 ★☆☆☆☆

스프링클러는 화재가 발생했을 때 열을 감지해 자동으로 물을 뿌리는 장치이다. 다음 중 스프링클러와 가장 관련이 없는 것은 무엇인가?

① 하이브리드(Hybrid valve)

② 건식(Dry valve)

③ 습식(Alarm valve)

④ 준비 작동식(Pre-action valve)

074
난이도 ★★★☆☆

산업안전보건법에서 사업주는 근로자가 상시 작업하는 장소의 작업면 조도(照度)를 다음 각 호의 기준에 맞도록 해야 한다. 이에 따라, 다음 중 보통 작업에서는 얼마 이상의 럭스가 필요한가?

① 750 럭스 이상 ② 300 럭스 이상

③ 150 럭스 이상 ④ 75 럭스 이상

075
난이도 ★★★☆☆

이것은 조리개, 셔터 스피드와 함께 카메라에 들어오는 빛(노출)을 제어하는 구성요소로, 쉽게 말해 '이미지 센서가 가지는 빛에 대한 민감도 설정'이라 할 수 있다. '이것'은 무엇인가?

① ISO 감도 ② 미러리스

③ 콘트라스트 ④ 화이트밸런스

076
난이도 ★★☆☆☆

'건축법시행령' 제64조(방화문의 구조) 방화문은 갑종 방화문 및 을종 방화문으로 구분하되, 그 기준은 국토교통부령으로 정하고 있다. 그렇다면 갑종 방화문은 비차열(非遮熱)일 때 얼마까지 견딜 수 있어야 하는가?

① 10분 ② 30분 ③ 45분 ④ 60분

077
난이도 ★★★☆☆

[보기]의 내용은 어떤 소화약제를 설명한 것인가? 가장 알맞은 답을 고르시오.

> **보기**
>
> 이 소화약제는 다른 할로겐 화합물 소화약제와 화염과 접촉 시 분해 부산물을 발생시키며 이 중 주된 부산물은 불화 수소(Fluorine Halides)이다. 이러한 부산물의 생성을 감소시키기 위하여 이 소화 설비는 소화 농도에 안전율을 감안한 설계 농도의 소화약제가 10초 이내에 방출되도록 설계 된다. 또한, 소량의 첨가제(0.15%)는 이러한 분해 부산물의 생성을 감소시키어 보다 인체에 안전한 소화 작용이 이루어지도록 도와주는 역할을 수행한다.

① HFC-23 ② HFC-125

③ Carbon Dioxide ④ INERGEN

078
난이도 ★★★☆☆

[보기]는 무엇에 대한 정의를 설명한 것인가? 가장 알맞은 답을 고르시오.

> **보기**
>
> 전자기 유도 현상을 이용하여 교류의 전압이나 전류의 값을 변화시키는 장치로 철심의 양쪽에 각각 코일을 감은 후, 한쪽에는 전원을 연결한다. 전원을 연결한 코일에 전류가 흐르면 코일과 철심에 자기장이 형성되며 전원에서 공급되는 전류가 시간에 따라 변하게 되면 이에 따라 자기장의 크기가 변하게 된다. 그리고 철심을 통해 자기장이 전달되어 반대편 코일을 통과하는 자기장의 세기도 시간에 따라 변하므로 반대편 코일에는 전자기 유도로 유도기 전력이 생기고 유도 전류가 흘러 반대편 코일에도 교류 전류가 유도되는 장치이다.

① 변압기(Transformer)

② 전동 발전기(Motor Generator)

③ 회전 변류기(Rotary Converter)

④ 정류기(Rectifier)

079
난이도 ★★★☆☆

국토교통부는 항공 보안에 관한 5년 간의 정책을 담은 '제3차 항공 보안 기본 계획(2022~2026)'을 수립 및 확정하였다. 이를 통해, 항공기 이용객의 안전은 물론 편의성을 향상시키기 위하여 다양한 항공 보안 정책을 추진하고, 스마트 검색 기술과 첨단 장비를 개발·상용화하는 보안 환경도 지속적으로 구축해 나갈 계획이다.

최근 공항 주변에서 드론이나 연을 날리는 사례들이 종종 발생하는데, 항공 승객의 안전에 상당한 영향을 줄 우려가 있으므로 공항 반경 몇 ㎞ 이내에서는 드론이나 연을 날리지 않도록 주의해 주기를 당부하고 있다. '제3차 항공 보안 기본 계획'에 따른 거리상 유효 거리는 얼마 이상인가?

① 10㎞ 이내

② 15㎞ 이내

③ 20㎞ 이내

④ 25㎞ 이내

080
난이도 ★★☆☆☆

비상 콘센트 설비는 유효하게 최소 몇 분 이상 작동시킬 수 있는 용량으로 하는 것이 중요한가? (소화 설비 등의 유효 수량에 대한 적용 시간과 동일하게 정전 시 자체에서 비상전원을 사용하여 소방 시설을 가동할 경우)

① 10분 　　　　② 20분

③ 30분 　　　　④ 60분

081
난이도 ★★★★☆

이 조직은 화재, 전기 및 관련 위험으로 인한 사망, 부상, 재산 및 경제적 손실을 제거하는 데 전념하는 국제 비영리 조직이다. 2018년 현재 250개의 기술 위원회를 통해 50,000명의 회원과 9,000명의 자원 봉사자가 조직과 협력하고 있다. 이 조직은 무엇인가?

① NFPA　② NYPD　③ KFPA　④ FISK

[신기술 트렌드]

082
난이도 ★★★☆☆

5G 핵심 네트워크(Core Network)에는 여러 위협이 존재한다. 다음 중, 해당되는 위협이 아닌 것을 고르시오.

① 3GPP 인증 우회 경로 설정(Setting the authentication bypass path 3GPP)

② 타사 호스팅 네트워크 기능 남용(Abuse of third party-hosted network function)

③ 원격 액세스 남용(Abuse of remote access)

④ 인증 트래픽 스파이크(Authentication traffic spike)

083
난이도 ★★★☆☆

[보기]의 내용은 무엇을 정의한 것인가? 가장 알맞은 답을 선택하시오.

> **보기**
>
> 공유 공간 내에서 또는 인간과 로봇이 가까이 있는 곳에서 인간 로봇의 직접적인 상호 작용을 위한 로봇이다. 로봇은 공공장소의 정보 로봇(서비스 로봇의 예), 건물 내에서 자재를 운반하는 물류 로봇, 사람이 무거운 부품을 옮기거나 기계 공급 또는 조립을 돕는 것과 같은 비인간적 작업을 자동화하는 산업용 로봇에 이르기까지 다양한 용도로 사용할 수 있다.

① Cobot ② Android

③ Gundam ④ Humanoid

084

난이도 ★★★☆☆

제로 트러스트 네트워크 액세스(ZTNA)는 전체 위험을 크게 줄일 수는 있지만 모든 위험을 완벽하게 제거할 수는 없다. 다음 중 ZTNA와 가장 관련이 없는 것은 무엇인가?

① 트러스트 브로커의 위치는 사용자에게 지연 문제를 생성하여 사용자 경험에 부정적인 영향을 미칠 수 있다.

② 트러스트 브로커는 모든 종류의 실패에 대한 단일 지점이 될 수 있다. ZTNA 서비스를 통과하는 완전히 격리된 응용 프로그램은 서비스가 중단되면 작동을 중지한다.

③ 공격자는 트러스트 브로커 시스템을 손상시키려고 시도할 수 있으며, 손상된 트러스트 브로커는 즉시 중복된 트러스트 브로커로 장애 조치해야 한다. 할 수 없다면 페일 오픈(Fail Open)이 되어야 한다.

④ 손상된 사용자 자격 증명으로 인해 로컬 장치의 공격자가 장치에서 정보를 관찰하고 유출할 수 있다.

085

난이도 ★★☆☆☆

SCMS는 커넥티드 차량 애플리케이션이 차량에 설치되어 있는지(OBE) 아니면 RSU(Roadside Unit)에 설치되어 있는지에 따라 여러 인증서 유형을 사용한다. 다음 중 이와 관련된 인증으로 가장 관련이 없는 것은 무엇인가?

① OBE 등록 인증서(OBE Enrollment Certificate)

② 가명 인증서(Pseudonym Certificate)

③ 애플리케이션 인증서(Application Certificate)

④ 신뢰 앵커 인증서(Trust anchor Certificate)

086

난이도 ★★★☆☆

IoT 스택 계층에서 동작하는 프로토콜로, [보기]는 무엇을 설명한 것인가? 가장 알맞은 답을 선택지에서 고르시오.

> **보기**
>
> RF(Radio Frequency)를 사용한 양방향 단체 네트워크 통신 기술로 900MHz 대역 주파수를 사용하기 때문에 타 무선 통신 제품(2.4GHz를 사용하는 와이파이나 블루투스)과는 전파적 충돌이나 간섭이 없다. 전송 속도는 100Kbps이며, 타 무선 제품과는 달리 물체 투과율이 매우 높다. 또한, 232개의 노드를 소화할 수 있다. 이는, 가정 등에서 사용되는 메시 네트워크가 가능한 모든 디바이스와 연결이 가능하게 만들어 준다.

① Z-Wave

② Zigbee

③ NFC

④ Sigfox

087

난이도 ★★★★☆

매킨지와 세계경제포럼(WEF)에서는 2018년 미래 제조업을 선도하는 전 세계 16곳의 공장을 선정했고, 2019년에는 국내 기업인 포스코, 2021년에는 LS일렉트릭, 2022년에는 LG전자가 추가로 선정됐다. 선정된 기업의 공장들은 IoT, 클라우드 컴퓨팅, 빅 데이터 및 AI와 같은 4차 산업 혁명 기술을 적용하여 재무 및 운영에 영향을 미치는 리더십을 보여주는 다양한 산업을 나타내고 있다. 다음 중 이 공장의 정확한 명칭을 고르시오.

① 생각하는 공장(Brilliant Factory)

② 인텔리전트 공장(Intelligent Factory)

③ 등대 공장(Lighthouse Factory)

④ 차세대 공장(Next-Generation Factory)

088

난이도 ★★★☆☆

[보기]에 해당되는 내용은 무엇인가? 가장 알맞은 답을 선택하시오.

> **보기**
>
> 변경된 데이터를 사용하여 동작을 취할 수 있도록 데이터를 결정하고 추적하기 위해 사용되는 여러 소프트웨어 디자인 패턴들의 모임이다. 기업 데이터 소스에 이루어지는 변경 사항의 식별, 포착, 전송에 기반한 데이터 통합의 접근을 말한다. 이는 데이터 웨어하우스 환경에서 주로 발생하는데, 그 이유는 시간에 걸쳐 데이터 상태를 포착하고 보존하는 일이 데이터 웨어하우스의 핵심 기능 가운데 하나이기 때문이다. 또한, 모든 데이터베이스, 데이터 저장소 시스템에서 활용이 가능하다.

① CDC(Change Data Capture)

② GFS(Google File System)

③ ODS(Operational Data Store)

④ CNC(Computerized Numerical Control)

089

난이도 ★★★★★

[보기]는 머신러닝 앙상블(Ensemble Learning)의 기법 중 무엇과 연관성이 있는가?

> **보기**
>
> 이미지 인식 앱 및 검색 엔진 내에서 많이 사용하며 예측력이 약한 모형들을 결합하여 강한 예측 모형을 만드는 방법이다. 이는 훈련 오차를 빠르게 쉽게 줄일 수 있다. 모델 간 팀워크로 이루어지며 처음 모델이 예측을 하면 그 예측 결과에 따라 데이터에 가중치가 부여되고, 부여된 가중치가 다음 모델에 영향을 준다. 잘못 분류된 데이터에 집중하여 새로운 분류 규칙을 만드는 단계를 반복한다.

① Bagging

② Boosting

③ Random Forest

④ Stacking

090

난이도 ★★★☆☆

국토교통부에서 2022년 5월 29일에 제시한 자율 주행차 안전 기준 개정과 관련이 없는 것은 무엇인가?

① 비상 운행 조건 명확화

② 사고 시 자율 주행 대처 기준 개선

③ 자율 주행 해제 시 영상 장치(영화, 게임 등)의 자동 종료 규정

④ 자율 주행 해제 방식 명확·구체화

[IS 감사]

091

난이도 ★★☆☆☆

컴퓨터 지원 감사 도구(CAAT's) 중 다음 [보기] 사항은 무엇을 설명한 것인가?

> **보기**
>
> 대용량 데이터에 숨겨진 지식을 추출하는 프로세스이다. 컴퓨터 이용 용이성, 네트워크 기술로 인해 데이터 추출은 아주 대량의 자료에서도 신속하게 수행될 수 있다. 하지만 추출된 데이터가 감사 수행에서 요구되는 자료인가를 보장할 수 있는가 하는 문제점이 있다. 주로 보험 사기 같은 것을 찾는 데 많이 사용한다.

① 병행 시뮬레이션(Parallel Simulation) 감사

② 테스트 데이터를 통한 감사

③ 데이터 마이닝과 추출(Data Mining & Extraction)

④ 범용 감사 소프트웨어(Generalized Audit Software, GAS)

092

난이도 ★★★☆☆

[보기]를 읽고 재해 복구 테스트의 진행 순서를 올바르게 나열하시오.

보기

① 모의 재해 시나리오를 이용한 테이블톱 워크스루

② 계획에 대한 테이블톱 워크스루

③ 인프라스트럭처, 중요 애플리케이션 및 최종 사용자 참여 테스트

④ 시스템에 익숙하지 않는 직원과 전체 복원 및 복구 테스트

⑤ 불시 테스트

⑥ 인프라스트럭처 및 중요 애플리케이션 복구 테스트

⑦ 복구 계획의 인프라스트럭처와 커뮤니케이션 구성 요소 테스트

① ② → ① → ⑦ → ⑥ → ③ → ④ → ⑤

② ① → ② → ⑤ → ③ → ④ → ⑦ → ⑥

③ ② → ① → ③ → ⑥ → ⑦ → ④ → ⑤

④ ② → ① → ⑦ → ④ → ③ → ⑥ → ⑤

093
난이도 ★★★☆☆

[보기]를 읽고 비즈니스 영향 분석을 수행할 때의 순서를 올바르게 나열하시오.

보기

① BIA 계획 준비

② BIA를 수행할 수 있는 훈련된 사람들의 팀 구성

③ 미션 크리티컬 프로세스의 복구 및 복원을 위한 전략을 정의하는 데 도움이 되도록 BIA 결과를 RA 결과와 조정

④ 수집된 정보 및 인터뷰 데이터 평가

⑤ 이 결과를 사용하여 BCP를 개발

⑥ 설문지, 인터뷰 및 문서에서 분석과 관련된 정보 수집

⑦ 결과를 고위 경영진에게 발표

⑧ 고위 경영진의 BIA 승인 확보

⑨ 결과를 문서화하기 위한 보고서 준비

⑩ 미션 크리티컬 비즈니스 프로세스, 해당 프로세스가 의존하는 기술, 해당 프로세스를 수행할 수 없는 경우의 영향, 복구 시간 목표(RTO) 및 복구 시점 목표(RPO)와 같은 특정 성능 메트릭을 식별하기 위한 분석 수행

① ⑧ → ① → ② → ⑥ → ⑩ → ④ → ⑨ → ③ → ⑦ → ⑤

② ② → ① → ⑥ → ④ → ⑩ → ③ → ⑨ → ⑦ → ⑧ → ⑤

③ ① → ② → ⑧ → ⑥ → ④ → ⑩ → ⑨ → ⑦ → ③ → ⑤

④ ⑧ → ② → ① → ⑥ → ④ → ⑩ → ⑨ → ⑦ → ③ → ⑤

094
난이도 ★★★★☆

세계최고감사기구(INTOSAI)에서는 효과적으로 임무를 수행하는 데 필요한 감사 기법과 경험을 확보하고 있어야 한다고 정의하고 있다. 다음 중 이와 관련된 감사 기법이 아닌 것은 무엇인가?

① 체계 분석 기법(Systems-Based Techniques)

② 분석적 검토 방법(Analytical Review Methods)

③ 정보 기관 감사 기법(Intelligence Agency Audit Techniques)

④ 통계표본 추출 방법(Statistical Sampling)

095
난이도 ★★☆☆☆

다음 중 전환 계획(Cut-over Plan)의 유의점이 아닌 것은 무엇인가?

① 해당 단계를 어떻게 검증할 것이며 문제가 발생하면 원래 상태로 복귀할 절차를 준비해야 한다.

② 프로젝트 후원자가 승인한 전환 계획을 확실히 준수하는 것은 프로젝트 관리자의 책임이다.

③ 롤 아웃에 필요한 하드웨어/소프트웨어 및 기타 자재 리소스 및 인력의 가용성 계획을 준비해야 한다.

④ 성공/완료를 측정하는 데 도움이 되는 핵심 성공 기준 설정과 함께 예상 비용과 수익 ROI 분석 결과를 평가한다.

096

다음 중 전치 및 전사 오류 검출에 효과적인 체크 방법은 무엇인가?

① Key Verification ② Validity Check
③ Sequence Check ④ Check Digit

097

ISACA에 따르면 COBIT 2019에서 추구하는 목표와 가장 관련이 없는 것은 무엇인가?

① 중점 분야 및 설계 요소에 의해 거버넌스 시스템을 비즈니스 요구에 맞춰 좀 더 정확하게 생성
② IT 성과 및 CMMI와의 정렬을 측정하는 향상된 툴
③ 거버넌스와 관리를 분리하고 통합적 프레임워크로 총체적인 접근 방법을 고려
④ 글로벌 표준, 프레임워크 및 모범 사례와의 정렬을 강화해 프레임워크의 적합성을 확장

098

재무제표(Financial Statements)는 대차대조표, 손익계산서, 자본변동표, 이익잉여금처분계산서 또는 결손금처리계산서, 현금흐름표 및 주석으로 구성되며, 주석은 명세표와 설명 자료의 형태로도 작성된다. 이에 재무제표에 의한 경영자주장(Financial Statements Aassertions)과 가장 관련이 없는 것은 무엇인가?

① 실재성(Existence): 자산이나 부채는 대차대조표일 등 주어진 특정 일자 현재 존재하고 있다.
② 조정(Reconciliation): 은행이 보내온 계정 잔액과 기업의 실제 잔액을 비교, 분석하여 오류를 밝혀내어 적절하게 수정되었다.

③ 측정(Measurement): 거래나 사건은 올바른 금액으로 기록되었으며, 수익이나 비용은 적절한 기간에 배분되었다.
④ 완전성(Completeness): 재무제표에 기록되지 않은 자산, 부채, 거래나 사건 또는 공시되지 않은 사항은 존재하지 아니한다.

099

다음 중 컴퓨터 지원 감사 기법(CAAT)에 대한 설명으로 가장 관련이 없는 것은 무엇인가?

① CAAT를 사용해서 운영 데이터에 접근이 필요할 때 감사자는 읽기 전용으로 신청해야 한다.
② CAAT 도구를 사용하려면 올바른 데이터를 선택하는 것이 필수적이며 이에 따라 반드시 해당 전문가가 필요하다.
③ CAAT 문서는 감사 프로그램에 참조되어야 하고, 제공되는 감사 절차와 목적을 명확하게 파악해야 한다.
④ 감사자가 수행하는 모든 데이터 조작은 증거의 적시성을 위해 통제된 환경에서 운영 데이터의 원본을 사용하여야 한다.

100

[보기]를 읽고 '가'와 '나'가 무엇을 설명하는 것인지, 가장 적절한 답을 고르시오.

> **보기**
>
> 가: 신용 한도를 초과한 주문에 대한 전산을 통한 주문 입력 통제
> 나: 은행 잔고와 회사 장부상 예금 잔액의 대사

① 가: 편집 통제, 나: 탐지 통제
② 가: 자동화 통제, 나: 수작업 통제
③ 가: 예방 통제, 나: 보완 통제
④ 가: 교정 통제, 나: 탐지 통제

제10장 | 모의고사 3회

🔑 해설편 490p

[시스템 보안]

001
난이도 ★★★☆☆

ISACA에서 가이드하는 의도적으로 수정된 보안 구성(Security Configuration Intentionally Modified)에 대한 위험을 완화하기 위한 통제의 순서로 [보기]의 내용을 올바르게 나열한 것은 무엇인가?

> **보 기**
>
> 가. 데이터 품질 전략을 정의(Define a data quality strategy)
>
> 나. 솔루션 구축(Build solutions)
>
> 다. 악성 소프트웨어로부터 보호(Protect against malicious software)
>
> 라. 관리 목표, 방향 및 결정을 전달(Communicate management objectives, direction and decisions made)

① 가 → 나 → 다 → 라
② 가 → 나 → 라 → 다
③ 라 → 가 → 다 → 나
④ 라 → 가 → 나 → 다

002
난이도 ★☆☆☆☆

인터넷의 수많은 사이트는 대형 포털 서비스와 같이 보안 수준이 높은 시스템도 있지만, 소형 시스템의 경우 보안에 대한 허점이 많을 수도 있다. 이와 같은 특징을 이용해서 해커는 보안 취약점이 존재하고 정보 보안 수준이 낮은 사이트에서 사용자의 아이디와 비밀번호, 비밀번호 힌트, 개인정보를 획득해서 다른 사이트의 공격에 사용하기도 한다. 이와 같은 공격 기법을 무엇이라고 하는가?

① Dictionary Attack
② Common Credential
③ Parallel Spoofing
④ Credential Stuffing

003
난이도 ★☆☆☆☆

부트 로더(Boot Loader)는 전원이 켜지기 전에 실행 가능 상태로 존재하고 있다가 전원이 켜지면 자동으로 실행되는 프로그램을 의미한다. 다음 중 부트 로더 기능과 가장 관련이 없는 것은 무엇인가?

① 바이오스로부터 제어권을 넘겨받으면 비밀번호를 확인한다.
② 특정 운영체제 커널을 컴퓨터 메모리에 올린다.
③ 루트(Root) 파일 시스템을 준비한다.
④ 필요한 하드웨어를 초기화한다.

004
난이도 ★★★☆☆

ELB(Elastic Load Balancing)은 CLB, NLB, ALB, GWLB 총 4가지 종류가 있다. 다음 [보기]에 해당되는 내용은 무엇을 설명한 것인가?

- L7 계층에서 작동한다(Application Layer).
- HTTP/HTTPS 트래픽을 지원하는 로드 밸런싱에 최적화되었다.
- Path-based routing을 지원하여 여기에 연결된 인스턴스는 여러 개의 URL과 Path를 가질 수 있다.

① Classic Load Balancer(CLB)

② Gateway Load Balancer(GWLB)

③ Network Load Balancer(NLB)

④ Application Load Balancer(ALB)

005 　　　　　　　　　난이도 ★★★★☆

다음 [보기]는 무엇을 설명한 내용인가? 선택지에서 올바른 것을 선택하시오.

- 코드 블록은 캡슐화되며 각 블록에는 하나 이상의 연결된 처리기가 있다.
- 각 처리기는 처리하는 예외 유형에 대한 필터 조건의 일부 형식을 지정한다.
- 보호된 블록의 코드에 의해 예외가 발생하면 해당 핸들러 집합을 순서대로 검색하고 일치하는 필터 조건을 가진 첫 번째 핸들러를 실행한다.
- 단일 메서드는 여러 개의 구조화된 예외 처리 블록을 가질 수 있으며 블록은 서로 중첩될 수도 있다.

① SEH(Structured Exception Handler)

② TCEH(Try Catch Exception Handler)

③ FBEH(Finally Block Exception Handler)

④ REH(Runtime Exception Handler)

006 　　　　　　　　　난이도 ★★☆☆☆

다음 중 공인인증서를 보안 토큰(HSM)에 저장하는 방법과 관련이 없는 것은 무엇인가?

① 공인인증서 발급/재발급

② 보안 토큰(HSM) 초기화 후 복구 이미지로 복원

③ 타 기관 공인인증서 등록

④ 저장 매체(PC, USB)에 있는 공인인증서를 보안 토큰(HSM)에 복사

007 　　　　　　　　　난이도 ★★★☆☆

운영체제는 하나의 프로세스를 실행시키면 이 프로세스를 세그먼트라는 단위로 묶어서 가용 메모리 영역에 저장한다. 시스템에는 최대 16,383개의 세그먼트가 생성될 수 있고 그 크기와 타입은 모두 다양하게 생성될 수 있다. 그렇다면 이와 관련하여 가장 관련이 없는 것은 무엇인가?

① 캐시 세그먼트

② 데이터 세그먼트

③ 코드 세그먼트

④ 힙 세그먼트

008 　　　　　　　　　난이도 ★★★☆☆

다음 [보기]에 해당되는 정의는 무엇인가? 가장 알맞은 답을 선택지에서 고르시오.

컴퓨팅에서 운영체제를 사용하지 않고 한 컴퓨터의 메모리에서 다른 컴퓨터의 메모리로 직접 메모리 액세스하는 것이다. 이를 통해 처리량이 높고 대기 시간이 짧은 네트워킹이 가능하며 이는 대규모 병렬 컴퓨터 클러스터에서 특히 유용하다.

① RMA(Remote Memory Access)

② PGAS(Partitioned Global Address Space)

③ DMA(Direct Memory Access)

④ RDMA(Remote Direct Memory Access)

009

난이도 ★★☆☆☆

정보 시스템의 규모는 커지고 네트워크의 구성은 복잡해지며 다양한 보안 솔루션 장비가 필요해지고 있다. Anti-Virus, Firewall, IDS, IPS, Anti-DDoS 등 장비가 많아질수록 관리해야 하는 자산이 증가하고 잠재적 위험도 증가한다. 따라서 여러 종류의 보안 기능을 하나의 장비에 모은 어플라이언스 솔루션(Appliance Solution)이 등장했는데 이것은 무엇인가?

① SIEM(Security Information and Event Management)

② UTM(Unified Threat Management)

③ UIS(Unified Information System)

④ SOAR(Security Orchestration, Automation and Response)

010

난이도 ★★★☆☆

프로세스(Process)는 컴퓨터에서 연속적으로 실행되고 있는 컴퓨터 프로그램을 말한다. 종종 스케줄링의 대상이 되는 작업(task)이라는 용어와 거의 같은 의미로 쓰인다. 여러 개의 프로세서를 사용하는 것을 멀티프로세싱이라고 하며 같은 시간에 여러 개의 프로그램을 띄우는 시분할 방식을 멀티태스킹이라고 한다. 그렇다면 프로세스 메모리 구조상 4가지 영역과 가장 관련이 없는 것은 무엇인가?

① 코드(Code) 영역

② 데이터(Data) 영역

③ 버퍼 캐시(Buffer Cache) 영역

④ 스택(Stack) 영역

011

난이도 ★★★☆☆

PRAM(Parallel Random-Access Machine)의 모델은 다양한 제약 조건이 있다. 이와 관련하여 다음 중 가장 관련이 없는 것은 무엇인가?

① EREW　　② ERCW

③ PREW　　④ CRCW

012

난이도 ★★★☆☆

임계 영역(Critical Section)은 공유 자원이 접근되는 부분을 뜻한다. 만약 어떤 프로세스가 임계 영역의 작업을 수행 중이라면 다른 프로세스는 해당 임계 영역에 들어와서는 안 된다. 임계 영역을 구현하기 위해서는 3가지 조건을 충족해야 한다. 다음 중 그 조건이 아닌 것은 무엇인가?

① 상호 배제(Mutual Exclusion)

② 한정 선택(Limited Selection)

③ 진행(Progress)

④ 한정 대기(Bounded Waiting)

[네트워크 보안]

013

난이도 ★★☆☆☆

동일한 라우팅 정책으로 하나의 관리자에 의하여 운영되는 네트워크 즉, 한 회사나 단체에서 관리하는 라우터 집단을 자율 시스템이라 하며 각각의 자율 시스템을 식별하기 위한 인터넷상의 고유한 숫자를 무엇이라고 하는가?

① 도메인

② AS 번호

③ 인터넷 거버넌스

④ IPv6

014

난이도 ★★★☆☆

TCP(Transmission Control Protocol) 확장 버전 프로토콜로, 연결이 다중 경로를 사용하여 처리량을 최대화하고 중복성을 높일 수 있도록 하는 것을 목표로 한다. 이와 가장 관련 있는 것은 무엇인가?

① RSVP(Resource ReSerVation Protocol)

② DCCP(Datagram Congestion Control Protocol)

③ SCTP(Stream Control Transmission Protocol)

④ MPTCP(Multipath TCP)

015

난이도 ★★★★☆

다음 [보기]는 무엇에 대한 정의인가? 가장 알맞은 답을 선택지에서 고르시오.

보기

HTTP 헤더를 통해 제공되는 오래된 인터넷 보안 메커니즘으로, HTTPS 웹 사이트가 잘못 발급되거나 사기성 디지털 인증서를 사용하는 공격자의 가장에 저항할 수 있도록 한다. 서버는 이를 사용하여 동일한 도메인 이름에 대한 향후 연결의 인증서 체인에 나타나야 하는 공개 키 해시 집합을 클라이언트(예: 웹 브라우저)에 전달한다(크롬 아님).

① HPKP

② Except-CT

③ HSTS

④ SSL Planning

016

난이도 ★☆☆☆☆

다음 [보기]는 무엇을 설명한 것인가? 가장 알맞은 답을 선택하시오.

보기

인터넷 사용자가 비밀번호를 제공하지 않고 다른 웹 사이트 자신의 정보에 대해 웹 사이트나 애플리케이션의 접근 권한을 부여할 수 있는 공통적인 수단으로서 사용되는, 접근 위임을 위한 개방형 표준이다. 이 메커니즘은 여러 기업이 사용하는데 아마존, 구글, 페이스북, 마

이크로소프트, 트위터 등이 사용 중이다. 사용자가 타사 애플리케이션이나 웹 사이트의 계정에 관한 정보를 공유할 수 있게 허용한다. 특히 모바일 사용에 매우 적합하다.

① JSON

② LDAP

③ SAML

④ OAuth

017

난이도 ★★★☆☆

다음 [보기]와 관련된 프로토콜은 무엇인가? 가장 알맞은 답을 선택지에서 고르시오.

보기

IEEE 802.11 표준에 대한 IEEE 802.11i 수정 표준을 구현하는 무선 LAN 제품용으로 설계된 암호화 프로토콜로, 고급 암호화 표준(AES) 표준의 CBC-MAC(CCM 모드)를 사용하는 카운터 모드를 기반으로 데이터 기밀성을 위해 설계된 향상된 데이터 암호화 캡슐화 기술이다. 이것은 안전하지 않은 구식 프로토콜인 WEP(Wired Equivalent Privacy)가 제시하는 취약점을 해결하기 위해 만들어졌다. 다양한 인증/암호화 기술 중에서 가장 보안성이 뛰어난 방식으로 알려졌다.

① WPA(Wi-Fi Protected Access)

② TKIP(Temporal Key Integrity Protocol)

③ WEP(Wired Equivalent Privacy)

④ CCMP(Cipher Block Chaining Message Authentication Code Protocol)

018

난이도 ★★☆☆☆

오픈 API에서 SOAP과 RESTful 차이점에 대해서 설명한 내용으로 가장 해당하지 않는 것은?

① RESTful은 웹의 장점을 활용하기 위한 네트워크 기반의 아키텍처로, 웹 서비스 제공자나 소비자에게 매우 간편한 방법으로 데이터를 제공한다.

② SOAP 개발은 잘 완성된 표준에 따라 오픈 API 설계와 보안, 에러 처리 등 다양한 기능을 제공한다.

③ SOAP은 방화벽의 우회나 프로그래밍 언어 및 디바이스 운영 플랫폼에 독립적이나 RESTful은 그렇지가 않다.

④ RESTful은 표준의 부재로 오픈 API 설계에 많은 어려움이 따르지만, 구현의 용이성과 빠른 동작이라는 장점이 있다.

019
난이도 ★★★☆☆

래디아 펄먼(Radia Perlman)이 고안한 알고리즘에 기반한 OSI 2계층 프로토콜로, 브리지 랜에서 루프 발생을 방지하기 위해 사용된다. 즉, 이 프로토콜의 목적은 루프는 네트워크에 치명적이기 때문에 네트워크에 중복 경로가 있을 때 루프를 생성하지 않도록 하는 것이다. 이 프로토콜은 무엇인가?

① STP(Spanning Tree Protocol)

② OSPF(Open Shortest Path First)

③ RARP(Reverse Address Resolution Protocol)

④ LISP(Locator/Identifier Separation Protocol)

020
난이도 ★★☆☆☆

포트 포워딩(port forwarding)에는 여러 가지 유형이 있으며 각 포트 포워딩은 서로 다른 용도로 사용된다. 로컬 및 원격 포트 전달은 TCP 포트 22 또는 SSH 터널링을 사용한다. 다음 중 이와 관련된 유형으로 가장 관련이 없는 것은 무엇인가?

① 정적 포트 포워딩(Dynamic port forwarding)

② 로컬 포트 포워딩(Local port forwarding)

③ 원격 포트 포워딩(Remote port forwarding)

④ 동적 포트 포워딩(Dynamic port forwarding)

021
난이도 ★★☆☆☆

다음 [보기]에 해당되는 내용은 무엇인가? 가장 알맞은 답을 선택하시오.

보기

패킷의 과도한 버퍼링으로 인해 생기는 패킷 교환 네트워크의 높은 레이턴시의 원인이다. 이는 지터(jitter)로 불리는 패킷 지연 변화를 일으킬 수도 있으며 전반적인 네트워크 스루풋을 감소시킬 수 있다. 라우터나 스위치가 과도하게 큰 버퍼를 사용하도록 구성될 경우 매우 속도가 빠른 네트워크라 할지라도 음성 인터넷 프로토콜(VoIP), 온라인 게이밍, 심지어는 일반적인 웹 서핑 등 수많은 상호작용 환경에서 실질적인 사용이 불가능하게 될 수 있다.

① 버퍼 보틀넷(Buffer bottleneck)

② 버퍼 오버플로(Buffer overflow)

③ 버퍼 온더플로(Buffer underflow)

④ 버퍼 블로트(Buffer bloat)

022
난이도 ★★★☆☆

트랜잭션 서명(Transaction SIGnature, TSIG)에 대한 설명으로 가장 적절하지 않은 것은 무엇인가?

① TSIG를 설정하면 네임 서버나 업데이트 수행자(Updater)가 DNS 메시지의 기타 부분(Additional Section)에 TSIG 레코드를 추가한다.

② TSIG는 공유하는 비밀 값(Shared Secret)과 단방향 해시 함수를 사용하여 DNS 메시지를 인증한다.

③ 이 TSIG 레코드는 DNS 메시지를 서명하는 역할을 하고 메시지 송신자와 수신자가 공유하는 암호 키를 가지고 있으며, 그 메시지가 전송 도중 변조되지 않았음을 입증한다.

④ TSIG는 디지털 서명(Digital Signature)의 하나로, 신뢰할 수 있는 제3의 신뢰 기관(TTP)을 통해 부인 방지 기능을 실현하는 것도 또 다른 목적이다.

023

난이도 ★★★☆☆

컴퓨팅에서 WIPS는 무선 스펙트럼에서 무단 액세스 포인트의 존재를 모니터링하고(침입 감지) 자동으로 대응할 수 있는 네트워크 장치(침입 방지)이다. 그렇다면 이와 관련된 주요 기능과 가장 관련이 없는 것은 무엇인가?

① 탐지 능력
② 자동화된 사전 방어
③ Disable Rogue
④ AIR Capture 탐지

024

난이도 ★★★★☆

다음 중 GMPLS(Generalized Multiprotocol Label Switching)가 지원하는 4가지 유형의 전송 인터페이스와 가장 관련이 없는 것은 무엇인가?

① PSC(Packet Switch Capable)

② LSC(Lambda Switch Capable)

③ FSC(Fiber Switch Capable)

④ DSC(Dummy Switch Capable)

025

난이도 ★★★☆☆

다음 선택지는 RPC와 REST에 대해서 설명하고 있다. 이와 관련하여 가장 관련이 없는 것을 고르시오.

① RPC는 하이퍼미디어 종속 시나리오에서 탁월하며 REST는 IoT 애플리케이션, 특히 저전력 애플리케이션에 이상적이다.

② RPC는 절차와 명령을 쉽게 실행한다. 이에 반해 REST는 도메인 모델링 및 대량 데이터 처리에 이상적이다.

③ RPC는 API 설계에 대한 오래된 접근 방식이므로 UDP 또는 TCP를 사용한다. 이에 반해 REST는 HTTP를 사용하여 네트워크를 통해 통신한다.

④ RPC는 제어가 양 당사자 간에 번갈아 나타나는 응용 프로그램에서 탁월하다. 반면 REST는 호스트 이름, 경로, HTTP 메서드, 헤더, 요청 본문, 응답 본문 등에 연결된다.

026

난이도 ★★★☆☆

다음 중 WPA(Wi-Fi Protected Access) 보안으로 지원하는 기능과 가장 관련이 없는 것은 무엇인가?

① 사용자 인증
② 접근 통제
③ 안전한 핸드오프
④ 데이터 기밀성

027

난이도 ★★★☆☆

이것은 5G에서 중요한 핵심 기술로, 기지국과 단말기가 서로 여러 개의 안테나를 이용하여 데이터를 송수신하는 기술을 말한다. 즉, 대용량의 데이터를 고속으로 전송하기 위해 다량의 안테나를 사용하여 무선데이터 전송 속도와 링크 안정성을 비약적으로 향상시킬 수 있는 기술이며, 에너지 소비를 최소화하면서 더욱 많은 사용자를 수용할 수 있다. 이 기술은 무엇인가?

① Beam tracking

② Zero-Forcing Beamforming

③ HSDPA+

④ Massive MIMO

028

난이도 ★★☆☆☆

다음 [보기]와 관련된 내용은 무엇인가? 가장 알맞은 답을 선택하시오.

보 기

중앙 집중식 소프트웨어 컴포넌트가 백엔드 시스템에 대한 통합을 수행하고(및 데이터 모델, 심층 연결, 라우팅 및 요청의 변환) 새 애플리케이션에서 재사용하기 위해 서비스 인터페이스로 사용할 수 있는 통합 및 변환을 수행하는 패턴이다. 이 패턴은 일반적으로 최고의 생산성을 보장하는 특별히 디자인된 통합 런타임과 도구 세트를 사용하여 구현된다. 즉, 서비스를 컴포넌트화된 논리적 집합으로 묶는 핵심 미들웨어이며, 비즈니스 프로세스 환경에 맞게 설계 및 전개할 수 있는 아키텍처 패턴이다.

① ESB(Enterprise Service Bus)
② SOAP(Simple Object Access Protocol) API
③ ETL(Extract, Transform, Load)
④ API Gateway

029
난이도 ★★★☆☆

[보기]를 SAML 사용자 식별부터 권한을 부여하는 순서에 맞게 나열하시오.

> **보기**
>
> 가. ID 공급자는 사용자 이름과 암호 또는 기타 인증 요소를 입력하라는 메시지를 표시하여 사용자를 인증한다. (참고: 사용자가 이미 인증된 경우 ID 공급자는 이 단계를 건너뛴다.)
>
> 나. ID 제공자는 SAML 응답을 생성하여 사용자의 브라우저에 반환한다.
>
> 다. 웹 애플리케이션은 SAML 요청으로 응답한다.
>
> 라. 사용자는 브라우저를 열고 인증을 위해 ID 제공자를 사용하는 서비스 제공자의 웹 애플리케이션으로 이동한다.
>
> 마. 자격 증명 공급자가 SAML 요청을 구문 분석한다.
>
> 바. 확인에 성공하면 웹 애플리케이션이 사용자 액세스 권한을 부여한다.
>
> 사. 브라우저는 생성된 SAML 응답을 확인하는 서비스 제공자의 웹 애플리케이션으로 보낸다.
>
> 아. 브라우저는 SAML 요청을 ID 제공자에게 전달한다.

① 라→아→다→마→나→가→사→바
② 라→다→아→마→가→나→사→바
③ 라→사→아→가→마→나→다→바
④ 라→사→나→마→가→다→아→바

030
난이도 ★★★☆☆

이것은 암호화 해싱 알고리즘으로, 암호 해싱(Secure Password Hashing)에서 가장 권장된다. 룩셈부르크 대학의 Alex Biryukov, Daniel Dinu 및 Dmitry Khovratovich가 디자인했다. 현대 ASIC 내성 및 GPU 내성 보안 키 파생 기능이다. CPU 및 RAM 사용을 위한 비슷한 구성 매개 변수의 경우보다 암호 크래킹 저항이 더 우수하다. 올바르게 구성된 경우 업계에서 가장 잘 사용할 수 있는 매우 안전한 KDF 기능으로 간주되므로 지갑, 문서, 파일 또는 앱 암호를 암호화할 때와 같이 키 파생 알고리즘에 대한 범용 암호로 사용할 수 있다. 이것은 무엇인가?

① PBKDF2   ② Argon2
③ BCrypt   ④ SCrypt

031
난이도 ★★☆☆☆

[보기] 속 빈칸에 들어갈 말로 적절한 것을 선택지에서 고르시오.

> **보기**
>
> Log4j는 로깅 기능을 제공하는 Apache 재단의 무료 오픈 소스 프로그램으로, 자바 기반의 모든 애플리케이션에서 사용 가능하다. 따라서 일반적인 웹 사이트, 쇼핑몰, 그룹웨어 등 다양한 자바 기반의 서비스에서 로그 기록을 위해 사용될 수 있다. Log4Shell 취약점은 Log4j에서 구성, 로그 메시지 및 매개 변수에 사용되는 (   )에서 발생하는 취약점으로, 공격자는 Lookup 기능을 악용하여 LDAP 서버에 로드된 임의의 코드를 실행할 수 있다.

① JDBC   ② JNDI
③ DBCP   ④ ODBC

032

난이도 ★★☆☆☆

위협 행위자가 웹 서버를 손상시키고 추가 공격을 시작할 수 있도록 하는 악성 스크립트이다. 위협 행위자는 먼저 시스템이나 네트워크에 침투한 다음 이를 설치한다. 이후 시점부터는 대상 웹 응용 프로그램 및 연결된 시스템의 영구적인 백도어로 사용한다.

① 루트킷(Rootkit)

② 웹 셸(Web Shell)

③ 부트킷(Bootkit)

④ 트로이 목마(Trojan Horse)

033

난이도 ★★★☆☆

OSSTMM 각 섹션에서 기록된 모든 항목에는 값이 할당된다. 이 값을 계산하여 섹션의 위험 평가값(RAV)을 결정하는데, RAV는 테스터에 관계없이 일관되고 반복 가능한 방식으로 보안을 측정하는 데 사용된다. RAV의 기본 기능은 테스트 결과를 분석하여 3가지 요소를 기반으로 실제 보안 가치를 계산하는 것이다. 이와 관련하여 다음 중 가장 관련이 없는 것은 무엇인가?

① 운영 보안(Operational Security)

② 손실 통제(Loss Controls)

③ 관리 보안(Management Security)

④ 제한(Limitations)

034

난이도 ★★★★☆

[보기]는 무엇에 대한 공격 방법인가? 가장 알맞은 답을 고르시오.

> **보기**
>
> 암호학적 해시 함수의 공격 방식으로, 해시 함수의 출력 값이 같은 새로운 입력값을 찾는 해시 충돌 공격 방법이다.

> • 제1공격: 해시값이 주어져 있을 때 그 해시값을 출력하는 입력값을 찾는다.
>
> • 제2공격: 입력값이 주어져 있을 때 그 입력과 같은 해시값을 출력하는 다른 입력값을 찾는다.

① Birthday Attack

② Collision Attack

③ Length Extension Attack

④ Preimage Attack

035

난이도 ★★☆☆☆

다음 중 워터링 홀(Watering Hole) 공격 기법의 요소와 가장 거리가 먼 것은 무엇인가?

① 딥웹(Deepweb) 스캐닝

② 웹 서버 취약점

③ 어도비 플래시 플레이어 취약점

④ 인터넷 브라우저 취약점

036

난이도 ★★☆☆☆

[보기]가 설명하는 것은 무엇인가? 선택지 중 알맞은 것을 고르시오.

> **보기**
>
> Slow 계열의 DDoS 공격으로, Content-Length를 큰 값으로 입력하고 장시간에 걸쳐서 분할 전송하면 서버는 POST 데이터가 모두 수신되지 않았다고 판단하여 연결을 장시간 유지시켜서 DoS 상태를 유발한다.

① LDAP 삽입

② Rudy Attack

③ Teardrop Attack

④ Snort Rule Attack

037

난이도 ★★★☆☆

OSSTMM은 침투 테스트 방법론뿐만 아니라, 기업 보안 전략과 품질 향상에 집중되어 있으며 침투 시험, 윤리적 해킹, 보안 평가, 취약점 등 거의 모든 감사 유형에 적용될 수 있다. OSSTMM 방법론은 각 분야에 대한 테스트 모듈 형태로 구성되어 있으며, 기술적인 관점의 방법론은 4가지 핵심 그룹으로 나뉜다. 이와 관련하여 감사인이 각 기능 자산을 평가하고 분석할 수 있는 방향을 결정하는 것으로 가장 관련성이 있는 것은 무엇인가?

① Index
② Scope
③ Channel
④ Vector

038

난이도 ★★★☆☆

다음 중 시큐리티 테스트 방법론(Security testing methodologies)에 해당하지 않는 것은 무엇인가?

① Web Penetration Testing & Security Response Methodologies(WPT & SRM)
② Open Source Security Testing Methodology Manual(OSSTMM)
③ Open Web Application Security Project (OWASP) Top Ten
④ Web Application Security Consortium Threat Classification(WASC-TC)

039

난이도 ★★☆☆☆

보안 관점에서 신뢰할 수 없는 공개된 네트워크인 인터넷에서 두 노드 간에 데이터를 전송하기 위해서 '전자 봉투' 기술이 사용된다. 전자 봉투를 사용하면 A 노드에서 B 노드로 데이터를 전송할 때 기밀성을 보장할 수 있게 된다. 다음 중, 전자 봉투 기술에 대한 설명으로 올바른 것은 무엇인가?

① 전자 봉투를 사용하면 송신자의 부인 방지와 인증 기능을 제공할 수 있다.
② 송신자 A는 평문을 수신자 B의 공개 키로 암호화해서 전송한다.
③ 송신자 A는 평문에 사용한 암호 키 K를 수신자 B의 공개 키로 암호화해서 평문에 대한 암호문과 함께 전송한다.
④ 전자 봉투를 사용하면 수신자의 수신 부인 기능과 메시지 무결성 기능을 제공할 수 있다.

040

난이도 ★★★☆☆

FIPS 140-2에는 4가지 보안 레벨이 정의되어 있다. 다음 [보기]는 어떤 레벨을 지칭하는 것인가?

> **보기**
>
> 분해나 변용하기 어렵도록 물리적 부당 변경 방지 기술을 추가하여 해킹을 극도로 어렵게 만들어야 한다. 부당 변경이 감지되면 해당 장치는 중대한 보안 변수를 삭제할 수 있어야 한다. 또한, 이 레벨은 강력한 암호화 보호 및 키 관리, ID 기반 인증 및 중대한 보안 변수가 입출력 되는 인터페이스 간의 물리적/논리적 분리를 요구한다.

① 레벨 1
② 레벨 2
③ 레벨 3
④ 레벨 4

041

난이도 ★☆☆☆☆

공격자들이 log4j 취약점을 악용할 때 몇 가지 사전 준비가 필요하다. 이러한 공격 자원은 공격자가 직접 서버를 구매하여 구축하거나 정상적인 서비스를 운영 중인 서버를 해킹하여 사용하기도 한다. 이와 관련되어서 준비해야 할 서버로 다음 중 가장 관련이 없는 것은 무엇인가?

① 쿼리 송신 서버
② 메시지 서버
③ 악성 코드 유포 서버
④ 쿼리 수신 서버

042

난이도 ★★☆☆☆

DRDoS(Distributed Reflection Denial of Service) 공격은 단순 DDoS 공격에서 더 발전된 공격 형태이며, 봇넷 기기들이 직접 공격을 수행하는 것이 아닌 증폭 공격에 활용되는 서비스를 제공하는 서버 및 서버 역할을 할 수 있는 단말 장비(네트워크 장비, 공유기 등)까지 공격기기로 이용한다는 특징이 있다. 다음 중 이와 같은 공격 방법과 가장 거리가 먼 것은 무엇인가?

① Slowloris Attack

② NTP Reflection Attack

③ WS-Discovery Reflection Attack

④ ARMS Reflection Attack

043

난이도 ★★★★☆

다음 중 미국 국토안보부(Department of Homeland Security, DHS) 제품으로 사이버 보안 평가 도구와 가장 관련성이 있는 것은 무엇인가?

① CSET   ② ACET

③ CRR   ④ SAST

[운영 보안]

044

난이도 ★★☆☆☆

소프트웨어의 유지 보수를 용이하게 하며 기능 변경의 예측할 수 없는 영향을 최소화하기 위해서는 응집도와 결합도를 고려해야 한다. 소프트웨어의 설계 단계에서부터 모듈화, 추상화, 분할을 통해 응집도와 결합도를 고려하여 설계하며 이를 기반으로 구현해야 한다. 다음 중 응집도와 결합도에 대한 설명으로 잘못된 것은 무엇인가?

① CBD(Component Based Development) 방법론에서는 모듈화를 중점적으로 고려한다.

② 일반적으로 응집도와 결합도가 높은 것이 유지 보수성이 높은 편이다.

③ 응집도/결합도를 고려하여 설계된 S/W는 오류의 파급범위를 경감시킬 수 있다.

④ 프로그램의 재 사용률을 향상시키고 유지 보수 비용을 절감할 수 있다.

045

난이도 ★★★☆☆

[보기]를 읽고 KRI를 수행하는 올바른 순서를 나열하시오.

> **보 기**
>
> 가. Create indicators/controls
>
> 나. Identify risks
>
> 다. Remediate
>
> 라. Monitor and flag issues
>
> 마. Assign tasks
>
> 바. Define objectives

① 나 → 가 → 다 → 마 → 바 → 라

② 바 → 나 → 가 → 마 → 다 → 라

③ 나 → 가 → 라 → 바 → 마 → 다

④ 바 → 나 → 가 → 라 → 마 → 다

046

난이도 ★★★☆☆

다음 [보기]에 해당되는 내용은 무엇인가? 가장 알맞은 답을 선택하시오.

> **보 기**
>
> 생명 주기의 모든 단계에서 소프트웨어 자산(온프레미스 또는 클라우드에 있는 자산)을 효과적으로 관리, 제어 및 보호하는 데 필요한 모든 기능이다. 이는 생명 주기의 각 단계에서 엔터프라이즈 소프트웨어에 대한 투자를 계획, 제어 및 보호하는 데 필요한 모든 프로세스와 인프라가 포함된다.

① SAM(Software Asset Management)

② ILM(Information Lifecycle Management)

③ ITSM(Information Technology Service Management)

④ APM(Application Performance Management)

047

난이도 ★★☆☆☆

다음 [보기]에 해당되는 내용은 무엇인가? 가장 알맞은 답을 선택지에서 고르시오.

> **보기**
>
> 자바에서 .class 파일을 읽어서 변경하면 기존의 클래스에 코드를 삽입하지 않고 변경할 수 있게 된다. 이러한 기술은 다음과 같은 장점이 존재한다.
>
> 1. 원본을 수정하지 않으므로 유연한 코딩이 가능하다.
>
> 2. 원본이 오픈 소스인지, 상관없이 코드를 삽입할 수 있다.
>
> 3. 내가 원하는 .class에 일괄 삽입이 가능하다.

① SQL 삽입(SQL Injection)

② 바이트 코드 삽입(Byte Code Injection, BCI)

③ 컴파일러 코드 삽입(Compiler Code Injection)

④ 자바빈 영역 재할당(Javabean area Reallocation)

048

난이도 ★★☆☆☆

다음 [보기]는 무엇을 설명한 것인가? 가장 알맞은 내용을 선택지에서 고르시오.

> **보기**
>
> 이것은 SGML 계열의 마크업 언어에서 문서 형식을 정의하는 것이다. SGML을 비롯해 HTML, XHTML, XML 등에서 쓰인다. 특히 XML 스키마와 같이 사용되는 이것은 크게 다음과 같은 문서들을 일정한 규칙을 정하여 통합하고, 다양한 문서 간의 표준을 제시하기 위해 쓰인다.
>
> • 같은 뜻을 포함하지만 태그의 명칭이 다를 수 있다.
>
> • 같은 태그의 명칭을 사용하고 있지만 다른 뜻을 나타낼 수 있다.

> • 태그가 있는지 확실하지 않다.
>
> • 태그의 순서가 확실하지 않다.
>
> • 속성의 사용 규격이 확실하지 않다.
>
> • 태그 내 데이터 값에 대한 기준이 정해져 있지 않다.

① DCD(Document Content Description)

② SOX(Schema for Object-oriented XML)

③ DDML(Document Definition Markup Language)

④ DTD(Document Type Definition)

049

난이도 ★☆☆☆☆

XP에서 프로젝트의 규모를 파악하고 프로젝트의 범위를 추정하기 위해 사용하는 것은 무엇인가? 가장 알맞은 답을 선택하시오.

① 스토리 카드(Story Card)

② 리팩터링(Refactoring)

③ 메타포어(Metaphore)

④ 페어 프로그래밍(Pair Programming)

050

난이도 ★★★☆☆

사용자 생명 주기 관리(UML)의 5가지 프로세스와 관련이 없는 것은 무엇인가?

① 사용자 온보딩(User Onboarding)

② 사용자 관리(User Management)

③ 사용자 인사이트 관리(User Insight Management)

④ 효율적인 프로비저닝 해제(Efficient Deprovisioning)

051

난이도 ★☆☆☆☆

이것은 서비스 수준 협약서(Service Level Agreement, SLA)의 주요 구성요소이다. 다음 성과 지표 중 신뢰성과 가장 관련이 없는 것을 선택하시오.

① MTTF(Mean Time To Failure)

② MTBF(Mean Time Between Failure)

③ MTTI(Mean Time To Identification)

④ MTBSI(Mean Time Between Service Incident)

052

난이도 ★★☆☆☆

속성 기반 액세스 제어(ABAC)는 역할이나 사용자 대신 속성을 평가한다. 다음 중 이와 관련되지 않는 것은 무엇인가?

① 액세스 시간   ② 데이터 위치

③ 액티브 디렉터리   ④ 보안 허가

053

난이도 ★★★☆☆

다음 [보기]는 무엇을 설명한 것인가? 가장 알맞은 답을 선택지에서 고르시오.

> **보 기**
>
> NIST에서는 다음과 같이 정의하고 있다.
>
> 시스템, 운영 정책, 사용자 클래스, 시스템과 사용자 간의 상호 작용 및 운영 임무에 대한 시스템의 기여도에 대한 보안 중심 설명이다.
>
> 참고 1: 동작의 보안 개념은 배포된 시스템과 연관된 다른 생명 주기 개념에 대한 보안을 다룰 수 있다. 여기에는 예를 들어 유지, 물류, 유지 보수 및 교육에 대한 개념이 포함된다.
>
> 참고 2: 작업의 보안 개념은 보안 기능을 위한 개념과 동일하지 않다. 보안 기능에 대한 개념은 시스템의 설계 철학을 다루며 신뢰할 수 있는 보안 방식으로 사용할 수 있는 시스템을 달성하기 위한 것이다. 운영의 보안 개념은 보안 기능을 위한 개념과 일치해야 한다.

① SRS(Software Requirements Specification)

② CONOPS

③ ISO/IEC 15288

④ BPM(Business Process Management)

054

난이도 ★★☆☆☆

조직에서 정책 및 규정을 준수하기 위해서 팀을 만들려고 한다. 이와 관련해서 가장 관련이 없는 역할은 무엇인가?

① Security Engineer

② Security Auditor

③ Data Privacy Officer

④ Business Continuity Manager

055

난이도 ★☆☆☆☆

정규화(Normalization)의 과정으로 다음 [보기]에 해당되는 내용은 무엇인가?

> **보 기**
>
> 모든 결정자가 후보 키 집합에 속해야 한다는 뜻은, 후보 키 집합에 없는 칼럼이 결정자가 되어서는 안 된다는 뜻이다. 해당 정규화 룰은 제3정규형이어야 하며, 그리고 A→B의 모든 종속성에 대해 A는 슈퍼 키여야 한다.

① 제1정규형(1NF)

② 제2정규형(2NF)

③ 제3정규형(3NF)

④ BCNF(Boyce-Codd Normal Form)

[법규 및 제도]

056

난이도 ★★★☆☆

[보기]는 무엇에 대한 정의인가? 가장 알맞은 답을 선택지에서 고르시오.

① DRPS(Digital Risk Protection Services)

② CAASM(Cyber Asset Attack Surface Management)

③ EASM(External Attack Surface Management)

④ AASM(Application or API Attack Surface Management)

057　　난이도 ★★★☆☆

다음 SOC 보고서 유형 중에서 누구나 사용하거나 읽을 수 있는 유형은 무엇인가?

① SOC 1 보고서

② SOC 2 Type 1 보고서

③ SOC 2 Type 2 보고서

④ SOC 3 보고서

058　　난이도 ★★☆☆☆

개인정보보호법은 개인정보의 처리 및 보호에 관한 사항을 정함으로써 개인의 자유와 권리를 보호하고, 나아가 개인의 존엄과 가치를 구현함을 목적으로 한다. 개인정보보호법 제2조에서는 개인정보보호법에서 사용되는 용어를 정의하고 있다. (가)는 처리되는 정보에 의하여 알아볼 수 있는 사람을 의미하고, (나)는/은 개인정보를 쉽게 검색할 수 있도록 일정한 규칙에 따라 체계적

으로 배열하거나 구성한 개인정보의 집합물을 말한다. (가), (나)에 들어갈 적합한 용어는 무엇인가?

① 가: 개인정보 사용자, 나: 개인정보

② 가: 정보 주체, 나: 개인정보 파일

③ 가: 사용자, 나: 개인정보 파일

④ 가: 정보 처리자, 나: 개인정보

059　　난이도 ★★☆☆☆

공정거래위원회 고시에 따른 '디지털 증거의 수집·분석 및 관리 등에 관한 규칙' 제3조에 따르면 디지털 포렌식은 반드시 자격 요건이 합당한 디지털 조사 분석관에 의해 수행되어야 한다. 제6조에서는 디지털 조사 분석관의 상세한 자격 요건을 정의하고 있는데, 다음 중 이에 적합하지 않는 것은 무엇인가?

① 디지털 포렌식 관련 전문 자격증을 보유한 자

② 공정거래위원회가 실시하는 디지털 포렌식 기초 교육 과정을 수료한 자

③ 디지털 포렌식 관련 분야에서 1년 이상 실무 경험이 있는 자

④ 디지털 포렌식, 컴퓨터공학, 전자공학, 정보보호공학 등 관련 분야 학사학위 이상을 소지한 자

060　　난이도 ★★★☆☆

다음 중 HIPAA와 HITECH에 관련된 내용이 아닌 것은 무엇인가?

① HIPAA와 HITECH는 모두 환자와 개인의 PHI를 보호하기 위해 노력한다.

② HITECH의 제정이 HIPAA보다 늦게 이루어짐에 따라 배운 교훈은 업데이트를 하고 이에 따라 규정이 조정되었다.

③ HIPAA 법안은 HITECH 암호화 규정 준수 요건 목록을 확장하여 사업체의 직원, 공급업체, 관련 단체가 가진 데이터를 포함하여 개인 건강 기록의 데이터 유출을 공개하도록 요구한다.

④ HITECH는 환자가 정보를 처리, 전송 또는 저장하는 주체가 유지 관리하는 액세스 보고서를 통해 모든 PHI 공개에 액세스할 수 있도록 요구한다.

061

난이도 ★★☆☆☆

[보기] 속 (가), (나)에 들어갈 내용은 무엇인가? 가장 알맞은 답을 선택하시오.

> **보기**
>
> (가)는 공개된 회사 정보에 대해서 금융정보를 보호하며, 잘못된 정보가 보고되어서 투자자들이 피해를 입지 않도록 보호하기 위함이며 (나)는 금융 회사들이 가지고 있는 고객들의 정보를 보호하기 위해서 준수해야 할 사항들이라고 보면 된다.

① 가: SOX, 나: HIPAA
② 가: GLBA, 나: SOX
③ 가: SOX, 나: GLBA
④ 가: GLBA, 나: PCI-DSS

062

난이도 ★★★★☆

[보기]의 내용은 무엇을 설명하고 있는가? 가장 알맞은 것을 선택하시오.

> **보기**
>
> 5개의 은행 규제 기관으로 구성된 공식 미국 정부 기관 간 기구로, 금융 기관 감독의 획일성을 촉진하기 위해 균일한 원칙, 표준 및 보고서 형식을 규정할 권한이 있다. 또한, 미국의 부동산 평가를 감독한다. FRB(연방준비제도이사회), FDIC(연방예금보험공사), NCUA(전국신용협동조합청), OCC(통화 감사실), 소비자 금융 기관 보호국(CFPB) 등 5개 은행 규제 기관이 포함된다.

① FFIEC(Federal Financial Institutions Examination Council)
② CIS(Center for Internet Security)
③ EGRPRA(Economic Growth and Regulatory Paperwork Reduction Act)
④ SIFI(Systemically Important Financial Institution)

063

난이도 ★★☆☆☆

전자금융감독기준 제30조 '일괄 작업에 대한 통제' 조항은 안정적이고 체계적인 일괄 작업(Batch)에 대한 상세한 기준을 정의하고 있다. 다음 중 이 조항의 일괄 작업 기준에 대한 설명으로 올바르지 않은 것은 무엇인가?

① 일괄 작업은 가능한 자동화하여 오류를 최소화한다.
② 작업 수행자는 작업 요청서를 작성한 후 승인받고 일괄 작업을 수행한다.
③ 일괄 작업을 수행하는 도중에 오류가 발생할 경우 반드시 책임자의 확인을 받는다.
④ 주요 원장 데이터베이스를 사용하는 일괄 작업에 대해 작업의 내용을 기록하고 관리한다.

064

난이도 ★★☆☆☆

GDPR가 예외 처리되는 경우가 있다. 다음 중 예외 처리되는 경우가 아닌 것은 무엇인가?

① EU 법률의 범위를 벗어나는 활동
② EU 내에 있는 정보 주체에 대하여 EU 내에서의 행동을 모니터링하는 활동
③ 자연인이 순수하게 수행하는 개인 또는 가사 활동
④ 개별 회원국에서 수행하는 EU의 공동 외교 안보 정책과 관련된 활동

065 난이도 ★★★★★

다음 중 SAP ILM의 4가지 주요 기능으로 가장 관련이 없는 것은 무엇인가?

① Legal Case Management

② Lifecycle Management

③ Secure Audit Trail Data

④ Secure Data Storage

066 난이도 ★★★☆☆

소프트웨어의 규모를 계획 및 측정하고 이를 통해 적절한 비용 산정의 도구로 사용하기 위한 방법은 다양하다. 비용산정 도구 중에서 사용자의 관점에서 소프트웨어의 양과 질을 모두 고려한 측정 방식인 기능 점수(Function Point)가 가장 많이 사용된다. 이는 LoC(Line of Code) 방식에 비해서 사용자 중심으로 파악할 수 있고 기능 복잡도와 품질 요인을 고려할 수 있는 장점이 있다. 다음 중 기능 점수(Function Point)의 국제 표준은 무엇인가?

① ISO 14113

② ISO 25001

③ ISO 14443

④ ISO 14143

067 난이도 ★★★☆☆

미국 연방 정보 보안 관리법(FISMA)은 프로그램 담당자와 각 기관의 장이 비용 효율적이고 시기적절하며 효율적인 방식으로 위험을 지정된 허용 수준 이하로 유지하기 위해 정보 보안 프로그램에 대한 연례 검토를 수행하도록 요구하고 있다. 이 법률의 준수를 위한 단계와 가장 해당하지 않는 것을 선택하시오.

① 최소 기준선 컨트롤을 선택한다. (Select minimum baseline controls)

② 지속적인 비즈니스 요구 사항을 개선하도록 하며 경영 목표와 일치시킨다. (Continue to improve business requirements and align with business objectives)

③ 위험 평가 절차를 사용하여 통제를 개선한다. (Refine controls using a risk assessment procedure)

④ 지속적으로 보안 제어를 모니터링한다. (Monitor the security controls on a continuous basis)

068 난이도 ★★★★☆

[보기]를 읽고 가장 관련 있는 선택지를 고르시오.

> **보기**
>
> 이동통신 관련 단체들 간의 공동 연구 프로젝트로 국제전기통신연합(ITU)의 IMT-2000 프로젝트의 범위 내에서 전 세계적으로 적용 가능한 3세대 이동통신 시스템 규격의 작성을 목적으로 하고 있다. 이 규격은 진보된 GSM 규격에 기반을 두고 있으며, 무선(Radio)과 코어 네트워크(Core network), 서비스 구조(Service architecture)를 모두 표준화 범위에 포함시키고 있다. 1998년 12월에 개설되었으며 이 프로젝트에는 유럽전기통신표준협회(ETSI), 일본전파산업협회(ARIB), 일본통신기술협회(TTC), 중국통신표준협회(CCSA), 미국통신사업자연합(ATIS)과 한국정보통신기술협회(TTA)가 참여하고 있다.

① TISPAN(Telecoms & Internet converged Services & Protocols for Advanced Networks)

② UMTS(Universal Mobile Telecommunication System)

③ 3GPP(Third Generation Partnership Project)

④ OMA(Open Mobile Alliance)

069

난이도 ★☆☆☆☆

GDPR은 기업의 GDPR 준수 입증을 위해 인증 메커니즘(Certification mechanism)의 이용을 권장하고 있다. 인증서는 감독 기구나 지정된 인증 기관이 발행하는데, 그렇다면 인증의 최대 유효 기간은 얼마인가?

① 1년   ② 2년

③ 3년   ④ 4년

070

난이도 ★★☆☆☆

다음 중 CMMC 1.0과 CMMC 2.0 간의 차이를 잘못 설명한 것은 무엇인가?

① 레벨: CMMC 1.0에는 기본에서 고급까지 5개의 프로그레시브 레벨이 포함되어 있다. CMMC 2.0에는 3가지 프로그레시브 레벨이 포함되어 있다.

② 부가 사항: CMMC 2.0 레벨에 대한 DIB 회사 리더십의 연례 확인으로 3년마다 자체 평가를 수행한다.

③ 각 레벨의 요구 사항: CMMC 1.0 요구 사항에는 각 수준의 사이버 보안 표준 및 성숙도 프로세스가 포함된다. CMMC 2.0 모든 성숙 프로세스 및 모든 CMMC 고유의 보안 관행을 제거한다.

④ 부가 사항: CMMC 2.0 독립적인 평가가 필요한 우선순위 인수, 연간 자체 평가가 필요한 비우선 인수, 연간 회사 확인을 식별하기 위해 CMMC 레벨 3 요구 사항을 분기한다.

071

난이도 ★★★★☆

[보기]는 무엇을 설명한 것인가? 가장 알맞은 답을 선택지에서 고르시오.

보기

소프트웨어 보안 이니셔티브(애플리케이션 또는 제품 보안 프로그램이라고도 함)의 분석을 통해 개발된 데이터 기반 모델의 한 종류이다. 2021년 9월에 발표된 이 모델은 소프트웨어 보안을 위한 상세한 측정 스틱의 최신 진화를 나타내고 있다. 총 9개 산업 분야의 128개 조직을 분석하여 다음과 같이 제시하고 있다.

- 오늘날 사용되는 다섯 가지 소프트웨어 보안 활동
- 오픈 소스, 클라우드 및 컨테이너 보안 노력의 주목할 만한 성장
- 공급망, 랜섬웨어 및 기타 새로운 트렌드
- 조직이 애플리케이션 보안 프로그램을 발전시키기 위해 채택해야 하는 주요 조치

① DWCMM(The Data Warehouse Capability Maturity Model)

② SWEBOK(Software Engineering Body of Knowledge)

③ CamÈlia Maturity Model

④ BSIMM(Building Security in Maturity Model)

072

난이도 ★★★☆☆

선택지는 개인정보보호에서 GDPR과 CCPA 법률을 비교한 내용이다. 그 내용이 틀린 것을 고르시오.

① 대부분의 경우 GDPR은 CCPA보다 범위가 훨씬 더 넓다. 하지만 GDPR을 준수한다고 해서 반드시 CCPA를 준수하는 것은 아니다.

② CCPA는 미국 외부로의 데이터 전송을 제한하지 않는다. GDPR은 데이터 전송 방법에 대한 엄격한 규칙이 있으며 일반적으로 EEA 외부에서는 전송이 불가능하다.

③ CCPA는 개인에 대한 민감한 개인정보에 대한 특정 제한 사항이 없다는 점에서 GDPR과 다르지만 개인 데이터가 개인을 차별하는 데 사용되는 것을 방지하는 조항이 포함되어 있다.

④ CCPA가 데이터 주체에게 회사가 마케팅 목적으로 개인 데이터를 사용하는 것을 방지할 수 있는 권한을 부여하는 반면 GDPR 옵트아웃(opt-out) 권한은 개인 데이터 판매와 더 관련성이 있다.

[물리 보안]

073

난이도 ★☆☆☆☆

[보기]의 내용은 무엇인가? 가장 알맞은 답을 선택하시오.

> **보 기**
>
> 이상 상태의 발생을 방지, 이상 상태 발생 시 확대 억제, 사고로 진전 시 그 영향 최소화 및 주변 주민 보호를 위해 사고의 진전 단계마다 적절한 방어 체계를 갖추는 것

① 심층 방어(Defense in Depth)

② 다단계 방호(Multiple Levels of Protection)

③ 다중 방벽(Multiple Barriers)

④ 보안 레이어(Security Layer)

074

난이도 ★★☆☆☆

피난구 유도등은 다음 장소에 설치하여야 한다. 설치해야 할 장소에 해당되지 않는 것을 고르시오.

① 옥내로부터 직접 지상으로 통하는 출입구 및 그 부속실의 출입구

② 계단참이 없는 돌음 계단 및 직통 계단에 해당하지 않는 일반 계단의 출입구

③ 직통 계단의 계단실 및 그 부속실의 출입구

④ 안전 구획된 거실로 통하는 출입구

075

난이도 ★★☆☆☆

[보기]의 내용은 무엇을 설명한 것인가? 가장 알맞은 답을 선택지에서 고르시오.

> **보 기**
>
> 경찰, 소방, 해경 등 재난 관련 기관들이 재난 대응 업무에 활용하기 위해 전용으로 사용하는 전국 단일의 무선통신망이다. 광대역 무선통신기술(LTE) 기반으로, 산불·지진·선박 침몰과 같은 대형 재난 발생시 재난 관련 기관들의 신속한 의사소통과 효과적인 현장 대응을 할 수 있다.

① CEPTED　　　　② PS-LTE

③ LTE-R　　　　④ McPTT

076

난이도 ★★☆☆☆

'불연재료'란 불에 타지 않는 성질을 가진 재료로, 국토교통부령으로 정하는 기준에 적합한 재료를 말한다. 그렇다면 '건축물 내부마감재료의 난연성능 및 화재 확산 방지구조 기준' 제2조에 의한 정의된 불연재료 기준에 대해서 바르게 설명한 것은 무엇인가?

① 가열 시험 개시 후 10분간 가열로 내의 최고 온도가 최종 평형온도를 10K 초과 상승하지 않아야 한다.

② 가열 시험 개시 후 20분간 가열로 내의 최고 온도가 최종 평형온도를 10K 초과 상승하지 않아야 한다.

③ 가열 시험 개시 후 10분간 가열로 내의 최고 온도가 최종 평형온도를 20K 초과 상승하지 않아야 한다.

④ 가열 시험 개시 후 20분간 가열로 내의 최고 온도가 최종 평형온도를 20K 초과 상승하지 않아야 한다.

077

난이도 ★★☆☆☆

제연 설비는 화재 시 연기가 피난 경로인 복도, 계단, 거실 등에 침입하는 것을 방지하고 거주자를 유해한 연기로부터 보호하여 안전하게 피난시키는 동시에 소화 활동을 유리하게 할 수 있도록 돕는데 그 목적이 있다. 제연의 원리는 발생된 연기를 ( ), ( ), ( ) 등의 조합으로 실시한다. 빈칸에 들어갈 요소로 적절하지 않은 것을 고르시오.

① 희석(dilution) ② 배출(exhaust)

③ 차단(confinement) ④ 정화(purification)

078

난이도 ★☆☆☆☆

소화 방제 중에서 대규모 화재 및 옥외에서 가장 효과적인 것은 무엇인가? 다음 중 가장 알맞은 것을 고르시오.

① 폼 소화기 ② Halon

③ CO_2 ④ 스프링클러

079

난이도 ★★☆☆☆

다음 중 비상 콘센트 설비의 주요 구성과 가장 관련이 없는 것은 무엇인가?

① 배전반 ② 분전반

③ 위치표시등 ④ 유도등

080

난이도 ★★★☆☆

소프트웨어 개발 비용 산정 기법 중에서 수학적 산정 기법은 상향식 비용 산정 기법으로 개발 비용 산정의 자동화를 목표로 한다. 그렇다면 이와 관련되지 않는 산정 기법은 무엇인가? 가장 해당하지 않는 것을 선택하시오.

① Putnam ② Function Point

③ COCOMO ④ LOC

081

난이도 ★★★☆☆

[보기]는 무엇에 대한 정의를 설명한 것인가? 가장 알맞은 답을 선택하시오.

보기

카메라에서 렌즈로 들어오는 빛을 셔터가 열려 있는 시간만큼 필름이나 건판에 비추는 것을 말한다. 사진의 밝기를 결정하는 아주 중요한 요소이다.

① 망각 ② 화각 ③ 광각 ④ 노출

[신기술 트렌드]

082

난이도 ★★☆☆☆

다음 중 블록체인 기술의 핵심 이점과 가장 거리가 먼 것은 무엇인가?

① 무결성(Integrity) ② 불변성(Immutable)

③ 익명성(Anonymous) ④ 투명성(Transparent)

083

난이도 ★★★☆☆

인공 지능 서비스와 솔루션의 기반에는 딥러닝 알고리즘과 사전에 학습된 데이터에 의한 학습모델이 자리잡고 있다. CNN, RNN 등의 딥러닝 알고리즘은 대부분 레이블을 이용한 지도 학습을 사용하는데, 대용량의 데이터를 입력하여 학습하는 과정에 고의로 조작된 데이터를 입력하여 편향된 결과를 도출하는 인공 지능 서비스에 대한 공격 기법은 무엇인가?

① White-box Attack ② Inversion Attack

③ Labeling Attack ④ Poisoning Attack

084

난이도 ★★★☆☆

다음 중 엘라스틱 서치(Elastic search)의 활용 방법과 가장 거리가 먼 것은 무엇인가?

① 로깅과 로그 분석

② 위치 기반 정보 데이터 분석 및 시각화

③ 비즈니스 분석

④ 실시간 허리케인, 산불이나 기타 환경 재해 방지

085

난이도 ★★★☆☆

가트너는 하이브리드/멀티 클라우드 데이터센터에서의 워크로드 보호를 위해 CWPP(Cloud Workload Protection Platforms) 중요한 기능을 8개 레이어로 설명한다. 다음 중 이에 해당하지 않는 것은 무엇인가?

① 네트워크 기반 침입 탐지 시스템(Network-Based IPS With Vulnerability Shielding)

② 보안 강화 및 설정/취약점 관리(Hardening, Configuration and Vulnerability Management)

③ 취약점 예방 및 메모리 보호(Exploit Prevention/Memory Protection)

④ 시스템 무결성 보장(System Integrity Assurance)

086

난이도 ★★☆☆☆

클라우드 액세스 보안 브로커(Cloud Access Security Broker, CASB)의 역할은 엔터프라이즈 보안 요구 사항을 충족하기 위해 클라우드의 데이터 및 위협에 대한 가시성과 제어를 제공하는 것이다. 이는 3단계 프로세스를 통해 수행된다. 다음 중 프로세스와 관련 없는 것은 무엇인가?

① 검색(Discovery)　　② 분류(Classification)

③ 교정(Remediation)　④ 검역(Quarantine)

087

난이도 ★★★☆☆

다음 중 관리형 탐지 및 대응(MDR)의 확장된 솔루션으로 가장 관련이 없는 것은 무엇인가?

① MEDR(Managed endpoint detection and response)

② MHDR(Managed Human detection and response)

③ MXDR(Managed extended detection and response)

④ MNDR(Managed network detection and response)

088

난이도 ★★★☆☆

미국 CSA(Cloud Security Alliance)에서는 클라우드 보안 위협으로 총 12가지를 제시하였다. 이와 관련하여 관련이 없는 것은 무엇인가?

① 경영진 및 이사회의 관심 부족

② 악의적인 내부 관계자

③ 계정 및 서비스 하이재킹

④ 불충분한 실사

089

난이도 ★★★☆☆

심층 방어 전략(Defense in Depth Strategies)을 필요로 하는 산업 제어 시스템(ICS)에 대해 고려해야 할 공격 경로와 가장 관련이 없는 것은 무엇인가?

① 통신 하이재킹 및 중간자 공격

② 사이드 체인 내 비정상 트랜잭션

③ 공통 프로토콜의 취약점

④ 스푸핑 공격

090

난이도 ★☆☆☆☆

블록체인에서 사용자 지갑(User Wallet)은 블록체인의 기본 인터페이스 역할을 한다. 선택지중, 지갑의 유형으로 가장 다른 유형은 무엇인가?

① 브라우저 지갑(Browser wallets)

② 데스크톱 지갑(Desktop wallets)

③ 모바일 지갑(Mobile wallets)

④ 클래식 종이 지갑(Classic paper wallets)

[IS 감사]

091

난이도 ★★★★★

감사자의 입장에서 다음 중 SAP의 ROLE과 PROFILE 설정에서 특별히 위험성이 존재하지 않고 고려되어야 할 사항으로 보이지 않는 것은 무엇인가?

① 운영 환경에서 일반 사용자에게 S_A.DEVE-LOP 프로파일 권한이 설정되어 있다.

② Basis 담당자(BC)가 SAP_ALL 권한 대신 S_A.SYSTEM 권한을 부여하였다.

③ SAP_ALL 권한을 항상 잠겨 있는 슈퍼 유저나 소방관 담당자에게 부여하였다. 운영상의 비상 시에만 해당 기관의 승인을 받아 제한된 기간 동안 잠금 해제된다.

④ 개발자에게 마스터 테이블 콘텐츠 수정 권한+S_A.DEVELOP 권한+운영 이관 권한(STMS)을 부여하였다.

092

난이도 ★★☆☆☆

다음 중 공급 업체 감사 계획을 수립할 때, 감사 범위(Audit Scope)에 대한 설명으로 가장 관련이 없는 것은 무엇인가?

① 감사 범위에는 공급 업체 감사 프로그램과 감사 목표가 반드시 일치할 필요성은 없다.

② 감사 범위에는 조직의 물리적 위치가 포함되어야 한다.

③ 감사 범위에는 조직의 프로세스가 포함되어야 한다.

④ 감사 범위에는 조직의 활동이 포함되어야 한다.

093

난이도 ★☆☆☆☆

비즈니스 프로세스들과 해당 IT 서비스 및 애플리케이션의 중요성과 긴급성은 여러 항목으로 정의될 수 있다. 이와 관련해서 다음 중 '여러 항목'에 속하지 않는 것을 고르시오.

① 비즈니스 영향 분석(BIA)

② 비즈니스 연속성 계획(BCP)

③ 복구 목표 시간(RTO)

④ 복구 목표 시점(RPO)

094

난이도 ★★★☆☆

프로젝트에서 EVM에 대한 성과측정을 하고자 한다. [보기]를 읽고 예측(Forecasting)을 위한 EAC(Estimate at Completion)로 계산식이 잘못된 것을 선택하시오.

보 기
AC = Actual Cost
ETC = Estimate to Complete
BAC = Budget at Completion
EV = Earned Value
CPI = Cost Performance Index
SPI = Schedule performance Index

① EAC=AC+ETC

② EAC=AC+(BAC-EV)

③ EAC=BAC/CPI

④ EAC=AC+((BAC×CPI)/(EV×SPI))

095

난이도 ★☆☆☆☆

[보기]를 읽고, (가)~(라)에 들어갈 용어로 적절한 것을 고르시오.

> **보기**
>
> (가)의 결과로 알맞은 내부 통제가 있음이 밝혀지면 (나)를 최소화할 수 있는 근거가 된다. 반대로 (다)가 계정의 완전성, 정확성, 유효성에 대한 의심이 발생할 수 있는 통제의 약점이 드러나면 (라)는 그러한 의심을 완화할 수 있다.

① 가: 실증 테스트, 나: 준거성 테스트, 다: 준거성 테스트, 라: 실증 테스트

② 가: 준거성 테스트, 나: 실증 테스트, 다: 준거성 테스트, 라: 실증 테스트

③ 가: 실증 테스트, 나: 준거성 테스트, 다: 실증 테스트, 라: 준거성 테스트

④ 가: 준거성 테스트, 나: 실증 테스트, 다: 실증 테스트, 라: 준거성 테스트

096

난이도 ★★★☆☆

다음 중 공해 방지 감사(Pollution Prevention Audit)에 대한 자원적인 측면에서 공해 방지 서열화를 유용하게 나열한 것은 무엇인가?

> **보기**
>
> | (1) 방치 | (5) 처리 |
> |---|---|
> | (2) 재활용 | (6) 매립 |
> | (3) 재생 | (7) 자원 절감 |
> | (4) 에너지 활용 | |

① 재활용 → 자원 절감 → 에너지 활용 → 재생 → 처리 → 매립 → 방치

② 재활용 → 자원 절감 → 재생 → 에너지 활용 → 처리 → 매립 → 방치

③ 재활용 → 자원 절감 → 재생 → 처리 → 에너지 활용 → 매립 → 방치

④ 재활용 → 자원 절감 → 재생 → 에너지 활용 → 매립 → 처리 → 방치

097

난이도 ★★★☆☆

A 기업은 SI 및 ITO 전문 기업으로서 수많은 대기업 및 중견기업들의 정보 시스템에 대해 구축과 운영을 담당하고 있다. A 기업은 최근 정보 시스템 및 운영 수준에 감사를 진행하면서 서비스 운영에 대한 지적 사항이 도출되었다. 아웃소싱 KPI 중에 SR 당일처리율과 변경 적기처리율을 달성하기 위해 비정상적인 절차를 진행한 것이다. 운영팀 내부적으로 공유된 지침에 따라, 고객의 서비스 요청(Service Request, SR)이 접수되면 당일에 우선 완료 처리한 후에 고객과 메신저와 이메일로 논의하면서 프로그램 변경 처리와 오류 조치를 수행했다. 실제 SR 완료일과 시스템 상의 완료일이 상이한 것이다. 이와 같은 지적 사항을 미연에 방지할 수 있는 방법으로 가장 올바른 것은 무엇인가?

① ITSM 서비스 요청 및 변경 처리 절차에 대한 운영팀 교육을 정기적으로 수행한다.

② 서비스 변경을 요청하는 고객을 대상으로 SR의 완료 시 인수 테스트를 통해 실질 완료 여부를 확인하도록 한다.

③ 변경 절차 진행 시 ITSM에 등록된 변경 대상 프로그램 형상을 SR과 연계하여 형상 편집/이관 여부를 통제한다.

④ 운영 서비스 발주사와 A 기업 간 SLA상의 SR 당일 처리율 KPI 항목을 현실적으로 변경한다.

098

ITGI(Information Technology Governance Institute)에서는 "기업 거버넌스란 전략적 방향 제시를 목적으로 이사진과 최고 경영층이 기업의 목표 달성과 적절한 위험 관리가 이루어지도록 하고, 책임성 있는 자원 관리를 검증하기 위한 일련의 수행 방법 및 책임을 의미한다."로 기업 거버넌스를 정의하였다. 다음 중 이 정의와 관련이 없는 것은 무엇인가?

① IT 목표를 비즈니스 목표와 일치시키기
② 비즈니스 IT 투자 최적화
③ 이해관계자 식별 및 관계 정의
④ IT 성과 측정

099

다음 중 직무 분리와 관련이 없는 것은 무엇인가?

① 감사 증적   ② 자산 관리
③ 권한 부여   ④ 트랜잭션 기록

100

애자일(Agile) 감사의 계획 단계에서 감사팀은 최소한 '다음 단계'를 수행해야 한다. 다음 중 수행해야 하는 '다음 단계'가 아닌 것은 무엇인가?

① 위험 역학 관계를 수행하여 감사 우선순위 및 고려 사항이 변경되지 않았는지 확인한다.
② 현재 범위에 있고 감사 프로젝트의 목표를 달성하기 위해 완료해야 하는 모든 사용자 스토리의 목록을 정의한다.
③ 감사 제품 소유자와 스크럼 마스터를 식별하고 할당한다.
④ 감사 고객 및 비즈니스 이해관계자와 협력하여 감사 캔버스 초안을 작성한다.